Doris Fischer / Christoph Müller-Hofstede (Hrsg.)
Länderbericht China

Schriftenreihe Band 1501

Doris Fischer / Christoph Müller-Hofstede (Hrsg.)

Länderbericht China

Bundeszentrale für
politische Bildung

Erläuterung zur Umschrift chinesischer Namen und Begriffe

Die Transkription chinesischer Begriffe und Namen erfolgt nach der Pinyin-Umschrift, die seit 1956 in der Volksrepublik China Verwendung findet und auch von den Vereinten Nationen übernommen wurde. Ausnahmen betreffen international übliche Schreibweisen für Personen der Zeitgeschichte wie zum Beispiel Sun Yat-sen oder Ortsnamen wie Hongkong.

Diese Veröffentlichung stellt keine Meinungsäußerung der Bundeszentrale für politische Bildung dar. Für die inhaltlichen Aussagen tragen die Autorinnen und Autoren die Verantwortung.

Die Inhalte der im Text und Anhang zitierten Internetlinks unterliegen der Verantwortung der jeweiligen Anbieter. Für eventuelle Schäden und Forderungen können die Bundeszentrale für politische Bildung, die Herausgeberin und der Herausgeber sowie die Autorinnen und Autoren keine Haftung übernehmen.

Bonn 2014

© Bundeszentrale für politische Bildung
   Adenauerallee 86, 53113 Bonn

Redaktion: Heinrich Bartel, bpb
Bildredaktion: Sabine Peschel, Köln
Lektorat: Gabi Gumbel, Mannheim

Kartografie: Manfred Müller, mr-kartographie, Gotha
Umschlaggestaltung und Satzherstellung:
Naumilkat – Agentur für Kommunikation und Design, Düsseldorf
Umschlagfoto: Nächtliche Satellitenaufnahme von China und Taiwan, 9. März 2014
(© Anton Balazh – Fotolia.com)
Druck: CPI books GmbH, Leck

ISBN: 978-3-8389-0501-3

www.bpb.de

Inhalt

Vorwort   9

A   Materielle Grundlagen   13

BERND WÜNNEMANN
Chinas naturräumliche Ausstattung und wirtschaftsgeografische
Grundlagen   15

THOMAS SCHARPING
Bevölkerungspolitik und demografische Entwicklung:
Alte Probleme, neue Perspektiven   67

DORIS FISCHER UND ANDREAS OBERHEITMANN
Herausforderungen und Wandel der Umweltpolitik   101

B   Historische Grundlagen   145

HELWIG SCHMIDT-GLINTZER
Wachstum und Zerfall des kaiserlichen China   147

HELGA STAHL
Vom Kaiserreich zur Volksrepublik:
Chinas langes 20. Jahrhundert   181

WERNER MEISSNER
Kulturelle Identitätssuche von 1840 bis 1949   221

C   Politik und Recht   249

SARAH KIRCHBERGER
Lernfähiger Leninismus? Das politische System der
Volksrepublik China   251

Björn Ahl
Rechtswesen und Rechtsstaatsentwicklung in China 289

Kristin Shi-Kupfer
Menschenrechte in der Volksrepublik China: Fortschritte,
Defizite, Herausforderungen 327

Gunter Schubert
Taiwan: Geschichte, politisches System und das Verhältnis zu China 355

D Gesellschaft 395

Björn Alpermann
Sozialer Wandel und gesellschaftliche Herausforderungen in China 397

Michael Kahn-Ackermann
Die Gleichzeitigkeit des Ungleichzeitigen:
Zur Situation der chinesischen Gegenwartskultur 435

Doris Fischer
Medien: Alte Reflexe und neue Herausforderungen 463

Barbara Schulte
Chinas Bildungssystem im Wandel: Elitenbildung, Ungleichheiten,
Reformversuche 499

Iwo Amelung
Wissenschaft und Technik als Bestandteil nationaler Identität
in China: Entwicklungslinien vom 19. bis ins 21. Jahrhundert 543

Christian Göbel
Innovationsgesellschaft China? Politische und wirtschaftliche
Herausforderungen 573

Philip Clart
Religionen und Religionspolitik in China: Historische
Grundlagen und aktuelle Perspektiven 607

E Wirtschaft 643

MARKUS TAUBE
Wirtschaftliche Entwicklung und ordnungspolitischer Wandel
in der Volksrepublik China seit 1949 645

TOBIAS TEN BRINK
Chinesischer Kapitalismus? Unternehmen und Unternehmertum
in China 681

GÜNTER SCHUCHER
Chinas Arbeitsmärkte: Umbrüche, Risiken, Perspektiven 703

MARGOT SCHÜLLER
China und die Weltwirtschaft 739

PATRICK HESS
Reformen, Status und Perspektiven des chinesischen Finanzsystems 775

F China und die Welt 805

CHRISTOPH MÜLLER-HOFSTEDE
Reich und rastlos?
Chinas Aufstieg in der internationalen Ordnung 807

HANNS W. MAULL
USA – China – EU: Chancen für ein strategisches Dreieck? 841

SVEN GRIMM UND CHRISTINE HACKENESCH
Chinas Kooperation mit Afrika und Lateinamerika 889

XUEWU GU
Chinas Rolle im asiatisch-pazifischen Raum:
Auf dem Weg zur Pax Sinica? 915

GUDRUN WACKER
Chinas Außenpolitik: Leitlinien, nationale Interessen und
interne Debatten 951

Inhalt

Anhang 971

Chronologie 973

Personenverzeichnis 993

Kartenteil 1017

Die Autorinnen und Autoren dieses Bandes 1029

Vorwort

Seit der Publikation des letzten »Länderberichts China« der Bundeszentrale für politische Bildung im Jahr 2007 sind sieben Jahre vergangen. In dieser relativ kurzen Zeit ist China weiter gleichsam unaufhaltsam zu einer Weltmacht aufgestiegen, die von der Peripherie ins Zentrum globaler Entwicklungen gerückt ist. Die Entwicklungen und Entscheidungen in China wirken sich damit spürbar auch auf andere Länder aus – natürlich auch auf Deutschland. Heute lässt sich keine einzige globale Frage mehr ohne China und ohne die Mitwirkung Chinas lösen.

Elementare Kenntnisse der geschichtlichen, politischen, wirtschaftlichen und kulturellen Grundlagen Chinas werden daher zukünftig immer wichtiger, nicht nur in den Unternehmen, sondern auch in Schulen und Universitäten. Hierzu will der vorliegende – grundlegend überarbeitete und erheblich erweiterte – Länderbericht China beitragen.

China ist aber nicht nur immer »wichtiger« geworden, sondern auch zunehmend komplexer. Hartnäckig entzieht es sich vorschnellen Bewertungen – in negativer wie in positiver Hinsicht. Mehr denn je sind Vorsicht, Perspektivenwechsel und genaues Hinschauen gefragt. Auch hierzu kann der vorliegende Band – so hoffen wir – einen bescheidenen Beitrag leisten.

Ein kurzer Blick auf einige Entwicklungen in den letzten Jahren, die auch in den Beiträgen dieses Bandes behandelt werden, mag die offene Dynamik Chinas illustrieren:

- Bereits kurz nach dem Erscheinen des letzten Länderberichts kündigte sich die globale Finanzkrise an, die dann im Jahr 2008 die Welt voll erfassen sollte. China reagierte darauf mit einem gigantischen Konjunkturprogramm, um seine Wirtschaft zu stabilisieren. In den Medien wurde China damals als Retter der globalen Konjunktur gefeiert. In wirtschaftlicher Hinsicht war dieses Lob berechtigt und verfrüht zugleich. Denn inzwischen zeigen sich auch die Schattenseiten des großen Konjunkturprogramms, wozu nicht zuletzt zählen: Sorgen um die Effizienz der Staatsunternehmen und der Investitionen, die sie im Zuge des Konjunkturprogramms getätigt haben, Sorgen wegen einer möglichen Immobilienblase, Sorgen um alte und neue »faule« Kredite in den Büchern der Banken und nicht zuletzt um die Rekordverschuldung der lokalen Regierungen. Gegenwärtig beobachten wir, wie die neue Führungsriege um Xi Jinping versucht, das wirtschaftspolitische Ruder erneut herumzureißen. Langfristig sucht China nach einem neuen

Wachstumsmodell, das auf Qualität, Innovation und besser qualifizierten Arbeitskräften und vor allem weniger Umweltschäden beruht.
- Doch nicht nur wirtschaftlich hat sich Chinas Rolle in der Welt verändert. Spätestens mit den globalen Klimaverhandlungen in Kopenhagen Ende 2009 hat sich China auch auf die politische Weltbühne gestellt. Im gleichen Jahr hatten sich zudem erstmals die Regierungschefs der G20, also der 19 wichtigsten Industrie- und Schwellenländer sowie der Europäischen Union, getroffen, um gemeinsam die Folgen der Finanzkrise in den Griff zu bekommen. Und es fand das erste Gipfeltreffen der BRIC-Staaten (heute BRICS, nachdem seit 2011 neben Brasilien, Russland, Indien und China auch Südafrika dazugehört) statt. Welche konkreten Ziele China in den Klimaverhandlungen wie auch den anderen globalen »Klubs« verfolgt und wie die chinesischen Beiträge zu einer neuen Weltordnung aussehen werden, ist im Einzelnen nicht immer leicht einzuschätzen. Es wird aber deutlich, dass China seine Ansprüche als neue aufsteigende Großmacht selbstbewusster und in den Augen seiner asiatischen Nachbarn vor allem auch aggressiver als bisher formuliert.
- Der veränderten Rolle Chinas in der Welt stehen nicht minder gewichtige Veränderungen in der Innenpolitik gegenüber. Die Führungsriege von Hu Jintao und Wen Jiabao hat Ende 2012 im Rahmen des 18. Parteitags den Stab an Xi Jinping und Li Keqiang weitergegeben. Der Führungswechsel bedeutet ganz offensichtlich auch einen politischen Kurswechsel. Im Mittelpunkt steht heute der »chinesische Traum«, vom Parteivorsitzenden Xi Jinping höchstpersönlich auf die nationale Tagesordnung gesetzt. Wie sich seine Vision der »Renaissance« (Wiedererweckung) Chinas, einer Verbesserung des Lebensstandards und des Ausbaus militärischer Stärke, entwickelt, bleibt abzuwarten. Einer freien Debatte über die Zukunft Chinas stehen noch viele Hindernisse entgegen. Das Internet wird in den letzten Jahren noch schärfer als bisher kontrolliert, gemäßigte - sich an der chinesischen Verfassung orientierende – Dissidenten wie der Rechtsanwalt Xu Zhiyong verhaftet und mundtot gemacht.

Ziel des Länderberichts ist es, den jeweiligen Stand der Forschung in den fachlich längst ausgesprochen differenzierten und spezialisierten »Chinawissenschaften« in einer Sprache und Zusammenstellung wiederzugeben, die auch für ein nicht chinaspezifisch vorgebildetes Publikum zugänglich sind. Dabei kann dieser Band – ebenso wenig wie andere Bücher – nicht mit dem in Echtzeit produzierten und auf schnellen Konsum angelegten Nachrichten aus dem Internet konkurrieren. Die Aufsätze skizzieren vielmehr grundlegende Entwicklungen und stellen Orientierungswissen bereit, das helfen kann, auch das aktuelle und zukünftige Geschehen in China besser einzuordnen. Dennoch bieten die farbig gestalteten Tabellen und Charts sowie der völlig neu gestaltete Kartenteil viele aktuelle Daten und Informationen. Hinzu kommen zahlreiche neue Abbildungen und Fotos, die die Lesbarkeit der Beiträge erleichtern. In den ausführlicher als früher gestalteten Literaturangaben sind selbstverständlich auch wichtige Onlinequellen genannt.

Bis auf zwei Texte wurden alle Aufsätze neu verfasst; viele Autoren[1] und Themen sind hinzugekommen. Dennoch kann selbst ein so umfangreicher Band wie dieser nicht alle wichtigen Themen behandeln: Entwicklungen in Hongkong, Xinjiang und Tibet konnten leider nicht berücksichtigt werden.

Bei der Herausgabe dieses Länderberichts haben uns viele Menschen geholfen, denen wir an dieser Stelle ausdrücklich danken möchten. Da sind zum einen die Autoren, die sich den zeitlichen und inhaltlichen Vorgaben der Bundeszentrale für politische Bildung und der Herausgeber gefügt und ihre Manuskripte oft wiederholt überarbeitet haben.

Zum anderen wollen wir an dieser Stelle die Zusammenarbeit mit unserer Lektorin, Frau Gabi Gumbel, hervorheben, die einen großen Beitrag nicht nur zur sprachlichen und formalen, sondern auch zur inhaltlichen Präzision und Konsistenz des Bandes geleistet hat.

Nicht weniger dankbar sind wir Sabine Peschel, die für uns Bildmaterial aus Agenturen und Archiven ausgewählt hat; ferner hat sie die Chronologie und das Personenverzeichnis aus einer Vielzahl von Quellen zusammengestellt. Das hervorragende Kartenmaterial wurde in enger Abstimmung mit den Herausgebern von Herrn Manfred Müller, mr-kartographie, Gotha, erstellt.

Die Herausgeber
Doris Fischer, Würzburg
Christoph Müller-Hofstede, Bonn

---

1 Im Fall von Personengruppen benutzen wir das generische Maskulinum, das sich dadurch auszeichnet, dass es geschlechtsabstrahierend verwendet werden kann.

A   Materielle Grundlagen

◄   Lösslandschaft mit terrassierten Feldern in der Provinz Shanxi, 1965 (Foto: Rene Burri/Magnum Photo)

Bernd Wünnemann

Chinas naturräumliche Ausstattung und wirtschaftsgeografische Grundlagen

1 Einleitung

China, in der Regel eine Kurzbezeichnung für die heutige Volksrepublik China (VR China), geht wahrscheinlich auf den Namen der ersten Dynastie des Kaiserreiches Qin (221–206 v. Chr.) zurück, als sich dieser Begriff über mehrere Sprachen und Stationen entlang der Seidenstraße bis nach Europa verbreitete. China umfasst eine landschaftlich vielfältige und kulturell vielschichtige Großregion in Ostasien, zu der im Lauf der letzten 5000 Jahre unterschiedlich große, von der jeweiligen Zentralregierung administrierte Räume gehörten. Mit der Gründung der Volkrepublik im Jahr 1949 wurde – unter anderem durch die Eingliederung Tibets als autonome Region – in etwa die Größe des Staatsgebietes unter der Qing-Dynastie (1644–1911) wiederhergestellt (siehe den Beitrag von Christoph Müller-Hofstede).

Chinas rasante wirtschaftliche Entwicklung in den letzten Jahrzehnten ging einher mit extrem hohem Energieverbrauch, einer fast bedenkenlosen Ausbeutung natürlicher Ressourcen und den daraus folgenden Umweltbelastungen. Städtische Ballungsräume und Wirtschaftszentren im Osten des Landes wuchsen nahezu ungebremst, während im Nordwesten und Westen nur wenige Zentren diesen Entwicklungen folgen konnten und ländliche Regionen allenfalls marginal am Fortschritt teilnahmen. Die Disparitäten in der sozioökonomischen Entwicklung des Landes zwischen den Regionen im Westen und Osten sowie Norden und Süden (Taubmann 2007) sind einerseits der Größe des Landes, der Bevölkerungsverteilung und der staatlich verordneten Entwicklungspolitik, andererseits aber auch der unterschiedlichen physiogeografischen Ausstattung sowie klimatischen Faktoren gezollt. Insbesondere Letztere stellen eine ausgewogene Entwicklungsplanung vor kaum überwindbare Hindernisse. China bietet wie kaum ein anderes Land auf der Erde eine große Fülle an unterschiedlichen Naturräumen und Ressourcen. In einem ersten Teil dieses Aufsatzes sollen diese zunächst beschrieben werden; ein zweiter Teil geht dann auf die wirtschaftsgeografischen Grundlagen sowie die massiven Veränderungen der chinesischen Natur- und Siedlungsräume vor allem durch den Bauboom, die Urbanisierung und den rasanten Ausbau der Infrastruktur ein.

2 Geografische Grundlagen

Die Volksrepublik China ist mit einer Fläche von rund 9,6 Mio. km² und einer geschätzten Einwohnerzahl von knapp 1,35 Milliarden Menschen nach Russland, Kanada und den Vereinigten Staaten von Amerika flächenmäßig das viertgrößte Land der Erde und damit etwa 27-mal größer als die Bundesrepublik Deutschland. Das Staatsgebiet einschließlich der Insel Hainan sowie zahlreicher kleiner Inselgruppen im Südchinesischen und Gelben Meer überspannt den asiatischen Kontinent von ca. 18 °N (Insel Hainan) bis ca. 53 °N (Provinz Heilongjiang, Amurbogen) und von ca. 73,6 °E bis 134,8 °E (siehe *Abbildung 1*) über mehrere Klimazonen von den feuchten Tropen bis zu den borealen Schneeklimaten sowie von den kontinental-trockenen Klimazonen im Nordwesten des Landes bis zu den ozeanisch-feuchten im Osten. Hochgebirgsklimate auf dem »Dach der Welt«, dem Tibet-Plateau, ebenso wie Wüstenklimate im Norden und Westen des Landes sind nicht nur in klimatischer Hinsicht, sondern auch wegen der gewaltigen Reliefunterschiede und der vielfältigen landschaftsformenden Prozesse als Extremregionen zu bezeichnen. Kaum ein anderes Land auf der Erde kann eine größere Vielfalt an unterschiedlichen Klimaregionen und Relieftypen aufweisen als China. Im Osten wird das chinesische Staatsgebiet durch das Gelbe Meer sowie das Ostchinesische und Südchinesische Meer begrenzt, die als Randmeere des nördlichen Pazifik zu betrachten sind. Die Küstenlinie Chinas erstreckt sich über eine Länge von mehr als 14 500 km von Nordkorea bis Vietnam. Der eine der zwei größten Flüsse Chinas, der Huang He (Gelber Fluss), mündet heute in der Provinz Shandong in die Bohai-See, während der andere, der Chang Jiang (Jangtsekiang), weiter südlich bei Shanghai über ein ausgedehntes Delta in das Ostchinesische Meer entwässert. Japan ist knapp 700 km vom chinesischen Festland entfernt, Nordkorea bildet eine etwa 700 km lange Grenze zu China im Nordosten. Im Norden und Westen schließen sich die Staatsgebiete Russlands, der Mongolei, Kasachstans, Kirgistans, Tadschikistans, Afghanistans, Pakistans und Indiens an. Nepal, Bhutan, Myanmar, Laos und Vietnam bilden die südlichen Grenzstaaten zu China (siehe *Abbildung 1*).

Politisch-administrativ ist die Volksrepublik China in 22 Provinzen, fünf autonome Gebiete mit nationaler Gebietsautonomie und begrenzter

Abb. 1: Physische Geografie von China mit Gliederung der Landschaftseinheiten nach klimatischen und orografischen Gesichtspunkten

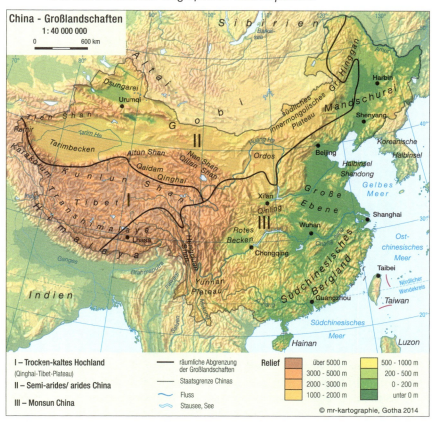

Selbstverwaltung (Xinjiang, Tibet, Innere Mongolei, Guangxi, Ningxia), zwei Sonderverwaltungszonen (Hongkong und Macao) sowie vier regierungsunmittelbare Städte (Beijing, Shanghai, Tianjin, Chongqing) gegliedert (siehe *Abbildung 2*). Taiwan wird offiziell von der Volksrepublik China als 23. Provinz bezeichnet, obwohl der Inselstaat de facto weitgehend unabhängig ist und über eine selbstständige Regierung mit vollständiger Souveränität verfügt, deren Existenz von der Festlandsregierung allerdings nur deshalb geduldet wird, da sich Taiwan bisher nicht formell für unabhängig erklärt hat (siehe die Beiträge von Xuewu Gu und Gunter Schubert).

Abb. 2: Chinas Wirtschaftsregionen

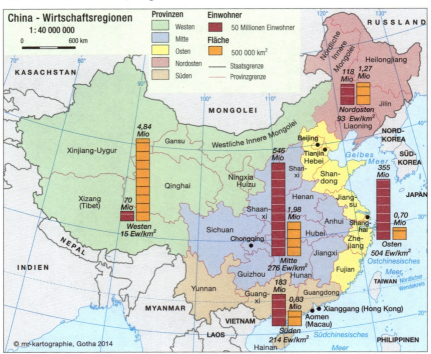

Die flächenmäßig vier größten Provinzen Xinjiang, Tibet, Innere Mongolei und Qinghai im Norden und Westen des Landes nehmen zusammen etwa 55 Prozent des gesamten Staatsgebietes ein. Allerdings leben nur rund 6,5 Prozent der Gesamtbevölkerung (durchschnittlich 16 Einwohner/km²) in diesen am geringsten besiedelten Regionen Chinas, die teils erst im 19. und 20. Jahrhundert endgültig in das chinesische Staatsgebiet eingegliedert wurden. Im Gegensatz dazu leben etwa 30 Prozent der Bevölkerung in den zehn östlichen küstennahen Provinzen, die zusammen nur etwa sieben Prozent der Staatsfläche ausmachen (siehe *Abbildung 2*). Entsprechend hoch ist daher auch die Besiedlungsdichte von circa 270–3600 Einwohnern/km² (landesweiter Durchschnitt: 139 Einwohner/km²; ausgenommen Taiwan, Hongkong und Macao). Unter Einbezug der angrenzenden Provinzen in der Mitte des Landes tritt der Gegensatz zu den westlichen und nördlichen Provinzen noch prägnanter in Erscheinung: Auf etwas mehr als einem Viertel der Staatsfläche (27,4 Prozent) leben 70 Prozent der chinesischen Gesamtbevölkerung.

Abb. 3: Klimagebiete Chinas

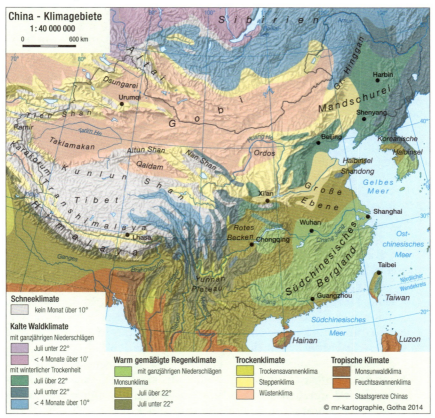

3 Diversität der Naturräume: Landschaftseinheiten und Klimagegensätze

Chinas Naturlandschaft lässt sich nach topografischen sowie klimatischen Gesichtspunkten gliedern. Gliedert man nach den topografischen Verhältnissen – ein Kriterium, das in der chinesischen Literatur oft genannt wird –, so lassen sich folgende große Landschaftszonen unterscheiden:
- Hochgebirge einschließlich Tibet-Plateau,
- Mittelgebirgslandschaften mit eingeschalteten Becken- und Plateauregionen, die von Hügelländern umgebenen Küstenebenen und Schwemm-

landschaften des Huang He, Chang Jiang und Zhujiang (Perlfluss) im Osten des Landes sowie die Ebene des Heilong Jiang (Amur) im Norden und der
- durch die Gezeiten beeinflusste Küstensaum mit seinen Landgewinnungsmaßnahmen und mehr als 5 000 Inseln und Inselgruppen entlang des Kontinentalabhanges.

Jeweils rund ein Viertel der Fläche Chinas ist auf Höhenstufen unterhalb von 500 m, zwischen 1 000 und 2 000 m und über 3 000 m gelegen (Yang 1992).

Rückt man klimatische Gesichtspunkte in den Vordergrund, lässt sich China in drei Großregionen gliedern (Yang 1992):

a. Das Qinghai-Tibet-Plateau (kurz: Tibet-Plateau) mit einer Gesamtfläche von etwa 2,5 Mio. km^2 (ca. 25 Prozent der Landesfläche, 0,65 Prozent der Gesamtbevölkerung) bildet eine auf durchschnittlich 4 200 – 4 500 m Höhe gelegene Hochebene, die auch als »Dach der Welt« bzw. »dritter Pol« bekannt ist. Es erstreckt sich vom Himalaya im Süden nordwärts bis zum Qilian Shan sowie zwischen dem Hengduan Shan im Osten und dem Karakorum (als Teil des Pamir) im Westen. Von Ost nach West verlaufende Gebirgsketten mit Berggipfeln über 7 000 – 8 000 m Höhe sowie dazwischenliegende Beckenregionen sind wesentliche morphologische Merkmale. Alle größeren Flüsse haben hier ihr Quellgebiet. Klimatisch ist diese alpine Region durch kalt-semiaride bis aride Klimaverhältnisse gekennzeichnet. Der Sommermonsun (indischer und ostasiatischer Monsun) spielt nur eine marginale Rolle und kann, den Längstalfluchten folgend sowie entlang von Talzügen am Süd- und Ostrand des Plateaus, nur lokal erhöhte Niederschläge generieren, weswegen diese Regionen deutlich humider sind als die übrigen Plateaubereiche. Insgesamt ist ein klarer Gradient abnehmender Niederschläge von Süd nach Nord und Ost nach West festzustellen. Die außertropischen Westwinde (vor allem deren südliche Ausläufer) stellen insgesamt das beherrschende Klimaelement auf dem Tibet-Plateau dar.

b. Das nordwestliche aride, kontinental geprägte China umfasst die Regionen westlich des großen Hinggan Shan und nördlich der Gebirgszüge des Kunlun Shan, Altun Shan und Qilian Shan. Das entspricht etwa 30 Prozent der Fläche Chinas, die nur von knapp sieben Prozent der Bevölkerung bewohnt wird. Ein wesentlicher Teil wird von Wüstengebieten der Gobi im Norden des Tibet-Plateaus, dem Qaidambecken zwischen Kunlun Shan und Qilian Shan sowie dem Junggarischen Becken und dem Tarimbecken (Taklamakan-Wüste) eingenommen. Umrahmende Hochgebirgszüge verhindern das Eindringen feuchter Luftmassen, sodass in diesen Trockenräumen Jahresniederschläge zwischen < 20 und 100 mm die Regel sind. Hohen sommerlichen Temperaturen stehen extrem niedrige im Winter gegenüber, die zu besonders großen Jahresamplituden von mehr als 60 °C führen. Vorherrschende Winde aus westlichen bis nordwestlichen Richtungen resultieren aus dem Einfluss der außertropischen Westwindzone sowie aus dem Wintermonsun. Beide Windsysteme begünstigen den gewaltigen Staubtransport aus den vegetationsarmen Wüstengebieten in die östlichen und südöstlichen Landesteile und sorgen besonders im Frühjahr und Herbst für hohe Staubbelastungen in den Ballungszentren der östlichen und südöstlichen Landesteile. Westlich einer Linie vom Hinggan Shan über das Ordos-Plateau und Qinling Shan sowie entlang des östlichen Tibet-Plateaus bis nach Yunnan dominieren warm- bis kühlgemäßigte aride und semiaride Klimabedingungen. Der westwärts abnehmende Einfluss des Sommermonsuns ist ein wesentlicher Grund dafür, dass die Trockenheit in Nordwestchina und im zentralen Tibet-Plateau trotz des zunehmenden Einflusses der außertropischen Westwinde sehr hoch ist. Letztere bringen vor allem im Frühjahr und Herbst Niederschläge, die allerdings im Vergleich zu den Monsunregionen eher gering sind. Sie tragen aber dazu bei, dass besonders in den Gebirgen wie beispielsweise Karakorum, Pamir, Tian Shan, Kunlun Shan und Qilian Shan die dort verbreiteten Gletscher weiterhin genährt werden, auch wenn die aktuelle Niederschlagsmenge nicht mehr ausreicht, eine ausgeglichene Jahresbilanz zu erhalten.

c. Das vom Monsun geprägte östliche China umfasst die Landschaftsregionen östlich des Hinggan Shan (Großer Hinggan, östliche Innere Mongolei), das südliche innermongolische Plateau sowie alle Regionen östlich des Qinghai-Tibet-Plateaus und entspricht etwa 45 Prozent der Gesamtfläche Chinas. Fast 90 Prozent des Kulturlandes sowie 95 Prozent der Bevölkerung befinden sich in diesen Regionen. Das sogenannte Monsunchina wird vom indischen (Südwestmonsun) und dem ostasiatischen Monsun geprägt. Beide Monsunsysteme verursachen intensive, aber variable Niederschläge von Mai bis September, wodurch die Osthälfte des Landes als humide Region eingestuft werden kann. Die Grenze des aktuellen Sommermonsuneinflusses verläuft ungefähr entlang der 350-mm-Isohyete[1] vom Amurbogen im Nordosten des Landes über Beijing und die Provinzhauptstadt Lanzhou diagonal durch das Land bis nach Lhasa. Bereits ab September beginnt sich über der Mongolei und Sibirien ein ausgeprägtes Kältehoch zu etablieren, das tro-

---

1 Isohyeten sind Verbindungslinien zwischen Orten gleicher Niederschlagsmenge.

ckenkalte Luftmassen – nun als Wintermonsun bezeichnet – südwärts transportiert. Nicht selten reichen daher kontinentale Kaltluftausläufer im Winter bis weit in die Subtropen Südostchinas hinein. Temperaturen in Shanghai oder Nanjing können dann durchaus Minusgrade erreichen. Generell bildet etwa der 32. Breitengrad eine ungefähre Grenze zwischen dem tropisch-subtropisch humiden Klima Süd- und Ostchinas und dem warmgemäßigten, winterkalten und humiden bis semihumiden Klimabereich des Nordens. Das Qinling Shan verläuft etwa entlang dieser Grenze und bildet gleichzeitig eine Wasserscheide zwischen den großen Flüssen Chang Jiang und Huang He innerhalb Monsunchinas. Nicht von ungefähr gilt deshalb auch der längste Fluss Chinas, der Chang Jiang, als wichtige Trennlinie für den Einbau von Heizungssystemen in allen Gebäuden. Wer nördlich des Flusses lebt, kann mit einer Heizung in der Wohnung rechnen. Südlich davon verfügen die allermeisten (öffentlichen) Gebäude über kein Heizungssystem. Daher werden hier häufig die energiefressenden Klimaanlagen zum Heizen im Winter und zur Kühlung im Sommer eingesetzt.

4 Landschaftliche Besonderheiten der Großregionen

Der Tian Shan in Xinjiang gehört seit 2011 zum Weltnaturerbe der UNESCO. (Foto: Imaginechina via AP Images, 2011)

Tibet-Plateau: Eine Großregion in Bewegung

Die Reliefformung der Hochgebirge – Himalaya im Süden, Karakorum, Pamir und Tian Shan im Westen des Landes – wie auch das gesamte Tibet-Plateau mit seinen wichtigsten Gebirgsketten Tangula Shan, Kunlun Shan und Qilian Shan sind im Wesentlichen ein Ergebnis der tektonischen Entwicklung des Raumes, seitdem der indische Subkontinent vor etwa 50 Mio. Jahren mit dem eurasischen Kontinent kollidierte. Erhebliche Krustenverkürzungen, deren Verdickung sowie die Hebung und Auffaltung oben genannter Gebirgsketten sind die sichtbaren Folgen des heute noch andauernden geologischen und klimaunabhängigen Prozesses. Die Entwicklung des asiatischen Monsunsystems ist dabei eng mit der geologischen Entwicklung verknüpft. Erst, als mit der Hebung des Tibet-Plateaus ein kritischer Schwellenwert überschritten wurde, konnte sich das Monsunsystem entfalten. Die tektonisch verursachten Krustenbewegungen drücken sich morphologisch so aus, dass die großen Gebirgsketten sich zunächst nahezu parallel von Westen nach Osten ausrichten und schließlich nach Süden entlang des Plateau-Ostrandes (Hengduan Shan) umgelenkt werden. Letzteres ist eine Folge der im Uhrzeigersinn fortdauernden Rotation des chinesischen Festlandsblocks. Alle großen Flüsse des Tibet-Plateaus wie zum Beispiel der Yarlung Tsangpo (Oberlauf des Brahmaputra), Meigong He (Mekong), Hong He (Roter Fluss) und Chang Jiang folgen deshalb den Längstalfluchten zwischen den einzelnen Gebirgsketten. Sie haben sich zum Teil tief in die Gesteinsschichten eingeschnitten und bilden lokal steile und tiefe Schluchten aus, wie beispielsweise der berühmte Canyon des Yarlung Tsangpo in Tibet. Diese gewaltigen Erosionsleistungen sind sichtbare Zeugnisse junger Hebungen der umliegenden Gebirge. Dass diese zumeist impulsartigen Bewegungen auch gegenwärtig andauern, spüren die Menschen unmittelbar durch die zahlreichen Erdbeben in dieser Region. Allein für den Zeitraum von 1973 bis Ende August 2012 wurden in Tibet und angrenzenden Gebieten mehr als 10 500 Erdbeben mit unterschiedlichen Stärken registriert, was einer mittleren Häufigkeit von etwa 265 Beben pro Jahr entspricht. Bezieht man die Erdbeben im Osten des Landes einschließlich Taiwan mit in die Statistik ein, dann wurden für denselben Zeitraum mehr als 21 800 Beben registriert, davon immerhin 2 700 Erdbeben der Stärken 5,1–8. Bezogen auf Zentral- und Westchina fanden in den letzten knapp 40 Jahren 1 270 mittlere bis große Erdbeben der Stärken > 5 statt (im Durchschnitt 33 pro Jahr), die zur teilweisen oder sogar vollständigen Zerstörung von Bauwerken führten. Die Erdbeben konzentrieren sich vor allem auf die Gebirgsregionen

Chinas, entlang von ausgedehnten Verwerfungszonen (z. B. Kunlun Shan) und an der Grenze der ozeanischen Pazifikplatte (Teil des pazifischen Feuerringes), die Taiwan und Japan tangiert. Neben Tibet ist vor allem auch die Insel Taiwan von häufigen, zum Teil starken bis schweren Erdbeben betroffen. Im Gegensatz zu diesen tektonisch sehr aktiven Zonen bleiben der Osten und Nordosten Chinas weitgehend erdbebenfrei, mit Ausnahme der großen Erdbeben in der Nähe der Großstadt Tianjin im Jahr 1976 und im äußersten Nordosten an der Grenze zu Nordkorea im Jahr 1994.

Das Jahr 2008 mit dem verheerenden Sichuan-Beben am Ostrand des Tibet-Plateaus (Stärke 7,96), das mehr als 80 000 Todesopfer und vermisste Personen sowie mehr als 350 000 Verletzte forderte, war auch das Jahr mit der extremsten Bebenhäufigkeit (2 052 Beben, davon allein sieben starke Beben der Stärke 6–7 und zwei Großbeben der Stärke >7). Der beträchtliche Schaden, den das Sichuan-Beben anrichtete, ist nicht nur der zerstörerischen Kraft des Bebens gezollt, sondern auch der mangelhaften Qualität zahlreicher öffentlicher Gebäude. Regionale Berichte im Fernsehen und in anderen Medien stellten vor allem die ungenügende Ausführung von Bauvorhaben an den Pranger. Exemplarisch zeigte sich, dass die Qualität der Bauwerke nicht nur in den erdbebengefährdeten ländlichen Regionen Chinas, sondern auch in vielen anderen Regionen – von wenigen Ausnahmen abgesehen – den Anforderungen an Stand- und Erdbebensicherheit, ausreichender Isolation, moderner Versorgungstechnik (Wasser, Abwasser, Elektrik) sowie hochwertiger Material- und Ausführungsqualität kaum genügen kann. Die Zentralregierung hat in diesem Zusammenhang verschärfte Kontrollen zur Qualitätssicherung von öffentlichen Gebäuden angekündigt.

Zusätzlich führten die durch das Erdbeben ausgelösten gewaltige Bergrutsche und Bergstürze in einigen Tälern zur spontanen Bildung von Dämmen an den Flüssen und damit zu zusätzlichen Gefahren durch Wasserstau, Überschwemmungen und nachfolgende Dammbrüche. In Anbetracht der sehr hohen Bebendichte und Bebenhäufigkeit auf dem Tibet-Plateau und in den angrenzenden Regionen sind solche kurzzeitigen, mitunter heftigen Ereignisse Auslöser nicht nur für Bewegungen aller Art, sondern auch für plötzliche Veränderungen des Abflussregimes zahlreicher Flüsse und der mitgeführten Flussfracht. Sie sind daher im Sinn einer komplexen Prozessdynamik ein nicht zu unterschätzender Formungsfaktor, der unmittelbaren Einfluss auf die tiefer gelegenen und dicht besiedelten Regionen Chinas hat.

Die meisten der über 5 500 m aufragenden Berggipfel auf dem Tibet-Plateau sowie entlang der umrahmenden Gebirgsmassive sind vergletschert. Besonders gletscherreiche Regionen sind vor allem im westlichen Himalaya sowie im Pamir anzutreffen. Kleinere Gletscherausdehnungen in den zentralen Teilen des Plateaus sind auf die wesentlich geringeren Niederschläge dort zurückzuführen. Wegen der durchschnittlichen Höhenlage des Tibet-Plateaus von etwa 4200–4500 m ist es die einzige größere Region in China, in der neben vergletscherten Regionen auch Dauerfrostboden (Permafrost) weit verbreitet ist. Große Mengen des Grundwassers sind also ganzjährig und dauerhaft gefroren. Vergleichbare Permafrostgebiete gibt es nur in den Polarregionen Russlands, in Kanada und Alaska. Allein deshalb wird das Tibet-Plateau in der aktuellen geowissenschaftlichen Forschung auch als »dritter Pol« bezeichnet. Es war insbesondere der Dauerfrostboden, der für die Verlegung der Eisenbahntrasse, die über das Plateau von Golmud nach Lhasa führt, eine große technische Herausforderung darstellte (u.a. Cheng 2005). Es musste nämlich unter allen Umständen vermieden werden, dass der ganzjährig gefrorene Boden unter dem Gleisbett sowie im Bereich der zahlreichen Brückenkonstruktionen auftaut und zur Absenkung bzw. Zerstörung der Bauwerke führt. Zahlreiche Ingenieure und Bahnarbeiter haben – auch mit Unterstützung ausländischer Fachleute – unter extremen Arbeitsbedingungen eine Meisterleistung vollbracht. Seit 2006 gibt es einen regelmäßigen Zugverkehr über die weltweit höchstgelegene Streckenführung.

Das Landschaftsbild des Plateaus wird von weiten Ebenen, gewaltigen Schwemmfächerfluren und zum Teil tief eingeschnittenen Flusstälern, unterbrochen von Gebirgsketten, beherrscht. Nicht nur die Höhe des Plateaus, sondern auch die nur kurze sommerliche Vegetationsperiode, karge, meist nährstoffarme und schwach entwickelte Böden sowie von Halbnomaden betriebene extensive Weidewirtschaft verhindern die Ausbreitung von Gehölzen und Wäldern. Jüngere Untersuchungen zur Vegetationsentwicklung auf den Plateauflächen belegen eindrucksvoll, dass sich eine weitaus vielfältigere Flora und vermutlich sogar einige Gehölzarten auch auf Höhen um 4000 m ausbreiten könnten, wenn die Beweidung durch Millionen von Yaks, Schafen und Ziegen unterbleiben bzw. eingedämmt würde. In den letzten zwei Jahrzehnten werden von der Regierung verstärkt Anstrengungen unternommen, um die stellenweise markante Überweidung und die daraus resultierende Bodenerosion zu verringern. Jüngst unter Natur- und Beweidungsschutz gestellte kleinere Areale wie beispielsweise am Nordrand des Tibet-Plateaus (Qilian Shan) belegen, dass üppige Graslandschaften sowie lichte Wälder bzw. Baumgruppen (Koniferen und Wachholder) in geschützten Lagen bis in einer Höhe von 4000 m existieren können und sich diese wieder ausbreiten. Gletscher und

Bernd Wünnemann

Die Qinghai-Tibet-Eisenbahnlinie ist seit 2006 in Betrieb. Inzwischen ist ein Viertel der knapp 2 000 Kilometer langen Gleisstrecke von Bodenerosion als Folge der Desertifikation bedroht. (Foto: Imaginechina via AP Images, 2006)

Dauerfrostboden bilden gewissermaßen stille Süßwasserreserven für China und angrenzende Länder, wobei allerdings beide infolge der aktuellen Klimaerwärmung schrumpfen. Diese Schmelzprozesse führen kurzfristig zu erhöhtem sommerlichem Schmelzwasserabfluss und zur vermehrten Bodenerosion. Nach verschiedenen Berechnungsmodellen beträgt der Anteil an Gletscherschmelzwasser an der Gesamtabflussmenge zahlreicher Flüsse noch etwa neun bis elf Prozent, in einzelnen Regionen kann der Anteil aber auch bis zu 40 Prozent betragen. Geht man davon aus, dass die Jahresniederschläge in den Einzugsgebieten der Flüsse auch in den nächsten Jahren etwa gleich bleiben, dann würde die Reduktion des Schmelzwasseraufkommens bei fortschreitendem Gletscherrückgang (negative Bilanz) zu einer markanten Verringerung des Wasserdargebots führen. Der Intergovernmental Panel for Climate Change (IPCC) prognostiziert in seinem vierten Sachstandsbericht 2007, dass bereits in den kommenden Jahrzehnten auch in China zahlreiche Gletscher und Dauerfrostregionen ohne erkennbare Chancen auf eine zukünftige Regenerierung verschwinden könnten. Langfristig wären damit erhebliche Veränderungen in den Einzugsgebieten der großen Flüsse, die ihren Ursprung auf dem Tibet-Plateau haben, verbunden. Sofern sich das aktuelle Niederschlagsregime nicht grundlegend ändert, wird man langfristig mit einer Verringerung des Gesamtabflusses und dann auch mit einer zunehmenden Wasserverknappung rechnen müssen.

Trockengürtel Chinas – Problemregionen ohne Lösung?
Tarimbecken (Taklamakan-Wüste): Aspekte der Landnutzung

Westlich der zuvor beschriebenen Sommermonsungrenze breiten sich die semiariden bis ariden Regionen Chinas aus. Sie sind ein Teil des innerasiatischen Trockengürtels, der aus weitläufigen Steppenlandschaften, unterbrochen von winterkalten Halb- und Vollwüsten, besteht. Geologisch-morphologisch sind klassische Beckenregionen wie etwa das Tarimbecken, das Junggarische Becken in der Provinz Xinjiang und das Qaidambecken in Qinghai von den sogenannten Plateauflächen der Inneren Mongolei (Alashan, Ordos und Horqin) zu trennen. Allen gemeinsam ist aber, dass für sie ein in westlicher Richtung zunehmendes Defizit an Feuchtigkeit bei besonders hohen jährlichen Verdunstungsraten charakteristisch ist.

Problemregion Tarimbecken: zweitgrößte zusammenhängende Trockenfläche der Welt (Foto: Imaginechina via AP Images, 2013)

Das etwa 780–1 400 m hoch gelegene Tarimbecken mit einer Fläche von rund 960 000 km² im äußersten Westen Chinas (Provinz Xinjiang) ist nach der Wüste Sahara der zweitgrößte zusammenhängende Trockenraum der Welt. Davon nimmt die Taklamakan-Wüste mit ausgedehnten und kaum passierbaren hohen Dünen etwa ein Drittel der Fläche ein (Protze 2011). Die Jahresniederschläge liegen bei 25 l/m². Wie alle ariden Becken im Norden und Nordwesten Chinas ist auch das Tarimbecken im hydrologischen Sinn ein sogenanntes endorheisches Becken: Alle Flüsse aus den

Aufbau eines Fotovoltaikkraftwerks: In der autonomen Region Xinjiang soll verstärkt auf Solarenergie gesetzt werden – naheliegend bei 3 000 Stunden Sonne jährlich wie hier in Hami. Zum Vergleich: In Freiburg als der sonnigsten Stadt Deutschlands sind es 1 740. (Foto: Imaginechina via AP Images, 2012)

umrahmenden Gebirgen enden in diesem Becken, ohne dass es eine Verbindung zu den Weltmeeren gibt. So auch der Fluss Tarim, der vor 1950 noch von seinen Quellgebieten im Tian Shan, Karakorum und Kunlun Shan quer durch das Becken bis in das östliche Teilbecken des Lop Nor[2] entwässerte, kurz danach aber durch Dammbauten und Reservoire im Mittellauf zur Umlenkung gezwungen wurde und bereits in der Senke des seit 1981 verlandeten Taitama-Sees endete. Der künstliche Eingriff in das Flusssystem in den 1950er-Jahren führte bis zum Beginn der 1960er-Jahre auch zur vollständigen Austrocknung des Lop Nor. Letzteres Gebiet

---

2 Lop Nor war einer der größten und am weitesten vom Meer entfernten abflusslosen Salzseen der Erde, der in den 1950er-Jahren noch eine Fläche von mehr als 2 000 km^2 hatte. Er befand sich in einer Höhe von 780 m an der tiefsten Stelle des Tarimbeckens. Nachdem sein Zufluss vorübergehend ausgetrocknet war, füllte er sich letztmals im Jahr 1921. Seit Beginn der 1960er-Jahre ist er endgültig ausgetrocknet.

ist in China als sogenannte Terra incognita bekannt, weil dort ab Mitte des vorigen Jahrhunderts zahlreiche unterirdische Atombombentests stattfanden, weshalb dieses Gebiet nicht öffentlich zugänglich war.

Große Probleme bereiten die rückläufigen Abflussmengen des Tarimunterlaufs, obgleich die Schmelzwasseraufkommen der Tributäre durch abschmelzende Gletscher zugenommen haben. Ehemals ausgedehnte Auenbereiche haben wegen des Wasserverlustes ihre ökologische Funktion verloren und sind infolge der zunehmenden Versalzung von Böden und oberflächennaher Grundwässer – übrigens ein grundsätzliches Problem in Trockenräumen – dauerhaft gefährdet. Der Grund für diese schleichende Desertifikation liegt vor allem in der erhöhten Wasserentnahme für die erweiterten landwirtschaftlichen Bewässerungsfluren in den Oasen entlang der Schwemmfächerebenen sowie in der Speicherung von Wasser in zahlreichen Reservoiren zur Versorgungssicherung während saisonaler Trockenperioden. Alle Regulierungsmaßnahmen zur Wasserversorgung und -verteilung zielen in erster Linie darauf ab, die landwirtschaftliche Produktion von extrem wasserverbrauchenden Nutzpflanzen wie Baumwolle, Reis und Melonen sicherzustellen, und widersprechen letztlich dem Anliegen, natürlich entwickelte Ökosysteme zu erhalten. Es mag verwundern, dass gerade in den Regionen mit akuter Wasserarmut landwirtschaftliche Produkte erzeugt werden, die ausgesprochen viel Wasser benötigen, während Konzepte für andere Einkommensquellen kaum diskutiert werden. Dies ist umso erstaunlicher, als das Tarimbecken neben seinen reichen Öl- und Gasvorkommen auch hinreichend Potenzial für den Einsatz regenerativer Energien (z. B. Solartechnik) bietet (siehe Giese/Bahro/Betke 1998).

Die Wüste Gobi, ein Dauerbrenner hydrologischer Unterversorgung

Ähnliche Problemfelder gibt es auch in den Wüstenregionen der westlichen Inneren Mongolei. Das nördlich des Tibet-Plateaus gelegene Alashan-Plateau, das durchschnittlich etwa 1300 m hoch ist und auch als Teilgebiet der Wüste Gobi angesehen wird, umfasst im engeren Sinn geologisch alte, vegetationsarme Gesteinsformationen sowie ausgedehnte Kiesebenen (*gobi*) und mobile Dünengebiete (*shamo*) zwischen dem Qilian Shan im Süden und dem Gobi-Altai der Mongolei. In der dortigen Badain Jaran Shamo, einer Sandwüste, befinden sich auch die höchsten Querdünenformationen der Welt mit relativen Höhen von mehr als 500 m. Das endorheische Flusssystem des Hei He (Schwarzen Flusses) endet in ehemals ausgedehnten Seen des Gaxun-Nur-Beckens (Juyan-Beckens). Durch Staumaßnahmen im Oberlauf des Flusses sowie wegen der ausgedehnten Bewässerungskulturen in den Schwemmfächerfluren am Nordrand des Qilian Shan entlang des Hexi-Korridors und der berühmten Seidenstraße durch die Provinz Gansu sind sie inzwischen trockengefallen.

Dem Wassermangel zum Trotz: Anbau von Baumwolle im Tarimbecken (Foto: Imaginechina via AP Images, 2013)

Der akute Wassermangel in den Flussoasen entlang des Hei-He-Unterlaufs wird seit Jahren durch die Entnahme von Grundwasser kompensiert, um die Versorgung der wachsenden Bevölkerung und der Miltärbasen (u. a. ist dort der Weltraumbahnhof installiert worden) sowie die Bewässerung von Baumwoll-, Sonnenblumen- und Melonenfeldern sicherzustellen. Diese Maßnahmen sind schon allein deshalb besonders kritisch zu bewerten, weil das geförderte Grundwasser fossil (älter als 20 000 Jahre) und auf absehbare Zeit nicht mehr erneuerbar ist. Das vermehrte Pumpen von Grundwasser führte besonders in den letzten Jahren zu lokalen Grundwasserabsenkungen von mehr als einem Meter pro Jahr. Der Einsatz qualitativ hochwertigen Tiefenwassers für die landwirtschaftliche Bewässerung ist außerdem bedenklich, wenn man berücksichtigt, dass ein Teil davon unwiederbringlich verdunstet und der andere Teil – nunmehr nährstoff- und pestizidbelastet – in den oberen salzhaltigen Grundwasserhorizont einsickert und damit für eine erneute Nutzung nicht mehr geeignet ist. Zahlreiche versalzte Böden ehemals genutzter Feldfluren innerhalb der Flussoasen sind sichtbare Zeugnisse einer ineffizienten Bewässerungstechnik, die allerdings in den letzten Jahren teilweise durch modernere Methoden wie Tropfenbewässerung und Folienschutz verbessert wurde, ohne jedoch die Anbauprodukte prinzipiell zu verändern. Inzwischen haben die lokalen politischen Entscheidungsträger ebenso wie die Zentralregierung in Beijing erkannt, dass neben einer neuen Konzeption für die Verteilung und Kontrolle des Wasserdargebots auch eine langfristige Lösung zur Verringerung der Wasserknappheit nicht nur in den ariden Gebieten, sondern vor allem auch in den dicht besiedelten Wirtschaftszentren im Osten des Landes, in denen der Wasserverbrauch über dem lokal verfügbaren Angebot liegt, notwendig ist. Deshalb hat man beschlossen, Wasser aus den südlichen humiden Regionen Chinas nach Norden und Nordwesten zu leiten. Der Plan, einen Teil des Wassers aus dem Chang Jiang nach Norden umzuleiten, ist schon vor etwa 60 Jahren entwickelt worden und seit 2001 als Süd-Nord-Wassertransferprojekt bekannt. Drei Verbindungswege sind seit mehr als zehn Jahren in Entwicklung:

- Die Westroute (1 155 km) verbindet den Oberlauf des Chang Jiang mit dem Huang He. Eine Querverbindung nach Nordosten beginnt am Drei-Schluchten-Staudamm und trifft im Zoigebecken auf den Huang He.
- Die zentrale (mittlere) Route (1 267 km) hat ihren Ausgangspunkt im Danjiangkou-Reservoir nordwestlich von Nanjing, quert den Huang He und endet im Großraum Beijing und Tianjin.
- Die Ostroute (ca. 500 km) wird vom küstennahen Chang-Jiang-Delta aus nach Norden geführt, um die Regionen um Tianjin und Qingdao zu versorgen.

Die Ostroute ist bereits 2013 fertiggestellt worden und die Zentralroute wird im Lauf des Jahres 2014 ihrer Bestimmung übergeben. Die Westroute hingegen ist weiterhin im Bau und es wird vermutlich noch Jahre dauern, ehe auch diese Verbindung genutzt werden kann. Ähnlich wie der Drei-Schluchten-Staudamm sind auch diese Bauvorhaben monumentalen Ausmaßes vielfältig kritisiert worden, vor allem wegen der Belastungen von Gewässern, Böden und Luft sowie weitreichender Umsiedlungsaktionen der betroffenen Bevölkerung. Noch nicht abschätzbar sind ferner erhöhte Risiken von Überflutungen einerseits und Trockenheiten in bestimmten Regionen andererseits.

Ob diese Jahrhundertaufgabe allerdings auch langfristig die massiven Wasserprobleme in den ariden Regionen Chinas und in den Ballungszentren im Norden Chinas lösen wird, bleibt sehr zweifelhaft. Untersuchungen von Jöst u. a. (2006) machen deutlich, dass die Effizienz der Umleitungsmaßnahmen im Wesentlichen von der Transfermenge des Wassers zum Beispiel aus dem

Abb. 4: Wasser: Ressourcen, Knappheit, Transferrouten

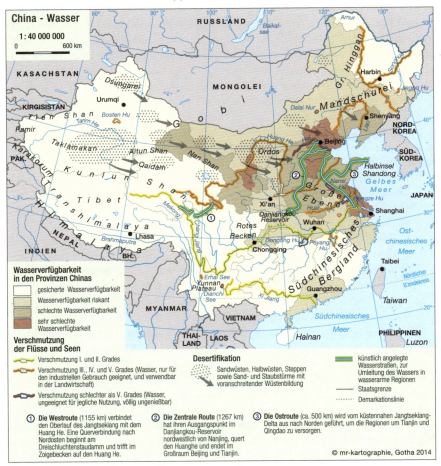

Staubereich des Drei-Schluchten-Staudamms und von geänderten Managementstrukturen unter Berücksichtigung der künftigen Wassernutzung der beiden Hauptverbraucherinnen Landwirtschaft und Industrie abhängt. Häufige Streitigkeiten um Wasserrechte und deren Verteilung verdeutlichen die auf Provinzebene und in den Bezirken immer noch bestehenden Rechtsunsicherheiten in Fragen des Wassermanagements.

Immerhin haben sich erste kleine Erfolge eingestellt: Seit Kurzem führen geänderte Wasserverteilungskonzepte entlang des Hei He (Alashan-

Plateau) dazu, dass nun deutlich mehr Wasser in die Oasenregion des Gaxun-Nur-Beckens fließen darf, sodass die Revitalisierung eines der drei ehemaligen Endseen möglich wird. Nicht zuletzt können diese Maßnahmen langfristig die Entwicklung des »sanften« Tourismus mit der Perspektive alternativer Einkommensquellen für die lokale Bevölkerung befördern.

Ein Teil der Zentralroute des gigantischen Süd-Nord-Wasserumleitungsprojekts wurde im August 2013 fertiggestellt. (Foto: Imaginechina via AP Images, 2013)

Staubtransport als natürliche Emissionsquelle

Neben der massiven Wasserproblematik besteht ein anderes, ebenso gravierendes Problem, das nicht nur erhebliche Auswirkungen auf die östlichen Landesteile Chinas hat, sondern auch mit der Wasserverfügbarkeit unmittelbar verbunden ist: die Mobilisierung von Sand und Staub durch Wind, in der Fachsprache ausgedrückt: äolische Prozesse. Sie sind besonders in den vegetationsarmen und -freien Regionen des Trockengürtels wirksam. Sandkörner und feinere Bodenbestandteile werden durch die vorherrschenden westlichen und nordwestlichen Winde aufgenommen und mit der Luftströmung transportiert. Je feiner das aufgenommene Material und je stärker die Winde, desto weiter wird es süd- bis ostwärts transportiert, ehe es dann wieder abgelagert wird. Die großen aktiven Dünengebiete dieses Raumes sind beredte Zeugen solch wirksamer Umlagerungsprozesse, die vornehmlich in den regenarmen und windreichen Perioden des Herbstes, Winters und Frühjahrs stattfinden. Erhebliche Mengen an

Bernd Wünnemann

Sandsturm über Beijing (Foto: Imaginechina via AP Images, 2013)

Staub – vor allem bekannt als Löss – werden über weite Entfernungen bis in die östlichen und südlichen Landesteile Chinas, aber auch weit darüber hinaus transportiert. Wüstenstaub aus China wurde bereits im Grönlandeis nachgewiesen. Wie aus zahlreichen Untersuchungen längst bekannt ist, sind vor allem die mächtigen Lössablagerungen des chinesischen Lössplateaus ein Ergebnis der seit Jahrmillionen andauernden Transport- und Ablagerungsprozesse durch den Wind. Zahlreiche fossile Bodenbildungen zwischen den zum Teil Dekameter dicken Lössablagerungen deuten auch darauf hin, dass die Phasen der Lössbildung, die bevorzugt während mäßig trockener und vermutlich auch kälterer Klimaperioden stattfanden, durch klimatisch günstigere Perioden mit verminderter Lössbildung unterbrochen waren. Anders als in den Lössregionen Mitteleuropas hat sich hier im Lauf der jüngeren Erdgeschichte unter den besonderen atmosphärischen Zirkulationsbedingungen ein fast geschlossener Kreislauf des Materialtransportes eingestellt: In den Gebirgen sorgen Verwitterung und Erosion für den Transport der Sedimente in die Beckenregionen. Von dort werden sie unter dem Einfluss äolischer Prozesse wieder ausgetragen, erneut in den Gebirgen und deren Vorländern abgelagert (z. B. Lössplateau) und gelangen dann zumindest teilweise über die endorheischen

Flüsse zurück in die Becken. Insgesamt ist die Bilanz allerdings negativ, weil erhebliche Mengen durch äolischen Ferntransport und als Flussfracht – zum Beispiel im Gelben Fluss – schließlich den Meeren zugeführt werden und damit dem Kreislauf entzogen sind.

Jedes Jahr beklagen sich die Bewohner der städtischen Ballungsräume im Osten des Landes über den gelben Staub aus Chinas Wüsten, der besonders im Frühjahr vermehrt auftritt und nicht nur alles mit einer feinen Staubschicht überdeckt, sondern auch Atemprobleme verursacht. Maßnahmen zur Eindämmung der Desertifikation und damit auch des Staubtransportes sind schon zu Beginn der 70er-Jahre des vorigen Jahrhunderts durch Begrünungs- und Aufforstungsmaßnahmen in Angriff genommen worden. Bekannt geworden ist dieses weltweit größte Umweltprojekt unter dem Begriff »Grüne Mauer«. Dessen ambitioniertes Ziel war und ist es, die Erosion durch Fixierung der Bodenschicht mit einer Vegetationsdecke zu begrenzen. Umfangreiche Aufforstungsanstrengungen, besonders in den Anrainerprovinzen (Shaanxi, Shanxi, Ningxia und Gansu), sind bereits erfolgt, allerdings bestehen erhebliche Zweifel an deren Wirksamkeit. Zum einen erfordert diese Pflanzaktion eine ständige Bewässerung der Kulturen und damit einen bisher nicht kalkulierten Mehrverbrauch an Wasser mit dem Zwischenergebnis, dass ein erheblicher Anteil der Anpflanzungen schnell wachsender Gehölze die ersten Lebensjahre aus Wassermangel oder wegen anderer Standortnachteile nicht überstanden hat. Zum anderen ist eine Bekämpfung der Ursachen des Staubtransportes – dazu zählen zum Beispiel der anthropogen induzierte Wassermangel in den Becken und massive Überweidung – kaum angegangen worden. Weder wurde durchgesetzt, die extensive Weidewirtschaft zu reduzieren, noch, die erosionsgefährdeten Flächen zu fixieren, indem man zum Beispiel Flüsse und Endseen zur Verringerung der Desertifikation revitalisiert. Im Gegenteil, durch die anhaltende Desertifikation gehen immer noch mehr Flächen verloren als durch verschiedene Einzelmaßnahmen wie zum Beispiel Dünenfixierung zurückgewonnen werden.

Chinas Staubarchiv – das Lössplateau

Das vom Sommermonsun beeinflusste Lössplateau Chinas, ein traditionell wichtiges landwirtschaftliches Anbaugebiet für Gemüse, Weizen, Mais und Obst mit einer zum Teil ausgeprägten Terrassenkultur, leidet ferner unter massiven Erosionsproblemen durch die besonderen physikalischen Eigenschaften des gelblich braunen Lösses. In trockenem Zustand ist dieses feine, nadelporige und extrem homogene Sediment ausgesprochen hart und standfest, weshalb sich entlang von Flussufern tiefe und senkrecht abfallende Abbruchkanten ausgebildet haben. Im feuchten Zustand wird der Löss weich und plastisch und ist deshalb extrem erosionsanfällig. Der Gelbe Fluss trägt seinen Namen unter anderem wegen dieser hohen Lössfracht, die er auf der Fließstrecke durch das Plateau aufnimmt und schließlich dem Gelben Meer zuführt. Tiefe, schluchtartig geformte Erosionsrinnen (Gullys) durchziehen in einem dichten Netzwerk weite Teile der auf etwa 1 500 m Höhe gelegenen Plateaufläche und erschweren deshalb die Entwicklung der Infrastruktur sowie eine maschinell betriebene moderne Landwirtschaft. Zusätzliche Probleme bereitete die extensive Weidewirtschaft auf den Lösshängen, die aufgrund der Steilheit nicht landwirtschaftlich nutzbar sind. Besonders Schafe und Ziegen trugen dazu bei, dass sich eine dauerhafte Pflanzendecke gegen Erosion nicht entwickeln konnte. Inzwischen sind viele dieser Hänge bewaldet, erfordern aber immer noch eine permanente Bewässerung der Kulturen. Der feine Staub aus den Wüstenregionen Chinas (die Wüsten Gobi und Taklamakan, Qaidam-Becken) hat sich im Lauf der letzten rund 1,7 Mio. Jahre abgelagert und bildet heute eine bis zu 300 m mächtige Sedimentdecke über älteren Gesteinen. Es ist allerdings anzunehmen, dass der in der Lössregion weitverbreitete »Rote Ton« unterhalb des gelben Lösses ebenfalls äolischen Ursprungs ist und somit auf wesentlich ältere (älter als 2,5 Mio. Jahre) Ablagerungsprozesse verweist. Berühmt geworden ist das Lössplateau vor allem durch zahlreiche Untersuchungen zu den Lössabfolgen, die durch fossile Bodenbildungen gegliedert werden können. Schlüsselprofile dazu sind zum Beispiel in Luochuan westlich von Xi'an seit mehreren Jahren als geologische Denkmale ausgewiesen.

Tiefländer und Deltaregionen des Monsunchinas

Chinas große Schwemmebenen

Der weitaus größte Teil Monsunchinas wird von den Schwemmebenen im Nordosten des Landes und von den Flüssen Huang He, Chang Jiang und Zhujiang im Osten sowie von dem Roten Becken in Sichuan eingenommen (siehe *Abbildung 1*, S. 17). Wegen der relativ geringen Reliefunterschiede, ausreichender Niederschläge und guter Böden werden diese Regionen traditionell landwirtschaftlich genutzt. Ferner ist diese Region klassisches Siedlungsgebiet seit historischen Zeiten. Fast alle großen Agglomerationen sind hier ebenso zu finden wie alle größeren Wirtschaftszentren des Landes. Insbesondere die großen Flüsse Chang Jiang und Huang He haben durch ausgedehnte Deltabildungen diese Landschaft geformt und die Räume zwischen einzelnen hügeligen Bergländern eingeebnet.

Chinas naturräumliche Ausstattung

Das Delta des Gelben Flusses 1979 und 2000: Der Gelbe Fluss hat Hunderte Quadratkilometer Schwemmland vor der Küste Shandongs angehäuft. (Foto: ullstein bild – Still Pictures/NASA 1979 und 2000)

Aus historischen Aufzeichnungen ist uns bekannt, dass der Unterlauf des Huang He mit Eintritt in die östliche Ebene bei Kaifeng seine Sedimentfracht (circa 5,6 kg Feststoffe pro m^3 Wasser) in Form von Dammufern weiträumig verteilt und dabei im Lauf der letzten 2500 Jahre mehrfach seine Richtung geändert hat. Der älteste Lauf mündete bis 602 v. Chr. südlich von Tianjin in die Bohai-Bucht des Gelben Meeres. Zwischen 1853 und 1887 verlagerte er seinen Unterlauf nach Süden, mündete nordwestlich von Shanghai ins Gelbe Meer und verzahnte sich mit den Deltaablagerungen des Chang Jiang. Letzterer ist der wasserreichste und längste Fluss Chinas. Nach Durchquerung des Yunnan-Plateaus durchfließt er auf kurzer Strecke das Rote Becken und tritt dann nach Durchbruch der berühmten drei Schluchten nordöstlich von Chongqing in das Becken von Wuhan und danach in die große Schwemmebene seines Unterlaufs. Aufgrund der stark wechselnden Wasserführung kann der Flusspegel zur Monsunzeit um mehr als zehn Meter (bei Wuhan) ansteigen und dann weitflächig in die Retentionsbecken des Dongting und Poyang eingreifen. Beide Beckenräume fallen in der Niedrigwasserperiode fast trocken. Heute wird der Abfluss des Chang Jiang durch den Drei-Schluchten-Staudamm geregelt, sodass größere Überschwemmungen des Deltabereichs seit Inbetriebnahme minimiert werden konnten. Das Delta zwischen Nanjing und Shanghai (ca. 300 km Strecke) wird von zahlreichen Flussläufen, Kanälen und offenen Wasserflächen des Marschlandes beherrscht; das Marschland ist trotz der schwierigen Untergrundverhältnisse (oberflächennahes Grundwasser) durch eine anhaltend hohe Urbanisierung gekennzeichnet. Letztere verdrängt mehr und mehr die landwirtschaftlich genutzten Areale zugunsten städtischer und industrieller Entwicklung.

Die Tieflandregion entlang des Zhujiang um Guangzhou (Kanton) hat sich im Gegensatz zu den Deltaregionen des Huang He und Chang Jiang aufgrund der geologischen Strukturen als Ästuar, also trichterförmig, ausgebildet. Dennoch unterscheidet sich diese Region nicht grundsätzlich von den vorgenannten im Hinblick auf landwirtschaftliche Nutzung, Wirtschafts- und Siedlungsentwicklung. Ebenso wie die Regionen des Chang-Jiang-Deltas beherrschen die Agglomerationen von Guangzhou, Shenzhen und Hongkong das Landschaftsbild, umrahmt von Bergländern.

5 Wirtschaftsgeografische Grundlagen

Wirtschaftsstandorte und Struktur

Dank der Öffnung des Wirtschaftssystems für den Weltmarkt und der konsequenten Einbindung in die Globalisierung hat die Volksrepublik

Abb. 5: Beschäftigte und Bruttoinlandsprodukt nach Wirtschaftssektoren (2011) in Prozent

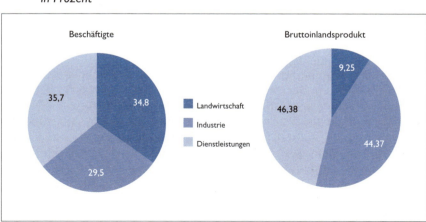

Quelle: http://de.statista.com/statistik/daten/studie/167160/umfrage/erwerbstaetige-nach-wirtschaftssektoren-in-china/.

China in den letzten beiden Jahrzehnten einen enormen wirtschaftlichen Aufschwung erfahren. Die größten Wirtschaftsleistungen werden im Osten des Landes erbracht. Nicht zuletzt wegen der dortigen hohen Bevölkerungszahl, der besonders nachhaltigen Entwicklung der Infrastruktur und der relativ günstigen Anbindung an den Überseehandel sind fast alle großen Wirtschaftszentren in dieser Region zu finden. Wenige Ausnahmen bilden die schnell wachsenden Zentren um Chongqing, Chengdu und Kunming im Südwesten sowie Xi'an im Nordwesten. In den drei Wirtschaftssektoren Landwirtschaft, Industrie und Dienstleistungen waren 2008 jeweils ein Drittel der 795,5 Mio. erwerbsfähigen Chinesen beschäftigt. Zum Bruttoinlandsprodukt 2011 trug die Landwirtschaft 9,25 Prozent bei, die Industrie kam auf 44,37 Prozent und der Dienstleistungssektor auf 46,38 Prozent (siehe *Abbildung 5*). Auch hier ist wie in anderen Industrieländern davon auszugehen, dass sich das Verhältnis zugunsten des tertiären Sektors (Dienstleistungen) weiter verschieben wird.

Chinas Agrarwirtschaft im Umbruch

Chinas nutzbare Anbaufläche erstreckt sich aufgrund der topografischen und klimatischen Rahmenbedingungen zu mehr als 90 Prozent auf die Ebenen und Deltaregionen Monsunchinas (siehe *Abbildung 1*, S. 17). Ausreichende Feuchtigkeit, fruchtbare Ackerböden und weitgehend ebene Anbauflächen bilden hier ideale Voraussetzungen für ertragreiche Ernten. Insbesondere die Ebenen im Nordosten Chinas bieten beste Bodenverhältnisse für den Anbau von Getreide, sind aber durch die relativ kurze sommerliche Wachstumsperiode, variable Niederschläge und unregelmäßig auftretende Spätfröste im Frühjahr benachteiligt. Im Süden und Südosten des Landes sind dagegen Mehrfachernten pro Jahr (bis zu drei) wegen der günstigen Klimaverhältnisse möglich. Dort begrenzen allerdings andere Faktoren die nutzbare Anbaufläche und den Ernteertrag: Dazu zählen die nur schwer zugänglichen und erschließbaren Bergländer, zum Beispiel die ausgedehnten Karstlandschaften in Yunnan, Guizhou und Guangxi, ebenso wie die meist schlechtere Bodenqualität und aperiodisch auftretende Dürreperioden.

Weniger als zehn Prozent der Anbaufläche verteilen sich auf die Oasengebiete und Schwemmfächerfluren der westlichen und nordwestlichen Trockengebiete. Geringe und jahreszeitlich ungleichmäßig verteilte Niederschläge sowie hohe Verdunstungsraten zwingen zur Bewässerung der Anbauflächen. Standortbedingte Unterschiede in der Bodenqualität, Erosion durch Wind und Wasser, lokal variierende Bewässerungskonzepte und ein hohes Versalzungsrisiko führen deshalb häufig zu großen Ertrags- und Einkommensunterschieden.

Insgesamt werden nur rund 12,5 Prozent der Gesamtfläche des Landes landwirtschaftlich genutzt. Mit anderen Worten: Mit nur etwa sieben Prozent der in der Welt verfügbaren Anbaufläche muss China etwa ein Fünftel der Weltbevölkerung ernähren. Zum Vergleich: In Deutschland liegt der Anteil der landwirtschaftlich nutzbaren Fläche bei 34,1 Prozent, in den USA sind es 17,5 Prozent.

Die gesamte Anbaufläche in China von aktuell 122 Mio. ha hat sich zudem in den letzten zwölf Jahren um etwa acht Mio. ha verringert, was einem realen Verlust von 6,6 Prozent entspricht. Statistiken, in denen höhere Zahlen genannt werden, haben dann die Flächen mit Mehrfachertrag doppelt bzw. sogar dreifach berücksichtigt.

Die Gründe für den Verlust landwirtschaftlich genutzter Fläche sind vielfältig. Nach Angaben der Akademie für Sozialwissenschaften in Beijing wurden 41,8 Prozent zugunsten der Infrastrukturentwicklung (Straßenbau, Industrie, städtische Baumaßnahmen) umgewidmet. Diese Zahl unterstreicht den deutlichen Trend zur Urbanisierung vor allem im Osten des Landes. Rund 33,8 Prozent ehemals landwirtschaftlich genutzter Fläche wurden überschwemmt, 7,4 Prozent sind auf Verschlammung und 7,2 Prozent auf andere Naturkatastrophen zurückzuführen. Die Restfläche von 9,8 Prozent ging vermutlich durch Wiederaufforstungsmaßnahmen, Versalzung und Erosion verloren.

Ähnlich eindeutig hat sich in den letzten zehn Jahren die Quote der erwerbstätigen Bevölkerung in der Landwirtschaft entwickelt. Waren noch im Jahr 2001 die Hälfte aller Erwerbstätigen in der Landwirtschaft beschäftigt, so sank diese Quote in den Folgejahren kontinuierlich und erreichte im Jahr 2011 nur noch 34,8 Prozent. Der Wandel Chinas zur Industrie- und Dienstleistungsgesellschaft drückt sich in diesen Zahlen deutlich aus.

In den jüngsten Verlautbarungen bekräftigte die Regierung in Beijing erneut, dass trotz des Rückgangs der Anbauflächen und der Arbeitskräfte im Agrarbereich eine weitgehende Eigenversorgung Chinas auch in Zukunft angestrebt wird. Unterstützt wird dieses Bestreben durch Nutzung von Anbauflächen im Ausland (oft als *land grabbing* bezeichnet), zum Beispiel in der Ukraine und in Saskatchewan (Kanada) (Story 2014). Bis zum Jahr 2020 soll daher die gesamte Anbaufläche 120 Mio. ha nicht unterschreiten. Allein für die Grundversorgung der Bevölkerung mit Getreide sind gemäß den Ernteerträgen der letzten Jahre mindestens 106 Mio. ha Anbaufläche nötig, um den Jahresbedarf von dann rund 520 Mio. t Getreide zu decken. Da schon in den vergangenen zwölf Jahren das Ziel der Selbstversorgung mit

Chinas naturräumliche Ausstattung

Intensive landwirtschaftliche Produktionsweise: Dünger und Insektizide werden auf den jungen Weizen versprüht. (Foto: TopPhoto via AP Images, 2013)

Getreide nicht mehr erreicht wurde, scheint die neue Zielvorgabe eher Ausdruck von Wunschdenken zu sein, zumal technische Neuerungen, zum Beispiel der Einsatz von automatisierten Erntemaschinen, in einigen Anbauregionen nicht umgesetzt worden ist oder wegen der Geländeverhältnisse oder zu kleiner Anbauflächen (Terrassenbau) auch nicht so schnell realisiert werden kann. Das vorrangige Ziel richtet sich daher auf die Ertragssteigerung pro Hektar, wenn man die staatlich verordneten Vorgaben erfüllen will. Diese versucht man seit Jahren vor allem durch höheren Eintrag von Düngemitteln und verstärkten Einsatz von Pflanzenschutzmitteln zu erreichen. Auch gentechnisch veränderte Pflanzen werden seit einigen Jahren eingesetzt, um die Erträge zu steigern. Dagegen haben sich andere Anbaumethoden wie Mehrfachanbau auf gleicher Anbaufläche und Fruchtwechselwirtschaft kaum durchgesetzt. Immerhin entwickelt sich langsam ein ökologisch betriebener Anbau, der zwar zu qualitativ besseren Produkten führt, aber bisher keine nachgewiesene Ertragssteigerung mit sich bringt. Ein Blick auf die Statistiken des Agraraußenhandels zeigt, dass die Importe landwirtschaftlicher Güter den Export seit 2004 deutlich übersteigen. Importiert werden vor allem Sojabohnen aus Brasilien. China ist damit seit einigen Jahren Nettoimporteur von landwirtschaftlichen Produkten geworden.

Die oben genannte Kalkulation zum Getreidebedarf berücksichtigt auch einen anderen Aspekt: die Veränderung der Ernährungsgewohnheiten der Menschen. Durch den gestiegenen sozialen und ökonomischen Wohlstand sowie durch die Verbesserung der Kaufkraft werden heute erheblich mehr Fleisch- und Milchprodukte verzehrt, als dies früher der Fall war. Der erhöhte Bedarf, der offensichtlich nicht durch eigene Tierhaltung kompensiert werden kann, wird zu einem erheblichen Teil durch Fleischimporte aus Argentinien abgedeckt. Trotzdem wird ein nicht unerheblicher Teil der Getreideproduktion mittlerweile auch als Futtermittel für Kühe und Schafe verwendet.

Interessant ist darüber hinaus, dass es erneut Überlegungen zur Ausweitung der Anbauflächen gibt: Man erwägt vor allem die Nutzbarmachung von Brach- und Ödland als Ausgleich für die durch Urbanisierung und Infrastruktur verloren gegangenen Flächen. Erweiterungen von landwirtschaftlichen Anbauflächen sind aber generell durch die topografischen und klimatischen Verhältnisse in China limitiert.

Bauboom und Urbanisierung verschärfen Disparitäten

Ein wichtiger Gradmesser für die florierende Wirtschaft in China ist die Bauwirtschaft und damit auch die Entwicklung der Infrastruktur. Zwei Aspekte seien hier exemplarisch dargestellt:
1. Verkehrsinfrastruktur und Transportwesen,
2. Urbanisierung.

Verkehrsinfrastruktur und Transportwesen

Um die Versorgung aller Regionen mit Gütern und Dienstleistungen zu gewährleisten und den Transport zwischen Provinzen und neuen Industriestandorten zu erleichtern, wurde in den vergangenen Jahrzehnten das Verkehrsnetz aus Straßen und Schiene sowie zu Wasser und in der Luft massiv ausgebaut.

Waren noch zu Beginn der 1990er-Jahre viele Fern- und Landstraßen außerhalb der Städte in einem schlechten Zustand und streckenweise nicht einmal mit einer Asphaltdecke versehen – dies gilt insbesondere für Straßen in den westlichen Provinzen –, so sind inzwischen alle bedeutenden Fernstraßen des Landes erneuert worden und entsprechen weitgehend dem internationalen technologischen Standard. Bis zum Jahr 2010 wurden bereits 400 000 Kilometer Fernstraßen gebaut (siehe *Abbildung 6*, Grafik A). Inzwischen ist im Osten des Landes ein dichtes Netzwerk von Autostraßen zwischen den großen Agglomerationsräumen entstanden. Der Ausbau im

Westen geht vor allem auf die Zielvorgaben des zehnten Fünfjahresplans (2001–05) der Zentralregierung zurück, der die wirtschaftliche Entwicklung der westlichen Landesteile in den Fokus rückte, um die wachsenden Disparitäten zwischen dem Osten und Westen des Landes abzubauen bzw. zu mindern. Inzwischen gewährleisten auch dort modernisierte Fernstraßen und Autobahnen die Verbindungen zwischen den größeren Städten. Seit 1978 hat sich die Gesamtlänge aller Nationalstraßen und Autobahnen (Klassen I–IV) in China mehr als vervierfacht, von etwa 890 000 Kilometer (1978) auf über 4 Mio. km im Jahr 2010 (China Statistical Yearbook 2011). Besonders hohe Steigerungsraten sind vor allem beim Ausbau der »Expressways« festzustellen, die erst seit Mitte der 1990er-Jahre in nennenswerter Streckenlänge gebaut werden.

Diese Entwicklung verläuft parallel zu den hohen Zuwächsen im Kraftfahrzeugsektor, die im gleichen Zeitraum exponentiell gestiegen sind (siehe *Abbildung 6*, Grafik D). Wer beispielsweise zu Beginn der 1990er-Jahre Beijing besuchte, konnte erleben, dass auf den Straßen der Stadt weitaus mehr Fahrräder unterwegs waren als Kraftfahrzeuge. Die wenigen Autos waren entweder Taxis oder Dienstfahrzeuge von Regierung und Staatsunternehmen. So wie in Beijing sah es praktisch in allen Städten Chinas aus. Der entscheidende Schritt, der den Wandel einleitete, war die Zulassung privaten Pkw-Besitzes Mitte der 1990er-Jahre. Immer mehr Privatpersonen können sich inzwischen Fahrzeuge leisten, was die außerordentlich hohe Steigerungsrate des Automobilbestands von 500 Prozent seit 2002 erklärt (siehe *Abbildung 6*, Grafik D). Laut Statistik betrug die Summe aller Personenkraftfahrzeuge (Pkw plus Busse) im Jahr 2011 über 93 Mio. Fahrzeuge (China Statistical Yearbook 2012). Nach neuen Berichten wurde landesweit bereits Anfang des Jahres 2012 die Hundert-Millionen-Grenze überschritten. Natürlich ist die überwältigende Mehrzahl der Fahrzeuge auf die Ballungsräume in den östlichen Provinzen konzentriert. Allein in Beijing waren im Jahr 2012 mehr als 5,2 Mio. Fahrzeuge registriert. Die Fahrzeugdichte (ein Fahrzeug pro 14 Einwohner) ist im Vergleich zu den hoch entwickelten Staaten aber immer noch niedrig (in Deutschland zum Beispiel beträgt das Verhältnis rund ein Fahrzeug pro 1,94 Einwohner). Dennoch gehören bereits heute verstopfte Straßen und Verkehrschaos zum Alltag in den Großstädten Chinas – und dies ungeachtet der Tatsache, dass inzwischen auch der Ausbau des öffentlichen Nahverkehrssystems (U-Bahnen und Busverkehr) forciert wird.

Maßnahmen zur Regulierung des Verkehrsaufkommens in den Städten wie zum Beispiel Fahrverbot für Lkws in den Innenstädten tagsüber, temporäre Fahrverbote für Fahrzeuge mit ortsfremden Kennzeichen oder

Abb. 6: Entwicklung der Straßen (A), Eisenbahnlinien (B), des Flugverkehrs (C) und der Anzahl an Kraftfahrzeugen (D) in den Jahren 1978–2010

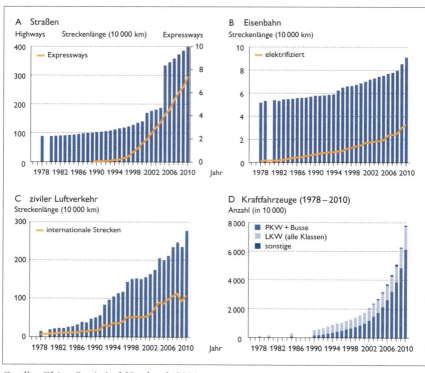

Quelle: China Statistical Yearbook 2011.

bestimmten Ziffernfolgen oder auch limitierte Genehmigungen zum Erwerb von Kraftfahrzeugen helfen zwar kurzfristig, werden aber auf lange Sicht die Überlastung in den Städten nicht mindern können. Parallel zum Straßenbau wurde und wird weiterhin das Schienennetz verbessert und ausgebaut. Allerdings ist noch ein erheblicher Teil des bestehenden Streckennetzes nicht elektrifiziert (siehe *Abbildung 6*, Grafik B) und mehrheitlich veraltete Trassen und Fahrzeugtechnik schränken den Zugbetrieb auf zahlreichen Langstrecken in die westlichen Landesteile und in den nördlichen Provinzen ein. Das Schienennetz verzeichnet deutlich geringere Zuwachsraten als das Straßennetz (2000–10 etwa um 27 Prozent, China Statistical Yearbook 2011), das Transportvolumen auf der Schiene ist – verglichen mit dem auf der Straße – weniger stark gewachsen. Nach Angaben des CIA World Factbooks (2014)[3] erreichte die Gesamtlänge des Eisenbahnnetzes im Jahr 2008 86 000 km, davon waren 36 000 km elektrifiziert. Der landesweite Ausbau von Trassen für Hochgeschwindigkeitszüge dürfte vor allem im Personenverkehr in den kommenden Jahren zu höheren Steigerungsraten führen.

Der Luftverkehr in China wurde schneller ausgebaut als das Schienennetz. Besonders durch den Anschluss zahlreicher Städte an den nationalen und zum Teil auch internationalen Flugverkehr (463 Flughäfen insgesamt), ist das Streckennetz seit 1990 um mehr als das Fünffache gewachsen. In gleichem Maß stieg das Frachtaufkommen, wenn es auch nicht mit den Transportleistungen auf der Straße und Schiene konkurrieren kann. Das hohe Verkehrsaufkommen im Flugverkehr führt inzwischen dazu, dass Strecken immer häufiger überlastet und lange Verspätungen fast zur Regel geworden sind.

Urbanisierung und Infrastrukturplanung: Gleichzeitig mit dem rasanten Bau von Trabantenstädten werden wie hier in Kunming im Südwesten Chinas neue U-Bahn-Linien oder Schnellbahntrassen eingerichtet. (Foto: Imaginechina via AP Images, 2014)

---

3 https://www.cia.gov/library/publications/the-world-factbook/geos/ch.html, Zugriff: 7. April 2014.

Zugleich ist seit Fertigstellung einiger wichtiger Hochgeschwindigkeitstrassen auf mittleren Entfernungen bis 1 200 km Länge innerhalb Chinas der Zugverkehr zum Konkurrenten des Flugverkehrs avanciert. Beispielsweise legt der Hochgeschwindigkeitszug die etwa 1 100 km lange Strecke von Nanjing nach Beijing in nur 3,5 Stunden zurück, während ein Flug einschließlich der Anreise- und Abfertigungszeit nicht schneller ist. Es ist also davon auszugehen, dass der inländische Flugverkehr mittelfristig Einbußen hinnehmen muss, zumal die Preise für Flüge deutlich höher sind als diejenigen für Bahnfahrten. Dennoch plant die Regierung, den Flugverkehr erheblich auszubauen.

Urbanisierung

Im Zuge der wirtschaftlichen Entwicklung hat die Urbanisierung in China in den letzten zehn Jahren massiv an Fahrt gewonnen. Lebte im Jahr 2000 nur etwa ein Drittel der chinesischen Bevölkerung (ca. 450 Mio. Menschen) in Städten, so sind es heute bereits mehr als die Hälfte (etwa 690 Mio.). Der Urbanisierungsgrad von zurzeit 51,3 Prozent (China Statistical Yearbook 2011) ist zwar im Vergleich zu vielen europäischen Ländern immer noch niedrig (in Deutschland beträgt er um 73 Prozent), liegt aber inzwischen über dem weltweiten Durchschnittswert und wird vermutlich in wenigen Jahren das Niveau westlicher Industriestaaten erreicht haben. Die Ursachen dafür liegen in der rasanten wirtschaftlichen Entwicklung des Landes und den Erfahrungen der Bevölkerung, dass ein Leben in der Stadt ungleich größere Chancen als auf dem Land bietet, Arbeit zu finden, qualifiziertere Bildungseinrichtungen zu besuchen, sozial aufzusteigen und die eigene Lebensqualität zu erhöhen. Außerdem hat die chinesische Regierung die weitere Urbanisierung als Programm für konsumbasiertes Wachstum identifiziert. Die Auswirkungen und Folgen der Urbanisierung für die Gesamtentwicklung Chinas sind vielschichtig und in einigen Aspekten auch problematisch.

Die beträchtliche Ausdehnung städtischer Strukturen (Verkehrswege, Wohnungsbau in Hochhausbauweise, Geschäfts- und Einkaufszentren) in nahezu allen Städten des Landes ist wohl der sichtbarste Ausdruck des Urbanisierungsprozesses. Priorität in der Entwicklung genießen vor allem die urbanen Kernzonen (Megacitys), von denen schon seit dem siebten Fünfjahresplan (1986–90) einige Regionen als Sonderwirtschaftszonen behandelt werden, um den internationalen Handel zu fördern sowie ausländisches Kapital und Know-how ins Land zu holen. Wichtigste Kernzonen sind seitdem die Region um Beijing–Tianjin, die Chang-Jiang-Deltaregion (Shanghai–Nanjing), die Regionen im Unterlauf des Zhujiang

(Guangzhou–Shenzhen–Hongkong–Macao) und um Xiamen (Provinz Fujian). Im Binnenland entwickeln sich ähnlich schnell die Regionen um Wuhan und Chongqing am Mittellauf des Chang Jiang sowie um Chengdu im Roten Becken, während im übrigen China die Städte deutlich langsamer wachsen. Die ohnehin schon seit Jahrzehnten bestehende Disparität zwischen den östlichen und westlichen Landesteilen wird durch die Urbanisierung mit wenigen Ausnahmen trotz verstärkter finanzieller und wirtschaftlicher Förderung der Westregionen durch die Zentralregierung nicht vermindert, sondern weiter verstärkt.

China plant bis 2020 die Errichtung von 130 Staudämmen an allen großen Flüssen im Südwesten des Landes. Das Wasserkraftwerk am 2008 fertiggestellten Drei-Schluchten-Staudamm am Chang Jiang war nur ein erster großer Schritt zur Gewinnung erneuerbarer Energien im Megamaßstab – den größten Anteil davon aus Wasserkraft. (Foto: Imaginechina via AP Images, 2013)

Die Gründe für eine Zunahme der städtischen Bevölkerung liegen nicht nur im Bevölkerungswachstum, sondern auch in der seit Jahren beständig wachsenden Zahl der Zuwanderer aus den ländlichen Regionen. Die größte Zuwanderergruppe bilden vermutlich junge Menschen, die aus den unterentwickelten Regionen mit der Hoffnung auf Ausbildung, berufliche Karriere und sozialen Aufstieg in die Städte kommen, gefolgt von Bauern und Landarbeitern. Der wichtigste Grund für Letztere, ihr Glück in den Städten zu suchen, ist wohl, dass sie infolge der (oft illegalen) Umwidmung von Ackerland in Bauland, Verkehrswege oder auch in Gewerbe- und Industrieflächen (sogenannte Industrieentwicklungszonen) ihre Existenzgrundlage verloren haben. Die Anzahl der Migranten stieg von etwa 15,2 Millionen im Jahr 1987 auf 221 Millionen 2010 an. Trotz der gestiegenen Zahl an Binnenmigranten in die Ballungsräume ist dieser Personenkreis nach wie vor von erheblichen Einschränkungen (kein Recht auf Wohnen und Ausbildung, prekäre Arbeitsverhältnisse und lange Arbeitszeiten, niedriger Lohn usw.) betroffen (siehe die Beiträge von Barbara Schulte und Günter Schucher).

Große Bauprojekte wie zum Beispiel die Errichtung des Drei-Schluchten-Staudamms am Chang Jiang und die Umbaumaßnahmen für das Süd-Nord-Wassertransferprojekt haben ebenfalls zu Zwangsumsiedlungen in die urbanen Räume geführt.

Um den wachsenden Bedarf an Wohnraum zu decken, entstehen in den chinesischen Städten bereits seit Jahren vor allem neue Hochhaussiedlungen. Der Platzmangel zwingt dazu, in die Höhe zu bauen, sodass Wohntürme mit zum Teil mehr als 30 Stockwerken das moderne Stadtbild der chinesischen Großstadt prägen. Einzelhaussiedlungen, die typisch für stadtrandnahe Viertel in Deutschland sind, gibt es in Chinas Städten praktisch nicht. Ausnahmen bilden neu entstandene Villenkomplexe für wohlhabende Bevölkerungsschichten, die aber flächenmäßig unbedeutend sind.

Natürliche Ressourcen und Energie

Dank der komplexen geologischen Strukturen verfügt China über eine Vielzahl unterschiedlicher Bodenschätze, die für die wirtschaftliche Entwicklung des Landes eine Schlüsselrolle spielen. Darunter fallen vor allem fossile Energieträger wie Kohle, Erdöl und Erdgas, aber auch eine Reihe von Metallen wie zum Beispiel Eisen, Kupfer, Zinn, Lithium, Molybdän, Titan, Nickel und andere. Wie aus *Abbildung 7* zu ersehen ist, liegen die meisten Vorkommen sowie die zugehörigen Industrien in der Osthälfte des Landes. Die Förderung dieser Ressourcen und die Exploration neuer Lagerstätten ist in den letzten 20 Jahren massiv vorangetrieben worden. Allerdings kann trotz zahlreicher neuer Fundorte wegen des wachsenden Rohstoffhungers inzwischen der jährliche Bedarf an fast allen oben erwähnten Rohstoffen aus den eigenen Ressourcen nicht mehr gedeckt werden.

Chinas naturräumliche Ausstattung

Abb. 7: Rohstoffe – die wichtigsten Lagerstätten

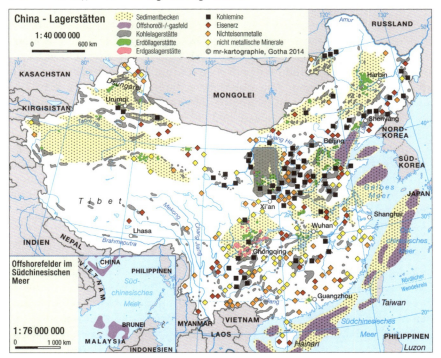

Mit Blick auf den Primärenergiekonsum ist China seit 2010 zum weltgrößten Energieverbraucher hinter den USA aufgestiegen. Im Jahr 2013 wuchs der Verbrauch um 7,5 Prozent gegenüber dem Vorjahr. Die Produktion von Energie bleibt trotz des Anstiegs seit 2003 deutlich hinter dem jährlichen Verbrauch zurück (siehe *Abbildung 8*, Grafik A) und kann nicht nur mit dem zweistelligen Wachstum der industriellen Produktion erklärt werden. Vielmehr spielt die Vorstellung vieler Menschen, dass Energie kaum etwas kostet und praktisch unbegrenzt verfügbar ist, ebenfalls eine Rolle. Wie in anderen Industrieländern auch, werden langfristig die Energiepreise in China drastisch steigen müssen, um die Bevölkerung dazu zu motivieren, Sparpotenziale auch zu nutzen.

Der für Chinas Wirtschaft und Energieversorgung wichtigste Rohstoff Kohle bleibt noch für Jahre die Nummer eins bei der Rohstoffproduktion. Immerhin werden dadurch etwa 70 Prozent des Energiebedarfs sowie 80 Prozent der Elektrizitätserzeugung abgedeckt. Etwa seit 2002 steigt die

Produktion überproportional, wobei die Produktion dem Verbrauch entspricht (siehe *Abbildung 8*, Grafik B). Größte Vorkommen liegen in den Nord- und Südwestprovinzen Chinas. Geringere Vorkommen finden sich in den Provinzen Gansu und Xinjiang. Kohlebergbau und Energieerzeugung durch Kohlekraftwerke sind mit Abstand die größten Umweltverschmutzer unter allen Industriebetrieben Chinas. Das liegt vor allem auch an den zahllosen kleinen Abbaubetrieben, die immer noch mit zum Teil archaischen Methoden und technologisch veralteten Maschinen arbeiten. Die Ausweitung der Abbaugebiete und der Neubau von Kohlekraftwerken in den kommenden Jahren werden auch wegen des Einsatzes moderner Techniken vermutlich zu verbesserten Förderquoten und höherer Energieeffizienz führen. Der Raubbau an der Landschaft, hoher Wasserverbrauch, Luftverschmutzung und Belastung des Grundwassers wie auch der Oberflächengewässer bleiben aber weiterhin die größten Umweltprobleme in den betroffenen Gebieten.

Bis 2015 sollen sechzehn neue Kohlekraftwerke im Norden des Landes errichtet und der Ausbau von Minen forciert werden. Nach Schätzungen von Greenpeace werden für die Förderung der Kohle und das Betreiben der Kraftwerke zusätzlich zehn Mrd. m^3 Wasser jährlich benötigt. Diese Menge entspricht etwa einem Viertel des jährlichen Wasservolumens des Huang He, das aus den ohnehin schon unter Wassermangel leidenden Regionen Innere Mongolei, Shaanxi, Shanxi und Ningxia abgezogen werden muss. Erneut treten damit Nutzungskonflikte zwischen Sicherung der Energiegewinnung sowie Sicherung der Wasserressourcen und der Wasserqualität massiv zutage.

Öl- und Erdgasvorkommen sind über das ganze Land mit Ausnahme des Tibet-Plateaus verteilt. Ausgedehntere Vorkommen sind vor allem in Xinjiang (Tarimbecken, Junggarisches Becken), in den Provinzen Gansu (bei Yumen und Qinghai [Qaidam-Becken]), auf dem Ordos-Plateau, im Roten Becken sowie in den östlichen und nordöstlichen Provinzen nachgewiesen. Deren Gesamtreserven (Erdöl) werden aktuell auf etwa 148 Mrd. Barrel (ein Barrel entspricht etwa 159 Liter) geschätzt, womit China im Vergleich mit den wichtigsten Ölförderländern der Welt nur auf Rang 14 kommt und auch nur etwa 1,4 Prozent der Weltreserven an Erdöl hält. Wie lange diese Reserven ausreichen, hängt im Wesentlichen davon ab, ob China die Importquote (vor allem aus Afrika) von knapp 70 Prozent des Gesamtverbrauchs (2011) weiterhin aufrechterhält oder die Eigenförderung in Zukunft erhöhen wird. Geht man davon aus, dass die Fördermenge pro Jahr nicht erhöht wird und keine neuen Lagerstätten gefunden werden, müssten die Reserven für etwa 34 Jahre halten. Seit 1993 übersteigt der jährliche Verbrauch deutlich die Förderquoten (siehe *Abbildung 8*, Grafik C), weswegen der Import aus Drittländern notwendig ist. Hinsichtlich der Gasreserven sieht es ähnlich schlecht aus und dies wird China dazu zwingen, den Import zum Beispiel aus Russland und Zentralasien drastisch zu erhöhen, um den Bedarf auch für die kommenden Jahrzehnte decken zu können. Voraussetzung ist dafür allerdings, dass der aktuelle Verbrauch von etwa 108 Mrd. m^3 Erdgas pro Jahr (Angaben von 2012) konstant bleibt. Seit 2003 steigen Fördervolumen und Verbrauch überproportional an, wobei der Verbrauch seit 2008 die Förderleistung übersteigt (siehe *Abbildung 8*, Grafik D). Langfristig betrachtet wird China nicht darum herumkommen, den Anteil an alternativen Energiequellen, zum Beispiel regenerative Energien, viel stärker in das Energiekonzept des Landes einzubauen, als dies gegenwärtig der Fall ist (siehe den Beitrag von Doris Fischer und Andreas Oberheitmann). Vor allem die Energiegewinnung aus der Wasserkraft hat durch die Dammbauten der letzten Jahre an Bedeutung gewonnen: Seit 2000 erzielt man deutliche Steigerungen bei der Elektrizitätsgewinnung, die bereits 2007 mehr als 450 Mrd. kWh betrugen (siehe *Abbildung 8*, Grafik E).

China will die Kernenergie ausbauen und deshalb bis 2020 die Anzahl der Atomkraftwerke von derzeit 15 auf 71 erhöhen (Mayer-Kuckuck 2013). Seit 2001 stieg die Leistung aus allen Kraftwerken zusammen von 20 Mrd. auf fast 65 Mrd. kWh/Jahr. Dies entspricht allerdings nur etwa 14 Prozent im Vergleich zur Energiegewinnung aus Wasserkraft (siehe *Abbildung 8*, Grafik E). Sonstige Quellen zur Energiegewinnung sind Windkraft, Torfnutzung und Bioenergie. Sie zusammen betrugen im Jahr 2007 insgesamt nur 6 Mrd. kWh. Auch wenn man davon ausgehen kann, dass die Energiegewinnung aus diesen Quellen in den letzten Jahren gestiegen ist, wird der Anteil an der Gesamtproduktion nach wie vor sehr niedrig sein (siehe *Abbildung 8*, Grafik G).

In den jüngsten Berichten lokaler Regierungen wird mittlerweile auch schon über den Rückgang des Energieverbrauchs in einzelnen Regionen berichtet (Beispiel Beijing). Es bleibt aber unklar, ob dieser zu einer realen Abnahme des Gesamtverbrauchs führt oder nur eine Verlangsamung der Zunahme bedeutet. Einige Firmenvertreter deutscher Unternehmen in der Provinz Jiangsu berichten beispielsweise, dass man den Energieverbrauch auch dadurch reduziert, dass man die Stromlieferungen an die Verbraucher temporär unterbricht. Der Lieferstopp wird dann allerdings durch den Einsatz kraftstoffbetriebener Stromerzeuger (Generatoren) kompensiert, sodass im Resultat der Energieverbrauch nicht verringert, sondern eher erhöht wird. In den Statistiken wird der Mehrverbrauch an Kraftstoff für die lokale Energieerzeugung nicht erfasst.

Abb. 8: Primärenergieproduktion und -verbrauch sowie die Entwicklung verschiedener Energieträger

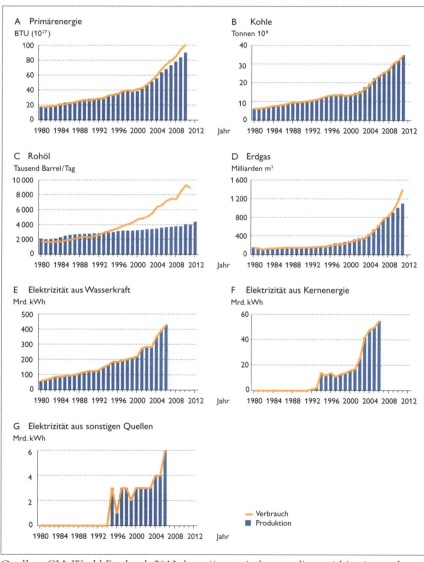

Quellen: CIA World Factbook 2013, http://www.indexmundi.com/china/natural_resources.html, eigene Darstellung.

Chinas Wasserressourcen auf dem Prüfstand

Der chinesische Forschungsminister Wan Gang hat im Rahmen der Initiierung neuer deutsch-chinesischer Forschungskooperationen zu Fragen der Wasserversorgung und -qualität Anfang des Jahres 2012 deutlich gemacht, dass die Problematik der Wasserressourcen in der nahen Zukunft möglicherweise einen höheren Stellenwert in der Entwicklung Chinas einnehmen wird als die Frage der Energieversorgung. Damit wird auf politischer Seite das Problem der ungleichen Wasserverfügbarkeit, -versorgung und -nutzung erkannt. Die an sich hohen Niederschlagsmengen des Monsunklimas reichen keinesfalls aus, die großen Agglomerationen entlang der Ostküste dauerhaft zu versorgen. Insofern ist die Initiative des Wassertransferprojekts aus südlichen Regionen Chinas nach Norden fast eine notwendige Voraussetzung geworden, die Verfügbarkeit von Wasser besonders in den Regionen um Beijing und Tianjin zu erhöhen. Seit 2013 ist die Verbindung vom Chang-Jiang-Delta über den Kaiserkanal nach Norden in Betrieb.

Chinas Wasserressourcen belaufen sich nach Schätzungen des Ministry of Water Resources China auf ca. 2 840 km^3 Gesamtvolumen, wovon allein mehr als 90 Prozent in den Oberflächengewässern verfügbar ist. Deren Erneuerbarkeit hängt aber im Wesentlichen von der zeitlichen und räumlichen Verteilung der Niederschläge ab, die, wie bereits erläutert, ein gravierendes Missverhältnis zwischen dem hygrisch begünstigten Monsunchina (ca. 80 Prozent Wasserressourcen) und dem ariden bis semiariden Norden und Westen des Landes (ca. 20 Prozent) aufweist.

Der Verbrauch an Wasserressourcen betrug 2004 etwa ein Fünftel des Gesamtvolumens mit steigender Tendenz. Davon entfielen etwa 68 Prozent auf die Landwirtschaft mit einem Anteil von mehr als 90 Prozent für den Bewässerungsfeldbau, knapp 21 Prozent auf die Industrie und rund elf Prozent auf die Haushalte. Nach neueren Daten entfallen zwölf Prozent des Wasserverbrauchs auf die Haushalte, 23 Prozent auf die Industrie und 65 Prozent auf die Landwirtschaft. Diese Zahlen erwecken auf den ersten Blick den Eindruck, als gebe es ausreichend Wasserressourcen in China, verdecken aber, dass diese regional sehr unterschiedlich verteilt und längst nicht in ausreichender Menge und Qualität an den Standorten größter Nachfrage verfügbar sind.

Die großen Einzugsgebiete des Chang Jiang und Zhujiang im Süden Chinas und des Huang He weiter im Norden liefern hauptsächlich Oberflächenwasser für die Ballungsräume im Ostteil des Landes. Ihre Wassermengen unterscheiden sich aber erheblich. Beispielsweise stehen den mittleren

Das schneebedeckte tibetische Hochplateau liegt zwischen dem Kunlun Shan im Norden und dem Himalaya im Süden. (Foto: Lightroom Photos/ESA via ullstein bild Top-Foto, 2008)

Abflussraten des Chang Jiang von rund 15 000 m³/sec unterhalb des Drei-Schluchten-Staudamms nur etwa 1 770 m³/sec des Gelben Flusses gegenüber, was einem Verhältnis von etwa 8,5:1 entspricht. Der Gelbe Fluss und die benachbarten Abflusssysteme sind längst nicht mehr in der Lage, die schnell wachsenden Agglomerationen um Beijing, Tianjin und Qingdao ausreichend mit Wasser zu versorgen. Hinzu kommt noch, dass sich die Abflussrate des Gelben Flusses durch Staumaßnahmen im Oberlauf sowie rückläufigem Zufluss aus den Quellregionen (Tibet-Plateau) weiter verringert hat. Unberücksichtigt bleibt dabei, dass sich auch die Wasserqualität durch die Zunahme an Schadstoffeinträgen – das gilt für nahezu alle Flüsse Chinas – dramatisch verschlechtert hat, sodass der nutzbare Anteil des Wassers weiterhin gesunken ist. Beredtes Zeugnis von dieser

Verschlechterung legt unter anderem der dramatisch angestiegene Absatz an Mineralwasser ab: Die Bevölkerung in den städtischen Ballungsräumen vertraut immer weniger der Wasserqualität aus dem Wasserhahn.

Bedeutende Wasserressourcen sind darüber hinaus in den mehr als 3 000 Seen[4] des Tibet-Plateaus gespeichert. Allerdings sind diese in der Mehrzahl salzig und stehen deshalb als direkt nutzbare Ressourcen nicht zur Verfügung.

An der jährlichen Erneuerung aller Wasserressourcen in Fließgewässern entfallen nach Angaben von Jöst u. a. (2006) etwa 71 Prozent auf die Niederschläge, 22 Prozent auf das im Boden gespeicherte Grundwasser und der Rest auf Gletscher- und Schneeschmelze. Bezogen auf die Gesamtbevölkerung bedeuten diese Zahlen, dass pro Kopf potenziell etwa 2 080 m^3 Wasser pro Jahr verfügbar sind, was nur etwa einem Viertel des weltweiten Durchschnitts entspricht. Aufgrund der geringeren Niederschläge im Norden und Westen des Landes sinkt der potenzielle Anteil pro Kopf dort sogar unter 800 m^3 jährlich und verdeutlicht damit die akute Ressourcenarmut in diesen Regionen.

Seit einigen Jahren hat die Zentralregierung verstärkte Anstrengungen unternommen, um die regionalen und lokalen Disparitäten der Verfügbarkeit von Wasser sowie deren hohe jahreszeitliche Variabilität zu entschärfen. Die entlang zahlreicher Flüsse im ganzen Land errichteten Staudämme sollen zwar auch zum Hochwasserschutz besiedelter Regionen und zur Energiegewinnung beitragen, aber de facto vor allem die Wasserversorgung der Landwirtschaft (Bewässerungskulturen) wie auch der Industrie sicherstellen. Seit 1960 hat sich in China die Anzahl der Staudämme mit Dammhöhen von mehr als 100 m von sechs auf mehr als 90 Dämme erhöht (Milliman/Farnsworth 2011). Dazu zählt auch das Prestigeobjekt des Drei-Schluchten-Staudamms im Mittellauf des Chang Jiang, von dem aus dann in der nahen Zukunft bisher unbekannte Wassermengen nach Norden transferiert werden sollen. Als Ergebnis dieser hohen Anzahl an Wasserreservoiren haben sich fast überall die Abflussverhältnisse der Flüsse verändert – mit bisher kaum absehbaren Folgen für die Landschaft und die Ökosysteme unterhalb der Dämme. Seitdem der Drei-Schluchten-Staudamm seine volle Funktionsfähigkeit erreicht hat und der Abfluss des Chang-Jiang-Unterlaufs gezielt reguliert wird, verändert sich aufgrund des verringerten Sedimentanteiles im Wasser das hydraulische Verhalten des Flusses, sodass in der Deltaregion um Shanghai nun mehr Erosion als Akkumulation zu beobachten ist. Diese Entwicklung kann zur Folge haben, dass

---

4 Seen mit einer Größe von mehr als 1 km^2.

sich die Flussläufe und deren Geometrie räumlich ändern können und damit langfristige Urbanisierungsplanungen beeinflussen werden. Aktuelle Untersuchungen hierzu werden von chinesischen Wissenschaftlern durchgeführt. Es bleibt abzuwarten, welche Konsequenzen sich daraus für die gesamte Region des Chang-Jiang-Unterlaufs ergeben werden.

6 Umweltlasten und Klimawandel

Die im gleichen Tempo wie die Wirtschaftsleistungen gestiegenen Umweltbelastungen in China haben längst Dimensionen erreicht, die weder von der Regierung noch von der Bevölkerung ignoriert werden können. Wiederholt hat die KP-Führung in den letzten Jahren betont, dass die Strategie einer nachhaltigen Entwicklung Chinas fortgeführt wird und der Umweltschutz dabei einen bedeutenden Stellenwert hat, um die wirtschaftliche und gesellschaftliche Entwicklung an das Ökosystem anzupassen. Auch die neue Führung um Präsident Xi Jinping und Premierminister Li Keqiang hat angesichts dramatischer Meldungen über die Smogbelastung chinesischer Großstädte in den ersten Monaten des Jahres 2014 der »Verschmutzung den Krieg erklärt«.

Im Folgenden wird zwischen Umweltbelastungen, die vom Menschen hervorgerufen werden (anthropogene Lasten), und natürlichen Belastungen, die auf die Landesnatur und das Klima zurückzuführen sind, unterschieden. Zu Letzteren zählen insbesondere Naturkatastrophen und Extremereignisse (Erdbeben, Erdrutsche, Fluten und Überschwemmungen, Dürren, Kälteeinbrüche und Hitzewellen sowie Staubstürme und andere Sturmereignisse).

Anthropogene Lasten

Seit einigen Jahren ist China neben den USA der weltweit größte Emittent von Treibhausgasen (siehe den Beitrag von Doris Fischer und Andreas Oberheitmann). Alle Wirtschaftsdaten deuten darauf hin, dass sich die jährlichen Emissionen auch in den nächsten Jahren erhöhen werden, trotz der Ankündigung der Regierung, weitere technologische Umstrukturierungen der Industrie vorzunehmen, um eine verbindliche Reduzierung ab 2020 zu ermöglichen.

Auch sind mehr als 90 Prozent aller Gewässer außerhalb der Hochgebirgsregionen Chinas durch verschiedene Umweltchemikalien sowie Abwässer stark belastet und fast alle städtischen Ballungsräume leiden unter sehr hoher Luftverschmutzung und Lärm. Von den hohen Aerosolbelastungen in den Städten heißt es immer wieder, sie seien vor allem durch die hohe Bautätigkeit verursacht (z. B. Betonstaub, Staub aus Bodenbewegungen), während die Emissionen von Schadstoffen aus der Industrie keine bedeutende Rolle spielten. Konkrete und nachprüfbare Zahlen dazu sind aber für die Öffentlichkeit nicht oder nur begrenzt zugänglich, sodass es derzeit kaum möglich ist, Ursachen und Quellen der Belastungen herauszufinden und eine entsprechende Bewertung vorzunehmen.

Für die Überwachung und den Schutz von Ökosystemen sowie für die Kontrolle und Verringerung der Umweltbelastungen ist das Ministerium für Umweltschutz, das erst seit 2008 Teil der Regierung ist, zuständig. Konkrete Maßnahmen zur Verbesserung der Umwelt und Reduktion einzelner Belastungsquellen wurden seitdem forciert. Hierunter fallen vor allem Maßnahmen wie der Ausbau der Abfallwirtschaft und die Ausweitung der Wasseraufbereitung durch Kläranlagen. Problematisch ist aber, dass diese bei Weitem noch nicht ausreichen, die Verschmutzung des Bodens, der Gewässer und des Grundwassers in den urbanen Regionen der östlichen Landesteile signifikant zu reduzieren. Trotz vorhandener Kläranlagen kommt es gelegentlich immer noch zu Einleitungen von Brauchwasser in die Vorfluter. In der Summe bleiben die Wirkungen im Sinn einer Reduktion der Umweltbelastung weit hinter ihren Möglichkeiten zurück.

Ein Blick auf die zahlreichen Gewässer im Bereich des Chang-Jiang-Deltas zeigt eine weitere Belastung, die allerdings nicht nur dort, sondern landesweit besteht: die Überversorgung durch den Eintrag von Nährstoffen wie Phosphat und Stickstoff sowie Pestiziden aus der Landwirtschaft und den häuslichen Abwässern der Bauern. Nahezu alle Gewässer sind von dieser hochgradigen Eutrophierung betroffen und haben zu einer Veränderung der Biotope geführt. Als Trinkwasserreserven sind diese Seen kaum noch geeignet. Der wohl bekannteste, der küstennahe Taihu-See in der Nähe von Shanghai, ist wegen seiner hohen Nährstoffbelastung seit mehr als 20 Jahren ein bedeutendes Forschungsobjekt zur Lösung der Eutrophierungsprobleme in Chinas Seen. Die bisherigen Ergebnisse lassen aber vermuten, dass dieses Problem ohne konsequente Aufgabe der Einleitung von Abwässern nicht gelöst werden kann. Hier offenbart sich ein Phänomen, das in China allem Anschein nach weit verbreitet ist und alle Maßnahmen und Appelle der Zentralregierung konterkariert: die Fokussierung auf Symptombehandlung, ohne das Augenmerk hinreichend intensiv auf die Ursachen der Umweltbelastungen zu richten. Beispiele finden sich dafür sowohl in dem Langzeitprojekt der Grünen Mauer wie auch im Wassertransfer vom Süden in den Norden.

Bernd Wünnemann

Umweltpolitisches Experiment Taihu-See: Seit zwei Jahrzehnten erstickt der See in Ostchina an der Algenblüte, was die Trinkwasserversorgung von Millionen gefährdet. Inzwischen soll der See mit viel Geld saniert werden, Industriebetriebe mussten schließen oder umziehen, die Einleitung von Nitraten und Phosphaten wird kontrolliert. (Foto: Imaginechina via AP Images, 2013)

Weit stärker noch als durch die Landwirtschaft wird die Umwelt durch Industrieabgase und die Einleitung von organischen und anorganischen Schadstoffen in die Flusssysteme belastet. Extrem hohe Rußpartikelemissionen in den Kohlerevieren der Nordprovinzen Chinas sind – trotz verschärfter Auflagen für die Betreiber – weiterhin das Umweltproblem Nummer eins. Die Belastung von Gewässern und Böden ist hingegen hauptsächlich auf Schwermetalle und verschiedene organische Chemikalien zurückzuführen. Untersuchungen zu den Schwermetallgehalten im Chang Jiang belegen, dass die Konzentrationen vom oberen Mittellauf bis zur Mündung kontinuierlich zunehmen; darüber hinaus gibt es aber auch lokal erhöhte Zunahmen, die offensichtlich an Industriestandorte gebunden sind. Ähnliche Entwicklungen sind vermutlich für alle größeren Flüsse Chinas anzunehmen. Zwar hat das Ministerium für Umweltschutz inzwischen auch härtere Maßnahmen ergriffen, um die Einleitung von Schadstoffen zu verhindern, und festgelegt, dass bei Zuwiderhandlung die Kosten für die Beseitigung von entstandenen Umweltschäden von den Verursachern zu übernehmen seien, aber Kontrollen auf Landes- und

Provinzebene scheinen nicht hinreichend genau durchgeführt zu werden, weswegen die Anzahl der Fälle, in denen es zu Umweltschäden kam und die öffentlich bekannt geworden sind, nicht abgenommen hat. Positiv ist allerdings, dass die betroffene Bevölkerung zunehmend kompromissloser auf entstandene Umweltschäden reagiert und damit langfristig auch ein nationales Umdenken zu mehr Umweltbewusstsein fördert. Dieser Prozess befindet sich allerdings noch am Anfang seiner Entwicklung.

Auch die grundsätzliche Einstellung vieler Chinesen dazu, wie mit der Natur umzugehen sei, entspricht nicht dem idealisierten Bild eines Lebens im Einklang mit der Natur, das zuweilen oberflächliche Darstellungen der chinesischen Tradition zeichnen. So verursachen nicht nur die oben geschilderten demografischen Zwänge und der politische Primat des Wirtschaftswachstums die Umweltprobleme. Vielmehr haben künstliche Eingriffe in die Natur in China eine lange Tradition, wie sich bereits an der berühmten chinesischen Gartenkultur, die die chinesische Naturwahrnehmung entscheidend geprägt hat, zeigen lässt. Dies mag ein Grund dafür sein, dass in nahezu allen Städten Chinas und auf dem Land jede Grünfläche, jedes Gewässer – ob See oder Fluss – und andere natürlich gewachsene Landschaftsteile durch künstliche Eingriffe verändert werden. Gepflasterte und eingerahmte Wegeflächen, betonierte und befestigte Uferzonen von Gewässern, Anlage von künstlichen Gewässern sowie Beschneidung von Pflanzen und Gehölzen sind nur einige Beispiele. Kaum berücksichtigt wird, dass solche Eingriffe die natürliche Entwicklung der Biotope behindern und nicht selten zur Abnahme der Biodiversität führen. Beispielsweise sind kanalisierte und befestigte Flussufer und Seen kaum geeignet, eine habitatgerechte Entwicklung natürlicher Floren und Faunen zuzulassen.

Natürliche Umweltlasten

Natürliche Umweltbelastungen, die auf Naturereignisse zurückzuführen sind, die Ökosysteme und Menschen aber durchaus längerfristig belasten können, sind in ihren Auswirkungen qualitativ anders zu bewerten als die Belastungen durch Umweltschadstoffe aller Art. Dies gilt in besonderem Maß für die jährlich wiederkehrenden Staubtransporte aus den ariden Gebieten Chinas weit in die östlichen Landesteile hinein, die, wie oben geschildert, eng mit den klimatischen Verhältnissen in einzelnen Großregionen zusammenhängen. In den meisten Städten gibt es inzwischen Monitorprogramme zur Erfassung der Staubpartikel in der Luft. Sie sind regelmäßig über das Internet abrufbar. Allerdings geht aus diesen Daten nicht immer hervor, ob es rein natürlich vorkommende Stäube sind oder ob es Industriestaub ist. Über ihre Auswirkungen ist bereits berichtet worden (siehe S. 33 ff.).

Als Folge des ausbleibenden bzw. verspätet eintreffenden Monsunregens führen unregelmäßig auftretende Dürreperioden zu Beginn der Wachstumsperioden im Norden (Nordostprovinzen, Innere Mongolei) und Süden des Landes (z. B. Yunnan) zu erheblichen Ernteeinbußen in der Landwirtschaft. Nicht selten sind damit Strukturveränderungen der Ackerböden (z. B. Schrumpfungen, Verkrustungen und Versalzungen), die sich nur langsam wieder regenerieren, verbunden. Diese Strukturveränderungen können die Erträge zumindest temporär reduzieren. Zugleich treten während der Monsunzeiten extreme Niederschlagsereignisse ein, die zu ungewöhnlich hohen lokalen Abflüssen führen und nicht selten weite Landstriche überfluten. Diese Flächen sind dann für Wochen oder sogar Monate nicht nutzbar. Über solche Ereignisse mit entsprechenden Folgen für die Landwirtschaft und die Bevölkerung wird regelmäßig in verschiedenen Medien berichtet.

Spätestens seit den Berichten des IPCC zum weltweiten Klimawandel sind die Diskussionen um die unmittelbaren Auswirkungen des Klimawandels in China ein wichtiges Thema geworden. Die meteorologischen Aufzeichnungen an den meisten Klimastationen innerhalb Chinas zeigen für die letzten 30 Jahre einen eindeutigen Trend Richtung Temperaturerhöhung. Dieser Trend unterstützt damit den in den IPCC-Berichten bis 2030 prognostizierten weltweiten Temperaturanstieg um etwa 0,5 °C. Dagegen lassen sich aus den Niederschlagsdaten keine einheitlichen Trends ableiten. Ob die unregelmäßig auftretenden Extremereignisse wie Überschwemmungen und Dürren unmittelbare Folgen des Klimawandels sind oder der normalen Variabilität des Monsunklimas zugeordnet werden müssen, wird heftig diskutiert. Auffallend ist zumindest, dass sich diese Ereignisse in den letzten Jahren häufiger eingestellt zu haben scheinen als in früheren Zeiten. Auswertbare Statistiken dazu sind allerdings nicht veröffentlicht bzw. nicht zugänglich. Unbestritten bleibt aber die Tatsache, dass die enorme Zunahme der Treibhausgase (Kohlenstoffdioxid, Methan) durch industrielle Emissionen mit großer Wahrscheinlichkeit eine Ursache für die Klimaerwärmung in China ist. Der generell fortschreitende Rückgang vieler Gletscher in den Hochgebirgen und auf dem Tibet-Plateau sowie die dramatische Verringerung des Dauerfrostbodens (Chinas stille Wasserreserven) werden in Übereinstimmung mit dem IPCC-Bericht von 2007 von vielen Forschern als unmittelbare Auswirkung der Klimaerwärmung angesehen.

7 Fazit und Ausblick

Chinas wirtschaftlicher und sozialer Aufschwung in den vergangenen drei Jahrzehnten kann mit Recht als eine der bedeutendsten Entwicklungen in Ostasien bezeichnet werden. Kaum ein anderes Land in Asien kann eine ähnlich rasante Entwicklung vom Entwicklungsland zur Wirtschaftsmacht in relativ kurzer Zeit vorweisen. Die Wirtschaftsdynamik konzentriert sich auf die Ballungsräume in der Osthälfte des Landes, sodass traditionell bestehende Disparitäten zum westlichen Landesteil zunehmen. Dass über Jahrzehnte die Umweltproblematik ignoriert wurde und auch heute noch zu wenig Berücksichtigung findet, verursacht steigende ökologische Kosten.

Die ungleiche Entwicklung der verschiedenen Regionen ist nicht nur auf politische Vorgaben zurückzuführen. Vielmehr setzen die physiogeografische Ausstattung des Raumes und vor allem die klimatischen Rahmenbedingungen einer Entwicklung, die die weitgehende Nivellierung der Disparitäten zum Ziel hat, klare Grenzen. Schon allein wegen seiner Höhenlage, der harten klimatischen Bedingungen, erdbebengefährdeter Regionen und geringer Ressourcen ist beispielsweise das Tibet-Plateau kaum geeignet, wirtschaftlich mit den anderen Landesteilen mitzuhalten. Diese Region wird unabhängig von den politischen Auseinandersetzungen über den Status Tibets ein Naturraum bleiben, der nur in begrenztem Maß wirtschaftliche Fortschritte erlaubt. Insofern bleibt das Gefälle zwischen der Plateauregion und dem Osten Chinas weiterhin bestehen. Hier wird es eher darum gehen, dass die politischen Entscheidungsträger Maßnahmen ergreifen, die zumindest die Kluft zwischen West und Ost nicht vergrößern und zugleich die ethnischen Spannungen in dieser Region nicht verschärfen.

Der durch Trockenheit gekennzeichnete Raum im Nordwesten Chinas bleibt trotz massiver finanzieller Förderungen durch die Zentralregierung weiterhin deutlich hinter den Entwicklungen der östlichen Landesteile zurück. Zwar haben sich die Regionen entlang der legendären Seidenstraße besonders durch die Ansiedlung von neuen Industriezentren in den größeren Städten sowie einer massiven Verbesserung der Verkehrswege (Bahn und Straßen) positiv entwickelt, die übrigen Gebiete haben sich allerdings nur unwesentlich verändert. Ein wesentlicher Grund dafür liegt in den wüstenhaften Bedingungen mit großen jahreszeitlichen Temperaturgegensätzen, permanenter Wasserknappheit und sehr ungünstigen Lebensbedingungen außerhalb des Hexi-Korridors und der Flussoasen. Die großen Wüsten Taklamakan und Gobi bleiben aufgrund ihrer ausgedehnten mobilen Dünenlandschaften und weitläufiger Kiesebenen einer intensiveren Erschließung und wirtschaftlichen Entwicklung daher verschlossen; eine Ausnahme bilden lokale Tourismuszentren wie beispielsweise in der Flussoase Ejina Qi im Westen der Inneren Mongolei.

Ein Wasserkanal führt durch die Wüste Taklamakan im Tarimbecken, um das viertgrößte Ölfeld Chinas zu versorgen. (Foto: Qiu Feng/Color China Photo/AP Images, 2009)

Unter wirtschaftlichen Gesichtspunkten stellt der Ostteil des Landes, also das Monsunchina, die besten Voraussetzungen für eine nachhaltige und umfassende Nutzung des Raumes dar, weswegen in dieser Region auch fast 90 Prozent des Kulturlandes zu finden sind und etwa 95 Prozent der Bevölkerung leben. Gute Böden und günstigere Niederschlagsverhältnisse sind wichtige Charakteristika. Allerdings sind diese Bedingungen nicht überall gleichmäßig gut vorhanden. Im Karstgebiet Südchinas beeinflussen das Karstrelief und die jahreszeitlich sehr variablen Niederschläge (vormonsunale Dürren, heftige Monsunniederschläge und Überschwemmungen) die landwirtschaftliche Produktion. Im Nordosten Chinas stellt die relativ kurze Vegetationsperiode einen Nachteil in der Landwirtschaft dar. Der Verlust an landwirtschaftlicher Anbaufläche durch Städtewachstum und Infrastrukturmaßnahmen fällt in Monsunchina besonders deutlich ins Gewicht.

Dort hat sich im Lauf der letzten zehn Jahre ein außerordentlich dichtes Netzwerk an Verkehrswegen entwickelt. Neben Autobahnen spielen auch die Hochgeschwindigkeitsstrassen der Eisenbahn im regionalen und überregionalen Verkehrswesen eine wichtige Rolle. Seit der Zulassung von Privatkraftfahrzeugen hat sich die Anzahl der Kfz auf über 100 Mio. Fahrzeuge erhöht. Damit ist vor allem in den städtischen Räumen die Überlastung der Straßennetze zum täglichen Problem geworden. Selbst der massive Ausbau des öffentlichen Nahverkehrssystems hat bisher keine Entlastung auf den Straßen gebracht.

Der weiterhin ungebremste Urbanisierungsdrang hat zu einer weiteren Konzentration der Bevölkerung auf alle großen Agglomerationsräume in China geführt. Günstigere Arbeitsmöglichkeiten, die Aussicht auf Teilhabe am städtischen Konsum und die Hoffnung auf bessere Bildung haben ein Millionenheer von Menschen in die Städte getrieben, obgleich sie dort rechtlich benachteiligt sind (siehe den Beitrag von Björn Alpermann). Das kann langfristig zu sozialen Spannungen führen, wenn die Rechtslage für Binnenmigranten nicht angepasst wird.

Zu einem gleichsam existenziellen Problem kann sich die Verfügbarkeit von Wasser für die dramatisch wachsende Bevölkerung in den großen Wirtschaftszentren des Landes entwickeln. Wie ausgeführt, ist Wasser in China räumlich sehr unterschiedlich verteilt. Selbst im humiden nördlichen Monsunchina ist inzwischen nicht mehr genügend Wasser verfügbar, um die Bevölkerung ausreichend zu versorgen. Das nicht unumstrittene Süd-Nord-Wassertransferprojekt, das Wasser aus dem Chang-Jiang-Gebiet nach Norden leiten soll, ist in Teilen realisiert worden. Über dessen Wirksamkeit gibt es nach wie vor sehr unterschiedliche Meinungen. Erst die Zukunft wird zeigen, welche Änderungen sich im Chang-Jiang-System aufgrund der gewaltigen Umleitungsmaßnahmen ergeben werden.

Als weltgrößter Energiekonsument ist China in hohem Maß abhängig von den eigenen Rohstoffquellen. Chinas wichtigster Energierohstoff ist und bleibt die Kohle, während Erdöl- und Gasvorkommen nur noch für wenige Jahrzehnte ausreichen und einen insgesamt geringen Anteil am Energiemix einnehmen. Die Energiegewinnung aus Wasserkraft und aus der Kernenergie ist zwar in den letzten Jahren deutlich gestiegen, beide zusätzlichen Energieträger können aber nicht den jährlichen Bedarf an

Energie abdecken, weswegen China seit 2003 Nettoimporteur von Primärenergie wie Erdöl und Erdgas geworden ist (siehe *Abbildung 8*, S. 52). Das Land wird sich zwangsläufig mit der Frage beschäftigen müssen, wie denn in den nächsten Jahrzehnten der Energiebedarf gedeckt werden kann. Neben der Forcierung erneuerbarer Energien, wie zum Beispiel der Wind- oder Solartechnik, die beide in China vorhanden sind, bisher aber keine Rolle spielen, ist auch die Frage nach der effizienteren Nutzung von Energien zu stellen. Diese könnte beispielsweise durch Verbesserungen in der Isoliertechnik von Gebäuden, durch die Förderung verbrauchsärmerer Kraftfahrzeuge und Haushaltsgeräte sowie durch gezielte Schulungen im Umgang mit Energie erreicht werden.

Maßnahmen zum Schutz der Umwelt sind bisher nicht ausreichend umgesetzt worden, da nach wie vor der ökonomische Fortschritt im Zentrum der Planungen steht (siehe auch den Beitrag von Doris Fischer und Andreas Oberheitmann). Die Zentralregierung ist sich dieser Problematik durchaus bewusst und hat einen grundlegenden Umbau des Wirtschaftssystems in Richtung einer *green economy* angekündigt – jüngst geschah das auf der Sitzung des Nationalen Volkskongresses im März 2014. Es bleibt abzuwarten, mit welcher Konsequenz diese Ankündigungen umgesetzt werden können.

Literatur

Cheng, Guodong: A roadbed cooling approach for the construction of Qinghai-Tibet Railway, in: Cold Regions and Science Technology, 42 (2005) 2, 169–176.

China Statistical Yearbook → NBS (National Bureau of Statistics of China): China Statistical Yearbook Domroes, Manfred/Peng, Gongbing: The Climate of China, Berlin u. a. 1988.

Giese, Ernst/Bahro, Gundula/Betke, Dirk: Umweltzerstörungen in Trockengebieten Zentralasiens (West- und Ost-Turkestan). Ursachen, Auswirkungen, Maßnahmen, Stuttgart 1998.

Giese, Ernst/Sehring, Jenniver/Trouchine, Alexei: Zwischenstaatliche Wassernutzungskonflikte in Zentralasien, Zentrum für internationale Entwicklungs- und Umweltforschung an der Universität Gießen, Discussion Paper No. 18, 2004 (http://www.econstor.eu/bitstream/10419/21889/1/DiscPap18.pdf, Zugriff: 7. April 2014).

Gransow, Bettina: Binnenmigration in China – Chance oder Falle?, Focus Migration, Kurzdossier Nr. 19, Dezember 2012, hrsg. vom Institut für Migrationsforschung und Interkulturelle Studien und der Bundeszentrale für politische

Bildung (http://www.bpb.de/gesellschaft/migration/kurzdossiers/151241/binnenmigration-in-china, Zugriff: 7. April 2014).

Jöst, Frank u. a.: Begrenzen Chinas Wasserressourcen seine wirtschaftliche Entwicklung?, University of Heidelberg, Discussion Paper Series No. 433, 2006 (http://www.uni-heidelberg.de/md/awi/forschung/dp433.pdf, Zugriff: 27. März 2014).

Karlsen, Alex W. u. a.: Coal Geology, Land Use, and Human Health in the People's Republic of China, U. S. Geological Survey Open-File Report 01–318 2002 (http://pubs.usgs.gov/of/2001/of01-318/, Zugriff: 7. April 2014).

Luthe, Mira: Gesellschaftliche Transformation ohne Beispiel. Hoffnungen und Herausforderungen für Chinas Urbanisierung, in: KAS-Auslandsinformationen, 1/2014, S. 21–39 (http://www.kas.de/wf/doc/kas_36576-1522-1-30.pdf?140117131028, Zugriff: 7. April 2014).

Mayer-Kuckuck, Finn: Massiver Ausbau der Atomkraft besorgt Experten, in: Handelsblatt vom 18. Oktober 2013 (http://www.handelsblatt.com/technologie/das-technologie-update/energie/china-massiver-ausbau-der-atomkraft-besorgt-experten/8912242.html, Zugriff: 21. April 2014).

Milliman, John D./Farnsworth, Katherine L.: River Discharge to the Coastal Ocean. A Global Synthesis, Cambridge/Mass. 2011.

NBS (National Bureau of Statistics of China): China Statistical Yearbook, Beijing versch. Jgg.

Osterwalder, Rachel: Wasserkrise in China, Greenpeace vom 14. August 2012 (http://www.greenpeace.de/themen/energiewende/fossile-energien/wasserkrise-china, Zugriff: 7. April 2014).

Protze, Mareen: Baumwollanbau im Tarimbecken (China) – Ökonomie und Wasserrechte. Diplomarbeit im Studiengang Landschaftsökologie und Naturschutz, Universität Greifswald 2011 (http://www.botanik.uni-greifswald.de/fileadmin/laoek/theses/2011/2011_Protze.pdf, Zugriff: 27. März 2014).

Story, Kathleen: China grabbing other countries' farmland, in: examiner.com, Green Living vom 8. Januar 2014 (http://www.examiner.com/article/china-grabbing-other-countries-farmland, Zugriff: 27. März 2014).

Sweeting, Marjorie M: Karst in China. Its Geomorphology and Environment, Berlin u. a. 1995.

Taubmann, Wolfgang: Naturräumliche Gliederung und wirtschaftsgeographische Grundlagen, in: Fischer, Doris/Lackner, Michael (Hrsg.): Länderbericht China (= bpb Schriftenreihe Band 631), Bonn[3] 2007, S. 15–49.

Yang, Q.: A General Picture of China, in: Zuo, Dakang, Xing, Yan (Hrsg.): The Natural Features of China, Beijing 1992, S. 8 f.

Ying, Z./Yang Q.: The Land, in: Zuo, Dakang, Xing, Yan (Hrsg.): The Natural Features of China, Beijing 1992, S. 19–30.

Zuo, Dakang, Xing, Yan (Hrsg.): The Natural Features of China, Beijing 1992.

Weblinks

Bundesministerium für Bildung und Forschung, Clusterporträts (Übersicht):
   http://www.kooperation-international.de/clusterportal.html?tx_kevdi-cluster_pi2[sort]=country
index mundi, Produktion und Verbrauch von Energie in China:
   http://www.indexmundi.com/energy.aspx?country=cn
Statista. The Statistics Portal:
   http://www.statista.com/
Weltbank, Daten:
   http://data.worldbank.org/indicator/

Thomas Scharping

Bevölkerungspolitik und demografische Entwicklung: Alte Probleme, neue Perspektiven

1 Die Last der Vergangenheit

Bei ihrer Gründung im Jahr 1949 trat die Volksrepublik China ein schweres bevölkerungspolitisches Erbe an: Jahrhundertelang hatte sich die chinesische Bevölkerungszahl auf einem Sockel von 60 bis 80 Millionen Menschen bewegt. Ende des 17. Jahrhunderts begann allerdings ein rasantes Bevölkerungswachstum, das binnen zweihundert Jahren zu einer Verdreifachung der chinesischen Gesamtbevölkerung führte. Anders als in Europa, das im gleichen Zeitraum einen ähnlich starken Bevölkerungsanstieg erfuhr, setzte im chinesischen Fall die diesen Prozess begleitende Industrialisierung, Verstädterung und gesellschaftliche Transformation erst mit weit über hundertjähriger Verspätung in größerem Umfang ein: Chinas hohe Bevölkerungszahl wurde zu einem Krisensymptom.

Der stark zunehmenden Bevölkerungsdichte in den Schlüsselregionen des Landes standen spektakuläre Bevölkerungsverluste gegenüber: 20 bis 40 Millionen Menschenleben soll der größte chinesische Bauernaufstand aller Zeiten, die Taiping-Revolution, zu Mitte des 19. Jahrhunderts gekostet haben. Millionen von Opfern forderten auch die verschiedenen chinesischen Kriege und Bürgerkriege sowie die verheerenden Dürre- und Überschwemmungskatastrophen Ende des 19. und in der ersten Hälfte des 20. Jahrhunderts. Und schließlich trieben über solche einmaligen Ereignisse hinaus eine hohe Seuchenanfälligkeit und eine permanente Unterernährung großer Bevölkerungskreise die Sterblichkeit weiter in die Höhe. Wie neuere Forschungen aus lokal begrenzten Mikrodaten vermuten lassen, könnten die Geburtenzahlen in China niedriger als in Europa gelegen haben. Repräsentative Daten für Sterblichkeit und Fruchtbarkeit fehlen jedoch. Darüber hinaus führte auch der Zusammenbruch des traditionellen Meldewesens zwischen 1850 und 1950 dazu, dass die genaue Bevölkerungszahl ein Rätsel blieb.

Thomas Scharping

Straßenszene in Beijing um 1900 (Foto: ullstein bild – Roger-Viollet)

Unter dem Eindruck solcher Entwicklungen trugen Chinas Politiker und Wissenschaftler bereits vor Gründung der Volksrepublik im Jahr 1949 einen heftigen Streit aus. Auf der einen Seite stand eine Reihe einflussreicher, westlich geschulter Sozialwissenschaftler, die eine Überbevölkerung Chinas annahmen und deswegen eine Geburtenkontrolle forderten. Ihnen standen mit Sun Yat-sen und Chiang Kai-shek die Führer der chinesischen Republik gegenüber, die von bedrohlichen Bevölkerungsverlusten des Landes ausgingen. Zur Wahrung seiner Unabhängigkeit und territorialen Integrität forderten sie ein hohes Bevölkerungswachstum. Mit dieser Einstellung knüpften sie an die traditionell pronatalistische Haltung der chinesischen Kaiser an, die große Bevölkerungszahlen geschätzt hatten, weil sie das Steueraufkommen erhöhten und die Wehrkraft gegen kriegerische Grenzvölker stärkten.

Diese schon zu Beginn des 20. Jahrhunderts einsetzende Kontroverse beeinflusste auch die führenden Männer der KP Chinas, allen voran Mao Zedong, zutiefst. In Übereinstimmung mit der Guomindang erblickten sie noch jahrelang in hohen Bevölkerungszahlen ein Symbol nationaler

Größe sowie ein wirksames Abwehrmittel gegen Kolonialinteressen und Angriffspläne der Großmächte. Karl Marx lieferte seinen chinesischen Adepten weitere Argumente, um eine Geburtenkontrolle vehement abzulehnen. 1846 hatte er in seiner berühmt gewordenen Kritik an Thomas Malthus, einem Mitbegründer der modernen Bevölkerungswissenschaft, dessen Warnung vor einer Überbevölkerung abgelehnt. Marx zufolge bestimmten nicht Grenzen der Nahrungsmittelversorgung, sondern historisch bestimmte und revolutionär veränderbare Produktionsweisen die Grenzen des Bevölkerungswachstums (Marx 1967; Marx 1983; Meek 1956).

Mao Zedong stand somit in einer mehrfachen Traditionslinie, als dieser 1949 in einem richtungweisenden Kommentar Chinas große Bevölkerung zu einer ausgezeichneten Sache erklärte und formulierte, dass »Produktion plus Revolution« alle Bevölkerungsprobleme lösen könnten (Mao Zedong 1964). Diese von der chinesischen Propaganda später immer wieder zitierten Sätze waren als Replik auf ein Weißbuch der amerikanischen Regierung niedergeschrieben worden (U.S. Department of State 1949), in dem der Ausbruch der chinesischen Revolution auch auf den Bevölkerungsanstieg sowie die mit ihm verbundenen Wirtschafts- und Versorgungsprobleme des Landes zurückgeführt worden war.

2 Irrungen und Wirrungen der Bevölkerungspolitik nach 1949

Die Weigerung Maos, hohe Bevölkerungszahlen als Mitursache der chinesischen Entwicklungsprobleme anzuerkennen, sorgte dafür, dass nach der Gründung der Volksrepublik zunächst jegliche Geburtenkontrolle unterblieb. Außerdem besaß auch die kommunistische Regierung zunächst keine wirklich verlässlichen Bevölkerungsstatistiken. Chinas erster moderner Zensus wurde Mitte 1953 abgehalten. Als seine Ergebnisse ein Jahr später bekannt wurden, zeigte sich allerdings, dass alle Warner recht behalten hatten: Mit über 580 Millionen Menschen lag die Bevölkerungszahl Chinas um rund 70 Millionen über dem Wert, der früher vermutet worden war. Das hohe Zensusergebnis führte zu ersten Ansätzen eines Umdenkens. So trat 1954 erstmals wieder ein chinesischer Politiker mit der Forderung nach Geburtenkontrolle in der Öffentlichkeit auf – eine Kursänderung, die sich zunächst in das ideologisch unverdächtige Gewand des Mutterschutzes kleidete. 1955 nahm China die Propaganda für Spätehen und die Produktion von Kontrazeptiva auf, ein Jahr später wurden bis dahin verbotene Abtreibungen und Sterilisierungen in gesundheitlich oder arbeitsmäßig begründeten Ausnahmefällen gestattet.

Auch die zunehmende Landflucht trug zu der Kehrtwende bei, da sie den Städten doch erhebliche infrastrukturelle Lasten aufbürdete. Vor allem aber rückte sie neben der alten Furcht vor mangelnder Nahrungsmittelversorgung immer mehr das Problem der Arbeitsplatzbeschaffung in den Blickpunkt des öffentlichen Interesses. Eine deutliche Diskrepanz zwischen den steigenden Geburtenzahlen einerseits und einem ungenügenden Zuwachs an neuen Arbeitsplätzen andererseits trat hervor. China reagierte ab 1955 auf die sich abzeichnende Krise mit der Einführung einer städtischen Getreiderationierung, mit dem schrittweisen Ersatz des freien Arbeitsmarktes durch eine staatliche Arbeitsplatzzuteilung und mit der Verschärfung melderechtlicher Bestimmungen, die spätestens ab 1962 ein weitgehendes Verbot von Umzügen vom Land in die Stadt nach sich zogen. Während diese spontane Migration drastisch eingeschränkt wurde, nahmen staatlich organisierte Umsiedlungen und Versetzungen von den Städten in die ländlichen Räume zu.

Für die wachsenden Beschäftigungsprobleme war neben der demografischen Entwicklung vor allem die Übernahme der sowjetischen Industrialisierungsstrategie verantwortlich. Sie förderte kapitalintensive Großbetriebe der Schwerindustrie ebenso wie sie kleine, arbeitsintensive Handwerksbetriebe vernichtete. Die Enteignung aller Privatbetriebe und die Diskriminierung von Handel und Dienstleistungssektor in groß angelegten Kampagnen ab 1953 spielten ebenfalls eine nicht unwesentliche Rolle (siehe den Beitrag von Markus Taube). Auf dem Land schließlich machte sich das ungünstige Verhältnis von Ackerland zur Bevölkerungszahl stärker als früher bemerkbar, weil die Neulanderschließung an der chinesischen Peripherie als traditionelles Ventil für die »überschüssige« Bevölkerung schon Ende der 1950er-Jahre immer weniger Entlastung brachte.

Ihren Höhepunkt erreichte die neue Bevölkerungspolitik während der »Hundert-Blumen-Bewegung« von 1957. Nachdem Mao Zedong intern erstmals die Geburtenkontrolle unterstützt hatte, wiederholten viele chinesische Sozialwissenschaftler ihre alten Forderungen nach einer Beschränkung des Bevölkerungswachstums. Sie plädierten dafür, die bis dahin nur in den Städten zögerlich propagierte Geburtenkontrolle auf das ganze Land auszudehnen (Tien 1973, S. 175–231; Scharping 2003, S. 38, 44–48).

Diese Vorschläge wurden jedoch nicht in die Tat umgesetzt. Als 1958 der »Große Sprung« (siehe den Beitrag von Markus Taube) begann, passte die aktive Weiterverfolgung der Geburtenkontrolle auch nicht mehr in die politische Landschaft. Im Vertrauen auf die Propagandaparolen der Partei strömten rund 30 Millionen Landbewohner in die Städte, um sich dort an neuen Aufbaumaßnahmen zu beteiligen. Weitere Heerscharen von Bauern wurden als billige Arbeitskräfte bei arbeitsintensiven ländlichen Infrastrukturprojekten eingesetzt. Unter solchen Vorzeichen galt das Land vielen seiner hohen Funktionäre als nicht über-, sondern unterbevölkert. Das endgültige Aus für eine antinatalistische Bevölkerungspolitik kam, als 1960 der damalige Rektor der Peking University Ma Yinchu unter dem Vorwurf des Malthusianismus entlassen wurde, weil er das Nachlassen der Geburtenkontrolle beklagt hatte.

Erst nach dem Ende des »Großen Sprungs« wurden 1962 auf Betreiben von Ministerpräsident Zhou Enlai zögerliche Neuansätze einer aktiven Bevölkerungspolitik eingeleitet. Dies geschah nach einer beispiellosen Wirtschaftskrise mit Massenentlassungen in den städtischen Betrieben, zwangsweise erfolgenden Rücksiedlungen landflüchtiger Bauern und einer Hungerkatastrophe größten Ausmaßes. 1963 wurde deswegen erstmals die Absenkung des natürlichen Bevölkerungszuwachses auf ein Niveau von jährlich ein Prozent zum Ziel erhoben – ein Programm, mit dessen Umsetzung in den Städten die ein Jahr später gegründete Staatliche Geburtenplanungskommission beauftragt wurde (Scharping 2003, S. 48).

Die im Jahr 1966 einsetzende Kulturrevolution strich die Geburtenkontrolle zwar nicht aus dem politischen Programm, sie führte jedoch zu einem faktischen Stillstand fast aller diesbezüglichen Aktivitäten – wie auch vieler anderer staatlicher Funktionen. Erst nach der gewaltsamen Beendigung der chaotischen Zustände im Land wurde sie ab 1970 wieder auf die Tagesordnung der höchsten Führungsgremien gesetzt. Dabei schlossen sich Mao Zedong und die Parteiführung der Forderung von Ministerpräsident Zhou Enlai an, die Geburtenkontrolle künftig nicht mehr als gesundheitspolitisches Problem zu erörtern, sondern im Zusammenhang von Ernährungsfragen und Wirtschaftsplänen zu behandeln. 1973 wurde erstmals eine Kennziffer für den Bevölkerungszuwachs in die Wirtschaftspläne aufgenommen. Im gleichen Jahr verkündete eine Geburtenplanungskonferenz in Beijing die wesentlichen Elemente der Geburtenkontrolle bis zum Ende der 1970er-Jahre:

a. eine immer härter durchgesetzte Spätehen-»Empfehlung«, nach der Frauen erst im Alter von 23 bis 25 Jahren und Männer im Alter von 25 bis 28 Jahren heiraten sollten,
b. eine maximale Anzahl von zwei Kindern pro Ehepaar mit einem Abstand von vier Jahren zwischen den Geburten.

Diese Richtlinien wurden schrittweise auch auf dem Land durchgesetzt; lediglich die nationalen Minderheiten waren von ihnen ausgenommen.

Auch die Migrationspolitik verschärfte sich: Rund 17 Millionen städtische Jugendliche, in der Mehrzahl Schulabgänger oder Arbeitslose, wurden zwischen 1968 und 1978 mit mehr oder weniger großem Zwang auf dem Land angesiedelt. Weitere Millionen von erwachsenen Arbeitslosen, Intellektuellen und Funktionären, die im Zuge der unaufhörlichen Kampagnen politisch verfolgt oder entlassen wurden, gesellten sich ihnen hinzu. Die chinesische Propaganda feierte die äußerst unpopulären Landverschickungen als ideologische Umerziehungsmaßnahme zur Aufhebung der Stadt-Land-Gegensätze. Sie dienten jedoch auch dem Zweck, die Urbanisationsrate auf einem niedrigen Niveau zu stabilisieren sowie die politisch brisanten Konflikte und Beschäftigungsprobleme der chinesischen Städte aufs Land zu verlagern. Erst 1980 wurden die zwangsweise erfolgenden Umsiedlungsaktionen endgültig eingestellt.

Obwohl die freie Wahl von Wohnort und Arbeitsplatz für Bauern nach wie vor eingeschränkt bleibt, ist das Streben nach einer Bewahrung des bestehenden Land-Stadt-Proporzes seit Ende des 20. Jahrhunderts immer mehr einem Bekenntnis zur zügigen Urbanisierung gewichen. Die Migration aus den Dörfern in Klein- und Mittelstädte ist bewusst gefördert worden. Auch die bestehenden Metropolen sind stark und weit über das früher geplante Maß hinaus angewachsen (siehe den Beitrag von Bernd Wünnemann).

Landbewohner können heutzutage einen städtischen Wohnsitz erwerben, nachdem sie hohe Gebühren entrichtet sowie genügend Vermögen und Investitionen in städtische Wirtschaftsunternehmen nachgewiesen haben. Die rigiden Meldebestimmungen, die indirekt auch den Zugang zu städtischen Sozialleistungen regeln, sind zwar seit den 1980er-Jahren schrittweise gelockert, jedoch bis heute nicht abgeschafft worden. Die meisten Migranten erhalten in den Städten nur eine provisorische Meldebescheinigung ohne Dauerwohnrecht. Sie verrichten Fließbandarbeiten, Dienstleistungsjobs oder schwere körperliche Tätigkeiten, die schlecht bezahlt und von der Stadtbevölkerung gemieden werden. Neuere Bestimmungen, die Wanderarbeitern den Zugang zu Sozialversicherung und städtischen Schulen ermöglichen, werden nur zögernd umgesetzt (siehe den Beitrag von Barbara Schulte). So ist in den Städten eine unterprivilegierte Bevölkerungsschicht entstanden, die entscheidend zum Wirtschaftsboom der letzten Jahrzehnte beigetragen hat. Trotz der für sie schlechten Lebensbedingungen in den Städten bleibt das unaufhörlich steigende Einkommensgefälle zwischen Stadt und Land das Hauptmotiv für ihre Abwanderung vom Land (Scharping 1997b und Volkszählungsdaten).

3 Die Ein-Kind-Kampagne und ihre Konsequenzen

Die einschneidendste Veränderung in der chinesischen Bevölkerungspolitik ist seit Beginn der Wirtschaftsreformen aber zweifellos durch die in der ganzen Welt präzedenzlose Ein-Kind-Politik eingetreten, auf die daher ausführlicher eingegangen werden soll. Mit ihr reagierten Maos Nachfolger auf die massiven Wirtschaftsprobleme, die nach dem Ende der Kulturrevolution hervortraten (siehe den Beitrag von Markus Taube).

Seit ihrer Verkündung Ende 1979 hat sie mehrere Phasen durchlaufen: In der Periode von 1979 bis 1983 wurde von der vormaligen Zwei-Kind- zur Ein-Kind-Politik übergegangen. Die damit verbundene Massenkampagne war von Übergriffen und Gewaltakten begleitet und sie wurde mit lokal großen Unterschieden umgesetzt. In dieser Zeit wurden erste provisorische Geburtenplanungsbestimmungen mit Anreizen und Sanktionen ausgearbeitet. Eine von 1984 bis 1985 während Liberalisierungsphase erweiterte einen Katalog, nach dem es möglich war, die Genehmigung für ein zweites Kind zu erhalten, auf bis zu 17 Ausnahmebedingungen. Vorsichtige Kritik an den zuvor praktizierten Zwangsabtreibungen und Zwangssterilisierungen wurde laut, die Wahlfreiheit bei den Verhütungsmitteln stärker betont. Ein wichtiger politischer Schritt war die regionale Differenzierung bei der Geburtenplanung, die hinfort unterschiedliche Vorschriften für fünf bis sieben verschiedene Gebietstypen vorsah. Neben einer grundsätzlichen Unterscheidung zwischen Stadt und Land zählten hierzu Differenzierungen nach ethnischer Zusammensetzung, Bevölkerungsdichte und Wirtschaftsweise einzelner Regionen.

1986 bis 1989 entbrannte ein heftiger interner Streit über die Fortführung der Ein-Kind-Politik. Während einige chinesische Politiker sie stufenweise zur Zwei-Kind-Politik zurückführen wollten, warnten andere vor einer neuen Geburtenexplosion und begründeten damit ihre Forderung, weiterhin Zwangsmaßnahmen anzuwenden. De facto lockerten viele Provinzen die Ausnahmebedingungen für Zweitkind-Genehmigungen weiter und erkennen seitdem bei der Landbevölkerung auch die Geburt eines Mädchens oder sogar nur einen – heute häufig fallen gelassenen – vierjährigen Geburtenabstand als ausreichenden Grund für eine zweite Geburt an. In Gebietstypen, die nach der Geburt eines Mädchens eine zweite Geburt zulassen, lebten um 2010 rund 54 Prozent der chinesischen Bevölkerung, in Gebieten mit noch großzügigeren Regelungen rund elf Prozent. Trotz solcher weitgefasster Ausnahmen ist aber der Anteil von Ehepaaren mit nur einem Kind mittlerweile auf über 60 Prozent aller Familien angestiegen. In den Städten, wo wesentlich rigidere Bestimmungen gelten, liegt er noch höher.

Im Jahr 1990 wurde eine bis heute andauernde Verwaltungs- und Verrechtlichungsstrategie eingeleitet. Die regional abweichenden Vorschriften sind engmaschiger geworden und auch auf Randgruppen der Gesellschaft ausgedehnt worden. Gleichzeitig sind die heute in »Sozialleistungsgebühren« umetikettierten Strafsummen für die Überschreitung der Geburtenpläne in den aktuellen Bestimmungen drastisch gestiegen. Dem entsprechen ein finanzieller und personeller Ausbau des Apparates und die Einführung restriktiver Verantwortungssysteme mit kollektiven Haftungen von Kadern und Betriebsleitern, Belegschaften und Dorfgemeinschaften. Zugleich haben jedoch die zunehmende Regelungsdichte, die fortlaufende Delegierung von Geburtenplanungsaufgaben innerhalb einer weitverzweigten Bürokratie und die häufigen Änderungen der Politik ein heute äußerst komplexes Regelwerk entstehen lassen, das wenig transparent und schwer umzusetzen ist.

Ab 1998 schließlich wurde die Geburtenplanung zunehmend durch neue Programme für reproduktive Gesundheit ergänzt, die verbesserte Beratungsleistungen und unentgeltliche medizinische Betreuung bei Frauenleiden,

Propaganda für die Ein-Kind-Familie in Xinshao, Provinz Hunan (Foto: Imaginechina via AP/dpa – report, 2008)

Aids und Geschlechtskrankheiten, Sexualproblemen, Schwangerschaft und Geburt vorsehen. Außerdem wurden neue Maßnahmen zur finanziellen Unterstützung von Ein-Kind-Familien ergriffen. Serviceleistungen und Kontrolle gehen bei vielen dieser Maßnahmen nahtlos ineinander über. Die Verbesserungen haben auch nichts an dem grundsätzlichen Zwangscharakter der chinesischen Geburtenkontrolle geändert.

Einige Problemfelder haben sich über die Jahre hinweg als besonders schwierige Hindernisse für einen raschen Geburtenrückgang erwiesen. So wurde das vorgeschriebene Mindestheiratsalter 1980 durch ein neues Ehegesetz de facto auf 20 bis 22 Jahre herabgesetzt. Die Spätehen-Empfehlung für eine Heirat mit 24 Jahren ist dadurch kaum noch beachtet worden. Hinzu kam, dass Frühehen, also Ehen, die vor dem Erreichen des vorgeschriebenen Mindestheiratsalters geschlossen wurden, noch einen relativ hohen Prozentsatz der Eheschließungen auf dem Land ausmachten. Das durchschnittliche Heiratsalter der Frauen ging so von rund 23 Jahren zu Ende der 1970er-Jahre um ein Jahr zurück, um erst 2000 wieder den alten Stand zu erreichen und bis 2010 auf fast 24 Jahre, in den Metropolen auf über 26 Jahre, zu klettern. Weil die meisten Kinder innerhalb des ersten Jahres nach der Heirat geboren werden, hat dies eine zeitweise erfolgende Rückverlagerung der Fruchtbarkeit in jüngere Altersgruppen nach sich gezogen. Als Reaktion darauf wurden die Geburtengenehmigungen vielfach nur in einem mehrstufigen Verfahren ausgestellt. Dazu gehörten schriftliche Selbstverpflichtungen auf eine späte Schwangerschaft und die Geburt nur eines Kindes, Garantieerklärungen für die Durchführung von Verhütungsmaßnahmen nach der Entbindung, eine Vorlage von Registrierungsdokumenten sowie die Hinterlegung einer Kaution für den Fall eines Gebrauchs der Antibabypille, die bei gescheiterter Verhütung fällig wird.

Die überwältigende Mehrzahl der nationalen Minderheiten ist seit der Mitte der 1980er-Jahre ebenfalls in die Geburtenplanung einbezogen worden. Ihren Mitgliedern sind aber in den meisten Fällen mehr Kinder als den Han-Chinesen gestattet: zwei in den Städten, drei, in Sonderfällen sogar mehr, auf dem Land. Ansonsten sind Arbeitskräftemangel, Probleme der Altersversorgung sowie das Streben nach einer Fortführung der Familienlinie die Hauptanerkennungsgründe für die Genehmigungen eines zweiten Kindes auf dem Land. Die Ausnahmebedingungen sind in den Geburtenplanungsbestimmungen in komplizierten Fallgruppen zusammengefasst und wurden in den 1980er-Jahren stetig ausgeweitet; in den 1990er-Jahren gab es teils weitere Ausweitungen, teils aber auch Einschränkungen. Die aktuellen Bestimmungen enthielten bis 2013 gegenüber den 1990er-Jahren nur geringfügige Veränderungen; lediglich auf die Kinderwünsche von wiederverheirateten Paaren wurde etwas mehr Rücksicht genommen. Außerdem wurde das umständliche Genehmigungsverfahren für Erstgeburten stark vereinfacht.

Weil sie die Option auf ein zweites Kind erhalten, sind Pessare die bevorzugte Verhütungsmaßnahme. Sterilisierungen werden zumeist erst nach der Geburt eines zweiten Kindes durchgeführt, obwohl einige Provinzen mit besonders hohen Geburtenzahlen 1991 begannen, diese auch schon nach der ersten Geburt durchzusetzen. Aus Kostengründen verwenden weniger als zehn Prozent der Betroffenen Antibabypillen, Kondome und andere Verhütungsmittel; nur in den Städten oder in einigen Gebieten mit Sonderbedingungen liegen die Prozentsätze höher. Hinsichtlich der Wahlfreiheit von Kontrazeptiva hat die Haltung der Regierung geschwankt. Weil Pessare oft entfernt oder andere Methoden nachlässig praktiziert werden, blieben die Abtreibungsraten mit über 40 Schwangerschaftsabbrüchen pro 100 Lebendgeburten auch in der ersten Dekade des 21. Jahrhunderts hoch. In früheren Perioden hatten sie sogar Spitzenwerte von 60 bis 70 erreicht. Trotz einem auch in China zunehmenden Bewusstsein für Menschenrechte und Selbstbestimmung der Frauen werden Abtreibungen weiterhin mit administrativen, rechtlichen und finanziellen Mitteln erzwungen. Entgegen den Anordnungen der Regierung kommen dabei auch Fälle physischer Gewaltanwendung immer wieder vor.

Durchgesetzt werden soll die Ein-Kind-Politik mit einem System von Sanktionen und Anreizen. Das Hauptproblem der Anreize ist aber ihre mangelhafte Finanzierbarkeit und Durchsetzbarkeit, insbesondere auf dem Land. Die Ein-Kind-Prämie von zumeist 60 RMB pro Jahr ist durch Inflation entwertet und wurde erst Ende der 1990er-Jahre in vielen Provinzen verdoppelt. Der verlängerte und bezahlte Schwangerschaftsurlaub für Personen mit Ein-Kind-Zertifikaten fällt oft zu gering aus. Vergünstigungen bei Sozialleistungen für Einzelkinder sind schwer durchzusetzen, da sie den Amtsbereich anderer Verwaltungen berühren oder durch die hohe Anzahl der Betroffenen ihren Vorzugscharakter verlieren. Weil durch die Privatisierung großer Teile der Wirtschaft und die Einschränkung eigener Gemeindegebühren frühere Finanzquellen ausgetrocknet sind, musste der Staat die ehemals weitgehend den Betrieben, Kollektiven und Basiseinheiten aufgebürdeten Geburtenplanungsausgaben übernehmen. Sie sind unaufhörlich gestiegen und von der Zentralregierung überwiegend auf die Kreis- und Stadtebene abgewälzt worden.

Auf dem Land wären zusätzliches Ackerland und eine staatlich oder kollektiv getragene Altersversicherung die zweifellos wirksamsten Anreize.

Wegen der Entkollektivierung der Landwirtschaft setzen sie jedoch staatliche Subventionen voraus und sind zumeist nicht realisierbar. Neue Anstöße zur Einführung einer ländlichen Altersversicherung und einmalige Sonderzahlungen bei der Pensionierung gibt es seit Ende der 1990er-Jahre. Die gezahlten Summen und der Kreis der Empfangsberechtigten sind allerdings weiterhin zu begrenzt, als dass auf die familiäre Versorgung durch Kinder verzichtet werden könnte.

Weil die materiellen Anreize beschränkt sind, bleiben Sanktionen das Hauptmittel zur Durchsetzung der Geburtenplanung. In den 1980er-Jahren schrieben sie bei Nichteinhaltung der Geburtenplanungsvorschriften zumeist einen zehnprozentigen Einkommensabzug für beide Ehepartner über 14 Jahre hinweg vor. Ein Lohnabzug ist bei Staatsbediensteten in den Städten leicht durchzusetzen, auf dem Land hingegen nur schwer. Auch die wachsende Anzahl der privatwirtschaftlich tätigen Personen entzieht sich einer genauen Kontrolle ihrer Einkommen. Darum wurden die Geldstrafen auch noch nach der Jahrtausendwende ständig erhöht. Heute kann sich die Strafsumme für die nicht genehmigte Geburt eines zweiten Kindes auf bis zu zehn Jahreseinkommen beider Ehepartner belaufen; sie muss im Gegensatz zu früher auf einmal bezahlt werden. Bei weiteren ungenehmigten Kindern kann sie auf das Mehrfache anwachsen.

Grundsätzlich ist festzuhalten, dass die chinesische Politik auf die Umsetzungsprobleme der Geburtenplanung mit einem bürokratischen Schlingerkurs reagiert hat: Sie hat erst 2003 die Geburtenplanungskommission in eine »Staatskommission für Bevölkerung und Geburtenplanung« umgetauft und mit erweiterten Befugnissen für die interministerielle Koordinierung und die Aufstellung umfassender Bevölkerungspläne versehen. Letztere haben sich als sehr unzuverlässig und umstritten erwiesen. 2013 wurden diese Befugnisse deswegen der »Staatskommission für Entwicklung und Reform« übertragen. Die »Staatskommission für Bevölkerung und Geburtenplanung« selbst wurde mit dem Gesundheitsministerium in einer »Staatskommission für Gesundheit und Geburtenplanung« zusammengefasst. Der Schritt wurde mit finanziellen Motiven und mit einer Überlappung der Aufgaben begründet. Hohe Politiker haben allerdings betont, dass die Zusammenlegung nicht zu einer Verminderung der Anstrengungen für die Geburtenkontrolle führen darf.

Die chinesische Gesellschaft wiederum hat ihre eigenen Ausweichreaktionen und Abwehrmechanismen gegen die staatliche Kontrolle entwickelt. Sie bleibt zerrissen zwischen einem traditionellen Gebärverhalten und den Forderungen einer neuen Zeit, die durch steigende Konsum- und Freiheitsbedürfnisse, hohe Kosten der Kindererziehung und zunehmende Lebensrisiken gekennzeichnet ist. Während die Bevölkerung auf dem Land weiterhin eine Zwei-Kind-Familie favorisiert, mehren sich die Anzeichen, dass die tatsächlichen Kinderzahlen nicht nur durch politische Eingriffe, sondern auch aufgrund der sozioökonomischen Entwicklung und eigener Entscheidung der Familien zurückgehen. Besonders ausgeprägt ist dies in den Städten.

4 Chinas Bevölkerung zu Beginn des 21. Jahrhunderts: Eine demografische Bilanz

Die besten demografischen Daten stammen trotz erheblichen Unstimmigkeiten in den Zahlenwerken aus den sechs chinesischen Volkszählungen der Jahre 1953, 1964, 1982, 1992, 2000 und 2010 sowie regelmäßigen Stichprobenerhebungen seit den 1980er-Jahren. Sie lassen einige langfristige retrospektive Trendaussagen über die chinesische Bevölkerungsentwicklung zu. *Abbildung* und *Tabelle 1* mit den besten diesbezüglichen Daten weichen von den sonst üblichen Periodisierungen für China ab und orientieren sich stattdessen an den großen bevölkerungspolitischen Zäsuren. Dabei enthält die Grafik vollständige Zeitreihen mit eigenen Schätzungen für den Zeitraum von 1930 bis 1952. An sie wird ein Modell des demografischen Übergangs aus der Bevölkerungstheorie angelegt, das bei Modernisierungsprozessen eine zügige Abnahme der Sterblichkeit, einen verzögerten Rückgang der Geburtenhäufigkeit und dazwischen eine Phase des hohen natürlichen Zuwachses postuliert. Die Tabelle beschränkt sich auf Angaben zu den wichtigsten demografischen Wendepunkten. Die in ihr festgehaltenen Sterbe- und Geburtenraten setzen die Anzahl der Geburten und Todesfälle in Beziehung zur Gesamtbevölkerung; sie spiegeln damit sowohl die individuelle als auch die durch die Altersstruktur der Bevölkerung bedingte Populationsdynamik wider. Lebenserwartung und zusammengefasste Geburtenziffer (hypothetische durchschnittliche Kinderzahl pro Frau) sind dagegen kompliziert abgeleitete hypothetische Größen, aus denen der Einfluss der Altersstruktur herausgerechnet wurde. Für einige der hier wiedergegebenen Werte können noch spätere Berichtigungen nötig werden.

Grafik und Tabelle zeigen, in welchem Maß Chinas Bevölkerungsentwicklung den Modellerwartungen entspricht und wie weit sie auffallende Besonderheiten zeigt. Während sie sich in den 1950er-Jahren noch weitgehend modellhaft bewegt, beginnt danach eine über 30-jährige Phase heftiger Schwankungen, die die Einwirkungen politischer Kampagnen und des Programms für Geburtenkontrolle widerspiegeln. Letzteres

Bevölkerungspolitik und demografische Entwicklung

Abb. und Tab. 1: Demografischer Übergang und Vitalität

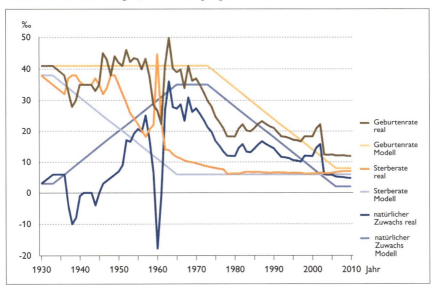

	Gesamt-bevölkerung (Mio.)	Geburten-rate (‰)	zusammengefasste Geburtenziffer (Kinder pro Frau)	Sterbe-rate (‰)	Lebens-erwartung bei der Geburt (Jahre)
1953	584,19	42,2	6,1	25,8	40,3
1957	633,22	43,3	6,4	18,1	49,5
1960	650,66	24,6	4,0	44,6	24,6
1962	653,30	41,0	6,0	14,0	53,0
1970	820,40	37,0	5,8	9,5	61,4
1979	971,79	21,4	2,8	7,6	65,0
1990	1 143,33	21,1	2,5	6,7	68,3
1992	1 171,71	18,2	1,9	6,6	68,8
1997	1 236,26	16,6	1,6	6,5	69,9
2010	1 340,91	11,9	1,5	7,1	74,8

Quellen: Entwurf, Zusammenstellung und Berechnungen des Autors; Daten für 1953–80 von Banister 1987.

treibt die Geburtenzahlen ab 1970 schnell nach unten, kann dann aber in den 1980er-Jahren ihren erneuten Anstieg nicht verhindern. Erst seit den 1990er-Jahren verstetigt sich die Entwicklung wieder und entspricht abermals dem Modell.

Im Einzelnen ist das komplizierte Zusammenspiel verschiedener Faktoren für diesen höchst untypischen Verlauf verantwortlich.

Sterblichkeit

Anknüpfend an eine wahrscheinlich bereits in den 1930er-Jahren einsetzende Bewegung, die nur durch die Kriegsjahre unterbrochen wurde, gingen in den ersten beiden Jahrzehnten der Volksrepublik alle Sterberaten schnell zurück. Danach verlangsamte sich das Tempo dieser Entwicklung. Relativ gesehen sank die Sterblichkeit der jüngeren Altersgruppen in den 1950er- und 1960er-Jahren besonders stark, während bei den höheren Altersgruppen nur eine geringfügigere Abnahme zu verzeichnen war. Vor allem die Säuglingssterblichkeitsrate verminderte sich von etwa 200 Promille bei Gründung der Volksrepublik auf etwa 60 Promille zu Beginn der 1970er-Jahre.

Seitdem hat sich der Mortalitätsrückgang spürbar abgeflacht. Dies ist ein durchaus normaler Vorgang, nachdem die Volksrepublik die stürmische Nachholphase im Bereich der Gesundheitsversorgung im ersten Vierteljahrhundert ihres Bestehens im Wesentlichen abgeschlossen hat. Die früher als Todesursachen so dominierenden Seuchen und Infektionskrankheiten wurden in dieser Zeit erfolgreich zurückgedrängt und von den heute vorherrschenden degenerativen Alterserkrankungen abgelöst. Diese treten üblicherweise erst in Ländern mit einem deutlich höheren Einkommensniveau in den Vordergrund und können nur mit wesentlich höherem Aufwand bekämpft werden. Allerdings existiert innerhalb Chinas nach wie vor ein epidemiologisches Stadt-Land-Gefälle und in einigen Landesteilen leidet die Bevölkerung weiterhin an Mangelernährung und höherer Seuchenanfälligkeit.

Die durchschnittliche Lebenserwartung bei der Geburt spiegelt diese Verhältnisse wider. Sie stieg zwischen 1953 und 1970 um mehr als ein Jahr per annum – dies ist auch im internationalen Vergleich ein äußerst rascher Rückgang der Sterblichkeit, der die großen gesundheits- und sozialpolitischen Leistungen der Volksrepublik zum Ausdruck bringt. Seit den 1970er-Jahren ist die Lebenserwartung nur noch um etwa ein Drittel des früheren Ausmaßes gestiegen. Zwischen den Provinzen mit der höchsten und denjenigen mit der niedrigsten Lebenserwartung klaffte 2010 weiterhin ein Abstand von mehr als zwölf Jahren. Im gesamtchinesischen Durchschnitt lag die Lebenserwartung bei der letzten Volkszählung von 2010 bei rund 74 Jahren, ein beträchtlich höherer Wert als in Russland. Werden die niedrigen Zensusdaten zur Säuglingssterblichkeit bereinigt, dann sinkt sie wahrscheinlich um ein Jahr. Da bei Sterbefällen weiblicher Kleinkinder und Säuglinge besonders große Erhebungslücken zu bestehen scheinen, sind solche Datenprobleme mit hoher Wahrscheinlichkeit durch die Ein-Kind-Politik bedingt.

Die größte Ausnahme von dem ansonsten vorherrschenden Bild zügigen Fortschritts beim Rückgang der Sterblichkeit stellt aber zweifellos die Periode des »Großen Sprungs« dar. Als Folge der durch ihn ausgelösten Wirtschaftskrise, die durch Naturkatastrophen zusätzlich verschärft wurde, schnellten die Sterberaten in den Jahren 1958 bis 1961 abrupt nach oben und erreichten Kriegsniveau. Analog zu diesem Anstieg gingen die Geburtenraten zurück, sodass es in den Jahren 1960/61 zu einem realen Bevölkerungsrückgang kam. Je nachdem, welche Verfahrensweisen für die Bereinigung der defekten Daten angewandt werden, ergibt sich für den Zeitraum 1958 bis 1961 ein Überhang von minimal 16 Millionen und maximal 30 Millionen Sterbefällen über das normale Maß hinaus – die größte Hungerkatastrophe in der Geschichte des 20. Jahrhunderts.

Nach diesem Schockerlebnis, das bis heute in auffälligen Lücken der Alterspyramide seine Spuren hinterlassen hat, ist die Sterblichkeit ab 1962 wieder schnell zurückgegangen. Seit Mitte der 1970er-Jahre bewegt sich die Sterberate in China auf einem stabilen Niveau von sechs bis sieben Promille und wird künftig, durch Veränderungen der Altersstruktur bedingt, eher wieder leicht ansteigen als weiter zurückgehen. Unter solchen Bedingungen ist die Bevölkerungsdynamik wesentlich von der Fruchtbarkeit abhängig.

Geburtendynamik

Alle Zeichen deuten darauf hin, dass nach dem Ende des Bürgerkriegs in den frühen 1950er-Jahren ein äußerst starkes Bevölkerungswachstum einsetzte. Dabei spielte neben der Normalisierung der Lebensbedingungen auch die Kompensation für die schwache Bevölkerungsdynamik der Kriegsjahre eine Rolle. Die chinesischen Daten widersprechen damit der landläufigen These, wonach bessere Lebensverhältnisse immer eine sinkende Fruchtbarkeit nach sich ziehen. Nach dem Tiefpunkt des »Großen Sprungs« kommt es ab 1962 wieder zu Kompensationseffekten, die bis zum Ende des Jahrzehnts auf einem hohen Fruchtbarkeitsniveau ausschwingen. Eine nachhaltige Wirksamkeit der Geburtenkontrolle mit einem kontinuierlichen Rückgang von Geburtenrate und Kinderzahl pro Frau ist erst ab 1971 dokumentierbar. Bis 1979, dem letzten Jahr der Zwei-Kind-Politik, halbieren sich die Fruchtbarkeitsindikatoren. Danach spiegeln die Zahlen die Schwankungen der Geburtenkontrolle wider. Auch die sozioökonomischen Veränderungen der Reformära haben dazu beigetragen, die heutigen Kinderzahlen in China deutlich unter das Ersatzniveau von 2,1 auf einen Wert von heute etwa 1,5 bis 1,6 sinken zu lassen. Es bleibt jedoch unmöglich, präzise zu messen, welchen Anteil jeweils politisch erzwungene und spontan erfolgende Veränderungen daran haben.

Ungeachtet des Übergangs zur Ein-Kind-Politik ist die chinesische Bevölkerung zwischen 1980 und 1990 um durchschnittlich 16 Millionen, zwischen 1980 und 1990 um durchschnittlich zwölf Millionen sowie zwischen 2000 und 2010 um durchschnittlich sieben Millionen Menschen pro Jahr gewachsen. Insgesamt hat sie in diesem Zeitraum um fast 354 Millionen Menschen zugenommen. Dies ist zunächst auf die Größe der Frauenkohorten im gebärfähigen Alter und die hohe Basiszahl der Bevölkerung zurückzuführen, die auch bei sinkenden natürlichen Zuwachsraten immer noch eine hohe Dynamik bezogen auf die absoluten Zahlen erzeugt. Darüber hinaus ist dieser Bevölkerungszuwachs auch auf die oben geschilderten Umsetzungsprobleme der Geburtenkontrolle zurückzuführen.

Der Anteil von Erstgeburten an der Gesamtzahl aller Geburten ist relativ niedrig geblieben. Während er nach früheren Erfolgsberichten kontinuierlich auf fast 70 Prozent angestiegen sein sollte, siedelte ihn eine nationale Großerhebung 1988 bei nur 50 Prozent an. 2010 soll er in ganz China bei 60 Prozent, in den Städten bei 77 Prozent gelegen haben. Diese Anteile sind sowohl durch die Anzahl der neuen Eheschließungen und der Sondergenehmigungen für Zweitgeburten als auch durch den Anteil ungenehmigter Geburten bedingt. Letzterer sollte nach Aussage der Geburtenplanungskommission in den 1980er-Jahren auf 15 Prozent aller Geburten zurückgegangen sein, war jedoch real auf über 50 Prozent im Jahr 1988 angestiegen. Besonders geburtenstarke Provinzen befinden sich zumeist im rückständigen Hinterland bzw. in den nordwestlichen und südwestlichen Minderheitenregionen. Daneben gab es aber auch in einigen Küstenprovinzen wie Fujian und Guangdong lange Zeit hohe Geburtenzahlen.

Während die chinesische Propaganda mit dem Leitbild von einem Kind pro Frau arbeitete, gingen die internen Planungen für die Zeit ab 1985 von 1,5 bis 1,7 Kindern pro Frau aus. Diese Planzahl wurde nicht erreicht. Stattdessen lag die zusammengefasste Geburtenziffer bis 1990 zumeist bei 2,5 bis 2,7 Kindern pro Frau, in einzelnen Jahren sogar noch darüber.

Deutlich lassen sich Wellenbewegungen erkennen, die sowohl auf Schwankungen im Heiratsalter als auch auf die wechselnden politischen Rahmenbedingungen zurückzuführen sind. Lediglich Regionen mit hoher Verstädterung sowie Provinzen, die eine Vorreiterrolle bei der Geburtenplanung spielen, bewegten sich innerhalb des angestrebten Rahmens. In der Mehrzahl der Fälle scheinen jedoch die nachlassenden staatlichen Kontrollmöglichkeiten, die sich im Zuge der Reformpolitik insbesondere durch die Entkollektivierung der Landwirtschaft und die Zulassung von Privatbetrieben ergaben, die strengen Vorgaben der Ein-Kind-Politik zunächst konterkariert zu haben.

Im Gefolge der wieder schärferen Ein-Kind-Politik seit den 1990er-Jahren und der tief greifenden sozioökonomischen Veränderungen ist die zusammengefasste Geburtenziffer – wie bereits erwähnt – auf 1,5 bis 1,6 Kinder (seit 1996) pro Frau zurückgegangen. Viele Erhebungen und die beiden letzten Volkszählungen erbringen seit dem Jahr 2000 sogar noch niedrigere Werte von 1,2 bis 1,4. Alle Daten bleiben allerdings nach wie vor sehr unsicher. Verschiedene Bereinigungsversuche und Vergleichsrechnungen setzen die Unterzählungen auf etwa 15 Prozent bis 30 Prozent der realen Geburtenzahlen an. Die höchsten Schätzungen stammen von der Geburtenplanungskommission, die von 1992 bis 2010 kontinuierlich mit ungefähr 1,8 Kindern pro Frau und so mit einer Unterzählung der erhobenen Geburten von bis zu einem Drittel rechnete.

Angesichts einer Betrachtung der altersspezifischen Fertilitätsraten zeigt sich, dass sich das gesunkene Heiratsalter auch auf die Fertilität übertrug. Nach wie vor werden die meisten Kinder im ersten bis zweiten Jahr nach der Heirat geboren. Die höchsten altersspezifischen Fertilitätsraten fanden sich bis etwa 2005 bei den 20- bis 24-jährigen Frauen. Somit gab es eine deutliche Rückverschiebung in jüngere Altersgruppen, da in den 1970er-Jahren die meisten Geburten bei 25- bis 29-jährigen Frauen zu verzeichnen waren. Dadurch ist der Lebensabschnitt, in dem die Geburt eines zweiten Kindes möglich ist, verlängert worden, was insgesamt eine Beschleunigung des Generationenwechsels mit entsprechend höherem Bevölkerungszuwachs begünstigt. Erst nach der Jahrtausendwende ist die Fruchtbarkeit auch bei den über 30-jährigen Frauen spürbar angestiegen.

Betrachtet man die Zahlen für die Geburten verschiedener Ordnung (Erst-, Zweitgeburten etc.), zeigt sich ein klares Stadt-Land-Gefälle. Während in den Städten das angestrebte Niveau eingehalten und in den letzten Jahren mit weniger als ein Kind pro Frau sogar deutlich unterschritten wird, ist die zusammengefasste Geburtenziffer auf dem Land erst in den 1990er-Jahren stärker gefallen. In den Städten gingen die Zweitgeburten Anfang der 1980er-Jahre zunächst dramatisch zurück, um sich danach auf einem niedrigen Niveau einzupendeln. Auf dem Land hingegen ist die Geburtenziffer für zweite Kinder über die 1980er-Jahre hinweg kontinuierlich gewachsen. Auch die Geburtenziffer für Geburten dritter und höherer Ordnung blieb bis 1990 bedenklich hoch. Das hat immer wieder Ängste vor einer generellen Freigabe von Zweitgeburten auf dem Land ausgelöst.

Geschlechterverhältnis

Nach internationalen Vergleichszahlen müsste das Geschlechterverhältnis der Neugeborenen bei 1 050 Knaben pro 1 000 Mädchen liegen. In diesem Rahmen hat es sich in China auch während der 1950er- und 1960er-Jahre bewegt. Seit Beginn der Ein-Kind-Politik ist es jedoch zunehmend abnorm geworden; in keinem Land der Welt werden überproportional mehr Knaben als Mädchen geboren. Das Geschlechterverhältnis überschritt schon 1985 im gesamtchinesischen Durchschnitt den Wert von 1100 Knaben pro 1 000 Mädchen. In den 1990er-Jahren breitete sich das verzerrte Geschlechterverhältnis bei der Geburt im Zuge der verschärften Geburtenplanung auf das ganze Land aus, sodass der Wert seit 1997 auf etwa 1 200 : 1 000 angestiegen ist. In Zentral- und Südchina werden sogar Werte von fast 1 400 : 1 000 erreicht. Auffällig ist die Situation sowohl in rückständigen Landgebieten als auch in denjenigen Regionen, in denen eine besonders strikte Ein-Kind-Politik durchgesetzt worden ist. Umgekehrt ist das Geschlechterverhältnis dort normaler, wo besonders weitgehende Ausnahmegenehmigungen für Zweit- oder Mehrgeburten eingeräumt wurden. Glaubt man den teilweise unsicheren demografischen Angaben, dann hat sich der Fehlbetrag an weiblichen Geburten von 1980 bis 2010 auf fast 27 Millionen fehlende Mädchen in den Altersgruppen von 0 bis 29 Jahren addiert. Jährlich kommen fast eine Million hinzu.

Während Einmütigkeit darüber besteht, dass die in China traditionell in Notzeiten praktizierten Kindesmorde nur zu einem kleinen Teil Ursache des Problems sind, herrscht Unsicherheit, ob hauptsächlich geschlechtsspezifische Abtreibungen oder absichtliche Nichtregistrierungen weiblicher Neugeborener für die Verzerrung verantwortlich sind. Eindeutig ist nur der Befund, dass sie auf die Sohnespräferenz der chinesischen Kultur zurückzuführen ist, die durch die heutige Geburtenplanung nicht mehr auf dem traditionellen Weg befriedigt werden kann: nämlich so lange Kinder zu bekommen, bis die gewünschte Familienkonstellation erreicht ist. Bei Erstgeburten liegt das Geschlechterverhältnis nämlich weitgehend im

Normbereich; bei Geburten höherer Ordnung steigt es jedoch immer stärker abhängig von der Frage an, ob die vorangegangene Geburt die eines Mädchens oder die eines Knaben gewesen ist.

Soziale Indikatoren wie Bildungsstand und Berufszugehörigkeit weisen auch in China eine negative Korrelation zum Fruchtbarkeitsniveau auf: Mit steigender Bildung nimmt die Kinderzahl ab, ähnliches gilt für qualifizierte Berufe mit längeren Ausbildungszeiten. 50 Prozent der Bevölkerung sind jedoch Bauern mit nur geringer Schulbildung. Die wenigen Stichprobenerhebungen zur einkommensspezifischen Fruchtbarkeit aus den 1980er-Jahren deuteten auf eine Häufung von Geburten sowohl bei Armen als auch bei Reichen hin. Nur in der Mittelgruppe schien die Fruchtbarkeit abzunehmen. Seit den 1990er-Jahren dürften die abnehmenden Geburtenzahlen vor allem auf die stark gestiegenen Ausbildungskosten für Kinder und die wachsenden Konsumbedürfnisse der Bevölkerung zurückzuführen sein. Insgesamt aber bleibt der Umfang der sozioökonomischen Eigendynamik für einen spontanen Fertilitätsrückgang nicht genau messbar, was auch die politische Zukunft der Geburtenplanung beeinflusst. Eine weitere Einflussgröße ist der Umfang der besonders gebärfreudigen Kohorten von Frauen im Alter von 21 bis 29 Jahren. Die Größe dieser Kohorten nahm zwischen 1995 und 2005 spürbar ab, kletterte danach wieder auf ihr altes Niveau und geht erst seit 2012 dauerhaft zurück.

Regionale Bevölkerungsdichte und Migration

Angesichts der Größe Chinas bestehen erhebliche demografische Unterschiede innerhalb des Landes. *Tabelle 2* fasst die regional unterschiedlichen Entwicklungen seit 1953 zusammen. Sie zeigt die starke Unausgewogenheit in der Siedlungsdichte des Landes, wenn man diese an der sinnvollsten Bezugsgröße, den Ackerflächen, misst. In der Tabelle treten neben den Stadtregionen Beijing, Tianjin und Shanghai die Provinzen Ost-, Zentralsüd- und Südwestchinas als die am dichtesten besiedelten Ballungsgebiete hervor.

Den höchsten Bevölkerungszuwachs erfuhren jedoch in der Mao-Ära nicht diese Gebiete, sondern die übrigen Regionen im Norden, Nordosten und Nordwesten des Landes. Besonders hoch fiel der Zuwachs in den Provinzen und autonomen Regionen Innere Mongolei, Heilongjiang, Hainan, Qinghai, Ningxia und Xinjiang an der Peripherie Chinas aus. Sie genossen als von nationalen Minderheiten besiedelte Grenz- und Neulandgebiete eine starke Aufmerksamkeit und wurden besonders in den 1950er- und 1970er-Jahren planmäßig kolonisiert. Außerdem sind für das starke

Tab. 2: Regionale Bevölkerungsentwicklung (1953–2010)

	absolut 2010 (Mio.)	Zuwachs p. a. 1953–2010 (%)	Anteil[1] 1953 (%)	Anteil[1] 2010 (%)	Dichte 2010 (E./km² Ackerland)
Beijing	19,62	2,75	0,7	1,5	8 468
Tianjin	12,99	1,85	0,8	1,0	2 945
Hebei	71,94	1,33	5,8	5,4	1 139
Shanxi	35,74	1,60	2,5	2,7	881
Innere Mongolei	24,72	2,13	1,3	1,8	346
Nord	**165,01**	**1,66**	**11,0**	**12,3**	**907**
Liaoning	43,75	1,32	3,5	3,3	1 071
Jilin	27,47	1,56	1,9	2,0	496
Heilongjiang	38,33	2,06	2,0	2,9	324
Nordost	**109,55**	**1,61**	**7,5**	**8,2**	**511**
Shanghai	23,03	1,57	1,6	1,7	9 439
Jiangsu	78,69	1,29	6,5	5,9	1 652
Zhejiang	54,47	1,52	3,9	4,1	2 836
Anhui	59,57	1,16	5,3	4,4	1 040
Fujian	36,93	1,81	2,3	2,8	2 776
Jiangxi	44,62	1,72	2,9	3,3	1 578
Shandong	95,88	1,13	8,6	7,2	1 276
Ost	**393,19**	**1,36**	**31,2**	**29,3**	**1 616**
Henan	94,05	1,33	7,6	7,0	1 187
Hubei	57,28	1,27	4,8	4,3	1 228
Hunan	65,70	1,19	5,7	4,9	1 734
Guangdong	104,41	2,07	5,5	7,8	3 688
Guangxi	46,10	1,50	3,4	3,4	1 093
Hainan	8,69	2,08	0,5	0,6	1 195
Zentralsüd	**376,23**	**1,51**	**27,5**	**28,1**	**1 558**
Sichuan	109,30	0,89	11,3	8,2	1 336
Guizhou	34,79	1,47	2,6	2,6	776
Yunnan	46,02	1,70	3,0	3,4	758
Tibet	3,01	1,51	0,2	0,2	832
Südwest	**193,12**	**1,16**	**17,2**	**14,4**	**1 011**
Shaanxi	37,35	1,50	2,7	2,8	922
Gansu	25,60	1,43	1,9	1,9	549
Qinghai	5,63	2,13	0,3	0,4	1 037
Ningxia	6,33	2,38	0,3	0,5	572
Xinjiang	21,85	2,64	0,8	1,6	530
Nordwest	**96,76**	**1,77**	**6,1**	**7,2**	**668**
VR China	**1340,91**	**1,47**	**100,0**	**100,0**	**1 102**

1 Anteil an der Gesamtbevölkerung. Daten für Sichuan unter Einschluss von Chongqing.
Quelle: Zusammenstellung und Berechnung des Autors.

Bevölkerungswachstum in diesen Regionen auch die Sonderkonditionen verantwortlich, die Chinas Minderheiten bei der Geburtenkontrolle zuteilwerden. Ähnliches galt für südwestchinesische Minderheitengebiete wie Guangxi, Guizhou und Yunnan, in denen der Bevölkerungszuwachs ebenfalls über dem Durchschnitt lag. Das überproportional starke Wachstum der chinesischen Hauptstadt Beijing dürfte hingegen in erster Linie auf Zuwanderung zurückzuführen sein. Schließlich haben auch die Provinzen Fujian, Jiangxi und Guangdong einen besonders starken Zuwachs erlebt, der in hoher Fruchtbarkeit und weniger wirksamer Geburtenkontrolle gründet.

Auch für die Provinzen mit den niedrigsten Zuwachsraten lassen sich mehrere Einflussfaktoren nennen. Sie stellen entweder seit jeher Abwanderungsgebiete dar (Shandong, Hebei, Hunan), sind stark urbanisiert (Liaoning, Shanghai, Jiangsu) oder zeichnen sich als bevölkerungsstarke Schlüsselregionen durch eine besonders rigide Geburtenplanung aus (Shandong, Jiangsu, Sichuan). In der Mitte des Spektrums liegen agrarische Hinterlandprovinzen, wo eine ehrgeizige Geburtenkontrolle auf ein besonders traditionell geprägtes Gebärverhalten stößt. Wie ein Vergleich der Bevölkerungsanteile der einzelnen Provinzen in den Jahren 1953 und 2010 belegt, haben all diese verschiedenen Einflussfaktoren die Regionalstruktur des Landes aber nur geringfügig verändern können. Lediglich in wenigen Fällen gibt es größere Veränderungen, die meist durch Migration bedingt sind. Die früher beschworene Umverteilung der Bevölkerung in großem Maßstab aber ist ausgeblieben. Die nur schwache Verschiebung der Bevölkerungsanteile ist auch darauf zurückzuführen, dass viele Umsiedlungskampagnen der Mao-Ära in der Reformperiode durch Rückwanderungen und den massiven Zustrom in die boomenden Küstengebiete konterkariert wurden, Zu- und Abwanderungen sich langfristig meist ausgeglichen haben.

Urbanisierung

Trotz ihrer Bedeutung im politischen, gesellschaftlichen und wirtschaftlichen Kontext sind also die Umverteilungseffekte staatlich organisierter Bevölkerungsbewegungen und interregionaler Migrationen demografisch bescheiden geblieben. Das Stadt-Land-Verhältnis hat allerdings einschneidende Veränderungen erfahren. Nach einem rasanten Anstieg der Urbanisationsraten in den 1950er-Jahren hielten staatliche Eingriffe, wie das zwischen 1962 und 1984 weitgehend respektierte Verbot für Bauern, in die Städte zu ziehen, die weitere Urbanisierung viele Jahre lang künstlich auf. Im Zuge der Wirtschaftsreformen hat sie jedoch mit Macht wieder eingesetzt. Die diesbezüglichen Daten finden sich in *Tabelle 3*.

Tab. 3: Urbanisierung und Migration (1951–2010)

	Stadtbevölkerung (Mio.)	Zuwachs[1] (%)	Urbanisationsrate[2] (%)	Migranten Mio.
1951	66,32		11,8	k. A.
1957	99,49	7,0	15,4	4
1960	130,73	9,5	19,8	k. A.
1962	116,59	-5,6	17,3	20
1970	144,24	2,7	17,4	k. A.
1978	172,44	2,3	17,9	4
1990	301,95	4,8	26,4	22–70
2000	459,06	4,3	36,2	79–152
2010	669,78	3,8	50,0	220–275

1   Durchschnittlicher jährlicher Zuwachs seit dem vorher angegebenen Jahr.
2   Anteil an der Gesamtbevölkerung.
Quelle: Zusammenstellung und Berechnung des Autors; Migrantenzahlen nach unterschiedlichen Definitionen und für alle Migrationsrichtungen.

Wegen vielfältiger Definitions- und Erhebungsproblemen sind nicht alle in der Tabelle enthaltenen Zahlen miteinander vergleichbar. Insbesondere sind die seit den 1980er-Jahren stark anwachsenden Zuwanderungen in die Städte ohne Wechsel des offiziellen Wohnsitzes nur unzureichend erfasst. Die Wanderbevölkerung in städtischen und ländlichen Gebieten wurde 2009 auf rund 220 Millionen Menschen geschätzt; die Volkszählung von 2010, die auch kleinräumige Migrationen innerhalb von Städten und Kreisen einbezog, kam sogar auf 275 Millionen. In den Großstädten machen Migranten ohne offiziellen Wechsel des Wohnortes heute über ein Drittel der tatsächlichen Bevölkerung aus.

Trotz mancher Unstimmigkeiten zeichnen sich die großen Tendenzen in der Tabelle eindeutig ab: Fast 20 Jahre lang blieb Chinas Verstädterung – einmalig in der ganzen Welt – auf einem relativ niedrigen Stand eingefroren. Dann jedoch führte die Reformpolitik dazu, dass ein hohes Urbanisierungstempo schnell wieder erreicht wurde. Weil die Gesamtzahl der Stadtbevölkerung heute einen sehr großen Umfang erreicht hat, erzeugen selbst kleinere Zuwachsraten als in den 1950er-Jahren eine sehr große absolute Bevölkerungszunahme. Innerhalb einer Generation ist so der Anteil der Stadtbevölkerung von einem Fünftel auf die Hälfte der Gesamtbevölkerung gewachsen. Während früher natürlicher Zuwachs (Geburten minus Sterbefälle), Migration und Eingemeindungen jeweils zu ungefähr einem Drittel am Gesamtwachstum der Städte beteiligt waren, speist sich das städtische Wachstum heute zu mehr als der Hälfte aus einer massiven bäuerlichen Zuwanderung. Zusammen mit den ebenfalls in den Migrantenzahlen der Tabelle enthaltenen Wanderungen innerhalb ländlicher Gebiete oder von einer Stadt zur anderen stellt diese Migration von Chinas Menschen die größte Bevölkerungsbewegung auf Erden dar.

Altersstruktur

Als letztes wichtiges Problem seien die erheblichen Veränderungen der chinesischen Altersstruktur angesprochen, die in den Daten von *Tabelle 4* zusammengefasst sind. Die Tabelle gibt außer den Prozentanteilen der drei großen sozioökonomischen Altersgruppen auch Lastenquotienten wieder, die zu versorgende Kinder und Alte mit den Erwerbspersonen im Alter von 15 bis 64 Jahren in Beziehung setzen. Die der Tabelle zugrunde liegenden Volkszählungsdaten sind abermals defekt; Bereinigungen für 2010 würden wahrscheinlich zu einem höheren Kinderanteil und einem niedrigeren Altenanteil führen. Stets zeigt sich jedoch, dass die Kinderlast ganz erheblich abgenommen, die Altenlast dagegen in bis jetzt noch kleinerem Umfang zugenommen hat. Die Gesamtbelastung von Wirtschaft und Gesellschaft ist von ihrem Gipfel mit fast 80 abhängigen pro 100 aktiven Personen im Jahr 1964 auf ein Verhältnis von etwa 34 : 100 zurückgegangen.

Dies ist als demografische Dividende bezeichnet worden. Sie kann auf das Hereinwachsen der geburtenstarken Jahrgänge früherer Zeiten in das Erwerbsleben bei gleichzeitigem Rückgang der Geburten zurückgeführt werden. Neben vielen anderen Faktoren ist die chinesische Geburtenkontrolle für diese positive Entwicklung mitverantwortlich. Sie beruft sich nach offizieller und stark übertriebener Darstellung auf mittlerweile rund 400 Millionen Geburten, die durch ihre Einwirkung unterblieben wären. Bei näherer Betrachtung ergeben sich jedoch nur rund 80 Millionen unterbliebene Geburten während der Zwei-Kind-Politik von 1971 bis 1979 und maximal 115 Millionen in der Periode 1980 bis 1999, in der die Ein-Kind-Politik betrieben wurde. Für die Zeit nach 2000 verbieten sich solche Kalkulationen, weil der Beitrag der spontanen und freiwilligen Geburtenreduktion für die Geburtenkontrolle deutlich höher veranschlagt werden muss. Überhaupt macht die offene Frage, wie sich die Fruchtbarkeit ohne Geburtenkontrolle entwickelt hätte, die Achillesferse all solcher Berechnungen aus.

Tab. 4: Altersstruktur (1953–2010)

	0–14 (%)	Kinder pro 100 E im Alter 15–64	15–64 (%)	65+ (%)	Alte pro 100 E. im Alter von 15–64
1953	36,3	61,2	59,9	4,4	7,4
1964	40,7	73,0	55,7	3,6	6,4
1982	33,6	54,6	61,5	4,9	8,0
1990	27,6	41,5	66,8	5,6	8,3
2000	23,2	32,6	69,9	6,9	9,9
2010	16,7	22,3	74,5	8,6	11,9

Quelle: Zusammenstellung und Berechnung des Autors für jeweils die Jahresmitte nach unbereinigten Volkszählungsdaten.

5 Künftige Perspektiven

Wie die demografische Bilanz bezeugt, bleibt die Beurteilung der gegenwärtigen chinesischen Populationsdynamik angesichts vieler gegenläufiger Kräfte und der mit ihnen verbundenen Interessen schwierig. Unübersehbaren Belegen für viele ungemeldete Geburten steht eine von Jahr zu Jahr zunehmende Kette von anderen Zahlen gegenüber, die einen dramatischen Geburtenrückgang anzeigen. Die amtliche Statistik hat es nicht vermocht, Licht in das Dunkel bringen. Bedingt durch die starken politischen Zwänge einerseits und hohe Migrantenzahlen andererseits werden die jüngeren Volkszählungsresultate und aufwendigen Bevölkerungserhebungen immer unsicherer und widersprüchlicher. Seit 1993 streiten sich verschiedene Staatsorgane sowie chinesische und internationale Demografen über aktuelle Registrierungslücken und erheblich divergierende Angaben.

Es ist eine bizarre Ironie der Geschichte, dass das Land mit der stärksten Geburtenkontrolle der Welt seit nunmehr dreißig Jahren die Kontrolle über seine Geburtenzahlen verloren hat. Während die früher gemeldeten Geburtenziffern für die 1980er-Jahre erheblich zu tief lagen und wegen ständig neu auftauchender Personen in den korrespondierenden Altersgruppen späterer Jahre erheblich angehoben werden müssen, hat genau diese Anhebung einen bis heute ungelösten Streit um das Ausmaß der Unterzählung seit den 1990er-Jahren ausgelöst. Im Gegensatz zu den 1980er-Jahren ist die Geburtenentwicklung seit Mitte der 1990er-Jahre von den zuständigen chinesischen Behörden offensichtlich beträchtlich überschätzt worden. Zugleich demonstrieren jedoch die stark defekten Zahlen der letzten Volkszählung von 2010, dass Bereinigungen der lückenhaften Originaldaten unerlässlich bleiben. So könnten die Geburtenzahlen zwischen 2005 und 2010 weiter um mehr als zehn Prozent, im Zensusjahr 2010 sogar um mehr als 20 Prozent unterzählt worden sein. Die chinesischen Datenprobleme wirken sich auch auf die Angaben internationaler Institutionen wie die UNO aus, deren 2013 veröffentlichte Kalkulationen chinesischer Bevölkerungszahlen sowohl von den früheren UNO-Berechnungen als auch von den chinesischen Volkszählungsdaten erheblich abweichen (Scharping 2005; Scharping 2007)[1]. Angesichts der defekten Basiszahlen bleiben auch alle Projektionen künftiger Bevölkerungsentwicklungen in China schwierig.

Trotz solcher Unsicherheiten zeichnen sich für die Zukunft jedoch einige große Tendenzen ab. China wird nicht mehr der noch durch vielerlei Traditionen geprägte Agrarstaat früherer Jahre sein, sondern ein zunehmend urban geprägtes und hochgradig mobiles Land mit allen Konsequenzen, die das für Versorgung, Erwerbsleben und Lebensweise, Werte, Bildungsstand und politische Partizipation der Bevölkerung hat. Projektionen rechnen mit Urbanisationsraten von bis zu 70 Prozent im Jahr 2030 und bis zu 85 Prozent im Jahr 2050 sowie mit weiter auf bis zu 400 Millionen steigenden Migrantenzahlen. Schätzungen sehen in China in den nächsten 15 Jahren rund 50 neue Millionenstädte und eine neu bebaute Stadtfläche in der Größe ganz Europas entstehen (siehe den Beitrag von Bernd Wünnemann).

Der Druck zur Integration der in den Städten lebenden Schicht von entweder gar nicht gemeldeten Migranten oder Zuwandern mit zeitlich beschränktem Meldestatus wird zunehmen. Billige Wanderarbeiter senken zwar die Kosten für die Betriebe wie für die Stadtverwaltungen und stellen einen Motor des chinesischen Wirtschaftswachstums dar, sie schaffen aber andererseits auch ein erhebliches Konfliktpotenzial. Dieses wird nur beherrscht werden können, wenn die Einkommen sowohl der zugewanderten als auch der eingesessenen Bevölkerung weiter kontinuierlich steigen und kein Kampf um Arbeitsplätze und Löhne ausbricht.

Darüber hinaus aber beeinflussen vor allem die Folgen der Ein-Kind-Politik Chinas Zukunftsaussichten. Hauptintention dieser Politik war und ist es, eine raschere Modernisierung des Landes zu ermöglichen, als dies auf

---

1 Für die Ausführungen wurden die Zensusdaten von 2010 mit den Zensusergebnissen der Jahre 2000 und 1990 und anderen Erhebungen sowie mit den World Population Prospects der UNO, Revisions 2008, 2010 und 2012, verglichen. Letztere können über die in der Literaturliste angegebene Webseite der United Nations, Department of Economic and Social Affairs, Population Division, abgerufen werden.

der Basis des hohen Bevölkerungswachstums früherer Jahre möglich war. Ängste um Ernährung, Arbeitsplätze und Wohnraum, genügend Investitionsspielräume und ausreichende natürliche Ressourcen standen an der Wiege dieser Politik. Ihre tatsächliche Durchführung wich allerdings stark von den Planungen ab und blieb hinter den angestrebten Zielen zurück. So haben die widersprüchlichen demografischen Entwicklungen seit den 1980er-Jahren die chinesischen Zukunftsszenarios erheblich verändert. Statt der ursprünglich angestrebten Obergrenze von 1,20 Milliarden Menschen im Jahr 2000 wurde zur Jahrtausendwende eine Gesamtzahl von etwa 1,27 Milliarden erreicht. Zugleich haben sich auch die Projektionen für das Jahr 2050 erheblich verändert. Statt der 1,07 Milliarden Menschen, die zu Beginn der Ein-Kind-Politik angestrebt wurden, setzten pessimistische Szenarien Ende der 1980er-Jahre bis zu 1,6 Milliarden für das Jahr 2050 an. Wegen der stark gesunkenen Kinderzahlen pro Frau in den letzten 20 Jahren wird aber mittlerweile nur noch von etwa 1,3 bis 1,4 Milliarden ausgegangen. Dies zeigt, wie angesichts der Höhe der chinesischen Basiszahlen auch auf den ersten Blick nur geringfügige Unterschiede der Geburtenziffern nach einigen Dekaden zu riesigen Differenzen bei den Gesamtbevölkerungszahlen führen.

Die unterschiedlichen Annahmen haben ebenfalls erhebliche Auswirkung auf die Frage, ob China seine Modernisierung und Industrialisierung weiter wie bisher unter den Bedingungen eines ständigen großen Bevölkerungsüberhanges leisten muss. Alte Antriebsmotive der Geburtenkontrolle wie die Furcht vor einem Raubbau an den Ressourcen bleiben weiter bestehen. Die durch ihn mitverursachten und verschärften Umweltprobleme bleiben virulent. Ob sie weiter zunehmen oder geringer werden, wird auch stark von der künftigen Bevölkerungsentwicklung abhängig sein. Eindeutig verbessert hat sich nur die Getreideversorgung der Bevölkerung, die von den niedrigeren Bevölkerungszuwächsen profitiert, durch die starke Abwanderung vom Land allerdings auch bedroht wird. Bis jetzt hat China die Befürchtungen widerlegt, seine Bevölkerung nicht mehr genügend ernähren zu können.

Für die Beschäftigungssituation zeichnet sich eine baldige Entspannung ab. Das Arbeitskräftepotenzial ist zwischen 1982 und 2010 um die gigantische Anzahl von netto etwa 375 Millionen Menschen gewachsen, wird aber ab 2017 erst langsam, ab 2025 beschleunigt zurückgehen. Während Chinas letzter Parteichef Hu Jintao wie seine Vorgänger die Schaffung einer genügenden Anzahl von Arbeitsplätzen als sein größtes Dauerproblem bezeichnet hat, zeigen sich viele Demografen und Ökonomen inzwischen nicht mehr über die latente Massenarbeitslosigkeit, sondern über

Bevölkerungspolitik und demografische Entwicklung

einen möglichen Arbeitskräftemangel in der Zukunft besorgt. Damit verbunden ist die Frage, in welchem Maß das Land weiter auf niedrige Löhne für einfache Wanderarbeiter setzt oder zu einer intensiveren Wachstumsstrategie mit weniger Arbeitskräften und steigenden Löhnen übergeht (siehe den Beitrag von Markus Taube).

Drohende Überalterung

Abbildung 2 mit den höchst untypischen chinesischen Alterspyramiden bildet noch einmal die Hinterlassenschaft der früheren politischen Kampagnen und demografischen Interventionen für die Bevölkerung ab. Die zugrunde liegenden Zahlen der übereinander projizierten Pyramiden sind, wie mehrfach erwähnt, teilweise defekt und müssen künftig bereinigt werden; ihre Unstimmigkeiten ändern aber nichts an der Natur der Probleme durch die bevorstehende Überalterung. Zwar werden angesichts der hohen Geburtenzahlen in den 1980er-Jahren der wachsenden Menge von alten Menschen nicht so wenige Berufstätige wie einmal befürchtet entgegenstehen. Die niedrigen Geburtenzahlen für die folgende Periode verschärfen das Problem allerdings erneut. Für ganz China ergeben die Projektionen für das Jahr 2050 einen Anteil von über 25 Prozent alter Menschen im Alter ab 65 Jahren. In denjenigen Städten und Regionen, die ab den 1980er-Jahren eine strikte Ein-Kind-Politik durchsetzen konnten, drohen

Demografisches Ungleichgewicht: Chinas Bevölkerung altert rasch. (Foto: Reuters/William Hong, 2013)

Abb. 2: Alterspyramiden China 2010 und 2050

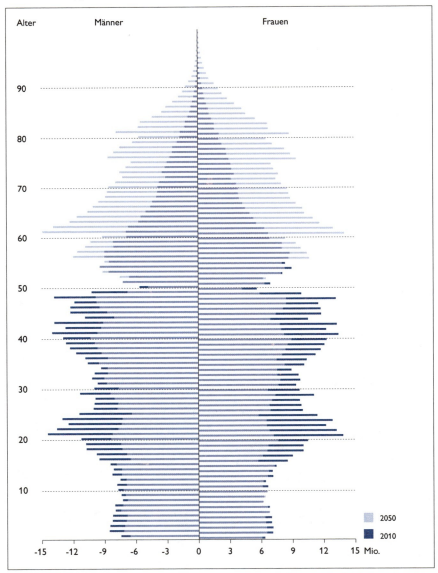

Quellen: Unbereinigte Volkszählungsdaten von 2010 und mittlere UNO-Projektion (Revision 2012) für 2050.

sogar Altenanteile von bis zu 40 Prozent. Dies wird gravierende Probleme aufwerfen, die nur über starke Zuwanderung aus dem Umland und eine bis heute nicht genügend ausgestaltete Sozialversicherung zu lösen sind.

Brisant sind schließlich die schleichenden Veränderungen, die der Wandel der Familienstruktur bewirkt. Das stark verzerrte Geschlechterverhältnis bei der Geburt zeichnet für heute und für die Zukunft erhebliche Probleme auf dem Heiratsmarkt vor. Die wachsende Anzahl egozentrischer Einzelkinder läuft den gruppen- und gemeinschaftsbezogenen Werten der chinesischen Kultur fundamental zuwider. Chinas Menschen müssen sich bereits heute auf eine stark abnehmende soziale Kohäsion einstellen.

Die unübersehbaren Probleme haben die niemals verstummten Forderungen nach einer Revision der Ein-Kind-Politik eine neue Qualität annehmen lassen. Statt wie früher hinter verschlossenen Türen wird seit 2004 in chinesischen Fachpublikationen, in den Medien und auch in politischen Gremien immer heftiger ein Ende der jetzigen Linie verlangt. Die Opponenten fordern eine deutliche Lockerung, nicht aber die völlige Freigabe der Geburtenbeschränkungen. Ihr Standpunkt wird durch den zunehmenden Konsens darüber gestützt, dass die Fruchtbarkeit schon länger weit unter dem Ersatzniveau liegt, selbst wenn ihre heutige Höhe nicht genau bestimmt werden kann. Der nicht mehr verdeckte Widerspruch zur offiziellen Haltung ist bemerkenswert, weil er die Entstehung und Duldung einer kritischen Öffentlichkeit in einem zentralen Bereich der chinesischen Politik belegt.

Im Zusammenhang der jahrelangen Debatte spielen auch die von der Geburtenplanung aufgeworfenen Menschenrechtsfragen eine wichtige Rolle. Da die chinesische Politik trotz einiger positiver Entwicklungen weiter mit Zwangsmaßnahmen und Sanktionen arbeitet, halten die Proteste gegen solche Praktiken an. Nach wie vor streiten dabei drei Wertsysteme miteinander:

- die individualistisch geprägten Menschenrechtsideen westlicher Provenienz, die zunehmend auch in der städtischen Bevölkerung Chinas Resonanz finden – sie begründen das Verlangen nach einer unantastbaren Privatsphäre im Bereich von Sexualität und Fortpflanzung;
- die traditionellen Wertvorstellungen der breiten bäuerlichen Bevölkerungsmehrheit, die die Unterordnung des Einzelnen unter die ökonomischen und rituellen Forderungen der Familie legitimieren – sie unterwerfen die Frau einem faktischen Gebärzwang bis zur Geburt eines männlichen Nachkommens;
- der Glaube einer etatistisch erzogenen Elite an den Vorrang gesamtgesellschaftlicher und staatlicher Entwicklungsziele vor den Wünschen

von Individuum und Familie – sie rechtfertigen die Einschränkungen der Gegenwart für eine bessere Zukunft.

Bis jetzt beharren Chinas Führer weiter aus nationalem Interesse auf der 1979 beschlossenen Geburtenrationierung, ihre Legitimationsbasis bröckelt jedoch. Die Ein-Kind-Politik wurde einmal in Krisenzeiten für einen beschränkten Zeitraum von 30 Jahren entworfen, dann jedoch auf immer längere Zukunftsperioden ausgedehnt. Da sich ihre positiven Effekte weitgehend erschöpft haben und ihre negativen Seiten immer stärker hervortreten, scheint es an der Zeit zu sein, sie aufzugeben. Eine neue, von vergangenen Entscheidungen unbelastete Parteiführung besitzt immer eine besondere Chance, einen solchen Schritt zu tun.

In der Ära Hu Jintao wurde die Chance nicht ergriffen. Erst die neue Führung unter Xi Jinping entschloss sich zu einer größeren Änderung. Ein ZK-Beschluss vom November 2013 kündigte die allgemeine Freigabe von Zweitgeburten für sowohl in der Stadt als auch auf dem Land lebende Ehepaare an, bei denen ein Partner Einzelkind ist. Bis dahin hatten nur einige wenige Provinzen eine solche Regelung ausschließlich für ihre Landbevölkerung getroffen. Alle anderen erkannten den Einzelkindstatus als Genehmigungsgrund für eine zweite Geburt nur dann an, wenn ihn beide Ehepartner nachweisen konnten.

Die Neuregelung entspricht einem Vorschlag, der seit 1998 intern in den Führungsgremien diskutiert worden ist. Sie ist bis März 2014 erst in sieben Provinzen umgesetzt worden; in allen übrigen Provinzen wird sie wahrscheinlich bis Ende 2014 implementiert werden, wenn Berechnungen über die jeweiligen demografischen Konsequenzen und stets notwendige Genehmigungen durch die Zentralregierung vorliegen. Solche Verfahrensweisen und das ihnen vorausgegangene 15-jährige Zögern zeigen die nach wie vor bestehenden Bedenken und die extreme Vorsicht bei einem Kurswechsel an. In die gleiche Richtung weist auch die Tatsache, dass weitergehende Vorschläge wie eine uneingeschränkte Genehmigung für die Geburt eines zweiten Kindes für alle Bauern oder, besser noch, für die gesamte Bevölkerung vorerst verworfen wurden. So sind zum gegenwärtigen Zeitpunkt nur schätzungsweise zehn Prozent der Frauen zwischen 15 und 30 Jahren von der Neuregelung betroffen, ein Anteil der allerdings beim Nachrücken jüngerer Kohorten in diese Altersgruppen stark zunehmen wird.

Dennoch hat die neue Führung in ihrer Begründung der Richtungsänderung die von den Kritikern der Ein-Kind-Politik vorgetragenen Argumente anerkannt. So weist sie ausdrücklich auf künftige Gefahren durch Arbeitskräftemangel und Überalterung hin. Außerdem hebt sie die

Bevölkerungspolitik und demografische Entwicklung

Vorsichtiger Kurswechsel in der Ein-Kind-Politik: Im November 2013 kündigte das Zentralkomitee an, ein zweite Schwangerschaft zu erlauben, sofern ein Elternteil ein Einzelkind ist. (Foto: Reuters / China Daily, 2014)

dringend notwendige Verbesserung der familiären Altenbetreuung und Risikovorsorge sowie die Bekämpfung des verzerrten Geschlechterverhältnisses bei der Geburt hervor. Und schließlich präsentiert sie die neuen Regeln als einen Beitrag zur Stabilisierung eines »angemessen niedrigen Fruchtbarkeitsniveaus«. Dieses Niveau festzulegen und einzuhalten, dürfte der sensibelste Punkt bei der jetzigen Umorientierung sein. Sollte die Furcht vor einem neuerlichen Babyboom durch die tatsächliche Entwicklung widerlegt und kein oder nur ein beschränkter Wiederanstieg der Kinderzahlen registriert werden, ist mit weiteren Lockerungsmaßnahmen zu rechnen.

Literatur

Attané, Isabelle: La Chine au seuil du XXIe siècle. Questions de population, questions de societé, Paris 2002.

Banister, Judith: China's Changing Population, Stanford 1987.

Greenhalgh, Susan: Just One Child: Science and Policy in Deng's China, Berkeley 2008.
Greenhalgh, Susan/Winckler, Edwin A.: Governing China's Population. From Leninist to Neoliberal Biopolitics, Stanford 2005.
Liu, Zheng u. a.: China's Population: Problems and Prospects, Beijing 1981.
Mao Zedong: Der Bankrott der idealistischen Geschichtsauffassung (= Ausgewählte Werke Bd. 4), Beijing 1964.
Marx, Karl: Grundrisse der Kritik der politischen Ökonomie (= Marx-Engels-Werke Bd. 42), Berlin 1983.
Marx, Karl: Das Kapital, Bd. 1 (= Marx-Engels-Werke Bd. 23), Berlin 1967.
Meek, Robert L.: Marx und Engels über Malthus, Berlin 1956.
Peng, Xizhe/Guo, Zhigang (Hrsg.): The Changing Population of China, Oxford 2000.
Poston, Dudley L./Yaukey, David (Hrsg.): The Population of Modern China, New York 1992.
Scharping, Thomas: Chinese Population Structure and Dynamics since 1949, in: Wright, Tim (Hrsg.): Oxford Bibliographies in Chinese Studies, New York 2014.
Scharping, Thomas: The Politics of Numbers: Fertility Statistics in Recent Decades, in: Zhao Zhongwei/Guo Fei (Hrsg.): Transition and Challenge: China's Population at the Beginning of the 21st Century, Oxford 2007, S. 34–53.
Scharping, Thomas: Chinese Fertility Trends 1979–2000. A Comparative Analysis of Birth Numbers and School Data, in: Kölner China-Studien Online, 2005/No. 5 (→ Weblinks).
Scharping, Thomas: Birth Control in China 1949–2000. Population Policy and Demographic Development, London/New York 2003.
Scharping, Thomas (Hrsg.): Floating Population and Migration in China. The Impact of Economic Reforms, Hamburg 1997 (= Scharping 1997a).
Scharping, Thomas: Studying Migration in Contemporary China: Models and Methods, Issues and Evidence, in: ders. (Hrsg.): Floating Population and Migration in China. The Impact of Economic Reforms, Hamburg 1997, S. 9–55 (= Scharping 1997b).
Scharping, Thomas: Chinas Bevölkerung 1953–1882, Teil I–III, in: Kölner China-Studien Online, 1985/No. 1, 1985/No. 2, 1986/No. 1 (→ Weblinks).
Scharping, Thomas: Umsiedlungsprogramme für Chinas Jugend 1955–1980. Probleme der Stadt-Land-Beziehungen in der chinesischen Entwicklungspolitik, Hamburg 1981.
Solinger, Dorothy: Contesting Citizenship in Urban China. Peasant Migrants, the State, and the Logic of the Market, Berkeley 1999.

Tien, H. Yuan: China's Population Struggle. Demographic Decisions of the People's Republic, 1949–1969, Columbus 1973.

U.S. Department of State: United States Relations with China with Special Reference to the Period 1944–1949, Washington 1949 (2. Auflage: Stanford 1967).

Zhao, Zhongwei/Guo, Fei (Hrsg.): Transition and Challenge. China's Population at the Beginning of the 21st Century, Oxford 2007.

Weblinks

Kölner China-Studien Online:
   www.china.uni.koeln.de/papers
National Bureau of Statistics of China:
   www.stats.gov.cn
Oxford Bibliographies, Chinese Studies:
   http://www.oxfordbibliographies.com/obo/page/chinese-studies
Population and Development Review:
   www.popcouncil.org/publications/pdr.asp
State Commission For Health and Birth Planning:
   www.nhfpc.gov.cn
United Nations, Department of Economic and Social Affairs, Population Division:
   www.un.org/en/development/desa/population

Doris Fischer und Andreas Oberheitmann

Herausforderungen und Wandel der Umweltpolitik

1 Einleitung

Das Bild Chinas im Ausland hat viele Facetten. In den letzten Jahren ist dieses Bild um eine Facette erweitert worden: die dramatische Verschlechterung der Qualität von Luft, Boden und Gewässern infolge der rasanten wirtschaftlichen Entwicklung. Unerträglicher Smog in den urbanen Zentren, von Abwässern bunt gefärbte Flüsse und Seen, Lebensmittelkontamination durch Schadstoffe im Boden und nicht zuletzt die internationale Klimadebatte tragen zu einer negativeren Wahrnehmung Chinas im Ausland bei, werfen aber vor allem auch politische, ökonomische und soziale Fragen in China selbst auf. Die politischen Fragen ergeben sich vor allem aus dem Einparteiensystem: Umweltverschmutzung, die das Leben der Bevölkerung gefährdet, sei es, weil kontaminierte Lebensmittel zu Vergiftungen bei kleinen Kindern führen oder die Luftverschmutzung zu einem rapiden Anstieg der Atemwegserkrankungen, deutet immer auf ein Politikversagen hin. Im chinesischen politischen System bedeutet dies aber zugleich eine Gefahr für das Machtmonopol der Kommunistischen Partei und damit für die Herrschaftsform. Kann die Partei noch ihren Führungsanspruch aufrechterhalten, wenn die Folgen für die Bevölkerung so verheerend sind? Diese Frage stellt sich auch, weil der wirtschaftliche Schaden, den die Umweltverschmutzung verursacht, immer deutlicher wird: Es entstehen immense Kosten für das Gesundheitssystem, Zusatzkosten für Handel und Logistik infolge der Probleme im Flug- und Fernverkehr bei Smog sowie erheblicher, wenn auch schwer messbarer Schaden für das Image Chinas in der Welt. Wenn aber diese Kosten die wirtschaftlichen Erfolge auffressen, wie steht es dann noch um den Herrschaftsanspruch der kommunistischen Regierung? Nicht zuletzt birgt das Leiden unter Umweltverschmutzung auch sozialen Sprengstoff. Während die wohlhabendere Bevölkerung, die selbst über ihr Konsumverhalten erheblich zu den Problemen beiträgt, sich mit Wasser aus Flaschen, Filteranlagen in Luxusautos und Wohnungen, Urlauben im Ausland oder auch gar der »Verschickung« ihres Nachwuchses zwecks Studium ins Ausland den Folgen der Umweltverschmutzung zumindest teilweise entziehen kann, gibt es diese Möglichkeit für die Mehrheit der Bevölkerung nicht. Damit verschärft das Umweltproblem die erhebliche soziale Ungleichheit, die ebenfalls ein Ergebnis der wirtschaftlichen Entwicklung der letzten Jahrzehnte ist.

Trübe Aussichten: Blick auf ein Stahlwerk in der im Westen der Provinz Zhejiang gelegenen Stadt Quzhou (Foto: Reuters, 2014)

Nun ist es aber durchaus nicht so, dass die chinesische Regierung den Umweltproblemen gleichgültig oder untätig gegenübersteht. Seit Jahren hat die Bedeutung, die der Umweltpolitik in offiziellen Dokumenten und in Form von Gesetzen beigemessen wird, stetig zugenommen. Trotzdem haben sich die Probleme eher verschärft. Das wirft eine Reihe von Fragen auf: Warum ist es so schwer, Umweltschutz praktisch umzusetzen? Kann erfolgreiche Entwicklung in einem bevölkerungsreichen Land wie China überhaupt erfolgen, ohne zu erheblichen Umweltbelastungen zu führen? Wäre Chinas wirtschaftliche Entwicklung, die auch dazu beigetragen hat, dass Asien heute eine vergleichsweise stabile Region in der Welt ist, ohne Vernachlässigung des Umweltschutzes überhaupt möglich gewesen? Und was würde es bedeuten, wenn die chinesische Bevölkerung pro Kopf ein

Niveau an Wasserverbrauch, Energiebedarf, Treibhausgasemissionen und Müllproduktion beanspruchen würde, das mit dem in den Konsumgesellschaften Europas oder gar in den USA vergleichbar ist? Welche Strategien verfolgt die chinesische Regierung, um die Probleme in den Griff zu bekommen? Welche Ziele verfolgt sie dabei und wie begegnet sie Zielkonflikten? Gelegentlich beklagt die chinesische Regierung, dass die Umweltprobleme in China vor allem daher rührten, dass die Welt die »schmutzigen Schritte« der Produktionsprozesse von Konsumgütern nach China verlagert habe. Müssen wir daraus folgern, dass mehr Umweltschutz in China lediglich zu einer Verlagerung dieser Produktion und der damit verbundenen Treibhausgasemissionen in andere Länder führen wird? Und wenn China in Zukunft mehr auf ein konsumgetriebenes Wachstums setzen will, was bedeutet das eigentlich für die globalen Umweltprobleme?

Die Herausforderungen der chinesischen Umweltpolitik reichen also in vieler Hinsicht weit über Chinas Landesgrenzen hinaus. Der Beitrag wird im Folgenden zunächst eine Bestandsaufnahme der Umweltprobleme und ihrer Zusammenhänge vornehmen. Im Anschluss daran wird anhand wichtiger Aspekte der Wandel in der chinesischen Umweltpolitik dargestellt. Der Beitrag endet mit einer Zusammenfassung der zentralen Dilemmata chinesischer Umweltpolitik im Kontext einer globalisierten Wirtschaft.

2 Chinas Umwelt- und Klimasituation – eine Bestandsaufnahme

Luft zum Atmen, Wasser zum Trinken, Nahrung zum Essen, Fortbewegungsmöglichkeiten und einen Abfallsack, so fasst der chinesische Umweltwissenschaftler und -aktivist Li Bo die Grundvoraussetzungen für urbanes Leben zusammen (Li 2013). Die folgenden Ausführungen zu Chinas Umweltproblemen orientieren sich an dieser Auflistung, ohne zu beanspruchen, alle Einzelaspekte abzudecken.

Globale Treibhausgase und Klimawandel

Die Treibhausgasemissionen einer Volkswirtschaft resultieren vor allem aus dem Verbrauch fossiler Energie. Sie hängen daher sowohl mit dem Energiemix als auch mit der Energierohstoffsituation eng zusammen, da sich der Energieverbrauch historisch entsprechend der Reserven- und Ressourcenverfügbarkeit entwickelt und in seiner Struktur verändert. Der chinesische Gesamtverbrauch an Energie ist seit dem Ende der 1990er-Jahre rasch gestiegen, sowohl absolut wie auch pro Kopf. Der Energiemix ist vom Abbau und dem Verbrauch von heimischer Kohle geprägt. In den 1980er-Jahren lag der Anteil der Kohle am gesamten Primärenergieverbrauch zeitweilig bei fast 80 Prozent. Insbesondere nach 2002 ist der Verbrauch stark angestiegen (*Abbildung 1*). Lediglich der zeitweilig noch raschere Anstieg des Rohölverbrauchs hat dazu geführt, dass der Kohleanteil im Energiemix bis 2002 sinken konnte und seither bei etwa 70 Prozent konstant blieb. Der Anteil des Mineralöls am Primärenergieverbrauch lag im Jahr 2012 bei 17,7 Prozent. Die CO_2-freie Wasserkraft ist die drittwichtigste Primärenergiequelle in China, ihr Anteil belief sich 2012 auf 7,1 Prozent des gesamten Primärenergieverbrauchs. Zusammen mit der Kernenergie (0,9 Prozent) machten die CO_2-freien Energieträger im Jahr 2012 9,2 Prozent des Primärenergieverbrauchs in China aus. Das Ziel von 15 Prozent CO_2-freien Energieträgern im Jahr 2020 ist also bisher erst zu knapp zwei Dritteln erreicht. Dabei sind die Wind- und Solarenergie oder die Geothermie mit derzeit 1,2 Prozent des Primärenergieverbrauchs noch von marginaler Bedeutung.

Das im Vergleich zur Kohle CO_2-ärmere Erdgas hat in China an Bedeutung gewonnen, da die Regierung es als umweltfreundliche Energie fördert. So wird zum Beispiel in Beijing bereits seit 2002 innerhalb des »dritten Straßenrings«, also im Stadtzentrum, keine Kohle mehr zu Stromerzeugungszwecken verwendet. Stattdessen wird Erdgas eingesetzt (Oberheitmann 2012), vor allem in der Mittellast. Im Jahr 2012 betrug der Anteil des Erdgases am Gesamtprimärenergieverbrauch in China 4,7 Prozent.

Die Entwicklung der CO_2-Emissionen folgt diesem Pfad. Die Kohle trug im Jahr 2010 mit 80,9 Prozent zu den gesamten CO_2-Emissionen in China bei, gefolgt vom Mineralöl (16,2 Prozent) und dem Erdgas (2,8 Prozent). Seit 2007 ist China der größte CO_2-Emittent in der Welt und hat damit die USA überholt. Im Jahr 2012 lagen die CO_2-Emissionen Chinas bei 9,2 Mrd. Tonnen bzw. 26,7 Prozent der Weltemissionen. Der Anteil der USA betrug im selben Jahr noch 16,8 Prozent, der Anteil Deutschlands lag bei 2,5 Prozent (BP 2013). Der internationale Vergleich zeigt allerdings zugleich, dass trotz des rasanten Zuwachses der CO_2-Emissionen Chinas, die Pro-Kopf-Emissionen immer noch auf einem im Vergleich zu den großen Industrienationen niedrigen Niveau liegen (*Abbildung 2*). Ein weiterer Anstieg der Pro-Kopf-Emissionen auf ein Niveau vergleichbar mit dem Deutschlands oder gar der USA wäre entsprechend verheerend für das Klima.

Herausforderungen und Wandel der Umweltpolitik

Abb. 1: Entwicklung des Primärenergieverbrauchs nach Energieträgern in der VR China (1970–2012, in Mio. t SKE)

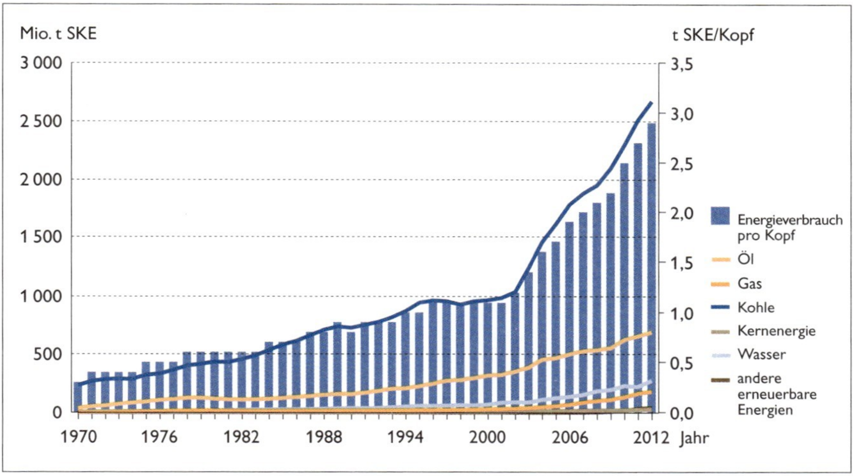

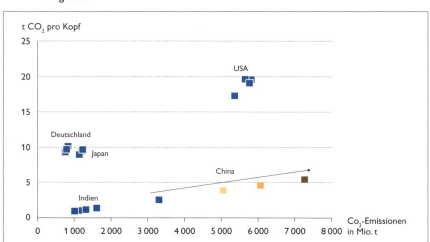

Quellen: BP 2013 und eigene Berechnungen.

Abb. 2: Entwicklung der CO_2-Emissionen (gesamt und pro Kopf) im internationalen Vergleich

Quelle: IEA (versch. Jgg.); eigene Darstellung.

105

Größter CO_2-Emittent in China ist die Industrie, insbesondere die Stromerzeugung, die 2010 noch zu 75 Prozent auf Kohle beruhte (National Bureau of Statistics, Department of Energy Statistics 2012), gefolgt vom privaten Verbrauch (insbesondere zu Heiz- und Kühlzwecken) und dem Verkehr (Mineralölprodukte). Auch andere Treibhausgase, insbesondere das Methan (CH_4), sind bedeutsam für die Gesamttreibhausgasbilanz in China. 2005 machte das CO_2 80 Prozent der aufgeführten Gesamttreibhausgase aus, gefolgt von Methan (12,5 Prozent) und Distickstoffoxid (N_2O; 5,3 Prozent) (Second National Communication 2014).

Methan fällt insbesondere in der Landwirtschaft sowie als Deponiegas und als Emission im Abwasserbereich an, Distickstoffoxid vor allem in der chemischen Industrie sowie in der landwirtschaftlichen Düngemittelnutzung (The People's Republic of China 2004).

China trägt aber nicht nur mit seinen Treibhausgasemissionen zum Klimawandel bei, das Land leidet auch bereits unter den Folgen. So haben sich die bodennahen Temperaturen seit den 1980er-Jahren gegenüber dem Durchschnitt von 1961 bis 1990 signifikant erhöht (*Abbildung 3*).

Abb. 3: Entwicklung der bodennahen Temperatur in China (1880–2006)

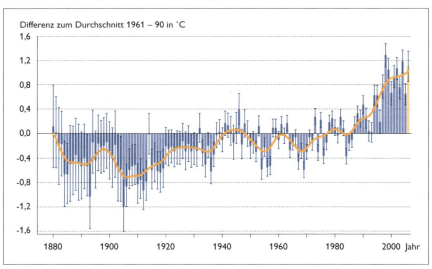

Die Kurve zeigt die geglättete Entwicklung der durchschnittlichen Temperaturabweichung (blaue Balken). Die grauen Balkenverlängerungen zeigen die höchsten bzw. niedrigsten Abweichungen vom Durchschnitt im jeweiligen Beobachtungszeitraum.
Quelle: Jenkins 2007.

In Nordchina einschließlich Beijing und Tianjin sowie den Provinzen Hebei, Henan, Shandong, Shanxi, Teilen der Provinz Anhui und Teilen der Inneren Mongolei verschärft der Klimawandel die Trockenheit. Diese Regionen weisen eine gravierende Wasserknappheit auf (siehe auch »Wasser«, S. 111–115). Auch treten infolge des Klimawandels extreme Wetterphänomene vermehrt auf. Während im Norden die Häufigkeit und Intensität von Hitzewellen im Sommer bereits deutlich zugenommen haben, treten im Westen des Landes im Winter vermehrt Schneestürme auf (State Council 2008). Zuletzt wurden heftiger Schnee und Kälte in Südchina in den Wintern 2008 und 2013 als Folge der globalen Klimaveränderung angesehen. Zugleich führt der Klimawandel zu einer höheren Wahrscheinlichkeit von Überschwemmungen in Südchina und zu Überschwemmungen an der Küste des Ost- und Südchinesischen Meeres. Daneben besteht die vage Hoffnung, dass höhere Niederschläge in Südchina auch positive Auswirkungen haben könnten, falls sie eine vierte Reisernte im Jahr möglich machten.

Lokale und regionale Luftschadstoffe

Anders als die Treibhausgase, deren schädliche Wirkung erst über den Umweg der globalen Erwärmung spürbar wird, wirken sich lokale und regionale Luftschadstoffe unmittelbar auf die Gesundheit von Menschen, Tieren und Pflanzen aus. Die schlechte Luftqualität in Beijing und den angrenzenden Regionen ist gerade in den Jahren 2012 und 2013 ins Augenmerk der Öffentlichkeit gerückt, weil der verbreitete Smog das Problem im wahren Sinn des Wortes offensichtlich gemacht hat.

Das Ministerium für Umweltschutz (Ministry for Environmental Protection, MEP) misst seit Anfang 2012 die Luftqualität anhand eines Luftqualitätsindexes (Air Quality Index = AQI). Neben den Konzentrationen von Schwefeldioxid (SO_2), Stickstoffdioxid (NO_2), Schwebstaubpartikeln der Größe von weniger als zehn Mikrometer (PM_{10}), Kohlenmonoxid (CO) sowie Ozon (O_3) werden auch Staubpartikel der Größe von weniger als 2,5 Mikrometer ($PM_{2,5}$) gemessen, ferner werden für SO_2, NO_2 und CO nicht nur die Tagesdurchschnittswerte erfasst, sondern auch Stundendurchschnittswerte. Für Ozon werden zusätzlich rollierende Achtstundendurchschnitte erfasst. Der AQI hat einen zuvor verwendeten, weniger transparenten und detaillierten Luftverschmutzungsindex ersetzt. Er sollte ursprünglich erst ab 2016 zur Anwendung kommen, auf Druck der Öffentlichkeit wurde die Umstellung aber vorgezogen. Insbesondere in Beijing forderten die Einwohner mehr Transparenz, nachdem die amerikanische Botschaft in Beijing schon deutlich vor 2012 begonnen hatte, tägliche $PM_{2,5}$-Messungen zu veröffentlichen. Die verheerenden Ergebnisse dieser Messungen hatten den Eindruck erhärtet, dass die chinesische Regierung versuchte, das Problem der Luftverschmutzung herunterzuspielen.

Tab. 1: Luftqualitätsindex in China (AQI)

AQI	Schadstoffkonzentration (mg/m³)									
	SO_2 (Tages-Ø)	SO_2 (1-Std.-Ø)	NO_2 (Tages-Ø)	NO_2 (1-Std.-Ø)	PM_{10}	$PM_{2,5}$	CO (Tages-Ø)	CO (1-Std.-Ø)	O_3 (1-Std.-Ø)	O_3 (rollierender 8-Std.-Ø)
50	0,050	0,150	0,040	0,100	0,050	0,035	2	5	0,160	0,100
100	0,150	0,500	0,080	0,200	0,150	0,075	4	10	0,200	0,160
150	0,475	0,650	0,180	0,700	0,250	0,115	14	35	0,300	0,215
200	0,800	0,800	0,280	1,200	0,350	0,150	24	60	0,400	0,265
300	1,600		0,565	2,340	0,420	0,250	36	90	0,800	0,800
400	2,100		0,750	3,090	0,500	0,350	48	120	1,000	
500	2,620		0,940	3,840	0,600	0,500	60	150	1,200	

Quellen: SEPA 2007; MEP 2012a.

Beim AQI bestimmt der höchste erreichte Einzelindex den Gesamtwert. Liegt etwa der Einzelindex für Ozon bei 300, alle anderen Indizes bei 200, ist der Gesamtindex dennoch 300. Die neu eingeführten stundenbezogenen Werte dienen ausschließlich der aktuellen Beurteilung der Luftqualität, die Tageswerte gehen in die längerfristige Berichterstattung ein.

Das MEP unterscheidet auf der Basis des AQI insgesamt sechs Verschmutzungsgrade und gibt für die jeweilige Verschmutzungssituation Handlungsempfehlungen für die Bevölkerung (*Tabelle 2*).

Tab. 2: Definition der Verschmutzungsgrade auf Basis des AQI

AQI	Beschreibung	Farbe	Grad	Gesundheitswirkungen	angeratene Maßnahmen
0 bis 50	exzellent	grün	I	Tägliche Aktivitäten werden nicht beeinflusst.	keine
51 bis 100	gut	gelb	II	Die Luftqualität ist akzeptabel, aber wenige empfindliche Menschen können in ihrer Gesundheit beeinträchtigt werden.	Sehr wenige Menschen müssen ihre Aktivitäten im Freien reduzieren.

AQI	Beschreibung	Farbe	Grad	Gesundheitswirkungen	angeratene Maßnahmen
101 bis 150	leicht verschmutzt	orange	III	Bei empfindlichen Personen treten verstärkt Herz- und Atemwegserkrankungen auf. Bei gesunden Personen können Symptome auftreten.	Kinder, alte Menschen, Menschen mit Herz-/Atemwegserkrankungen sollten längere und anstrengende körperliche Anstrengungen und Aktivitäten im Freien reduzieren.
151 bis 200	mäßig verschmutzt	rot	IV	Die Symptome bei empfindlichen Menschen verschärfen sich leicht und bei gesunden Menschen treten Reizsymptome auf.	Kinder, alte Menschen sowie Menschen mit Herz-/Atemwegserkrankungen sollten längere und körperliche Anstrengungen im Freien vermeiden; gesunde Personen sollten Aktivitäten im Freien angemessen reduzieren.
201 bis 300	stark verschmutzt	violett	V	Die Symptome bei Menschen mit Herz-/Atemwegserkrankungen verschärfen sich deutlich und die Ausdauer bei körperlichen Anstrengungen verringert sich. Bei gesunden Personen treten Symptome auf.	Kinder, alte Menschen sowie Menschen mit Herz-/Atemwegserkrankungen sollten drinnen bleiben und Aktivitäten im Freien einstellen; gesunde Personen sollten ihre Aktivitäten im Freien reduzieren.
>300	schwer verschmutzt	rotbraun	VI	Die Ausdauer bei körperlichen Anstrengungen verringert sich weiter, manche Personen zeigen erhebliche Symptome. Manche Krankheiten treten früher auf.	Alte Menschen sowie Menschen mit Herz-/Atemwegserkrankungen sollten drinnen bleiben und körperliche Anstrengung vermeiden. Der Rest der Bevölkerung sollte Aktivitäten im Freien meiden.

Quelle: MEP 2012a.

Der AQI wird mit den Werten für die einzelnen Schadstoffe inzwischen tagesaktuell vom Staatlichen Zentrum für Umweltmonitoring (China National Environmental Monitoring Center, CNEMC) veröffentlicht (www.cnemc.cn). Seit Anfang 2013 veröffentlicht das Zentrum außerdem Monats- und Quartalsberichte zur Luftqualität der 74 wichtigsten chinesischen Städte. Obwohl der AQI gegenüber dem früheren Index einen Fortschritt darstellt, sind die Richtwerte und Verhaltensempfehlungen im Vergleich zur Weltgesundheitsorganisation (WHO) verharmlosend. Die WHO empfiehlt zum Beispiel für die kleinen Staubpartikel $PM_{2,5}$ eine Jahresdurchschnittsbelastung unter 0,010 mg/m³ und eine maximale Tagesbelastung von 0,025 mg/m³, da bei höheren Werten bereits die Wahrscheinlichkeit von Herz- und Atemwegserkrankungen deutlich zunimmt (WHO 2006).

Selbst gemessen an den im internationalen Vergleich lockereren nationalen Standards ist die Luftqualität in den Städten Chinas schlecht. Von insgesamt 612 vom MEP beobachteten Städten und Kreisen erreichten im Jahr 2009 nur 26 Städte (4,2 Prozent) den besten Grad, also Grad I, 78,3 Prozent oder 479 erreichten den Grad II, 16,2 Prozent den Grad III und acht Städte nur den Grad IV (MEP 2010). Laut dem dritten Quartalsbericht 2013 erreichten die beobachteten 74 Städte im Durchschnitt an etwa zwei Drittel der Tage den Grad I oder II, dagegen an etwa einem Drittel der Tage nur den Grad III oder schlechter (CNEMC 2013). An einem Wintertag Ende 2013 meldeten insgesamt 104 chinesische Städte AQI-Werte über 300 (Grad VI). Zu den Städten mit der stärksten Luftverschmutzung gehören Städte im Nordosten Chinas. Heftige Diskussionen gibt es immer wieder wegen der starken Luftverschmutzung in der Provinz Hebei, die die Hauptstadt Beijing quasi umschließt und die – so der Vorwurf – aufgrund ihrer Energie- und Schwerindustrie die Bemühungen Beijings um bessere Luftqualität zunichtemache. Tatsächlich konstatierte eine Studie der Shanghaier Akademie der Wissenschaften kürzlich, dass Beijing aufgrund der Luftverschmutzung und mit einer $PM_{2,5}$-Konzentration von durchschnittlich 0,0895 mg/m³ eigentlich unbewohnbar sei (Rickling 2014).

Im internationalen Vergleich schneiden chinesische Städte bei der Luftqualität ebenfalls schlecht ab, wenn jüngere Veröffentlichungen der WHO auch zeigen, dass Städte im Iran und in Indien noch schlechter dastehen. Hierbei ist allerdings zu beachten, dass die WHO in ihre Beurteilung auch die Luftverschmutzung innerhalb von Räumen berücksichtigt, also insbesondere Luftverschmutzung, die beim Kochen entsteht. Dieses Problem ist in Indien und im Iran tendenziell noch größer als in China.

Im Jahr 2012 betrugen die SO_2-Emissionen 22,2 Mio. t, die Emissionen an Ruß und industriellem Staub 12,3 Mio. t. Zwischen 2001 und 2012 sind die Gesamtemissionen an SO_2 aufgrund der Emissionen des wachsenden Industriesektors um 14 Prozent angestiegen, die Emissionen der Haushalte sind vor allem aufgrund der Umstellung von Kohle auf Erdgas und Elektrizität um 45 Prozent gesunken. Dieser Rückgang spiegelt jedoch die tatsächlichen Quellen der Emissionen nur bedingt wider, da der Strom, der zu 75 Prozent mit Kohle erzeugt wird, dem industriellen Sektor zugerechnet wird und damit die Emissionen des privaten Stromverbrauchs zum Teil in den industriellen Emissionen »versteckt« sind (Oberheitmann 2012). Die Emissionen an Ruß und Staub sind im Zeitraum 2001–2012 um 41 Prozent (Industrie) bzw. um 36 Prozent (Haushalte) zurückgegangen, was auf die Brennstoffsubstitution von Kohle durch Erdgas, aber auch auf den vermehrten Einsatz von Filtern zurückzuführen ist (MEP 2012b).

Die SO_2-Emissionen tragen maßgeblich zum Niedergang von saurem Regen bei. Der Niederschlag sauren Regens verursacht gesundheitliche Schäden bei den Menschen sowie erhebliche ökologische und ökonomische Schäden etwa im Getreideanbau und in der Forstwirtschaft. Die Summe volkswirtschaftlicher Schäden wurde Anfang des neuen Jahrtausends bereits auf etwa 13 Mrd. US$ geschätzt, was etwa zwei Prozent des Bruttoinlandsprodukts (BIP) in China entsprach (Oberheitmann 2001). Unter klimapolitischen Gesichtspunkten ist der Anstieg der SO_2-Emissionen für sich gesehen differenziert zu bewerten, da sie einen abkühlenden Effekt auf das Klima haben (IPCC 2007).

Die Zunahme des Individualverkehrs und des Gütertransportaufkommens ist ein wichtiger Grund für den steigenden Beitrag der verkehrsbedingten Emissionen in China. Bereits 27,4 Prozent der Stickstoffoxidemissionen gingen im Jahr 2012 auf den Autoverkehr zurück (MEP 2012b). Die Autoabgase verursachen zudem etwa 20 Prozent der feinen Staubpartikel $PM_{2,5}$ in Chinas Städten. Im Individualverkehr wurden über die Jahre die Abgasnormen verschärft, die mittlerweile der Euro-IV-Norm entsprechen. Auch wurden an den Tankstellen Emissionsschutzvorrichtungen für die Betankung der Kraftfahrzeuge angebracht, um die Emissionen von flüchtigen organischen Verbindungen (*volatile organic compounds* = VOCs) zu vermindern.

Wasser

Wasser stellt in China in mehrfacher Hinsicht eine Herausforderung dar. Zum einen sind die natürlich vorhandenen Wasserressourcen pro Kopf sehr gering, zum anderen sind sie sehr ungleich verteilt, sodass der Süden Chinas zum Teil zu viel Wasser hat (was sich in Überschwemmungen äußert), der Norden Chinas dagegen regelmäßig unter Wassermangel leidet (siehe den Beitrag von Bernd Wünnemann). In der jüngeren Zeit wird diese Problematik durch den steigenden Wasserbedarf der Industrie und der Haushalte einerseits und die Verschmutzung der Wasserressourcen andererseits verschärft (2030 Water Resources Group 2009).

Ähnlich wie für die Luftqualität gibt es auch für die Messung der Wasserqualität einen nationalen Qualitätsstandard, der sechs Stufen unterscheidet und der zuletzt 2011 neu definiert wurde.

Tab. 3: Klassifizierung (2011) der Oberflächenwasserqualität

Wasser-qualitäts-stufe	Wasser-qualität	Indikator-farbe	Wasserfunktionen
I–II	gut	blau	erstklassige Wasserreservoire für Trinkwasser; Lebensraum für seltene Wasserlebewesen; Laichgebiet für Fische und Krabben; Kinderstube für Jungfische
III	passabel	grün	erstklassige Wasserreservoire für Trinkwasser; Überwinterungsgewässer für Fische und Krabben; Fischwanderungspassagen; Gebiete für Aquaproduktion; Badegebiete
IV	leicht verschmutzt	gelb	normales Industriewasser; Wasser für menschliche Vergnügungen ohne direkten Wasserkontakt
V	mittel verschmutzt	orange	Agrarnutzung; normales Landschaftswasser
unter V	stark verschmutzt	rot	geringe Verwendungsmöglichkeit außer für örtliche Klimaregulierung

Quelle: MEP 2011.

Die Wasserqualität wird auf der Grundlage von 21 Schadstoffindikatoren ermittelt, wobei die Wasserqualitätsstufe auch hier durch den Schadstoffmesswert bestimmt wird, der zum Messzeitpunkt am höchsten ist. Gemessen an diesem Standard, wurde die Wasserqualität der großen Flüsse im ersten Halbjahr 2012 an 51,5 Prozent der Messpunkte als »gut« bis »passabel«, an 48,5 Prozent der Messpunkte mit »leicht« bis »stark verschmutzt« angegeben. Der Anteil der stark verschmutzten Gewässer, die also eigentlich jeder Nutzung entzogen sind, lag bei 15,5 Prozent. Die am stärksten verschmutzten Flüsse sind der Liao He, der Huai He und der Hai He; Letzterer, der unter anderem Beijing und Tianjin verbindet und ins Gelbe Meer mündet, gilt zu über 50 Prozent als stark verschmutzt (MEP 2012c).

Die Wasserqualität der großen natürlichen Seen und der Stauseen ist insgesamt schlechter als die der Flüsse. Von 13 untersuchten großen Seen Chinas fielen im Jahr 2012 drei in die Kategorie unter V, zwei in die Kategorie V und fünf in die Kategorie IV. Lediglich zwei Seen gingen als »passabel« (III) durch. Die zusätzlich untersuchten großen innerstädtischen Seen Donghu (Wuhan) und Xuanwuhu (Nanjing) wurden als leicht verschmutzt (IV) eingestuft, der Daminghu (Jinan) und der Xihu (Hangzhou) als »passabel«. Die Wasserqualität der zehn großen Stauseen galt durchweg als »passabel« (MEP 2012c).

Wasserverschmutzung des Flusses Jian in Luoyang, Provinz Hebei, durch eine Färberei (Foto: STR/AFP/Getty Images, 2011)

Die Wasserverschmutzung wird zunehmend auch zu einem Gegenstand politischer Konflikte innerhalb Chinas, da die Probleme häufig provinz-, distrikt- oder kreisübergreifend wirken. Ein Industrieunfall am Oberlauf eines Flusses gefährdet in einem dicht besiedelten Land wie China leicht viele Anwohner weiter flussabwärts. Ebenso beeinflusst die Verschmutzung eines größeren Sees durch Industrie oder intensive Landwirtschaft an einem Seeufer die Wasserqualität am anderen Seeufer, das nicht unbedingt zum gleichen Kreis gehört. Die Beispiele für derartige Konfliktfälle haben sich in den letzten Jahren gehäuft. Die Zusammenarbeit über die administrativen Grenzen hinweg funktioniert häufig nicht gut. Gerade bei Industrieunfällen versuchen die lokalen Regierungen gern, die Auswirkungen zunächst zu vertuschen (Guo 2013).

Besonders dramatisch ist die zunehmende Ausbeutung der Grundwasserreserven, das damit verbundene Absinken der Grundwasserpegel und – zusätzlich – die Verschmutzung der Grundwasserreserven. Die Übernutzung der Grundwasserreserven, also der Verbrauch von Grundwasser über dem Niveau der natürlichen Regeneration der Reserven, kann langfristig zu Veränderungen der korrespondierenden Oberflächengewässer und der lokalen Flora und Fauna führen. Insofern ist es alarmierend, dass gerade in Nordchina die Grundwasserreserven stark übernutzt werden. Im Einflussbereich des Hai He, also rund um Beijing und Tianjin, sollen bereits 91 Prozent der Grundwasserareale übernutzt sein. Mit Blick auf die Grundwasserqualität geben staatliche Publikationen für 2011 an, dass 55 Prozent der Grundwasservorkommen schlecht bis sehr schlecht bzw. ziemlich verschmutzt seien, wobei genauere Hinweise, was genau gemessen wird, in der Regel fehlen (Li 2013, S. 14). Anderen Berichten zufolge hatten im selben Jahr 75 von 118 großen und mittelgroßen Städten stark verschmutzte Grundwasservorkommen (CAS 2013, S. 84). Die Verschmutzung des Grundwassers ist vor allem auf intensive Landwirtschaft und Industrieabwässer zurückzuführen, hier insbesondere den Kohlebergbau.

Der allgemeine Wassermangel droht zu einem sozialen und politischen Problem zu werden. Zwei Drittel aller chinesischen Städte leiden unter Wassermangel und etwa 300 Millionen Bauern haben keinen Zugang zu sauberem Wasser. In weiten Bereichen Nordchinas stehen nur 500 m^3 pro Kopf zur Verfügung. Der Wasserspiegel der Flüsse und des Grundwassers ist dort stark gesunken. Ausländischen und chinesischen Quellen zufolge wird sich der Wassermangel durch den Anstieg des Lebensstandards, vermehrten Fleischkonsum und den Wasserbedarf der Industrie noch weiter verschärfen, auch wenn einige chinesische Wissenschaftler davon ausgehen, dass bis 2030 der Höhepunkt des Wasserverbrauchs erreicht sein könnte. Bis dahin wird allerdings, je nach Untersuchung, mit einem Anstieg der Wassernachfrage auf 700 bis 800 Mrd. m^3 gerechnet, gegenüber etwa 611 Mrd. m^3 im Jahr 2011 (CAS 2013; 2030 Water Resources Group 2009, S. 57). Dem steht gegenüber, dass infolge des Klimawandels, aber auch aufgrund anderer Faktoren, die Wasserknappheit zunehmen wird (Chen/

Tang 2005). Es wird erwartet, dass bis 2050 die Trockenheit in Nordchina den Ernteertrag um fünf bis zehn Prozent verringern wird. Der Anstieg der Nachfrage wird daher nur befriedigt werden können, wenn sich die Effizienz der Wassernutzung deutlich erhöht. Andernfalls wird er zu weiterer Übernutzung der Grundwasservorkommen führen oder schwerwiegende Verteilungsfragen aufwerfen.

Boden

Unter dem Stichwort »Boden« ist unter umweltpolitischen Gesichtspunkten sowohl die Qualität des unter anderem für die Landwirtschaft zur Verfügung stehenden Bodens zu betrachten als auch die Verringerung der für Naturschutz und Landwirtschaft zur Verfügung stehenden Flächen. Die Qualität der Bodens hängt zum einen mit der zuvor beschriebenen Wasserproblematik zusammen, für die nicht nur das Abwassermanagement von Bedeutung ist, zum anderen vom Umgang mit Haushalts- und Industrieabfällen ab. Die Flächenkonkurrenz entsteht dadurch, dass die Industrie, ebenso wie der Transportsektor und der Tourismus, expandiert und zusätzliche Flächen beansprucht.

China verfügt trotz der Größe des Landes pro Kopf gemessen über wenig landwirtschaftlich nutzbare Fläche. In der Vergangenheit hat China beachtliche Erfolge in der Intensivierung der Landwirtschaft erzielt und konnte die landwirtschaftliche Produktion vor allem durch Bewässerung, den Einsatz von Düngemitteln und durch Massentierhaltung stark ausdehnen. Die Intensivierung der Landwirtschaft trägt aber zu Problemen wie Verwüstung und Überdüngung bei. Zugleich ist in vielen Teilen des Landes die Landnutzung noch relativ kleinteilig, denn aus der Unterteilung der chinesischen Bevölkerung in ländliche und städtische Bevölkerung nach dem Haushaltsregistrierungssystem (*hukou*) ergibt sich ein Anrecht der ländlichen Einwohner auf die Nutzung einer Landparzelle ihres Kollektivs. Die Verpachtung oder der Verkauf dieser Rechte ist nicht bzw. nur eingeschränkt möglich und darüber hinaus sind die Rechte der Bauern bisher wenig geschützt. So resultiert aus dem Landnutzungsrechtesystem eine schwache Position der Bauern gegenüber Bestrebungen der Lokalregierungen, Agrarland im Zuge der Urbanisierung anders zu nutzen, sei es für Infrastrukturprojekte, Industrieansiedlungen oder Wohnparks. Diese Entwicklung steht im Konflikt zu den agrarpolitischen Wachstumszielen, weswegen seit Jahren versucht wird, mithilfe der Bewässerung öde, bisher nicht landwirtschaftlich genutzte Flächen zu erschließen und so den Verlust von Agrarland auszugleichen. Tatsächlich tragen diese Bemühungen aber zumindest in Nordchina häufig zur Desertifikation mit bei (Chen/ Tang 2005). Das Ergebnis dieser Zielkonflikte und Flächenkonkurrenz ist ein deutlicher Rückgang der »guten« landwirtschaftlichen Nutzfläche.

Auf den verbliebenen Flächen wiederum sinkt die Qualität der landwirtschaftlichen Produkte. So berichten chinesische und internationale Medien immer wieder über mit Schwermetallen belastete Agrarprodukte, was sowohl auf Überdüngung als auch auf Kontamination durch Industrieabfälle zurückgeführt wird. Detaillierte Informationen über den Grad und die Art der Bodenkontamination werden allerdings nicht veröffentlicht. Die Situation scheint sich jedoch insgesamt zu verschlechtern: Im Jahr 2011 hatte der Umweltminister in einem Bericht angegeben, dass zehn Mio. ha Agrarfläche (8,3 Prozent) verschmutzt seien, im Regierungsbericht von 2013 hieß es, schon 20 Mio. ha seien schwer verseucht. Das Ausmaß des Problems hat zumindest dazu geführt, dass die Regierung der Bodenqualität und Lebensmittelsicherheit in ihrer Planung der wirtschaftspolitischen Aufgaben für 2014 oberste Priorität eingeräumt hat.

Profitable Urbanisierung: Aus landwirtschaftlich genutzten Flächen wird Bauland wie hier in Jiaxing, Provinz Zhejiang. (Foto: Reuters/William Hong, 2014)

Mit Blick auf die Agrarfläche und Bodenqualität stellt auch das rasch wachsende Abfallaufkommen eine Herausforderung dar, das sich im Wesentlichen aus drei Quellen speist:

- der Anhebung des Lebensstandards, die mit mehr Nachfrage nach Produkten und Verpackung einhergeht;
- der Industrialisierung, die auch zu einem raschen Anstieg der Industrieabfälle führt;
- dem Import von Abfällen aus anderen Ländern infolge der Kostenvorteile, die die Müllentsorgung in China bisher bietet.

Eine adäquate Müllentsorgung und Maßnahmen zur Müllvermeidung sind vor diesem Hintergrund von großer Bedeutung. Der größte Teil des städtischen Haushaltsmülls landete in der Vergangenheit auf Mülldeponien. Allerdings hat eine Studie der Weltbank bereits 2005 davor gewarnt, dass die meisten Mülldeponien in China lediglich Müllberge seien und keine unter Umwelt- und Hygienegesichtspunkten gemanagten Deponien. Die Weltbank prognostizierte daher hohe Folgekosten dieser Form der Müllentsorgung und eine mögliche Gefährdung der Grundwasservorkommen (Weltbank 2005). Diese Argumente, aber auch Platzprobleme in den urbanen Zentren sowie Überlegungen zur Energieversorgung, haben dazu geführt, dass die Regierung seit 2012 Müllverbrennungsanlagen befürwortet. Der Anteil der Entsorgung von städtischem Haushaltsmüll durch Verbrennung soll landesweit bis zum Jahr 2015 von ehemals 20 Prozent (2010) auf 35 Prozent angehoben werden, in Ostchina sogar auf 48 Prozent, was unter anderem bedeutet, dass sehr viele neue Müllverbrennungsanlagen gebaut werden müssen (Yang 2013, S. 205). Diese sind allerdings keine Garantie für die umweltfreundlichere Behandlung des Mülls, wenn sie auch dem Platzproblem vielleicht Abhilfe schaffen. Eine umweltverträgliche Verbrennung des städtischen Mülls setzt voraus, dass dieser nicht zu feucht ist, dass er zuvor zumindest teilsortiert wurde, damit im Verbrennungsprozess nicht zu viele toxische oder klimarelevante Abgase entstehen, und dass die Verbrennungsanlagen mit guten Filtern ausgestattet sind. Diese Voraussetzungen sah die Weltbank im Jahr 2005 in China nur bedingt gegeben und riet daher nicht zu einem groß angelegten Ausbau der Verbrennungsanlagenkapazitäten (Weltbank 2005). In ähnlicher Weise warnen heute Wissenschaftler in China davor, dass die Emissionsstandards für die Müllverbrennungsanlagen viel niedriger seien als die für Kohlekraftwerke und sie damit die Ziele zur Verringerung der Stickstoff- und Schwefeldioxidemissionen konterkarierten (Yang 2013, S. 208). Tatsächlich hat es lokal gegen den Bau der Müllverbrennungsanlagen bereits mehrfach Proteste gegeben: Bürger beschwerten sich wegen der mit den Anlagen verbundenen Emissionen und Geruchsbelästigungen, allerdings ohne Erfolg.

Das Problem des Industriemülls ist in vieler Hinsicht noch komplexer als das des Haushaltsmülls. Das Spektrum reicht vom Atommüll über giftige Schlämme, die bei der Schürfung von seltenen Erden entstehen, bis hin zum Problem der Entsorgung von Reststoffen aus Industrieproduktion und zum Recycling.

3   Umweltpolitik im Wandel

Die verheerende Umweltbilanz, die sich aus dem Geschilderten ergibt, kann leicht den Eindruck erwecken, dass sich die chinesische Regierung nicht um Umweltprobleme und Klimawandel kümmern würde. Dem steht gegenüber, dass sich die Umweltpolitik in der VR China deutlich gewandelt hat: Sie wurde als eigenständiges Politikfeld in der staatlichen Administration institutionalisiert, ihr Aufgabenspektrum hat sich kontinuierlich erweitert und die internationale Zusammenarbeit hat deutlich an Bedeutung gewonnen. Darüber hinaus geht die VR China – wie andere Länder auch – dazu über, vermehrt marktwirtschaftliche Steuerungsinstrumente wie zum Beispiel Umweltabgaben als Instrumente der Umweltpolitik anzuwenden und überhaupt dem Umweltschutz auch einen wirtschaftspolitischen Wert beizumessen. Dieser Wandel der Umweltpolitik wird im Folgenden nachgezeichnet.

Institutionalisierung

Die Integration der chinesischen Umweltpolitik in die staatliche Bürokratie war aus vielen Gründen nicht leicht. Die Schaffung einer neuen Institution für diese Aufgabe bedeutete Konkurrenz für andere etablierte Ministerien um die knappen Gelder der Regierung. Zudem konnte sich die Regierung nicht entscheiden, welchen Stellenwert sie der Umweltpolitik einräumen sollte. Dass Umweltpolitik in alle Bereiche der Politik, Wirtschaft und Gesellschaft hineinwirkt, stellte eine zusätzliche Herausforderung dar, da es in China gängige Praxis ist, gegensätzliche Interessen innerhalb eines Ministeriums zu bündeln, um so mögliche Konflikte intern lösen zu können. Folglich gibt es bis heute immer wieder Diskussionen um den Aufgabenzuschnitt des Umweltministeriums.

Im Jahr 1973 setzte sich der damalige Premierminister Zhou Enlai dafür ein, eine »Leitende Gruppe für Umweltschutz« unter dem Staatsrat einzurichten. Diese Gruppe wurde später zum Umweltschutzbüro (*Tabelle 4*), das aber relativ schnell seine Unabhängigkeit verlor und 1982 in das neu konzipierte Ministerium für städtischen und ländlichen Bau und Umweltschutz eingegliedert wurde. Hier kam es zu schweren Zielkonflikten.

Tab. 4: *Institutionelle Entwicklung der Umweltpolitik in China (1973 bis heute)*

Jahr	Institution der Umweltpolitik*
1973	Leading Group for Environmental Protection under the State Council
Mitte 1970er-Jahre	State Environmental Protection Bureau
1982	Department of Environmental Protection in the Ministry of Urban and Rural Construction and Environmental Protection
1985	State Environmental Protection Commission (SEPC)
1988	National Environmental Protection Agency (NEPA)
1998	State Environmental Protection Administration (SEPA)
seit 2008	Ministry of Environmental Protection (MEP)

* Zur Erleichterung des Vergleichs mit internationalen Quellen sind hier die englischen Bezeichnungen angegeben.
Quelle: Eigene Zusammenstellung.

Im Jahr 1984 entschloss sich die Regierung, die »Staatliche Umweltschutzkommission« (SEPC) zu gründen. Im darauffolgenden Jahr wurde die Nationale Umweltschutzagentur NEPA errichtet, die als Exekutivorgan der SEPC fungierte. Im Jahr 1988 wurde die NEPA eine unabhängige Agentur unter dem Staatsrat, die jedoch nicht den Rang eines Ministeriums erhielt. Erst zehn Jahre später wurde die NEPA zur »Staatlichen Umweltschutzbehörde« (SEPA) aufgewertet, die aber weiterhin keinen Ministeriumsrang und damit wenig Macht gegenüber anderen Ministerien oder auch gegenüber großen Staatsunternehmen hatte (Qiu/Li 2009). Erst nach weiteren zehn Jahren folgte die chinesische Regierung einer Empfehlung der OECD und wertete die NEPA im Jahr 2008 zum Ministerium of Environmental Protection (MEP) auf, das direkt dem Staatsrat untersteht und für die Umweltpolitik verantwortlich ist. Derzeit besteht das MEP aus zwölf Abteilungen[1] mit etwa 300 Mitarbeitern.

---

1 Abteilung für Umweltverträglichkeitsprüfungen, Abteilung für Bildung und Kommunikation, Abteilung für Wissenschaft, Technologie und Standards, Abteilung für Emissionskontrolle, Abteilung für Natur- und ökologische Erhaltung, Abteilung für Nuklearsicherheit und Management radioaktiver Abfälle, Abteilung für Politiken, Gesetze und Bestimmungen, Abteilung für internationale Kooperation, Abteilung für Aufsicht und Management, Abteilung für Planung und Finanzen, Abteilung für Personal und internationale Angelegenheiten, Verwaltungsbüro.

Erweiterung der Aufgaben

Die »Konferenz der Vereinten Nationen zur menschlichen Umwelt« (United Nations Conference on Human Environment) in Stockholm im Jahr 1972 markiert den Beginn einer modernen Umweltpolitik in China. *Tabelle 5* zeigt die Entwicklung und Erweiterung der thematischen Schwerpunkte bis heute.

Die wichtigsten Politikfelder der Umweltpolitik der 70er-Jahre des 20. Jahrhunderts waren die Wasser- und die Luftverschmutzung. In den 1980er-Jahren wurde neben der Minderung von Emissionen kleinerer Partikel die Kontrolle der städtischen Umweltverschmutzung mit ersten Auflagen Kern der umweltpolitischen Bemühungen. Nach der Gründung der NEPA im Jahr 1988 begann die chinesische Regierung, Umweltpolitik auch mithilfe ökonomischer Anreize zu gestalten, zum Beispiel mit Umweltabgaben auf Abwasser.

Im Jahr 1992 machte die Konferenz der Vereinten Nationen über Umwelt und Entwicklung (United Nations Conference on Environment and Development, UNCED) in Rio de Janeiro die »nachhaltige Entwicklung« zu einem zentralen Anliegen der weltweiten Wirtschafts- und Entwicklungspolitik. Die NEPA beteiligte sich an der Ausarbeitung der Agenda 21, einem zentralen Dokument der Rio-Konferenz, und verabschiedete darüber hinaus als erstes Entwicklungsland eine nationale Agenda 21.

In den 1990er-Jahren verlagerte sich der Fokus der Umweltpolitik thematisch von der Minderung lokal wirkender Emissionen (z.B. Rußpartikel) zur Minderung regional wirkender Emissionen (SO_2, NO_X etc.) und auch zum ländlichen Umweltschutz. Feste Abfälle und Verschmutzungen des Bodens durch Nitrate gehörten nun ebenso zu den Feldern der Umweltschutzpolitik wie Aufforstungsmaßnahmen. In dieser Zeit begann die NEPA auch – mit unterschiedlichem Erfolg –, stärkeren Einfluss auf die Umweltpolitik der lokalen Regierungen in den Provinzen und Städten zu nehmen. Nach der Aufwertung der NEPA zur Umweltschutzverwaltung SEPA und in Reaktion auf die große Flutkatastrophe entlang der Hauptflüsse im Jahr 1998 wurden zum einen die Flutbekämpfung, zum anderen Aufgaben wie die Bekämpfung der Wüstenbildung, der Artenschutz und die Sicherheit der Kernkraftwerke angegangen.

Die Erweiterung des Aufgabenspektrums und das gestiegene Engagement für die Umwelt haben sich in jüngerer Zeit auch in einem Anstieg der Regierungsausgaben für Umweltschutz niedergeschlagen. Diese wuchsen nach Angaben des chinesischen Statistikamtes von 0,38 Prozent des BIP im

Tab. 5: Entwicklung der thematischen Schwerpunkte der Umweltpolitik in China (1970er-Jahre bis heute)

Jahr-zehnt	Wasser	Luft	Boden	Flora und Fauna	Radio-aktivität
1970er	• Schwermetalle (Cd, Cr, Hg etc.)	• lokale Luftverschmutzung			
1980er	• Schwermetalle (Cd, Cr, Hg etc.)	• kleine Luftpartikel* städtische Luftverschmutzung	• fester Abfall		
1990er	• Flutbekämpfung • Wasserknappheit • Schwermetalle • Ammoniak • Permanganat • Quecksilber • flüchtige Phenole • anorganischer Stickstoff • anorganischer Phosphor • Öl	• regionale Luftverschmutzung (SO_2, NO_X etc.) • ländliche Luftverschmutzung	• fester Abfall • Schwermetalle • Nitrate	• Aufforstung	• Nuklear-sicherheit
ab 2000	• Mangan • Chloride • Sulphate • Schwermetalle • Wasserknappheit	• regionale Umweltverschmutzung (SO_2, NO_X etc.) • globale Treibhausgase (CO_2, CH_4, N_2O etc.)	• Wüstenbildung • Nitrate • Ökosysteme (Feuchtbiotoperhaltung etc.)	• Biodiversität	• Nuklear-sicherheit

Abkürzungen: Cr = Chrom; Cd = Cadmium; SO_2 = Schwefeldioxid; NO_X = Stickoxide; CO_2 = Kohlendioxid; CH_4 = Methan; N_2O = Distickstoffoxid.
* Bis 10 Mikrogramm.
Quelle: Oberheitmann 2007, S. 75.

Jahr 2007 auf 0,57 Prozent des BIP im Jahr 2007[2] (China Statistical Yearbook 2008 und 2013).

Politische Entscheidungen in China unterliegen einem Konsensfindungsprozess. Aus diesem Grund und wegen der Querschnittsfunktion umweltpolitischer Angelegenheiten ist das MEP nicht das einzige Ministerium, das in China für Entscheidungen und Aufgaben, die den Umweltschutz betreffen, zuständig ist. So sind zum Beispiel an den politischen Entscheidungen, die die internationale Klimapolitik betreffen, neben dem Umweltministerium auch folgende Regierungsbehörden beteiligt: Ministerium für Wissenschaft und Technologie, Finanzministerium, Außenministerium, Nationale Entwicklungs- und Reformkommission, Wirtschaftsministerium, Landwirtschaftsministerium, Bauministerium, Ministerium für Infrastruktur, Ministerium für Wasserressourcen, Staatliche Waldbehörde, Akademie der Wissenschaften Chinas, Staatliche Meeresbehörde und die Behörde für die zivile Luftfahrt. Beim Medium Luft liegen die Kompetenzen für lokale und regionale Emissionen beim MEP, während die Nationale Entwicklungs- und Reformkommission für die globalen Treibhausgase zuständig ist. Trotz immer neuer Diskussionen um eine mögliche Ausweitung der Kompetenzen des Umweltministeriums ist auf absehbare Zeit nicht zu erwarten, dass ihm die Kompetenz für ein so wichtiges Politikfeld wie den Klimaschutz übertragen wird.

Die Erweiterung des Aufgabenspektrums hat zu einem zentralen Problem der chinesischen Umweltpolitik beigetragen, der mangelnden Umsetzung (siehe auch Ökonomisierung der Umweltpolitik, S. 129–133). Die Möglichkeiten des MEP, die Umsetzung der Gesetze durchzusetzen, und der Wille, die nationalen Umweltschutzgesetze zu beachten, korrespondiert nicht unerheblich mit der geografischen Entfernung von der Hauptstadt Beijing. Die Provinz Guangdong steht zum Beispiel in dem Ruf, nationale Umweltbestimmungen häufig zu umgehen. So gestanden Beamte der SEPA vor Jahren ein, dass das Ministerium nicht über die personellen Kapazitäten verfüge, um die Entsorgung von giftigen Abfällen ins Meer oder den Handel mit gefährdeten Tierarten in Guangdong zu kontrollieren. In Anbetracht der traditionell schwachen Position der Umweltbehörden wurde es im Februar 2005 schon als Signal der Stärke der SEPA gewertet, als sie erstmalig den Bau von drei Großwasserkraftwerken und 19 Kohlekraftwerken wegen fehlender Umweltverträglichkeitsprüfungen

---

2 Vergleichbare Daten für frühere Jahre liegen nicht vor. Auch sind die Daten nicht unmittelbar vergleichbar mit Angaben zu den Ausgaben öffentlicher Haushalte für Umweltschutz zum Beispiel der OECD-Staaten.

stoppte (Qiu/Li 2009, S. 10155). Doch mit einer Belegschaft von nur etwa 300 Mitarbeitern sind die Einflussmöglichkeiten des Umweltministeriums noch immer sehr begrenzt.

Internationalisierung

In der Folge der wirtschaftlichen Öffnung nach außen hat sich auch die Umweltpolitik Chinas internationalisiert. Das Land ist internationalen Abkommen beigetreten und hat so Verpflichtungen in der globalen Umweltschutzpolitik übernommen.

Im Jahr 1981 trat China der internationalen Artenschutzkonvention CITES (Convention on International Trade in Endangered Species of Wild Fauna and Flora) bei (*Tabelle 5*, S. 121) und unterzeichnete damit erstmals ein multilaterales Umweltabkommen. Seitdem gibt es immer wieder Kritik wegen Verletzungen dieser Konvention. Auf der letzten CITES-Konferenz im März 2013 in Bangkok stand China tatsächlich mehr denn je am Pranger. Dort ist die Nachfrage nach Elfenbein und »Rohstoffen«, die aus seltenen Tieren gewonnen werden (zum Beispiel für die Herstellung von Heilmitteln für die traditionelle chinesische Medizin), in den letzten Jahren dramatisch angestiegen. Diese Nachfrage, die für hohe Preise auf dem Schwarzmarkt sorgt, befördert die illegale Jagd auf seltene Tiere und den illegalen Handel. Deshalb fordert die internationale Staatengemeinschaft von China, die bestehenden Gesetze konsequenter umzusetzen und die Täter härter zu bestrafen.

Weitere Abkommen folgten (Übersicht in *Tabelle 6*, S. 140 ff.). Nachdem China bereits 1993 die Klimarahmenkonvention der Vereinten Nationen (United Nations Frameword Convention on Climate Change, UNFCCC) ratifiziert hatte, stellte die Ratifizierung des Kyoto-Protokolls zur Klimarahmenkonvention der Vereinten Nationen (Kyoto Protocol to the UNFCCC) im Jahr 2002 einen vorläufigen Höhepunkt in der Internationalisierung der chinesischen Umweltpolitik dar. Zwei Jahre später veröffentlichte die Volksrepublik den ersten Nationalbericht zum Klimaschutz entsprechend der Konventionsvorgaben (The People's Republic of China 2004). Im Jahr 2008 gab die Regierung den zweiten Nationalbericht in Auftrag, der Anfang 2014 veröffentlicht wurde (Second National Communication 2014). Als Entwicklungsland gehört China im Rahmen des Abkommens zu den sogenannten Nicht-Annex-I-Staaten, die selbst keine verbindlichen Verpflichtungen zur Emissionsminderung von Treibhausgasen eingehen müssen. Allerdings ist China zum wichtigen Standort für Klimaschutzprojekte nach dem Mechanismus für umweltverträgliche Entwicklung (Clean Development Mechanism [CDM], Artikel 12 des Kyoto-Protokolls) geworden. Ziel des CDM ist es einerseits, den Industriestaaten (Annex-I-Staaten) zu helfen, ihre quantitativen Verpflichtungen zur Treibhausgasminderung aus dem Kyoto-Protokoll kostengünstiger zu erfüllen. Andererseits sollen die Entwicklungsländer darin unterstützt werden, sich nachhaltig zu entwickeln. Gemäß den Regelungen des CDM können, einfach gesagt, Unternehmen aus Industriestaaten in Entwicklungsländern Klimaschutzprojekte durchführen (z. B. Windkraftanlagen errichten) und sich die dadurch erreichten Emissionsminderungen auf ihre eigenen Minderungsverpflichtungen anrechnen lassen (Gemmer/Jiang 2008).

Am 30. Juni 2004 führte die chinesische Regierung »Vorläufige Regelungen für das Management von Projekten unter dem Clean Development Mechanism des Kyoto-Protokolls« ein. Mit diesen Bestimmungen formalisierte sie ihre Bereitschaft, sich aktiv am internationalen Klimaschutz zu beteiligen und Investitionen aus Industriestaaten für Klimaschutzprojekte in China einzuwerben. Die vorläufigen Regelungen umfassen unter anderem Zulassungsbedingungen, Details zu den CDM-Institutionen in China, Informationen über die Projektentwicklungs- und Implementationsprozeduren und die Designierte Nationale Autorität (DNA) für den CDM in China, die National Development and Reform Commission (NDRC). Im November 2005 wurden die endgültigen Bestimmungen (Measures for Operation and Management of Clean Development Mechanism Projects in China) eingeführt.

Um die Einbeziehung Chinas in internationale Abkommen zu erleichtern, hat die chinesische Regierung verschiedene institutionelle Arrangements getroffen. Innerhalb des MEP koordiniert die Abteilung für internationale Zusammenarbeit die internationalen Beziehungen. Sie fokussiert die internationale Umweltzusammenarbeit Chinas und übernimmt die Routinearbeiten des Rats für Internationale Kooperation zu Umwelt und Entwicklung (China Council for International Cooperation on Environment and Development, CCICED), einer hochrangigen Expertengruppe, die aus ausländischen und chinesischen Wissenschaftlern besteht und der Regierung als Beratungsgremium zur Seite steht.

Für die Klimaschutzpolitik wurde im Jahr 1990 ein kleines Koordinationskomitee gegründet. Dieses Komitee war nicht der NEPA, sondern allein dem Staatsrat unterstellt. Nach der Umbildung der Regierung im Jahr 1998 ist das Nationale Koordinationskomitee zum Klimaschutz (National Coordination Committee on Climate Change) eine bedeutende interministerielle Institution geworden. Es berät den Staatsrat, koordi-

niert die für den Klimaschutz relevanten Politiken und Maßnahmen und zeichnet für die Verhandlungen mit ausländischen Partnern verantwortlich. Wichtige Beschlüsse bzw. Maßnahmen werden zur Verabschiedung an den Staatsrat übermittelt. Gegenwärtig sind die Funktionen wie folgt aufgeteilt:
- Die NDRC koordiniert die Klimaschutzpolitiken und Maßnahmen, die von den verschiedenen Ministerien verabschiedet werden, bei ihr ist auch das Büro des Koordinationskomitees angesiedelt.
- Das Außenministerium hat die Führung bei den internationalen Klimaschutzverhandlungen.
- Die Staatliche Meteorologische Behörde verantwortet die Zusammenarbeit mit dem Weltklimarat (Intergovernmental Panel on Climate Change, IPCC).

Besondere Aufmerksamkeit wird der Rolle Chinas in der internationalen Umweltpolitik seit den Verhandlungen im Rahmen der Konferenz der Parteien der Klimarahmenkonvention in Kopenhagen im Jahr 2009 (COP 15) zuteil. Die Hoffnung war damals groß, dass sich die Verhandlungsparteien auf eine Nachfolgevereinbarung für das Kyoto-Protokoll, das nur bis 2012 galt, einigen würden. Doch vor allem die starre Haltung der USA, aber auch die Chinas, ließen diese Konferenz scheitern. Erst im Jahr 2011 wurde beschlossen, bis 2015 ein Nachfolgeregime für das Kyoto-Protokoll zu finden, das dann im Jahr 2020 in Kraft treten soll. Ob dies auf der nächsten Vertragsstaatenkonferenz im Jahr 2015 in Paris tatsächlich gelingt, bleibt abzuwarten.

In Vorbereitung zu den Klimaverhandlungen in Kopenhagen 2009 offerierte Präsident Hu Jintao die folgenden nationalen makroökonomischen und klimapolitischen Ziele für 2020 gegenüber 2005 als Basisjahr:
a. die Senkung der CO_2-Intensität des Bruttoinlandsprodukts um 40–45 Prozent,
b. den Anstieg des Anteils der »erneuerbaren und neuen Energien« (nicht fossile Energien, also einschließlich der »neuen Energie« Kernkraft) am Primärenergieverbrauch auf 15 Prozent,
c. den Anstieg der Waldfläche um 40 Mio. ha und des Waldvolumens um 1,3 Mrd. m^3 sowie
d. die Förderung einer *green economy, low carbon economy, circular economy* und der technologischen Entwicklung.

China hat damit bis heute noch keine absoluten Emissionsminderungsziele formuliert. Basierend auf den Wachstumsplänen Chinas bis 2020 (Vervierfachung des Bruttoinlandsprodukts [BIP] pro Kopf im Jahr 2020 gegenüber 2000) entspricht die spezifische Emissionsminderung je Einheit BIP von 45 Prozent immerhin noch einem Anstieg der CO_2-Emissionen um 54 Prozent gegenüber dem Jahr 2000 (Oberheitmann 2010). Trotzdem sind die Zielsetzungen durchaus ambitioniert.

Obwohl China formal auf internationaler Ebene bisher keine bindenden Verpflichtungen für Klimaschutzmaßnahmen eingegangen ist, wurden die Klimaschutzziele, die die Regierung im Vorfeld der Kopenhagener Konferenz für sich vorgeschlagen hatte, anschließend im zwölften Fünfjahresplan (2011–15) verankert und in mehreren Weißbüchern zur Klimapolitik ebenso festgehalten wie im Ende 2011 veröffentlichten zweiten Nationalbericht zum Klimaschutz. Damit haben sie national eine hohe Verbindlichkeit, auch wenn die Verteilung dieser Ziele auf die einzelnen Regionen sehr kontrovers war und die Umsetzung auch noch nicht gesichert ist (Fischer/Chen 2011).

Seit der Ratifizierung des Kyoto-Protokolls und wegen allerdings schleppender Verhandlungsfortschritte für ein Folgeabkommen setzt China im Klimabereich zunehmend auf bilaterale (USA–China) oder trilaterale (China–Japan–Südkorea) Vereinbarungen (*Tabelle 6*, S. 140 ff.). Diese sind jedoch nicht ausschließlich klimapolitischer Natur, sondern dienen in hohem Maß wirtschaftlichen Interessen im Umweltschutz (Oberheitmann 2011).

Wandel der umweltpolitischen Konzepte und Ziele

Chinas Umweltpolitik orientiert sich an einer Reihe von nationalen und internationalen Konzepten, die sich häufig aufeinander beziehen und deren Entwicklung und Umsetzung immer wieder von akuten Umweltproblemen getrieben werden.

Wie bereits erwähnt, hat China frühzeitig die Agenda 21 der Vereinten Nationen unterstützt und zu Hause umgesetzt. Das Konzept der »nachhaltigen Entwicklung« mit seinen Teilaspekten der ökonomischen, ökologischen und sozialen Nachhaltigkeit ist auf diesem Weg zu einem wichtigen Bestandteil chinesischer umweltpolitischer Konzepte geworden. So publiziert die Akademie der Wissenschaften jährlich einen nationalen Bericht zur nachhaltigen Entwicklung. Den internationalen Konzepten stellt die chinesische Regierung allerdings immer wieder eigene Konzepte zur Seite. Unter der politischen Führung von Hu Jintao und Wen Jiabao wurde die Harmonie von Mensch und Umwelt zunächst mit dem Konzept einer »harmonischen Gesellschaft« (*hexie shehui*) auf die politische Agenda gebracht. Ab 2004 wurde das Konzept von Hu Jintao propagiert, 2005 fand es Eingang in den elften Fünfjahresplan (2006–10) und bis zum Jahr 2020 soll es umgesetzt sein. Das sechste Plenum des 16. Zentralkomitees der

KP Chinas in Beijing im Oktober 2006 stand ganz im Zeichen der harmonischen Gesellschaft und sollte in einem ganzheitlichen Ansatz dazu beitragen, die gesellschaftlichen Disparitäten in China wieder umzukehren, die sich in den vorangegangenen Jahren eingestellt hatten. Ziel war die Wiederherstellung der Harmonie zwischen Stadt und Land, der Harmonie zwischen den Regionen, der Harmonie zwischen den Individuen, der Harmonie zwischen den Generationen, der Harmonie zwischen nationaler und internationaler Entwicklung sowie auch der Harmonie zwischen Mensch und Natur (CCICED 2009).

Das Konzept der harmonischen Gesellschaft war dabei im Grunde eine Differenzierung des Konzepts der nachhaltigen Entwicklung, das ebenfalls auf drei Säulen (ökonomisch, ökologisch, sozial) beruht (*Abbildung 4*).

Abb. 4: Vergleich des Konzeptes der harmonischen Gesellschaft und der nachhaltigen Entwicklung

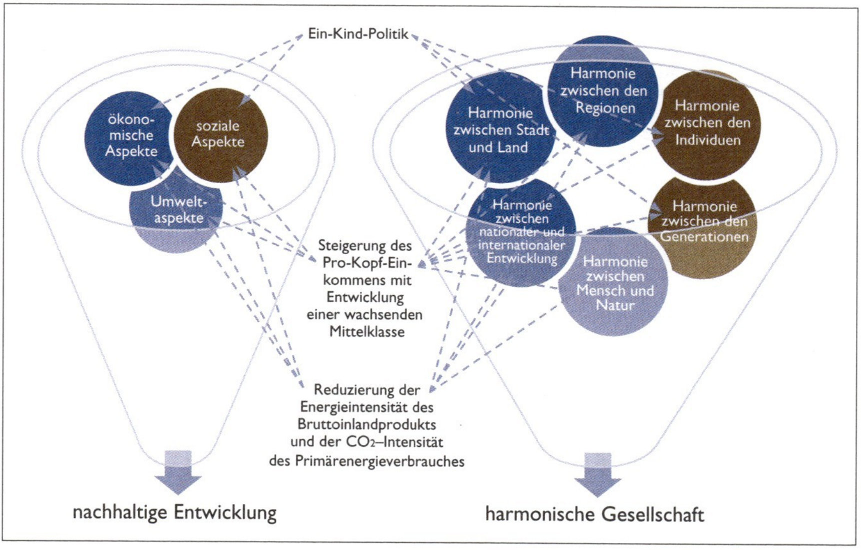

Quelle: Eigene Darstellung.

Die ökonomische Säule wird im Konzept der harmonischen Gesellschaft in lokale, regionale und internationale Aspekte unterteilt, die soziale Säule in intra- und intergenerationelle Aspekte. Verschiedene umweltpolitische Zielsetzungen der Regierung wie etwa die Reduzierung der Energieintensität des Bruttoinlandsprodukts und der CO_2-Intensität des Primärenergieverbrauchs (*jieneng jianpai*) lassen sich sowohl dem Konzept der harmonischen Gesellschaft als auch dem der nachhaltigen Entwicklung zuordnen, so trägt die Minderung der Emissionen zur Harmonie zwischen Mensch und Natur ebenso bei wie zur ökologischen Säule nachhaltiger Entwicklung.

Auf dem 17. Parteitag (2007) wurde dann bereits ein neues umweltpolitisches Konzept vorbereitet, das mit dem 18. Parteitag (2012) zum Leitmotiv der Umweltpolitik geworden ist: die »ökologische Zivilisation«. Die Nähe zum Konzept der nachhaltigen Entwicklung zeigt sich hier schon daran, dass der nationale Bericht zur nachhaltigen Entwicklung von 2013 den Untertitel: »Der Weg zur ökologischen Zivilisation: die nächste Dekade« (CAS 2013) trägt. Der Planungshorizont von zehn Jahren deckt sich mit der Erwartung, dass die Parteiführung Xi Jinpings auf zwei Parteitagsperioden, also zehn Jahre, angelegt ist. Auch das Konzept der »ökologischen Zivilisation« hat sich der nachhaltigen Entwicklung verschrieben und ist bestrebt, die Harmonie zwischen Mensch und Umwelt wiederherzustellen. Der Unterschied zum Konzept der »harmonischen Gesellschaft« liegt in der Bevorzugung marktwirtschaftlicher und partizipativer Instrumente:

> »Der Aufbau der ökologischen Zivilisation ist ein Ressort und Regionen übergreifendes, kompliziertes und systemisches Projekt. Es bedarf der Beteiligung der ganzen Bevölkerung. [...] Es gilt, die absolute Steuerung durch Regierungsabteilungen und den einseitigen Rückgriff auf administrative [Maßnahmen] zu zerschlagen und über eine Verbesserung des Rechtssystems die Regierung, die Unternehmen und die Öffentlichkeit in die Pflicht zu nehmen. Dadurch kann der neue Weg des Aufbaus einer ökologischen Zivilisation beschritten werden, auf dem die Regierung leitet, die Unternehmen die wichtigsten Akteure sind, der Markt wirksam zum Einsatz kommt und die ganze Gesellschaft beteiligt wird.« (CAS 2013, S. XXIX)

Die »ökologische Zivilisation« ist damit implizit eine Kritik an der »harmonischen Gesellschaft«, aber nicht hinsichtlich des Ziels, sondern im Hinblick auf die Instrumente der Umweltpolitik. Dies hat sich auch in den Beschlüssen des dritten Plenums des 18. Parteitags (siehe auch den Beitrag von Sarah Kirchberger) bestätigt, in denen Ende 2013 die reformpolitischen Vorstellungen der neuen Führung ausformuliert wurden. Die Abschlussdokumente gehen tatsächlich wenig auf die Umweltpolitik ein, sofern sie es aber tun, betonen sie die Absicht, verstärkt Marktinstrumente einzusetzen.

Ökonomisierung der Umweltpolitik

Die Ökonomisierung der Umweltpolitik setzte allerdings nicht erst mit der neuen Regierung ein, sondern ist eine Entwicklung, die sich unter anderem aus der Transformation Chinas von einer Plan- zu einer Marktwirtschaft erklärt. Dabei lassen sich drei unterschiedliche Trends erkennen: Zum Ersten werden Umweltschäden vermehrt aufgrund ihrer Kosten für die chinesische Wirtschaft und Gesellschaft als Problem anerkannt. Zum Zweiten werden neben ordnungsrechtlichen Instrumenten, also Ge- und Verboten, verstärkt auch ökonomische Instrumente, zum Beispiel Abgaben, Preispolitik, Steuern und Subventionen, eingesetzt, um die umweltpolitischen Ziele zu erreichen. Unter technologischen Gesichtspunkten setzt der Umweltschutz dabei immer weniger am Ende der Verschmutzungskette an (End-of-Pipe-Technologien) und zielt stattdessen auf die Verminderung der Emissionseinträge in einem integrierten Prozess. Zum Dritten setzt die chinesische Regierung große Hoffnungen darauf, dass China im Bereich umwelt- und klimafreundlicherer Technologien globale Wettbewerbsfähigkeit erreicht.

In Anerkennung der Kosten, die vernachlässigter Umweltschutz und die Degeneration der Umwelt für die chinesische Wirtschaft und Gesellschaft bedeuten können, gehörte China zu den Ländern, die frühzeitig damit experimentiert haben, statt der üblichen volkswirtschaftlichen Gesamtrechnung eine umweltökonomische Gesamtrechnung aufzubauen. Die Regierung hoffte unter anderem, mit einem grünen BIP einen Indikator für die Beurteilung der Leistungen von Politikern und Kadern auf Ebene der Lokalregierungen zu bekommen. Als im Jahr 2006 allerdings erstmals Ergebnisse von Berechnungen des grünen Indikators veröffentlicht wurden, enthielten diese keine regionalen Daten und die kalkulierten Kosten für die Gesamtwirtschaft (3,05 Prozent des üblichen BIP) lagen weit unter den Erwartungen, sodass die Glaubwürdigkeit der veröffentlichten Daten angezweifelt wurde (Economy 2007). Offenbar hätten detailliertere Daten im Fall einer Veröffentlichung gezeigt, dass gerade die wirtschaftlich als besonders erfolgreich geltenden Provinzen ihren Erfolg nur zu Lasten einer Ausbeutung der nationalen Umweltressourcen erreichen konnten, während die an natürlichen Ressourcen reichen Provinzen wegen künstlich niedrig gehaltener Preise nicht ausreichend für den Abbau ihrer Ressourcen und die damit einhergehenden Umweltschäden entschädigt wurden. Eine detaillierte umweltpolitische Gesamtrechnung hätte damit vermutlich den chinesischen Reformprozess infrage gestellt, vor allem aber das Machtgefüge unter den Provinzen wesentlich verschoben. Die

Erfassung des grünen Bruttoinlandsprodukts wurde daraufhin zumindest öffentlich nicht weiter verfolgt.

Das wichtigste Steuerungsinstrument der chinesischen Umweltpolitik ist die Formulierung von Zielvorgaben durch die Zentralregierung. Dies erfolgt in der Regel mit dem nationalen Fünfjahresplan, der in entsprechende regionale und sektorale Teilpläne übersetzt wird. Aber auch auf akute Probleme wird mit dem Instrument der Zielvorgabe reagiert. Zum Beispiel hat die Regierung im Jahr 2013 einen Aktionsplan für die Bekämpfung der Luftverschmutzung bis 2017 aufgestellt, auf dessen Basis Anfang 2014 Zielvereinbarungen mit den einzelnen Provinzen getroffen wurden, um wie viel Prozent sie die Konzentration von Staubpartikeln der Größen $PM_{2,5}$ und PM_{10} verringern sollen (Huanjing baohubu 2014).

Für die Umsetzung derartiger Vorgaben auf den verschiedenen Ebenen der Verwaltung sind also die Politiker und Mitarbeiter der Lokalregierungen verantwortlich. In der Vergangenheit hatten diese wenige Anreize, sich für umweltpolitische Ziele einzusetzen, da ihre Karrieren vor allem danach bestimmt wurden, ob sie die wirtschaftliche Entwicklung und soziale Stabilität in der Region ihrer Zuständigkeit gewährleisteten. Dies hat ganz offensichtlich dazu geführt, dass die lokalen Politiker sich lange Zeit nicht um die negativen externen Effekte kümmerten, die das Wachstum ihrer jeweiligen Region auslöste. Daher sind in der jüngeren Vergangenheit Umweltindikatoren in die Kataloge der Bewertungs- und Beförderungskriterien für Kader aufgenommen worden. Bisher ist die Wirkung dieser zusätzlichen Kriterien allerdings umstritten. Zu leicht scheinen entsprechende Daten manipulierbar. Zudem werden die Umweltfolgen von vielen wirtschaftspolitischen Strategien erst mit einem Zeitverzug sichtbar, zu einem Zeitpunkt also, an dem die zuständigen Politiker dank anderer, kurzfristiger sichtbar werdender Erfolge wie Wirtschaftswachstum häufig bereits ihre nächste Positionsrotation hinter sich oder die nächste Karrierestufe erklommen haben (Eaton/Kostka 2014).

Die chinesische Preispolitik für Ressourcen wie Wasser hat lange Zeit Grundsätzen einer nachhaltigen Umweltpolitik widersprochen. Zwar hat die chinesische Regierung schon im Jahr 1998 die regulatorischen Grundlagen dafür geschaffen, dass die Wasserpreise die vollen Kosten der Wasserversorgung abdecken können, auch wurden die Preise für Wasserverbrauch in den letzten Jahrzehnten immer wieder angehoben, doch de facto lagen einer Weltbankstudie zufolge die von den privaten Haushalten und den Unternehmen gezahlten Preise in der Summe deutlich unter den Vollkosten. Dies galt selbst für Beijing, dessen Preissystem für Trink- und Nutzwasserverbrauch, Abwasserabgaben etc. als fortschrittlich galt (Weltbank 2007). Ein wesentliches Ziel der Maßnahmen ist es, Preise für Wasser zu erreichen, die der Knappheit dieser Ressource entsprechen. Derzeit liegen die Kosten für Wasser bei 0,5 Prozent des Haushaltseinkommens, international liegt der Anteil bei etwa vier Prozent.

Ähnlich problematisch, wenn nicht chaotisch, ist bisher die Situation bei den Strompreisen. Hier konstatierte ein Zeitungsbericht im Sommer 2013, dass wohl selbst die chinesische Regierung kaum einen Überblick über die Preise habe. Die Preise variierten nicht nur zwischen den unterschiedlichen staatlichen Stromnetzanbietern, sondern auch nach unterschiedlichen Nutzergruppen (private Haushalte durchschnittlich 0,47 RMB per kWh, gewerbliche Nutzer 0,81 RMB per kWh). Ferner werde bei den gewerblichen Nutzern weiterhin nach Preisen für nicht industrielle Nutzung, für wichtige industrielle Nutzung, für landwirtschaftliche Nutzung, für Farmer in armen Gebieten etc. unterschieden, sodass es tatsächlich weit über 1000 unterschiedliche Preise für Strom geben könne, die aber nicht über den freien Markt bestimmt würden, da die staatlichen Stromanbieter lokal jeweils eine Monopolstellung haben (The price of power 2013).

Im Ergebnis hat die Preispolitik der Vergangenheit dazu geführt, dass die Wasser- und die Stromversorgung immer wieder unzureichend war, da zu wenige Investitionen getätigt wurden. Gleichzeitig bestand aus der Sicht der Verbraucher wenig Anreiz zum sparsamen Umgang mit Wasser und Strom. Die daraus resultierenden Engpässe in der Versorgung wurden notwendigerweise immer wieder mit der Rationierung bzw. Unterbrechung der Versorgung mit Wasser bzw. Strom geregelt.

Dem neuen Geist der »ökologischen Zivilisation« folgend, scheint die Regierung gegenwärtig darum bemüht, die Preise für Wasser und Strom in ein System verbrauchsabhängiger Preise zu überführen. Demnach sollten Haushalte, die deutlich überdurchschnittliche Mengen an Wasser und Strom verbrauchen, höhere Preise bezahlen. Bisher lässt sich noch nicht sagen, ob diese preislichen Signale ausreichen, um den Verbrauch tatsächlich zu bremsen.

Auch im Bereich der nationalen Klimapolitik werden zunehmend marktwirtschaftliche Instrumente verwendet. Hierzu zählt die Nutzung des im Kyoto-Protokoll vorgesehenen CDM (siehe S. 124). Es ist das erklärte Ziel der Regierung, nur solche CDM-Projekte zu fördern, die den nationalen Entwicklungsprioritäten entsprechen; dies sind (a) die Verbesserung der Energieeffizienz, (b) die Entwicklung und Nutzung erneuerbarer Energieträger und Erdgas sowie (c) die Nutzung von Grubengas. Ein zentrales Element der CDM-Projekte ist, dass sich die Projektentwickler und die chinesische Regierung die Erlöse der Projekte teilen müssen, die chinesische Regierung aber über die Aufteilung entscheidet, das heißt, die Regierung belegt Projekte, die nicht den Entwicklungsprioritäten entsprechen, mit einer überhöhten Erlösquote für die Regierung. Zu diesem Zweck werden die Einnahmen aus CDM-Projekten mit einer Steuer bis zu 65 Prozent belegt. Derzeit erlaubt es die Regierung zudem nur Unternehmen, die vollständig oder überwiegend (mehr als 50 Prozent) in chinesischem Eigentum sind, derartige Projekte in China durchzuführen (National Climate Change Coordinating Committee 2005).

Zudem wird dem internationalen Emissionshandelsmarkt in China ein nationaler Emissionshandelsmarkt entgegengesetzt (China could exclude 2012). Umweltbörsen, derzeit noch mit marginalen Handelsvolumina, existieren zum Bespiel in Beijing, Shanghai und Tianjin. Im Juni 2012 hat die chinesische Regierung Unternehmen die Möglichkeit gegeben, 2200 nationale Emissionsminderungsprojekte zertifizieren zu lassen und im nationalen Emissionshandelssystem zu platzieren (China lays out rules 2012). Es ist beabsichtigt, sogenannte Chinese Certified Emission Reductions (CCERs) für solche Projekte herauszugeben, die zwar von der chinesischen Regierung als CDM-Projekte bewilligt wurden, deren formelle Anerkennung durch das CDM-Exekutivorgan aber noch aussteht. Diese sollen dann auf dem nationalen Emissionsmarkt in China gehandelt werden können. Bereits von den Vereinten Nationen registrierte CDM-Projekte können nicht umgewandelt werden (China lays out rules 2012). Voraussichtlich wird es auch möglich sein, auf dem nationalen Emissionsmarkt CCERs von Projekten zu handeln, die vom CDM-Exekutivorgan abgelehnt wurden. Ausländische Investoren werden ebenfalls berechtigt, CCERs zu kaufen (China lays out rules 2012). Der Stromerzeugungssektor wird nach Angaben der NDRC wohl vom Handel ausgenommen (China could exclude 2012).

Ein anderer Aspekt der Ökonomisierung der Umweltpolitik, der weniger auf die effizientere Umsetzung von Politik oder die effizientere Nutzung von Ressourcen gerichtet ist, liegt in dem Bestreben, die Umweltpolitik quasi dafür zu nutzen, dass China in neuen Produkten und Industriefeldern international wettbewerbsfähig wird. Aufgrund der globalen Dimensionen der Umwelt- und Klimaherausforderungen erwarten chinesische Politiker und Ökonomen, dass umweltrelevante Technologien für die internationale Wettbewerbsfähigkeit von Firmen und Volkswirtschaften eine wichtige Rolle spielen werden. In dieser Erwartung hat die Regierung unter Hu Jintao und Wen Jiabao nach 2009 im Rahmen von besonderen Leitplänen für eine Reihe »neu aufstrebender Industrien« die industriepolitische Förderung von Umwelttechnologien vorangetrieben.

Tatsächlich ist China mittlerweile der größte Exporteur von Technologien zur Erzeugung erneuerbarer Energien und hat in Deutschland vor allem die Solarindustrie in starke Bedrängnis gebracht. Mit dem Gesetz für erneuerbare Energien (Standing Committee of the National People's Congress 2005) fördert China auch die heimische Nutzung erneuerbarer Energien (Wasserkraft, Windenergie, Solarenergie, Geothermie etc.) nach deutschem Beispiel durch eine Einspeisevergütung, wobei hier neben der Wasserkraft zunächst die Windenergie im Vordergrund stand, während die Förderung der Solarenergienutzung erst ab 2009 an Fahrt gewann (Fischer 2014).

Die Hoffnung der Regierung, auch in klimafreundlicherer Automobiltechnologie, insbesondere der Elektromobilität, eine Vorreiterrolle einzunehmen, hat sich dagegen bisher nicht realisiert. In China ist vor allem der Markt für elektrisch betriebene Fahrräder und Scooter im Vergleich zu Deutschland deutlich weiter entwickelt. Dies hängt auch mit den subventionierten Strompreisen zusammen. Gefördert von der Regierung werden außerdem viele chinesische Automobilhersteller wie zum Beispiel das Unternehmen BYD, das aus einem Batteriehersteller hervorgegangen ist, darum bemüht, sich eine Vorreiterrolle auf dem Weltmarkt für E-Mobility zu verschaffen (Altenburg/Bhasin/Fischer 2012). Doch derzeit lässt insbesondere die Qualität und Ausdauer der Batterien noch zu wünschen übrig. Die Frage der ökologischen Nachhaltigkeit von Elektrofahrzeugen steht in China ohnehin zur Diskussion, solange 75 Prozent des verwendeten Stroms noch aus fossilen Energiequellen stammen.

4 Neue und alte Herausforderungen der Umweltpolitik

Im Rückblick auf die Umweltpolitik der letzten Jahrzehnte und in Anbetracht der wirtschafts- und umweltpolitischen Debatten im Zuge des jüngsten Führungswechsels in Partei und Regierung zeigen sich einige grundsätzliche Dilemmata der chinesischen Umweltpolitik: Ganz zuvorderst steht die Frage, ob und wie Umweltschutz mit den Wachstums- und Entwicklungsvorstellungen von Regierung und Bevölkerung vereinbar ist. Noch in den Neunzigerjahren wurden wohlgemeinte Hinweise auf die ökologischen Kosten mancher Reformen in China gern damit abgetan, dass das Ausland nur versuche, Chinas Entwicklung zu bremsen. Aber auch heute, da Umweltschutz so offensichtlich wichtig geworden ist, fällt es der Regierung schwer, die Ziele von Umweltschutz und Wirtschaftswachstum auszubalancieren. Daher werden auch immer wieder neue Konzepte wie »harmonische Gesellschaft«, »ökologische Zivilisation« oder »grünes Wachstum« geschaffen. Das Dilemma zwischen Ökologie und Ökonomie hängt auch damit zusammen, dass einige wirtschaftliche Entwicklungsstrategien der Vergangenheit, wie zum Beispiel die Förderung des Auf- und Ausbaus einer Automobilindustrie und der entsprechenden Infrastruktur, bereits eine gewisse Pfadabhängigkeit und Erwartungen geschaffen haben, von denen die Regierung nur noch schwer abweichen kann.

Ein weiteres prominentes Dilemma der chinesischen Umweltpolitik ist die Umsetzung von Zielen und Regeln in der Praxis. Diese scheitert zum Teil an den administrativen Strukturen. Da es in China gerade nicht so ist, dass Vorgaben der Zentralregierung ohne Weiteres auf der Ebene der Lokalregierungen und nachgeordneten Behörden umgesetzt werden, versucht die Regierung, entsprechende Anreizsysteme zu schaffen. Hierzu gehört die Aufnahme von umweltpolitischen Zielen und Indikatoren in die Kriterien der Kaderbewertung, aber auch die Einführung von Experimenten auf lokaler Ebene, die es den Regionen erlaubt, quasi im Wettbewerb um Gunst und Subventionen der Zentralregierung auf lokaler Ebene mit umweltpolitischen Ansätzen zu experimentieren. Beispiele hierfür sind die in den letzten Jahren wie Pilze aus dem Boden geschossenen *low carbon cities, eco cities*, aber auch die Experimentierstädte für Elektromobilität etc., deren tatsächlicher Beitrag zum Umweltschutz allerdings häufig nicht sehr sichtbar ist. Bisher haben diese Instrumente umweltpolitisch wenig Ergebnisse gebracht, weswegen die neue Führungselite offenbar verstärkt auf marktbasierte Instrumente setzt und die Anhebung der Preise für wichtige Ressourcen wie Wasser, Strom und Benzin erwägt.

Auch marktbasierte Instrumente werden allerdings nur greifen, wenn es ein Mindestmaß an rechtsstaatlicher Kontrolle und eine Öffentlichkeit gibt, die umweltpolitische Missstände und Verstöße aufdecken und aussprechen kann. Die Beteiligung der Öffentlichkeit erfolgt in China heute zwar deutlich stärker als in der Vergangenheit, was sich nicht zuletzt an der Existenz zahlreicher umweltpolitischer Organisationen und ausgedehnter Berichterstattung über Umweltfragen zeigt. Trotzdem sind der Partizipation der Bevölkerung und der Rolle der Medien weiterhin Grenzen gesetzt, die nicht rechtsstaatlich, sondern hoheitlich bestimmt werden und die Wirkung der Partizipation deutlich einschränken.

In Anbetracht der Dimension der ökologischen Herausforderungen in China und ihrer globalen Auswirkungen ist es nur wünschenswert, dass die chinesische Politik und Gesellschaft einen neuen Entwicklungspfad finden, der dazu geeignet ist, ökologische und ökonomische Erfordernisse auszubalancieren. Wichtig wird hierbei sein, dass ein verbesserter

Herausforderungen und Wandel der Umweltpolitik

Umfangreiche ökologische Programme sollen die weitere Wüstenbildung verhindern. In der autonomen Provinz Ningxia gelang es durch das gitterförmige Anpflanzen von Gras, den Boden zu befestigen und die Wüste wieder zurückzudrängen. (Foto: dpa/picture alliance/Xinhua/Landov, 2009)

Umweltschutz in China nicht lediglich zu einer Verlagerung von umweltschädlichen Produktionsprozessen von China in andere Länder führt. Es besteht sonst die Gefahr, dass die ökologischen Probleme, die heute im Zusammenhang mit China Diskussionen und Ermahnungen auslösen, sich im Zuge der Entwicklung von Indien, Südostasien oder Afrika wiederholen, aber dann in einer nochmal größeren Dimension, weil mit China ein weiteres großes Konsumland Produkte nachfragt.

Chinas Umweltprobleme sind hausgemacht, insofern sie auf Schwächen des politischen und wirtschaftlichen Systems und auf einer – zumindest in der Vergangenheit – einseitigen Betonung von wirtschaftlichen gegenüber ökologischen Zielen basieren. China ist hier aber in weiten Teilen Mustern der Industrialisierung gefolgt, die in Europa, Amerika oder Japan und Korea vorgelebt wurden. Und die industrialisierten Länder haben von dieser Entwicklung durchaus profitiert. Insofern sollten Chinas Probleme, mit all ihren globalen Dimensionen, als Zeichen dafür verstanden werden, dass die Welt – und nicht nur China – ein neues Konzept von Entwicklung braucht.

Literatur

2030 Water Resources Group: Charting our Water Future. Economic Frameworks to inform decision-making, o. O. 2009 (http://www.2030wrg.org/wp-content/uploads/2012/06/Charting_Our_Water_Future_Final.pdf, Zugriff: 14. April 2014).

Altenburg, Tilman/Bhasin, Shikha/Fischer, Doris: Sustainability-oriented innovation systems compared: Developing e-mobility in China, France, Germany and India, in: Innovation and Development, 2 (2012) 1, S. 67–85.

BP: BP Statistical Review of World Energy, London versch. Jgg. (http://www.bp.com/statisticalreview).

CAS (China Academy of Sciences Sustainable Development Research Group): China Sustainable Development Report 2013, Beijing 2013.

CCICED (China Council for International Cooperation on Environment and Development): Harmonious development through innovation, CCICED Annual Report 2008, Beijing 2009 (http://www.cciced.net/encciced/policyresearch/policyreoport/201206/P020120612557372274146.pdf, Zugriff: 19. Dezember 2013.

Chen, Y./Tang, H.: Desertification in North China: Background, anthropogenic impacts and failures of combating it, in: Land Degradation & Development, 16 (2005) 4, S. 367–376.

China could exclude power sector from CO_2 trading scheme, in: Thomson Reuters Point Carbon vom 6. Juni 2012 (http://www.pointcarbon.com/news/1.1915861, Zugriff: 14. April 2014).

China lays out rules for domestic offset credits, in: Thomson Reuters Point Carbon vom 21. Juni 2012 (http://www.pointcarbon.com/news/1.1928876, Zugriff: 14. April 2014).

China Statistical Yearbook → NBS (National Bureau of Statistics of China): China Statistical Yearbook

CNEMC (China National Environmental Monitoring Center): 2013 nian 9 yue ji disan jidu 74 chengshi kongqi zhiliang zhuangkuang baogao [Bericht über die Qualität der Luft in 74 Städten für September und das dritte Quartal 2013] (http://www.cnemc.cn/publish/totalWebSite/news/news_38345.htm, Zugriff: 14. April 2014).

Eaton, Sarah/Kostka, Genia: Authoritarian environmentalism undermined? Local leaders' time horizons and environmental policy implementation, The China Quarterly, 218 (2014), im Druck.

Economy, Elizabeth: Opinion: Green GDP: Accounting for the Environment in China, in: China from the Inside, U.S. Public Broadcasting System vom

1. März 2007 (http://www.pbs.org/kqed/chinainside/nature/greengdp. html, Zugriff: 14. April 2014).

Fischer, Doris: Green industrial policies in China – The example of solar energy, in: Pegels, Anna (Hrsg.): Green industrial policies in emerging countries, London 2014, S. 69–103.

Fischer, Doris/Chen, Ying: Climate change governance: a comparison of the EU and China, in: Fues, Thomas/Liu, Youfa (Hrsg.): Global governance and building a harmonious world: a comparison of European and Chinese concepts for international affairs, Bonn 2011, S. 157–172.

Gemmer, Marco/Jiang, Tong: BMU CDM-JI Initiative Country Study China (Auftraggeber: GTZ und Bundesministerium für Umwelt, Naturschutz und Reaktorsicherheit), Eschborn 2008 (http://gemmeronline.de/resources/CDM-CountryStudyChina.pdf, Zugriff: 14. April 2014).

Guo, Weiqing: Miandui shui weiji: zhengzhi yu shehui fenxi (Vor der Wasserkrise: eine politische und gesellschaftliche Analyse), in: Liu, Jiantang: Zhongguo huanjing fazhan baogao (2013) [Annual Report on environment development of China [2013]), Beijing 2013, S. 35–47.

Huanjing baohubu yu 31 sheng (qu, shi) jianshu »Daqi wuran fangzhi mubiao zerenshu« [MEP und 31 Provinzen (autonome Regionen, Städte) unterzeichnen »Zielverantwortungsvereinbarungen für Vermeidung von Luftverschmutzung«], Onlineinformation der National Energy Agency vom 8. Januar 2014 (http://www.nea.gov.cn/2014-01/08/c__133028016.htm, Zugriff: 16. Januar 2014).

IEA (International Energy Agency): Key World Energy Statistics, Paris versch. Jgg. (http://www.iea.org/publications/freepublications/publication/Key World2013.pdf)

IPCC (Intergovernmental Panel on Climate Change): Climate Change 2007: Synthesis Report. Contribution of Working Groups I, II and III to the Fourth Assessment Report of the Intergovernmental Panel on Climate Change [Core Writing Team/Pachauri, Rajendra K./Reisinger, Andy (Hrsg.)], Geneva 2007.

Jenkins, Geoff: Science, uncertainties and certainties about climate change. Presentation at the Climate Cool Media Training British Council, Beijing, 10–11 March 2007.

Li, Bo: Gaosu Chengshihua de huangjing daijia yu fazhan lujing [Der ökologische Preis der schnellen Urbanisierung und die Perspektiven], in: Liu, Jiantang: Zhongguo huanjing fazhan baogao (2013) [Jahresbericht über die Entwicklung der Umwelt in China (2013)], Beijing 2013, S. 35–47.

MEP (Ministry of Environmental Protection): Technical Regulation on Ambient Air Quality Index (on trial) (Anhang zum »National ambient air quality standard GB 3095–2012«), Dokument HJ 643–2012 (= MEP 2012a).

MEP (Ministry of Environmental Protection): 2012 Environmental Statistics Report, Beijing 2012 (http://zls.mep.gov.cn/hjtj/nb/2012tjnb/, Zugriff: 12. Januar 2014; = MEP 2012b).

MEP (Ministry of Environmental Protection): 2012 nian shangban nian zhongdian liuyushui huanjing zhiliang zhuangkuang [Mitteilung für das erste Halbjahr 2012 bezüglich der Umweltbedingung der wichtigsten Gewässer] (http://www.mep.gov.cn/gkml/hbb/bgg/201208/W020120823509623599597.pdf, Zugriff: 13. Februar 2014; = MEP 2012c).

MEP (Ministry of Environmental Protection): Dibiaoshu huanjing zhiliang pingjia fangfa [Methoden zur Bewertung der Qualität von oberirdischen Gewässern], MEP-Maßnahme 2011/22 vom 9. März 2011, Beijing 2011 (http://www.mep.gov.cn/gkml/hbb/bgt/201104/W020110401583735386081.pdf, Zugriff: 10. Februar 2014).

MEP (Ministry of Environmental Protection): Report on the State of the Environment in China 2009, Beijing 2010.

NBS (National Bureau of Statistics of China): China Statistical Yearbook, Beijing versch. Jgg.

National Bureau of Statistics, Department of Energy Statistics: China Energy Statistical Yearbook 2011, Beijing 2012.

National Climate Change Coordinating Committee: Measures for Operation and Management of Clean Development Mechanism Projects in China, Beijing 2005 (http://cdm.unfccc.int/filestorage/Z/7/2/Z728YJVOCUMFX6SKEA4DQ9RWHBG05T/Measures%20for%20CDM%20Projects.pdf?t=cFJ8bjQ0OTZyfDCt29zxC3fIx48ntuEmcYIK, Zugriff: 16. April 2014).

Oberheitmann, Andreas: CO_2-emission reduction in China's residential building sector and contribution to the national climate change mitigation targets in 2020, in: Mitigation and Adaptation Strategies for Global Change, 17 (2012) 7, S. 769–791.

Oberheitmann, Andreas: USA und China: Kooperation im Bereich Energie und Klimaschutz, in: Altner, Günter u. a. (Hrsg.): Jahrbuch Ökologie 2012: Grüner Umbau – Neue Allianzen für die Umwelt, Stuttgart 2011, S. 117–125.

Oberheitmann, Andreas: Global environmental governance in China. Papier (Mimeo) präsentiert auf der internationalen Konferenz »Implementation of Environmental Policies in Urban and Rural China – Successes, Problems and Deficits« in Mülheim am 18. Mai 2010.

Oberheitmann, Andreas: Herausforderungen an die Umweltpolitik, in: Fischer, Doris/Lackner, Michael (Hrsg.): Länderbericht China (= bpb Schriftenreihe Band 631), Bonn ³2007, S. 72–97.

Oberheitmann, Andreas: Ökonomische Aspekte möglicher umweltpolitischer Maßnahmen zur SO_2-Emissionsreduktion in China, in: Asien. The German Journal on Contemporary Asia, 78 (2001), S. 5–24.

The People's Republic of China: Initial National Communication on Climate Change, Beijing 2004.

The price of power: China's confusing electricity rates, in: Want China Times vom 15. Mai 2013 (http://www.wantchinatimes.com/news-subclass-cnt.as px?id=20130515000080&cid=1102, Zugriff: 15. April 2014).

Qiu, Xin/Li, Honglin: China's Environmental Super Ministry Reform: Background, Challenges, and Future, in: Environmental Law Reporter, 39 (2009) 2, S. 10152–10163.

Ricking, Christoph: Smog makes Beijing barely suitable for living, in: Deutsche Welle vom 24. Februar 2014 (http://www.dw.de/smog-makes-beijing-barely-suitable-for-living/a-17453349, Zugriff: 14. April 2014).

Second National Communication on Climate Change of the People's Republic of China, o. O. 2014 (http://nc.ccchina.gov.cn/WebSite/NationalCCC/UpFile/File116.pdf, Zugriff: 16. April 2014).

SEPA (State Environmental Protection Administration): Technological Rules Concerned »Ambient Air Quality Daily Report«, 2007 (http://blog.strategy4china.com/wp-content/uploads/China_API_Rules.pdf, Zugriff: 16. April 2014).

Standing Committee of the National People's Congress (NPC) of the People's Republic of China: The Renewable Energy Law of the People's Republic of China, Beijing 2005.

State Council: China's Policies and Actions for Addressing Climate Change. White Paper by the State Council, 29. October 2008 (http://www.china.org.cn/government/news/2008-10/29/content_16681689.htm, Zugriff: 14. April 2014).

WBGU (Wissenschaftlicher Beirat der Bundesregierung Globale Umweltveränderungen): German Advisory Council on Climate Change (WBGU). Solving the climate dilemma-the budget approach, Berlin 2009.

Weltbank: Waste Management in China: Issues and Recommendations, Urban Development Working Papers No. 9, 2005 (http://siteresources.worldbank.org/INTEAPREGTOPURBDEV/Resources/China-Waste-Management1.pdf, Zugriff: 14. April 2014).

WHO (World Health Organization): WHO air quality guidelines for particulate matter, ozone, nitrogen dioxide and sulphur dioxide, Genf 2006.

Yang, Changjiang: Laji fenshaochang baozeng yinfa youlü [Der rasche Zuwachs an Müllverbrennungsanlagen löst Sorgen aus], in: Liu, Jiantang: Zhongguo huanjing fazhan baogao (2013) [Jahresbericht über die Entwicklung der Umwelt in China (2013)], Beijing 2013, S. 204–215.

Tab. 6: Chinas Status in multilateralen Umweltabkommen
(Stand: Juli 2012, in umgekehrter chronologischer Reihung)

Abkommen etc.	Öffnung für Unterzeichnung	Inkrafttreten	Status Chinas
1. Final Document of the United Nations Conference on Sustainable Development and the »The Future We Want« – Abschlussdokument der UN-Konferenz zur nachhaltigen Entwicklung und der »Umwelt, die wir wollen« (Rio +20)	Oktober 2011 bis Juni 2012	22.6.2012	22.6.2012 unterzeichnet
2. Mutual Recognition Regulation Agreement on Environmental Labelling among China, Japan and Korea – Gegenseitige Anerkennung des Umweltlabelling zwischen China, Japan und Südkorea	Januar 2000 bis April 2012	4.5.2012	4.5.2012 ratifiziert
3. Joint Action Plan on Environment of China, Japan and South Korea – Gemeinsamer Aktionsplan zur Umwelt in China, Japan und Südkorea	Januar 2000 bis April 2010		23.5.2010 ratifiziert
4. Convention on dust and sandstorms in Northeast Asia (China, Japan and South Korea) – Konvention zu Staub und Sandstürmen in Nordostasien (China, Japan und Südkorea)	November 1999 bis April 2006	13.3.2006	13.3.2007 ratifiziert
5. Stockholm Convention on Persistent Organic Pollutants (2001) – Konvention zu langlebigen organischen Verschmutzungen	Mai 2001 bis Mai 2002		23.5.2001 unterzeichnet
6. United Nations Convention to Combat Desertification in Those Countries Experiencing Serious Drought and/or Desertification, Particularly in Africa (1992) – Konvention zu Wüstenbildung	Oktober 1994 bis Oktober 1995	26.12.1996	18.2.1997 ratifiziert
7. United Nations Framework Convention on Climate Change, UNFCCC (1992) – Klimakonvention	Juni 1992 bis Juni 1993	21.3.1994	5.1.1993 ratifiziert
8. Kyoto Protocol to the UNFCCC (1997) – Kyoto-Protokoll zur Klimarahmenkonvention	März 1998 bis März 1999		30.8.2002 ratifiziert

Abkommen etc.	Öffnung für Unterzeichnung	Inkrafttreten	Status Chinas
9. Convention on Biological Diversity (CBD) (1992) – Konvention zur Artenvielfalt	Juni 1992 bis Juni 1993	29.12.1993	5.1.1993 ratifiziert
10. Basel Convention on the Control of Transboundary Movements of Hazardous Wastes and Their Disposal (1989) – Konvention zum grenzüberschreitenden Handel von gefährlichen Gütern	März 1989 bis März 1990	5.5.1992	17.12.1991 ratifiziert
11. The Convention for the Protection of the Ozone Layer (Vienna Convention) (1985) – Wiener Konvention zum Schutz der Ozonschicht	März 1985 bis März 1986		11.9.1989 beigetreten
12. Montreal Protocol on Substances that Deplete the Ozone Layer (1987) – Montreal-Protokoll zum Schutz der Ozonschicht	September 1987 bis September 1988	1.1.1989	14.06.91 beigetreten
13. UN Convention on the Law of the Sea (1982) – Konvention zum Seerecht	Juli 1983 bis Dezember 1984	16.11.1994	7.6.1996 ratifiziert
14. Agreement Relating to the Implementation of Part XI of the Convention on the Law of the Sea – Abkommen zur Implementation des Teils XI der Konvention zum Seerecht		28.7.1996	2.6.2000 ratifiziert
15. International Convention for the Prevention of Pollution from Ships, 1973, As Modified by the Protocol of 1978 Relating Thereto (MARPOL 1973/1978) – Konvention zum Schutz der Verunreinigungen der Meere durch Schiffe Annex I &II Annex III	 Juni 1978 bis Mai 1979	 2.10.1983 4.6.1987	 1.7.1983 beigetreten 13.9.1994 unterzeichnet

Abkommen etc.	Öffnung für Unterzeichnung	Inkrafttreten	Status Chinas
Annex IV		31.12.1988	
Annex V		1.7.1992	21.11.1988 unterzeichnet
16. Convention on International Trade in Endangered Species of Wild Fauna and Flora (CITES Convention) (1973) – Konvention zum Schutz gefährdeter Tierarten	März 1973 bis Dezember 1974	1.7.1975	8.1.1981 beigetreten
17. Convention on the Prevention of Marine Pollution of Wastes and Other Matter (London Convention) (1972) – Konvention zum Schutz der Meere durch Abfall	Dezember 1972 bis Dezember 1973	30.8.1975	14.11.1985 ratifiziert
18. Convention on Wetlands of International Importance Especially as Waterfowl Habitat (RAMSAR) (1971) – Konvention zum Schutz des Lebensraums der Feuchtbiotope	Februar 1971 bis heute	21.12.1975	31.7.1992
19. Convention Concerning the Protection of the World Cultural and Natural Heritage (1972) – Konvention zum Schutz des Weltkultur- und Naturerbes		17.12.1975	12.12.1985 ratifiziert

Quelle: Eigene Zusammenstellung.

B Historische Grundlagen

◄ Beijing, Dezember 1948: letztes Aufgebot der geschwächten Armee der Nationalregierung (Foto: Henri Cartier-Bresson/Magnum Photos)

Helwig Schmidt-Glintzer

Wachstum und Zerfall des kaiserlichen China

1 Ursprünge der chinesischen Zivilisation

Kulturheroen und Urkaiser

Die Volksrepublik China sieht sich in der Tradition der frühesten Staatsbildungs- und Vergemeinschaftungsformen auf den Gebieten, die heute zu China gerechnet werden. Daher ist in der Chinawissenschaft gelegentlich auch von der »chinesischen Welt« die Rede. Über die Ursprünge der Welt gibt es in China eine Vielzahl von Berichten und Mythen. Seit es schriftliche Überlieferung gibt, wissen wir, dass die gebildeten Chinesen vor allem jene menschlichen Gründergestalten verehrten, die zur Entwicklung der chinesischen Zivilisation Wesentliches beigetragen haben.

Diese »Kulturheroen«, die »Drei Erhabenen« (*sanhuang*) sowie die »Fünf Urkaiser« (*wudi*), waren Erfinder des Ackerbaus, der Kanalisation, des Wagenbaus, der Töpferkunst, des Seidenfadens und der Schrift. Die Erfindung der Schrift wird Huangdi, dem »Gelben Kaiser«, zugeschrieben, der auch Pfeil und Bogen und das Boot eingeführt haben soll und dem wegen der Bedeutung der die chinesische Kultur einenden Schrift eine Schlüsselfunktion zukommt. Er, der Gelbe Kaiser, war der erste in der Reihe von fünf vordynastischen Herrschern, die auch als Urkaiser bezeichnet werden. Die letzten beiden waren Yao, dem die Erfindung des Kalenders und der Riten zugeschrieben wird, und Shun, das Vorbild kindlicher Pietät, der seinen Vater und seinen älteren Bruder, obwohl diese ihm nach dem Leben trachteten, weiterhin ehrte. Yao hatte mit Shun einen einfachen Mann von hoher Moralität als seinen Nachfolger gewählt. Dieser übergab die Herrscherwürde an seinen verdienten Beamten Yu, der die Wasserwege ordnete.

Yu gliederte das Reichsgebiet in neun Regionen. Trotz aller Erfolge wurde nicht der von ihm bestimmte Mann sein Nachfolger, sondern sein Sohn. Damit wurde erstmals die Erblichkeit der Herrscherwürde in der männlichen Abfolge etabliert; diese bestimmte in der gesamten späteren historischen Kaiserzeit (ab 221 v. Chr.) die Thronnachfolge, auch wenn es immer wieder Ausnahmen hiervon gab. Yao, Shun und Yu wurden in der chinesischen Geschichtsschreibung bis in das 20. Jahrhundert hinein als Modellherrscher gepriesen und mit der Erinnerung an sie verband sich der Gedanke, dass Leistung und Verdienste, nicht aber Geburt, zur Herrschaft legitimieren.

Das Alter der chinesischen Kultur

Da die Regierungszeit von Fuxi, des ersten der Drei Erhabenen, traditionell auf die Jahre 2952–2836 v. Chr. festgelegt wird, spricht man in China von einer fünftausendjährigen Geschichte. Die Geschichte der Besiedelung Chinas ist jedoch weit älter. Der 1934 in Zhoukoudian geborgene, vor 500 000 bis 400 000 Jahren lebende Peking-Mensch gilt längst nicht mehr als der älteste Mensch in Ostasien; den im Südwesten in der Provinz Yunnan gefundenen Yuanmou-Menschen datiert man auf etwa 600 000 Jahre. Einzelne Kulturen werden nach Fundorten benannt, wie etwa die von Hirseanbau, Haustierhaltung und Keramikherstellung geprägten jungsteinzeitlichen Cishan- und Peiligang-Kulturen des 6. Jahrtausends v. Chr. Man muss in dieser Zeit zwischen einer südlichen Reis- und einer nördlichen Hirsezone unterscheiden.

Ein etwas genaueres Bild geben uns Ausgrabungsfunde von der unweit des Gelben Flusses (Huang He) gefundenen Yangshao-Kultur (ca. 5000–3000 v. Chr., Provinz Shaanxi), von der Longshan-Kultur (ca. 2400–1900 v. Chr., Provinz Shandong) und von der weiter westlich gelegenen Majiayao-Kultur (ca. 3300–2000 v. Chr., Provinzen Qinghai und Gansu). Während die Kulturen Nordchinas gewisse Ähnlichkeiten aufweisen, war der Charakter der Kulturen des Südens doch sehr verschieden. So tragen die Hemudu-Kultur (ca. 5000–3000 v. Chr.) am Unterlauf des Chang Jiang (Jangtsekiang) und die Majiabang-Kultur (ca. 5000–4000 v. Chr.) sehr eigenständige Züge. Allen diesen frühen Kulturen ist gemeinsam, dass sie bereits ein sehr hohes technisches Niveau erreicht hatten. So kannten die Kulturen im Chang-Jiang-Tal Lackschüsseln und feinste Keramik sowie eine Vielzahl von Werkzeugen, einschließlich Webinstrumenten. Man hielt auch Haustiere und beherrschte im 2. Jahrtausend v. Chr. dann bereits die Verarbeitung von Seide und die Bronzetechnik.

Wie sich aus der Vielzahl der stark regional geprägten Kulturen eine chinesische Kultur bildete, ist die grundlegende Frage aller Beschäftigung mit der Frühzeit der Geschichte Chinas. Das China, das wir gewöhnlich als historisch bezeichnen, weil es durch schriftliche Denkmäler belegt ist, war ein sich über Teile Nord- und Zentralchinas erstreckender Herrschaftsverband, der eine lange Tradition der Herausbildung und Pflege politischer, kultureller und sozialer Einheiten beerbte. Die chinesische Kultur nahm also bereits im späten dritten Jahrtausend v. Chr., im Übergang zur Bronzezeit, eigentümliche Formen an. Allerdings hatte das damalige China nur einen Teil der heutigen Ausdehnung. Zudem veränderte sich infolge der Integration weiterer Völkerschaften und Kulturen die Eigenart der chinesischen Kultur im Lauf der folgenden Jahrhunderte.

2 Das Altertum

Die Shang-Kultur

Zu Beginn des zweiten vorchristlichen Jahrtausends entstand aus den verschiedenen neolithischen Kulturen in der nordchinesischen Ebene eine bereits hoch differenzierte Bronzekultur, die mit dem Namen der Xia-Dynastie und dem der folgenden Shang-Dynastie verknüpft wird. In ihr war eine eigene Schrift ebenso bekannt wie die Technik der Metallverarbeitung, das Pferd und der Streitwagen. In der Kultur der Shang-Zeit stellte man sich die Welt als rechteckig vor. Über den vier Richtungsgottheiten und den Gottheiten von Sonne, Mond und Erde, von Bergen, Wolken, Flüssen und anderen Naturerscheinungen stand Shangdi, die oberste Gottheit. Obwohl Shangdi als allmächtig galt, hatte er doch keinen festen Platz und empfing keine Opfer. Die Ahnen des Königshauses waren in ständigem Kontakt mit den Gottheiten, vor allem mit Shangdi, und die Lebenden nahmen ihrerseits über die Betrachtung von Knochen und Schulterblättern, durch Orakelschau also, Kontakt mit den Ahnen in der anderen Welt auf.

Das Wissen um den Lauf und die Konstellationen der Gestirne war für das Weltbild im alten China von zentraler Bedeutung. Deshalb auch war Astronomie keine Privatangelegenheit einzelner Gelehrter, sondern Angelegenheit des Herrschers und seiner Umgebung. Die Erstellung des Kalenders und die Aufzeichnung der Worte und Taten des Herrschers, eine Tätigkeit, die später im Geschichtsamt mündete, waren anfangs der Obhut der Astronomen anvertraut. Nicht zuletzt wegen ihrer zentralen politischen Rolle sind die astronomischen Aufzeichnungen der Chinesen, insbesondere die Beobachtung »neuer Sterne« betreffend, bis ins 10. Jahrhundert n. Chr. die genauesten und zum Teil die einzigen überlieferten derartigen Aufzeichnungen überhaupt.

Tab. 1: Die chinesischen Dynastien

16.–11. Jh. v. Chr.	Shang	
11. Jh.–771 v. Chr.	Westliche Zhou	
722–222 v. Chr.	Östliche Zhou 722–481 v. Chr. 480–222 v. Chr.	Frühlings- und Herbstperiode Periode der »Streitenden Reiche«
221–206 v. Chr.	Qin	
206 v. Chr.–220 n. Chr.	Han 206 v. Chr.–8 n. Chr. 9–24 25–220	Frühere (Westliche) Han Interregnum Wang Mang Östliche Han-Dynastie
220–280	Periode der »Drei Reiche« 222–280 Wu 220–280 Wei 221–263 Shu (Han)	
265–316	Westliche Jin	
317–419	Östliche Jin	
420–589	Periode der südlichen und nördlichen Dynastien *Süden* 420–479 Song 479–502 Südliche Qi 502–557 Liang 557–589 Chen	*Norden* 386–534 Nördliche (Tuoba) Wei 534–550 Östliche Wei 534–556 Westliche Wei 550–577 Nördliche Qi 557–581 Nördliche Zhou
589–618	Sui	
618–907	Tang	
907–960	Periode der »Fünf Dynastien« 907–923 Spätere Liang 923–936 Spätere Tang 936–946 Spätere Jin 947–950 Spätere Han 951–960 Spätere Zhou	
960–1279	Song-Dynastie *chinesische Dynastie* 960–1126 Nördliche Song 1127–1279 Südliche Song	*fremde Dynastien im Norden* 1125–1201 Westliche Lao 1032–1227 Xixia 1115–1234 Jin (Dschurdschen)
1271/79–1368	Yuan	
1368–1644	Ming	
1644–1911	Qing	

Quelle: Eigene Zusammenstellung.

Die Zhou-Dynastie und der Himmelskult

Die seit der Unterwerfung der Shang-Dynastie und der Übernahme der Vorherrschaft durch die Zhou (11. Jahrhundert bis 256 v. Chr.) zunehmend thematisierte Trennung zwischen der Welt der Götter einerseits und der Welt der Ahnen und der Menschen andererseits bestimmt in der späteren politisch-philosophischen Literatur den Grundtenor der Reflexionen. Zudem wurde der Obergott Shangdi der Shang weitgehend durch einen unpersönlichen Himmelsbegriff (*tian*) ersetzt. Die Darstellung des chinesischen Reiches in den ältesten Urkunden trug wesentlich dazu bei, die bereits länger bestehende Ansicht zu zementieren, dass das Herrschaftsgebiet des chinesischen Kaisers »alles unter dem Himmel« (*tianxia*) umfasst und eine von Barbaren und den »vier Meeren« umgebene Insel sei.

Die Ausbildung eines fest umgrenzten Staatsgebietes im alten China geschah also nur allmählich. Gebiete mit festen Grenzziehungen entstanden zuerst in der Zeit des Zerfalls der Zhou-Dynastie, als einzelne Teilstaaten sich gegeneinander durch Wälle und Verteidigungslinien abgrenzten. Teile dieser Wälle gingen dann unter der Vorherrschaft des Staates Qin und nach der Reichseinigung (siehe Kapitel 3) durch diesen Staat in die »Große Mauer« ein.

Der Feudalismus der Zhou-Dynastie

Nach der Unterwerfung der Shang durch die Zhou, die wohl eher um 1045 und nicht, wie lange angenommen wurde, bereits 1122 v. Chr. stattfand, hatten die Zhou die Mitglieder ihres Klans bzw. enge Verbündete, aber auch Nachkommen des früheren Herrscherhauses der Shang sowie einzelne lokale Machthaber belehnt. So zerfiel das Territorium in eine Vielzahl kleinerer politischer Einheiten. In der auf die Periode der Westlichen Zhou (»westlich« wegen der Lage der Hauptstadt) folgenden sogenannte Frühlings- und Herbstperiode (722–481 v. Chr.) dürften in der »chinesischen Welt« mehr als 170 Staaten existiert haben. Zu Beginn der Periode der »Streitenden Reiche« (die Zeit zwischen 480 und 222 v. Chr.) gab es außer dem Zhou-Staat nur noch sieben größere Staaten. Mit der Expansion eines dieser Staaten, des Staates Qin (siehe Kapitel 3), und der Errichtung seiner Vorherrschaft sowie der Unterwerfung der anderen Teilstaaten endet das chinesische Altertum.

Während der ersten Jahrhunderte der Zhou-Zeit war die Bindung einzelner Bauernfamilien an ein bestimmtes Land vorherrschend; ein Teil ihrer Arbeitskraft hatten sie auf den Feldern ihres Lehnsherrn einzubringen.

Ab 594 v. Chr. aber wurde, zunächst im Staat Lu, dann in anderen Staaten, als neue Form der Steuererhebung die Naturalabgabe eingeführt. In manchen Fällen gingen diese Abgaben unmittelbar an den Staat, unter Umgehung der Lehnsherren, wodurch sich die Bindung an diese lockerte. Die Entwicklung zur unmittelbaren Unterstellung unter den König wurde durch Landerschließungen beschleunigt. Die neue Teilabhängigkeit der Bauern scheint deren Produktivität gesteigert zu haben; zugleich aber erleichterte sie den Landverkauf, sodass sich zunehmend Großgrundbesitz bildete. Die politischen und sozialen Veränderungen spiegeln sich auch im geistigen Leben jener Zeit und insbesondere in den Lehren einzelner herausragender Lehrer wider. Diese scharten Schüler um sich und begründeten eigene Lehr- und Weisheitstraditionen, die zum Teil bis in die Gegenwart wirken. An erster Stelle ist hier Konfuzius (551–479 v. Chr.) zu nennen, aber auch die in seiner Tradition stehenden Denker Mengzi (oder Menzius, 372–289 v. Chr.) und Xunzi (300–230 v. Chr.) sind zu nennen sowie die Repräsentanten des philosophischen Daoismus Zhuangzi (um 365–290 v. Chr.) und Laozi.

Von Feudalismus kann bereits seit den zentralistischen Tendenzen in den Teilstaaten des 4. und 3. Jahrhunderts v. Chr., insbesondere seit der Reichseinigung unter Qin Shihuangdi (siehe Kapitel 3), nicht mehr die Rede sein. Eher wird man von zentralstaatlicher Bürokratie sprechen müssen, in der immer aber auch partikulare Interessen, vor allem der landbesitzenden Aristokratie, eine wichtige Rolle spielten. Im Lauf der Han-Zeit konzentrierte sich der Landbesitz in den Händen weniger. In der Folgezeit unternahmen nahezu alle Dynastien Versuche, der Tendenz zur Landkonzentration Einhalt zu gebieten oder diese rückgängig zu machen.

3 Die Begründung des Einheitsreichs (221 v. Chr. bis 220 n. Chr.)

Aufstieg und Erfolg des Staates Qin

Der Staat Qin, der als einer der Staaten der Zhou-Zeit bereits eine lange Geschichte hatte (ab 897 v. Chr.), begründete durch die Reichseinigung das chinesische Kaiserreich. Erst damit beginnt eigentlich »China« für uns, denn unsere Benennung des Landes, das sich das »Reich der Mitte« nennt, geht auf den Dynastienamen Qin zurück. Mit der Verlegung der Hauptstadt des Staates Qin nach Xianyang im Jahr 350 v. Chr. wurde jenes Gebiet zum Zentrum des Staates Qin und im Jahr 221 v. Chr. dann zum

Mittelpunkt des chinesischen Reiches, das als die Wiege der chinesischen Kultur gilt. Es umfasste das als »Gebiet innerhalb der Pässe« (Guanzhong) bezeichnete Wei-Tal und die »Zentralebene« (Zhongyuan), das heißt die Überflutungsgebiete der heutigen Provinzen Henan, Hebei und Shanxi am Mittellauf des Huang He. Der Staat Qin einigte das Reich und seine Ausgangsbedingungen waren vergleichbar mit denen der Zhou, die das Territorium der Shang-Dynastie eroberten. Er war geprägt von den kriegerischen Erfahrungen in den damals noch teilweise bewaldeten Gebieten des Ordos-Bogens und der daran anschließenden Wüstenzonen und von den aus dem Norden und Westen dorthin zuerst gelangenden Kulturtechniken.

1974 entdeckten Bauern in der Nähe von Xi'an (Provinz Shaanxi) beim Brunnengraben erste Figuren der Tonarmee des Ersten Kaisers Qin Shihuangdi, des legendären Begründers der Einheit Chinas. Seit 1987 gehört die Tonarmee zum UNESCO-Weltkulturerbe. (Foto: ullstein bild – Still Pictures/Paul Springett, 2011)

Die Expansionspolitik der Qin hätte ohne nachhaltige Militärreformen nicht gelingen können, aber zusätzlich sicherte eine auf stärkere Zentralisierung ausgerichtete Verwaltungsreform (siehe S. 154), die auch die nachfolgende Han-Dynastie weiterverfolgte, die gewonnene Einheit. Zugute kam dem Qin-Staat auch eine fortschrittliche Eisentechnologie, die unter dem Einfluss nicht chinesischer Nachbarvölker entwickelt worden war. Die innere Überlegenheit des Staates Qin befähigte ihn schließlich dazu, die anderen sechs Staaten zu unterwerfen und nach dem Untergang des letzten unabhängigen Staates Qi im Jahr 221 v. Chr. ein Einheitsreich zu errichten und damit den lange vorher schon in vielen Teilen der »chinesischen Welt« gehegten Gedanken eines Einheitsreiches zu verwirklichen. Kaiser Qin Shihuangdi kommt bei der Ausprägung des für die ideologische Begründung des Einheitsreiches notwendigen imperialen Staatskultwesens eine besondere Rolle zu, was nicht zuletzt durch die erst vor wenigen Jahrzehnten entdeckte Tonarmee in seiner monumentalen Grabanlage unterstrichen wird. Mit dem Qin-Reich entsteht das zentralisierte bürokratische China.

Verwaltung

In Qin und anderen zeitgenössischen Staaten waren die politischen Veränderungen begleitet von einer Weiterentwicklung verschiedener Institutionen, einer wachsenden Professionalisierung und Spezialisierung in der Verwaltung sowie einer Etablierung eines geschriebenen Rechtskodex. Die Gründung der Kaiserdynastie Qin im Jahr 221 v. Chr. stellt also einen Höhepunkt in mehrfacher Hinsicht dar: Sie war das Ergebnis einer jahrhundertelangen Entwicklung und zugleich der Beginn des chinesischen Großreichs bzw. Imperiums; denn obwohl auch frühere Dynastien den Einheitsgedanken und den Herrschaftsanspruch einer Zentralgewalt formuliert hatten, war ihr Herrschaftsgebiet doch recht klein geblieben. Qin Shihuangdis Sonderstellung beruht auch darauf, dass er den Kaisertitel »Huangdi« eingeführt hat. Vor allem aber begründete die Qin-Dynastie den bis heute wirksamen Gedanken des Einheitsstaates. Dadurch wurden Vereinheitlichung und Standardisierung zu einem die chinesische Identität bestimmenden Element. Nicht nur die Standardisierung von Maßen und Gewichten, von Kalendern und Wagenspuren, sondern auch die immer wieder zum Totalitären tendierende Verpflichtung des geistigen Lebens auf das geordnete Ganze gehören hierzu.

Als Folge der bereits in der Teilstaatenzeit vorgenommenen Parzellierung des Reiches in Kommandanturen (*jun*) und Kreise (*xian*) als Verwaltungseinheiten wurde eine Hierarchie von Zentralorten geschaffen, die sich im Zuge des wachsenden Binnenhandels und verstärkt in Zeiten staatlicher Zersplitterung weiter differenzierte. Neben diesen Städten mit Verwaltungssitz gab es ab der Han-Zeit (siehe S. 155) mit Schutzwällen umgebene Ackerbaustädte, deren Bewohner neben der Landwirtschaft Handel oder ein Gewerbe betreiben. Die Städte waren daher von vornherein multifunktional, da sie administrative und kommerzielle Funktionen in sich vereinten und zumeist auch als rituelle und religiöse Mittelpunkte dienten.

Die Han-Dynastie: Elemente der Stabilisierung

Der wesentliche Unterschied in der Territorialherrschaft der Han-Dynastie (206 v. Chr. bis 220 n. Chr.), die aus einem Bürgerkrieg hervorging, gegenüber der der Qin-Dynastie lag in der Organisation der Provinzen. Während der Gründungsphase Ende des 3. Jahrhunderts v. Chr. war eine Konföderation von Königtümern unvermeidlich, da Erwartungen bzw. Ansprüche einzelner Mitstreiter erfüllt werden mussten. So wurden neben dem in 13 Kommandanturen und den Hauptstadtbezirk aufgeteilten Reichsland im Osten noch zehn Lehnskönigtümer für verdiente Gefolgsleute eingerichtet. Diese im Jahr 202 v. Chr. geschaffene Ordnung barg die Gefahr der Verselbstständigung der Königtümer, da diese als Erbkönigtümer beansprucht wurden. Der erste Kaiser der Han-Dynastie vermochte die Gefahr jedoch dadurch zu bannen, dass er in den folgenden Jahren die Könige durch Angehörige seiner Familie ersetzte.

Nach der Sicherung ihrer Macht im Inneren strebten die Han-Herrscher weiter nach militärischer Expansion, insbesondere nach Nordwesten, aber auch nach Süden. Um die militärischen Aktivitäten zu finanzieren, mussten die Staatseinnahmen verbessert werden. Dies geschah durch die Einführung verschiedener Abgabenformen, über deren Berechtigung jedoch immer wieder Diskussionen geführt wurden. Insbesondere die staatlichen Monopole (Erz, Wein, Salz) lehnten viele politische Denker ab. Die Außen- und Grenzpolitik ebenso wie die Eroberungsfeldzüge dienten einerseits zur Stabilisierung der inneren Machtverhältnisse, wirkten andererseits aber infolge der erhöhten Belastung der Bevölkerung durch Abgaben und Dienstleistungen destabilisierend.

Als gegen Ende der Qin-Zeit unter der Führung der Xiongnu in der nördlichen und nordwestlichen Steppenzone eine große Föderation der Nomadenstämme entstanden war, bestand eine dauernde Bedrohung der Nordgrenze des Reiches. Während der späteren Han-Zeit war die außenpolitische Lage grundsätzlich verändert. Die Xiongnu waren gespalten, weil sich nur die südlichen Xiongnu dem chinesischen Tributsystem unterworfen hatten. Im Rahmen des Tributsystems, das in dieser Form selbst erst eine Errungenschaft der Han-Zeit war, leisteten jene Völker, zu denen China Beziehungen unterhielt, in festgelegten Abständen Tributzahlungen und entsandten einen Angehörigen des Königshauses als Abgesandten bzw. Geisel an den chinesischen Hof.

Trotz immer wieder auftretender innerer Konflikte wurde die Herrschaftszeit der Han-Dynastie zu der Epoche, in der sich die chinesische Identität erst wirklich konstituierte. Geschichtsschreibung und die Wissenschaften überhaupt erlebten eine bis dahin nicht da gewesene Blüte. Papier, Porzellan und andere Erfindungen fanden erste Verbreitung und mit der Errichtung einer kaiserlichen Akademie und der Einführung von Staatsprüfungen wurden erst die Grundlagen für eine professionelle Bürokratie und Verwaltung gelegt. Diese Entwicklung ging mit der Durchsetzung des Konfuzianismus als Staatsdoktrin einher, die sich im 2. Jahrhundert v. Chr. vollzog. Die Orientierung an den Klassikern und die damit verbundene Kultivierung moralischer Maßstäbe begründete eine Elitemoral, die zugleich immer auf Glaubwürdigkeit bei der Masse der Bevölkerung bedacht war. Das im Konfuzianismus entwickelte Menschenbild von der Erziehbarkeit des Einzelnen und seiner grundsätzlichen Fähigkeit zur Vervollkommnung betonte die Gleichheit aller Menschen und formulierte daher für die Politik die Aufgabe, für wirtschaftlichen Ausgleich, das heißt für den Wohlstand aller, zu sorgen. Freilich gab es nicht nur innerhalb des Konfuzianismus eine Reihe zum Teil einander widerstreitender Strömungen, sondern es gab auch andere Denkschulen wie den philosophischen Daoismus und religiös-soziale Bewegungen, die zum Teil mit daoistischen Lehren in Verbindung gebracht werden. Sie machen erst das ganze Bild der bereits in der Han-Zeit differenzierten und vielschichtigen Gesellschaft Chinas aus. Gerade Werke wie die Schriften des daoistischen Philosophen Zhuangzi, aber auch das Werk des Laozi, gehörten zum Bildungsgut, wenn nicht sogar zur Lieblingslektüre der sogenannten Literatenbeamten, denen bei all ihrem pragmatischen Realitätssinn auch Gedanken an Weltflucht und Rückzug in die Einsamkeit nicht fremd waren.

4   Teilung des Reiches und Fremdvölker (220–589 n. Chr.)

Rebellion und Gefahren aus der Steppe

Religiöse soziale Bewegungen häufen sich in Zeiten des Verfalls von Herrschaftsstrukturen. Es ist daher nicht verwunderlich, dass im Lauf der späteren Han-Zeit (25–220 n. Chr.) von »dämonenhaften Rebellen« (*yaozei*) die Rede ist, die »Zeichen und Wunder« zur Legitimation ihrer Sache nutzten. Diese Rebellen forderten nicht nur einen neuen Herrscher, sondern einen Dynastiewechsel und damit – im Kontext der traditionellen chinesischen Kosmologie – so etwas wie eine »kosmische Erneuerung«. Die Niederwerfung von Aufständen im Jahr 184 n. Chr. und der folgenden weiträumigen Unruhen führte dazu, dass die Macht einzelner Feldherren in einem solchen Maß zunahm, dass sie schließlich zu einer Bedrohung der Dynastie wurden.

Solche Zustände gab es in China häufiger. Bei einer Schwächung der Zentralgewalt und Unruhen oder Aufstandsbewegungen in der Provinz war der Einheitsstaat nicht aufrechtzuerhalten. Doch bereits zur Zeit der Herrschaft Wang Mangs (9–23 n. Chr.) und vollends dann in der späteren Han-Dynastie hatte sich das Ideal des Imperiums und des Einheitsstaates weitgehend etabliert. Dieses Ideal blieb auch über die lange Zeit der Teilung, die erst im 6. Jahrhundert beendet wurde, lebendig. Kritisch waren jedoch immer die Herrscherwechsel, die nicht selten zugleich einen Dynastiewechsel bedeuteten. Zwar wurde in der Regel frühzeitig ein Thronfolger bestimmt, doch konnte, wenn dieser minderjährig war, die Witwe des verstorbenen Kaisers und ihr Klan erheblichen Einfluss ausüben und sogar die Thronfolge ändern.

Die Drei Reiche

In den Kämpfen der Generale untereinander festigten einige Feldherren zeitweilig ihre Macht, die jedoch in der Regel bald aufgrund innerer Konflikte wieder zerfiel. Einem aber, Cao Cao, gelang es, eine schlagkräftige Truppe aufzubauen, mit der er 196 n. Chr. als stärkster Herausforderer der anderen Feldherren in der Zentralebene, der sogenannten Mittleren Ebene, auf den Plan trat. Doch erst sein Sohn Cao Pi konnte die Thronabdankung des letzten Han-Herrschers entgegennehmen und sich im Jahr 220 als Kaiser von Wei ausrufen lassen. Diesem Beispiel folgend, ließen sich Generale in anderen Landesteilen – allerdings mit unterschiedlichem Erfolg – als Herrscher einer neuen Dynastie ausrufen. Auch die Cao-Familie vermochte es nicht, innerhalb von Wei rivalisierende Klane auszuschalten. Dies führte im Jahr 265 zur Gründung einer neuen Dynastie Jin, die die Herrschaft der Cao-Familie beendete. Auch wenn die spätere Geschichtsschreibung Schwierigkeiten hatte, die Zersplitterung des Reiches während dieser als »Mittelalter« bezeichneten Epoche mit der Ideologie des Einheitsstaates in Einklang zu bringen, diente die Teilung doch der Ausbreitung chinesischer Kultur und Bürokratie, denn erst mit den eigenständigen Südreichen begann die eigentliche Sinisierung des Südens.

Der Buddhismus

Der Buddhismus war bereits in der Han-Zeit nach China gekommen, und zwar sowohl auf dem Seeweg als auch über die Handelsroute der Seidenstraße. Ab dem Ende des 3. Jahrhunderts n. Chr. erfasste er größere Teile der chinesischen Bevölkerung. Der Buddhismus bedeutete für China eine geistige Revolution. Mit seinen Lehren von der Verstrickung des Einzelnen in die Welt und den angebotenen Strategien zur Befreiung (z. B. Mönchstum, Wiedergeburt) wurde er zur größten Herausforderung der chinesischen Kultur vor der Begegnung mit dem Abendland. Daher ist die Auseinandersetzung Chinas mit dem Buddhismus, der neben Konfuzianismus und Daoismus zur »dritten Lehre« Chinas wurde, auch für die spätere Geschichte von nicht zu unterschätzender Bedeutung.

Bei der Einführung des Buddhismus mussten im Chinesischen zahlreiche neue Begriffe gebildet werden und viele alte chinesische Ausdrücke wurden mit neuem Inhalt gefüllt. Schrittweise stellte sich diese fremde Lehr- und Glaubenspraxis auf chinesische Verhältnisse ein. Während sich beispielsweise die Mönche anfänglich nicht vor dem Herrscher verneigen mussten, weil sie sich als »einer anderen Welt zugehörig« empfanden, hatten sie sich nach einer zwei Jahrhunderte dauernden Auseinandersetzung dem Anspruch des Kaisers auf Unterwürfigkeit zu fügen. Innovationen bewirkten die buddhistischen Klöster, indem sie neue Lebensformen anregten und selbst wirtschaftliche Unternehmungen (z. B. Mühlen, Pfandleihhäuser) betrieben. Nach den schweren Buddhistenverfolgungen in den Jahren 844/45 war die buddhistische Klosterkultur zwar erheblich geschädigt, doch hielt der Einfluss des Buddhismus auf die chinesische Geisteswelt an. Von den zahlreichen Errungenschaften, die China dem Buddhismus verdankt, ist sicherlich die starke Beförderung des Buchdrucks an erster Stelle zu nennen, der dort etwa 500 Jahre früher als in Europa voll entwickelt wurde.

5 Konsolidierung in der Sui- und Tang-Zeit (579–906 n. Chr.)

Gründung und Fall der Dynastie Sui

Die Gründung der kurzlebigen Dynastie Sui (589–618) mit der Hauptstadt in Daxingcheng (das heißt Chang'an, das heutige Xi'an) durch einen Angehörigen der nordwestlichen Adelsfamilien vollzog sich im Wesentlichen unblutig. Die Einigung des Reiches unter der Sui-Dynastie war das Ergebnis des Zusammenbruchs der Reiche im Süden und der zunehmenden militärischen Stärke der Reiche im Norden. Der von einer dieser nördlichen Dynastien eingeleitete und von der Sui-Dynastie forcierte Einigungsprozess wurde aber erst von der Tang-Dynastie vollendet. Zu einer großen Belastung wurde für den ersten Sui-Herrscher der Abwehrkampf gegen die Osttürken, sodass das Einigungswerk länger als beabsichtigt dauerte und eine Konsolidierung unter der von ihm gegründeten Dynastie nicht erreicht werden konnte. Die neue Reichseinigung erforderte eine Reform des Verwaltungswesens. Eine andere Maßnahme, um den Süden besser in das Reich einzubinden, war der Bau des »Großen Kanals«, der die Hauptstadt mit den fruchtbaren Ebenen am Unterlauf des Chang Jiang verbinden sollte.

Die Wiedereingliederung des über lange Zeit eigenständigen Südens in ein zentrales Reich erforderte die Überbrückung der verschiedensten Interessengegensätze, vor allem aber eine kulturelle Reintegration. Denn politische und insbesondere militärische Unterlegenheit der südlichen Reiche hinderte deren Eliten nicht, sich dem Norden überlegen zu fühlen. Die entscheidende Rolle bei der Reintegration des Reiches spielte der Buddhismus. Der Gründer des Sui-Reiches, Wendi, sowie die ersten Tang-Herrscher instrumentalisierten ihn für ihre Interessen, indem sie die Einigung des Reiches oder ihren Machtanspruch mit Bezug auf buddhistische Glaubensvorstellungen legitimierten und die Verbindung zwischen Geistlichkeit und Staat stärkten.

Machtwechsel und Konsolidierung des Reiches

Die ersten Jahre der Tang-Zeit waren sowohl eine Zeit fortgesetzter Unruhen als auch der inneren Konsolidierung; von den mehr als 200 Rebellenorganisationen musste der Gründungsherrscher (Gaozu, 618–626) die meisten an sich binden, um auf diese Weise seinen größten Rivalen zu begegnen. Probates Mittel hierfür waren Amnestien und Adoptionen, wodurch die Widersacher für den Kaiser eingenommen wurden und daher sogar in ihren Positionen bleiben konnten. Trotz seiner als Milde verstandenen Geschicklichkeit im Umgang mit alten Rivalen und gegnerischen Gruppen war die Herrschaftszeit Gaozus geprägt von militärischen Kampagnen. Er musste seine Macht durch zwölf stehende Armeen in der Umgebung der Hauptstadt sowie durch regionale Truppenkontingente sichern. Er bediente sich aber auch administrativer Maßnahmen zur Sicherung seines Herrschaftsgebietes. So leitete er eine Reorganisation der Verwaltung ein und teilte sein Reichsgebiet in zehn Großregionen (im 8. Jahrhundert dann 15), denen Verwaltungs-, Finanz-, und Justizinspektoren zugeordnet wurden. Insgesamt aber trieb die Tang-Dynastie auf den meisten Gebieten wie dem der Strafgesetzgebung, des Agrarsystems, der Finanzverwaltung, des Heerwesens sowie des Erziehungs- und Prüfungswesens Entwicklungen voran, die schon in der Zeit der Reichsteilung eingesetzt hatten. Besonders folgenreich war die Schaffung von Akademien und höheren Schulen in den beiden Hauptstädten Chang'an und Luoyang sowie die Errichtung von Präfektur- und Unterpräfekturschulen. Das damit entstehende Bildungssystem führte zusammen mit den Staatsprüfungen allmählich dazu, dass sich die Zusammensetzung der Elite grundlegend wandelte.

Urbanisierung und die Stellung der Religionen

Während im mittelalterlichen China (ca. 3.–7. Jahrtausend) der Unterschied zwischen Stadt und Land nicht so erheblich war, entwickelte sich offenbar im 9. und 10. Jahrhundert, in der Zeit des Übergangs zur Song-Dynastie, ein neues städtisches Selbstbewusstsein, das seinen Ausdruck unter anderem in der Errichtung von Stadtgotttempeln fand. China erlebte in diesen Jahrhunderten einen derart grundlegenden Wandel, dass die Menschen des 11. und 12. Jahrhunderts die Tang-Zeit als fremd empfanden. Diese Veränderungen hingen mit dem Zusammenbruch der alten Adelstraditionen in der Tang-Zeit zusammen, aber auch mit neuen geistigen und religiösen Impulsen und nicht zuletzt mit wirtschaftlichen Veränderungen. Eine zunehmende Verrechtlichung der Beziehungen, die erweiterte Möglichkeit des Kaufs und Verkaufs von Land sowie ein Aufschwung des Handels und eine Zunahme der Marktorte machten China erst in jener Epoche trotz Fortdauer der Bedeutung des Ackerbaus zu einem Land der Städte. Diese waren nun nicht mehr nur Verwaltungssitze, sondern auch Orte des Handels und des Handwerks sowie des Vergnügens und der Kultur.

Die ethnische Vielfalt und kulturelle Weltoffenheit der Tang-Zeit hatten den auch einige zunächst fremde Religionen und religiöse Lehren nach China gebracht. Neben manichäischen Gemeinden, deren Anhänger wohl vor allem Uighuren waren, gab es Nestorianismus, Zoroastrismus und jüdische Gemeinden. Während die Tang-Gesellschaft also durchaus tolerante und kosmopolitische Züge aufwies, blieb das Herrscherhaus an einer staatlichen Kontrolle der Religionen interessiert. Daher flammten immer wieder Kontroversen zwischen den einzelnen Religionen über ihren Status auf.

Wachstum und Zerfall des kaiserlichen China

Die tangzeitliche Dayan-Pagode in Xi'an. Von der damaligen Metropole aus wurden die buddhistischen Schriften nach China geholt. (Foto: Imaginechina via AP Images, 2008)

Neue Reiche am Rand des Tang-Reiches

Die chinesische Kultur übernahm in der Tang-Zeit nicht nur zahlreiche Kenntnisse sowie Handelsgüter und Kulturpflanzen aus dem Westen, sondern sie strahlte auch dorthin aus. Dies führte etwa zur Verbreitung der Kenntnisse der Papierherstellung, die über die arabische Welt und Spanien schließlich (im 13. Jahrhundert) bis nach Italien gelangten. Vor allem wurde China für seine östlichen Nachbarn das große Vorbild, für Japan, aber auch für das Silla-Reich auf der Halbinsel Korea. Diese Länder übernahmen die chinesische Schrift und den Buddhismus. Man kann sogar so weit gehen, zu sagen, dass Kunst und Kultur Japans im 7. und 8. Jahrhundert in hohem Maß chinesisch geprägt waren.

Im Zuge der Ausdehnung nach Nordwesten erlangte das Tang-Reich Einfluss auf die Oasen des Tarimbeckens, unter anderen auf Charachotscho (Gaochang) nahe dem modernen Turfan in Ost-Xinjiang, und weitete diesen bis in das nördliche Afghanistan und nach Persien aus. Dabei war es nicht zuletzt die Hilfe des türkischen Militärs, die es der Tang-Dynastie ermöglichte, das Reich in einem Maß auszudehnen, wie dies weder Qin Shihuangdi (siehe oben) noch dem Han-Kaiser Wudi im 2. vorchristlichen Jahrhundert gelungen war. Die Osttürken wurden der Tang-Administration unterstellt und verschafften China so eine höchst effektive Pufferzone. Doch nach dem Tod des zweiten Tang-Herrschers zerfiel dieses System und die Osttürken vereinigten sich wieder und begannen erneut, das Tang-Reich anzugreifen. Erst 721 kam es zu einem Frieden zwischen dem Türkenreich und China, bei dem sich der chinesische Hof zu hohen Tributleistungen verpflichtete. Eine dauerhafte Beherrschung des Südwestens durch die Tang scheiterte zunächst an den Interessen des erstarkten Tibetischen Königreiches. Das auf dem Gebiet des heutigen Yunnan entstandene Königreich Nanzhao, eine Konföderation von sechs ihrer ethnischen Zugehörigkeit nach tibetobirmanischen Stammesgruppen, blieb im 8. und 9. Jahrhundert selbstständig.

Zentrifugale Tendenzen: Der Aufstand des An Lushan

Trotz aller Reformbemühungen war der innere Zerfall des Reiches nicht aufzuhalten. Mit der Einsetzung ständiger Militärgouverneure (*jiedushi*) ab 710/711 wurde die Voraussetzung für eine Aufsplitterung der Macht geschaffen. Mithilfe fremder Truppen, darunter Uighuren, Tibeter und Angehörige anderer Stämme aus dem Tarimbecken, konnte zwar die das ganze Reich erschütternde Rebellion des An Lushan (755 n. Chr.) niedergeschlagen werden, doch kam es zu einem Verlust der Autorität der Zentrale. Faktisch war die Einheit des Tang-Reiches seither zerbrochen. Die Uighuren breiteten sich in die Gegend der Provinz Gansu aus und die ab 650 in Sichuan und Birma sich bildenden tibetobirmanischen Fürstentümer hatten nun freiere Hand.

In den Provinzen entstanden regionaler Separatismus und Autonomiebestrebungen als Folge wirtschaftlicher Veränderungen: als Folge des ab dem Ende des 6. Jahrhunderts allmählich sich vollziehenden Verfalls des Kleinbauerntums sowie der Verschiebung des wirtschaftlichen Zentrums vom Wei-Tal und der nordchinesischen Tiefebene in das untere Tal des Chang Jiang – unter anderem ein Resultat zunehmenden Handels und veränderter Reisanbaumethoden wie der Züchtung von Setzlingen. Ein Ausdruck dieser Tendenzen zur Machtauflösung war die sogenannte Revolte der Vier Prinzen, bei der sich 782 vier Gouverneure verschworen und halb autonome Gebiete in Nordchina bildeten, die etwa 150 Jahre bestanden.

Das Ende der Tang-Herrschaft

Im ausgehenden 9. Jahrhundert hatte die zunehmende Macht der Eunuchen unter den engen persönlichen Vertrauten des Kaisers (sogenannter Innerer Hof) und die Rückkehr zahlreicher Mitglieder der alten Aristokratie in hohe Regierungsämter zu wachsenden Spannungen innerhalb der Bürokratie geführt. Ab der Herrschaft Kaiser Wenzongs (827–840) war es in verschiedenen Gebieten des Reiches in der Bevölkerung zu Unruhen gekommen. Eine wachsende Anzahl beteiligte sich zudem an illegalen Handelsunternehmungen (Salzschmuggel) und an Piraterie, sodass von einem endemischen Banditentum gesprochen werden kann. Im Jahr 875 begannen Aufständische in großer Anzahl von Shandong aus, sich zu organisieren und plündernd durch das Land zu ziehen. Diese Rebellionen, in deren Verlauf auch die Hauptstadt Chang'an für zwei Jahre in die Hände der Rebellen fiel, dauerten bis in das Jahr 883. Der Tang-Hof zog sich nach Chengdu zurück, wo er bis 885 blieb. Faktisch übte die Dynastie Tang ab 885 n. Chr. keine Macht mehr aus, doch erst im Jahr 907 wurde sie durch die gleichzeitige Ausrufung mehrerer Dynastien formal beendet.

Reichsteilung

Das 10. Jahrhundert war eine Zeit des Umbruchs in ganz Ostasien. Das Reich zerfiel in selbstständige Staaten. Politisch-militärisch verantwortlich für den Zerfall und den Untergang der Tang-Dynastie waren die Militärgouverneure (*jiedushi*). Die Epoche der »Fünf Dynastien« (907–960), die in Nordchina aufeinanderfolgten, war gerade auch im südlichen China eine Zeit wirtschaftlicher Blüte. Es ist zu Recht von einer »wirtschaftlichen Revolution« gesprochen worden. In den knapp 60 Jahren der Zeit der Fünf Dynastien bildete sich ein neuer Typ imperialer Machtausübung, der die Grundlage für die bürokratische Herrschaft für das China der späten Kaiserzeit bildete. Trotz der Aufspaltung des Reiches in selbstständige Staaten, die nur die Realisierung einer ab der Mitte des 8. Jahrhunderts bestehenden faktischen Fragmentierung war, wurde eine zukünftige Wiedervereinigung von den Gebildeten ebenso wie in der populären Propaganda aber als selbstverständlich betrachtet.

Sinisierte nicht chinesische Reiche in Zentralasien

Die von den Khitan, einem türkisch-uighurischen Nomadenvolk, begründete Dynastie Liao (907/946–1125) war eines der »sinisierten Reiche« am Rand der chinesischen Kulturwelt. Die Beziehungen zwischen dieser Dynastie und den einzelnen chinesischen Territorien waren vielfältig. Doch bereits die Gründungsherrscher des Song-Reiches meldeten in kriegerischen Auseinandersetzungen ihren Anspruch an, verlorenes Gebiet der Tang zurückzuerobern. Der im Jahr 1005 unterzeichnete Friede von Shanyuan zwischen dem Song-Reich und den Khitan hielt dann mehr als 100 Jahre.

Am Nordwestrand der chinesischen Welt hatte sich im frühen 11. Jahrhundert ein von tangutischen Volksstämmen beherrschter neuer Staat namens Xia oder Westliche Xia (Xixia) gebildet, der bis zur Unterwerfung durch die Mongolen im Jahr 1227 bestand. Die Führungsschicht dieses Staates bestand aus mit Xianbi vermischten Tanguten, deren tibetobirmanische Sprache der Sprache der Yi (Luoluo) im Südwesten Chinas ähnlich ist.

6 Das Song-Reich – Beginn einer neuen Zeit

Bürokratisierung und Entmilitarisierung

960 rief der Nachfolger des letzten Kaisers der Späteren Zhou-Dynastie die Song-Dynastie aus. Mit ihr beginnt die Zeit der endgültigen Durchsetzung bürokratischer Verwaltung und formalisierter Beamtenrekrutierung. Es ist die Zeit der großen Orientierungsdebatten zu Grundfragen

der Politik, der Philosophie und der Literatur, vor allem aber auch die Zeit einer wirtschaftlichen Blüte bis dahin nicht gesehenen Ausmaßes, des Aufkommens neuer Märkte und der Städtebildung. Die Bürokratie erforderte und schuf geradezu einen neuen Typus des Beamten, ebenso wie die Position des Herrschers durch die Bürokratisierung neu bestimmt wurde. Die Folge war – zumindest in einzelnen Bereichen – eine Professionalisierung der Zivilverwaltung und überhaupt erst die Herausbildung eines spezifischen Beamtenethos.

Die Konsolidierung des wiedervereinigten Reiches, das allerdings nicht mehr die Ausdehnung der Tang-Dynastie erreichte, war bereits von der letzten der Fünf Dynastien im Norden, der von 951 bis 959 herrschenden Späteren Zhou-Dynastie, eingeleitet worden. Unter ihr waren zusätzliche landwirtschaftliche Nutzflächen kultiviert, Klosterbesitz enteignet (955), Steuerlast umverteilt sowie der Kanal- und Dammbau forciert worden. Die Spätere Zhou-Dynastie ist somit zumindest als »Prolog«, wenn nicht bereits als Teil der Song-Zeit zu bewerten. Die Zunahme insbesondere der militärischen Macht des Hofes war eine der Voraussetzungen der Einigung gewesen.

Im Gegensatz zu früheren autokratischen Herrschern schuf der erste Song-Kaiser einen institutionellen Rahmen für eine absolutistische Regierung, indem er durch Reduzierung der Kompetenzen der wichtigsten Hofbeamten jede Politik einzelner Beamter am Kaiser vorbei unmöglich machte. Dies ist auch ein Grund dafür, dass das Reich danach niemals mehr auf Dauer zerfiel. Mit diesem Ausbau der Zentralgewalt, insbesondere mit der Unterstellung des Militärs unter zivile Aufsicht, wurde ein Paradigmenwechsel vollzogen. Denn bis in die Tang-Zeit hatte es keine strenge Trennung in militärische und zivile Karrieren gegeben. Die für die Einigung des Reiches so wichtigen, vom Militär bestimmten Machtverhältnisse mündeten in einen bürokratischen Absolutismus, bei dem die Staatskanzlei (*shangshusheng*) die Hauptlast der Verwaltungsarbeit trug.

Die zunehmende Verbreitung formaler Bildung, die Ansätze zur Professionalisierung der Verwaltung und die Institution der Beamtenprüfung, die neuen Schichten den Zugang zu Ämtern und damit zu Pfründen und Anerkennung eröffnete, prägten nicht nur die Bürokratie, sondern das öffentliche Leben überhaupt. Zudem brachte die Wertschätzung und Verbreitung von Bildung neue Formen der Traditionsaneignung hervor, zu denen neben einer ausgeprägten Quellenkritik die Erstellung von Handbüchern ebenso gehört wie die Anlage von privaten Sammlungen von Altertümern und Zeugnissen der Vergangenheit.

Helwig Schmidt-Glintzer

Binnenhandel und handwerkliche Spezialisierung

Auf wirtschaftlichem Gebiet war die Song-Zeit eine prosperierende und zugleich durch große Umwälzungen und Veränderungen gekennzeichnete Epoche. Überschwemmungen infolge von Veränderungen des Laufes des Gelben Flusses, unter anderem in den Jahren 983, 1000, 1048 und 1077, verstärkten noch die ab der Mitte der Tang-Zeit sich vollziehenden Wanderungs- und Umsiedlungsbewegungen. Diese gingen vor allem in den Südosten, sodass Ende des 13. Jahrhunderts etwa 85 Prozent der chinesischen Bevölkerung im Süden, das heißt südlich des Huai He, lebten. Die Zunahme der Bevölkerungsdichte erforderte eine Intensivierung, zum Teil sogar Mechanisierung der Landwirtschaft wie den Einsatz von Wasser zum Antrieb von Mühlen und Dreschmaschinen. Da die einzelnen Regionen des Reiches ökonomisch nicht mehr autark waren, verstärkte sich der Binnenhandel, der überwiegend auf den inländischen Wasserstraßen und Kanälen abgewickelt wurde.

Die Entwicklung zu einem verstärkten überregionalen Handel zeigte sich auch in der auf eine Verbesserung der Transportwege gerichteten staatlichen Strukturpolitik. Bei dieser spielten, insbesondere ab dem 11. und frühen 12. Jahrhundert, Wasserwege für den Warentransport eine besonders wichtige Rolle. Mit dem Rückzug der Song nach Süden nach der Besetzung Nordchinas durch die Dschurdschen 1127 und der Ausbildung des Laufes des Huai He als Grenze zwischen dem Dschurdschen-Staat Jin und Süd-Song um 1130 verloren die wichtigen Nord-Süd-Verkehrsverbindungen, insbesondere der Kaiserkanal, allerdings vorübergehend ihre Bedeutung.

Im Zuge der Städtebildung kam es zu Differenzierungen wie einer handwerklichen Spezialisierung, der Einrichtung von Altersheimen, Waisenhäusern, Friedhöfen, Feuerwehren und Arbeitsvermittlungsstellen sowie zur Ausbildung von Vergnügungsvierteln mit Schaustellern und Geschichtenerzählern, Prostituierten und Tanzmädchen, aber auch mit Schwindlern und Verbrechern. Die durch die Veräußerbarkeit von Land begünstigte Landakkumulation in den Händen weniger ließ die Anzahl der Gutshöfe (*zhuangyuan*) steigen und führte zu einer Verminderung des Kleinbauerntums. Wenn sie nicht zu Pächtern (*dianhu*) wurden, blieb den Kleinbauern nur die Abwanderung in die Städte, was deren Wachstum weiter begünstigte. Innerhalb der Städte entstand so etwas wie eine urbane Öffentlichkeit und eine Stadtkultur, durch handwerklichtechnische Errungenschaften begünstigt und diese wiederum stimulierend. So senkten eine Verbesserung des Holzplattendrucks und das Vorhandensein guten Papiers aus Maulbeerbaumrinde die Kosten des

Buchdrucks in derart starkem Maß, dass überall im Reich private Druckereien entstanden.

Das Recht der Song-Zeit

Charakteristisch für die Rechtsentwicklung in der Song-Zeit war die stetige Zunahme der Bedeutung von Präzedenzfällen und entsprechend der Rückgang der Bedeutung des Strafrechtskodex, des Song Xingtong von Dou Yi (914–966) aus dem Jahr 963, der über Zwischenstufen auf das Tanglü shuyi von 737 zurückgeht. Die Rechtskultur der Song-Zeit kannte zwar keine volle Gleichheit vor dem Gesetz, sondern unterschied acht Privilegiengruppen. Es finden sich in ihr aber unbestreitbare Errungenschaften wie die Forderung, den Amtsermittlungsgrundsatz zu beachten, und die Möglichkeit, gegen ein Urteil Berufung einzulegen. Bemerkenswert sind die Erörterung der Streitfrage, ob das Volk die Gesetze kennen solle, und auch der Umstand, dass keine Freiheitsstrafe, sondern neben Untersuchungshaft als Strafen nur Todesstrafe, Verbannung, Arbeitsdienst, Prügelstrafe, Tätowierung oder Zurschaustellung verhängt wurden.

Krise in der Mitte der Dynastie

Ab dem Ende des 11. Jahrhunderts erlebte die Dynastie Song einen Niedergang, der nicht zuletzt mit ungelösten Problemen der Agrarverfassung zu tun hatte. Die entscheidende Wende aber kam von außen. Als zu Beginn des 12. Jahrhunderts die Liao-Dynastie in schweren Abwehrkämpfen gegen ihre ehemaligen Untertanen, die Dschurdschen, lag, sah der Song-Hof eine Möglichkeit, die verlorenen Gebiete zurückzugewinnen, und suchte ein gemeinsames Vorgehen mit den Dschurdschen. Dann aber warfen diese den Song fortgesetzten Vertragsbruch vor. 1126 drangen sie nach einer erfolglosen Belagerung der Song-Hauptstadt Kaifeng im vorangegangenen Jahr wieder mit Kavallerie in das Reich ein, belagerten Kaifeng erneut und nahmen schließlich Kaiser Huizong, der soeben abgedankt hatte, seinen Sohn Qinzong sowie nahezu den ganzen kaiserlichen Klan gefangen. 1127 besetzten sie Nordchina, nachdem sie ihre Dynastie Jin (»die Goldene«) gegründet hatten. Damit war der Norden Chinas wieder, wie es manche Chinesen sahen, unter »barbarische Fremdherrschaft« geraten. Ziel der Dschurdschen war zunächst nicht die Besetzung großer Gebiete, sondern die Errichtung eines ihnen willfährigen Pufferstaates. Sie drangen dann aber doch weiter vor, sodass im Winter 1129 Nanjing nicht gehalten werden konnte und der neue Kaiser Gaozong ihnen sogar den

Vorschlag machte, als ihr Vasall und König über das Gebiet des ehemaligen Reiches zu herrschen. Die Dschurdschen lehnten dies jedoch ab und der Hof floh von Hangzhou weiter in den Süden nach Yuezhou (das heutige Shaoxing) und mit zeitweilig sogar ca. 60 Schiffen und 3 000 Soldaten aufs Meer. Das grausame Wüten der Dschurdschen-Truppen soll bei der Bevölkerung die Loyalität gegenüber der Song-Dynastie verstärkt haben, die sich schließlich südlich des Huai He halten konnte.

Der Einfall der Mongolen und die endgültige Unterwerfung

Vor dem 12. Jahrhundert spielten die Mongolen in Zentralasien keine herausragende Rolle. In einem entfernten Verwandtschaftsverhältnis zu den Türken und Tungusen stehend, waren sie zunächst lediglich ein Teil jener Nomadenwelt an der Nordgrenze Chinas, die für die Entwicklungen dort bereits seit der Zeit des Einheitsreiches der Han von großer Bedeutung war.

Idealbild Dschingis Khans, China, 14. Jh. (Foto: ullstein bild)

Der Ausdehnung der Herrschaft der Mongolen auf das Territorium Chinas war eine in ihren Ursachen bisher nicht geklärte Phase dynamischer Entwicklung vorausgegangen, die mit dem Aufbau der Militärorganisation unter Dschingis Khan (ca. 1160–1227) verbunden war. Die zweite Phase erstreckte sich auf die Regierungszeiten Ögödeis, Güyüks und Möngkes (1229–59). Sie war durch weitere territoriale Expansion und die Konsolidierung der Herrschaft über die eroberten Gebiete gekennzeichnet. Die dritte Phase begann 1260, als Khubilai Khan das Erbe Möngkes antrat, sie dauerte bis zum Zerfall der chinesischen Mongolendynastie im frühen 14. Jahrhundert.

Für China erinnerte die Unterwerfung durch den Khan der Mongolen (Yuan-Dynastie, 1279–1368) an frühere Einfälle fremder Völker in China. Doch während es bis dahin stets zu einer Form engerer Kontaktaufnahme zwischen den Angehörigen der chinesischen Elite einerseits und den führenden Familien der fremden Dynastiegründer andererseits gekommen war, bot sich eine solche Form der Verständigung, etwa mit den Mitteln der Heiratspolitik, nicht mehr an. Denn nach vorangehenden Bürokratisierungsschüben war nunmehr auf chinesischer Seite eine größere Anzahl von Beamten involviert, deren Loyalität nicht mehr so umstandslos übertragen werden konnte. Mit der Eroberung durch die Mongolen war China zum ersten Mal in seiner Geschichte in seiner Gesamtheit unter barbarische Herrschaft gefallen und Teil eines Weltreiches geworden, das sich vom Fernen Osten bis nach Russland erstreckte.

Doch Khubilai, selbst eine Ausnahmeerscheinung, konzentrierte sich vornehmlich auf China; er scheint dieses Land als das Herzstück seines Reiches angesehen zu haben. Er regierte mehr nach chinesischen als nach mongolischen Traditionen und die Verlagerung der Hauptstadt von Karakorum nach Khanbalik (Beijing) im Jahr 1264 war ein Zeichen der Abwendung von der Steppe. Ab 1267 wurde Beijing ausgebaut und 1272 verlegte Khubilai alle zentralen Behörden dorthin. Die Bedeutung Beijings nahm von da an ständig zu. Als Verwaltungssprache wurde neben dem Mongolischen im Allgemeinen das Chinesische verwendet. Diese Mehrsprachigkeit in der Verwaltung war nur ein Aspekt der bis 1368 praktizierten sogenannten dualen Herrschaft, bei der wichtige Verwaltungsstellen doppelt besetzt wurden: mit Mongolen oder Zentralasiaten, die die militärische Macht innehatten, und mit Chinesen, die die Verwaltung führten.

Unter allen Dynastien in China ist die Yuan-Dynastie insofern ein Sonderfall, als sie nur Teil eines supranationalen Weltreiches war. Allerdings erstreckte sich die Eroberung durch die Mongolen über nahezu 25 Jahre, was einen allmählichen Anpassungsprozess ermöglichte. Anders als alle fremden Völker, die vor den Mongolen Teile Chinas beherrschten und – zumindest als Träger eigener Staaten – verschwanden, blieben die Mongolen auch nach dem Verlust ihrer Herrschaft über China ein wichtiger Machtfaktor im Norden Chinas.

7 Die Ming- und Qing-Zeit

Die Einigung unter der nationalen Dynastie Ming

Der Gründung der Ming-Dynastie (1368–1644) war eine Vielzahl von zum Teil religiös motivierten Aufstandsbewegungen gegen die Yuan-Dynastie vorausgegangen; Naturkatastrophen waren hinzugekommen. In der nordchinesischen Ebene dominierte in der Mitte des 14. Jahrhunderts die Geheimgesellschaft der »Roten Turbane« (*hongjin*). In diesen Bürgerkriegswirren profilierte sich Zhu Yuanzhang (1328–98) als Militärführer. Er war 1344 während einer großen Hungersnot in ein Kloster gegangen, hatte vier Jahre später aber das Mönchsgewand wieder abgelegt und die Führung einer Gruppe Aufständischer übernommen.

Im Jahr 1359 besetzte Zhu mit seinen Verbänden Nanjing. Als er sich im Jahr 1363 zum Fürsten des Staates Wu ausrufen ließ, beherrschte er bereits ganz Zentralchina. Fünf Jahre später, im Jahr 1368, proklamierte er nach Ausschaltung einiger Rivalen die »Große Ming«-Dynastie und eroberte Beijing. Doch es sollte noch fast 20 Jahre dauern, bis zum Jahr 1387, bis China wieder ganz vereinigt war. Und etwa ein weiteres halbes Jahrhundert, bis etwa 1435, war erforderlich, bis die Ausbildung der Institutionen des neuen Kaiserreiches abgeschlossen war, die dann bis zum Untergang der Mandschu-Herrschaft zu Beginn des Jahres 1912 im Wesentlichen Bestand hatten.

Während China in der Zeit zwischen der ersten Reichseinigung im Jahr 221 v. Chr. und dem Ende der Song-Dynastie im Jahr 1279 fast die Hälfte der Zeit politisch zersplittert gewesen war, blieb es danach die meiste Zeit geeint. Und vielleicht ist die Aufrechterhaltung der Reichseinheit die geschichtlich bedeutendste Leistung der Ming-Herrscher. Denn zu Beginn der Ming-Zeit hatte angesichts eines zur Erblichkeit tendierenden Militäradels durchaus die Möglichkeit einer »Refeudalisierung« bestanden. Doch es gelang den frühen Ming-Herrschern, das Heer wieder gänzlich einer zivilen Kontrolle zu unterwerfen.

Auch deswegen gilt Zhu Yuanzhang (1368–98) zu Recht als einer der großen chinesischen Kaiser und manchen als der einzige wirklich bedeutende Herrscher der Ming-Zeit. Von den 17 weiteren Herrschern der Ming-Dynastie sind jedoch auch die nach ihrer Regierungsdevise (*nianhao*) benannten Kaiser Yongle (1402–24), Jiajing (1522–66), Wanli (1573–1620) und Chongzhen (1628–44) erwähnenswert.

Die Zeit der Herrschaft Zhu Yuanzhangs und die folgenden Jahrzehnte, insbesondere die Herrschaftszeit Yongles, war eine Periode des wirtschaftlichen Wiederaufbaus, der Einrichtung neuer, ganz eigenständiger Institutionen und zugleich der diplomatischen und militärischen Expansion in die Mongolei, nach Südostasien, in den Indischen Ozean, aber auch nach Zentralasien. Einen folgenreichen Schritt unternahm Yongle, als er in den Jahren 1420/21 Beijing zur eigentlichen Hauptstadt zu machen begann, obwohl er im Gegensatz zu den Mongolen und den späteren Mandschu jenseits der Mauer im Norden keine Freunde hatte. Die Hauptstadt konnte deshalb im 17. Jahrhundert schnell zur Beute der einfallenden Mandschu-Truppen werden.

In der Mitte des 15. Jahrhunderts erlebte die Dynastie eine entscheidende Niederlage in der Mongolei, von wo in der Zeit zwischen 1438 und 1449 immer wieder Angriffe abzuwehren waren. So wurden die zweite Hälfte des 15. Jahrhunderts und die erste Hälfte des 16. Jahrhunderts außenpolitisch zu einer Periode des Rückzugs und der Verteidigung. Weitere Gründe für den Niedergang der Dynastie sind in demografischen Veränderungen zu suchen, da nämlich nicht mehr, wie seit der Tang-Zeit, der Süden der bevölkerungsreichste Teil war, sondern auch der an Ressourcen eher arme Norden wieder an Bevölkerung zunahm. Hinzu kam die offiziell angeordnete Unterbindung des privaten Überseehandels (bis 1567), die auch eine Reaktion auf das überhandnehmende Piratentum entlang der Küste war und infolge der Abschließungspolitik eine gewisse Blickverengung im Bewusstsein der Literatenbeamten bewirkte, die sich dann auch gegen die von jesuitischen Missionaren (siehe unten) mitgebrachten neuen Kenntnisse vehement wehrten. Im Zuge der aus der inneren Dynamik entstehenden Spannungen und Widersprüche erlebte China gerade in der zweiten Hälfte des 16. Jahrhunderts einen rapiden sozialen Wandel. Großkaufleute und Bankiers traten auf den Plan und es entstand eine neue städtische Mittelschicht, deren Milieu auch in der zeitgenössischen Literatur und Kunst ihren Niederschlag fand. Das Manufakturwesen war sehr ausgeprägt, sodass manche bereits für diese Zeit von »Sprossen des Kapitalismus« gesprochen haben. Nicht zuletzt war China bereits mit vielen Produkten auf dem Weltmarkt präsent, von denen das bekannteste das Porzellan ist.

Als Folge des zunehmenden Welthandels (über Land und dank ausländischer Seefahrer) spielten auch neue Feldfrüchte und Pflanzen für die Versorgung der Bevölkerung mit Nahrungsmitteln eine Rolle. Die Einführung der Erdnuss 1530–40 und der Süßkartoffel in Yunnan (erste Erwähnung im Jahr 1563) sowie etwas später des Mais in Nordchina führte zu einer Substitution einheimischer Anbausorten und verbesserte die Ernährungssituation erheblich, zumal wegen der Genügsamkeit der Erdnuss bislang ungenutztes Land zum Anbau herangezogen werden konnte. Die Welthandelsbeziehungen wirkten sich auch nachhaltig auf die chinesische Binnenwirtschaft aus, insbesondere die aus den amerikanischen Kolonien kommende Silberwährung. Silber blieb, in gegossener oder geprägter Form, das heißt als Silberbarren oder als Münze, bis zum Ende des Kaiserreiches neben den Kupfermünzen für geringwertige Waren und Dienstleistungen das wichtigste Zahlungsmittel.

Der Zusammenbruch der Ming-Dynastie wurde vor allem durch eine Krise der Staatsfinanzen sowie durch soziale Spannungen auf dem Land und, wie so oft in der Geschichte Chinas, durch die Unfähigkeit der Politik, diese zu mildern, begünstigt. Soziale Unruhen landlos gewordener Bauern waren die Folge. Die Zunahme an Handel und Mobilität überhaupt sowie die Verfügung über Feuerwaffen begünstigten solche Aufstandsbewegungen.

Bereits im 17. Jahrhundert haben sich Historiker über die Gründe für den Untergang der Ming und die Durchsetzung der Herrschaft eines Dschurdschen-Stammes, der sich dann »Mandschu« nennen sollte, Gedanken gemacht und es sind von einem Autor 40 Gründe hierfür aufgezählt worden. Unter diesen Gründen findet sich neben den zuvor genannten der Konflikt zwischen der Verwaltung (Literatenbeamten) und den Eunuchen, die während der Ming-Zeit zu ihrer größten Macht gelangt waren.

Dynastiewechsel und Fremdherrschaft

Bereits im Jahr 1636 proklamierten die mandschurischen Eroberer, die sich zunächst im Nordosten Chinas ausgedehnt hatten, die »Große Qing«-Dynastie, das bedeutet die »Große Leuchtende«. Doch die Eroberung ganz Chinas durch die Mandschu-Truppen dauerte mehrere Jahrzehnte, 1644 fiel Beijing und erst 1681 wurde der Südwesten erobert, 1683 schließlich Taiwan. Die einmal begonnene expansionistische Tendenz des Mandschu-Staates kam jedoch auch dann nicht zum Stillstand, sodass China unter der Mandschu-Herrschaft im Jahr 1759 seine größte Ausdehnung erreichte, auf die sich das heutige China zur Legitimierung seiner Gebietsansprüche gern beruft. 1751 gelang es der Qing-Regierung, sich endgültig in Tibet festzusetzen.

Die großen Mandschu-Herrscher, die gelegentlich als »aufgeklärte Despoten« bezeichnet werden, waren – nach ihrer Regierungsdevise benannt – die Kaiser Kangxi (1661–1722), Yongzheng (1723–1735) und Qianlong (1735–1796). Diese förderten die Wissenschaften und Künste und vollendeten erst die »Konfuzianisierung« Chinas, nicht zuletzt durch eine strenge Zensur und eine systematische Indoktrinierung zumindest des schriftkundigen Teils der Bevölkerung. Letzteres hat dazu geführt, dass das Chinabild bis heute von dieser letzten imperialen Epoche geprägt wird.

In die Zeit der späten Ming- und der frühen Qing-Dynastie datiert auch der Beginn eines verstärkten Kontaktes zwischen Europa und dem Fernen Osten. Zwar sind seit der Han-Zeit Beziehungen zwischen China und dem Mittelmeerraum nachweisbar und katholische Missionare bzw.

Förderer von Kunst und Wissenschaften: der etwa 40-jährige Kaiser Kangxi (Gemälde auf Seide eines unbekannten Künstlers, 1699, Foto: Palastmuseum Beijing)

Der deutsche Jesuit Johann Adam Schall von Bell als Missionar und Wissenschaftler am kaiserlichen Hof in Beijing (Stich, spätes 17. Jh., Foto: ullstein bild – The Granger Collection)

päpstliche Gesandte waren zur Zeit des Mongolenreiches an den Hof des Großkhans gezogen – aus dieser Zeit stammt auch der Reisebericht Marco Polos. Aber mit der Landung einer portugiesischen Delegation in China im frühen 16. Jahrhundert begann eine neue Ära des europäisch-chinesischen Handels und ein intensiverer Austausch von Waren und schließlich auch von Ideen.

Mit der von dem italienischen Jesuiten Matteo Ricci (1552–1610) eingeleiteten Chinamission wurden neue Formen der Beziehung zwischen China und Europa begründet. Missionare wie der Kölner Pater Johann Adam Schall von Bell (1592–1666) traten sogar in den chinesischen Staatsdienst ein und wurden auch nach dem Dynastiewechsel von der Ming- zur Qing-Dynastie wieder eingestellt. Ein reger Wissenstransfer begann; die neuen Naturwissenschaften, die Astronomie vor allem, beeindruckten die Chinesen, während die Jesuiten dem europäischen Publikum von dem weisen Regiment der chinesischen Kaiser und ihrer Bürokratie berichteten. Doch es regte sich in China Widerstand und selbst reformwillige und innovationsfreudige Herrscher hatten es schwer, sich diesbezüglich durchzusetzen. In Europa dagegen wurde China zu einem Faszinosum und die Kenntnisse über chinesische Gartenbaukunst, die Pagodenarchitektur sowie chinesisches Porzellan und Malerei prägten die europäischen Salons und den Ausbau von Parkanlagen. Tee und Seide wurden zu begehrten Artikeln. Die Widerstände in China, zunächst insbesondere innerhalb der Literatenschicht, steigern sich dann im Lauf des 19. Jahrhunderts und münden in durch antichristliche und antiwestliche Propaganda geschürte Massenbewegungen.

Anfänge einer Industrialisierung

Das späte 17. und das 18. Jahrhundert waren insbesondere von den beiden Herrschern Kangxi und Qianlong, aber auch von dem ebenso fähigen wie gewalttätigen Yongzheng geprägt. Es war eine Epoche der Blüte und des Wohlstands und zugleich der Expansion des mandschurisch-chinesischen Imperiums. Jede Darstellung dieser Epoche hat bereits im vorangehenden 17. Jahrhundert, etwa um 1680, zu beginnen und sich auch auf die ersten Jahrzehnte des 19. Jahrhunderts, das heißt die Jiaqing-Ära (1796–1820), zu erstrecken. In diesem »langen Jahrhundert« wurden die Spannungen und Konflikte sichtbar, die im 19. Jahrhundert dann zum Niedergang der Mandschu-Herrschaft und zum Zusammenbruch des Kaiserreiches führen sollten. Und gerade in diesem »langen« 18. Jahrhundert treten die Unterschiede zwischen China und Europa in besonders krasser Weise zutage.

Der nur wenig ertragreichen Landwirtschaft im dünn besiedelten Europa stand in China ein hoch entwickelter Ackerbau und eine hohe Produktivität von Handwerk und Manufakturen gegenüber. Insbesondere

Helwig Schmidt-Glintzer

Kaiser Qianlong im Hofstaat kurz nach seiner Thronbesteigung im Jahr 1735 (Gemälde des am Hof von Beijing tätigen italienischen Missionars Guiseppe Castiglione, 1736, Foto: Palastmuseum Beijing)

der Textilindustrie kam eine Schlüsselrolle zu. Allein in Nanjing standen mehr als 30 000 Webstühle. Aber auch der Bergbau – es sind Bergwerke mit mehr als 10 000 Bergleuten bekannt – und die Teeverarbeitung oder die Porzellanmanufaktur (z. B. in Jingdezhen mit über 100 000 Arbeitern) sind hier zu nennen. Der zunehmende Wohlstand hatte eine Blüte des Handwerks und des Handels zur Folge und durch die Begünstigung der Kleinbauern erlebte auch die Landwirtschaft einen Aufschwung. Waren aller Art wurden auf den Weltmärkten, in Japan und Südostasien ebenso wie in Europa, abgesetzt; dies stimulierte die einheimische Wirtschaft.

Das mit der Prosperität verbundene Bevölkerungswachstum – in der zweiten Hälfte des 18. Jahrhunderts nahm die Bevölkerung von 143 auf 360 Millionen zu, im Gegensatz dazu erhöhte sich die Bevölkerung in Europa im gleichen Zeitraum nur von 144 auf 193 Millionen – und die zunehmende Differenzierung der Gesellschaft überforderten den Qing-Staat und führten zu Spannungen unter der Bevölkerung, die sich in immer häufigeren Volkserhebungen und Aufständen, insbesondere in den Randzonen des Reiches, entluden. Die Erhebungen kolonisierter Völker und der Versuch der chinesischen Regierungsvertreter, die innere Ordnung aufrechtzuerhalten, führten ab dem späten 18. Jahrhundert zu einer solchen Verschlechterung des politischen und sozialen Klimas, dass der Zusammenbruch des riesigen Reiches mit den verfügbaren Mitteln nicht mehr aufzuhalten war.

8 Schlusswort

Der Name »China« geht auf jenes Einheitsreich zurück, dass der Teilstaat Qin zusammengebracht hatte und mit dem die chinesische Kaiserzeit vor mehr als 2 220 Jahren begann. China hat daneben aber noch viele Namen, die sich von den jeweils herrschenden Dynastien herleiteten. Und es wird leicht vergessen, dass China auch geografisch viele »Orte« hatte, nicht selten mehrere Dynastien zur gleichen Zeit und mehrere Hauptstädte. Auch hat China, das in seiner heutigen Ausdehnung mit Europa verglichen werden kann und das sich selbst als Vielvölkerstaat versteht, erst im Lauf der Jahrhunderte seine Grenzen ausgedehnt.

Die Ausdehnung des chinesischen Reiches war zur Zeit der Reichsgründung bei Weitem nicht die gleiche wie heute und das Schicksal des chinesischen Reiches war wechselvoll. Doch immer wieder hat sich der Gedanke der Einheit durchgesetzt. Dies wie der Umstand, dass sich trotz aller regionaler Vielfalt schon in der Jungsteinzeit, vor etwa 5 000 Jahren, in weiten Gebieten des heutigen China sehr nahe miteinander verwandte Kulturerscheinungen finden, berechtigt uns, von 5 000 Jahren chinesischer Geschichte zu sprechen.

Damit ist jedoch die sowohl in der offiziellen Propaganda der späten Kaiserzeit als auch in der Gegenwart gelegentlich vorgetragene Behauptung nicht zu rechtfertigen, dieses China sei immer mit sich identisch gewesen. Dieses Selbstmissverständnis hat mit dazu beigetragen, dass China im Westen als ein geradezu geschichtsloser, sich ewig gleich bleibender Staat betrachtet wurde. Trotz der inzwischen gewonnenen Einsichten sind diese Zerrbilder auch heute noch wirksam. Ein Rückblick auf die Geschichte Chinas lässt die nach wie vor wirksame innere Dynamik dieser Kultur, und zwar ihre Chancen wie auch ihre Gefährdungen, deutlicher erkennen. Die Kontakte zu Völkern an den Rändern waren vielfältig und früh schon wurden Beziehungen mit Nachbarstaaten auf der Ebene der Gleichberechtigung gepflegt.

Der Blick auf die Geschichte Chinas zeigt, dass der von einer Zentrale aus gelenkte Staat nur kurze Perioden hindurch Bestand haben konnte. Die meiste Zeit überwog der Zustand regionaler Vielfalt oder – während der Zeit des späten Kaiserreiches – eine relative Laissez-faire-Politik gegenüber den Formen intermediärer Strukturbildung. In gewisser Weise war China auch ein »weltanschaulich neutraler« Staat und erst dadurch war es möglich, das Reich zusammenzuhalten. Das heißt nun nicht, dass er gegenüber religiösen Anschauungen und Praktiken indifferent gewesen wäre. Er dramatisierte aber auch nicht die Unterschiede auf der Ebene der Glaubensüberzeugung, sondern brandmarkte nur jeden Anflug einer »Zwei-Welten-Theorie«, weil es eben nur eine Welt mit einem Zentrum geben könne. Die in dem Kaiser, dem »Himmelssohn«, personifizierte Einheit des auf diesen und die Hauptstadt mit ihrer Verwaltung zentrierten Reichsgebietes, das zugleich Kulturraum war, hatte alle Herausforderungen durch konkurrierende Mächte ausgehalten. Es gab dort keinen allmächtigen Gott und schon gar nicht eine durch einen solchen Gott eingesetzte Statthalterschaft auf Erden wie das Papsttum in Rom. Es war aber vielleicht gerade diese Tendenz zur Kohäsion und zur Vereinheitlichung sowie der Mangel an interner Konkurrenz, die – im Vergleich zu Europa – in gewisser Weise mit zu einer »verzögerten« Entwicklung beigetragen haben.

Mit dieser Charakterisierung ist der Umstand angesprochen, dass in China erhebliche Bereiche bereits sehr früh zu einer solchen Vollendung gekommen waren, dass eine weitere Modernisierung nicht für dringlich erachtet wurde. Im alten China zeigen sich also nicht nur bereits die Grundprobleme, die China heute noch mit sich hat, sondern es wurden während der Formation des chinesischen Reiches die strukturellen Grundlagen für das heutige chinesische Selbstverständnis und die Chancen und Risiken der Politik Chinas geschaffen.

Bei allen Veränderungen und Turbulenzen haben sich aber kulturelle Errungenschaften und Techniken in China herausgebildet und erhalten, mit denen China einen wesentlichen Beitrag zur Weltkultur geleistet hat und noch leistet. Auf den verschiedensten Gebieten der Künste und der handwerklichen Techniken und nicht zuletzt auf dem Gebiet der Literatur ist das Erbe Chinas so reich, dass Chinesen allen Grund haben, stolz auf ihre Vergangenheit zu sein.

Literatur

Eberhard, Wolfram: Geschichte Chinas, Stuttgart ³1980.
Ebrey, Patricia Buckley: Eine Illustrierte Geschichte, Frankfurt 1996.
Eichhorn, Werner: Kulturgeschichte Chinas, Stuttgart 1961.
Elvin, Mark: The Pattern of the Chinese Past. A Social and Economic Interpretation, Stanford 1973.
Franke, Herbert/Trauzettel, Rolf: Das chinesische Kaiserreich, Frankfurt am Main 1968.
Franke, Otto: Geschichte des chinesischen Reiches, 5 Bde., Berlin 1930–1952.
Gernet, Jacques: Die chinesische Welt, Frankfurt am Main ²1983.
Schmidt-Glintzer, Helwig: Reich und Gesellschaft in China. Die Geschlossenheit einer offenen Welt, in: Saeculum, 55 (2004) 2, S. 157–174.
Schmidt-Glintzer, Helwig: China im Wandel im 17. Jahrhundert, in: Müller, Klaus E. (Hrsg.): Historische Wendeprozesse. Ideen, die Geschichte machten, Freiburg/Basel/Wien 2003, S. 128–145.
Schmidt-Glintzer, Helwig: Das alte China. Von den Anfängen bis zum 19. Jahrhundert, München ³2002.
Schmidt-Glintzer, Helwig: China. Vielvölkerreich und Einheitsstaat, München 1997.
Twitchett, Denis/Fairbank, John K. (Hrsg.): The Cambridge History of China, Cambridge 1979 ff.; bisher erschienen: Bde. 1, 3, 5–15.
Wiethoff, Bodo: Grundzüge der älteren chinesischen Geschichte, Darmstadt 1971.

Helga Stahl

Vom Kaiserreich zur Volksrepublik: Chinas langes 20. Jahrhundert[1]

Der Niedergang der Qing-Dynastie (1644–1911) hatte schon im 19. Jahrhundert eingesetzt. So hatte China die beiden Opiumkriege gegen Großbritannien (1840–42 und 1856–60) und einen Krieg gegen Frankreich (1884/85), vor allem aber auch einen Krieg gegen Japan (1894/95) mit katastrophalen Folgen für die innen- und außenpolitische Verfassung des Landes verloren (siehe den Beitrag von Christoph Müller-Hofstede). Ungleiche Verträge zwangen China zur Öffnung von Hafenstädten und Städten im Inland für den internationalen Handel und für die christliche Mission. Einige Teile des chinesischen Territoriums mussten abgetreten werden oder wurden kurzerhand annektiert (u. a. Hongkong und Teile Ostsibiriens). Hohe Reparationszahlungen belasteten die Volkswirtschaft und trugen zur Verelendung der Bevölkerung bei. Dass britische und französische Truppen im Jahr 1860 den Sommerpalast plünderten, demütigte die Dynastie. Zu den äußeren Feinden kamen innere Unruhen, versäumte Modernisierungen und gescheiterte Reformversuche sowie Unfähigkeit und Korruption unter den Herrschenden. Mit dem neuen Jahrhundert beschleunigte sich diese Entwicklung. Im Jahr 1900 unternahmen die sogenannten Boxer, eine zunächst antidynastische, später vor allem fremdenfeindliche Geheimgesellschaft, einen Aufstand. Ihr Ziel war es, alle Ausländer, insbesondere die christlichen Missionare, aus dem Land zu jagen. Das Herrscherhaus, das die Stärke der Boxer überschätzte, stellte sich auf ihre Seite und ein marodierender Mob ermordete Ausländer und zum Christentum konvertierte Chinesen. Daraufhin schlugen die imperialistischen Mächte (vor allem Großbritannien, Deutschland, Russland, Japan und die USA) den Aufstand nieder. Im anschließend diktierten »Boxerprotokoll« (September 1901) bürdeten die Sieger China weitere große Las-

---

[1] Diese Darstellung basiert in weiten Teilen auf dem Beitrag Siegfried Klaschkas im von der Bundeszentrale für politische Bildung veröffentlichen »Länderbericht China« aus dem Jahr 2007 (Siegfried Klaschka: Die politische Geschichte im 20. Jahrhundert, in: Fischer, Doris/Lackner, Michael (Hrsg.): Länderbericht China, Bonn ³2007, S. 129–155).

ten auf. Die riesigen Reparationszahlungen ruinierten den Staatshaushalt endgültig und beförderten den Niedergang des alten Systems (siehe den Beitrag von Christoph Müller-Hofstede).

In den folgenden Jahren versuchte die Qing-Dynastie, ihre Herrschaft durch einige Reformen zu retten. Doch alle Reformansätze, darunter im Jahr 1905 die Abschaffung der seit etwa 2000 Jahren durchgeführten Beamtenprüfungen auf der Grundlage der konfuzianischen Klassiker, kamen zu spät oder gingen nicht weit genug. Eine neue Verfassung etwa, die längst überfällig war, wurde nicht eingeführt. Zu einem echten Wandel waren die Repräsentanten der Monarchie nicht bereit. Die wenigen halbherzigen Modernisierungsschritte, mit denen die alte politische Ordnung nicht transformiert, sondern nur stabilisiert werden sollte, genügten jedoch nicht, um Chinas soziale Probleme zu lösen und das Land aus seiner Rückständigkeit herauszuführen. Vor diesem Hintergrund dachten immer mehr Intellektuelle Ende des 19. und Anfang des 20. Jahrhunderts über radikale Veränderungen nach. Ihr Ziel war die Abschaffung der Monarchie und die Gründung einer Republik China.

Sun Yat-Sen, Parteiführer der Guomindang, (Foto: Tsui Heng/akg-images, undatiert)

Der wichtigste Vertreter der Revolutionäre war Sun Yat-sen (1866–1925). Er wurde in Südchina geboren, wuchs in Honolulu auf, studierte in Hongkong Medizin und arbeitete dann als Arzt in Macao. Nachdem er mit westlichen politischen Ideen in Berührung gekommen war, formulierte er die an diese Ideen angelehnte Lehre der »drei Volksprinzipien«. Die drei Prinzipien waren »Nationalismus« (*minzu*), »Volksrechte« (*minquan*) und »Volkswohlfahrt« (*minsheng*). Diese Begriffe wurden immer wieder neu interpretiert. Unter Nationalismus wurde beispielsweise zunächst ein gegen die Mandschuren gerichteter ethnischer Nationalismus verstanden, während *minzu* nach der Gründung der Republik 1912 Mandschuren, Mongolen, Tibeter und andere Ethnien in China einschloss und sich gegen in- und ausländische Feinde der Republik richtete (zu den drei Volksprinzipien und ihren Interpretationen: Kuhn 2007, S. 49–53).

1905 gründete Sun in Tokio den chinesischen Revolutionsbund Tongmenghui[2], die Vorläuferorganisation der Guomindang. Sein Aktionsprogramm lautete:
- Die Mandschu (die Angehörigen des Qing-Kaiserhauses und ihre Gefolgsleute) vertreiben,
- eine chinesische Republik errichten,
- einen Präsidenten und ein Parlament vom Volk wählen lassen.

Mit Aufstandsversuchen arbeiteten die Revolutionäre lange Zeit erfolglos auf einen Umsturz hin, bis dann überraschenderweise ein Aufstand gelang. Am 10. Oktober 1911 revoltierten in der Stadt Wuchang (heute Teil der Stadt Wuhan) einige Unteroffiziere und Soldaten, nachdem die Polizei von ihrem eigentlich für einen späteren Termin geplanten Aufstand Kenntnis erhalten hatte. Einen Tag danach war die Stadt in der Hand der Aufständischen und schon eine Woche später gewannen sie die erste Schlacht gegen eine kaiserliche Armee. Das war das Signal für ähnliche Erhebungen im ganzen Land. Die zunächst nur lokale Revolte löste eine Sezessionsbewegung aus, der sich in kurzer Zeit die meisten Provinzen anschlossen. Bis zum Ende des Jahres war der größte Teil von ihnen von der Zentralregierung abgefallen und hatte sich für unabhängig erklärt. Die Gründung der Republik China war greifbar nahe.

Die Revolution von 1911 war also nicht der erfolgreiche Sturz der Qing-Dynastie durch Sun Yat-sen und seine Anhänger. Die letzte Dynastie des kaiserlichen China brach vor allem aus innerer Schwäche zusammen. Sun war zum Zeitpunkt des Aufstands nicht einmal in China, sondern in den

---

2 Tongmenghui steht für *Zhonguo geming tongmenghui* = Chinas revolutionärer Schwurbund (Vogelsang 2012, S. 489).

USA. Nachdem er in der Zeitung von den Ereignissen in Wuchang gelesen hatte, reiste er über London langsam nach China zurück. Er traf erst am 25. Dezember 1911 in Shanghai ein. Am 1. Januar 1912 trat er das Amt des ersten provisorischen Präsidenten der Republik China an. Der letzte Kaiser der Qing-Dynastie, Pu Yi, dankte am 12. Februar 1912 ab.

1 Yuan Shikai und die *warlord*-Periode

Doch sogleich wurde die Schwäche der Revolutionäre deutlich. Sie waren nicht in der Lage, die Macht im Staat zu übernehmen, da ihnen die militärische Basis fehlte. So wandte sich Sun an Yuan Shikai (1859–1916), den starken Mann in China, der die modernste Armee befehligte. Er bot Yuan die Präsidentschaft an, wenn dieser sich zur Republik bekenne. Yuan sah die Chance, seine eigene Macht auszubauen, bekannte sich nach außen hin zur Republik und übernahm das Amt des Präsidenten. Nach der Abdankung des Kaisers war die Gründungsphase der Republik offiziell abgeschlossen. Die entsprechenden staatlichen Institutionen waren entstanden. Aus dem Revolutionsbund wurde eine Partei, die Guomindang (GMD).

Die neue Republik bestand jedoch nur formell. Es rächte sich nun, dass China bis zu diesem Zeitpunkt keine demokratischen Traditionen und keine Parteiengeschichte kannte. Es fehlten Kräfte, die demokratische Ideale und Ziele anstrebten. Selbst viele Intellektuelle, die mit der Revolution sympathisiert hatten, wussten nicht genau, wie es nach der Revolution weitergehen sollte. Yuan Shikai nutzte die Lage für seine eigenen Interessen. Ende 1913 wandte er sich gegen die Revolutionäre: Er ließ die Guomindang verbieten. Im Januar 1914 löste er das Parlament auf; kurz danach verkündete er eine neue Verfassung, die ihm umfassende Macht verlieh. Anfang 1916 restaurierte er sogar die Monarchie und wollte sich selbst zum neuen Kaiser machen. Nur sein Tod im Juni 1916 verhinderte dies.

Doch auch mit Yuans Tod entwickelten sich in China keine demokratischen Verhältnisse. Im Gegenteil: Die Zeit von 1916 bis 1927 ist als Periode der »Kriegsherren« (*warlords*), als Phase der Zersplitterung, innerer Wirren und undemokratischer Verhältnisse in die Geschichte eingegangen. Nach dem Verschwinden des starken Mannes Yuan teilten verschiedene Generale als Militärmachthaber China untereinander auf. In ihren jeweiligen Einflusssphären herrschten sie diktatorisch und pressten die Landbevölkerung durch immer neue »Steuern« aus. Einige förderten den Mohnanbau und den Opiumhandel, andere erpressten vor allem Gewerbetreibende und Händler. In vielen Regionen herrschte eine Art institutionalisiertes

Banditentum. Untereinander gingen die Kriegsherren immer wieder neue Bündnisse ein oder sie bekämpften sich gegenseitig, je nachdem, wovon sie sich den größten Vorteil versprachen. Insgesamt verschlimmerte sich die Lage in China während der gesamten Periode zunehmend. Die Folge waren eine Desorganisation des Handels, der Niedergang von Wirtschaft und Landwirtschaft, eine grassierende Inflation und eine weitere Verelendung der Bevölkerung.

Sun Yat-sen und seine Anhänger hatten nach wie vor keine Chance, ihre demokratischen Ideale zu verwirklichen. Die *warlords* verfolgten eigene Ziele und hatten an einer Republik kein Interesse. Auch die imperialistischen Mächte, die sich in China festgesetzt hatten, waren nicht an einem demokratischen China interessiert. Sie trugen nach Kräften dazu bei, dass Suns Bemühungen scheiterten. Ab 1923 setzte Sun Yat-sen deshalb auf die Sowjetunion als Verbündeten. Im Herbst dieses Jahres entsandte er Chiang Kai-shek (Jiang Jieshi, 1887–1975), seinen späteren Schwager, nach Moskau. Dieser sammelte dort Erfahrungen in der Roten Armee. Im Gegenzug kam eine sowjetische Delegation mit dem Berater Michail Borodin nach China. Unter dessen Einfluss wurde die Guomindang 1924 zu einer zentralisierten, straff geführten Partei reorganisiert, mit deren Hilfe der Staat effektiv kontrolliert und geleitet werden sollte. Doch 1925 endete Sun Yat-sens unermüdliches Bemühen um die Demokratisierung Chinas. Er starb am 12. März, ohne seinen Traum verwirklicht zu haben. Für den Vater des Landes wurde in den Purpurbergen östlich von Nanjing ein Mausoleum gebaut, ganz in der Nähe des Mausoleums des ersten Kaisers der Ming-Dynastie. Sun Yat-sen wurde dort im Frühsommer des Jahres 1929 beigesetzt (Musgrove 2013, S. 125–166).

2 Die 4.-Mai-Bewegung 1919

Auch wenn die Phase der *warlords* vor allem von Spaltung, inneren Konflikten und politischer Instabilität gekennzeichnet war, gab es in dieser Zeit Entwicklungen, die zukunftsweisenden Charakter hatten. Eine davon war die »4.-Mai-Bewegung«. Sie hatte ihren Ausgangspunkt im Jahr 1915. In diesem Jahr gründeten einige Intellektuelle in Shanghai eine Zeitschrift. Sie hieß »Jugendzeitschrift« (Qingnian Zazhi) und wurde später in »Neue Jugend« (Xin Qingnian) umbenannt. Für diese Zeitschrift schrieben in den kommenden Jahren alle bedeutenden reformorientierten Intellektuellen, die so ihre Ideen für ein modernes China publizierten (siehe den Beitrag von Iwo Amelung). Gemeinsam war ihnen eine tiefe Unzufriedenheit mit den Verhältnissen. Vordergründig hatte die Revolution zwar über das alte China gesiegt, doch in Wahrheit existierten immer noch die meisten der alten Strukturen. Die Politik war rückwärtsgewandt, Yuan Shikai und später die *warlords* verfolgten eine erzkonservative Linie, Demokratie, Parlamentarismus oder ein freies geistiges Klima waren in weite Ferne gerückt. Ein völliger Bruch mit dem Alten, ein neuer radikaler antitraditionalistischer Kampf schien der einzige Ausweg zu sein.

Geistiges Zentrum der Bewegung wurde die Peking University. Dort wurde Anfang 1917 Cai Yuanpei (1868–1940) zum Rektor ernannt. Er sorgte dafür, dass weitere fortschrittliche Leute an die Hochschule kamen, etwa die linken Intellektuellen und späteren Mitbegründer der Kommunistischen Partei Chinas Chen Duxiu (1879–1942) und Li Dazhao (1889–1927), bedeutende Literaten wie Lu Xun (1881–1936), Philosophen und Literaturwissenschaftler wie Hu Shi (1891–1962) und andere mehr. Sie alle einte das Ziel, »China von den Fesseln der Tradition zu befreien« und in die Moderne zu führen. Ihre Ideen wurden von der kritischen Intelligenz im Land begeistert aufgenommen. So entwickelte sich eine patriotische geistige Erneuerungsbewegung, die China nachhaltig verändern sollte.

Eine zentrale Forderung der Bewegung lautete, nicht mehr in der klassischen Schriftsprache zu schreiben, wie es die chinesischen Beamten durch alle Dynastien hindurch getan hatten. Diese Sprache bewahrte Grammatik, Syntax und Wortschatz aus der Zeit der konfuzianischen Klassiker (ca. 500–200 v. Chr.) und verlangte die Verwendung von Zitaten und Anspielungen aus den philosophischen, historischen und auch literarischen Werken, die den Bildungskanon ausmachten. Nur eine extrem kleine Oberschicht, die sich eine jahrzehntelange Ausbildung leisten konnte, beherrschte diese chinesische Schriftsprache, während alle anderen von der Bildung ausgeschlossen waren. Daher forderten die Reformer, dass nur noch in der Umgangssprache geschrieben, also die gesprochene Sprache des 20. Jahrhunderts verschriftlicht werden sollte. So konnten mehr Menschen Zugang zum geschriebenen Chinesisch bekommen. Und sie hatten damit Erfolg: Ab 1919 breitete sich die Umgangssprache in Zeitungen aus, einige Zeit später erschienen erste Schulbücher in Umgangssprache und allmählich setzte sie sich allgemein durch.

Die Ereignisse, die der ganzen Bewegung ihren Namen gaben, geschahen im Mai 1919. In diesem Monat schlug der Patriotismus – ein wesentliches Charakteristikum der ganzen Reformbewegung – in gewaltsame Proteste um. Anlass war die Versailler Friedenskonferenz, die im Anschluss an den Ersten Weltkrieg im fernen Europa stattfand. China gehörte (formal)

Vom Kaiserreich zur Volksrepublik: Chinas langes 20. Jahrhundert

Studentenproteste vor dem Tor des Himmlischen Friedens (Tianan'men) 1919 (Foto: Sidney D. Gamble Collection, Duke University Libraries)

zu den Siegermächten, Deutschland hatte den Krieg verloren. In China hoffte man daher, die ehemaligen deutschen Besitzungen in Shandong (die Stadt Qingdao und ihr Umland) zurückzuerhalten. Doch Briten, Franzosen und Italiener hatten bereits vor Kriegsende in Geheimabsprachen mit Japan vereinbart, dass die ehemaligen deutschen Besitzungen an Japan gehen sollten. Die Folge dieser Entscheidung war eine breite nationale Empörung. Am 4. Mai kam es zu Studentenprotesten mit tätlichen Übergriffen auf projapanische Politiker. Einige Studenten wurden verhaftet, doch die Proteste rissen nicht ab, im Gegenteil: Auch Arbeiter, Kaufleute und andere Gruppen schlossen sich ihnen an. Schließlich mussten mehrere japanfreundliche Politiker zurücktreten, die Regierung gab den Forderungen der patriotischen Protestbewegung nach und verweigerte die Unterschrift unter den Versailler Vertrag (der trotzdem in Kraft trat).

Die Reformer befassten sich in dieser Zeit auch mit westlichen Ideen wie Sozialismus und Marxismus. Während man vorher geglaubt hatte, marxistische Ideen hätten für China keine Bedeutung – schließlich setzte Marx auf das Proletariat der industrialisierten Nationen als revolutionäres Subjekt –, wuchs nach 1918 das Interesse. Da die Oktoberrevolution in Russland, einem ähnlich rückständigen Land wie China, erfolgreich gewesen war, hoffte man, dort auch ein Modell für China zu finden. Es entstanden erste Marxismus-Studiengesellschaften. Infolge des Ersten Weltkriegs und des Versailler Vertrags wuchs die Enttäuschung über die europäischen Staaten und die Begeisterung für den sozialistischen Weg, den Russland ging, nahm zu. Am 1. Juli 1921 gründeten einige der Intellektuellen schließlich die Kommunistische Partei Chinas (KPCh). Mit diesem Schritt endete die Periode der 4.-Mai-Bewegung.

3 Die Periode von Nanjing

Nach dem Tod Sun Yat-sens wurde Chiang Kai-shek zur Führungsfigur im nationalistischen Lager. Zwar gab es in der Guomindang einen linken und einen rechten Flügel mit jeweils unterschiedlichen Zielen, doch Chiang gelang es, über diese Differenzen hinweg seine Position auszubauen. Er taktierte geschickt, spielte die unterschiedlichen Fraktionen gegeneinander aus und gelangte schließlich an die Spitze der Partei. Zwischen 1926 und 1927 erzielte er auch einen großen militärischen Erfolg. Durch den sogenannten Nordfeldzug beendete er die Herrschaft der meisten *warlords* und konnte so China wieder einen.

Die Kommunistische Partei Chinas hatte zu dieser Zeit nur wenige Mitglieder und Anhänger und war keine bestimmende politische Kraft. Deshalb (und auf Weisung Moskaus) arbeitete sie zunächst eng mit der Guomindang zusammen. Diese wiederum kooperierte mit der KPCh, weil sie an einer militärischen, politischen und finanziellen Unterstützung Moskaus interessiert war. Die erste Phase dieser Kooperation dauerte von 1924 bis 1927.

Am 12. April 1927 kam es zum Bruch: Chiang Kai-shek hatte sich mittlerweile mit reichen Bank-und Wirtschaftskreisen arrangiert und ihnen gegen eine finanzielle Unterstützung ihren Besitzstand garantiert. Nun entschloss er sich, gegen die Kommunisten vorzugehen. Unerwartet ließ er alle Kommunisten und Arbeiterführer in Shanghai verhaften und hinrichten. Die KPCh und alle anderen revolutionären Organisationen wurden verboten. Am 18. April 1927 bildete Chiang Kai-shek die Nationalregierung von Nanjing. Damit kann man das Jahr 1927 als Beginn einer neuen historischen Phase betrachten: Die Guomindang hatte sich von den links orientierten Kräften getrennt und damit auch weitgehend das sozialrevolutionäre Erbe Sun Yat-sens abgelegt. China hatte nun wieder eine relativ stabile Regierung, die über den größten Teil des Landes herrschte. Zugleich markiert das Jahr 1927 aber auch den Beginn der Auseinandersetzung zwischen Kommunisten und Guomindang, deren Folgen bis in die Gegenwart reichen.

Bewaffnete Gewerkschaftsgarden in Shanghai 1927 (Foto: ullstein bild)

Die Nationalregierung unternahm nun einzelne Versuche, die Agrarstruktur zu verbessern, doch es blieb bei Halbheiten, denn der Einfluss der Grundbesitzer war zu stark, um tief greifende Reformen zuzulassen. Das alte Pacht- und Steuersystem blieb unangetastet, eine Umverteilung von Grund und Boden fand nicht statt. Der größte Teil der Bevölkerung, die Bauern, musste auch weiterhin im Elend leben. Mit der nicht verwirklichten Bodenreform wurde das dringendste und am schwersten wiegende Problem der Zeit den Kommunisten überlassen. Wie sich später herausstellen sollte, war dies ein gravierender politischer Fehler.

Helga Stahl

4 Kommunistische Partei und Guomindang

Die Geschichte der Kommunistischen Partei Chinas war von immer neuen Auseinandersetzungen um die korrekte Linie geprägt. Der erste dieser Konflikte begann schon bald nach Gründung der Partei. Eine Gruppe in der KPCh um den ersten Generalsekretär Chen Duxiu versuchte auf Druck Moskaus, »das chinesische Proletariat in den Städten zu organisieren« und dort durch Streiks und andere Aktionen eine revolutionäre Situation zu schaffen. Angehörige des anderen Flügels um Mao Zedong (1893–1976) hielten diese Linie für falsch, denn es gab zu dieser Zeit in China nur ganz wenige Industriearbeiter. Ihrer Meinung nach mussten in China »die Städte von den Dörfern her eingekreist« und die Bauern als Stützen der Revolution betrachtet werden. In den ersten Jahren der Parteigeschichte dominierte die an Moskau orientierte Fraktion der KPCh. Mao und seine Anhänger wurden als Abweichler betrachtet, die einen irrigen »Bauernkommunismus« praktizierten. Doch diese hielten unbeirrt an ihrer Strategie fest. Um die Landbevölkerung zu organisieren, gründeten sie in der Provinz Hunan, der Heimatprovinz Maos, erste revolutionäre Bauernbünde. Im September 1927 organisierte Mao den legendären »Herbsternteaufstand«. In seinem »Hunan-Bericht« von 1927 schrieb er: »Die Führung durch die armen Bauern ist unumgänglich. Ohne die armen Bauern gibt es keine Revolution.« (Mao Tse-tung 1968, S. 32) Solche Feststellungen markierten die konzeptionellen Schritte für die weitere Arbeit Maos. Gleichzeitig zeigten sich hier erste Ansätze eines eigenständigen, vom sowjetischen Vorbild abweichenden chinesischen oder »maoistischen« Kommunismus. Ab Mitte der 1920er-Jahre errichteten die »Maoisten« mehrere Stützpunkte auf dem Land. Das größte und wichtigste dieser Gebiete lag in der Provinz Jiangxi. In der Stadt Ruijin riefen die Maoisten im November 1931 die »chinesische Sowjetrepublik« aus. Dagegen befolgte die KPCh-Führung weiterhin ihre Direktiven aus Moskau. Obwohl Organisationsversuche und Aktionen der Kommunisten in den Städten immer wieder scheiterten, hielt sie an der eingeschlagenen Linie fest und versuchte, unter dem städtischen Proletariat Fuß zu fassen. Sie kritisierte das eigenmächtige Vorgehen Maos und seiner Anhänger und schloss Mao aus dem Politbüro aus. 1931 besetzte Japan die Mandschurei und dehnte dann nach und nach seine Macht in China aus (siehe den Beitrag von Christoph Müller-Hofstede). Die Kommunisten erklärten Japan den Krieg und forderten die Nationalregierung zu gemeinsamen Aktionen gegen Japan auf. Aber Chiang Kai-shek lehnte jede Zusammenarbeit ab und die Guomindang stellte sich auch allein nicht der japanischen Expansion entgegen. Dies kostete sie viele

Sympathien in der Bevölkerung und die Kommunisten wurden in den Augen vieler Chinesen zu den Bewahrern nationaler Interessen, zur einzigen politischen Kraft, die sich entschieden gegen den Erzfeind Japan stellte.

Chiang Kai-shek betrachtete die Vernichtung der Kommunisten als vordringliches Ziel. Zwischen 1930 und 1934 unternahm er fünf »Einkreisungs- und Vernichtungsfeldzüge« gegen die kommunistischen Gebiete, vor allem in der Provinz Jiangxi. Der letzte dieser Feldzüge führte beinahe zum Erfolg für die Armee der Guomindang. Als einziger Ausweg blieb den Kommunisten der Rückzug, das heißt der Ausbruch aus der Umzingelung und die Flucht. Mit einigen Scheinmanövern gelang es ihnen, aus der Einkreisung zu entkommen. Rund 180 000 Personen begaben sich schließlich auf den »Langen Marsch«. Verfolgt und immer wieder attackiert von den Streitkräften der GMD, flohen sie mit vielen Umwegen nach Nordwestchina. Die Flucht dauerte von Ende 1934 bis 1936 und führte durch ein Dutzend Provinzen und über eine Strecke von rund 12 500 Kilometern. Weniger als ein Drittel der Flüchtlinge überlebten und erreichten schließlich die Provinz Shaanxi, wo sie in der Nähe des Ortes Yan'an eine neue Basis errichteten.

Diese Ereignisse bedeuteten einerseits einen Rückschlag für die Kommunisten. Sie verloren ihr gut ausgebautes Stützpunktgebiet in Jiangxi und erlitten auf dem Langen Marsch große Verluste. Und dennoch bedeutete Letzterer auch einen Erfolg: Die Kommunisten bewiesen, dass sie sich gegen die GMD behaupten konnten. Chiang Kai-shek konnte sie vertreiben, aber nicht besiegen. Die Überlebenden gingen aus dem Langen Marsch gefestigter und geeinter hervor als zuvor. Auch der propagandistische Effekt des Marsches war nicht zu unterschätzen. Die Kommunisten kamen auf ihrem Weg mit der Bevölkerung der verschiedensten Gebiete in Berührung. Ihre Armee erwies sich als disziplinierte und gut geführte Truppe, nicht als plündernder und marodierender Haufen, wie es die Heere der nationalistischen Verbände und der meisten *warlords* waren. So war der Lange Marsch ein erfolgreicher Werbefeldzug für die Sache der Kommunisten.

Mao Zedong brachte der Lange Marsch persönlich voran. Bis dato war seine Stellung in der Partei relativ schwierig gewesen. Die verschiedenen Generalsekretäre orientierten sich an den Weisungen der Komintern[3] aus Moskau und standen der Mao-Fraktion ablehnend gegenüber. Anfang

---

3 Komintern = Kommunistische Internationale, 1919 ins Leben gerufener internationaler Zusammenschluss kommunistischer Parteien, der bis 1943 Bestand hatte.

1935, während des Langen Marsches, fand in Zunyi in der Provinz Guizhou eine Konferenz der Parteiführung statt. Dort wurden Generalsekretär Qin Bangxian (bekannter unter seinem Pseudonym Bo Gu, 1907–46) und der deutsche »Berater« Otto Braun (1901–74) für die vorangegangene falsche Politik und den Verlust des Sowjetgebietes verantwortlich gemacht. Mao Zedong ging gestärkt aus dem Konflikt hervor. Auch wenn er damit noch nicht *der* Führer der chinesischen Kommunisten war, so war seine Stellung innerhalb der kommunistischen Bewegung von diesem Zeitpunkt an doch bedeutend stärker als in der vorangegangenen Periode.

5 Der Zweite Chinesisch-Japanische Krieg

In Ostasien begann der Zweite Weltkrieg bereits im Juli 1937 mit einer japanischen Großoffensive, die darauf zielte, China endgültig zu erobern (Kuhn 1999; Mitter 2013; siehe auch den Beitrag von Christoph Müller-Hofstede). Vom Nordosten und von der Küste aus drangen japanische Truppen in breiter Front nach China ein. Ende des Jahres waren alle Provinzen im Osten und Norden des Huang He, das gesamte Tal des Chang Jiang (Jangtsekiang) bis zum Dongting-See und viele wichtige Großstädte (darunter Beijing, Tianjin und Shanghai) von den Japanern besetzt. Im Dezember 1937 kam es zum sogenannten Nanjing-Massaker, als japanische Soldaten in der Hauptstadt der Republik ein furchtbares Blutbad unter der Zivilbevölkerung anrichteten. Dieses Massaker, bei dem vermutlich mehr als 350 000 Menschen brutal umgebracht wurden, ist bis heute Anlass geschichtspolitischer Kontroversen zwischen China und Japan (Kuhn 1999, S. 82–94).

Bereits im Mai 1936 hatte das Zentralkomitee (ZK) der Kommunistischen Partei die GMD aufgefordert, eine neue Einheitsfront gegen Japan zu bilden. Die Guomindang-Führung zeigte erneut kein Interesse. Chiang Kai-shek hielt daran fest, vorrangig die Kommunisten zu bekämpfen. Im Dezember 1936 ereignete sich jedoch der sogenannte Xi'an-Zwischenfall: Chiang wurde bei der Stadt Xi'an von den beiden Generalen Zhang Xueliang und Yang Hucheng festgenommen. Sie forderten den gemeinsamen Kampf von GMD und KPCh gegen Japan. Um wieder freizukommen, willigte Chiang in diese Forderung ein und so bestand (ab 1937) wieder eine Einheitsfront.

Doch Chiang Kai-shek hatte dem Abkommen nur unter Zwang zugestimmt und sah sich deshalb nicht an die Vereinbarung gebunden. Er hatte auch weiterhin kein Interesse an der Kooperation mit den Kommunisten. Wenn möglich, behinderten die nationalistischen Einheiten sogar die Armeen der KPCh. Ende 1939 kam es wieder zu militärischen Auseinandersetzungen zwischen beiden Seiten. Im Januar 1941 griffen Truppen der Nationalregierung die »Neue Vierte Armee« der Kommunisten an. Sie töteten 4000 Mann und nahmen 5000 Soldaten gefangen. Dieser sogenannte Wannan-Zwischenfall bedeutete de facto das erneute Ende der Einheitsfront. Am 7. Dezember 1941 flog die japanische Luftwaffe ihren Angriff auf Pearl Harbour, was den Eintritt der USA in den Zweiten Weltkrieg zur Folge hatte. Dadurch erwuchs den Japanern ein mächtiger Feind. Doch obwohl Japan an verschiedenen Kriegsschauplätzen unter Druck geriet, hielt die japanische Führung weiter am Ziel fest, China vollständig zu unterwerfen. Mit der Operation Ichigo, einer japanischen Offensive im Jahr 1942, konnte es seine Position auf dem chinesischen Festland tatsächlich noch weiter ausbauen. Der Preis dafür war aber, dass Japan einen erheblichen Teil seiner Truppen in China einsetzen musste. Dadurch unterlag seine Armee im Pazifik – trotz anfänglicher Überlegenheit – in relativ kurzer Zeit seinen Gegnern. Schließlich musste Japan im August 1945 kapitulieren, obwohl es zumindest in China unbesiegt war.

6 Der Bürgerkrieg (1945–49)

Mit der Kapitulation Japans endete der Chinesisch-Japanische Krieg. Doch damit kehrte noch kein Friede in China ein; es folgte vielmehr eine mehr als vier Jahre währende Phase des Bürgerkriegs zwischen den Armeen der GMD und der KPCh. Nun standen sich Nationalisten und Kommunisten direkt gegenüber. Beide versuchten zunächst, Ausrüstung und Waffen zu übernehmen, die die Japaner bei ihrem Abzug zurückließen. Beide bemühten sich zudem, die strategischen Schlüsselpositionen zu besetzen und in das Machtvakuum vorzustoßen, das die Japaner in den ehemals besetzten Gebieten hinterließen. In der Mandschurei fielen den Kommunisten Waffen- und Munitionslager in die Hände, weil hier die sowjetische Rote Armee weite Gebiete besetzt hatte. Im Übrigen aber erfuhren vor allem die Nationalisten Unterstützung von außen. Die US-Armee brachte mit ihren Flugzeugen in Eilaktionen nationalchinesische Soldaten nach Nord- und Ostchina, damit sie dort vor den Kommunisten Stellung beziehen und das Kriegsgerät der Japaner übernehmen konnten. Die GMD hatte drei Millionen Soldaten, die Armee der Kommunisten nur eine Million. So schien der Erfolg der GMD-Truppen vorgezeichnet. Doch nun rächten sich die politischen Fehler und Versäumnisse der Guomindang in der Vergangenheit. Es gelang ihr nicht, in den Gebieten, die die Japaner verlassen hatten, ein flächendeckendes Herrschaftssystem aufzubauen. Es fehlte ihnen an Akzeptanz und Unterstützung der Bevölkerung. Die GMD erwies sich aber auch als unfähig zu einem Neubeginn. Korruption und Willkürherrschaft grassierten und die Kooperation mit Kräften, die mit Japan kollaboriert hatten, unterminierte die Herrschaftsgrundlage der Nationalregierung immer weiter. Am schlimmsten aber wirkte sich die versäumte Agrarreform aus. Die KPCh hatte in der Vergangenheit in ihren Stützpunktgebieten der Agrarfrage immer große Aufmerksamkeit geschenkt und erste Schritte zu einer Bodenreform unternommen. Jetzt proklamierten die Kommunisten in den von ihnen eroberten Gebieten abermals eine Umverteilung von Grund und Boden und erwarben sich neue Sympathien unter der Landbevölkerung.

Schließlich gerieten die Nationalisten auch militärisch in die Defensive. Zu Anfang des Bürgerkriegs verfolgten die kommunistischen Einheiten die Guerillataktik. Sie wussten, dass sie zu schwach waren, um sich den nationalistischen Einheiten offen entgegenzustellen. 1947 formierten die Kommunisten ihre Truppen dann um zur »Volksbefreiungsarmee«. Ab 1948 stellten sie sich den Nationalisten in großen offenen Schlachten. Im selben Jahr entschieden kommunistische Truppen unter Lin Biao (1907–71) die Kämpfe in der Mandschurei für sich und eroberten Nordchina. Anschließend stieß die Volksbefreiungsarmee nach Süden vor und eroberte im April 1949 die damalige Hauptstadt Nanjing. Die kommunistischen Truppen überquerten den Chang Jiang und eroberten schließlich Südost- und Südchina. Der nationalistischen Regierung, ihrer Armee und ihren Anhängern blieb keine andere Wahl, als nach Taiwan zu fliehen, um sich so der endgültigen Vernichtung zu entziehen (siehe den Beitrag von Gunter Schubert). Einen großen Teil der Kunstschätze aus der Verbotenen Stadt konnten die Nationalisten nach einer langen Odyssee quer durch China mit nach Taiwan nehmen. Sie befinden sich heute im Nationalen Palastmuseum in Taibei.

7 Die frühen Jahre der Volksrepublik China

Am 1. Oktober 1949 proklamierte Mao Zedong, mittlerweile der unangefochtene Führer der Kommunisten, auf dem Tian'anmen-Platz (Platz des Himmlischen Friedens) die Volksrepublik China. Es wurde eine neue Zentralregierung geschaffen. Neben Mao Zedong standen in den frühen Jahren der Volksrepublik Zhou Enlai (1898–1976; als Vorsitzender des Staatsrats Regierungschef, außerdem Außenminister) und Liu Shaoqi (1898–1969; ab 1954 Parlamentspräsident) an der Spitze von Partei und Staat. Die neue Gesellschaftsordnung galt nicht als sozialistisch, sondern wurde als »neue Demokratie« bezeichnet. Dabei sollte für eine Übergangszeit eine Koalition aus Arbeitern, Bauern, Kleinbürgertum und nationalem Bürgertum herrschen. Als Gegner der Koalition wurden nach relativ willkürlich getroffenen Quotenregelungen ausgewählte sogenannte Grundbesitzer und bürokratische Kapitalisten betrachtet.

Der Wiederaufbau und die Reorganisation des durch Krieg und Bürgerkrieg verwüsteten Staates wurden in Angriff genommen. Die neue Führung sah ihre Hauptaufgabe darin, China von einem vorindustriellen Agrarstaat zu einem modernen Industriestaat zu entwickeln. Dieser Schritt aus der Rückständigkeit heraus sollte so schnell wie möglich getan werden und nach dem Vorbild der Sowjetunion erfolgen. Verbunden mit diesem ökonomischen und innenpolitischen Konzept war außenpolitisch die Festlegung auf ein Bündnis mit der Sowjetunion: Man proklamierte »ewige, unlösbare Freundschaft zum Großen Bruder Sowjetunion« (siehe die Beiträge von Markus Taube, Christoph Müller-Hofstede und Iwo Amelung). Spannungen zwischen den Staaten, Parteien und Personen (Mao und Stalin) bestanden allerdings trotz der Freundschaftsbeteuerungen von Beginn an. Die Chinesen, darunter viele aus bürgerlichen und intellektuellen Kreisen, standen in dieser Zeit mehrheitlich der neuen Regierung aufgeschlossen gegenüber, denn sie machten die Politik der GMD und ihrer Führer für die jahrzehntelange Misere Chinas verantwortlich. Die Kommunisten hingegen hatten sich im antijapanischen Kampf als die »wahren Patrioten« erwiesen, sie hatten für das Volk und nicht auf seine Kosten Politik gemacht. Ihnen traute man zu, nun auch für Ordnung im Staat, für die Beseitigung von Ungerechtigkeit und Elend und einen Neuaufbau zu sorgen. Freilich betonen neuere Forschungen über die frühen Jahre der Volksrepublik auch, dass die große Mehrheit der Chinesen eher eine abwartende Haltung einnahm.

Zur Stabilisierung ihrer Herrschaft verfolgten die Kommunisten ehemalige Mitglieder und Anhänger der GMD, die auf dem Festland geblieben waren. Auch Grundbesitzer und andere Angehörige der alten Oberschicht fanden sich vor »Massengerichten« wieder. »Konterrevolutionäre« – echte oder vermeintliche Gegner der KPCh – wurden systematisch verfolgt. Schließlich wurden auch die Geheimgesellschaften und die organisierte Kriminalität bekämpft, die sich in den urbanen Zentren wie Shanghai immer weiter ausgebreitet hatten und ganze Bereiche der Wirtschaft und des gesellschaftlichen Lebens kontrollierten. Die Anzahl der Hinrichtungen im Rahmen von Massenkampagnen geht für die frühen 1950er-Jahre in die Hunderttausende (sehr kritisch beleuchtet Dikötter 2013 die frühe Volksrepublik).

Schon kurz nach Gründung der Volksrepublik, im Jahr 1950, trat das Land in einen neuen Krieg ein, den Koreakrieg. Als amerikanisch geführte UN-Truppen weit nach Nordkorea vordrangen, stellte sich China auf die Seite Nordkoreas und kämpfte mit sogenannten Freiwilligenverbänden gegen die Truppen Südkoreas und der Vereinten Nationen unter der Führung der USA. Der Krieg endete erst am 27. Juni 1953, nach dem Tod Stalins, mit einem Waffenstillstand. Die chinesische Armee hatte zwar große Verluste hinnehmen müssen, sie hatte aber auch demonstriert, dass sie sogar einem Gegner wie den USA widerstehen kann. Die neu gegründete Volksrepublik hatte damit einen ersten Schritt hin zu einem künftigen Großmachtstatus getan.

Prozess gegen Großgrundbesitzer während der Kampagnen zur Bodenreform (Foto: ullstein bild, 1953)

Im Innern gingen Aufbau und Entwicklung weiter. Auf dem Land praktizierte man als ersten Schritt der Bodenreform eine Auflösung des Großgrundbesitzes. Die ehemaligen Großgrundbesitzer wurden vor Massentribunale gestellt. Alle wurden enteignet, viele hingerichtet oder vom Mob erschlagen, andere begingen Selbstmord. Bis zum Jahr 1952 wurde dann schrittweise eine umfassende Agrarreform umgesetzt. Rund 50 Millionen Hektar Land, das waren 43 Prozent des anbaufähigen Bodens, wurden zunächst enteignet und dann an rund 120 Millionen Kleinbauern vergeben. Schon nach wenigen Jahren wurden die Bauern jedoch in Genossenschaften und schließlich in Volkskommunen gedrängt und verloren die Verfügung über ihr Land wieder.

Durch Fünfjahrespläne nach sowjetischem Vorbild versuchte man, die wirtschaftliche Entwicklung im ganzen Land zu steuern. Die Schwerindustrie bekam den Vorrang vor Investitionen in die Landwirtschaft und in die Leichtindustrie, nicht zuletzt wegen des Koreakriegs, der eine starke Rüstungsindustrie verlangte. Auch die chemische Industrie wurde stark gefördert. In den ersten Jahren der Volksrepublik erzielten die Wirtschaftsplaner beachtliche Erfolge beim Aufbau der Industrie und der Bekämpfung von Inflation und Arbeitslosigkeit (siehe den Beitrag von Markus Taube).

8 Massenkampagnen

Gleich nach Gründung der Volksrepublik sahen die Kommunisten sich vor die Aufgabe gestellt, eine große Anzahl von Kadern zur Verwaltung des riesigen Landes zu finden. Das war schwieriger als erwartet. Zwar hatte die KPCh viele alte Kämpfer, aber das waren größtenteils ungebildete Bauern. Man war gezwungen, neue Mitglieder aus der Intelligenz und der städtischen Arbeiterschaft zu rekrutieren, vielfach mussten (selbst in der Verwaltung, bei der Polizei etc.) alte Kräfte übernommen werden. Um diese heterogenen Elemente einsetzen zu können, schulte und indoktrinierte man sie mit marxistisch-leninistischer Theorie und mit den Ideen Mao Zedongs. Mit dieser auf Umerziehung zielenden sogenannten Ausrichtungsbewegung bediente sich die Kommunistische Partei eines schon in den Gebieten um Yan'an eingesetzten Instruments, das in den folgenden Jahrzehnten immer wieder angewendet werden sollte, der »Massenkampagne«. Mit derartigen Kampagnen mobilisierte die neue politische Elite gezielt einen Teil der Bevölkerung, um bestimmte Ziele zu erreichen, eine breite Initiative zu entfesseln, das Volk in eine bestimmte Richtung zu lenken, gegen bestimmte politische Strömungen zu kämpfen oder die eigene Herrschaft abzusichern. Daher wurden diese Kampagnen immer auch von massiven Repressionen gegen diejenigen begleitet, die in der jeweiligen Kampagne zu Feinden erklärt wurden.

In den ersten Jahren der Volksrepublik gab es neben der »Ausrichtungsbewegung« weitere Kampagnen zur Propagierung einer neuen Sozialpolitik oder der Umsetzung eines neuen Ehegesetzes, das chinesischen Frauen Gleichberechtigung zubilligte und Polygamie, Kinderverlöbnisse und andere Relikte der Feudalzeit unterband. Es folgten Kampagnen wie die »Drei-Anti-Bewegung« von Herbst 1951 bis 1953. Mit ihr sollten, so die Losung, Unterschlagung, Verschwendung und Bürokratismus bekämpft werden. In der Praxis hatte die Kampagne außerdem das Ziel, die Beamtenschaft von missliebigen Elementen zu säubern. In der »Fünf-Anti-Bewegung« (1952) wurden Steuerhinterziehung, Betrug, Bestechung, Diebstahl von Staatseigentum und von Wirtschaftsinformationen angeprangert. Sie richtete sich damit gegen Verantwortliche in der Industrie, gegen Unternehmer, Bank- und Kaufleute, also vor allem gegen das städtische Großbürgertum.

Alle derartigen Kampagnen hatten neben einem zentralen Anliegen einen wichtigen Nebeneffekt (weshalb sie auch öffentlich stattfanden): Sie dienten immer auch der Einschüchterung potenzieller Gegner, denen man zeigte, wie mit ihnen verfahren werden könnte. Über das Instrument der Massenkampagne hatten die jeweils höheren Ebenen von Partei und Staat die Möglichkeit, tief in untere Ebenen und in die lokale Bevölkerung hineinzuwirken – erzieherisch, kontrollierend und auch repressiv. »Umerziehung« oder auch »Gedankenreform« (*sixiang gaizao*) wurde in diesen Jahren zu einem wichtigen Mittel des Umgangs mit politischen Gegnern, das bis zum Tod Maos 1976 auch propagandistisch eine wesentliche Rolle spielte (zur Theorie und Praxis der »Gedankenreform« siehe: Lifton 1989). Dennoch gab es in den frühen Fünfzigerjahren auch massive physische Gewalt: Schätzungen sprechen von zwei bis drei Millionen Menschen, die in den erwähnten Repressionskampagnen umgebracht wurden.

1954 nahm der erste Nationale Volkskongress die Verfassung der Volksrepublik China an. Damit war die Übergangsperiode hin zu einem verfassungsrechtlich gefestigten Staat unter der Führung der KP beendet. Die folgenden Jahre waren von weiteren Massenkampagnen geprägt, die unterschiedliche Ziele verfolgten. Sie hatten in der Summe ein unerwünschtes Ergebnis: Bis zur Mitte der 1950er-Jahre waren große Teile der Bevölkerung – vor allem die Intellektuellen – von den permanenten Kampagnen so eingeschüchtert, dass sie resignierten und sich aus dem gesellschaftlichen Leben zurückzogen.

Die Partizipation der Gebildeten und Qualifizierten am weiteren Aufbau der Volksrepublik war jedoch unverzichtbar. Um sie (wieder) zu gewinnen, propagierte die politische Führung nun eine neue Offenheit, die sie in dem Kernsatz zusammenfasste: »Lasst hundert Blumen blühen und hundert Schulen miteinander wetteifern« (*bai hua qifang, bai jia zhengming*). Das Motto sollte an die Blütezeit der chinesischen Philosophie in der Zhou-Dynastie (ca. 1045–256 v. Chr.) erinnern und es deutete an, dass künftig mehr Meinungsfreiheit und stärkerer Pluralismus in China herrschen sollte. Die Initiative ging zurück auf Ministerpräsident Zhou Enlai, Propagandachef Lu Dingyi (1906–96) und Mao Zedong. Sie hofften, eine freizügigere geistige Atmosphäre werde die Intellektuellen wieder näher an die KPCh heranbringen und sie dazu ermuntern, beim (gerade in Planung befindlichen) zweiten Fünfjahresplan tatkräftig mitzuarbeiten. Ein gewisses Maß an Kritik könne zudem helfen, die Partei zu reformieren und bürokratische Verkrustungen aufzubrechen. Letzten Endes hegte man die Illusion, die Intellektuellen stünden der sozialistischen Sache grundsätzlich ohnehin positiv gegenüber oder seien in den vorangegangenen Jahren erfolgreich »umerzogen« worden.

Das Ergebnis der Kampagne war dann umso überraschender. Die Intellektuellen erwiesen sich keineswegs als loyale Parteigänger der KPCh. Ihre Kritik, die das Motto der »hundert Blumen« herausgefordert hatte, beschränkte sich nicht auf systemkonforme Reformvorschläge, sondern tangierte binnen kürzester Zeit die Systemgrenzen. Sogar Rufe nach der Einführung westlich-parlamentarischer Institutionen wurden laut. Es kam zu antisozialistischen und gegen die KPCh gerichteten Demonstrationen bis hin zu offener Gewalt. Die Bewegung geriet außer Kontrolle und sprengte bei Weitem den Rahmen, den die Initiatoren sich vorgestellt hatten.

So erstarkten an der Spitze der KPCh nun diejenigen Kräfte, die einen unkontrollierbaren Meinungspluralismus von Anfang an abgelehnt hatten und sich durch die Anfeindungen bestätigt fühlten. Deng Xiaoping (1904–97), Generalsekretär der KPCh ab 1956, und Liu Shaoqi, der 1959 Staatspräsident wurde, setzten sich mit ihren Forderungen nach strafferer Führung und neuerlicher Kontrolle der öffentlichen Meinung durch und beendeten das »Blühen«. Die »rechten Elemente in Bürgertum und Intelligenz« wurden in einer Größenordnung von wohl über 500 000 verhaftet und in Arbeitslager gebracht, wo sie für viele Jahre unter schlechtesten Bedingungen zu überleben versuchten. Andere wurden mit der Entlassung aus ihrer Arbeit, vorübergehender Suspendierung oder milderen Sanktionen bestraft. Fast alle wurden erst in den späten 1970er-Jahren wieder rehabilitiert. Damit war eine »Liberalisierung« ebenso gescheitert wie der Versuch, die Intelligenz in den ökonomischen und gesellschaftlichen Modernisierungsprozess zu integrieren.

Helga Stahl

9 Der Große Sprung nach vorn

Gegen Ende der Periode des ersten Fünfjahrplans wurde deutlich, dass die bis dahin gesetzten wirtschaftlichen Prioritäten die ländlichen Gebiete vernachlässigten. Man hatte sich zu einseitig auf den Ausbau der Industrie und der urbanen Bereiche konzentriert (siehe den Beitrag von Markus Taube). Da die Mehrheit der chinesischen Bevölkerung aber auf dem Land lebte, musste die Weiterentwicklung der landwirtschaftlichen Produktionsbedingungen größeres Gewicht bekommen. So fiel 1957 die Entscheidung, radikale Maßnahmen zu ergreifen, um die Rückständigkeit des ländlichen Sektors zu beheben. Das Schlagwort, das nun ausgegeben wurde, lautete: »Generallinie der drei roten Banner«. Diese drei Banner, die nun wehen sollten, waren: »der sozialistische Aufbau«, »der Große Sprung nach vorn« und die Einführung von »Volkskommunen«. Übergeordnetes Ziel war, eine schnelle wirtschaftliche Entwicklung auf dem Land zu realisieren.

Arbeiten im Zwangskollektiv während des »Großen Sprungs« (Foto: AP, 1959)

Der »Große Sprung« begann: Unzählige Deich- und Dammbauten wurden angegangen, Kanäle und Straßen wurden projektiert, man begann mit einer groß angelegten Neulandgewinnung, der Terrassierung von Berghängen, mit dem Bau von Wohnungen und kleinen Industriebetrieben auf dem Land. Da es an Kapital mangelte und oft auch die technischen Voraussetzungen für große Projekte fehlten, musste in vielen Bereichen fast ausschließlich auf menschliche Arbeitskraft zurückgegriffen werden. Die »chinesischen Volksmassen« mussten die Aufgaben oft mit primitivsten Mitteln, teilweise in schlichter Handarbeit, in Angriff nehmen. Damit Tausende oder Zehntausende Menschen koordiniert in diesen Projekten zusammenarbeiten konnten, war eine entsprechende Organisationsform nötig. Diesem Ziel dienten – unter anderem – die Volkskommunen. Außerdem hoffte man, durch das Leben in den neuen Großkollektiven die alten Familienstrukturen und alten Lebenszusammenhänge weiter aufzulösen zu können und in den Menschen mehr »sozialistisches Bewusstsein« zu schaffen. Man lebte und arbeitete nun vollends im Kollektiv. Gemeinschaftsleben sollte an die Stelle von Familienleben treten. Privateigentum wurde weitgehend eingezogen, selbst alltägliche Gebrauchsgegenstände wurden Gemeineigentum, auch kleinste Privatparzellen kollektiviert, die Verteilung sollte weitgehend egalitär sein. Damit einher ging eine Dezentralisierung der Verwaltung. Vielfach übernahmen Partiefunktionäre und Organe auf Provinzebene nun die Aufsicht und damit die Kontrolle über die Industrie, ohne etwas davon zu verstehen. Blindes Kommandieren trat an die Stelle umsichtiger Planung, Planziele wurden völlig willkürlich festgesetzt.

Das ambitiöse und, wie sich binnen kurzer Zeit zeigte, völlig unrealistische Experimentieren endete im Desaster. Die Kollektivierung lähmte jede Initiative des Einzelnen, überzogene Planziele lenkten Ressourcen in die falsche Richtung, gefälschte Produktionsziffern verschleierten die wahre Entwicklung. So kam es schon Ende 1958 zu Engpässen in der Lebensmittelversorgung. 1959 verschärfte sich das Problem. Dann folgte die Katastrophe: Nach einer Jahrhundertdürre brachen gewaltige Hungersnöte aus. Missernten in den Jahren 1960 und 1961 fielen mit den Folgen des »Großen Sprungs nach vorn« zusammen und führten immer weiter ins Elend. Bis heute ist das genaue Ausmaß der Tragödie nicht geklärt: Wahrscheinlich starben in dieser Zeit rund 30 Millionen Chinesen – vor allem Bauern – den Hungertod (zum »Großen Sprung« und zu seinen Folgen: Dikötter 2014).

Auf dem Höhepunkt der Krise eskalierte auch noch der Konflikt mit der Sowjetunion, der sich seit Jahren abzeichnete (und sich im Kern darum drehte, wer im sozialistischen Lager das Sagen haben und wie der korrekte Weg zum Sozialismus aussehen sollte). Wütend über die chinesische Eigenmächtigkeit (die sich im Großen Sprung einmal mehr zeigte), stellte die Sowjetunion 1960 alle Unterstützung, die sie China bis dahin gewährt hatte, abrupt ein. Die Sowjets brachen alle geltenden Verträge über technische und wirtschaftliche Zusammenarbeit und zogen sämtliche Techniker, Ingenieure und Wirtschaftsfachleute (mitsamt ihren Plänen, ihrem Know-how, ihren Ersatzteilen für Maschinen etc.) aus China ab und verschärften die Krise.

Bereits 1958 und 1959 wurde deutlich, dass das Experiment »Großer Sprung« gescheitert war. So gab es auch erste Stimmen, die eine Revision der Politik fordern. Auf einem Plenum des Zentralkomitees der KPCh in Lushan im Jahr 1959 übte Verteidigungsminister Peng Dehuai (1898–1974) Kritik an Mao Zedong und der von ihm zu verantwortenden Politik des Großen Sprungs. Doch zu dieser Zeit war die Position Maos und seiner Anhänger so stark, dass Kritiker keine Chance hatten, sich durchzusetzen. Peng Dehuai verlor sein Amt und wurde von Lin Biao ersetzt. Zwar trat Mao Zedong 1959 zugunsten von Liu Shaoqi vom Amt des Staatspräsidenten zurück. Doch die Linie des Großen Sprungs wurde auf sein Drängen hin fortgesetzt. Erst als die Katastrophe immer weiter ausuferte, lenkte auch Mao Zedong ein. Der Große Sprung wurde 1961 abgebrochen.

10 Kurskorrekturen und Kulturrevolution

Die katastrophalen Erfahrungen aus dem »Großen Sprung nach vorn« führten bei weiten Teilen der Partei- und Staatsführung zum Umdenken. Reformer um Staatspräsident Liu Shaoqi und Generalsekretär Deng Xiaoping arbeiteten ab Beginn der 1960er-Jahre an einem neuen ökonomischen Konzept für China. Man wollte weg von Maos »Massenlinie«, von der Überbetonung des revolutionären Willens und revolutionärer Qualitäten, hin zu einer pragmatischen Politik, die am Eigeninteresse des Einzelnen ansetzte. Die Reformer setzten auf Leistungslöhne, Technisierung, Modernisierung und Spezialisierung, um die Wirtschaft zu entwickeln, und ließen auf dem Land wieder in geringem Maß Privatparzellen und freie Märkte zu. Für die Arbeitenden galt nicht länger die Devise »rot und fachkundig«, sondern das Deng Xiaoping zugeschriebene Diktum: »Es ist ganz egal, welche Farbe eine Katze hat, Hauptsache, sie fängt Mäuse.«

Der neue Kurs führte in den Jahren 1963 bis 1965 zu einer recht schnellen Erholung der Wirtschaft. Die Not und Versorgungsengpässe der Vorjahre wurden – wenn auch mühsam – beseitigt. Es gelang den Chinesen auch, die Krise, die der Bruch der Beziehungen zur Sowjetunion ausgelöst hatte, zu überwinden. Unter Besinnung auf eigene Fähigkeiten und die eigene Kraft schafften sie es, die Lage zu konsolidieren und Industrie und Landwirtschaft auf einem eigenen Weg weiterzuentwickeln (siehe den Beitrag von Markus Taube).

Die orthodoxen Kräfte um Mao Zedong verfolgten die wirtschaftliche und innenpolitische Entwicklung jedoch mit wachsender Skepsis. Mao musste erkennen, dass immer mehr Abweichungen von seiner Linie vollzogen wurden. Hinzu kam, dass Liu Shaoqi und Deng Xiaoping auf immer mehr wichtige Posten in der Partei und der Verwaltung eigene Gefolgsleute hieven konnten. Mao und seine Anhänger sahen ihren Einfluss schwinden und befürchteten einen völligen Machtverlust und die Bürokratisierung der Revolution. Um dem zu begegnen, entfesselten sie die Kulturrevolution der Jahre 1965 bis 1969. Sie begann mit einer Auseinandersetzung auf den Gebieten Literatur und Kunst. Ein von Mao persönlich redigierter Aufsatz seiner Frau Jiang Qing (1914–91) umriss die Entwicklungen im Bereich der chinesischen Kultur seit 1949. Er kam zu dem Schluss, dass es eine »gegen die Partei und den Sozialismus gerichtete schwarze Linie« gäbe, die unbedingt bekämpft werden müsse – und zwar durch eine »Revolution an der Kulturfront«. Es folgte Kritik an den Kulturschaffenden, die verdächtigt wurden, Gegner Maos zu sein. Lao She (1899–1966), einer der meistgelesenen modernen Schriftsteller Chinas, Deng Tuo (1912–66), der ehemalige Herausgeber der Volkszeitung (Renmin Ribao), des Zentralorgans der KPCh, der Dramatiker und Historiker Wu Han (1909–69) und andere Kulturschaffende wurden angefeindet (MacFarquhar/Schoenhals 2006).

Diese Angriffe auf dem Gebiet der Kultur waren jedoch nur der Auftakt für eine viel umfassendere Kampagne. Ab Mitte 1966 griffen die »Maoisten« den politischen Gegner auf immer breiterer Front an und der Machtkampf zwischen den Anhängern Maos und den Pragmatikern um Liu und Deng spitzte sich zu. Es zeigte sich, dass in dieser Auseinandersetzung der Kern der Kulturrevolution lag. Im August 1966 wurde Liu Shaoqi degradiert und auch Deng Xiaoping verlor all seine Posten. Zahllose Gefolgsleute der beiden, echte wie vermeintliche Sympathisanten, wurden aus ihren Positionen entfernt.

Da Mao Zedong und seine Anhänger die politischen Institutionen nicht mehr kontrollierten, mussten sie sich auf andere Kräfte stützen, um ihre politischen Gegner anzugreifen. Eine wichtige Säule war das Militär. Die Volksbefreiungsarmee war ab Anfang der 1960er-Jahre mit einer intensiven Indoktrinationskampagne auf die maoistische Linie gebracht worden. Vor allem aber stützten sich die Maoisten in der Kulturrevolution auf »die Straße«, auf Schüler, Studenten und unzufriedene arbeitslose Jugendliche, die, als Rotgardisten aktiviert, agitierten oder politische Gegner verfolgten. Ab Mitte August 1966 fanden acht Massenaufmärsche der Roten Garden auf dem Platz des Himmlischen Friedens in Beijing statt. Mao persönlich sprach zu den Rotgardisten, stachelte sie an, »zu rebellieren«, »Klassenfeinde« und alle »Elemente auf dem kapitalistischen Weg« zu bekämpfen. Polizei und Armee bekamen den Befehl, nicht einzugreifen, und so

Millionen Jugendliche strömten zur Zeit der Kulturrevolution nach Beijing, um den »Großen Führer« zu verehren. (Foto: AP, 1966)

begannen die Roten Garden zu wüten. In vielen Städten unternahmen sie Aktionen gegen alles, was angeblich reaktionär oder bürgerlich-dekadent war. Sie zogen durch die Straßen, verschafften sich gewaltsam Zutritt zu Häusern und Wohnungen, durchsuchten sie, zerstörten, was ihnen missfiel, und misshandelten und ermordeten angebliche Klassenfeinde.

Im Dezember verkündete die Parteizentrale eine Richtlinie zur Ausweitung der Kulturrevolution auf alle Bereiche der Gesellschaft. Es entstanden stetig neue »revolutionäre« Gruppierungen und Organisationen; die Auseinandersetzungen und Konflikte griffen auf Behörden, Fabriken und Dorfgemeinschaften über. Willkür, Gewalt und Terror breiteten sich aus. Vielfach gewann die Bewegung eine heftige Eigendynamik in einem immer größer werdenden quasi rechtsfreien Raum.

Wer wollte, konnte nun beispielsweise alte Rechnungen begleichen: Man musste missliebige Personen nur reaktionärer Gesinnung oder bourgeoiser Umtriebe bezichtigen, schon waren sie vogelfrei. Denunziationen wurden gang und gäbe. Schüler schwärzten Lehrer an, Studenten verfolgten Professoren, Familienmitglieder beschuldigten sich gegenseitig. Wer in einer Fabrik, in einem Komitee, einer Institution aufsteigen wollte, räumte Konkurrenten oder Vorgesetzte aus dem Weg, indem er sie zu Klassenfeinden erklärte. Vielfach ging es so weit, dass ein blindwütiger Mob fast wahllos Menschen misshandelte oder ermordete. Im Schatten der aus machtpolitischen Gründen mobilisierten »Revolution« nutzten skrupellose Profiteure die Gunst der Stunde für eigene Zwecke.

Ab Anfang 1967 übernahmen Rebellengruppen die Macht in lokalen und regionalen Behörden. In der Folgezeit zerschlugen Rotgardisten und revolutionäre rote Rebellen weitgehend den Staats-und Regierungsapparat. Weitere prominente Politiker mussten Selbstkritik üben und zurücktreten oder wurden inhaftiert. Anhänger Maos und immer mehr Militärs übernahmen die Posten. Alle Versuche gemäßigter Politiker aus der KP-Führung, die Kulturrevolution einzudämmen, vereitelten Mao und seine Gefolgsleute.

Als verschiedene Gruppen anfingen, gegeneinander zu kämpfen, drohte China ein Bürgerkrieg. Im Lauf des Jahres 1967 und vor allem 1968 wurde auch die Wirtschaft mehr und mehr in Mitleidenschaft gezogen. Da die politischen Ziele – die Zerschlagung der alten Führung, die Absetzung missliebiger Politiker und die Rückkehr Maos an die Macht – erreicht waren, beschloss die maoistische Führung schließlich die Demobilisierung der Rotgardisten. Mithilfe der Armee setzte sie das Ende der revolutionären Aktivitäten und Ruhe im Land durch.

11 Rekonsolidierung

Der neunte Parteitag der KPCh im April 1969 verkündete schließlich den Sieg und das Ende der »Großen Proletarischen Kulturrevolution«.[4] Hier

---

4 Die heutige chinesische Historiografie terminiert die Kulturrevolution anders als die damaligen Parteidokumente. Die bis heute gültige offizielle Einordnung, die »Resolution zur Parteigeschichte« von 1981, legt die Zeit von 1966 bis 1976 fest; das seien zehn Jahre des »Chaos der Kulturrevolution« gewesen. Die undifferenzierte Erklärung, die Kulturrevolution habe zehn Jahre gedauert, die auch außerhalb Chinas weithin übernommen wurde, ist zwar angesichts der Kontinuität »linker« Politik nicht ganz unverständlich, doch sie ist irreführend. So gab es nach den eigentlichen kulturrevolutionären Wirren eine Konsolidierung der Wirtschaft, ab den frühen 1970er-Jahren eine Rekonsolidierung der Politik: China wird Mitglied der UNO, es etabliert diplomatische Beziehungen zu den USA und vielen anderen westlichen Staaten etc. Die ganze Periode als »gesellschaftliches Chaos« der Kulturrevolution zu bezeichnen, ist daher unangemessen.

wurde auch der Wiederaufbau der Partei vollzogen und die Kulturrevolution nachträglich politisch legitimiert. Das wichtigste Ergebnis war die Ausschaltung der Gegner Maos. Sie hatten durchweg ihre Ämter verloren, während die Gefolgsleute Maos und viele Armeeangehörige die Schaltstellen in Partei und Staat neu besetzten. Größter Gewinner der Kulturrevolution war neben Mao Zedong, dessen Macht (sinnfällig in einem gigantischen Personenkult) ihren Zenit erreicht hatte, Lin Biao. Der Verteidigungsminister war zum zweiten Mann hinter Mao aufgestiegen und wurde in den Parteistatuten sogar als künftiger Nachfolger Mao Zedongs festgeschrieben.

So weit sollte es jedoch nicht kommen. Im Herbst des Jahres 1971 endete Lin Biaos Zeit. Wie genau es dazu kam und was im Einzelnen geschah, ist bis heute nicht restlos geklärt. Sicher ist, dass Lin Biao Mao politisch beerben wollte. Er prägte noch über Maos eigene Ambitionen hinaus dessen Personenkult, um eines Tages das Erbe eines »Halbgottes« oder »Genies« antreten zu können, wie Stalin es in der Sowjetunion Lenins getan hatte. Lin Biao wollte das nach Liu Shaoqis Sturz verwaiste Amt des Staatspräsidenten übernehmen und verriet auch sonst große politische Ambitionen. Sicher ist auch, dass er Mao dadurch nach und nach suspekt wurde. Ob Lin Biao im Gegenzug ein Attentat auf Mao plante, das entdeckt und verhindert wurde, ob er dann wirklich per Flugzeug die Flucht in Richtung Sowjetunion antrat und aus Treibstoffmangel über der Mongolei abstürzte (wie die offizielle chinesische Version lautet) oder ob er nicht doch einfach liquidiert wurde, lässt sich nicht mit Sicherheit sagen. Sicher ist indes, dass Lin nach dem 13. September 1971, dem Tag seines angeblichen Absturzes, nie wieder gesehen wurde.

Lins Verschwinden von der politischen Bühne eröffnete anderen Protagonisten die Möglichkeit, aufzusteigen. Mitglieder der »linken« Shanghai-Fraktion um Maos Ehefrau Jiang Qing, die schon in der Kulturrevolution und den Folgejahren immer mehr Einfluss gewonnen hatten, bauten ihre Position nun weiter aus. Dieser von Mao später nicht gerade freundlich als »Viererbande« bezeichneten Gruppe gelang es, bis Mitte der 1970er-Jahre wesentlichen Einfluss auf die Politik der Volksrepublik auszuüben. Dabei kam ihnen entgegen, dass Mao im Lauf der 1970er-Jahre zusehends senil wurde. Er erkrankte zudem an Parkinson und war schließlich ans Bett gefesselt. Trotzdem genoss er immer noch den Ruf des großen Revolutionärs und Schöpfers des neuen China – der Personenkult der Kulturrevolution hatte ihn schließlich zum Übermenschen hochstilisiert. Er war wie die Kaiser im alten China die absolute Autorität. Und so bildeten sich auch Herrschaftsstrukturen heraus, die mit denen des alten China vergleichbar waren. Maos Frau und ihre Vertrauten hatten den Zugang zum kranken Mao monopolisiert und traten von Zeit zu Zeit mit angeblichen Weisungen des greisen Vorsitzenden an die Öffentlichkeit, die niemand infrage zu stellen wagte.

Zwar gelang es Ministerpräsident Zhou Enlai ab dem Jahr 1971, gemäßigten Kräften wieder etwas mehr Einfluss auf die Politik zu verschaffen. Es kam zu Rehabilitierungen einiger in der Kulturrevolution gestürzter Funktionäre, nicht zuletzt im Frühjahr 1973 von Deng Xiaoping, und auch die Wirtschaft erholte sich langsam. China war auch außenpolitisch erfolgreich und erreichte die Aufnahme in die UNO (durch die Übernahme des chinesischen Sitzes von der Republik China auf Taiwan) und die Annäherung an die USA. Im Jahr 1972 besuchte der amerikanische Präsident Richard Nixon die Volksrepublik. Doch insgesamt blieb die linke, maoistisch geprägte Linie in der Politik bestimmend (siehe den Beitrag von Christoph Müller-Hofstede).

12 Wende und Reformära

Im Jahr 1976 erschütterten mehrere Todesfälle die Volksrepublik China. Am 8. Januar starb Premierminister Zhou Enlai, der über viele Jahrzehnte eine mäßigende und moderierende politische Kraft gewesen war, ohne sich je öffentlich gegen Mao Zedong zu stellen. Deng Xiaoping, der seit ihrer gemeinsamen Zeit in Frankreich in den frühen 1920er-Jahren mit Zhou befreundet gewesen war, hielt die offizielle Gedenkrede und verschwand dann für eine Weile ohne Erklärung von der Bildfläche. Die Bevölkerung Beijings wurde im Januar von Trauerbekundungen abgehalten, legte dann aber aus Anlass des Qingming-Festes, des chinesischen Totengedenktags am 5. April, ab Ende März Kränze und Blumen am Monument der Märtyrer auf dem Platz des Himmlischen Friedens in Beijing nieder. Kurze Texte auf den Kränzen brachten nicht nur die Trauer um Zhou Enlai zur Sprache, sondern forderten auch, dass Deng Xiaoping das Amt des Premierministers einnehmen sollte – tatsächlich hatte es Hua Guofeng (1921–2008) bekommen, ein bis dato wenig bekannter Funktionär, der eng mit der Viererbande zusammenarbeitete. Die Trauerbekundungen mehrerer Millionen Besucher am Monument der Märtyrer innerhalb weniger Tage waren damit ein Angriff auf Hua Guofeng, die Viererbande und auch auf Mao. Sie wurden vom Politbüro zur konterrevolutionären Aktion der Anhänger Deng Xiaopings erklärt, angebliche Rädelsführer wurden verhaftet. Deng wurde aus allen Ämtern entlassen und Hua Guofeng als Nachfolger

Zhou Enlais bestätigt. Die Viererbande hatte damit zunächst gewonnen, aber tatsächlich fast den gesamten Rückhalt in der Bevölkerung verspielt. Eine weitere große Zäsur brachte der Tod Mao Zedongs am 9. September 1976. Die kulturrevolutionäre Linke war damit ihres Rückhalts beraubt. Bald nach Maos Tod wurden ihre wichtigsten Exponenten, die Mitglieder der Viererbande (Yao Wenyuan, Wang Hongwen, Zhang Chunqiao und Maos Ehefrau Jiang Qing), verhaftet.

Nachfolger Mao Zedongs als Parteivorsitzender und neuer starker Mann in China wurde Hua Guofeng. Hua, seit Anfang des Jahres bereits Ministerpräsident, war der Kompromisskandidat der immer noch sehr starken Linken und der aufstrebenden Fraktion der Rechten bzw. Pragmatiker. Er konnte sich jedoch nur kurze Zeit an der Spitze von Partei und Staat behaupten. Huas wichtigste Legitimation war der angebliche Ausspruch Maos: »Wenn du die Sache übernimmst, kann ich beruhigt sein.« Er versuchte, mithilfe der beiden »Was-auch-immer-Sentenzen« sich als Maos Erbe zu legitimieren: »Was auch immer Mao für politische Entscheidungen getroffen hat, wir werden an ihnen festhalten, und was auch immer Mao für Anweisungen gegeben hat, wir werden sie befolgen.« Er konnte aber nicht verhindern, dass Deng Xiaoping Mitte 1977 rehabilitiert wurde und nach der Macht griff. Deng gelang es schrittweise, viele in der Vergangenheit gestürzte Kader zu rehabilitieren und zurück in Ämter und Funktionen zu bringen. Dabei wurden gleichzeitig Aufsteiger aus der Kulturrevolution verdrängt und so sukzessive die Partei- und Staatsinstitutionen auf neuen Kurs gebracht. Die Neubewertung der Kulturrevolution und Mao Zedongs fand ihren vorläufigen Abschluss in der »Resolution zu einigen Fragen der Parteigeschichte seit der Gründung der VR China« vom 27. Juni 1981 (auf Englisch veröffentlicht unter: http://marxists.org/subject/china/documents/cpc/history/01.htm, Zugriff: 4. April 2014) und in der Verurteilung der Viererbande in einem öffentlichen Gerichtsverfahren. Als Zeit der Kulturrevolution werden in dem vom Zentralkomitee der KPCh verabschiedeten Dokument undifferenziert die Jahre von 1966 bis 1976 bezeichnet.

Eine wichtige Station der Durchsetzung der neuen postmaoistischen Politik war das fünfte Plenum des elften Zentralkomitees der KPCh im Jahr 1980. Auf dieser Plenarsitzung verlor die stärkste noch existierende Gruppe von Maoisten alle Partei- und Staatsämter. Außerdem baute Deng Xiaoping nun zwei seiner Protegés zu neuen Führungsfiguren auf. Die Reformer Hu Yaobang (1915–89) und Zhao Ziyang (1919–2005) wurden erstmals Mitglied im Ständigen Ausschuss des Politbüros, dem wichtigsten Gremium der KPCh. Und schließlich wurde auf dieser Sitzung

Vom Kaiserreich zur Volksrepublik: Chinas langes 20. Jahrhundert

Nach Maos Tod und der Verhaftung der Viererbande wurde der Volkszorn auf Jiang Qing und ihre radikalen Genossen gelenkt. (Foto: AP, 1977)

beschlossen, das Amt des Generalsekretärs wieder einzurichten, das in der Kulturrevolution abgeschafft worden war. Neuer Generalsekretär wurde Hu Yaobang. Noch im selben Jahr konnten die Reformer durchsetzen, dass Hua Guofeng als Ministerpräsident abgelöst wurde und Zhao Ziyang das Amt übernahm. Mit diesen und einigen weiteren Maßnahmen war Hua Guofeng endgültig entmachtet und es endete die Übergangszeit von der maoistischen Periode zur Reformära.

Deng Xiaoping prägte die Politik der 1980er- und eines Großteils der 1990er-Jahre. Dazu brauchte er keine hohen Ämter mehr. Er genoss aufgrund seines Alters und seiner Verdienste um Partei und Revolution großes Ansehen. Er hatte in Jahrzehnten politischer Arbeit ein enges Netz von Beziehungen auf allen Ebenen des Regierungsapparats, der Partei und der Volksbefreiungsarmee geknüpft, das ihm Einfluss verschaffte. Zudem gelang es ihm immer wieder, seine Gefolgsleute in zentrale Positionen zu bringen.

Im Mittelpunkt von Dengs Wirken stand der Umbau des streng planwirtschaftlich organisierten und vom Ausland abgeschotteten Staates zum China der »vier Modernisierungen«. Dieses Programm war auf der Basis älterer Überlegungen im Jahr 1975 von Zhou Enlai propagiert worden. Es umfasste Reformen in Landwirtschaft, Industrie, Militär sowie Wissenschaft und Technik, außerdem die Öffnung nach außen (siehe den Beitrag von Markus Taube). Die wichtigsten Schritte waren Wirtschaftsreformen, die Öffnung Chinas für ausländisches Kapital sowie eine verdeckt und in kleinen Schritten betriebene ideologisch-politische Wende. Die Umgestaltung der Wirtschaft begann mit einer Entkollektivierung auf dem Land. Die Bauern produzierten bald nicht mehr in Genossenschaften, sondern eigenverantwortlich auf gepachtetem Privatland. Sie durften immer größere Teile ihrer Ernte privat auf freien Märkten verkaufen. In Handwerk und Industrie wurden in einem ersten Schritt kleine Privatbetriebe mit einer Handvoll Beschäftigter zugelassen, dann erlaubte man auch größeren Firmen, privat zu wirtschaften. Die Preisgestaltung für Konsumgüter, Lebensmittel und bestimmte Investitionsgüter wurde schrittweise freigegeben. Etliche Staatsbetriebe wurden teilprivatisiert, ökonomisch sowie rechtlich privilegierte Sonderwirtschaftszonen eingerichtet (am bekanntesten ist Shenzhen gleich an der Grenze zu Hongkong), Joint Ventures chinesischer und ausländischer Firmen zugelassen und Küstenstädte für den Außenhandel geöffnet. Das Ergebnis war ein immenses Wirtschaftswachstum. Zum Teil verlief die Entwicklung so stürmisch, dass es notwendig wurde, das Tempo zu drosseln, um eine Überhitzung der Ökonomie zu vermeiden. Durchschnittlich wuchs das Bruttosozialprodukt pro Jahr um acht bis neun Prozent.

Deng Xiaopings Rolle in den vier Modernisierungen bestand vor allem darin, im Inland und insbesondere innerhalb der Partei die Veränderungen ideologisch zu rechtfertigen sowie dem Ausland zu vermitteln, dass es nun ein anderes China gebe als das der maoistischen Politik und der Wirren der Kulturrevolution – und dass ausländische Investitionen und Kredite sicher seien. Besuche Dengs im westlichen Ausland, Gespräche mit westlichen Politikern in China und auch Interviews mit westlichen Journalisten trugen dazu bei, ein Klima für Kooperationen zunächst auf wirtschaftlichem Gebiet vorzubereiten.

13 Proteste

Während die Veränderungen nach Maos Tod und nach der Verhaftung der Viererbande vielen Hardlinern zu schnell gingen, gab es in der Bevölkerung durchaus Gruppen, die mit dem Tempo und dem Umfang der Modernisierungen unzufrieden waren. Schon im Winter 1978/79 wurden an der sogenannten Mauer der Demokratie im Zentrum Beijings Wandzeitungen angebracht, die weitergehende Reformen forderten. Diese Stimmung in der Bevölkerung kam den Reformern um Deng Xiaoping durchaus gelegen, da sie selbst noch – wie oben geschildert – in einem Machtkampf mit den Hardlinern der Partei standen. Erst als nach mehreren Wochen die Forderungen das politische System selbst infrage stellten, wurde die Mauer der Demokratie verboten. Der Elektriker und Herausgeber einer Zeitschrift Wei Jingsheng, der als »fünfte Modernisierung« die Demokratie gefordert hatte, wurde verhaftet und im Oktober 1979 zu einer langen Gefängnisstrafe verurteilt. Erst 1997 wurde er freigelassen und lebt seitdem in den USA im Exil.

Es waren in den folgenden Jahren vor allem Studenten, die für weitergehende Reformen auf die Straße gingen. Ende 1986 bis Anfang 1987 kam es, ausgehend von der Technischen Universität in Hefei und maßgeblich organisiert vom dortigen Professor für Astrophysik, Fang Lizhi, zu Studentenprotesten an mehr als hundert Hochschulen im ganzen Land. Die Studenten forderten ebenfalls eine Demokratisierung Chinas. Nach langem Zögern wurden die Proteste verboten und als »bürgerlicher Liberalismus« verurteilt. Hu Yaobang wurde seine nachsichtige und ideologisch unkorrekte Haltung vorgeworfen. Er musste Anfang 1987 vom Posten des Generalsekretärs der Partei zurücktreten. Sein Amt übernahm Zhao Ziyang. Tatsächlicher Grund für die Entlassung Hu Yaobangs war jedoch wohl eher, dass er sich durch radikale Reformen innerhalb der Partei wie beispielsweise die Verjüngung der Gremien viele Feinde, insbesondere unter den Parteiveteranen, gemacht hatte. Für sie bot Hus allzu nachgiebige Haltung gegenüber den Studentenprotesten einen willkommenen Anlass, den ungeliebten Generalsekretär loszuwerden.

Die erste Demokratiebewegung: Anschläge an der »Mauer der Demokratie« in Beijing 1979 (Foto: AP, 1979)

Im Jahr 1989 protestierten die Studenten erneut. Der direkte Auslöser war der Tod Hu Yaobangs am 15. April des Jahres nach einem Herzinfarkt. Aus ersten Trauerbekundungen wurden schnell Forderungen nach Hus »Rehabilitierung« und damit einer Neubewertung der Proteste vom Winter 1986/87. Die Kampagnen gegen die geistige Verschmutzung und die bourgeoise Liberalisierung sollten beendet, das Recht auf freie Meinungsäußerung und eine freie Presse gesichert werden. Andere Forderungen betrafen die Erhöhung der Stipendien und der Gehälter der Dozenten. Die materielle Situation der Studenten hatte sich im Lauf der Reformperiode permanent verschlechtert. Ihre Stipendien stiegen weitaus langsamer als die Verbraucherpreise (die Inflation lag im Sommer 1988 bei über 25 Prozent), weshalb sie vom größeren Warenangebot nicht profitieren konnten.

Die Studenten und die meisten Intellektuellen hatten keinen Anteil an den Erfolgen der Reformpolitik. Von den Studenten wurden darüber hinaus die wachsende Korruption unter den Funktionären und die autoritäre Partei- und Staatsführung angeprangert sowie die Zulassung autonomer Studentenverbände gefordert.

Die Studenten erregten mit ihrem Protest weltweit Aufsehen, insbesondere, weil die internationale Presse anlässlich des Besuchs von Michail Gorbatschow in Beijing vor Ort war. Symbolträchtig besetzten sie den Platz des Himmlischen Friedens, blockierten den Eingang zum Nationalen Volkskongress und setzten die Herrschenden mit Aktionen und Hungerstreiks unter Druck. In den letzten Maitagen nahmen trotz des über Teile der Stadt verhängten Ausnahmezustands Hunderttausende Bürger Beijings an großen Demonstrationen zur Unterstützung der Studenten teil. Auch in anderen großen Städten gingen die Menschen auf die Straße. Die Situation geriet für die Partei außer Kontrolle, zumal sich auch an der Spitze der Partei und der Armee Sympathie für die Studenten bemerkbar machte. In der Nacht zum 4. Juni setzte die Regierung dann das Militär zur »Niederschlagung des konterrevolutionären Aufstands« ein. Allein in Beijing starben mehrere Hundert Menschen und Tausende wurden verletzt, als sich die Bevölkerung von Beijing, die sich den Protesten der Studenten angeschlossen hatte, den vorrückenden Armeeeinheiten entgegenstellte und sich, nachdem erste Schüsse in die Menge gefallen waren, wehrte sowie ihrerseits die Soldaten angriff und Panzer und Armeefahrzeuge in Brand steckte. Der Platz des Himmlischen Friedens wurde von den Studenten vor Ablauf des Ultimatums geräumt, sodass dort wohl niemand zu Tode kam.

Wie drei Jahre zuvor Hu Yaobang wurde nun Parteichef Zhao Ziyang im Zusammenhang mit den Studentenprotesten gestürzt und bis zu seinem Tod im Jahr 2005 unter Hausarrest gestellt. Doch wieder greifen Interpretationen, die in seiner Haltung zu den Protesten die wesentliche Ursache sehen, zu kurz. Ein wesentlicher Grund für seinen Sturz waren wirtschaftliche Probleme und Differenzen, über deren Beilegung zwischen ihm und Deng Uneinigkeit herrschte. Außerdem hatte auch Zhao Ziyang innerparteiliche Reformen angestrengt, die viele Parteiveteranen ärgerten. Zhaos Nachfolger als Generalsekretär der Partei wurde Jiang Zemin (*1926), Regierungschef blieb Li Peng (*1928), der bereits ab November 1987 dieses Amt innehatte. Das Duo Jiang Zemin und Li Peng (ab 1998 Zhu Rongji) stand in den folgenden Jahren an der Spitze der Volksrepublik.

Kontinuierlich versuchte die Führung im Lauf der Reformphase, unerwünschte Nebeneffekte der Öffnung zum (westlichen) Ausland zu bekämpfen. Ausländische Investitionen und Produkte waren willkommen, ebenso technisches Know-how oder Managementkenntnisse, doch die Infiltration bürgerlich-demokratischer Ideen, ausländischer Vorstellungen von Gewaltenteilung, Menschenrechten oder Pressefreiheit sollte unter allen Umständen unterbunden werden. Entsprechende Forderungen oder Bewegungen, die diese Forderungen erhoben, wurden bekämpft und ihre Aktivisten verfolgt. Der Zerfall der Sowjetunion trug in China sicherlich zu der Einschätzung bei, dass politische Reformen sehr riskant seien – Anarchie und die Abspaltung einzelner Regionen (Tibet, Xinjiang u. a.) mussten verhindert werden.

Studentenprotest auf dem Platz des Himmlischen Friedens Ende Mai 1989 (Foto: dpa – Bildfunk)

14 Politische und gesellschaftliche Entwicklungen in den 1990er-Jahren

Nach dem gewaltsamen Ende der Protestbewegung im Sommer 1989 war China außenpolitisch isoliert und in der wirtschaftlichen Entwicklung durch Sanktionen belastet. Im Innern hatten zunächst einmal die Hardliner die Oberhand, die eine stärkere wirtschaftliche und politische Zentralisierung forderten. Jiang Zemin konnte sich gegen die Bremser der Reformpolitik erst durchsetzen, nachdem Deng Xiaoping zu Beginn des Jahres 1992 eine Reise nach Südchina unternommen hatte, die ihn auch in die Sonderwirtschaftszone Shenzhen führte. Dort mahnte Deng in Anwesenheit der Presse aus Hongkong den Fortgang und die Ausweitung der wirtschaftlichen Reformen an. Es dauerte noch mehrere Wochen, bis die Beijinger Presse über die Reise berichtete und damit die Reformer auch in Beijing wieder eine Stimme fanden. Der 14. Parteikongress im Herbst 1992 wurde zu einem Erfolg der Reformer um Jiang Zemin.

Im Jahr 1997 starb Deng Xiaoping, der bis zuletzt die Fäden in der Hand gehalten hatte. Jiang Zemin und Ministerpräsident Zhu Rongji (*1928), die Deng noch zu seinen Lebzeiten in zentrale Positionen gebracht hatte, setzten den von ihm eingeschlagenen Kurs fort. Auf dem 15. Parteikongress im Herbst 1997 wurden seine Theorien in die Parteikonstitution aufgenommen.

In der Folge des dramatischen ökonomischen Wandels stellte sich für die Verantwortlichen nun verstärkt die Aufgabe, Strukturen und Institutionen des traditionellen planwirtschaftlichen und sozialistischen Systems an die neuen Anforderungen anzupassen. So wurden die Rechte des Nationalen Volkskongresses, also des Parlaments, geringfügig erweitert und bei Abstimmungen dort vermehrt Enthaltungen und Gegenstimmen abgegeben. Eine der knappsten Entscheidungen gab es im April 1992, als mit einer Mehrheit von nur zwölf Stimmen (bei etwa 30 Prozent Enthaltungen) für den Bau des Drei-Schluchten-Staudamms am Chang Jiang gestimmt wurde (siehe den Beitrag von Sarah Kirchberger). Weitere Reformschritte im politischen System waren die Bemühungen, auf lokaler Ebene eine politische Partizipation der Bevölkerung und Wettbewerb innerhalb der politischen Organe zuzulassen. Auf Dorf- und Kreisebene wurden beispielsweise direkte Wahlen eingeführt. Daneben wurde das Rechtssystem, wenn auch nicht in allen Bereichen, ausgebaut. Wirtschaft und Gesellschaft erfuhren eine zunehmende Verrechtlichung. Sogar Gerichtsverfahren gegen Regierungsorgane wurden möglich, was in der Vergangenheit völlig undenkbar gewesen wäre (siehe den Beitrag von Björn Ahl).

Erstaunlich ist, dass die 1990er-Jahre trotz der Erfahrungen von 1989 und trotz der wirtschaftlich zunächst noch sehr angespannten und durch die Sanktionen verschärften Lage von einem wachsenden Nationalismus geprägt waren, der den Großteil der Bevölkerung hinter der Partei vereinte. Der Kosmopolitismus und der Liberalismus der 1980er-Jahre mit der großen Neugier auf alles Westliche und dem Wunsch, möglichst schnell so zu werden wie die Menschen in den USA oder in Westeuropa (mit allem materiellen Wohlstand, aber auch mit westlicher Mode, Coca Cola und McDonald's sowie einem westlichen politischen und gesellschaftlichen System), hatten die Intellektuellen in der Regel von der Partei entfremdet und zu scharfer Kritik an den bestehenden Verhältnissen in China geführt. In den 1990er-Jahren wurde der Protest der Studenten und Intellektuellen nicht etwa lauter, im Gegenteil. Viele zogen sich aus den politischen und gesellschaftlichen Diskussionen zurück und konzentrierten sich auf ihren materiellen Erfolg. Angesehene Schriftsteller schrieben beispielsweise Schundromane oder Drehbücher für Seifenopern, die auf dem Markt Geld brachten, und gaben damit ihre traditionelle Rolle als Anwalt der Bevölkerung gegenüber dem Staat auf. Die technokratische Parteiführung konnte Wissenschaftler als Berater für Sachfragen einbinden – und verpflichtete sich damit ihrer Loyalität. Im Zuge der Wirtschaftsreformen ergaben sich weitere lukrative Verdienstmöglichkeiten für Akademiker. Nicht zuletzt führte die vermeintliche oder wirkliche Benachteiligung Chinas durch den Westen zu einer Rückbesinnung auf nationale kulturelle Werte, teilweise im Rückgriff auf die Diskussionen des frühen 20. Jahrhunderts (siehe den Beitrag von Christoph Müller-Hofstede). Zu den auslösenden Ereignissen für diese Rückbesinnung trug auch bei, dass im Herbst 1993 die Olympischen Sommerspiele des Jahres 2000 an Sydney und nicht an Beijing vergeben wurden. Das Studium der konfuzianischen und auch daoistischen Klassiker wurde wieder gefördert und groß angelegte archäologische Projekte zur Erforschung der frühen chinesischen Geschichte wurden finanziert. Als am 7. Mai 1999 die chinesische Botschaft in Belgrad bei einem Luftangriff der NATO von einer amerikanischen Cruise-Missile getroffen wurde, konnte der Staat einmal mehr seine Bürger hinter sich bringen. Bücher mit Titeln wie »China kann Nein sagen« (1996), die die USA und ihre politischen, gesellschaftlichen und kulturellen Werte scharf kritisierten, waren in den 1990er-Jahren Bestseller.

Während in den Städten der wirtschaftlich weit entwickelten Regionen am eigenen wirtschaftlichen Fortkommen gearbeitet wurde und sich die Intellektuellen in Nischen zurückzogen oder die Kooperation mit dem Staat suchten, gab es in ärmeren Regionen und auf dem Land zunehmend gewaltsame Proteste und auch Gewaltkriminalität. Diese Proteste führten aber nicht dazu, dass eine größere Bewegung gegen das politische System entstand, sondern waren meist nur Reaktionen auf lokale Missstände.

Jenseits antiwestlicher Propaganda und nationalistischer Töne suchte die politische Führung Chinas auch in den 1990er-Jahren den Kontakt mit der westlichen Welt. Ausländische Investitionen waren weiterhin für die wirtschaftliche Entwicklung unverzichtbar. Schon in den 1980er-Jahren hatte China Verhandlungen geführt, die den Beitritt zum GATT (= General Agreement on Tariffs and Trade, Allgemeines Handels- und Zollabkommen) zum Ziel hatten und 1989 abgebrochen wurden. Nun wurde erneut um Chinas Aufnahme in die 1995 als Nachfolgeorganisation des GATT gegründete WTO (World Trade Organization, Welthandelsorganisation) verhandelt. Im Jahr 2001 wurde China Mitglied der WTO, obwohl die Beitrittsbedingungen für China nicht allzu günstig waren. Man erhoffte sich so vor allem Druck auf die reformunwilligen Staatsbetriebe, die durch die WTO-Mitgliedschaft Konkurrenz bekamen. China beteiligte sich auch vermehrt an UN-Blauhelmeinsätzen und engagierte sich im Konflikt um das nordkoreanische Nuklearprogramm und in der Bewältigung der asiatischen Finanzkrise (siehe den Beitrag von Xuewu Gu).

15 China im 21. Jahrhundert

Der soziale und kulturelle Wandel in China war unübersehbar und wurde von der Partei durchaus aufgegriffen. Im Programm der »drei Vertretungen«, das Jiang Zemin im Jahr 2001 verkündete, warb die Kommunistische Partei beispielsweise aktiv für den Eintritt von Unternehmern und anderen fortschrittlichen Kräften – lud also den »Klassenfeind« aus alten Tagen in die eigenen Reihen ein. Neuen sozialen Akteuren wurden Wirkungs- und Gestaltungsmöglichkeiten innerhalb der Partei eingeräumt. Schwerer tat (und tut) sich die Partei mit der Zulassung von abweichenden Meinungen. So versucht man, die Gründung von Vereinen und NGOs durch den Zwang zur Registrierung und andere Auflagen zu erschweren. Religiöse Bewegungen wie Falun Gong (siehe den Beitrag von Philip Clart) wurden bzw. werden verboten und verfolgt, wenn sich der Staat durch sie gefährdet sah bzw. sieht. Die »harmonische Gesellschaft«, die Hu Jintao (*1942), Generalsekretär der Partei 2002–12, in seinen Reden immer wieder beschworen hat, ließ zwar Meinungspluralismus grundsätzlich zu, meinte aber natürlich immer noch Harmonie unter Führung der Partei. Der Ministerpräsident dieser Jahre, Wen Jiabao (*1942), trat oft als »Kümmerer« auf, der Katastrophengebiete wie zum Beispiel Sichuan nach dem großen Erdbeben vom Mai 2008 besuchte. Sozialpolitische Maßnahmen wie die Ausweitung des Sozial- und Krankenversicherungssystems oder Infrastrukturprogramme für den ärmeren Westen des Landes bezeugen den Willen, die entstandene Ungleichheit im Land wenigstens ansatzweise aufzufangen.

Die Herausbildung neuer sozialer Strömungen, wachsender Individualismus und ein zunehmendes Selbstbewusstsein eines Teils der chinesischen Bevölkerung gegenüber Staat und Partei wird mittlerweile vor allem durch das Internet gefördert (siehe den Beitrag von Doris Fischer). Nachrichten auf dem chinesischen Twitter (Weibo) verbreiten sich so schnell, dass die Zensoren nicht mehr schnell genug löschen können, was sie löschen sollten – ist der eine Tweet gelöscht, haben doch schon Tausende andere die Nachricht aufgegriffen und verbreiten sie weiter. Die chinesischen Nutzer sind auch durchaus erfindungsreich im Umgehen der Zensur. Eine Vertuschung von Missständen ist heute kaum mehr möglich, wenn es eine am Thema interessierte Öffentlichkeit gibt. Exemplarisch belegt das ein Ereignis vom Sommer 2011: der Zusammenstoß zweier Hochgeschwindigkeitszüge in der Provinz Zhejiang, der 40 Tote und fast 200 Verletzte forderte. Der Versuch, das Unglück zu vertuschen oder die Berichterstattung möglichst schnell zu beenden, scheiterte kläglich, da über Weibo und das chinesische Internet in kürzester Zeit die Informationen verbreitet wurden und Aufklärung verlangt wurde (speziell zum Zugunglück: Link/Xiao 2013; lesenswert zum Thema allgemein: Yang 2009). Die Verantwortlichen mussten dem Druck nachgeben, Untersuchungen einleiten und Entschädigungen an die Opfer zahlen.

Mit dem Informationsmonopol fällt ein Stück weit das Machtmonopol der Kommunistischen Partei. Zusätzlich ist der Anspruch der Kommunistischen Partei auf weltanschauliche und moralische Autorität im Zuge der Reformen begrenzt worden. Kommerzialisierung, Globalisierung und Pluralisierung schränken ihre Möglichkeiten, ein einheitliches ideologisches Umfeld zu schaffen, ein. Die endemische Korruption auch hoher und höchster Parteikader schwächt ihre Stellung weiter. Der Versuch des Politbüromitglieds Bo Xilai (*1949), groß angelegte »rote« Kampagnen in Chongqing durchzuführen, indem »rote Lieder« aus Kulturrevolutionszeiten gesungen und kommunistische Ideale beschworen wurden, muss mit seinem Parteiausschluss 2012 und seiner Verurteilung wegen Bestechlichkeit, Unterschlagung und Amtsmissbrauch 2013 als gescheitert angesehen werden (siehe den Beitrag von Sarah Kirchberger). Xi Jinping (*1953), der seit dem 18. Parteikongress im November 2012 Generalsekretär der KPCh und seit März 2013 auch Staatspräsident ist, bemüht sich um eine grundlegende Reform der Partei, die ihr eine neue Legitimation verschaffen und damit die Herrschaft bewahren kann. Der Kampf gegen die Korruption und den Machtmissbrauch von Parteikadern ist dabei eine wesentliche Aufgabe. Inwieweit Xi erfolgreich sein kann, bleibt abzuwarten – die Spannungen innerhalb der Parteiführung scheinen so groß wie lange nicht zu sein. Xi versucht, die chinesische Öffentlichkeit für den »chinesischen Traum« zu begeistern, der allerdings kaum konkret inhaltlich beschrieben wird. Zu ihm gehört neben dem individuellen gesellschaftlichen und wirtschaftlichen Erfolg als zentrales Element die »Renaissance Chinas« oder der chinesischen Nation, verstanden als Wiedererlangung des politischen, wirtschaftlichen und kulturellen Status, der China als der ältesten noch existierenden Hochkultur der Welt zukommen sollte. Endgültig in Erfüllung gehen soll der Traum bis zum 100. Jahrestag der Gründung der Volksrepublik China im Jahr 2049. Als Substitut für die alten sozialistischen Ideale und Werte, die entwertet und ausgehöhlt sind, dient heute (neben dem Erwerb von Reichtum) fast allein noch der Nationalismus, der schon in der Vergangenheit immer wieder seine Wirkmächtigkeit und Integrationsfähigkeit bewiesen hat. Nationale Größe und Stärke sind wieder zentrale Schlagworte, Patriotismus ist Pflicht. Die Kommunistische Partei, die sich nicht länger als »Vorhut des Proletariats« stilisieren kann, gibt sich das Image der führenden Kraft, wenn es um die Wahrung nationaler Einheit und den Kampf für Stärke und das Ansehen Chinas geht. Erfolge wie die Rückgabe Hongkongs an China 1997, die Olympischen Spiele in Beijing 2008 und die Expo in Shanghai 2010 kann die Partei dabei durchaus für sich verbuchen. Das politische System Chinas und seine Institutionen scheinen trotz aller kleineren und größeren Probleme und Unruhen stabil. Es bleibt jedoch noch viel zu tun, damit soziale Spannungen, wirtschaftliche Verwerfungen und ethnische Konflikte den Staat nicht in den Grundfesten erschüttern.

Literatur

Eine leicht zugängliche ausführlichere Darstellung des hier behandelten Zeitraums bietet Vogelsang 2013, S. 440–617. Dort findet sich auch weiterführende Literatur in westlichen Sprachen. Verwiesen sei auch auf die entsprechenden Bände der Cambridge History of China für die Zeit bis in die frühen 1980er-Jahre (Bde. 11–15, Cambridge 1980–91).

Cohen, Paul A.: History in Three Keys. The Boxers as Event, Experience, and Myth, New York 1997.
Dikötter, Frank: Maos großer Hunger. Massenmord und Menschenexperiment in China (1958–62), Stuttgart 2014.
Dikötter, Frank: The Tragedy of Liberation. A History of the Chinese Revolution 1945–1957, London 2013.

Fewsmith, Joseph: China since Tiananmen, Cambridge ²2008.
Hu, Ping: The Thought Remolding Campaign of the Chinese Communist Party-state, Amsterdam 2012.
Kuhn, Dieter: Die Republik China von 1912–1937. Eine politische Ereignisgeschichte, Heidelberg ³2007, S. 49–53 (frei zugänglich über den OPUS-Server der Universitätsbibliothek Würzburg: urn:nbn:de:bvb:20-opus-21864 [Suchmaske: http://opus.bibliothek.uni-wuerzburg.de/home]).
Kuhn, Dieter: Der Zweite Weltkrieg in China, Berlin 1999.
Lifton, Robert Jay: Thought Reform and the Psychology of Totalism. A Study of »Brainwashing« in China, Chapel Hill u. a. 1989.
Link, Perry/Xiao, Qiang: From Grass-Mud Equestrians to Rights-Conscious Citizens. Language and Thought on the Chinese Internet, in: Link, Perry/Madsen, Richard P./Pickowicz, Paul G. (Hrsg.): Restless China, Lanham 2013, S. 83–107.
MacFarquhar, Roderick/Schoenhals, Michael: Mao's Last Revolution, Cambridge/Mass. 2006.
Mao Tse-tung: Ausgewählte Werke, Bd. 1, Peking 1968, hierin: Untersuchungsbericht über die Bauernbewegung in Hunan, S. 21–63.
Mitter, Rana: China's War with Japan 1937–1945: The Struggle for Survival, London 2013.
Musgrove, Charles D.: China's Contested Capital. Architecture, Ritual, and Response in Nanjing, Honolulu 2013.
Vogel, Ezra F.: Deng Xiaoping and the Transformation of China, Cambridge/Mass. 2011.
Vogelsang, Kai: Geschichte Chinas, Stuttgart ³2013.
Yang, Guobin: The Power of the Internet in China. Citizen Activism Online, New York 2009.

Werner Meissner

Kulturelle Identitätssuche von 1840 bis 1949

1   Kultur und Identität

Seit dem Ende des Kalten Krieges haben Fragen, die die nationale Kultur und Identität betreffen, in den internationalen Beziehungen zunehmend den Diskurs über das Verhältnis der kommunistischen zur westlichen Welt ersetzt. Neue Bedrohungsszenarien – man denke an Samuel Huntingtons 1993 erschienenes Buch »Clash of Civilisations« und die aktuellen Diskurse über den Gegensatz zwischen islamischer und westlicher Kultur vor dem Hintergrund des Fundamentalismus in der arabischen Welt und in den USA – sind an die Stelle des Ost-West-Gegensatzes getreten. Alternativ werden Kultur und Identität als Erklärungskategorien für inner- und zwischenstaatliche Konflikte herangezogen.

Kultur im weitesten Sinn ist mitbestimmend für die Bildung der Identität von Individuen, Gruppen und Völkern. Weitere Faktoren sind Geschlecht, Abstammung, soziale Klassen, Erziehung, Beruf, Institutionen, Religion, aber auch Raum oder Territorium (lokale und regionale Identität), schließlich Nationalität und Zugehörigkeit zu supranationalen Organisationen.

Individuelle und nationale Identität sind dabei nicht statisch, sondern unterliegen einem ständigen Wandel. Wird die Identität von Individuen, Gruppen und Nationen herausgefordert und gefährdet, suchen diese in einem Anpassungsprozess ein neues Gleichgewicht zwischen traditionalen, bestehenden Elementen und der von außen kommenden Herausforderung herzustellen, um sich dadurch gegenüber einer echten oder auch nur vermeintlichen Bedrohung zu behaupten. Die Selbstbestimmung und Selbstbehauptung eines ganzen Volkes angesichts von Besatzung, Ausbeutung und Unterdrückung durch fremde Mächte ist verbunden mit der Suche nach nationaler Identität. Diese, wie die Identität des Einzelnen, wird nie zu etwas Festem und Unveränderlichem, sondern bleibt stets im Wandel durch Anpassung an neue Herausforderungen begriffen. Die Notwendigkeit zur Modernisierung, sich entweder anzupassen mit der Chance, sich als geschichtliches Subjekt zu behaupten, oder aber zum schlichten Objekt historischer Entwicklung zu werden, ist das Schicksal aller traditionalen Gesellschaften seit Beginn der Moderne.

Diskurse über Selbstbehauptung und Identität einzelner Völker sind keineswegs neu. Sie waren Teil des Prozesses, in dessen Verlauf in Europa ab dem 18. Jahrhundert Nationalstaaten entstanden (*nation building*), und sie dominierten ab der Mitte des 19. Jahrhunderts zunehmend auch die intellektuellen Diskussionen in den von den europäischen Mächten bedrohten Völkern Asiens, vor allem in Japan, China, Indien und Korea, aber auch Afrikas und der arabischen Welt. Es war der Diskurs der Moderne, der zuerst in den europäischen Staaten begann und dann, in Reaktion auf das Vordringen des westlichen Imperialismus, auch in der übrigen Welt geführt wurde und immer noch wird.

Im Zuge dieser Entwicklung lässt sich ein stets wiederkehrendes Diskursmuster beobachten. Die vom Westen ausgehende Bedrohung ist darin der Ausgangspunkt aller Auseinandersetzungen. Der Diskurs ist gekennzeichnet durch ein Oszillieren zwischen Ablehnung und Zustimmung zur westlichen Moderne. Die damit verbundenen Versuche, westliche Kultur und westliches Denken entweder fernzuhalten oder aber selektiv Teile davon in das eigene, traditionale Weltbild zu integrieren oder aber Letzteres im Zuge der Rezeption zu verwerfen, lässt sich in allen sich modernisierenden Gesellschaften bis in die Gegenwart beobachten.

In Russland war es der Diskurs zwischen Slawophilen und Westlern zwischen 1840 und 1870. Die Slawophilen wollten, dass Russlands Zukunft auf den Werten und Institutionen der frühen russischen Geschichte basierte: Geistige Werte, orthodoxer Glaube und die Konzeption eines autoritären Staates wurden den Ideen des westlichen Rationalismus, Individualismus und der liberalen Demokratie gegenübergestellt, da Letztere als Kräfte betrachtet wurden, die die russische Identität zerstörten.

In der arabischen Welt waren es die Ideen des ägyptischen Theologen Muhammad Abduh (1849–1905) und des Gründers der Muslimbruderschaft Hasan al-Banna (1906–49). Ihr Ziel war eine aus dem Islam heraus sich modernisierende Gesellschaft; auch sie waren lediglich bereit, den technisch-wissenschaftlichen Aspekt der westlichen Moderne zu übernehmen, nicht aber deren Kultur und die ihr zugrunde liegenden Ideen.

In Deutschland, dessen kulturelle und politische Eliten sich in ihrer Mehrheit bis 1945 nicht dem Westen zugehörig fühlten, war die Diskussion wesentlich von der Idee eines auf »deutschem Geist« und »deutscher Kultur« basierenden »Sonderwegs« der Modernisierung geprägt. Sein Ziel war die Schaffung einer nationalen Identität und eines starken Nationalstaats, und zwar im bewussten, von der Mehrheit der Eliten getragenen Gegensatz zu den westeuropäischen Ideen des Liberalismus und des Parlamentarismus.

Der »Traum von der halben Moderne«, wie es Bassam Tibi für den Islam formuliert hat, nämlich die Vorstellung, dass die Moderne in eine technisch-wissenschaftliche Modernität auf der einen und eine kulturelle und politische Modernität auf der anderen Seite unterteilt werden könne, dass man also, mit anderen Worten, um der Herausforderung zu begegnen, nur die Technologie zu übernehmen brauche, nicht aber die kulturellen Aspekte (das »kulturelle Projekt der Moderne« im Sinn von Habermas), findet sich auch im chinesischen Kulturraum: Diese Vorstellung von der Möglichkeit einer selektiven Aneignung der westlichen Moderne hat große Teile der politischen und kulturellen Elite Chinas seit dem Eintreffen des Westens bis auf den heutigen Tag begleitet, gleich, ob sie in der konfuzianischen oder später der marxistisch-leninistischen Tradition standen.

2 Bausteine einer chinesischen Identität

Den Begriff der chinesischen Identität zu benutzen, heißt, etwas vorauszusetzen, was sich erst im Nachhinein, quasi als Ergebnis einer längeren Beschäftigung chinesischer Intellektueller mit den kulturellen Traditionen des eigenen Landes, herausgebildet hat. Zwar gibt es zahlreiche Beispiele in der chinesischen Geschichte, in denen Chinesen als Han-Volk identifiziert werden und die Angehörigen des Han-Volkes sich ihrerseits klar abgrenzen von anderen Ethnien, die überwiegend als »Barbaren« betrachtet werden. Doch die kulturelle und nationale Identität, wie sie uns in den Schriften der geistigen Elite seit dem späten 19. Jahrhundert entgegentritt, ist weitgehend das Ergebnis einer intensiven und vom Westen ausgelösten Reflexion über die chinesische Kultur. Sie ist zugleich ein ideologisches Konstrukt, das sowohl aus realen Elementen als auch aus ideologischen Überzeichnungen besteht, die im Zuge nationaler Identitätsbildung unerlässlich zu sein scheinen, weil sie der Verteidigung dienen, und aus denen nur allzu häufig auch verletzter Stolz über erlittene Demütigungen spricht.

Will man die wichtigsten Bestandteile auflisten, die von chinesischen Intellektuellen stets betont werden, so ergibt sich folgendes Bild:
- die vier- bis fünftausendjährige Geschichte;
- die Kontinuität der Vorstellung eines chinesischen Reiches durch alle dynastischen Wechsel und Fremdherrschaften hindurch;
- die Einzigartigkeit der chinesischen Zeichenschrift;

- die umfangreiche kulturelle Tradition in Form von philosophischen Werken, Dichtkunst, Malerei, Musik, Opern etc. bis hin zum Kampfsport;
- die beeindruckenden Erfindungen und Kenntnisse in den Bereichen Medizin, Schiffsbau, Waffentechnik, Porzellan etc., die in vielen Fällen den europäischen Stand der Technik bis zur Renaissance übertrafen;
- die auf diesem kulturellen Vorsprung beruhende Anziehungskraft für benachbarte Völker;
- die über lange Zeit auch politische Vorherrschaft des chinesischen Reiches in Asien;
- die – trotz hoher regionaler Differenziertheit – weitgehend identische Alltagskultur; das Essen ist hier nur ein Aspekt.

Zentrum Chinas, Zentrum der Welt: Blick über die Verbotene Stadt in Beijing (Foto: akg-images, 1985)

Chinesische Identität war dabei weniger ethnisch als vielmehr von kulturellen Aspekten geprägt. Die Zugehörigkeit zum chinesischen Kulturkreis, ein chinesischer Kulturalismus, bildete die Grundlage des Selbstbewusstseins der Bildungselite.

Die theoretische Grundlage der Vorherrschaft des chinesischen Reiches in Asien wiederum beruhte auf der Rolle des chinesischen Kaisers als Bindeglied zwischen Himmel, Erde und Menschheit und der konfuzianischen Gesellschaftslehre.

Gemäß der konfuzianischen Kosmologie bezog der Kaiser seine politische Legitimation aus dem »Auftrag des Himmels« (*tianming*). Als »Sohn des Himmels« (*tianzi*) war er zuständig für die Verwirklichung des »himmlischen Prinzips« (*tianli*) überall »unter dem Himmel« (*tianxia*), das heißt auf der Erde und unter den Menschen. Die konfuzianische Gesellschaftslehre wiederum zeichnete sich durch die Betonung hierarchischer und paternalistischer Familienstrukturen aus. Analog dazu waren auch die Beziehungen Chinas zu seinen Nachbarn gestaltet. Aufgrund der kulturellen Überlegenheit kam dem chinesischen Kaiser quasi die Rolle eines »Familienoberhaupts« zu. Bis zur Ankunft der westlichen Mächte beruhten daher die Beziehungen Chinas zu seiner nicht chinesischen Umwelt im Wesentlichen auf dem Tributsystem. Danach mussten Länder oder Völker, die in Beziehung zum chinesischen Reich treten wollten, erst die Oberhoheit des chinesischen Kaisers anerkennen.

Dieses traditionelle chinesische Weltbild existierte in seinen Grundzügen und ungeachtet vieler Veränderungen und Wandlungen bis ins 19. Jahrhundert hinein, bis es schließlich, ausgelöst durch die Kanonen der Kolonialmächte, vom vordringenden westlichen Denken erschüttert wurde. Das westliche, vor allem das zweckrationale Denken wirkte dabei auf das chinesische Weltbild wie eine »Säure« und löste eine schwere Identitätskrise unter den chinesischen Intellektuellen aus. Die Erfahrung, durch die westlichen Mächte, später auch durch Russland und Japan, gefährdet zu sein, umfasste dabei drei entscheidende Aspekte:

1. *Der Verlust der traditionellen Vormachtstellung Chinas im asiatischen Raum.* Chinas bisherige Tributländer wie Annam, Siam, Birma, Laos, Burma und Korea wurden zu Kolonien der westlichen Mächte bzw. Japans. Das Vordringen des Westens seit dem Opiumkrieg (1840–42, siehe S. 820–824) war eine existenzielle Herausforderung, auf die die politische Elite langfristig eine Antwort finden musste, wollte sie nicht, wie dann 1911 mit dem Sturz der Dynastie auch geschehen, von der historischen Bühne abtreten.

2. *Der politische Bedeutungsverlust der die Macht ausübenden Bildungselite, die zugleich Trägerin des chinesischen Kulturalismus war.* Der Einfluss des Westens untergrub ihre geistige und teilweise auch ihre materielle Grundlage, und zwar spätestens seit 1905 mit der Abschaffung des Prüfungssystems, das die Voraussetzung für eine Beamtenkarriere war.

3. *Die politische Krise, die parallel zur Krise des Bewusstseins verlief.* Die Einheit des Weltbildes – bei aller inneren Vielfalt – fand ihre Entsprechung in der Einheit des Reiches. Letztere war ohne die erste gar nicht vorstellbar. Die kosmologischen und metaphysischen Spekulationen des Neokonfuzianismus der Song- (960–1279), Yuan- (1279–1368) und Ming-Zeit (1368–1644), die bis ins 20. Jahrhundert die geistige Grundlage politischer Herrschaft bildeten, hielten dem »neuen Denken« nicht mehr stand. Und so, wie das traditionelle Weltbild durch das westliche Denken erschüttert wurde, trug zugleich die militärische und wirtschaftliche Aggression der europäischen Mächte zur Zerstörung der Einheit des Reiches bei. Die imperialistischen Staaten teilten China in wirtschaftliche Einflusszonen auf und nach dem Zusammenbruch der Qing-Dynastie 1911 stürzte das Land in einen fast 40 Jahre dauernden Bürgerkrieg (siehe den Beitrag von Helga Stahl).

Im chinesischen Selbstverständnis waren alle um China herum siedelnden Völker »Barbaren«, einschließlich der Europäer. Im letzten Jahrtausend war das Reich mehrfach von nördlichen »Barbaren« überrannt worden, so von den Mongolen im 13. Jahrhundert, die die Yuan-Dynastie (1279–1368, siehe S. 168f.) gründeten, und den Mandschu im 17. Jahrhundert, die die Qing-Dynastie errichteten (1644–1911, siehe S. 172–177). In beiden Fällen bewältigte die chinesische Führungsschicht das Problem, indem sie aufgrund ihrer kulturellen Anziehungskraft die »Barbarenvölker« mehr oder weniger stark akkulturierte und schließlich assimilierte. Diese wurden kulturell Chinesen und zeichneten sich – wie die Mandschu – sogar dadurch aus, dass sie an der Bewahrung der chinesischen Kultur und der Ausdehnung des Reiches großen Anteil hatten.

Die Bedrohung durch den Westen war qualitativ anderer Natur. Sie ging nicht, wie im Fall der Mongolen und Mandschu, von jenseits der Grenzen aus und lag damit nicht im Einflussbereich Chinas. Sie bestand vielmehr in der Überlegenheit der westlichen Waffen und industriellen Produktion, wobei diese nur die äußere Manifestation der Überlegenheit westlichen Denkens im naturwissenschaftlich-technischen Bereich waren.

Die Basis der Macht des Westens, China zu beeinflussen, blieb also außerhalb Chinas, nämlich in den Universitäten und Fabriken Europas. Sie lag in dem Vorsprung, den der Westen in der Entwicklung der Naturwissenschaften gegenüber China seit der Renaissance errungen hatte. Darüber hinaus hatten die Europäer, im Gegensatz zu den Mongolen oder Mandschu, nicht die geringste Absicht, in welchem Ausmaß auch immer, Chinesen zu werden. Die Möglichkeit einer Assimilierung oder Akkulturierung war also ausgeschlossen. Die Antwort auf die westliche Herausforderung konnte daher nur in einer grundsätzlichen Auseinandersetzung mit dem Westen gefunden werden, nicht nur mit seiner militärischen und ökonomischen Macht, sondern auch mit seiner Kultur und seinem Denken. Diese Auseinandersetzung musste notwendig die Substanz der chinesischen Kultur berühren und die Grundlagen des bisherigen chinesischen Selbstverständnisses und deren Bedeutung für die Modernisierung des Reiches infrage stellen. Die Antwort auf die westliche Herausforderung lässt sich grob in drei Phasen einteilen.

3 Chinas Antwort auf die Herausforderung durch den Westen

Die erste Phase

Die erste Phase umfasst den Zeitraum von der Mitte des 19. Jahrhunderts bis 1895. Sie war durch ein Hin- und Herschwanken zwischen Verneinung und Akzeptierung des westlichen Denkens gekennzeichnet. Die politische und kulturelle Elite reagierte zum Teil mit übertriebener Abwehr, zum Teil auch mit Euphorie auf das »neue Denken« aus dem Westen und begann, nach Lösungen zu suchen. Die zentralen Zeichen dieser Antwort waren *ti* und *yong*. *Ti* bedeutet so viel wie Essenz oder Substanz, *yong* dagegen Anwendung oder Funktion. Beide Zeichen sind die Kurzform für die Formulierung »chinesisches Lernen als Essenz, westliches Lernen zur Anwendung« (*zhongxueweiti – xixue weiyong*).

Die beiden wichtigsten Staatsmänner dieser Zeit, die Generalgouverneure Zeng Guofan (1811–72) und Zhang Zhidong (1837–1909), gingen davon aus, dass die chinesische Kultur, insbesondere der Konfuzianismus, eine höhere Entwicklungsstufe darstellte als die westliche Kultur und daher die Grundlage, die Essenz (*ti*) des Individuums, der Gesellschaft und des Staates, zu bilden hätte. Die westlichen Wissenschaften wären hingegen nur für die Anwendung (*yong*), also für die Technik und den Umgang mit materiellen Dingen, geeignet. Zeng wollte lediglich von der Überlegenheit der Fremden lernen, um »ihre Überlegenheit zu zügeln«. Damit verkürzte sich das ganze Problem der westlichen Bedrohung auf die Überlegung, China würde nur die westliche Technik zu übernehmen haben, um die fremden Mächte wieder aus dem Land jagen zu können. Infolgedessen versuchten die chinesischen Staatsmänner, möglichst schnell eine moderne Waffenindustrie aufzubauen und die Grundlagen für die Industrialisierung des Reiches durch die Errichtung von Bergwerken und den Bau von Eisenbahnen etc. zu legen.

Die Ziele dieser Modernisierungsversuche, die von 1861 bis 1894 unter den Namen »Selbststärkungsbewegung« (*ziqiang yundong*) und »Yangwu-Bewegung« liefen (wobei *yangwu* für fremde Angelegenheiten steht), waren also
- der Schutz bzw. die Wiederherstellung der territorialen Integrität des chinesischen Reiches;
- die Bewahrung der Vormachtstellung der traditionellen chinesischen Kultur und damit zugleich
- die Bewahrung der bestehenden konfuzianischen Herrschaftsordnung im Interesse der herrschenden Eliten.

Die konservativen Modernisierer hofften, wie die meisten ihrer Nachfolger bis heute, unter Vermeidung politischer Reformen diese Ziele allein durch die Übernahme und Anwendung der westlichen Technologie erreichen und dadurch das Land vor einem politischen Wandel bewahren zu können. Der Zusammenhang von industrieller Entwicklung und der Reform der politischen Institutionen war ihnen damals nicht bewusst oder sie wehrten sich dagegen, ihn wahrzunehmen, weil er ihren Überzeugungen und Machtinteressen zuwiderlief.

Die partielle und zugleich konservative Modernisierung scheiterte. Die aufgebauten Fabriken funktionierten nur eingeschränkt und China verlor auch den Krieg von 1894/95, jedoch nicht etwa gegen ein europäisches, sondern gegen ein asiatisches Land – Japan (siehe den Beitrag von Christoph Müller-Hofstede). Dieses hatte sich auf den Weg nicht nur der wirtschaftlichen, sondern auch der politischen Reformen durch Einführung einer konstitutionellen Monarchie begeben.

Die zweite Phase

Nach der Niederlage gegen Japan wandte sich der Diskurs in den Jahren zwischen 1895 und 1911 stärker den Ideen der konstitutionellen Monarchie, des Parlamentarismus und des Nationalismus zu. Das Reich erlebte die ersten Versuche politischer und institutioneller Reformen. Die geistigen Träger dieser Reformbewegung, Kang Youwei (1858–1927), Liang Qichao (1873–1929) und Tan Sitong (1865–98), hatten erkannt, dass es mit der Übernahme der westlichen Technologie allein nicht getan war, sondern dass es auch politischer Reformen bedurfte, um China aus seiner geschwächten Position wieder herauszuführen. Ein radikaler Bruch mit der Tradition war aber auch für Kang, den führenden Kopf der Reformer,

Kulturelle Identitätssuche von 1840 bis 1949

Der Reformer Kang Youwei (Foto: Los Angeles Times photographic archive, UCLA Library, ca. 1920)

nicht vorstellbar. Er glaubte vielmehr, in den konfuzianischen Klassikern die Antwort auf die westliche Herausforderung gefunden zu haben. In seiner 1897 veröffentlichten Schrift »Konfuzius als Reformer« (*Kongzi gaizhikao*) vertrat er die These, dass der große Meister ein Vertreter institutionellen Wandels gewesen sei. Unter der Parole »auf die Lehren der alten Zeit gestützt die Institutionen verändern« (*tuogu gaizhi*) versuchte Kang dann durch Rückgriff auf einen reformierten Konfuzianismus die notwendige ideologische Legitimierung für seine Forderungen nach einem politischen Wandel zu gewinnen, um damit das System aus seinen eigenen Grundlagen heraus zu retten.

In seinen Denkschriften an Kaiser Guangxu, der ihn 1898 zu seinem Berater ernannte, empfahl er eine Reihe von Reformen, die erstmals drei entscheidende Veränderungen herbeiführen sollten:
- In den Bereichen Kultur und Erziehung wollte er die Gleichberechtigung von chinesischem und westlichem Lernen. Damit verbunden war seine Forderung nach Einführung von Bildungsstätten nach westlichem Muster und Gründung einer Universität in Beijing, der späteren Peking University (Beida).
- In den Beziehungen zu anderen Staaten erstrebte er die Abkehr vom traditionellen Sinozentrismus und die Anerkennung der ausländischen Mächte als gleichberechtigte Staaten.
- Im politischen und institutionellen Bereich schlug er die Transformation des Kaiserreichs in eine konstitutionelle Monarchie vor.

Die »Reform der 100 Tage« von 1898 scheiterte jedoch trotz Unterstützung durch den Kaiser an der Überstürztheit, mit der die einzelnen Reformen durchgeführt wurden, und am Widerstand konservativer Hofkreise. Auch alle nachfolgenden Reformversuche, wie die Abschaffung des für den Einstieg in die Beamtenlaufbahn verbindlichen Prüfungssystems 1905 und die Versuche der Einführung einer konstitutionellen Monarchie am Ende der Dynastie, vermochten den Untergang der Qing-Dynastie im Jahr 1911 nicht mehr aufzuhalten.

Die dritte Phase

Die dritte Phase von 1912 bis 1949, also die Zeitspanne der ersten chinesischen Republik, brachte für viele chinesische Intellektuelle die Erkenntnis, dass die Gründe für die militärische und ökonomische Überlegenheit des Westens offenbar viel tiefer lagen, nämlich in der Entwicklung des logischen und analytischen Denkens in Europa seit der Renaissance im Bereich der Naturwissenschaften, aber auch in der sozialen und politischen Philosophie. Es waren vor allem die Studenten, die ab dem Ende des 19. Jahrhunderts zu Zehntausenden nach Europa und den USA geströmt waren und, mit westlichen Ideen ausgestattet zurückgekehrt, jetzt zu den Trägern der Suche nach einer neuen Identität wurden.

Chinesische Studenten bei ihrer Ankunft in den USA Anfang der 1920er-Jahre (Foto: akg-images)

Zum Zentrum des Diskurses entwickelte sich – nach Gründung der Republik 1911 – die bereits erwähnte Peking University. Hier war ab 1917 Cai Yuanpei (1868–1940) Rektor. Er hatte in Leipzig Philosophie, Literatur und europäische Geschichte studiert. Unter seinem Rektorat entwickelte sich die Universität zu einer liberalen und toleranten Institution, in der alle modernen geistigen und politischen Richtungen vertreten waren. So berief er Chen Duxiu (1879–1942), den späteren Gründer der KP China (gegründet 1921), zum Dekan der Philosophischen Fakultät und ernannte Li Dazhao (1889–1927), ebenfalls Mitbegründer der KP China, 1918 zunächst zum Leiter der Universitätsbibliothek und später zum Professor für Geschichte, Politische Wissenschaft und Recht. Auch der Liberale Hu Shi (1891–1962), der in den USA bei dem Pragmatisten John Dewey (1859–1952) promoviert hatte, erhielt 1917 einen Ruf auf den Lehrstuhl für Philosophie.

In jenen Jahren wurden die neuen Bildungsstätten zu Schmelztiegeln für westliche Ideen. Ein Teil der westlichen philosophischen und politischen Literatur lag bereits in chinesischer Übersetzung vor, wenn auch noch häufig über den Umweg japanischer Übersetzungen. Dazu gehörten die Werke von Adam Smith (The Wealth of Nations), John Stewart Mill (Essay on Liberty), Thomas H. Huxley (Evolution and Ethics), Herbert Spencer (The Study of Sociology), Charles Darwin (The Origin of Species), Peter Kropotkin (Mutual Aid), John Dewey (Reconstruction in Philosophy) ebenso wie Schriften der deutschen Philosophen Fichte, Hegel, Schopenhauer, Nietzsche und Eucken, um nur einige zu nennen.

Gleichzeitig begann sich das Interesse auf die grundsätzlichen Unterschiede zwischen westlichem und chinesischem Denken, zwischen westlicher und chinesischer Kultur zu richten. Viele Intellektuelle waren überzeugt, dass die Antwort auf die westliche Herausforderung nur in einer offenen Auseinandersetzung mit allen Aspekten des westlichen Denkens, ja, möglicherweise sogar in einer weitgehenden »Verwissenschaftlichung« (*kexuehua*) des chinesischen Denkens und einer »vollständigen Verwestlichung« (*quanpan xihua*) der chinesischen Kultur bei gleichzeitiger Zerstörung der eigenen Traditionen, liegen konnte.

In der »4.-Mai-Bewegung« von 1919 (siehe S. 185–188), die durch den Umstand ausgelöst wurde, dass auf der Versailler Konferenz die Souveränität über die – bis 1914 unter deutschem Einfluss sich befindende – Provinz Shandong statt zurück an China an Japan übertragen wurde, kulminierten die unterschiedlichen geistigen Strömungen zu einer radikalen nationalen Bewegung, die das kulturelle Erbe Chinas prinzipiell und mit westlichen Methoden infrage stellte: China, so sahen es die radikalen und westlich orientierten Intellektuellen, war gefangen in alten Vorstellungen und »Idolen« wie Kaiserverehrung, Sohnestugend, Unterwerfung der Frau unter den Mann, konfuzianischen Hierarchien in Familie und Gesellschaft. Die Zerstörung dieser alten Idole (*ouxiang pohuai*), die Zerschlagung des »Ladens Konfuzius« und die Schaffung einer »neuen Kultur« und »neuen Gesellschaft« waren nach ihrer Auffassung nur möglich mithilfe der westlichen »Wissenschaft« und »Demokratie«.

Die Verteidiger des Konfuzianismus hingegen beschworen erneut den angeblich überlegenen Geist der chinesischen Kultur. Gu Hongming (1857–1928), ein ehemaliger Vertrauter und Mitarbeiter des konservativen Reformers Zhang Zhidong (siehe S. 227), warf den radikalen Intellektuellen Verrat vor; sie wollten über Nacht die älteste Zivilisation der Welt zerstören. Für ihn war die europäische Zivilisation ein »materialistisches Ungetüm«, das, wenn auch nur teilweise hereingelassen, einem »trojanischen Pferd« gleich die chinesische Zivilisation von innen heraus zerstören würde. China dagegen besitze eine »spirituelle Zivilisation« (*jingshen wenhua*), die nicht nur China selbst, sondern auch den Westen aus seiner geistigen Krise – hervorgerufen durch den Materialismus – würde befreien können. In den intellektuellen Kontroversen (Kontroverse über »östliche und westliche Kultur« und über »Wissenschaft und Lebensanschauung« 1922/23) wurden die gegensätzlichen Standpunkte dann heftig diskutiert.

Die konfuzianisch orientierten Intellektuellen vertraten darin zunächst ähnliche Vorstellungen wie die Anhänger des *ti-yong*-Konzepts. Einer von ihnen, Zhang Junmai (Carsun Chang, 1887–1969), hatte bei dem Fichteaner Rudolf Eucken in Jena studiert. Er war Anhänger des Neokonfuzianismus, einer stark idealistischen und teils mystischen Form des Konfuzianismus, die auf einen der größten Denker Chinas, Zhu Xi (1130–1200), zurückgeht und ab dem 13. Jahrhundert die geistige Grundlage des Kaisertums gebildet hatte. Zhang war ebenfalls überzeugt von der Überlegenheit der »spirituellen Kultur« Chinas über die angeblich »materielle Kultur« des Westens, speziell, was die Naturwissenschaft betraf. Auch er wollte die chinesische Kultur vor der Zerstörung bewahren. Westliches Denken sah er generell als gefährlich an.

Zhang und andere moderne Neokonfuzianer blickten in dieser Auseinandersetzung in erster Linie nach Deutschland. In den philosophischen Systemen des deutschen Idealismus (vor allem von Fichte, Hegel und Kant) sahen sie ein Pendant zu den idealistischen Traditionen im Konfuzianismus und Daoismus, besonders in den Lehren der großen Denker des Neokonfuzianismus, Zhu Xi und Wang Yangming. Vom deutschen Idealismus, vor allem Hegels und Fichtes, erhofften sie sich eine Wiederbelebung des konfuzianischen und spirituellen Erbes Chinas. Speziell Fichtes »Reden an die deutsche Nation« waren vielen ein Vorbild für die Schaffung einer nationalen Identität auch unter den Chinesen. Im Rahmen einer synkretistischen Ideologie aus traditionalen chinesischen Elementen und Ideen des deutschen Idealismus hielt Zhang Junmai, der auch Fichtes »Reden« übersetzt hatte, eine selektive und restriktive Rezeption der westlichen Wissenschaften, die die chinesische Welt nicht allzu sehr erschüttern würde, für möglich. Die westlichen Wissenschaften sollten durch Unterordnung unter das traditionale Weltbild in das chinesische Denken integriert, hinsichtlich ihrer sozialen Sprengkraft entschärft und über diesen Weg für die bestehende und zukünftige Ordnung nutzbar gemacht werden. Zur Rechtfertigung Zhangs muss allerdings hinzugefügt werden, dass er – im Gegensatz zu den meisten Konservativen in Deutschland – die Ideen der (von ihm ins Chinesische übersetzten) Weimarer Verfassung hinsichtlich des Staatsaufbaus als vorbildlich ansah. Als ebenso vorbildlich empfand er die Vorstellungen der deutschen Sozialdemokratie zu Problemen der Wirtschafts- und Sozialordnung. Zhang war der erste Konfuzianer, der einen demokratischen Sozialismus auf konfuzianischer Grundlage erstrebte.

Die zweite Gruppe bildeten die Anhänger einer generellen »Verwestlichung«. Sie wiederum betrachteten England und die USA als Vorbild. Ihre Träger waren überwiegend in den angelsächsischen Staaten ausgebildete Intellektuelle, die den Einfluss des US-amerikanischen Liberalismus und Pragmatismus und des englischen Empirismus in China repräsentierten. Sie verstanden Modernisierung nicht als einen partiellen, sondern als einheitlichen und allumfassenden Vorgang. Im Gegensatz zu den modernen Neokonfuzianern und den Marxisten-Leninisten waren sie davon überzeugt, dass nur die Verwissenschaftlichung (*kexuehua*) aller Bereiche des chinesischen Denkens, also nicht nur der Technik, sondern auch der Sozial- und Geisteswissenschaften, und eine möglichst vollständige Verwestlichung (*quanpan xihua*) der chinesischen Zivilisation, verbunden mit der gleichzeitigen Übernahme des politischen Liberalismus und eines kontrollierten Kapitalismus, langfristig die frühere Größe Chinas wiederherstellen würden.

Der wichtigste Repräsentant dieser Richtung war der bereits erwähnte Hu Shi, der zu den einflussreichsten chinesischen Denkern in der ersten Hälfte des 20. Jahrhunderts gehörte. Sein Wirken war in mehrfacher Hinsicht von Bedeutung. So gab er eine Fülle von Anregungen zu allen Bereichen des kulturellen, gesellschaftlichen und politischen Lebens in China, zum Beispiel zur Schriftreform (siehe S. 238 ff.), zur Staatsreform (Föderalismusdiskussion) und zu Fragen der Menschenrechte. Hu, der bei John Dewey mit einer Arbeit über das logische Denken in China promoviert hatte, wurde der wichtigste Vermittler des US-amerikanischen Pragmatismus im Bereich Wissenschaft und Erziehung und des Liberalismus im Bereich der Politik. Maßgeblich durch seinen Beitrag gelangte der politische Liberalismus, die Ideen des Parlamentarismus, des Rechtstaats und der Menschenrechte, in den 1920er- und 1930er-Jahren zu einer ersten, allerdings sehr begrenzten Wirksamkeit.

Obwohl Hu ein Anhänger der »Verwestlichung« war und als solcher bis ins hohe Alter von marxistischer, aber auch von konfuzianischer Seite kritisiert wurde, verfocht er gleichzeitig die Notwendigkeit einer umfassenden Wiederaufarbeitung der chinesischen kulturellen Traditionen, allerdings mit den Methoden der westlichen Sozial- und Geisteswissenschaften. Ihm war klar, dass nicht das unreflektierte Beharren auf der Tradition und ihre Ideologisierung, sondern vielmehr die Sichtung und »Bergung« der kulturellen Traditionen mit modernen wissenschaftlichen Methoden einen Beitrag zur Erneuerung der kulturellen und nationalen Identität leisten würden.

Philosoph, Philologe und Politiker Hu Shi (Foto: china heritage quarterly)

Der Bürgerkrieg zwischen Kommunisten und Nationalisten von 1927 bis 1937, der anschließende Chinesisch-Japanische Krieg von 1937 bis 1945 und der erneute Bürgerkrieg von 1946 bis 1949 bewirkten, dass der politische Liberalismus in Verbindung mit der abendländischen Idee der Rationalität zunächst nur eine Episode in China blieb. In den 1980er-Jahren erlebte die Welt sein Wiederaufleben in China. 1989 wurde sie Zeuge seiner erneuten blutigen Unterdrückung.

Während somit die modernen Neokonfuzianer überwiegend nach Deutschland blickten, die Liberalen nach England und in die USA, orientierte sich die dritte große Gruppe, die chinesischen Kommunisten, hauptsächlich an der Sowjetunion. Einzelne Schriften von Marx und Lenin waren bereits in den 1920er-Jahren auf Chinesisch erschienen, die systematische Rezeption des sowjetischen Marxismus-Leninismus setzte Mitte der 1930er-Jahre ein. Dabei wurden vor allem die Schriften Stalins und anderer sowjetischer Theoretiker ins Chinesische übersetzt. Die sowjeti-

sche Philosophie, nicht die Originalschriften von Marx und Engels, bildete die theoretische Grundlage des chinesischen Kommunismus, später ergänzt um die Schriften Mao Zedongs. Von Anfang an erfüllte sie im chinesischen Kontext drei Funktionen:
- Wie in der Sowjetunion war sie ein allumfassendes ideologisches System zur Erklärung des Kosmos und der Gesellschaft, das an die Stelle des traditionellen chinesischen Weltbildes treten sollte.
- Sie fungierte als »theoretische Waffe« im Linienkampf zwischen Mao und seinen innerparteilichen Gegnern.
- Sie diente der Legitimierung der KP China als der angeblich bedeutendsten nationalen Kraft im Befreiungskrieg gegen Japan und den westlichen Imperialismus, wie weiter unten gezeigt wird.

4 Kulturelle Identität

Kulturelle Identität ist ein wesentlicher Bestandteil der nationalen Identität. Die Schaffung einer Nationalkultur, die Betonung oder gegebenenfalls Schaffung einer Nationalsprache, einer nationalen Erziehung, die Erforschung der eigenen Kultur und Geschichte, der Nachweis autochthoner Ursprünge der modernen Wissenschaften sowie die Suche nach den frühesten Zeugnissen und Resten der Vergangenheit sind seit jeher unverzichtbarer Bestandteil des *nation building* gewesen. Im Prozess der Modernisierung werden dabei Historiker, Archäologen, Sprachforscher und Erzieher und selbst Naturwissenschaftler zu Architekten der kulturellen und nationalen Identität.

Wissenschaft

Spätestens seit den Veröffentlichungen Joseph Needhams zur Wissenschaftsgeschichte Chinas in den 1960er- und 1970er-Jahren konnte niemand mehr leugnen, dass China bis zur europäischen Renaissance auf vielen Gebieten der Wissenschaft und Technik führend gewesen war. Die »vier großen Erfindungen« (Kompass, Papier, Schießpulver und Druckkunst – *si da faming*) stehen nur stellvertretend für einen hohen Entwicklungsstand der chinesischen Zivilisation auch auf vielen anderen Gebieten.

Ab dem Ende 19. Jahrhunderts gab es in China Versuche, die Überlegenheit des Westens auf dem Gebiet der Wissenschaften zu erklären. Konservative Hofkreise waren der Auffassung, dass die westlichen Wissenschaften letztlich alle chinesischen Ursprungs wären (*xixue zhongyuan*) und dass man nur solche Aspekte übernehmen sollte, die sich auch in China finden ließen. Der Reformer Xue Fucheng (1838–94) brachte es in seinen Tagebuchaufzeichnungen von 1891 auf die Formel: »In der Gegenwart sind die Westler den Entdeckungen der (chinesischen) Weisen gefolgt und haben sie weiterentwickelt. Warum sollte China jetzt nicht den Westlern folgen? Wenn wir uns davor fürchten, dass sie uns voraus sind, und wir unsere Rückständigkeit nicht enthüllen wollen, dann heißt das seine Krankheit verbergen wollen, weil man es hasst den Doktor aufzusuchen [...] Der König Wu Ling übernahm die Kleider der Barbaren, und später vernichtete er die Barbaren dann.« (Teng Ssu-yü/Fairbank, S. 145)

Mit dem Hinweis auf den chinesischen Ursprung der westlichen Wissenschaften sollte die eigene Überlegenheit unter Beweis gestellt werden. Zugleich war dies ein wichtiger psychologischer Schritt, gleichsam eine goldene Brücke für die Übernahme westlicher Wissenschaften. Es erleichterte die Anerkennung einer temporären Überlegenheit des Westens und die Nutzung seiner Technologien, wenn man nachweisen konnte, dass dieses Wissen ursprünglich chinesischen Ursprungs war. In der Folge wurde erstmals die chinesische Wissenstradition nach den Kategorien der westlichen Wissenschaften neu erfasst und zum Teil umgedeutet. Die Einrichtung der einzelnen Fachdisziplinen vor allem ab den 1920er- und 1930er-Jahren ging einher mit dem Versuch, diese auch historisch in China zu verankern und ihre chinesischen Vorläufer zu erforschen, um so den jungen chinesischen Wissenschaftlern eine genuine Identität zu ermöglichen.

Diese Vorgehensweise war unabhängig von der jeweiligen politischen Zuordnung und sie lässt sich bei Konservativen, Kommunisten und Liberalen gleichermaßen beobachten. Liberale wie der erwähnte Literaturwissenschaftler Hu Shi, der wohl am »westlichsten« orientierte Intellektuelle seiner Zeit, suchten in der chinesischen geistigen Tradition nach den Wurzeln der Wissenschaft in China. Sie glaubten, sie vor allem bei den großen Gelehrten der frühen Qing-Zeit im 17. Jahrhundert gefunden zu haben, so bei Gu Yanwu (1613–83), Huang Zongxi (1610–95) und Dai Zhen (1724–77). Diese hatten bereits empirische Methoden bei ihrer Beschäftigung mit Geschichte, Philologie und Phonetik angewandt. Der bekannte Geologe Ding Wenjiang (1887–1936), in den 1920er-Jahren Bürgermeister von Shanghai, sah wiederum in dem berühmten »Geografen« Xu Xiake (1586–1641) und seinen Arbeiten ein Vorbild und Vorläufer für Geologen und Geografen. Die generelle Auffassung war, dass es nur einer Anknüpfung an die Tradition der »Empiristen« der Qing-Zeit bedurfte, um das wissenschaftliche Denken in China zu verankern und zu neuer Blüte zu bringen.

Erziehung

Die lange konfuzianische Tradition bewirkte, dass im 19. Jahrhundert Reformen im Erziehungswesen nur langsam in Angriff genommen wurden. Die Erziehungspolitik in der zweiten Hälfte des 19. Jahrhunderts spiegelte zudem die generelle Modernisierungspolitik wider. Das Schwergewicht lag zu Beginn auf dem Erlernen von Fremdsprachen und westlicher Technologie (Waffen, Schiffsbau, Bergbau, Eisenbahnen etc.). Erst wenige Jahre vor ihrem Sturz versuchte die Regierung der Qing-Dynastie dann, Reformen im Erziehungssystem durchzuführen. Die Schulreformen von 1902 und 1904 und die Einführung eines öffentlichen Schulsystems brachten das offizielle Ende der konfuzianischen Orthodoxie, die seit sieben Jahrhunderten den Inhalt des Curriculums gebildet hatte, doch auch die »neuen Schulen« orientierten sich, neben den neu aufgenommenen westlichen Sachfächern, immer noch stark an klassischen Inhalten. 1905 erfolgte die Abschaffung des kaiserlichen Prüfungssystems, das die Grundlage für die Beamtenlaufbahn gewesen war und dessen wesentlicher Inhalt die konfuzianischen Klassiker bildeten. Das neue Schulsystem orientierte sich zunächst am modernen japanischen Erziehungsmodell der Meiji-Reformen (in Japan eingeführt nach dem politischen Umbruch des Jahres 1868, bei dem es zur Ablösung der 250 Jahre an der Herrschaft befindlichen Tokugawa-Shogun-Dynastie durch den Meiji-Kaiser Mutsuhito kam). Andere Modelle folgten oder konkurrierten miteinander, zunächst das deutsche in den 1930er-Jahren (Einführung des dualen Systems) und später auch das sowjetische. Slogans wie »Omnipotenz der Erziehung« (*jiaoyu waneng*) und »Rettung des Landes durch Erziehung« (*jiaoyu jiuguo*) charakterisierten den Paradigmenwechsel in der Pädagogik. Liberale und konservative Erzieher wie Tao Xingzhi, Liang Shuming und Yan Yangzhu (James Yen), ebenso wie später die chinesischen Kommunisten, starteten in den 1920er- und 1930er-Jahren Massenerziehungskampagnen, um größere Teile der Bevölkerung in den Modernisierungsprozess einzubeziehen.

Literatur

Die chinesische Schrift war ein wesentlicher Bestandteil der kulturellen Identität der Gebildeten und der Herrschaftselite. Das Schriftzeichen *wen* (Schrift) steht dabei für Literatur wie für Kultur und wurde ab der Han-Dynastie (206 v. Chr. bis 220 n. Chr.) zum Symbol einer chinesischen kulturalistischen Identität. Literatur umfasste zunächst alles, was in geschriebener Form existierte, die philosophischen Klassiker ebenso wie Geschichtswerke, Dichtung und Prosa. Das Moment der Ästhetik wurde erhöht durch die hohe Kunst der Kalligrafie, also der meisterhaften Beherrschung von Pinsel und Tusche. Sie gab, bei gleichzeitiger Identifizierung mit dem philosophischen oder literarischen Gehalt, in der Ausführung des Schriftzuges der individuellen Entfaltung breiten Raum.

Die Einheit von Ästhetik, Dichtkunst, Kalligrafie und Tuschmalerei, häufig auch in Verbindung mit politischer Herrschaft (man denke an die Kalligrafie der Literatenbeamten oder berühmter Kaiser bis hin zur Kalligrafie Mao Zedongs), existierte auf der Basis einer einheitlichen Schrift bis zum Ende der Kaiserzeit. Wie in der Erziehung, so zeigte sich auch in der Literatur das Bemühen, neue Wege zu gehen und sich an westlichen Vorbildern zu orientieren, doch gleichzeitig verstärkt die eigenen literarischen Traditionen neu zu entdecken.

Vertreter der literarischen und kulturellen Moderne in China: Lu Xun (Foto: AP Images, 1930)

Wollte sich China behaupten, so musste an die Stelle der vielen Dialekte eine Nationalsprache (*guoyu*) geschaffen werden, die vom ganzen Volk und nicht, wie die klassische Schriftsprache, nur von wenigen Gebildeten verstanden wurde. Die »literarische Revolution«, ausgelöst durch den Aufruf Hu Shis von 1917, fortan beim Schreiben nur noch die Umgangssprache zu benutzen, führte auch hier zu einem grundsätzlichen Wandel. Mehr und mehr setzte sich die Umgangssprache auch als Schriftsprache durch; dies schuf die Voraussetzungen, unter denen sich die Erneuerung der kulturellen und die Schaffung einer nationalen Identität vollzogen.

Junge Literaten wie Lu Xun, Guo Moruo, Ba Jin, Ye Shengtao und Mao Dun schrieben in der Umgangssprache und orientierten sich dabei an den Stilformen der westlichen Literatur (Drama, Roman, Lyrik, Essay). Sie schufen damit – als Pendant zum »neuen Denken« und den »neuen Schulen« – die »neue Literatur«, die sich schnell in ganz China ausbreitete und in der sich die Suche nach einer neuen literarischen Identität auf vielfältige und von westlichen Autoren (Ibsen, Shaw, Goethe und andere) beeinflusste Weise manifestierte.

1920 wurde die klassische Schriftsprache offiziell abgeschafft. Die traditionelle Schriftkultur verlor damit zwar an Bedeutung, vor allem während der großen revolutionären Umwälzungen, sie prägte jedoch parallel und bisweilen auch in Synthese mit der »neuen Literatur« das kulturelle Leben weiterhin mit. Sie ist darüber hinaus als kulturelles Erbe ein wesentliches Element chinesischer Identität geblieben, das in der Gegenwart, im Zuge der verstärkten Rückbesinnung auf die eigene Kultur nach dem Ende des Marxismus-Leninismus, mehr und mehr an Bedeutung gewinnt.

Malerei

Parallel zu Wissenschaft, Erziehung und Literatur suchten chinesische Intellektuelle auch in der Malerei nach neuen Ausdrucksformen. Zwar blieb der Einfluss westlicher Kunst im 19. Jahrhundert noch unbedeutend und Künstler wie Ren Xiong (1823–57) und Ren Bonian (1840–96) pflegten fast ausschließlich die traditionelle Tuschmalerei, doch um die Jahrhundertwende setzte ein lebhaftes Interesse an westlichen Kunstformen, Stilen und Techniken ein, vor allem an der Ölmalerei und Druckgrafik. Der Einfluss des Westens führte dann auch in der Malerei zu einer Antwort, die durch zwei Tendenzen gekennzeichnet war: einerseits Bewahrung der traditionellen Malkunst, andererseits die zunehmende Übernahme westlicher Malstile, Techniken und Genres. Die »moderne chinesische Malerei« (*xiandai guohua*), wie sie von Gao Jianfu (1879–1951) und Gao Qifeng (1889–1933) gefordert wurde, sollte dabei westliche Maltechniken und traditionelle Stilmittel verbinden.

In den 1930er-Jahren wurde der Diskurs über chinesische versus westliche Malerei zunehmend vom wachsenden Einfluss des sozialistischen Realismus überlagert. Politisch links orientierte Künstler betrachteten Kunst als Mittel zur Umgestaltung der Gesellschaft und Unterstützung des nationalen Befreiungskampfs gegen Japan. Dies kam exemplarisch in der von dem Schriftsteller Lu Xun (1881–1936) initiierten und von Käthe Kollwitz, Frans Masereel und sowjetischen Künstlern beeinflussten »Bewegung des neuen Holzschnitts« (*xinbanhua yundong*) zum Ausdruck; in Mao Zedongs Reden über Literatur und Kunst in Yan'an (1942) erhielt sie dann die ideologische Legitimierung: Kunst für Arbeiter, Bauern und Soldaten.

5 Verwestlichung

Das Paradigma der »Verwestlichung« (*xihua*), ob teilweise, vollständige oder überhaupt keine, zog sich ab dem Ende des 19. Jahrhunderts wie ein roter Faden durch alle Diskussionen über Wissenschaft, Kultur, Aufklärung und Staatsaufbau und ab Ende der 1920er-Jahre auch über die Menschenrechte. War eine »vollständige Verwestlichung« unumgänglich, wie radikale Intellektuelle behaupteten, oder war es möglich und aus Gründen der nationalen Identität sogar wünschenswert, einen eigenen, vom Westen unabhängigen Weg zu gehen, wie konservative Intellektuelle glaubten?

Zwischen 1933 und 1935 fand unter chinesischen Soziologen eine Kontroverse über die »vollständige Verwestlichung« statt. Zu den Anhängern einer »Verwestlichung« zählten Chen Xujing (1903–67), Professor für Soziologie und Politikwissenschaft an der Lingnan University in Guangzhou, sowie Lu Kuanwei, Feng Enrong und Lü Xiehai, ebenfalls von der Lingnan University. Die wichtigsten Argumente der »Verwestlicher« waren damals:

- Verwestlichung ist ein allgemeiner, weltumspannender Trend.
- Jede Kultur ist einheitlich und durch die Interdependenz aller ihrer Aspekte (Politik, Philosophie, Ökonomie und gesellschaftliche Institutionen) gekennzeichnet.
- Gewisse Teile der chinesischen Kultur sind bereits verwestlicht, aber nur äußerlich (Regierungssystem, Verkehrssystem, Industrie), doch diese Verwestlichung ist nicht nur ungenügend, sondern auch gefährlich, weil sie sich nur auf die materiellen Errungenschaften des Westens konzentriert und die geistigen Grundlagen der Gesellschaft des Westens vernachlässigt, die ja die Basis dieser Errungenschaften sind.
- Die westliche Kultur ist der chinesischen überlegen, die alte chinesische Kultur ist hingegen nicht für die moderne Welt geeignet.
- Wenn China einen einflussreichen Platz in der Welt einnehmen will, dann muss es sich »verwestlichen«.

Die Gegner der These von der »notwendigen Verwestlichung« kamen aus dem konfuzianischen Lager. Sie beschworen erneut die »nationalen Eigenarten« (*guoqing*) Chinas. Man müsse einen chinesischen (Sonder-)Weg (*dao*) gehen, diesen mit westlichen Instrumenten (*qi*) verbinden, die nationalen Eigenarten jedoch bewahren und die chinesische Kultur auf einer chinesischen Grundlage aufbauen (*Zhongguo benwei wenhua*).

Die Argumente muten vertraut an, nicht nur aus der chinesischen Geschichte. Die These vom »deutschen Sonderweg« etwa, wie sie in Deutschland vor dem Ersten Weltkrieg von führenden Intellektuellen vertreten wurde, scheint hier Pate gestanden zu haben: ein eigenständiger Entwicklungsweg Deutschlands auf der Basis der deutschen Kultur und ihres der westlichen Zivilisation vermeintlich überlegenen, weil spezifisch spirituellen Wesens. Die Angst vor der »Verwestlichung«, vor dem Liberalismus, dem Kapitalismus und generell vor der angeblich dabei erfolgenden »Amerikanisierung« ist offenbar ein Grundmuster im Antwortverhalten konservativer Eliten während der Modernisierung.

6 Nationale Identität

Während sich der deutsche, aber auch der russische Nationalismus ab dem 19. Jahrhundert vornehmlich aus dem Gegensatz zum westeuropäischen Nationalismus und dessen liberalen Ideen heraus definierte, entstand der Nationalismus der asiatischen Staaten (China, Indien, Vietnam, Japan, Indonesien) aus dem Gegensatz zum westlichen Imperialismus. Da sich der politische Liberalismus in Asien kaum entwickelt hatte, erschloss sich das wichtigste ideologische Reservoir für die Entwicklung einer nationalen Identität durch den Rückgriff auf die Kultur, Sprache, Geschichte und ethnische Homogenität des eigenen Volkes. Bereits in seiner Entstehungsphase zeichnete sich daher, wie gezeigt, der Diskurs in China durch die Betonung einer vermeintlichen kulturellen Überlegenheit gegenüber den westlichen Völkern aus, der sich dann mit den vom Westen übernommenen Ideen des Sozialdarwinismus und der Rassenideologie verband.

Die Liste rassistischer Stereotype, die von chinesischen Intellektuellen ab dem Ende des 19. Jahrhunderts benutzt wurde, ist lang und steht der von westlichen Ideologen in keiner Weise nach. Reformer wie Yan Fu (1854–1921) und Liang Qichao (1873–1929) sahen in der rassischen Identität ein Schlüsselelement in Chinas Kampf ums Überleben. Auch Chiang Kai-shek sprach von dem chinesischen Volk nicht nur als einer Nation, sondern vor allem als einer Rasse. Darwinismus, Rassismus und der Glaube an die kulturelle Überlegenheit gehörten seit je zu den Bausteinen des erwachenden chinesischen Nationalismus.

Obwohl China alle Elemente besaß, die zur Konstruktion einer nationalen Identität nötig sind, kann man es vor dem 20. Jahrhundert nicht als eine Nation im europäisch-westlichen Sinn bezeichnen. So besaß es eine jahrtausendelange Geschichte, eine einheitliche Sprache und eine hoch entwickelte Kultur, doch das theoretische Ordnungssystem war nicht die Idee der Nation, sondern die Idee des bereits erwähnten *tianxia* (»die ganze Welt«) mit China als Zentrum. Dem *tianxia*-Konzept lag die Idee einer hierarchischen Struktur der Weltordnung und der Überlegenheit der chinesischen Kultur zugrunde. Individuen und Völker waren darin nicht gleichberechtigt. Dagegen gründete die Idee der Nation im Westen hauptsächlich auf der Annahme der gleichen Rechte der Individuen und der Gleichberechtigung der Nationen (französische und amerikanische Verfassung), auch wenn die westlichen Staaten im Verlauf ihrer Geschichte den ihren Verfassungen zugrunde liegenden Prinzipien in der Innen- und Außenpolitik, vor allem in der Kolonialpolitik, nur allzu häufig zuwiderhandelten.

In der Entwicklung des chinesischen Nationalismus bis 1949 lassen sich grob drei Typen unterscheiden:
- der Antimandschuismus (*pai Man zhuyi*) vor dem Sturz der Qing-Dynastie 1911;
- der Nationalismus der Nationalen Volkspartei (Guomindang) Sun Yat-sens (1866–1925), des »Vaters der chinesischen Revolution« von 1911, und schließlich
- der Nationalkommunismus der KPCh.

Der erste Typus des chinesischen Nationalismus war ethnischer Natur. Ursprünglich war er eine Bewegung mit dem Ziel der Vertreibung der Mandschu und lässt sich bis ins 17. Jahrhundert zurückverfolgen, als Loyalisten der Ming-Dynastie (1368–1644) gegen die von den Mandschu errichtete Qing-Dynastie (1644–1911) kämpften. Gelehrte wie zum Beispiel Gu Yanwu (1613–82), Huang Zongxi (1610–95) und Wang Fuzhi (1619–92) vertraten in ihren Schriften einen ethnischen und teilweise rassistischen Standpunkt bezüglich der Überlegenheit des Han-Volkes gegenüber den Mandschu. Doch kann diese Haltung nicht als ein früher chinesischer Nationalismus betrachtet werden. Erst unter dem Einfluss des Westens verband sich am Ende des 19. Jahrhunderts der traditionelle Antimandschuismus mit dem aufkeimenden Antiimperialismus zum frühen chinesischen Nationalismus.

Der bedeutendste Vertreter dieser Richtung war Zhang Binglin (Zhang Taiyan, 1869–1936), ein Mitglied des 1905 von Sun Yat-sen gegründeten Revolutionsbunds (Tongmenghui), aus dem 1911 die Nationale Volkspartei hervorging. Zhang betrachtete die Durchdringung Chinas durch den Westen als die größte Bedrohung für das chinesische Reich und seine Kultur. Die »gelbe Rasse« sollte sich daher gegen die weißen Eindringlinge zusammenschließen, um den Niedergang der chinesischen Kultur zu verhindern. Da die Mandschu angeblich zu wenig taten, um China vor den Fremden zu schützen, mussten sie ebenfalls aus China vertrieben werden.

Die zweite und wohl bedeutendste Form des chinesischen Nationalismus finden wir bei Sun Yat-sen, dem bereits erwähnten Gründer der

Nationalen Volkspartei. Sun entwickelte in den »drei Volksprinzipien« (*sanminzhuyi*) seine Vorstellung vom Nationalismus (*minzuzhuyi*). Die Zeichen für *min* und *zu* bedeuten dabei »Volk« und »Klan«. *Zu* in Verbindung mit *zhong* (»Art«) bedeutet »Rasse« (*zhongzu*). Bei *minzu* ist somit die Assoziation von Blutsgemeinschaft gegeben. Nach Sun besaßen die Chinesen noch kein National-, sondern nur ein Familien- und Klanbewusstsein. Voraussetzung für das Überleben der chinesischen Rasse war für Sun die Schaffung einer nationalen Identität aller Chinesen und eines einheitlichen, stark ethnisch bestimmten Nationalstaats. Sun sah in der gemeinsamen Blutsabstammung (*xuetong*) aller Chinesen die wichtigste Kraft zur Schaffung einer nationalen Identität. Danach folgten Sprache, Lebensbedingungen, Religion und Bräuche als weitere Elemente der Identität.

Die Bildung eines Nationalstaats erforderte nach Sun zugleich die Übertragung der im Konfuzianismus angelegten Opferbereitschaft für Familie und Klan auf den Staat. Traditionelle konfuzianische Tugenden wie Loyalität, Sohnesliebe, Menschlichkeit und Gerechtigkeit sollten verstärkt ins Bewusstsein gerückt und auf den alle Chinesen repräsentierenden Staat gerichtet werden. Die circa 400 Klane waren als Basisorganisationen des Staates gedacht.

Neben dem rassischen und ethnischen Aspekt bildete dann die Rückkehr zum »alten Lernen«, die Wiederbelebung des Konfuzianismus, also der kulturelle Aspekt, die dritte Säule der nationalen Identität bei Sun.

Suns Betonung der Blutsabstammung muss vor dem Hintergrund der vom Sozialdarwinismus bestimmten Diskussionen in Europa gesehen werden. Sein Nationalismus ist zwar der Kategorie des ethnisch-kulturellen Nationalismus zuzuordnen, wie er sich zum Beispiel in Deutschland in der zweiten Hälfte des 19. Jahrhunderts entwickelte. Seine Schriften zeigen jedoch gleichzeitig seinen Plan, Ideen des westlichen Liberalismus – Verfassungsstaat, Gewaltenteilung und repräsentative Demokratie nach dem Vorbild der USA und der Schweiz – mit konfuzianischen Ideen zu einer Synthese zu vereinen und zu Bausteinen des neuen chinesischen Nationalstaats zu machen. Dieser sollte dann seinen gleichberechtigten Platz in der Gemeinschaft der Völker einnehmen. Darin, in dem Versuch der Synthese von chinesischem ethnisch-kulturellem Nationalbewustein und liberalem Verfassungsstaat nach westlichem Vorbild, bei gleichzeitigem Rückgriff auf traditionelle politische Institutionen Chinas, liegt auch heute noch die Bedeutung von Sun Yat-sens Ansatz.

Die Nationale Volkspartei unter Chiang Kai-shek hat nach Suns Tod 1925, zum Teil bedingt durch den Bürgerkrieg mit den Kommunisten und den Krieg gegen Japan, das Gewicht stärker auf den Aspekt der ethnisch-kulturellen Identität gelegt und den liberalen Ansatz in Suns Denken stark vernachlässigt. Seit der Demokratisierung des politischen Systems auf Taiwan, wohin die Nationale Volkspartei nach der Niederlage 1949 geflohen war (siehe den Beitrag von Gunter Schubert), lässt sich im chinesischen Kulturraum erstmals wieder die Herausbildung eines liberalen Nationalismus beobachten, in dem ethnisch-kulturelle und liberal-demokratische Elemente eine Synthese eingegangen sind.

Der dritte Ansatz im Diskurs über Nationalismus vor 1949 kam von den chinesischen Marxisten. Gemäß dem Marxismus-Leninismus war Nationalismus lediglich eine Erscheinungsform des bürgerlichen Staates, dem der proletarische Internationalismus, vertreten durch die KP Chinas, antithetisch gegenüberstand. Jeder nationale Befreiungskampf gegen einen auswärtigen Feind (wie im Fall Chinas gegen Japan zwischen 1931 und 1945) war daher verbunden mit dem Kampf gegen die »Ausbeuterklassen« im eigenen Land, die angeblich mit dem Imperialismus zusammenarbeiteten. An die Stelle des bürgerlichen Nationalismus trat dabei der Patriotismus (*aiguo zhuyi*) nach sowjetischem Vorbild mit der Arbeiterschaft als der angeblich revolutionärsten und der Bauernschaft als der zahlenmäßig größten Klasse. Der Klassenkampf bestimmte also die Haltung zur Nation. Die Stoßrichtung der Bewegung war eine zweifache. Sie richtete sich gegen die äußere Bedrohung und zugleich gegen den inneren Feind und seine ihm zugeschriebene Kultur, die allerdings Teil der Nationalkultur war: Konfuzianismus, Daoismus und Buddhismus. Letztere durften nach dem Verständnis der chinesischen Marxisten daher auch nicht Teil der kulturellen Identitätsbildung eines zukünftigen sozialistischen Staates sein. Vielmehr wurden die geistig-kulturellen Traditionen bekämpft, ihre Vertreter verfolgt und zum Teil liquidiert. Marxismus-Leninismus und die Lehren Mao Zedongs sollten das kulturelle Erbe ersetzen und zur Grundlage einer klassenmäßig definierten nationalen Identität werden.

Von Anfang an bestand daher ein innerer Widerspruch zwischen der internationalistischen Ideologie des Kommunismus und den nationalen Interessen Chinas. Dieser Widerspruch wurde nach außen hin zunächst durch eine »revolutionäre« Außenpolitik (Unterstützung revolutionärer Befreiungsbewegungen) gelöst, die die Verfolgung nationaler Ziele ideologisch zu kaschieren versuchte oder die Befreiungsbewegungen in deren Dienst stellte. Nach innen bildeten die Klassenanalyse und der Klassenkampf die bestimmenden Instrumente zur Herstellung einer kollektiven Identität durch Ausschluss oder gar Liquidierung bestimmter sozialer Gruppen (sogenannte Konterrevolutionäre, schlechte Elemente, Grundbesitzer, liberale Intellektuelle und andere), denen die Zugehörigkeit zur chinesischen Nation aberkannt wurde.

1949 betrat die »verspätete Nation« China nicht als klassische Nationaldemokratie, auch nicht als ethnisch-kulturell definierter Nationalstaat, sondern als marxistisch-leninistischer Einparteistaat die Weltbühne. Die erzwungene Umdeutung der traditionellen Kultur unter dem chinesischen Kommunismus, ihre teilweise Zerstörung und der Versuch ihrer Ersetzung durch den Marxismus-Leninismus und die Ideen Mao Zedong vor und vor allem nach 1949 hatten für die Herausbildung einer kulturellen und nationalen chinesischen Identität bis in die Gegenwart Folgen gehabt, die nur schwer abzuschätzen sind.

Literatur

Amelung, Iwo u. a. (Hrsg.): Selbstbehauptungsdiskurse in Asien: China – Japan – Korea, München 2003.
Dikotter, Frank: The Discourse of Race in Modern China, Hong Kong 1992.
Habermas, Jürgen: Der philosophische Diskurs der Moderne, Frankfurt am Main 1986.
Hung-Ming, Ku: Chinas Verteidigung gegen westliche Ideen. Kritische Aufsätze, Jena 1911.
Leifer, Michael (Hrsg.): Asian Nationalism, London 2000.
Meissner, Werner: China zwischen nationalem Sonderweg und universaler Modernisierung. Zur Rezeption westlichen Denkens in China, München 1994.
Peterson, Glen/Hayhoe, Ruth/Lu, Yongling: Education. Culture, and Identity in Twentieth-Century China, Ann Arbor 2004.
Schmitz-Emans, Monika: Transkulturelle Rezeption und Konstruktion. Festschrift für Adrian Hsia, Heidelberg 2004.
Smith, Anthony: National Identity, Reno 1993.
Ssu-yü, Teng/Fairbank, John K. (Hrsg.): China's Response to the West, Harvard 1979.
Staiger, Brundhild/Friedrich, Stephan (Hrsg.): China-Handbuch, Darmstadt 2003.
Tibi, Bassam: Islamischer Fundamentalismus, moderne Wissenschaft und Technologie, Frankfurt am Main 1992.
Unger, Jonathan: Chinese Nationalism, New York 1996.

C Politik und Recht

◄ Mao Zedong verkündet am 1. Oktober 1949 auf dem Tor des Himmlischen Friedens die Gründung der Volksrepublik China. (Foto: Mondadori Portfolio via Getty Images)

Sarah Kirchberger

Lernfähiger Leninismus? Das politische System der Volksrepublik China

1 Einführung: Ein leninistischer Parteistaat

China gehört zu den wenigen Staaten der Welt, die nach dem Ende des Ost-West-Konflikts ein sozialistisches politisches System beibehalten haben. Mehr als drei Dekaden wirtschaftlicher Öffnung seit 1978 sind nicht spurlos an den politischen Institutionen vorbeigegangen, doch haben sich die organisatorischen Grundstrukturen des Staates unter Führung der Kommunistischen Partei Chinas (KPCh) bisher nicht grundlegend verändert.

Deng Xiaoping (2. Reihe rechts) und der damalige Generalsekretär der KPCh Zhao Ziyang (2. Reihe links) während des Nationalen Volkskongresses 1988. Zhao wurde nach den prodemokratischen Protesten auf dem Tian'anmen-Platz 1989 aus der KP ausgeschlossen und unter Hausarrest gestellt. (Foto: AP/Neal Ulevich)

Zwar gab es auf der Ebene der chinesischen Regierungsbürokratie in der Reformära viele Anpassungsprozesse und deutliche Tendenzen zur Professionalisierung und Dezentralisierung von tagespolitischen Entscheidungen. In allen für den Staat zentralen Fragen der Politik gilt jedoch unverändert der Führungsanspruch der KPCh. Dies ist der gravierendste Unterschied zu westlichen Demokratien und aus diesem Grund zählt Chinas Regierungssystem zum Typus der leninistischen Parteistaaten, für den ungeachtet aller sonstigen Unterschiede Nordkorea, Vietnam und Kuba weitere Beispiele sind (Shambaugh 2010, S. 81–86).

Zu einer solchen politischen Grundordnung gehören stets folgende Merkmale, die auch in China vorhanden sind:
1. eine den Staat »führende« Partei, die behauptet, im Besitz universaler Wahrheit zu sein sowie die gesamte Nation zu repräsentieren, und die sich offiziell das Ziel einer revolutionären Umgestaltung der Gesellschaft hin zum Kommunismus auf die Fahne geschrieben hat;
2. eine offizielle und exklusive Ideologie, die den Anspruch hat, nicht nur menschliches Verhalten, sondern die menschliche Natur an sich umzugestalten;
3. ein personell verflochtener Partei- und Staatsapparat, in dem eine hierarchisch-zentralistisch aufgebaute Parteiorganisation alle Ebenen der staatlichen Verwaltung mit ihrem Führungspersonal durchdringt und kontrolliert, ebenso alle Führungsorgane des Militärs, der Wirtschaft und der Gesellschaft (Guo 2013, S. 23 ff.).

Doch was bedeutet dies in der Praxis? In einem leninistischen Parteistaat wie China kann das politische System nicht verstanden werden, ohne dass man die Funktionsweise seiner Führungspartei analysiert. Daher werden im Folgenden zunächst die Machtgrundlagen, Organisationsprinzipien und programmatischen Leitlinien dieses Herrschaftssystems näher erläutert. Trotz der bestehenden Parteiherrschaft ist Chinas politisches System keineswegs monolithisch und zahlreiche informelle Abstimmungsverfahren prägen in der Praxis die chinesische Politik. Deshalb folgt im Anschluss eine Bestandsaufnahme der maßgeblichen Akteure, die in China die Politik gestalten, sowie der Institutionen, die den Politikprozess dort prägen. Am Ende des Beitrags schließen sich einige Überlegungen zu den Entwicklungstendenzen und zur Zukunftsfähigkeit dieses außergewöhnlichen politischen Systems an.

2 Grundlagen der politischen Macht aus Sicht der KPCh

Die Führungsrolle der Partei im politischen System

In der Präambel ihres zuletzt im November 2012 abgeänderten Parteistatuts zeigt sich das Selbstverständnis der Partei:

> »Die Kommunistische Partei Chinas ist die Vorhut der chinesischen Arbeiterklasse und zugleich die Vorhut des chinesischen Volkes und der chinesischen Nation; sie ist der führende Kern der Sache des Sozialismus chinesischer Prägung und vertritt [...] die grundlegenden Interessen der überwiegenden Mehrheit des chinesischen Volkes. Das höchste Ideal und das endgültige Ziel der Partei sind die Verwirklichung des Kommunismus.« (Statut der KPCh)

An gleicher Stelle erhebt die KPCh mehrfach explizit den Anspruch, den Staat, die Wirtschaft, die Gesellschaft und das Militär zu »führen«. Dieser Führungsanspruch ist sogar in der Präambel der chinesischen Staatsverfassung verbrieft. Dort heißt es:

> »Unter der Führung der Kommunistischen Partei Chinas und angeleitet durch den Marxismus-Leninismus, die Mao-Zedong-Ideen, die Theorien Deng Xiaopings und die grundlegende Idee der ›dreifachen Repräsentation‹ werden die Volksmassen aller Nationalitäten Chinas weiterhin festhalten an der Demokratischen Diktatur des Volkes, am sozialistischen Weg sowie an Reform und Öffnung [...].« (Verfassung der VR China, Präambel)

Die Art ihres Führungsanspruchs definiert die KPCh in ihrem Parteistatut folgendermaßen:

> »Führung durch die Partei bedeutet in der Hauptsache [...] politische, ideologische und organisatorische Führung.« (Statut der KPCh)

Während »politische« und »ideologische« Führung einigermaßen selbsterklärende Begriffe sind, erfordert das Prinzip der »organisatorischen Führung« nähere Erläuterungen, die im Abschnitt »Drei Säulen der KP-Herrschaft« gegeben werden.

Das grundlegende Organisationsprinzip des chinesischen Parteistaates ist der sogenannte Demokratische Zentralismus, den Lenin erstmals 1902 in seiner Schrift »Was tun?« beschrieb. Im Wesentlichen besagt dieses Prinzip, dass freie Meinungsäußerungen und Diskussionen vor einer Entscheidung der Führung zulässig sind (dies ist das »demokratische« Element); nach einer Entscheidung der Führung jedoch müssen die unteren Ebenen der Zentrale bedingungslos gehorchen (»Zentralismus«). Dieses Organisationsprinzip ist ebenso wie die »Diktatur des Volkes« und das Prinzip der Gewaltenkonzentration anstelle der in westlichen Demokratien üblichen Gewaltenteilung in Artikel 1 – 3 der Staatsverfassung festgelegt.

Das Selbstverständnis der KPCh verdeutlicht, dass sie ungeachtet ihres Namens keineswegs als politische Partei im eigentlichen Wortsinn angesehen werden kann, da sie nicht im Wettbewerb mit anderen Parteien steht. Zwar existieren in China zusätzlich acht sogenannte demokratische Parteien, die von der KPCh geduldet werden, doch diese stehen faktisch unter ihrer Kontrolle und sind mit den Blockparteien der DDR vergleichbar. Die KPCh, so muss konstatiert werden, ist keine Partei, sondern ein staatstragender, elitärer Politapparat, der sich als eigentlicher Souverän des Staates, von dem alle Staatsmacht ausgeht, ansieht (Heilmann 2004, S. 80).

Die Sonderrolle der KPCh im chinesischen Staat wird nicht zuletzt an ihrer rechtlichen Ausnahmestellung deutlich: Obwohl ihr riesiger Apparat mit etwa 83 Millionen Parteimitgliedern etwa sechs Prozent der Gesamtbevölkerung Chinas umfasst, ist sie als einzige chinesische Organisation nirgends offiziell registriert. Daher existiert sie als juristische Person im Grunde gar nicht, kann also weder verklagt noch rechtlich belangt werden und befindet sich faktisch außerhalb des für alle anderen Organisationen geltenden Rechts (McGregor 2012, S. 46). Die Mitgliedschaft in dieser elitären Organisation ist dementsprechend attraktiv und steht zwar in der Theorie, jedoch nicht in der Praxis jedem volljährigen Bürger offen. Das mehrstufige Beitrittsverfahren ist in den Artikeln 1 bis 8 des Parteistatuts geregelt. Es erfordert zwei Empfehlungen von Parteimitgliedern sowie eine gründliche politische Überprüfung der Kandidaten, die zudem eine einjährige Probezeit absolvieren müssen, bis über eine dauerhafte Aufnahme in die Partei entschieden wird.

Chinas »Sozialismus chinesischer Prägung«

Der Hauptunterschied zwischen der VR China und »klassischen« leninistischen Parteistaaten wie der Sowjetunion oder Nordkorea besteht darin, dass die KPCh die in solchen Staaten übliche zentrale Planwirtschaft weitgehend aufgegeben und die Entstehung eines privaten Wirtschaftssektors zugelassen hat. Innerhalb festgesetzter Grenzen existiert in China heute

Lernfähiger Leninismus? Das politische System der Volksrepublik China

eine zunehmend von Marktkräften und Privatunternehmertum geprägte Wirtschaftsordnung. In dieser jedoch gehören wiederum staatliche, das heißt effektiv von Kadern der KPCh kontrollierte Großunternehmen und Banken zu den dominierenden Marktteilnehmern, während die KP-Führung die Rahmenbedingungen des Wirtschaftssystems autoritativ festlegt (siehe den Beitrag von Markus Taube).

Der international bekannte Künstler und Aktivist Ai Weiwei wurde im Frühjahr 2011 fast drei Monate lang an einem unbekanntem Ort festgehalten. (Foto: Reuters/David Gray)

Diese spezielle Wirtschaftsordnung ist im Hinblick auf das seit 1978 erzielte Wachstum erstaunlich erfolgreich und wird vonseiten der Führung offiziell als »Sozialismus chinesischer Prägung« bezeichnet. Das Besondere daran ist ein Nebeneinander von hartem Autoritarismus in der politischen Sphäre und zunehmend größerem Spielraum für Marktkräfte im Wirtschaftssystem, dessen Rahmenbedingungen jedoch stets dem Diktat der Politik unterworfen bleiben. Für dieses in China entwickelte »Modell« gibt es keine Vorbilder, aber mit Vietnam und – sehr zaghaft – Nordkorea inzwischen erste Nachahmer.

In ähnlicher Weise gilt die erwähnte Zweigleisigkeit auch für die gesellschaftliche Sphäre, in der sich chinesische Bürger heutzutage weitgehend frei von staatlicher Kontrolle betätigen können, sofern sie die politischen Grenzen nicht verletzen, die die Führung vorgegeben hat. Alle Organisationen, darunter Verbände, Religionsgemeinschaften, Gewerkschaften oder Nichtregierungsorganisationen (engl. Non-governmental organizations, NGOs), müssen offiziell zugelassen und von KP-Organen beaufsichtigt sein. Die Gründung unabhängiger Organisationen bleibt verboten. Wer öffentlich die Rechtmäßigkeit der KP-Herrschaft und ihres Organisationsmonopols infrage stellt oder sich kritisch zu politisch sensiblen Themen äußert – etwa zu den »drei T«, das heißt taiwanische bzw. tibetische Unabhängigkeit, Tian'anmen (Niederschlagung der städtischen Protestbewegung im Jahr 1989) –, wird zum Feind des Systems und muss mit harter Repression rechnen, wie in jüngster Zeit der inhaftierte Friedensnobelpreisträger Liu Xiaobo, der bildende Künstler Ai Weiwei, der (inzwischen in den USA lebende) blinde Menschenrechtsaktivist Chen Guangcheng oder der (in Deutschland lebende) politische Dissident Liao Yiwu, der seine Erfahrungen in chinesischen Gefängnissen aufgezeichnet hat.

Angesichts der unverändert harten Repressionsmaßnahmen des Parteistaates gegen seine Kritiker schätzen internationale Beobachter wie die Thinktanks »Freedom House« und »Heritage Foundation« ebenso wie die Herausgeber des »Bertelsmann Transformation Index« (BTI) China weiterhin als politisch »unfrei« ein, auch wenn sich die Handlungsspielräume der Bevölkerung außerhalb politisch sensibler Bereiche inzwischen radikal erweitert haben. Auch wenn die Organisationsstrukturen des Parteistaates weiterhin den Prinzipien Lenins folgen, so haben die Programme der chinesischen Politik heute doch nur noch sehr wenig mit den Prioritäten zur Zeit Mao Zedongs gemein: Konzepte wie »Klassenkampf« oder »permanente Revolution« finden in China kaum noch Anhänger und werden von der gegenwärtigen Führung als nicht zielführend im Sinn einer erfolgreichen Wirtschaftsentwicklung abgelehnt. Stattdessen nutzt die KPCh ihr Machtmonopol, um eine von technisch gebildeten Fachleuten entworfene »wissenschaftliche« Entwicklungsstrategie in Staat und Gesellschaft durchzusetzen. Dabei auftretende Konflikte mit der Bevölkerung, etwa bei Enteignungen, Umsiedlungen oder Restrukturierungen großen Maßstabs, werden je nach Einzelfall unterschiedlich behandelt. Reagiert die Führung in einigen Fällen auf Proteste Betroffener mit gewaltsamer Repression, ist sie in vielen anderen Fällen zu Konsultationen und Ausgleichsmaßnahmen bereit, sofern die Protestierenden auf politische Agitation verzichten und ihr Anliegen als legitim und nachvollziehbar gilt (Göbel/Ong 2012, S. 44–48).

Drei Säulen der KP-Herrschaft

Die organisatorische Macht der KP-Führung ruht im Wesentlichen auf drei großen Säulen: der Kontrolle über das gesamte Führungspersonal in Staat, Wirtschaft und Gesellschaft, der Kontrolle über das Militär und die übrigen Sicherheitsorgane sowie der Kontrolle über die Medien (Shirk 2007, S. 42).

Die Kontrolle von Führungspersonal (den sogenannten Kadern) ist ein wesentliches Element der politischen Machtausübung in China. Alle Führungspersonen der Verwaltungsorgane, der Staatsunternehmen und der großen gesellschaftlichen Organisationen werden von den Organisationsabteilungen der KPCh ausgewählt, beaufsichtigt und abberufen. Dieses Prinzip der »organisatorischen Führung« bildet die Basis für das relativ hohe Maß an Kontrolle, mit dem die KP-Führung das riesige chinesische Staatswesen regiert. Ein System paralleler Führungshierarchien dient dazu, diese Kontrolle von der Leitungsebene aus auf die gesamte zu steuernde Organisation zu übertragen: Exakt spiegelgleich zum Aufbau der jeweiligen staatlichen Verwaltungsorgane existiert eine Parallelstruktur aus Parteikomitees, deren Mitglieder in Personalunion oft zugleich als Parteifunktionäre und als Verwaltungskader tätig sind. Ihre Aufgabe ist es, die entsprechenden Organe politisch und organisatorisch »anzuleiten«, das heißt dort die »Parteilinie« zu implementieren, der Parteiführung Rechenschaft abzulegen und Informationen zuzuliefern. Über alle Führungskader in Staat und Partei werden politische Akten geführt, die in der Organisationsabteilung des Zentralkomitees der KPCh zentral verwaltet werden und die Grundlage für alle wichtigen Personalentscheidungen bilden (Heilmann 2004, S. 90 ff.).

Nach ähnlichem Muster kontrolliert und durchdringt die Partei das Führungspersonal der Volksbefreiungsarmee (VBA), die effektiv als Parteiarmee, nicht als Armee des Staates fungiert. Parallel zur militärischen Kommandohierarchie sorgt ein System von Politkommissaren nach sowjetischem Vorbild dafür, auf allen Hierarchieebenen die Parteiinteressen zu wahren und den Gehorsam der Kommandeure (die in den höheren Rängen sämtlich Parteimitglieder sind) gegenüber der Parteizentrale sicherzustellen (Shambaugh 2004, S. 133 f.). Dies entspricht einem Grundsatz, den Mao Zedong bereits 1938 formulierte und an dem die KPCh bis heute festhält:

»Unser Prinzip lautet: Die Partei kommandiert die Gewehre, und niemals darf zugelassen werden, dass die Gewehre die Partei kommandieren.« (Mao Zedong 1968, S. 261 f.)

Den Oberbefehl über die Truppe hat die elfköpfige Zentrale Militärkommission (ZMK) der KPCh, in der neben den Kommandeuren aller Teilstreitkräfte auch die zivile KP-Führung in Gestalt des Parteichefs (als dem ZMK-Vorsitzenden) vertreten ist. Das Amt des ZMK-Vorsitzenden hat traditionell ein besonders hohes politisches Gewicht, denn der Vorsitz dieses Organs hat seit 1949 zuverlässig angezeigt, welcher Funktionär der nominell mächtigste politische Führer Chinas ist. Entsprechend gilt ein Machttransfer im Rahmen einer Führungsnachfolge bis heute erst dann als abgeschlossen, wenn ein neuer Staats- und Parteichef auch den Vorsitz der ZMK übernommen hat. Eingedenk der Schlüsselfunktion des Militärs bei der Unterdrückung von Unruhen spielt die Kontrolle über das Militär tatsächlich eine entscheidende Rolle für die Aufrechterhaltung der KP-Herrschaft. Es ist nicht zu erwarten, dass die KPCh sie freiwillig aufgeben wird, auch wenn reformorientierte Kräfte in China dies immer wieder fordern (Shambaugh 2004, S. 53 ff.).

Die Kontrolle über die Massenmedien stellt den dritten wichtigen Eckpfeiler der KP-Herrschaft dar (siehe den Beitrag von Doris Fischer). Eine wirklich unabhängige Berichterstattung könnte im Zusammenwirken mit den bereits existierenden kritischen Blogs und Foren im Internet, die trotz aller Kontrollbemühungen von einer breiten Bevölkerungsschicht genutzt werden, ein wertvoller Feedback-Mechanismus für die Staats- und Parteiführung sein. Bei der Bekämpfung endemischer Probleme, wie der weitverzweigten Korruption unter Parteifunktionären, könnte sie zudem helfen. Doch obwohl die Medien heute bis zu einem gewissen Grad Missstände anprangern und Kritik besonders an lokalen Funktionären üben dürfen, so ist die KP-Führung doch nach wie vor nicht bereit, kritische Medienberichterstattung vollständig zuzulassen, weil sie die Gefahr, dass diese überregionale Unruhen auslösen könnte, offenbar als zu hoch einschätzt (Young 2013, S. 9–17). Alle Medienorgane unterstehen letztlich der Aufsicht der ZK-Propagandaabteilung und ein ausgeklügeltes System von Anreizen (darunter finanzieller Druck, direkte politische Eingriffe, Ermutigung zur Selbstzensur und Vorgabe von Nachrichteninhalten) sorgt dafür, dass die Medien wohl ihre Unterhaltungs- und Erziehungsfunktion, nicht aber die in demokratischen Staaten übliche politische »Wachhundfunktion« ausüben können. Auch internetbasierte Kommunikationskanäle, die der Organisation von Gleichgesinnten zu Interessengruppen dienen könnten, unterliegen relativ strenger Aufsicht. China verfügt weltweit über das technisch ausgefeilteste System der Internetzensur; eine beträchtliche Anzahl an ausländischen Nachrichtenseiten sind temporär oder dauerhaft blockiert, »sensible« Suchworte werden gesperrt. Allerdings lassen sich private Internetkommunikation und elektronische Medien schon rein technisch immer schwieriger kontrollieren, sodass zahlreiche Schlupflöcher für kritische Diskussionen existieren, die auch genutzt werden (Göbel/Ong 2012, S. 27).

Die Kontrolle über öffentliche Informationsflüsse übt die Führung jedoch nicht nur dadurch aus, dass sie den Zugang zu Informationen durch Zensur und Sperrung von Kommunikationskanälen begrenzt. Die KPCh versucht zugleich, durch das Streuen eigener Inhalte den öffentlichen Diskurs mitzugestalten und die Deutungshoheit über historische Fakten – etwa zu kritischen Phasen der Parteigeschichte im 20. Jahrhundert (siehe den Beitrag von Helga Stahl) – und zentrale politische Begriffe zu erringen, indem sie eigene Deutungen geschichtlicher Ereignisse verbreitet und eigene Definitionen von Begriffen wie »Demokratie« oder »Rechtsstaatlichkeit« propagiert, die sie in offiziellen Texten häufig und positiv besetzt verwendet (McGregor 2012, S. 43). Zudem versucht sie gezielt, Internetkommunikation durch eigene, als Privatmeinungen getarnte Beiträge argumentativ zu unterwandern. Chinesische Behörden, darunter viele Sicherheitsorgane, gehörten 2011 bereits zu den eifrigsten Nutzern von Microblogs (Göbel/Ong 2012, S. 55).

Wie interne ZK-Rundschreiben belegen, die 2011 auszugsweise an die Öffentlichkeit gelangten, setzt die Parteiführung sehr bewusst ihre Propagandamacht ein, um in der chinesischen Öffentlichkeit und gegenüber dem Westen ein Image von zunehmender Offenheit und Verrechtlichung von Politik zu verbreiten und die Rolle der KP-Führung im Staat herunterzuspielen, ohne jedoch in der Realität von ihren althergebrachten Kontrollansprüchen abzurücken (McGregor 2012, S. 10). De facto hat sich seit der Olympiade in Beijing im Jahr 2008 sogar ein Trend zu verstärkter ideologischer Kontrolle und politischer Indoktrination im Bildungssystem, in den Medien und sogar in der Popkultur gezeigt. Ebenso haben die Staatsorgane massiv in den Ausbau der technischen Infrastruktur für staatliche Überwachungsmaßnahmen der Bevölkerung investiert, sodass nach offiziellen Angaben die Ausgaben für innere Sicherheit 2011 bereits höher waren als der Militärhaushalt (Göbel/Ong 2012, S. 57 f.). Das unverändert harte Vorgehen gegen in- und ausländische Journalisten ist der Grund, warum die internationale NGO »Reporter ohne Grenzen« China auch 2013 unverändert als »sehr gefährliches« Land für Pressearbeit eingestuft hat. Demnach zählt China zu den sieben Staaten der Welt mit dem geringsten Grad an Pressefreiheit und liegt auf Platz 173 von 179 vor dem Iran, Somalia, Syrien, Turkmenistan, Nordkorea und Eritrea.

Das systematische Verschweigen von sensiblen Ereignissen, das Umdeuten von Fakten und das Besetzen von »westlichen« politischen Begriffen hat ganz offensichtlich den Zweck, die Bevölkerung auf ideologischem bzw. gedanklichem Gebiet zu »erziehen« und den politischen Diskurs zu kontrollieren (Young 2013, S. 35 f.). Die Frage, die sich an dieser Stelle stellt, lautet: Welche programmatischen Ziele will die KPCh mit dieser umfassenden politischen Autorität eigentlich erreichen? Eine Antwort geben die großen Leitlinien der Führung, die in der Reformära schrittweise ausgearbeitet wurden und im Folgenden skizziert werden.

3 Programmatische Leitlinien der chinesischen Politik

Als Folge der historischen Ausgangssituation zu Beginn der Reformpolitik lassen sich anhand von offiziellen Verlautbarungen der KP-Führungen seit 1978 drei große strategische Ziele identifizieren: wirtschaftliches Wachstum, Steigerung des internationalen Einflusses und Erhalt der KP-Herrschaft. Von diesen ist das letztgenannte aus Sicht der Führung von übergeordneter Bedeutung. Im Folgenden werden diese Ziele der Reihe nach erläutert.

Primat des Wachstums

Als 1978 die Mao-Ära endete, hatten verheerende Entwicklungsexperimente wie der »Große Sprung nach vorn« und die »Kulturrevolution« den Parteistaat erschüttert (siehe den Beitrag von Helga Stahl). Drei Jahrzehnte kommunistischer Herrschaft hatten nicht vermocht, die Grundversorgung der Bevölkerung mit Lebensmitteln sicherzustellen: 1978 hungerten nach offiziellen Angaben immer noch 100 Millionen Menschen und die Getreideerzeugung war auf geringerem Stand als noch 1957 (Domes 1980, S. 66). Vor dem Hintergrund dieser Schreckensbilanz begann die neue KP-Führung unter Deng Xiaoping mit einem wachstumsorientierten Modernisierungsprogramm. Ziel war es, so schnell wie möglich Versorgungslage und Infrastruktur zu verbessern, die Wirtschaft durch Außenhandel und Investitionen anzukurbeln und dadurch letztlich die beschädigte Legitimität der Parteiherrschaft wiederherzustellen. Die Führung beschloss im Rahmen der »Reform- und Öffnungspolitik« gegen interne Widerstände eine Reihe durchgreifender Reformmaßnahmen – darunter die Einrichtung von Sonderwirtschaftszonen und die Dekollektivierung der Landwirtschaft –, mit deren Hilfe China in kurzer Zeit erstaunliche Wachstumserfolge erzielte. Nach mehreren Jahrzehnten zweistelliger jährlicher BIP-Zuwachsraten wurde China im Jahr 2010 schließlich zur zweitgrößten Volkswirtschaft der Welt (siehe den Beitrag von Markus Taube).

Folgerichtig prägt der Primat des Wachstums bis heute die Programme der chinesischen Modernisierungspolitik. Allerdings rückten während der Amtszeit von Hu Jintao als Staats- und Parteichef (2002–12) die Qualität und Ausgewogenheit sowie die Umweltverträglichkeit des Wachstums stärker in das Blickfeld, da regional ungleiches Wachstum in China zu extremen Wohlstandsunterschieden und einer Reihe von anderen Folgeproblemen in der Gesellschaft geführt hatte. Dieses Ausmaß an Ungleichheit wäre unter Mao undenkbar gewesen und ist im Rahmen einer sozialistischen Leitideologie auch schwer zu rechtfertigen (Holbig 2009, S. 42). Gleichzeitig hat sich als unvermeidbare Folge der erfolgreichen Reformpolitik eine stark geschichtete, ausdifferenzierte Gesellschaft mit wachsenden Mittelschichten herausgebildet. Die Vielzahl und Unterschiedlichkeit der gesellschaftlichen Interessen macht es der Parteiführung zunehmend schwer, gesellschaftliche Wünsche zu ignorieren – dazu gehören unter anderem ein gestiegenes Bedürfnis nach mehr Lebensqualität, nach Teilhabe an gesellschaftlichen Aufstiegs- und Bildungschancen, nach besserem Umweltschutz und nach mehr Lebensmittelsicherheit (siehe den Beitrag von Björn Alpermann).

Die KPCh reagiert auf diese Entwicklung mit einer Inklusionsstrategie: Ehemals nach eigenem Verständnis eine revolutionäre Partei der Arbeiter, Bauern und Soldaten, hat sie nunmehr ihr Selbstverständnis geändert und sieht sich als »regierende« Partei, die alle positiven gesellschaftlichen Kräfte, selbst die einstmals dämonisierten Privatunternehmer, repräsentieren und in sich aufnehmen will (Dickson 2007). Diese neue, auf Betreiben des ehemaligen Staats- und Parteichefs Jiang Zemin (im Amt 1989–2002) entwickelte Ideologie der »dreifachen Repräsentation« wurde 2002 ins Parteistatut aufgenommen und neben den »Mao-Zedong-Ideen« und Deng Xiaopings »Theorien« in den offiziellen ideologischen Kanon der Partei eingereiht. Allerdings war die damit beabsichtigte Einbindung führender Privatunternehmer in die KPCh in der Parteiführung durchaus umstritten und ist es auch heute noch (Holbig 2009, S. 46 ff.).

»Friedlicher Aufstieg« Chinas im internationalen System

Ein zweites wesentliches Ziel der politischen Führung besteht darin, Chinas internationale Rolle auf das nach eigenem Verständnis historisch angebrachte Maß zu vergrößern. Als Ostasiens traditioneller Hegemonialmacht, die ein Fünftel der Weltbevölkerung repräsentiert, steht China in der Auffassung der politischen Führung eine bestimmende Rolle in der Asien-Pazifik-Region zu (siehe die Beiträge von Gudrun Wacker, Xuewu Gu und Christoph Müller-Hofstede). Das verstärkte Bewusstsein der eigenen Größe und historischen Bedeutung Chinas ist besonders seit der weltweiten Finanzkrise 2008/09 offen zutage getreten. Chinas Modernisierungsbestrebungen müssen vor diesem Hintergrund als Teil einer Strategie angesehen werden, den Aufstieg Chinas zu einer bestimmenden Macht im internationalen System zu ermöglichen und die dazu notwendigen technologischen und militärischen Investitionen zu finanzieren. Jedoch bedingt der oben genannte Primat des Wachstums, dass dieser Aufstieg in friedlicher Weise erfolgen muss, um zukünftiges Wirtschaftswachstum nicht zu gefährden. Im Westen kontrovers diskutierte Entwicklungen wie die geplante Erweiterung der chinesischen Streitkräfte um offensive Machtprojektionskapazitäten durch Flugzeugträger und Militärstützpunkte müssen daher nicht nur unter militärstrategischen Gesichtspunkten analysiert, sondern auch als symbolische Akte der Führung gegenüber der eigenen Bevölkerung interpretiert werden, die Chinas Anspruch auf eine bestimmende internationale Rolle unterstreichen sollen (Kirchberger 2012).

Aufrechterhaltung der KP-Herrschaft

Den beiden großen Zielen Wirtschaftswachstum und internationaler Aufstieg noch übergeordnet ist wiederum das Bestreben der Kommunistischen Partei, ihre Machtstellung zu bewahren. Nur die Kontinuität der KP-Herrschaft, so die Überzeugung der Führung, kann langfristig garantieren, dass die beiden anderen strategischen Ziele erreicht werden, da keine andere Regierungsform gegenwärtig in der Lage sei, ihre ordnende Funktion zu ersetzen. Damit dieser Zustand sich so rasch nicht ändern kann, verteidigt die KPCh ihr Macht- und Organisationsmonopol gegen jede Herausforderung mit größtmöglicher Entschlossenheit – das zeigte sich zuletzt 2012, als sie wieder hart gegen Regimekritiker vorging. Wachstumserfolge dienen somit letztlich dazu, die Leistungsfähigkeit der KP-Herrschaft gegenüber einer ideologisch immer stärker desillusionierten Gesellschaft zu demonstrieren, und Chinas Erfolge auf dem internationalen Parkett wiederum leisten einen Beitrag zur positiven Identifikation der Bevölkerung mit der chinesischen Nation und ihrer Führung. Dies soll helfen, diejenigen gesellschaftlichen Konflikte, die infolge der ungleichen Teilhabe einzelner Regionen und Bevölkerungsgruppen an der Wachstumsdynamik auftreten, in der öffentlichen Aufmerksamkeit in den Hintergrund zu rücken (Shirk 2007, S. 7f.).

In offizieller Sprachregelung strebt die Führung an, eine »harmonische Gesellschaft« mit »bescheidenem Wohlstand« zu schaffen, und arbeitet in ihrer Außenpolitik für die Entwicklung einer »harmonischen Welt«. Diese Rhetorik des Harmoniestrebens sollte jedoch nicht darüber hinwegtäuschen, dass die von der KP-Führung eingesetzten Mittel keineswegs nur harmlos und friedlich sind: Die KPCh bekämpft Störenfriede – von islamischen oder tibetischen Separatisten bis hin zu einzelnen friedlichen Dissidenten – ohne Rücksicht auf deren verfassungsmäßige Grund- und Freiheitsrechte. Auch auf außenpolitischen Konfliktfeldern, wie dem Territorialstreit um Inseln im Süd- und Ostchinesischen Meer, kommen teils hochkonfrontative militärische Drohgebärden zum Einsatz. Dies erklärt die Bedeutung von inneren und äußeren Feindbildern für die Leitideologie der Partei: Die so konstruierte Bedrohungslage rechtfertigt nach der Logik der KPCh den Einsatz gewaltsamer Mittel zur Verteidigung ihres Führungsanspruchs. Die Fixierung auf »Feinde«, gegen die der Parteistaat zu verteidigen sei, ist typisch für leninistische Systeme und entsprechend ist in der Präambel des Parteistatuts ein Feindbild der KPCh ganz explizit definiert. Zu bekämpfende »Feinde« des Systems sind demnach diejenigen »Kriminellen, die die Sicherheit und die Interessen des Staates, die gesellschaftliche Stabilität und die wirtschaftliche Entwicklung gefährden«. Die Bedrohung, so das Statut weiter, liege in einer zu befürchtenden »Zersetzung durch die dekadenten Ideen des Kapitalismus und des Feudalismus«, der man sich »erwehren« müsse, indem man »die Parteimitglieder im Sinn des erhabenen Ideals des Kommunismus« erzieht:

»Für uns sind die vier Grundprinzipien – das Festhalten am sozialistischen Weg, der volksdemokratischen Diktatur, der Führung durch die Kommunistische Partei Chinas und dem Marxismus-Leninismus und den Mao-Zedong-Ideen – die Grundlage für den Aufbau des Staates. Während des ganzen Prozesses der sozialistischen Modernisierung müssen wir [...] die bürgerliche Liberalisierung bekämpfen.« (Statut der KPCh)

Um die befürchtete »Zersetzung durch die dekadenten Ideen des Kapitalismus und des Feudalismus« abzuwehren, solle darauf hingearbeitet werden, dass »das chinesische Volk ein hohes Ideal und moralische Integrität hat und gebildet und diszipliniert ist«. Hier wird der bereits oben erwähnte Anspruch der Partei deutlich, im Besitz einer absoluten Wahrheit zu sein und die Gesellschaft auf dieser Basis nicht nur zu führen, sondern auch zu erziehen.

Das Schreckensszenario des staatlichen Zerfalls, auf das hier indirekt angespielt wird, ist die Auflösung der Sowjetunion, des ehemals bewunderten sozialistischen Bruderstaates. Ihr Untergang Ende 1991 wird in China als direkte Folge einer verfehlten Liberalisierungspolitik Gorbatschows und der Unterwanderung durch »feindliche ausländische Kräfte« interpretiert und oft als warnendes Beispiel für China herangezogen (Shambaugh 2010, S. 53–81).

Die strategischen Leitlinien politischen Handelns sind damit klar abgesteckt: Das Hauptziel der KP-Führung besteht darin, China zu einem starken, mächtigen und reichen Staat zu entwickeln und zugleich jegliche Ansätze zur »Zersetzung« der existierenden politischen Ordnung zu bekämpfen.

4 Wer macht in China Politik? Akteure, Institutionen und Prozesse

Führungsprinzip und Führungsorgane der KPCh

Das grundlegende Organisationsprinzip der KPCh, der »Demokratische Zentralismus«, basiert auf Vorschriften, die für sozialistische Staatsparteien generell typisch sind. Sie sind ein Erbe der Revolutionsära, als die KPCh eine von der Staatsmacht verfolgte Geheimgesellschaft war, die in einer feindlichen Umwelt um ihr Überleben kämpfte. Zu diesen Normen gehören die Pflicht der Parteimitglieder zur Geheimhaltung von Parteibeschlüssen nach außen, die Pflicht aller Kader zum Gehorsam gegenüber der Zentrale sowie das Verbot, innerhalb der Partei Splittergruppen zu bilden (sog. Faktionsverbot). Die Einhaltung dieser Regeln wird durch ein System von parteiinternen Disziplinkontrollkommissionen überwacht. Die Partei verfügt somit über eine eigene innere Sicherheitsorganisation. Dieser obliegt nicht nur die Untersuchung parteiinterner Vergehen, sondern auch die Untersuchung von kriminellen Handlungen der Parteikader, die bis zum Abschluss eines parteiinternen Disziplinarverfahrens eine Quasiimmunität gegenüber staatlichen Strafverfolgungsbehörden genießen. McGregor (2012, S. 31) bezeichnet dies als eine Art »diplomatischen Status«, den Parteikader gegenüber normalen Bürgern im eigenen Land innehaben.

Die Führungsrolle der Partei im chinesischen Staat spiegelt sich auch darin wider, dass Parteiämter gegenüber Staatsämtern derselben Hierarchieebene stets als höherrangig angesehen werden: Der Chef eines Provinzparteikomitees ist höheren Ranges als der Gouverneur derselben Provinz. Dieser wiederum gehört selbst auch dem Provinzparteikomitee an, zumeist als dessen stellvertretender Leiter. Innerhalb dieses Parteiorgans ist er somit gegenüber dem Chef des Parteikomitees gehorsamspflichtig. Nach diesem Grundmuster durchzieht die Partei mit ihren Parteikomitees alle Führungsorgane des Staates, des Militärs, der Wirtschaft, der Gesellschaft, des Bildungssystems sowie der offiziell registrierten Verbände und Massenorganisationen. Ein und dieselbe Person kann je nach Bedarf und Anlass als Regierungsbeamter oder Parteifunktionär öffentlich auftreten, so, als würde sie einfach ihren Hut wechseln (Heilmann 2004, S. 90ff.). Auf die Spitze getrieben wird dieses System der parallelen Führungshierarchien in der bereits oben erwähnten Zentralen Militärkommission (ZMK), die gleich zweimal vorhanden ist: So existiert ein Parteiorgan dieses Namens und daneben ein gleichnamiges Staatsorgan, wobei die personelle Zusammensetzung in beiden Fällen exakt übereinstimmt.

Abb. 1: Das politische System der VR China

Die KPCh ist mit ihrer breiten Mitgliederbasis von nach eigenen Angaben etwa 83 Millionen Mitgliedern (2012) bei gleichzeitig kleiner Führungsspitze pyramidenförmig aufgebaut (siehe *Abbildung 1*). Die Hierarchiestufen der Parteiorganisation reichen von den circa 168 000 Parteikomitees an der Basis über die mehr als 2 200 Delegierten des alle fünf Jahre stattfindenden Parteikongresses bis hinauf zum gegenwärtig 376 Personen umfassenden Zentralkomitee (ZK), das nur einmal im Jahr zu einer Plenartagung zusammentritt und alle fünf Jahre von den Delegierten des Parteikongresses neu gewählt wird (Shambaugh 2010, S. 141).

Mitglieder des neuen Ständigen Ausschusses des Politbüros der KP Chinas stellten sich im November 2012 der Presse vor. (Foto: Carlos Barria/Courtesy Reuters)

Als faktisches Exekutivorgan der Partei dient jedoch nicht das relativ große und schwerfällige ZK, sondern das aus dem ZK hervorgehende 25-köpfige Politbüro, das wiederum einen kleinen, seit 2012 nur mehr siebenköpfigen Ständigen Ausschuss wählt. Dieser verkörpert das absolute Zentrum politischer Macht in China und definiert die Leitlinien der Politik. An seiner Spitze steht der Parteichef (offiziell: ZK-Generalsekretär) als mächtigster Funktionär des Systems. Seit November 2012 hat Xi Jinping diese Funktion inne, der seinen Vorgänger Hu Jintao nach dem Ende von dessen zehnjähriger Amtszeit als Parteichef und ZMK-Vorsitzender wie geplant beerbte und im Frühjahr 2013 auch das Amt des Staatspräsidenten von ihm übernommen hat. Die höchsten Führungspositionen in Partei, Militär und Staat sind damit wieder in einer Hand vereint.

Zwar hat der Generalsekretär des Zentralkomitees den höchsten Kaderrang in der Hierarchie der Partei, aber dennoch ist er innerhalb des Ständigen Ausschusses des Politbüros nur ein Primus inter Pares, da innerhalb des Politbüros ein Prinzip der »kollektiven Führung« gilt. Dieses besagt, dass Beschlüsse einvernehmlich gefasst werden sollen. Jedem Mitglied dieses höchsten Führungsorgans ist ein mehr oder weniger klar abgegrenztes politisches Fachressort zugeordnet, für das der entsprechende Funktionär die höchste Richtlinienverantwortung trägt. Sämtliche Staatsorgane, Thinktanks oder Massenorganisationen, die dem entsprechenden Ressort zuzuordnen sind, unterstehen de facto seiner Aufsicht. Zu den wichtigsten dieser Ressorts gehören traditionell Wirtschaftsentwicklung, Gesetzgebung, »Einheitsfront«-Arbeit, Pflege der Parteiorganisation, Disziplinkontrolle sowie Propaganda.

Das ZK kann aufgrund seiner Größe und der Seltenheit seiner Plenarsitzungen nicht als echtes Beschlussorgan der Parteipolitik fungieren. Seine Hauptaufgabe besteht darin, die Beschlüsse des Politbüros über die Leitlinien der Politik durch seine Zustimmung nachträglich zu bestätigen. Allerdings ist die Parteiführung bei zahlreichen Personal- und Programmentscheidungen auf die informelle Unterstützung von ZK-Mitgliedern angewiesen, die jeweils die politische Agenda ihrer Region (z. B. Provinzen) oder Organisation (z. B. große Staatsunternehmen oder Militäreinheiten) in der Parteizentrale zu vertreten suchen. De facto existieren vielfältige Verschränkungen der Autorität zwischen unterschiedlichen im ZK vertretenen Organisationen, die um Ressourcen und Befugnisse miteinander konkurrieren. Informelle Aushandlungsvorgänge sind daher sowohl auf der Ebene des ZK als auch auf den unteren Hierarchieebenen ein zentrales Merkmal des politischen Prozesses.

Eine Vielzahl von Organen direkt unterhalb des ZK, etwa die bereits erwähnte ZK-Propagandaabteilung und die ZMK, steuert unter der Führung des jeweils für ihr Aufgabengebiet zuständigen Politbüromitglieds große Fachressorts und leitet die zugehörigen Staatsorgane politisch an. Auf diese Weise sollen im ZK alle wesentlichen Fäden der politischen Arbeit zusammenlaufen.

Das siebenköpfige ZK-Sekretariat ist für die Planung und Abstimmung aller ZK-Aktivitäten zuständig und hat dadurch eine zentrale politische Koordinierungsrolle. Bindende Beschlüsse der Parteizentrale werden vom

ZK autoritativ nach außen kommuniziert: In einer speziellen Dokumentenreihe werden regelmäßig programmatische Grundlagentexte, sogenannte ZK-Rundschreiben, veröffentlicht, die jedes Jahr chronologisch durchnummeriert werden und deren jeweils erstes besonderes Gewicht als politisches Leitdokument hat (Kirchberger 2004, S. 67 ff.).

Für die Parteiarbeit, also die Pflege der Parteiorganisation und ihrer Mitgliedschaft, sind mehrere dem ZK unterstellte Organe zuständig: Der ZK-Organisationsabteilung obliegt die Aufsicht über das Kadersystem und die zugehörigen Personalakten. Die mit 130 Mitgliedern sehr große ZK-Disziplinkontrollkommission steht an der Spitze der parteiinternen Untersuchungsorgane und ist nicht zuletzt für die Korruptionsbekämpfung zuständig. Die ebenfalls sehr mächtige ZK-Kommission für Politik und Recht übt die Kontrolle über den staatlichen Sicherheitsapparat inklusive aller Gerichte und Staatsanwaltschaften aus (siehe den Beitrag von Björn Ahl). Die Zentrale Parteischule in Beijing hat eine Schüsselfunktion für die Ausbildung und Schulung von Führungskadern. Sie ist die wichtigste unter den diversen Parteischulen, die in ihrer Gesamtheit dazu dienen, die ideologische Loyalität und fachliche Kompetenz der mehr als 30 Millionen Kader in der Staatsverwaltung, den Wirtschaftsunternehmen und staatlichen Dienstleistungseinrichtungen zu gewährleisten. Darüber hinaus gehört die Zentrale Parteischule zum System offizieller Thinktanks (siehe *Tabelle 1*), die die Parteiführung mit akademischen Studien und Entscheidungsvorlagen versorgen und dadurch inhaltlichen Einfluss auf politische Entscheidungsprozesse nehmen (Leonard 2009). Zahlreiche weitere Organisationen, darunter wichtige parteieigene Medienorgane, etwa das Sprachrohr der Partei, die Volkszeitung, sind ebenfalls direkt dem ZK unterstellt.

Die Partei nimmt ihre Führungsrolle gegenüber anderen Organen im Staat einerseits über das bereits skizzierte System der personellen Durchdringung durch eine Parallelstruktur von Parteikomitees wahr. Einen weiteren Baustein ihres Führungssystems bilden sogenannte kleine Führungsgruppen. Dies sind themengebundene, informelle Taskforces, die quer zu den offiziellen Organisationen eine heterogene Mitgliedschaft von Experten und Funktionären für das jeweilige Fachgebiet vereinen können. Diese informellen Organe werden bei Bedarf spontan zur Krisenbewältigung gebildet, um die zentrale Politik in einem Schwerpunktgebiet zu koordinieren. Ist das Problem gelöst, sollen sie eigentlich aufgelöst werden. Oft erweisen sie sich jedoch als relativ dauerhaft und existieren mitunter jahrelang als informelle Koordinationsorgane der zentralen Politik, die Entscheidungsvorlagen für das Politbüro ausarbeiten. Zu den beständigsten und

Tab. 1: Die bedeutendsten Thinktanks Chinas

Rang*	Name, Abkürzung und Website	Gründung	Ort	Mitarbeiter
1	Chinese Academy of Social Sciences (CASS) Website: http://www.cssn.cn/english.html	1977	Beijing	4 200
2	Development Research Centre of the State Council (DRC) Website: http://www.drc.gov.cn/english/	1981	Beijing	k. A.
3	Chinese Academy of Sciences (CAS) Website: http://english.cas.cn/	1949	Beijing	>50 000
4	PLA Academy of Military Sciences (AMS bzw. PLAAMS)	1958	Beijing	500
5	China Institute of International Studies (CIIS) Website: http://www.ciis.org.cn/english/index.htm	1956	Beijing	100
6	China Institutes of Contemporary International Relations (CICIR) Website: http://www.cicir.ac.cn/english/	1980	Beijing	380
7	China National Committee for Pacific Economic Cooperation Council (CNCPEC) Website: http://www.chinavista.com/products/pecc/pecc.html	1986	Beijing	k. A.
8	China Association for Science and Technology (CAST) Website: http://english.cast.org.cn/	1958	Beijing	1 300
9	China Institute for International Strategic Studies (CIISS) Website: http://www.chinaiiss.org/	1979	Beijing	100
10	Shanghai Institutes for International Studies (SIIS) Website: http://www.siis.org.cn/en/default.aspx	1960	Shanghai	80
–	Central Party School of the Communist Party of China Website: http://www.ccps.gov.cn	1933	Beijing	>1 100

* Entsprechend einem Ranking der Global Times (2009).
Quelle: Leicht modifiziert nach Bondiguel/Kellner 2010.

bedeutendsten dieser kleinen Führungsgruppen gehörten in den letzten Jahren folgende acht: die Führungsgruppe für Finanzen und Wirtschaft, für Politik und Recht, für Nationale Sicherheit, für Auswärtige Angelegenheiten, für Hongkong und Macao, für Taiwan-Angelegenheiten, für Propaganda und Ideologie sowie für Parteiaufbau. Jedes dieser Organe, deren genaue personelle Zusammensetzung nirgends offiziell publiziert wird, steht unter der Führung eines Politbüromitglieds und vereint die wichtigsten Akteure und Wissensträger in Partei, Staat, Wirtschaft und Wissenschaft, die für das jeweilige Politikfeld maßgeblich sind. Die Führungsgruppen für Auswärtige Angelegenheiten und Nationale Sicherheit wurden in der Vergangenheit sogar vom Staats- und Parteichef persönlich geleitet, was auf ihre herausragende Bedeutung hinweist.

Wichtige Verfassungsorgane

Organe der Gesetzgebung: Das System der Volkskongresse

Das höchste Organ der Legislative und laut Verfassung auch höchste Organ der Staatsmacht ist der Nationale Volkskongress (NVK), der – in der Praxis oft vertreten durch seinen Ständigen Ausschuss – Gesetze verabschiedet, Verfassungsänderungen beschließt, den Staatshaushalt genehmigt sowie die Spitzen der Regierungsorgane, das heißt den Ministerpräsidenten und den Staatsrat sowie den Staatspräsidenten, bestellt (siehe *Abbildung 1*). Die Delegierten des NVK werden indirekt von Delegierten der lokalen Volkskongresse auf Provinz- und Kreisebene sowie der Streitkräfte gewählt. Nur die Delegierten der untersten Ebene im System der Volkskongresse sind seit den späten 1980er-Jahren direkt von der Wahlbevölkerung gewählt (Heilmann 2004, S. 133–142).

Der NVK ist nicht mit westlichen Parlamenten vergleichbar. Dies zeigt sich unter anderem an seiner Größe von über 2 980 Mitgliedern (2013) und seiner seltenen Sitzungsfrequenz von nur einer Tagungsperiode pro Jahr – zu selten für substanzielle Parlamentsarbeit, auch wenn diese Tagungsperiode etwa zwei Wochen andauert. Zwischen den Sitzungsperioden fungiert der Ständige Ausschuss des NVK mit seinen etwa 150 Mitgliedern als sein Arbeitsorgan (Heberer 2003. S. 53). Mehr als 2 000 NVK-Delegierte waren im Jahr 2012 Mitglieder der KPCh, die übrigen Sitze nahmen unter anderen die Vertreter der acht von der KPCh zugelassenen »demokratischen Parteien«, deren Vorsitzende und Budgets von der KPCh festgelegt werden, ein. Der NVK ist daher, trotz einiger Ansätze zu unabhängigeren Debatten und sich gelegentlich häufender Gegenstimmen gegen Programm- und Personalentscheidungen der KP-Führung, immer noch als reines Zustimmungsorgan anzusehen, das Führungsentscheidungen der KPCh formal absegnet, die zuvor im Politbüro getroffen worden sind. Die Kontrolle der Partei über den NVK wird nicht zuletzt dadurch sichergestellt, dass der Vorsitzende des NVK stets ein durch die Parteiführung bestimmter hochrangiger Funktionär ist, der zu den führenden Mitgliedern im Ständigen Ausschuss des Politbüros gehört. Die jährlichen Sitzungen des NVK finden üblicherweise im März eines Jahres statt und verabschieden im Wesentlichen die Entscheidungen, die bereits auf der jeweils im Herbst des Vorjahres durchgeführten ZK-Plenartagung der KPCh beschlossen worden sind.

Organe der Exekutive: Zentralregierung und Lokalverwaltungen

Das de jure und de facto wichtigste Organ der Exekutive ist der formal vom NVK bestimmte etwa 50-köpfige Staatsrat mit dem Ministerpräsidenten an der Spitze, der seinerseits wiederum stets zu den hochrangigsten Parteifunktionären im Ständigen Ausschuss des Politbüros der KPCh gehört. Seit 2013 hat Li Keqiang dieses Amt inne. Auch die meisten anderen hohen Funktionäre des Staatsrates sind führende Parteimitglieder. Die Parteikontrolle über die Regierungstätigkeit des Staatsrates wird somit direkt über die personelle Verflechtung mit der Parteiführung sichergestellt. Weitere wichtige Funktionäre im Staatsrat sind die vier stellvertretenden Ministerpräsidenten sowie die fünf Staatsratskommissare, die jeweils für ein bestimmtes Fachressort zuständig sind. Der kleine Ständige Ausschuss des Staatsrats mit seinen etwa zehn Mitgliedern tritt im Allgemeinen zweimal wöchentlich zusammen, während der Staatsrat als Ganzes nur monatlich tagt (Dumbaugh/Martin 2009, S. 7).

Zum Staatsrat gehören darüber hinaus 25 Ministerien und Kommissionen jeweils unter Führung eines Ministers sowie etwa 40 weitere direkt dem Staatsrat unterstellte Organe, darunter die Xinhua-Nachrichtenagentur, große Forschungseinrichtungen wie die Chinesische Akademie der Wissenschaften, das Staatliche Amt für Statistik sowie zahlreiche Behörden, unter anderen die für Medienaufsicht und Finanzmarktregulierung.

Die Verwaltungsorganisation auf zentralstaatlicher Ebene wird durch lokale Regierungen auf der Provinz-, Bezirks-, Kreis- und Gemeindeebene, die jeweils formal von den lokalen Volkskongressen ihrer Ebene bestellt werden, ergänzt. Ohne Taiwan, das offiziell von China als 23. Provinz bezeichnet, de facto aber nicht von der VR China aus regiert wird, hat China insgesamt 33 Verwaltungseinheiten auf Provinzebene, mehr als 300 auf Bezirksebene, fast 3 000 auf Kreisebene und mehr als 40 000 auf Gemeindeebene. Auf all diesen Verwaltungsebenen kommt das oben skizzierte System der doppelten Führungshierarchien von Partei- und Staatsorganen zum Tragen. Lediglich auf der niedrigsten Verwaltungsebene, in den Dörfern, wählt die lokale Bevölkerung seit den späten 1980er-Jahren Dorfkomitees direkt. Dies wurde vielfach als Indiz für die Zunahme demokratischer Elemente im politischen System interpretiert. Heute lässt sich konstatieren, dass diese Experimente zwar zu einer stärkeren Berücksichtigung der Belange der Landbevölkerung beigetragen haben, die noch immer knapp die Mehrheit der chinesischen Gesamtbevölkerung ausmacht; eine echte politische Liberalisierung auf lokaler Ebene wurde dadurch jedoch nicht erreicht, da die Stellung der direkt von der Bevölkerung gewählten Organe gegenüber den von der KPCh eingesetzten Dorfparteisekretären schwach bleibt (Alpermann 2010, S. 1).

Wahl des Gemeinderats in Wukang, Provinz Guangdong 2012 (Foto: AP/Vincent Yu)

Für das Verhältnis zwischen zentralen Führungsorganen des Parteistaates und lokalen Regierungsorganen gilt der Grundsatz, dass die Zentrale zwar über die großen politischen Leitlinien entscheidet, bei der Umsetzung den lokalen Regierungen jedoch Gestaltungsspielräume lässt, die auch vielfach genutzt werden. In Fragen der tagespolitischen Entscheidungsfindung, etwa bei der Regulierung von wirtschaftspolitischen Routinefragen sowie im Außenhandel, können lokale Behörden sogar in der Regel sehr viel Eigeninitiative entfalten, um die lokalen Entwicklungsinteressen zu fördern (Alpermann 2010, S. 12). Dass lokale Initiativen teils von entscheidender Bedeutung sein können, zeigte sich in der Vergangenheit an einigen historischen Reformprojekten, etwa der Dekollektivierung der Landwirtschaft Anfang der 1980er-Jahre, die auf Initiative lokaler Funktionäre hin zunächst illegal erprobt und später aufgrund ihres durchschlagenden Erfolgs zum nationalen Modell erklärt wurde.

Zwar dringt die Zentralregierung ebenso wie die Parteiführung gegenüber den Lokalverwaltungen auf die Durchsetzung ihrer Vorgaben und wendet zum Teil auch klassisch-leninistische Methoden an, zum Beispiel politische Kampagnen und Säuberungen. Dennoch lässt sich erkennen, dass mit zunehmender räumlicher Distanz zur Zentralregierung in Beijing auf lokaler Ebene immer größere Entscheidungsspielräume existieren. Lokale Interessen sind zudem personell relativ stark im ZK der KPCh vertreten, sodass hier ein Forum zur direkten Vernetzung der Provinzführungen mit nationalen Entscheidungsträgern existiert. Allerdings sind weder im ZK der KPCh noch im NVK spezielle institutionelle Mechanismen vorhanden, um regionale Interessen im Sinn eines echten Föderalismus systematisch zu berücksichtigen. Informelle Aushandlungsvorgänge, persönliche Einflussnahme über Netzwerke und die Umgehung zentraler Vorgaben bis hin zu aktiver Blockade sind in vielen Regionen an der Tagesordnung. Der hohe Kontrollanspruch der Zentralregierung kann daher in der Praxis oft nicht umgesetzt werden und in einigen Gebieten – besonders den mehrheitlich von ethnischen Minderheiten bewohnten »autonomen Gebieten« Tibet und Xinjiang – existieren sogar separatistische Organisationen, die aktiv und teils gewaltsam auf eine Loslösung vom chinesischen Staatsverband hinarbeiten.

Die mitunter widersprüchlichen Interessen der Zentralregierung und der Lokalregierungen bringen positive wie negative Folgeerscheinungen mit sich. Im positiven Fall gehen aus den Regionen konstruktive programmatische Impulse von unten in die zentrale Entscheidungsfindung ein und bereichern Chinas Reformagenda. Im negativen Extremfall jedoch kann die lokale Autonomie den faktischen Kontrollverlust der Parteiführung über ihre lokalen Organe bedeuten, etwa wenn große Koalitionen von Geschäftsleuten, Parteifunktionären und organisierter Kriminalität entstehen, die zum eigenen Vorteil lokale Führungsorgane unterwandern und gesetzliche Regeln gemeinschaftlich aushebeln, wie zum Beispiel 1999 in der südchinesischen Provinz Fujian im Rahmen eines großen Schmuggelskandals aufgedeckt wurde. Ähnliche Vorfälle haben in den letzten fünfzehn Jahren schlaglichtartig das gewaltige Ausmaß der Unterwanderung lokaler Partei- und Regierungsorgane durch überregionale Mafiaorganisationen offenbart (Heberer 2003, S. 86). Ein 2012 öffentlich gewordener Skandal um das gestürzte Politbüromitglied Bo Xilai, unter dessen Führung in der provinzfreien Stadt Chongqing mafiöse Strukturen entstehen konnten, war keineswegs ein Einzelfall, sondern steht in einer langen Reihe derartiger Vorfälle in verschiedenen Provinzen (Heberer/Senz 2012).

Der Widerspruch zwischen zentralstaatlichen und lokalen Interessen spiegelt sich konkret im Bereich der Informationsflüsse wider: Lokale Verwaltungen geben Statistiken und andere Kennzahlen nicht selten absichtlich verfälscht an die Zentrale weiter, um daraus für die eigene Region – etwa im Bereich der Steuerabführung – Vorteile zu erzielen. Das Resultat dieser systematischen Verzerrungen sind die vielfach beklagten, typischerweise unzuverlässigen offiziellen Zahlenwerke Chinas, scherzhaft »Statistiken chinesischer Prägung« genannt.

Organe des Justiz- und Sicherheitsapparats

Das chinesische Rechtssystem wird im Beitrag von Björn Ahl näher erläutert. An dieser Stelle erfolgt nur eine kurze Darstellung der Rolle der Partei im Justiz- und Sicherheitsapparat sowie der Probleme, die sich daraus für die Verwirklichung von Rechtsstaatlichkeit ergeben.

Das höchste Organ der Rechtsprechung ist das Oberste Volksgericht, das jedoch nicht die Kompetenzen eines Verfassungsgerichts hat. Auf Provinz-, Bezirks- und Kreisebene existieren jeweils eigene Volksgerichte, die dem Obersten Volksgericht untergeordnet sind. Die Justiz ist in China nicht unabhängig, da die Richter von der KP-Führung eingesetzt werden und so gut wie immer selbst KP-Mitglieder, also weisungsgebunden gegenüber der Parteiführung, sind (Heilmann 2004, S. 146–149). Daher kommt es bei Gerichtsverfahren, nicht selten zum Leidwesen der betroffenen Richter, häufig zu politischer Einflussnahme auf die Rechtsprechung. »Sie nennen es Einmischung, wir nennen es Führung«, so kommentierte ein Parteifunktionär aus Chongqing die Beschwerde eines Richters über seine Vorgaben. 2011 gab es in China nach offiziellen Angaben ca. 192 000 offiziell registrierte Rechtsanwälte, von denen etwa ein Drittel Mitglied der KPCh ist. 95 Prozent aller Anwaltskanzleien unterstehen zudem einem Parteikomitee, sodass auch die Arbeit der Strafverteidiger einer politischen Einflussnahme unterliegt (McGregor 2012, S. 47).

Die Oberste Volksstaatsanwaltschaft ist das höchste Organ der Strafverfolgung und steht an der Spitze der staatlichen Sicherheitsorgane, die ebenso wie die Gerichte engmaschig durch die Partei, insbesondere die

ZK-Kommission für Politik und Recht, kontrolliert werden. Die Untersuchung von parteiinternen Straftaten obliegt jedoch nicht staatlichen Sicherheitsorganen, sondern der ZK-Disziplinkontrollkommission. Somit existieren vor dem Recht in der Praxis zwei Klassen von Bürgern: Mitglieder und Nichtmitglieder der KPCh.

Der staatliche Polizeiapparat ist komplex und setzt sich aus unterschiedlichen Polizeiorganen zusammen, etwa der »normalen« Polizei, die dem Ministerium für öffentliche Sicherheit untergeordnet ist, der Justizpolizei, die den Gerichten und Staatsanwaltschaften der verschiedenen Verwaltungsebenen unterstellt ist, sowie der Bewaffneten Volkspolizei, die vor allem zur Bekämpfung innerer Unruhen eingesetzt wird und der Armeeführung untersteht (Heilmann 2004, S. 144 ff.).

Ein zum Tod Verurteilter auf der Fahrt zu seiner Hinrichtung in Zhuzhou, Provinz Hunan, im Dezember 2006 (Foto: China Daily via Reuters)

Auch wenn die Häftlingsquote Chinas im internationalen Vergleich nicht hoch ist, beanstanden internationale Menschenrechtsorganisationen wie Amnesty International in ihren Berichten immer wieder brutale Menschenrechtsverletzungen durch Chinas Justizsystem. Die Haftbedingungen in Chinas Gefängnissen sind oftmals menschenunwürdig und Übergriffe der Sicherheitsorgane sind zahlreich dokumentiert, ohne dass Angeklagte oder deren Angehörige die auf dem Papier durchaus existierenden Schutzrechte effektiv geltend machen könnten. Ohne Gerichtsurteil können Justizorgane willkürlich Hausarrest und sogar mehrjährige Gefängnisstrafen (sog. Administrativhaft) verhängen oder Angeklagte einfach verschwinden lassen. Ein System von Arbeitslagern, in denen verurteilte Gefangene – darunter auch politische Dissidenten – als billige Arbeitskräfte ausgebeutet werden, gehört zu den am stärksten kritisierten Merkmalen des chinesischen Sicherheitsapparats.[1] Innerchinesische Diskussionen im Winter 2012 deuteten bereits darauf hin, dass das System der Umerziehungslager im Frühjahr 2013 durch den NVK offiziell abgeschafft werden sollte, doch erst im November 2013 fasste die KP-Führung einen entsprechenden Beschluss, der nach offiziellen Angaben im Verlauf des Jahres 2014 vom NVK bestätigt werden soll.

Die Todesstrafe wird in China nicht nur für Kapitalverbrechen, sondern auch für vergleichsweise geringfügige Straftatbestände verhängt und auch häufig vollstreckt. Offizielle Statistiken hierzu stellt die chinesische Regierung nicht zur Verfügung.

Aus westlicher Sicht sind es vor allem die Einschränkungen der politischen Unabhängigkeit der Judikative, die das zentrale Problem bei der angestrebten Verwirklichung eines »sozialistischen Rechtsstaats« darstellen. Auch wenn inzwischen deutliche Erfolge bei der Professionalisierung von Richtern, der Zulassung der Arbeit von Anwälten und bei der Durchsetzung von Recht zu verzeichnen sind, bleiben die fehlende Unabhängigkeit der Gerichte und die ungleiche Behandlung von Parteimitgliedern und normalen Bürgern bei Straftaten erhebliche Hindernisse für die Weiterentwicklung der Rechtsstaatlichkeit in China.

Zusammensetzung der Führungsschicht und ihre Rekrutierung

Nachdem die institutionellen Grundstrukturen des Parteistaates skizziert worden sind, stellt sich die Frage nach der Zusammensetzung der politischen Führungsschicht. Sich wandelnde Ausbildungshintergründe und wechselnde Prägungen der Führungskader unterschiedlicher Generationen haben maßgebliche Auswirkungen auf die Art und Weise, wie die jeweilige Führungsriege ihre Politik formuliert und implementiert.

---

1 Berichte ehemaliger Häftlinge in deutscher Sprache sind zum Beispiel Liao Yiwu: Für ein Lied und hundert Lieder. Ein Zeugenbericht aus chinesischen Gefängnissen, übersetzt von H. Hoffmann, Frankfurt am Main 2011, sowie Harry H. Wu: Nur der Wind ist frei. Meine Jahre in Chinas Gulag, übersetzt von B. Rullkötter, Frankfurt am Main 1994.

Die Kontrolle über das Führungspersonal wurde als eine der drei Säulen der Macht der KPCh erläutert (siehe S. 257 f.). Dem Parteiaufbau und der Kaderrekrutierung widmet die Parteiführung daher besondere Aufmerksamkeit. Welch große organisatorische Aufgabe die Steuerung des Kadersystems ist, wird bereits am Umfang der zu besetzenden Stellen deutlich: 2004 waren in den offiziellen Verzeichnissen 33,76 Millionen Positionen für Kader in staatlichen Verwaltungs- und Dienstleistungsorganen sowie in Staatsunternehmen aufgelistet. Nicht alle diese Positionen müssen zwingend mit Mitgliedern der KPCh besetzt werden, doch steigt ihr Anteil ab der Ebene sogenannter Führungskader steil an. Insgesamt gab es schon 2002 mehr als 3,4 Millionen Parteiorgane, darunter 168 000 Parteikomitees. 41 500 höhere Führungspositionen stehen auf der sogenannten Nomenklaturaliste, die zentral von der ZK-Organisationsabteilung bestimmt und verwaltet wird, darunter 39 000 Positionen von der Hauptabteilungsleiterebene an aufwärts sowie 2 500 Posten von Minister-/Gouverneurs- bzw. Provinzparteisekretärsebene an aufwärts. Etwa 1 000 Führungskader bilden die »zentrale Kaderliste« und damit das Personalreservoir für höchste Führungsaufgaben im Parteistaat (Shambaugh 2010, S. 141).

Eine wichtige Rolle als Reservoir für Führungsnachwuchs spielt der Kommunistische Jugendverband mit seinen fast 90 Millionen Mitgliedern (2012) und 3,6 Millionen Basisorganisationen. Ein beträchtlicher Anteil seiner Mitglieder sind Studierende; 2012 waren nach offiziellen Angaben 24 Prozent der Mitglieder unter 35 Jahre alt. Aus diesem Verband sind seit den 1980er-Jahren immer wieder höchste Führungspersonen in die Parteizentrale vorgerückt, zuletzt der ehemalige Staats- und Parteichef Hu Jintao sowie der gegenwärtige Ministerpräsident Li Keqiang. Jedes Jahr wird eine hohe Anzahl an Jugendverbandsmitgliedern in die KPCh rekrutiert – im Jahr 2010 waren es 2,5 Millionen.

Frauen sind im politischen System Chinas allen Bekenntnissen zur Gleichberechtigung zum Trotz noch immer stark unterrepräsentiert. 2011 waren nach offiziellen Angaben etwa 23 Prozent der über 82 Millionen KP-Mitglieder weiblich. Im höchsten Volksvertretungsorgan, dem NVK, betrug der Frauenanteil unter den Abgeordneten im Jahr 2003 bereits 20,3 Prozent und stieg bis 2013 leicht auf 23,4 Prozent an. Doch in den Führungsorganen der Partei nimmt der Frauenanteil nach oben hin stetig ab: Unter den 2012 gewählten 205 Vollmitgliedern des 18. ZK sind nur 33 Frauen, was einem Anteil von etwa 16 Prozent entspricht – zwar eine deutliche Steigerung gegenüber den 13 weiblichen Vollmitgliedern des 17. ZK (2007–12), aber dennoch nur ein relativ kleiner Anteil. Im aktuellen Politbüro wiederum sitzen neben 23 Männern nur zwei Frauen (von 2007–12 war es eine; davor keine), während alle sieben Mitglieder des Ständigen Ausschusses des Politbüros männlich sind, ebenso wie alle Mitglieder der Zentralen Militärkommission. Von den 25 Ministerien des Staatsrates werden nur zwei von Ministerinnen geführt und immerhin eine weitere Frau ist als stellvertretende Ministerpräsidentin in der Führung des Staatsrats vertreten. Doch nicht nur an der Spitze der staatlichen Verwaltung, sondern auch unter lokalen Führungskadern war laut einer Studie von 2007 der Frauenanteil mit circa fünf Prozent besonders gering (Guo/Zheng 2008).

Im Hinblick auf das Qualifikationsprofil der Kader hat die Parteiführung schon seit Beginn der Reformära großen Wert auf eine gezielte Kaderrekrutierung unter Fachleuten und jungen Akademikern gelegt. Dementsprechend ist der Anteil der Hochschulabsolventen besonders der technischen Fächer im Lauf der letzten Jahrzehnte stark angestiegen. Ende 2011 hatten nach Angaben der KPCh bereits mehr als 38 Prozent der Parteimitglieder einen Hochschulabschluss und der Anteil der unter 25-Jährigen betrug 25 Prozent. Dies hat dazu beigetragen, dass viele Beobachter Chinas Führung aufgrund der Dominanz von männlichen Ingenieuren an der Spitze des Systems als »technokratisch« bezeichnen. Allerdings sind in den letzten Jahren auch Absolventen nicht technischer Fächer, etwa der Rechts- und Geisteswissenschaften, vermehrt in Spitzenpositionen vorgerückt, was eine allmähliche Pluralisierung der Mentalitäten innerhalb der Führungsschicht erwarten lässt (Li 2010, S. 179).

In Gestalt der Kinder verdienter Revolutionsveteranen der ersten Führungsgenerationen, die mittlerweile selbst zu hochrangigen Funktionären oder erfolgreichen Geschäftsleuten aufgestiegen sind, ist innerhalb der KPCh zudem eine Art erblicher Parteiadel entstanden. Zu diesen »Prinzlingen«, die unter politisch privilegierten Bedingungen im Zentrum der Machtelite aufgewachsen sind und beste familiäre Verbindungen genießen, gehört auch der gegenwärtige Staats- und Parteichef Xi Jinping.

Zum Ausgleich bemüht sich die Partei, verstärkt Vertreter neuer gesellschaftlicher Eliten zu rekrutieren, also herausragende Studierende oder erfolgreiche Privatunternehmer. Dafür werden mittlerweile sogar finanzielle Anreize eingesetzt (McGregor 2012, S. 58 f.). Der Parteieintritt wiederum ist aus Sicht vieler Bürger lohnend, da die Mitgliedschaft in der KPCh handfeste Privilegien impliziert, etwa die bereits erwähnte Quasiimmunität vor Strafverfolgung und politische Protektion. Zudem bietet sie Chancen auf Übernahme lukrativer Verwaltungsposten, die auf lokaler Ebene nicht selten die Gelegenheit zur korrupten Bereicherung enthalten. Ämterkauf ist daher inzwischen ein vielfach dokumentiertes Phänomen (McGregor 2012, 146 f.).

Die spektakulären Wirtschaftswachstumserfolge und gesellschaftlichen Veränderungsprozesse der Reformära haben somit auch die Zusammensetzung der Führungsschicht selbst verändert. Dies birgt neben den Vorteilen der Professionalisierung und Pluralisierung jedoch auch Risiken: Besonders solche Funktionäre, die mit der Verwaltung von Staatsunternehmen betraut oder im Außenhandel aktiv waren, konnten überproportional häufig von Gelegenheiten zur illegalen Bereicherung profitieren. Als Folge ist eine Art innerparteilicher Geldadel entstanden, eine Schicht von »roten Kapitalisten«, die sich eine in etwa mit russischen Oligarchen vergleichbare Machtfülle erworben haben und die Bemühungen der Parteispitze um Korruptionsbekämpfung erfolgreich konterkarieren (Liu 2007, S. 72–75). Hieran wird deutlich, welche massiven Folgeprobleme dem politischen System indirekt aus den wirtschaftlichen Wachstumserfolgen erwachsen sind. Problematisch ist dies vor allem im Zusammenwirken mit der fehlenden Pressefreiheit und der Quasiimmunität von Kadern gegenüber dem Justizsystem: Dem Machtmissbrauch und der Vorteilsnahme sind kaum institutionelle Grenzen gesetzt. Korrupte Seilschaften ziehen sich mitunter bis ins Politbüro hinein – ein »Krebsgeschwür«, das die Parteidisziplin von innen heraus zu zerfressen droht. Um diesen Zersetzungstendenzen der Parteidisziplin entgegenzuwirken, forciert die Führung in letzter Zeit den Bereich der ideologischen Kaderschulung. Die Zentrale Parteischule soll gemeinsam mit den weiteren Kaderschulen durch ihre Lehrgänge vor allem die politische Bildung und umfassende ideologische Loyalität der Führungskader stärken und daneben ihre Fachkompetenz erhöhen (Shambaugh 2010, S. 143–151).

Trotz der erwähnten Probleme ist der Versuch der KP-Führung, durch die gezielte Rekrutierung von Privatunternehmern in die Partei eine strategische Unterstützergruppe unter den neu entstandenen gesellschaftlichen Eliten zu gewinnen, vorläufig als erfolgreich zu bezeichnen. Studien haben ergeben, dass erfolgreiche Privatunternehmer unter den KP-Mitgliedern zu den loyalsten Unterstützern der herrschenden Ordnung zählen, da sie von deren wachstumsorientierter Politik direkt profitieren (Dickson 2007, S. 852f.).

Konsultativer Autoritarismus: Partei und gesellschaftliche Organisationen

Die KPCh bemüht sich vor allem im städtischen Bereich, die Gesellschaft durch ein System zentral registrierter und von der Partei beaufsichtigter Dachorganisationen zu durchdringen. Dazu gehören neben dem oben erwähnten Kommuntischen Jugendverband der Gesamtchinesische Gewerkschaftsbund, der Gesamtchinesische Frauenverband sowie Verbände der unterschiedlichsten Berufsgruppen, von Schriftstellern und anderen Kunstschaffenden bis zu Juristen und Journalisten. Selbst die aus dem Ausland zurückgekehrten Auslandsstudierenden sind in einem eigenen Dachverband organisiert. Die offiziell zugelassenen Religionsgemeinschaften, darunter die von der KP anerkannten christlichen Kirchen, sind ebenfalls in das System der Parteiaufsicht über gesellschaftliche Organisationen eingebunden. Unabhängige Untergrundkirchen und andere Religionsgemeinschaften, die der KPCh die Gefolgschaft verweigern, werden hingegen ebenso verfolgt wie unabhängige Gewerkschaften oder illegal gegründete politische Parteien. Dennoch existieren in China auf lokaler Ebene auch zahlreiche kleinere NGOs, die zum Teil in einer rechtlichen Grauzone operieren bzw. deren Aktivität von staatlicher Seite geduldet wird, weil sie gesellschaftlich notwendige Funktionen erfüllen oder unpolitischen Charakters sind (Krämer 2011). Beispiele für derartige Organisationen sind privat betriebene Schulen für Kinder mit bestimmten Lernbehinderungen (z. B. Autismus) sowie Selbsthilfeorganisationen etwa im Bereich des Umweltschutzes, der Frauenförderung, der Kinderhilfe oder benachteiligter Gruppen wie HIV-Infizierter oder Wanderarbeiter. 2005 wurde die landesweite Gesamtzahl an nicht zentralstaatlich geleiteten NGOs bereits auf mindestens 1,38 Millionen geschätzt. Besonders innerhalb der letzten zehn Jahre hat sich die Bandbreite kleiner gesellschaftlicher Organisationen in den großen städtischen Zentren massiv erweitert (Shieh/Brown-Inz 2013). Falls sich dieser Trend fortsetzt, ist durchaus zu erwarten, dass die neuen gesellschaftlichen Organisationen mit der Zeit verstärkt Forderungen nach mehr politischer Partizipation stellen werden.

Das bedeutendste Organ zur offiziellen Einbindung gesellschaftlicher Kräfte in das Führungssystem der KPCh ist die Politische Konsultativkonferenz des Chinesischen Volkes (PKKCV), die an der Spitze eines Systems regionaler Konsultativkonferenzen steht und primär symbolische Funktionen hat. Sie wird in der Praxis von Mitgliedern der KPCh dominiert, die den zahlenmäßig größten Anteil stellen, und ihr Vorsitzender ist stets ein Mitglied im Ständigen Ausschuss des Politbüros. In der PKKCV sind neben der KPCh die acht »demokratischen Parteien« vertreten, ebenso andere gesellschaftliche Organisationen und Verbände. Die PKKCV besitzt keinerlei politische Entscheidungsmacht, dient aber einem doppelten Zweck: Zum einen demonstriert sie öffentlich den »Einheitsfront«-Gedanken, wonach alle positiven gesellschaftlichen Kräfte unter Führung der KPCh konstruktiv an der politischen Willensbildung mitarbeiten. Zum anderen dient sie der Partei als Feedback-Mechanismus, da innerhalb der PKKCV Diskussionen zu vielen gesellschaftlich relevanten Themenfeldern relativ offen artikuliert werden können (Heilmann 2004, S. 142 f.).

Der konsultative Charakter der KP-Herrschaft gegenüber wichtigen gesellschaftlichen Gruppen kommt auch darin zum Ausdruck, dass die KP-Führung grundsätzlich stark auf Expertenwissen setzt. Das bereits oben erwähnte ausgedehnte System staatlicher Thinktanks bildet den Grundstein der wissenschaftlichen Politikberatung. Ebenso können große Interessengruppen, etwa Juristen oder Wirtschaftsvertreter, über ihre Verbände beratenden Einfluss auf politische Richtungsentscheidungen und konkrete Gesetzgebungsvorhaben nehmen. Auch innerhalb der Parteiorganisation selbst kamen in den letzten Jahren zunehmend konsultativere Verfahren der Willensbildung zur Anwendung. Meinungsumfragen vor wichtigen Entscheidungen sowie innerparteiliche Abstimmungsverfahren nehmen zu (Shambaugh 2010, S. 138 ff.).

5 Veränderungstendenzen und Zukunftsperspektiven des politischen Systems

Chinas wirtschaftlicher Aufstieg und der damit einhergehende internationale Prestigegewinn sind besonders seit der weltweiten Finanzkrise 2008 in das Blickfeld der Weltöffentlichkeit gerückt. China gehörte zu den wenigen Ländern, die aufgrund ihrer hohen staatlichen Steuerungskapazität und der im Land vorhandenen riesigen Devisenreserven schnell und effektiv Gegenmaßnahmen ergreifen konnten und – zumindest bisher – nur relativ wenig Schaden nahmen, auch wenn die endgültigen Auswirkungen noch nicht abschließend beurteilt werden können. Zugleich wurden in der chinesischen Wahrnehmung die Autorität und Legitimität westlicher Ordnungsmodelle durch diese Krise nachhaltig geschädigt. Das »chinesische Modell« der Entwicklung, so die Schlussfolgerung einiger Beobachter, sei nicht nur der für China selbst passendere Weg, sondern westlichen Modellen sogar insgesamt überlegen. Ungewöhnlich für einen leninistischen Parteistaat ist die bemerkenswerte Kohärenz innerhalb der höchsten Führungsspitze seit Mitte der 1990er-Jahre. Bereits zum zweiten Mal gelang 2012/13 eine im Voraus geregelte Übergabe der Macht von einer Führungsriege an die nächste. Dies sorgt für eine relativ hohe Stabilität und Kontinuität an der Spitze des Systems, die gerade in Krisenzeiten effizientes Regieren erleichtert und China in die Lage versetzt, rascher umoder gegenzusteuern, als es demokratische Staaten zumeist vermögen.

Chinesische Sozialwissenschaftler wie Hu Angang gehen davon aus, dass China in absehbarer Zeit zu einer »Supermacht neuen Typs« aufsteigen werde. Skeptiker sowohl im Westen als auch in China prophezeien hingegen eine schwierige, von politischem »Durchwursteln« und unvermeidlichen Rückschlägen geprägte Entwicklung: Das chinesische Wachstumsmodell sei nicht nachhaltig, Chinas Staatsmacht fragil, sein Wohlstand daher langfristig gefährdet (Shirk 2007, S. 257–269). Die zentralistische leninistische Parteiherrschaft könne sich auf Dauer nicht den gesellschaftlichen Differenzierungsprozessen anpassen und sei daher Auflösungserscheinungen ausgesetzt, an deren Ende nur eine staatliche Neuordnung stehen könne.

Tatsache ist, dass das politische System der VR China seit 1989 außergewöhnliche Schwierigkeiten und externe Schocks verkraften musste, darunter den Zusammenbruch des Ostblocks und 1991 die Auflösung der Sowjetunion, 1995/96 die »Raketenkrise« mit Taiwan, 1997/98 die asiatische Finanzkrise, 2002/2003 die Folgen des WTO-Beitritts und der SARS-Krise, 2008 großflächige Unruhen in Tibet während der Beijinger Olympiade und nach 2008 die weltweite Finanzkrise. Dennoch hat sich der chinesische Parteistaat insgesamt als bemerkenswert lernfähiges System erwiesen (Heilmann/Perry 2011).

Diese Lernfähigkeit hängt mit der starken Orientierung an Expertenwissen zusammen, das das umfangreiche System der Thinktanks der Führungselite zu allen erdenklichen Fragen bereitstellt, aber auch mit der Entschlossenheit der Parteiführung, mit Nachdruck die besten Nachwuchskräfte aller neu entstandenen gesellschaftlichen Eliten für die Partei zu rekrutieren. Die KPCh bemüht sich gezielt, die Expertise von Wissenschaftlern, die Initiative von Privatunternehmern und die Eigeninteressen der an Wohlstandsgewinn orientierten Mittelschichten in ihre Politikfindung einzubinden. Zudem wählt die Führung oft experimentelle Vorgehensweisen, um Reibungsverluste bei der Umsetzung zu mindern, und erprobt potenziell problematische Maßnahmen zunächst in lokal begrenzten Modellversuchen, bevor sie nationale Politik werden. Maßnahmen werden zudem nicht nach ihrer ideologischen oder theoretischen Eignung beurteilt, sondern schwerpunktmäßig nach ihrer Tauglichkeit in der Praxis: Die wesentliche Frage ist, ob sie dienlich sind, das gewünschte strategische Ziel – den Aufbau eines starken, wohlhabenden und international einflussreichen chinesischen Staates unter Führung der KPCh – zu erreichen. Damit hat die chinesische Führung eine zentrale Schwäche leninistischer Parteistaaten, nämlich ideologische Beschränktheit gepaart mit Lernunfähigkeit, überwunden.

Lernfähiger Leninismus? Das politische System der Volksrepublik China

China befindet sich seit den Neunzigerjahren des 20. Jahrhunderts konstant auf dem Weg einer Entwicklungsdiktatur, ähnlich, wie Singapur es einst war: In diesem Modell leitet eine Führungsschicht aus aufgeklärten Despoten den Staat und die Gesellschaft mit dem Ziel an, die wirtschaftliche Modernisierung voranzutreiben. Solange die Gesellschaft der Führung nicht mehrheitlich die Gefolgschaft verweigert, kann solch ein Weg erfolgreich sein. Wie das Beispiel Singapurs gezeigt hat, muss eine reiche und entwickelte Gesellschaft nicht zwangsläufig den Weg der Demokratisierung einschlagen. Sollten jedoch von innen heraus starke gesellschaftliche Kräfte entstehen, die nachdrücklich für mehr Mitbestimmung eintreten und die nicht mehr bereit sind, die von der KPCh gesetzten Grenzen für politisches Handeln zu respektieren bzw. sich »erziehen« zu lassen, wird das Herrschaftssystem verändert werden müssen – entweder evolutionär und friedlich oder konfliktgetrieben und mit ungewissem Ausgang.

Auf der Suche nach existierenden Vorbildern für eine friedliche Aufgabe der Alleinherrschaft der KPCh unter Beibehaltung ihrer zentralen Rolle im Staat wird in letzter Zeit häufiger das Beispiel der Demokratisierung Taiwans diskutiert (z. B. Gilley/Diamond 2008). Dort ließ die ehemalige Staatspartei Guomindang (GMD) als Reaktion auf internationalen Druck und gesellschaftliche Proteste in den 1980er-Jahren freiwillig einen kontrollierten Prozess der Machtteilung zu, in dem sich zeitgleich die Parteiorganisation der GMD von innen heraus demokratisierte, während eine Oppositionsbewegung außerhalb der Partei erstarkte (siehe den Beitrag von Gunter Schubert). Letztlich entstanden aus Abspaltungen der GMD neue Parteien, die zusammen mit der Demokratischen Fortschrittspartei (DFP), der ersten Oppositionspartei, die Basis des heutigen Mehrparteiensystems bilden.

Zweifellos lassen sich die Gegebenheiten Taiwans und Chinas nur schwer vergleichen, aber dennoch bietet Taiwans Erfahrung ein im chinesischen Kulturkreis einzigartiges Beispiel für die erfolgreiche und friedliche Demokratisierung eines Parteistaates. Voraussetzung für einen solchen Weg wäre,

- dass sich die neuen gesellschaftlichen Eliten in China – etwa Privatunternehmer, Anwälte, Freiberufler, soziale Aktivisten und Intellektuelle – in- und außerhalb der Partei zu starken und öffentlich sichtbaren Interessengruppen formieren;
- dass die KPCh einen Weg der innerparteilichen Pluralisierung durch Aufhebung des strikten Faktionsverbots einschlägt;
- dass sie sich kritisch mit den bisher nicht aufgearbeiteten dunklen Kapiteln der Parteigeschichte auseinandersetzt und öffentlich Verantwortung für die begangenen Verbrechen an der eigenen Bevölkerung über-

nimmt, um die Wunden der Vergangenheit in- und außerhalb der Partei zu heilen;
- dass sie die harte Repression friedlicher Dissidenten beendet;
- dass sie freiere Medienberichterstattung zulässt sowie innerparteiliche Entscheidungsprozesse demokratisiert.

Völlig undenkbar ist dieses Szenario nicht. Doch nur die Zukunft kann zeigen, ob die chinesische Führung diesen oder einen gänzlich anderen institutionellen Entwicklungspfad einschlagen wird.

Die auf der dritten Plenartagung des 18. Zentralkomitees im November 2013 getroffenen Reformbeschlüsse deuten darauf hin, dass zwar umfassende effizienzsteigernde Maßnahmen im Verwaltungsapparat und Wirtschaftssystem geplant sind, die Frage des Machterhalts der KPCh jedoch nicht angetastet, sondern ihre Führungsrolle im System sogar gestärkt werden soll. Nichtsdestoweniger enthalten die jüngsten Beschlüsse beachtliche Veränderungen für die Bevölkerung, darunter die bereits erwähnte geplante Abschaffung der Umerziehungslager sowie Lockerungen der Ein-Kind-Politik für Eltern, die selbst Einzelkinder sind, außerdem Lockerungen des *hukou*-Systems der Wohnortbindung und die soziale Besserstellung der Wanderarbeiter. Die Effizienz der Regierungsarbeit soll durch harte Korruptionsbekämpfung, die verstärkte Nutzung von »konsultativer Demokratie« bei der politischen Entscheidungsfindung, durch Restrukturierung von Regierungsbehörden und durch die Stärkung der Rolle des Marktes bei der Ressourcenverteilung erreicht werden. Das Ziel ist es, die aus Sicht der Bevölkerung am schwersten wiegenden Probleme – extreme Einkommensungleichheit, weithin grassierende Korruption unter Funktionären sowie mangelnde soziale Sicherung – effektiv anzugehen und Chinas Entwicklungsmodell in Richtung eines weniger exportabhängigen Wachstums auf nachhaltigere Beine zu stellen (Schucher/Noesselt 2013).

Die jüngsten Beschlüsse bestätigen damit den Eindruck, dass es aus Sicht der Führung von überragender Bedeutung bleiben wird, dem enormen wirtschaftlichen Erfolgsdruck standzuhalten, dem sie angesichts sich verschärfender Entwicklungsunterschiede als Folge des ungleichen Wachstums auf absehbare Zeit ausgesetzt bleiben wird.

Literatur

Alpermann, Björn: Neue Regeln für Dorfwahlen – Revision des Gesetzes der VR China über die Organisation der Dorfkomitees 2009/2010, Kompetenznetzwerk Regieren in China, Background Paper No. 1/2010 (http://www.

regiereninchina.de/uploads/media/Background_Paper_No.1_2010_03. pdf, Zugriff: 16. Januar 2014).

Bondiguel, Thomas/Kellner, Thierry: The impact of China's foreign policy think tanks, BICCS Asia Paper, 5 (2010) 5 (http://www.vub.ac.be/biccs/site/assets/files/apapers/Asia%20papers/20100405%20-%20Bondiguel%20Kellner.pdf, Zugriff: 16. Januar 2014).

Dickson, Bruce: Integrating Wealth and Power in China: The Communist Party's Embrace of the Private Sector, in: The China Quarterly, 192 (2007), S. 827–854.

Domes, Jürgen: Politische Soziologie der Volksrepublik China, Wiesbaden 1980.

Dumbaugh, Kerry/Martin, Michael F.: Understanding China's Political System, Congressional Research Service, CRS Report for Congress, December 31, 2009 (http://fpc.state.gov/documents/organization/135950.pdf, Zugriff: 16. Januar 2014).

Gilley, Bruce/Diamond, Larry (Hrsg.): Political Change in China. Comparisons with Taiwan, Boulder/London 2008.

Göbel, Christian/Ong, Lynette: Social Unrest in China (= ECRAN Paper), London 2012 (http://www.euecran.eu/publications-2011/social-unrest-in-china-1, Zugriff: 16. Januar 2014).

Guo, Sujian: Chinese Politics and Government: Power, Ideology, and Organization, London/New York 2013.

Guo, Xiajun/Zheng, Yongnian: Women's Political Participation in China, Nottingham 2008 (= The University of Nottingham China Policy Institute, Briefing Series, Issue 34, January 2008; http://www.nottingham.ac.uk/cpi/documents/briefings/briefing-34-women-political-participation.pdf, Zugriff: 16. Januar 2014).

Heberer, Thomas: Das politische System der VR China im Prozess des Wandels, in: Derichs, Claudia/Heberer, Thomas (Hrsg.): Einführung in die politischen Systeme Ostasiens, Opladen 2003, S. 19–121.

Heberer, Thomas/Senz, Anja: The Bo Xilai Affair and China's Future Development, in: Asien. The German Journal of Contemporary Asia, 125 (2012), S. 78–93.

Heilmann, Sebastian: Das politische System der Volksrepublik China, Wiesbaden ²2004.

Heilmann, Sebastian/Perry, Elizabeth J.: Embracing Uncertainty: Guerrilla Policy Style and Adaptive Governance in China, in: Heilmann, Sebastian/Perry, Elizabeth J.: Mao's Invisible Hand. The Political Foundations of Adaptive Governance in China, Cambridge/Mass./London 2011, S. 1–29.

Holbig, Heike: Remaking the CCP's Ideology: Determinants, Progress, and Limits under Hu Jintao, in: Journal of Current Chinese Affairs, 38

(2009) 3, S. 35–62 (http://journals.sub.uni-hamburg.de/giga/jcca/article/view/60/60, Zugriff: 16. Januar 2014).

Hu, Angang: China in 2020: A New Type of Superpower, Washington 2011.

Kirchberger, Sarah: Informelle Regeln der Politik in China und Taiwan, Hamburg 2004.

Kirchberger, Sarah: Evaluating Maritime Power: The Example of China, in: Fels, Enrico u. a. (Hrsg.): Power in the 21st Century, Series Global Power Shift, Berlin/Heidelberg 2012, S. 151–175.

Krämer, Katja: Handlungsstrategien chinesischer Nichtregierungsorganisationen – exemplarische Untersuchung, Kompetenznetz Regieren in China, Background Paper No. 1/2011 (http://www.regiereninchina.de/uploads/media/Background_Paper_No.1_2011_01.pdf (Zugriff: 16. Januar 2014).

Leonard, Mark: Was denkt China?, München 2009.

Li, Cheng: China's Communist Party-State: The Structure and Dynamics of Power, in: Joseph, William A. (Hrsg.): Politics in China. An Introduction, Oxford 2010, S. 165–191.

Liu, Jen-Kai: Korruption und Korruptionsbekämpfung in China – ein Kampf gegen Windmühlen, in: China aktuell, 36 (2007) 5, S. 70–95.

Mao Zedong: Probleme der Kriege und der Strategie (1938), in: Mao Tse-tung [Mao Zedong]: Ausgewählte Werke, Bd. II, Peking 1968, S. 255–274.

McGregor, Richard: Der rote Apparat. Chinas Kommunisten, Berlin 2012.

Schucher, Günter/Noesselt, Nele: Weichenstellung für Systemerhalt: Reformbeschluss der Kommunistischen Partei Chinas, GIGA Focus Nr. 10/2013 (http://www.giga-hamburg.de/de/system/files/publications/gf_asien_1310.pdf, Zugriff: 16. Januar 2014).

Shambaugh, David: Modernizing China's Military. Progress, Problems, and Prospects, Berkeley/Los Angeles 2004.

Shambaugh, David: China's Communist Party. Atrophy and Adaptation, Berkeley/Los Angeles ²2010.

Shieh, Shawn/Brown-Inz, Amanda: A Special Report – Mapping China's Public Interest NGOs, in: Chinese NGO Directory: A Civil Society in the Making (A China Development Brief publication), 14 January 2013 (http://www.cdb.org.cn/upload/userfiles/files/Special%20Report%20final.pdf, Zugriff: 16. Januar 2014).

Shirk, Susan L.: China: Fragile Superpower, Oxford 2007.

Statut der Kommunistischen Partei Chinas, teilweise abgeändert auf dem XVIII. Parteitag der Kommunistischen Partei Chinas und angenommen am 14. November 2012; offizielle deutsche Fassung: http://german.china.org.cn/china/archive/cpc18/2012-09/27/content_26653640.htm (Zugriff: 16. Januar 2014).

Verfassung der Volksrepublik China, angenommen von der 5. Tagung des V. Nationalen Volkskongresses der Volksrepublik China am 4. Dezember 1982, zuletzt geändert 2004; offizielle englische Fassung: http://english.people.com.cn/constitution/constitution.html (Zugriff: 16. Januar 2014); deutschsprachiger Text: http://www.verfassungen.net/rc/verf82-i.htm (Zugriff: 16. Januar 2014).

Young, Doug: The Party Line: How the Media Dictates Public Opinion in Modern China, Singapur 2013.

ZK-Resolution zu einigen Hauptproblemen bei der umfassenden Vertiefung der Reformen, verabschiedet von der 3. Plenartagung des 18. Zentralkomitees der Kommunistischen Partei Chinas am 12. November 2013; inoffizielle englische Übersetzung: http://chinacopyrightandmedia.wordpress.com/2013/11/15/ccp-central-committee-resolution-concerning-some-major-issues-in-comprehensively-deepening-reform/ (Zugriff: 16. Januar 2014).

Björn Ahl

Rechtswesen und Rechtsstaatsentwicklung in China

1 Einleitung

Wenn noch Anfang der 90er-Jahre des 20. Jahrhunderts angenommen wurde, dass China nach dem Zusammenbruch der Sowjetunion über kurz oder lang auf den Entwicklungspfad liberaler Demokratien einschwenken würde, so hat sich heute Ernüchterung breitgemacht. Die gesellschaftlichen Veränderungen in den mehr als drei Jahrzehnten der chinesischen Reform- und Öffnungspolitik sind von atemberaubendem Ausmaß, die Grundkonstanten des politischen Systems haben sich hingegen kaum geändert. China hat sich besonders in der Wirtschaftspolitik als ein flexibler und adaptiver, in politischer Hinsicht jedoch zugleich als autoritärer Staat erwiesen.

Zunächst einmal wurde ab der zweiten Hälfte der 1990er-Jahre die rechtliche Bindung der staatlichen Verwaltung stärker betont, was zu einer Intensivierung rechtswissenschaftlicher Diskurse führte, die Recht als ein Mittel der Beschränkung staatlicher Macht verstanden und sich am Rechtsverständnis liberaler Verfassungsstaaten orientierten. Diese Entwicklung fand ihren Niederschlag auch im Verfassungstext, der im Jahr 1999 um den Zusatz ergänzt wurde, dass der Staat auf der Grundlage des Rechts regiert und ein sozialistischer Rechtsstaat errichtet wird (Heuser 2013). Die geschilderten Verrechtlichungsbemühungen hingen mit einer stärkeren Formalisierung und Institutionalisierung unter dem damaligen KP-Vorsitzenden Jiang Zemin zusammen, der seine Herrschaft nicht in dem Maß wie Mao Zedong oder Deng Xiaoping auf persönliche Autorität stützen konnte.

Der weitere Ausbau des Rechtssystems und der Rechtsinstitutionen ging mit einer ständigen Bezugnahme auf Rechtsstaatlichkeit (*fazhi*) einher. Die Betonung der Rechtsstaatlichkeit wurde mit der Neuausrichtung der Rechtsentwicklung unter Hu Jintao, dem Generalsekretär der Kommunistischen Partei Chinas (KPCh) von 2002 bis 2012, und insbesondere ab 2007 unter dem für den Rechtsbereich zuständigen Mitglied des Ständigen

Ausschusses des Politbüros der KPCh, Zhou Yongkang,[1] wieder zurückgenommen. Trotzdem ist bis heute die Berufung auf die Rechtmäßigkeit des Verwaltungshandelns und auf Rechtsstaatlichkeit im Sinn eines »sozialistischen Rechtsstaats« ein wesentliches Element der Legitimation des Parteistaats geblieben.

Anfang März 2014 wurde die Berichterstattung über den Fall des unter Korruptionsverdacht festgenommenen ehemaligen »Sicherheitszars« Zhou Yongkang freigegeben. (Foto: Kyodo via AP Images)

---

1 Nach dem Führungswechsel 2012/13 wurde Zhou Yongkang zu einem indirekten Ziel der Antikorruptionskampagne von Xi Jinping. Würde gegen ihn Anklage wegen Korruption erhoben, wäre dies das erste Mal, dass ein solches Verfahren gegen ein ehemaliges Mitglied des Ständigen Ausschusses des Politbüros durchgeführt würde.

Der folgende Beitrag stellt das chinesische Rechtswesen, das heißt die Institutionen, Verfahren und Akteure der Rechtsanwendung, vor und setzt es in den Kontext der Entwicklung rechtsstaatlicher Strukturen, wie sie sich unter den spezifischen Bedingungen des Herrschaftsmonopols der KPCh herausgebildet haben. Grundlegende Fragen der Verfassungsentwicklung, wie eine Verbesserung der Rechtspositionen des Einzelnen gegenüber dem Staat, lassen sich nur dann befriedigend beantworten, wenn die konkreten Strukturen der Rechtsanwendung in den Blick genommen werden. Diese Perspektive der Darstellung folgt der Einsicht, dass Rechtsreformen in China nicht nur zentral geplante und sich von oben nach unten vollziehende Entwicklungen darstellen, sondern oft ganz entscheidend von lokalen Experimenten mit neuen rechtlichen Regelungen geprägt werden (Heilmann 2008). In Abschnitt 2 des Beitrags wird die chinesische Rechtsordnung vor dem Hintergrund eines liberalstaatlichen Verfassungsverständnisses befragt, inwieweit sie in bestimmten Bereichen rechtsstaatliche Elemente herausgebildet hat. In Abschnitt 3 folgt eine Einführung in die wichtigsten Organe des Rechtswesens, die Volksgerichte und die Volksstaatsanwaltschaft, ferner werden die Rechtsanwaltschaft und die Juristenausbildung vorgestellt. Die Abschnitte 4 und 5 widmen sich den Justizreformen und den neuesten Reformentwicklungen nach dem Führungswechsel 2012/13.

2 Entwicklung rechtsstaatlicher Elemente im chinesischen Recht

Selbst wenn die Entwicklung eines liberalen Rechtsstaats nur im Zusammenhang mit einer Aufgabe der Machtposition der KPCh denkbar ist, so lässt sich in bestimmten Bereichen auch im Rahmen des in China praktizierten autoritären Regierungssystems ein verbesserter Schutz von Rechtspositionen des Einzelnen erreichen. Im Folgenden wird beschrieben, in welchen Bereichen im chinesischen Rechtssystem Elemente anzutreffen sind, die es auch in liberalen Verfassungsstaaten gibt. Die Verwendung des dem deutschen Grundgesetz zugrunde liegenden Rechtsstaatskonzepts als Maßstab für die chinesische Rechtsentwicklung fußt auf didaktischen Überlegungen und soll als eine erste Orientierung dienen (Ahl 2006b). An sich ist ein solches Vorgehen problematisch, da es einen einheitlichen Entwicklungspfad von Rechtssystemen impliziert und der zu vergleichenden fremden Rechtsordnung eigene Rechtsauffassungen und Erwartungen aufzwingt (Ruskola 2013).

Grundsätzlich versteht man unter Rechtsstaatlichkeit die Bindung der Staatsgewalt an das Recht. Unter dem Primat des Rechts werden politische Willensbildung und Entscheidungsfindung durch die Verfassung und die Gesetze kanalisiert und gelenkt. Ein grundlegendes Element des Rechtsstaats ist ein einheitliches und widerspruchsfreies Rechtssystem. Weitere wichtige organisatorisch-institutionelle Merkmale des Rechtsstaats sind die Gewaltenteilung und die Gesetzmäßigkeit der Verwaltung. Für den materiellen Rechtsstaat, der dem Verhalten des Staats nicht nur formale Verfahren vorgibt, sondern den Staat auch auf die Beachtung bestimmter Werte verpflichtet, ist die Bindung aller Staatsorgane an Grund- und Menschenrechte von wesentlicher Bedeutung. Ferner setzt ein rechtsstaatlich verfasster Staat auch voraus, dass der Einzelne für den Fall, dass der Staat seine Rechte verletzt, die Gerichte anrufen und erwarten kann, dass Abhilfe geschaffen wird (Ahl 2006b).

Einheitliches Rechtssystem

Um die Staatsgewalt wirksam binden zu können, bedarf es einer kohärenten und auch in der Gesellschaft real wirksamen Rechtsordnung. Dies ist insbesondere unter dem Aspekt der Vorhersehbarkeit und der Überprüfbarkeit des Staatshandelns bedeutsam. Fänden etwa auf denselben Sachverhalt unterschiedliche und sich widersprechende Rechtsvorschriften Anwendung, so könnten sich die Verwaltung oder die Gerichte auf die jeweils ihren Interessen entsprechende Rechtsvorschrift berufen und für den Einzelnen wäre das Handeln der Staatsorgane nicht mehr vorhersehbar.

In der Vergangenheit ist immer wieder betont worden, dass es zwar ein Rechtssystem in China gebe, das Recht aber nicht in der Praxis wirksam werde. Wenn in Gerichtsverfahren etwa nicht aufgrund des an sich anwendbaren Rechts entschieden wird, sondern aufgrund einer politischen Richtlinie oder der Einzelanweisung eines Staats- oder Parteiorgans, so wird in der Tat die Existenz von allgemeinen und unbedingt geltenden Rechtsnormen infrage gestellt. Vor dem Beginn der Reformperiode ab 1979 hatten Gerichte vielfach politische Richtlinien der Kommunistischen Partei oder Beschlüsse der Regierung zugrunde gelegt. In der Mao-Ära bestand die Funktion des Rechts, soweit es nicht lediglich als ein Hindernis der gesellschaftlichen Umgestaltung angesehen wurde, in der Disziplinierung und Repression von Volksfeinden (Heuser 2002, S. 153). Muss man für die Zeit der Massenkampagnen, die sich von der Gründung der VR China bis zum Tod Maos 1976 erstreckt, davon ausgehen, dass formale Gesetzgebung obsolet war, so kann heute, nach über 30 Jahren Reform und Öffnung, von einer auch in der Praxis wirksamen Rechtsordnung gesprochen werden.

Dagegen werden Argumente vorgebracht, die jedoch in Anlehnung an den amerikanischen Rechtswissenschaftler Teemu Ruskola als »orientalistisch« zu bezeichnen sind, denn sie konstruieren einen absoluten Gegensatz zwischen einem »gesetzestreuen« Westen und einem »gesetzlosen« China. Die vor allem aus dem 19. Jahrhundert stammenden Narrative westlicher Autoren über China als das »andere« prägen – so die These von Ruskola – noch heute unsere Wahrnehmung des chinesischen Rechtsystems (Ruskola 2013). So vertritt der durch zahlreiche Schriften zur chinesischen Kultur und Rechtsgeschichte bekannte Sinologe und Rechtswissenschaftler Harro von Senger die These, dass das Recht in China gegenüber anderen Instrumenten der Gesellschaftslenkung so weit zurücktrete, dass Untersuchungen des chinesischen Rechts allein mittels westlicher juristischer Begriffe keinen Erkenntniswert besäßen. Die KPCh setze danach den »gesamten Überbau« zur Gesellschaftslenkung ein, etwa die dem staatlichen Recht übergeordneten Parteinormen oder auch Literatur, Architektur und Sport. Es bedürfe einer auf China zugeschnittenen Wissenschaft von der »Gesellschaftsführung«, da die westliche Rechtswissenschaft keine begrifflichen Kategorien bereithalte, um das System der chinesischen Gesellschaftsführung abzubilden (von Senger 1994, S. 222).

Vielfach wird in Bezug auf China auch ein Rechtsbegriff verwendet, der davon ausgeht, dass dem Recht eine machtbegrenzende Funktion zukommen müsse, um überhaupt von »Recht« im eigentlichen Sinn sprechen zu können. Ferner wird die Existenz eines Rechtssystems in China zum Beispiel von Perry Keller mit der Begründung verneint, dass die geschriebenen Rechtsquellen keine ausreichende Einheitlichkeit besäßen. Der Vorrang von Richtlinien der Partei führe dazu, dass das Recht als bloßes Instrument der Parteiherrschaft keine Autonomie, Rationalität und Konsistenz besitze (Keller 1994, S. 711). Keller verwendet hier einen engen Rechtsbegriff, der alle Rechtssysteme ausschließt, die nicht in der liberalen verfassungsstaatlichen Tradition stehen.

Es ist zutreffend, dass Gesetze in China vielfach nicht aufeinander aufbauen und dass es eine Vielzahl von lokalen Rechtsnormen gibt, die nationalem Recht widersprechen. Es gibt nach dem Gesetzgebungsgesetz von 2000, das auf die Standardisierung der Gesetzgebungstätigkeit zielt, aber auch Verfahren, die eine zentralisierte, durch das Volkskongresssystem durchzuführende Normenkontrolle vorsehen. Unter »Normenkontrolle« versteht man ein Verfahren, in dem eine Instanz verbindlich entscheidet, ob eine Rechtsnorm mit höherrangigem Recht vereinbar ist. Viele Rechtssysteme haben diese Funktion den Gerichten übertragen. In China hingegen führen der Staatsrat und der Ständige Ausschuss des Nationalen Volkskongresses (NVK) die Normenkontrolle durch. Obwohl der Ständige Ausschuss nur etwa fünf Prozent der Delegierten des aus etwa dreitausend Mitgliedern bestehenden NVK umfasst, ist er das die Gesetzgebung beherrschende Gremium, das etwa alle zwei Monate tagt (siehe den Beitrag von Sarah Kirchberger). Das Plenum des NVK tagt nur einmal im Jahr und kann deshalb bei der eigentlichen Gesetzgebungstätigkeit nur über die Fachausschüsse mitwirken. Nach den Vorschriften über die Normenkontrolle müssen lokale Rechtsnormen jeweils dem nächsthöheren rechtsetzenden Organ vorgelegt werden. In der Praxis führen diese Verfahren aber nicht zu einer wirksamen Durchsetzung des Geltungsvorrangs höherrangigen Rechts, da ein Verstoß gegen höherrangiges Recht nur mit der Bitte an die rechtsetzende Instanz geahndet wird, die lokale Regelung dem nationalen Recht anzupassen. Eine Aufhebung von lokalem Recht gegen den Willen des rechtsetzenden Organs, das gegen nationale Rechtsvorschriften verstößt, ist bislang noch nicht vorgekommen. Eine strikte Durchsetzung des Geltungsvorranges höherrangigen Rechts hätte auch die Wirtschaftsreformen der letzten Jahrzehnte unmöglich gemacht, die unter anderem durch formal rechtswidrige Experimente der KP-Führung auf der lokalen Ebene entscheidende Impulse erfahren haben (Heilmann 2008). Ein Beispiel dafür ist die Praxis der kommerziellen Übertragung von Landnutzungsrechten in den 1980er-Jahren: Obwohl Artikel 10 der Verfassung damals eine kommerzielle Übertragung von Landnutzungsrechten ausdrücklich untersagte, erlaubte die Führung der KPCh aus politischen Gründen im Jahr 1987 in einigen Küstenstädten solche Transaktionen. Erst 1988 veranlasste die KPCh den NVK, eine Verfassungsänderung vorzunehmen, die dieses Verbot aufhob; gleichzeitig wurden die entsprechenden Vorschriften des Bodenverwaltungsgesetzes geändert (Chen 2004, S. 117).

Gewaltenkonzentration

Ein wichtiges organisatorisch-institutionelles Moment des Verfassungsstaats stellt das Prinzip der Gewaltenteilung dar. Gewaltenteilung bedeutet die Verteilung der staatlichen Macht auf verschiedene Staatsorgane mit dem Ziel der gegenseitigen Begrenzung und Kontrolle, um Machtmissbrauch entgegenzuwirken und die Freiheit des Einzelnen zu schützen.

Auch wenn die chinesische Verfassung die staatlichen Hauptfunktionen auf die Organe des Nationalen Volkskongresses, den Staatsrat und das

Rechtswesen und Rechtsstaatsentwicklung in China

Alljährliches Ritual: Der Vorsitzende des Obersten Volksgerichts liefert während der Tagung des Nationalen Volkskongresses seinen Bericht ab; 2014 in Person von Zhou Qiang. (Foto: AP/Vicent Thian)

Oberste Volksgericht aufteilt, so fehlt es an Mechanismen der wechselseitigen Kontrolle der Staatsorgane. Stattdessen ist der Gedanke der Gewaltenkonzentration durch das Volkskongresssystem verwirklicht (siehe den Beitrag von Sarah Kirchberger). Danach werden alle Organe der Staatsverwaltung, der Rechtsprechung und der Staatsanwaltschaft von den Volkskongressen der entsprechenden Ebene geschaffen und unterliegen ihrer Aufsicht. Die Aufsichtsfunktion der Volkskongresse über die Exekutive kann in der Praxis nur beschränkt wirksam werden, da sie bereits Anweisungen der Parteiorgane ausführt und durch diese kontrolliert wird. Auch die formal durch die Volkskongresse durchgeführte Wahl von Personen für die Führungspositionen in der Exekutive wird von der KPCh gelenkt.

Trotz dieses beschränkten Spielraums der Volkskongresse haben sie in der Reformperiode deutlich an Gewicht gewonnen. Dies hängt vor allem mit der seit dem Beginn der 1990er-Jahre stark angestiegenen Gesetzgebungstätigkeit der Volkskongresse zusammen. In der oftmals mehrjährigen Vorbereitung von Gesetzesvorhaben finden langwierige Konsensfindungsverfahren statt, in denen die Volkskongresse bzw. deren Mitglieder eigenständige Positionen und Interessen vertreten. Am Abstimmungsverhalten über Gesetzesvorlagen oder über Arbeitsberichte anderer Staatsorgane hat sich gezeigt, dass die Delegierten der Volkskongresse durchaus kritikfähig sind. Bei der Wiederernennung von Li Peng zum Ministerpräsidenten 1993 votierten elf Prozent der Delegierten des NVK dagegen bzw. enthielten sich der Stimme. Im Jahr 1998 erhielten beispielsweise die Arbeitsberichte des Obersten Volksgerichts und der Obersten Volksstaatsanwaltschaft jeweils nur eine Zustimmung von 62 bzw. von 55 Prozent der Abgeordneten des NVK (Chen 2004, S. 62 f.).

Gesetzmäßigkeit der Verwaltung

Aus dem Prinzip der Gewaltenteilung folgt die Pflicht zur gesetzmäßigen Verwaltung, die nach dem deutschen Verfassungsverständnis den Vorrang und den Vorbehalt des Gesetzes enthält. Nach dem Vorrang des Gesetzes ist eine Verwaltungsmaßnahme rechtswidrig, wenn sie gegen geltendes Recht verstößt. Greift die Verwaltung in Freiheitsrechte des Einzelnen ein, darf sie nur dann tätig werden, wenn sie durch Gesetz oder auf der Grundlage eines Gesetzes dazu ermächtigt worden ist. Verwaltungshandeln steht damit unter dem Vorbehalt, dass der Gesetzgeber der Verwaltung die jeweilige Tätigkeit erlaubt hat.

In den fast drei Jahrzehnten der Herrschaft Mao Zedongs stützte sich die Verwaltungstätigkeit in der Volksrepublik allein auf sogenannte rotköpfige Dokumente (*hongtou wenjian*), die Zielvorgaben der parteistaatlichen Führung für die unteren Verwaltungsebenen enthielten. Die lokalen Verwaltungsbehörden konnten diese Ziele mit großem Ermessensspielraum umsetzen. Nach der Kulturrevolution wandte man sich ab 1979 vom dezisionistischen Verwaltungsstil Maos ab und begann mit dem Aufbau einer rationalen und an Gesetze gebundenen Verwaltung. Damit beabsichtigte die neue Führung auch, den Parteistaat von den rechtlosen Zuständen der Kulturrevolution zu distanzieren (Heuser 2013, S. 189–198).

Freilich hat sich kein umfassender Grundsatz der Gesetzmäßigkeit der Verwaltung herausgebildet. In einzelnen Gesetzen wird aber vorausgesetzt, dass für die Regelung eines bestimmten Sachverhalts ein Gesetz des NVK oder seines Ständigen Ausschusses erforderlich ist. Das Gesetzgebungsgesetz führt für bestimmte Sachbereiche in Artikel 8 einen Vorbehalt des Gesetzes ein. Regelungen über Zwangsmaßnahmen zur Beschränkung der persönlichen Freiheit wie auch der Entziehung nicht staatlichen Vermögens dürfen nur vom Ständigen Ausschuss des NVK erlassen werden. Das Verwaltungsstrafgesetz von 1996 sieht zum Beispiel in § 9 Abs. 2 vor, dass Verwaltungsstrafen, die die persönliche Freiheit beschränken, nur durch ein förmliches Gesetz, das heißt durch ein Gesetz des NVK oder seines Ständigen Ausschusses und nicht durch Verwaltungsrechtsbestimmungen des Staatsrats oder durch Verwaltungsvorschriften eines Ministeriums, festgelegt werden können.

In China wird zwischen einer originären und einer abgeleiteten Rechtsetzungsbefugnis der Exekutive unterschieden. Originäre Rechtsetzung bedeutet, dass ein Verwaltungsorgan aufgrund einer allgemeinen Rechtsetzungskompetenz in der Verfassung und dem einschlägigen Organisationsgesetz Recht setzt, das heißt, die Verwaltung kann sich selbst eine Rechtsgrundlage für ihr Verwaltungshandeln schaffen und bedarf nicht eines Gesetzes des NVK oder seines Ständigen Ausschusses, das sie für ein bestimmtes Tätigwerden ermächtigt. Unter einer abgeleiteten Rechtsetzungsbefugnis wird dagegen verstanden, dass ein Verwaltungsorgan aufgrund einer in einem Gesetz bestimmten Befugnis oder aufgrund einer besonderen Ermächtigung eines Volkskongresses rechtsetzend tätig wird. Da das Regierungssystem von der Exekutive dominiert wird, spielt die originäre Rechtsetzung in der Praxis nach wie vor die weitaus wichtigere Rolle. Mit dem Inkrafttreten des Gesetzgebungsgesetzes im Jahr 2000 ist die Abgrenzung zwischen abgeleiteter und originärer exekutiver Normsetzung jedoch etwas klarer geworden. In der Literatur finden sich auch immer mehr Stimmen, die die originäre Rechtsetzungsbefugnis einschränkend auslegen und etwa die originäre Rechtsetzung auf die Durchführung von höherrangigem Recht, den Erlass von Vorschriften zur Organisation und zu Verfahren sowie auf die Leistungsverwaltung beschränken möchten (Liu 2000). Andernfalls könnten Verwaltungsorgane sich selbst zum Eingriff in Grundrechte ermächtigen und die Gesetzgebungskompetenz der Volkskongresse würde ausgehöhlt. In der Praxis sind Rechtseingriffe durch die Verwaltung ohne ausreichende Gesetzesgrundlage jedoch nach wie vor weit verbreitet.

Grundrechte

Die umfassende Bindung der Staatsgewalt an die Grundrechte macht den materiellen Rechtsstaat aus.[2] Während die oben behandelten Elemente lediglich aussagen, dass der Staat in Freiheit und Eigentum des Bürgers nur dann eingreifen darf, wenn ein mit Zustimmung der Volksvertretung erlassenes Gesetz vorliegt, so geben die Grundrechte auch einen Maßstab für den Inhalt der Gesetze vor. Erst die Verpflichtung der Staatsgewalt auf bestimmte Werte, wie etwa die Menschenwürde, stellt sicher, dass Staatshandeln nicht nur dem vorgegebenen Verfahren entspricht, sondern auch inhaltlich richtig ist.

Nach dem offiziellen chinesischen Menschenrechtsverständnis werden Grundrechte nicht im Sinn von angeborenen, in der Menschenwürde wurzelnden und dem Staat vorgegebenen Rechte anerkannt, da ein solches Verständnis mit der materialistischen Weltanschauung und dem staatlichen Rechtsetzungsmonopol nicht zu vereinbaren ist. Gemäß der vom Marxismus-Leninismus vorgegebenen dynamischen und konkreten Betrachtungsweise entwickeln sich die Menschenrechte als Funktion ihrer ökonomischen Basis. Werden Menschenrechte als konkrete historische Produkte und nicht als abstrakt und absolut verstanden, so bedingen unterschiedliche historische Entwicklungen, nationale Traditionen, Wertesysteme und die wirtschaftlichen Verhältnisse nach Inhalt und Umfang unterschiedliche menschenrechtliche Schutzstandards (von Senger 1994, 153–164). Die Gewährung von Menschenrechten ist nach diesem Verständnis von verschiedenen Faktoren abhängig. Dazu zählen die Wirtschaftsentwicklung und politische Zweckmäßigkeitserwägungen, da die Politik innerhalb des Überbaus, zu dem auch die Menschenrechte gehören, gegenüber dem

---

2 Als »formeller Rechtsstaat« wird ein Staat bezeichnet, der Gewaltenteilung, die Unabhängigkeit der Gerichte, die Gesetzmäßigkeit der Verwaltung, Rechtsschutz gegen Akte öffentlicher Gewalt und eine öffentlich-rechtliche Entschädigung als unverzichtbare Institute anerkennt.

Recht einen Vorrang einnimmt. Eine weitere Bedingung von Menschenrechten ergebe sich aus dem Gesetz, da Menschenrechte nur in der Form positiven Gesetzesrechts bestehen könnten und sich Form und Umfang der Rechte aus dem Gesetz ergebe (Xu/Zhang 1992, S. 2 und 25).

Auch wenn sich in der chinesischen Verfassung von 1982 ein Grundrechtskatalog mit den typischen Freiheitsrechten und sozialen Rechten befindet, so bindet die Verfassung die einzelnen Staatsorgane nicht an diese Rechte. Die Grundrechte haben programmatischen Charakter und stellen einen Gesetzgebungsauftrag an den Gesetzgeber dar. Dies bedeutet, dass die in der Verfassung aufgeführten Inhalte der Grundrechte erst dann für andere Staatsorgane verbindlich werden, wenn der Gesetzgeber sie in einem Gesetz konkretisiert und ausgestaltet hat. Die Verwaltung oder die Rechtsprechung sind somit an die Grundrechte der Verfassung grundsätzlich nicht unmittelbar gebunden. Dies hat zur Konsequenz, dass Einzelne sich vor Gericht nicht unmittelbar auf ein in der Verfassung verbürgtes Grundrecht berufen können, um Maßnahmen des Staats abzuwehren. Erst wenn der Gesetzgeber den grundrechtlichen Programmsatz der Verfassung in einfachem Gesetzesrecht konkretisiert, wird der Einzelne in dem entsprechenden Bereich rechtlich geschützt.

Es gab aber auch Einzelfälle, in denen die Volksgerichte Grundrechte unmittelbar angewandt haben. Dies betraf etwa arbeitsrechtliche Streitigkeiten in den frühen 1980er-Jahren, als die gesetzlichen Schutzvorschriften für Arbeitnehmer noch lückenhaft waren. Klauseln in Arbeitsverträgen, die einen Haftungsausschluss zugunsten des Arbeitgebers bei Arbeitsunfällen vorsahen, erklärten Gerichte aufgrund des Grundrechts auf Arbeit, das den Staat auch zur Verbesserung des Arbeitsschutzes und der Arbeitsbedingungen allgemein verpflichtet, für nichtig. In einer spektakulären Antwort (*pifu*) auf eine Anfrage des Oberen Volksgerichts der Provinz Shandong erklärte das Oberste Volksgericht in Beijing im Jahr 2001 das Grundrecht auf Bildung in dem Fall Qi Yuling gegen Chen Xiaoqi und andere für unmittelbar anwendbar. In dem Prozess ging es um Schadensersatzansprüche, die die Klägerin gegen verschiedene Beklagte geltend machte, da sie daran mitgewirkt hatten, dass sich Chen Xiaoqi rechtswidrig die Identität der Klägerin und auch das Ergebnis einer Zulassungsprüfung der Klägerin angeeignet hatte, um eine Berufsschule zu besuchen, deren Zulassungsprüfung sie nicht bestanden hatte.

Obwohl es in diesem Fall nicht primär um die Funktion der Grundrechte als Abwehrrechte gegen den Staat ging und auch nicht die Verfassungsmäßigkeit eines Gesetzes infrage stand, wurde die Entscheidung doch als Anknüpfung an westliche liberale Verfassungstraditionen verstanden. Dazu hatte vor allem beigetragen, dass der für die Entscheidung des Obersten Volksgerichts verantwortliche Richter Huang Songyou in einem Artikel der Volksgerichtstageszeitung (Renmin fayuan bao) diese Entscheidung als eine »Justizialisierung der Verfassung« (*xianfa sifahua*) feierte und sie mit der Entscheidung Marbury v. Madison des Supreme Court of the United States aus dem Jahr 1803 verglich, die einen Präzedenzfall für die Überprüfung der Verfassungsmäßigkeit von Gesetzen darstellt.

Daraufhin warfen konservative Mitglieder der Kommission für Politik und Recht beim Zentralkomitee der KPCh sowie Delegierte des NVK dem Obersten Volksgericht vor, den Rahmen der geltenden Verfassung verlassen zu haben, der eine unmittelbare Anwendung von Grundrechten nicht zulasse, sondern es vielmehr allein dem Gesetzgeber überlasse, Grundrechte auszugestalten. Im Jahr 2008 erklärte das Oberste Volksgericht die Antwort für unwirksam und der Anwendung von Grundrechten durch Gerichte wurde damit vorerst ein Ende gesetzt (Tong 2010). Der für die Justizialisierung der Verfassung eingetretene Richter Huang Songyou wurde in der Folge als erster Richter des Obersten Volksgerichts aufgrund von Korruptionsvorwürfen im März 2010 vom Oberen Volksgericht der Provinz Hebei rechtskräftig zu einer lebenslangen Haftstrafe verurteilt.

Rechtsschutz

Der Gedanke des Rechtsschutzes durch unabhängige Gerichte gegen rechtswidrige staatliche Akte gehört gleichfalls zu den Grundelementen von Rechtsstaatlichkeit. Erst wenn dem Bürger die Möglichkeit eröffnet wird, den Staat als eine gleichgestellte Streitpartei vor Gericht zu bringen, kann sich der Rechtsstaat auch in der Praxis durchsetzen.

In der Praxis gibt es in China keine Rechtsschutzgarantie, vielmehr findet bei der Fallannahme durch die Volksgerichte zunächst eine Vorprüfung des Falles statt, bei der die für die Fallannahme zuständige Abteilung des Gerichts einen Ermessensspielraum hat. Gerichte verweigern normalerweise die Annahme von Fällen, deren Entscheidung zu sozialen Unruhen führen könnte. Beispielsweise nehmen Gerichte Klagen von Arbeitnehmern im Rahmen von Massenentlassungen aufgrund der Umstrukturierung von Unternehmen nicht an. Auch Rechtsstreitigkeiten, die Landenteignungen und Umsiedlungen betreffen sowie staatliche Entscheidungen, die Umstrukturierungen in den Bereichen Industrie oder Landwirtschaft vorsehen, zum Inhalt haben, kommen grundsätzlich nicht vor Gericht. Gleiches gilt für alle politisch sensiblen Fälle. Den Rechtsweg zu verweigern, liegt oft im institutionellen Eigeninteresse der Gerichte, da sich die

Richter mit der Entscheidung in einem Fall nicht gegen die Entscheidung der weitaus mächtigeren Organe der Exekutive stellen oder sich vor negativen Reaktionen anderer Akteure des Parteistaats schützen möchten. Diese Praxis hat allerdings keine gesetzliche Grundlage, sondern wird informell oder durch gerichtsinterne Anweisungen durchgesetzt.

Von den Gerichten nicht angenommene Rechtsstreitigkeiten bleiben in der Regel nicht unbewältigt, sondern werden durch Ad-hoc-Maßnahmen der Exekutive, etwa durch Entschädigungszahlungen, gelöst. Neben der Weigerung, einen Fall anzunehmen, gab es auch eine Zeit lang das umgekehrte Phänomen, dass Gerichte Fälle angenommen haben, obwohl sie zur Entscheidung der Fälle an sich rechtlich nicht zuständig waren. Grund für dieses Verhalten waren die Mehreinnahmen an Gerichtsgebühren, die dadurch finanziell schlecht ausgestatteten Volksgerichten zugeflossen waren. Nachdem auch Gerichte in ärmeren Gebieten finanziell besser ausgestattet wurden, ist diese Tendenz wieder rückläufig.

Auch wenn die Anzahl der vor den Volksgerichten verhandelten Fällen im letzten Jahrzehnt dramatisch angestiegen ist, so betrifft dies doch weniger diejenigen Fälle, in denen der Bürger dem Staat gegenübersteht; deren Anzahl ist nur unbedeutend gestiegen. Heute ist China von einem umfassenden gerichtlichen Rechtsschutz gegen staatliches Handeln noch weit entfernt, was etwa daran sichtbar ist, dass Betroffene sich viel öfter mit formlosen Eingaben an Organe der Exekutive wenden, als gegen Verwaltungsorgane vor Gericht zu ziehen.

3 Entwicklung und Strukturen des Rechtswesens

Im kaiserlichen China waren die Gerichte ein Teil der Verwaltung und mit der Aburteilung von Straftaten befasst. Kreismagistraten waren als Richter tätig, die oberste Justizbehörde war das Strafenministerium. Die Magistraten waren in den konfuzianischen Klassikern geschult, es existierte keine juristische Ausbildung im Sinn einer spezialisierten Schulung formaler Argumentation auf der Grundlage von Rechtsnormen und Gesetzeskunde (Heuser 2013). Erst am Ende des 19. Jahrhunderts und in den 1920er-Jahren gab es Versuche, ein unabhängiges Justizwesen nach kontinentaleuropäischem Vorbild zu errichten, die jedoch in den durch Bürgerkrieg und die japanische Invasion geprägten 1920er- und 1930er-Jahren nicht zum Erfolg führen konnten. Auch noch nach der Gründung der Volksrepublik China 1949 nahm die Justiz vor allem polizeiliche und strafrechtliche Aufgaben wahr. Anfang der 1950er-Jahre wurden dann Gerichte und Staatsanwaltschaften nach sowjetischem Vorbild aufgebaut. Schon die »Kampagne gegen rechts« 1957 richtete sich aber auch gegen Juristen (siehe den Beitrag von Helga Stahl) sowie alle Kräfte, die mit politischen und juristischen Mitteln die Herrschaft der Partei begrenzen wollten. Die bis dahin relativ eigenständigen Gerichte wurden noch stärker an die Führung der Parteiorganisationen gebunden. Urteile mussten vor ihrer Verkündung vom zuständigen Parteikomitee überprüft und genehmigt werden. Während der Kulturrevolution (1966–76) wurde das Recht dann generell als ein Hindernis des gesellschaftlichen Umbaus angesehen. Rechtswissenschaft, Gesetzgebung, Juristenausbildung und die Tätigkeit der Gerichte kamen zum Erliegen. Gerichte wurden aufgelöst oder mit den Organen der Staatsanwaltschaft und der Polizei zusammengelegt. Mit dem Beginn der Reformpolitik ab Ende der 1970er-Jahre wurden Gerichte wieder aufgebaut und ihre Zuständigkeiten allmählich erweitert.

Parteikontrolle über das Rechtswesen

Die politische Aufsicht über die Justizorgane einschließlich der Sicherheitsbehörden liegt in der Hand der KP-Kommissionen für Politik und Recht (*zhengfa weiyuanhui*). Sie unterstehen dem jeweiligen Parteikomitee der entsprechenden Ebene. Entsprechend dem Gewicht der Polizeibehörden ist oftmals der Chef der örtlichen Polizei auch Leiter der Kommission für Politik und Recht. Auf der Parteiebene ist folglich der Leiter des Sicherheitsapparats für die politische Führung der Gerichte zuständig. Dies macht deutlich, dass eine wirksame Kontrolle der Polizei durch die Gerichte zumindest in sensiblen Fällen nicht stattfinden kann.

Neben der Möglichkeit, in sensiblen Fällen auf Entscheidungen der Staatsorgane unmittelbar Einfluss zu nehmen, kommen den Kommissionen für Politik und Recht die Aufgaben zu, die Personalpolitik zu bestimmen und die Umsetzung der politischen Richtlinien der KPCh zu überwachen.

Die Kommission für Politik und Recht beim Zentralkomitee der KPCh entscheidet auch über grundlegende Fragen des Rechtswesens, wie etwa die Neuausrichtung von Justizreformen. Auf der nationalen Ebene war der Sekretär der Kommission für Politik und Recht Zhou Yongkang bis 2012 auch Mitglied des Ständigen Ausschusses des Politbüros. Unter der neuen Parteiführung hat nunmehr der Minister für Öffentliche Sicherheit Meng Jianzhu den Posten des Sekretärs bei der Kommission für Politik und Recht übernommen. Anders als sein Vorgänger ist er aber nicht mehr Mitglied im nun nur noch siebenköpfigen Ständigen Ausschuss des Politbüros. Der Sicherheitsapparat war unter Zhou Yongkang weiter angewachsen, um Maßnahmen zur Aufrechterhaltung gesellschaftlicher Stabilität (*weiwen*) durchführen zu können. Dazu gehörte auch die Schaffung außerrechtlicher Strukturen, wie etwa die Büros für die »Bewahrung der Stabilität«, die den Kommissionen für Politik und Recht untergeordnet sind und die Arbeit verschiedener Sicherheitsbehörden koordinieren.

Volksgerichte

In der Volksrepublik China wird der Begriff der Justizorgane (*sifa jiguan*) extensiv ausgelegt. Er umfasst die Volksgerichte, die Volksstaatsanwaltschaften sowie die Behörden der öffentlichen Sicherheit (Polizei). Darüber hinaus werden auch oft die Anwaltschaft, Notariate, die mit der Schlichtung befassten Organe sowie die Einrichtungen für Umerziehung durch Arbeit und die Gefängnisse dazu gezählt.

Position der Volksgerichte im Verfassungsgefüge

Während die Behörden der öffentlichen Sicherheit dem Ministerium für Öffentliche Sicherheit und damit dem Staatsrat unterstehen, gewährt die Verfassung den Gerichten und der Staatsanwaltschaft einen formal unabhängigen Status. Entsprechend dem Volkskongresssystem und dem Prinzip der Gewaltenkonzentration, unterstehen neben dem Staatsrat auch die Gerichte und die Staatsanwaltschaft dem Volkskongress der entsprechenden Ebene. Auch wenn das Verhältnis zwischen den einzelnen Justizorganen als ein Koordinierungs- und Kooperationsverhältnis beschrieben wird, das durch gegenseitige Beschränkung der ordnungsgemäßen Rechtsanwendung dienen soll, so sind die Gerichte das schwächste Glied in der Kette. Polizeibehörden und der Volksstaatsanwaltschaft verfügen über mehr Einfluss. Die Verfassung von 1982 weist den Volksgerichten in Artikel 123 die ausschließliche Zuständigkeit für die Rechtsprechung zu. Damit distanzieren sich deren Verfasser deutlich von der willkürlichen Einrichtung von Ad-hoc-Tribunalen zur Aburteilung von Klassenfeinden, wie sie in der Kulturrevolution üblich waren. Die Verantwortlichkeit der Gerichte gegenüber den Volkskongressen nach Artikel 128 der Verfassung kommt darin zum Ausdruck, dass sie den Volkskongressen jährliche Arbeitsberichte vorzulegen haben, die von den Volkskongressen mittels Abstimmung angenommen werden. Die Unzufriedenheit mit der Arbeit der Justiz lässt sich an der Anzahl der ablehnenden oder sich enthaltenden Stimmen ablesen. Delegierte der Volkskongresse können auch Anfragen an Gerichte stellen oder Gerichten Besuche abstatten, um sich über die

Behandlung von einzelnen Fällen zu informieren. Umstritten ist, ob die Praxis, dass Volkskongresse die Entscheidung von einzelnen Fällen überwachen und Abgeordnete gegebenenfalls sich dezidiert für eine bestimmte Behandlung eines Einzelfalls aussprechen, rechtlich zulässig ist.

Die Anzahl der Fälle, in welchen die Volkskongresse der entsprechenden Ebene von ihrem Aufsichtsrecht über einzelne Rechtsstreitigkeiten Gebrauch machen, ist regional sehr unterschiedlich. In der Provinz Gansu wurden beispielsweise im Jahr 2001 etwa 180 Fälle überprüft, wobei die Überprüfung in lediglich fünf Prozent der Fälle dazu führte, dass die ursprüngliche gerichtliche Entscheidung abgeändert wurde. In der Stadt Qingyuan in der Provinz Guangdong wurden zwischen 1999 und 2001 388 Beschwerden an den Volkskongress der Stadt eingesandt, von denen der Volkskongress in 32 Fällen eine Untersuchung einleitete, die in 14 Fällen zu einer Abänderung der ursprünglichen gerichtlichen Entscheidung führte (Peerenboom 2006). Eine abschließende Bewertung dieser Praxis ist schwierig, da die vergleichsweise wenigen Fälle, die die langwierigen Überprüfungsverfahren durch die Volkskongresse durchlaufen, sehr unterschiedlich gelagert sind.

Das Verhältnis der Gerichte zur Exekutive ist gekennzeichnet durch die Unterordnung des Gerichtspräsidenten innerhalb der Verwaltungshierarchie unter die Leitung der Exekutive der entsprechenden Verwaltungsebene. Die Volksregierung der jeweiligen Verwaltungsebene hat auch die Finanzhoheit über die Volksgerichte. Daher sind diese besonders anfällig, wenn die sie finanzierenden Exekutivorgane ihre Entscheidungen beeinflussen wollen.

Aufbau der Volksgerichte

An der Spitze des vierstufigen Gerichtsaufbaus steht das Oberste Volksgericht in Beijing als einziges nationales Gericht und als höchstes Organ der Rechtsprechung. Das Oberste Volksgericht ist für die Aufsicht über die Volksgerichte auf Provinzebene zuständig und soll für die Einheitlichkeit der Rechtsanwendung sorgen. Es wird mit dem Erlass sogenannter justizieller Auslegungen auch in einer wichtigen quasi gesetzgeberischen Funktion tätig. Diese Auslegungen haben Gesetzeskraft und sind in der Praxis bedeutsam, da sie Gesetze des Nationalen Volkskongresses konkretisieren und Gesetzeslücken schließen. Auf der Provinzebene gliedert sich die Justiz in Obere Volksgerichte sowie in Volksgerichte der Mittel- und Grundstufe. In den Provinzen, autonomen Gebieten und regierungsunmittelbaren Städten gibt es jeweils ein Oberes Volksgericht. Die 409 Volksgerichte der Mittelstufe befinden sich in den Bezirken der Provinzen sowie in den

Provinzen bzw. autonomen Gebieten unmittelbar untergeordneten Städten. Die etwa 3100 Volksgerichte der Grundstufe sind auf der Kreisebene, in den Städten ohne Bezirke sowie in den stadtunmittelbaren Bezirken vorhanden. Daneben gibt es ungefähr 10 000 Zweigstellen der Volksgerichte der Grundstufe, die sogenannten Volkstribunale.

Die Prozessordnungen sehen die Möglichkeit einer einmaligen Berufung an das jeweils übergeordnete Gericht vor. In der Berufung werden sowohl die Feststellung der Tatsachen als auch die Rechtsanwendung überprüft. Gegen die in zweiter Instanz ergehenden Urteile ist keine weitere Berufung möglich. Sie sind lediglich in einem Wiederaufnahmeverfahren überprüfbar, das auch bei schweren Rechtsanwendungsfehlern einschlägig ist. Welches Gericht erstinstanzlich zuständig ist, hängt von den Auswirkungen des Falles und von seiner Schwierigkeit ab. Auch das Oberste Volksgericht kann erstinstanzlich tätig werden, es ist daneben zuständig für Berufungs- und Beschwerdeverfahren. Seit Januar 2007 ist das Oberste Volksgericht auch dafür zuständig, die Verhängung der Todesstrafe zu überprüfen und deren Vollstreckung zuzustimmen. Ferner gehört es zu den Aufgaben des Obersten Volksgerichts, bei der Gesetzgebung anderer Staatsorgane mitzuwirken.

Interne Struktur und Arbeitsweise der Volksgerichte

Das »lebende Recht«, das heißt das in der Praxis wirksame Recht, ist eng mit den institutionellen Voraussetzungen der Rechtsanwendung verbunden, das heißt mit der internen Organisation und den Arbeitsabläufen in den Gerichten.

Gerichte werden von einem Gerichtspräsidenten sowie mehreren Vizepräsidenten geleitet. Gerichtspräsidenten sind zuständig für die Aufsicht über die Rechtsprechung des Gerichts, die interne Gerichtsverwaltung und die Pflege der Beziehungen des Gerichts mit anderen Staatsorganen. In den Volksgerichten unterscheidet man zwischen solchen Abteilungen, die mit der Rechtsprechung, und solchen, die mit anderen Aufgaben befasst sind. Für die mit der Rechtsprechung zusammenhängenden Tätigkeiten gibt es die Abteilungen für Zivil-, Straf- und Verwaltungssachen, Abteilungen für die Registrierung von Fällen, für Justizaufsicht, für Eingaben und Berufungssachen sowie für Jugendstrafsachen und Vollstreckung. Die übrigen Abteilungen beschäftigen sich mit Forschungsaufgaben, Aufsicht, Planung und Finanzen, Verwaltung und Ausrüstung. Den einzelnen Abteilungen stehen Richter als Abteilungsleiter und Vizeabteilungsleiter vor. Die Leiter der Gerichtsabteilungen sind dafür verantwortlich, die Kammern zusammenzustellen und den Kammern und

Einzelrichtern die Fälle zur Entscheidung zuzuweisen. Sie prüfen auch die Richtigkeit von Kammerentscheidungen und legen sie bei einer von der Kammer abweichenden Ansicht dem zuständigen Vizepräsidenten des Gerichts zur Entscheidung vor. Auch Personalentscheidungen werden auf Vorschlag der Abteilungsleiter getroffen.

Die mit Rechtsprechung befassten Abteilungen verfügen ferner über vorsitzende Richter und einfache Richter, Assistenzrichter und Urkundsbeamte. Kammern bestehen aus mindestens drei Richtern einschließlich eines vorsitzenden Richters. Grundsätzlich ist die Kammer zuständig, einfache Fälle werden den Einzelrichtern zugewiesen.

Neben den einzelnen Abteilungen gibt es in den Gerichten auch einen sogenannten Rechtsprechungsausschuss. Mitglieder dieses Gremiums sind regelmäßig der Gerichtspräsident und die Vizepräsidenten sowie die Leiter der Abteilungen und besonders erfahrene einfache Richter. Der Rechtsprechungsausschuss hat die Aufgabe, wichtige oder schwierige Fälle vorzuentscheiden. Die Kammer oder der Einzelrichter sind dann verpflichtet, die Entscheidung des Rechtsprechungsausschusses in ihrem Urteil zu befolgen. Zu den schwierigen Fällen gehören etwa solche, in denen von der Staatsanwaltschaft die Todesstrafe beantragt wurde, wenn innerhalb der Kammer kein Konsens über die Entscheidung eines Falles hergestellt werden kann oder wenn der Fall potenziell weitreichende gesellschaftliche Auswirkungen hat.

Die Einrichtung des Rechtsprechungsausschusses macht auch deutlich, dass es eine persönliche Unabhängigkeit des Richters in der Entscheidungsfindung nicht gibt, sondern dass Richter im Einzelfall inhaltlichen Vorgaben unterliegen, die sie bei der Abfassung des Urteils berücksichtigen müssen. Viele chinesische Juristen kritisieren die Rechtsprechungsausschüsse als kollektive Entscheidungsgremien auch unter dem Aspekt, dass damit die prozessualen Rechte der Parteien in einem vor dem Gericht anhängigen Rechtsstreit verletzt werden. Der Rechtsprechungsausschuss tagt unter Ausschluss der Parteien des Rechtsstreits und unter Ausschluss der Öffentlichkeit, worin eine Verletzung elementarer Verfahrensgrundsätze wie des Öffentlichkeitsgrundsatzes und des Grundsatzes auf rechtliches Gehör zu sehen ist. Über die Bewertung der Rechtsprechungsausschüsse besteht indes keine Einigkeit. Die Befürworter dieser Ausschüsse führen ins Feld, dass sie beispielsweise bei einer Entscheidung gegen eine einflussreiche Streitpartei der Kammer oder dem Einzelrichter überhaupt erst die erforderliche Autorität verleihen, die diese in die Lage versetzt, ein entsprechendes Urteil zu fällen. Nach deren Ansicht dienen sie also zur Absicherung der institutionellen Unabhängigkeit der Gerichte gegenüber externer Einflussnahme. Lange Zeit war die schlechte juristische Ausbildung der Richter als ein Argument für die Notwendigkeit von Rechtsprechungsausschüssen angeführt worden. Nachdem die Qualifikation von Richtern im letzten Jahrzehnt deutlich verbessert wurde, kann dieses Argument nicht mehr gelten. Ferner sollen die Rechtsprechungsausschüsse auch dazu dienen, Korruption einzudämmen. Verschiedene Maßnahmen des Obersten Volksgerichts zielen darauf ab, die Voraussetzungen für die Vorlage eines Falles sowie das Verfahren vor dem Rechtsprechungsausschuss transparenter zu gestalten, zu formalisieren und zu verrechtlichen.

Das dritte Plenum des Zentralkomitees der KPCh hat in seinem Beschluss zur Vertiefung der Reformen vom November 2013 auch eine Reform der Rechtsprechungsausschüsse ins Auge gefasst. Als Reformziel wird vorgegeben, dass derjenige, der die Verhandlung führt, auch entscheidet und derjenige, der entscheidet, auch dafür die Verantwortung trägt. Wie diese Vorgabe konkret umgesetzt wird, bleibt abzuwarten.

Unabhängigkeit der Volksgerichte

Aus der Perspektive liberaler Verfassungssysteme werden die Gerichte in China vor allem unter dem Gesichtspunkt der fehlenden richterlichen Unabhängigkeit kritisiert. Unter richterlicher Unabhängigkeit versteht man, dass sich Richter durch organisatorische Selbstständigkeit, persönliche und sachliche Unabhängigkeit auszeichnen und in ihrer rechtsprechenden Tätigkeit nur dem Recht unterworfen sind. Solche Merkmale richterlicher Unabhängigkeit sind in der Tat bei chinesischen Richtern nicht vorzufinden, da sie auch bei der Rechtsprechung in eine hierarchische Verwaltungsstruktur eingebunden sind. Lediglich die Volksgerichte als Institutionen genießen eine funktionale Eigenständigkeit gegenüber anderen Staatsorganen, die ihnen die Verfassung von 1982 zusichert. Gemäß Artikel 126 der Verfassung üben die Volksgerichte ihre Gerichtsbarkeit unabhängig gemäß den gesetzlichen Bestimmungen aus. Verwaltungsorganen, gesellschaftlichen Organisationen oder Einzelpersonen ist es untersagt, sich in die Rechtsprechungstätigkeit einzumischen.

In der Praxis finden diese Bestimmungen der Verfassung allerdings keine Entsprechung. Die Gerichte werden nicht nur von den Parteiinstitutionen politisch kontrolliert, sondern es existiert darüber hinaus eine weitere Kontrollinstitution: Die Aufsicht über die Volksgerichte wird vom jeweils im Gerichtsaufbau übergeordneten Volksgericht ausgeübt. Es ist gängige Praxis, dass sich Richter mit Fragen zur Rechtsauslegung und Rechtsanwendung an das übergeordnete Volksgericht wenden, auch um sich dagegen abzusichern, dass das übergeordnete Gericht von ihnen erlassene Urteile aufhebt. Dieses informelle Vorlageverfahren ist natürlich unter dem Gesichtspunkt des Grundsatzes des fairen Verfahrens problematisch, da die Entscheidungsfindung von dem Gericht mitbestimmt wird, das möglicherweise als Berufungsinstanz mit dem Fall in der Zukunft befasst wird. Als weitere Quellen von Einflussnahme auf die gerichtliche Entscheidungsfindung sind die Volksregierungen der entsprechenden Verwaltungsebene zu nennen, von denen die Gerichte mit Finanzmitteln ausgestattet werden, sowie die Volkskongresse, die auch über einzelne Fälle ihre Aufsichtsfunktion ausüben können. Zudem hat sich der durch die Öffentlichkeit und die Medien erzeugte Druck auf Richter, in einem Fall eine bestimmte Entscheidung zu treffen, etwa die Todesstrafe zu verhängen, zu einer wichtigen Quelle der Einflussnahme auf Gerichtsentscheidungen entwickelt. Daneben können auch die persönlichen Beziehungen der betroffenen Parteien eine Rolle für den Ausgang des Rechtsstreits spielen.

Polizeiaufmarsch vor dem Mittleren Volksgericht in Jinan während des Prozesses gegen den gestürzten Politiker Bo Xilai (Foto: AP/Andy Wong, 2013)

Der unmittelbare Einfluss von Parteiorganen auf Gerichtsverfahren wird im Vergleich zu anderen externen Faktoren, die auf Richter in einem Gerichtsverfahren einwirken können, als gering beschrieben. Auch ist die Einmischung von Parteiorganen nicht als per se negativ zu bewerten, da das Hauptinteresse der KPCh darin besteht, dass Gerichtsurteile von den Parteien des Gerichtsverfahrens und von der Bevölkerung als fair und gerecht wahrgenommen werden. Grundsätzlich werden in solchen Fällen die Richter angewiesen, den Fall entsprechend den gesetzlichen Vorgaben zu entscheiden, die gesellschaftlichen Auswirkungen ihrer Entscheidung zu bedenken oder ihr Urteil auf die Vereinbarkeit mit der Wirtschaftspolitik der Partei hin zu prüfen (Peerenboom 2010, S. 80). In einer geringen Anzahl von rein politischen Fällen, die als eine Bedrohung der Herrschaft der KPCh wahrgenommen werden, dazu zählen etwa die religiöse Bewegung Falun Gong, die Gründung unabhängiger politischer Parteien, Korruption hoher Führungspersönlichkeiten, Sezession oder der Verrat von Staatsgeheimnissen, werden die Ergebnisse der entsprechenden Strafverfahren auf politischer Ebene vorentschieden.

Weitaus bedeutender als die unmittelbare Einmischung der KPCh in Gerichtsverhandlungen ist der mittelbare Einfluss, der sich durch die Mitwirkung an Personalentscheidungen und die Disziplinarkontrolle, vor allem im Sinn der Korruptionsbekämpfung, bemerkbar macht. Die politischen Richtlinien der KPCh für die Gesamtentwicklung der Justiz wie auch die Entscheidungen für bestimmte Kampagnen, wie etwa die Kampagnen »hart zuschlagen« (*yanda yundong*) zur Verbrechensbekämpfung, die oft mit weitreichenden Einschränkungen der Rechte der Tatverdächtigen einhergehen, spielen eine wichtige Rolle.

Eine Reihe von Maßnahmen hat dazu beigetragen, Richter und Gerichte gegen die Einflussnahme von außen zu stärken. Vor allem die Einführung hoher juristischer Standards für Richter und die Auswahl vorsitzender Richter nach fachlichen Kriterien haben die Grundlagen für eine stärkere Eigenständigkeit bei der richterlichen Entscheidungsfindung geschaffen. Eine Weiterführung der Professionalisierung der Richterschaft und die Herauslösung der Gerichte aus der Abhängigkeit von den Lokalregierungen werden diesen Trend fortsetzen können. Allerdings ist die völlige Aufgabe der Parteikontrolle der Gerichte nur im Rahmen einer grundlegenden Änderung der Verfassung und des politischen Systems denkbar.

Volksstaatsanwaltschaft

Die Volksstaatsanwaltschaften sind einerseits Strafverfolgungsbehörden und andererseits nach Artikel 129 der Verfassung auch Organe der Rechtsaufsicht, weswegen sie eine höhere verfassungsrechtliche Stellung als die Staatsanwaltschaften in anderen Rechtssystemen genießen. Dies hat zur Folge, dass die Staatsanwaltschaften auch überprüfen, ob die Volksgerichte rechtmäßig handeln. Dazu sehen die einzelnen Prozessgesetze vor, dass die

Staatsanwaltschaft gegen Entscheidungen der Volksgerichte Beschwerde einlegen kann. Dies gilt nicht nur für Urteile und Beschlüsse im Strafprozess, sondern gleichfalls für Entscheidungen, die die Gerichte im Zivil- oder Verwaltungsprozess treffen. Status und Funktionen der Staatsanwaltschaft wurden aus dem sowjetischen Recht übernommen und fanden sich bereits in der Verfassung von 1954. Das Staatsanwaltsgesetz von 1995 wurde parallel zum Richtergesetz gestaltet. Die Voraussetzungen für die Ernennung zum Staatsanwalt sind mit den Voraussetzungen für das Richteramt identisch. Mit der Einführung des national einheitlichen Staatsexamens 2001 wurde auch das Staatsanwaltsgesetz geändert und die neuen, strengeren Voraussetzungen für die Qualifikation zum Staatsanwalt wurden aufgenommen. Die Volksstaatsanwaltschaften nehmen die Aufsicht über die Volksgerichte wahr und sind zudem dafür zuständig, Haftbefehle zu erlassen. Während in normalen Strafrechtsfällen die Polizeibehörden die Ermittlungen durchführen, sind die Staatsanwaltschaften unmittelbar für die Ermittlung bei Amts- und Korruptionsdelikten von Staatsbeamten zuständig. Ihnen obliegt auch die Aufsicht über die Behörden der öffentlichen Sicherheit und die Gefängnisse.

Rechtsanwälte

Rechtsanwälte haben die Aufgabe, ihre Mandanten vor Gericht zu vertreten und sie bei der Wahrnehmung ihrer Interessen und der Durchsetzung ihrer Rechte zu unterstützen. Sie spielen eine wichtige Rolle für die Beachtung der Verfahrensgrundsätze vor Gericht und können auch zu einer treibenden Kraft für die Weiterentwicklung des materiellen Rechts werden.

Im kaiserlichen China konnte sich ein Berufsstand der Rechtsanwälte mit gesellschaftlichem Ansehen nicht herausbilden. Es gab zwar eine Art von Prozessberatern (*song shi*), die den Klägern beim Aufsetzen von Klageschriften behilflich waren, jedoch war ihr Tätigkeitsbereich zeitweilig auch rechtlich stark eingeschränkt. Das Konzept einer Rechtsanwaltschaft als notwendiger Bestandteil einer funktionierenden Rechtsordnung konnte sich erst in der Republikzeit ab 1912 etablieren. 1927 wurden Rechtsanwaltsvorschriften erlassen, 1941 folgte dann ein Rechtsanwaltsgesetz. In der Volksrepublik waren Rechtsanwälte ursprünglich in die Justizbürokratie eingebunden und arbeiteten in staatlichen Rechtsberatungsstellen. 1957 waren dort nicht einmal 3 000 Rechtsanwälte tätig. Sie hatten ihre juristische Ausbildung entweder noch in der Republikzeit erhalten oder waren bereits nach sowjetischem Vorbild ausgebildet worden. Die politischen Kampagnen ab dem Ende der 1950er-Jahre und schließlich die

Kulturrevolution zerstörten die Anwaltschaft. Anwälte wurden in ihrer Rolle als Verteidiger von Kriminellen und Konterrevolutionären als politische Feinde betrachtet.

Mit dem Beginn der Reform und Öffnung wurden 1980 Vorschriften über Rechtsanwälte erlassen, die sie noch als »staatliche Rechtsarbeiter« definierten, nach denen ihnen die korrekte Rechtsanwendung oblag, und die die Interessen des Staats, des Kollektivs sowie die Rechte der Bürger zu schützen verpflichtet waren. Die ersten privaten Rechtsanwaltskanzleien konnten erst Ende der 1980er-Jahre gegründet werden. Das Rechtsanwaltsgesetz von 1996, das bereits 2001 erstmalig und 2007 erneut revidiert wurde, sichert den eigenständigen Status von Rechtsanwälten ab. Im Jahr 2011 gab es etwa 215 000 zugelassene Rechtsanwälte, das heißt, auf etwa 6 400 Einwohner kam ein Rechtsanwalt. Bis zur Einführung des einheitlichen Justizexamens 2002 hatten nur 25 Prozent der Rechtsanwälte einen juristischen Universitätsabschluss. Insgesamt gibt es 18 200 Rechtsanwaltskanzleien, wovon der Staat etwa 1 300 finanziert. Private Rechtsanwaltskanzleien können als Genossenschaft mit eigener Rechtspersönlichkeit oder als Partnerschaft gegründet werden, bei der die beteiligten Anwälte persönlich haften. Sie unterstehen der Anleitung und Aufsicht durch die Justizverwaltungsbehörden. Zur Regelung der berufsständischen Angelegenheiten gibt es auf nationaler und lokaler Ebene Rechtsanwaltsverbände. Um als Rechtsanwalt praktizieren zu können, sind einerseits die gesetzlichen Qualifikationsanforderungen zu erfüllen, ferner ist eine Anwaltslizenz notwendig. Qualifiziert ist, wer das juristische Staatsexamen besteht und ein Jahr in einer Anwaltskanzlei als Praktikant tätig war.

Die Tätigkeit von Rechtsanwälten ist immer wieder eine treibende Kraft bei der Fortentwicklung des Rechts. Auch wenn Grundrechte nicht einklagbar sind und unmittelbar auf die Verfassung gestützte Klagen gegen Staatsorgane grundsätzlich keinen Erfolg haben, so kommen doch viele Fälle vor Gericht, bei denen es inhaltlich um Fragen menschenrechtlichen Charakters geht, die in die Form des einfachen Rechts gekleidet sind. Ein typisches Beispiel sind Diskriminierungsfragen, etwa Fälle, in denen die Einstellung aufgrund der Körpergröße verweigert wurde, oder auch Fälle, in denen gegen Universitäten auf Erteilung von akademischen Graden oder Abschlusszeugnissen geklagt wurde (Zhou 2003, S. 9).

Eine Stärkung von politischen Rechten wie der Meinungs- und Pressefreiheit oder Rechten demokratischer Partizipation sind mit dem Charakter der Einparteienherrschaft aber nicht oder nur sehr begrenzt vereinbar. In diesem Zusammenhang steht die Einschränkung der Tätigkeiten sogenannter Menschenrechtsanwälte, das heißt von Anwälten, die vor Gericht die Interessen von Benachteiligten und ausgegrenzten Personen vertreten. Rechtanwälte müssen regelmäßig die Erneuerung ihrer Anwaltslizenz beantragen. Die Weigerung, die Lizenz zu erneuern, oder der Entzug der Lizenz bzw. die Drohung mit solchen Maßnahmen stellten ein vielfach verwendetes Mittel dar, um unliebsame Anwälte zu gängeln. Im Jahr 2009 wurden allein in Beijing 20 Lizenzen von Menschenrechtsanwälten nicht erneuert. 2011 nahmen Repressalien gegenüber Rechtsanwälten im Allgemeinen zu; Menschenrechtsanwälte wurden bedroht, verschleppt und gefoltert (Amnesty International 2011).

Juristenausbildung

Für viele Mängel des Justizsystems wird seit jeher die schlechte oder gänzlich fehlende juristische Ausbildung der Richter verantwortlich gemacht. Die letzten zehn Jahre der Juristenausbildungsreformen haben dieses Problem weitgehend behoben. Heute gibt es in den Gerichten der Oberstufe und der Mittelstufe hervorragend ausgebildete Juristen. Lediglich in Gerichten der Grundstufe und in wirtschaftlich weniger entwickelten Regionen in China wird man auf schlecht ausgebildete Richter treffen.

Der Prozess der Professionalisierung von Richtern, Rechtsanwälten und Staatsanwälten wurde Ende der 1970er-Jahre relativ zögerlich eingeleitet. Mit der Revision des Gerichtsorganisationsgesetzes im Jahr 1983 wurde erstmalig eine Vorschrift wirksam, die für die Ausübung des Richteramts juristische Fachkenntnisse verlangte. Trotzdem verfügte bis in die 1990er-Jahre hinein weit über die Hälfte der Richter über keine juristische Ausbildung. Richterstellen wurden vor allem mit Militärveteranen besetzt, als Amtskleidung für Richter waren damals noch militärische Uniformen vorgesehen. Erst die gemeinsame Revision der Gesetze über Richter, Rechtsanwälte und Staatsanwälte im Jahr 2001 sah als Zugangsvoraussetzung für die juristischen Berufe ein vierjähriges juristisches Universitätsstudium oder ein vierjähriges Universitätsstudium in einem anderen Fach zusammen mit dem Nachweis juristischer Kenntnisse vor. Ebenfalls im Jahr 2001 erließ das Oberste Volksgericht zusammen mit der Obersten Volksstaatsanwaltschaft und dem Justizministerium Vorschriften über die Einführung eines national einheitlichen juristischen Staatsexamens. Damit wurde das Bestehen des Staatsexamens neben der Beamtenprüfung Zugangsvoraussetzung für das Richteramt. Davor mussten Richter und Staatsanwälte interne Prüfungen durchlaufen, die von den Gerichten und Staatsanwaltschaften durchgeführt wurden. Für Rechtsanwälte gab es eine vom Justizministerium durchgeführte Rechtsanwaltsprüfung.

Für die Organisation des juristischen Staatsexamens ist das Justizministerium zuständig. Es werden in der schriftlichen Prüfung, die überwiegend im Multiple-Choice-Verfahren und ohne Hilfsmittel durchgeführt wird, alle Rechtsgebiete abgeprüft. Der Schwerpunkt liegt inhaltlich auf dem Zivil- und Strafrecht sowie auf prozessualen Fragen. Die Auswahl der Fragen in den verschiedenen Rechtsgebieten ist an den Erfordernissen der Praxis orientiert. Die Aufgaben werden vielfach in kleinen Fällen präsentiert und setzen damit die gedanklichen Schritte des Aufsuchens der richtigen Gesetzesnorm und der Subsumtion des Sachverhalts unter die Norm voraus. Das unterscheidet die Aufgaben des Staatsexamens von universitären Prüfungen, in denen oft formalistische Fragestellungen überwiegen. Negativ ist zu bewerten, dass die Kandidaten als Hilfsmittel keine Gesetzestexte verwenden dürfen. Dies führt dazu, dass auch die in Fallform gekleideten Fragen nur mit der bloßen Kenntnis der auswendig gelernten Gesetzesnorm zu lösen sind und sich schwierigere Fragen der richtigen Gesetzesanwendung nicht stellen. Bei dieser Prüfungsmethode geht es mithin primär um das Abfragen richtiger Ergebnisse. Dies entspricht auch eher der traditionellen Betonung materiell richtiger und gerechter Ergebnisse bei gleichzeitiger Vernachlässigung von Aspekten eines gerechten und fairen Verfahrens (Ahl 2006a).

Im Jahr 2008 haben allerdings eine Repolitisierung und damit verbunden auch eine Entprofessionalisierung der juristischen Staatsprüfung eingesetzt, da vermehrt die Inhalte politischer Richtlinien und ideologische Konzepte abgeprüft werden. Diese politischen Inhalte der Prüfung sind nicht so umfangreich, dass Kandidaten nun anhand politischer Kriterien ausgewählt werden. Sie bewirken aber eine Verdrängung wichtiger fachlicher Inhalte und haben insgesamt dazu geführt, dass die Justizprüfung weniger anspruchsvoll geworden ist.

4 Justizreformen

Um die Dynamiken der Entwicklung zu einem Rechtsstaat an einem konkreten Beispiel zu verdeutlichen, werden die im Bereich des Gerichtssystems durchgeführten Reformen im Folgenden näher betrachtet. Zunächst werden die Gründe für die Ausweitung der Justizkompetenzen skizziert. Im Anschluss daran wird die bis zum Jahr 2008 dauernde Periode dargestellt, die durch eine intensive Professionalisierung der Justiz gekennzeichnet ist und sich damit deutlich von der sich daran anschließenden Phase einer Repolitisierung der Justiz unterscheidet.

Björn Ahl

Richter am Mittleren Volksgericht in Xianning, Provinz Hubei, während des Prozesses gegen den ehemaligen Vorsitzenden des Bergbaukonzerns Hanlong Sichuan Gruppe, Liu Han, im März 2014 (Foto: Imaginechina via AP Images)

Ausweitung der Kompetenzen der Gerichte

In den letzten zwei Jahrzehnten haben sich die Volksgerichte in spezialisierte Rechtsinstitutionen gewandelt, in denen juristisch ausgebildete Richter arbeiten. Die Zuständigkeiten der Gerichte wurden kontinuierlich ausgeweitet und die Anzahl der insgesamt von den Volksgerichten entschiedenen Fälle ist von 8,1 Millionen Fällen im Jahr 2003 auf über zwölf Millionen Fälle im Jahr 2012 angestiegen.

Die Gründe für die Ausweitung der Kompetenzen der Gerichte sind vielschichtig. Die politikwissenschaftlichen Ansätze, die entwickelt wurden, um das Phänomen der Ausweitung gerichtlicher Kompetenzen in demokratischen Systemen zu erklären, lassen sich nur bedingt auf China übertragen: etwa das Argument, dass die Zentralregierung Gerichte zur Kontrolle lokaler Verwaltungsbeamter verwende. Zwar ist es richtig, dass lokale Beamte vielfach gegen nationales Recht verstoßen, da sie zum Beispiel in ihren Bereichen bestimmte Planvorgaben für Wirtschaftswachstum erreichen wollen und diese bei gesetzeskonformem Verhalten schwieriger zu realisieren sind. Aber dennoch ist die Option, das rechtswidrige Verhalten der Lokalverwaltung etwa in einem Verwaltungsprozess zu ahnden, keine ausreichende Erklärung dafür, dass die Tätigkeit der Volksgerichte ausgeweitet wurde, da der nationalen parteistaatlichen Führung andere Möglichkeiten der Kontrolle zur Verfügung stehen, die weit effizienter sind. Auch haben Verwaltungsprozesse nur einen geringen Anteil am Fallaufkommen insgesamt (etwa 136 000 Fälle jährlich). Die Übertragung von Kompetenzen an Gerichte muss vielmehr vorrangig damit erklärt werden, dass die Exekutive für unpopuläre Entscheidungen nicht allein in der Verantwortung stehen möchte. Für die starke Exekutive in einem autoritären System ist es von Vorteil, wenn ein Forum existiert, vor dem Betroffene ihrem Ärger Luft machen können, ohne dass dieser sich direkt gegen die Entscheidungsträger richtet.

Schließlich erklären einige die Ausweitung von gerichtlichen Kompetenzen auch mit den Wirtschaftsreformen: Investoren benötigten eine Instanz, um Streitigkeiten effizient und fair zu lösen. Hinzu komme, dass so Vertrauen in die Zusage des Staats, er greife das Eigentum von Investoren nicht an, geschaffen werden könne. Aber auch die Stichhaltigkeit dieser Argumentation ist zu bezweifeln. Gewichtiger als das Vertrauen der Investoren in den effektiven gerichtlichen Schutz gegen Enteignungen ist wohl eher deren Gewissheit, dass auch die Entscheidungsträger Wachstum und Investitionen als politisch notwendig ansehen. Ferner ist zu bedenken, dass die Hauptfunktion der Gerichte nicht darin zu sehen ist, dass sie die Exekutive wirksam beschränken, sondern darin, dass sie dem Regime mehr Legitimität verleihen (Ginsburg/Moustafa 2008).

Justizreformen bis 2008

Die Justizreformen ab dem Ende der 1990er-Jahre sind eng mit dem Präsidenten des Obersten Volksgerichts, Xiao Yang, verbunden, der das Gericht von 1998 bis 2008 leitete. Nach Tätigkeiten in der Volksstaatsanwaltschaft in der Provinz Guangdong und der Obersten Staatsanwaltschaft in Beijing wurde Xiao 1993 Justizminister und 1998 der erste Präsident des Obersten Volksgerichts mit einer juristischen Ausbildung. Bereits bei der Reform des Straf- und Strafprozessrechts in den 1990er-Jahren setzte er sich für eine Modernisierung und stärkere Ausrichtung des Strafprozesses an rechtsstaatlichen Kriterien ein.

Die beiden Fünfjahrespläne für die Reform der Justiz aus den Jahren 1999 und 2005 sahen vor, die Ausbildung der Richter sowie Fairness und Effizienz von Gerichtsverfahren zu verbessern. Reformen wurden vor allem in den Bereichen des Verfahrensrechts, etwa der Beweisregeln, dem Wiederaufnahmeverfahren und dem vereinfachten Verfahren, sowie bei der internen Verwaltung der Gerichte, der Vollstreckung von Urteilen sowie der Richterausbildung und der Leistungsbeurteilung von Richtern durchgeführt. Die Verbesserung der Richterausbildung hat dazu beigetragen, dass Entscheidungen besser und ausführlicher begründet werden und die Richterschaft eine eigene Berufsidentität ausbildete. Eine verbesserte Qualifikation der Richter ermöglichte auch eine intensivere Kommunikation mit der Rechtswissenschaft. Richter sind damit in der Lage, kritische wissenschaftliche Reaktionen auf die Spruchpraxis der Gerichte zu rezipieren, auch wenn es ihnen bis heute nicht erlaubt und es auch nicht üblich ist, Lehrmeinungen von Rechtswissenschaftlern in Gerichtsurteilen zu zitieren. Resultat dieser Phase der Justizreformen ist, dass Gerichte mittlerweile überwiegend als neutrale Instanzen der Streitschlichtung erscheinen und nicht mehr als parteistaatliche Instrumente zur Unterdrückung des Klassenfeindes. Dieser Wandel artikuliert sich auch in der Amtskleidung der Richter, die ihre Militäruniformen abgelegt haben und seit 2001 ihren Dienst in schwarzen Roben versehen.

Justizreformen nach 2008

Mit ihrer gestiegenen Bedeutung sind Gerichte immer wieder unter den Druck populistischer Forderungen, die von Medien, in Petitionen und

Protesten erhoben wurden, geraten. Darauf hat die politische Führung verstärkt ab dem Jahr 2008 mit einer Neuausrichtung der Justizreformen reagiert. Die ursprünglichen Rechtsreformen waren geprägt von intensiver Rechtsetzung und der Betonung von förmlichen Gerichtsverfahren zur Beilegung von Streitigkeiten zwischen Privatpersonen einerseits und zwischen dem Einzelnen und dem Staat andererseits. Von dieser Entwicklung, die auch den Anforderungen formaler Rechtsstaatlichkeit genügt, ist man allerdings allmählich wieder abgewichen.

Aus Sicht der parteistaatlichen Führung war eine Fortführung der Justizreformen im Sinn einer weiteren Professionalisierung der Justiz allein keine adäquate Antwort auf ansteigende Zahlen bei Massenprotesten und Petitionen. Nachdem es in der Folge des 17. Parteikongresses im Jahr 2008 einen Führungswechsel an der Spitze des Obersten Volksgerichts gab und Wang Shengjun, ein Bürokrat ohne juristische Ausbildung, aber mit Erfahrung in der Kommission für Politik und Recht des Zentralkomitees der Kommunistischen Partei, das Amt des Präsidenten übernahm, kam es zu einem deutlichen Richtungswechsel bei den Justizreformen.

Die Kommission für Politik und Recht beim Zentralkomitee der KPCh verabschiedete einen neuen Reformplan für die Justiz, der vom Obersten Volksgericht in seinem dritten Fünfjahresplan zur Reform der Justiz aus dem Jahr 2009 ausgestaltet und umgesetzt wurde. Der neue Fünfjahresplan hebt eine ausgeglichene Entwicklung aller im Justizbereich tätigen Organe, der Gerichte, der Staatsanwaltschaft und der Polizei, sowie eine ausgeglichene Entwicklung in der Strafrechtspolitik hervor. Im Zentrum des Plans stehen die »Bedürfnisse der Massen«, um rhetorisch deutlich zu machen, dass die Justiz auf die Sorgen der Bevölkerung eingeht. Die neue Parole von den »drei Prioritäten« (*sange zhishang*) bringt dies auf den Begriff: Danach genießen die Angelegenheiten der Kommunistischen Partei, die Interessen des Volkes sowie die Verfassung und die Gesetze gleichermaßen Priorität. Die Führung duch die Partei wird somit neu hervorgehoben. Aber auch die Richter werden aufgefordert, verstärkt auf die sozialen und politischen Wirkungen ihrer Entscheidungen zu achten. Um eine »harmonische Gesellschaft« zu verwirklichen, wird nunmehr der einvernehmlichen Beilegung von Streitigkeiten mit Nachdruck der Vorrang eingeräumt. Recht und Gerichtsverfahren werden durch Schlichtungsverfahren, wie sie vor der Reform- und Öffnungsperiode, beispielsweise schon in den »befreiten Gebieten« in den 1940er-Jahren, praktiziert wurden, ersetzt. Die Abwendung vom formalen Gerichtsverfahren und damit schließlich auch vom Recht ist wohl ein Ausdruck der Sorge, dass es sich negativ auf die Stabilität der Gesellschaft auswirkt, wenn Betroffene im

Rahmen eines Gerichtsverfahrens ein öffentliches Forum erhalten. Die Gerichte, in denen juristisch ausgebildete Richter nach förmlichen Verfahren Recht sprechen, werden somit offenbar als eine Bedrohung für die Stabilität der Gesellschaft angesehen. Die neue Präferenz der Schlichtung wird mithilfe eines Anreizsystems, das Richter zwingt, einen höheren Anteil von Fällen außerhalb des förmlichen Verfahrens einvernehmlich zu regeln, umgesetzt. Allerdings haben die Gerichte ein starkes institutionelles Eigeninteresse, an den formalen Verfahren festzuhalten, die die Existenz der Gerichte als Institutionen und die der Richterschaft als Berufsstand legitimieren. Selbst das Oberste Volksgericht warnt in internen Anweisungen vor erzwungenen Vergleichen und deren potenziell schädlichen Auswirkungen.

Richter dürfen nach den neuen Vorgaben unter keinen Umständen Entscheidungen treffen, die zu Protesten, Petitionen oder zu Beschwerden vor höheren Instanzen führen. Das kommt in dem Slogan zum Ausdruck, dass die Rechtsfolgen und die gesellschaftlichen Folgen einer Entscheidung in Übereinstimmung gebracht werden müssen. Konflikte sollen dort gelöst bzw. im Keim erstickt werden, wo sie entstehen. Nach dieser Ansicht sollen Konflikte nicht auf eine höhere Verwaltungsebene hochgereicht und dadurch verstetigt werden.

Die Neuausrichtung der Justizreformen steht auch im Zusammenhang mit akademischen Diskursen. In der chinesischen rechtswissenschaftlichen Diskussion werden Rechtsreformen und formale Gerichtsverfahren aus einer kulturkonservativen Perspektive schon lange und mitunter auch berechtigterweise kritisiert. Die Protagonisten dieser Perspektive argumentieren, dass Reformen, die die Menschen ernst nehmen und die auch für die Landbevölkerung praktikabel sind, auf traditionellen chinesischen Ressourcen aufbauen müssen und nicht auf Rechtstransfers aus dem Westen (Zhu 2000 und 2004). Die Gegenposition rekurriert stärker auf liberale verfassungsstaatliche Positionen und fordert eine gerichtliche Unabhängigkeit, die in letzter Konsequenz auch einen Wandel des politischen Systems voraussetzen würde (He 2012). Diese »westlichen« Positionen in der chinesischen Rechtswissenschaft sind in den letzten Jahren stark marginalisiert worden.

Bewertung der »populistischen Wende« der Justizreformen

Die Neuausrichtung der Justizreformen seit 2008 darf nicht überbewertet werden. Im Grunde ist es nicht neu, dass die parteistaatliche Führung von den Richtern verlangt, Verfahren und die Anwendung des materiellen Rechts so zu handhaben, dass sie ihren politischen Zielen, nämlich der Vermeidung von Protesten und der Schaffung einer harmonischen Gesellschaft, dienen. Allerdings ist die Erwartung, die Gerichte mögen empfänglich für populistische Forderungen und Anweisungen der Partei sein, deutlich gestiegen. Die geforderte »Popularisierung der Justiz« bedeutet, dass sich die Gerichte den Problemen der »einfachen Menschen« zuwenden und bei der Rechtsprechung nicht nur rechtliche Vorgaben, sondern auch die Gefühle und Vorstellungen der Bevölkerung berücksichtigen, um im Sinn der Massenlinie die Verbindung zwischen parteistaatlicher Führung und Volk zu stärken. Für strafrechtliche Verurteilungen kann dies bedeuten, dass Angeklagte in Fällen, die in der Öffentlichkeit starke negative Reaktionen hervorgerufen haben, härter bestraft werden als Angeklagte in vergleichbaren, aber in der Öffentlichkeit nicht beachteten Fällen.

Fraglich ist überdies, wie hoch überhaupt der Anteil an den etwa zwölf Millionen Fällen, die als potenzielle Gefahr für die Stabilität der Gesellschaft betrachtet werden und auf die sich die Neuausrichtung der Justizreformen besonders deutlich auswirkt, pro Jahr ist. Gerichte haben auch schon vor der verstärkten Propagierung einer populistischen oder »volksnahen Justiz« (*sifa weimin* oder *bianmin sifa*) damit begonnen, etwa aus eigenem institutionellem Interesse die Annahme von Fällen trotz Zuständigkeit zu verweigern, wenn die Entscheidung dieser Fälle dem Ansehen der Justiz geschadet hätte. Dies betraf beispielsweise Fälle, in denen die Vollstreckung von Urteilen gegen ökonomisch oder politisch einflussreiche Beklagte von vornherein als aussichtslos erschien.

Der Versuch, Gerichtsverfahren zu entformalisieren und Konflikte durch erzwungene Übereinkommen der Parteien zu unterdrücken, mag zwar kurzfristig Erfolge im Sinn der Zielsetzung einer »harmonischen Gesellschaft« zeitigen, langfristig kann ein solcher Ansatz aber kaum zu einem nachhaltigen Stabilitätsgewinn führen. Wenn Richter unter Druck gesetzt werden, die Parteien zu einer einvernehmlichen Beilegung des Streits zu bewegen, so kommt es zwangsläufig dazu, dass Richter die Rechte und Interessen der Parteien missachten. Es geht dann weniger um eine möglichst unter allen Gesichtspunkten gerechte Entscheidung als um die eigenen Interessen des Richters, Planvorgaben zu erfüllen und eine gute Leistungsbewertung zu erzielen. Es ist zu erwarten, dass Parteien unter diesen Voraussetzungen verstärkt außergerichtliche Strategien anwenden werden, um das Gericht zu einem für sie positiven Ausgang des Verfahrens zu drängen, etwa indem sie mithilfe von Protesten oder der Medien und des Internets Öffentlichkeit herstellen. Damit würden die Justizreformen solche Entwicklungen, gegen die sie sich eigentlich richten, befördern.

Für die Bewertung der jüngsten Justizreformen muss auch berücksichtigt werden, dass das Oberste Volksgericht die Reformziele aus der Xiao-Yang-Ära, die Verwirklichung von Gerechtigkeit und Effizienz der Justiz, nicht aufgegeben hat. Es existieren vielmehr gleichzeitig unterschiedliche Reformrichtungen wie etwa Justizpopulismus und Justizprofessionalisierung, die in einem Spannungsverhältnis zueinander stehen. Der Justizpopulismus ist ein Versuch, dem Justizsystem und der parteistaatlichen Führung Legitimität zu verleihen, die Professionalisierung trägt der Ausdifferenzierung der Lebensverhältnisse und des Rechtssystems Rechnung. Daher ist eine Einschätzung des derzeitigen Stands der Reformen schwierig. Es greift wohl zu kurz, sie einfach mit einer »Abwendung vom Recht« und einer Rückkehr zu Streitschlichtungsmechanismen der Mao-Zeit zu charakterisieren (Minzner 2011). Vielmehr ist zu bedenken, dass unter den Bedingungen einer Einparteienherrschaft der Rückgriff auf Ideologie und eine stärkere Einbindung der Partei in Justizangelegenheiten dazu führen kann, dass in wichtigen Bereichen Reformergebnisse erzielt werden, die allein mit einer Professionalisierung der Richterschaft nicht zu erreichen sind (Trevaskes 2011). Dies betrifft insbesondere die Korruptionsbekämpfung und die bessere Abstimmung der Arbeit der Gerichte mit den Tätigkeiten der Staatsanwaltschaft und der Polizei.

Es ist auch kaum von einem überzeugten ideologischen Bekenntnis des Obersten Volksgerichts zur »neuen Massenlinie« auszugehen. Indem das Gericht die offizielle Rhetorik geschickt verwendet, versucht es vielmehr Spielraum für Reformen zu gewinnen, die seinem eigenen langfristigen institutionellen Interesse dienen. Zu denken ist dabei etwa an die Einführung von Leitentscheidungen, die vom Obersten Volksgericht ausgewählt und veröffentlicht werden, wie auch an die Reformen der inneren Gerichtsorganisation und der Gerichtsverfahren, die zum Zweck der Kostenersparnis und der Beschleunigung von Verfahren eingeführt wurden. In der Begründung dieser Reformprojekte knüpft das Gericht zwar auch an die offizielle Rhetorik der Massenlinie an, jedoch führen diese Maßnahmen tatsächlich zu einer institutionellen Stärkung der Justiz gegenüber anderen Akteuren des Parteistaats (Zhang 2012).

Leitentscheidungen

Eines der wichtigsten Reformprojekte der letzten Jahre ist die Einführung von sogenannten Leitentscheidungen durch das Oberste Volksgericht. Dabei handelt es sich um Gerichtsentscheidungen, die von einem beliebigen Gericht in China getroffen und aufgrund ihrer Bedeutung vom

Obersten Volksgericht in den Rang einer Leitentscheidung erhoben wurden. Solche Leitentscheidungen sind von allen Gerichten zu beachten, wenn sie einen ähnlichen Fall entscheiden. Damit hat das Oberste Volksgericht ein Instrument geschaffen, mit dem es auf diskrete Weise Rechtsentwicklungen lenken kann.[3]

Der zweite Fünfjahresplan erwähnte unter der Überschrift »Reform und Perfektionierung des Systems der Rechtsprechungsanleitung und der Mechanismen für eine einheitliche Rechtsanwendung« die Errichtung eines Systems der Anleitung mit Fällen. Erst im Jahr 2010, nachdem das Oberste Volksgericht gewissen politischen Widerstand überwunden hatte, erließ es Bestimmungen, die das Verfahren der Auswahl und der Veröffentlichung von Leitentscheidungen näher ausgestaltet. Mit dem Erlass der Leitentscheidungsbestimmungen wurde im November 2010 auch das Büro für die Arbeit mit Leitentscheidungen beim Obersten Volksgericht eingerichtet. Im Dezember 2011 veröffentlichte das Oberste Volksgericht die ersten vier Leitentscheidungen, weitere vier folgten im April 2012.

Eine zentrale Frage hinsichtlich der Leitentscheidungen ist, auf welche Weise sie die unteren Gerichte binden. Das Oberste Volksgericht kann sein Ziel einer national einheitlichen Rechtsauslegung und -anwendung nur erreichen, wenn die Leitentscheidungen für die Gerichte der niedrigeren Instanzen verbindlich sind. Allerdings gibt es verschiedene Gründe, warum das Oberste Volksgericht sich nicht eindeutig zu der Bindungswirkung von Leitentscheidungen geäußert hat. In der gegenwärtigen konservativen Atmosphäre können Rechtsreformen nur als Innovationen dargestellt werden, die auf chinesischen Traditionen aufbauen. Wenn das Oberste Volksgericht den Leitentscheidungen aber eine ausdrückliche Bindungswirkung zumisst, setzt es sich dem Vorwurf aus, sich in die Tradition des angloamerikanischen Rechtskreises zu stellen und damit chinesisches Recht »zu amerikanisieren«. Im kontinentaleuropäischen Rechtskreis, dem auch das chinesische Recht zuzuordnen ist, entfalten Gerichtsurteile grundsätzlich keine rechtliche Bindungswirkung. Anders verhält es sich in den Rechtssystemen, die zum angloamerikanischen Rechtskreis gehören.

Ferner versucht das Oberste Volksgericht, alles zu vermeiden, was den Anschein erwecken könnte, dass es seinen politischen Einfluss ausweitet.

---

3 Diese Leitentscheidungen sind von den sogenannten Modellfällen zu unterscheiden. Letztere veröffentlicht das Oberste Volksgericht bereits seit der ersten Veröffentlichung seines Amtsblatts im Jahr 1985, um Richter bei der Rechtsanwendung anzuleiten. Im Gegensatz zu den Leitentscheidungen, die der Entwicklung des Rechts dienen, ist es der primäre Zweck der Modellfälle, die Richter fortzubilden.

Eine Betonung der Verbindlichkeit von Leitentscheidungen würde dem Obersten Volksgericht leicht den Vorwurf einbringen, es greife in die Gesetzgebungskompetenz des Nationalen Volkskonkresses und die Struktur der Verfassung ein. Wenn es dem Obersten Volksgericht gelingt, den Leitentscheidungsmechanismus erfolgreich zu etablieren, so verfügte es damit über ein wirksames Instrument zur nationalen Fortentwicklung des Rechts, das deutlich besser als alle bislang geschaffenen Mechanismen den komplexen Anforderungen einer zügigen Reaktion des Rechts auf sich stetig ändernde Lebensverhältnisse gerecht werden kann. Da die Leitentscheidungen für Nichtjuristen nur schwer verständlich sind, könnte das Oberste Volksgericht sie auch dazu verwenden, die Rechtsentwicklung vor politischer Einflussnahme abzuschirmen (Ahl 2012).

5 Bestandsaufnahme der Rechtsstaatsentwicklung und Ausblick

Der Überblick über die Entwicklung des chinesischen Rechtssystems in rechtsstaatlich relevanten Bereichen zeigt, dass es seit Mitte der 1990er-Jahre deutliche Bestrebungen einer Formalisierung von Verfahren mit dem Ziel besserer Verwaltungskontrolle gibt. Als Reflex dieser Entwicklung haben auch die Rechtspositionen der Bürger eine Stärkung und besseren Schutz erfahren. Gleichzeitig zeigt die oben geschilderte Entwicklung auch, dass im Bereich der politischen Rechte wie Meinungs- und Pressefreiheit oder hinsichtlich des Rechts auf demokratische Partizipation kaum positive Veränderungen zu verzeichnen sind. Die Vielschichtigkeit der Rechtsentwicklung wird an den Justizreformen, die vor allem seit Ende der 1990er-Jahre verstärkt durchgeführt werden, besonders deutlich. Dort gibt es neben den seit über einem Jahrzehnt teilweise sehr erfolgreichen Professionalisierungsbestrebungen seit 2008 auch stark gegenläufige Tendenzen einer populistischen Abwendung von formalen Verfahren.

Es steht aber zu erwarten, dass mit dem 2012/13 erfolgten Führungswechsel die Fortführung von Reformen der Rechtsinstitutionen wieder mit einer stärkeren Fokussierung auf formale Verfahren und Professionalisierung betrieben wird. Mit Zhou Qiang steht seit 2013 wieder ein Jurist an der Spitze des Obersten Volksgerichts. Im Vergleich zu seinem Vorgänger bedient er sich einer weniger politisierten Sprache und knüpft in seinen offiziellen Stellungnahmen an Konzepte wie die »unabhängige Ausübung der Rechtsprechungsgewalt« an. Der neue Generalsekretär Xi Jinping hatte sich zunächst in einer Rede vom Dezember 2012 anlässlich des 30-jährigen Jubiläums der Verfassung von 1982 ausdrücklich für eine bessere Verwirklichung der in der Verfassung enthaltenen Vorgaben ausgesprochen. Vor dem Hintergrund des Bo-Xilai-Skandals im Jahr 2012 (siehe den Beitrag von Sarah Kirchberger) und der damit einhergehenden Legitimationskrise der Partei liegt eine Betonung der rechtlichen Grenzen der Machtausübung nahe. Die sich an den Führungswechsel im November 2012 anschließenden öffentlichen Diskussionen über die Verfassungsentwicklung wurden allerdings in der Folge durch repressive Maßnahmen des Parteistaats unterdrückt (Ahl 2013).

Konkretere Reformabsichten und auch Maßnahmen zur Vertiefung der Justizreformen sind im Zusammenhang mit dem dritten Plenum des 18. Zentralkomitees im November 2013 sichtbar geworden. Der ausführliche Beschluss des dritten Plenums zur Vertiefung der Reformen führt etwa eine schon lange in der Rechtswissenschaft diskutierte Loslösung der Zuständigkeitsbereiche der Gerichte von denen der lokalen Volksregierungen auf, mit der die Abhängigkeit der Gerichte von der Exekutive reduziert werden soll. Es wird ferner eine Reform der Rechtsprechungsausschüsse und der problematischen Aufsicht der höheren Gerichte über die Rechtsprechung nachgeordneter Gerichte angesprochen. Der Beschluss sieht auch vor, die Öffentlichkeit der mündlichen Verhandlung zu fördern sowie die Materialien des gesamten Gerichtsverfahrens digital zu speichern. Alle rechtskräftigen Urteile sollen veröffentlicht werden. Die letzten beiden Punkte sind auch schon durch eine justizielle Auslegung des Obersten Volksgerichts umgesetzt worden. Seit 2014 sind alle Volksgerichte verpflichtet, rechtskräftige Urteile in einer der Allgemeinheit zugänglichen Datenbank zu speichern. Urteile des Obersten Volksgerichts und der Oberen Volksgerichte der Provinzen sind bereits zu einem Teil in diese Urteilsdatenbank eingestellt worden. Das Oberste Volksgericht hat auch angeordnet, dass alle Gerichtsverhandlungen in vollem Umfang auf Video aufgezeichnet werden und zentral gespeichert werden müssen. Die Prozessparteien sollen auf Antrag die Möglichkeit haben, dieses Videomaterial einzusehen. Werden diese Maßnahmen konsequent umgesetzt, so werden sie für eine Verbesserung der Transparenz der Rechtsprechung jetzt noch kaum absehbare positive Folgen haben. Sie eröffnen aber auch bislang nie da gewesene Möglichkeiten der Steuerung und Kontrolle der Gerichte.

Literatur

Ahl, Björn: Der Machtwechsel und die Hoffnung auf Rechtsreformen, in: Zeitschrift für Chinesisches Recht, 20 (2013) 1, S. 6–12.
Ahl, Björn: Neue Maßnahmen zur Vereinheitlichung der Rechtsprechung in China, in: Zeitschrift für Chinesisches Recht, 19 (2012) 1, S. 1–16.
Ahl, Björn: Advancing the Rule of Law through Education? An Analysis of the Chinese National Judicial Examination, in: Issues and Studies, 42 (2006) 2, S. 171–204 (= Ahl 2006a).
Ahl, Björn: Ein Rechtsstaat chinesischen Typs? Zur Verfassungsentwicklung in der Volksrepublik China, in: Blätter für deutsche und internationale Politik, 51 (2006) 11, S. 1380–1388 (= Ahl 2006b).
Amnesty International: Against the Law. Crackdown on China's Human Rights Lawyers Deepens, London 2011 (http://www.amnesty.org.au/images/uploads/china/1106%20-%20report%20-%20Against%20the%20Law%20%E2%80%93%20Crackdown%20on%20China%E2%80%99s%20Human%20Rights%20Lawyers%20Deepens.pdf, Zugriff: 13. März 2014).
Beschluss des Zentralkomitees der Kommunistischen Partei über einige wichtige Fragen der umfassenden Vertiefung der Reformen [Zhonggong zhongyang guanyu quanmian shenhua gaige ruogan zhongda wenti de jueding] vom 12. November 2013 (chinesisches Original: http://politics.people.com.cn/n/2013/1115/c1001-23559207.html; inoffizielle, aber verlässliche Übersetzung http://chinacopyrightandmedia.wordpress.com/2013/11/15/ccp-central-committee-resolution-concerning-some-major-issues-in-comprehensively-deepening-reform/, Zugriff: 14. März 2014).
Chen, Albert HY: An Introduction to the Legal System of the PRC, Hong Kong ^{3}2004.
Chen, Jianfu: Chinese Law: Context and Transformation, Leiden 2008.
Clarke, Donald C.: Legislating for a Market Economy in China, in: The China Quarterly, 191 (2007), S. 567–585.
Dowdle, Michael: Beyond »Judicial Power«: Courts and Constitutionalism in Modern China, in: Balme, Stéphanie/Dowdle, Michael (Hrsg.): Building Constitutionalism in China, New York 2009, S. 199–217.
Gao, Lingyu: What Makes a Lawyer in China? Chinese Legal Education System after China's Entry into the WTO, in: Willamette Journal of International Law and Dispute Resolution, 10 (2002), S. 197–238.
Gesetz der Volksrepublik China über Verwaltungsstrafen [Zhonghua renmin gongheguo xingzheng chufa fa] vom 17. März 1996, deutsche Übersetzung in: Heuser 2003, S. 406–421.
Gesetzgebungsgesetz der Volksrepublik China [Zhonghua renmin gonghe-

guo lifa fa] vom 15. März 2000, deutsche Übersetzung in: Heuser 2003, S. 342–364.

Ginsburg, Tom/Moustafa, Tamir: Rule By Law. The Politics of Courts in Authoritarian Regimes, New York 2008.

He, Weifang: In the Name of Justice. Striving for the Rule of Law in China, Washington 2012.

Heilmann, Sebastian: From Local Experiments to National Policy: The Origins of China's Distinctive Policy Process, in: The China Journal, 59 (2008), S. 1–30.

Heilmann, Sebastian: Das politische System der Volksrepublik China, Wiesbaden 2004.

Heuser, Robert: Grundriss der Geschichte und Modernisierung des chinesischen Rechts, Baden-Baden 2013.

Heuser, Robert: »Sozialistischer Rechtsstaat« und Verwaltungsrecht in der VR China (1982–2002), Hamburg 2003.

Heuser, Robert: Einführung in die chinesische Rechtskultur, Hamburg 2002.

Ip, Eric C.: The Supreme People's Court and the Political Economy of Judicial Empowerment in Contemporary China, in: Columbia Journal of Asian Law, 24 (2011) 2, S. 367–438.

Keith, Roland C./Lan, Zhiqiu/Hou, Shumei: China's Supreme Court, London 2014.

Keller, Perry: Sources of Order in Chinese Law, in: American Journal of Comparative Law, 42 (1994) 4, S. 711–759.

Liebman, Benjamin L.: A Return to Populist Legality? Historical Legacies and Legal Reform, in: Perry, Elizabeth J./Heilmann, Sebastian (Hrsg.): Mao's Invisible Hand. The Political Foundations of Adaptive Governance in China, Cambridge/Mass. 2011.

Liebman, Benjamin L.: China's Courts: Restricted Reforms, The China Quarterly, 191 (2007), S. 620–638.

Liu, Shen: Yifa xingzheng yu xingzheng lifa [Gesetzmäßige Verwaltung und administrative Rechtsetzung], in: Zhongguo faxue, 2 (2000), S. 86–94.

Lubman, Stanley B.: Bird in a Cage: Legal Reform in China after Mao, Stanford 1999.

Minzner, Carl F.: The Rise and Fall of Chinese Legal Education, in: Fordham International Law Journal, 36 (2013) 2, S. 335–396.

Minzner, Carl F.: China's Turn against Law, in: American Journal of Comparative Law, 59 (2011) 4, S. 935–984.

Peerenboom, Randall: Judicial Independence in China. Lessons for Global Rule of Law Promotion, New York 2010.

Peerenboom, Randall: China Modernizes. Threat to the West or Model for the Rest? Oxford/New York 2007.

Peerenboom, Randall: Judicial Independence and Judicial Accountability: An Empirical Study of Individual Case Supervision, The China Journal, 55 (2006), S. 67–92.

Peerenboom, Randall: China's Long March towards the Rule of Law, Cambridge 2002.

Ruskola, Teemu: Legal Orientalism. China, the United States, and Modern Law, Cambridge/Mass. 2013.

Senger, Harro von: Einführung in das chinesische Recht, München 1994.

Tong, Zhiwei: A Comment on the Rise and Fall of the Supreme People's Court's Reply to Qi Yuling's Case, in: Suffolk University Law Review, 43 (2010) 669, S. 101–111.

Trevaskes, Susan: Political Ideology, the Party, and Politicking: Justice System Reform in China, in: Modern China, 37 (2011) 3, S. 315–344.

Verfassung der Volksrepublik China [Zhonghua renmin gongheguo xianfa] vom 4. Dezember 1982, deutsche Übersetzung in: Heuser 2003, S. 207–243.

Verwaltungsprozessgesetz der Volksrepublik China [Zhonghua renmin gongheguo xingzheng susong fa] vom 4. April 1989, deutsche Übersetzung in: Heuser 2003, S. 244–260.

Xu, Chongde/Zhang, Dazhao: Renquan sixiang yu renquan lifa [Die Idee der Menschenrechte und die Menschenrechtsgesetzgebung], Beijing 1992.

Yu, Xingzhong: Western Constitutional Ideas and Constitutional Discourse in China, in: Balme, Stéphanie/Dowdle, Michael (Hrsg.): Building Constitutionalism in China, New York 2009, S. 111–124.

Zhang, Taisu: The Pragmatic Court: Reinterpreting the Supreme People's Court of China, in: Columbia Journal of Asian Law, 25 (2011) 1, S. 1–61.

Zhou, Wei: Zur Grundrechtsbindung chinesischer Gerichte, in: Zeitschrift für Chinesisches Recht, 10 (2003) 1, S. 8–17.

Zhu, Suli: Fazhi jiqi bentu ziyuan [Die Herrschaft des Rechts und ihre indigenen Ressourcen], Beijing 2004.

Zhu, Suli: Song fa xia xiang: Zhongguo jiceng sifa zhidu yanjiu [Das Recht auf das Land schicken: Eine Studie zu Chinas Justizsystem der Grundstufe], Beijing 2000.

Kristin Shi-Kupfer

Menschenrechte in der Volksrepublik China: Fortschritte, Defizite, Herausforderungen

1 Einleitung

Der frisch gebackene Parteivorsitzende Xi Jinping wollte zum Amtsantritt im November 2012 alles richtig machen: locker und selbstbewusst, mit neuer Demut gegenüber den zu Beherrschenden und souverän im Umgang mit dem gespannten Publikum im In- und Ausland. Wie sehr seine eigene Machtkonsolidierung von dem schwierigen Umgang mit selbst beschworenen Rechtsnormen abhängt, darauf war Xi dann aber vermutlich nicht wirklich vorbereitet. Er wusste nur: Er musste eine Entscheidung im Fall des gestürzten, durchaus einflussreichen und noch dazu populären Bo Xilai, ehemals Parteichef von Chongqing und Mitglied im Politbüro, herbeiführen. Bo war zunächst im April 2012 von der parteiinternen Disziplinarkontrollkommission (*shuanggui*) festgesetzt worden, am 29. September 2012 hatten die Justizbehörden dann seine offizielle Verhaftung bekannt gegeben. Erst am 23. Juli 2013 ließ Xi Jinping von einem Gerichtshof in Shandong die offizielle Anklage gegen Bo verlesen, unter anderem wegen Korruption und Machtmissbrauch – rund zehn Monate nach der offiziellen Festsetzung und damit gegen jegliche legale Fristen verstoßend. Im Lauf des Verfahrens stellten sich einige Beweise gegen Bo als offensichtlich illegal (da im Rahmen des internen, offensichtlich nicht zimperlichen Verhörs erworben) heraus. Bo Xilai selbst wetterte immer wieder gegen Folter und Rechtsbrüche seiner Partei. Am 22. September machte Xi dem Spuk ein Ende: lebenslängliche Haft wegen Amtsmissbrauch und Korruption für Bo.

Dass die Kommunistische Partei in puncto Menschenrechte nicht nur gegen kritische Bürgerrechtler, sondern auch mit den eigenen Kadern kämpft, war vielleicht die überraschendste Einsicht des Amtsauftakts der chinesischen Führung um Staats- und Parteichef Xi Jinping. Bereits beim letzten Führungswechsel in den Jahren 2002/03 waren Chinas Spitzenkader zu Getriebenen der Widersprüche einer von der Kommunistischen

Partei Chinas (KPCh) geschaffenen »Herrschaft durch Recht« geworden: Um die Machtübergabe nicht zu gefährden, hatte die chinesische Führung Informationen über die Lungenkrankheit SARS verschwiegen und damit das Land (und die Welt) den Folgen einer verschleppten Pandemie ausgesetzt.

Das ehemalige Politbüromitglied Bo Xilai im September 2013 als Angeklagter vor dem Mittleren Volksgericht in Jinan. Über den Prozess wurde in den chinesischen Medien breit berichtet. (Foto: Imaginechina via AP Images)

Und auch jetzt wieder fordert der Konflikt zwischen Rechtsnormen und dem eigenen Machtanspruch Chinas amtierende Führung neu heraus. Dies liegt auch an zunehmend selbstbewussteren chinesischen Bürgern: Rechtsanwälte und Intellektuelle begrüßten zwar die erlaubte Liveberichterstattung über den Prozess gegen Exparteichef Bo Xilai, kritisierten aber – und das ist besonders bemerkenswert – ebenfalls die Rechtsbrüche im Verfahrenen gegen den nicht gerade als politischen Liberalen bekannten Spitzenkader Bo. Auch ein sich bereichernder Mächtiger hat das Recht auf einen fairen Prozess, so die Botschaft der Bürgerrechtler.

Xi Jinping bleibt jedoch in alten Machtmustern verhaftet: Er hat sowohl gegenüber der Elite als auch den Bürgern klargemacht, dass mit ihm substanzielle politische Reformen (vorerst) nicht zu machen sind. Xi setzt auf eine Antikorruptionskampagne, für die es aber oft keine ausreichende Rechtsgrundlage gibt, auf einen auf nationalen Interessen beruhenden »Chinatraum« und auf paternalistisch-maoistische Konzepte wie die »Massenlinie« (Zwangsfokussierung der Kader auf die Lebensrealitäten der Bevölkerung). Bei alledem geht er mit unnachgiebiger Härte gegen unliebsame Kritiker vor.

Doch ob die jetzige chinesische Führung damit Erfolg hat, ist fraglich. Denn in großen Teilen der chinesischen Bevölkerung hat sich ein starkes Rechtsbewusstsein entwickelt, das sich seit 2002 in vielfältigen Ausdrucksformen artikuliert: im Widerstand von Haus- und Wohnungsbesitzern gegen Abriss oder schlechtes Management, in Forderungen nach mehr Transparenz bei Krankenhaus- und Schulgebühren sowie nach einer besseren Überwachung von Lebensmittelstandards sowie vermehrt auch in Forderungen nach Umweltschutz und in Arbeiterprotesten sowie spontanen Massenempörungen gegen die Willkür von Polizei und Kadern. Dieses wachsende Rechtsbewusstsein ist der wichtigste Faktor in Bezug auf die Entwicklung der Menschenrechte in China: Dass Menschenrechte einzuhalten sind, ist somit kein westliches Wunschdenken, sondern längst eine eigene Forderung der chinesischen Gesellschaft.

2 Die Debatte um Menschenrechte im modernen China bis 1949

Chinesische Literaten begannen sich erstmals Mitte des 19. Jahrhunderts mit dem Konzept der Menschenrechte auseinanderzusetzen. Die Niederlagen in den beiden Opiumkriegen (1842 und 1860; siehe den Beitrag von Christoph Müller-Hofstede) führten den chinesischen Gelehrten die Notwendigkeit einer umfassenden Auseinandersetzung mit der offenbar überlegenen Technik der westlichen Mächte, aber auch mit deren sozialen und politischen Konzepten vor Augen. Zu einer regen Übersetzungstätigkeit, zunächst von Werken aus den Bereichen Naturwissenschaften/Technik, dann auch von Werken zu Fragen der politischen und gesellschaftlichen Ordnung, traten lebhafte Debatten in zahlreich entstehenden chinesischen Zeitungen und Zeitschriften.

Das Konzept der Menschenrechte besaß für chinesische Gelehrte aus zwei Gründen eine besondere Anziehungskraft: zum einen als Mittel zur Wiederherstellung der nationalen Souveränität Chinas, zum anderen als Möglichkeit zur Erziehung eines mündigen Bürgers für eine stabile und moderne Staats- und Gesellschaftsordnung. China sollte von einer doppelten Versklavung befreit werden, der durch den Westen sowie der durch die Mandschu, das Herrschervolk der Qing-Dynastie (siehe den Beitrag von Helwig Schmidt-Glintzer). Diese Leitmotive – Selbstbestimmung des Individuums in der Gesellschaft und gegenüber dem Staat sowie die Behauptung Chinas gegenüber inneren und äußeren Bedrohungen – bilden bis heute den Rahmen, innerhalb dessen sich – auch beeinflusst von Debatten in Europa und den USA – eine facettenreiche Diskussion um Menschenrechtskonzeptionen entwickelt hat. Diese soll im Folgenden anhand von zwei Themen kursorisch dargestellt werden.

Natur und Kultur – Basis und Legitimität der Menschenrechte

Zu Beginn der Auseinandersetzung mit dem Konzept der Menschenrechte fand die Idee von naturgegebenen (*tianran/tianfu*) und den Menschen angeborenen (*sheng ju lai*) Rechten großen Zuspruch. Sie gab die Möglichkeit, der herrschenden Ungleichheit bezüglich Wissen, Reichtum, Macht oder Lebensgewohnheiten eine neue Gleichheit und individuelle Freiheit entgegenzustellen (u. a. Liang Qichao, Yan Fu). In den 1920er- und 1930er-Jahren wiesen Intellektuelle die Idee der Naturrechte jedoch als überholt oder zu abstrakt zurück und sahen die Gesellschaft sowie den Staat als Quelle (und Bewahrer) der Menschenrechte (u. a. Gao Yihan, Luo Longji und Vertreter der marxistischen Sichtweise). Sun Yat-sen und Chiang Kai-shek (siehe den Beitrag von Helga Stahl) distanzierten sich ebenfalls von den sogenannten Naturrechten (*suowei tianfu renquan*) und definierten im Gegenzug Bürgerrechte (*minquan*).

Unter dem Eindruck des autoritären Regimes von Chiang Kai-shek Anfang der 1940er-Jahre rückten die Vertreter der Demokratischen Liga, einer 1941 gegründeten Partei, der vor allem Intellektuelle angehörten (u. a. Zhou Jinwen und Zhang Junmai), die Vorstaatlichkeit der Menschenrechte in den Mittelpunkt ihrer Position.

Unabhängig von der Frage nach der Basis von Menschenrechten bekräftigte eine Mehrzahl der Intellektuellen die Universalität der Menschenrechte. Die universalen Menschenrechte würden aber in China aufgrund spezifischer Hindernisse nicht realisiert, so ihre Meinung. Galt in Diskursen gegen Ende der Kaiserzeit das Herrschaftssystem und die damit verbundene feudalistische Tradition als Hindernis, so kritisierten die Vertreter der 4.-Mai-Bewegung von 1919 (siehe den Beitrag von Helga Stahl) den Konfuzianismus, dessen Vorstellungen von Hierarchie und Gehorsam die Menschen zu Sklaven mache (u. a. Chen Duxiu, Guang Sheng,

Wu Yu). Dass die chinesische Kultur grundsätzlich als eigene Quelle von Menschenrechten dienen könnte, stand für die meisten Intellektuellen aber außer Frage.

Individuum und Staat, Politik und Wirtschaft – Subjekte und Substanz der Menschenrechte

Die große Bedeutung des Individuums und individueller Rechte gegenüber dem Staat, insbesondere Meinungs-, Publikations- und Versammlungsfreiheit, zieht sich wie ein roter Faden durch die chinesische Menschenrechtsdebatte. Allerdings finden sich unterschiedliche Schwerpunktsetzungen bezüglich des Verhältnisses zwischen Individuum, Gesellschaft und Staat sowie zwischen individuellen und kollektiven bzw. politischen und wirtschaftlichen Menschenrechten.

Die kleine, gut ausgebildete Elite, die Ende des 19. Jahrhunderts die Diskussion dominierte, sah das Rechte besitzende Individuum als Basis für die Entwicklung von »Bürgern« (*guomin*), eines »freien Volkes« (*ziyou min*) und damit einer starken Nation. Die Rechte des Einzelnen waren durch die Rechte anderer und durch die Pflichten gegenüber der Gesellschaft beschränkt. Individuelle Freiheitsrechte durften außerdem nicht gegen staatliche Gesetze verstoßen, sie sollten aber auch nicht staatlichen Interessen untergeordnet werden (Wu Yue, Liu Shipei, Liang Qichao, später Luo Longji). Im Zuge der 4.-Mai-Bewegung rückte die Stärkung individueller Rechte aller Bevölkerungsteile in den Mittelpunkt der Debatte: Neben Frauen identifizierten die Intellektuellen nun auch verstärkt Arbeiter als Gruppe mit verletzten/schwachen Menschenrechten (Chen Duxiu, Luo Jialun, Li Dazhao).

Als sich im Lauf der 1920er- und 1930er-Jahre die politischen Positionen vieler Intellektueller zwischen Nationalisten (Guomindang, GMD) und Kommunisten zu schärfen begannen, rückten auch manche Advokaten der 4.-Mai-Bewegung nationale und gesellschaftliche Rechte stärker in den Vordergrund. Den Primat nationaler Interessen betonte Sun Yat-sen; sowohl seine GMD als auch die KPCh koppelten in den 1930er- und 1940er-Jahren die Menschenrechte immer mehr an politische Loyalität. Die Unterdrückung von individuellen politischen Rechten durch das herrschende Regime veranlasste Hu Shi und andere Mitglieder der romantisch beeinflussten Dichtergruppe »Neumond« zu einem klaren Bekenntnis zum primären Schutz individueller Menschenrechte gegenüber dem Staat.

Neben politischen Rechten des Individuums sahen die Mitglieder der Demokratischen Liga ebenso wirtschaftliche Rechte, insbesondere das Recht auf (Über-)Leben (*shengcunquan*), als schützenswert an, denn diese garantierten die Wahrnehmung von politischen Rechten (Zhang Junmai). Diese gleichberechtigte Betrachtung von politischen/zivilen und wirtschaftlichen/sozialen Rechten ist bis heute sowohl unter regierungsnahen als auch liberalen Intellektuellen und Wissenschaftlern weit verbreitet (Li Buyun, Zhang Wenxian, Xu Bing, Liu Junning, Xia Yong).

Zusammenfassend betrachtet, stellt sich die chinesische Debatte um Menschenrechte als facettenreich und ambivalent dar. Oftmals lassen sich Bemühungen um eine Ausbalancierung einzelner Konzepte feststellen, die eine einseitige Fixierung auf beispielsweise wirtschaftliche und soziale Rechte oder das Individuum vermeiden. Auch die Position des kommunistischen Regimes bezüglich der Menschenrechte hat seit 1949 eine beständige Differenzierung erfahren.

3 Menschenrechtsposition der chinesischen Regierung und Instrumente der Menschenrechtspolitik

Im Zuge ihres Kampfes gegen die Nationalisten nutzte die kommunistische Bewegung das Konzept der Menschenrechte, um ihren Gegner als unmenschlich zu diskreditieren. Sich selbst stellte die KPCh dagegen als Retterin und Bewahrerin der Menschenrechte dar. »Gebt die Rechte des Volkes dem Volk zurück«, so forderten die Kommunisten in Xinhua Daily, ihrer damaligen Zeitung, am 24. Februar 1939.

Nach der Gründung der Volksrepublik 1949 verwarf die kommunistische Regierung das Konzept der Menschenrechte als bürgerlich und unpassend für den Aufbau einer sozialistischen Gesellschaft. Stattdessen sprach Mao von »Volksrechten« und lehnte das Konzept individueller und gleicher Rechte mit dem Hinweis auf die Klassengesellschaft ab. »Konterrevolutionären« und Menschen mit »feindlichem« Klassenhintergrund sollten ihre politischen Rechte entzogen werden, um die Rechte des Volkes und des Staates zu schützen; dieses Erklärungsmuster leitete auch die Unterdrückung demokratischer Bewegungen Ende der 1970er- und 1980er-Jahre.

Nach 1979 bediente sich die Regierung um Deng Xiaoping wieder verstärkt des Begriffs »Menschenrechte« und verneinte auch deren Universalität nicht länger. Das Konzept erschien nützlich, um zum einen die früheren Imperialmächte, die durch ihre Gräueltaten die Menschenrechte erheblich verletzt hatten, zu kritisieren (siehe den Beitrag von Christoph Müller-Hofstede) und zum anderen das Recht Chinas auf Selbstbestimmung und Entwicklung als Vorbedingung für die Realisierung von individuellen Menschenrechten zu etablieren.

Nachdem die Regierung auf die westliche Kritik an der Niederschlagung der Protestbewegung auf dem Tian'anmen-Platz 1989 (siehe unten und den Beitrag von Helga Stahl) zunächst schroff und defensiv reagiert hatte, entwickelte sie in den folgenden Jahren eine komplexere Menschenrechtspolitik, die sie seitdem in Publikationen sowie durch Beteiligung an internationalen Regimen und Konferenzen offensiv vertritt. Mit der Veröffentlichung zweier Nationaler Aktionspläne für Menschenrechte (für 2009/10 und 2012–15) signalisierte Beijing, dass es Menschenrechten formell ein stärkeres Gewicht einräumt. Tatsächlich setzen die Pläne keine eigenen, spezifischen Ziele, sondern inkorporieren bereits abgeschlossene bzw. laufende Reformmaßnahmen, primär in Bezug auf das Rechtssystem. Dass diese Pläne vor allem internationaler Kritik entgegenwirken sollen, zeigen die festgelegten administrativen Zuständigkeiten: Für die Implementation, Supervision und Evaluation der Vorhaben sind ausschließlich das Außenministerium und das Informationsbüro des Staatsrats verantwortlich – zwei politisch eher schwache und für politische Kommunikation zuständige Behörden. Der zweite Aktionsplan ist zudem nur in englischer und nicht in chinesischer Sprache veröffentlicht worden.

Die Position der amtierenden chinesischen Regierung in Bezug auf Menschenrechte ist durch folgende Charakteristika gekennzeichnet:
1. Die Universalität der Menschenrechte wird »respektiert«, aber die Umsetzung bzw. der Schutz der Universalität in der Praxis gilt als abhängig von den jeweiligen Rahmenbedingungen eines Staates. Die Priorisierung nationaler Besonderheiten (*guoqing*) hat die chinesische Regierung erstmals explizit 2012 in ihrem zweiten Aktionsplan für Menschenrechte als »Prinzip der Praktikabilität« niedergelegt.
2. Menschenrechte sind vom Staat verliehen und geschützt.
3. Individuelle Rechte dürfen weder die Rechte anderer Bürger noch die Interessen der Gesellschaft und des Staates verletzen.
4. Rechte sind mit Pflichten gegenüber der Gesellschaft und dem Staat verknüpft (Artikel 50 ff. der chinesischen Verfassung).
5. Staaten sind souverän, in puncto Menschenrechte erfolgt keine Einmischung in innere Angelegenheiten.

Diese Position hat nichts spezifisch Chinesisches an sich, so findet sich in den offiziellen Darstellungen auch kaum eine ausschließlich kulturbezogene Argumentation. Die chinesische Regierung stellt die Menschenrechte in einen macht- und entwicklungspolitischen Kontext, wie er sich auch bei anderen autoritären Entwicklungsländern findet.

China macht seine Position auf nationaler wie auch internationaler Ebene durch folgende Instrumente deutlich.

Bestrafung von Bürgerrechtlern und Andersdenkenden

Im Sinn des bereits genannten dritten Punktes hat die chinesische Regierung eine Vielzahl von Bürgerrechtlern, Arbeiteraktivisten, Rechtsanwälten, Internetdissidenten, Journalisten und Anhängern verfolgter Religionsgemeinschaften verurteilen lassen. Dies geschieht vor allem auf der Basis des Strafrechts (siehe *Tabelle 1*). Strafrechtliche Kategorien wie »Umsturz der Staatsmacht« oder »Gefährdung der staatlichen Sicherheit« sind nicht definiert und bieten den Justizbehörden daher einen breiten interpretatorischen Spielraum zur Verurteilung unliebsamer Kritiker.

Tab. 1: Ausgewählte Urteile gegen Bürgerrechtler mit Bezug auf das chinesische Strafrecht

Strafkategorie	Fallbeispiele	Anmerkungen
Verurteilung wegen »Gefährdung der Staatssicherheit« (§§ 102/103 bzw. 110)	Manager der Webseite »Uighurbiz« Gheyrat Niyaz (Hailaite Niyazi) (Juli 2012 zu 15 Jahren); Webseitenmanager (Diyarim) Dilshat Parhat (Dilixiati Paerhati) (Juli 2010 zu fünf Jahren)	Prozesse nach den gewalttätigen Zusammenstößen zwischen Uighuren und Han-Chinesen in Urumuqi im Juli 2009
Verurteilung wegen »Verrats von Staatsgeheimnissen« (§ 111)	Onlinepublizist Kunchok Tsephel Gopey Tsang (November 2009 zu 15 Jahren); Umweltaktivist und Fotograf Kunga Tsayang (Gang-Nyi) (November 2010 zu fünf Jahren)	Prozesse im Kontext des 50. Jahrestags des Tibetaufstands im März 1959 und ein Jahr nach den landesweiten Protesten im Jahr 2008
Verurteilung wegen »(versuchten) Umsturzes der Staatsmacht« (§ 105)	Publizist und Friedensnobelpreisträger Liu Xiaobo (2009 zu elf Jahren); tibetischer Filmemacher Dhondup Wangchen (2009 zu sechs Jahren); Publizist Liu Xianbin (2011 zu zehn Jahren); Schriftsteller Li Tie (2012 zu zehn Jahren); Menschenrechtsaktivist Chen Xi (2012 zu zehn Jahren); Internetaktivist Cao Haibo (2012 zu acht Jahren)	Prozesse 2011/2012 im Zuge von Aufrufen im Internet zu einer »Jasmin-Revolution« in China in Anlehnung an die Protestbewegungen in den arabischen Ländern

Strafkategorie	Fallbeispiele	Anmerkungen
Verurteilung wegen »Versammlung einer Gruppe zur Störung der Ordnung an öffentlichen Plätzen« (§ 291)	Rechtsanwalt und Begründer der Neuen Bürgerbewegung Xu Zhiyong (Januar 2014 zu vier Jahren, bestätigt vom Berufungsgericht in Beijing im April 2014); weitere Aktivisten der Bewegung, u. a. Ding Jiaxi (2014 zu drei Jahren und sechs Monaten) und Zhang Baocheng (2014 zu zwei Jahren)	Prozesse im Zuge des Vorgehens gegen die Neue Bürgerbewegung, die sich als Nachfolgerin der Open-Constitution-Initiative (*gongmeng*-Initiative) u. a. für Rechte von Migranten, Angehörige von politischen Gefangenen und für die Offenlegung von Kadervermögen einsetzt
Verurteilung wegen »Separatismus« (§§ 102/103, auch § 113)	Onlinepublizistin und lokale Beamtin Gulmire Imin (August 2010 zu lebenslanger Haft, auch wegen des Verrats von Staatsgeheimnissen)	
Anklage wegen »Separatismus«	Wirtschaftsprofessor und uighurischer Bürgerrechtler Ilham Tohti	Tohti gilt als gemäßigter Bürgerrechtler, der im Dialog mit chinesischen Behörden stand. Bei Verurteilung drohen ihm eine Gefängnisstrafe zwischen zehn Jahren und lebenslänglich, bei »schweren Vergehen« auch die Todesstrafe (§ 113).
Verurteilung wegen »Schaffung einer Störung« (§ 290)	Wohnrechtsaktivistin Ni Yulan (Juli 2012 zu zwei Jahren und acht Monaten) sowie ihr Ehemann Dong Jiqin zu zwei Jahren	Die langjährige Bürgerrechtlerin Ni Yulan hatte bereits ein Jahr in Untersuchungshaft verbracht.
Verurteilung wegen »finanziellen Betrugs« (§§ 192–199)	Liu Hui (Sommer 2013 zu elf Jahren)	Lin Hui ist der Schwager von Liu Xiaobo und Liu Xias Bruder.
Verurteilung wegen »Steuerhinterziehung« (§§ 201, 211)	Ai Weiwei (Oktober 2011 zu Geldstrafe/Nachzahlungen in Höhe von rund 1,8 Mio. Euro)	Ai war am 3. April am Beijinger Flughafen verschleppt und für 81 Tage an einem unbekannten Ort festgehalten worden.

Quellen: Berichte und Meldungen von Human Rights in China, Amnesty International und Human Rights Watch aus den Jahren 2008 bis 2014.

Im Rahmen der »Strafverordnung zur Wahrung der öffentlichen Sicherheit der Volksrepublik China« (*Zhonghua Renmin Gongheguo zhi'an guanli chufa fa*) können Polizeibehörden chinesische Bürger ohne vorherigen Gerichtsprozess unter anderem wegen »illegaler Versammlungen« oder »Störung der öffentlichen Ordnung« zu einer »Administrativhaft« (*xingzheng juliu*) von bis zu 15 Tagen verurteilen. Im Rahmen dessen können Verdächtige bis zu 24 Stunden zu Verhören festgehalten werden. Laut den Bestimmungen müssen die Polizeibehörden darüber die Familienangehörigen informieren. Dies geschieht aber de facto in zahlreichen Fällen von vorübergehend festgesetzten Bürgerrechtlern nicht.

Unter Hausarrest: Liu Xia in Beijing mit einem Foto aus glücklicheren Tagen, auf dem sie zusammen mit ihrem Mann Liu Xiaobo zu sehen ist. Die Aufnahme entstand im Dezember 2012, danach konnte kein Agenturfotograf mehr zu ihrer Wohnung vordringen. (Stand Juni 2014, Foto: AP/Ng Han Guan)

Die ebenfalls weitverbreitete Verhängung von temporärem Hausarrest (u.a. gegen den Umwelt- und Aids-Aktivisten Hu Jia, den Wohnrechtsaktivisten Feng Zhenghu oder gegen Vertreterinnen der Gruppe »Mütter von Tian'anmen«) vor politisch wichtigen Ereignissen (z. B. der Tagung des Nationalen Volkskongresses) oder sensiblen Jahrestagen (u. a. dem Jahrestag der Niederschlagung der Protestbewegung 1989) sind durch das chinesische Gesetz nicht gedeckt. Die »Strafprozessordnung der Volksrepublik China« sieht eine »Überwachung am Wohnort« (*jianshi juzhu*) nur vor, wenn Behörden gegen die entsprechende Person ein Strafrechtsverfahren eingeleitet haben. Der seit Oktober 2010 gegen Liu Xia, die Frau des Friedensnobelpreisträgers Liu Xiaobo, verhängte Hausarrest ist damit ebenfalls illegal.

Auch durch reale oder angedrohte Repressalien gegen Familienangehörige versuchen chinesische Behörden, Bürgerrechtler gefügig zu machen. Die Festsetzung in Hotels, sogenannten schwarzen Gefängnissen (*hei jianyu*), wenden Polizeibehörden oftmals gegen Petitionäre an. Petitionäre wenden sich im Protest gegen aus ihrer Sicht unrechtmäßige Urteile nicht mehr nur an die dafür zuständigen staatlichen Petitionsbüros. Um Aufmerksamkeit zu generieren, organisieren sie Demonstrationen vor nationalen und internationalen Institutionen oder solidarisieren sich mit Anliegen und Protesten anderer Gruppen (u. a. von Journalisten oder gegen Räumung protestierenden Hausbesitzern).

Rechtfertigung von Repressionen durch Bezug auf internationale Praktiken und Diskurse

Internationale Kritik mit Bezug auf Menschenrechte weist Beijing nicht nur mit dem Verweis auf das Prinzip der Nichteinmischung, sondern auch mit dem Hinweis auf eine rechtmäßige Verurteilung von Kriminellen zurück.

Interessant ist in diesem Zusammenhang die Verfolgung der seit 1999 verbotenen spirituell-religiösen Falun-Gong-Bewegung (siehe den Beitrag von Philip Clart). Mit dem Hinweis, dass bis dato mehr als 1 500 Menschen durch die Falun-Gong-Bewegung zu Tode gekommen seien (Ablehnung von Krankheitsbehandlung, Selbstmord und Ermordung), rechtfertigt die Regierung ihre repressive Politik als Dienst an den Menschenrechten. Als Rechtsbasis nutzt Beijing den Paragraf 300 im Strafrecht (»Bildung und Nutzung von Irrlehrengruppierungen«), den justizielle Behörden in den Jahren 1999 und 2001 durch zwei »Erklärungen« (*sifa jieshi*) erweitert haben. Die chinesische, staatlich gestützte »Anti-Kult-Vereinigung« protestierte sogar bei den Vereinten Nationen für Menschenrechte gegen diesen »bösen Kult«. Durch die bewusste Übernahme der englischen Bezeichnung *evil cult* (*xiejiao*; traditionell: heterodoxe Lehre) nutzt Beijing die internationale Debatte über gefährliche Sekten, um Kritik an ihrem Vorgehen zurückzuweisen. Ähnlich verfährt Chinas Regierung in Bezug auf mutmaßliche »terroristische Anschläge« von Uighuren: Indem Beijing das Label »Terrorismus« (und die damit verbundene strafrechtliche Handhabe) pauschal auf Gewaltakte und Attacken von Uighuren anwendet, nimmt die chinesische Führung Bezug auf die global mit Sorge betrachtete Gefahr eines radikalen Islamismus.

Unterzeichnung und Zitierung von internationalen Abkommen

Die chinesische Regierung hat im Zuge der Anerkennung einer prinzipiellen Universalität der Menschenrechte nach 1979 den Nutzen von internationalen Menschenrechtsabkommen erkannt: Zum einen dienen sie dazu, die Volksrepublik als verantwortungs- und kooperationsbereiten Akteur auf der internationalen Bühne zu etablieren, zum anderen wirken sie als innenpolitische Legitimationsquelle. Die Volksrepublik China hat 20 UNO-Menschenrechtsabkommen unterzeichnet. Ähnlich wie in anderen Staaten ist der Geltungsbereich einiger Abkommen unter Verweis auf die nationale Gesetzgebung jedoch eingeschränkt. Die chinesische Führung begründet dies in Berichten an die UNO-Kommission und nimmt ausführlich zu Kritikpunkten Stellung (siehe auch *Tabelle 2* auf S. 343 f.). Den Anspruch auf staatliche Souveränität, das Prinzip der Nichteinmischung sowie den Primat des Rechts auf Entwicklung untermauert die chinesische Regierung beispielsweise mit der Allgemeinen Erklärung der Menschenrechte der UNO (Artikel 2, Ziffer 1: souveräne Gleichheit aller Staaten, Ziffer 7: Grundsatz der Nichteinmischung).

Kooperation auf bilateraler und multilateraler Ebene

Um nach der Niederschlagung der Protestbewegung 1989 ihre außenpolitische Isolation zu überwinden, konzentrierte sich die kommunistische Führung zunächst darauf, Allianzen mit Staaten zu schmieden, die in der Menschenrechtsfrage eine andere Position als die westlichen Staaten vertraten. Neben einem kurzen Engagement für die »asiatischen Werte« (u. a. große Wertschätzung von Bildung, Betonung familiärer Netzwerke, Unterordnung individueller Interessen unter die der Kollektive) brachte sich Beijing zunehmend als Fürsprecher der »Dritten Welt« in Stellung. Chinas Ambitionen als wirtschaftlicher und auch politischer »Global Player« haben diese Rhetorik jüngst abgeschwächt. Über den Beitritt zu Abkommen hinaus sucht die Volksrepublik seit Ende der 1990er-Jahre die internationale Bühne der Menschenrechtspolitik zu nutzen. China hat sich bereits dreimal für eine Zeit von je drei Jahren in den 2006 gegründeten UNO-Menschenrechtsrat wählen lassen. Dieser wurde als Nachfolgeorganisation der UNO-Menschenrechtskommission mit dem Ziel eingerichtet, Menschenrechte durch organisatorische Neuerungen effektiver zu überwachen. Im März 2014 stimmte Beijing gegen eine mehrheitlich verabschiedete Ratsresolution zur Verurteilung der Menschenrechtslage in Nordkorea. Dies entfachte unter chinesischen Intellektuellen und Internetnutzern erneut eine hitzige Debatte, inwieweit Beijing den für viele Chinesen zunehmend schwierigen und undurchschaubaren Verbündeten Nordkorea in Hinblick auf die eigenen Interessen noch weiter unterstützen sollte.

Im Vorfeld von Staatsbesuchen oder UNO-Delegationsbesuchen sowie brisanten Jahrestagen entlässt Beijing regelmäßig prominente Gefangene. Zudem unterhält die Volksrepublik China mit einer Reihe von Staaten und Organisationen (u. a. der EU, den USA, Deutschland, Kanada) bilaterale Rechtsdialoge. Beijing setzt diese jedoch aus Protest regelmäßig aus oder verschiebt diese.

Bilateralisierung von multilateralen Foren

In Verbindung mit den oben erläuterten Kooperationsbemühungen verfolgt China gegenüber möglicher Kritik auf der internationalen Ebene eine Strategie von »Zuckerbrot und Peitsche« (wirtschaftliche Angebote und politischer Druck). So ist es Beijing nach 1990 immer wieder gelungen, eine drohende Abmahnung durch die UNO-Menschenrechtskommission zu verhindern. Nachdem 1995 eine Resolution noch knapp an nur einer Stimme gescheitert war, wurde der Erfolg der chinesischen Bemühungen 1997 besonders deutlich: Die EU war gespalten, allein die Niederlande und Dänemark unterstützten den Antrag, China wegen Menschenrechtsverletzungen zu verurteilen. Außerdem erreichte die von Beijing oft gezielt angewandte »Besuchsdiplomatie« bei einzelnen Mitgliedstaaten der UNO im Vorfeld wichtiger Entscheidungen die gewünschte Wirkung: Die lateinamerikanischen Staaten stimmten 1997 geschlossen zugunsten Chinas ab.

Kritik an Doppelstandards westlicher Länder

Neben den seit 1991 jährlich veröffentlichten Weißbüchern über die Lage der Menschenrechte im eigenen Land publiziert die chinesische Regierung seit 2001 regelmäßig Weißbücher über die Lage der Menschenrechte in den USA. Diese sind als Reaktion auf die jährlichen Dokumentationen der Menschenrechtsverletzungen in China durch das US-Außenministerium (State Department) zu verstehen: Aufbau und Zeitpunkt der Veröffentlichung gleichen einander. Die Berichte sollen die USA, die nach wie vor Beijings stärkste Kritiker in puncto Menschenrechte sind, international diskreditieren. Vor allem aber zielen sie auf die eigene Bevölkerung: Die USA werden einer Doppelmoral bezichtigt und damit wird an den nationalen Stolz der chinesischen Bevölkerung appelliert.

Erstmals weckte die nach wie vor ungeklärte Bombardierung der chinesischen Botschaft in Belgrad durch NATO-Truppen 1998 eine ganze Bandbreite von antiwestlichen Gefühlsausbrüchen: in einer historischen Lesart anknüpfend an die Demütigungen durch die ehemaligen Kolonialmächte (siehe dazu den Beitrag von Christoph Müller-Hofstede), in einer aktuellen Lesart Bezug nehmend auf eine »Unterwanderung« und damit absichtliche Schwächung der aufsteigenden Macht China.

4 Menschenrechtsaktivisten in der VR China

In der Volksrepublik China haben sich immer wieder Menschen zusammengeschlossen, die die Regierung wegen ihrer Menschenrechtsverletzungen kritisieren. Diese Formen ihres Protestes erstrecken sich von Publikationen und Demonstrationen über Versuche einer legalen Registrierung von Organisationen bis hin zur Verteidigung von Rechten durch Bezugnahme auf die Verfassung. Die unterschiedlichen Aktionsformen sollen anhand von vier zentralen Bewegungen exemplarisch dargestellt werden.

- *Publikationsbewegung – Mauer-der-Demokratie-Bewegung (1970er-Jahre)*: Nach dem Beitritt Chinas zur UNO (1971) und aufgrund der entspannteren politischen Atmosphäre nach Maos Tod (1976) entstand die Mauer-der-Demokratie-Bewegung, benannt nach an Mauern geklebten Wandzeitungen der Kulturrevolution. Innerhalb der Bewegung, die mehr als 170 verschiedene Publikationen herausgab, herrschten unterschiedliche Positionen: Neben radikalen Forderungen nach Demokratisierung als einziger Möglichkeit zur Wahrung von Menschenrechten (u. a. Wei Jingsheng, Ren Wanding) standen die Forderungen gemäßigter Aktivisten, die mehrheitlich einen humaneren Sozialismus propagierten und sich auf Teile der offiziellen Rhetorik einließen (Yu Fan, Xu Wenli). Nachdem Deng Xiaoping die Aktivisten zunächst als förderlich für die eigene Machtkonsolidierung betrachtet hatte, ließ er im Frühjahr 1979 führende Köpfe der Bewegung verhaften.

Menschenrechte in der Volksrepublik China

Beginn der Tian'anmen-Bewegung: Die Trauer um Hu Yaobang verband sich im April 1989 mit dem Ruf nach Freiheit und Demokratie. (Foto: AP/Mark Avery)

- *Demonstrationsbewegung (1989)*: Unter dem Einfluss einer erneuten Phase der politischen Entspannung und ausgelöst durch den Tod des Reformers und ehemaligen KPCh-Generalsekretärs Hu Yaobang im Frühjahr 1989 demonstrierten Studenten in Beijing für die Neubewertung des 1987 als politisch zu liberal entmachteten Hu, für größere Transparenz innerhalb der Kommunistischen Partei und für ein Vorgehen gegen die Korruption. Arbeiter und städtische Bürger schlossen sich in mehreren Städten der Bewegung an, allgemeine Forderungen nach Verantwortlichkeit der Regierung und schließlich auch nach Demokratisierung wurden vorgebracht. Konzepte der Menschenrechte tauchten nur vereinzelt oder losgelöst von dem Begriff auf (Presse- und Versammlungsfreiheit). Die Protestbewegung wurde in der Nacht vom 3. auf den 4. Juni von der chinesischen Führung blutig niedergeschlagen.
- *Organisationsbewegung (1990er-Jahre)*: Nach der Freilassung einiger Aktivisten der 1989er-Protestbewegung versuchten Dissidenten in den Jah-

ren 1993 und 1994 in Beijing, Shanghai, Wuhan und Xian vergeblich, verschiedene Menschenrechtsvereinigungen offiziell anzumelden und damit zu legalisieren. Zudem richteten die Aktivisten einen Appell zur Achtung der Menschenrechte an die Regierung. Die Behörden verhafteten die Initiatoren. Der Frühling des Jahres 1998 war – ähnlich wie 1989 – begleitet von öffentlich ausgetragenen Debatten über politische und rechtliche Reformen. Die Bemühungen der langjährigen Dissidenten Qin Yongming und Xu Wenli, die Menschenrechtsorganisation China Human Rights Monitor registrieren zu lassen, wurden von den Behörden ebenso unterdrückt wie die versuchte Registrierung einer Oppositionspartei (China Democratic Party, *Zhongguo minzhudang*) in mehreren Provinzen im September und Oktober 1998. Die Anführer um Wang Youcai wurden verhaftet und zu langen Gefängnisstrafen verurteilt.

- *Bürgerrechtsbewegung (seit 2002)*: Im Herbst 2002/Frühjahr 2003 entstand die sogenannte Rechtsschutzbewegung (*weiquan yundong*), die als Geburtsstunde für eine bis heute andauernde Bürgerrechtsbewegung in China gilt. Um den zunehmend komplexeren sozioökonomischen Prozessen und der zunehmenden Integration Chinas in die internationale Gemeinschaft gerecht zu werden, hatte Beijing den Aufbau einer »Herrschaft durch das Recht« (sozialistischer Rechtsstaat), die Ausbildung von Juristen und eine allgemeine Rechtsbildung vorangetrieben (siehe den Beitrag von Björn Ahl). Mit der mangelnden Umsetzung und Überwachung von Gesetzen sowie offenkundigen Widersprüchen (Verfassungssouveränität versus Anleitung der Verfassung durch die KPCh) konfrontiert, forderten zunächst Rechtswissenschaftler und Journalisten, später zunehmend immer breitere Teile der Bevölkerung (Arbeiter, Bauern, Wohnungsbesitzer, Rentner etc.), den Schutz und die Achtung ihrer Rechte als Bürger gegenüber dem Staat ein.

Der Beginn der Bewegung hatte zwei konkrete Auslöser: Zum einen hatte die restriktive Informationspolitik der Regierung im Zuge der Lungenkrankheit SARS zu einem verspäteten Eingreifen gegen die Ausbreitung der Krankheit geführt und so Gefahren, die aus der mangelnden Transparenz des Systems resultieren, offengelegt. Rechtswissenschaftler und Journalisten forderten daraufhin vermehrt ein »Recht, über die Lage Bescheid zu wissen« (*zhiqingquan*). Zum anderen entfachte der Fall des Migranten Sun Zhigang, der im März 2003 von der Polizei verhaftet wurde, weil er seine Papiere zu Hause vergessen hatte, und dann in Polizeigewahrsam zu Tode kam, landesweite Entrüstung. Die anschließende offensive Berichterstattung von Journalisten und das

Engagement von Rechtswissenschaftlern – sie verfassten unter anderem offene Briefe an Staatsorgane – führte dazu, dass die Zentralregierung die umstrittene Behandlung von Migranten ohne Papiere abschaffte. In der Folge engagierten sich Bürger in einer Vielzahl von Lebensbereichen und Politikfeldern für den Schutz von Menschenrechten. Dabei gelingt es ihnen zunehmend, kurzfristige Zugeständnisse oder auch mittelfristige Erfolge zu erzielen.

Tab. 2: Ausgewählte Daten und Ereignisse der Bürgerrechtsbewegung in China seit 2002

Jahr	Ereignis
2002	Gründung der Beijing Aizhixing Institute on Health and Education durch den Aktivisten Wan Yanhai; später gemeinsames Engagement für HIV-/Aids-Betroffene mit Sacharow-Preisträger Hu Jia
2003	Gründung der Open-Constitution-Initiative (*gongmeng*-Initiative) durch Rechtsanwälte (u. a. Xu Zhiyong und Teng Biao); in der Folge Verteidigung von »sensiblen Fällen« (Falun-Gong-Anhänger, enteignete Bauern, wegen »Verrats von Staatsgeheimnissen«, des »Separatismus« angeklagte Tibeter und Uighuren, verfolgte Christen etc.)
2004	Open Constitution nimmt am Gesetzesentwurf zur Aufnahme des Schutzes der Menschenrechte in die Verfassung teil; im März 2014 beschließt der Nationale Volkskongress dies.
2005	Der blinde Rechtsaktivist Chen Guangcheng beginnt sein öffentliches Engagement gegen Zwangsabtreibungen und Geburtenplanung in der Provinz Shandong.
2007	Einwohner der Stadt Xiamen koordinieren mithilfe von mobilen Textnachrichten (SMS) Demonstrationen gegen den Bau einer Chemiefabrik. Durch die Verbreitung und Begleitung der Demonstration über Blogs, Diskussionsforen und Nachrichtenplattformen entsteht eine nationale Solidarität mit den Bewohnern. Von dem Xiamener Erfolg inspiriert, organisieren auch andere Städte ähnliche Proteste.
2008	(Mai) Aktivisten (unter anderen Rechtsanwalt Tan Zuoren und Künstler Ai Weiwei) recherchieren Namenslisten von verstorbenen Kindern und Ursachen der eingestürzten Schulbauten während des Erdbebens in Sichuan und setzen sich für die Eltern der Verstorbenen ein. (September/Oktober) »Milchpulverskandal«: Rund 300 000 Babys sind von mit Melamin verpanschtem Milchpulver betroffen; Vater Zhao Lianhai organisiert eine Selbsthilfegruppe (2010: Verurteilung zu zweieinhalb Jahren Haft wegen »Störung öffentlicher Ordnung«), Rechtsanwälte unterstützen die betroffenen Eltern.

Jahr	Ereignis
2008	(Dezember) Onlineveröffentlichung der »Charta 08« (*lingba xianzhang*) mit zunächst 303 Unterzeichnern von pensionierten Kadern, Aktivisten und Intellektuellen, die teilweise offizielle Positionen »innerhalb des Systems« (*tizhi nei*; d. h. an Forschungsinstituten oder Universitäten) innehaben; in der Folge unterzeichnen mehrere Tausend Chinesen das Dokument.
2009	(März) Open Constitution veröffentlicht unabhängigen Untersuchungsbericht über die Unruhen in Tibet. (Mai) »Deng-Yujiao-Zwischenfall«: Nationale Entrüstung und Mobilisierung von Offlineunterstützung (unabhängige Untersuchungsteams) über das Internet für die 21-jährige Hotelmitarbeiterin Deng Yujiao, die sich gegen sexuelle Avancen eines lokalen Kaders zur Wehr setzte und diesen erstach. Deng wird später für schuldig befunden, aber nicht bestraft. Chinas Netizens feiern dies als Erfolg der Onlineaufmerksamkeit (*wangluo weiguan*); diese entwickelt sich unter anderem mit dem Aufkommen von chinesische Mikroblogdiensten (Weibo) zu einer neuen Form der Bürgerrechtsbewegung. (Juni) Behörden erklären Open Constitution für illegal und schließen diese; chinesische Behörden sperren internationale Kommunikationsplattformen Twitter, YouTube und Facebook.
2010	(Juni) Gruppe von Rechtsanwälten, Journalisten und Publizisten ruft in einem offenen Brief zu einem neuen Bürgerbewusstsein auf. Dies gilt als Beginn einer Initiative, die 2012 von Xu Zhiyong den Namen »Neue Bürgerbewegung« (*xin gongmin yundong*) erhält und die das Ziel verfolgt, eine reife Bürgergesellschaft zu etablieren, und sich für die Beachtung der geltenden Verfassung in China einsetzt; der Unternehmer Wang Gongquan wird als weiterer zentraler Akteur im Sommer 2013 festgenommen. (Dezember) Die Neue Bürgerbewegung startet eine Kampagne für gleiche Bildungsrechte von Migrantenkindern, die in Städten leben, ohne einen städtischen Wohnsitz zu haben; das Erziehungsministerium revidiert das Gesetz im August 2012 entsprechend. Die Neue Bürgerbewegung initiiert »gemeinsame Abendessen« zum Wissensaustausch und zur Einübung einer Diskussionskultur in verschiedenen Städten. (Dezember) Der ungeklärte Tod des für Protestaktionen bekannten Dorfchefs Qian Yunhui (Provinz Zhejiang) löst eine erste große landesweite Informations- und Protestbewegung aus, die mithilfe der neu etablierten chinesischen Mikroblogdienste organisiert wurde.
2011	(Februar) Der Soziologe Yu Jianrong initiiert die erste nationale Öffentlichkeitskampagne bezüglich der Entführung und des Missbrauchs von Kindern.

Jahr	Ereignis
2011	(Frühjahr) Chinesische Aktivisten, primär in Übersee, rufen im Internet zu einer »Jasmin-Revolution« (molihua geming) auf. (April) Erste Spendenkampagne über Mikroblogs in China: Der Journalist Deng Fei postet einen entsprechenden Aufruf für ein kostenloses Mittagessen für Migrantenkinder und sammelt innerhalb eines Jahres rund 3,9 Millionen US$. (Juli) Nachdem die Regierung versucht hatte, ein Zugunglück in der Nähe von Wenzhou, bei dem zwei Waggons eines Hochgeschwindigkeitszugs von einer Brücke stürzten, zu vertuschen, erhalten erstmals sogenannte Bürgerjournalisten öffentliche Aufmerksamkeit, die via Weibo Informationen verbreiten. (November/Winter) Unterstützer von Ai Weiwei appellieren an Mikroblogger, für die Tilgung der Steuerstrafe des Künstlers zu spenden. Im Zuge der Onlinespendenkampagne kommt rund eine Million US$ zusammen.
2012	Öffentliche Forderungen nach »Offenlegung von Vermögen« von Kadern; wiederholte Demonstrationen in Beijing, Shenzhen und anderen Städten primär von der Neuen Bürgerbewegung organisiert.
2013	(Januar) Ein Editorial der liberalen Wochenzeitung »Southern Weekend« (Nanfang Zhoumo) zum chinesischen Neujahrsfest mit dem Titel »Chinas Traum, Traum vom Konstitutionalismus« (Zhongguo meng, xianzheng meng) wird auf Druck lokaler Propagandabehörden in letzter Minute ausgetauscht. Nach lokalen Protesten und nationaler Entrüstung wird der zuständige Propagandachef entlassen. (Mai) Die ironische Fotokampagne »Direktor, wenn du jemanden für ein Hotelzimmer suchst, dann komm zu mir« der Aktivistin Ye Haiyan, mit der sie gegen den Missbrauch von Minderjährigen durch deren Schuldirektor protestiert, findet landesweit Nachahmer und Solidarität. (August) Als Reaktion auf den zunehmenden Einfluss der Mikroblogs erlässt die chinesische Regierung neue strafrechtliche Bestimmungen zur Ahndung der Verbreitung von »Onlinegerüchten«. Bei »schweren Umständen«, das heißt, wenn Beiträge auf Mikroblogkonten 500-mal weitergeleitet oder 5000-mal angeklickt werden, droht Gefängnisstrafe von bis zu drei Jahren. Daraufhin wenden sich kritische Intellektuelle mehr und mehr dem neuen Chatprogramm »WeChat« (Weixin) der Firma Tencent zu.
2014	(Februar) Im Zuge einer Anti-Pornografie-Kampagne in der Stadt Dongguan (Provinz Guangdong) berichtet der staatliche Fernsehsender CCTV in entwürdigender Weise über Prostituierte. Daraufhin solidarisieren sich Millionen von Netizens mit den Prostituierten und beleben die Mikroblogs als Sphäre der öffentlichen Diskussion wieder. (März) Auf Anweisung der nationalen Propagandaabteilung schließt die Firma Tencent erstmals Konten des beliebten Nachrichtendienstes WeChat. Viele gibt Tencent jedoch nach einigen Tagen wieder frei.

Quelle: Eigene Zusammenstellung.

5 Die Lage der Menschenrechte in der VR China – Fortschritte und Defizite

Bilanziert man die Situation der Menschenrechte mit einem historischen Maßstab, so ist dem kommunistischen Regime auf vielen Gebieten ein positives Zeugnis auszustellen: Speziell die Armutsbekämpfung und die seit 1978 größere private Freiheit und politische Sicherheit sind hier hervorzuheben. Zieht man allerdings die von der chinesischen Regierung geschaffenen Gesetze und deren Implementierungsgrad als Bewertungskriterium hinzu, ergibt sich ein ambivalentes Bild. Dieses lässt sich insbesondere an drei Themen festmachen: Recht auf Existenz und Entwicklung, Aufbau eines »sozialistischen Rechtsstaats« und Aktivitäten im Rahmen der internationalen Menschenrechtsdiplomatie.

Recht auf Existenz und Entwicklung

Die Erfolge bezüglich der Armutsbekämpfung sind unumstritten: So hat Beijing von 1978 bis 2004 nach offiziellen Angaben die Anzahl der in absoluter Armut lebenden Menschen von 250 Millionen auf 26 Millionen gesenkt. China investiert erhebliche finanzielle und administrative Ressourcen in Armutsbekämpfungsprojekte; internationale Organisationen bezeichnen diese Bemühungen trotz mancher Korruptionsvorfälle als effizient, besonders im Vergleich zu anderen Entwicklungsländern. Das UNDP (United Nations Development Programme) bescheinigt der Volksrepublik auch im Bereich der insgesamt acht Milleniumsentwicklungsziele der UNO (u. a. garantierte Schulbildung, Reduzierung der Kindersterblichkeit und Gleichheit der Geschlechter) große Erfolge.

Dem stehen allerdings wachsende soziale Disparitäten gegenüber: Laut einer Studie des unabhängigen, chinesischen Thinktanks China Society of Economic Reform (CSER) aus dem Jahr 2012 war das Einkommen der reichsten zehn Prozent der chinesischen Haushalte 21-mal höher als das der ärmsten zehn Prozent. Insbesondere die sogenannten Wanderarbeiter sind nur sehr beschränkt in soziale Sicherungssysteme eingebunden: Im Jahr 2011 waren nur rund ein Viertel der 253 Millionen Migrantenarbeiter kranken- und rentenversichert und weniger als zehn Prozent nahmen an der Arbeitslosenversicherung teil, schreibt die Hongkonger Arbeitsrechtsorganisation China Labour Rights unter Bezugnahme auf offizielle Statistiken. Auch versicherte städtische Arbeiter müssten rund 60 Prozent der medizinischen Kosten selbst tragen, so der Bericht weiter. Das Einkommen von auf dem Land registrierten Haushalten lag 2012 mit umgerechnet

1041 Euro im Jahr bei weniger als einem Drittel des durchschnittlichen Einkommens von städtischen Haushalten.

Hinzu kommen wachsende ökologische Schäden. Beispiel Wasser: Nach offiziellen Angaben leiden rund zwei Drittel der chinesischen Städte unter Trinkwassermangel. 90 Prozent des noch vorhandenen urbanen Trinkwassers sowie 70 Prozent der Flüsse und Seen sind verschmutzt. Chinesischen Schätzungen zufolge sind etwa elf Prozent der Fälle von Magen und Darmkrebs direkt auf unsauberes Trinkwasser zurückzuführen. Die Bilanz des Menschenrechts auf Existenz und Entwicklung fällt nur in absoluten Zahlen zugunsten der Regierung aus.

Aufbau eines »sozialistischen Rechtsstaats«

Ende der 1990er-Jahre initiierte die chinesische Regierung eine Reihe von Gesetzesänderungen, wie die Reformen des Straf- und des Strafprozessrechts (1997 bzw. 1996), sowie neue Gesetze für den Justiz- und Sicherheitsapparat. Hierbei wurden Prinzipien wie die Unschuldsvermutung, Anspruch auf Rechtsbeistand sowie eine verstärkte Unabhängigkeit und Qualifikation der Richter festgeschrieben (siehe den Beitrag von Björn Ahl). Dass China im Frühjahr 2007 die Revision aller Todesstrafen durch den Obersten Gerichtshof wiedereingeführt hat, beurteilen Rechtsexperten als positiv. Ob die Anzahl der Hinrichtungen seitdem gesunken ist, lässt sich aufgrund mangelnder offizieller Statistiken nicht belegen. Beijing will »die Todesstrafe beibehalten, aber ihre Anwendung strikt limitieren«, so antwortete die chinesische Regierung im Rahmen ihrer zweiten Länderüberprüfung vor dem UNO-Menschenrechtsrat 2013 auf eine entsprechende Empfehlung zur Abschaffung. Die von Beijing als Fortschritt angeführte Abschaffung der Todesstrafe für 13 Verbrechen im Februar 2011 entpuppt sich bei näherem Hinsehen als »Fortschritt für die Rechte der Mächtigen«: Diese 13 Kategorien betreffen überwiegend Wirtschaftsverbrechen.

Ebenso widersprüchlich ist die im Dezember 2013 angekündigte Abschaffung des Strafsystems »Umerziehung durch Arbeit« (*laojiao*) zu beurteilen. Im Rahmen dieser Administrativstrafe konnte die Polizei »Täter geringerer Verbrechen« ohne einen Gerichtsprozess für bis zu drei Jahre in »Arbeitslager« einweisen lassen. Behörden verwendeten diese Maßnahme oft für Dissidenten, Petitionäre und Anhänger der Falun-Gong-Bewegung. Der Entschluss über die Abschaffung des Systems ist an sich betrachtet ein Fortschritt und gilt als ein wichtiger Meilenstein auf dem Weg zur Ratifizierung des UN-Pakts für zivile und politische Rechte durch Beijing. Allerdings hat die chinesische Führung damit nur auf Forderungen reagiert, die neben internationalen Menschenrechtsbeobachtern vor allem chinesische Rechtswissenschaftler und Intellektuelle seit Jahren unermüdlich in der Öffentlichkeit thematisiert haben. Die Abschaffung dieses Strafsystems beruht somit nicht auf eigener Einsicht oder Initiative der Regierung. Dass soziale Akteure zunehmend die politische Agenda der Regierung beeinflussen können, ist wiederum eine konstruktive Entwicklung hin zu einer Bürgergesellschaft.

Tatsächlich hat die chinesische Regierung viele der »Arbeitslager« mittlerweile schließen lassen. Allerdings bestehen manche unter einem neuen Namen wie »Drogenrehabilitationszentrum« oder »Institut für rechtliches Training« fort.

Insgesamt hat die seit 2008 deutlich zurückgegangene Propaganda vom Aufbau eines »sozialistischen Rechtsstaats mit chinesischen Charakteristika« zwar einige formale Verbesserungen und Beschränkungen der polizeilichen und justiziellen Willkür mit sich gebracht, substanziell hat sich an einer kommunistischen Herrschaft »durch das Recht« (nicht: »Herrschaft des Rechts«) nichts geändert. Unliebsame Kritiker können nach wie vor mit dem Justiz- und Sicherheitsapparat zum Schweigen gebracht werden. Sowohl der frühere Staats- und Parteichefs Hu Jintao als auch Chinas aktuell mächtigster Mann, Xi Jinping, haben die »Autorität der Verfassung und des Rechts« betont. Dazu müsste Beijing aber den Zusatz »unter Anleitung der Partei« aus der Präambel der chinesischen Verfassung streichen. Ein Testfall der besonderen Art könnte für die Volksrepublik die vermutlich 2017 bevorstehende Direktwahl des politischen Lenkers (Chief Executive) in Hongkong sein. Das autonome »Basic Law« der ehemaligen britischen Kronkolonie untersteht in letzter Instanz der Zustimmung und Interpretation des Nationalen Volkkongresses der Volksrepublik.

Aktivitäten im Rahmen der Menschenrechtsdiplomatie: Zwischen Kooperations- und Machtpolitik

Die chinesische Regierung hat insbesondere seit 2000 zahlreiche Kooperationsprojekte auf multilateraler und bilateraler Ebene initiiert und mitgetragen. Ende 2005 gewährte Beijing dem UNO-Sonderberichterstatter für Folter erstmals und bis dato einmaligen, uneingeschränkten Zugang in das Land. Im Rahmen des zwar ratifizierten, aber mit Einschränkungen versehenen Antifolterpaktes und des nicht ratifizierten Zusatzprotokolls erkennt China jedoch die UN-Subkommission gegen Folter und ihr Inspektionsmandat prinzipiell nicht an (siehe *Tabelle 3* im Anschluss an den Beitrag). Beijing hat die Ratifizierung des Internationalen Paktes über bürgerliche und politische Rechte und eine »aktive Vorbereitung darauf« angekündigt, will sich aber nicht auf einen Zeitpunkt festlegen lassen.

Die chinesische Regierung beklagt, dass China zum Teil in Menschenrechtsfragen an Standards gemessen werde, die in derselben Strenge nicht an andere Länder angelegt würden, und dass die Berichterstattung über China in ausländischen bzw. »westlichen« Medien häufig zu viel (negatives) Gewicht auf die Menschenrechtsproblematik lege und zu wenig Informationen über die Fortschritte in diesem Bereich und über andere Themen enthalte.

Aber auch wenn man die chinesische Regierung an ihren eigenen Ansprüchen und Gesetzen misst, lassen sich erhebliche substanzielle Defizite bei der Schaffung verbesserter Rahmenbedingungen für Menschenrechte erkennen. Diese sind primär in dem politischen System der VR China begründet (siehe den Beitrag von Sarah Kirchberger). Die der Partei untergeordnete Autorität der Verfassung und die daraus folgende mangelnde Unabhängigkeit der Justiz sowie das Fehlen autonomer Interessenvertretungen sind die Haupthindernisse für eine Realisierung der Menschenrechte. Entsprechende Reformen sind jedoch bis dato nicht erkennbar. Die jüngsten Entwicklungen deuten eher auf weitere Verhärtungen des politischen Systems hin: Das im Frühjahr 2013 veröffentlichte »Dokument Nr. 9« (Mitteilung bezüglich der Lage im Bereich der Ideologie; *Guanyu dangqian yishixingtai lingyu zhuangkuang de tongzhi*) der Kanzlei des Zentralkomitees der KPCh erklärt sieben Diskurse und Konzepte (unter anderem über Konstitutionalismus, universelle Werte und Zivilgesellschaft) als »westlich«, »schädlich« und deshalb als zukünftig tabu. Im Rahmen seiner ersten Europareise als Staatsoberhaupt machte Xi Jinping deutlich, dass er »westliche« Konzepte wie Unabhängigkeit der Justiz oder ein Mehrparteiensystem als unpassend für Chinas weiteren Reformweg sieht. Berichte über die erste offizielle Sitzung des im Herbst 2013 neu geschaffenen Nationalen Sicherheitsrats (*Guojia anquan weiyuanhui*) zitieren Xi Jinping, der die »Wahrung der politischen Sicherheit« als Grundlage der Ratsarbeit sieht. Damit scheint sich eine primäre Ausrichtung auf innerparteilich und innenpolitisch unliebsame Kritiker als Hauptaufgabe des neuen Organs zu bestätigen.

Derart konterkariert die Regierung auch ihre Anstrengungen für einen Schutz jener Menschenrechte, die sie selbst immer in den Vordergrund stellt. Beispiel Umweltschutz: Solange die Regierung die Kreise und Gemeinden nicht finanziell besserstellt und den Schutz der Umwelt nicht zu einem »harten« Ziel (u. a. neben sozialer Ordnung und Geburtenplanung) erhebt, werden sich die korruptionsanfälligen lokalen Regierungen immer für Investitionen und Steuern durch Unternehmer und gegen hinderliche Umweltauflagen entscheiden. Sie gefährden damit das Existenz- und Entwicklungsrecht der chinesischen Bürger. Beispiel Korruption: Nur wenn Gerichte und Medien Unabhängigkeit von staatlicher Einmischung genießen, wird die chinesische Führung die Korruption, aus Sicht der Partei ihr eigenes »Krebsgeschwür«, eindämmen können. Es bleibt abzuwarten, wie lange Beijing diese Widersprüche ausbalancieren kann.

Literatur

Angle Stephen C.: Human Rights and Chinese Thought. A Cross Cultural Inquiry, Cambridge 2002.

China Labout Bulletin: China's Social Security System (http://www.clb.org.hk/en/view-resource-centre-content/110107, Zugriff: 28. April 2014).

Hasenkamp, Miao-ling: Universalization of Human Rights? The Effectiveness of Western Human Rights Policies Towards Developing Countries after the Cold War with Case Studies from China, Frankfurt am Main u. a. 2004.

Human Rights in China: Summary Charts: China's Responses to Recommendations Advanced by Human Rights Council Member and Observer States 2nd Universal Periodic Review of China (http://www.hrichina.org/sites/default/files/upr_2013_recommendations_and_chinas_responses.pdf, Zugriff: 28. April 2014).

Informationsbüro des Staatsrats: National Human Rights Action Plan of China (2012–2015), 11. Juni 2012 (http://www.china.org.cn/government/whitepaper/node_7156850.htm, Zugriff: 9. April 2014).

Kinzelbach, Katrin: The EU's Human Rights Dialogue with China. Quiet Diplomacy and its Limits, London 2014.

Mühlhahn, Klaus: Zwischen Ablehnung und Anerkennung. Menschenrechte und Geschichte im modernen China, in: China aktuell, 35 (2006) 1, S. 7–40.

Peerenboom, Randall: Assessing Human Rights in China: Why the Double Standard, in: Cornell International Law Journal, 38 (2005) 1, S. 71–172.

Pils, Eva: China's Human Rights Lawyers: Advocacy and Resistance, London 2014.

Sullivan, Michael J.: Developmentalism and China's Human Rights Policy, in: Van Ness, Peter (Hrsg.): Debating Human Rights. Critical Essays from the United States and Asia, London/New York 1999.

Svensson, Marina: Debating Human Rights in China. A Conceptional and Political History, Oxford 2002.

Xu, Youyu/ Hua, Ze: In the Shadow of the Rising Dragon: Stories of Repression in the New China, Basingstoke 2013.

Weblinks

Amnesty International, China:
https://www.amnesty.org/en/region/china
China Labour Bulletin
http://www.clb.org.hk/
Chinese Human Rights Defenders:
http://chrdnet.com/
Human Rights in China:
http://www.hrichina.org
Human Rights Watch, China and Tibet:
https://www.hrw.org/asia/china
Laogai Research Foundation:
http://www.laogai.org/

Tab. 3: Status der Hauptinstrumente internationaler Menschenrechte der UNO in der VR China

Name der Konvention	Datum der Unterzeichnung	Datum der Ratifizierung	Anmerkungen
Internationale Konvention zur Beseitigung aller Formen von Rassendiskriminierung (»Antirassismuskonvention«)	–	29.12.1981 (Zulassung)	Zulassung aufgrund der vorherigen Unterzeichnung und Ratifizierung durch die Republik China (Taiwan)
Internationaler Pakt über wirtschaftliche, soziale und kulturelle Rechte (»Sozialpakt«)	27.10.1997	27.3.2001	Die Anwendung des Artikels 8.1 a (Recht auf Gründung von Gewerkschaften) soll in Übereinstimmung mit den relevanten Artikeln der Verfassung der VR China sowie dem Gewerkschafts- und dem Arbeitsgesetz geschehen.
Internationaler Pakt über zivile und politische Rechte (»Zivilpakt«)	5.10.1998	–	Die beiden optionalen Zusatzprotokolle (Annahme von Berichten individueller Opfer, Abschaffung der Todesstrafe) hat China nicht unterzeichnet.

Name der Konvention	Datum der Unterzeichnung	Datum der Ratifizierung	Anmerkungen
Internationale Konvention über die Unterdrückung und Bestrafung des Apartheidverbrechens	–	18.4.1983 (Zulassung)	Zulassung aufgrund der vorherigen Unterzeichnung und Ratifizierung durch die Republik China (Taiwan)
Konvention zur Beseitigung jeder Form von Diskriminierung der Frau (»Frauenkonvention«)	17.7.1980	4.11.1980	China fühlt sich an Artikel 29, §1 (Streitschlichtung zwischen zwei Staaten bezüglich der Konvention) nicht gebunden.
Konvention gegen Folter und andere grausame, unmenschliche oder erniedrigende Behandlung oder Strafe (»Antifolterkonvention«)	12.12.1986	4.10.1988	China erkennt die Kompetenz der Kommission gegen Folter nach Artikel 20 (Kooperation mit Kommission bezüglich Folterverdächtigungen) nicht an. China fühlt sich an Artikel 30, §1 (Streitschlichtung zwischen zwei Staaten bezüglich der Konvention) nicht gebunden. Zusatzprotokoll (Subkommission gegen Folter und deren Mandat) wurde nicht unterzeichnet.
Konvention für die Rechte von Kindern (»Kinderrechtskonvention«)	29.8.1990	2.3.1992	China soll die Verpflichtung nach Artikel 6 der Konvention (Recht auf Leben eines jeden Kindes, maximale Bemühungen für Überleben und Entwicklung des Kindes) unter der Bedingung erfüllen, dass diese mit der Familienplanung in Artikel 25 der Verfassung und Artikel 2 des Gesetzes bezüglich minderjähriger Kinder übereinstimmt.

Name der Konvention	Datum der Unterzeichnung	Datum der Ratifizierung	Anmerkungen
Internationale Konvention zum Schutz der Rechte aller Wanderarbeitnehmer und ihrer Familien	–	–	Gegen Diskriminierung; Schutz politischer/ziviler und auch wirtschaftlicher/ sozialer/kultureller Rechte, z. B. gleicher Zugang zu Sozialsystemen, Bildungsinstitutionen etc.
Konvention über die Rechte von Menschen mit Behinderung (»Behindertenrechtskonvention«)	30.3.2007	1.8.2008	Recht auf Bewegungsfreiheit und Freiheit der Staatsangehörigkeit in der Konvention setzen nicht Rechte bezüglich Immigration und Antrag auf Staatsbürgerschaft der Sonderverwaltungszone Hongkong außer Kraft.
Internationale Konvention zum Schutz aller Personen vor dem Verschwindenlassen	–	–	China hat bereits entsprechende Regelungen verabschiedet und »prüft zur gegebenen Zeit Möglichkeiten, der Konvention beizutreten«.

Quellen: Office of the High Commissioner for Human Rights, »Status of ratification of Human Rights Instruments«, 13. Februar 2013 (http://lib.ohchr.org/HRBodies/ TreatyBodies/Documents/HRChart.xls, Zugriff: 29. April 2014); Office of the United Nations High Commissioner for Human Rights, »Ratifications, Reservations and Declarations«, 29. April 2014 (https://treaties.un.org/Pages/Treaties. aspx?id=4&subid=A&lang=en/, Zugriff: 29. April 2014).

Gunter Schubert

Taiwan: Geschichte, politisches System und das Verhältnis zu China[1]

1   Einleitung

Die Republik China auf Taiwan ist seit etwa 25 Jahren eine Demokratie. Mit der illegalen Gründung der Demokratischen Fortschrittspartei (DFP) am 28. September 1986 und deren Tolerierung durch die von Chiang Ching-kuo (Jiang Jingguo) geführte Guomindang (GMD) wurde das Ende einer vierzigjährigen autoritären Ära eingeleitet, die Taiwan politisch geknebelt, in der es sich gleichzeitig jedoch zu einem der »vier kleinen Drachen« entwickelt und einen beeindruckenden wirtschaftlichen Aufstieg erlebt hatte. Die demokratische Transition verlief bemerkenswert friedlich und wurde in den Jahren 1991/92 mit den ersten gesamttaiwanesischen Wahlen für die beiden nationalen Parlamente – Legislativyuan und Nationalversammlung – abgeschlossen. Es folgte eine schwierige Konsolidierungsphase mit teilweise turbulenten Auseinandersetzungen zwischen den verschiedenen politischen Lagern, die jedoch spätestens mit der Regierungsübernahme durch die DFP nach den gewonnenen Präsidentschaftswahlen im Frühjahr 2000 als beendet gelten konnte. Die politischen Institutionen der taiwanesischen Demokratie sind seitdem stabil, auch wenn sie durch die kontroverse Auseinandersetzung um die nationale Identität Taiwans und die taiwanesische Chinapolitik immer wieder Belastungen ausgesetzt waren und sind. Immerhin hat die Verbesserung des sinotaiwanesischen Verhältnisses nach der erneuten Regierungsübernahme der GMD im Mai 2008 diese innenpolitischen Debatten spürbar entspannt. Allerdings stehen sich die politischen Lager in der Haltung zu China weiterhin unversöhnlich gegenüber, ist ein Konsens noch nicht absehbar.

Der vorliegende Beitrag bemüht sich um eine knappe zeitgeschichtliche Darstellung der Perioden, Ereignisse und Faktoren, die für das Verständ-

---

1   Der vorliegende Beitrag ist eine in Teilen überarbeitete und aktualisierte Fassung des Beitrags aus dem letzten Länderbericht China von 2007.

nis des politischen Taiwans der Gegenwart konstitutiv sind. Dabei spielt das Erbe der Siedlungsgeschichte und die frühe Wahrnehmung Taiwans als *frontier* durch das Qing-Reich (Abschnitt 2) eine ebenso wichtige Rolle wie die japanische Kolonialzeit zwischen 1895 und 1945 (Abschnitt 3). Prägend für die jüngere politische Geschichte der Inselrepublik war die autoritäre GMD-Herrschaft zwischen 1945 und 1986 (Abschnitt 4). Die demokratische Transition und der sich anschließende Weg zu einer konsolidierten Demokratie zwischen 1986 und 2000 werden ebenso erörtert (Abschnitt 5) wie die Regierungszeit der bis dahin oppositionellen Demokratischen Fortschrittspartei (DFP) unter Chen Shui-bian zwischen 2000 und 2008 (Abschnitt 6). Der Beitrag schließt mit einer Beleuchtung des sinotaiwanesischen Verhältnisses nach der Wahl des GMD-Politikers Ma Yingjiu (Ma Ying-jeou) zum Präsidenten im März 2008, der im Januar 2012 für weitere vier Jahre in seinem Amt bestätigt wurde (Abschnitt 7). Ein knapper Ausblick rundet den Beitrag ab (Abschnitt 8).

2 Die Anfänge: Taiwan als Einwanderungsgesellschaft und *frontier*

Die Anfänge der menschlichen Besiedlung Taiwans reichen weit in prähistorische Zeit zurück, doch sollen die Vorfahren der heute als »Ureinwohner« (*yuanzhumin*) bezeichneten indigenen Völker protomalaiischer bzw. polynesischer Herkunft erst in der Jungsteinzeit (vor ca. 4 000 Jahren) auf die Insel gelangt sein. Diese leben heute vornehmlich in den Gebirgsregionen in der Osthälfte der Insel. Die in den westlichen Ebenen lebenden Völker wurden hingegen schon früh assimiliert. Offiziell unterscheidet man zwischen 16 Stämmen[2] mit insgesamt etwa 500 000 Menschen, die einen Anteil von etwa zwei Prozent an der Gesamtbevölkerung ausmachen. Die *yuanzhumin* waren traditionell Jäger und Sammler, von denen einige Stämme intensiv der Kopfjagd nachgingen. Die erste nennenswerte Welle hanchinesischer Einwanderer aus den südlichen Küstenprovinzen des Reiches kam im 16. Jahrhundert, als die staatliche Ordnung auf dem Festland unter der Herrschaft der Ming-Dynastie (1368–1644) durch den militärischen Druck der Mandschu-Invasoren allmählich kollabierte. Die Immigranten waren zum einem *minnanyu* sprechende Hoklos aus der Provinz Fujian, deren Nachkommen heute etwa 70 Prozent der

---

2 Ami, Atayal, Bunun, Hla'alua, Kanakanavu, Kavalan, Paiwan, Puyuma, Rukai, Saisiyat, Sakizaya, Sediq, Tao, Thao, Tsou, Truku.

Gesamtbevölkerung stellen. Eine zweite Gruppe umfasste aus der Provinz Guangdong zugewanderte Hakkas mit einem Anteil von rund 15 Prozent.[3] Diese beiden ethnischen Subgruppen der hanchinesischen Inselbevölkerung wurden später als »Taiwanesen« bezeichnet und von den »Festländern« abgegrenzt, die nach dem Ende der japanischen Kolonialzeit und vor allem nach der Niederlage der Nationalisten im Chinesischen Bürgerkrieg (1945–49) nach Taiwan gelangten (siehe S. 362–365).

Von 1624 bis 1662 konnten die Niederlande im südlichen Taiwan eine Kolonie etablieren. Zu Beginn jener Zeit lebten lediglich 1 000–1 500 chinesische Siedler in Taiwan, die sich als Fischer oder Bauern verdingten und ungeachtet zahlreicher Konflikte und gewaltsamer Auseinandersetzungen um Land und Ressourcen teilweise auch Handel mit den *yuanzhumin* trieben. Die niederländische Vereenigde Oostindische Compagnie (VOC) integrierte Taiwan in ihr weitverzweigtes Handelsnetz und nutzte die Insel als Umschlagplatz für taiwanesische Rohstoff- und Agrarprodukte sowie als Entrepôtzentrum für den Weitertransport von Waren von und nach China, Japan, Südostasien und Europa. Sie pressten der chinesischen Bevölkerung und den *yuanzhumin* hohe Steuern ab und unterdrückten auftretenden Widerstand wiederholt mit militärischen Strafaktionen. Gleichzeitig bemühten sich die Holländer um eine Missionierung der Ureinwohner und um die Vermittlung von westlichen Bildungsinhalten. 1642 gelang es ihnen, die Spanier, die ab 1624 zwei Stützpunkte in Nordtaiwan unterhielten, zu vertreiben. Wie die Spanier haben die Holländer zwar kaum Spuren in der taiwanesischen Geschichte hinterlassen, doch gilt vor allem die holländische Kolonialzeit heute als wichtiger Bezugspunkt für den taiwanesischen Nationalismus. Sie öffnete Taiwan für das maritime Asien und machte es zu einem wichtigen regionalen Handelsstützpunkt mit globaler Bedeutung.

Unter der sich anschließenden Herrschaft der Familie des Ming-Loyalisten Koxinga (Cheng Cheng-kung, 1624–62), der die Holländer 1661 mit einer gewaltigen Armada von mehreren Hundert Schiffen und über 25 000 Soldaten aus ihrem Fort Zeelandia vertrieb, wurde Taiwan auch in seinen bisher unzugänglich gebliebenen Regionen weiter erschlossen. Am Status der Insel und der wirtschaftlichen Ausrichtung, wie sie zur Zeit der holländischen Kolonialherrschaft bestanden hatte, hielt das neue Regime unter Koxingas Sohn Cheng Ching grundsätzlich fest. Nach der Kon-

---

3 Die Angaben für beide Gruppen schwanken je nach Berechnungs- bzw. Bezugsgrundlage. In den offiziellen taiwanesischen Statistiken wird der Anteil von Hoklos und Hakkas i. d. R. zusammengefasst und mit 85 Prozent beziffert.

solidierung der Qing-Dynastie (1644–1911) auf dem chinesischen Festland wurde 1683 schließlich auch Taiwan erobert und als Präfektur der Provinz Fujian dem Kaiserreich eingegliedert. Damit unterstand Taiwan zum ersten Mal direkt chinesischer Verwaltung, auch wenn der Kaiserhof bereits seit der Song-Zeit Kenntnis von dieser fernen Insel hatte und sie stets als Teil des Reiches betrachtete. Zu diesem Zeitpunkt lebten etwa 130 000 Menschen auf Taiwan, die jedoch unter den harten Lebensbedingungen von Immigration und Kolonisierung keine innere Kohärenz aufwiesen bzw. keine Vorstellung von einer eigenen politischen Identität entwickelt hatten. Dies änderte sich jedoch im Lauf der Qing-Herrschaft, als die Immigration vom Festland sprunghaft zunahm, sich die chinesischen Siedler allmählich landsmannschaftlich organisierten und im Zuge der Entstehung einer prosperierenden landbesitzenden Schicht eine Ausdifferenzierung der Gesellschaft nach sozialen Klassen erfolgte.

Die Dynamisierung der Einwanderung nach Taiwan im Lauf des 18. und 19. Jahrhunderts veränderte nicht nur das Kräfteverhältnis zwischen den hanchinesischen Siedlern und den *yuanzhumin* mit der Folge zunehmender Konflikte zwischen beiden. Auch die subethnischen Auseinandersetzungen zwischen Hoklos und Hakkas sowie innerhalb der Hoklos zwischen verschiedenen regionalen Gruppen nahmen infolge von Landkonflikten und einer weitgehend ineffizienten Qing-Verwaltung zu. Diese Entwicklung versuchten sich die kaiserlichen Beamten häufig zunutze zu machen, indem sie die verschiedenen Seiten zum Zweck des eigenen Machterhalts gegeneinander ausspielten. Daneben stand ihr Bemühen, einflussreiche Grundbesitzer mit der Aufrechterhaltung der öffentlichen Ordnung zu betrauen. Diese verfügten häufig über eigene Milizen und bauten weitreichende Klientelnetze auf, die als die historischen Vorläufer der bis heute sehr einflussreichen Lokalfaktionen (*difang paixi*) gelten müssen. Die zahlreichen Aufstände von chinesischen Siedlern gegen die Qing-Verwaltung, die ebenso häufigen Auseinandersetzungen innerhalb der hanchinesischen Bevölkerung einerseits sowie zwischen ihr und den *yuanzhumin* andererseits sowie nicht zuletzt die sich in der Spätphase der Qing-Herrschaft verschärfende Unterdrückung der *yuanzhumin* begründeten eine Tradition konfliktgeladener Ethnizität und chinesisch-taiwanesischer Frontstellung, die in der zweiten Hälfte des 20. Jahrhunderts zu einem wichtigen Faktor in Politik und Gesellschaft Taiwans werden sollte.

In der Zeit seiner Zugehörigkeit zum chinesischen Kaiserreich verwandelte sich Taiwan erst sehr spät von einer typischen *frontier*, die von den Qing wenig effizient verwaltet wurde, in ein stärker mit dem Festland verbundenes und vom Kaiserhof beachtetes Territorium. Ausschlaggebend dafür war zunächst die Öffnung von Vertragshäfen in Taiwan als Folge des 1860 zwischen dem Qing-Reich und den westlichen Staaten geschlossenen Vertrags von Beijing, in deren Folge die Insel erneut zu einem bedeutsamen regionalen Handelsstützpunkt aufstieg. Aber auch sicherheitspolitische Erwägungen spielten eine Rolle, da China zunehmend zum Objekt territorialer Begehrlichkeiten der imperialistischen Mächte zu werden drohte und Taiwan in deren Fadenkreuz geriet. In den letzten zwanzig Jahren ihrer Herrschaft über die Insel bemühten sich die Qing daher um eine Straffung der administrativen Strukturen, die Modernisierung der wirtschaftlichen Infrastruktur, eine systematische Ausdehnung der landwirtschaftlichen Nutzfläche und eine »Zivilisierung« jener Ureinwohnerstämme, die sich bisher der Kontrolle durch die Obrigkeit entzogen hatten. 1885 erhielt Taiwan den Status einer chinesischen Provinz – ein Schritt, der vor allem dem Ziel einer politischen und militärischen Stärkung der Insel zur Abwehr der Kolonisierungsversuche der westlichen Kolonialmächte und Japans geschuldet war. Mit der Niederlage der Qing im Chinesisch-Japanischen Krieg 1894/95 endete die chinesische Oberhoheit über Taiwan jedoch abrupt. Damit war das späte Projekt einer politischen und nationalen Integration dieser komplexen Immigrantengesellschaft in das Reich frühzeitig gescheitert.

3 Die japanische Kolonialzeit (1895–1945)

Am 17. April 1895 unterzeichneten Japan und China den Vertrag von Shimonoseki. Er brachte die Hauptinsel Taiwan und die Pescadoren (Penghu) unter japanische Kolonialherrschaft. Das Interesse der Regierung in Tokio am Erwerb dieser Gebiete bestand zuvorderst in der Ausbeutung von Rohstoffen und der Schaffung neuer Absatzmärkte für japanische Produkte. Taiwan sollte der Versorgung der Bevölkerung des Mutterlandes sowie der Stärkung seiner ressourcenarmen Volkswirtschaft dienen. Während die meisten Qing-Beamten sich zügig aus Taiwan absetzten, leistete die lokale Elite Widerstand und rief im Mai 1895 die Unabhängigkeit einer neuen Republik Taiwan aus. Dieser antijapanisch motivierte Schritt konnte die Einnahme der Insel durch japanische Besatzungstruppen allerdings nicht verhindern, die mit der Kapitulation von Tainan am 21. Oktober 1895 im Wesentlichen abgeschlossen war. Es kostete die japanische Besatzungsmacht allerdings weitere sieben Jahre, bis sie eine leidlich gute Kontrolle über die Insel erlangt hatte. Auch danach kam es immer wieder zu Aufständen chinesischer Siedler und *yuanzhumin*, die mit rücksichtsloser Unterdrückung beantwortet wurden. Die Erfahrung, vom Kaiserhof in würdelosen Kapitulationsverhandlungen als Kriegsbeute an Japan abgetreten worden zu sein, verankerte sich tief im kollektiven Gedächtnis der Inselbevölkerung und diskreditiert bis heute den Souveränitätsanspruch Chinas über Taiwan.

Die Japaner übten eine strenge, oft repressive Herrschaft über Taiwan aus. Sie ermöglichten den Inselbewohnern jedoch auch, in der Dōka-Periode (1915–37), eine begrenzte politische Beteiligung.[4] Die GMD knüpfte in den 1950er-Jahren daran an, als sie direkte Wahlen auf den unteren Verwaltungsebenen zuließ, deren Einübung maßgeblich zur überraschend friedlichen Demokratisierung des politischen Systems in den späten 1980er-Jahren beitragen sollte (siehe S. 374 ff.). Durch den systematischen Ausbau der Infrastruktur, die Modernisierung der Landwirtschaft, die Entwicklung eines leichtindustriellen Sektors und den in der Spätphase der Kolonialzeit erfolgenden Aufbau einer Schwerindustrie legten die Japaner die Grundlagen für das taiwanesische »Wirtschaftswunder« der Nachkriegszeit: Es wurden neue Straßen und Eisenbahntrassen, Hafenanlagen, Bewässerungssysteme und Kläranlagen gebaut. Zudem errichteten die Japaner Krankenhäuser und führten neue sanitäre Praktiken ein, sodass bis dahin notorisch auftretende Krankheiten wie Malaria, Cholera, Ruhr und Pocken gebannt werden konnten. Auch das Bankenwesen wurde reformiert und ein überregionales Pressewesen geschaffen.

Bis Mitte der 1920er-Jahre konzentrierte sich die japanische Entwicklungspolitik vor allem auf die Modernisierung der Landwirtschaft. Man führte eine Landreform durch und förderte die Gründung bäuerlicher Kooperativen, in denen neue Anbautechniken vermittelt und die Produktion von in Japan besonders nachgefragten Agrargütern propagiert wurden. Durch eine Verdoppelung der Anbaufläche konnte die Reisproduktion erheblich gesteigert werden. Obwohl der größte Teil der landwirtschaftlichen Produktion nach Japan exportiert wurde, war die Nah-

---

4 Dōka: Assimilierung. Ziel der japanischen Besatzer war eine Erziehung der Taiwanesen zu loyalen japanischen Staatsbürgern. In diesem Rahmen wurde eine teils aus den Reihen einheimischer Taiwanesen gewählte politische Vertretung zugelassen, die als Beratungsorgan des japanischen Gouverneurs wirkte. Zudem erhielten einige Taiwanesen Sitze im japanischen Parlament. In den 1920er-Jahren konnten sich zudem zivilgesellschaftliche Organisationen und politische Parteien gründen, die sich für politische Reformen und Arbeiterrechte einsetzten. So entstand eine veritable taiwanesische Homerule-Bewegung, die jedoch in den 1930er-Jahren allmählich unterdrückt wurde.

rungsmittelversorgung in Taiwan deutlich besser als auf dem chinesischen Festland. Die Japaner errichteten außerdem große Produktions- und Handelsmonopole, mit denen sie unter anderem die lukrative taiwanesische Zuckerindustrie kontrollierten. Erst im Zuge der japanischen Kriegsvorbereitungen und vor allem nach dem Ausbruch des Pazifikkrieges 1941 forcierte die Kolonialmacht den Aufbau einer taiwanesischen Schwerindustrie, unter anderem mit dem Bau von Raffinerien und Fabriken für chemische Produkte, Stahl und Schiffbau, um Taiwan zu einer dem Mutterland vorgelagerten Verarbeitungsbasis für Rohstoffe aus dem besetzten Südostasien auszubauen. Obwohl viele dieser Anlagen und die Infrastruktur durch schwere Bombardements der USA in der Endphase des Pazifikkrieges teilweise zerstört wurden, stellten die japanischen Vorleistungen entscheidende Weichen für die erfolgreiche Wirtschaftspolitik der GMD in den 1950er- und 1960er-Jahren.

Die Taiwanesen waren unter der japanischen Kolonialherrschaft nur »Bürger zweiter Klasse«. Sie profitierten zwar von einem verbesserten Schulwesen, blieben jedoch ohne höhere Bildungs- und nennenswerte berufliche Aufstiegschancen. Zudem wurden sie in der Spätphase der Kolonialzeit, wiederum im Kontext der japanischen Expansion in Asien, einer immer rigideren Assimilierungspolitik unterworfen, die schließlich die chinesische Sprache aus den Schulen verdrängte, religiöse Gebräuche und kulturelle Praktiken der chinesischen Tradition kriminalisierte und chinesische Zeitungen verbot. Ausgerechnet durch die erzwungene Übernahme des japanischen Kaiserkultes und die Verehrung seiner religiösen und nationalen Symbole waren es jedoch die Japaner, die die Saat für ein taiwanesisches Nationalbewusstsein ausstreuten. Viele Taiwanesen zeigten sich beeindruckt von dem nationalistisch motivierten und religiös aufgeladenen Ehrgeiz der Kolonialherren, das »Mutterland« stark zu machen. So entstanden in den 1920er-Jahren eine Reihe von Organisationen und Zeitschriften, in denen Intellektuelle sich für die Formierung eines eigenen kulturellen Bewusstseins der Taiwanesen engagierten. Von der 1920 gegründeten New People's Society wurden in diesem Kontext auch politische Forderungen gestellt, in denen man nach Autonomie und sogar nach einem eigenen taiwanesischen Parlament verlangte. Diese Forderungen wurden von anderen Gruppierungen aufgegriffen und teilweise radikalisiert, ohne damit allerdings die japanische Kolonialherrschaft offen infrage zu stellen.

Zwar wurden diese Bemühungen Anfang der 1930er-Jahre unterdrückt, als in Japan ultranationalistische Kräfte an die Macht gelangten und die japanische Kolonialpolitik allenthalben verschärften. Aber die Erinnerung an die erste kulturelle und politische »Bewusstseinswerdung« der Intellektuellen Taiwans wurde spätestens in den 1990er-Jahren zum Gegenstand einer neuen Beschäftigung mit der japanischen Kolonialzeit, die dem Ziel der Akzentuierung einer eigenständigen taiwanesischen Kultur sowie der kulturellen und nationalen Abgrenzung von Festlandchina diente. Auch deshalb, und nicht nur wegen ihres Beitrags zur wirtschaftlichen Erschließung der Insel, wird in Taiwan die japanische Kolonialzeit bis heute als überwiegend positives Kapitel der eigenen Geschichte gewertet.

Straßen, Brücken, Eisenbahnen: Die Grundlagen für eine moderne Infrastruktur auf Taiwan wurden während der japanischen Kolonialzeit gelegt. (Foto: Carl Mydans/ Time & Life Pictures/Getty Images, 1950)

4 Taiwan unter der autoritären Herrschaft der Guomindang (1945–86)

Nach der Kapitulation Japans und dem Ende des Pazifikkrieges fiel Taiwan im August 1945 nach einer Abmachung der Siegermächte an die Republik China. Zu diesem Zeitpunkt bejubelte die Inselbevölkerung – nicht zuletzt mangels Alternative – die Ankunft der nationalistischen Truppen und die Eingliederung in das chinesische »Mutterland«. Die koloniale Erfahrung der vergangenen Jahrhunderte, vor allem die japanische Besatzungszeit, hatten jedoch tiefe Spuren im politischen Bewusstsein der Menschen hinterlassen.

Das postkoloniale Interregnum und der »Zwischenfall vom 28. Februar 1947«

Unter der Herrschaft der Guomindang wurde Taiwan zunächst unter militärische Verwaltung gestellt. Erster Generalgouverneur wurde Chen Yi, ein Günstling von Chiang Kai-shek (Jiang Jieshi). Seine Amtszeit war geprägt von Korruption, steigender Arbeitslosigkeit und Hyperinflation sowie der Unfähigkeit der neuen Regierung, die taiwanesische Wirtschaft nach den Zerstörungen des Krieges wieder anzukurbeln. Gleichzeitig besetzten Festländer alle Schaltstellen in Politik, Verwaltung und den großen Staatsunternehmen. Letztere verwandelten sich teilweise in die privaten Pfründe von Freunden und Familienmitgliedern des Gouverneurs, während die Mehrheit der Taiwanesen unter den immer dramatischeren Versorgungsengpässen zu leiden hatten und sich an den sozialen Rand gedrängt sahen. Zudem wurden umfangreiche Finanz- und Sachmittel zur Unterstützung des GMD-Regimes auf das Festland umgeleitet und dem Wiederaufbau in Taiwan entzogen. Innerhalb kurzer Zeit waren die Beziehungen zwischen Festländern und Taiwanesen überaus gespannt und die Herrschaft der GMD diskreditiert.

Eine handgreifliche Auseinandersetzung am 27. Februar 1947 in Taibei zwischen zwei Beamten der staatlichen Monopolbehörde und einer Frau, die offensichtlich illegal Zigaretten verkaufte, war der Auslöser für eine Entladung des aufgestauten Zorns der einheimischen Bevölkerung über das Regime Chen Yis. Passanten eilten der Frau zur Hilfe. Im anschließenden Handgemenge mit den Beamten wurde ein Mann erschossen. Einen Tag später, am 28. Februar, kam es zu massiven Straßenprotesten. Ein Demonstrationszug auf den Gouverneurspalast führte zu weiteren Toten und Verletzten sowie zu neuen Protesten, die sich in kurzer Zeit über die gesamte Stadt und die ganze Insel ausbreiteten. Schnell gerieten die Festländer ins Fadenkreuz der demonstrierenden Taiwanesen. In den nächsten Tagen kamen etwa Tausend von ihnen zu Tode, viele andere tauchten ab oder verbarrikadierten sich in Regierungsgebäuden und Polizeistationen. In den Städten bildeten taiwanesische Eliten eigene Komitees, um das öffentliche Leben zu regeln. Das in Taibei gegründete Komitee zur Aufklärung des Vorfalls um die Verhaftung der Zigarettenverkäuferin stellte alsbald umfassende politische Forderungen, die auf ein Ende der Regierung von Chen Yi hinausliefen. Dieser verhandelte zwar, hatte aber bereits heimlich Verstärkungstruppen vom Festland angefordert. Die Truppen landeten zwischen dem 8. und 10. März im nördlichen Keelung und im südlichen Kaohsiung. Innerhalb weniger Tage hatten sie den Aufstand niedergeschlagen. Danach setzten systematische Verfolgungen ein, mit denen das GMD-Regime seinen Feinden bis in die entlegensten Winkel der Insel nachstellte. Es kam zu Plünderungen; Folter und Erschießungen kosteten in den folgenden zwei Jahren zwischen 10 000 und 20 000 Menschen das Leben; etwa 3 000 Taiwanesen wurden ins Exil getrieben. Aber auch danach hielten die Verfolgungen und Ermordungen an: Die 1950er-Jahre sind als die Dekade des »weißen Terrors« in die Geschichte Taiwans eingegangen. Der »Zwischenfall vom 28. Februar« (er-er-ba shijian), wie die Geschehnisse des Jahres 1947 bezeichnet werden, riss einen tiefen Graben zwischen Festländern und Taiwanesen auf und gilt bis heute als symbolisches Datum für die Entstehung der taiwanesischen Unabhängigkeitsbewegung. Chen Yi wurde schließlich seines Postens enthoben. Nachdem er von Chiang Kai-shek das Amt des Provinzgouverneurs von Zhejiang erhielt, wurde er später – nach einem Versuch, sich mit vorrückenden Truppen der Kommunisten zu einigen – als Verräter zurück nach Taiwan gebracht und dort im Juni 1950 exekutiert.

Die Flagge der Republik China weht über Ruinen auf der kleinen Insel Dadan, einer der Inseln der Jinmen-Inselgruppe (Kinmen- bzw. Quemoy-Inseln). Bis in die 1970er-Jahre hinein gab es immer wieder Artillerieangriffe auf die nur zwei Kilometer vor der festlandchinesischen Hafenstadt Xiamen gelegenen Inseln, auf denen sich nach 1949 Truppen der Guomindang festgesetzt hatten. (Foto: Keystone France/Getty Images, 1958)

In der Zwischenzeit hatte sich die militärische Lage auf dem Festland so verschlechtert, dass die Übersiedelung der GMD-Regierung nach Taiwan vorbereitet wurde. Schon Ende 1948 verstärkte sich der Zustrom von Kriegsflüchtlingen und wuchs in den kommenden beiden Jahren auf 1,5 bis zwei Millionen an, darunter etwa 600 000 Soldaten und Offiziere der von Maos Volksbefreiungsarmee geschlagenen GMD-Truppen. Im Mai 1949 wurde das Kriegsrecht über die Insel verhängt. Im Dezember 1949 setzte ein militärisch von der Volksbefreiungsarmee besiegter Chiang Kai-shek mit seiner Entourage nach Taiwan über. Damit begann offiziell die Zeit der chinesischen (Rest-)Republik auf Taiwan.

Deren Ausgangsbedingungen waren angesichts der wirtschaftlichen und sozialen Missstände sowie der politischen Frontstellung zwischen Festländern und Taiwanesen deutlich schlechter als für das Regime Chen Yis am Ende der japanischen Kolonialzeit. Zudem drohte Taiwan die Eroberung durch Maos Truppen. Diese Gefahr wurde erst durch die von der nationalistischen Armee im Oktober 1949 gewonnene Schlacht von Guningtou auf der Insel Jinmen (Kinmen) und letztlich durch den Koreakrieg gebannt, der im Juni 1950 ausbrach. Die USA, die Chiang Kai-shek bereits aufgegeben hatten, schwenkten nun auf eine antikommunistische Eindämmungspolitik (*containment policy*) um und brachten die Republik China unter den militärischen Schutz ihrer Pazifikflotte. Somit war es Chiang Kai-shek möglich, nunmehr alle Anstrengungen auf die Konsolidierung und Stärkung seiner Rückzugsbasis auf Taiwan zu lenken. Die Insel sollte möglichst schnell zur Modellprovinz für das chinesische Festland und zum Ausgangspunkt seiner baldigen Wiedereroberung durch die GMD-Truppen ausgebaut werden.

Repression und begrenzte Partizipation

Politisch waren die ersten beiden Nachkriegsdekaden von einem Nebeneinander von Repression und begrenzter politischer Teilhabe geprägt. Dabei wurde zunächst auf der systemischen Ebene der marode Parteiapparat der GMD einer umfassenden Restrukturierung, Professionalisierung und Verjüngung mit einheimischen Kräften unterworfen, während man das von Sun Yat-sen für die chinesische Republik entwickelte politische System neu installierte, also sämtliche verfassungsmäßigen Institutionen vom Festland nach Taiwan verpflanzte. Die Mandate der Abgeordneten der drei Zentralparlamente – Nationalversammlung, Legislativyuan und Kontrollyuan – wurden bis zu den nächstmöglichen gesamtchinesischen Wahlen eingefroren. Damit waren Taiwanesen von jeder politischen Mitgestaltung auf nationaler Ebene dauerhaft ausgeschlossen. Unter dem geltenden Kriegsrecht unterstanden sie zudem der scharfen Kontrolle des taiwanesischen Garnisonshauptquartiers (Taiwan Garrison Command), das unter anderem für die Verhaftung und Aburteilung von Regimegegnern zuständig war. Politische Opposition, die gesetzlich verboten war, geriet auf diese Weise in das Fadenkreuz einer allmächtigen Militärgerichtsbarkeit und war lebensgefährlich. Gleichzeitig wurde die Inselbevölkerung einer rigiden Sinisierungspolitik unterworfen, die das gesamte Bildungssystem auf die Vermittlung eines sinozentrischen Geschichtsbewusstseins ausrichtete und die taiwanesische Kultur und Geschichte diskriminierte. Dem entsprach die erzwungene Verdrängung des *minnanyu* und anderer taiwanesischer Dialekte aus den Schulen zugunsten der chinesischen Lingua franca, dem Mandarin.

Im Widerspruch zu dieser autoritären Herrschaftspraxis, durchaus aber in Einklang mit dem von Sun Yat-sen in seinen »drei Volksprinzipien« ausgelegten Modernisierungsprogramm für die neue chinesische Republik, implementierte das GMD-Regime schon in den frühen 1950er-Jahren ein System lokaler Selbstverwaltung mit Direktwahlen von der Gemeinde- bis zur Provinzebene,[5] an denen auch unabhängige Kandidaten teilnehmen durften. Damit wurde dem Umstand Rechnung getragen, dass die Festländer eine strukturelle Minderheit innerhalb der Inselgesellschaft bildeten und die Kooperation mit den lokalen Eliten suchen mussten, um eine reibungslose Verwaltungskontrolle über Taiwan ausüben zu können. In den Lokalfaktionen fand das GMD-Regime einflussreiche und willige Bündnispartner für seine Strategie, ausreichend Herrschaftslegitimation durch freie Wahlen zu generieren, ohne dabei an Macht einzubüßen. Im Rahmen eines klientelistischen Arrangements sorgten die Lokalfaktionen für die Mobilisierung von Stimmen für GMD-loyale Amtsbewerber. Diese erhielten nach ihrer Wahl Zugriff auf öffentliche Ressourcen, mit denen sie wiederum die wirtschaftlichen und politischen Interessen

---

5 Die Hauptinsel Taiwan, mit den meisten der sie umgebenden Inseln, besitzt bis heute einen eigenen Provinzstatus, den sie 1885 – unter der Herrschaft der Qing-Dynastie – erhielt. Die Direktwahl der Provinzversammlung und des Provinzgouverneurs wurde 1997 abgeschafft. Seit 1998 besteht die Provinzregierung aus einem vom Präsidenten ernannten Rat aus neun Mitgliedern, einschließlich des Provinzgouverneurs. Die meisten früheren Zuständigkeiten der Provinzregierung gingen auf die Zentralregierung über. Die direkt der chinesischen Küste vorgelagerten Inselgruppen Jinmen (Kinmen) und Mazu (Matsu) wiederum bilden einen Teil der zur Volksrepublik China gehörenden Provinz Fujian.

der sie stützenden Lokalfaktionen absichern konnten. Dabei verstand es die Partei, zwei oder mehr Faktionen pro Landkreis gegeneinander auszuspielen, sodass keine einzelne zu mächtig werden konnte. Nicht immer ging diese Strategie auf. Aber die Tatsache, dass im Fall von interfaktionellen Zwistigkeiten oder bei großer Popularität einzelner unabhängiger Kandidaten auch Regimegegner in einflussreiche lokale Ämter gelangen konnten, trug eher zur Stärkung des GMD-Regimes bei, als dass es dieses schwächte; denn während sich so mancherorts kritische Stimmen zu Wort melden konnten und »Druck aus dem Kessel« nahmen, blieb der harte Widerstand gegen die GMD überschaubar und konnte notfalls leicht unterdrückt werden.

Chiang Kai-shek, hier mit seiner Frau Song Meiling, bestimmte als Präsident der Republik China und GMD-Parteichef bis zu seinem Tod 1975 teilweise diktatorisch die Politik auf Taiwan. (Foto: Manuel Litran/Paris Match via Getty Images, 1969)

Der 1960 unternommene, aber rasch gescheiterte Versuch einer Gruppe festlandchinesischer und taiwanesischer Intellektueller um Lei Chen, eine neue Partei unter der Bezeichnung »China Democratic Party« zu gründen, stellte die größte Herausforderung der GMD in den ersten zwanzig Jahren ihrer Herrschaft auf Taiwan dar. Auch die internationales Aufsehen erregende Anstrengung des renommierten Politikwissenschaftlers Peng Mingmin und zwei seiner Studenten an der National Taiwan University, mit der Veröffentlichung einer »Erklärung zur Unabhängigkeit Taiwans« Unterstützung für eine entsprechende Bewegung zu mobilisieren, wurde mit umgehender Inhaftierung beantwortet und verpuffte.

Wirtschaftliche Entwicklung

Seine weitreichende politische Autonomie nutzte der GMD-Staat zur Konzipierung und Implementierung einer überaus erfolgreichen Wirtschaftspolitik, die Taiwan in den 1970er-Jahren zu einer der führenden Welthandelsnationen aufsteigen ließ. Flankiert von umfangreicher US-amerikanischer Wirtschaftshilfe, verfolgte die Regierung zunächst eine Strategie der Importsubstitution. Diese wurde mit einer zwischen 1949 und 1952 durchgeführten dreistufigen Landreform eingeleitet, die 65 Prozent aller Bauern zu Eigentümern ihrer Scholle machte. Danach förderte der Staat – vor allem im Bereich der arbeitsintensiven Textilindustrie – die Entstehung eines leichtindustriellen Sektors, der die Arbeitslosigkeit rasch sinken ließ. Entscheidend für die spätere Entwicklung der taiwanesischen Wirtschaft war dabei, dass dieser Sektor einem allmählich entstehenden einheimischen Privatunternehmertum überlassen wurde. Der Staat konzentrierte sich demgegenüber auf die Bereitstellung der grundlegenden Transportinfrastruktur sowie auf die Basisversorgung mit Düngemitteln für die Landwirtschaft, mit Energie und mit anderen Rohstoffen. Das Durchschnittseinkommen der Taiwanesen stieg vor diesem Hintergrund rasch an.

Ende der 1950er-Jahre waren die Binnenmärkte jedoch gesättigt, während die Basis für eine erfolgreiche Exportwirtschaft fehlte. In enger Abstimmung mit dem Council for U.S. Aid schwenkte die Regierung daher auf eine Strategie der Exportindustrialisierung um. Das Währungssystem wurde liberalisiert und solche Unternehmen durch vornehmlich steuerliche Anreize gefördert, die sich mit ihren Produkten der Herausforderung des internationalen Wettbewerbs stellten. Dabei legte der Staat weiterhin besonderen Wert auf die Förderung arbeitsintensiver Industrien wie der Produktion von Textil-, Plastik-, Gummi- und Papiererzeugnissen sowie von Chemikalien, nicht zuletzt um die in der Landwirtschaft zunehmend freigesetzten Arbeitskräfte zu absorbieren. Spezielle Exportverarbeitungszonen in den großen Hafenstädten zogen internationales Kapital an, während die USA ihre Märkte für taiwanesische Produkte öffneten und dabei sogar erhebliche Handelsbilanzdefizite hinnahmen. Der Erfolg der taiwanesischen Exportindustrialisierung schlug sich zwischen 1960 und 1970 in durchschnittlichen jährlichen Wachstumsraten von nahezu zehn Prozent nieder. Diese wurden begleitet von einer im internationalen Vergleich beispiellosen Nivellierung der Einkommensverteilung.

Arbeitsschluss: Taiwans Unternehmen brauchten Ende der 1960er-Jahre zunehmend mehr Personal. (Foto: Manuel Litran/Paris Match via Getty Images, 1969)

Das taiwanesische »Wirtschaftswunder«, das sich auch in den 1970er- und 1980er-Jahren durch staatlich flankierte technologische Innovationen, eine hohe Marktflexibilität sowie kontinuierliche »Produktveredelungen« im besonders dynamischen mittelständischen Privatsektor fortsetzen sollte und Taiwan unter anderem zum führenden Produzenten und Exporteur von Computerhardware machte, veränderte die Inselbevölkerung grundlegend. Es entstand eine moderne Industrie- und Dienstleistungsgesellschaft unter autoritären Rahmenbedingungen, in der es eine besondere »Arbeitsteilung« gab: Während die Festländer weiterhin die Schaltstellen der Macht besetzten, schwangen Taiwanesen das Zepter in der für Taiwan lebenswichtigen Exportwirtschaft. Dadurch wurde ihre politische Marginalisierung teilkompensiert: Der größte Teil der Bevölkerung arrangierte sich mit den Verhältnissen und schrieb der GMD den wirtschaftlichen Aufstieg des Landes gut. Lediglich eine kleine Gruppe vom Regime nicht kooptierbarer Intellektueller und politischer Aktivisten konnte dieser »Kontrakt« nicht beeindrucken. In den frühen 1970er-Jahren, als das GMD-Regime in eine extern induzierte Legitimationskrise geriet (siehe unten), begannen sie damit, die bestehenden politischen Verhältnisse offensiv zu kritisieren und politische Reformen einzufordern. Unterstützt wurden sie von den kritischen Segmenten jener taiwanesischen Mittelklasse, die sich im Zuge der wirtschaftlichen Entwicklung der vergangenen Jahre formiert hatte. Allmählich entstand eine neue und widerstandsbereite Oppositionsbewegung.

Die Entstehung der *dangwai* in den 1970er-Jahren

Als sich die Republik China 1971 durch neue Mehrheitsverhältnisse dazu gezwungen sah, ihren Sitz bei den Vereinten Nationen zugunsten der VR China zu räumen, wirkte sich dies negativ auf die Herrschaftslegitimation des GMD-Regimes in Taiwan aus. Vorausgegangen war eine sinoamerikanische Annäherung ab Ende der 1960er-Jahre, die mit dem Kommuniqué von Shanghai 1972 schließlich eine Normalisierung der bilateralen Beziehungen zwischen den USA und der VR China einleitete. In der unmittelbaren Folgezeit kündigten die meisten Staaten von Gewicht ihre diplomatischen Beziehungen zu Taibei auf und knüpften ebensolche mit Beijing. Die Zukunft der Republik China auf Taiwan, der schon bald jede nennenswerte internationale Anerkennung versagt war, schien prekär. Die GMD-Führung reagierte auf diese schwierige Lage mit einer innenpolitischen Reformoffensive ihres neuen *strongman* Chiang Ching-kuo, des ältesten Sohnes von Chiang Kai-shek. Dieser wurde 1971 Premierminister; 1978 sollte er schließlich seinem drei Jahre zuvor verstorbenen Vater im Amt des Staatspräsidenten und GMD-Parteichefs nachfolgen. Er nutzte seine »dynastische Macht«, um hart gegen die Korruption innerhalb seiner Partei vorzugehen und damit ihr öffentliches Ansehen zu verbessern. Außerdem betrieb er eine systematische »Taiwanisierung« der GMD und setzte die Rekrutierung einheimischer Politiker auch in höhere Partei- und Regierungsämter durch. Schließlich ließ er die Einführung sogenannter nationaler Zusatzwahlen für die Nationalversammlung und den Legislativyuan zu, um die durch Tod und Krankheit der »ewigen Abgeordneten« frei werdenden Sitze mit taiwanesischen Nachrückern zu besetzen.

In diese Zeit fiel die Formierung einer Gruppe von Regimegegnern, die unter dem Namen *dangwai* – jene »außerhalb der Partei«, also außerhalb der GMD – auf die Gründung einer veritablen oppositionellen Partei zusteuerten. Die wichtigsten Ziele dieser Bewegung waren politische Reformen und die Erlangung der taiwanesischen Unabhängigkeit (*taidu*), wenngleich nicht alle Mitglieder dieses letzte Ziel teilten bzw. ihm vorläufig dieselbe Bedeutung zumaßen wie dem ersten. Die *dangwai* organisierte sich landesweit in verschiedenen parteiähnlichen Zusammenschlüssen wie dem Dangwai Campaign Assistance Corps (gegr. 1977) oder der Dangwai Research Association for Public Policy (gegr. 1983), die vor allem der Mobilisierung von Wählerstimmen in den nationalen Zusatzwahlen und den verschiedenen Urnengängen auf lokaler Ebene dienten. Besondere Bedeutung hatten die lokalen Büros der im Juni 1979 ins Leben gerufenen Zeitschrift Formosa (Meilidao), die als das intellektuelle Sprachrohr der *dangwai* in jener Zeit fungierte. Die Regimegegner klagten das GMD-Regime der Wahlmanipulation an und forderten freie Wahlen für die nationalen Vertretungsorgane. Obwohl immer wieder Mitglieder der Opposition verhaftet wurden, kam es nicht mehr zu der aus den vergangenen Jahrzehnten gewohnten Unterdrückung. Offensichtlich hatte die GMD-Führung erkannt, dass eine solche Politik die Herrschaftskrise der Partei nur verstärken konnte. Auf den Straßen und in den Publikationsorganen der *dangwai* äußerten sich nicht nur einige wenige Dissidenten, sondern die »Vorhut« der modernen und partizipationswilligen Mittelschichten, die der Modernisierungsprozess in Taiwan hervorgebracht hatte. Von ihnen aber hing die Zukunft der Inselrepublik und auch jene der GMD ab. Allerdings bedeutete dies nicht, dass das Regime einfach zurückwich. Vielmehr wurde ein Rahmen abgesteckt, in dem kritische Stimmen sich zu Wort melden konnten. Wurde dieser Rahmen jedoch verlassen, indem *dangwai*-Aktivisten einzelne GMD-Politiker persönlich attackierten, den Kommunismus propagierten oder aber eine taiwanesische Unabhängigkeit von China forderten, griffen die Sicherheitskräfte ein.

Der »Zwischenfall von Kaohsiung« und der Weg zur Gründung der DFP

Als die Regierung die für Dezember 1978 angesetzten nationalen Zusatzwahlen absagte, weil die USA kurz zuvor die endgültige Aufnahme offizieller Beziehungen zur VR China zum 1. Januar 1979 verkündet hatten, radikalisierte sich die *dangwai*. Ihre Auseinandersetzungen mit dem Regime kulminierten schließlich in gewaltsamen Demonstrationen in der südtaiwanesischen Hafenstadt Kaohsiung am 10. Dezember 1979 (»Zwischenfall von Kaohsiung«), in deren Folge die gesamte Führungsriege der *dangwai* verhaftet und zu unterschiedlich langen Gefängnisstrafen verurteilt wurde. Oppositionelle Zeitschriften, darunter auch Formosa, wurden verboten. Als besonders grausame Folge dieses autoritären Rückschlags ging der nie aufgeklärte Mord an der Mutter und den beiden Zwillingstöchtern des zu dieser Zeit ebenfalls inhaftierten *dangwai*-Politikers Lin Yi-hsiung in die politische Geschichte Taiwans ein. Mit diesen Maßnahmen geriet das GMD-Regime nun auch zunehmend unter internationalen Druck, vor allem seitens der Vereinigten Staaten, seines wichtigsten Verbündeten. Diese forderten nun mit Nachdruck eine Öffnung und Demokratisierung des politischen Systems. Indessen zeigte sich die *dangwai* von den Geschehnissen relativ unbeeindruckt und konnte sich, nicht zuletzt durch nachrückende Ehepartner und enge Verwandte ihrer abgeurteilten Führer, rasch konsolidieren.

Chiang Ching-kuo, der innerhalb der GMD-Führungsriege mit den konservativen Kräften um eine Forcierung seines Reformkurses rang und sich gleichzeitig mit zunehmenden Protesten auf den Straßen gegen die autoritäre GMD-Herrschaft konfrontiert sah, zwang seine Partei schließlich im Mai 1986 zu Verhandlungen mit der *dangwai*. Schon im März hatte er ein parteiinternes Reformkomitee eingesetzt, das einen Plan zur Aufhebung des Kriegsrechts, zur Legalisierung von Oppositionsparteien und zur Implementierung weiterer politischer Reformen ausarbeiten sollte. Vor diesem Hintergrund trafen sich am 28. September 1986, dem Geburtstag des Konfuzius, *dangwai*-Vertreter im Grand Hotel in Taibei, um über die Nominierungen von Kandidaten für die zum Jahresende anstehenden nationalen Zusatzwahlen zu beraten. Im Verlauf der hitzigen Debatten wurde die Entscheidung zur Gründung der ersten taiwanesischen Oppositionspartei geboren, der man die Bezeichnung »Demokratische Fortschrittspartei« (DFP) gab. Dieser Schritt forderte das GMD-Regime wie nie zuvor heraus. Doch obwohl man allenthalben mit dem Verbot der neuen Partei rechnete und dies auch von namhaften GMD-Konservativen gefordert wurde, blieben entsprechende Maßnahmen aus. Die DFP wurde toleriert und konnte sogar an den besagten Wahlen im Dezember teilnehmen, in denen sie auf Anhieb Stimmenanteile von 24,6 Prozent (Legislativyuan) bzw. 19,9 Prozent (Nationalversammlung) erreichte. Chiang Ching-kuo hatte sich in der Parteiführung offenkundig gegen die Gegner einer politischen Öffnung des Regimes durchgesetzt: Die GMD war zur Machtteilung mit der Opposition bereit.

5 Demokratisierung, chinapolitische Neuorientierung und nationale Selbstfindung in der Ära Li Denghui (1988–2000)

Mit der Gründung der DFP und der Aufhebung des Kriegsrechts am 14. Juli 1987 wurde die demokratische Transition Taiwans eingeleitet. Zwar hatte die Opposition diese Wende aktiv herbeigeführt; doch konnte sich die GMD in der Folgezeit als führende politische Kraft behaupten, weil sie nun selbst zum Motor des Reformprozesses wurde. Zu einem raschen Regierungswechsel kam es in Taiwan somit nicht.

Verfassungsreformen

Im Januar 1988 starb Chiang Ching-kuo. Das Präsidentenamt wurde infolgedessen an seinen bisherigen Stellvertreter Li Denghui (Lee Teng-hui) übertragen. Dieser übernahm ein Jahr später auch den Parteivorsitz der GMD. Damit stand zum ersten Mal ein einheimischer Taiwanese an der Spitze des Staates und der Regierungspartei. Li, ein christlicher Hakka, der in Japan studiert hatte, später in den USA zum Agrarökonomen promoviert wurde, als Professor an der National Taiwan University gelehrt und vor seiner politischen Karriere verschiedene Tätigkeiten in der Regierungsverwaltung ausgeübt hatte, sollte in den nächsten zwölf Jahren die Geschicke Taiwans und jene der GMD maßgeblich bestimmen. Nachdem im Januar 1988 ein Versammlungs- und Vereinigungsgesetz erlassen und ein Jahr später die Gründung von Oppositionsparteien legalisiert wurde, hob Li Denghui am 1. Mai 1991 die sogenannten vorläufigen Bestimmungen zur Mobilisierung für die Zeit der Niederschlagung der kommunistischen Rebellion auf. Dadurch wurde erstmals die Verfassung der Republik China aus dem Jahr 1947 vollumfänglich in Kraft gesetzt, die bis dahin weitreichenden Sondervollmachten des Präsidenten unterworfen war.

Im April 1991 hatte die Nationalversammlung unter Führung der GMD bereits ein erstes Paket von Verfassungsreformen erlassen, mit denen unter anderem der Weg für gesamttaiwanesische Wahlen der Nationalversammlung (1991) und des Legislativyuan (1992) frei gemacht wurde. Mit der Entmachtung der letzten »ewigen Abgeordneten« und der Abhaltung dieser Wahlen war die demokratische Transition Taiwans abgeschlossen. Es folgte die Phase der Konsolidierung, die durch die Verabschiedung weiterer Verfassungsreformen (1992, 1994, 1997, 1999, 2000, 2005) markiert wurde. Durch sie wandelte sich das politische System Taiwans zu einem

Abb. 1: Das politische System Taiwans nach der Verfassungsrevision im Jahr 2005

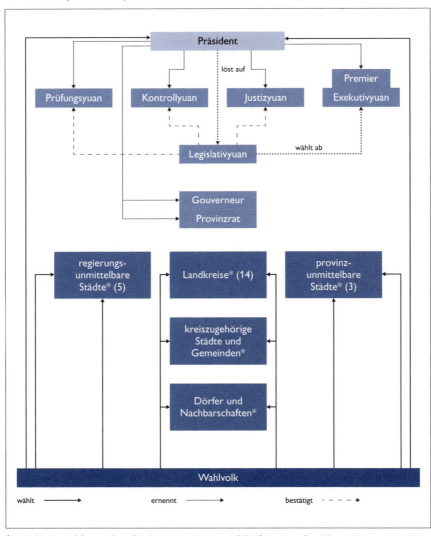

* Direkt gewählt werden die Bürgermeister und Parlamente der 22 regierungsunmittelbaren Städte, provinzunmittelbaren Städte und Kreise, die Vorsteher und Parlamente der kreiszugehörigen Städte und Gemeinden sowie die Leiter der Dörfer und Stadtviertel.
© Gunter Schubert.

präsidentiell-parlamentarischen Mischtyp (siehe *Abbildung 1*): Ein (seit 1996) direkt gewählter Präsident ernennt den Premierminister (Vorsitzenden des Exekutivyuan) ohne Zustimmung des Legislativyuan. Dieser kann dem Premierminister und seiner Regierung das Vertrauen entziehen, muss dann jedoch mit seiner Auflösung durch den Präsidenten und mit Neuwahlen rechnen. Die Rechte der Nationalversammlung wurden sukzessive zurückgestuft und an den Legislativyuan übertragen. Mit einer weiteren Verfassungsreform wurde sie schließlich 2005 abgeschafft.

Der Präsident ist somit nicht selbst Mitglied der Regierung, doch wirkt er durch die Nominierung des Premierministers und informell erheblich an der Gestaltung der Politik mit. Zudem ernennt er die Mitglieder des Justiz,- Kontroll- und Prüfungsyuan, vermittelt bei Organstreitigkeiten zwischen den einzelnen Verfassungsorganen und ist maßgeblich verantwortlich für die Außen- bzw. Chinapolitik. Das postautoritäre Design des politischen Systems Taiwans ist geprägt vom erfolgreichen Bestreben der GMD in der Ära Li Denghui, angesichts der damals von der Opposition vehement geforderten verfassungsrechtlichen Aufwertung des Parlaments das Präsidentenamt zu stärken und gleichzeitig den institutionellen Rahmen des von Sun Yat-sen vorgezeichneten Regierungssystems, und eo ipso den gesamtchinesischen Vertretungsanspruch der Republik China, grundsätzlich beizubehalten.

Die Ausdifferenzierung des Parteiensystems

Der sukzessive Verfassungsreformprozess spiegelte die Auseinandersetzungen und Kompromisse zwischen GMD und DFP in der Konsolidierungsphase wider. Gleichzeitig kam es zu internen Spannungen in beiden Lagern, die Mitte der 1990er-Jahre zu parteipolitischen Abspaltungen führten. Nach der weitgehenden Entmachtung der »Festländer« in den GMD-Spitzengremien durch Li Denghui zog eine Reihe jüngerer *waishengren*[6] aus der GMD aus und gründete im August 1993 die Neue Partei (NP/*xindang*). Damit sollte der festlandchinesischen Wählerklientel eine Alternative zur GMD geboten werden, die nun noch deutlicher von der sogenannten Mainstreamfaktion (*zhuliupai*) von Li Denghui dominiert wurde. Die Neue Partei setzte sich für die Wiedervereinigung mit dem Festland ein und bekannte sich eindeutig zum Ein-China-Prinzip – politische Positionen, die sie von der GMD unter Li Denghui nicht mehr vertreten sah.

---

6 *waishengren*: »Menschen aus den äußeren Provinzen«, Bezeichnung für die Gruppe der Festländer.

Aber auch die DFP-Führung, die aus wahltaktischen Gründen ab Anfang der 1990er-Jahre die Kernforderung der Opposition nach einem Referendum über die Ausrufung einer taiwanesischen Unabhängigkeit zurückstellte, geriet innerparteilich in die Kritik. Im Oktober 1996 gründete sich die Taiwan Independence Party (TAIP/*jianguodang*). Diese bemüht sich fortan um die Sammlung der *taidu*[7]-Kräfte im politischen Spektrum Taiwans, die sich bis dahin mehrheitlich mit der DFP identifiziert hatten. Während die NP durchaus einige Wahlerfolge auf nationaler Ebene erringen konnte, bevor sie in den folgenden Jahren deutlich unter die Fünfprozenthürde absank, spielte die TAIP von Beginn an nur die Rolle einer unbedeutenden Splitterpartei.

Die ersten direkten Präsidentschaftswahlen von 1996

In Übereinstimmung mit den Verfassungsreformen von 1994 wurden im März 1996 erstmals direkte Präsidentschaftswahlen durchgeführt. Der bisherige Amtsinhaber Li Denghui trat dabei nicht nur gegen den Kandidaten der DFP an, die mit Peng Mingmin (P'eng Ming-min) einen bekannten Verfechter der taiwanesischen Unabhängigkeit ins Rennen schickte. Er sah sich auch zwei etablierten Parteikonservativen aus den eigenen Reihen gegenüber, die als Unabhängige antraten: Der ehemalige Vorsitzende des Justizyuan Lin Yanggang (Lin Yang-kang) kandidierte für das Präsidentschaftsamt und der Exmilitär und frühere Premierminister Hao Bocun (Hao Pei-ts'un) als sein Stellvertreter. Es war dies der letzte Versuch der Kritiker von Li Denghui, dessen Dominanz innerhalb der Regierungspartei, vor allem aber seinem immer deutlicher zutage tretenden Abgrenzungskurs gegenüber China, entgegenzusteuern. Die Entscheidung der beiden Altpolitiker Hao und Lin, gegen Li anzutreten, führte bald zur Suspendierung ihrer GMD-Parteimitgliedschaft.

Obwohl die VR China versuchte, mit umfangreichen Militärmanövern einschließlich des Abschusses von Raketen auf Zielgebiete in unmittelbarer Nähe zur taiwanesischen Küste mit scharfer Munition die Bevölkerung kurz vor den Wahlen einzuschüchtern, fanden diese am 23. März wie vorgesehen statt. Li Denghui setzte sich – nicht zuletzt von einer Trotzreaktion der taiwanesischen Bevölkerung gegen die chinesische Machtdemonstration profitierend – mit 54 Prozent der Stimmen überzeugend durch (siehe *Tabelle 1*). Er gewann damit ein Mandat, das er in den folgenden Jahren für eine Politik nutzen sollte, die zunehmend den taiwa-

---

7 *taidu*: Abkürzung für *taiwan duli* = taiwanesische Unabhängigkeit.

nesischen Souveränitätsanspruch gegenüber der VR China betonte. Die DFP, in der man mühsam um einen Kompromiss zwischen moderaten und radikalen Kräften in der Frage der Erlangung einer taiwanesischen Unabhängigkeit gerungen hatte, verfehlte ihr Ziel einer Regierungsübernahme klar. Es war ihr nicht möglich, aus dem Schatten des amtierenden Präsidenten Li Denghui herauszutreten, der durch sein Charisma, seine Leistungen bei der Demokratisierung Taiwans und sein geschicktes Lavieren gegenüber der VR China die Mehrheit der taiwanesischen Bevölkerung an sich zu binden verstand.

Tab. 1: Die Ergebnisse der direkten Präsidentschaftswahlen in Taiwan (in Prozent)

Jahr	Kandidat		Ergebnis
1996	Li Denghui/Lian Zhan	(GMD)	54,0
	Peng Mingmin/Xie Changting	(DFP)	21,1
	Lin Yanggang/Hao Bocun	(unabhängig)	14,9
	Chen Lian/Wang Qingfeng	(unabhängig)	10,0
2000	Chen Shui-bian/Liu Xiulian	(DFP)	39,3
	Song Chuyu/Zhang Zhaoxiong	(unabhängig)	36,8
	Lian Zhan/Xiao Wanchang	(GMD)	23,1
	Xu Xinliang/Zhu Huiliang	(unabhängig)	0,6
	Li Ao/Feng Huxiang	(unabhängig)	0,1
2004	Chen Shui-bian/Lü Xiulian	(DFP)	50,1
	Lian Zhan/Song Chuyu	(GMD/PFP)	49,9
2008	Ma Yingjiu/Xiao Wanchang	(GMD)	58,5
	Xie Changting/Su Zhenchang	(DFP)	41,6
2012	Ma Yingjiu/Wu Dunyi	(GMD)	51,6
	Cai Yingwen/Su Jiaquan	(DFP)	45,6
	Song Chuyu/ Lin Ruixiong	(PFP)	2,8

Quelle: Election Study Center, National Chengchi University (http://vote.nccu.edu.tw/engcec/vote4.asp?pass1=A).

Die Entwicklung der sinotaiwanesischen Beziehungen

Mit einer Strategie der flexiblen Diplomatie (*tanxing waijiao*) bemühte sich Li Denghui unmittelbar nach seiner Übernahme des Präsidentenamtes nach dem Tod von Chiang Ching-kuo, Bewegung in das bis dahin weitgehend erstarrte sinotaiwanesische Verhältnis zu bringen. Fortan sollten alle Staaten, die diplomatische Beziehungen mit der VR China unterhielten, diese auch mit der Republik China haben können. Damit erkannte die GMD-Regierung die Existenz der VR China auf dem Festland faktisch an. In den Jahren 1990/91 schaffte man neue institutionelle Strukturen für einen sinotaiwanesischen Dialog: Mit der Gründung des National Unification Council (NUC/*guojia tongyi weiyuanhui*) wurde dem Präsidenten zunächst ein Beratungsgremium an die Seite gestellt, das zukünftig über die Richtlinien der taiwanesischen Chinapolitik beraten und entscheiden sollte. Der NUC verabschiedete 1991 die sogenannten National Unification Guidelines, ein dreistufiges Programm zur sinotaiwanesischen Annäherung und Wiedervereinigung. Zusätzlich wurde der Mainland Affairs Council (MAC/*dalu weiyuanhui*) eingerichtet, ein Organ auf Regierungsebene mit der operativen Verantwortung für die Umsetzung der offiziellen Chinapolitik. Schließlich rief man mit der Straits Exchange Foundation (SEF/*haixia jiaoliu jijinhui*) eine private Stiftung ins Leben, die angesichts der offiziellen Kontaktsperre zwischen Taiwan und der VR China für die Durchführung von zukünftigen Verhandlungen verantwortlich sein sollte. Die chinesische Seite reagierte Ende 1991 mit der Gründung der formal ebenfalls privaten Association for Relations Across the Taiwan Straits (ARATS/*haixia liangan guanxi xiehui*) als Gegenstück.

Nachdem sich Emissäre beider Seiten 1992 wiederholt getroffen hatten, kam es im April 1993 in Singapur, auf neutralem Boden, zu den ersten (nicht offiziellen) sinotaiwanesischen Gesprächen seit dem Ende des Bürgerkriegs zwischen Vertretern von SEF und ARATS. Zwar waren die Verhandlungsergebnisse von eher bescheidener Natur, doch schien mit diesem Treffen das Eis gebrochen und der Weg für weitere Annäherungsschritte geebnet. Es zeigte sich jedoch, dass das Ein-China-Prinzip ein kaum zu überwindendes Hindernis für ernsthafte politische Gespräche zwischen den beiden Seiten darstellte – trotz der Kompromissformel, dass beide Seiten an diesem Prinzip festhielten, es jedoch unterschiedlich auslegten (sogenannter Konsensus von 1992). Weder war Taiwan dazu bereit, in der Frage seiner De-facto-Souveränität (als Republik China) Zugeständnisse an die chinesische Seite zu machen, noch wollte sich die VR China in der Frage ihres prinzipiellen Hoheitsanspruchs gegenüber der »Provinz Taiwan« bewegen. Nach einem Besuch von Li Denghui an seiner Alma Mater, der US-amerikanischen Cornell University, im Juni 1995 fror die VR China die bilateralen Gespräche abrupt ein. Sie fürchtete eine Internationalisierung der »Taiwanfrage« und eine schleichende Anerkennung der taiwanesischen Eigenstaatlichkeit, wenn ein hochrangiger Politiker wie Li gerade in den USA öffentlich auftreten und dort auch noch Kritik an der VR China üben durfte. Daraufhin kühlte sich das bilaterale Klima durch die »Raketenkrise« 1996 im Vorfeld der ersten direkten Präsidentschaftswahlen weiter ab.

Versuche, den Dialog wiederherzustellen, führten 1998 zu einer vorsichtigen Wiederannäherung. Als Li Denghui in einem Gespräch mit der Deutschen Welle Anfang Juli 1999 jedoch von »besonderen zwischenstaatlichen Beziehungen« zwischen Taiwan und der VR China sprach und damit implizit einer chinesischen Zweistaatlichkeit nach dem Vorbild Deutschlands zwischen 1973 und 1989 das Wort redete, brach Beijing jeden weiteren Kontakt ab. Der entschiedene Einspruch der USA verhinderte, dass die »Zwei-Staaten-Theorie« zur Grundlage der regierungsoffiziellen Chinapolitik Taiwans werden konnte. Li Denghui musste unter dem Druck Washingtons und Beijings zurückrudern. Auch geriet er durch seine nicht mit der GMD-Führung abgestimmte Initiative innerparteilich heftig in die Kritik. Zwar hatte er seit Jahren die Souveränität und Eigenstaatlichkeit der Republik China beschworen, am langfristigen Ziel einer Wiedervereinigung mit dem Festland jedoch formal festgehalten. Die explizite Ausformulierung einer »Zwei-China-Politik« war von Li und der GMD bis dato stets vermieden worden. In den folgenden Monaten kehrte die GMD auf offizieller Ebene zu der alten und sehr viel unverfänglicheren Sprachregelung von zwei »politischen Entitäten« auf den beiden Seiten der Taiwanstraße zurück. Li Denghui selbst war jedoch nicht bereit, von seiner geäußerten Haltung Abstand zu nehmen. Vielmehr radikalisierte er diese noch, nachdem er den Parteivorsitz wegen der verlorenen Präsidentschaftswahlen im März 2000 niedergelegt hatte. Er wandelte sich nun zu einem offensiven Befürworter der Unabhängigkeit Taiwans und Gegner der Wiedervereinigung und unterstützte die Gründung der stark *taidu*-orientierten Taiwan Solidarity Union (TSU/*Taiwan tuanjie lianmeng*) im August 2001. Einen Monat später wurde er aus der GMD ausgeschlossen.

Die Frage der nationalen Identität Taiwans

Die Entwicklung der taiwanesischen Chinapolitik in der Ära Li Denghui spiegelte die allmähliche Bildung eines taiwanesischen Nationalbewusstseins wider, das in den Reihen der Opposition und ihrer Anhänger besonders ausgeprägt war. Die historischen Erfahrungen Taiwans als vom Qing-Reich an Japan abgetretene Kolonie, der Konflikt zwischen der festländischen »Fremdelite« und den einheimischen Taiwanesen nach der Inkorporierung Taiwans in die chinesische Republik 1945, die traumatische Erfahrung mit dem »Zwischenfall von 1947«, schließlich die gegen

Abb. 2: Taiwanese, Chinese oder beides? – Umfragetrends

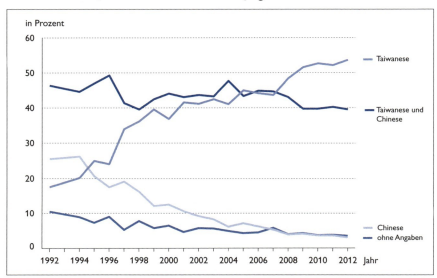

Quelle: Election Study Center, National Chengchi University (http://esc.nccu.edu.tw/english/modules/tinyd2/index.php?id=6).

den GMD-Autoritarismus erfolgreich errungene Demokratie sowie die anhaltende militärische Bedrohung durch das kommunistische Regime auf dem Festland hatten die Mehrheit der Inselbevölkerung auf Distanz zum gesamtchinesischen Nationalismus und der Idee einer »nationalen Wiedervereinigung« gebracht. Statistisch drückte sich dies bis zum Ende der Ära Li Denghui in kontinuierlich fallenden Anteilen für jene Bevölkerungsgruppe aus, die sich eindeutig als »chinesisch« bezeichnete (1999: 12,1 Prozent). Demgegenüber stiegen die entsprechenden Anteile für die Selbstbezeichnung »taiwanesisch« deutlich an (1999: 39,6 Prozent) und bewegten sich Ende der 1990er-Jahre auf einem ähnlich hohen Niveau wie die Prozentzahlen für eine Doppelidentität: sowohl »taiwanesisch« als auch »chinesisch« (1999: 42,5 Prozent) (siehe *Abbildung 2*). Zwar blieb in diesen Statistiken unklar, was die Befragten mit den Begriffen »taiwanesisch« bzw. »chinesisch« inhaltlich konkret verbanden: ihre »ethnische« Herkunft, Sprache, Kultur, territoriale Zugehörigkeit, Staatsbürgerschaft, eine bestimmte Kombination dieser Elemente oder schlicht ein unbestimmtes subjektives Gefühl. Unzweifelhaft war hingegen die Diskrepanz zwischen taiwanesischer und chinesischer Identität. Zudem zeigten verschiedene

Abb. 3: Unabhängigkeit vs. Wiedervereinigung vs. Status quo – Umfragetrends

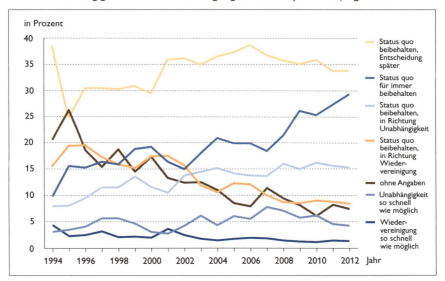

Quelle: Election Study Center, National Chengchi University (http://esc.nccu.edu.tw/english/modules/tinyd2/index.php?id=6).

Untersuchungen, dass die meisten Inselbewohner ihre chinesische Identität vor allem kulturell ausdeuteten, während sich ihre taiwanesische Identität auf ein gewachsenes historisches Bewusstsein stützte und vor allem territorialpolitisch konnotiert war. Sie bezog sich somit auf die Identifizierung der meisten Menschen mit einer gewordenen *community of fate*, die ihre internen Konflikte durch das Bekenntnis zu einer neuen politischen Gemeinschaft überwunden hatte und die auf diesem Weg errungene Freiheit höher bewertete als das Ideal einer einheitsstaatlich verfassten chinesischen Nation. Dem widersprach auch nicht, dass eine klare Bevölkerungsmehrheit in der *tongdu*-Frage[8] kontinuierlich für die Aufrechterhaltung des sogenannten Status quo plädierte. Dahinter stand und steht bis heute eine pragmatische Haltung der meisten Taiwanesen, die der kontinuierlichen Bedrohung durch die VR China geschuldet ist und sich auf der deklaratorischen Ebene alle Optionen – ultimative Wiedervereinigung, Ausrufung einer unabhängigen Republik Taiwan oder schlicht die unbegrenzte

---

8 *tongdu*: Abkürzung für »Wiedervereinigung« (*tongyi*) und »Unabhängigkeit« (*duli*), also die Frage nach der individuellen Präferenz für das eine oder das andere.

Perpetuierung des umstrittenen politischen Status Taiwans – offenhält.[9] Somit hatte sich am Ende der Ära Li Denghui eine taiwanesische Nation formiert, obwohl die regierende GMD formal weiterhin die Wiedervereinigung mit dem Festland anstrebte. Die neue DFP-Regierung von Chen Shui-bian, die im März 2000 ins Amt gewählt wurde, unternahm dann den Versuch, die nationale Identität Taiwans gegen das Ein-China-Prinzip abzuschließen und die Frage der Eigenstaatlichkeit Taiwans von den Interessen Beijings und Washingtons zu entkoppeln.

6 Die Ära Chen Shui-bian (2000–08)

Der Sieg des früheren *dangwai*-Aktivisten Chen Shui-bian in den Präsidentschaftswahlen vom März 2000 war eine Sensation und bedeutete eine Zäsur in der politischen Geschichte Taiwans. Vierzehn Jahre nach Einleitung der demokratischen Transition kam es endlich zum Regierungswechsel. Bedingt war dieser durch ein tiefes Zerwürfnis innerhalb der GMD. Obwohl der populäre Politiker Song Chuyu (Soong Chu-yu) als Präsidentschaftskandidat hoch gehandelt wurde, hielt Li Denghui an seinem Schützling Lian Zhan (Lien Chan) fest und setzte diesen innerparteilich durch. Song, der sich als letzter frei gewählter Gouverneur der Provinz von Taiwan (1994–98) sogar einen guten Ruf in den traditionellen DFP-Hochburgen in Zentral- und Südtaiwan erworben hatte, trat daraufhin als unabhängiger Kandidat an. Somit wurde das Stimmpotenzial der Regierungspartei gespalten. Davon profitierte Chen Shui-bian und gewann mit nur 39,3 Prozent der Stimmen die Präsidentschaftswahl (siehe *Tabelle 1*, S. 377). Diese historische Niederlage der GMD führte zu wütenden Protesten ihrer Anhänger und zwang Li Denghui, den Parteivorsitz niederzu-

---

9 Im letzten Jahr der Regierungszeit von Li Denghui (1999) bekannten sich lediglich noch 2,2 Prozent der erwachsenen Bevölkerung zu einer »Wiedervereinigung so schnell wie möglich«, während 15,2 Prozent für die »Aufrechterhaltung des Status quo mit Tendenz zur Wiedervereinigung« optierten. 4,7 Prozent wollten eine »Unabhängigkeit so schnell wie möglich« und 13,6 Prozent die »Aufrechterhaltung des Status quo mit Tendenz zur Unabhängigkeit«. Demgegenüber plädierten 30,9 Prozent für den Status quo und die Vertagung einer Entscheidung über die Zukunft Taiwans auf einen »späteren Zeitpunkt«, während 18,8 Prozent sich schlicht die Festschreibung des Status quo wünschten. Die »strukturelle Mehrheit« dieser beiden Gruppen aus Status-quo-Befürwortern hat sich bis zum Juni 2012 auf 63,2 Prozent vergrößert (siehe *Abbildung 3*).

legen. Song Chuyu, der Chen Shui-bian nur knapp unterlegen war, gründete seinerseits eine neue Partei: die People First Party (PFP/*qinmindang*). Der neue Präsident war trotz seines Sieges in einer schwierigen Situation, da er mit einer oppositionellen Mehrheit im Legislativyuan konfrontiert war und daher nur eine Minderheitsregierung berufen konnte.

Kohabitation à la Taiwan und der Kampf gegen das Ein-China-Prinzip

Der Absicht Chen Shui-bians, die Opposition in die Regierungsverantwortung miteinzubinden, führte zunächst zur Berufung des früheren GMD-Verteidigungsministers und hohen Militärs Tang Fei zum Premier. Ihm folgten weitere GMD-Mitglieder in die neue Regierung, obwohl dieses Arrangement sowohl innerhalb der DFP als auch der GMD überaus umstritten war. Bereits wenige Monate später, im Oktober 2000, trat Tang nach einer scharfen Auseinandersetzung zwischen Regierung und Opposition um die Fortsetzung der Bauarbeiten am vierten Atommeiler im nordtaiwanesischen Kungliao von seinem Amt zurück. Es hatte sich schnell gezeigt, dass die taiwanesische Variante einer Kohabitation nicht tragfähig war. Chen Shui-bian zog daraus die Konsequenzen und stützte sich in der Folgezeit bei der Ernennung des Regierungschefs nur noch auf erfahrene Politiker aus dem eigenen Lager. Trotzdem blieb die erste Chen-Administration geprägt von einer nahezu vollständigen Paralyse des Gesetzgebungsprozesses und der schlimmsten wirtschaftlichen Rezession seit den 1970er-Jahren im Gefolge der asiatischen Währungs- und Finanzkrise von 1997/98. Die Opposition warf der Regierung Inkompetenz vor, diese der Opposition eine verantwortungslose Blockadepolitik. Am Ende bestrafte die Bevölkerung die GMD: Diese musste in den Parlamentswahlen 2001 dramatische Stimmeneinbußen hinnehmen, während die DFP erstmals zur relativ stärksten Fraktion im Legislativyuan aufstieg (siehe *Tabelle 2*). An den parlamentarischen Machtverhältnissen änderte sich jedoch nichts. Dadurch kamen notwendige Reformmaßnahmen – vor allem zur Belebung der Wirtschaft – kaum voran. Es zeigte sich, dass die im Lauf der 1990er-Jahre erfolgte Konsolidierung der Demokratie zwar nicht infrage stand, die Nullsummenmentalität der politischen Klasse ihre Institutionen jedoch belastete.

Diese Belastung wurde besonders deutlich an der innenpolitischen Polarisierung, die die Chinapolitik der DFP unter Chen Shui-bian in der zweiten Hälfte seiner ersten Amtszeit auslöste. In den ersten beiden Jahren hatte Chen noch versucht, die VR China mit verschiedenen Gesprächsofferten

Tab. 2: Die Ergebnisse der Wahlen zum Legislativyuan (1998–2012)

Partei	1998 Stimmen (%)*	1998 Sitze	2001 Stimmen (%)*	2001 Sitze	2004 Stimmen (%)*	2004 Sitze	2008 Stimmen (%)*	2008 Sitze	2012 Stimmen (%)*	2012 Sitze
blaues Lager	53,5	134	49,8	115	46,8	114	55,1	82	49,3	67
GMD	46,4	123	28,6	68	32,8	79	51,2	81	48,1	64
NP	7,1	11	2,6	1	0,1	1	3,9	1	0,1	0
PFP	–	–	18,6	46	13,9	34	–	1***	1,1	3
grünes Lager	29,6	70	41,1	100	43,5	101	40,4	27	43,6	43
DFP	29,6	70	33,4	87	35,7	89	36,9	27	34,6	40
TSU	–	–	7,7	13	7,8	12	3,5	0	9,0	3
Unabhängige/Andere**	17,0	21	9,1	10	9,7	10	4,5	3	6,2	3

* Gezählt werden nur die auf die Direktmandate entfallenden Stimmen.
** In der Wahl von 2012 nur »Andere«.
*** Direkt gewählter Vertreter der indigenen Minderheiten (insgesamt 6 Vertreter).
Quelle: Zusammengestellt aus den Wahlstatistiken des Election Study Center, National Chengchi University (http:// http://esc.nccu.edu.tw/english/modules/tinyd2/index.php?id=5).

zurück an den Verhandlungstisch zu bringen. Dabei äußerte er sogar die Idee einer »politischen Integration« der beiden Seiten der Taiwanstraße, ohne dies in der Folgezeit freilich konzeptionell zu konkretisieren. Er stieß jedoch auf eine Mauer des Schweigens in der chinesischen Führung, die Chen nicht über den Weg traute und auf eine Strategie der konsequenten außenpolitischen Isolierung Taiwans setzte. Im August 2002 fühlte sich Beijing in seiner negativen Haltung bestätigt, als Chen öffentlich davon sprach, dass China und Taiwan (je) einen Staat auf beiden Seiten (der Taiwanstraße) bildeten (*yibian yiguo*). Als er kurze Zeit später bekannt gab, ein Referendumsgesetz zu planen, und schließlich ankündigte, eine neue taiwanesische Verfassung schreiben zu wollen, war aus der Sicht der GMD-Opposition und der VR China klar, dass es ihm mit der Verwirklichung einer taiwanesischen Unabhängigkeit – auf dem Weg eines nationalen Referendums – ernst war. Sogar die USA schalteten sich Ende 2003 ein und warnten Chen, nicht einseitig den Status quo in den sino-taiwanesischen Beziehungen zu verändern. Dagegen betonte der Präsident wiederholt, dass nicht dies sein Ziel sei, sondern er lediglich eine Stärkung der demokratischen Rechte des Volkes sowie der institutionellen Effizienz des politischen Systems anstrebe. Gleichzeitig unterstrich Chen, dass ein Dialog mit Beijing nicht unter der Vorbedingung eines taiwanesischen Bekenntnisses zum Ein-China-Prinzip stehen könne. Genau dies verlangte jedoch die chinesische Führung. Die bilateralen Beziehungen verharrten somit auf ihrem bereits 1999 durch die von Li Denghui vertretene »Zwei-Staaten-Theorie« erreichten Tiefpunkt.

Die Präsidentschaftswahlen von 2004

Die beiden größten Oppositionsparteien GMD und PFP schlossen sich bereits Anfang 2003 zu einem Wahlbündnis zusammen. Delegationen beider Parteien reisten nach China und versprachen dort neue Initiativen zur sinotaiwanesischen Annäherung nach einem Wahlsieg. In der Tat sah es lange so aus, als könnte Chen Shui-bian seinen Triumph von 2000 nicht wiederholen. In allen Umfragen lag er monatelang klar hinter dem oppositionellen Gespann Lian Zhan/Song Chuyu. Allerdings zeigte sich mit zunehmender Dauer des Wahlkampfes, dass der Präsident die Opposition durch die Betonung seiner taiwannationalistischen Politik in die Defensive brachte. Das »blaue Lager« sah sich schließlich sogar dazu gezwungen, die formale Unabhängigkeit Taiwans als eine legitime zukünftige Option zu bezeichnen. Am Tag vor den Wahlen wurde auf Chen Shui-bian und seine

Anhänger der taiwanesischen Unabhängigkeit protestierten 2005 in Gaoxiong gegen die chinesischen Antisezessionsgesetze und die Festschreibung einer zukünftigen Wiedervereinigung durch die Volksrepublik China. (Foto: AP/Wally Santana)

Stellvertreterin Lü Xiulian (Lu Hsiu-lien) bei einer Wahlveranstaltung ein Attentat verübt. Beide wurden durch Pistolenschüsse leicht verletzt, der Urnengang fand jedoch trotzdem statt. Zum Entsetzen von GMD und PFP, die mit einem Sieg fest gerechnet hatten, gewann der Amtsinhaber mit einem hauchdünnen Vorsprung von lediglich etwa 30 000 Stimmen. Wochenlang demonstrierten Anhänger des blauen Lagers – teilweise gewaltsam – auf den Straßen der Hauptstadt Taibei. Die unterlegenen Kandidaten Lian Zhan und Song Chuyu fochten die Wahlen aufgrund von Betrugsverdacht gerichtlich an und insinuierten, dass das mysteriöse Attentat lediglich ein Trick der Regierungspartei mit dem Ziel der Mobilisierung von Sympathisantenstimmen im letzten Augenblick gewesen sei.[10] Tatsächlich wurde eine Neuauszählung der Wahlen anberaumt, die den knappen Sieg des Amtsinhabers jedoch bestätigte. In den im Dezember stattfindenden Wahlen zum Legislativyuan konnte die GMD, gemeinsam mit ihrem Bündnispartner PFP, eine knappe parlamentarische Mehrheit behaupten (siehe *Tabelle 2*, S. 384). Damit hatte sich an den politischen Ausgangsbedingungen für die erste DFP-Regierung vier Jahre zuvor kaum etwas geändert.

Die zweite Chen-Administration (2004–08) – anhaltende Polarisierung, Korruption und Abstieg

In seiner zweiten Amtszeit bemühte sich Chen Shui-bian um eine Entspannung der innenpolitischen Lage, indem er zum Beispiel die von ihm angestrebte Neuschreibung der Verfassung nunmehr explizit auf dem dafür vorgesehenen Gesetzesweg – und nicht mehr durch eine außerparlamentarische Mobilisierungsstrategie – erreichen wollte und sich zu einer engen Kooperation mit der Opposition bereit zeigte. Aber weder diese noch die chinesische Regierung machten Anstalten, den politischen Kompromissbemühungen des Präsidenten entgegenzukommen und setzen auf eine Blockadestrategie bis zu den nächsten Wahlen. Voller Misstrauen war und blieb Chen für sie eine Figur, die konsequent auf die Stärkung des taiwanesischen Nationalismus und die Idee eines von China unabhängigen Nationalstaates setzte. Durch diese Frontstellung gab es weder Bewegung im Legislativyuan noch in den sinotaiwanesischen Beziehungen. Zudem geriet der Präsident ab Mai 2006 in einen Strudel von

---

10 Die Umstände des Attentats gelten vor allem den Parteigängern der GMD bis heute als ungeklärt. Eine offizielle Untersuchung identifizierte zwei Verdächtige, die allerdings kurz nach dem Anschlag am 19. März tot aufgefunden worden waren.

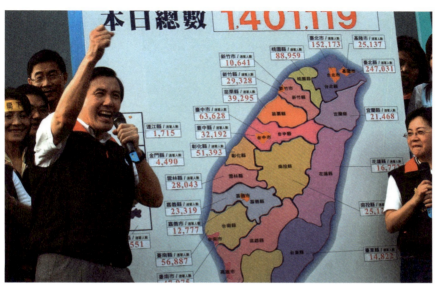

Als Oppositionsführer kämpfte Ma Yingjiu im Juni 2006 noch vergeblich für die vorzeitige Absetzung Präsident Chen Shui-bians. Knapp zwei Jahre später übernahm er selbst dieses Amt. (Foto: AP Photo/Chiang Ying-ying)

Korruptionsvorwürfen, die sich zunächst gegen enge Berater und Familienangehörige, schon bald aber auch gegen ihn selbst richteten. Diese führten im Juni 2007 zum Antrag der Oppositionsparteien im Legislativyuan auf Absetzung des Präsidenten, der jedoch nicht die benötigte Zweidrittelmehrheit erreichte. Spätestens zu diesem Zeitpunkt stand Chen, der aus verfassungsrechtlichen Gründen kein weiteres Mal für das Präsidentenamt kandidieren konnte, politisch im Abseits und war kaum mehr handlungsfähig.[11] Die öffentliche Meinung kippte, und auch wenn der Präsident sich weiterhin auf die Unterstützung vieler *taidu*-orientierter Stammwähler verlassen konnte, distanzierten sich zahlreiche DFP-Sympathisanten aus der wahlentscheidenden »Mitte« der etwa 10–20 Prozent Wechselwähler von ihm. Die DFP-Führung musste dieser Entwicklung nahezu hilflos

---

11 Nach dem Ende seiner zweiten Amtszeit wurde Chen Shui-bian strafrechtlich verfolgt und im November 2010 wegen Bestechlichkeit zu 17½ Jahren Haft verurteilt, die Anfang November 2012 noch um ein zusätzliches Jahr aufgestockt wurden. Weitere Verfahren wegen Geldwäsche, Korruption und der Veruntreuung öffentlicher Mittel waren zu diesem Zeitpunkt noch anhängig.

zusehen. Die Regierungspartei geriet in eine politische Abwärtsspirale, aus der sie trotz einer vorsichtigen Abgrenzung von Chen und eines engagierten Wahlkampfes in den letzten Monaten vor den Präsidentschaftswahlen im März 2008 nicht mehr herausfand.

7 Die Rückkehr der GMD an die Macht und die Ära Ma Yingjiu (seit 2008)

Souveräner Sieger der Präsidentschaftswahlen vom März 2008 mit 51,6 Prozent der Stimmen wurde der Kandidat der GMD Ma Yingjiu, ein Festländer der zweiten Generation. Mit ihm verbesserte sich Taiwans Verhältnis zu China innerhalb weniger Monate grundlegend. Die lange vor den Wahlen von der GMD und der KPCh vorbereitete Aufnahme eines neuen bilateralen Dialogs mithilfe der beiden semioffiziellen Organisationen SEF und ARATS führte schon bis Ende 2008 zur Unterzeichnung einer Reihe von Abkommen, die unter anderem wieder direkte Transport-, Handels- und Kommunikationsverbindungen zwischen den beiden Seiten der Taiwanstraße herstellten – erstmals seit dem Ende des Chinesischen Bürgerkriegs (1945–49). Im Juni 2010 wurde zudem das Economic Cooperation Framework Agreement (ECFA) unterzeichnet, ein freihandelsähnliches Abkommen, das am 1. Januar 2011 in Kraft trat und innenpolitisch heftig diskutiert wurde. Profitieren sollte davon vor allem die taiwanesische Wirtschaft, während für die chinesische Regierung vornehmlich politische Gesichtspunkte bei der Unterzeichnung des Abkommens zählten. Gespräche zwischen Vertretern beider Seiten fanden in regelmäßigen Abständen statt und hochrangige Spitzenfunktionäre der chinesischen Regierung besuchten wiederholt Taiwan.

Die »prochinesische« Politik der Ma-Administration wurde von der DFP sehr kritisch und bisweilen mit harschen Protesten im Parlament und auf der Straße begleitet. Die Opposition warnte vor der Gefahr eines Ausverkaufs der Souveränität Taiwans und der schleichenden Unterwanderung der taiwanesischen Wirtschaft durch chinesische Investitionen. Diese wurden zwar reguliert, doch wie weit die Kontrolle wirklich ging und an wie viel diesbezüglicher Transparenz die GMD tatsächlich interessiert war, stellten aus Sicht der DFP unbeantwortete Fragen dar. Während sich Ma Yingjiu auf das starke Mandat aus den Präsidentschaftswahlen berief und seine Chinapolitik als einzige Alternative zur allmählichen Marginalisierung der taiwanesischen Exportwirtschaft auf den Weltmärkten bezeichnete, befürchtete die DFP ein unaufhaltsames Abgleiten in die politische

Erpressbarkeit durch China. Die Auseinandersetzung um die Chinapolitik der GMD und ihre langfristigen Folgen für die Inselrepublik prägte die innenpolitische Debatte der Jahre 2008–12. Die Präsidentschaftswahlen vom Januar 2012 brachten der GMD und Ma Yingjiu einen komfortablen Sieg und bestätigten – so schien es – die weitgehende Akzeptanz der chinapolitischen Linie der Regierung. Auch wenn diese nicht ohne Risiken war, so konnte die DFP letztlich nicht mit einer überzeugenden Alternative aufwarten: Angesichts der wirtschaftlichen Abhängigkeit Taiwans vom chinesischen Festland, der steigenden Arbeitsmigration in Richtung China und der außenpolitischen Sackgasse, in der sich Taiwan im Fall einer rigorosen Abgrenzung von China befand, war es für die DFP schwer, der »pragmatischen Mitte« der taiwanesischen Wählerschaft zu erklären, in welche Richtung ihre Chinapolitik steuern wollte. Hier offenbarte sich ein grundsätzliches Dilemma für die größte taiwanesische Oppositionspartei: Einerseits musste sie offensichtlich zu einer neuen Haltung gegenüber China finden, um wieder für eine Mehrheit der Bevölkerung wählbar zu werden; andererseits drohte eine chinapolitische Neuausrichtung die DFP zu spalten und sie zu sehr an die GMD heranzurücken, mit negativen Auswirkungen auf ihr Profil als genuine Alternative zur Regierungspartei.

Auch wenn die zweite Ma-Administration bald nach den Wahlen politisch unter Druck geriet und die Popularität des Präsidenten durch eine Reihe umstrittener innenpolitischer Reformmaßnahmen dramatisch abstürzte, setzte die GMD ihren Dialog mit China unbeirrt fort. Im August 2012 unterzeichneten beide Seiten ein Investitionsschutzabkommen sowie eine weitere Vereinbarung über die Kooperation der Zollbehörden. Ziel blieb die Intensivierung der wirtschaftlichen, sozialen und kulturellen Kooperation mit China, ohne sich allerdings auf »politische Verhandlungen« einzulassen. Diese mussten sofort das Problem der Souveränität Taiwans (bzw. der Republik China) aufwerfen und jene Stimmen stärken, die der GMD einen schleichenden Ausverkauf taiwanesischer Interessen vorwarfen. Genau darin besteht aber das Dilemma der Chinapolitik der GMD: Einerseits hat sie es geschafft, die sinotaiwanesischen Beziehungen durch ihr entschiedenes Bekenntnis zum »Ein-China-Prinzip« – in der Auslegung des »Konsensus von 1992« – und ihre Dialogbereitschaft merklich zu entspannen; andererseits nährt sie damit die Hoffnungen der chinesischen Seite, bald auch in Gespräche über die politische Wegbereitung einer politischen Integration bzw. Wiedervereinigung einzutreten. Wenn sie auch nur den Eindruck erweckt, darauf einzugehen, riskiert sie ihre rasche Abwahl. Alle Umfragen zeigen, dass sich das »taiwanesische Bewusstsein« und die Status-quo-Orientierung der Bevölkerung in der Frage der sinotaiwanesischen Beziehungen seit Ende der Ära Li Denghui kontinuierlich konsolidiert haben (siehe *Abbildungen 2* und *3*, S. 380f.). Deshalb und wegen der Stärke der oppositionellen Kräfte gibt es für politische Verhandlungen mit China derzeit keinen Spielraum.

8 Ausblick

Taiwan besitzt eine stabile demokratische Ordnung, die trotz der Frontstellung zwischen dem »blauen« und dem »grünen« Lager in der Frage der Chinapolitik nicht gefährdet ist. Nachdem der Konflikt zwischen Festländern und Taiwanesen die innenpolitische Dynamik der 1980er- und 1990er-Jahre geprägt hat, ist es heute die Auseinandersetzung um die »richtige« Strategie in der Positionierung gegenüber der VR China. Dabei wird die Guomindang auch zukünftig auf Dialog und Verhandlungen setzen, während die DFP nach den letzten Präsidentschaftswahlen in eine kontroverse Debatte über die Frage eingetreten ist, ob und wie sie ihre Chinapolitik modifizieren soll. Taiwans Partei der Unabhängigkeit, wie die DFP zu Recht genannt wird, hat längst erkannt, dass sie der chinesischen Herausforderung offen ins Gesicht blicken muss. Die Parteiführung betont folgerichtig, dass man einen Dialog mit China will und möglichst enge Kontakte zur chinesischen Regierung die Regel werden sollen. Doch wie wird man auf das von Beijing konstant als Grundbedingung stabiler sino-taiwanesischer Beziehungen bezeichnete »Ein-China-Prinzip« antworten? Kann es eine konzeptionelle Antwort darauf geben, die mit der »Unabhängigkeitsklausel« in der Parteicharta vereinbar ist? Oder muss, wie es einzelne Stimmen bereits seit Längerem fordern, die DFP von dieser Klausel abrücken – und damit womöglich auf die Position der Guomindang einschwenken, die die Souveränität und Unabhängigkeit der Republik China, nicht aber Taiwans, postuliert? Welche Folgen hätte dies für die Partei?

Dabei müssen beide politischen Lager zur Kenntnis nehmen, dass sich seit nunmehr zwei Jahrzehnten ein Prozess der »suboffiziellen« Integration zwischen Taiwan und China vollzieht – nicht nur auf wirtschaftlichem Gebiet, sondern auch auf sozialer und kultureller Ebene. Die Investitionsströme haben sich über die Jahre genauso verdichtet wie die Migrationsströme: Immer mehr Taiwanesen – Unternehmer und Fabrikmanager, Angestellte und Professionals, Akademiker und Studenten – bauen sich in China eine Existenz auf und kehren nur noch besuchsweise nach Taiwan zurück. Gleichzeitig gelangen immer mehr Chinesen nach Taiwan. Beide

Wiedervereinigung oder Unabhängigkeit? Ein Plakat der oppositionellen Demokratischen Fortschrittspartei wirbt für Vielstimmigkeit in der Politik. (Foto: AFP/Getty Images, 2013)

Gesellschaften rücken auf diese Weise enger zueinander. Dieser Prozess dürfte langfristig Auswirkungen auf die politische Gestaltung der sino-taiwanesischen Beziehungen haben. Optimisten argumentieren, dass diese sich zunehmend entspannen werden. Haben sie recht, würde es dennoch eine offene Frage bleiben, ob diese Entwicklung am Ende zu einer Inkorporierung Taiwans in den existierenden chinesischen Staat führt oder aber zu einem friedlichen Miteinander zweier souveräner Entitäten, vielleicht im Rahmen eines konföderalen Arrangements. Es bleibt spannend in der Taiwanstraße.

Literatur

Brown, Melissa J.: Is Taiwan Chinese? The Impact of Culture, Power, and Migration on Changing Identities, Berkeley 2004.
Corcuff, Stéphane (Hrsg.): Memories of the Future. National Identity Issues and the Search for a New Taiwan, Armonk 2002.
Fell, Dafydd: Government and Politics in Taiwan, Abingdon/New York 2012.

Fleischauer, Stefan: Der Traum von der eigenen Nation. Geschichte und Gegenwart der Unabhängigkeitsbewegung Taiwans, Wiesbaden 2008.
Gilley, Bruce/Chu, Yun-han (Hrsg.): Political Change in China. Comparisons with Taiwan, Boulder/London 2008.
Huang, Chun-chie: Taiwan in Transformation, 1895–2005, New Brunswick/London 2006.
Hung, Chien-chao: A New History of Taiwan, Taipei 2011.
Manthorpe, Jonathan: Forbidden Nation. A History of Taiwan, Houndsmills 2005.
Mattlin, Mikael: Politicized Society. The Long Shadow of Taiwan's One-Party Legacy, Kopenhagen 2011.
Porsche-Ludwig, Markus/Chu, Chin-peng (Hrsg.): The Political System of Taiwan, Baden-Baden 2009.
Rigger, Shelley: Why Taiwan Matters. Small Island, Global Powerhouse, Lanham 2011.
Roy, Denny: Taiwan. A Political History, Ithaca/London 2003.
Rubinstein, Murray A.: Taiwan. A New History, Armonk 2007.
Schubert, Gunter/Damm, Jens (Hrsg.): Taiwanese Identity in the Twenty-First Century. Domestic, regional and global perspectives, Abingdon/New York 2011.

D Gesellschaft

◄ Wanderarbeiter vor der Kulisse neuer Hochhaussiedlungen in Chongqing, Provinz Sichuan, Mai 2007 (Foto: Patrick Zachmann/Magnum Photos)

Björn Alpermann

Sozialer Wandel und gesellschaftliche Herausforderungen in China

Chinas Wirtschaft wächst seit über drei Jahrzehnten in hohem Tempo, die Einkommen und der allgemeine Lebensstandard sind ohne Frage deutlich angestiegen. Doch diese ökonomische Dynamik stellt die Gesellschaft zugleich vor eine Zerreißprobe. In unterschiedlichen gesellschaftlichen Gruppen zeigt sich zunehmende Unzufriedenheit mit den Ungleichgewichten der Wirtschaftsentwicklung und sich verschärfenden sozialen Schieflagen. Die chinesische Regierung steht diesen Fliehkräften nicht untätig gegenüber. Sie ist bemüht, durch begrenzte Reformen und neue sozialpolitische Maßnahmen den gesellschaftlichen Zusammenhalt zu festigen. Davon zeugt unter anderem ihr ideologisches Leitbild einer »harmonischen Gesellschaft« (siehe den Beitrag von Sarah Kirchberger). Auf dem Spiel steht dabei nicht zuletzt ihre eigene politische Legitimität, da die Verbesserung der Lebensverhältnisse für die regierende Kommunistische Partei (KP) zu einem wichtigen Stützpfeiler ihrer Herrschaft geworden ist. Die offenkundigen sozialen Spannungen, die sich zum Teil in Protesten entladen, bestärken viele Beobachter in ihrer Überzeugung, dass die Legitimität der autoritären Parteiherrschaft in China gefährdet sei. Diese Argumentation ist spätestens seit der Niederschlagung der Protestbewegung von 1989 und dem Zusammenbruch der mittel- und osteuropäischen sozialistischen Systeme weit verbreitet. Bei genauerem Hinsehen ist die Legitimität des chinesischen Regimes jedoch nicht so prekär, wie bisweilen vermutet wird.

Wie der folgende Beitrag aufzeigt, läuft die gegenwärtige chinesische Entwicklung in vielen Punkten den Grundannahmen der klassischen Modernisierungstheorie zuwider. Insbesondere die unterstellte politische Rolle der entstehenden Mittelschichten für einen Systemwechsel hin zur Demokratie muss im chinesischen Fall bezweifelt werden.

Aber auch die relativen Verlierer des bisherigen Wachstums weisen sehr zweideutige Einstellungen gegenüber dem marktwirtschaftlichen System und seinen Folgen auf. So ist die Politik angesichts der derzeitigen sozialen Lage zwar einerseits damit konfrontiert, gewisse Herausforderungen bewältigen zu müssen. Andererseits gibt es – trotz aller Spannungen –

keinen eindeutigen oder gar zwangsläufigen Trend hin zu einer allgemeinen gesellschaftlichen Mobilisierung, die dem politischen System gefährlich werden würde.

Der vorliegende Beitrag stellt zu Beginn die Entwicklung der sozialen Ungleichheit in ihren verschiedenen Dimensionen dar. Dabei wird deutlich, dass die Dynamik der ersten beiden Reformjahrzehnte allmählich einer Verfestigung der gesellschaftlichen Schichtung weicht. Sozialer Aufstieg wird somit immer schwieriger. Eine Folge dieser ungleich verteilten Lebenschancen ist der wachsende Unmut in der Bevölkerung über Korruption und Bereicherung der Staatsbediensteten und ihrer Angehörigen. Eine andere sind zahllose Proteste, Streiks und Petitionsbewegungen. Diese Folgen werden im zweiten Teil des Beitrags behandelt. Einen dritten Schwerpunkt stellen die Maßnahmen dar, die der Parteistaat ergreift, um diese Probleme in den Griff zu bekommen. In der Regierungszeit Hu Jintaos und Wen Jiabaos (Staats- bzw. Ministerpräsident 2003–13) fand eine verstärkte Hinwendung zur Sozialpolitik statt, die durchaus regimestabilisierende Wirkung entfalten konnte. Deren Amtsnachfolger Xi Jinping und Li Keqiang ließen gleich zu Beginn ihrer voraussichtlich zehnjährigen Amtszeit im Frühjahr 2013 erkennen, dass sie auch weiterhin den sozialen Ausgleich, insbesondere bei der Einkommensverteilung und im Kampf gegen Privilegien der Mächtigen, als Kern ihrer Politik verstehen werden. Die realen Herausforderungen in diesen Bereichen sind jedoch weiterhin enorm.

1 Soziale und wirtschaftliche Ungleichheit

Gemäß maoistischen Vorstellungen war die Volksrepublik China bis in die späten 1970er-Jahre vom Prinzip des Egalitarismus geprägt. Der Gini-Koeffizient, ein Maß für die Verteilung der Einkommen, das zwischen 0 (völlige Gleichverteilung) und 1 (absolute Ungleichheit) liegen kann, lag noch 1980 bei nur 0,31 – ein im internationalen Vergleich sehr niedriger Wert. Dies wurde aber durch ein geringes Niveau der Lebensstandards und eine institutionalisierte Zweiteilung der Gesellschaft in Stadt- und Landbevölkerung erkauft. Die räumliche Mobilität, vor allem in Richtung Städte, schränkte das 1958 eingeführte System der Wohnsitzregistrierung (*hukou*-System) extrem ein. Die Geburt entschied darüber, ob jemand zur landwirtschaftlichen Bevölkerung gehörte, die noch Ende der 1970er-Jahre rund 80 Prozent aller Chinesen ausmachte. Die Agrarbevölkerung war in Volkskommunen organisiert und unterlag der Selbstversorgung, sodass sie von Unterversorgung und Hungerkatastrophen wie nach dem »Großen Sprung nach vorn« (1958–61) direkt betroffen war. Die nicht agrarischen Stadtbewohner hingegen wurden über Lebensmittelmarken und rationierte Waren staatlich versorgt. Auch in Bezug auf soziale Sicherung, Bildungschancen etc. bestanden trotz der geringen Einkommensunterschiede massive soziale Gegensätze zwischen Stadt und Land. Das *hukou*-System verlor zwar in der Periode der Wirtschaftsreformen allmählich seine Funktion der Mobilitätskontrolle, wirkt aber als Instrument der sozialen Schichtung bis heute. Zeitgleich kamen zu den Resten dieser »sozialistischen Ungleichheit« neue, marktbasierte Disparitäten hinzu.

Steigende Einkommensungleichheit

Trotz zahlreicher Erfassungs- und Berechnungsschwierigkeiten stellt der Gini-Koeffizient die am besten nachzuvollziehende Kennziffer der Einkommensungleichheit in einer Gesellschaft dar: Auch wenn die genaue Höhe schwer zu ermitteln ist, kann festgehalten werden, dass der Gini-Koeffizient für China über die gesamte Reformära zunahm. Von 0,31 stieg er in zweieinhalb Jahrzehnten auf 0,453 im Jahr 2005, wobei ein Wert über 0,4 in der chinesischen Diskussion als kritisch für den »sozialen Zusammenhalt« (*shehui baorong*) angesehen wird: Steigende Einkommensungleichheit zeichnet danach direkt für die verbreitete Unzufriedenheit in der Bevölkerung und damit zusammenhängende Proteste, Streiks usw. verantwortlich. Neuere Studien sehen China mittlerweile sogar weit über dieser als kritisch erachteten Schwelle. So ergab eine Erhebung mit rund 30 000 Befragten im Jahr 2010 einen Gini-Koeffizienten von 0,61 für die Gesamtbevölkerung bzw. – jeweils einzeln betrachtet – 0,56 für städtische und 0,60 für ländliche Haushalte (Kao 2012). Mit anderen Worten ist das Stadt-Land-Gefälle für einen signifikanten Teil der gesamtgesellschaftlichen Ungleichheit verantwortlich. Die Angaben des Nationalen Statistikamtes liegen freilich niedriger. Sie weisen einen Spitzenwert von 0,491 für 2008 auf, der bis 2012 leicht auf 0,474 gesunken sein soll.

Erstens steht folglich fest, dass die Ungleichheit über den gesamten Reformzeitraum deutlich gestiegen ist. Zweitens bewegt sich Chinas Ungleichheit auf einem Niveau, wie es allenfalls von wenigen Entwicklungsländern jemals erreicht wurde (Jacka/Kipnis/Sargeson 2013, S. 221). Zum Vergleich: Der Gini-Koeffizient der gesamten Region Lateinamerika, die für ihre soziale Ungleichheit bekannt ist, erreichte sein Maximum in den frühen 2000er-Jahren bei 0,53 und geht seither zurück (Gasparini/Lustig 2011). Drittens liegt der Gini-Koeffizient der chinesischen Gesamtbevölkerung stets über den Einzelwerten für Land und Stadt. Dies belegt,

Björn Alpermann

Luxusapartments in der Bucht von Sanya, Provinz Hainan (Foto: Getty Images, 2014)

dass die aus der Mao-Ära stammende Spaltung der Gesellschaft nach wie vor nicht überwunden ist.

Eine Möglichkeit, diese Zweiteilung zu veranschaulichen, bietet ein Vergleich der durchschnittlichen Pro-Kopf-Einkommen städtischer und ländlicher Haushalte (siehe *Abbildung 1*). Nachdem die Werte sich zu Beginn der Wirtschaftsreformen zunächst annäherten, wuchs der Abstand ab Mitte der 1980er-Jahre wieder augenfällig. Heute liegen die städtischen Durchschnittseinkommen nach dieser offiziellen Angabe in etwa beim Dreifachen des ländlichen Wertes. Allerdings sind in ländlichen Gebieten die Lebenshaltungskosten deutlich niedriger. Wenn man diese Unterschiede sowie Subventionen und Wohneigentum berücksichtigt, beträgt der Einkommensunterschied de facto eher das Doppelte als das Dreifache. Der Trend im Zeitverlauf bleibt hiervon aber unverändert. Das Stadt-Land-Gefälle macht also bis heute einen Großteil der ökonomischen Ungleichheit in China aus.

Eine weitere Dimension der Einkommensverteilung stellt die regionale Ungleichheit dar. *Abbildungen 2* und *3* zeigen die Durchschnittseinkommen der ländlichen bzw. der städtischen Bevölkerungen in den verschiedenen

Abb. 1: Verhältnis der Durchschnittseinkommen in China (Stadt/Land)

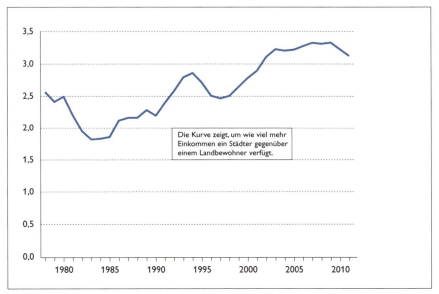

Quelle: China Statistical Yearbook (versch. Jgg.).

Regionen Chinas, wobei die Küstenprovinzen als Maßstab zugrunde gelegt sind. Nach zwei Jahrzehnten der regionalpolitischen Bevorzugung der Ostküste begann um die Jahrtausendwende mit einer gezielten Förderung Westchinas, der sogenannten großen Entwicklung der Westregion (*xibu da kaifa*), ein allmähliches Umlenken. Dies wurde ab 2003 ergänzt durch ein eigenständiges Programm zur »Wiederbelebung des Nordostens« (*zhenxing dongbei*), der ehemals wirtschaftlich führenden, inzwischen aber maroden Industrieregion Nordostchina. Wie die *Abbildungen 2 und 3* zeigen, trug diese neue Regionalpolitik dazu bei, dass sich die städtischen Einkommen der Region in den Folgejahren stärker an diejenigen in Zentral- oder Westchina anglichen, auch wenn die Abstände noch immer deutlich sind. Bei den ländlichen Einkommen übertrifft der stark urbanisierte Nordosten hingegen inzwischen sogar den Durchschnitt in Ostchina. Diese positive wirtschaftliche Entwicklung schlug sich auch in einem deutlichen Nachlassen der sozialen Spannungen in Nordostchina nieder. Dieselben Grafiken belegen aber auch, dass bei der Annäherung der Durchschnittseinkommen in West- und Zentralchina an die führende Küstenregion inzwischen eine Stagnation eingetreten ist. In dieser

Abb. 2: Ländliche Durchschnittseinkommen nach Regionen (in Prozent von Ostchina)

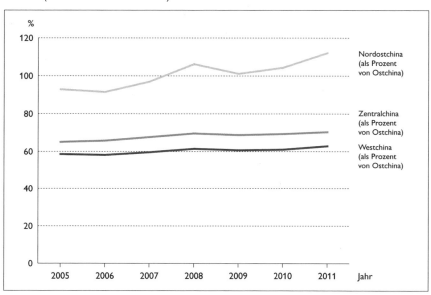

Quelle: China Statistical Yearbook (versch. Jgg.).

Hinsicht ist auch die Hu-Wen-Regierung letztlich nicht erfolgreich gewesen, obwohl sie sich insbesondere für den ländlichen Raum stark einsetzte (siehe S. 426 f.). Bemerkenswert ist des Weiteren, dass Zentralchina auch ohne eine spezielle Förderung, wie sie für Westchina geschaffen wurde, bei der Einkommensentwicklung mithalten konnte. Kritiker bezweifeln daher, dass die auf Infrastrukturausbau und Ressourcenerschließung ausgelegte »Westentwicklung« tatsächlich der einheimischen Bevölkerung zugutekommt, zu der viele ethnische Minderheiten gehören. Vielmehr sehen sie in der Zuwanderung von Han-Chinesen im Zuge dieses Wirtschaftsprogramms dagegen eine Ursache für die gestiegene Ungleichheit und soziale Spannungen in der Region.

Darüber hinaus ist jeweils innerhalb des städtischen und ländlichen Raumes die Ungleichheit deutlich gewachsen. Selbst nach offiziellen Angaben hat sich die Schere zwischen Arm und Reich in den vergangenen Jahren weit geöffnet: Vergleicht man die Einkommen der reichsten zehn Prozent der städtischen Haushalte mit denen der ärmsten zehn Prozent, so war das Einkommen der Ersteren Ende der 1990er-Jahre 4,5-mal so hoch

*Abb. 3: Städtische Durchschnittseinkommen nach Regionen
(in Prozent von Ostchina)*

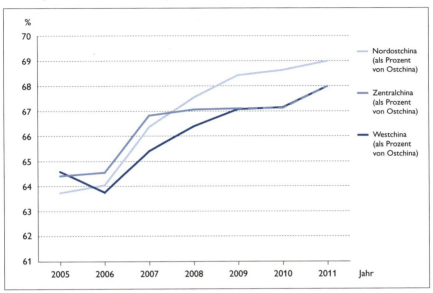

Quelle: China Statistical Yearbook (versch. Jgg.).

wie das der Letzteren. In den letzten Jahren verfügten Erstere bereits über neunmal höhere Einkommen. Dabei handelt es sich wohlgemerkt nur um die offiziell erfassten Einkommen. Nach Erhebungen chinesischer Ökonomen, die auch die informellen Einkünfte zu berücksichtigen versuchten, besaßen 2008 die reichsten zehn Prozent der städtischen Haushalte 26-mal so viel Einkommen wie die ärmsten zehn Prozent (Wang/Woo 2010). Solche sogenannten grauen Einkünfte, die am Fiskus vorbeigeleitet werden und die aus Nebenbeschäftigungen, aber sicher zum Teil auch aus Korruption und illegaler Bereicherung herrühren, sind naturgemäß schwer zu ermitteln, sodass auch diese Zahlen nur eine Tendenz angeben können. Sie vermitteln aber einen Eindruck davon, wie gravierend das Einkommensgefälle inzwischen sogar innerhalb der städtischen Gesellschaft ausfällt.

Zusammenfassend kann festgehalten werden, dass sich die chinesische Sozialstruktur im Verlauf der Reformperiode stark gewandelt hat. Ende der 1970er-Jahre war China, was die Einkommensverteilung anbetrifft, eine der egalitärsten Gesellschaften weltweit. Heute gehört sie zu denjenigen mit den größten sozialen Gegensätzen. Zwar hatten praktisch alle

Bevölkerungsgruppen absolute Einkommenszuwächse zu verzeichnen und viele Millionen Chinesen wurden aus der absoluten Armut befreit: Die chinesische Regierung und die Weltbank sprechen übereinstimmend von 500 Millionen Menschen. Die relative Ungleichheit nahm aber sichtlich zu und dieser Trend konnte auch durch das Gegensteuern der politischen Führung seit Beginn des 21. Jahrhunderts nur ansatzweise gestoppt oder revidiert werden. Wie dies in der Bevölkerung wahrgenommen wird, dürfte maßgeblich von den Chancen der Einzelnen, die eigene soziale Position zu verbessern, abhängen.

Soziale Schichtung und Lebenschancen

Soziale Ungleichheit beruht auf vielen Faktoren. Sie wird in einer Gesellschaft am ehesten dann akzeptiert, wenn die Mechanismen, aus denen sie resultiert, als fair angesehen werden. In einer idealtypischen Marktwirtschaft orientiert sich die Vergütung am Leistungsprinzip und dem Humankapital eines Einzelnen, das heißt an seiner Bildung und seinem Können. Dieser Gedanke hat sich im Verlauf der Reformära auch in China weitgehend durchgesetzt: Humankapital oder kulturelles Kapital wird in China häufig mit dem Begriff »Qualität« (*suzhi*) bezeichnet, der neben der formalen Bildung aber auch moralische Komponenten enthält. Dieses *suzhi*-Konzept, das ursprünglich von der Regierung im Zusammenhang mit ihrer Bevölkerungspolitik verbreitet wurde, trifft bei der Bevölkerung auf starken Widerhall. Beruht eine herausgehobene ökonomische Stellung auf dieser »Qualität«, so wird sie in China im Allgemeinen akzeptiert und anerkannt. Die öffentliche Meinung ist hingegen kritisch gegenüber Personen, die ihren Wohlstand anderen Kapitalformen verdanken, sei es politischem oder sozialem Kapital, das heißt den richtigen Verbindungen (*guanxi*) zu einflussreichen Personen. So geht die Öffentlichkeit, vor allem im Internet, mit Kindern reicher Eltern (»Reiche der zweiten Generation«, *fuerdai*) oder hoher politischer Kader (»Prinzenpartei«, *taizidang*) hart ins Gericht, insbesondere, wenn diese in Skandale verstrickt sind oder durch demonstrativen Konsum negativ auffallen.

Zugleich existieren diese Kapitalarten nie in Reinform. Im Gegenteil können sie teilweise ineinander umgewandelt werden: Politische Verbindungen erleichtern das Geldverdienen, was den eigenen Kindern bessere Bildungsmöglichkeiten eröffnet usw. Noch allgemeiner gesprochen, sind die Lebenschancen für die Einzelnen in einer Gesellschaft niemals völlig gleich, sondern es bestehen in der Regel Unterschiede in den Startvoraussetzungen. Absolute Chancengleichheit ist auch in freien Marktwirtschaften nur eine Idealvorstellung. Die entscheidende Frage ist daher, wie groß diese Differenzen sind und wie offen eine Gesellschaft für sozialen Auf- und Abstieg der Einzelnen im Verlauf ihres Lebens bzw. für Familien von einer Generation zur nächsten ist. Wenn die Abgrenzungen zwischen den sozialen Gruppen schärfer werden und soziale Mobilität zwischen oben und unten sinkt, können wir von einer institutionalisierten sozialen Ungleichheit bzw. Schichtung sprechen. Alle Anzeichen deuten darauf hin, dass eine solche Schichtungshierarchie in China bereits entstanden ist und sich weiter verfestigt. Einem Schema chinesischer Soziologen folgend, können die folgenden sozialen Schichten unterschieden werden (Lu 2012).

Landbevölkerung

Zu Beginn der Reformära war Chinas Gesellschaft zweigeteilt, in ländliche und städtische Segmente. Diese waren zwar deutlich voneinander getrennt, aber vor allem die Landbewohner oder Bauern (*nongmin*), die mit 80 Prozent die Bevölkerungsmehrheit ausmachten, unterschieden sich hinsichtlich ihrer sozialen Position nur geringfügig. Durch die Auflösung der Volkskommunen auf dem Land, die Rückkehr zur Bewirtschaftung des Bodens durch die bäuerlichen Haushalte und die schrittweise Öffnung der städtischen Wirtschaft für ländliche Arbeitskräfte und ausländisches Kapital wurden in den 1980er-Jahren neue Einkommensquellen erschlossen. Diese ineinandergreifenden Prozesse führten zu einer beschleunigten sozialen Differenzierung. Besonders wichtige Rollen kamen hierbei dem entstehenden Privatsektor und der rasch wachsenden ländlichen Industrie zu, die viele Millionen Arbeitskräfte aufnahmen. Die Landbewohner, deren Lebensstandard unterhalb oder in der Nähe der Armutsgrenze verharrt, sind in der Regel diejenigen, die nicht von den neuen Beschäftigungsmöglichkeiten profitieren konnten. Sie leben vor allem in den agrarisch geprägten Landstrichen Zentral- und Westchinas und stellen die große Mehrzahl der Gruppe von Armen, die nach Berechnungen der Weltbank im Jahr 2005 noch 204 Millionen Menschen umfasste (berechnet nach dem internationalen Armutsstandard von 1,25 US\$ Haushaltskonsum pro Tag nach Kaufkraftparitäten). Auch wenn längst nicht alle Landbewohner in China arm sind, sondern große regionale Unterschiede bestehen, so sind chinesische Soziologen übereinstimmend der Auffassung, dass die heute noch knapp 50 Prozent der Bevölkerung, die als Landbewohner zählen, die unterste Stufe der Sozialpyramide bilden. Aufgrund der im Vergleich zum städtischen China immer noch problematischen Situation des ländlichen Schulwesens sind die Aufstiegschancen über den Weg der Bildung recht begrenzt. Neben der Unterfinanzierung der ländlichen Schulen, teils mangelhafter Infrastruktur, größeren Klassen und schlechter ausgebildeten Lehrkräften sind hierfür auch die administrativ vorgegebenen Quoten für die Hochschulzugangsprüfung (*gaokao*) verantwortlich, die städtische Bewerber gegenüber ländlichen bevorzugen.

Arbeitsmigranten

Die neuen Beschäftigungsmöglichkeiten in den Städten beflügelten die Migration vom Land in die Stadt. Die sogenannten Bauern-Arbeiter (*nongmingong*) sind zahlenmäßig schwer zu erfassen. Mitte der 1990er-Jahre gingen Experten von 40 bis 50 Millionen aus, zu Beginn des 21. Jahrhunderts von rund 100 Millionen und nach der letzten Volkszählung von 2010 wurde die Anzahl aller Migranten mit circa 200 Millionen angegeben. Durch das Haushaltsregistrierungssystem werden sie trotz der aktuellen Reformen bis heute daran gehindert, sich vollständig in die städtische Gesellschaft zu integrieren (siehe S. 428 ff.). Vielmehr bilden sie in den Städten, vor allem in den auf exportorientierte Produktion spezialisierten Küstenstädten, ein neues industrielles Proletariat und stellen die Mehrzahl der Arbeitskräfte in der Bauwirtschaft wie auch in vielen Dienstleistungsbranchen. Sie sind aus der städtischen Gesellschaft nicht mehr wegzudenken, leben dort aber am unteren Ende der sozialen Hierarchie. In ihrer Selbstwahrnehmung und gemäß ihren tatsächlichen Einkommensmöglichkeiten rangieren sie jedoch in der Regel über den Bewohnern ihrer ländlichen Heimat.

Die heutige, »zweite Generation« von Land-Stadt-Migranten unterscheidet sich dabei von ihren Vorgängern, indem sie sich mehr in den urbanen Zentren als in ihren Herkunftsdörfern zu Hause fühlt. Die Aufstiegschancen von Arbeitsmigranten sind aber begrenzt, und dies gilt auch generationenübergreifend. Denn ihre Kinder werden trotz gegenteiliger Regelungen, die seit rund einem Jahrzehnt gelten, zum Teil immer noch vom Besuch städtischer Regelschulen ausgeschlossen oder es müssen höhere, oft unerschwingliche Gebühren bezahlt werden. Selbst wenn Migrantenkinder in Städten die Mittelschule besuchen, müssen sie zum Ablegen der Hochschulzugangsprüfung (*gaokao*) in ihre Heimatprovinz zurückgehen, wo andere Curricula verwendet werden und zum Beispiel verglichen mit Beijing schlechtere Erfolgsquoten vorgegeben sind. So fungiert das Schulwesen als ein wichtiger Regelungsmechanismus, der soziale Schichtung beeinflusst und Hierarchien aufrechterhält (siehe den Beitrag von Barbara Schulte).

Städtische Arbeiter

Zwischen den systematisch aus der städtischen Gesellschaft ausgegrenzten Arbeitsmigranten und den aufstrebenden Mittelschichten stehen weitere Schichten wie Arbeiter (*gongren*) und kleine Selbstständige (*getihu*) mit städtischer Wohnsitzregistrierung. Im Gegensatz zu den ländlichen Arbeitsmigranten, von denen ebenfalls viele im verarbeitenden Gewerbe tätig sind, stellen die städtischen Arbeiter eine soziale Gruppe dar, die bereits vor den Wirtschaftsreformen existierte. Soziologen unterscheiden daher zwischen »altem« und »neuem Proletariat« bzw. »alten« und »neuen Arbeitern«. Die Sozialposition des alten Proletariats hat sich seit Beginn der Wirtschaftsreformen entscheidend gewandelt. Unter Mao Zedong galten die Arbeiter der städtischen Industrie noch als politische und soziale Vorreiter und genossen eine wirtschaftlich gesicherte Stellung. Unter Deng Xiaoping jedoch sank ihr Sozialprestige ebenso allmählich wie ihre ökonomische Stellung innerhalb der städtischen Gesellschaft. Statt als Vorbilder für die restliche Gesellschaft gepriesen zu werden, wurden sie nun mit der mangelnden Effizienz des Staatssektors in Verbindung gebracht. Ende der 1990er-Jahre begannen durchgreifende Reformen in diesem Wirtschaftsbereich, die circa 60 Millionen Arbeiter »freisetzten« (*xiagang*, wörtlich: »vom Posten abtreten«). Mit diesem Begriff wurden die ehemaligen Arbeiter von öffentlichen Unternehmen bezeichnet, die zwar nicht mehr über Arbeitsplätze verfügten, aber noch über ihre unternehmenseigenen Wohnungen, bestimmte Sozialleistungen oder Pensionsansprüche mit den ehemaligen Arbeitgebern verbunden waren. Gerade in den staatsindustriellen Ballungsgebieten boten sich für diese Entlassenen wenig alternative Beschäftigungsmöglichkeiten.

Individualgewerbetreibende und Privatunternehmer

Dies hatte auch Auswirkungen auf den sogenannten Individualsektor. Als ein Produkt der frühen Reformphase, in der private Unternehmen offiziell noch nicht zugelassen waren, bot dieser in den 1980er-Jahren noch echte Aufstiegschancen. Viele der frühen Selbstständigen, die oft über wenig formale Bildung verfügten, konnten ihre Geschäfte später zu größeren Privatunternehmen ausbauen. Letztere wurden 1988 auch offiziell zugelassen. Ab den 1990er-Jahren veränderte sich aber zunehmend die soziale Herkunft und Zusammensetzung dieses Privatsektors. Immer mehr Unternehmer entstammten den gebildeteren Sozialgruppen, insbesondere verließen viele Bedienstete des öffentlichen Sektors ihre Positionen, um »ins Meer [der Wirtschaft] einzutauchen« (*xiahai*). Sie nahmen ihre politischen Verbindungen und Kontakte zu alten Kollegen mit und profitierten teilweise zudem von der Privatisierung öffentlicher Unternehmen, die zu günstigen Konditionen in ihr Eigentum übergingen. Solche »Insiderprivatisierungen« sind zwar auch in China anrüchig, waren in der großen Umwandlungswelle bei Staats- und Kollektivbetrieben kleiner und mittlerer Größe um die Jahrtausendwende aber gang und gäbe. Auf diese Weise veränderte sich die Zusammensetzung der privaten Unternehmerschaft und die Aufstiegsmöglichkeiten aus dem Individualgewerbe sanken. Letzteres erhielt vielmehr durch die Entlassungswelle im öffentlichen Sektor millionenfachen Zulauf, da viele ehemalige Arbeiter versuchten, sich eine neue wirtschaftliche Existenz aufzubauen. Da diese Individualgewerbetreibenden über sehr wenig Eigenkapital verfügen und mit Ausnahme der eigenen Familienangehörigen meist keine Angestellten beschäftigen, bezeichnen manche Soziologen sie auch als »selbstständiges Proletariat«. Zwischen diesen und der Gruppe von Privatunternehmern, von denen einige die Listen der reichsten Chinesen anführen, entstand eine große soziale Kluft. Da es Unternehmenseigner in allen Vermögensgruppen gibt, ist es unmöglich, sie insgesamt einer Schicht zuzuordnen. Gemeinhin wird aber ihre Mehrzahl der – sehr heterogenen – Mittelschicht zugerechnet.

Mittelschichten

Gering qualifizierte Angestellte werden meistens der unteren Mittelschicht zugeordnet. Nach Meinung einiger Soziologen bilden sie in China jedoch eine »Serviceklasse«, die gemeinsam mit Bauern, Arbeitern und Individualgewerbetreibenden zu den »direkten Produzenten« zählt, also zu denjenigen, die unmittelbar an der Herstellung von Gütern und der Bereitstellung von Dienstleistungen beteiligt sind. Diese »Serviceklasse« ist in Chinas wirtschaftlicher Modernisierung deutlich angewachsen. Ihre Mitglieder rekrutieren sich sowohl aus der städtischen Arbeiterschaft als auch aus der Gruppe der Land-Stadt-Migranten, da beide ihre Kinder auf vergleichbare Schulen schicken. Dazu zählen insbesondere berufsbildende Institutionen, da nur die wenigsten Jugendlichen, die aus diesen Schichten stammen, im härter werdenden Wettbewerb um Studienplätze an Universitäten erfolgreich sind. Berufsbildung gilt als Alternative für diejenigen, die die Auslese am Übergang von der Pflichtschule in den Bereich der höheren Bildung nicht bestehen. Hier zeigt sich erneut die enge Verbindung von Bildungschancen und Schichtzugehörigkeit.

Auf der anderen Seite dieser sozialen Gleichung stehen die Teile der städtischen Bevölkerung, die im Bildungssystem bevorzugt sind. Sie werden gemeinhin der mittleren Mittelschicht zugeordnet und besetzen mittlere bis höhere Positionen in öffentlichen Einrichtungen, der Verwaltung und Wirtschaft, die im Allgemeinen ein höheres Bildungsniveau verlangen. Zumeist zählen auch Privatunternehmer als Teil der Mittelschichten, solange ihr Vermögen nicht weit überdurchschnittlich ist. Das Wachstum der »mittleren Einkommensgruppe« ist seit dem 15. Nationalkongress der Kommunistischen Partei Chinas im Jahr 1997 ein offizielles politisches Ziel, weil die Regierung in ihr einen Anker der sozialen Stabilität sieht. Da viele ihrer Angehörigen direkt für staatliche Einrichtungen tätig sind, besitzen sie nach dieser Überlegung ein eigenes Interesse daran, das bestehende System zu unterstützen. Auch ihre ökonomischen und sozialen Statusgewinne hängen von einer Fortsetzung der bisherigen Politik ab. Die Größe dieser Mittelschicht(en) ist noch umstrittener als die der Migranten, da es keine allgemein akzeptierte Definition des Konzeptes gibt. Doch unabhängig davon, ob nun Einkommensgrenzen, Berufsgruppen, Bildungsstand, Konsumverhalten oder eine Kombination dieser Aspekte als Bestimmungskriterium zugrunde gelegt werden, sind sich alle Untersuchungen darin einig, dass diese Schichten kontinuierlich wachsen. Einer Studie der Chinesischen Akademie der Sozialwissenschaften zufolge lag ihr Anteil an der Gesamtbevölkerung im Jahr 2010 bei 15 Prozent und steigt seither jährlich um einen Prozentpunkt (Lu 2012).

Trotz ihrer Statusgewinne sind die mittleren Einkommensgruppen nicht unbedingt zufriedener als andere Teile der Bevölkerung. Beispielhaft lässt sich dies am Bildungswesen verdeutlichen: Die politisch gewünschte Ausweitung des Hochschulzugangs führte in den Jahren zwischen 1995 und 2011 zu einer Verachtfachung der Studierendenzahlen auf 23 Millionen. Damit steigt einerseits die reale Chance auf höhere Bildung, die für viele besser bezahlte Arbeitsplätze inzwischen eine Voraussetzung ist. Andererseits entwertet die Vielzahl der Arbeitsmarktneulinge mit Universitätsbildung den Abschluss an sich. Im ersten Jahrzehnt des 21. Jahrhunderts sah sich Chinas Gesellschaft erstmals mit dem Problem der Absolventenarbeitslosigkeit konfrontiert, deren Ausmaß zwar objektiv bescheiden war, aber für tiefe Verunsicherung sorgte. Die bislang für verlässlich gehaltene Strategie des sozialen Aufstiegs durch Bildung, die kulturhistorisch tief verwurzelt ist, scheint nicht mehr unbedingt aufzugehen. Die Betroffenen reagieren darauf mit einer Verstärkung ihrer Bildungsbemühungen: Sie wetteifern um die Aufnahme an den renommiertesten Universitäten des Landes und bemühen sich um noch höhere Bildungsabschlüsse oder ein Studium im Ausland, um ihr Humankapital weiter zu vergrößern. Der subjektiv empfundene Druck auf die Mittelschichten und ihre Kinder steigt damit ebenso wie die Unzufriedenheit mit der gegenwärtigen Situation (siehe den Beitrag von Barbara Schulte).

Obere Mittelschicht und Oberschicht

An der Spitze der sozialen Pyramide sehen Beobachter eine kleine Oberschicht, eine doppelte Elite, die sich einerseits aus hohen Kadern in Staat und Partei und andererseits aus leitenden Managern der staatseigenen und staatsnahen Wirtschaft zusammensetzt. Vielfach bestehen zwischen beiden Gruppen nicht nur politische, sondern auch verwandtschaftliche Beziehungen, die ein undurchdringliches Geflecht bilden, über das in China aber nur hinter vorgehaltener Hand gesprochen werden darf. Diese intimen Beziehungen zwischen politischer und ökonomischer Macht sind ein Stein des Anstoßes für gesellschaftliche Kritik. Direkt unterhalb dieser Oberschicht ist eine ebenfalls wachsende obere Mittelschicht angesiedelt, zu der wohlhabende Manager und Selbstständige ebenso zählen wie höhere Kader. Der Grad der sozialen Homogenität innerhalb dieser Schicht ist daher umstritten. Das Magazin Forbes schätzte die Anzahl der Chinesen mit einem liquiden Kapital von zwischen 100 000 und einer Mio. US$ auf 10,26 Millionen im Jahr 2012 und prognostizierte für 2013 einen Anstieg auf zwölf Millionen. Diese obere Mittelschicht ist vor allem im Finanzsektor, Handel und verarbeitenden Gewerbe tätig; rund drei Viertel geben an, dass sie ihre Kinder zum Studium ins Ausland schicken möchten. Auch hier spielt also der Bildungsweg eine wichtige Rolle, um den sozialen und wirtschaftlichen Status aufrechtzuerhalten.

Auch wenn die oben geschilderten Umschichtungsprozesse in der chinesischen Gesellschaft noch nicht zu einem Ende gekommen sind, so zeichnet sich doch ab, dass die sozialen Hierarchien sich verfestigen und Mechanismen zu ihrer Erhaltung sich institutionalisieren (Alpermann 2013). Die Schere zwischen Arm und Reich, insbesondere aber die Verbindung von politischem und ökonomischem Kapital sind Anlass für gesellschaftliche Unzufriedenheit, die sich darüber hinaus aber auch an weiteren Themen entzündet, wie der folgende Abschnitt zeigt.

2 Soziale Unzufriedenheit und Proteste

Die sozialen und wirtschaftlichen Umwälzungen der Reformära brachten Gewinner und Verlierer hervor. Aus dieser Perspektive scheint es nur verständlich, dass mit den verschärften sozialen Gegensätzen auch die Unzufriedenheit in bestimmten Bevölkerungsteilen wächst. Ein sichtbarer Ausdruck dieses Zustands ist die Vielzahl an Protesten und Petitionen zur Beseitigung von Missständen, die an Regierungsstellen gerichtet werden. Ein verborgener Hinweis ist die zynische Grundstimmung, die zum Beispiel im Internet, das rund 560 Millionen chinesische Nutzer zählt, verbreitet ist. So begegnen Internetnutzer dem offiziell propagierten Ziel der »gesellschaftlichen Harmonie« mit Sarkasmus, wenn sie von Blogeinträgen, die Zensoren gelöscht haben, sagen, sie seien »harmonisiert« worden. Bei näherer Betrachtung sind diese Trends und ihre politischen Auswirkungen aber nicht ganz so eindeutig, wie es zunächst den Anschein haben mag.

Missglückter Versuch, während des Nationalen Volkskongresses 2014 eine Petition einzubringen (Foto: AP/Alexander F. Yuan)

Eine der am häufigsten zitierten Statistiken zu den sozialen Problemen Chinas ist die der sogenannten Massenvorkommnisse (*quntixing shijian*), also von kollektiven Protesten, die nach offiziellen Angaben zwischen 1993 und 2005 von jährlich 8 700 auf 87 000 angestiegen sind. Aktuellere Zahlen werden von amtlicher Seite (wohlweislich) nicht mehr veröffentlicht, aber Schätzungen chinesischer Sozialwissenschaftler für 2010 reichen von 180 000 bis zu 230 000 Vorfällen (Göbel/Ong 2012, S. 22). Diese Zahlen belegen eine klare Zunahme der gesellschaftlichen Auseinandersetzungen, lassen aber vieles im Dunkeln. So ist unklar, welcher Art die Vorkommnisse sind, wie viele Personen teilnahmen, wie lange die Auseinandersetzungen angehalten haben und vieles mehr. Auch ist es wahrscheinlich, dass zumindest ein Teil dieses Anstiegs auf die bessere Erfassung der Ereignisse zurückzuführen ist, wozu unter anderem der verbreitete Zugang zu Informations- und Kommunikationstechnologien beiträgt. Trotz solcher Unklarheiten hat die umfangreiche sozialwissenschaftliche Literatur zu sozialen Protesten in China eine Reihe interessanter Beobachtungen festgehalten und Schlussfolgerungen gezogen.

Protestgründe im Wandel

Die Gründe für kollektive Proteste und folglich auch ihre soziale Trägerschaft haben sich in den vergangenen zwei Jahrzehnten stark verändert.

Illegale Gebühren und Steuern

In den 1990er-Jahren lag der Schwerpunkt der Proteste zunächst auf dem Land, da die dortige Bevölkerung aufgrund der oben geschilderten Einkommensunterschiede zu den relativen Verlierern der Wirtschaftsreformen gehörte. Obendrein wurden die Bauern durch oft illegale und ad hoc eingeforderte Gebühren der Lokalverwaltungen belastet, die auf Pro-Kopf-Basis erhoben wurden und damit regressiv wirkten, das heißt, dass niedrigere Einkommen prozentual höher belastet wurden. Weiterhin waren vor allem die Regierungen in agrarisch geprägten und damit ärmeren Gebieten auf diese Zusatzeinnahmen angewiesen, während reichere sich auf Steuereinnahmen aus der Industrie stützen konnten. Die Zusatzabgaben verschärften die regionalen Einkommensungleichheiten weiter.

Gegen diese weitverbreitete Praxis illegaler Gebühren ging die Zentralregierung in periodischen Kampagnen vor, die aber das Grundproblem der Unterfinanzierung der lokalen Verwaltungsebenen, die für den Großteil der öffentlichen Dienstleistungen (Infrastruktur, Bildung, Gesundheit etc.) verantwortlich waren, nicht zu lösen vermochten. Schaffte die Zentrale eine Gebührenart ab, zeigten sich die lokalen Staatsvertreter kreativ und erfanden neue Abgabekategorien. Die Strategie der politischen Führung bestand offenbar darin, dies stillschweigend zu dulden und zugleich die Lokalkader als Sündenböcke darzustellen, die die wohlmeinende Politik und die Gesetze aus Beijing nicht umsetzten. Diese Charakterisierung stellte aber alle Lokalkader unter Generalverdacht und trug vermutlich dazu bei, dass ihr Ansehen bei der Landbevölkerung weiter sank. Deren Proteste waren zwar zumeist friedlicher Natur, zuweilen kam es aber auch zu größeren Ausbrüchen von Gewalt, die nur mithilfe der Bewaffneten Volkspolizei (*wujing*) unter Kontrolle gebracht werden konnten.

Angesichts der ungelösten Probleme startete die Zentralregierung unter Ministerpräsident Zhu Rongji (1998–2003) – zunächst in regionalen Pilotprojekten – nun den Versuch, das ländliche Steuer- und Gebührensystem grundlegend zu reformieren. Sämtliche Gebühren sollten abgeschafft und zu einer konsolidierten Landwirtschaftssteuer zusammengefasst werden. Auch diese Reformanstrengungen brachten nicht den gewünschten Erfolg: Weder lösten sie das bereits oben erwähnte Problem der strukturellen Unterfinanzierung der lokalen Verwaltungsebenen, noch konnten die Bauern zur Zahlung der neuen und höheren Steuer bewegt werden. Sie beriefen sich stattdessen auf die Abschaffung der Gebühren, um jedwede Zahlung zu verweigern. Die neue Regierung unter Ministerpräsident Wen Jiabao (2003–13) sah sich daher genötigt, auch die Landwirtschaftssteuer ersatzlos zu streichen. Nicht einmal der Zeitplan für eine stufenweise Abschaffung konnte eingehalten werden, sodass die Landwirtschaftssteuer landesweit Anfang 2006 aufgehoben wurde. Immerhin verstand die Zentralregierung es, diese Maßnahme im Rahmen ihrer allmählich Gestalt annehmenden Politik zur Stärkung des ländlichen Raumes als Erfolg darzustellen. Durch die Abschaffung der Landwirtschaftssteuer und der Gebühren wurden vor allem die Lokalregierungen in agrarisch geprägten Regionen, die nur geringe Einnahmen aus Industrie und Handel verzeichnen, finanziell geschwächt. Unter der neuen politischen Richtlinie erhalten sie allerdings als Kompensation zum Teil höhere Zuwendungen der Zentrale. Überdies wurden andere Einnahmequellen – wie der Verkauf von Bodennutzungsrechten – für sie wichtiger.

Umsiedlungen

Ein neuer Brennpunkt sozialen Widerstands in den letzten Jahren ist die Enteignung von Land- und Wohnungsbesitzern. Der Verkauf von Bodennutzungsrechten stellt für lokale Regierungen eine immer wichtigere Einnahmequelle dar: Enteignen sie agrarisch genutztes Land, dann erhalten die Bauern als Entschädigung den landwirtschaftlichen Gegenwert. Der Weiterverkaufspreis der Nutzungsrechte richtet sich aber nach dem viel höheren Wert für die Nutzung der Flächen durch Industrie und Wohnungsbau. So lassen sich im Umfeld expandierender Städte enorme Gewinne erzielen. In ländlichen Gebieten sind die Gewinnspannen zwar niedriger, aber nach dem Wegfall der Gebühren verfügen die Lokalregierungen teilweise über keine anderen nennenswerten Einnahmequellen, sodass es auch hier zu zahlreichen Enteignungen und Umsiedlungen kommt.

Die Proteste der Betroffenen dagegen sind unterschiedlich motiviert. Zum einen richten sie sich entweder gegen das prinzipielle Vorgehen oder gegen Fälle von Unterschlagung, die ihre Entschädigungen noch geringer ausfallen lässt. Zum anderen sind die Proteste auch kühl kalkuliert: Die Protestierenden versuchen gerade so lange auszuharren, bis die Behörden oder Immobilienfirmen ihnen ein besseres Angebot unterbreiten. Die Gegenseite bedient sich nicht selten unlauterer Methoden, um den Widerstand der letzten verbliebenen Bewohner bei einer Umsiedlungsmaßnahme zu brechen: Sie lässt die Strom- und Wasserversorgung abstellen oder »versehentlich« ein Loch in die Außenmauer oder das Dach der Behausung reißen. Schlimmstenfalls werden sogar kriminelle Banden engagiert, um die Umzusiedelnden einzuschüchtern oder zu terrorisieren. Lokale Behörden decken solche Machenschaften immer wieder, weil sie indirekt über Beteiligungen an den Immobilienfirmen oder direkt durch Bestechung davon profitieren. Auch dagegen wehren sich Betroffene, indem sie versuchen, höhere Regierungsstellen durch ihre Proteste auf erlittenes Unrecht hinzuweisen und eine Entschädigung zu erlangen.

Um Gebäude zu bezeichnen, deren Bewohner sich gegen Zwangsumsiedlung oder unzureichende Entschädigung wehren, hat sich in China der Begriff »Nagelhaus« eingebürgert. Das auf dem Foto zu sehende Haus war im Februar 2014 zwar zum Teil schon abgerissen, aber immer noch bewohnt. (Foto: Imaginechina via AP Images)

Proteste gegen Enteignungen und Umsiedlungen sind zu einer weitverbreiteten Begleiterscheinung der rasanten Urbanisierung Chinas geworden, es gibt sie darüber hinaus auch bei Großprojekten wie Staudammbauten, die die Umsiedlung vieler Anwohner erfordern.

Arbeiterproteste

Im Verlauf der oben erwähnten Entlassungswelle im Staatssektor kam es verstärkt zu Protesten betroffener Arbeiter und Rentner. Diese setzten sich gegen ausbleibende Lohn- und Rentenzahlungen sowie niedrige Abfindungen zur Wehr. Auch hier kam es bisweilen zu größeren Unruhen mit Tausenden, vereinzelt sogar Zehntausenden Beteiligten. Im Allgemeinen verfing jedoch die staatliche Strategie: Die Solidarität der Betroffenen wurde durch abgestufte Behandlung gebrochen, die Forderungen wurden teilweise erfüllt, zugleich aber vermeintliche Rädelsführer hart bestraft. Diese Vorgehensweise »mit Zuckerbrot und Peitsche« erwies sich als wirksam: In den letzten Jahren nahmen die Proteste dieser Gruppe von Arbeitern wieder ab. Umgekehrt verhält es sich mit Protesten von ländlichen Arbeitsmigranten, die vor allem im Perlflussdelta und Delta des Chang Jiang (Jangtsekiang) in der meist exportorientierten Industrie tätig sind. Diese nahmen in den letzten Jahren stetig zu. Themen der Auseinandersetzungen sind neben der Bezahlung auch die Arbeits- und Wohnbedingungen, die in Fabriken und firmeneigenen Wohnheimen unter anderem oft von harscher Disziplin gekennzeichnet sind. Ins Bewusstsein der nationalen und internationalen Öffentlichkeit gelangten diese Zustände 2010 durch eine Serie von Selbstmorden unter Arbeitern des taiwanesischen Elektronikzulieferers Foxconn, der auf dem chinesischen Festland knapp eine Million Beschäftigte zählt. Ebenfalls breites Medienecho fand eine Streikwelle im gleichen Jahr in der Automobilbranche, die ihren Anfang bei einem Honda-Zulieferer nahm. Die streikenden Arbeiter gingen in diesem Fall über die üblichen Forderungen hinaus, indem sie nach einer offenen und fairen Wahl für die innerbetriebliche Gewerkschaft verlangten. Da die Kommunistische Partei in China nach wie vor ein Monopol auf die Interessenvertretung und Organisation der Arbeiterschaft erhebt (siehe den Beitrag von Günter Schucher), handelte es sich hier um eine politisch brisante Forderung, der letztlich auch nicht entsprochen wurde.

Umweltproteste

Ein relativ neues Aktionsfeld, das in den letzten Jahren beständig wichtiger wird, ist der Bereich Umwelt und Gesundheit. Hierin sehen einige Beobachter einen fundamentalen Wandel der chinesischen Protestkultur, da es sich vermeintlich um überindividuelle, gesamtgesellschaftliche Ziele handelt, auf die die Aktionen abzielen. Tatsächlich dürfte aber die überwiegende Mehrheit dieser Ereignisse in die Kategorie der NIMBY-Proteste fallen (die Abkürzung NIMBY steht für *not in my backyard*). Es handelt sich meist um Widerstand gegen Bauvorhaben wie Chemiefabriken, Müllverbrennungsanlagen oder Verkehrswege, von denen Anwohner Gesundheitsbeeinträchtigungen oder eine Wertminderung ihrer Immobilien befürchten. In diesen Fällen geht es gerade nicht um ökologische Zielsetzungen im eigentlichen Sinn, sondern um Einzelinteressen. Sie können daher auch nicht als Belege für eine »postmaterialistische« Gesinnung der Protestierenden dienen. Weiterhin ist es interessant, dass solche umweltbezogenen Proteste wohl mindestens ebenso oft in ländlichen wie in städtischen Gebieten auftreten. Sie mit dem Wachstum der urbanen Mittelschichten zu erklären, erscheint daher zu kurz gegriffen.

Krawalle und ethnische Konflikte

Neben diesen von bestimmten Anliegen getriebenen Protesten gibt es eine weitere Form des Widerstands, die sich gerade durch das Fehlen eines klaren Ziels auszeichnet. Chinesische Sozialwissenschaftler haben hierfür den Begriff »Wut-ablassen-Vorfall« (*xiefen shijian*) geprägt. Er bezeichnet Unruhen, die von größeren Menschenansammlungen ausgehen und deren Kennzeichen es ist, dass die Menschenmenge spontan aufgrund eines augenscheinlich nichtigen Anlasses zu randalieren beginnt. Oft gibt ein Fehlverhalten von offizieller Seite den Anstoß zu solchen Ausschreitungen, wie dies in der Kleinstadt Weng'an in der Provinz Guizhou im Jahr 2008 geschah. Hier waren bis zu 30 000 Personen an Gewalttätigkeiten beteiligt, die sich gegen offizielle Gebäude und Fahrzeuge richteten. Solche spontanen Zusammenrottungen zuvor unverbundener Menschen zu einem randalierenden Mob lassen auf tief sitzende Unzufriedenheit schließen. Sie sind aber nur von kurzer Dauer, da ihnen eine Grundlage fehlt, die längerfristige Zusammengehörigkeit stiften könnte. Letztere ist hingegen bei ethnisch motivierten Zusammenstößen gegeben, die daher von der chinesischen Regierung als sehr ernst zu nehmende Bedrohung der gesellschaftlichen Stabilität eingestuft werden. Gerade wenn es sich um Aktionen der Tibeter oder Uighuren handelt, denen die Regierung pauschal separatistische Motive oder terroristische Methoden unterstellt, reagiert sie in der Regel mit harter Repression. So folgten auf die Unruhen im tibetischen Hochland 2008 und in Urumqi, der Hauptstadt der autonomen Region der Uighuren Xinjiang, 2009 jeweils größere Verhaftungswellen. In diesen Regionen bleibt die Situation angespannt: Aus Xinjiang wird immer wieder über gewaltsame Proteste und Übergriffe auf die Repräsentanten der staatlichen Ordnung berichtet. Obwohl diese von staatlicher Seite in der Regel als terroristische Akte gekennzeichnet werden, scheint es sich doch eher um spontanes Aufbegehren vor dem Hintergrund einer strikter werdenden Minderheitenpolitik und einer als unfair empfundenen sozioökonomischen Entwicklung zu handeln.

Proteste in der muslimisch geprägten Unruheregion Xinjiang (Foto: dpa – Bildfunk, 2009)

In den tibetisch besiedelten Gebieten fanden von März 2011 bis Mitte 2013 rund 120 Selbstverbrennungen aus Protest gegen die Eingliederung in den chinesischen Staat und religiöse Unterdrückung statt. Meist junge Menschen, überwiegend Mönche und Nonnen buddhistischer Klöster, griffen zu diesem verzweifelten Mittel des Protestes. Die chinesische Regierung bezichtigt den Dalai Lama im indischen Exil als geistigen Anstifter dieser Aktionen und lässt die Helfer der Selbstmörder mit hohen Haftstrafen belegen.

Vielfältige Aktionsformen

Gesellschaftlicher Protest sowie Widerstand gegen politische Amtsträger und Behörden kann viele Formen annehmen, legal oder illegal, formal oder informell stattfinden. Gerade angesichts der schlagzeilenträchtigen Foxconn-Selbstmorde und ethnischen Konflikte muss betont werden, dass die allermeisten Chinesen ihren Unmut in gemäßigter und systemkonformer Weise äußern, sofern sie es überhaupt tun. Die wichtigsten Kanäle hierfür sind Gerichtsverfahren und Petitionen. Das chinesische Recht bietet den Bürgern seit 1990 die Möglichkeit, gegen bestimmte Verwaltungsakte der Behörden Klage einzureichen. Obwohl diese Klagemöglichkeiten und die Erfolgsaussichten eingeschränkt sind, nahm die Anzahl der Verwaltungsprozesse kontinuierlich zu: 2004 waren es 93 000 und 2011 bereits 136 000 Prozesse. Noch deutlicher wuchs jedoch die Masse der außergerichtlichen Beschwerden gegenüber Behörden (*shangfang*) bzw. Petitionen (*xinfang*), die schon 2004 13,7 Millionen erreichte (Michelson 2008, S. 49). Nach offiziellen chinesischen Aussagen ist die Flut der Petitionen inzwischen allerdings eingedämmt. So vermeldete das Staatliche Petitionsamt für Januar bis Oktober 2013 verglichen mit dem Vorjahreszeitraum einen leichten Rückgang der Gesamtzahl an Petitionen um zwei Prozent auf landesweit 6,04 Millionen.

Die Erfolgschancen von Petitionen stehen sehr schlecht: Chinesische Studien sprechen von nur zwei gelösten Beschwerden pro eintausend Fälle (Michelson 2008, S. 49).

Petitionen

Das Petitionswesen besitzt in China ganz im Gegensatz zum Verwaltungsprozess eine lange Tradition, die bis in die Kaiserzeit zurückreicht. Manche Beobachter sehen daher auch in der Gegenwart das Anrufen einer höheren, vermeintlich gerechteren politischen Instanz, um Schutz gegenüber der Willkür lokaler Beamter zu erhalten, als Ausdruck einer Untertanenmentalität an. Sie kontrastieren dies mit juristischem Widerstand, der sich auf eine Vorstellung des Bürgers als Träger von Rechten stütze (Perry 2008). Andere Studien deuten dagegen darauf hin, dass diese verschiedenen Beschwerdewege von den Betroffenen selbst nicht als sich ausschließend, sondern als sich ergänzend gesehen werden (Li 2010). Wer also vor einem lokalen Gericht mit seiner Klage scheitert, schlägt gegebenenfalls als Nächstes den Weg der Petition an eine höhere Regierungsebene ein. Und während die Mehrzahl der enttäuschten Petitionäre irgendwann einfach aufgibt, greift ein kleiner Teil zu drastischeren Mitteln wie gewaltsamen Protesten oder gar Selbstmord. Umgekehrt lernt manch ein Beschwerdeführer erst, wenn er mit anderen, zum Beispiel im Warteraum einer Behörde, in Kontakt kommt, dass es für seinen Fall Möglichkeiten der gerichtlichen Klage gibt. Wer klagt, versucht eventuell auch, über die

Medien weiteren Druck aufzubauen, um so das Gericht zu beeinflussen. Die unterschiedlichen Aktionsformen gehen also teilweise ineinander über und ergänzen sich.

Ab den 1990er-Jahren nahm nicht nur die Anzahl der Petitionen stark zu, sondern das gesamte Petitionswesen wurde auch stärker institutionalisiert. Im Jahr 2000 wurde mit dem Staatlichen Petitionsamt sogar eine Spitzenorganisation in der Hauptstadt geschaffen, die in den Folgejahren immer höhere Zahlen an Petitionären nach Beijing zog. Diese Welle erreichte zwischen 2003 und 2006 ihren Höhepunkt und wurde in der Folge durch verschiedene Maßnahmen eingedämmt (Li/Liu/O'Brien 2012). Die fortwährende Präsenz von Tausenden, sogar Zehntausenden von Bittstellern im politischen Zentrum des Landes stellte einen peinlichen Beleg für die Ineffizienz der Regierungspolitik in den Regionen dar: Die Petitionäre begannen, sich auf Beijing zu konzentrieren, weil sie ihre Hoffnungen auf eine Lösung ihrer Anliegen in ihren Heimatprovinzen begraben mussten. Gleichzeitig wurden die Lokalregierungen aller Ebenen für das lokale Auftreten von Protesten und für Petitionäre aus ihrem Verantwortungsbereich, die in der Hauptstadt vorstellig wurden, direkt zur Rechenschaft gezogen. Solche Vorkommnisse können seither die Karrierechancen der jeweiligen Leitungskader empfindlich beeinträchtigen und schlimmstenfalls zu ihrer Entlassung führen. Diese drohenden Sanktionen veranlassten Lokalregierungen dazu, Reisen lokaler Beschwerdeführer nach Beijing nach Möglichkeit zu unterbinden oder sie aus der Hauptstadt von eigenen Sicherheitskräften zurückführen zu lassen. Teilweise wurden hierfür auch nicht staatliche oder halbstaatliche Sicherheitsfirmen und sogar kriminelle Banden eingesetzt. So entstanden in Beijing sogenannte schwarze Gefängnisse (*hei jianyu*), in denen Petitionäre bis zu ihrer Rückführung festgehalten wurden. Nicht selten wurden die Zurückgeführten anschließend von den Lokalbehörden eingeschüchtert oder bestraft. Neue Regelungen verschärften ab 2006 noch die Sanktionen für Lokalkader, aus deren Gebiete Petitionäre nach Beijing zogen und die dort durch störende Aktionen auffielen. Dieser erhöhte Druck führte zu stärkerer Repression gegen Petitionäre und letztlich zu einem Abflauen der Petitionswelle in der Hauptstadt, ohne dass die zugrunde liegenden Probleme gelöst worden wären. Die neue Führung unter Xi Jinping verfolgte mit der Schließung einiger »schwarzer Gefängnisse« Ende 2012 einen neuen Ansatz. Allerdings wurde hierüber in chinesischen Medien nicht berichtet, vermutlich nicht nur, weil die Existenz solcher Einrichtungen ein schlechtes Licht auf die Zentrale wirft, sondern auch, weil diese verhindern möchte, dass dies als Signal gedeutet wird, Petitionäre seien in Beijing wieder willkommen. Ende 2013 kündigte die politische Führung zudem an, Lokalregierungen nicht weiter für Petitionäre aus ihren Regionen, die nach Beijing kommen, zu bestrafen, da dies nur zu noch eklatanteren Rechtsverletzungen geführt habe.

Rechtsschutz

Eine besondere Form des Widerstands stellt der sogenannte Rechtsschutz (*weiquan*) dar. Der Begriff bezeichnet rechtliche und politische Aktivitäten von Rechtsanwälten, die Gesetze und Rechtsmittel wie Klagen und Verwaltungswidersprüche benutzen, um das politische und rechtliche System schrittweise zu verändern oder gar direkt herauszufordern. Die Abgrenzung dieses Konzeptes ist im Detail schwierig und der Begriff wird je nach Autor unterschiedlich verwendet. So sind nicht alle Aktivisten, die der Rechtsschutzbewegung zugeordnet werden, Rechtsanwälte im eigentlichen Sinn. Ein prominentes Beispiel hierfür ist der blinde Rechtsaktivist Chen Guangcheng, der sich selbst in Rechtsfragen fortbildete und 2005 die Familienplanungsbehörden seines Heimatkreises in Shandong wegen exzessiver Methoden zur Durchsetzung der Geburtenkontrolle verklagte. Sein Fall zeigt auch exemplarisch die Gefahren, die mit dieser Form des Aktivismus verbunden sind. Er wurde wegen angeblicher Sachbeschädigung 2006 zu vier Jahren Haftstrafe verurteilt und nach seiner Entlassung 2010 ohne rechtliche Basis unter Hausarrest gehalten. Im April 2012 gelang ihm schließlich die Flucht in die amerikanische Botschaft in Beijing, von wo aus er seine Ausreise in die USA erwirken konnte. Mit seiner direkten, auf Medienpräsenz und Konfrontation mit den Behörden ausgerichteten Handlungsweise zählt Chen zu den radikaleren unter den Rechtsschutzaktivisten. Eine Vielzahl von ihnen begnügt sich mit gemäßigteren Methoden, die sich im Wesentlichen auf den Gerichtsweg beschränken und nur den bereits erlassenen Gesetzen zur Geltung verhelfen wollen. Ähnlich wie bei den Petitionären führen Fehlschläge bei vielen zu Resignation, während andere dadurch gegenüber dem Rechtssystem kritischer werden und sich gegebenenfalls schrittweise radikalisieren. Gemeinsam ist der Rechtsschutzbewegung, dass sie in der Regel konkrete Rechtsfälle benutzt, um letztlich einen Wandel des Gesamtsystems in rechtlicher, teils auch politischer Hinsicht zu erreichen.

Rechtmäßiger Widerstand

Für das gegensätzliche Vorgehen haben Politikwissenschaftler den Begriff »rechtmäßiger Widerstand« (*rightful resistance*) geprägt (O'Brien/Li 2006). Dabei geht es um die Durchsetzung von Partikularinteressen ohne den

Anspruch, das System in irgendeiner Hinsicht verändern zu wollen. Dabei stützen sich die Protestführer aber auf grundlegende, oft auch sehr allgemeine Rechtsvorstellungen und Gesetzesprinzipien, verfolgen aber nicht den Rechtsweg, sondern verlegen sich auf direkte, gewaltfreie Aktionen. Hierzu zählen Demonstrationszüge (zum Teil getarnt als »Spaziergänge«), Besetzungen von Straßenkreuzungen oder die Blockade von Regierungsbehörden. Solche Aktionen sind zwar nach chinesischem Recht illegal, werden von den Protestierenden aber als »rechtmäßig« deklariert, da sie zur Durchsetzung der allgemeinen Rechtsprinzipien oder der Politik der Kommunistischen Partei beitragen sollen. Zugleich betonen sie energisch ihre Loyalität zum politischen System und insbesondere zur zentralen Führung, was ein härteres Vorgehen der Lokalbehörden gegen diese Form des Widerstands erschwert. Geschickte Protestführer versuchen, die Provokationen gezielt so weit zu eskalieren, dass sie ein für sie günstiges Ergebnis erlangen, ohne den lokalen Sicherheitskräften einen Vorwand zum Eingreifen zu geben. Daher sind die Forderungen meist klar begrenzt und oft auf materielle Entschädigung konzentriert. Horizontale Verbindungen zwischen Arbeitern verschiedener Firmen, Bewohnern benachbarter Dörfer oder Landkreise usw. werden in der Regel vermieden. Sie könnten das Organisationsmonopol der Kommunistischen Partei herausfordern und daher eine harte Repression zur Folge haben. Diese Form des Widerstands ist also genau an die Bedingungen des autoritären Systems in China angepasst und weit verbreitet. Die Mehrzahl der oben besprochenen »Massenvorkommnisse« fällt vermutlich in diese Kategorie. Interessanterweise argumentieren einige Beobachter, dass solche Proteste gerade keine destabilisierende Wirkung auf das Regime besitzen. Im Gegenteil lebt der rechtmäßige Widerstand davon, dass er das bestehende System zumindest verbal unterstützt.

Internetaktivismus

Eine zunehmend größere Rolle spielt in China die Beteiligung der Bevölkerung an öffentlichen Angelegenheiten über das Internet und andere neue Medien. Mit rund 560 Millionen Nutzern (2013) besitzt China inzwischen die größte Internetgemeinde der Welt. Zugleich haben sich soziale Netzwerke stark ausgebreitet. Allein der größte Anbieter für Kurznachrichten (»Microblogs«), Sina Weibo, zählt mehr als 300 Millionen Nutzerprofile, von denen allerdings viele inaktiv sind. Zahlreiche Chinesen nutzen ihre mobilen Endgeräte wie Smartphones, um diesen Portalen fortwährend zu folgen oder selbst vom Ort eines Geschehens zu berichten. Obwohl auch die neuen Medien der Zensur unterliegen, führt dies zu einer veränderten

Form der Interaktion zwischen dem Parteistaat und der gesellschaftlichen Öffentlichkeit (siehe die Beiträge von Doris Fischer und Christian Göbel). Die Wirkungen dieser neuen Form öffentlicher Beteiligung sind bislang jedoch schwer abzuschätzen und durchaus widersprüchlich. Zum einen stellt sie eine Herausforderung für einen Parteistaat dar, der den Informationsfluss kontrollieren möchte. Andererseits kann diese zusätzliche Form der Überwachung durchaus im Sinn der Zentrale die Kontrolle lokalstaatlicher Akteure verbessern. Zudem kann Aktivismus über das Internet zumindest zum Teil als Ersatz für offen zur Schau gestellten Widerstand fungieren. Hierauf weisen Erhebungen hin, die zeigen, dass gerade die Mittelschichten, die sich am meisten für Politik und öffentliche Angelegenheiten interessieren und zugleich auch über den besten Zugang zu neuen Medien verfügen, sich am wenigsten in ihrer Redefreiheit eingeschränkt fühlen. Verglichen mit ihren vor wenigen Jahren noch begrenzteren Möglichkeiten, sich an öffentlichen Debatten zu beteiligen, haben sich die Freiräume für die Mehrheit, die nicht sonderlich politisch engagiert ist, durch das Internet stark erweitert. Davon völlig unbenommen, ist festzuhalten, dass politisch riskante Äußerungen im Internet in China nicht ohne Folgen für den Einzelnen bleiben. Immer wieder werden Internetnutzer wegen system- oder regierungskritischer Beiträge strafrechtlich verfolgt.

Gewaltsame Einzelaktionen

Ein relativ neues Phänomen sind gewaltsame Aktionen Einzelner, die sich gegen Vertreter der staatlichen Ordnung oder auch gegen die Allgemeinheit richten und offenbar häufig aus purer Verzweiflung über erlittenes Unrecht begangen werden. Angriffe mit Messern oder Küchenbeilen sind eine Form, mit der solche Einzeltäter Rache an staatlichen Autoritäten oder der Gesellschaft zu nehmen versuchen. So stürmte Mitte 2008 ein Arbeitsloser in Shanghai eine lokale Polizeistation und stach wahllos auf Polizisten ein, angeblich, weil diese ihn zuvor unschuldig wegen Eigentumsdelikten verfolgt hätten. Fünf der Angegriffenen starben. Ab Frühjahr 2010 folgte eine Reihe von ähnlichen Amokläufen in Schulen und Kindergärten verteilt auf das ganze Land mit mindestens 25 Toten und über 100 Verletzten. Ähnliche Angriffe ereigneten sich in Krankenhäusern, allerdings mit dem Unterschied, dass hier meistens klarer erkennbare Konflikte zwischen Patienten und Angehörigen auf der einen und Krankenhausverwaltung und -personal auf der anderen Seite vorlagen. Andere Einzeltäter benutzen selbst gebaute Sprengsätze, vergiften Essen in Restaurants und Kantinen oder begehen Brandstiftung. Einer der jüngsten und folgenreichsten Fälle ereignete sich im Juni 2013 in der Küstenstadt Xiamen. Laut

Medienberichten steckte ein 59-Jähriger einen voll besetzten Linienbus in Brand. Einschließlich des Täters kamen 47 Menschen ums Leben. Den Hintergrund dieser Tat bildet ein langwieriger Streit des späteren Brandstifters mit der Lokalverwaltung um die nicht erfolgte Auszahlung seiner Rentenansprüche. In all diesen Fällen ist eine genaue Abgrenzung der Motivationslage zwischen sozialer Ausgrenzung und erfahrenem Unrecht einerseits und psychischen Störungen der Täter andererseits aufgrund der mangelhaften Informationslage unmöglich. Davon abgesehen, ist aber zu beobachten, dass diese Vorkommnisse in der chinesischen Öffentlichkeit zum Teil durchaus mit einem gewissen Verständnis für die Ausweglosigkeit der Situation, in der die Täter sich befunden hätten, kommentiert werden. Umgekehrt schüren sie in der Bevölkerung aber auch ein diffuses Gefühl der Unsicherheit und führen dazu, dass der Ruf nach mehr Polizeipräsenz und Überwachung laut wird. So werden neu gebaute Wohnviertel (*xiaoqu*, oft sogenannte *gated communities*) zum Beispiel mit ihren Sicherheitsvorkehrungen beworben.

Diese Übersicht zeigt, dass gesellschaftliche Herausforderungen, die der soziale Wandel in China mit sich bringt, heute eine Vielzahl von Ursachen und Ausdrucksweisen haben. Nicht alle davon stehen im direkten Widerspruch zum gegenwärtigen politischen System. Im Gegenteil fußt der Pro-

Geiselnahme durch einen Einzeltäter in Kunming, Provinz Yunnan, im April 2014 (Foto: Imaginechina via AP Images)

test vielfach darauf, dass die politische Zentrale im Vergleich mit lokalen Amtsträgern als zu schwach angesehen wird. Solche Proteste dürfen also nicht als Ruf nach mehr Demokratie missverstanden werden, vielmehr entspringen sie dem Wunsch nach einem starken Staat und einer mächtigen politischen Führung. Nur eine Minderheit der Aktivisten hat sich tatsächlich den systemischen Wandel auf die Fahnen geschrieben. Vor allem Letztere sehen sich auch unter der aktuellen Führung des KP-Generalsekretärs Xi Jinping nach wie vor harten Unterdrückungsmaßnahmen seitens des Parteistaates ausgesetzt, während die Regierung den Protest der anderen durch konziliantere Politikmaßnahmen aufzufangen versucht.

3 Reaktionen der Regierung auf die gesellschaftlichen Herausforderungen

Wie nicht anders zu erwarten, steht die chinesische Regierung diesen sozialen Veränderungen und den sich daraus ergebenden Herausforderungen nicht tatenlos gegenüber. Im Gegenteil ist sie aktiv daran beteiligt und ergreift eine Reihe von Maßnahmen, um mit den Konsequenzen des sozialen Umbruchs umzugehen. Damit ist sie zu einem gewissen Grad offen und geht auf die Bedürfnisse der Gesellschaft ein, zeigt aber auch Härte gegenüber aus ihrer Sicht unliebsamen Entwicklungen.

Zensur, Überwachung, Repression

Der kommunistische Parteistaat hat im vergangenen Jahrzehnt seine Möglichkeiten zur Repression und Kontrolle der Bevölkerung nicht nur zu erhalten gesucht, sondern überdies ausgebaut und gefestigt. Das beherrschende Schlagwort in diesem Zusammenhang ist »Aufrechterhalten der sozialen Stabilität« (*weiwen*). Auf allen regionalen und lokalen Regierungsebenen wurden spezielle Büros nur für diese Aufgabe eingerichtet, die eine schnelle Krisenreaktion – zum Beispiel bei Protesten – garantieren sollen. Ihre Aufgabe ist es aber auch, soziale Brennpunkte frühzeitig zu erkennen, um die Lunte zu löschen, bevor es zu einer Explosion der Spannungen kommt. Zu diesem Zweck kooperieren sie eng mit anderen Behörden wie den Petitionsämtern, die sie über mögliche Probleme auf dem Laufenden halten. Um potenzielle Demonstrationen oder andere öffentliche Aktionen zu verhindern, werden die vermuteten Anführer vorgewarnt, zum Teil auch eingeschüchtert oder bedroht. Mindestens ebenso verbreitet ist die Methode, sich soziale Stabilität gleichsam zu erkaufen. Gerade bei

Umsiedlungsprotesten wird mitunter Geld gezahlt, um Protestwillige von ihrem Vorhaben abzubringen. Solche Maßnahmen zusammen mit der personellen Verstärkung und besseren Ausrüstung der Sicherheitskräfte haben ihren Preis. So stiegen die *weiwen*-Ausgaben laut Schätzungen auf 624 Mrd. RMB im Jahr 2011 und lagen damit erstmals über denen für Landesverteidigung (601 Mrd. RMB). Ein erheblicher Teil geht in den Ausbau der Bewaffneten Volkspolizei und deren Spezialeinheiten für Einsätze gegen Demonstranten. Auch die Überwachung mittels fortschrittlicher Technologien und die Zensur des Internets besitzen eine große Bedeutung. Auch aufgrund der oben geschilderten gewaltsamen Einzelaktionen sind diese Maßnahmen nicht so unpopulär, wie man annehmen könnte. Für sich allein genommen, wären sie aber wohl unzureichend. Sie werden um weitreichende politische Neuerungen, die den oben dargestellten sozialen Verwerfungen begegnen sollen, ergänzt.

»Soziales Management«

In Anbetracht der Umbrüche in der arabischen Welt stellte Hu Jintao Ende 2010 sein Konzept des »sozialen Managements« bzw. »Managements der Gesellschaft« vor (der chinesische Terminus *shehui guanli* ist bezeichnenderweise zweideutig in Bezug darauf, ob die Gesellschaft Subjekt oder Objekt des Managements sein soll). In den letzten Überarbeitungsrunden des zwölften Fünfjahresplans, der Anfang 2011 verabschiedet wurde, ergänzten die Planer noch ein ausführliches Kapitel zu diesem Thema. Das Konzept schließt die oben geschilderten Bemühungen zur Aufrechterhaltung der sozialen Stabilität mit ein, geht aber weit darüber hinaus. Die Ziele des »sozialen Managements« sind der Ausgleich zwischen sozialen Widersprüchen, die Verbesserung der gesellschaftlichen Gerechtigkeit und die Vermeidung von Risiken. Der Fünfjahresplan sieht Innovationen im Bereich des »sozialen Managements« vor. Der Schwerpunkt soll auf Konfliktvorbeugung liegen, indem die Gesellschaft stärker beteiligt wird. Dieser Ansatz der Selbstverwaltung knüpft an vorangegangene Reformen an, insbesondere in dörflichen Gemeinschaften, aber auch in den städtischen Wohnvierteln (*shequ*). So ist das 2010 verabschiedete Organisationsgesetz über Dorfbewohnerkomitees, die direkt gewählten Selbstverwaltungsorgane der Landbevölkerung, bereits die dritte Version dieses Gesetzes in ebenso vielen Jahrzehnten. Es enthält schrittweise erfolgende Verbesserungen der Beteiligungsrechte, insbesondere hinsichtlich der Abberufung gewählter Dorfkader, bringt aber keine wesentliche politische Reform. Insbesondere bleibt die Führungsrolle der Kommunistischen

Partei in der Dorfpolitik unangetastet bzw. wird sogar gefestigt. Die städtischen Nachbarschaftsviertel sind aufgrund anderer Voraussetzungen, dazu zählen zum Beispiel größere Anonymität und geringere soziale Kontakte der Bewohner untereinander oder das Fehlen einer gemeinsamen wirtschaftlichen Basis, noch weniger weit entwickelt als die dörfliche Selbstverwaltung. Beobachter sprechen hier auch von einer »Beteiligung von oben«, die vom Parteistaat angeregt und zugleich begrenzt wird (Heberer/Schubert 2008). Damit stehen diese Ansätze der Selbstverwaltung stellvertretend für die in China typische Form der konsultativen Politik, die stets von der Partei angeleitet und kontrolliert wird. Auch in anderen Bereichen wie dem Umgang mit »sozialen Organisationen« (*shehui tuanti*; darunter fallen Nichtregierungsorganisationen, Verbände, Vereine, Stiftungen etc.) verfolgt die Parteiführung eine Mischung aus Förderung »nützlicher« und Verhinderung des Entstehens »gefährlicher« Akteure. Nützlich aus ihrer Sicht sind alle, die zur Linderung der sozialen Probleme beitragen, gefährlich hingegen solche, die die Vorherrschaft der Partei herausfordern könnten. Während die Registrierung und offizielle Zulassung für Erstere inzwischen erleichtert wurde, wird die Überwachung und Einschüchterung der Letzteren verstärkt. Mit diesem differenzierenden Vorgehen bleibt die Regierung ihrem seit Ende der 1980er-Jahre verfolgten Ansatz zum Umgang mit sozialen Organisationen im Grundsatz treu.

Das Neue an der Agenda des »sozialen Managements« ist, dass offen die Verbindung zwischen diesen Ansätzen zur begrenzten Beteiligung der Gesellschaft, neuen Initiativen der Regional- bzw. Sozialpolitik und der Vorbeugung gegen soziale Konflikte hergestellt wird. Damit wird deutlich, dass die politische Führung diese Bereiche gemeinsam betrachtet und als Teile einer differenzierten Strategie zum Machterhalt sowie zur Förderung des gesellschaftlichen Fortschritts sieht.

Neue Regional- und Sozialpolitik

Förderung des ländlichen Raumes

Wie bereits dargestellt, ergänzte die Regierung unter Staatspräsident Hu Jintao und Ministerpräsident Wen Jiabao in der Regionalpolitik die Förderung Westchinas ab 2003 um ein weiteres Programm zur Wiederbelebung des Nordostens, das gewisse Erfolge erbrachte. Noch weiter reichende Maßnahmen ergriff die Hu-Wen-Regierung in Bezug auf das Stadt-Land-Ungleichgewicht. Dies hängt eng mit der bereits geschilderten Gebührenproblematik auf dem Land zusammen, geht aber deutlich darüber hinaus. Zu Beginn des 21. Jahrhunderts setzte sich in intellektuellen und politiknahen Kreisen die Auffassung durch, dass die Krise des ländlichen Raumes das grundlegende Problem der Modernisierung Chinas sei. Solange die ländliche Gesellschaft und Wirtschaft nicht grundlegend reformiert und erneuert würden, könne China insgesamt nicht in die Moderne eintreten. Diese Thematik wurde einige Jahre unter dem Begriff »drei ländliche Probleme« (*sannong wenti*) diskutiert, womit Landwirtschaft, Dörfer und Bauern gemeint waren. Die Hu-Wen-Regierung nahm zunächst eine wichtige rhetorische Änderung vor: Die vorher gängige negative Formulierung, die Hunderte Millionen Bauern schlicht zum »Problem« erklärte, wurde mit dem neuen Slogan zum »Aufbau eines neuen sozialistischen ländlichen Raumes« (*shehuizhuyi xin nongcun jianshe*) positiv gewendet. So fügt sie sich nahtlos in das ebenfalls von Hu Jintao propagierte Konzept des »Aufbaus einer harmonischen Gesellschaft« (*goujian hexie shehui*) ein. Anfang 2006 zum staatlichen Programm erhoben, bildete sich dann eine Makropolitik zum Aufbau im ländlichen Raum heraus, die – jeweils angepasst an lokale Entwicklungsbedürfnisse und mit großzügigen Finanzspritzen der Zentrale ausgestattet – eine breite Palette an Problemen konsequent anzugehen versprach. Die Landbevölkerung wurde durch die Abschaffung der Landwirtschaftssteuer entlastet. Die Subventionen im Bereich der Landwirtschaft, insbesondere die der Getreideproduktion, wurden nun deutlich ausgeweitet und direkt an die Produzenten ausgezahlt. Die Politik förderte Genossenschaften von Bauern und größere Agrarunternehmen, die zusammen die landwirtschaftliche Produktion ankurbeln, standardisieren und modernisieren sollten. Hierzu sollten Maßnahmen zur leichteren Flächenkonzentration beitragen, die ihrerseits mit einer Förderung der ländlichen, auf Kleinstädte fokussierten Urbanisierung einhergingen. Das ländliche Bildungssystem wurde ebenfalls stärker unterstützt, indem man Gebühren erließ und Büchergeld auszahlte. Viele dieser Ideen waren nicht wirklich neu, wurden jetzt aber in den Fokus der Politik gerückt und mit größerem Nachdruck umgesetzt.

Ausbau des Sozialwesens

Die sichtbarsten Erfolge wurden im Bereich der Sozialpolitik erreicht. Das System zur Sicherung eines minimalen Lebensstandards (*dibao*), das im Zuge der Entlassungen im Staatssektor zunächst nur für Städter eingerichtet worden war, wurde 2007 auf den gesamten ländlichen Raum ausgedehnt. Die Anzahl der städtischen Empfänger nahm in den letzten Jahren kaum noch zu und lag Anfang 2013 bei 21,34 Millionen. Dagegen stieg die Anzahl der ländlichen Adressaten sprunghaft auf aktuell 53,5 Millionen an. Die Höhe der Auszahlungen pro Empfänger ist in beiden Fällen sehr bescheiden und liegt im Durchschnitt im städtischen Raum aufgrund der höheren Lebenshaltungskosten beim Doppelten des ländlichen Wertes. Dennoch ist es bemerkenswert, dass die Zentralregierung den Trend zur Dezentralisierung der Sozialausgaben gestoppt hat und direkt Verantwortung für die Grundsicherung auch auf dem Land mit übernimmt.

Dasselbe gilt für den Bereich der Sozialversicherungen. Obwohl das auf den Volkskommunen basierende kollektive Sicherungssystem für die Landbewohner mit der Entkollektivierung Anfang der 1980er-Jahre zusammengebrochen war, beschränkten sich die staatlichen Bemühungen zum Aufbau eines Sozialversicherungssystems zunächst auf die städtische Bevölkerung. Hierfür wurden Ende der 1990er-Jahre die Grundlagen gelegt. Auch in den Städten gibt es noch Probleme: Die Versicherungen erreichen nicht alle Bevölkerungsteile (vor allem Wanderarbeiter und Individualgewerbetreibende bleiben oft außen vor) und die Auszahlungen decken oft nicht den tatsächlichen Bedarf. Zudem sind die Einzahlungen nur zum Teil übertragbar, wenn ein Versicherter in eine andere Provinz umzieht. Trotzdem stand die Stadtbevölkerung lange Zeit unvergleichlich besser da als ihre ländlichen Mitbürger. Versuche, eine neue kollektive Krankenversicherung auf dem Land aufzubauen, waren erst nach 2006 (ab dem elften Fünfjahresplan) mittels der massiv erhöhten politischen Aufmerksamkeit der Zentralregierung und mit ihrer finanziellen Unterstützung erfolgreich. Inzwischen sind über 90 Prozent der ländlichen Bevölkerung in dieser Basiskrankenversicherung versichert. Sie übernimmt allerdings nur die Kosten für eine begrenzte Auswahl an Gesundheitsleistungen und die Eigenbeteiligung der Versicherten ist hoch. Lokale Versuche zum parallelen Aufbau einer neuen ländlichen Rentenversicherung sind ebenfalls im Gang. Auch ihre Auszahlungen werden nur ein niedriges Niveau erreichen. Des Weiteren befürchten Kritiker, dass die zweigleisige Einführung sozialer Sicherungssysteme für den städtischen und ländlichen Raum die Zweiteilung der Bevölkerung entlang der *hukou*-Unterscheidungen weiter verfestigen könnte. Dies würde im Gegensatz zu einer Reihe von Reformen stehen, die gerade darauf abzielen, diese Differenzierung zu relativieren.

Reformen der Wohnsitzregistrierung (*hukou*-System)

Seit den 1990er-Jahren sind die jeweiligen Lokalregierungen für die Verwaltung der Zuwanderung in die Städte zuständig. Sie führten diverse Zwischenkategorien ein, um den langfristigen Zuzug zu steuern. Gerade in letzter Zeit wurden lokale Experimente gefördert, bei denen Migranten mit gesuchten Qualifikationen oder Migranten, die in dort ansässige

Unternehmen investierten, ein städtischer *hukou* gewährt wird. Auch das Wachstum der städtischen Siedlungsräume hatte für viele Bewohner der Dörfer am Stadtrand zur Folge, dass sich ihr Registrierungsstatus änderte. Im Gegenzug dafür, dass sie ihren ländlichen *hukou*-Status und damit den Anspruch auf ein Stück Ackerland aufgaben, wurden sie zu Stadtbewohnern erklärt, die Anspruch auf entsprechende Sozialleistungen besitzen. Zum Teil wird aber weiter zwischen der ursprünglichen Stadtbevölkerung und Personen mit umgewandeltem Status unterschieden. All diese Reformschritte sind noch nicht so weit gediehen, dass man von einer bevorstehenden Abschaffung der *hukou*-Unterschiede zwischen Stadt und Land sprechen könnte. Wohl aber ebnen sich die Differenzen zum Teil ein und es kommen neue Mischkategorien hinzu. Zudem bestehen große Unterschiede zwischen den begehrten Metropolen und Ballungsräumen mit strikten Zuzugsregeln (Beijing, Shanghai, Perlflussdelta etc.) einerseits sowie kleineren und mittelgroßen Städten mit gelockerten Bestimmungen andererseits.

Die neu ausgerichtete Regional- und Sozialpolitik Beijings weisen also Licht und Schatten auf. Dennoch sind sie zweifelsfrei stärker an sozialem Ausgleich und der Überwindung bestehender sozialer Ungleichheiten

Luxusresidenzen für Chinas Neureiche: Nachbau des 900 Jahre alten österreichischen Dorfes Hallstatt (Salzkammergut) in der Nähe von Huizhou, Provinz Guangdong (Foto: AP/Vincent Yu, 2012)

orientiert als die der 1990er-Jahre. Die Anfang 2013 neu installierte Administration um KP-Generalsekretär und Staatspräsident Xi Jinping sowie Ministerpräsident Li Keqiang betonte zu Beginn ihrer Amtszeit ebenfalls ihre Absicht, die Einkommensungleichheit weiter zu bekämpfen, sodass mit einer Fortsetzung dieser Bemühungen gerechnet werden kann. Mindestens ebenso wichtig wie die damit verbundenen realen Erfolge ist zudem der Eindruck, den die politische Propaganda gezielt verstärkt, dass nämlich die Zentralregierung sich der Sorgen und Nöte der Menschen im Land annimmt. Dieser psychologische Effekt ist nicht zu unterschätzen. In einer chinaweiten Repräsentativumfrage eines US-Soziologen aus dem Jahr 2004 äußerten sich ausgerechnet die schlechtergestellten Befragten zufriedener mit der Sozialpolitik als Besserverdienende (Whyte 2010a). Erstere waren häufiger davon überzeugt, dass in Chinas Gesellschaft annähernd Chancengleichheit vorherrscht. Die objektive Vermögens- und Einkommenssituation ist also nur begrenzt aussagekräftig, wenn es um die (sozial)politischen Werte und Wünsche der Befragten geht. Umso wichtiger ist es für die Regierung, überzeugend zu wirken.

Korruptionsbekämpfung

Die verstärkte Bekämpfung der grassierenden Korruption ist ein weiterer Schwerpunkt der neuen Regierung unter Xi Jinping, der sich in ihren ersten Monaten abzeichnet. Auf diesem Feld ist die Glaubwürdigkeit des Regimes durch zahlreiche Skandale der letzten Jahre, die bis auf Kabinetts- und Politbüroebene hinaufreichen, erschüttert. Das sozialpolitische Programm kann nur dann überzeugen, wenn die Führung deutlich macht, dass sie gewillt ist, gegen die Bereicherung in den eigenen Reihen und die oben geschilderte Vernetzung zwischen politischer und wirtschaftlicher Macht vorzugehen. Gerade die neue Führung hat hier einen erhöhten Bedarf, sich durchsetzungsfähig und -willig zu zeigen, da ihr mit Xi Jinping der Sohn eines hohen Führungskaders aus der Gründergeneration der Volksrepublik vorsteht. Er ist also selbst ein Mitglied der sogenannten Prinzenpartei (*taizidang*), die in der Bevölkerung oft mit Nepotismus und Bereicherung durch Machtmissbrauch in Verbindung gebracht wird.

Dass die Bekämpfung der Korruption mit harschen Methoden, die zum Teil gegen Prinzipien der Rechtsstaatlichkeit verstoßen, bei der Bevölkerung populär ist, zeigte die Kampagne des beliebten Parteisekretärs Chongqings, Bo Xilai (ebenfalls ein Sohn eines Gründungsvaters der Volksrepublik). In den Jahren 2009 und 2010 ging er mit aller Härte gegen organisierte Kriminalität und korrupte Lokalkader in der Metropole am

Chang Jiang vor. Bos plötzlicher Sturz Anfang 2012 im Zuge eines großen Skandals um seine in die Ermordung eines britischen Geschäftsmannes verstrickte Ehefrau hat seiner Popularität in manchen Teilen der Bevölkerung bislang keinen Abbruch getan. Hierin ist mit ein Grund zu sehen, weshalb die offizielle Anklage des Politbüromitglieds wegen Disziplinverstößen bis in den Sommer 2013 auf sich warten ließ.

Gleichzeitig muss festgehalten werden, dass solch ein kampagnenartiges Vorgehen gegen Korruption, wie es auch in der Vergangenheit oft praktiziert wurde, die Ursachen derselben nicht nachhaltig beseitigen wird. Partei- und Staatskader unterliegen als Teil der politischen Elite einer eigenen parteiinternen Disziplinkontrolle. Diese ist zwar theoretisch machtvoll, wird aber nur sporadisch effektiv eingesetzt. Es ist daher fraglich, ob der Elan, mit der die Korruption in den ersten Monaten unter Xi Jinpings Führung bekämpft wurde, sich verstetigen wird. Solange die politische Elite nicht der permanenten Kontrolle durch eine unabhängige Justiz und autonome Medien unterworfen wird, dürfte sich wenig daran ändern, dass China zu den korruptesten Ländern weltweit zählt. Laut dem Korruptionswahrnehmungsindex der Nichtregierungsorganisation Transparency International rangiert China derzeit auf dem 80. Platz von 176 Ländern mit einem Wert, der ein sehr hohes Maß an offizieller Korruption ausdrückt. Bestechlichkeit und Vorteilsnahme breiten sich darüber hinaus aber auch im nicht öffentlichen Bereich, zum Beispiel in der Privatwirtschaft, aus und stellen damit ein gesamtgesellschaftliches Übel dar, mit dem China noch lange wird kämpfen müssen.

4 Fazit und Ausblick

Chinas Gesellschaft befindet sich noch immer im Prozess der Modernisierung, der von vielen Umbrüchen und sozialen Gegensätzen geprägt ist. Steigende soziale und vor allem ökonomische Ungleichheit ist in sich modernisierenden Gesellschaften zu erwarten. Solange alle Bevölkerungsgruppen zumindest absolute Einkommenszuwächse verzeichnen und sich ihre Lebensstandards verbessern, wird sie leichter hingenommen. Problematisch wird die gesellschaftliche Situation dann, wenn signifikante Teile der Bevölkerung nicht mehr daran glauben, dass sie eine einigermaßen faire Chance zur Teilhabe besitzen. Gemäß den Gerechtigkeitsvorstellungen, die marktbasierten Gesellschaften zugrunde liegen, sollten die Qualifikationen des Einzelnen für sozialen und ökonomischen Status schwerer wiegen als seine Geburt, seine sozialen Verbindungen oder politischen

Kontakte. Diese Ansicht hat sich auch in China weitgehend durchgesetzt, obwohl die Realität dort anders aussieht. Das chinesische Regime hat die Bedeutung des sozialen Ausgleichs für die Aufrechterhaltung sozialer Stabilität erkannt und in den vergangenen Jahren eine Vielzahl von Reformen in die Wege geleitet, um durch verbesserte Regional- und Sozialpolitik zu mehr Chancengleichheit beizutragen. Mit dieser Agenda scheint sie die Mehrzahl der Chinesen bislang zu überzeugen. Die kleinere Anzahl der echten Dissidenten, die sich explizit gegen das System wenden, wird hingegen durch harte Repressionsmaßnahmen unterdrückt, sodass sie keine größere Wirkung entfalten kann.

Allerdings wird die Glaubwürdigkeit des Regimes durch zahlreiche Probleme einer Belastungsprobe unterzogen. So wird die Rolle der Regierung in den Bereichen Umweltschutz, Lebensmittelsicherheit, steigende Immobilienpreise und Korruptionsbekämpfung in weiten Teilen der Gesellschaft kritisch betrachtet und teils sogar zynisch kommentiert. Das Regime ist daher genötigt, seine Anpassungsfähigkeit an veränderte gesellschaftliche Bedingungen und Bedürfnisse ständig erneut unter Beweis zu stellen. Dies ist ein Prozess, dessen Ausgang ungewiss ist.

Literatur

Alpermann, Björn: Soziale Schichtung und Klassenbewusstsein in Chinas autoritärer Modernisierung, in: Zeithistorische Forschungen, 10 (2013) 2, S. 283–296.
Alpermann, Björn (Hrsg.): Politics and Markets in Rural China, London 2011.
Bislev, Ane/Thøgersen, Stig (Hrsg.): Organizing Rural China – Rural China Organizing, Lanham 2012.
Carrillo, Beatriz/Goodman, David S. G. (Hrsg.): China's Peasants and Workers: Changing Class Identities, Cheltenham 2012.
China Statistical Yearbook → NBS (National Bureau of Statistics of China): China Statistical Yearbook
Florence, Eric/Defraigne, Pierre (Hrsg.): Towards a New Development Paradigm in Twenty-First Century China. Economy, Society and Politics, London 2013.
Gasparini, Leonardo/Lustig, Nora: The Rise and Fall of Income Inequality in Latin America, in: Ocampo, José A./Ros, Jaime (Hrsg.): The Oxford Handbook of Latin American Economics, Oxford 2011, S. 691–714.
Göbel, Christian/Ong, Lynette: Social Unrest in China, London 2012 (http://www.euecran.eu/Long%20Papers/ECRAN%20Social%20Unrest%20

in%20China_%20Christian%20Gobel%20and%20Lynette%20H.%20Ong. pdf, Zugriff: 8. Januar 2014).

Hansen, Mette Halskov/Svarverud, Rune (Hrsg.): China. The Rise of the Individual in Modern Chinese Society, Kopenhagen 2010.

Heberer, Thomas/Schubert, Gunter: Politische Partizipation und Regimelegitimität in der VR China. Band I: Der urbane Raum, Wiesbaden 2008.

Hsu, Carolyn L.: Creating Market Socialism. How Ordinary People are Shaping Class and Status in China, Durham 2007.

Jacka, Tamara/Kipnis, Andrew B./Sargeson, Sally: Contemporary China. Society and Social Change, Cambridge 2013.

Kao, Ernest: China wealth gap Continues to widen, survey finds, in: South China Morning Post (Online-Edition) vom 10. Dezember 2012 (http://www.scmp.com/news/china/article/1102047/china-wealth-gap-continues-widen-survey-finds, Zugriff: 8. Januar 2014).

Li, Cheng (Hrsg.): The Chinese Middle Class. Beyond Economic Transformation, Washington 2010.

Li, Lianjiang: Rights Consciousness and Rules Consciousness in Contemporary China, in: China Journal, 64 (2010), S. 47–68.

Li, Lianjiang/Liu, Mingxing/O'Brien, Kevin J.: Petitioning Beijing: The High Tide of 2003–2006, in: China Quarterly, 210 (2012), S. 313–334.

Lu, Xueyi: Social Structure of Contemporary China, Singapur 2012.

Michelson, Ethan: Justice from Above or Below? Popular Strategies for Resolving Grievances in Rural China, in: China Quarterly, 193 (2008), S. 43–64.

NBS (National Bureau of Statistics of China): China Statistical Yearbook, Beijing versch. Jgg.

O'Brien, Kevin J. (Hrsg.): Popular Protest in China, Cambridge/Mass. 2008.

O'Brien, Kevin J./Li, Lianjiang: Rightful Resistance in Rural China, Cambridge 2006.

Perry, Elizabeth J., Chinese Conceptions of »Rights«: From Mencius to Mao-and Now, in: Perspectives on Politics, 6 (2008) 1, S. 37–50.

Perry, Elizabeth J./Goldman, Merle (Hrsg.): Grassroots Political Reform in Contemporary China, Cambridge/Mass. 2007.

Wang, Xiaolu/Woo, Wing Thye: The Size and Distribution of Hidden Household Income in China, o. O. 2010 (http://www.econ.ucdavis.edu/faculty/woo/9. Wang-Woo.Hidden%20Income%20in%20China.2010-12-25.pdf, Zugriff: 8. Januar 2014).

Whyte, Martin K.: Myth of the Social Volcano. Perceptions of Inequality and Distributive Injustice in Contemporary China, Stanford 2010 (= Whyte 2010a).

Whyte, Martin K. (Hrsg.): One Country, Two Societies. Rural-Urban Inequality in Contemporary China, Cambridge/Mass. 2010 (= Whyte 2010b).

World Bank/Development Research Center of the State Council, the People's Republic of China: China 2030. Building a Modern, Harmonious, and Creative High-Income Society, Washington 2012.
Wu, Weiping/Gaubatz, Piper: The Chinese City, New York 2013.

Weblinks

China Leadership Monitor; Hoover Institution, Stanford University:
   www.hoover.org/publications/china-leadership-monitor
China Brief; Jamestown Foundation:
   www.jamestown.org/chinabrief/
BMBF-Kompetenznetz »Regieren in China«:
   www.regiereninchina.de
South China Morning Post, Hongkong:
   www.scmp.com

Michael Kahn-Ackermann

Die Gleichzeitigkeit des Ungleichzeitigen: Zur Situation der chinesischen Gegenwartskultur

1 Einleitung

»Klarzustellen ist, dass die grandiose traditionelle Kultur Chinas einen herausragenden Vorzug der chinesischen Nation darstellt, sie ist der am tiefsten reichende Teil unserer kulturellen Soft Power.«[1]

Dieses Zitat stammt aus einer Rede des Staatspräsidenten und Generalsekretärs der Kommunistischen Partei Chinas Xi Jinping. Gehalten wurde sie im Herbst 2013 in Konfuzius' Heimatort Qufu[2]. Schon die sprachliche Unbeholfenheit zeigt an, dass hier Neuland betreten wird. Wie immer der Satz gemeint sein mag, er klingt erstaunlich aus dem Mund des Führers einer Partei, die sich seit ihrer Gründung dem Kampf gegen das »feudale Erbe« Chinas verschrieben hat und unter deren Herrschaft es über Jahrzehnte gefährlich war, sich als Anhänger des Konfuzius zu bekennen.

Man kommt nicht umhin, einen Blick in die Vergangenheit zu werfen, will man Chinas heutige komplexe kulturelle und geistige Realität verstehen. Sie ist noch immer von der traumatischen Erfahrung eines kulturellen Bruchs geprägt. Über 2000 Jahre lang Mittelpunkt eines eigenen kulturellen Universums, zerstörte das Eindringen des westlichen Imperialismus im 19. Jahrhundert das nie infrage gestellte kulturelle Selbstverständnis Chinas.

Der »Einbruch des Westens« war keineswegs die erste intensive Begegnung Chinas mit einer fremden Kultur. China war bis ins 20. Jahrhundert kein Nationalstaat, sondern ein von dynastischem Selbstverständnis geformtes multikulturelles Vielvölkerreich. Es wurde über lange Perio-

---

1 Unveröffentlichte Mitschrift einer Rede Xi Jinpings vom 23. November 2013.
2 Qufu in der Provinz Shandong ist heute Weltkulturerbe und offiziell »Nationales Kulturerbe der höchsten Kategorie«.

Michael Kahn-Ackermann

den seiner Geschichte von nomadischen Ethnien beherrscht, deren Kultur sich deutlich von der des ackerbauenden mehrheitlichen Han-Volkes unterschied. Seit dem vierten nachchristlichen Jahrhundert wurde Chinas geistiges und kulturelles Leben jahrhundertelang vom aus Indien und Zentralasien nach China gelangten Buddhismus dominiert. Die im chinesischen Selbstverständnis als kulturelle Hochblüte verstandene Kultur der Tang-Dynastie war maßgeblich von zentralasiatischen Einflüssen geprägt. Erhebliche Teile des Reiches wurden ab dem 13. Jahrhundert islamisiert. Aber keiner dieser fremdkulturellen Einflüsse hatte eine mit dem Eindringen des westlichen Imperialismus vergleichbar umwälzende Wirkung auf das kulturelle Selbstverständnis sowohl der Eliten wie der allgemeinen Bevölkerung des Landes. Es zerstörte brachial das tradierte geistige und kulturelle Gefüge des Landes (siehe die Beiträge von Iwo Amelung, Christoph Müller-Hofstede und Helga Stahl).

Zwar wurde China, anders als andere vorindustrielle Hochkulturen, von den westlichen Imperialmächten nicht kolonialisiert, doch tatsächlich besaß es nur mehr eingeschränkte Souveränität. Doch nicht die Tatsache, dass fremde Eindringlinge die faktische Herrschaft über China übernahmen, war das entscheidende Problem: Auch die regierende Qing-Dynastie bestand aus eingedrungenen Mandschuren, deren Kultur sich erheblich von derjenigen der Han-Chinesen unterschied. Auch die Tatsache, dass die fremden Herrscher der einheimischen Bevölkerung Regeln auferlegten, die deren kulturellen Traditionen widersprachen, war nicht neu. Der »Chinesenzopf« war eine den Han-Chinesen von den Mandschu-Herrschern aufgezwungene Haartracht.

Der traumatische Effekt resultierte aus der Tatsache, dass sich die Eindringlinge nicht mit der faktischen Herrschaft über das Reich begnügten, sondern ihre wissenschaftliche und technologische Überlegenheit und ihre Lebensformen mit einem zivilisatorischen Sendungsbewusstsein verbanden, das Assimilierung, »Sinisierung«, ausschloss. Chinas etablierte geistige und kulturelle Elite hatte diesem Ansturm wenig entgegenzusetzen. Ab Mitte des 19. Jahrhunderts kreiste ihr Denken daher um die Frage, wie »China gerettet« werden könne. Der gesamte kulturelle Diskurs Chinas bis in die Gegenwart ist von dieser Frage durchdrungen. Selbst die Erneuerungsbestrebungen in der chinesischen Kunst und Literatur sind seit hundert Jahren weniger künstlerisch und ästhetisch motiviert als vom Wunsch, China durch Modernisierung zu retten.

Als Hauptströmung setzten sich nach dem Sturz des Kaiserreichs 1911 und der patriotischen »4.-Mai-Bewegung« 1919 Denkrichtungen durch, die das eigene kulturelle Erbe radikal verwarfen und das Heil in einer

»Modernisierung« durch Übernahme nicht nur westlicher Technologien, sondern westlicher Lebensformen und Denksysteme sahen. »Der Westen«,[3] gehasst und gefürchtet als Quelle politischer Demütigung und nationaler Schmach, nach 1949 das Synonym für den kapitalistischen Erzfeind, wurde gleichzeitig zum Ort der Hoffnung, der die Heilmittel zur Überwindung der eigenen Schwäche lieferte. Diese Ambivalenz durchzieht die chinesische Geistes- und Kulturgeschichte bis heute. Noch für die intellektuelle und kreative Jugend Chinas der Achtzigerjahre des 20. Jahrhunderts war die bedingungslose Übernahme westlicher Denkströmungen und kultureller Muster die Antwort auf die Katastrophe der Kulturrevolution und die als »rückständig« empfundene Situation des Landes. Kentucky Fried Chicken und McDonald's traten an die Stelle der Teestuben.[4]

Die Aneignung westlichen Denkens und westlicher Kultur erfolgte und erfolgt bis heute selektiv. Rezipiert wurden vornehmlich jene Denkrichtungen im Gefolge der europäischen Aufklärung, die unmittelbaren Nutzen für die Rettung und Erneuerung des Landes versprachen. Naheliegenderweise waren es darwinistische Denkweisen, die am frühesten und am nachhaltigsten aufgenommen wurden; und bis heute durchdringt darwinistisches Gedankengut, wie das vom »Aufstieg und Niedergang« der Weltreiche und Zivilisationen sowie das Konzept vom *survival of the fittest*, das politische und kulturelle Denken Chinas.

Mächtiger und massenwirksamer als jede andere aus dem Westen importierte Ideologie, mächtiger auch als die offizielle Staatsdoktrin des Marxismus-Leninismus und der Mao-Zedong-Ideen, war und blieb bis heute der chinesische Nationalismus, der in seiner intellektuellen Variante immer wieder auf diese darwinistischen Denkmodelle rekurriert.

Daneben etablierten sich in der ersten Hälfte des 20. Jahrhunderts sämtliche europäischen Denkströmungen und kulturellen Trends des ausgehenden 19. und beginnenden 20. Jahrhunderts, wie fremd und exotisch sie sich auch in ihrer neuen Umgebung ausnehmen mochten. Dass sich am Ende der Marxismus-Leninismus als einzig dominierende Ideologie durchsetzte, hat auch damit zu tun, dass er mehr als andere westliche Ideologien in der Lage war, den jungen chinesischen Nationalismus und die fortexistierenden mächtigen volksreligiösen und egalitaristischen Weltan-

---

3 Unter dem Begriff »Westen« werden im Folgenden verallgemeinernd die vielfältigen und unterschiedlichen Einflüsse aus Europa und den USA in China verstanden.

4 Siehe die Diskussion um den Film »Heshang« und die »blaue« und die »gelbe« Kultur in den 1980er-Jahren, erläutert in: Sabine Peschel: Die gelbe Kultur. Der Film Heshang: Traditionskritik in China, Unkel 1991.

schauungen der bäuerlichen Bevölkerung Chinas in sich aufzunehmen und sich auf diese Weise zu »sinisieren«.

Wie in sich unterschiedlich und sogar gegensätzlich dieser kulturelle Import aus dem Westen auch war, so weist er doch Gemeinsamkeiten auf, die sich bis heute im kulturellen und geistigen Leben Chinas geltend machen:

- Er erfolgte unter dem Aspekt der Tauglichkeit zur »Rettung Chinas«, weniger aus theoretischem, philosophischem, moralischem oder ästhetischem Erkenntnisinteresse. Das implizierte die zunächst freiwillige und später erzwungene Unterordnung der Kultur unter die Politik und ihre Indienstnahme für politische Zwecke.
- Er beschränkte sich mit Ausnahme des Darwinismus, Nationalismus und Marxismus-Leninismus auf kleine intellektuelle Zirkel und hatte wenig Einfluss auf das Denken der breiten Bevölkerung.
- Er verband sich mit der Ablehnung der eigenen Hochkultur und ihrer kulturellen und geistigen Traditionen und Normen, gesteigert bis zum Selbsthass und zur Zerstörungswut. In den frühen 1950er-Jahren liquidierte die Kommunistische Partei im Rahmen der »Bodenreform« und anschließender Kampagnen die Reste der traditionellen geistigen und kulturellen Elite des Landes und führte erbitterte Feldzüge gegen das »feudale Erbe«. Ihren Höhepunkt fand die kulturelle Selbstverneinung in der »Großen Proletarischen Kulturrevolution« (1966–1976), bei der nach Schätzungen von Fachleuten etwa 80 Prozent des vorhandenen materiellen kulturellen Erbes zerstört wurden. Ohne diese Bereitschaft zur kulturellen Selbstauslöschung, die nach den Worten Mao Zedongs China in »ein weißes Blatt Papier« verwandeln sollte, »worauf sich die schönsten Bilder malen und die schönsten Zeichen schreiben lassen«, ist die gnadenlose Vernichtung historischer Altbausubstanz in chinesischen Städten und ihre nicht weniger gnadenlose Zupflasterung mit gleichförmigen Monumenten der »Modernisierung« in Form von Stadtautobahnen, Shoppingmalls und Bürotürmen in den letzten drei Jahrzehnten nicht verständlich.
- Er führte zum Glauben an die Allmacht der Wissenschaft zur Lösung aller Menschheitsprobleme. Im »wissenschaftlichen Denken« erblickte die intellektuelle Elite Chinas den Kern der Überlegenheit des Westens. Dass sich der Marxismus als »Wissenschaft« verstand, trug nicht wenig zu seiner Attraktivität für junge chinesische Intellektuelle in der ersten Hälfte des 20. Jahrhunderts bei. Das Wort *kexue* (Wissenschaft/wissenschaftlich), zu Beginn des 20. Jahrhunderts aus dem Japanischen entlehnt, bedeutet im heutigen allgemeinen und politischen Sprachge-

brauch Chinas so viel wie gut, durchdacht, vernünftig. So kommt es, dass die politische Führung eine »wissenschaftliche Entwicklung« des Landes verspricht und ein technisch avanciertes Haushaltsgerät als »wissenschaftlich« gelobt werden kann. Dass die Geistes- und Sozialwissenschaften Chinas unter einer den Erkenntnisfortschritt und die Entwicklung des Denkens hemmenden Zensur leiden, ist einer der vielen Widersprüche der chinesischen Gegenwartswirklichkeit.
Alle diese Elemente wirken in der Gegenwartskultur Chinas fort, zum Teil auf sehr widersprüchliche Weise. Sie äußern sich heute in
- einer tiefen Verunsicherung über die eigene kulturelle Identität. Die ständige Beschwörung einer durch Geschichte und Kultur bedingten »Eigenart des chinesischen Sozialismus«, von der niemand recht sagen kann, worin sie besteht, außer dass sie die Herrschaft der kommunistischen Partei legitimiert, ist Ausfluss dieser ungesicherten und instabilen Identität. Aber auch jenseits der Propaganda kreist der kulturelle Diskurs Chinas bis heute obsessiv um die Frage des »Chinesischseins«, der Abgrenzung gegenüber dem Westen und die Frage nach der tatsächlichen Stärke Chinas.
- einer in sich widersprüchlichen Sicht auf den Westen. In einer Mischung aus Wissen, Phantasien und Stereotypen, aus Anziehung und Abstoßung, wird »der Westen« als Einheit und wechselweise als Ort der Hoffnung und der Bedrohung wahrgenommen. Auf der einen Seite lechzt die chinesische Kulturszene nach internationaler, das heißt westlicher Anerkennung. Die Verleihung des Literaturnobelpreises 2012 an Mo Yan (*1955) bedeutete für sie weit mehr als die Würdigung eines bedeutenden Schriftstellers. Für viele chinesische Künstler und Intellektuelle hatte sie eine geradezu erlösende Wirkung. Auf der anderen Seite wird »der Westen« von der jüngeren Generation, aber auch von Teilen des politischen und kulturellen Establishments, zunehmend als »Zivilisation im Niedergang« gesehen, dem Aufstieg Chinas feindlich gesinnt und letztlich dem Untergang geweiht. Dass westliche Lifestyleprodukte, kulturelle und intellektuelle Moden, Passstaatsbürgerschaften und Studienaufenthalte an US-amerikanischen und westeuropäischen Universitäten bei ihnen hochbegehrt sind, ist ein weiterer Widerspruch, der das gegenwärtige kulturelle und geistige Leben Chinas prägt.
- einer allgemeinen Akzeptanz des gesellschaftlich-politischen Auftrags der Kultur. Wie unterschiedlich, ja sogar gegensätzlich, ihre Positionen auch sein mögen, einig sind sich die Vertreter der Staatsmacht und der »offiziellen Kultur« mit den Akteuren der inoffiziellen Kultur bis in die Reihen der Dissidentenzirkel darin, dass kulturelles Schaffen einem

überindividuellen, moralisch-politischen Zweck zu dienen hat. Zwar hat sich die Kultur in den letzten 30 Jahren aus dem Würgegriff des maoistischen »Dienstes am Volke« gelöst. Doch findet zum Beispiel die Vorstellung vom erzieherischen Auftrag der Kunst im kulturellen Selbstverständnis Chinas quer durch die Gesellschaft weiterhin Zustimmung.
- einem breiten Konsens, dass die Lösung für Chinas Probleme in seiner »Modernisierung« besteht. Die von der Welt bestaunte wirtschaftliche und gesellschaftliche Dynamik Chinas wäre ohne diesen Konsens nicht denkbar. Auch die chinesische Gegenwartskultur steht unter diesem Modernisierungsdruck. Am augenfälligsten wird er an der rasenden Veränderung der Stadtbilder. Aber auch der Erfolg der chinesischen Gegenwartskunst auf dem internationalen Kunstmarkt ist Ergebnis dieses inhärenten Dranges, sich zu »modernisieren«. Dass fortwirkende kulturelle und ideologische Barrieren ähnliche Erfolge in anderen kulturellen Bereichen bisher behindern, ändert nichts daran, dass im kulturellen Diskurs aller Bereiche des kulturellen Schaffens die Frage ihrer »Modernität« eine zentrale Rolle spielt. Darüber, welche Art von Moderne gemeint ist und wie man dorthin gelangt, sind die Meinungen durchaus geteilt. Dem Paradigma von der Notwendigkeit einer alle Lebensbereiche umfassenden »Modernisierung« tut das keinen Abbruch.

Dezember 2012: Mo Yan erhält den Literaturnobelpreis. Ein bedeutender Moment für viele Chinesen. (Foto: AP/Scanpix Sweden/Henrik Montgomery)

Resümierend lautet die Ausgangsfrage für eine Betrachtung der chinesischen Gegenwartskultur: Was geschieht, kulturell gesehen, mit einer Gesellschaft, die in nur drei Jahrzehnten den Schritt von vorindustriellen zu postindustriellen Lebensformen vollzogen hat? Mit einem Land, das innerhalb weniger Jahre aus einer als demütigend empfundenen Lage der »Rückständigkeit« zur Weltmacht aufgestiegen ist? Und das zugleich über mehr als hundert Jahre seine ursprüngliche kulturelle Identität negiert und zerstört hat? Allgemeiner gefragt: Was geschieht kulturell in einer Gesellschaft mit hoher Dynamik, extremer Veränderungsgeschwindigkeit und mit einer alten, nicht westlichen Hochkultur, zu der sie kaum mehr Zugang hat? Darauf sollen im Folgenden versuchsweise einige Antworten gefunden werden.

2 Gleichzeitigkeit des Ungleichzeitigen

Betrachtet man Chinas Gegenwartskultur, so fällt das Durcheinander ins Auge, das chaotische Nebeneinander von Stilen, Formen, Epochen, von neu geschaffenem »Alten« und zu rasch gealtertem Neuen. Beim Gang, besser bei der Fahrt, durch Chinas Städte wird das besonders augenfällig: »barocke« Bankpaläste und Vergnügungszentren, futuristische Wolkenkratzer, Shoppingmalls und Fast-Food-Restaurants im »chinesischen Stil«, Verwaltungsgebäude mit gigantischen Kuppeln, die das Kapitol in Washington imitieren, antikisierende Säulenportika vor schimmernden Glasfassaden. In den Wohnanlagen von Chinas neuer Mittelklasse versammeln sich sämtliche Baustile der europäischen Kunstgeschichte. Betritt man die Wohnpaläste der neuen Reichen, vorzugsweise in Rokoko oder Empire gehalten, ist man verblüfft über das Sammelsurium von erlesenen Kunstwerken und abgrundtiefem Kitsch. Ähnliches widerfährt einem beim Besuch von Kunstausstellungen und anderen kulturellen Darbietungen.

Fraglos kopiert das Gemisch im Stadtbild die Metropolenkultur der USA, aber es übertrifft an Regellosigkeit und extravaganter Übertreibung das Vorbild bei Weitem. Wenig davon ist älter als 20 Jahre. Nichts hält Maß, alles schreit danach, »modern« zu sein, und verrät zugleich die Sehnsucht nach kultureller Verortung.

Die künstlerisch und kommerziell erfolgreiche chinesische Avantgardekunst, die der Tourist in den Galerien von Beijings Künstlerviertel 798 besichtigt, darf nicht darüber hinwegtäuschen, dass die Gegenwartskunst, die in den großen Museen ausgestellt und von staatlichen oder privaten

Sammlern zu hohen Preisen angekauft wird, noch immer aus epigonaler, traditionalistischer Tuschemalerei, impressionistischen Landschaften und realistischem Kitsch im Stil der europäischen Salonmalerei des 19. Jahrhunderts besteht. Während man in den intellektuellen Zirkeln der Metropolen beflissen ist, zu demonstrieren, dass man die neuesten Publikationen des amerikanischen Post-Post-Modernismus rezipiert und verstanden hat, wird an den Akademien und Universitäten noch immer Marx- und Hegelexegese betrieben, als sei die Zeit in den 1950er-Jahren stehen geblieben.

Mao Zedong und der einstige US-Präsident Abraham Lincoln treten im Beijinger Galerieviertel 798 in 3-D aus Banknoten hervor. (Foto: AP/Andy Wong, 2013)

Dass laut einer Untersuchung heutzutage mehr als 40 Prozent der Studentinnen an chinesischen Universitäten Sexualkontakte vor der Ehe haben, bedeutet so etwas wie einen moralischen Dammbruch in der traditionell prüden chinesischen Gesellschaft. Dennoch wird es kaum einer dieser »libertären« Jugendlichen wagen, einen Lebenspartner gegen den Willen der Eltern zu wählen oder sich einem von den Eltern ausgewählten Ehepartner zu verweigern. Die daraus entstehenden Konflikte sind ein Lieblingsthema chinesischer Fernsehserien. – Die Reihe solcher Gleichzeitigkeiten des Ungleichzeitigen ließe sich beliebig fortsetzen.

Jede Epoche in jeder Gesellschaft ist eine Übergangsepoche, worin sich Altes und Neues mischen, die durchsetzt ist von heterogenen Elementen. Doch übersteigt die Gleichzeitigkeit des Ungleichzeitigen in Chinas Gegenwartskultur das Maß des Üblichen bei Weitem. Sie ist Ausdruck einer verstörten und instabilen kulturellen Identität.

Mit der Lockerung der politischen und gesellschaftlichen Kontrolle und dem über Nacht übers Land hereingebrochenen Reichtum wird die Wurzellosigkeit der Gesellschaft jäh und manchmal erschreckend sichtbar. Der Zerfall der Autorität der Partei und der »sozialistischen Moral« haben in der Gesellschaft das Gefühl eines Vakuums entstehen lassen. Das zeigen nicht zuletzt die zahlreichen Beispiele sozialer Kälte, zwischenmenschlicher Rücksichtslosigkeit und einer buchstäblich über Leichen gehenden Gewinngier, die vor allem in den sozialen Medien dokumentiert werden und Gegenstand einer fortwährenden Diskussion und heftiger Klage geworden sind. Beschworen wird als Gegenmittel entweder die Wiederbelebung der »sozialistischen Moral« vergangener Jahrzehnte oder die Wiedergeburt der konfuzianischen Ethik vergangener Jahrhunderte. Ein Beispiel für die erste Variante ist die überraschende Wiederbelebung des Mustersoldaten Lei Feng, einer Retortengeburt maoistischer Populärethik aus den 1960er-Jahren.[5] In einer leicht modernisierten Version strahlt er wieder von überdimensionierten Propagandaplakaten auf Chinas Jugend herunter. Ein Beispiel für die zweite Variante war die vorübergehende Aufrichtung einer gigantischen Konfuzius-Statue vor dem Nordeingang des 2010 neu eröffneten Chinesischen Nationalmuseums nahe dem Platz des Himmlischen Friedens. Die neomaoistische Variante vergisst, dass die Ablehnung moralischer Standards jenseits des Nutzens für Staat und Partei und die Aufforderung zur rücksichtslosen Denunziation und Verfolgung von »Klassenfeinden« wesentlich zur gegenwärtigen moralischen Desorientierung beigetragen haben. Die neokonfuzianische Variante dagegen missachtet die Tatsache, dass nach mehr als einem Jahrhundert kultureller Selbstnegierung das Wissen

---

5 Der Soldat Lei Feng (1940–62) diente nach 1963 als Modell des maoistischen »neuen Menschen«. Seine altruistischen Tugenden und seine bedingungslose Treue zur Partei wurden zum Vorbild für alle, vor allem aber für junge Chinesen. In den 1980er-Jahren verblasste das Modell. Siehe zur gegenwärtigen Wiederauflage der Kampagne unter anderem: Siemons, Mark: Der gute Mensch Lei Feng, in: Frankfurter Allgemeine Zeitung vom 22. März 2012 (http://www.faz.net/aktuell/feuilleton/debatten/erinnerung-an-einen-soldat-der-gute-mensch-lei-feng-11692581.html, Zugriff: 10. April 2014).

über die Normen und Doktrinen des Konfuzianismus und der lebendige Zugang dazu verschüttet sind.

Lei Feng reloaded: Erneut soll der Held der 1960er-Jahre propagandistisch als Vorbild für Kinder und Jugendliche dienen. (Foto: Schulklasse in Shenyang, Provinz Liaoning, ChinaFoto-Press via Imago, 2012)

Dass Konfuzius nach kurzer Verweildauer von seinem symbolischen Platz wieder verschwand, macht überdies deutlich, dass auch im heutigen China der Gleichzeitigkeit des Ungleichzeitigen Grenzen gesetzt sind.

3 Offizielle und inoffizielle Kultur

Das Manifest der Instrumentalisierung der Kultur durch die Kommunistische Partei war Mao Zedongs »Rede über Kunst und Kultur«, die er 1942 vor Intellektuellen im Stützpunktgebiet Yan'an hielt.[6] Als der chinesische Schriftstellerverband 2012 prominente Mitglieder aufforderte, für

---

6 Mao postulierte darin den »Klassencharakter« von Literatur und Kunst und forderte von den Kulturschaffenden, den »Bedürfnissen der Arbeiter, Bauern und Soldaten« zu dienen. Der Text diente in den Jahren vor und nach der Gründung der Volksrepublik zur ideologischen Rechtfertigung der Verfolgung von Intellektuellen und Künstlern.

eine Publikation anlässlich des 70-jährigen Jubiläums die Rede abschnittweise handschriftlich abzuschreiben, kamen einige der Autoren der Aufforderung nach, andere weigerten sich. Es folgte eine erregte und polemische Debatte im Internet. Einige der Schriftsteller, die der Aufforderung nachkamen, darunter der nachmalige Nobelpreisträger Mo Yan, erklärten öffentlich, sie »hätten sich nichts dabei gedacht«. Chinesische Kulturschaffende sind mit diesem Text aufgewachsen.

Parteimitgliedschaft und die Mitgliedschaft in Verbänden sagen in der heutigen Kulturszene Chinas weder etwas über die charakterlichen noch über die künstlerischen Qualitäten des Betreffenden aus. Häufig nicht einmal etwas über seine politischen Überzeugungen. Auch unter den Verweigerern gab es Parteimitglieder und Funktionsträger des Schriftstellerverbands. So spiegelt der Vorfall das komplexe und manchmal verwirrende Gefüge von offizieller und inoffizieller Kultur im heutigen China wider.

Auch heute vertritt die Führung des Landes ganz selbstverständlich die Auffassung, dass Kultur im Dienst von Partei und Staat zu stehen habe. Nur ist an die Stelle der »Rettung Chinas« oder des »Aufbaus des Sozialismus« der Auftrag zur moralischen Erziehung des Publikums und Stärkung von Chinas Soft Power getreten.

Daher unterhält der Staat weiterhin eine flächen- und spartendeckende institutionelle kulturelle Infrastruktur, bestehend aus Verbänden, Einrichtungen, Ausbildungsstätten und Medien. Auch wenn die Künstler-, Schriftsteller- und anderen Kulturverbände ihren politischen Einfluss weitgehend verloren haben und ins Leben und Schaffen ihrer Mitglieder kaum mehr eingreifen, verfügen sie noch immer über stattlichen Besitz in Form von Immobilien, Akademien, Ateliers und Sanatorien sowie über prestige- und einkommensträchtige Positionen. Noch immer erhalten Mitglieder anerkannter Professionalität ein – wenn auch bescheidenes – Salär. Nach wie vor ernährt der Staat in zahlreichen offiziellen »Akademien« eine Heerschar von Künstlern, die bevorzugt zu Staatsaufträgen herangezogen und zu offiziellen Delegationsreisen ins Ausland geschickt werden.

Unter unmittelbarer Kontrolle von Staat und Partei stehen nach wie vor die Medien, das Verlagswesen und natürlich die Zensurorgane. Über 90 Prozent aller kulturellen Einrichtungen sind staatlich. Vor allem aber agiert der Staat als Auftraggeber. Nirgendwo wird das für die chinesische Gegenwartskultur typische Nebeneinander von offizieller, das heißt vom Staat geförderter und finanzierter, und inoffizieller Kultur deutlicher.

Sichtbar tätig ist der Staat als Auftraggeber vor allem als Bauherr. Anzahl und Größe der in den letzten 20 Jahren entstandenen kulturellen Bauten

Spektakulärer Kulturbau: Das von dem französischen Architekten Paul Andreu entworfene Nationaltheater in Beijing wurde 2007 eröffnet. Seine Architektur greift das traditionelle Yin-Yang-Motiv auf. (Foto: Reuters, 2007)

sind unvorstellbar. Zwischen 2000 und 2010 wurden jährlich etwa 100 neue Museumsbauten eröffnet. Die Anzahl von Neubauten in anderen Bereichen wie Theatern, Konzertsälen, Opernhäusern und Ausstellungshallen bewegt sich in ähnlichen Größenordnungen und diese wurden in ähnlicher Geschwindigkeit errichtet. Gespart wird dabei nicht, weder an Geld noch an Namen. Die Stadt Quanzhou in der Provinz Fujian, nach chinesischen Verhältnissen eine Provinzstadt, leistete sich für 1,3 Mrd. RMB (etwa 150 Mio. Euro) eine vom Künstler Cai Guoqiang (*1957) erdachte und von Frank Gehry entworfene Kunsthalle. Die im April 2014 eröffnete Kunsthalle Yinchuans, der Hauptstadt der eher abgelegenen Provinz Ningxia, kostete immerhin noch 175 Mio. RMB (etwa 20 Mio. Euro). Die chinesische Presse bezifferte die Summe irrtümlich auf 1,75 Mrd. RMB und niemand fand das verwunderlich.[7] Diese Beispiele ließen sich unendlich fortsetzen. Nach Auskunft der Nachrichtenagentur Xinhua beliefen sich die Investitionen für 30 neue Theater, die seit 2007 entstanden sind

---

7 Diese Angaben stammen aus einem Gespräch des Autors mit dem verantwortlichen Kurator Lü Peng.

und jeweils mehr als 100 Mio. RMB gekostet haben, auf insgesamt über 10 Mrd. RMB. Bemerkenswert ist, dass für diese kulturellen Großbauprojekte häufig die Großen der internationalen Architektenzunft verpflichtet werden; das Programm der chinesischen Kulturbauten der letzten 15 Jahre liest sich wie das »Who is who« der internationalen Architektenszene zu Beginn des 21. Jahrhunderts.

Dieses der internationalen Moderne zugewandte Interesse ist untypisch für die offizielle chinesische Kultur und beschränkt sich auf den Bereich kultureller, sportlicher oder infrastruktureller Großbauten. Dahinter steckt gewöhnlich weniger kulturelle Ambition als vielmehr der Ehrgeiz von Bürgermeistern oder Provinzgouverneuren, sich während ihrer häufig auf vier bis fünf Jahre beschränkten Amtszeit bleibende Denkmäler zu setzen. Die Zentrale in Beijing hat mit den Bauten des Nationaltheaters (Paul Andrieu), des Olympiastadiums (Herzog & Meuron) und des neuen Flughafens (Norman Foster) Maßstäbe gesetzt, denen die lokalen und regionalen Spitzenfunktionäre nun nacheifern.

Dass dies mehr als eine Vermutung ist, zeigt das Desinteresse der zuständigen Administrationen am Erhalt weniger spektakulärer, aber kultur- und kunsthistorisch bedeutsamer Bauten des kulturellen Erbes, die vom Abriss oder Verfall bedroht sind und deren Erhaltung nur einen Bruchteil der für Prestigebauten ausgegebenen Summen erfordern würde.

Das Hauptproblem dieser Kulturimmobilien besteht aber darin, dass das Interesse ihrer Erbauer selten über den Bau und die Eröffnung hinausgeht. Danach werden sie in der Regel einer Betreiberfirma wie zum Beispiel dem staatlichen Poly-Konzern übergeben, der neben dem Management zahlreicher Theater sein Geld vor allem mit Kunstauktionen und Waffenexporten verdient.[8] Auf diese Weise ist in den letzten Jahren eine gewaltige Anhäufung pompöser »leerer Gehäuse« entstanden, Museen ohne Sammlungen, Theater ohne Ensembles und Konzertsäle ohne Orchester. Sie werden vorwiegend mit Gastspielen durchreisender Showensembles bespielt oder mit der Produktion lokaler Staatskünstler ausstaffiert. Für die kulturelle und künstlerische Entwicklung des Landes sind sie von geringer Bedeutung.

Ästhetisch pflegt die offizielle Kultur im Übrigen das Erbe des sozialistischen Realismus, allerdings mit einer bedeutsamen Akzentverschie-

---

8 Siehe auch: Siemons, Mark: Kleine Typologie des chinesischen Kunstmarkts, in: Frankfurter Allgemeine Zeitung vom 19. September 2012 (http://www.faz.net/aktuell/feuilleton/kunstmarkt/versteigern-in-china-kleine-typologie-des-chinesischen-kunstmarkts-11882536.html, Zugriff: 10. April 2014).

bung: An die Stelle des revolutionären ist das patriotische Pathos getreten. Es manifestiert sich in gigantischen Figurengruppen aus Stein oder Bronze, mit denen die großen leeren Plätze im Zentrum der Städte oder Parkanlagen bestückt werden. In ihnen versammeln sich die Heroen der chinesischen Geschichte in den Posen kulturrevolutionärer Heldenfiguren.

Der öffentliche Raum, die Schulbücher und das Fernsehen sind die wichtigsten Orte, an denen sich diese populäre Inbesitznahme und Neuschreibung der nationalen Geschichte durch die offizielle Kultur vollzieht. Sie holt die ehemals verfemten Gründungsväter des Konfuzianismus ebenso wie die kaiserlichen Repräsentanten des einst bitter bekämpften »Feudalismus« zurück ins Pantheon national-kultureller Größe.[9]

Es wäre allerdings ungerecht, zu behaupten, der Staat verausgabe seine für kulturelle Zwecke zur Verfügung stehenden Mittel ausschließlich für Prestigebauten und für patriotische Monumentalplastiken. Am 23. Januar 2008 verfügte das Kulturministerium, dass 2000 staatliche und staatlich unterstützte private Museen kostenlosen Zutritt gewähren und es kompensierte die dadurch entstehenden Verluste mit immerhin acht Mrd. RMB jährlich. Insgesamt flossen 2012 mehr als 1,6 Bio. RMB (etwa 200 Mrd. Euro) an staatlichen Mitteln in die Kultur.

Ein erheblicher Teil dieser Investitionen geht in die Förderung der »Kreativwirtschaft«, das heißt in jenen Bereich kultureller Produktion, in dem sich der Staat mittelfristig wirtschaftlichen Gewinn verspricht und den er auch aus Gründen internationaler Wettbewerbsfähigkeit besonders fördert: Film, Mode, Design-Animation etc. 6,2 Mrd. RMB unmittelbarer Subventionen flossen 2012 in diesen Bereich, hinzu kamen etwa 27 Mrd. RMB an staatlichen Krediten. Die Förderung der Kreativwirtschaft, das heißt marktorientierter und marktgerechter kultureller Produktion, wird zunehmend Schwerpunkt staatlicher Kulturpolitik.

Parallel dazu zieht sich der Staat zunehmend aus der Subvention nicht profitabler kultureller Einrichtungen zurück und erwartet von diesen einen wachsenden Anteil an Eigenfinanzierung. Häufig übernimmt er nur noch die laufenden Kosten und stellt an die Einrichtung den Anspruch, dass sie ihre kulturellen Aktivitäten durch Kartenverkauf, Mieteinnahmen, Sponsoring oder andere Einnahmen selbst trägt. Der damit verbundene Zwang zur Kommerzialisierung und Popularisierung gerät zunehmend in Widerspruch zum kulturellen Auftrag. Selbst Institutionen wie

---

9 So gibt es mittlerweile eine Erinnerungsstätte für Chiang Kai-shek an seinem Geburtsort Fenghua. Ein weiteres Beispiel ist das neu gestaltete gigantische »Mausoleum« für den »chinesischen Nationalhelden« Dschingis Khan nahe der Stadt Ordos.

die Nationalgalerie oder das Nationaltheater werden zunehmend »käuflich« und verlieren ihre Funktion als objektive Garanten künstlerischer und kultureller Qualität.

Chinas inoffizielle Kultur ist ein Ergebnis der Reform- und Öffnungspolitik seit 1980 und entstand als Reaktion auf die Katastrophe der Kulturrevolution. Junge Leute, die die Erfahrungen der blutigen Fraktionskämpfe von Rotgardisten und der Landverschickung aktiv miterlebt hatten, formierten sich Ende der 1970er-Jahre zu kleinen Gruppen wie »Sterne« oder um die Untergrundzeitschrift »heute«, um mit den Mitteln neuer Formen der Literatur und der Kunst gegen die Dogmen des sozialistischen Realismus und die allgegenwärtige ideologische Kontrolle aufzubegehren. In den 1980er-Jahren wurde daraus eine Strömung, die einen großen Teil der gebildeten Jugend beeinflusste. Trotz häufiger Repression entwickelte sich eine von den Autoritäten mit Widerwillen geduldete Parallelkultur aus Literaten, Künstlern und Intellektuellen. Partiell handelte es sich um eine »Untergrundkultur«, doch bestanden von Beginn an Querverbindungen zur offiziellen Kultur, vor allem durch einige der staatlichen Literatur- und Kunstzeitschriften, die die Werke dieser »jungen Wilden« veröffentlichten und verteidigten. Daneben gab es eine Reihe meist kurzlebiger intellektueller Zeitschriften, gegründet und betrieben von couragierten Redakteuren staatlicher Verlage.

Gemeinsam war den Protagonisten der inoffiziellen Kultur dieser Jahre die Faszination, die die über Jahrzehnte verschlossene Welt der westlichen Moderne des 20. Jahrhunderts auf sie ausübte. Mit fiebrigem Hunger verschlangen sie alles, was über schlechte Schwarz-Weiß-Kopien westlicher Kunstzeitschriften oder hastige Übersetzungen westlicher Philosophie und Literatur, von Nietzsche bis Derrida, von Hemingway bis García Márquez, aus dieser Welt zu ihnen drang. Sie verehrten und kopierten es hemmungslos, ohne sich um Kontexte und Hintergründe zu kümmern. Die chinesische »Avantgardekunst« der 1980er-Jahre ist ein Sammelsurium sämtlicher Kunst- und Stilrichtungen der westlichen Moderne. Wieder einmal wurde der Westen zum Sehnsuchts- und Hoffnungsort. Wer immer es schaffte, begab sich zum Studium in den Westen, vorzugsweise in die USA.

Höhepunkt und Ende dieser Strömung war die blutig niedergeschlagene Studentenbewegung von 1989, im Westen ebenso drastisch wie historisch unkorrekt als »Massaker auf dem Tian'anmen-Platz« bezeichnet.[10]

---

10 Von der Schusswaffe Gebrauch machte die Armee beim Vormarsch ins Zentrum auf der Verlängerung der zum Platz des Himmlischen Friedens führenden »Avenue des Ewigen Friedens« (Chang'an Jie), auf dem Tian'anmen-Platz selbst nicht mehr.

Das traumatische Erlebnis einer auf die eigene Bevölkerung schießenden »Volksbefreiungsarmee« wird bis heute von der Politik und der offiziellen Kultur tabuisiert, ist jedoch ein wichtiges, wenn auch langsam verblassendes Element der inoffiziellen Erinnerungskultur. Die Ereignisse vom Juni 1989 bedeuteten das Ende einer naiv-euphorischen kulturellen Epoche des Aufbruchs und leiteten Entwicklungen ein, die das kulturelle Leben Chinas bis heute bestimmen.

4 Kommerzialisierung

Die inoffizielle Kultur überlebte, ihre Vertreter zogen sich jedoch zunächst entweder ins Private oder in den Untergrund zurück. Zwei Entwicklungen bestimmten in den Folgejahren ihr weiteres Schicksal: die Kommerzialisierung aller Lebensbereiche Chinas und das Internet. Den Anfang machte die chinesische Avantgardekunst, die innerhalb von zehn Jahren aus dem Untergrund ins Zentrum der internationalen Kunstszene und des Kunstmarktes rückte. Noch in den 1990er-Jahren nur von einigen ausländischen Liebhabern beachtet und gekauft, vervielfachten sich mit Beginn des neuen Jahrtausends die Preise. Eine nicht kleine Anzahl von Künstlern, wenige Jahre zuvor noch von der Polizei von einem Unterschlupf zum anderen getrieben, wurde zu internationalen Stars. Den gegenwärtigen

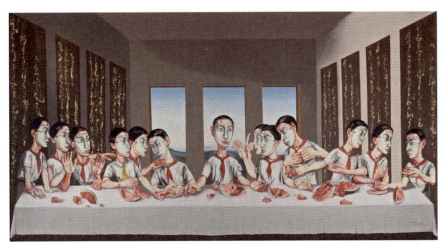

Zeng Fanzhi: »Das letzte Abendmahl«, 2013 bei Sotheby's Hongkong versteigert (Foto: Sotheby's Hongkong)

Verkaufsrekord hält ein Bild des 1964 geborenen Malers Zeng Fanzhi, das im Oktober 2013 für 23,3 Mio. US$ versteigert wurde. Das Beijinger Künstlerviertel 798, 2004 geboren aus dem Widerstand einiger Künstler gegen den Abriss einer von ostdeutschen Ingenieuren in den 1950er-Jahren gebauten Militärelektronikfabrik, wurde zum Markenzeichen dieser inoffiziellen, aber international erfolgreichen Kunstszene. Wenige Jahre später wurde das östlich Beijings gelegene Dorf Songzhuang zum Zentrum der inoffiziellen chinesischen Gegenwartskunst. Heute leben dort nach unbestätigbaren Schätzungen mehr als zehntausend Künstler.

Eine Voraussetzung für diese Entwicklung war das Entstehen eines innerchinesischen Kunstmarktes. Innerhalb weniger Jahre etablierten sich über 300 Auktionshäuser in den Zentren des Landes, der Wert der versteigerten Objekte betrug 2013 über 70 Mrd. RMB (etwa 8,5 Mrd. Euro), der Gesamtumsatz des innerchinesischen Kunsthandels (einschließlich Antiquitäten) im Jahr 2013 wird auf 380 Mrd. RMB (etwa 45 Mrd. Euro) geschätzt.[11] Die Kundschaft besteht vor allem aus den über Nacht zu Reichtum gekommenen chinesischen Privatunternehmern, doch beginnt auch die neu entstandene chinesische Mittelklasse neben Wohnungen, Autos und Luxusgütern nun Kunst zu erwerben. Dieser Kunstmarkt war und ist bis heute hochspekulativ, weniger getrieben durch Sammelleidenschaft und Kunstverständnis als von der Hoffnung auf rasche Gewinne. Allerdings gibt es auch Sammler, die nicht nur Kunstwerke kaufen, um damit zu spekulieren, sondern sie in eigenen privaten Museen der Öffentlichkeit zugänglich machen. Das »Drachenmuseum am Westufer« in Shanghai, ein aus den Sammlungen des Ehepaars Liu Yiqian und Wang Wei entstandenes und im März 2014 eröffnetes Museum für alte, moderne und zeitgenössische chinesische Kunst, ist ein besonders gelungenes Beispiel.

Die Kommerzialisierung hat alle Bereiche kultureller Produktion marginalisiert, die sich nicht vermarkten lassen, wie das experimentelle Theater, den modernen Tanz oder die zeitgenössische Musik. Sie fristen ihr Dasein nicht zuletzt durch Unterstützung ausländischer Kultureinrichtungen wie dem Goethe-Institut oder internationaler Festivals, an deren ästhetischen Vorlieben sie sich dann häufig orientieren.

Am meisten zu leiden hat der inoffizielle chinesische Film, seien es Spiel- oder Dokumentarfilme. Er wird von der Zensur ebenso geknebelt, wie er von der Filmindustrie an den Rand gedrängt wird. Nur wenige der Spielfilme, die in den letzten zehn Jahren Preise auf den drei großen Film-

---

11 Interview mit Xi Mu, dem stellvertretenden Leiter des Staatlichen Instituts zur Erforschung des Kunstmarktes, in: Zhongguo jingii wang vom 17. Dezember 2013.

Michael Kahn-Ackermann

festivals Cannes, Berlin und Venedig oder den Oskar gewonnen haben, kamen in die chinesischen Kinos; manchmal lag es an der Zensur, häufiger noch am mangelndem kommerziellen Interesse. Dennoch gehört der inoffizielle Film, besonders der Dokumentarfilm, zu den lebendigsten und kreativsten Bereichen der chinesischen Gegenwartskultur.

Der chinesische Film als Kassenschlager: »Personal Tailor«, eine Komödie des erfolgreichen Regisseurs Feng Xiaogang, erzielte nach seinem Start im Dezember 2013 Rekordgewinne. (Foto: Imaginechina via AP Images)

Umgekehrt ist der ehrgeizige und mit viel staatlichem Geld geförderte Versuch, ein auch international erfolgreiches »chinesisches Hollywood« aus dem Boden zu stampfen, um der Übermacht des amerikanischen Kinos Paroli zu bieten, kläglich gescheitert. Chinas Populärkultur hat sich dagegen zu einem riesigen und lukrativen Binnenmarkt entwickelt, dessen Produkte, etwa die chinesische Popmusik, die zahllosen Liebesfilme, Kung-Fu-Filme und Showspektakel, außerhalb Chinas kaum Abnehmer finden. Das gilt leider auch für einige der zahlreichen publikumswirksamen Fernsehserien, die, basierend auf der Tradition der realistischen Wiedergabe von Alltagskultur, die Konflikte zwischen Generationen, Geschlechtern und die Jagd nach der Erfüllung von Lebensträumen sentimental, komisch und lebensnah widerspiegeln und für das Verständnis der chinesischen Gegenwartsgesellschaft hilfreich sind. Politik kommt darin nicht vor.

Ein weniger unfreiwilliges Opfer der Kommerzialisierung sind die Geistes- und Sozialwissenschaften. Kaum haben sich die Fesseln ideologischer Kontrolle gelockert, kümmert sich ein großer Teil der akademischen Elite mehr um die Vermarktung ihrer Kenntnisse als um Erkenntnisfortschritt und intellektuelle Innovation.

Zugleich hat die Kommerzialisierung auch Freiräume geschaffen. Nicht zuletzt der kommerzielle und internationale Erfolg gewisser Bereiche der inoffiziellen Kultur haben zur gegenseitigen Annäherung geführt. Bestimmte Formen kultureller Produktion, die früher nahezu ausschließlich Domänen der inoffiziellen Kultur waren, wie zeitgenössische Kunst, Design und moderne Architektur, werden heute vom kulturellen Establishment nicht nur geduldet, sondern gefördert. Sachverständige Personen aus dem inoffiziellen Kulturbereich sind in führende Positionen des offiziellen Kulturbetriebes aufgestiegen und übernehmen Brückenfunktionen. Auch der von westlichen Medien zur Widerstandsikone stilisierte Installationskünstler Ai Weiwei[12] ist bis zu seiner Verhaftung 2011 von der offizi-

---

12 Ai Weiwei wurde im April 2011 für knapp drei Monate verhaftet, an einem unbekannten Ort festgehalten, dann wieder freigelassen. Für die Wahrnehmung chinesischer Gegenwartskultur in den Medien und der Öffentlichkeit des Westens, speziell Deutschlands, spielt er gegenwärtig eine zentrale Rolle. Für die chinesische Gegenwartskultur selbst besitzt er diese Bedeutung nicht. Fraglos sind, was immer man vom künstlerischen Wert seiner Arbeit halten mag, sein Mut und seine Standhaftigkeit bewundernswert. Und ohne Frage offenbart sein Fall die Brutalität und den Zynismus der chinesischen Sicherheitsbehörden im Umgang mit systemkritischen Intellektuellen und Künstlern. Aber die mediale Fixierung auf seine Person verengt und verzerrt die Wahrnehmung der chinesischen Wirklichkeit: Sie verdeckt den Blick auf die weniger privilegierten Personen, mit denen Behörden in ähnlichen Fällen weit härter umspringen. Sie blendet aus, dass er nicht nur Opfer, sondern auch Nutznießer seiner Situation ist. Vor allem verdeckt sie den Blick auf die Komplexität und den Reichtum der chinesischen Gegenwartskultur, insbesondere der Gegenwartskunst.
Es stellt sich die Frage, warum Ai Weiwei und sein Werk sich besonders dazu eignen, in den Medien und der Öffentlichkeit des Westens monumentalisiert und ikonisiert zu werden. Hierzu wäre eine gesonderte Untersuchung notwendig, die Ais künstlerische Entwicklung, seine Position im globalen Kunstmarkt und vor allem die Projektionen und Interessen politischer Akteure auf beiden Seiten genauer betrachtet.

ellen Kulturbürokratie auf staatlich organisierten und finanzierten Kunstausstellungen im Ausland präsentiert worden. Weitere Freiräume schaffen gewisse Besonderheiten der chinesischen Marktwirtschaft. Als der Roman »Ruinenstadt« (*feidu*) des Schriftstellers Jia Pingwa (*1952) einige Monate nach seinem Erscheinen wegen zu offenherziger sexueller Szenen, aber vermutlich auch einer allzu getreuen Beschreibung von materieller und moralischer Korruption in Jia Pingwas Heimatstadt Xi'an, von der Zensur verboten wurde, erschienen in kürzester Zeit zahllose Raubdrucke, die nahezu überall erhältlich waren. 80 verschiedene Ausgaben hat der Schriftsteller nach eigenen Angaben selbst gesammelt, vermutlich waren es noch einige mehr. Ähnliches geschieht mit von der Zensur unterdrückten Filmen, chinesischen wie ausländischen. Während die Zensurbehörden dem Goethe-Institut untersagten, den Film »Das Leben der Anderen« öffentlich zu zeigen, waren CD-Kopien des Streifens überall erhältlich. Und dass »Ruinenstadt« nach mehr als zehnjährigem Verbot 2012 vom Index genommen wurde, war auch eine Kapitulation vor der Macht des Marktes.

Aus dem zumeist misstrauischen und feindseligen Gegeneinander von offizieller und inoffizieller Kultur früherer Jahre ist eine Gemengelage geworden. Das Dreiecksverhältnis zwischen offizieller Kultur und staatlicher Zensur, kommerziellem Verwertungsinteresse und den kreativen Bestrebungen der inoffiziellen Kultur ist komplex geworden, die Übergänge sind fließend und eindeutige Standortbestimmungen schwierig. Ein Blick auf die Liste der Vorsitzenden oder Vizevorsitzenden regionaler chinesischer Schriftstellerverbände zeigt erstaunlich viele Namen erfolgreicher Autoren, die keineswegs dem staats- und ideologietreuen sozialistischen Realismus verpflichtet sind.

Nicht alle Bereiche profitieren von diesen Freiräumen. Die Literatur, in den 1980er-Jahren das wichtigste Sprachrohr der chinesischen Kulturszene und der Jugend, ist heute nicht zuletzt durch die Einstellung der führenden Literaturzeitschriften aus wirtschaftlichen Gründen marginalisiert. Von wenigen Ausnahmen abgesehen, verdienen Berufsschriftsteller heute ihren Lebensunterhalt vor allem durch Verfilmungen und das Verfassen von Drehbüchern fürs Fernsehen. Oder sie etablieren sich, wie Chinas »zorniger junger Mann« Han Han,[13] erfolgreich als Internetautoren.

---

13 Siehe ausführlicher zu dem 1982 geborenen Han Han: Johnson, Ian: Han Han: »Why aren't you grateful?«, Blog in der New York Review of Books vom 1. Oktober 2012 (http://www.nybooks.com/blogs/nyrblog/2012/oct/01/han-han-why-arent-you-grateful/, Zugriff: 10. April 2014).

5 Internet

Denn mehr noch als mit der Kommerzialisierung hängt der Bedeutungsverlust der chinesischen Gegenwartsliteratur mit dem Aufkommen und der Entwicklung des Internets zusammen. Informationshunger und unbedingter Glauben an die Segnungen der Technik waren zwei der Ursachen dafür, warum das Internet in China schneller und intensiver genutzt wurde als irgendwo sonst auf der Welt.

Für die chinesische Gegenwartskultur hatte es revolutionäre Bedeutung. Es erlaubte ihr den massenhaften, kostenfreien und zunächst kaum zensierbaren Zugriff auf Information aus der globalen Kulturwelt. Eine nochmalige Steigerung dieser Bedeutung erfuhr das Internet mit der Entwicklung der sozialen Netzwerke. Sie ermöglichte nahezu jedermann, aktiv am öffentlichen gesellschaftlichen und kulturellen Diskurs teilzunehmen.

Chinas inoffizielle Gegenwartskultur ist heute eine Internetkultur. Bei der Verbreitung und Kommentierung kultureller Produktion, gleichgültig, ob sie verbaler, visueller oder performativer Art ist, hat das Internet alle anderen Medien hinter sich gelassen. Printmedien spielen im kulturellen Leben Chinas heute nur mehr eine untergeordnete Rolle. Aber selbst Produkte der Populärkultur, zum Beispiel erfolgreiche »Seifenopern«, wandern aus dem Fernsehen ins Netz ab.

Vor allem hat sich der innerchinesische kulturelle Diskurs, sei er ästhetischer, gesellschaftlicher oder philosophischer Natur, fast ausschließlich ins Internet verlagert. Er ist dadurch schneller, scharfzüngiger und polemischer geworden, die Texte werden kürzer, zielen auf unmittelbare Wirkung. Kaum ein Vertreter der kulturellen Szene, gleichgültig aus welchem Bereich, der nicht über seinen eigenen Miniblog, sein eigenes »Weibo-Netzwerk« und eine möglichst große Anzahl von »Reisnudeln« (*fensi*, wörtliche Übersetzung von »Fans«) verfügt. Podcasts spielen für die Verbreitung und Popularisierung von Wissen eine größere Rolle als Zeitschriften oder populärwissenschaftliche Literatur. Lediglich aus Prestigegründen und um den Verkauf anzukurbeln, organisieren die großen »Art-Network-Stationen« noch physische Ausstellungen. Nur noch in einigen Beijinger und Shanghaier »Salons« findet öffentlicher Diskurs physisch statt, im Übrigen verteilt er sich auf zahllose Internetforen, vom universalen »Ende der Welt« (Tianya) bis zum neomaoistischen Forum »Nirgendwo« (Wuyouzhixiang).

Die Kehrseite dieser Entwicklung ist ein Verlust an Seriosität. Die Geschwindigkeit im Wechsel von Themen, der Zwang zu umgehender Reaktion, die Begrenzung der Textumfänge, der Druck konkurrierender Blogs

Michael Kahn-Ackermann

relativieren die Vorteile der allgemeinen Zugänglichkeit und unbeschränkten Teilnahmemöglichkeiten. Kaum eines der aufgegriffenen, heftig und oft kontrovers diskutierten Themen hat eine Lebensdauer von mehr als zwei Wochen. Bei einer wachsenden Anzahl von Vertretern des intellektuellen und künstlerischen Lebens führt das inzwischen zu Abwehrreaktionen. Sie wenden sich wieder den wenigen verbliebenen Printmedien zu, die sich einer gründlichen und dauerhaften Bearbeitung kultureller Themen verschrieben haben, wie die Zeitschrift »Poesie, Kalligrafie, Malerei« (Shishuhua), die schon mit ihrem Titel ihre Ferne zur Netzkultur postuliert.

Es gibt gegenwärtig noch keine umfassende Studie, welche Auswirkungen die Macht des Marktes und die Entwicklung der Netzkultur auf Inhalte und Formate der chinesischen Gegenwartskultur haben. Aber es lässt sich feststellen, dass Kommerzialisierung und Internet das Verhältnis von offizieller und inoffizieller Kultur grundlegend verändert haben.

6 Zensur

Trotz dieser Veränderungen, trotz erweiterter Spielräume und größerer Akzeptanz nicht staatlicher kultureller Produktion, gilt: Überall dort, wo die Behörden Angriffe auf das Machtmonopol der Kommunistischen Partei, offene Aufrufe zur Unbotmäßigkeit oder allzu große Abweichung von den offiziellen politischen und moralischen Normen wittern, schlagen sie gnadenlos zu. Politische Interessen haben auch im heutigen China Vorrang vor wirtschaftlichen oder gar kulturellen. Die offene oder versteckte Verfolgung und Verurteilung unliebsamer Intellektueller und Künstler dient vor allem der Abschreckung; und die Behörden legen kaum Wert darauf, dass die vorgebrachten Anklagen plausibel sind. Die Verurteilung des 1955 geborenen Literaturwissenschaftlers und Friedensnobelpreisträgers Liu Xiaobo[14] ist nur eines von zahlreichen Beispielen. Ist kein anderes Argument zur Hand, werden wirtschaftliche Vergehen vorgeschoben, zum Beispiel Steuerhinterziehung. Mit diesem Vorwurf ließen sich in der Tat 95 Prozent aller erfolgreichen chinesischen Künstler hinter Gitter bringen.

Langfristig wirksamer als die Verfolgung und Verurteilung einzelner Personen der Kulturszene ist die alltägliche Zensur, der jede öffentliche

---

14 Liu Xiaobo wurde im Dezember 2009 wegen »Untergrabung der Staatsgewalt« zu einer elfjährigen Haftstrafe verurteilt; im Dezember 2010 erhielt er in Abwesenheit den Friedensnobelpreis.

kulturelle Darbietung und jede Art der Publikation unterliegt. Filmregisseure, Autoren und Journalisten beklagen sich bitter oder mit Sarkasmus über die peniblen und nicht selten absurden Eingriffe der Zensur, die sie zwingt, jeden Text mehrmals zu korrigieren und umzuschreiben. In einem Fall monierte die Zensur die Nennung des taiwanesischen »Staatlichen Instituts für Kunstforschung« in der Fußnote eines Fachtextes. Das Wort »staatlich« musste aus der Bezeichnung herausgenommen werden. Restriktiv bis zur Lächerlichkeit wird die Zensur vor allem bei der Überprüfung von Film- und Fernsehdrehbüchern.

Weitaus am wirksamsten ist allerdings die Selbstzensur, die »Schere im Kopf«. Die chinesische Sprache kennt ein eigenes Wort dafür: *mingan* (empfindlich). *Mingan* beschreibt die Grauzone zwischen dem, was gesetzlich verboten, und dem, was legal und womöglich wahr ist, aber ungesagt bleiben muss. Zeitungs- und Fernsehredakteure sowie Journalisten, aber auch Schriftsteller und Wissenschaftler, haben ein entwickeltes Gespür für solche »Empfindlichkeiten« und streichen oder umgehen sie gewöhnlich, noch bevor die Zensur sie dazu nötigt.

Wie in allen Ländern mit repressiver Zensur hat sich auch in China eine Kultur der Anspielung, der Andeutung, der versteckten Hinweise entwickelt. Sie wirken aber eher im Kreis der Eingeweihten und erzielen kaum je öffentliche Wirkung. Nur selten bringt ein Medium den Mut zur offenen Auflehnung gegen Zensurmaßnahmen auf. Eines der wenigen Beispiele ist die für ihren investigativen Journalismus bekannte Wochenzeitung »Southern Weekend« (Nanfang Zhoumo). Ihr gewährte Präsident Barack Obama bei seinem Chinabesuch 2010 ein Exklusivinterview. Es kam trotz des Verbots der Behörden zustande, und als die Zensur den Abdruck untersagte, erschien die Zeitung mit einer leeren Fläche auf der Titelseite, ergänzt durch den Hinweis, dass sie sich weiterhin bemühe, ihre Leser umfassend und korrekt zu informieren. Der Chefredakteur musste gehen, aber dass sich die Zeitung diese Unbotmäßigkeit ohne weitere gravierende Folgen erlauben konnte, zeigt, dass Selbstzensur für die kulturelle und geistige Entwicklung des Landes fatalere Folgen hat als die Zensur selbst.

Das wichtigste Schlachtfeld zwischen Zensur und inoffizieller Kultur ist naturgemäß das Internet. Die von Sicherheitsängsten geplagte Staatsmacht steht vor einem Dilemma. Sie sah im Internet zunächst nur die wünschenswerte technische Neuerung, ein wesentliches Instrument der Modernisierung. Sie war nicht auf die Wucht vorbereitet, mit der sich eine von den staatlich kontrollierten Medien vom öffentlichen Diskurs ausgeschlossene Bevölkerung des neuen Mediums bemächtigte, um zensurfrei ihre

Befindlichkeit zu äußern. Ihr wurde zunehmend bewusst, dass das Internet eine Bedrohung ihres Informations- und Meinungsbildungsmonopols darstellte. Hinzu kam, dass sich die anarchische Meinungsmacht des Netzes mit der kommerziellen Macht der über Nacht zu Großkonzernen herangewachsenen, zumeist privaten Internetunternehmen wie Tencent oder Ali Baba verband.

Seither versucht der Staat mit gigantischem Aufwand und zunehmend erfolgreich, das Netz unter seine Kontrolle zu bringen. Den Anfang macht 2007 das Verbot von Twitter und Facebook, sie wurden durch chinesische Kopien (»Weibo« und »Renren«) ersetzt. Es folgte die zwangsweise durchgeführte Verlagerung sämtlicher Serverstationen nach Beijing, die nun der direkten Kontrolle der Behörden unterstehen. Seit Anfang 2013 muss jeder Nutzer von Netzdiensten sich mit seinem Klarnamen registrieren, die Anonymität, die wesentlich zur stürmischen Entwicklung der Netzkultur beigetragen hat, ist aufgehoben. Die technische Entwicklung erlaubt es heute, nahezu jeden unerwünschten Beitrag in kürzester Zeit zu löschen. Zeitgleich entwickelt die Staatsmacht Strategien, über das Netz Einfluss auf die öffentliche Meinung zu nehmen, Stimmungen zu schüren oder zu steuern. Die je nach Bedarf an- oder abschwellende Flut antijapanischer Äußerungen in den sozialen Netzwerken ist ein aktuelles Beispiel. Darüber hinaus greifen die Behörden seit 2012 immer häufiger zu drastischen Methoden. Die Verhaftung des erfolgreichen Unternehmers, Millionärs und kritischen Bloggers Xue Manzi (auch bekannt unter dem Namen Charles Xue) im Herbst 2013 unter dem Vorwurf, Verkehr mit Prostituierten gehabt zu haben, ist eines unter zahlreichen Beispielen.

Allerdings hat die politische Führung auch verstanden, dass eine allzu rigide Beschränkung von intellektueller und künstlerischer Meinungsäußerung im Netz einer notwendigen sozialen Kontrolle und der Modernisierung der Gesellschaft abträglich ist. Sie duldet daher öffentlichen Diskurs in größerem Umfang als jemals zuvor seit 1949 oder nutzt ihn für ihre eigenen Zwecke.

Die erweiterten Freiräume, vor allem aber die Tatsache, dass viele der restriktiven Maßnahmen mit Gegenmaßnahmen aus der Szene beantwortet werden, die immer neue Wege findet, die Zensur zu umgehen, hält das Internet als wichtigste Plattform der inoffiziellen chinesischen Gegenwartskultur am Leben.

7 Die Rückkehr zur »Tradition«

Etwa seit der Jahrtausendwende verstärkt sich im kulturellen Leben Chinas ein Trend, der sich als »Rückbesinnung auf die eigene Tradition« beschreiben lässt. Ein Merkmal dieser Rückbesinnung ist die wachsende Popularität des Lehrfaches Landeskunde (*guoxue*) an chinesischen Universitäten, ein Fach, das sich im Unterschied zu den aus dem Westen stammenden Geistes- und Sozialwissenschaften um die Vermittlung und Erforschung traditioneller chinesischer Kultur, insbesondere des Konfuzianismus, bemüht. Dieses nach 1949 aus den chinesischen Lehrplänen verschwundene Fach hat sich inzwischen an nahezu allen Universitäten neu etabliert und erfreut sich großen Zulaufs.

Die Rückbesinnung auf die verschütteten und entstellten kulturellen Traditionen Chinas war bis in die 1990er-Jahre Sache einer kleinen Gruppe von Intellektuellen und Künstlern, die zu Beginn dieses Jahrzehnts durch eine Hinwendung zur eigenen Kunsttradition eine bewusste Gegenposition sowohl zum sozialistischen Realismus wie zur westlichen Globalkunst bezogen.

Zu einer breiten, große Teile der kulturellen Elite ergreifenden Strömung wurde die Rückbesinnung auf das eigene kulturelle Erbe mit dem wachsenden Selbstbewusstsein der zu Wohlstand gelangten Mittelklasse einer zu erneuter Weltgeltung gelangten chinesischen Nation. Darin mischen sich das Bedürfnis, die ideologisch verzerrte und entstellte eigene Geschichte neu zu entdecken und zu »erzählen«, mit nationalistischen Strömungen; die Vision von der »Weltmacht China« mit der angewiderten Abkehr vom alles überflutenden Konsumismus; Sinnsuche mit Modeströmungen, die im neuen Traditionalismus eine Marktlücke wittern – für den Handel mit zumeist gefälschten Antiquitäten bis hin zum Modedesign.

Entsprechend heterogen sind die Ziele und Begleiterscheinungen dieses neu erwachten »Traditionalismus«. Schon was unter »Tradition« verstanden wird, ist vieldeutig und manchmal konträr. Die Positionen reichen vom überzeugten Neokonfuzianismus, der die Wiederherstellung konfuzianischer Erziehungsideale einschließlich der verpflichtenden Lektüre der »vier klassischen Bücher« anstrebt, bis zum radikalen »Neomaoismus«, der die aus den Fugen geratene chinesische Gesellschaft in die egalitären Bahnen eines kulturrevolutionären Staatssozialismus zurückzwingen will. Der inzwischen gestürzte Parteichef der Provinz Chongqing, Bo Xilai, war ihr prominentester Vertreter.

Gemeinsam ist den unterschiedlichen Positionen die von Skepsis bis zur Feindseligkeit reichende Abkehr vom »Westen« und die Hoffnung, aus der eigenen Geschichte eine gesicherte kulturelle Identität und einen verbindlichen gesellschaftlichen Wertekanon zu schöpfen. Die Partei, ideologisch und moralisch in die Defensive gedrängt, versucht sich seit Neuestem an einer hilflosen Verschmelzung der beiden Pole. Bereits das 2005 vom damaligen Parteichef Hu Jintao verkündete politische Ziel einer »harmonischen Gesellschaft« (*hexie shehui*) knüpft an zentrale Begrifflichkeiten des Konfuzianismus an. Die gegenwärtige Diskussion um »gesellschaftliche Kernwerte« Chinas geht noch einen Schritt weiter und zielt auf eine Verschmelzung von Konfuzianismus und Marxismus-Leninismus. Weder bei der intellektuellen Elite noch bei der Bevölkerung stoßen diese Bemühungen bisher auf nennenswerten Widerhall.

Der nach 1949 verordnete Vulgärmarxismus hatte die chinesische Geschichte in ein einfaches Schema von Gut und Böse gepresst. Den Kräften des Fortschritts, vor allem den Vertretern von Bauernaufständen, standen die finsteren Kräfte des »Feudalismus« entgegen. Jeder Denker der chinesischen Geistesgeschichte wurde einer Prüfung unterzogen, wie viel »materialistisches« Gedankengut sich in seinem Werk finden ließ und entsprechend klassifiziert. In diesem Geschichtsbild erschien die Zeit vor 1949 eher düster, insbesondere die vorangegangene Epoche der Guomindang-Herrschaft. Der Sieg der kommunistischen Sache war das Ziel der chinesischen Geschichte. Im allgemeinen Sprachgebrauch hat sich der Begriff »Befreiung« für die Machtübernahme der Kommunistischen Partei und die Gründung der Volksrepublik etabliert.

Unter dem neugierigen und forschenden Blick auf die eigene Geschichte gerät dieses Bild ins Wanken, mit einigen für die herrschende Partei nicht unbedenklichen Konsequenzen. Vor allem in den Gründungs- und Legitimationsmythen der Volksrepublik zeigen sich Risse, etwa in der Behauptung, die Kommunisten hätten die Hauptlast des Widerstands gegen die Japaner getragen, während die nationalistische Regierung nur feige zurückgewichen sei. Insgesamt beginnt sich eine Neubewertung der Geschichte der Jahre zwischen dem Sturz des Kaiserreiches und der Gründung der Volksrepublik durchzusetzen, die trotz Bürgerkriegen, politischer Wirren und der Schrecken der japanischen Aggression zu den kulturell fruchtbarsten der chinesischen Geschichte gehört.

Das monumentale Geschichtswerk »Wie die rote Sonne aufgegangen ist« des im Jahr 2013 verstorbenen Nanjinger Historikers Gao Hua demontiert das Bild des von Patriotismus und idealistischen Überzeugungen getriebenen Aufstiegs der Kommunistischen Partei. Ausschließlich auf Material aus öffentlichen Archiven gestützt, zeigt es, mit welcher Brutalität nach innen wie nach außen sich dieser Aufstieg und insbesondere der ihres späteren Vorsitzenden Mao Zedong vollzogen hat. In China steht es auf dem Index, ist aber in zahlreichen Kopien erhältlich.

Natürlich haben sich die Medien und der Kommerz umgehend dieses wachsenden Interesses an der eigenen Geschichte bemächtigt. Das Liebesleben und die Intrigenspiele an Kaiserhöfen, die Schlachten heroischer Generale in der wechselhaften und blutigen chinesischen Geschichte, die Taten der umherziehenden Kung-Fu-Helden und der Mönche des Shaolin-Klosters bieten unerschöpflichen Stoff für Fernsehserien und aufwendige Historienfilme. Wieder einmal ist China dabei, seine Geschichte neu zu erfinden, neu zu konstruieren.

Der chinesische Architekt Wang Shu verwertet Materialien aus zerfallenen oder abgerissenen Gebäuden. 2012 gewann er den Pritzker-Preis. (Foto: Detail seines Museums in Ningbo, Provinz Zhejiang, dpa/picture alliance/Photoshot, 2012)

Konstruieren im wörtlichen Sinn: Auf den abrasierten Flächen der chinesischen Altstädte entstehen zwischen Wohntürmen und Bürohochhäusern neu gebaute Ladenstraßen im »alten Stil«, wo Antiquitäten und allerhand neu gefertigter Krimskrams für in- und ausländische Touristen angeboten werden. Das alte Beijinger Mandschuren-Viertel Dashala südlich des Kaiserpalastes wurde abgerissen und »originaler denn je« wieder aufgebaut. In Chinas alter Kaiserstadt Xi'an entstehen Prachtstraßen, von Bauten gesäumt, die im Stil einer Filmkulisse an die Tang-Zeit erinnern sollen.

In Datong, einer alten Stadt westlich Beijings, wird die gesamte Innenstadt abgerissen und, umringt von einer kilometerlangen neu gebauten Stadtmauer im Stil des 9. Jahrhunderts, wieder neu errichtet. Die ansässige Bevölkerung wird in Wohnsilos außerhalb der Mauern umquartiert, über deren Wohnkomfort sie nicht unglücklich ist.

Tatsächlich ist die Anzahl der Wissenschaftler, Intellektuellen und Künstler, die sich der mühsamen Aufgabe einer ernsthaften und zugleich kreativen Auseinandersetzung mit den eigenen kulturellen Traditionen unterziehen, nicht groß. Künstler wie Xu Bing (*1955) oder Zhu Xinjian (*1953), Schriftsteller wie Mo Yan oder Liu Zhenyun (*1958), Architekten wie der Pritzker-Preisträger Wang Shu (*1963) oder der Philosoph Zhao Tingyang (*1961), um nur einige Beispiele zu nennen, stehen für den Versuch, die Erforschung und Rückgewinnung der eigenen Tradition mit den Erfordernissen und Herausforderungen der Gegenwart zu verbinden. Sie sind Wegbereiter einer chinesischen Gegenwartskultur, die sich weder in bloßer Nachahmung westlicher Vorbilder noch in epigonalem Traditionalismus verliert. Wie sich aus dem chaotischen Nebeneinander heterogener kultureller Elemente eine neue und unvorhersehbare Synthese entwickelt, ist die ebenso spannende wie ungelöste Frage der chinesischen Gegenwartskultur.

Doris Fischer

Medien: Alte Reflexe und neue Herausforderungen

Im Jahr 2000 hat der seinerzeitige Präsident der Vereinigten Staaten, Bill Clinton, in einer viel beachteten Rede vorhergesagt, dass das Internet China liberalisieren werde. Heute verzeichnet China mehr 600 Millionen Internetnutzer und damit mehr als irgendein anderes Land der Welt. Der Anteil der Internetnutzer an der Gesamtbevölkerung liegt mit 45 Prozent im internationalen Vergleich ebenfalls hoch (CNNIC 2014, ITU 2014). Trotzdem wird China im jüngsten Bericht der Organisation Reporter ohne Grenzen im Hinblick auf die Medienfreiheit und die Arbeitsbedingungen für Journalisten nur Platz 175 unter 180 betrachteten Ländern eingeräumt (RWB 2014a) und das Staatliche Internetinformationsbüro (SIIO) wird von der Organisation auf ihrer Liste der »Feinde des Internets« geführt (RWB 2014b). Offenbar war Bill Clintons Einschätzung voreilig.

Auch die verbreitete Annahme, wirtschaftliche Liberalisierung führe zu einem politischen Wandel, der zumindest mehr Meinungs- und Medienfreiheit bedeutet, scheint sich im Fall Chinas nicht zu bewahrheiten. China ist heute die zweitgrößte Volkswirtschaft der Welt mit einer rasch expandierenden Medien- und Unterhaltungsindustrie. Trotzdem hören wir regelmäßig von blockierten Webseiten, ausgebremsten Journalisten, Bloggern und Filmemachern sowie von Problemen ausländischer investigativer Journalisten, ihre Visa von den chinesischen Behörden verlängert zu bekommen.

Wie passt das alles zusammen? Ist das chinesische Mediensystem wirklich so starr? Hat sich nichts verändert über die letzten 35 Jahre Reform- und Öffnungspolitik? Wie funktioniert politische Kontrolle in einem kommerzialisierten Mediensystem? Und welche Rolle spielen in diesem Zusammenhang die neuen Medien und Kommunikationstechnologien?

Dieser Beitrag wird zunächst die Entwicklung und Funktionsweise der Medien und Medienkontrolle in China erläutern und anschließend auf die Einflüsse der Kommerzialisierung und der Neuen Medien eingehen. Hierbei wird deutlich, dass das Medienangebot durch die Kommerzialisierung sehr viel vielfältiger geworden ist, die Instrumente der Zensur dieser Entwicklung aber angepasst werden konnten. Vor diesem Hintergrund sind die neuen Medien und Kommunikationstechnologien eine Herausforderung, da sie es grundsätzlich erleichtern, Informationen zu streuen und auszutauschen. Zugleich stellen IuK-Technologien (nicht nur in China) aber auch neue Möglichkeiten der Informationskontrolle und -manipulation zur Verfügung, zumal die chinesische Regierung in diesen Bereichen auf chinesische Hard- und Softwarelösungen setzt.

1 Alte Reflexe: Medien und Medienkontrolle

Die Entwicklung der klassischen Massenmedien wie Presse, Hörfunk und Fernsehen seit Beginn der Reformen reflektiert zunächst in beeindruckender Weise die wirtschaftliche Entwicklung Chinas: Von 1978 bis 2012 hat sich die Anzahl der publizierten Zeitungen und Zeitschriften jeweils etwa verzehnfacht und die Auflagenzahl pro Ausgabe ist gleichzeitig bei den Zeitschriften fast um den Faktor drei, bei den Zeitungen sogar um das Fünffache gestiegen (*Tabelle 1*). Und diese Zahlen spiegeln noch nicht einmal die Tatsache, dass die Zeitungen und Zeitschriften im gleichen Zeitraum deutlich umfänglicher geworden sind, wider.

Mitte der 1980er-Jahre noch das gegebene Medium: Passanten in Guangzhou, Provinz Guangdong, betrachten ausgehängte Zeitungen. (Foto: ullstein bild – sinopictures/Fotoe, 1985)

Tab. 1: Anzahl und Auflagen von Zeitschriften und Zeitungen

Jahr	Zeitschriften		Zeitungen	
	Zahl der Zeitschriften	durchschnittliche Auflage pro Ausgabe (Mio.)	Zahl der Zeitungen	durchschnittliche Auflage pro Ausgabe (Mio.)
1978	930	62,00	186	42,80
1980	2 191	102,98	188	62,36
1985	4 705	239,52	1 445	191,07
1990	5 751	161,56	1 444	146,70
1995	7 583	197,94	2 089	176,44
2000	8 725	215,44	2 007	179,14
2005	9 468	162,86	1 931	195,49
2010	9 884	163,49	1 939	214,38
2011	9 849	168,80	1 928	215,17
2012	9 867	167,67	1 918	227,62

Quelle: China Statistical Yearbook 2013.

Ähnlich beeindruckend erscheint die Entwicklung von Radio und Fernsehen: Via Radio wurden bereits 2012 97,5 Prozent der Bevölkerung erreicht, via Fernsehen 98,2 Prozent. Die Anzahl der produzierten Radioprogrammstunden hat sich seit 1995 von 2,3 auf 7,2 Millionen erhöht, die Zahl der Fernsehprogrammstunden im gleichen Zeitraum von 0,4 auf 3,4 Millionen, wobei sowohl beim Radio als auch beim Fernsehen der Anteil der Nachrichtensendungen besonders stark gestiegen ist. Jenseits der Statistik bestätigt sich das Bild des gewachsenen Angebots traditioneller Medien auch im Alltag. In den 1980er-Jahren beschränkte sich das Angebot an Zeitungen auf eine kleine Anzahl von zentralen Propagandaorganen und Lokalzeitungen; das Fernsehprogramm wurde von einer Handvoll Kanäle des staatlichen Fernsehens CCTV (China Central Television) dominiert. Heute offerieren die in Chinas Großstädten an vielen Ecken präsenten Zeitungskioske eine große und bunte Vielfalt von chinesischen Zeitungen und Zeitschriften, während allein CCTV 15 Programme anbietet und es darüber hinaus eine große Anzahl von Fernsehkanälen gibt, die von den Provinzen und größeren Städten bereitgestellt werden. Dies gilt zumindest für das Kabelfernsehen, das inzwischen etwa 50 Prozent der Bevölkerung erreicht.

Diese Zahlen verdecken allerdings einige wichtige Besonderheiten des chinesischen Mediensystems: Medien sind in China eine staatliche Veranstaltung. Jede Fernseh- und Radiostation, Zeitung, Zeitschrift und jedes

Doris Fischer

Die 2014 in Betrieb genommene Zentrale der Volkszeitung, im Hintergrund das spektakuläre Gebäude von CCTV, im spöttischen Beijinger Volksmund »die große Unterhose« genannt (Foto: Imaginechina via AP Images)

Internetportal benötigt, um veröffentlichen zu können, eine Lizenz; um diese Lizenz zu erhalten, ist wiederum die Zuordnung zu einer staatlichen Institution, zum Beispiel zu einem Ministerium oder einer anderen Behörde, erforderlich (He 2008). Wegen dieser Anbindung sind chinesische Medien nicht mit öffentlich-rechtlichen Medien identisch: Sie sind in ihrer inhaltlichen Arbeit nicht unabhängig. Vielmehr erfüllen sie grundsätzlich einen staatstragenden Auftrag und sind nicht befugt, den Herrschaftsanspruch der Kommunistischen Partei Chinas (KPCh) infrage zu stellen. Diese Funktion innerhalb des politischen Systems bedingt auch, dass die Medien für staatliche Propaganda genutzt werden und einer umfassenden Kontrolle und Zensur unterliegen.

Geschichtliche Hintergründe

Bereits zur Zeit der Qing-Dynastie und in der Republikzeit war das Verhältnis zwischen Medien und der jeweiligen Regierung nicht immer einfach (Abels 2006). Die Grundlagen für das heutige von der KPCh kontrollierte Mediensystem im engeren Sinn wurden in der Republikzeit gelegt und ganz besonders in der Zeit, in der sich die Kommunistische Partei und ihre Anhänger in sogenannte Sowjetgebiete zurückgezogen hatten, um sich vor der Vernichtung durch die Truppen der Nationalregierung zu schützen (siehe den Beitrag von Helga Stahl). Die ersten Zeitungen der KPCh entstanden zwar bereits in den 1920er-Jahren, aber vor allem in den 1930er-Jahren wurden in den kommunistischen Hoheitsgebieten Vorläufer zahlreicher, auch heute noch existierender Parteizeitungen und der Xinhua-Nachrichtenagentur geschaffen (Huang 2001). Die Rolle der Medien als Organ und »Sprachrohr« der Kommunistischen Partei wurde dann im Jahr 1942 zementiert. Im März jenes Jahres veröffentlichte die Propagandaabteilung der KPCh eine Mitteilung zur Reform der Parteizeitungen, die klarstellte, dass Zeitungen das wichtigste Instrument für die Parteipropaganda seien, dass die wichtigste Aufgabe der Zeitungen in der Verbreitung von Parteistrategien bestehe und dass die Redaktionen der Zeitungen eng mit der Parteiführung – auch auf lokaler Ebene – zusammenarbeiten müssten (Propagandaabteilung der KPCh 1942). Wurden hiermit die Zeitungen in den Dienst der Partei gestellt, so dehnte Mao Zedong mit seiner berühmten »Rede auf dem Yan'an-Forum für Literatur und Kunst«, die er im Mai desselben Jahres hielt, den Auftrag zur Parteiloyalität auf Intellektuelle, Schriftsteller und Künstler und ihre Werke aus. Die Rede Maos wurde in den folgenden Jahrzehnten immer wieder herangezogen, um die strikte Parteikontrolle der Medien und der Intellektuellen zu rechtfertigen. Weder die Mitteilung aus dem Jahr 1942 noch die Rede Maos bestimmen heute formal den rechtlichen Rahmen für Medienarbeit, doch noch immer wird auf den »Geist von Yan'an« und seine Bedeutung für Medien und Kunst verwiesen. Entsprechend wurden im Jahr 2012 anlässlich der Feierlichkeiten zum 70. Jahrestag der Yan'an-Rede Maos führende Medienvertreter und Kunstschaffende aufgefordert, Passagen der Rede in ihrer eigenen Kalligrafie abzuschreiben, um diese Sammlung von Kalligrafien anschließend in einem Festband zu veröffentlichen (zur Kontroverse um diese Aktion siehe den Beitrag von Michael Kahn-Ackermann).

Die Aufgabe der Medien, Sprachrohr der Partei zu sein, war schon in den ersten Jahrzehnten der Volksrepublik nicht immer einfach zu erfüllen, denn auch innerhalb der Partei gab es natürlich wiederholt Uneinigkeit über den richtigen politischen Kurs. In solchen Situationen bedienten sich Vertreter bestimmter Lager der Partei gern der Medien, um ihre Ideen zu verbreiten und durchzusetzen. Berühmte Beispiele hierfür sind Mao Zedongs Veröffentlichung eines Artikels in einer Shanghaier Zeitung, mit der er die Mobilisierung gegen seine parteiinternen Gegner einleitete und die Kulturrevolution auslöste, oder die Wiederbelebung des Reformkurses

Doris Fischer

Meinungsfreiheit: kurzlebiger Versuch einiger Redakteure der China Daily während der Demokratiebewegung 1989 (Foto: ullstein bild - Reuters/Carl Ho)

durch Deng Xiaoping über seine berühmt gewordene Reise nach Südchina im Jahr 1992. Letztere konnte nur dadurch Wirkung entfalten, dass reformorientierte Medien in Südchina und Shanghai im Gegensatz zu den Beijinger Parteiorganen bereit waren, Dengs vor Ort gehaltene Reden zu veröffentlichen und der Reformidee dadurch wieder Gehör und Gewicht zu verschaffen (siehe den Beitrag von Helga Stahl).

Rechtliche Rahmenbedingungen

Gemäß § 35 der Verfassung der Volksrepublik China genießen ihre Bürger heute Pressefreiheit. Allerdings heißt es in der Verfassung auch, dass der Staat die Entwicklung von Kunst und Literatur, Presse, Radio, Fernsehen, Veröffentlichungs- und Vertriebsdienstleistungen, Büchereien, Museen, Kulturzentren und anderen Kulturaktivitäten fördert, sofern sie dem Volk und dem Sozialismus dienen (§ 22). Die Partei taucht in der Verfassung nicht explizit als Kontrollorgan für die Medien auf, so wie ihre Führungsrolle und ihr Führungsanspruch auch sonst in der Verfassung nur aus der Präambel zu entnehmen sind (siehe den Beitrag Sarah Kirchberger).

Zusätzlich zu der Verfassung gibt es in China kein spezielles Medien- oder Pressegesetz, auch wenn ein solches in der Vergangenheit gelegentlich in Aussicht gestellt wurde. Dafür wirken sich andere Gesetze und Regelungen auf die Medienarbeit und Medienfreiheit aus. Zu diesen zählt zum Beispiel das Gesetz zum Schutz von Staatsgeheimnissen (Ständiger Ausschuss 2010), das drei unterschiedliche Geheimhaltungsstufen definiert. Danach können als Staatsgeheimnis wichtige Beschlüsse zu Staatsangelegenheiten, Angelegenheiten der nationalen Verteidigung und der bewaffneten Streitkräfte, diplomatische Handlungen und Aktivitäten gegenüber ausländischen Staaten sowie geheime Verpflichtungen gegenüber anderen Staaten zählen, aber auch Geheimnisse hinsichtlich der Volkswirtschaft und sozialen Entwicklung, Wissenschaft und Technologie, Aktivitäten zum Schutz der Staatssicherheit und Untersuchungen von Straftaten, ferner sonstige Angelegenheiten, die zu Staatsgeheimnissen erklärt werden (Artikel 8). Den Medien ist die Verbreitung von Staatsgeheimnissen untersagt, was – je nachdem, wie weit der Begriff Staatsgeheimnis gefasst wird – zu erheblichen Einschränkungen führt. Der Vorwurf des Verrats von Staatsgeheimnissen ist zumindest ein häufig vorgebrachter Anklagepunkt gegen Journalisten, die sich über die Zensur hinweggesetzt haben und deswegen verhaftet wurden.

Allgemein ist der für die Medien geltende Rechtsrahmen von vielen kleinteiligen Verwaltungsbestimmungen und Parteimitteilungen geprägt (Lang 2003). Häufig schwanken Medienpolitik und -freiheit in Abhängigkeit vom jeweils aktuellen Kurs der Partei und Regierung. Vor diesem Hintergrund messen Medienwissenschaftler und Journalisten in China wichtigen Parteidokumenten, Veröffentlichungen der zuständigen Kontrollinstitutionen, aber auch Aussagen der Partei- und Regierungsführung, die auf einen Kurswechsel in der Medienpolitik hindeuten, immer großes Gewicht bei. Entsprechend wurden zum Beispiel im Jahr 2012 Äußerungen des neuen Parteisekretärs Xi Jinping zum 30. Gedenktag der Verkündung der Verfassung von 1982 als ein mögliches Zeichen dafür gewertet, dass die Medienfreiheit mit dem Regierungswechsel stärker auf ihre verfassungsrechtlichen Füße gestellt werden könnte. Daher wurde diese Rede von einigen Medienwissenschaftlern in eine Liste der »wichtigsten medien*rechtlichen* Entwicklungen des Jahres 2012« aufgenommen (Li/Zheng 2013, Herv. D. F.). Da die Verfassung allerdings nicht nur die Presse- und Redefreiheit postuliert, sondern die Medien gleichzeitig in den Dienst des sozialistischen Staates stellt, ist offen, inwieweit Xi Jinpings Äußerungen tatsächlich einen Aufwind für die Medienfreiheit in China ankündigen sollten. Diese Interpretation könnte vielmehr Wunschdenken in Reaktion auf die restriktive Medienpolitik unter der Regierung von Hu Jintao und Wen Jiabao gewesen sein, denn allen Anzeichen nach wurde die Medienpolitik seit 2013 eher repressiver statt liberaler.

Den Medien wird in China also keinesfalls die Rolle einer unabhängigen »vierten Gewalt« beigemessen, die durch ihre aufklärerische Arbeit für Transparenz und Öffentlichkeit sorgt, damit zum Schutz der Bürger vor Machtmissbrauch der Regierenden beiträgt und der deswegen zumindest in demokratischen Systemen eine tendenziell stabilisierende Wirkung zugeschrieben wird. Zwar war in China zu Beginn des 21. Jahrhunderts das Konzept populär, nach dem die Medien eine Aufgabe gegenüber der Öffentlichkeit (*yulun*, wörtlich »öffentliche Meinung«) wahrzunehmen hätten. Entsprechend wurde ihnen – selbst von offizieller Seite – bis zu einem gewissen Grad die Funktion zugestanden, Missstände aufzudecken, also zum Beispiel Verstöße gegen den Umweltschutz oder Korruptionsfälle an die Öffentlichkeit zu bringen. Vor diesem Hintergrund bekam auch investigativer Journalismus in China größeres Gewicht (Hassid 2011). Die Idee einer aufklärenden Funktion der Medien blieb in der Praxis aber begrenzt durch ihre Rolle als Sprachrohr der Partei und Regierung. Das heißt, letztlich durfte Aufklärung nur so weit erfolgen, wie sie politisch opportun war. Nach Aussage chinesischer Journalisten ist dieses Konzept aber inzwischen nicht mehr aktuell und der Spielraum für investigativen Journalismus seither deutlich geschrumpft (Boehler 2014).

Der Kontrollapparat

Die inhaltliche Kontrolle der Medien erfolgt über eine komplexe Struktur von Institutionen der Zentralregierung und der Partei, die über die vergangenen Jahrzehnte mehrfach verändert wurde (Abels 2006). *Abbildung 1* fasst die aktuelle Struktur der Institutionen zusammen, wie sie sich bisher aus der Neuaufstellung von Partei und Regierung in den Jahren 2011 bis 2013 ergibt. So wurde das SIIO erst 2011 geschaffen. Als Organisationseinheit unter der Leitung des Informationsbüros des Staatsrates (SCIO) soll es die Kontrolle über das Internet koordinieren, da zuvor die Abstimmung unter den zahlreichen mit Internetkontrolle befassten Ministerien und Abteilungen offenbar nicht gut funktioniert hat (Chan/Ip 2011). Während der stellvertretende Leiter des SCIO in Personalunion auch Direktor des SIIO ist, sind die Vizeminister des Ministeriums für Industrie und Informationstechnologie (MIIT) und des Ministeriums für öffentliche Sicherheit zugleich stellvertretende Direktoren des SIIO. Damit wird unter anderem der Bedeutung des MIIT für die technische Durchführung der Internetüberwachung Rechnung getragen. Die Zusammenlegung der zuvor getrennten Generalverwaltung für Presse und Veröffentlichungen (GAPP) und der Staatlichen Verwaltung für Radio, Film und Fernsehen (SARFT) unter eine gemeinsame Zentralverwaltung stammt aus dem Jahr 2013.

Abb. 1: Übersicht über die zentralstaatlichen Institutionen der Medienkontrolle

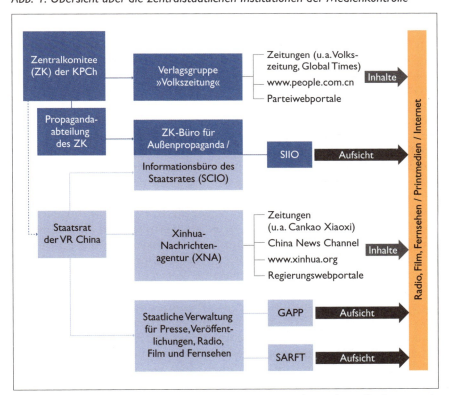

SIIO: Staatliches Internetinformationsbüro; GAPP: Generalverwaltung für Presse und Veröffentlichungen; SARFT: Staatliche Verwaltung für Radio, Film und Fernsehen. Quelle: Eigene Darstellung.

Aus den in der *Abbildung 1* dargestellten formalen Zuordnungen ist eine gewisse Arbeitsteilung zwischen Partei und Staatsrat erkennbar. Gleichwohl ist die wichtigste Institution für das Mediensystem, obwohl sie öffentlich wenig in Erscheinung tritt, die Propagandaabteilung der KPCh. Ihr sind zwar nicht alle Institutionen formal zugeordnet, sie entscheidet aber zusammen mit der Organisationsabteilung der KPCh auch über die Besetzung der leitenden Kaderpositionen in der Xinhua-Nachrichtenagentur, der Generalverwaltung für Presse und Veröffentlichungen und der Staatlichen Verwaltung für Radio, Film und Fernsehen. Ferner verantwortet sie national die Lenkung von »Theorie und Forschung, Lehre und Propagandaarbeit, die Anleitung der öffentlichen Meinung [und] die Anleitung und Abstimmung zwischen allen Nachrichteninstitutionen der Zentralebene [...]« (Propagandaabteilung 2014). Eine Besonderheit unter den Institutionen der Medienkontrolle stellt das ZK-Büro für Außenpropaganda bzw. das Informationsbüro des Staatsrates dar. Hierbei handelt es sich um ein und dieselbe Institution, die je nach Anlass mit unterschiedlichem Namen auftritt.

Zusätzlich zu den genannten Institutionen wurde Anfang 2014 innerhalb der KPCh die »Zentrale Führungsgruppe für Internetsicherheit und Informatisierung« gegründet. Die Gründung dieser Gruppe stellt nach der Einrichtung der »Führungsgruppe für die umfassende Vertiefung der Reform« und der »Nationalen Sicherheitskommission« die dritte Initiative dar, die darauf zielt, die Umsetzung der Beschlüsse des dritten Plenums des 18. Parteitags vom November 2013 durch spezielle Gremien auf der höchsten Parteiebene zu unterstützen. Den Vorsitz dieser Führungsgruppe hat der Parteivorsitzende Xi Jinping inne, seine Stellvertreter sind die Politbüromitglieder Li Keqiang und Liu Yunshan, das Sekretariat der Führungsgruppe wird vom Direktor des SIIO geleitet (Zhongyang wangluo 2014). Die Führungsgruppe scheint ein weiterer Versuch in einer lange Reihe von Bemühungen zu sein, die horizontale Koordination unter den für die Medien zuständigen Institutionen zu verbessern und die Zuständigkeiten bzw. Durchsetzungskraft in der Hierarchie zu stärken. Dies erscheint notwendig, um die Fliehkräfte, die die wachsende Bedeutung von wirtschaftlichen Faktoren und Interessen sowie das Internet in das System gebracht haben, zu bändigen und die Funktionsweise von Propaganda, Zensur, Informationskontrolle und -manipulation zu gewährleisten.

Propaganda, Manipulation, Zensur und Selbstzensur

Um die Funktionsweise der Medienkontrolle in China zu verstehen, ist es zunächst sinnvoll, zwischen Ex-ante-Regeln der Produktion und Veröffentlichung von Inhalten sowie Ex-post-Kontrollen zu unterscheiden. Die in *Abbildung 1* dargestellten Institutionen unterscheiden sich in dieser Hinsicht. Während SIIO, GAPP und SARFT Administrationen sind, die Regeln für die Medienproduktion aufstellen und die Einhaltung dieser Regeln in verschiedenster Weise, aber meist ex post, beaufsichtigen, sind die Volkszeitungsverlagsgruppe und die Xinhua-Nachrichtenagentur Inhalte produzierende Medienorganisationen, die allerdings auch den Rang von Ministerien haben und deren Leiter im Zentralkomitee der Partei vertreten sind.

Propaganda und Manipulation

Ein Instrument der Kontrolle über die Medieninhalte ist die Propaganda. Damit ist hier gemeint, dass bestimmte Inhalte nicht auf der Basis von Recherchen der Medien veröffentlicht, sondern von den verantwortlichen Institutionen vorgegeben werden. Für außenpolitische Nachrichten galt zum Beispiel lange Zeit die Vorschrift, dass diese ausschließlich von der Xinhua-Nachrichtenagentur produziert und von Zeitungen, Fernsehen oder auch Webportalen nur wörtlich übernommen werden durften. Für die meisten Themen gilt heute in der Regel nicht mehr, dass die Berichterstattung von der Propagandaabteilung der KPCh, den staatlichen Administrationen oder der Xinhua News Agency wörtlich und damit einheitlich für alle Medien vorgegeben wird, und auch das Monopol von Xinhua für die Produktion ausländischer Nachrichten ist inzwischen gefallen. Weiterhin besteht aber eine strikte Zensur internationaler Nachrichten (siehe unten). Und Webportalen, die keine entsprechende Lizenz haben, ist es verboten, selbst Nachrichten zu generieren. Sie müssen Nachrichten von den Portalen der lizensierten Nachrichtenmedien übernehmen. Ansonsten konzentriert sich die Vorgabe von Inhalten auf ausgewählte sensible Themen, wichtige politische Ereignisse und nach wie vor auf die Berichterstattung über Chinas außenpolitische Beziehungen. Diese Art der Propaganda ist meist leicht daran erkennbar, dass wörtlich identische Artikel zeitgleich in verschiedenen Zeitungen oder auf verschiedenen Webseiten erscheinen.

Wenn Propaganda als wenig subtile Form der Medienkontrolle heute im Vergleich zu den 1980er-Jahren eine geringere Bedeutung hat, so ist dies nicht nur das Ergebnis einer liberaleren Politik gegenüber den Medien, sondern resultiert auch aus einem wirtschaftlichen Zwang. Propaganda im Sinn der festen Vorgabe von Inhalten zum Zweck, die öffentliche Meinung zu beeinflussen, ist in der Regel nicht marktfähig. Nur wenige Leser, Zuschauer oder Internetnutzer wollen Propagandainhalte präsentiert bekommen oder sind bereit, dafür zu zahlen. Hierin unterscheidet sich Propaganda, also letztlich politische Werbung, kaum von kommerzieller Werbung. Zugleich möchte die Partei Propagandainhalte aber gern möglichst breit streuen. Daher müssen reine Propagandamedien – nicht nur in China – kostenlos vertrieben werden (Fischer 2009, S. 177). Unter anderem aus diesem Grund wurden die Volkszeitung und andere Parteizeitungen lange Zeit über Zwangsabonnements an staatliche Unternehmen und Behörden verteilt und ansonsten in großen Schaukästen an Straßen und Wegen öffentlich ausgestellt. Im Zuge der Wirtschaftsreformen, aber auch durch den Aufschwung des Internets ist diese Art der Propagandaarbeit an ihre wirtschaftlichen Grenzen gestoßen (siehe auch Kapitel 2).

Propaganda findet allerdings nur dann keine oder kaum zahlungswillige Kunden und Aufmerksamkeit, wenn sie als solche deutlich erkennbar ist. In den letzten Jahren setzt die chinesische Politik deswegen vermehrt Techniken der verdeckten Meinungsmanipulation ein, die aus modernen Theorien zu Werbung und Öffentlichkeitsarbeit bekannt sind. Diese Techniken zielen darauf, bestimmte Meinungen populär zu machen (*agenda setting*), Diskurse zu beeinflussen, statt sie zu unterbinden (*spin*) etc.

Zensur und Selbstzensur

Eine alternative Form der Medienkontrolle ist die Zensur, das heißt die Überprüfung von Medieninhalten vor ihrer Veröffentlichung durch entsprechende Kontrollinstanzen. Es ist leicht nachvollziehbar, dass eine durchgängige Vorabkontrolle in einem Land der Größe Chinas für einen expandierenden Mediensektor und in einer Zeit immer schnellerer Produktion von Inhalten kaum von einer zentralen Instanz realisiert werden könnte. Im chinesischen System erfolgt die Zensur daher weitgehend dezentralisiert und liegt im Verantwortungsbereich der jeweils zuständigen Redakteure. Den Redakteuren kommt die Rolle von »Türhütern« (*gatekeeper*) zu. Es ist ihre Aufgabe, Nachrichten, Informationen, Filme etc. vor der Veröffentlichung zu überprüfen und gegebenenfalls deren Veröffentlichung zu verhindern bzw. Änderungen einzufordern (Fischer 2009, S. 184). Damit insbesondere Nachrichtenredakteure diese Aufgabe erfüllen können, werden sie von den zuständigen Institutionen täglich darüber informiert, ob bzw. wie bestimmte sensible Themen darzustellen und welche Themen tabu sind (RWB 2014b). Häufig erfüllen Redakteure tatsächlich eine doppelte Türhüterrolle: Da sie besser informiert sind, können sie auch ihre Mitarbeiter vor der Veröffentlichung von Inhalten schützen, die diese in die politische Kritik bringen oder dem Vorwurf des Verrats von Staatsgeheimnissen aussetzen würden.

Die Veröffentlichung von Details darüber, wie das Zensursystem funktioniert, unterliegt wiederum selbst der Zensur (King u. a. 2013). Der Journalist Shi Tao wurde 2005 wegen Verrats von Staatsgeheimnissen zu zehn Jahren Gefängnis verurteilt, weil er in einem amerikanischen Onlineforum darüber berichtet hatte, welche Vorgaben 2004 für die Berichterstattung zum 15. Jahrestag der Niederschlagung der Protestbewegung von 1989 gemacht worden waren (Xu 2014).

Im Vergleich zur detaillierten Vorgabe von Inhalten bietet Zensur den Vorteil, dass sie die Freiheit der Darstellung und die Wahl von Themen nicht völlig untersagt, sondern ihr lediglich Grenzen setzt. Innerhalb dieser Grenzen besteht durchaus die Möglichkeit, Inhalte interessant darzustellen und der jeweiligen Publikation damit einen eigenständigen Charakter zu verleihen. Dies ist – aus Sicht der Regierung – ein deutlicher Vorteil in einem System, in dem die Medien heute angehalten sind, marktorientiert zu arbeiten. In einem stark kommerzialisierten, teilweise korrupten Umfeld birgt Zensur aber auch neue Risiken: Letzten Endes verfügen die Redakteure als »Türhüter« über erhebliche, gleichsam behördliche Macht, die sie missbrauchen können, um zum Beispiel auf Bitten bzw. gegen Zahlung von Einzelpersonen oder Unternehmen unliebsame Nachrichten zu unterbinden, auch wenn diese gar nicht der Zensur unterliegen (Chang 2014).

Chinesischer Zeitungskiosk mit Auslage der »Southern Weekly«, einer Zeitung, deren Redakteure die Grenzen der Zensur in der Vergangenheit immer wieder austesteten (Foto: Reuters/Tyrone Siu, 2014)

Eine weitaus subtilere und ungleich erfolgreichere Methode der Medienkontrolle ist – aus Sicht der Aufsichtsbehörden – die Selbstzensur der Medienschaffenden. Wenn Journalisten und Redakteure, aber auch Filmregisseure, Fernsehreporter oder Blogger, sich der Grenzen des politisch Gewollten bzw. Geduldeten bewusst sind und selbst darauf achten, diese Grenzen nicht zu überschreiten, um negative Konsequenzen für die eigene Person zu vermeiden, dann funktioniert Medienkontrolle auf die denkbar effektivste Art und Weise. Zugleich ist sie für Außenstehende am schwersten identifizierbar. Jonathan Hassid (2011) verweist darauf, dass es in China durchaus nicht nur investigative Journalisten gibt, die täglich bestrebt sind, mit möglichst objektiver Berichterstattung gegen die staatliche Kontrolle der Medien zu rebellieren, oder kommunistische Überzeugungstäter, die sich willfährig in den Dienst der staatlichen Propaganda stellen. Vielmehr sehen viele Journalisten und Medienschaffende in ihrer Arbeit eine normale Erwerbstätigkeit, die ihnen ein Einkommen sichert. Diese Journalisten sind vergleichsweise wenig ambitioniert und zensieren sich bewusst oder unbewusst selbst, um ihre Position und wirtschaftliche Lebensgrundlage nicht zu gefährden. Die Anreize dazu sind hoch, denn im Sinn des Systems erfolgreiche Journalisten und Medienschaffende können in China vergleichsweise hohe Einkommen erzielen (Fischer 2009).

Offene Propaganda, verdeckte Manipulation, Zensur und Selbstzensur liefern also ein vielfältiges Instrumentarium der Medienkontrolle. Nur wenn diese Instrumente versagen, greifen Partei und Regierung zu Sanktionen gegen Medienunternehmen, Redakteure oder Journalisten. Dies geschieht in China trotz allem regelmäßig, was unter anderem zu dem eingangs zitierten schlechten Platz Chinas in Rankings der Organisation Reporter ohne Grenzen führt. Als kritisch bekannte Journalisten werden nicht nur verhaftet, wenn ihnen akut etwas vorgeworfen werden kann, sondern regelmäßig auch vorsorglich in Gewahrsam genommen, wenn – aus Sicht der Bürokratie – zu befürchten ist, dass sie sich anlässlich von politisch sensiblen Jahrestagen wie zum Beispiel dem 4. Juni an regierungs- und parteikritischen Aktionen beteiligen oder kritische Kommentare veröffentlichen könnten.[1]

---

1 Ein aktuelles Beispiel hierfür ist die Festnahme der Journalistin Gao Yu im Mai 2014 gewesen, die offenbar dazu diente, die Journalistin davon abzuhalten, an Aktionen anlässlich des 25. Jahrestages der Niederschlagung der Protestbewegung von 1989 teilzunehmen (Gao Yu arrested by Chinese authorities, in: The Guardian vom 8. Mai 2014 [http://www.theguardian.com/world/2014/may/08/gao-yu-arrested-by-chinese-authorities, Zugriff: 15. Mai 2014]).

Jenseits dieser polizeilichen Maßnahmen kann aber auch die Entlassung bzw. Versetzung eine drastische Maßnahme sein, da sie mit erheblichen finanziellen Einbußen einhergehen kann. In Anbetracht der großen Anzahl von Beschäftigten in Chinas Medienbetrieben sind diese Fälle zahlenmäßig durchaus gering und werden von der allgemeinen Bevölkerung vermutlich häufig gar nicht wahrgenommen. Unter den Medienschaffenden und Medienexperten sorgen derartige Repressionen gegen Journalisten allerdings regelmäßig für Aufregung und verfehlen ihre Signalwirkung nicht.

Eliteninformation versus Massenunterhaltung

Der Blick auf das umfangreiche chinesische System der Medienkontrolle lässt leicht den Eindruck entstehen, dass Chinesen systematisch desinformiert oder gar dumm gehalten würden und überhaupt wenig Zugang zu Informationen hätten, ein Tatbestand, der in einer globalisierten Welt, in die viele Chinesen aktiv integriert sind, untragbar erscheint.

Diesem Eindruck steht entgegen, dass sowohl der Zugang zu Informationen als auch der Grad der Medienzensur in China häufig nach Personengruppen, Institutionen, Themen und Regionen gestaffelt sind. Zum einen gelten zum Beispiel Nachrichten als sensibler als »Unterhaltung«, weswegen die Produktion von Ersteren strikter reguliert wird als die Produktion von TV-Serien, Filmen oder Spielen (siehe auch Kapitel 2). Zum anderen hat die gebildete Elite in der Regel einen deutlich besseren Zugang zu Informationen als die Allgemeinheit. Beispiele hierfür sind vielfältig. Sie reichen vom Zugang zu internationalen Fernsehprogrammen in teuren Hotels über die Ausstattung von Bibliotheken der renommierten Universitäten mit guten internationalen akademischen Büchern und Zeitschriften bis hin zu einer offensichtlich größeren Vielfalt an Meinungen und kritischer Berichterstattung in Zeitungen und Zeitschriften, von denen schon allein wegen ihres Preises angenommen werden kann, dass sie nicht von der breiten Bevölkerung gelesen werden.

Ein berühmt gewordenes Beispiel für diese Art der Differenzierung ist die sogenannte Rawski-Debatte vom Beginn dieses Jahrhunderts. Hintergrund der Debatte waren die asiatische Finanzkrise sowie die großen Überschwemmungen in China im Jahr 1998 und Diskussionen darüber, wie diese sich auf die chinesische Wirtschaft ausgewirkt hatten. Konkret hatte damals die Regierung unter Zhu Rongji das Ziel ausgegeben, dass das chinesische Wirtschaftswachstum trotz allem im Jahr 1998 acht Prozent erreichen sollte. Dieses Ziel wurde knapp erreicht und auch in den

Doris Fischer

Folgejahren wies die chinesische Statistik nur eine kleine Wachstumsdelle aus, obwohl andere asiatische Staaten noch weiter unter der Krise litten. In China lösten die statistischen Daten Zweifel an der Qualität des statistischen Berichtswesens aus, die unter anderem in der Fachzeitschrift des Staatlichen Statistikamtes intensiv dokumentiert und diskutiert wurden. Der amerikanische Ökonom und Chinaspezialist Thomas Rawski griff diese Debatte auf und versuchte anhand anderer Daten als dem Bruttoinlandsprodukt (Energieverbrauch, Flugticketverkäufe und Ähnliches), die tatsächliche Wirtschaftsentwicklung einzuschätzen. Seine Berechnungen ließen vermuten, dass das Wirtschaftswachstum in China in den Jahren 1997 bis 2000 deutlich niedriger ausgefallen war als mit den offiziellen BIP-Wachstumsraten angegeben. Über die Ergebnisse, die die Zweifel chinesischer Kollegen an der Verlässlichkeit der Statistiken untermauerten, hielt Rawski Vorträge und veröffentlichte sie im Jahr 2001 (Rawski 2001). Seine Untersuchungsergebnisse waren durchaus auch in China bekannt. Doch erst als internationale Massenmedien das Thema aufgriffen und 2002 offen über die Verlässlichkeit chinesischer Statistiken spekulierten, wurde von chinesischer Seite eine Propagandawelle losgetreten, die darauf zielte, die Ergebnisse von Rawskis Untersuchungen zu diskreditieren. Dieses Beispiel zeigt sehr deutlich, dass eine offene Diskussion in chinesischen Fachkreisen häufig als unproblematisch angesehen wird und selbst die Veröffentlichung von kritischen Analysen in ausländischen Fachzeitschriften in der Regel kein Problem für die chinesische Politik darstellt. Erst die Möglichkeit, dass diese Debatte das Chinabild der breiteren Öffentlichkeit im Ausland beeinträchtigen und das Vertrauen der chinesischen Bevölkerung in ihre Regierung schmälern könnte, löste Gegenreaktionen des Kontrollapparates aus.

Vor dem Hintergrund dieser Staffelung des Informationszuganges und der Informationsfreiheit kommt dem Gesetz zum Schutz von Staatsgeheimnissen eine besonders heikle Rolle zu, schafft es doch quasi eine Schere im Kopf: Diejenigen, die freien Zugang zu (Fach-)Informationen haben, müssen sich immer wieder fragen, was sie von ihrem Wissen wann, wo und an wen weitergeben können und was gegebenenfalls als Preisgabe eines Staatsgeheimnisses ausgelegt werden könnte.

2 Neue Herausforderungen I: Markt und Wettbewerb

So sehr das Medienkontrollsystem in seinen Grundfesten Kontinuität aufweist, so sehr hat sich das Mediensystem als Wirtschaftszweig über die letzten Jahrzehnte infolge zahlreicher Reformen verändert. Diese Reformen wurden zum einen von wirtschaftlichen Zwängen getrieben, nämlich der Notwendigkeit, Mittel für den Ausbau der medialen Infrastruktur aufzutreiben, zum anderen von der Verlockung, dass der Mediensektor ein sehr lukrativer und für die Volkswirtschaft bedeutender Bereich sein kann. Die »Kommerzialisierung« der Medienbranche, also die Umstellung auf eine weitgehende Finanzierung durch den Markt (zum Beispiel durch Werbung, Bezahlung der Nutzung durch den Konsumenten, Einbindung privater Kapitalgeber) statt durch den Staat, bedeutete allerdings eine kontinuierliche Herausforderung des Medienkontrollsystems, da die Logik des Marktes mit dem Reflex der Medienkontrolle und der Zensur nicht immer leicht zu vereinbaren ist. Die Geschichte der marktorientierten Medienreformen ist daher nicht nur ein weiteres Beispiel für sektorale Wirtschaftsreformen in China, sie spiegelt vielmehr das permanente Ringen der Regierung wider, die sich widersprechenden Ziele der unterschiedlichen Logiken von Markt und Informationskontrolle ins Gleichgewicht zu bringen.

Von Verwaltungseinheiten zu Medienkonglomeraten

Zu Beginn der Wirtschaftsreformen waren die Medien durchgängig staatliche Verwaltungseinheiten (*shiye danwei*). Dieser Status blieb bis weit ins neue Jahrhundert hinein das gängige Modell für die großen Medienbetriebe, die auch weiterhin staatlich alimentiert wurden. Trotzdem gab es unter wirtschaftlichen Gesichtspunkten bereits in den 1980er-Jahren zwei wesentliche Reformen: Zum einen wurde im Jahr 1979 erstmals wieder Werbung zugelassen, wodurch für die Medienbetriebe eine neue Einnahmequelle entstand. Zum anderen sah sich die Zentralregierung wegen der rasch ansteigenden Kosten der Medienverbreitung (Preise für Zeitungspapier, Ausbau der Infrastruktur von TV und Rundfunk) gezwungen, die Lokalregierungen in die Finanzierung der Medien mit einzubinden. Als Gegenleistung wurde ihnen die Möglichkeit gewährt, eigene Zeitungen und Zeitschriften sowie Fernseh- und Rundfunkkanäle zu gründen (Fischer 2009, S. 181). Dadurch bekamen die Lokalregierungen sowohl die Möglichkeit, sich ihre eigenen »Sprachrohre« zu verschaffen, als auch die Aussicht auf Einnahmen aus dem Werbegeschäft. Im Ergebnis explodierte die Anzahl der Publikationen im Printbereich (siehe *Tabelle 1*, S. 465), aber auch das Fernsehangebot wurde ausgedehnt. Hatten Anfang der 1980er-Jahre weniger als 60 Prozent der Bevölkerung Zugang zu Fernsehen, so lag dieser Anteil schon Ende der 1980er-Jahre bei fast 80 Prozent und wurde seither auf fast 100 Prozent erhöht. Der gesamte chinesische Werbeumsatz

(*Abbildung 2*) stieg bis zu Beginn des 21. Jahrhunderts deutlich schneller als das Bruttoinlandsprodukt an.

Abb. 2: Entwicklung des Werbeumsatzes in China 1979–2013

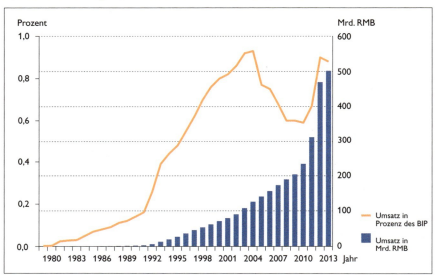

Quellen: Mei (2012); China Statistical Yearbook (versch. Jgg.); NBS 2014; Werbeumsätze für die Jahre 2008–13 aus Zeitungsmeldungen. Der Werbeumsatz umfasst auch Außenwerbung, Internetwerbung etc.

Die Möglichkeit der Werbefinanzierung führte in den 1990er-Jahren zu der Auffassung, dass Medienbetriebe, obwohl sie Verwaltungseinheiten waren, wie Wirtschaftsunternehmen, also gewinnorientiert, geführt werden könnten (*shiye xingzhi, qiye jingying*). Diese Auffassung ging zunächst mit einer internen Neustrukturierung der Betriebe einher: Produkte wurden zunehmend danach unterschieden, ob sie eher einen Unterhaltungsmarkt bedienten und damit gewinnversprechend waren oder eher politisch relevante Inhalte produzierten und damit strikten Zwängen der Zensur unterlagen. So brachten zum Beispiel zahlreiche Verlage, die vorher nur eine Partei- oder Regierungszeitung (*ribao*) verlegt hatten, nun zusätzlich sogenannte Stadtzeitungen (*dushi bao*), Abendzeitungen (*wanbao*) oder Wochenendblätter heraus, die, anders als die Parteizeitungen, nicht in erster Linie als »Sprachrohre« der lokalen Regierungen dienten, sondern vor allem auf Nachrichten mit Unterhaltungswert und Service für den lokalen Bürger setzten (Eseray 2005). Sie waren damit als Werbeträger deutlich attraktiver. In ähnlicher Weise entfaltete sich die Palette der TV-Kanäle und Programme. Die Einführung von TV-Kanälen, die auf Sport, TV-Serien, Filme oder Kinderprogramme spezialisiert sind, war gerade unter dem Gesichtspunkt von Werbeeinnahmen wichtig und ebnete zudem der Einführung von Pay TV den Weg. Zugleich erleichterte es diese Produktdifferenzierung in Unterhaltungs- und Informationsprogramme, die Produktion von Unterhaltungsprogrammen, zum Beispiel TV-Serien oder Filmen, an private Unternehmen auszulagern bzw. von diesen einzukaufen.

Über die Differenzierung der Produkte hinaus wurden Einnahmen generierende Betriebseinheiten (Werbeabteilung, Vertrieb, Immobilien etc.) von den Inhalte (insbesondere Nachrichten) produzierenden getrennt (Fischer 2001). Letztere erfordern besondere Strukturen der Kontrolle und versprechen geringere Chancen auf Werbeeinnahmen. Schon bald hatten viele Medienbetriebe eine duale Struktur, die sich auch darin widerspiegelte, dass »Manager« die wirtschaftlichen Betriebseinheiten leiteten, während dem Chefredakteur weiterhin die inhaltliche Kontrolle der Publikationen oblag. Diese Entwicklung wurde Ende der 1990er-Jahre weiter vorangetrieben, indem die Medienbetriebe ermutigt wurden, sich in Konglomerate bzw. Unternehmensgruppen (*qiye jituan*) umzustrukturieren. So entstanden zunächst Unternehmensgruppen in der Zeitungsbranche (Fischer 2001), später auch in Fernsehen und Rundfunk (Fischer 2003; Abels 2006). Diese Idee folgte einem Trend aus der Industrie, wo in den 1990er-Jahren Staatsunternehmen durch die Umwandlung in Unternehmensgruppen neu aufgestellt worden waren, um sie auf die Umwandlung in Kapitalgesellschaften und den Börsengang einzelner Unternehmenseinheiten vorzubereiten. Im Mediensektor war die Umwandlung der Kernbetriebe, also insbesondere der Nachrichten generierenden Einheiten, in Unternehmen (*qiye*) oder gar Kapitalgesellschaften (*gongsi*) zunächst nicht vorgesehen. Es konnten aber einzelne Betriebseinheiten (zum Beispiel die Vertriebs- oder Werbeabteilungen) ausgegliedert und in Unternehmen umgewandelt werden. Ihre Gewinne dienten dann unter anderem der Quersubventionierung innerhalb der Gruppe. Auch kauften sich einzelne Medienbetriebe über Tochterunternehmen bereits bei börsennotierten Unternehmen ein und versetzten sich so durch die Hintertür in die Lage, an Finanzierungsmittel über die Kapitalmärkte zu gelangen (*backdoor listing*). Auf diese Weise entstanden sehr intransparente Eigentums- und Finanzierungsstrukturen, die eine Einschätzung der tatsächlichen wirtschaftlichen Situation der Mediengruppen fast unmöglich machte. Entsprechend gehen die Meinungen darüber auseinander, inwieweit die Werbeeinnahmen und sonstigen Einnahmen aus dem Wirtschaftsbetrieb einzelne Medienkonglomerate tatsächlich von staatlicher Finanzierung unabhängig machten. Die hinter den Konglomeraten stehenden Verlage oder TV-Stationen brachte die Gruppenbildung in eine komfortable Lage: Einerseits konnten sie der Regierung gegenüber für eine weitere staatliche Finanzierung argumentieren, da sie ja einen staatlichen Propagandaauftrag zu erfüllen hatten, der ihren wirtschaftlichen Zielsetzungen entgegenstand, andererseits konnten sie aber zum Teil hohe zusätzliche Einnahmen über den Markt erzielen. So entwickelte sich zwischen den Mediengruppen zwar ein gewisser Wettbewerb um Werbeeinnahmen, aber sie befanden sich nicht wirklich in einem Konkurrenzkampf um ihr Überleben. Vielmehr konnten sich die Betriebe in der Regel ihres regionalen Marktes und der Unterstützung durch die lokale Regierung bzw. das lokale Parteikomitee gewiss sein (Chan 2003). Unter Medienleuten entstand daher um die Jahrhundertwende der Scherz, dass die Hauptgebäude der (staatlichen!) Medienbetriebe in Größe und Prunk lediglich denen der Banken nachstünden.

Von Konglomeraten zu Kapitalgesellschaften?

Zu Beginn der Jahrhundertwende sah die traditionelle chinesische Medienlandschaft sehr zerklüftet aus: Zum Ersten gab es eine Reihe von großen Unternehmensgruppen, die um Zeitungsverlage, TV-Stationen und Radiostationen der Zentralregierung (Volkszeitung, Guangming Ribao, CCTV)[2] herum gebildet worden waren und die in der Regel wegen ihrer Unterstützung durch die Zentralregierung bzw. Partei klare Wettbewerbsvorteile auch bei der Entwicklung kommerzialisierter Angebote und bei den Werbeeinnahmen hatten. Zum Zweiten bestanden ebenfalls große Unternehmensgruppen in den wirtschaftlich entwickelten Provinzen, insbesondere in Süd- und Ostchina (Jiefang Ribao, Guangdong Daily Group, Southern China Group, Shenzhen Daily Group), die vor allem von dieser wirtschaftlichen Basis profitierten und – zumindest in Guangdong und Shenzhen – auch von einem politisch etwas liberaleren Klima. Daneben

---

2 Die Guangming Ribao (Guangming Daily) ist, wie die Volkszeitung, eine Tageszeitung, die der Zentrale der Partei untersteht. Sie wurde 1949 gegründet und hatte in der Zeit, als das Zeitungsangebot noch sehr beschränkt war, den Ruf erworben, eine Zeitung für Intellektuelle zu sein. Die Jiefang Ribao (Liberation Daily) untersteht dem Shanghaier Parteikomitee der KPCh. Sie hat allerdings eine besondere Rolle unter den Parteizeitungen, da sie 1942 die erste Zeitung war, die der Neuausrichtung der Parteizeitungen folgte (Huang 2001).

gab es aber auch eine Fülle von wenig profitablen Parteiverlagen und staatlichen TV-Stationen oder Rundfunkstationen auf zentraler und vor allem lokaler Ebene, die sich weiterhin nur über staatliche Förderung, Zwangsabonnements etc. über Wasser halten konnten, weil ihnen Produkte oder eine lokale Wirtschaftsbasis fehlten, über die sie zusätzliche Einnahmen hätten generieren können.

Der Beitritt Chinas zur Welthandelsorganisation im Jahr 2001 (siehe den Betrag von Margot Schüller) brachte eine gewisse Unruhe in den chinesischen Mediensektor, da befürchtet wurde, dass die Öffnung des Werbe- und Vertriebsmarktes für ausländische Investoren dazu führen könnte, dass den Medienbetrieben gerade in den lukrativsten Segmenten des Marktes erhebliche internationale Konkurrenz erwächst. Dies und das Aufkommen des Internets (siehe Kapitel 3) erhöhten den Druck für weitere Reformen.

Vor diesem Hintergrund legten Partei und Regierung im Jahr 2001 eine härtere Gangart gegenüber unwirtschaftlichen Betrieben ein. Medien- und Kulturbetriebe, die nur durch staatliche Alimentierung, Zwangsabonnements oder ähnliche Maßnahmen am Leben gehalten werden konnten, sollten geschlossen werden oder mit anderen Betrieben fusionieren. Diese Reformen sorgten zunächst für große Aufregung, da sie das Überleben fast aller Parteizeitungen infrage zu stellen schienen. Es kristallisierte sich allerdings bald heraus, dass die großen und als wichtig erachteten Parteizeitungen und -zeitschriften vor allem der Zentralregierung von der Beurteilung nach rein wirtschaftlichen Kriterien ausgenommen werden würden. Während dieser Teil der Reformen daher von einigen als Mogelpackung verurteilt wird, die nur dazu gedient habe, die Flaggschiffe unter den Parteizeitungen und den als politisch korrekt geltenden Medien zu stärken (He 2008), sahen andere in dieser Reform einen Schritt zu mehr Ehrlichkeit, da zukünftig klarer zwischen Medienbetrieben mit öffentlichem Auftrag und kommerziellen Medienunternehmen unterschieden werden sollte. Die Aufkündigung der staatlichen Unterstützung für politisch unwichtige und wirtschaftlich unattraktive Medienbetriebe führte zur Schließung bzw. Zusammenlegung zahlreicher Verlage sowie zur Reduzierung des Zeitungsangebots (siehe *Tabelle 1*, S. 465).

Eine weitere wesentliche Neuerung für die Medien im neuen Jahrhundert ergab sich daraus, dass die Regierung alle Kultur schaffenden Bereiche der Gesellschaft zunehmend als »Kulturindustrie« (*wenhua chanye*) verstand und von dieser einen wichtigen Beitrag zur wirtschaftlichen Entwicklung und Internationalisierung (zur Going-global-Politik siehe den Beitrag von Margot Schüller) erwartete. Im Gegensatz zu früher wurde daher zunächst die Umwandlung der hinter den Mediengruppen stehenden Medienbetriebe in – staatliche – Unternehmen befürwortet. Zudem sollte die Bildung von Unternehmensgruppen nun auch überregional und medienübergreifend erfolgen. Durch die Schaffung von Holdingunternehmen werden heute bereits Konzernstrukturen geschaffen, die zumindest vordergründig den Strukturen anderer internationaler Medienkonzerne ähneln. Diese Reformen im Mediensektor sind nicht eindeutig chronologisch zu ordnen, da sie typischerweise mit einigen Versuchsunternehmen eingeleitet und dann langsam über die verschiedenen Medienarten und Regionen ausgeweitet werden.

Die Veränderung der Medienbranche zeigt sich beispielhaft an den in *Tabelle 2* aufgeführten zehn Unternehmen aus einer Liste der »50 stärksten Unternehmen der Kultur- und Unterhaltungsbranche« des Jahres 2012/2013, für die als Hauptgeschäftsfeld »Verlage/Medien« (*chuban chuanmei*) angegeben ist.[3] Alle diese Unternehmen sind an der Börse notiert, weswegen in der Tabelle Informationen zum Jahr des Börsengangs und zum Hauptaktionär ergänzt sind. Keines der in der Liste geführten Unternehmen war zum Zeitpunkt der Börsennotierung mit der Verbreitung von Nachrichten oder Informationen befasst. Hinter der Mehrheit stand aber schon bei der Börsennotierung ein Medienunternehmen als Großaktionär, das zu einem traditionellen Medienbetrieb gehörte, bei anderen wurden später von staatlichen Medien Mehrheitsanteile gekauft. Teilweise sind die Großaktionäre ihrerseits Tochterunternehmen staatlicher Konzernmuttergesellschaften. Dies gilt zum Beispiel für die Global Broadcasting Media Group (GMG), die als Investmentgesellschaft des China International Broadcasting Networks (CIBN) fungiert, das wiederum von China Radio International (CRI), also dem Auslandsradiosender Chinas, kontrolliert wird. CRI ist ein traditioneller Medienbetrieb, heute ein Staatsunternehmen, das weiterhin für die Inhalte verantwortlich ist, insbesondere sofern diese Nachrichtencharakter haben. GMG hat sich seit seiner Gründung nicht nur bei Huawen Media eingekauft, sondern zum Beispiel auch die Internetplattform Zhonghuawang (www.china.com) erworben.[4] CRI ist in dieser Liste allerdings das einzige der Zentralregierung

---

3 Die restlichen Unternehmen dieser Liste werden überwiegend der Film- und Unterhaltungsbranche zugeordnet. Die »Stärke« aller Unternehmen bemisst Entgroup nach den Kriterien »Marke«, »Strategie«, »Potenzial« und »Finanzen«.

4 Im Jahr 1999 gegründet, war www.china.com das erste nationale Internetnachrichtenportal. Heute wirbt Zhonghuawang vor allem mit seiner Stärke in der Bereitstellung von Nachrichten und Informationen zu Militärangelegenheiten und zum Automobilmarkt.

zuzuordnende Unternehmen. Tochterunternehmen anderer zentralstaatlicher Medienkonzerne, wie die von CCTV oder der Volkszeitung, tauchen nicht in dieser Bestenliste auf.

Tab. 2: Verlags- und Medienunternehmen aus der Liste der »50 stärksten Unternehmen in der Kultur- und Unterhaltungsbranche 2012/2013«

Name	Gründung	Börsengang	Größte(r) Aktionär(e)
Phoenix Publishing & Media Inc.	2011	Shanghai 2011	Jiangsu Phoenix Publishing & Media Inc.
China South Publishing & Media Group	2008	Shanghai 2010	Hunan Verlags- und Investmentholding
Hunan TV & Broadcasting Intermediary Co. Ltd.[1]	1998	Shanghai 1999	Hunan Radio- und TV-Entwicklungsgesellschaft
BesTV (Baishitong)	2005	Shanghai 2011	Shanghai Media Group (SMG)
Shanghai Xinhua Media Group	2006	Shanghai 1994[2]	Shanghai Xinhua Distribution Group sowie Shanghai Newspaper Group
BGCTV	1999	Shanghai 2001	Beijing-Beiguang-Medienentwicklungsgesellschaft
Huawen Media	1992	Shenzhen 1997	Global Broadcasting Media Group (GMG)[3]
Zhejiang Daily Media	2011	Shanghai 2011	Zhejiang Media Holding
Wasu		Shenzhen 2012	Zhejiang Wasu Holding Group
b-raymedia			Chengdu B-ray Media Investment Corp. (Chengdu Commercial Daily)

1) 2012 unter die Leitung der China South Publishing & Media Group gestellt.
2) Börsengang des Vorläuferunternehmens.
3) Von China Radio International gegründete Investmentgesellschaft.
Quellen: Entgroup Consultants 2013; Unternehmenswebseiten und Börseninformationen zu den Aktionärsstrukturen auf finance.ifeng.com.

Die anderen Unternehmen der Tabelle gehören lokalen Medienkonzernen an, von denen sich viele auf den Zusammenschluss mit lokalen Firmen zu konzentrieren scheinen. Ein gutes Beispiel hierfür ist die Provinz Hunan, die daran arbeitet, zum einen in der Gestalt der China South Publishing & Media Group aus einem staatlichen Verlag einen internationalen Verlagskonzern aufzubauen und zum anderen mit dem Hunan Broadcasting System um den ebenfalls staatlichen und sehr erfolgreichen Satelliten-TV-Sender Hunan TV herum einen provinzbasierten internationalen TV-, Rundfunk- und Internetanbieter zu etablieren. Hunan Broadcasting System, zu dem auch Qinghai TV gehört und das auch Programme in Hongkong und den USA anbietet, soll inzwischen nach CCTV die zweitgrößte Fernsehanstalt Chinas sein. Ein weiteres Beispiel ist die Shanghai Media Group, zu der nicht nur der in der Tabelle aufgeführte IPTV-Anbieter gehört, sondern auch das lokale Sprachrohr der Partei, die Jiefang Ribao (siehe S. 482).

Die Zusammenarbeit über Provinzgrenzen hinweg stößt allerdings häufig auf den Widerstand der jeweils zuständigen Provinzbehörden. Zum einen sind die lokalen Medien, wie erwähnt, auch die lokalen Partei- oder Regierungssprachrohre, zum anderen sehen sich die Lokalregierungen als Eigentümer der lokalen Medien, in die sie schließlich auch über Jahre investiert haben. In überregionalen Medienkonzernen würden die Zugriffsmöglichkeiten der Provinzregierungen auf Inhalt, Vermögen oder Gewinne der Medienunternehmen deutlich geschmälert. Hinzu kommt, dass viele Mediengruppen neben dem Kerngeschäft meist auch in anderen Branchen (zum Beispiel im Immobiliensektor) engagiert sind, in die die Lokalregierungen ungern andere Provinzen reinschauen bzw. hineinregieren lassen wollen. Aus diesem Grund ist die Entwicklung überregionaler Kooperationen nicht weit fortgeschritten. Im Gegenteil scheinen viele Provinzregierungen in den letzten Jahren eher darum bemüht, die verschiedensten Medienunternehmen und -aktivitäten, die sich in ihrem Hoheitsgebiet entwickelt haben, in größeren Medienkonzernen zu konzentrieren. Dagegen haben Konzerne, die auf Medien der Zentralregierung bzw. der Partei aufbauen, bei der Schaffung überregionaler Konzernstrukturen einen deutlichen Vorteil.

Die Kommerzialisierung der einstmals staatlichen Medien scheint in einem krassen Gegensatz zu den Zielen der Medienkontrolle zu stehen, da die freie Gestaltung der Inhalte für ein Medienunternehmen die Voraussetzung für die Entfaltung eines eigenen Profils ist. Trotzdem ist es in China gelungen, für die traditionellen Massenmedien einen Weg zu finden, der beide Anliegen in Einklang bringt. Dieser Weg basiert auf der Produktebene auf einer Trennung von Unterhaltung und Information, wobei Letztere weiterhin unter staatlicher Kontrolle bleibt. Dass diese strikte Trennung auch aus Sicht der chinesischen Regierung ihre Grenzen hat, zeigt sich daran, dass sowohl nationale wie auch internationale Bücher oder Filme durchaus einer Zensur unterliegen, deren Kriterien nicht immer nachvollziehbar sind (siehe den Beitrag von Michael Kahn-Ackermann). Innerhalb der Mediengruppen wird dieser Weg durch die Aufteilung in das Kerngeschäft der Informationsmedien und die unterstützenden Geschäftsbereiche beschritten. Diese Aufteilung ermöglicht den Medienunternehmen Zugang zu Finanzierungsquellen und zu einträglichen Geschäften. Die Verbesserung der Einnahmesituation ist wiederum Voraussetzung dafür, dass die Mitarbeiter auch der politischen »Sprachrohre« der Medienkonzerne gut bezahlt werden können und daher willens sind, Zensur zu ertragen oder sogar zu verinnerlichen.

3 Neue Herausforderungen II: Internetverbreitung und -kontrolle in China

Vor dem Hintergrund der Medienkontrolle und der Kommerzialisierung der traditionellen Medien bedeuten die modernen Informations- und Kommunikationstechnologien, insbesondere das Internet und seine jüngste mobile Variante, in China eine doppelte Herausforderung: Zum einen unterminieren sie – wie auch in anderen Ländern – die Geschäftsmodelle der traditionellen Massenmedien, zum anderen bedeuten sie zugleich eine Herausforderung für das System der Medienkontrolle, die über rein technische Fragen hinausgeht. Das im Vorangegangenen erläuterte Dilemma zwischen der Kontrolle von Inhalten und Wirtschaftlichkeit wird dadurch verschärft.

Die Internettechnologie erreichte China 1987 und das erste campusinterne Netzwerk wurde 1991 von der Tsinghua University eingerichtet. Ab 1994 verband dann die erste internationale Internetverbindung China mit den USA, aber erst 1996 realisierte die Regierung, welche Möglichkeiten der Information und Vernetzung dadurch für die Nutzer entstanden waren und begann, den Zugang zu überwachen (Link/Qiang 2013). Ungeachtet dessen, wurde aber auch das Potenzial des Internets im Hinblick auf die wirtschaftliche Nutzung gesehen. Schon bald trieb die Regierung den Ausbau des Internets daher ebenso voran wie die Techniken, es inhaltlich zu kontrollieren.[5]

---

5 Die Technologien für die Internet- und Telekommunikationsüberwachung haben sich in der Zwischenzeit selbst zu einer wichtigen Wirtschaftsbranche entwickelt, da Firmen wie Huawei und ZTE diese Technologien in andere Länder exportieren.

Die Anzahl der Internetnutzer ist seit den Anfängen rasant angestiegen. Manche Debatten finden gleichsam ausschließlich im Internet statt (siehe den Beitrag von Michael Kahn-Ackermann). In den letzten Jahren erfolgt der Zugang zum Internet immer mehr über Mobiltelefone (*Abbildung 3*). Das Mobiltelefon ist für viele Chinesen, die in der Stadt leben, zum unersetzlichen Begleiter geworden, mit dessen Hilfe sie sich Informationen beschaffen, sich in der Stadt orientieren, sich mit Freunden austauschen und zunehmend auch einkaufen und bezahlen (CNNIC 2014).

Abb. 3: Anzahl der Internetnutzer in China, Angabe in Millionen nach Zugangsart

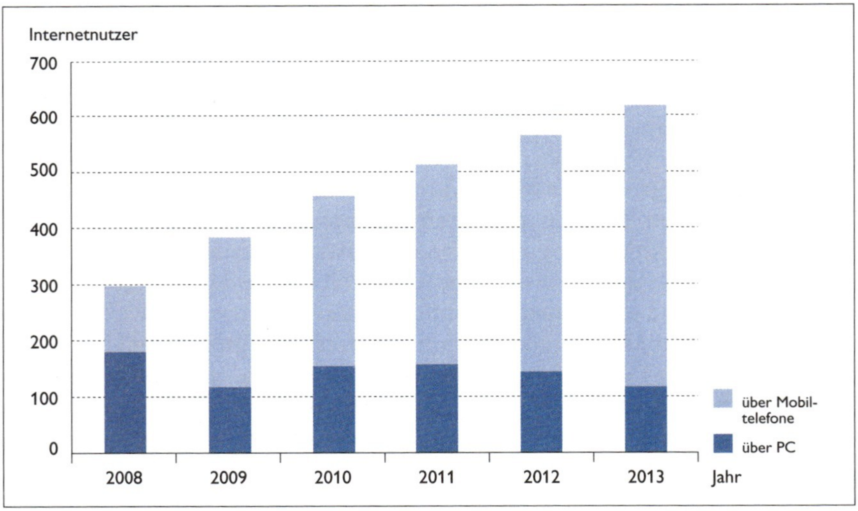

Quelle: CNNIC 2014.

Im Hinblick auf die Medienkontrolle unterscheidet sich das Internet von den traditionellen Massenmedien dadurch, dass es unabhängig vom Standort des Nutzers potenziell direkten Zugriff auf Informationen aus der ganzen Welt bietet und neue Möglichkeiten der Interaktion und Vernetzung eröffnet. Der Reiz des Internets und damit die Grundlage für die meisten internetbasierten Geschäftsmodelle liegt in der Schnelligkeit, mit der Informationen bereitgestellt und ausgetauscht werden können. Dies gilt noch mehr, seit der Zugang zum Internet und zu sozialen Netzwerken auch über Smartphones möglich ist. Da Zensur ex ante erfolgen muss, um zu verhindern, dass unerwünschte Inhalte veröffentlicht werden, bringt das Internet die für die Zensur Zuständigen in eine schwierige Situation.

Die Zensur ex ante kostet unweigerlich Zeit und erfordert einen hohen Personalaufwand, sofern sie für jede einzelne Nachricht und jeden Eintrag vorgenommen wird. Den Herausforderungen, vor die das Internet die Medienkontrolle stellt, begegnet die Regierung mit einer Reihe von Gegenmaßnahmen, von denen einige nachstehend kurz erläutert werden (siehe *Abbildung 1*, S. 471).

- Internetnutzer werden registriert. Sofern sie nicht vom eigenen (registrierten) Gerät auf das Internet zugreifen, also etwa in Internetcafés, Hotels oder ähnlichen Einrichtungen, müssen sie sich extra registrieren.
- Anbieter von Webseiteninhalten benötigen eine Lizenz. Lizenzen für die Bereitstellung von Nachrichten erhalten lediglich die staatlichen Medienunternehmen, andere Webseiten können diese Inhalte – unter Angabe der Quellen – übernehmen (SCIO 2005).
- Betreiber ausländischer bzw. internationaler Webseiten, die auch in China zugänglich sein wollen, werden zur Unterzeichnung von Selbstzensurerklärungen verpflichtet.
- Die »Great Firewall«, wie vor allem die technische Internetkontrolle auch genannt wird, überwacht Webseiten, ihre Inhalte und ihre Besucher. Unliebsame, insbesondere ausländische Webseiten können blockiert oder der Zugang verlangsamt werden, bis der Standort des jeweiligen Nutzers identifiziert ist (King u. a. 2013).
- Webseitenanbieter, die nicht grundsätzlich blockiert werden wollen, müssen die entsprechenden Überwachungstechnologien auf eigene Kosten installieren. Die Suchmaschinenanbieter Google und Yahoo ringen seit Jahren darum, ihren Zugang in China zu erhalten, ohne sich zugleich international dem Vorwurf auszusetzen, dass sie Erfüllungsgehilfen der chinesischen Medienzensur sind (Dam / Haddow 2008).[6]
- Beiträge werden über Filtertechniken automatisch unterdrückt, sofern sie bestimmte Schlagwörter oder Formulierungen enthalten, die auf unerwünschte Inhalte oder Meinungen hinweisen (Link/Qiang 2013).
- Chinesische Webseitenanbieter müssen Zensoren beschäftigen. Nach Angaben der Organisation Reporter ohne Grenzen ist deren Anzahl von der Anzahl der Nutzer der jeweiligen Webseite (2−3 für je 50 000 Nutzer) abhängig (RWB 2014b).
- Die Verbreitung von »Gerüchten« über das Internet ist verboten. Seit Jahren ist es der chinesischen Regierung ein Dorn im Auge, dass über

---

6 Ein aktuelles Beispiel für den Umgang von Google mit dem Problem ist unter https://en.greatfire.org/blog/2013/jan/google-bows-down-chinese-government-censorship (Zugriff: 15. Mai 2014) dokumentiert.

das Internet und soziale Netzwerke Informationen schnell gestreut werden können. Im Jahr 2013 wurden vor allem gegen Blogger gerichtete Bestimmungen erlassen, nach denen eine Verurteilung wegen der Verbreitung von »Gerüchten« bzw. »Verleumdungen« möglich ist, sofern Einträge von mehr als 5000 Besuchern gesichtet oder mehr als 500-mal weitergeleitet wurden (siehe den Beitrag von Kristin Shi-Kupfer).[7]

- Es werden gegen Bezahlung online Meinungsmanipulatoren eingesetzt, die sich – zum Teil mit verschiedenen Identitäten – an Diskussionen in Onlineforen beteiligen und so versuchen, die von offizieller Seite gewünschte Sichtweise auf einen Sachverhalt zu verbreiten und die Meinungsbildung zu beeinflussen, ohne dass dieser Kommentar oder Standpunkt von offizieller Seite erkennbar sein soll (Bandurski 2010).
- Internetaktivisten, die tatsächlich unliebsame Aktionen über das Internet starten oder von denen man annimmt, sie könnten das tun, werden gelegentlich vorbeugend in Gewahrsam genommen oder wegen ihrer Aktivitäten verhaftet. Anfang 2014 sollen 70 Internetaktivisten in China inhaftiert gewesen sein, darunter der Friedensnobelpreisträger Liu Xiaobo (RWB 2014b).

Das Instrumentarium, das der Regierung zur Überwachung des Internets und der sozialen Netzwerke zur Verfügung steht, gilt inzwischen als technisch sehr ausgereift und umfassend. Es zielt letztlich auf die Herstellung einer effektiven Mischung aus Zensur, Selbstzensur und Abschreckung, wie sie auch schon vor Einführung des Internets praktiziert wurde. Dabei soll die Kontrolle nicht in erster Line Kritik an der Regierung unterbinden, sondern verhindern, dass aus dieser sozialer bzw. politischer Sprengstoff entsteht. Einer Untersuchung von Wissenschaftlern der Harvard University zufolge arbeitet die Zensur sehr effektiv und schnell. Sie konzentriert sich aber vor allem auf Inhalte, die das Potenzial haben, organisierte Proteste (*collective action*) auszulösen, und nicht per se auf negative Kommentare zu Personen oder Maßnahmen von Regierung und Partei (King u. a. 2013).

Trotz aller erfolgreichen Bemühungen, die Medien inhaltlich zu kontrollieren, versagt das System allerdings regelmäßig gegenüber der Kreativität der chinesischen Bürger und Medienschaffenden. Schon zu Zeiten, als es noch kein Internet gab und die Zensur der traditionellen Massenmedien noch vergleichsweise einfach war, gab es immer wieder Beispiele von

---

7 Ein erstes Opfer der Kampfansage an Blogger war im Sommer 2013 der Blogger Charles Xue, vgl. http://www.theguardian.com/world/2014/apr/17/china-releases-blogger-charles-xue-ill-health (Zugriff: 15. Mai 2014).

Der sinoamerikanische Unternehmer und Blogger Charles Xue im Sommer 2013 bei einer Internetkonferenz in Beijing; wenig später wurde der Prominente eines der ersten Opfer der Kampagne gegen Blogger. (Foto: Reuters)

geschickt platzierten subversiven Beiträgen, die mit der Mehrdeutigkeit chinesischer Zeichen spielten und die Zensoren hinters Licht führten. Das Internet hat diese Möglichkeiten deutlich vermehrt. Dort, wo technisch zum Zweck der Zensur auf das Filtern von bestimmten Zeichen oder Zeichenkombinationen gesetzt wird, verwenden Blogger, Teilnehmer in Onlineforen, Künstler oder auch Versender simpler Textnachrichten zum Beispiel alternative, aber gleich ausgesprochene Zeichen, kreative Metaphern oder auch Fotos und entziehen sich damit der Zensur. Beispiele hierfür sind Fotos des Künstlers Ai Weiwei (Link/Qiang 2013), aber auch die berühmt gewordene Metapher des »leeren Stuhls« (*kong yizi*), die verwendet wurde, um darauf hinzuweisen, dass der Friedensnobelpreisträger von 2009, Liu Xiaobo, wegen seiner Inhaftierung nicht an der Preisverleihung teilnehmen konnte. Auch technisch können sich Internetnutzer der Kontrolle entziehen, zum Beispiel durch die Nutzung von virtuellen privaten Netzen (VPN). Der Anteil der chinesischen Internetnutzer, der diese Möglichkeiten nutzt, ist naturgemäß schwer messbar. Es gibt aber nur wenige Hinweise darauf, dass die Masse der Benutzer entsprechende Bemühungen unternimmt, zumal das Internet so viele andere Möglichkeiten der Unterhaltung und Zerstreuung bietet.

Tatsächlich hat die chinesische Regierung, um trotz der Internetkontrolle die wirtschaftlichen Möglichkeiten des Internets nicht zu unterdrücken, die Entstehung einer Art »Paralleluniversum« unterstützt: Während viele international bekannte und marktführende Anbieter von internetbasierten Dienstleistungen und -inhalten in China nicht vertreten bzw. nicht zugelassen sind (unter anderen YouTube, Facebook, Twitter), stellen chinesische Firmen vergleichbare – manchmal vielleicht auch bessere – Angebote bereit. Bekannte Beispiele aus diesem Paralleluniversum sind die Suchmaschinen Baidu, Sohu, Sina, die Einkaufsplattformen Alibaba und Taobao, die mit Amazon oder Ebay vergleichbar sind, Sina Weibo, das Twitter nahekommt, die Nachrichtenapp WeChat, die ähnlich wie WhatsApp funktioniert, oder Renren, ein chinesisches Äqivalent für Facebook. Die rasche Verbreitung des Internets und die große Anzahl chinesischer Nutzer macht es leicht möglich, allein für das chinesische Internet tragbare Geschäftsmodelle zu entwickeln.

Die chinesische Topsuchmaschine Baidu: Der mobile Browser wird am Stand von Baidu auf der 15. Hightechmesse in Shenzhen ausgestellt. (Foto: Imaginechina via AP Images, 2013)

Dieses Paralleluniversum stellt – ähnlich wie die in anderen Ländern – heute die eigentliche Herausforderung für die traditionellen Medienunternehmen dar, da es um Werbeeinnahmen und Kapitalmarktfinanzierung konkurriert. Es ist abzusehen, dass die in Kapitel 2 beschriebene Entwicklung sich dahin fortsetzt, dass die traditionellen Medienkonzerne versuchen, erfolgreiche Webanbieter aufzukaufen und eigene, auf Webangebote spezialisierte Unternehmen hervorzubringen, um diese ebenfalls national oder international an den Finanzmärkten zu platzieren. Die relative ökonomische Bedeutung der Nachrichten produzierenden Medien innerhalb der Konzerne wird dabei immer stärker an den Rand gedrängt, ihre Rolle in den Konzernen durch neue Namensgebungen geradezu vertuscht. Lediglich einige der wichtigen »Sprachrohre«

von Partei und Regierung wie die Volkszeitung, Xinhua News Agency oder CCTV scheinen ihre Namen und ihre Macht erfolgreich – auch im Internet – zu vermarkten. Das Internetportal des Volkszeitungskonzerns, Renminwang, ist bereits an der Börse notiert. Der Börsengang von Xinhuawang, Internetportal und Tochter der Xinhua-Nachrichtenagenturgruppe, beantragte schon im Jahr 2013 seinen Börsengang, der aber wegen schwacher Entwicklung der Finanzmärkte zunächst hinausgeschoben wurde. Insofern scheint sich ein Trend zu verfestigen, dass einer immer größeren Menge von Anbietern von kommerziellen Unterhaltungsmedien und -formaten eine kleine Gruppe mächtiger staatlicher Medienkonzerne gegenübersteht. Das so entstehende Mediensystem in China unterscheidet sich von anderen Ländern nicht durch den großen Anteil an kommerziellen Anbietern von Unterhaltungsmedien und -formaten, sondern durch das fehlende Korrektiv der Meinungsvielfalt, die in anderen Systemen von politisch unabhängigen Informationsangeboten oder zum Beispiel von öffentlich-rechtlichen Rundfunkanstalten wie in Deutschland gewährleistet wird.

4 Ausblick

Die chinesische Medienwelt ist faszinierend und abschreckend zugleich: Faszinierend, weil sich die Medienlandschaft in den letzten drei Jahrzehnten radikal verändert hat. Die Vielfalt der Printmedien, Radio- und Fernsehprogramme und Internetangebote ist höchst erfreulich, wenn man die heutige Situation mit den frühen Jahren der Reformära vergleicht. Und die Art und Weise, wie aus verstaubten Ablegern der staatlichen Propagandamaschinerie lukrative börsennotierte Unternehmen wurden, ist historisch und ökonomisch höchst interessant. Abschreckend ist die chinesische Medienwelt nicht nur wegen der Repressalien gegen einzelne Aktivisten, sondern auch, weil es der politischen Kontrolle tatsächlich gelingt, gewisse Themen zu unterdrücken. So ist weiten Teilen der jüngeren Bevölkerung gar nicht bekannt, dass es die Protestbewegung von 1989 und deren Niederschlagung gegeben hat, da mit großem Erfolg Berichte darüber aus allen Medien verbannt werden.

Die Bemühungen der chinesischen Regierung, das Internet zu Kontrollzwecken zu benutzen, waren schon bekannt, bevor der amerikanische Whistleblower Edward Snowden die Praxis der amerikanischen Sicherheits- und Geheimdienstinstitutionen, in- und ausländische Bürger über das Internet auszuspionieren, international publik machte. Der vorliegende Beitrag stellt dar, wie diese Medienkontrolle mit der wirtschaftlichen Entwicklung der Medienbranche in China in Einklang gebracht werden konnte. Unbeantwortet bleibt die Frage, warum die chinesische Bevölkerung nicht stärker und offener gegen die Medien- und Internetbevormundung rebelliert. Vielleicht haben Propaganda und Zensur in China inzwischen eine zu lange Tradition und sind so mit dem politischen System verwoben, dass Alternativen für viele schwer vorstellbar sind. Diejenigen, die sich an der Kontrolle stören, finden Wege, sie zu umgehen. Tun sie dies, um das System zu untergraben und Protest zu organisieren, so tun sie es, obwohl sie damit rechnen müssen, verfolgt zu werden. Die meisten allerdings, denen es möglich wäre, sich über alternative Wege zu informieren, gehören vermutlich zu den besser gebildeten und besser situierten Gruppen der Gesellschaft. Sie zählen zu den Gewinnern der wirtschaftlichen Entwicklung der vergangenen Jahrzehnte und haben nicht unbedingt Interesse daran, das hinter dieser Entwicklung stehende politische System zu verändern. Bill Clintons Prophezeiung hat sich bisher nur dahingehend bestätigt, dass das Internet eine große Herausforderung für das politische System Chinas bedeutet. Aber er hat die Möglichkeiten des chinesischen Staates unterschätzt, dieser Herausforderung entgegenzutreten.

Literatur

Abels, Sigrun: Medien, Markt und politische Kontrolle in der Volksrepublik China, Dissertation Universität Bochum 2006 (http://www-brs.ub.ruhr-uni-bochum.de/netahtml/HSS/Diss/AbelsSigrun/diss.pdf, Zugriff: 14. Mai 2014).
Bandurski, David: Internet spin for stability enforcers, in: China Media Project vom 25. Mai 2010 (http://cmp.hku.hk/2010/05/25/6112/, Zugriff 14. Mai 2014).
Boehler, Patrick: Award-winning journalist Luo Changping on the state of Chinese media, in: South China Morning Post vom 5. Mai 2014.
Chan, Joseph Man: Administrative Boundaries and Media Marketization, in: Lee, Chin-Chuan (Hrsg.): Chinese Media, Global Contexts, London/New York 2003, S. 159–176.
Chan, Michelle/Ip, Karen: China's New State Internet Information Office – more control or just streamlining the administration?, in: Lexology vom 18. Mai 2011 (http://www.lexology.com/library/detail.aspx?g=60dd42ae-110b-42eb-bc39-91c9c7c7e7b0, Zugriff: 14. Mai 2014).
Chang, Ping: What is the Price of Censorship, in: China Media Project vom 2. Mai 2014 (http://cmp.hku.hk/2014/05/02/35286/, Zugriff: 14. Mai 2014).

China Statistical Yearbook → NBS (National Bureau of Statistics of China): China Statistical Yearbook

CNNIC (China Internet Network Information Center): Di sanshisan ci Zhongguo hulian wangluo fazhan zhuangkuang tongji baogao [33. Statistikbericht zu Internetentwicklung in China], o. O. 2014 (http://www.cnnic.net.cn/hlwfzyj/hlwxzbg/hlwtjbg/201401/P020140116395418429515.pdf, Zugriff: 14. Mai 2014).

Creemers, Rogier: The Privilege of Speech and New Media – Conceptualizing China's Communications Law in the Internet Age, Rubicon Scholar, Programme for Comparative Media Law and Policy University of Oxford, 16. Januar 2014 (Zugang über Social Science Research Network: http://dx.doi.org/10.2139/ssrn.2379959, Zugriff: 14. Mai 2014).

Dam, G. Elijah/Haddow, Neil: Just doing business or doing just business: Google, Microsoft, Yahoo! and the Business of Censoring China's Internet, in: Journal of Business Ethics, 79 (2008) 3, S. 219–234.

Entgroup Consultants: Yi En Zhongguo wenyu qiye 50 qiang zongping fenxi gongbu [Veröffentlichung der Entgroupanalyse zu den 50 stärksten Unternehmen der chinesischen Kultur- und Unterhaltungsbranche], 9. Oktober 2013 (http://news.entgroup.cn/a/0918078.shtml, Zugriff: 14. Mai 2014).

Esarey, Ashley: Cornering the Market. State Strategies for Controlling China's Commercial Media, in: Asian Perspective, 29 (2005) 4, S. 37–83.

Fischer, Doris: Censorship and marketization – Institutional change within China's media, in: Heberer, Thomas/Schubert, Gunter (Hrsg.): Regime Legitimacy in Contemporary China – Institutional change and stability, London/New York 2009, S. 175–196.

Fischer, Doris: Understanding Marketisation Within the Chinese Information Sector - Taking Television as an Example, Institut für Rundfunkökonomie an der Universität zu Köln, Working Paper 175, Köln 2003 (http://www.rundfunk-institut.uni-koeln.de/institut/pdfs/17503.pdf, Zugriff: 14. Mai 2014).

Fischer, Doris: Rückzug des Staates aus dem chinesischen Mediensektor? Neue institutionelle Arrangements am Beispiel des Zeitungsmarktes, in: ASIEN. Deutsche Zeitschrift für Politik, Wirtschaft und Kultur, 80 (2001), S. 5–24.

Hassid, Jonathan: Four Models of the Fourth Estate: A Typology of Contemporary Chinese Journalists, in: The China Quarterly, 208 (2011), S. 813–832.

He, Qinglian: The Fog of Censorship: Media control in China, New York/Hong Kong/Brussels 2008 (http://www.hrichina.org/sites/default/files/PDFs/Reports/HRIC-Fog-of-Censorship.pdf, Zugriff: 14. Mai 2014).

Huang, Hu: Zhongguo xinwen shiye fazhan shi [Die Geschichte des chinesischen Nachrichtenwesens], Shanghai 2001.

ITU (International Telecommunication Union): ICT facts and figures. The world in 2014, Genf 2014 (http://www.itu.int/en/ITU-D/Statistics/Documents/facts/ICTFactsFigures2014-e.pdf, Zugriff: 14. Mai 2014).

King, Gary/Pan, Jennifer/Roberts, Margaret E.: How Censorship in China Allows Government Criticism but Silences Collective Expression, in: American Political Science Review, 107 (2013) 2, S. 1–18 (http://gking.harvard.edu/files/gking/files/censored.pdf, Zugriff: 17. Mai 2014).

Lang, Jinsong: Zhongguo xinwen zhengce tixi yanjiu [Das System der chinesischen Nachrichtenpolitik], Beijing 2003.

Li, Danlin/Zheng, Ning: Zhongguo chuanmei fazhi de zuixin jincheng [Neueste Fortschritte im chinesischen Medienrechtssytem], in: Qingnian Jizhe vom 26. März 2013 (http://www.qnjz.com/xwyf/201303/t20130326_8160866.htm, Zugriff: 14. Mai 2014).

Link, Perry/Qiang, Xiao: From Grass-Mud Equestrians to Rights-Conscious Citizens, in: Link, Perry/Madsen, Richard P./Pickowicz, Paul G. (Hrsg.): Restless China, Lanham u. a. 2013, S. 83–107.

Mei, Shaochun: Woguo guanggao chanye zhengce de fazhan yanjiu [Untersuchung zur Entwicklung der Politik für die Werbebranche in unserem Land], in: Guanggao daguan lilun ban, 2 (2012), S. 52–76.

NBS (National Bureau of Statistics of China): China Statistical Yearbook, Beijing versch. Jgg.

NBS (National Bureau of Statistics of China): Statistical Communiqué of the People's Republic of China on the 2013 National Economic and Social Development (http://www.stats.gov.cn/english/StatisticalCommuniqu/, Zugriff: 4. März 2014).

Propagandaabteilung der KPCh: Zhonggong zhongyang xuanchuanbu wie gaizao dangbao de tongzhi [Mitteilung der Propagandaabteilung der KPCh zum Umbau der Parteizeitungen], 6. März 1942 (http: news.xinhuanet.com/ziliao/2004-12/01/content_2281501.htm, Zugriff: 14. Mai 2014).

Rawski, Thomas G.: What is happening to China's GDP statistics?, in: China Economic Review, 12 (2001) 4, S. 347–354.

RWB (Reporters without borders): World Press Freedom Index 2014, o. O. 2014 (= RWB 2014a; http://rsf.org/index2014/data/index2014_en.pdf, Zugriff: 14. Mai 2014).

RWB (Reporters without borders): Enemies of the Internet 2014, o. O. 2014 (= RWB 2014b; https://www.reporter-ohne-grenzen.de/uploads/tx_lfnews/media/RWB_Internet_Enemies_2014_01.pdf, Zugriff: 14. Mai 2014).

SCIO (State Council Information Office), Ministry of Industry and Information Technology: Hulianwang xinwen xinxi fuwu guangli guiding [Verwaltungsbestimmungen für Nachrichten und Informationsdienstleistungen im Internet], 25. Mai 2005 (http://www.gov.cn/flfg/2005-09/29/content_73270.htm, Zugriff: 14. Mai 2014).

Ständiger Ausschuss des Nationalen Volkskongresses: Zhonghua Renmin Gongheguo baoshou guojia mimi fa [Gesetz der Volksrepublik China zum Schutz von Staatsgeheimnissen], am 29. April 2010 verabschiedete Version des Gesetzes vom 5. September 1988 (http://www.npc.gov.cn/npc/xinwen/2010-04/29/content_1571588.htm, Zugriff: 14. Mai 2014).

Xu, Beina: Media Censorship in China, in: Council on Foreign Relations vom 12. Februar 2014 (http://www.cfr.org/china/media-censorship-china/p11515, Zugriff: 14. Mai 2014).

Zhongyang wangluo anquan he xinxihua lingdao xiaozu chengyuan [Die Namensliste der zentrale Führungsgruppe für Internetsicherung und Informatisierung], in: Guancha wang vom 28. Februar 2014 (http://www.guancha.cn/politics/2014_02_28_209672_s.shtml, Zugriff: 14. Mai 2014).

Barbara Schulte

Chinas Bildungssystem im Wandel: Elitenbildung, Ungleichheiten, Reformversuche

Nachrichten über die Härte und die Erfolge chinesischer Bildungstraditionen prägen immer wieder unser Bild vom chinesischen Bildungssystem: Im Mai 2012 berichteten mehrere Nachrichtenmagazine im In- und Ausland, darunter auch Spiegel Online, über eine Schulklasse in der chinesischen Provinz Hubei, die sich zwecks effizienter Prüfungsvorbereitung kollektiv an einen Tropf mit angeblich leistungsfördernder Aminosäure hängen ließ, wohlgemerkt im Klassenzimmer. Einige Monate zuvor machte die »Tigermutter« Amy Chua Schlagzeilen, eine an der renommierten amerikanischen Yale University lehrende Juraprofessorin mit chinesischen Wurzeln, als sie ein Buch über ihre drastischen Erziehungsmethoden veröffentlichte, mit denen sie ihre Töchter auf Erfolg trimmte (Chua 2011). In der jüngsten internationalen Schulleistungsstudie PISA, deren Ergebnisse die OECD Anfang Dezember 2013 publik machte, stehen Shanghais Schüler an der Spitze der Rangliste und sind dem OECD-Durchschnitt im Fach Mathematik um drei Schuljahre voraus.[1]

Diese und viele weitere Fälle sorgen regelmäßig für bewunderndes wie kritisches Staunen in der westlichen Hemisphäre: Während die einen das allgegenwärtige chinesische Bildungsstreben als (teilweise Furcht einflößenden) Wettbewerbsvorteil einer aufstrebenden Supermacht deuten, stellen andere den Ertrag dieser auf Bildungserfolg verengten Einstellung infrage: Vollziehen sich die für die Wissensgesellschaft des 21. Jahrhunderts so wichtigen Prozesse und Fähigkeiten wie Persönlichkeitsentwick-

---

1 Hier finden sich die wichtigsten Ergebnisse auf einen Blick: http://www.oecd.org/pisa/keyfindings/pisa-2012-results-overview-GER.pdf (Zugriff: 22. Januar 2014). Allerdings lassen sich die Ergebnisse derzeit nicht auf Gesamtchina übertragen, da die Daten nur für Shanghai veröffentlicht wurden. Diese Tatsache und die angebliche Intransparenz bei der Datenerhebung sind von Medien und Wissenschaftlern wiederholt kritisiert worden; siehe zum Beispiel den Blogeintrag von Tom Loveless vom Brown Center on Education Policy: http://www.brookings.edu/blogs/brown-center-chalkboard/posts/2014/01/08-shanghai-pisa-loveless (Zugriff: 22. Januar 2014).

lung, Kreativität und Innovation nicht gerade jenseits ausgetretener Lern- und Prüfungspfade? Geht mit dem (oft unter Zwang erfolgten) Anhäufen von Wissen und Fertigkeiten überhaupt ein wirklicher Denk- und Lernprozess einher?

1 500 Zeichen muss dieses Schulmädchen mindestens erlernen, ehe es als alphabetisiert gelten kann. (Foto: Gwyn Photography/Kollektion: Stone/Getty Images)

Diese um Innovation und internationale Anschlussfähigkeit kreisenden Fragen ziehen sich auch durch die chinesischen Bildungsdebatten und finden ihren Niederschlag in Bildungsreformen. Hinzu gesellt sich die Frage, auf welchen Wegen möglichst viele Kinder und Erwachsene Zugang zu Bildungsangeboten erlangen können (Breitenbildung oder auf Chinesisch: Massenbildung). Anders als es die jüngsten chinesischen Grundsatzpapiere zur Informations- und Wissensgesellschaft vermuten lassen,[2] sind diese Fragen keineswegs neu, sondern beschäftigten schon gegen Ende des 19. Jahrhunderts chinesische Pädagogen und Reformer.

---

2 Für einen Überblick siehe zum Beispiel http://www.kooperation-international.de/buf/china/bildungs-forschungslandschaft/bildungslandschaft.html (Zugriff: 20. Januar 2014).

Chinas Bildungssystem im Wandel: Elitenbildung, Ungleichheiten, Reformversuche

Der Wunsch, Talente heranzubilden, die keine bloßen Lernmaschinen sind, bildet zusammen mit dem Ziel, möglichst große Teile der Bevölkerung in schulische und/oder berufliche Bildung einzubeziehen, die größten Herausforderungen des chinesischen Bildungssystems: Zum einen herrschen in der gegenwärtigen Lehr- und Lernpraxis weiterhin Prüfungsdenken und Auswendiglernen vor und der Kreativität der Schüler werden (aus europäischer Sicht) enge Grenzen gesetzt. Zum anderen bestehen beim Zugang zu Bildungsangeboten trotz der fast vollständig durchgesetzten neunjährigen Schulpflicht und rapide wachsender Studentenzahlen große Ungleichheiten zwischen Arm und Reich einerseits sowie zwischen Stadt und Land andererseits.

Der Beitrag befasst sich zunächst mit den wichtigsten strukturellen und inhaltlichen Besonderheiten des chinesischen Bildungssystems, das vor allem durch Standardisierung, Expansion (Breitenbildung) und das alles dominierende Prüfungssystem gekennzeichnet ist. Anschließend wird die zunehmende soziale Schichtung in einem offiziell als sozialistisch und meritokratisch[3] gekennzeichneten Bildungswesen problematisiert. Es wird dargestellt, wie sowohl bestehende als auch neu eingeführte Regelungen und Praktiken die Städte gegenüber dem Land und die allgemeine gegenüber der beruflichen Bildung bevorteilen. Schließlich wird der paradox anmutende Versuch beleuchtet, mittels Bildung den kreativen, aber politisch anpassungsbereiten Bürger schaffen zu wollen. Dies wird anhand des sogenannten Qualitätsbildungsprogramms sowie neuerer Richtlinien zur Verwendung von Informations- und Kommunikationstechnologien in Schule und Universität veranschaulicht.

1 Das chinesische Bildungssystem: Aufbau, Entwicklung und Besonderheiten

Aufbau und Ursprung des Schulsystems

Das chinesische Schulsystem mit seinen sechs Jahren Grundschule, drei Jahren unterer und drei Jahren oberer Mittelschule (6:3:3) scheint auf den ersten Blick viele Gemeinsamkeiten mit anderen Schulsystemen weltweit zu teilen (siehe *Abbildung 1*): Chinesische Kinder kommen im Allgemeinen

---

3 Als meritokratisch wird ein Bildungssystem bezeichnet, wenn allein die schulische Leistung, nicht finanzielle Ressourcen oder soziale Herkunft, ausschlaggebend für individuelle Lebensläufe sind.

Abb. 1: Struktur des chinesischen Bildungssystems

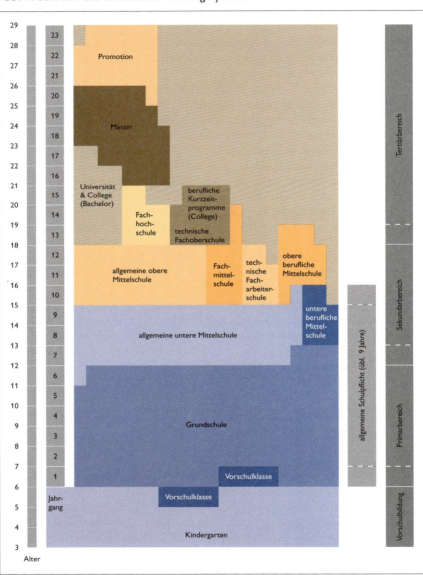

Quelle: Eigene Bearbeitung auf Basis der Angaben der Botschaft der VR China in Nepal (http://np.china-embassy.org/eng/StudyinChina/ybxx/t167575.htm).

Chinas Bildungssystem im Wandel: Elitenbildung, Ungleichheiten, Reformversuche

im Alter von sechs Jahren in die (zumeist) sechsjährige Grundschule. Viele von ihnen – vor allem in den städtischen Gebieten – haben zu diesem Zeitpunkt schon den Kindergarten besucht und bringen Grundfertigkeiten im Lesen, Schreiben, Rechnen und vermehrt sogar in einer Fremdsprache (zumeist Englisch) mit. Die ersten neun Jahre – das heißt sechs Jahre Grundschule und drei Jahre untere Mittelschule – unterliegen der allgemeinen Schulpflicht. An diese schließt sich nach bestandener Prüfung (dem sogenannten *zhongkao*) die fakultative obere Mittelschule an, deren erfolgreicher Abschluss zur Teilnahme an der Hochschuleingangsprüfung (*gaokao*) berechtigt (mehr dazu im Abschnitt zum Prüfungssystem).

Die formale Ähnlichkeit mit vielen anderen nationalen Bildungssystemen liegt darin begründet, dass das Schulsystem in seiner heutigen Form ursprünglich auf das einflussreiche US-amerikanische Vorbild zurückgeht, das 1922 von chinesischen Bildungsreformern – unter ihnen viele Rückkehrer aus den Vereinigten Staaten – übernommen wurde. Die Motivation hinter dieser Übernahme war vor allem, ein modernes Bildungssystem zu schaffen, das China vor seinem wirtschaftlichen und militärischen Untergang bewahren und ausreichend »Talente« und Humanressourcen hervorbringen sollte, um die Industrialisierung voranzutreiben (siehe die Beiträge von Werner Meissner und Helga Stahl). Bildung und Ausbildung sollten entgegen der in der chinesischen Bevölkerung weitverbreiteten Ansicht, dass schulische Bildung vorrangig dazu diene, in den Beamtenapparat der (zunächst kaiserlichen, ab 1912 dann republikanischen) Regierung aufgenommen zu werden, nun vor allem »nützlich« sein (Schulte 2008).

Bis zum Beginn des 20. Jahrhunderts hatte China weniger ein Bildungs-, sondern vielmehr ein Prüfungssystem. Hierbei handelte es sich um ein von der kaiserlichen Bürokratie betriebenes System von Rekrutierungs- und Anerkennungspraktiken, in dem verschiedene Prüfungsebenen (Distrikt, Provinz, Land) systematisch aufeinander aufbauten. Der erfolgreiche Abschluss der höchsten Prüfungsebene öffnete den Weg in die prestigereichsten Regierungsämter.

Dieses Prüfungssystem wurde im Jahr 1905 abgeschafft. Ein Jahr zuvor hatte die kaiserliche Regierung das erste tatsächliche Bildungssystem per Erlass verkündet (Hayhoe 1992). Dieses setzte zum ersten Mal in Chinas Bildungsgeschichte verschiedene, aufeinander aufbauende Schultypen systematisch zueinander in Bezug und machte auch Lehrerbildungsschulen sowie Industrieschulen, die Vorläufer von berufsbildenden Schulen, zu Bestandteilen des Schulsystems. Weder die Abschlüsse von Lehrerbildungs- noch von Industrieschulen berechtigten jedoch dazu, ein Universitätsstudium aufzunehmen.

Barbara Schulte

Klassenraum in Hongkong am Anfang des 20. Jahrhunderts: Gestik und Mimik der Schüler zeigen deutlich, dass die traditionelle Bildung großen Wert auf Demut und Gehorsam legte. (Foto: Getty Images/Hulton Collection)

Während den Lehramtsstudenten bereits ab den 1920er-Jahren Wege in ein Universitätsstudium eröffnet wurden, blieb diese Möglichkeit Berufsschülern bis in die 1990er-Jahre hinein verwehrt (siehe die Ausführungen zur beruflichen Bildung unten). Auch heute noch leidet das Bildungssystem unter der mangelnden Durchlässigkeit zwischen beruflicher und allgemeiner Bildung (Schucher 2012). Wie sich aus *Abbildung 1* ablesen lässt, gibt es heute eine Vielzahl von beruflichen Bildungsangeboten, die, wenn auch selten, bereits in der unteren Mittelschule beginnen und sich bis in den Tertiärbereich erstrecken. Jedoch ist es nach wie vor schwierig, vom beruflichen in den allgemeinen Zug zu wechseln. Auch darf die Einheitlichkeit von Grund- und unterer Mittelschule, die das Schaubild suggeriert, nicht darüber hinwegtäuschen, dass es zwischen den einzelnen Schulen erhebliche Unterschiede gibt. Denn obwohl das chinesische Schulsystem nicht die mehrgliedrige deutsche Einteilung in beispielsweise Realschule und Gymnasium kennt, so legen Schulen mit gutem Ruf und effektiver Prüfungsvorbereitung deutlich strengere Maßstäbe bei der Schülerauswahl an und gelten deshalb als besser – auch wenn nach offizieller Lesart alle Schulen gleichwertig sind.

Entwicklung nach 1949: Standardisierung und Modernisierung

Im Jahr 1949, dem Gründungsjahr der Volksrepublik China, besuchten gerade einmal zwanzig Prozent der Bevölkerung im Schulalter überhaupt eine Schule. Verschiedene Experimente im Primar- und Sekundarschulbereich (zum Beispiel Teilzeit- und Wanderschulen) zielten in den 1950er-Jahren daher darauf ab, die Anzahl der Schulbesucher zu erhöhen. Zugleich sollte die chinesische Erfindung der sogenannten Freizeitschulen Erwachsenen den Bildungszugang erleichtern.

Die Mehrzahl der bestehenden Grund- und Mittelschulen, die zur Zeit der kommunistischen Machtübernahme privaten Trägern (verschiedenen missionarischen und philanthropischen Vereinigungen) gehörten, wurde in den folgenden Jahren entweder geschlossen oder verstaatlicht (Lin 1999). Gleichzeitig existierte weiterhin vor allem in ländlichen Gegenden eine andere Form von »privaten« Primarschulen: nicht staatliche, »vom Volk betriebene« Schulen (*minban*-Schulen), mithilfe derer sich Dorfbewohner ihre Schulbildung selbst organisierten. Obwohl diese Schulen langfristig politisch nicht erwünscht waren, ermutigte die Regierung aus Mangel an öffentlichen Alternativen bis in die 1980er-Jahre hinein zum Betrieb von *minban*-Schulen.

Im Mittel- und vor allem im Hochschulbereich vollzog sich ab 1949 eine Kehrtwendung hin zum sowjetischen System, das aus chinesischer Sicht der Inbegriff der sozialistischen Moderne war. Sämtliche privaten Einrichtungen im Tertiärsektor – immerhin ein Drittel aller Hochschulen – wurden entweder geschlossen oder aber staatlichen Einrichtungen einverleibt. Eine Vielzahl an sowjetischen Experten sollte zwischen 1949 und 1960 die Umstellung auf das sowjetische System in China sicherstellen. Bereits ab 1956 gab es jedoch Differenzen: Die sowjetische Seite stand den antiakademischen Strömungen im Maoismus wie auch den chinesischen Dezentralisierungsexperimenten skeptisch gegenüber, während sich ihre chinesischen Partner von den sowjetischen Beratern häufig bevormundet fühlten – »Dogmatismus« wurde in internen chinesischen Parteidokumenten als Codewort für »sowjetische Erfahrungen« verwendet (Orleans 1987, S. 192). Der im Mai 1958 ausgelöste Große Sprung nach vorn (bis 1961) und dann vor allem die Kulturrevolution (1966–76) trieben die Ideologisierung des Bildungsbereichs sowie die Abkehr von der akademischen Ausbildung und damit vom sowjetischen Modell weiter voran (siehe den Beitrag von Helga Stahl).

Tab. 1: Überblick über die Bildungsbeschlüsse und -gesetze (1980 bis heute)

1980	*Richtlinien zur Standardisierung von akademischen Abschlüssen* (2004 novelliert): Modernisierung, Professionalisierung und Erhöhung der Autonomie des Bildungsbereichs
1986	*Gesetz zur allgemeinen Schulpflicht* (novelliert 2006): Verankerung der 9-jährigen Pflichtschule (zeitweise eingeschränkt auf die Gegenden, in denen 80 Prozent der Bevölkerung leben). 2006 Änderungen vor allem hinsichtlich Chancengleichheit (z. B. Abschaffung von Eliteschulen, Sanktionen gegenüber Schulen, die Kindern mit auswärtigem Wohnsitz den Schulbesuch verweigern etc.)
1993	*Lehrergesetz:* Professionalisierung des Lehrberufs; Festlegung von Qualifikationen/Abschlüssen für die verschiedenen Schultypen
1995	*Bildungsgesetz:* Bekräftigung moralisch-ideologischer Ziele; Grundsätze der Gleichheit vor dem Gesetz unabhängig von ethnischer Zugehörigkeit, Geschlecht, Beruf, Eigentum, Religion etc.
1996	*Berufsbildungsgesetz:* Aufwertung der Berufsbildung zur Bekämpfung des Fachkräftemangels; Kanalisierung von Schülern, die einen akademischen Abschluss anstreben, in die berufliche Ausbildung
1998	*Hochschulbildungsgesetz:* Modernisierung, Förderung von Autonomie und Kreativität bei gleichzeitiger Bewahrung ideologischer Grundsätze
2002	*Gesetz zur Förderung von nicht öffentlichen Schulen (Privatschulgesetz):* Reaktion auf den steigenden Bedarf an Schulen, der von staatlicher Seite nicht mehr gedeckt werden kann
2003	*Erlass zur chinesisch-ausländischen Kooperation zur Errichtung von Schulen und Hochschulen:* Reaktion auf das wachsende Interesse ausländischer Bildungsunternehmer/Universitäten, in China neue Schulen/Universitäten oder Zweigstellen zu errichten
2007	*Erlass zu privaten Hochschulen:* Regelung und Sicherung von Mindeststandards, um der unkontrollierten Gründung von privaten Universitäten Einhalt zu gebieten

Quelle: Eigene Zusammenstellung.

Mit dem Ende der Kulturrevolution und dem Tod Mao Zedongs wurde eine vorsichtige Modernisierung nach westlichem Vorbild eingeläutet (siehe den Beitrag von Helga Stahl). Unter dem Vorzeichen einer Akademisierung, Pluralisierung und Professionalisierung des Bildungssektors wurden Intellektuelle rehabilitiert, die besonders gut ausgestatteten Eliteschulen (sog. Schwerpunktschulen) aus den frühen 1960er-Jahren wieder eingeführt und regionale Unterschiede zugelassen. Die Hochschulen verwarfen die während der Kulturrevolution übliche Praxis, Studenten aufgrund von (politischen) Empfehlungen aufzunehmen, und kehrten wieder zu einer national einheitlichen Aufnahmeprüfung zurück (siehe auch den Abschnitt zum Prüfungssystem).

Eine Reihe von Beschlüssen und Gesetzen hatte die Standardisierung und Professionalisierung von Bildung und Ausbildung zum Ziel (siehe *Tabelle 1*). 1986 wurde die allgemeine Schulpflicht gesetzlich verankert (neun Jahre, in einigen wenigen Gebieten acht Jahre; siehe den folgenden Abschnitt). Das neue Berufsbildungsgesetz von 1996 sollte dem allgegenwärtigen Fachkräftemangel entgegenwirken; und als Folge von Globalisierung und zunehmender Vermarktung im Bildungswesen wurden ab 2002 auch der Betrieb von Privatschulen sowie chinesisch-ausländischen Kooperationen im Bildungsbereich gesetzlich neu geregelt. Problemen wie Kinderarbeit an Schulen, verdeckten Schulgebühren, Bevorteilung von Schwerpunktschulen oder der Ausbildung von Kindern von Wanderarbeitern versuchte man mit der Novellierung des Pflichtschulgesetzes im Jahr 2006 Rechnung zu tragen.

Allgemeine Schulpflicht

Bildung für alle und damit der Kampf gegen das Bildungsmonopol der Eliten standen fest auf der politischen Agenda der chinesischen Kommunisten nach ihrer Machtübernahme im Jahr 1949. Warum wurde die allgemeine Schulpflicht dann erst 1986 gesetzlich verankert? Aufgrund finanzieller Zwänge und organisatorischer Schwierigkeiten (beispielsweise der Bereitstellung von qualifiziertem Lehrpersonal für die massiv anwachsenden Schülerzahlen) konnte der Staat ein flächendeckendes Schulangebot erst in den 1980er-Jahren gewährleisten. Auch aus diesem Grund wurden vor allem auf dem Land die bereits erwähnten, kollektiv organisierten *minban*-Schulen gefördert, die das staatliche Bildungsbudget entlasten halfen. Zudem wurden Bildung und Forschung erst im Zuge der Reformpolitik ab 1979 wirklich stärker priorisiert. Heute gilt die neunjährige Schulpflicht als nahezu durchgesetzt und es besteht ein flächendeckendes Angebot an öffentlichen Schulen.

Allerdings stellt sich mit Blick auf die allgemeine Schulpflicht nach wie vor die Frage, wie viel Schulunterricht gerade in den entlegeneren Gebieten tatsächlich geleistet wird und inwieweit die Zahlen von Schulabbrechern statistisch zuverlässig erfasst werden. Denn zum einen haben Schulkinder im ländlichen Raum teilweise erhebliche Strecken zurückzulegen – der tägliche Schulweg kann vor allem in bergigen Gebieten bis zu sechs Stunden beanspruchen. Es gibt also erhebliche Unterschiede nicht nur zwischen Stadt und Land, sondern auch innerhalb des ländlichen Raumes (zur Stadt-Land-Problematik siehe den Beitrag von Björn Alpermann). Zum anderen scheint die Schulabbrecherquote in einigen Gegenden weitaus höher zu sein, als dies die offiziellen Statistiken vermuten lassen: Einige detaillierte chinesische Forschungsarbeiten zu Regionen in Westchina korrigieren die offiziellen (nahezu hundertprozentigen) Einschulungs- und Schulbesuchsraten um zehn bis 15 Prozent nach unten (Liu/Hu 2012; Wang/Sun 2011; Wu/Zheng 2012). Eine ethnografische Studie spricht sogar davon, dass 30–40 Prozent der Schüler die Schule vor Abschluss der neunten Klasse verlassen – und zwar ist das vor allem in ländlichen Gebieten, die einen hohen Anteil an ethnischen Minderheiten aufweisen, der Fall (Wu 2012). Besonders bei Mädchen wird der Schulabbruch eher toleriert beziehungsweise von den betreffenden Familien sogar befürwortet, um beispielsweise zusätzliche Arbeitskräfte für Haushalt und Feldarbeit oder aber eine Betreuung für das jüngere Geschwisterkind zu haben.[4]

Ein Blick auf die Analphabetenrate[5] bestätigt die erheblichen Unterschiede auch auf Provinzebene (siehe *Tabelle 2*): Während der Analphabetenanteil landesweit bei den über 15-Jährigen bei 7,1 Prozent liegt, beträgt er in Beijing nur knapp drei Prozent, in der Provinz Anhui aber über 13 Prozent und in Tibet sogar knapp 40 Prozent. Darüber hinaus ist in allen Fällen die Analphabetenrate für Frauen deutlich höher als die für Männer.

Tab. 2: Analphabetenrate in ausgewählten Gebieten und Gesamtchina

	gesamt	**Männer**	**Frauen**
Beijing	2,75	1,03	4,53
Tibet	39,6	31,58	47,26
Anhui	13,35	7,45	19,29
Gesamtchina	**7,1**	**3,76**	**10,45**

Quelle: Educational Statistics Yearbook of China 2010, S. 663.

---

4 Ethnische Minderheiten sind von der Ein-Kind-Politik ausgeschlossen; Bauernfamilien ist ein zweites Kind erlaubt, wenn das erste Kind ein Mädchen ist (siehe den Beitrag von Thomas Scharping).

5 Damit sind alle Personen über 15 Jahren gemeint, die entweder überhaupt nicht lesen und/oder schreiben können oder damit so große Schwierigkeiten haben, dass sie rudimentäre Lese- und Schreiboperationen nicht bewältigen können.

Chinas Bildungssystem im Wandel: Elitenbildung, Ungleichheiten, Reformversuche

Die Bildungsexpansion und ihre Folgen

Rein quantitativ kann der Ausbau des chinesischen Bildungswesens seit 1949 durchaus als Erfolg gewertet werden (siehe *Abbildung 2*).

Abb. 2: Schüler- und Studentenzahlen in China zwischen 1949 und 2012 (ohne berufliche Bildung)

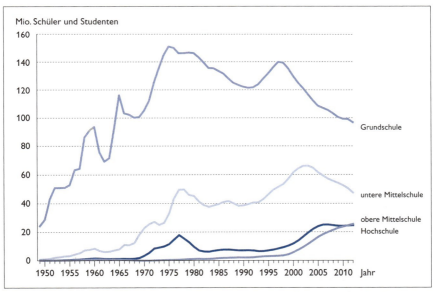

Quellen: Educational Statistics Yearbook of China (versch. Jgg.); Statistische Berichte zur nationalen Entwicklung von Bildungsangelegenheiten für die Jahre 2011 und 2012.

In den ersten zehn Jahren nach Gründung der Volksrepublik vervierfachte sich die Anzahl der Grundschüler fast, die der unteren Mittelschüler stieg sogar um das Zehnfache; die Anzahl der Schüler und Studenten der oberen Mittelschulen sowie der Hochschulen wuchs um das Achtfache. Vor allem die Hochschulbildung erhielt zwar während der Kulturrevolution einen deutlichen Dämpfer – die Anzahl der Studenten reduzierte sich innerhalb von nur fünf Jahren von fast 700 000 auf knapp 50 000 –, wuchs aber in den darauffolgenden Jahren jährlich zwischen 40 und 130 Prozent. Die 1990er-Jahre verzeichneten vor allem ein Wachstum im Bereich der oberen Mittelschulen und der Hochschulen, während sich im Primarschul- und unteren Sekundarschulbereich bereits die demografischen Veränderungen aufgrund der Ein-Kind-Politik bemerkbar machten. Heute besuchen mehr als zweihundertmal so viele Studenten eine Hochschule wie im Jahr 1949, obwohl sich die Gesamtbevölkerung in diesem Zeitraum nur etwas mehr als verdoppelt hat.

Im Folgenden werden die beiden Bereiche näher beleuchtet, die in den vergangenen Jahren am stärksten expandiert sind – die frühkindliche Bildung auf der einen Seite und die obere Sekundarstufe/Hochschulbildung auf der anderen.

2 Vorschulbildung

Die Anzahl der chinesischen Kindergartenkinder ist zwischen 2002 und 2012 um über 80 Prozent gestiegen, obwohl sich aufgrund der Ein-Kind-Politik die betroffene Alterskohorte verkleinert hat. Im Jahr 2012 besuchten fast 65 Prozent der Vorschulkinder einen Kindergarten. Der Anstieg ist darauf zurückzuführen, dass der Druck auf chinesische Eltern, in ihr (einziges) Kind zu investieren, im Lauf der letzten Jahre vor allem in den Städten

Kindergartenkinder in Dongyang, Provinz Zhejiang, mit Plastikgewehren auf dem Weg in einen Militärpark (Foto: Reuters, 2013)

deutlich gestiegen ist. Oft sind es bestimmte renommierte Mittelschulen, die ein besonders gutes Abschneiden in den Hochschulaufnahmeprüfungen wahrscheinlich machen. Um von diesen Mittelschulen aufgenommen zu werden, bedarf es einer guten Grundschulausbildung, für die wiederum nur die Abgänger der besten Kindergärten infrage kommen. Infolge dieser gestiegenen Erwartungen hat sich der Lerndruck auf die Kinder nicht nur deutlich auf das Vorschulalter ausgeweitet – nicht selten gibt es bereits für Grundschulen (teils verdeckte) Aufnahmeprüfungen –, sondern das vorschulische Bildungsangebot hat auch eine zunehmende Professionalisierung durchlaufen.

Überdies können die Kindergärten von dem schwindenden Vertrauen seitens der Eltern in ihre eigenen Eltern als kompetente Erzieher profitieren. Großeltern wird angesichts des wachsenden Wettbewerbs um die besten Schulen nicht zugetraut, dass sie mit den Bildungsreformen Schritt halten und ihren Enkelkindern eine adäquate, »moderne« Bildung vermitteln können. Zudem sind infolge der wachsenden Mobilität von berufstätigen Eltern die Großeltern auch oft gar nicht mehr vor Ort, um sich an der Erziehung ihrer Enkel beteiligen zu können.

Vor diesem Hintergrund ist auch die Anzahl privater Kindergärten rasant gestiegen: Ein Drittel aller chinesischen Kindergartenkinder besucht heute eine privat geführte Einrichtung (siehe *Tabelle 3*, S. 516).

Obere Mittelschulen und Hochschulen

Die obere Mittelschule (zehnte bis zwölfte Jahrgangsstufe) ist das Sprungbrett zu einem Universitätsstudium. Ihr Abschluss berechtigt allerdings nicht zum Hochschulbesuch an sich, sondern lediglich zur Teilnahme an der nationalen Hochschuleingangsprüfung, wobei bereits durch die Aufnahmeprüfung in die obere Mittelschule wichtige Weichen für den Erfolg bei der Hochschuleingangsprüfung gestellt werden. Im Jahr 2011 setzten fast 90 Prozent der Schüler im Anschluss an das neunte Schuljahr, das letzte Jahr der Pflichtschule, an einer oberen Mittelschule ihren Schulbesuch fort, mehr als doppelt so viele Schüler wie im Jahr 1990 (siehe *Abbildung 3*).[6] Über 86 Prozent der Abiturienten nahmen anschließend ein Hochschulstudium auf; im Vergleich zu 1990 ist das eine Steigerung um fast 60 Prozent. Im Jahr 2012 waren unter den 18- bis 22-jährigen 30 Prozent Studienanfänger – gegenüber 3,5 Prozent im Jahr 1991.

---

6 Allerdings schließt dieser Anteil die Schüler beruflicher Mittelschulen mit ein; sie machen etwa die Hälfte aus.

Abb. 3: Bildungsübergänge und -abschlüsse zwischen 1990 und 2011 (Anteil in Prozent an der Gesamtschülerzahl des Jahrgangs)[7]

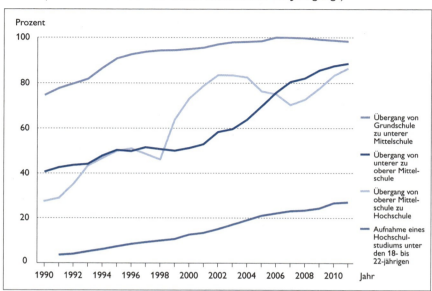

Quellen: Educational Statistics Yearbook of China 2011, S. 754; Statistischer Bericht zur nationalen Entwicklung von Bildungsangelegenheiten für das Jahr 2011.

Ein Universitätsstudium ist damit bei Weitem kein Alleinstellungsmerkmal mehr, wie dies noch vor 20 Jahren der Fall war. Allerdings ist der Anteil an Studienanfängern pro Jahrgang aus internationaler Perspektive weiterhin niedrig: Der OECD-Durchschnitt liegt bei 62 Prozent eines Altersjahrgangs.[8] Die chinesische Regierung peilt für das Jahr 2020 einen Anteil von 40 Prozent an (Zentrale Volksregierung der Volksrepublik China 2010).

Eine Kehrseite der rasant wachsenden Studentenzahl ist die Tatsache, dass ein deutlich vergrößertes Angebot an Absolventen vor allem von zwei- und drittrangigen Hochschulen existiert, ohne dass die Aufnahme-

---

7 Die Übergangsrate von oberer Mittelschule zu Hochschule errechnet sich aus dem Verhältnis zwischen der Gesamtzahl an Studienanfängern und der Gesamtzahl an Abiturienten.

8 Schätzung für das Jahr 2010 (OECD 2012). Auch Deutschland schneidet hier mit gut 40 Prozent unterdurchschnittlich ab, fängt dies jedoch vor allem durch Formen der beruflichen Bildung ab.

fähigkeit des Arbeitsmarktes für Akademiker in gleichem Maß gestiegen wäre (zum Arbeitsmarkt siehe den Beitrag von Günter Schucher). Das Phänomen der arbeitslosen Akademiker ist in China mittlerweile so weit verbreitet, dass es einen eigenen Namen bekommen hat: Man nennt sie die sogenannten Ameisenvölker (*yizu*). Diese Studienabgänger arbeiten – ohne Sozial- und Krankenversicherung – im Dienstleistungssektor, im Verkauf, der IT-Branche oder in der Werbung. Aufgrund ihres niedrigen Einkommens sind sie mehrheitlich gezwungen, in engen und improvisierten Unterkünften zu leben. Sie sind zwar gut ausgebildet, aber gesellschaftlich marginalisiert. Allein schon wegen ihrer schieren Masse – in Beijing werden 100 000 arbeitslose Hochschulabsolventen vermutet, in Gesamtchina mehrere Millionen (Yuan/Zhang 2012) –, aber auch aufgrund ihrer prekären Situation, kombiniert mit einer guten Ausbildung, stellen die »Ameisenvölker« einen potenziellen sozialen Unruheherd dar und haben daher von der Regierung und Forschung viel Aufmerksamkeit erfahren.

Prüfungssystem

Umso stärker der Hochschulbereich expandiert, desto wichtiger wird ein Studium an einer möglichst prestigeträchtigen Universität, da deren Absolventen besonders gute Chancen auf dem Arbeitsmarkt haben. Die jährlich stattfindende Hochschulaufnahmeprüfung bestimmt, ob und an welcher Universität man zugelassen wird.

Die *gaokao* prüft die Bereiche Sprache (Chinesisch), Mathematik, wahlweise Geistes- oder Naturwissenschaften und Fremdsprachen (zumeist Englisch, möglich sind aber auch Japanisch, Russisch, Französisch, Deutsch und Spanisch). Nach einem Punktesystem – in den meisten Provinzen können maximal 750 Punkte erlangt werden – entscheidet sich dann, ob und an welcher Universität das Studium aufgenommen werden darf. Einheimische Kandidaten müssen dabei für die gleiche Platzierung weniger Punkte erzielen, sodass beispielsweise Prüfungsteilnehmer mit Beijinger Wohnsitz eine größere Chance haben, an einer der großen Beijinger Universitäten aufgenommen zu werden.

Neben diesem Grundmodell existieren noch einige regionale Varianten der *gaokao*, etwa mit zusätzlichen Prüfungsbestandteilen oder weniger Wahlfreiheit. Auch beziehen einige Provinzen frühere Schulnoten mit in die Bewertung ein und kommen damit einer oft erhobenen Forderung von Kritikern nach, dass nicht auf Grundlage einer einzigen Prüfung über die Zukunft von Millionen von Heranwachsenden entschieden werden sollte.

Es gibt Möglichkeiten, das Prüfungssystem zumindest teilweise zu umgehen. 1984 wurde an zehn ausgewählten Universitäten das System der sogenannten delegierten Studenten (*baosongsheng*) eingeführt und anschließend auf weitere Universitäten ausgeweitet. Danach können Studienbewerber aufgrund bestimmter außerordentlicher Leistungen (zum Beispiel in Sport oder Mathematik) die Aufnahmeprüfung umgehen und direkt an einer Hochschule aufgenommen werden. In absoluten Zahlen machen diese Studenten zwar nur einen kleinen Anteil aus: 2012 waren es knapp 8600 frisch delegierte Studenten bei insgesamt 6,8 Millionen neuen Studienplätzen. Jedoch ist dieser Typus Student überproportional an den Eliteuniversitäten vertreten: So stellen die delegierten Studenten über 15 Prozent der Studierenden an der Tsinghua University, 19 Prozent an der Peking University und fast 24 Prozent an der University of Science and Technology of China (Hefei).

Ganz China ist alljährlich im Ausnahmezustand, wenn mehr als neun Millionen Schüler in zwei- bis dreitägigen Prüfungen um eine hohe Punktzahl für die Hochschulzulassung kämpfen, während die Eltern gespannt vor den Toren ausharren. (Foto: Imaginechina via AP Images, 2014)

Chinas Bildungssystem im Wandel: Elitenbildung, Ungleichheiten, Reformversuche

Vielerorts ist dieses von Schwerpunktschulen monopolisierte Delegationssystem als korrupt verschrien, da hier »Beamte und nicht das Volk, die richtige (ideologische) Einstellung und nicht herausragende Qualität ausgewählt« würden – eine Kritik, die sich durch mehrere Fälle, in denen Kinder einflussreicher Personen ohne entsprechende Qualifikation an renommierte Universitäten delegiert wurden, zu bestätigen schien (Ye 2012a, S. 7). Zudem übervorteilt das Delegationssystem Untersuchungen zufolge die städtischen Kandidaten, deren Chancen, delegiert zu werden, im Vergleich zu den aus ländlichen Regionen stammenden Kandidaten um das Siebzehnfache höher liegen (Ye 2012c). Hauptsächlich wegen seiner Korrumpierbarkeit ist dieses System 2010 vom Bildungsministerium per Beschluss wieder stark eingeschränkt worden, sodass ab 2014 eine deutlich geringere Anzahl an delegierten Studenten zu erwarten ist (Ye 2012b).

Weitere Abweichungen vom *gaokao*-System gehen in Richtung einer vorsichtigen Stärkung der Autonomie der Hochschulen selbst. Seit 2001 haben einige Universitäten (zunächst in der Provinz Jiangsu, dann auch in Beijing und Hongkong) das Recht, sich einen Teil ihrer Studenten selbst auszuwählen. Diese Praxis ist mittlerweile auf 90 Hochschulen ausgeweitet worden und wurde erst im Januar 2013 durch eine Verlautbarung des Bildungsministeriums bekräftigt. Wenngleich der Anteil der auf diese Weise rekrutierten Studierenden derzeit fünf Prozent nicht überschreiten darf, kommt die Regelung den Forderungen der Hochschulen nach mehr Autonomie und stärkerer Berücksichtigung des tatsächlichen (nicht unbedingt abprüfbaren) Potenzials eines Bewerbers in einem ersten Schritt entgegen.

Eine weitere, relativ neue Möglichkeit, die *gaokao* zu umgehen, ist das Studium im Ausland. Gerade in den großen Städten gibt es mittlerweile eine Vielzahl an privat geführten internationalen Mittelschulen, an denen ein internationaler Abschluss (z. B. das International Baccalaureate) erlangt werden kann. Mit diesem Abschluss können sich die Schulabgänger direkt an ausländischen Universitäten bewerben.

Allerdings ist dieser Bildungsweg für die meisten Familien unerschwinglich, da die Gebühren für solche Schulen sehr hoch sind. Jährliche Gebühren um die 120 000 RMB (ca. 14 500 Euro) sind in Beijing keine Seltenheit. Lediglich ein Zehntel der Gebühren ist fällig, wenn man ein teures Appartement in einer bewachten Wohnanlage (*shequ*), zu der auch eine private internationale Schule gehört, erwirbt. Privatschulen sind vor allem für Familien mit entferntem Wohnsitz und/oder zweitem Kind eine Option, da für diese Familien das öffentliche Bildungssystem nur bedingt offensteht. Bereits 14 Prozent aller Studenten studieren an privaten Hochschulen. Diese Entwicklung ist der steigenden Nachfrage nach Hochschulabschlüssen geschuldet und dem Prestige, den eine – wie auch immer geartete – akademische Ausbildung genießt, auch wenn der Arbeitsmarkt längst nicht mehr alle Absolventen mit guten Jobs versorgen kann.

Tab. 3: Anteil von Kindern/Schülern/Studenten in nicht staatlichen Kindergärten, Schulen und Colleges 2003 und 2012 (in Prozent)

	2003	2012
Kindergarten	19,3	33,5
Grundschule	2,3	5,8
untere Mittelschule	3,7	8,7
obere Mittelschule	4,2	4,9
Hochschule	4,1	13,8

Quelle: Statistische Berichte zur nationalen Entwicklung von Bildungsangelegenheiten für die Jahre 2003 und 2012.

Jedoch gelten private Hochschulabschlüsse im Vergleich zu staatlichen weithin als minderwertig; private Hochschulen und Colleges sind in den Augen der Bevölkerung großenteils Auffangbecken für diejenigen, deren schlechte *gaokao*-Ergebnisse sie nicht für einen Platz an einer staatlichen Universität qualifiziert haben. In den letzten Jahren konnten jedoch einige berufsbezogene, technisch orientierte private Colleges mit den guten Berufsaussichten ihrer Abgänger überzeugen, was den traditionellen Widerstand gegen private Bildungsinstitutionen nach und nach aufweichen könnte (siehe den Abschnitt zur beruflichen Bildung).

Schließlich können sich potenzielle Kandidaten auch für ein Selbststudium mit anschließender Prüfung entscheiden und damit die *gaokao* komplett umgehen. Im Jahr 2012 wurden 731 200 solcher Abschlussprüfungen bestanden; sie stellten damit gut acht Prozent der in dem Jahr erfolgreich bestandenen Hochschulabschlussprüfungen. Allerdings hat das Selbststudium nicht einmal ansatzweise den gleichen Wert wie ein echtes Universitätsstudium, auch wenn für die erfolgreich absolvierte Abschlussprüfung ein offizielles Zertifikat verliehen und diese Form des Studiums als wichtige Alternative zur *gaokao* propagiert wird. Schließlich werden während des Studiums zumeist die wichtigsten Seilschaften geknüpft, die für die spätere Karriere unerlässlich sind.

Der Druck seitens des Prüfungssystems hat nicht nur Auswirkungen auf Schüler und Eltern, sondern auch auf die Lehrer. Denn obwohl diese durch staatliche Richtlinien dazu angehalten werden, »Qualitätsbildung« (*suzhi*

Chinas Bildungssystem im Wandel: Elitenbildung, Ungleichheiten, Reformversuche

Prestigeträchtig und privat: Als erste amerikanische Hochschule öffnete im September 2012 die New York University in Kooperation mit der East China Normal University in Shanghai ihre Pforten – für die Kinder finanzstarker Eltern. (Foto: Imaginechina via AP Images)

jiaoyu) zu vermitteln, die nicht nur auf Prüfungswissen abzielt, sondern die ganzheitliche Entwicklung der Schüler im Auge behält, kommen die meisten Lehrer nicht umhin, sich auf Prüfungswissen zu beschränken (zur Qualitätsbildung siehe Kapitel 4). Dieser Druck wird nicht nur psychologisch etwa durch die Erwartungshaltung von Eltern aufgebaut, sondern äußert sich auch finanziell, indem an einigen Schulen das Gehalt des Lehrers – und teilweise sogar die Stelle selbst – an seine Leistung gekoppelt ist; die »Leistung« wird aber zumeist anhand der Prüfungsnoten der Schüler ermittelt.

Heute bestehen drei Viertel der teilnehmenden Kandidaten die Hochschulaufnahmeprüfung, allerdings mit höchst unterschiedlicher anschließender Platzierung. Zum Vergleich: 1977, unmittelbar nach der Kulturrevolution, während der die allgemeine Hochschulaufnahmeprüfung abgeschafft worden war, hatten noch nicht einmal fünf Prozent die Prüfung bestanden. Während der Anteil erfolgreicher *gaokao*-Teilnehmer kontinuierlich steigt, verringert sich seit 2008 aufgrund der demografischen

Entwicklung die absolute Anzahl der *gaokao*-Teilnehmer. Es bleibt abzuwarten, ob dies langfristig den Druck auf die Schüler mindert oder aber die Hierarchisierung der Universitäten in unterschiedliche Ligen vorantreibt.

Finanzierung

Die Entwicklung des Hochschulwesens hängt auch entscheidend davon ab, wie der Staat in den nächsten Jahren das Bildungswesen zu finanzieren gedenkt – mit dem Ziel der weiteren Expansion und der Einbeziehung benachteiligter Bevölkerungsgruppen oder aber der Fokussierung auf Eliteförderung und Spitzenforschung. Die derzeitigen öffentlichen Bildungsinvestitionen weisen vor allem auf die letztere Variante als die treibende Kraft staatlicher Bildungspolitik hin: Die Hochschulbildung – insbesondere an den Spitzenuniversitäten – wird sowohl gegenüber der Grundausbildung als auch gegenüber der beruflichen Bildung klar bevorteilt. Viel Geld fließt in Eliteprojekte – etwa in die Schaffung chinesischer Eliteuniversitäten nach amerikanischem Vorbild, in teure Rückholprogramme für chinesische Wissenschaftler aus dem Ausland oder in die Förderung von innovationsfreundlicher Forschung und Entwicklung. Der politische Wille ist es, Eigenständigkeit gegenüber den alten Industrienationen zu erlangen und »made in China« durch »created in China« ersetzen zu können (siehe den Beitrag von Christian Göbel).

Grundsätzlich leidet das chinesische Bildungswesen aber an Unterfinanzierung. Zwar wird seit den 1980er-Jahren das (ohnehin wenig ehrgeizige) Ziel propagiert, dass vier Prozent des Bruttoinlandsproduktes in den Bildungsbereich investiert werden sollen. Zum Vergleich: Der OECD-Durchschnitt lag im Jahr 2009 bei 6,2 Prozent. Jedoch hinkte die Wirklichkeit diesen politischen Willensbekundungen jahrzehntelang hinterher. Erst 2011 – in diesem Jahr lagen die Bildungsausgaben bei 3,83 Prozent – wurde das Vierprozentziel unter dem damaligen Premierminister Wen Jiabao mit dem Zehnjahresplan für die Entwicklung und Reform des Bildungssystems wieder konkret aufgegriffen und konnte im Jahr 2012 erstmals verwirklicht werden.

Auffällig ist die regional unterschiedliche Finanzierungssituation, die ein Ergebnis der Dezentralisierungsreform in den 1990er-Jahren ist. Als Folge der Dezentralisierung sind die Kommunen stärker als früher für die Finanzierung von Bildung zuständig. So stieg der Anteil der Ausgaben lokaler Regierungen an den Gesamtausgaben im Bildungsbereich zwischen 1979 und 2008 von knapp 50 auf knapp 80 Prozent (Ko/Zhi 2012). Somit entscheiden die finanzielle Situation der Kommunen und die von den Kommunalregierungen gesetzten Prioritäten über die Finanzsituation der Schulen und die Belastungen für die Familien. Im Jahr 2008 entfielen beispielsweise auf einen Grundschüler in Shanghai achtmal so viele Ausgaben wie auf einen Grundschüler in der Provinz Henan (Yang 2010), während Shanghais Bruttoinlandsprodukt im gleichen Jahr noch nicht einmal das Vierfache desjenigen von Henan betrug. Innerhalb der Provinzen sind die Unterschiede zum Teil noch gravierender, sodass sich manch ein städtischer Schüler über bis zu sechzigmal höhere Bildungsausgaben freuen darf als ein Schüler auf dem Land. Die dezentrale Finanzierung des Bildungssystems führt zu einem regelrechten Teufelskreis: Ohnehin klamme Kommunen sind gezwungen, an Bildungsausgaben zu sparen, was wiederum zu einem niedrigen Bildungsniveau der Bevölkerung und damit schlechten Arbeitsmarktchancen führt.

Um dieser Entwicklung entgegenzuwirken, wurde in den letzten Jahren die finanzielle Verantwortlichkeit von der Kommunal- auf die Kreisebene verlagert. Dies hat das Problem etwas entschärft, doch ist die Kluft zwischen Stadt und Land sowie zwischen unterschiedlichen Landkreisen weiterhin erheblich, wie im Folgenden näher ausgeführt wird.

3 Einebnen oder Verstärkung von Unterschieden?

Im chinesischen Bildungswesen treffen häufig unterschiedliche Logiken und Botschaften aufeinander, was dazu führt, dass ursprünglich gut gemeinte Richtlinien und Reformen eine kontraproduktive Wirkung entfalten, wenn sie umgesetzt werden.

Zuvörderst sind bildungspolitische Strategien betroffen, die das Bildungswesen sozial gerechter machen sollen. So ist das chinesische Bildungssystem, wie bereits erwähnt, in seinen Prinzipien meritokratisch angelegt: Schul- und Prüfungssystem stehen bei entsprechender Leistung grundsätzlich jedem offen und es ist ein wichtiger Bestandteil der kommunistischen Ideologie, dass auch Spitzenuniversitäten nicht nur einer kleinen Elite vorbehalten bleiben. Gleichzeitig drängt das Bildungsministerium in diversen Verlautbarungen und mithilfe von Reformen seit über zehn Jahren darauf, schulisches Lernen kreativer und ganzheitlicher zu gestalten. Es ist das erklärte Ziel des Zehnjahresplans zur Entwicklung der Bildung, »kreative Talente« und »in Tugend, Wissen, Körper und Ästhetik ganzheitlich entwickelte Konstrukteure des Sozialismus« heranzuziehen sowie durch die »Förderung von eigenständigem Lernen sowie die Stärkung von Selbstständigkeit und gesellschaftlicher Anpassungsfähigkeit das prüfungsorientierte Lernen zu überwinden« (Zentrale Volksregierung der Volksrepublik China 2010).[9]

Diese Absichtserklärungen – sozial benachteiligte Bevölkerungsgruppen einzubeziehen und ganzheitliche, kindesorientierte Förderung erreichen zu wollen – werden jedoch von damit unvereinbaren Entscheidungen und Regelwerken unterlaufen, die in den folgenden Abschnitten näher erläutert werden: Erstens hindern sozial- und steuerungspolitische Entscheidungen weite Teile der Bevölkerung an einer gerechten Teilhabe im Bildungssystem; zweitens entscheiden nach wie vor die Prüfungsergebnisse – und hier meistens das Resultat eines einzigen Prüfungstags – über die weitere Bildungskarriere des Kindes. Entgegen den offiziellen Verlautbarungen der Bildungspolitik beschränkt sich Bildung also weiterhin auf zu bestehende Prüfungen. Die Schulen, die am besten auf diese Prüfungen vorbereiten, bleiben aber weitestgehend den Kindern der städtischen Mittelschicht sowie den Angehörigen der Parteielite vorbehalten.

Nachhilfeschulen und Gebührenpolitik

Diejenigen, die sich für den akademischen Weg entscheiden, brauchen neben den oben diskutierten »Standortfaktoren« vor allem Zeit und Geld. Chinas Nachhilfemarkt, dessen größte Anbieter sogar börsennotiert sind, setzt jährlich Hunderte von Milliarden RMB mit den Ambitionen dieser Familien um. Bevorteilt sind die Stadtbewohner, da sie im Vergleich zu den Menschen auf dem Land über höhere Einkommen verfügen. So geben Familien in den großen Städten zwischen acht und neun Prozent ihres Einkommens für die Bildung ihrer Tochter oder ihres Sohnes aus, während Familien in kleineren Städten und Gemeinden zwischen dreißig und fünfzig Prozent ihres Einkommens aufwenden müssen.

Der Besuch von Nachhilfeschulen ist unerlässlich für gute Ergebnisse in der Hochschulaufnahmeprüfung, da der Unterricht in der Pflichtschule hierfür im Allgemeinen nicht ausreicht. In der Forschung hat sich dafür der Begriff der *shadow education* gebildet: eine Bildung, die im Schatten, also außerhalb des eigentlichen Bildungssystems, stattfindet und die manchmal auch als »Zusammenbruch des Klassenzimmers« bezeichnet wird. Beijinger Schüler, die sich auf die verschiedenen Prüfungen vorbereiten müssen, verbringen oft über vierzehn Stunden täglich an öffentlichen und privaten schulischen Einrichtungen, sodass für andere Aktivitäten – geschweige denn für solche mit geringem »pädagogischem« Wert – selten Zeit bleibt.

---

9 Die Begriffe »kreativ/Kreativität« tauchen an 63 Stellen in dem Entwurf auf.

Chinas Bildungssystem im Wandel: Elitenbildung, Ungleichheiten, Reformversuche

Einmal an einer Hochschule aufgenommen, fühlen sich Studenten Umfragen zufolge vollkommen müde und ausgelaugt nach diesem Lern- und Prüfungsmarathon.

Neben den Ausgaben für Nachhilfe haben Eltern noch eine Reihe anderer Gebühren und Abgaben zu schultern. Zwar sind solche Abgaben seit 2007 zumindest während der Pflichtschulzeit nicht mehr legal, jedoch sind sie weiterhin unter oft dubiosen Bezeichnungen zu entrichten. Ein gutes Beispiel sind die sogenannten Schwerpunktschulen (*zhongdian xuexiao*). Laut Paragraf 3, Absatz 22, des 2006 novellierten Gesetzes zur allgemeinen Schulpflicht »darf nicht mehr zwischen Schwerpunkt- und Nichtschwerpunktschulen unterschieden werden« – zum einen, weil dies dem Gleichheitsgrundsatz zuwiderläuft, zum anderen, weil die Schwerpunktschulen das genaue Gegenteil einer »ganzheitlichen«, auf »Qualität« ausgerichteten Bildung praktizieren (Zentrale Volksregierung der Volksrepublik China 2006): Ihr Unterricht ist nämlich stark prüfungsorientiert und zielt hauptsächlich darauf ab, die Schüler auf die nationale Hochschuleingangsprüfung vorzubereiten.

Gerade wegen ihrer Fixierung auf Prüfungsergebnisse aber sind die Plätze an diesen Schulen enorm begehrt. Wie in vielen anderen Ländern befinden sich auch in China die guten Schulen in den teuren Wohngegenden. Da die Schule durch das Einzugsgebiet vorgegeben ist, muss man entweder umziehen oder aber die Aufnahme durch die Hintertür erwirken. Das heißt, dass sich diejenigen Familien, die sich eine Wohnung im Einzugsgebiet für mehrere Millionen RMB nicht leisten können, einen Aufnahmeplatz durch »Sponsoring« erwerben können. Dieses kann je nach Reputation der Schule zwischen 100 000 und 200 000 RMB (ca. 12 000 bis 24 000 Euro) kosten, ist also noch deutlich günstiger als eine unattraktive Einzimmerwohnung innerhalb des Schulbezirks.

Verglichen mit diesen Beträgen sind die Gebühren für ein Hochschulstudium geradezu niedrig: Pro Jahr muss ein Student zwischen 5 000 und 10 000 Yuan (ca. 600 bis 1 200 Euro) bezahlen, um eine größere Universität besuchen zu können. Für eine lange Zeit waren chinesische Universitäten gebührenfrei; einzig die bei der *gaokao* erreichte Punktzahl entschied über eine Aufnahme. Im Jahr 1985 wurde mit diesem Prinzip gebrochen, indem nun auch Selbstzahler zugelassen wurden – Studenten, deren Punktzahl in der Hochschulaufnahmeprüfung nicht für einen gebührenfreien Studienplatz ausreichte, die ihr Leistungsdefizit aber durch Zahlung einer Gebühr ausgleichen konnten.

Im Jahr 1996 wurden im Zuge einer Universitätsreform, die sich stark an das US-amerikanische System anlehnte, pauschal an allen Universitäten

Barbara Schulte

(mit Ausnahme der Lehrerbildungshochschulen, der sogenannten Normal Universities) Gebühren eingeführt. Ab 2000 folgten gar die Normal Universities, was aber dann 2007 wieder rückgängig gemacht wurde, um den Nachschub an Lehrern nicht zu gefährden. Im Volksmund heißen folgerichtig die Normal Universities (*shifan daxue*) auch »Essuniversitäten« (*chifan daxue*), da ihre Studenten mit vergleichsweise geringem finanziellem Aufwand sich durchfuttern können, solange sie das Lehrerbildungsprogramm durchlaufen und sich verpflichten, nach Abschluss des Studiums als Lehrer zu arbeiten.

Stadt/Land

Die mit Sicherheit folgenreichste strukturelle Benachteiligung großer Bevölkerungsgruppen im chinesischen Bildungswesen ist das gegenwärtig praktizierte System der Wohnsitzregistrierung. Hier ist es vor allem die Einteilung in städtischen und ländlichen Wohnsitz (*hukou*), die de facto eine Zweiklassengesellschaft hervorbringt (siehe den Beitrag von Björn Alpermann).

Schon zu Zeiten Mao Zedongs wurden die Städte – zumeist auf Kosten des Landes und damit der Bauern – bevorzugt. Während der Migration aus der Stadt in Richtung Land wenig Grenzen gesetzt sind, ist der umgekehrte Weg – einen permanenten städtischen Wohnsitz zu erhalten – äußerst schwierig. Umso größer und wichtiger eine Stadt ist, desto unwahrscheinlicher ist es, dort dauerhaft registriert zu werden. Viele Bewohner beispielsweise in Beijing, unter ihnen auch erfolgreiche Unternehmer, besitzen daher nur eine temporäre Aufenthaltsgenehmigung für die Stadt, die in regelmäßigen Abständen verlängert werden muss.

Für die Kinder dieser temporären Bewohner oder auch »Binnenmigranten« – vorsichtige Schätzungen gehen von etwa 30 Millionen Kindern für ganz China aus (Lu/Zhou 2013) – hieß dies bis vor wenigen Jahren, dass sie vom Besuch öffentlicher städtischer Schulen ausgeschlossen waren. Für viele Jahre konnten diese Kinder nur in »Migrantenschulen«, das heißt in privat finanzierten, aber zumeist schlecht ausgestatteten nicht öffentlichen Schulen, unterrichtet werden. Viele dieser Schulen müssen mit der ständigen Gefahr leben, von einem auf den anderen Tag geschlossen zu werden, etwa wenn die lokalen Behörden die Baufälligkeit des Schulgebäudes feststellen oder aber die Lehrergehälter nicht mehr bezahlt werden können.

Theoretisch darf den Kindern von Binnenmigranten der Zugang zu öffentlichen Pflichtschulen bereits seit 1996 nicht mehr verwehrt werden, da das Bildungsministerium die Lokalregierungen damals in einer Verlaut-

Chinas Bildungssystem im Wandel: Elitenbildung, Ungleichheiten, Reformversuche

barung dazu verpflichtete, allen Kindern den Zugang zur Pflichtschulbildung zu ermöglichen. Die neue Richtlinie zeigte allerdings wenig Wirkung, obwohl sie durch weitere Erlasse – hierunter die Verlautbarung zur Verbesserung der Bildungssituation von Migrantenkindern aus dem Jahr 2005 – sowie durch das im Jahr 2006 novellierte Gesetz zur allgemeinen Schulpflicht von offizieller Seite gestärkt wurde. In der Wirklichkeit aber verhindern weiterhin verschiedene – oft informelle und/oder illegale – Mechanismen, dass diese Kinder in die örtliche Pflichtschule eingegliedert werden.

Kindergarten für Migrantenkinder in Beijing (Foto: Reuters, 2013)

So erheben viele Schulen unerlaubt Gebühren von bis zu einigen Tausend RMB, die vor allem die ärmeren Familien nicht aufbringen können.[10] Hinzu kommt, dass selbst bei erfolgreicher Aufnahme die Kinder von Binnenmigranten häufig von Mitschülern, anderen Eltern und Lehrern geächtet werden – sei es aufgrund ihrer anderen oder vermeintlich feh-

---

10 Das Jahresdurchschnittseinkommen von niedrig verdienenden Migrantenfamilien lag im Jahr 2010 bei gut 20 000 RMB, etwa 2400 Euro (Lu/Zhou 2013, S. 87).

lenden Kultur oder aufgrund der Befürchtung, dass sie das Lerntempo und die Qualität der Schule negativ beeinträchtigen könnten. Dies wiederum sehen viele besser situierte Eltern als Bedrohung für die weitere Prüfungs- und Bildungskarriere ihrer Sprösslinge. Als Folge dieser Diskriminierung wählen viele Migrantenfamilien freiwillig die minderwertigen, privat finanzierten Varianten. Sie bieten den Kindern zwar schlechtere Bildungschancen, können sie aber wenigstens vor dieser Art von Mobbing schützen.

In einigen wenigen Städten (wie zum Beispiel in Xiamen) können sich Migrantenschulen akkreditieren lassen; sie erhalten dann nach positiver Evaluierung Subventionen von der Lokalregierung – eine Lösung, die wohl in naher Zukunft nicht auf andere Regionen ausgeweitet werden dürfte, da die Argumentation zumeist lautet, eine Privatschule sei entweder lukrativ genug, dass sie sich selbst finanzieren kann, oder aber sie müsse geschlossen werden.

Zudem ist der Prozess, eine nicht öffentliche Schule anerkennen zu lassen, äußerst aufwendig und meist nur bei entsprechenden Kontakten zu den lokalen Behörden erfolgreich. Für die Betreiber von Migrantenschulen, die selbst oft Binnenmigrantenstatus haben und über derartige Kontakte nicht verfügen, lohnt sich der Aufwand für eine solche Akkreditierung zumeist nicht.

Der Schritt in die Legalität bleibt damit vielen Betreibern von Migrantenschulen verwehrt. Die Organisation Human Rights in China hat schon relativ früh vermutet, dass dahinter die Strategie stehe, Binnenmigranten nicht sesshaft werden zu lassen, und zitiert aus offiziellen Dokumenten, die dafür plädieren, die »Kosten der Migration zu erhöhen, um die Gesamtzahl an auswärtigen Personen unter Kontrolle halten zu können« (Human Rights in China 2002, S. 11). Medienberichte über angebliche kriminelle Aktivitäten von Migranten spiegeln die Befürchtungen wider, dass Migranten Chaos herbeiführten und ihr Zusammenschluss in relativ schwer zu kontrollierenden, eigenständigen Gemeinden am Rand der Legalität eine soziale Gefahr darstelle – schließlich lebt ein Großteil der Migranten außerhalb des staatlich kontrollierten Systems; das bedeutet zum Beispiel, dass sie nicht sozialversichert und ihre Kinder nicht registriert sind. Die Errichtung eigenständiger Schulen würde nur zur Sesshaftigkeit eigentlich unerwünschter Bevölkerungsgruppen beitragen – noch dazu außerhalb des direkten behördlichen Zugriffs.

Eine andere Möglichkeit für Binnenmigranten besteht natürlich darin, ihre Kinder gar nicht erst in die Stadt mitzunehmen, sondern sie bei (entfernten) Verwandten oder Bekannten im Heimatort unterzubringen. Die

Chinas Bildungssystem im Wandel: Elitenbildung, Ungleichheiten, Reformversuche

Probleme dieser »zurückgelassenen Kinder«, deren Anzahl derzeit auf fast 60 Millionen geschätzt wird, beschäftigt in den letzten Jahren verstärkt die chinesische Politik wie die Öffentlichkeit, stellen jene doch eine neue soziale Gruppe mit ganz eigenen Problemen dar; hierzu gehören auch Vernachlässigung, Misshandlung, emotionale Defizite und Kriminalität. Laut Statistik besucht nur rund ein Drittel dieser zurückgelassenen Kinder die örtliche Schule.

Familien mit etwas mehr finanziellem Spielraum schicken ihre Kinder auf ein Internat. Insgesamt besuchen rund 33 Millionen Kinder eine solche Einrichtung, zwölfeinhalb Millionen davon sind Migrantenkinder. In ländlichen Gebieten sind 60 Prozent aller schulpflichtigen Kinder in einem Internat untergebracht. Es ist noch nicht abzusehen, welche emotionalen und sozialen Folgen diese massenhafte und dauerhafte Trennung von Kindern und Eltern haben wird.

Ohnehin musste bisher ein Kind mit externem Wohnsitz spätestens zum Besuch der oberen Mittelschule an seinen Heimatort zurückkehren, denn die Hochschulaufnahmeprüfung richtete sich nach dem dauerhaften Wohnsitz, nicht nach dem bisherigen Schulbesuch des jeweiligen Prüfungsteilnehmers.[11]

Die Rückkehr mindert die Chance, an einer prestigeträchtigen Universität unterzukommen, gleich doppelt. Zum einen befinden sich die für die Prüfungsvorbereitung besten Mittelschulen in den großen Städten an der Ostküste, während die meisten Migrantenfamilien aus dem Landesinneren oder den westlichen Provinzen stammen. Zum anderen beherbergen die Ostküstenstädte auch traditionell die besten Universitäten; da das oben beschriebene Punktesystem aber jeweils die lokalen Kandidaten bevorzugt, sinkt für einen Prüfungsteilnehmer außerhalb von Beijing oder Shanghai die Wahrscheinlichkeit, von einer der großen Beijinger oder Shanghaier Universitäten angenommen zu werden. Obwohl also auch die ländliche Bevölkerung in wachsendem Maß einen Hochschulabschluss vorweisen kann (siehe die Ausführungen zur Bildungsexpansion auf S. 509f.), so ist sie doch nur in verschwindend geringem Maß an den Topuniversitäten vertreten (Li 2006, Hansen 2012).

---

11 Diese Auflage ist 2013 offiziell aufgehoben worden; allerdings setzen die verschiedenen Provinzen die neue Regelung nur schrittweise um. Nach derzeitigem Kenntnisstand hat beispielsweise Beijing eine *gaokao*-Teilnahme für Migrantenkinder für die Jahre 2013 und 2014 ausgeschlossen; Shanghai hat sie für 2014 und Guangdong für 2016 angekündigt. Es bleibt abzuwarten, wie sich das neue Regelwerk in der Praxis durchsetzt.

Diese Ungleichheit wurde in einem viel beachteten offenen Brief angeprangert, den 20 renommierte Juristen und Professoren verschiedener chinesischer Eliteuniversitäten am 10. März 2010 veröffentlichten: In diesem kritisieren sie, dass die regionale Vielfalt unter den Studierenden an den Eliteuniversitäten in den letzten Jahrzehnten deutlich abgenommen habe. Gerade an den prestigeträchtigen Universitäten übersteige der Anteil lokaler (und damit auch städtischer) Studenten den der auswärtigen bis zum Hundertfachen. In ihrem Brief wenden sich die Wissenschaftler daher gegen die Bevorzugung lokaler Kandidaten und plädieren als Maßnahme einer positiven Diskriminierung für eine Quotenregelung, die Bewerber aus ärmeren Regionen begünstigen soll (Xuezhe huyu cujin gaodeng jiaoyu jihui gongping de gongkaixin [Offener Brief, in dem Wissenschaftler daran appellieren, die Chancengerechtigkeit in der Hochschulbildung voranzutreiben, in: Yang 2011, S. 320–323).

Die Diskussion wird dadurch erschwert, dass die offiziellen Statistiken den sozial-geografischen Hintergrund von Bewerbern und Studierenden nur unzureichend erfassen: Der Indikator »ländlicher Hintergrund« weist zunächst nur auf die ländliche Haushaltsregistrierung hin, nicht aber etwa auf das wirtschaftliche und sozial-kulturelle Kapital, für das zum Beispiel Einkommen und Beruf der Eltern als Indikatoren gelten. Viele Universitäten veröffentlichen darüber hinaus keine Angaben zur sozial-geografischen Zusammensetzung ihrer Studenten. In Beijing tut dies beispielsweise nur die China Agricultural University, die im Jahr 2011 trotz ihrer landwirtschaftlichen Ausrichtung nur einen Anteil von knapp 29 Prozent ländlicher Studenten vorweisen konnte (Yin 2011) – obwohl sechzig Prozent der *gaokao*-Teilnehmer einen ländlichen Wohnsitz haben. Insofern lässt sich die Problematik bisher nur an vereinzelten, aber aussagekräftigen Untersuchungen ablesen, denen zufolge beispielsweise 97 Prozent der als arm eingestuften Landkreise keine Studenten an die renommierte Beijinger Tsinghua University geschickt haben und auf 17 Studenten aus der Mittelschicht an den Topuniversitäten der Provinz Hubei gerade einmal ein Student mit ländlicher Herkunft kommt (Cai 2012, S. 8).

Vonseiten der Zentralregierung wurde dieses Problem erkannt, nennt doch der gegenwärtige Zehnjahresplan die gerechte und gleichmäßige Entwicklung als ein wichtiges Ziel. Als Reaktion wohl auch auf den oben genannten offenen Brief und den wachsenden Unmut in der Bevölkerung stellt die Regierung seit 2012 Studienplätze für die 680 ärmsten Landkreise bereit. Bei insgesamt 6,85 Millionen zur Verfügung stehenden Studienplätzen muten die bereitgestellten 12 100 Plätze allerdings verschwindend gering an (Tang 2012).

Allgemeine/berufliche Bildung

Eine steuerungspolitische Antwort seitens der Regierung auf die aktuellen Probleme des Bildungssystems ist eine stärkere Fokussierung auf die berufliche Bildung. Der Zehnjahresplan für die Entwicklung des Bildungswesens (2010–20) hält deutlich fest, dass die berufliche Ausbildung ein nützliches Instrument sei, das die Voraussetzungen für die »Wissensgesellschaft« schaffen und gleichzeitig die Existenz breiter Bevölkerungsschichten absichern kann. Auf Bildungsexpansion mit Berufsbildungslösungen zu reagieren, ist ein relativ konstantes Muster in der chinesischen Bildungspolitik und kann bis in die 1920er-Jahre zurückverfolgt werden (Schulte 2013). Ebenso hartnäckig hat sich in der chinesischen Berufsbildungspolitik bislang aber auch die Eigenheit erhalten, großen Worten nur wenige finanzielle Taten folgen zu lassen: Berufsschulen sind weiterhin chronisch unterfinanziert und die staatlichen Ausgaben für die Berufsbildung zeigen oft wenig Kontinuität (Schucher 2012). Zudem unterliegen die verschiedenen beruflichen Bildungsangebote unterschiedlichen regionalen wie sektoralen Zuständigkeiten und fehlende Koordination zwischen den Verantwortlichen führt häufig zu einem recht unübersichtlichen Flickenteppich an Angeboten.

Auch von Arbeitgeberseite gibt es nur wenig Interesse daran, sich allgemein an der beruflichen Ausbildung zu beteiligen, wie dies etwa im deutschen dualen System der Fall ist. Chinesische Unternehmen ziehen es vor, direkt und individuell in ihre Angestellten zu investieren, etwa durch Aus- und Weiterbildungsmaßnahmen nach der Einstellung (*training on the job*). Durch diese maßgeschneiderte Ausbildung wollen die Arbeitgeber verhindern, dass ihre Angestellten bei der nächstbesten Gelegenheit zum Konkurrenten wechseln und damit wertvolles Know-how nach außen gelangt.[12]

Generell scheint die Berufsbildung noch stärker als andere Bildungsbereiche ideologischen und politischen Schwankungen zu unterliegen. Wurde während der Zusammenarbeit mit der Sowjetunion das Augenmerk verstärkt auf polytechnische und berufliche Bildung gelegt, war eine beruflich orientierte Ausbildung während der ideologisch aufgeheizten Phasen, vor allem während des Großen Sprungs nach vorn und der Kulturrevolution, weitgehend verpönt: Jeder Arbeiter sollte Ingenieur und

---

12 Der chinesische Arbeitsmarkt ist stark von Besitzdenken auf Arbeitgeberseite und hoher Mobilität auf Arbeitnehmerseite geprägt: Während Unternehmen ihre Angestellten als »Eigentum« betrachten, nutzen Arbeitnehmer oft die nächstbeste Gelegenheit, um zum Konkurrenten zu wechseln.

jede Krankenschwester Ärztin sein können. Spezialwissen und fachliche Ausbildung wurden in diesen Phasen weniger geschätzt als die Bereitschaft, körperliche Arbeit zu verrichten. Berufliche Ausbildung wurde als Verstärkung von Klassenunterschieden und daher als konterrevolutionär wahrgenommen.

Im Zuge der Öffnungspolitik und der allmählichen Verabschiedung von einer reinen Planwirtschaft machte sich der Mangel an ausgebildeten Fachkräften akut bemerkbar, wodurch die Berufsbildung wieder verstärkt in den Blick der Bildungs- und Arbeitsmarktpolitik rückte. Erst 1996 – also 20 Jahre nach dem Ende der Kulturrevolution – wurde das Berufsbildungsgesetz verabschiedet, nach dem der berufliche Ausbildungsweg gegenüber dem rein akademischen gestärkt werden soll und verschiedene – auch nicht staatliche – Akteure in die Bereitstellung beruflicher Bildungsangebote eingebunden werden sollen.

Daraufhin kam es zumindest an der Oberfläche zu einem regelrechten Berufsbildungsboom im Sekundarschulbereich: Ganze Mittelschulen und Schulklassen wurden Mitte der 1990er-Jahre in berufliche Mittelschulen oder Klassen umgewandelt. Allerdings ging dies selten mit Veränderungen in den Lehrinhalten einher – in den Berufsbildungsklassen landeten meistens einfach die Schüler mit den schlechteren Prüfungsergebnissen. So konnten diese Umwandlungen zwar die Zahlen von Berufsbildungsschülern in die Höhe treiben; beliebt sind die berufsbildenden Schulen bzw. Klassen jedoch nach wie vor nicht und die meisten Eltern versuchen, ihr Kind so bald wie möglich im allgemeinbildenden Zug unterzubringen – oder, sollte ihr Kind bereits an einer allgemeinen Schule lernen, es so weit wie möglich von Berufsschülern, denen ähnlich den Migrantenkindern ein schlechter Einfluss nachgesagt wird, fernzuhalten (Hansen/Woronov 2013). Ziel der allermeisten Familien – so sie denn in die Bildung ihrer Sprösslinge investieren können – ist es, ihren Kindern die Aufnahme an einer Universität zu ermöglichen; und das ist über den Weg der beruflichen Bildung immer noch schwierig.

Die große Nachfrage nach allgemeinbildenden Schulen führt paradoxerweise dazu, dass auch an berufsbildenden Schulen häufig allgemeinbildende Inhalte vermittelt werden bzw. berufsbildende Inhalte verwässert werden (Hansen/Woronov 2013). Die chinesische Berufsbildung hat somit mit einem doppelten Problem zu kämpfen: Auf der einen Seite wird sie – vor allem von Arbeitgeberseite – als zu allgemein und theoretisch bemängelt; Studienabgänger ganz unterschiedlicher Fachrichtungen müssen erst mühsam am Arbeitsplatz angelernt werden und es gibt eine offensichtliche Diskrepanz zwischen gewählter Ausbildung/Studiumsrichtung und

Chinas Bildungssystem im Wandel: Elitenbildung, Ungleichheiten, Reformversuche

späterer Beschäftigung (Schucher 2012). Auf der anderen Seite sind die in den Unternehmen angesiedelten Aus- und Weiterbildungsmaßnahmen zu spezifisch auf das jeweilige Unternehmen ausgerichtet. Die Vermittlung von flexibel einsetzbarem, praktisch anwendbarem Fachwissen kommt in dieser Ausbildungsform zu kurz, sodass die auf diese Weise ausgebildeten Arbeitnehmer außerhalb ihrer Unternehmen ihr Wissen kaum einsetzen können. Dies ist von Unternehmerseite durchaus so gewollt, hat aber negative Folgen für Wirtschaft und Arbeitsmarkt im Fall etwa von technologischen Veränderungen: Hier können industrielle Entwicklung und Arbeitsmarkt nur träge auf neue Herausforderungen reagieren.

Am interessantesten sind diesbezüglich noch die Veränderungen der berufsorientierten Bildung im Tertiärbereich. Hier steuert die Regierung eine vorsichtige Verlagerung mancher Studienprogramme auf beruflich orientierte Abschlüsse (Professional Masters) an. Auch erfreuen sich die allerorten neu entstehenden technischen Colleges, die häufig privater Natur und zwischen Berufs- und Fachhochschule anzusiedeln sind, zunehmender Beliebtheit. Sie gelten als praxisorientierter, können ihre Absolventen aber gleichwohl mit dem begehrten Tertiärabschluss ausstatten – auch wenn dieser natürlich nicht gleichwertig mit dem einer renommierten Universität ist. Diese Colleges arbeiten schon während der Ausbildungsphase mit lokalen Unternehmen zusammen, die viele der Studenten nach ihrem Abschluss übernehmen.

Programme und Maßnahmen gegen die Ungleichheiten im Bildungswesen

Inwiefern ergreift die chinesische Regierung nun Maßnahmen, um der beschriebenen wachsenden Ungleichheit im Bildungswesen entgegenzusteuern? Das Führungsduo Hu Jintao und Wen Jiabao der Jahre 2002–12 hatte sich schließlich nicht nur die Entwicklung der Wissensgesellschaft auf die Fahnen geschrieben, sondern auch die Idee einer »harmonischen« gesellschaftlichen Entwicklung in den Vordergrund gerückt. Themen wie die Bildungssituation auf dem Land oder eine gerechte Verteilung von Bildungsressourcen nahmen im Jahresbericht 2012 zur Lage der Bildung einen prominenten Platz ein (Yang 2012). Vor allem der frühere Premierminister Wen Jiabao hat immer wieder auf die Dringlichkeit dieser Themen wie auch auf die herausragende Rolle von Bildung und Wissenschaft überhaupt hingewiesen.

Neben vereinzelten Stipendien- oder Hilfsprogrammen für benachteiligte Familien, die aber bislang nur als Tropfen auf dem heißen Stein gelten können, hat die chinesische Bildungspolitik mit ihren Maßnahmen vor allem bei den Lehrern angesetzt, die als Schlüsselfiguren für eine breitere und höhere Bildungsqualität gelten.

Unterricht in der Baigedang-Grundschule im Dorf Daping, Provinz Henan (Foto: Imaginechina via AP Images, 2013)

Wie oben bereits angemerkt, wurden die im Jahr 2000 eingeführten Gebühren für das Lehramtsstudium sieben Jahre später, also unter der Hu-Wen-Regierung, wieder abgeschafft. Dieser Schritt war mit weitreichenden Maßnahmen verknüpft, die dem Braindrain vom Land Richtung Stadt entgegenwirken sollten und Teil einer Strategie waren, die ländlichen Regionen zu fördern und zu modernisieren (siehe den Beitrag von Björn Alpermann). Die Gebührenbefreiung ist nämlich mit der Auflage verbunden, dass die Lehramtsabsolventen an ihren Heimatort zurückkehren und dort mindestens zehn Jahre lang als Lehrer einer Grund- oder Mittelschule tätig sind. Sollte sich ihr alter Heimat- bzw. neuer Arbeitsort auf städtischem Gebiet befinden, so werden sie dazu verpflichtet, an dem jeweiligen Hilfsprogramm ihrer Schule für ländliche Gegenden teilzunehmen. Dies bedeutet, dass sie zwar ihren städtischen Wohnsitz behalten können, aber mindestens zwei Jahre lang auf dem Land unterrichten müssen, wofür sie wiederum Gehaltszulagen erhalten. Ein solcher Dienst auf dem Land ist in vielen Städten auch die Voraussetzung für eine Beförderung von bereits angestellten Lehrern. Auch andere Programme zielen darauf ab, ländliche Gegenden für Berufsanfänger attraktiver zu gestalten bzw. die Auswirkungen der Landflucht einzudämmen. So gibt es seit 2006 sogenannte *special-post*-Lehrer – Hochschulabsolventen, die mit etwas Lehrerfahrung direkt auf dem Land unterrichten können – wie auch staatliche Bezuschussungen zum Gehalt, wenn man sich als Lehrer freiwillig auf das Land versetzen lässt. In Shanghai müssen städtische Schulen seit 2009 für jeden Lehrer, der von einer ländlichen an eine städtische Schule wechselt, eine Transfergebühr zwischen 10000 und 30000 RMB (etwa zwischen 1200 und 3600 Euro) an die betroffene Schule zahlen. In Beijing wiederum wurden Rotationsverfahren erprobt, bei denen Lehrer zwischen verschiedenen Schulbezirken ausgetauscht wurden, um die großen Qualitätsunterschiede zwischen den einzelnen Bezirken abzumildern.

Obwohl viele dieser Strategien zumindest vorübergehend Ressourcen in die ländlichen oder benachteiligten Regionen umleiten, ist der ordnungspolitische Grundgedanke doch meist, die Mobilität Richtung Städte zu unterbinden. Wie schon beim System der Haushaltsregistrierung werden auch hier vor allem Absolventen mit ländlicher Herkunft wieder auf das Land zurückgelenkt. Die Zweiteilung Stadt/Land bleibt damit nicht nur erhalten; sie wird durch das Medium Bildung geradezu zementiert, indem die Mehrzahl der Lehrer für ländliche Schulen aus eben diesen Gegenden rekrutiert wird – während ihre städtischen Kollegen nur vorübergehend und dazu mit aufgebessertem Gehalt aushelfen.

Es stellt sich grundsätzlich die Frage, ob und gegebenenfalls inwieweit diese Programme, die für die ländlichen Gebiete entwickelt wurden, den Wünschen der dort lebenden Familien zum Teil nicht sogar zuwiderlaufen. Es ist zu bezweifeln, dass die Zweijahresaufenthalte von frisch gebackenen städtischen Lehramtsabsolventen überhaupt dazu beitragen können, die Qualität in ländlichen Schulen nachhaltig zu verbessern – zumal Lehrer aus der Stadt oft nur ungenügend auf ihre Aufgabe vorbereitet sind.

Die sogenannten Fusionsprogramme für ländliche Grundschulen sind ein Beispiel dafür, dass eine Reform, die die Bildungssituation auf dem Land verbessern sollte, auch negative Auswirkungen zeitigt. Seit 2001 werden die Bildungsressourcen auf dem Land schrittweise in größeren Dörfern oder kleineren Städten konzentriert; viele der sogenannten Lehr- und Lernpunkte (*jiaoxuedian*), die altersübergreifend und oft mit schlecht ausgebildetem Lehrpersonal die wenigen Dorfkinder unterrichtet hatten, wurden daraufhin geschlossen. Die neuen Schulen, zum Teil Internate, sind deutlich besser ausgestattet und verfügen über besser ausgebildete Lehrer. Die Kehrseite sind allerdings erhöhte Kosten für Schulweg, Unterkunft und Verpflegung, die mit dem Besuch der weiter entfernten Schule einhergehen. Hinzu kommt der Nachteil, dass die Grundschulkinder nun meist die ganze Woche – und manchmal darüber hinaus – von ihren Familien getrennt leben müssen.

Dreh- und Angelpunkt für mehr Bildungsgerechtigkeit und eine breiter gestreute Bildungsqualität ist letztlich – wie in jedem Land – die ausreichende Finanzierung. Wie jedoch bereits ausgeführt wurde, sind vor allem die unteren Ebenen des chinesischen Bildungssystems chronisch unterfinanziert. Die wenigen Gelder, die für die ländlichen Regionen bestimmt sind, kommen oft nicht bei der betreffenden Schule an; sie versickern buchstäblich bei der Kreisregierung.

4 Von der Prüfungsbildung zur Qualitätsbildung: Politische und strukturelle Hindernisse

Qualitätsbildung und Curriculumreform

Seit mittlerweile mehr als zehn Jahren sollen Schulen in China im Zuge einer Lehrplanreform vom Modell der Prüfungsbildung (*yingshi jiaoyu*) auf das der Qualitätsbildung (*suzhi jiaoyu*) umstellen. Die Reduzierung des Lern- und Unterrichtspensums in Grund- und Mittelschule soll mit einer ganzheitlich orientierten Förderung des Schülers einhergehen. Das geht aus dem im Jahr 2006 revidierten Gesetz zur allgemeinen Schulpflicht klar hervor:

> »Die Pflichtschule muss die staatlichen Bildungsprinzipien umsetzen, die Qualitätsbildung verwirklichen, [...] Kindern und Heranwachsenden eine ganzheitliche Entwicklung ermöglichen in Aspekten wie ihrem moralischen Charakter, ihrem Intellekt, ihrer physischen Konstitution usw. [und] damit die Grundlage dafür legen, Konstrukteure des Sozialismus und Nachfolger mit Idealen, Moral, Kultur [und] Disziplin heranzuziehen.«
> (Zentrale Volksregierung der Volksrepublik China 2006)

Hintergrund dieser schon gegen Ende der 1990er-Jahre angestoßenen Bildungsreform ist die Erkenntnis, dass Auswendiglernen allein selten zu

Innovation führt. Mehr Innovationsfähigkeit scheint aber geboten, um den Wandel Chinas von der Industrie- zur Wissensgesellschaft zu vollziehen. Wie auch weltweit an anderen Curriculumreformen zu beobachten, sollen chinesische Schüler möglichst früh mit Themen wie Globalisierung und Internationalisierung, Informationsgesellschaft, Entwicklung von Technologie und Wissenschaft sowie mit Kompetenzen wie Flexibilität, Kreativität und ökologischem Bewusstsein vertraut gemacht werden.

Konkret zielt die Curriculumreform auf folgende Punkte ab (Zhong/Cui 2001):
- Loslösung von der reinen Wissensvermittlung und Erwirken einer aktiven, wertbezogenen Lernerhaltung;
- Vernetzung unterschiedlicher Disziplinen und Einbezug individueller Schülererfahrungen, um Kreativität, persönliche Entwicklung und gesellschaftliches Verantwortungsbewusstsein zu fördern;
- Pluralisierung und Flexibilisierung des Lehrplans mit Unterscheidung in nationale, lokale und schulspezifische Ebene;
- Standardisierung des Lehrplans mit Festlegung von zu erreichenden Kernkompetenzen und Mindeststandards (weltweit auch als Umstellung von Input- auf Outputsteuerung bezeichnet).

In der praktischen Umsetzung haben sich diese Neuerungen allerdings häufig als kosmetisch erwiesen. Dies hat vor allem zwei Gründe: Zum einen ist es weiterhin das Prüfungssystem, das über das Weiterkommen (fast) jedes Schülers entscheidet; das Format der Prüfung allerdings ist besonders schlecht dazu geeignet, Fähigkeiten wie Kreativität und Autonomie zu beurteilen. Zum anderen steht den Rufen nach mehr Eigenständigkeit für Schüler und Studenten die Tatsache entgegen, dass es sich bei der Volksrepublik China nach wie vor um eine Einparteienautokratie handelt, deren Stabilität eng mit Propaganda und Indoktrination verknüpft ist. Das Bildungssystem ist zumindest teilweise in dieses Propagandasystem eingebunden. Diese beiden Punkte sollen im Folgenden näher erläutert werden.

Nachbesserungen im Prüfungssystem?

Die Besonderheiten des chinesischen Prüfungssystems mit der alles bestimmenden *gaokao*, der Hochschulaufnahmeprüfung, sind im ersten Teil dieses Kapitels dargelegt worden. Warum nun, mag sich der Leser fragen, schafft man das Prüfungssystem nicht einfach ab, wenn es in Schule und Gesellschaft solch kontraproduktive Wirkung entfaltet? Nicht nur Lehrer und Wissenschaftler, sondern auch hohe Beamte, die jahrzehntelang inhaltlich und verwaltungstechnisch in die Abläufe des Prüfungssystems involviert waren, fordern teilweise dessen Abschaffung oder zumindest tief greifende Reformen (Dai 2008).

Infolge dieser vielfach geäußerten Kritik wird das Prüfungssystem seit einigen Jahren zweigleisig reformiert. Zum einen zeigt ein Blick auf die Prüfungsinhalte der letzten zwanzig Jahre die deutliche Tendenz, dass weniger Auswendiggelerntes abgefragt und stärker die Diskussions- und Urteilsfähigkeit der Kandidaten gefordert wird. Zum anderen haben es Prüfungsteilnehmer mit besonderen Fähigkeiten und Qualifikationen zunehmend leichter, eine gute Hochschulplatzierung zu erreichen.

Hierzu zählen nicht nur »harte« Erfolge wie etwa außerordentliche sportliche Leistungen oder gewonnene Preise und Ehrungen, sondern auch »weiche« Fähigkeiten wie etwa ehrenamtliches gesellschaftliches Engagement. Diese Qualifikationen und Fähigkeiten kann man etwa durch Freiwilligenarbeit, die in den letzten Jahren einen enormen Zuwachs verbuchen konnte, unter Beweis stellen.[13] Auch ein Empfehlungssystem, das beispielsweise die Peking University betreibt, soll sicherstellen, dass solche vielseitigen und moralisch »hochwertigen« Kandidaten nicht durch die Maschen fallen: In einer Kooperation mit ausgewählten oberen Mittelschulen können Letztere der Universität geeignete, hoch qualifizierte Kandidaten vorschlagen.

Ohne Zweifel bedeuten diese Neuerungen eine Erleichterung für viele städtische Schüler, benachteiligen aber die ländliche Bevölkerung gleich doppelt. Erstens befinden sich die Kooperationsschulen der großen Universitäten nie auf dem Land; und auch Freiwilligenorganisationen, die helfen, sich über die Schule hinaus gesellschaftlich zu engagieren, sind meistens in den Städten angesiedelt. Zweitens waren es gerade für die *gaokao* so dringend benötigte Eigenschaften wie Fleiß und Disziplin, in denen ländliche Schüler mit ihrem legendären Ehrgeiz vor ihren städtischen Konkurrenten punkten konnten. Die schleichende Umstellung auf weitaus diffusere Kernkompetenzen wie etwa Kreativität oder Unabhängigkeit im Denken stellt all diejenigen vor große Probleme, die nicht im tagtäglichen schulischen (und außerschulischen) Umgang lernen, welche Formen von Kreativität oder Eigenständigkeit als wünschenswert oder hochwertig gelten.

---

13 Ein Überblick über Möglichkeiten und Formen der Freiwilligenarbeit in China findet sich in dem Bericht der United Nations Volunteers, abrufbar unter http://www.unv.org/fileadmin/docdb/pdf/2011/corporate/China%20Volunteer%20Report%202011_English.pdf (Zugriff: 23. Januar 2014).

Die Reformen stellen den ländlichen Schüler zusätzlich vor die Herausforderung, die kulturelle Bedeutung von »Qualität« (*suzhi*) zu entschlüsseln, während der städtische Schüler in dieser Kultur bereits sozialisiert worden ist – und nun sogar den Vorteil genießt, weniger lernen zu müssen. In dem Begriff »Qualität« schwingt für den chinesischen Bürger immer eine Doppelbedeutung mit: Zum einen geht es um hochwertige Schulen, Lehrpläne, Lehrerausbildung etc. Zum anderen aber bezeichnet *suzhi* auch Verhaltenseigenschaften, die auf einen »zivilisierten« Charakter verweisen und kulturell opportun sind – Eigenschaften also, die die Städter ihren ländlichen Mitbürgern oft absprechen.

Kreativität im Käfig?

Von Beginn an wurde die Forderung nach Qualitätsbildung mit der sogenannten Moralerziehung (*deyu*) verknüpft. Bereits die ersten Auseinandersetzungen mit den curricularen und didaktischen Veränderungen im Zuge der Qualitätsbildung ließen keinen Zweifel daran, dass die Förderung von Eigenständigkeit und Kreativität mit der effizienten Vermittlung von systemstabilisierenden Werten wie zum Beispiel Patriotismus, Liebe zum Sozialismus sowie zur guten Tradition Chinas und zur revolutionären Tradition einhergehen müsse.

Angesichts der Tatsache, dass Ideologie- und Politikunterricht bei Schülern und Studenten nur noch müdes Gähnen hervorruft und als lästige Pflicht abgetan wird, soll die Modernisierung von Schule und Unterricht auch aktivere Methoden der Moral- und Ideologieerziehung umfassen. Diese neuen Methoden haben dafür Sorge zu tragen, dass die jeweilige Botschaft von Kindern und Heranwachsenden auch tatsächlich verinnerlicht wird.

Ein gutes Beispiel dafür, wie im chinesischen Bildungswesen Kreativität mit Loyalität (zum Staat) vereint werden soll, sind die Ideen und die Praxis rund um die Verwendung von Informations- und Kommunikationstechnologien (englische Abkürzung: ICT) in Schule und Universität. ICT werden zum Teil gleichsam Wundereigenschaften zugeschrieben, die es möglich machen sollen, das Projekt der Qualitätsbildung auf effiziente Art und Weise voranzutreiben – dies vor allem aufgrund ihres »kreativen« Charakters (Bildungsministerium 2012, zahlreiche Belegstellen). Ohne zu belegen, inwiefern ICT Kreativität generieren können, gehen die Befürworter ihrer Verwendung davon aus, dass Lernprozesse durch ICT individueller und eigenverantwortlicher gestaltet werden können.

Gleichzeitig aber werden diese neuen Technologien auch als nützliche Instrumente gesehen, die Gedanken und Herzen der Schüler zu durchleuchten und zu erobern. Die massive Infiltrierung zum Beispiel von Kommunikationsplattformen, die mit Facebook oder Twitter vergleichbar sind, soll »offensichtliche Erziehung mit versteckter Erziehung verbinden, sodass politische und ideologische Unterweisung in Köpfe und Herzen Eingang findet« (Deng 2011, S. 50; siehe auch den Beitrag von Doris Fischer). Darüber hinaus sollen die neuen Technologien helfen, den Lehrkörper sowohl zu professionalisieren als auch ideologisch gleichzuschalten. Letztlich werden mit diesen Maßnahmen Kreativität und Unabhängigkeit im Denken doch wieder relativ enge Grenzen gesetzt – oder zugespitzter formuliert: Kreativ sind vor allem die Techniken der Manipulation, nicht aber die Lernprozesse selbst.

5 Schlussbemerkung

Die Volksrepublik China konnte im Jahr 2010 ihren Rivalen Japan überholen und ist nun – gemessen am Bruttoinlandsprodukt – die zweitstärkste Volkswirtschaft der Welt. Ohne Frage färben die ökonomischen Superlative Chinas auch auf die gängigen Einschätzungen seines Bildungswesens ab. Es ist oft das – zahlenmäßig – riesige Potenzial des Landes, das die Schlagzeilen bestimmt. Dies wird dadurch verstärkt, dass China in ausgewählte Forschungs- und Entwicklungsbereiche, wie etwa in die Informations- und Kommunikationstechnologie, die Bio- und Nanotechnologie oder die erneuerbaren Energien, massiv investiert hat und dort auch Erfolge vorweisen kann (siehe den Beitrag von Christian Göbel).

In Bezug auf den Hochschulbereich überwiegt der Blick auf die Prestigeprojekte, vermutlich, weil nur diese eine ernsthafte Konkurrenz für die internationale Forschungslandschaft darstellen. Die chinesischen Bemühungen, durch die gezielte Vergabe von Forschungsgeldern eine Liga von international wettbewerbsfähigen Topuniversitäten zu schaffen, werden von ausländischen Akteuren interessiert verfolgt. In einem von 2007 bis 2011 laufenden Programm wurden von diesen Topuniversitäten jährlich 5000 herausragende Studenten ausgewählt, um sie an ausländischen Elitehochschulen studieren zu lassen. Das internationale Interesse an diesen Studenten war äußerst groß.[14]

Auch generell zeigen chinesische Studenten im Ausland eine massive Präsenz: In den USA stellen sie mittlerweile ein Viertel aller ausländischen

---

14 Deutschland konnte laut Aussage des Deutschen Akademischen Austauschdienstes (DAAD) etwa zehn Prozent dieser Studenten abschöpfen.

Studenten und liegen mit über 194 000 Studenten deutlich vor Indien (100 270 Studenten). Schließlich stechen auch die Braingain-Programme, mit denen ins Ausland abgewanderte namhafte chinesische Wissenschaftler nach China zurückgeholt werden, durch ihre hervorragende, durchaus international konkurrenzfähige Ausstattung hervor.

Schlange stehen vor der US-Botschaft in Beijing für ein Studentenvisum: Fast zweihunderttausend junge Chinesen studieren an Hochschulen in den USA. (Foto: AP/ Alexander F. Yuan, 2012)

All diese Erfolgsgeschichten und -zahlen markieren einen deutlichen Gegensatz zu den Problemen, die im Vordergrund dieses Beitrags standen. Wenngleich auch die chinesische Forschungs- und Innovationsspitze auf ausländische Investoren, Politiker und Medien naturgemäß eine große Faszination ausübt, so findet sie nur bedingt Eingang in die Lebenswirklichkeit der Millionen von Schülern und Studenten, die sich im Anschluss an Schule, Universität und Ausbildung mit der wachsenden Unsicherheit am Arbeitsmarkt und rasant steigenden Lebenshaltungskosten auseinandersetzen müssen. Scharen von gut ausgebildeten, aber frustrierten und demotivierten jungen Erwachsenen sind eine denkbar schlechte Voraussetzung für eine von der chinesischen Regierung propagierte »harmonische Gesellschaft«. Nur wenn es der chinesischen Bildungspolitik gelingen sollte, auch diese große Anzahl der weniger privilegierten Schüler und Studenten in ihre offizielle Erfolgsgeschichte zu integrieren und ihnen eine gerechte wie dauerhafte Perspektive zu bieten, können die chinesischen Bildungsreformen einen nachhaltigen Erfolg für sich verbuchen.

Literatur

Bildungsministerium der Volksrepublik China: Jiaoyu xinxihua shi nian fazhan guihua (2011–2020 nian) [Zehnjahresentwicklungsplan für die Informatisierung im Bildungsbereich (Jahre 2011–2020)], 2012 (http://www.moe.gov.cn/publicfiles/business/htmlfiles/moe/s3342/201203/xxgk_133322.html, Zugriff: 25. Februar 2014).

Bildungsministerium der Volksrepublik China: 2012 nian quanguo jiaoyu shiye fazhan tongji gongbao [Statistischer Bericht zur nationalen Entwicklung von Bildungsangelegenheiten für das Jahr 2012], veröffentlicht am 16. August 2013 (http://www.moe.gov.cn/publicfiles/business/htmlfiles/moe/moe_1485/201308/xxgk_155798.html, Zugriff: 27. Februar 2014).

Bildungsministerium der Volksrepublik China: 2011 nian quanguo jiaoyu shiye fazhan tongji gongbao [Statistischer Bericht zur nationalen Entwicklung von Bildungsangelegenheiten für das Jahr 2011], veröffentlicht am 30. August 2012 (http://www.moe.gov.cn/publicfiles/business/htmlfiles/moe/moe_633/201208/xxgk_141305.html, Zugriff 27. Februar 2014).

Bildungsministerium der Volksrepublik China: 2003 nian quanguo jiaoyu shiye fazhan tongji gongbao [Statistischer Bericht zur nationalen Entwicklung von Bildungsangelegenheiten für das Jahr 2003], veröffentlicht am 27. Mai 2004 (http://www.moe.gov.cn/publicfiles/business/htmlfiles/moe/moe_162/200409/3570.html, Zugriff: 27. Februar 2014).

Cai, Hong: Elite Colleges Must Embrace Rural Students, in: China Daily vom 22. Mai 2012 (http://www.chinadaily.com.cn/cndy/2012-05/22/content_15351914.htm, Zugriff: 25. Februar 2014).

Chua, Amy: Die Mutter des Erfolgs. Wie ich meinen Kindern das Siegen beibrachte, Zürich 2011.

Dai, Jiagan: Gaizao women de kaoshi [Unsere Prüfungen verändern], Beijing 2008.

Deng, Hongbin: Yunyong xin meiti jishu zengqiang daxuesheng sixiang zhengzhi jiaoyu shixiaoxing [Erhöhung der Effektivität von ideologisch-politischer Bildung bei Studenten durch den Gebrauch neuer Medientechnologien], in: Xuexiao Dangjian Yu Sixiang Jiaoyu, 5 (2011), S. 49 f.

Development and Planning Division of Education Department (Hrsg.): Educational Statistics Yearbook of China, Beijing versch. Jgg.

Educational Statistics Yearbook of China → Development and Planning Division of Education Department

Hansen, Mette Halskov: Recent Trends in Chinese Rural Education: The Disturbing Rural-Urban Disparities and the Measures to Meet Them, in: Florence, Eric/Defraigne, Pierre (Hrsg.): Towards a New Development Paradigm in Twenty-First Century China. Economy, Society and Politics, London 2012, S. 165–178.

Hansen, Mette Halskov/Woronov, T. E.: Demanding and Resisting Vocational Education: A Comparative Study of Schools in Rural and Urban China, in: Comparative Education, 49 (2013) 2, S. 242–259.

Hayhoe, Ruth: Cultural Tradition and Educational Modernization: Lessons from the Republican Era, in: Hayhoe, Ruth (Hrsg): Education and Modernization. The Chinese Experience, Oxford 1992, S. 47–72.

Human Rights in China: Shutting out the Poorest: Discrimination against the Most Disadvantaged Migrant Children in City Schools, New York/Hong Kong 2002.

Ko, Kilkon/Zhi, Hui: Fiscal Decentralization: Guilty of Aggravating Corruption in China?, in: Journal of Contemporary China, 22 (2013) 79, S. 35–55.

Li, Chunling: Sociopolitical Change and Inequality in Educational Opportunity. Impact of Family Background and Institutional Factors on Educational Attainment (1940–2001), in: Chinese Sociology and Anthropology, 38 (2006) 4, S. 6–36.

Lin, Jing: Social Transformation and Private Education in China, Westport 1999.

Liu, Zeyun/Hu, Wenbin: Pinkun nongcun diqu xiaoxue jiaoyu puji qingkuang fenxi – yi Yunnansheng wei li [Eine Analyse der Lage der Grundschulbildungsexpansion in armen ländlichen Gebieten – das Beispiel der Provinz Yunnan], in: Beijing Daxue Jiaoyu Pinglun, 10 (2012) 3, S. 124–135.

Lu, Yao/Zhou, Hao: Academic Achievement and Loneliness of Migrant Children in China: School Segregation and Segmented Assimilation, in: Comparative Education Review, 57 (2013) 1, S. 85–116.

OECD (Organisation for Economic Co-operation and Development): Education at a Glance 2012: OECD Indicators, Paris 2012 (http://www.oecd.org/edu/EAG%202012_e-book_EN_200912.pdf, Zugriff: 25. Februar 2014).

Orleans, Leo A: Soviet Influence on China's Higher Education, in: Hayhoe, Ruth/Bastid, Marianne (Hrsg.): China's Education and the Industrialized World. Studies in Cultural Transfer, Armonk 1987, S. 184–198.

Schucher, Günter: Chinas neues Entwicklungsmodell und die Herausforderungen an die Bildungspolitik. Chinesisch-Deutsche Projektleiter-Konferenz der Hanns-Seidel-Stiftung, Peking 2012 (http://www.hss.de/fileadmin/china/downloads/Chinas_neues_Entwicklungsmodell_und_die_Herausforderungen_an_die_Berufsbildungspolitik.pdf, Zugriff: 25. Februar 2014).

Schulte, Barbara: Unwelcome Stranger to the System: Vocational Education in Early Twentieth-Century China, in: Comparative Education, 49 (2013) 2, S. 226–241.

Schulte, Barbara: »Zur Rettung des Landes«. Bildung und Beruf im China der Republikzeit, Frankfurt am Main 2008.

Statistische Berichte zur nationalen Entwicklung von Bildungsangelegenheiten → Bildungsministerium der Volksrepublik China {drei Titel, und zwar Statistischer Bericht ... für das Jahr 2012/2011/2003}

Tang, Danlu. 2012. China's Universities Admit More Rural Students, in: Xinhua News vom 25. Juli.

Wang, Longmiao/Sun, Yiting: Guanyu wo guo xibu minzu diqu yiwu jiaoyu qiangzhixing de sikao yu tansuo [Reflexion und Untersuchung über die Durchsetzbarkeit der Pflichtschulbildung in den westlichen Minderheitenregionen in China], in: Bingtuan Jiaoyu Xueyuan Xuebao, 21 (2011) 6, S. 11–14.

Wang, Lu: The Marginality of Migrant Children in the Urban Chinese Educational System, in: British Journal of Sociology of Education, 29 (2008) 6, S. 691–703.

Wu, Jinting: Disenchantment and Participatory Limits of Compulsory Education: Lessons from Southwest China, in: Compare. A Journal of Comparative and International Education, 42 (2012) 4, S. 621–645.

Wu, Minna/Zheng, Changde: Xibu da kaifa xin jieduan xia xinan minzu diqu jichu jiaoyu fazhan de chengjiu yu wenti – yi Liangshan Yizu zizhizhou wei li [Erfolge und Probleme in der Entwicklung der Grundbildung in den südwestlichen Minderheitenregionen vor dem Hintergrund der neuen Phase der Öffnung des [chinesischen] Westens – Die autonome Yizu-Präfektur Liangshan], in: Xizang Daxue Xuebao (Shehui Kexueban), 27 (2012) 4, S. 41–47, 53.

Yang, Dongping (Hrsg.): Zhongguo Jiaoyu Fazhan Baogao (2012). Jiaoyu Lanpishu [Jahresbericht zur Entwicklung der chinesischen Bildung (2012). Blaubuch Bildung], Beijing 2012.

Yang, Dongping (Hrsg.): Zhongguo Jiaoyu Fazhan Baogao (2011). Jiaoyu Lanpishu [Jahresbericht zur Entwicklung der chinesischen Bildung (2011). Blaubuch Bildung], Beijing 2011.

Yang, Dongping (Hrsg.): Zhongguo Jiaoyu Fazhan Baogao (2010). Jiaoyu Lanpishu [Jahresbericht zur Entwicklung der chinesischen Bildung (2010). Blaubuch Bildung], Beijing 2010.

Ye, Tieqiao: 2012 nian baosongsheng gongshi [Offizieller Bericht zu den delegierten Studenten im Jahr 2012], in: Qingnianbao vom 28. Mai 2012, S. 7 (zitiert als: Ye 2012a).

Ye, Tieqiao: Jin 12 nian baosongsheng zhengce liang ci da tiaozheng [Die zwei großen Veränderungen in den Richtlinien zu delegierten Studenten in den letzten zwölf Jahren], in: Qingnianbao vom 28. Mai 2012, S. 7 (zitiert als: Ye 2012b).

Ye, Tieqiao: Nongcun kaosheng baosong jihui shao [Geringe Chancen für Prüfungskandidaten vom Land, delegierte Studenten zu werden], in: Qingnianbao vom 28. Mai 2012, S. 7 (zitiert als: Ye 2012c).

Yin, Pumin: Rural Students Falling Behind, in: Beijing Review vom 15. September 2011.

Yuan, Shenzhi/Zhang, Yuyong: Yizu wenti dui daxuesheng jiuye zhidao gongzuo de yingxiang ji duice fenxi [Eine Analyse zum Einfluss des Ameisenvolkproblems auf die Berufsberatung von Universitätsstudenten und mögliche Strategien], in: Guangdong Qinggong Zhiye Jishu Xueyuan Xuebao, 11 (2012) 1, S. 77–80.

Zentrale Volksregierung der Volksrepublik China: Zhonghua Renmin Gongheguo Yiwu Jiaoyufa [Gesetz zur allgemeinen Schulpflicht der Volksrepublik China], Beijing 2006.

Zentrale Volksregierung der Volksrepublik China: Guojia Zhongchangqi Jiaoyu Gaige he Fazhan Guihua Gangyao (2010–2020 nian) [Entwurf zum staatlichen mittel- und langfristigen Programm der Bildungsreform und -entwicklung (2010–2020)], Beijing 2010 (http://www.gov.cn/jrzg/2010-07/29/content_1667143.htm, Zugriff: 27. Februar 2014).

Zhong, Qiquan/Cui, Yunkuo: Weile zhonghua minzu de fuxing, weile mei wei xuesheng de fazhan: »Jichu jiaoyu kecheng gaige gangyao (shixing)« jiedu [Für die Verjüngung des chinesischen Volkes, für die Entwicklung jedes Schülers: Eine Lektüre des »Entwurfs für eine Curriculumreform der Grundbildung (Testversion)«], Shanghai 2001.

Iwo Amelung

Wissenschaft und Technik als Bestandteil nationaler Identität in China: Entwicklungslinien vom 19. bis ins 21. Jahrhundert

1 Einleitung

Der Besuch der zentralen Ausstellung des im Jahr 2011 mit großem Aufwand renovierten Chinesischen Nationalmuseums[1] auf dem Platz des Himmlischen Friedens in Beijing ist ein besonderes Erlebnis. Diese Ausstellung – bezeichnet als *fuxing zhi lu* mit der englischen Übersetzung »The Road of Rejuvenation« (deutsch: »Der Weg zum Wiederaufblühen«) – präsentiert das Bild eines von vielen Seiten bedrängten Chinas, in dem jahrhundertelang wenige weitsichtige Persönlichkeiten mit korrupten Machthabern um die Rettung Chinas ringen. Seit 1949 jedoch ist die Weste der Herrschenden blütenrein: So wird etwa der »Große Sprung nach vorn« (1958–61) zwar mit einer Abbildung thematisiert, die darauffolgende Hungersnot mit bis zu 50 Millionen Toten aber nicht erwähnt. Die Ausstellung vermittelt dagegen den Eindruck, die Bevölkerung sei aus dem Tal des Leides hinausgeführt worden und es seien sie, die Führer der Kommunistischen Partei, die China in eine blühende Zukunft führen werden.

Bereits dieses beinahe aseptisch saubere Bild der jüngeren chinesischen Geschichte verdient es sicherlich, diskutiert zu werden. Uns interessiert hier jedoch besonders der große Rahmen der Ausstellung. Sie beginnt mit

---

1 Das Chinesische Nationalmuseum (*Zhongguo guojia bowu guan*) wurde 2003 aus zwei separaten Museen gegründet, die bereits in einem Gebäude untergebracht waren: dem Museum der Geschichte Chinas und dem Museum der chinesischen Revolution. Dieses Bauwerk war als eines der »zehn großen Gebäude« im Stil des »sozialistischen Klassizismus« zum zehnten Gründungstag der Volksrepublik 1959 errichtet worden. Weitere Informationen auf der Website des Nationalmuseums: http://en.chnmuseum.cn.

Gestaltete Geschichte zeigt das Nationalmuseum auf dem Tian'anmen-Platz nach seiner Wiedereröffnung am 1. März 2011. (Foto: Imaginechina via AP Images)

einer leicht abstrahierten Wandskulptur, die klar erkennbar die chinesischen »vier großen Erfindungen« (*si da faming*) – nämlich Kompass, Papier, Druckkunst und Schießpulver – zeigt. Das letzte Objekt der Ausstellung ist die Raumkapsel, mit der Yang Liwei (*1965) – als Wachsfigur im Raumanzug ebenfalls dargestellt – im Oktober 2003 von Chinas erstem erfolgreichen bemannten Raumflug zurückkehrte. Auch sonst ist das Thema Wissenschaft und Technik in der Ausstellung prominent vertreten. Besonders gefeiert wird das chinesische Kernwaffen- und Raumfahrtprogramm der 1960er-Jahre, das in den 1990er-Jahren die Bezeichnung »zwei Geschosse und ein Satellit« (*liangdan yixing*) erhielt. Es umfasst den Test einer chinesischen Atombombe im Jahr 1964, die Herstellung von Trägerraketen für die nukleare Bewaffnung sowie den Start des ersten chinesischen Satelliten im Jahr 1970. Die zentralen Objekte der Ausstellung bestätigen damit einen auch anderweitig wahrnehmbaren öffentlichen Diskurs, der Wissenschaft und Technik eine immer wichtigere Rolle für die Entwicklung der chinesischen Gesellschaft in Vergangenheit und Gegenwart zuerkennt. Erfolge in Wissenschaft und Technik werden symbolisch zu einem, wenn nicht gar dem Indikator für den chinesischen Fortschritt und die Weltgeltung, die China in der Zwischenzeit erreicht hat. Diese Sicht der Dinge ist durchaus bemerkenswert, würde man doch von einem Land, das sich immer noch als sozialistisch bezeichnet, eher erwarten, dass man das Entstehen neuer gesellschaftlicher Strukturen und Werte als Ursachen des Fortschritts betont – Aspekte, die übrigens in der Ausstellung kaum thematisiert werden.

> ▶ **Die »vier großen Erfindungen«**
>
> In seinem »Novum Organum« hat der englische Denker Francis Bacon (1561–1626) im Jahr 1620 in Bezug auf die drei Erfindungen des Buchdruckes, des Schießpulvers und Magnetkompasses, die dem Altertum unbekannt gewesen seien, festgestellt, dass »kein Reich, keine Religion oder Philosophie, kein Stern […] größere Macht und größeren Einfluss auf die Entwicklung der Menschheit ausgeübt [hat] als diese Entdeckungen.« Ähnlicher Meinung waren Karl Marx (1818–83) und andere Denker des Abendlandes. Bacon und Marx war nicht bekannt, dass diese Erfindungen aus China stammten. In seinem Buch »The Invention of Printing in China and Its Spread Westwards« prägte der amerikanische Sinologe Thomas F. Carter im Jahr 1925 den Begriff der »vier großen Erfindungen«, der auch die ebenfalls chinesische Erfindung des Papiers – als Voraussetzung für den Buchdruck – mit einbezog. Seit Ende der 20er-Jahre des 20. Jahrhunderts wird der chinesische Ursprung dieser Erfindungen – auf Chinesisch *si da faming* – als Beweis für den chinesischen Beitrag zur Entwicklung der Weltzivilisation sowie als Beleg für die chinesische Leistungskraft in Wissenschaft und Technik propagandistisch verwertet. Der Begriff der »vier großen Erfindungen« ist jedem chinesischen Schulkind bekannt, die Erfindungen werden in zahlreichen Büchern, Zeitungsartikeln und Museen gefeiert.

In diesem Aufsatz möchte ich einige Überlegungen zur Verbindung von Wissenschaft, Modernität und Nation anstellen und mich damit einem Phänomen nähern, das sich in China eines hohen Grades an Popularität erfreut. Nach einer Skizzierung relevanter gesellschaftlicher Prozesse ab dem Ende des 19. Jahrhunderts, die die Grundlage für die weitere Entwicklung darstellen, werde ich für die Zeit nach 1949 insbesondere auf die Frage des Verhältnisses von Wissenschaft und Sozialismus, auf die Beziehung zwischen Wissenschaft, Technik und Militär, die in den letzten Jahren stark an Bedeutung gewonnen hat, sowie auf die Frage des Technonationalismus (siehe hierzu Kapitel 6) eingehen und schließlich zeigen, wie Wissenschaft und Technik bis in die Gegenwart hinein das Entstehen von aus Sicht der Herrscher »heterodoxen« Strömungen beeinflusste.

Iwo Amelung

2 Die Rezeption und Aneignung westlicher Wissenschaften in China bis zum Beginn der 20er-Jahre des 20. Jahrhunderts

Bereits während Chinas erster bewaffneter Auseinandersetzung mit einer imperialistischen Macht – nämlich mit dem Vereinigten Königreich im Verlauf des Ersten Opiumkrieges (1840–42) – wurde einer Reihe von hohen chinesischen Beamten die Überlegenheit der westlichen Technik deutlich vor Augen geführt. Das britische Schiff Nemesis, das erste Dampfschiff, das bis nach Ostasien gelangte, war aufgrund seiner Bewaffnung und seiner überlegenen Beweglichkeit eine wichtige Grundlage für den Sieg des Vereinigten Königreichs in dieser und den folgenden Auseinandersetzungen. Schon bald bemühten sich chinesische Beamte und Gelehrte, ebenfalls Dampfschiffe herzustellen (siehe hierzu die Beiträge von Christoph Müller-Hofstede und von Werner Meissner).

Der zeitgenössische englische Stich zeigt das Dampfschiff Nemesis, das während des Ersten Opiumkriegs 1841 chinesische Dschunken beschießt. (Foto: ullstein bild – The Granger Collection)

Erst Anfang der 1860er-Jahre jedoch gelang es einigen weitblickenden und innovativen Gelehrten in einem Prozess, den David Wright treffend als *reverse engineering* bezeichnet hat, ein einigermaßen funktionstüchtiges Dampfschiff herzustellen (Wright 2000). Während des gesamten verbleibenden 19. Jahrhunderts blieb die Methode, westliche Techniken zu kopieren bzw. zu adaptieren oder aber in Zusammenarbeit mit westlichen Technikern und Ingenieuren Maschinen, Schiffe und Waffen herzustellen, der dominante Ansatz der sogenannten Selbststärkungsbewegung, deren Scheitern durch die chinesische Niederlage im Ersten Chinesisch-Japanischen Krieg von 1894/95 auf dramatische Art und Weise deutlich wurde. Für den Großteil der chinesischen Beamten und Gelehrten, die sich im 19. Jahrhundert mit westlicher Wissenschaft und Technik auseinandersetzten (damals häufig zusammengefasst unter der Bezeichnung *xixue* [westliches Lernen]), hatte Technik – wie auch die als ihre Grundlage verstandene Wissenschaft – einen akzessorischen Charakter, das heißt, sie war die Anwendung (*yong*) im Gegensatz zur chinesischen Gelehrsamkeit, die dieser Vorstellung zufolge die Essenz bzw. die Grundlage (*ti*) darstellen sollte. Zurückgeführt werden kann diese Auffassung auf die Dichotomie von *dao* (Weg) und *qi* (Instrument), die dem traditionellen chinesischen Denken innewohnt (siehe den Beitrag von Werner Meissner sowie zum Begriff *dao* den Beitrag von Philip Clart).

Ideologisch sollte diese Unterscheidung die Anwendung westlichen Wissens und westlicher Technik erlauben, ohne dass die chinesische »Essenz« dadurch verunreinigt werden würde. Eine Implikation war aber auch, dass die Beschäftigung mit Wissenschaft und Technik gleichsam unter der Würde des chinesischen Gelehrten war. Eine Auseinandersetzung mit derartigen Fragen war zwar möglich, stellte aber keinesfalls den Kern der Aufgaben des Beamten dar. Indem man diese Konstruktion rückwirkend auf die chinesische Geschichte übertrug, konnte man postulieren, dass Wissenschaft und Technik in den Augen von chinesischen Gelehrten immer eine untergeordnete Rolle gespielt hätten. Mit der Dichotomie von *dao* und *qi* ließ sich jedoch auch die Aneignung des westlichen Wissens rechtfertigen: Konfuzius hatte einer weitverbreiteten Vorstellung zufolge die Instrumente entwickelt und benannt. Im Chaos zur Regierungszeit des Ersten Kaisers (221 v. Chr. bis 210 v. Chr.) hätten die Besitzer der Instrumente China verlassen. Außerhalb von China seien die Instrumente, und das heißt in dieser Interpretation Wissenschaft und Technik, weiterentwickelt worden und sie kämen nun, Ende des 19. Jahrhunderts, zurück nach China, wo sich das *dao*, also der Weg im Sinn von »Wesen«, in all den Jahren erhalten hatte. Diese Theorie des »chinesischen Ursprungs des westlichen Wissens/Lernens« (*xixue zhongyuan*) war Ende des 19. Jahrhunderts sehr weit verbreitet (Lackner 2008). Die Behauptung, dass westliches Wissen ursprünglich aus China stamme, diente auch dazu, die Akzeptanz westlicher Wissenschaft und Technik innerhalb der überwiegend konservativen chinesischen Beamtenschaft zu vergrößern.

Erst nach 1895, das heißt nach der chinesischen Niederlage im Chinesisch-Japanischen Krieg, die eine neue Phase der Auseinandersetzung Chinas mit dem Westen einläutete, wurde die Forderung erhoben, Wissenschaft und Technik zum zentralen Inhalt der Modernisierung zu machen und sich vor allem auch mit den gesellschaftlichen und intellektuellen Grundlagen zu beschäftigen, die den Triumph von Wissenschaft und Technik ermöglicht hatten. Von entscheidender Bedeutung waren dabei die Schriften Yan Fus (1854–1921), der gegen Ende des 19. Jahrhunderts eine weitgehende Verwestlichung Chinas forderte, bei der die Wissenschaft die entscheidende Rolle spielen sollte. In den Augen Yan Fus war die Wissenschaft nicht nur die Grundlage für die Modernisierung der chinesischen Technik, sondern sie stellte auch die Grundlage für die Modernisierung der Gesellschaft dar, die als unverzichtbar angesehen wurde, wenn China zu einem »modernen« und vor allem »reichen und starken« (*fuqiang*) Land werden sollte. Yan Fus Schriften beeinflussten vor allem die Reformer der gescheiterten Reformbewegung von 1898, verfehlten aber auch ihre Wirkung auf weitere Kreise der Beamtenschaft nicht. Das führte dazu, dass man sich zu Beginn des 20. Jahrhunderts immer intensiver mit Wissenschaft und Technik beschäftigte und die ersten populären Zeitschriften entstanden, die sich bemühten, Wissenschaft und Technik sowie die Leistungen von Erfindern und Wissenschaftlern einer größeren Öffentlichkeit vorzustellen. In diesen Zeitschriften sind Wissenschaft und Technik etwas exklusiv Westliches, aber dennoch überaus Erstrebenswertes bzw. gar Unverzichtbares in einer von darwinistischen Vorstellungen geprägten Welt. Ma Junwu (1882–1939), der erste Übersetzer Darwins, schrieb zum Beispiel: »Der Westen verwendet Wissenschaft, um das Land und die Rasse zu stärken. Da es in China an Wissenschaft fehlt, wird es seine nationale Unabhängigkeit verlieren und die chinesische Rasse wird ausgelöscht werden.« (1904, S. 31 f.) Wissenschaft und Technik müssten deshalb die wichtigste Grundlage für die Entwicklung der chinesischen Gesellschaft darstellen. Die Frage, ob es in China möglicherweise auch eine chinesische wissenschaftliche Tradition gegeben hatte, wird in diesen Veröffentlichungen gar nicht thematisiert.

In gewisser Hinsicht haben wir es also mit einer vollkommenen Umkehrung der erwähnten Vorstellung von der »Essenz des chinesischen Wissens und der Anwendungsbezogenheit der westlichen Wissenschaften« zu tun. Westliches Wissen sollte nun den Kern aller Bemühungen darstellen, das chinesische Wissen spielte keine Rolle mehr. Dieses chinesische Bild von der Entwicklung der Wissenschaften rekurrierte auf britische Vorstellungen des 19. Jahrhunderts, so wie sie von William Whewell (1794–1866) und anderen vertreten wurden, die ebenfalls in den Wissenschaften eine rein europäische Angelegenheit sahen. Es orientierte sich darüber hinaus unbewusst an einer Interpretation der Wissenschaftsgeschichte, nach der die Geschichte der Wissenschaft vom Jetztstand (damals frühes 20. Jahrhundert) geradlinig zurückzuverfolgen sei und die, nach der britischen liberalen Partei der Whigs, auch »Whig-Interpretation« genannt wird.[2] Diese gleichsam umgekehrt teleologische Sicht führte sogar dazu, dass Persönlichkeiten wie Ptolemäus, der bekanntlich ein geozentrisches Weltbild, von dem wir heute wissen, dass es inkorrekt ist, vertrat, in wissenschaftsgeschichtlichen Darstellungen nicht mehr vorkamen. Es verwundert nicht, dass es in einer derartigen Vorstellung von der Entwicklung der Wissenschaft keinen chinesischen Beitrag geben konnte. In vielen chinesischen Zeitschriften des frühen 20. Jahrhunderts finden sich deshalb Aufsätze, die die Bedeutung von westlichen Wissenschaftlern würdigen und gar feiern, aber die Rolle von Chinesen für diese Entwicklung infrage stellen oder gar explizit verneinen. Obwohl in den ersten Jahren des 20. Jahrhunderts die Theorie des chinesischen Ursprungs der westlichen Wissenschaft noch eine gewisse Rolle spielte, kritisierte die Mehrheit diese Position als Angeberei und Selbstbetrug; außerdem wurden zunehmend Selbstzweifel laut.

Geäußert wurden diese vor allem von im Westen und in Japan ausgebildeten Wissenschaftlern, wie zum Beispiel dem Chemiker Ren Hongjun (1886–1961), der im Jahr 1915 fragte, warum sich in China die Naturwissenschaften nicht entwickelt hätten. Die Beantwortung dieser Frage wurde als überaus wichtig angesehen, da nur so die Gründe für die chinesische Schwäche, für die dieser Sichtweise zufolge ganz wesentlich das Fehlen einer angemessenen Entwicklung von Naturwissenschaften und Technologie verantwortlich war, erforscht werden könnten. Wissenschaft erhielt gleichsam den Rang eines Allheilmittels. Nur durch sie würde »das Land

---

2 Der Begriff »Whig History« war ursprünglich von Herbert Butterfield geprägt worden, der damit einen historiografischen Ansatz kritisieren wollte, der die Vergangenheit als einen unaufhaltsamen Fortschritt in Richtung mehr Freiheit, Aufklärung und liberaler Demokratie beschreibt. In der Wissenschaftsgeschichtsschreibung wird der Begriff vor allem verwendet, um eine Form der Historiografie zu kritisieren, die sich nur mit einer Kette von erfolgreichen Ideen und Experimenten auseinandersetzt, die angeblich zur modernen Wissenschaft geführt haben, und die deshalb die nicht erfolgreichen Theorien und die Sackgassen der Geschichte vollständig ausblendet.

gerettet« werden können (*kexue jiuguo*). Die Forderung nach der Übernahme des »Herrn Wissenschaft« (*sai* [von *science*] *xiansheng*), die während der 4.-Mai-Bewegung[3] von protestierenden Studenten lauthals verkündet wurde, ist eine Konsequenz dieser Stimmungen. In den Augen vieler junger Chinesen dürfte sie wichtiger gewesen sein als die ebenfalls erhobene Forderung nach dem »Herrn Demokratie« (*de xiansheng*). Im Jahr 1923 stellte Hu Shi (1891–1962), einer der Gründer der chinesischen Wissenschaftsgesellschaft (*Zhongguo kexueshe*, gegründet 1914 an der Cornell University von chinesischen Studenten) und einflussreicher Professor an der Peking University, rückblickend fest:

»Wissenschaft hat in China eine Position der Verehrung erreicht, die nicht übertroffen werden kann. Egal ob es sich um Menschen handelt, die etwas von Wissenschaft verstehen oder aber nichts von ihr verstehen, egal ob es sich um Konservative oder Reformer handelt, niemand wird es wagen, ihr gegenüber öffentlich eine herablassende oder beleidigende Haltung einzunehmen.« (Zit. nach Amelung 2008, S. 162)

Anders als Ren Hongjun war Hu Shi jedoch davon überzeugt, dass es in China in der Vergangenheit durchaus gedankliche und praktische Ansätze gegeben hatte, die den Naturwissenschaften im Westen ähnlich waren. Das war für Hu Shi vor allem deswegen wichtig, da sich Ende des zweiten Jahrzehnts des 20. Jahrhunderts der Renaissancebegriff in China einer großen Beliebtheit erfreute und die indigene Tradition so für die Wiederbelebung einer »chinesischen wissenschaftlichen Methode« benutzt werden könnte. Gleichzeitig war Intellektuellen wie Hu Shi klar, dass die Propagierung patriotischer oder nationalistischer Werte zumindest in Teilen eine glanzvolle Vergangenheit notwendig machte. Die chinesische wissenschaftliche Tradition, die mit Beginn der 1920er-Jahre zunächst zögerlich und dann unter direktem westlichem Einfluss immer schneller entdeckt wurde, sollte deshalb dazu beitragen, eine Haltung zu propagieren, die es, wie Laurence A. Schneider pointiert formulierte, China erlauben würde, »modern zu sein und dennoch chinesisch zu bleiben« (Schneider 1971, S. 95).

---

3 Die 4.-Mai-Bewegung (1919–21) war eine Bewegung, die die kulturelle und nationale Erneuerung Chinas zum Ziel hatte und hierfür die Übernahme westlicher Ideen propagierte. Ausgangspunkt war eine Demonstration von Studenten am 4. Mai 1919 in Beijing, die sich gegen den Versailler Vertrag, der die ehemals deutschen Rechte und Territorien in China Japan zusprach, richtete.

3 Indigenisierung der Wissenschaften

Chinesischer Mediziner bei der Erforschung von Flecktyphus; er hantiert mit Läusen als Versuchstieren. (Foto: ullstein bild – DRK, Beijing, 1940)

Ungeachtet der großen Bedeutung, die weite Teile der chinesischen Bevölkerung der Wissenschaft beimaßen, blieben die Erfolge, die chinesische Wissenschaftler erzielten, relativ begrenzt. Das war der Hintergrund dafür, dass die Frage nach der »Lokalisierung« oder Indigenisierung der Wissenschaften in den 20er- und 30er-Jahren des 20. Jahrhunderts zunehmend an Bedeutung gewann. Dabei ging es darum, den Naturwissenschaften gleichsam eine chinesische Identität zu verschaffen. Dieser Prozess hatte ganz praktische Seiten, aber auch eine Vielzahl von symbolischen Implikationen. Auf der praktischen Seite spielte nicht zuletzt die sprachliche Ebene eine große Rolle. 1926 schrieb zum Beispiel Zhou Jianren (1888–1984), der jüngere Bruder Lu Xuns (1881–1936, ursprünglich Zhou Shuren) und einflussreiche Wissenschaftsjournalist:

»1. Wissenschaftliche Theorien und Fakten müssen die einheimische Sprache und Schrift verwenden, um auf angemessene Art und Weise ausgedrückt werden. 2. Wissenschaftliche Theorien und Fakten müssen mit Phänomenen und Erfahrungen, die in unserem Land weit geläufig sind, erläutert werden. 3. Es ist darüber hinaus notwendig, wissenschaftliche Theorien und Fakten zu verwenden, um in unserem Land bekannte Phänomene und ursprünglich vorhandene Erfahrungen zu beschreiben. Wenn wir dieser Arbeit einen Namen geben wollen, so bezeichnen wir sie als ›Sinisierung der Wissenschaften‹ (*kexue de zhongguohua*).« (Zhou 1926, S. 2)

Zhou ging so weit, die Rezeption und Aneignung der Naturwissenschaften mit der Entwicklung des chinesischen Buddhismus zu vergleichen, der ebenfalls aus dem Westen – aus Indien – nämlich nach China gelangt war

(Zhou 1926). Von Bedeutung ist dieser Vergleich vor allem deswegen, da der Buddhismus ja tatsächlich sinisiert werden konnte und – in unserem Zusammenhang noch wichtiger – einen unverzichtbaren Bestandteil von Chinas kultureller und religiöser Identität darstellt (siehe den Beitrag von Philip Clart).

In vielerlei Hinsicht wirken Zhou Jianrens Äußerungen geradezu programmatisch. Abgesehen von der Frage der chinesischen Wissenschaftssprache, wurde in den 20er- und 30er-Jahren des 20. Jahrhunderts die Beschäftigung mit Chinas natürlicher Umwelt zu einem wichtigen Aspekt der chinesischen wissenschaftlichen Beschäftigung. Genauso wichtig wurde die Suche nach den indigenen Wurzeln der modernen Wissenschaft, das heißt die Entwicklung einer chinesischen Wissenschaftsgeschichtsschreibung, und die Popularisierung ihrer Ergebnisse durch Slogans wie den von den »vier großen Erfindungen«. Durchaus typisch ist dabei auch die Übernahme westlicher Forschungsergebnisse und Ideologeme. Das Schlagwort von den »vier großen Erfindungen« zum Beispiel war zunächst von Thomas Francis Carter (1882–1925) in seinem Buch über die Erfindung der Druckkunst in China geprägt worden. Während der 1930er-Jahre erfolgte dann die Einbindung der Geschichte von Wissenschaft und Technik in die Meistererzählung der chinesischen Geschichte. Bald wurden die Leistungen der chinesischen Wissenschaft auch zu einem wichtigen Bestandteil der Rhetorik politischer Führer. Nicht nur Chiang Kai-shek bezog sich auf sie, sondern auch dessen Gegenspieler Mao Zedong, der die Erfindungen Chinas im Altertum als einen Ausdruck des positiv verstandenen »Alters der chinesischen Zivilisation« betrachtete (Amelung 2003).

4 Chinesische Wissenschaft und Sozialismus

Obwohl sich die VR China nach ihrer Gründung im Jahr 1949 einem sozialistischen Internationalismus verpflichtet fühlte, verzichtete sie nicht auf einen sozialistischen Patriotismus, der wie in der DDR zum »Zusammenschweißen der sozialistischen Menschengemeinschaft« dienen sollte.

Der notwendige emotional geprägte Überbau wurde durch eine Neubewertung und Reinterpretation der Geschichte geschaffen. Das galt vor allem für die Rolle der arbeitenden Massen, das heißt der Bauern, die an vielen Orten von Objekten zu Subjekten der historischen Entwicklung wurden.

Im Bereich der Wissenschaftsgeschichte konnte man nahtlos an die Traditionen der Republikzeit anknüpfen. Sichtbar wird das zum Beispiel an einer wohlorchestrierten Propagandakampagne mit dem Titel »Chinas

Nummer eins (*en*) der Welt« (*Zhongguo shijie di yi*). Ziel war es, deutlich zu machen, dass »China liebenswert ist, und dass ein China, das dazu zum Volkschina geworden ist, besonders liebenswert ist«. Diese Kampagne der Shanghaier Zeitung Dagongbao aus dem Jahr 1951 – während des Koreakrieges – wurde bald auch in Buchform präsentiert. Es ging darum, die Gegenstände und Entwicklungen zu präsentieren, die China besonders auszeichnen und die es legitim erscheinen lassen, dass das Land in einer weltweiten »Rangliste« den ersten Platz (früher, größer, besser) einnimmt.

Bemerkenswert ist die nahezu organische Verbindung zwischen Staat, natürlicher Umwelt – repräsentiert zum Beispiel durch den höchsten Berg, den Mount Everest, aber auch durch die Sojabohne – und Menschen. Im Fall der Sojabohne war man besonders stolz darauf, dass diese nach chinesischer Darstellung zunächst in China angebaut worden sei und von dort ihren Siegeszug in der Welt angetreten habe. An vielen Stellen der Kampagne wird auf die chinesische Wissenschafts- und Technikgeschichte rekurriert und nicht selten werden diese Leistungen, wie zum Beispiel die Erfindung des Kompasses, die genaue Berechnung der Zahl Pi oder die frühen Aufzeichnungen von Himmelserscheinungen auf Orakelknochen, in sehr kurzen Aufsätzen präsentiert, die von wichtigen Wissenschaftlern verfasst wurden, wie zum Beispiel vom Vizepräsidenten der Akademie der Wissenschaften, Zhu Kezhen (1890–1974), oder vom Architekturhistoriker Liang Sicheng (1901–72).

Eine Anpassung an die veränderte politische Situation wurde vor allem dadurch vorgenommen, dass ein stärkeres Gewicht auf den Beitrag der Massen gelegt wurde. Das bedeutete aber keineswegs, dass historische Persönlichkeiten – »Wissenschaftler« – aus dem Diskurs ausgegliedert wurden.

Als Anfang der 50er-Jahre des 20. Jahrhunderts die Lomonossow-Universität in Moskau die »sozialistischen Bruderländer« darum ersuchte, die wichtigsten Wissenschaftler ihres Landes zu benennen und deren Portraits für die Präsentation in der Lobby der Universität zur Verfügung zu stellen, beriet auch die Leitung der chinesischen Akademie der Wissenschaften über diese Frage, benannte schließlich vier Wissenschaftler aus der chinesischen Geschichte und gab ihre Portraits bei einem bekannten Maler in Auftrag. Diese Portraits, die völlig imaginär waren, erhielten einen geradezu kanonischen Charakter, da sie in Form von Briefmarken millionenfach unters Volk gebracht wurden und bis heute in chinesischen Lehrbüchern Verbreitung finden.

Sehr schnell wurde der chinesischen Führung bewusst, dass die Propagierung der wissenschaftlichen Leistungen Chinas nicht nur eine Wirkung nach innen hatte, sondern auch auf das Ausland. Das Projekt des britischen

Sinologen Joseph Needham (1900–95), eine Geschichte der chinesischen Wissenschaft und Technik zu verfassen, wurde von Anfang an von offizieller Seite unterstützt (Guo Jinhai 2007). In den einzelnen Bänden von »Science and Civilisation« bedankt sich Needham jeweils bei Persönlichkeiten und Institutionen, die seine Arbeit gefördert haben, das heißt natürlich auch, dass er dem chinesischen Staat dankt, der alle wissenschaftlichen Institutionen in dieser Zeit kontrollierte.

Wichtig war auf jeden Fall, dass das »Needham-Rätsel« (*Li Yuese nanti*), das heißt die Frage, warum sich moderne Wissenschaft nur in Europa entwickelt hatte und nicht in China, obwohl dieses vom zweiten bis zum 15. Jahrhundert wissenschaftlich wesentlich effizienter gewesen war als der Westen, die Möglichkeit bot, zwei sich im Grunde widersprechende Auffassungen zur Entwicklung der chinesischen Wissenschaft und Technik miteinander zu versöhnen: den Stolz auf die eigene wissenschaftliche und technische Tradition einerseits und die ebenfalls weitverbreiteten Zweifel an eben dieser Tradition andererseits, die natürlich auch eine anspornende Funktion hatten.

Betrachtet man die wissenschaftliche Praxis, so lässt sich erkennen, dass diese bald nach der Machtübernahme durch die Kommunistische Partei unter ideologische Einflüsse geriet, von denen große Teile aus der Sowjetunion – Chinas wichtigstem Verbündeten – importiert wurden. Am folgenreichsten war der sowjetisch-marxistische Einfluss auf die Entwicklung der chinesischen Wissenschaft in der Frühphase im Bereich der Biologie und der Genetik, die wie in der Sowjetunion von Trofim Denissowitsch Lyssenko (1898–1976)[4] dominiert wurde. Nicht anders als Lyssenko in der UdSSR ließ auch sein chinesischer Epigone Luo Tianyu (1900–84) seine vermeintlichen und tatsächlichen Gegner gnadenlos verfolgen. Das hatte tief greifende Auswirkungen auf die Entwicklung des Faches. Das strenge Einhalten der Lyssenko-Linie und insbesondere der große Einfluss von orthodoxen sowjetischen Wissenschaftlern auf die chinesische Genetik sorgten schließlich innerhalb der wissenschaftlichen chinesischen Elite für so große Unruhe, dass auf der gefeierten Qingdao-Konferenz von 1956 offiziell beschlossen wurde, im Bereich der Genetik auch andere Meinungen als die der Lyssenko-Anhänger zuzulassen (Schneider 1986,

---

4 Lyssenko vertrat die Theorie, dass durch Umwelteinflüsse erworbene Eigenschaften vererblich seien, womit eine gezielte Veränderung der Erbanlagen durch die Veränderung der Lebensbedingungen möglich sei. Da seine Kritiker verfolgt wurden, blieb seine nie bewiesene Theorie in der UdSSR über Jahrzehnte bestimmend und hemmte so die Weiterentwicklung der Genetik.

S. XI–XIII). Ihre besondere chinesische – und damit potenziell identitätsbildende – Note erhielt die Wissenschaft durch die Betonung der Mitwirkung der »Massen« an wissenschaftlichen Unternehmungen. Erreicht werden sollte das unter anderem durch ein bereits in den frühen 1950er-Jahren eingeleitetes umfangreiches Programm zur Popularisierung der Wissenschaften, das auch mit politischen Bewegungen – beispielsweise mit derjenigen, die die Forderung, zugleich »rot und Experte zu sein« (1957), vertrat – in einer engen Verbindung stand. Das Programm zur Popularisierung betonte besonders, dass Popularisierung keine Einbahnstraße sei und nicht nur darauf abziele, die Massen des Volkes von den Erfahrungen der Wissenschaft profitieren zu lassen, sondern dass es auch Kommunikationsprozesse gab, die in die andere Richtung wirkten. Wissenschaftler sollten auf diese Art und Weise gleichsam aus ihren Elfenbeintürmen »befreit« werden, um so von den praktischen Erfahrungen der Massen zu profitieren und diese in ihre wissenschaftliche Arbeit zu integrieren (Schmalzer 2008, S. 113–136). Die Gebiete der Wissenschaft, in denen das vermeintlich oder tatsächlich gelang, erhielten besondere Beachtung und wurden intensiv für Propagandazwecke instrumentalisiert. Die spektakulärsten Ergebnisse schienen im Bereich der Erdbebenvorhersage erzielt worden zu sein. Anders als in vielen anderen Teilgebieten der Wissenschaft kam hier die Publikationstätigkeit auch während der Kulturrevolution nicht vollständig zum Erliegen. Die erfolgreiche Vorhersage des Haicheng-Erdbebens im Süden der Provinz Liaoning im Jahr 1975 verschaffte dem chinesischen Ansatz ein hohes Maß an internationaler Aufmerksamkeit (Bennett 1979). Zwar ist bis heute strittig, inwieweit die chinesischen Erfolge der Erdbebenvorhersage als belastbar anzusehen sind, sicher ist jedoch, dass dieser Aspekt der »Massenwissenschaft« einen tiefen Eindruck im kollektiven chinesischen Gedächtnis hinterlassen hat. Eine der ersten Szenen von Feng Xiaogangs (*1958) Film »Aftershock« aus dem Jahr 2010, der das Erdbeben von Tangshan zum Thema hat, zeigt einen gigantischen Schwarm von Libellen. Feng spielt hier auf Vorhersagetechniken an, die sich auf die Beobachtung von ungewöhnlichem Verhalten bei Tieren beziehen und die angeblich im Fall des zerstörerischen Erdbebens von Tangshan 1976 nicht hinreichend beachtet worden sind.

Ein weiterer Bereich, in dem die chinesische »Massenwissenschaft« sich als erfolgreich und effizient präsentierte, war die ländliche Gesundheitsfürsorge: Sie wurde von den sogenannten Barfußärzten verkörpert und betonte in besonderem Maß indigene Praktiken, das heißt die sogenannte traditionelle chinesische Medizin, die im Grunde genommen erst in den 1950er-Jahren als »erfundene Tradition« entstand (Taylor 2005).

Iwo Amelung

»Barfußärzte« leisteten im Juli 1976 im Erdbebengebiet von Tangshan Erste Hilfe (Foto: ullstein bild – AP)

Insbesondere zu Beginn der 1970er-Jahre, als China vorsichtig begann, sich dem Ausland gegenüber zu öffnen, erhielt die wissenschaftliche chinesische Praxis gerade aufgrund der Beteiligung der Massen und ihrer vermeintlich emanzipatorischen und demokratischen Ausprägung ein hohes Maß an internationaler Aufmerksamkeit, die wiederum nach China zurückgespiegelt wurde. Zu nennen sind in diesem Zusammenhang vor allem die Parole der »wissenschaftlichen Landwirtschaft« (*kexue zhong tian*) und die sogenannte Offene-Türen-Erziehungsbewegung der Spätphase der Kulturrevolution. Westliche Beobachter malten in viel gelesenen Büchern wie »Science Walks on Two Legs« von 1974[5] und Aufsätzen zur mathematischen Erziehung ein geradezu euphorisches Bild von den Möglichkeiten, die eine Wissenschaft unter Einbeziehung der »Massen« bot.

Für eine beträchtliche Anzahl von Wissenschaftlern sah die Realität von den 1950er-Jahren bis in die 1970er-Jahre hinein jedoch vollkom-

---

[5] Bei den Herausgebern dieses Buches handelte es sich um eine Gruppe von amerikanischen Wissenschaftlern und Studenten der Harvard University und des Massachusetts Institute of Technology (MIT), die sich in ihrer Gründungsphase kritisch mit der Rolle der amerikanischen Wissenschaft im Vietnamkrieg und in anderen Konflikten, in die die USA involviert waren, auseinandersetzte.

men anders aus. Für die Kommunistische Partei hatte die Durchsetzung von Loyalität gegenüber dem Regime und eine teilweise bis zur Selbstverleugnung reichende ideologische Konformität eine hohe Priorität (Dikötter 2013). Diese ideologischen Vorgaben gerieten jedoch immer wieder mit den Bestrebungen des Landes zur wissenschaftlichen und militärischen Modernisierung in Konflikt. Vor allem aus dem Ausland (insbesondere den USA) zurückgekehrte Wissenschaftler konnten leicht in den Verdacht der politischen oder ideologischen Illoyalität geraten – einige von ihnen, wie der in der anfangs erwähnten Ausstellung ausgiebig gefeierte Qian Xuesen (1911–2009), der »Vater des chinesischen Raketenprogramms«, bemühten sich, diesem Verdacht durch Akte der Überangepasstheit entgegenzutreten. Qian verfasste einen Aufsatz mit einem »wissenschaftlichen Beweis« dafür, dass die überzogenen Ziele des Großen Sprungs nach vorn im Bereich der Landwirtschaft erreichbar waren. So bestärkte er die Führung der Kommunistischen Partei darin, dass die von ihr verfolgte Politik richtig sei. Tatsächlich wurde Qian spätestens durch diesen Akt zu einem opportunistischen Mitläufer des Systems, der zumindest Mitverantwortung für die Katastrophe der Hungersnot, die vielen Millionen Menschen das Leben kostete, trug (Chang 1995, S. 240–245).

Ebenfalls mitverantwortlich für die Katastrophe war, dass das Regime erneut die Methoden Lyssenkos im Bereich der Landwirtschaft förderte. Das gilt vor allem für das Tiefpflügen und die Engbepflanzung, durch die angeblich die Produktivität gesteigert werden konnte, die aber tatsächlich zu katastrophalen Missernten oder gar dem gesamten Ausfall der Ernte führten. Der Große Sprung nach vorn kann deswegen als eine geradezu schizophrene Phase des chinesischen Wissenschaftsverständnisses angesehen werden.

Das Feiern von wissenschaftlich-technologischen Höchstleistungen – so bejubelte zum Beispiel die Propaganda den erfolgreichen Start des sowjetischen Satelliten Sputnik 1957 und die Planvorgaben, Höchstleistungen in der industriellen oder landwirtschaftlichen Produktion zu erreichen, wurden häufig mit »einen Sputnik starten« umschrieben – stand in einem eklatanten Kontrast zu einer Haltung, die mit antielitär nur unzureichend beschrieben ist. In einem Artikel der offiziellen Volkszeitung im September 1958 heißt es zum Beispiel:

»Unter den Bedingungen des Sozialismus sollten Arbeiter und Bauern die Besitzer von Wissenschaft und Technologie sein [...]. Im Verlauf des Kampfes um die Produktion erwerben die werktätigen Massen ein tiefes Verständnis von allen Phänomenen und Gesetzen der Dinge. In dem Moment, in dem sie ihre Minderwertigkeitskomplexe losgeworden sind und den Aberglauben, dass Wissenschaft für sie nicht erreichbar sei, abgelegt haben, werden sie sein wie eine Atombombe und sie werden ein glorreiches Licht hervorbringen.« (Zit. nach Cui Luchun 2002, S. 44)

Kang Sheng (1898–1975), einer der loyalsten Gefolgsleute Mao Zedongs, äußerte ebenfalls im Jahr 1958:

»Wissenschaft bedeutet einfach wagemutig handeln. Es liegt nichts Geheimnisvolles darin [...]. Kernreaktoren, Teilchenbeschleuniger und Raketen sind nichts Besonderes. Habt einfach keine Angst vor diesen Dingen und es wird euch sehr schnell gelingen, sie zu erreichen.« (Zit. nach Becker 1996, S. 62)

Wohl nirgendwo wird die Atmosphäre der geradezu utopischen Zuversicht so deutlich wie auf den Propagandapostern dieser Zeit, die ein vollständig mechanisiertes und modernisiertes China visualisieren, von dem man – und das war eine der Hauptaussagen – nur noch wenige Jahre entfernt war. Auffällig ist in diesem Zusammenhang besonders die Betonung der Symbolik des Atoms, die Chinas 1955 getroffene Entscheidung, nukleare Bewaffnung anzustreben (»nukleare Energie« wie es in der euphemistischen Sprache der Zeit hieß), widerspiegelt.[6]

Auch während der Kulturrevolution 1966–76 blieb die Euphorie für Wissenschaft und Technik weitgehend erhalten. Sie trat nun in einen noch deutlicheren Widerspruch zu einer immer stärkeren Ideologisierung der Gesellschaft, die auch vor den Naturwissenschaften nicht haltmachte. Die Definition eines Klassenstandpunktes und die Kritik an »reaktionären idealistischen Vorstellungen« innerhalb der Naturwissenschaften führten zu Denkverboten und Kampagnen, die sich zum Beispiel auch gegen Albert Einstein und dessen Relativitätstheorie richteten, die als »idealistisch« diffamiert wurde (Hu 2005, S. 152–169).

Noch wichtiger für die weitere Entwicklung war die Kritik an wissenschaftlich begründeten Warnungen zur Begrenztheit der Energieressourcen und zur Zerstörung der Umwelt, die vor allem in der Spätphase der Kulturrevolution laut wurde. Im Einklang mit der besonders während des Großen Sprungs nach vorn breit propagierten Vorstellung, dass die Natur zu »bezwingen« sei, betonten Kritiker, dass es sich bei derartigen Warnungen um eine »Verschwörung des Westens« handele, die den sozialistischen Ländern ihre Entwicklungsmöglichkeiten streitig machen wolle, bzw. dass es sich um Probleme handele, die nur die westlichen Länder beträfen und die darüber hinaus deutlich machten, wie sehr diese Länder bereits ihr Vertrauen in das System verloren hätten (Hu 2008).

---

6 Siehe für Abbildungen die informative Website http://chineseposters.net/index.php.

Es ist nicht frei von Ironie, dass es gerade die im Westen geäußerten Bedenken zu den Grenzen des Wachstums waren, speziell der Bericht des Club of Rome, die chinesische Wissenschaftler und Funktionäre wie vor allem Song Jian (*1931) in den 1970er-Jahren dazu bewogen, sich intensiv mit der demografischen Entwicklung Chinas auseinanderzusetzen und als Lösung das Programm der Ein-Kind-Politik zu entwickeln, das dann ab 1979/80 umgesetzt wurde. Zu Recht ist diesem Programm vorgeworfen worden, es sei Resultat eines ausschließlich technokratischen Ansatzes, das Problem der demografischen Entwicklung zu lösen, gewesen, womit ein Politikentwurf rücksichtslos durchgesetzt worden sei, der die zum Teil traumatischen Folgen für die Menschen gar nicht berücksichtigt habe (Greenhalgh 2008; siehe auch den Beitrag von Thomas Scharping).

5 Wissenschaft und Modernität

Das häufig utopisch wirkende Bild der Möglichkeiten von Wissenschaft und Technik impliziert in China auch immer die Verheißung auf Modernität. Die ausschließliche Fokussierung auf Wissenschaft und Technik als Zeichen für Modernität ist jedoch – wie eingangs angedeutet – keine Selbstverständlichkeit. Die Vertreter der 4.-Mai-Bewegung im Jahr 1919 hatten noch Wissenschaft und Demokratie gefordert. Deng Xiaopings Forderung nach den »vier Modernisierungen« aus dem Jahr 1978 hatte aber Wissenschaft und Technik eindeutig eine Schlüsselrolle für die Modernisierung Chinas zugewiesen, sodass es nahelag, den Grad der Modernisierung des Landes ganz wesentlich am Fortgang der Entwicklung von Wissenschaft und Technik zu messen und eben nicht, wie von Wei Jingsheng (*1950) gefordert, sich auch mit der »fünften Modernisierung«, nämlich der Demokratisierung des politischen Systems, zu beschäftigen.

Seit Beginn der 90er-Jahre des 20. Jahrhunderts lässt sich beobachten, dass die Bedeutung von Wissenschaft und Technik als Gradmesser der Modernisierung erneut zunimmt und zugleich das »kritische Potenzial« der Wissenschaften eine immer geringere Rolle spielt.

Noch in den 1980er-Jahren hatten immer wieder Wissenschaftler darauf hingewiesen, dass die Fortentwicklung der Wissenschaften eines demokratischen Umfeldes bedurfte. Symbolfigur für derartige Forderungen war der Astrophysiker Fang Lizhi (1936–2012), dessen physikalische Forschungen ab den 1950er-Jahren wiederholt mit der herrschenden Ideologie in Konflikt geraten waren und der selbst darauf hingewiesen hatte, dass in China »das Studium der Naturwissenschaften einen leicht zum Konterrevolutionär« mache (zit. nach Buckley 1991, S. 2). Fang betonte, dass es vor allem diese leidvollen Erfahrungen gewesen waren, die ihn zu einem entschiedenen Befürworter von demokratischen Reformen gemacht hätten. Auch nach Fang Lizhis Ausreise aus China im Jahr 1990 gab es noch Wissenschaftler, die sich für eine Demokratisierung des Systems einsetzten.

Zu nennen ist hier vor allem Xu Liangying (1920–2013), der Übersetzer der gesammelten Werke Einsteins, dem es im Jahr 1995 gelang, seinen Lehrer Wang Ganchang (1907–1998) – einen der Väter der chinesischen Atombombe – zur Unterzeichnung eines offenen Briefes zu bewegen, der die Freilassung von politischen Gefangenen in China forderte. Insgesamt verloren Forderungen nach mehr Demokratie aber in den 1990er-Jahren deutlich an Bedeutung – das ist nicht zuletzt darauf zurückzuführen, dass es den Wissenschaftlern materiell zunehmend besser ging.

Zugleich gewann die Forderung nach einer Popularisierung der Wissenschaften an Bedeutung. Sie wurde auch bald eng mit der Kampagne zur patriotischen Erziehung verknüpft. Gelingen sollte diese Verknüpfung bemerkenswerteweise vor allem dadurch, dass die wissenschaftshistorischen Aspekte nicht nur in den Geschichtslehrwerken, sondern auch in den Lehrbüchern aller anderen wissenschaftlichen Disziplinen eine Stärkung erfuhren. Im Jahr 1995 tauchte dann die Devise *kejiao xingguo* (mithilfe von Wissenschaft und Bildung das Land erblühen lassen) auf, die sicherlich nicht zufällig der Losung *kexue jiuguo* (mithilfe von Wissenschaft das Land retten) ähnelte, die in den 1920er- und 1930er-Jahren das Leitbild von Wissenschaftlern wie Ren Hongjun, Zhu Kezhen und Hu Shi dargestellt hatte.

Ein offiziell formuliertes Ziel der Politik besteht nun darin, dafür zu sorgen, dass im Jahr 2049, das heißt zum 100. Jahrestag der Gründung der VR China, jeder Bürger des Landes über »wissenschaftliche Qualität« verfügt. Angestrebt wird, dass »alle Bürger, die älter sind als achtzehn Jahre, über das notwendige wissenschaftliche Wissen verfügen und dass sie dazu in der Lage sind, mit wissenschaftlicher Haltung und wissenschaftlicher Methode Entscheidungen zu treffen und jede Art von Aufgaben zu erledigen«.[7] Um das zu erreichen, erließ der Volkskongress im Jahr 2002 ein Gesetz über die Popularisierung von Wissenschaft, das unter anderem vorsah, eine beträchtliche Anzahl von Wissenschafts- und Technikmuseen zu errichten, und auf verschiedenen Ebenen – wichtig waren hier vor

---

7 Von der Chinesischen Vereinigung für Wissenschaft und Technik im Jahr 1999 verabschiedeter »Aktionsplan zur wissenschaftlichen Qualität des gesamten Volkes« (*Quanmin kexue sushi xingdong jihua*), vgl. dazu Amelung 2008, S. 170.

allem Schulen und Wohngebiete – eine Reihe von Maßnahmen einleitete. So sind Strukturen entstanden, die in der Tat eine schnelle und effiziente Kommunikation mit der Bevölkerung ermöglichen. Deutlich wurde das im März 2011, als nach der Fukushima-Katastrophe sehr schnell eine koordinierte Kampagne zur Aufklärung über die Risiken von radioaktiver Strahlung und die Möglichkeiten, sich vor ihr zu schützen, eingeleitet wurde. Auch dadurch konnte jedoch die kurzfristige Panik, die sich im massenhaften Kauf von jodhaltigem Salz ausdrückte, nicht verhindert werden.

Auffällig ist die »Militarisierung« der Wissenschaftspropaganda, die vor allem durch die enge Verknüpfung von »wissenschaftlichem Fortschritt« mit dem chinesischen Atombomben- und Raumfahrtprogramm erreicht wurde. Während dieses Programm natürlich zunächst weitgehend geheim ablief, sind seit den 1990er-Jahren eine Vielzahl von Veröffentlichungen entstanden, die den chinesischen Weg zur Atombombe und zur (damals noch nicht bemannten) Raumfahrt feiern. Im Zentrum dieser Veröffentlichungen steht nicht – und das ist eine signifikante Veränderung – das Kollektiv, sondern vielmehr die Persönlichkeit des herausragenden Wissenschaftlers, der einen Beitrag zum Schutz und zur Entwicklung des Vaterlandes leisten will. Wissenschaft und Patriotismus bzw. Nationalismus gehen so eine beinahe organische Verbindung ein, die seitdem in den chinesischen Medien überaus präsent ist.

Am 18. September 1999 zeichnete der damalige Staatspräsident Jiang Zemin (*1926) eine Gruppe von wissenschaftlichen und technischen Experten (*keji zhuanjia*) für ihre Verdienste für das eingangs erwähnte *liangdan-yixing*-Programm (zwei Geschosse und ein Satellit) aus. Wesentlich ist das Datum der Auszeichnung, ist der 18. September doch der Gedenktag für den Mukden-Zwischenfall von 1931, als zwei japanische Offiziere nahe der Stadt Mukden einen Sprengstoffanschlag auf die Südmandschurische Eisenbahn verübten. Der Anschlag markierte den Beginn der Auseinandersetzung mit Japan, in deren Verlauf Japan die Mandschurei besetzte (siehe den Beitrag von Christoph Müller-Hofstede).

Von großer Bedeutung für die chinesische Wissenschaftspropaganda sind vor allem die Beiträge des bereits erwähnten Starwissenschaftlers Qian Xuesen, der 1955 aus den USA nach China zurückkehrte und an maßgeblicher Stelle am chinesischen Programm zur Entwicklung von Trägerraketen beteiligt war. Bereits zu seinen Lebzeiten erschien eine geradezu unüberschaubare Anzahl an Veröffentlichungen, in denen seine Beiträge für das Vaterland gefeiert werden und die geflissentlich Qians bereits erwähnten Aufsatz aus dem Jahr 1957 übergehen. Marschall Nie Rongzhen (1899–1992), der das Atombomben- und Trägerraketenprogramm von der militärischen Seite her betreute, wird ebenfalls weithin gefeiert. Bemerkenswert ist ein großes Museum in seinem Heimatort, das in seiner Form dem Gerüst nachempfunden ist, in dem im Oktober 1964 die erste chinesische Atombombe gezündet wurde. In den Jahren 2003 und 2004 wurde im chinesischen Fernsehen wiederholt ein Dokumentarfilm mit dem Titel »Der große Knall im Osten« (*dongfang juxiang*) gezeigt, der die Entwicklung der Atombombe zum Thema hatte. Diese gleichsam »kanonisierte« Fassung findet sich auch, wie eingangs erwähnt, in der Ausstellung des chinesischen Nationalmuseums. Im Sommer des Jahres 2009 besuchte schließlich Premierminister Wen Jiabao (*1942) die wenigen noch lebenden Wissenschaftler der ersten Generation des Atombombenprojektes bzw. deren Witwen. Über diese Besuche wurde in den chinesischen Medien umfassend berichtet. Auch Fotos des bereits bettlägrigen Qian Xuesen wurden gezeigt. Noch mehr Öffentlichkeit erhalten die Leistungen der wissenschaftlichen Elite durch Filme oder Fernsehserien, wie etwa der im Februar 2011 im chinesischen Zentralfernsehen ausgestrahlten 40-teiligen Serie »Die rote Flagge mit den fünf Sternen weht im Wind« (*wuxing hongqi yingfeng piaoyang*). Diese Serie war aus Anlass des 90. Jahrestages der Gründung der Kommunistischen Partei, des 100. Geburtstages von Qian Xuesen und des 45. Jahrestages des ersten chinesischen Kernwaffentestes ausgestrahlt worden. Auch hier spielen die Leistungen der Wissenschaftler – vor allem bei der Überwindung von Schwierigkeiten – eine große Rolle, genauso wie ihr patriotischer Geist und ihre unbedingte Entschiedenheit, sich in den Dienst des Vaterlands stellen zu wollen. Einen wichtigen Aspekt in derartigen Darstellungen bildet auch die weitsichtige Politik der Kommunistischen Partei, normalerweise verkörpert von Zhou Enlai (1898–1976), dem ersten Ministerpräsidenten der VR China, ohne den die erfolgreiche Entwicklung der Atombombe und der Raketen selbstverständlich nicht möglich gewesen wäre.

6 Technonationalismus

Viele der Entwicklungen in den Bereichen von Wissenschaft und Technik in China können in einen Rahmen eingeordnet werden, der sich als »Technonationalismus« bezeichnen lässt.

Dieses Konzept beschreibt eine staatliche Politik, die von der Überzeugung geleitet ist, dass zwischen den wissenschaftlich-technischen Erfolgen eines Staates und seiner relativen Position in der Welt eine direkte Beziehung besteht.[8] Ein derartiges Verständnis impliziert, dass die technologische Entwicklung als »strategisch« anzusehen ist, dass der Staat sich in Bezug auf Hochtechnologie bemühen muss, importunabhängig zu werden, und dass die Regierung die Verpflichtung hat, für eine sogenannte indigene Innovationsfähigkeit zu sorgen, um nicht im globalen Wettbewerb zurückzufallen. Idealerweise sollten Technologien in einem derartigen Konzept nicht nur einem Bereich zugutekommen, sondern innerhalb des Staates diffundieren, das heißt, ursprünglich für das Militär entwickelte Technologien sollen auch in anderen Bereichen eingesetzt werden und umgekehrt (Feigenbaum 2003, S. 39). Ein wesentlicher Bestandteil einer technonationalistisch geprägten Politik ist die Indigenisierung bzw. technologische Eigenständigkeit. Sie ist nicht notwendigerweise als Autarkie zu verstehen, sondern vielmehr als die Fähigkeit, die notwendigen Ressourcen zu absorbieren. Ein gutes Beispiel dafür ist die chinesische Adaption von ausländischen Technologien im Bereich der Hochgeschwindigkeitseisenbahnen, die allerdings seit der Wenzhou-Katastrophe[9] vom Juli 2011 als gescheitert betrachtet werden kann (Dodson 2012, S. 60). Ebenfalls als sehr wichtig angesehen wird die Innovationsfähigkeit. Typischerweise wird sie in einem Masternarrativ verortet, in dem die wissenschaftlich-technische Tradition eine wichtige Rolle spielt und das – wie sich in China gut beobachten lässt – in Museen und anderen Medien gefeiert wird. Symbolische Ressourcen mit einem hohen Grad an Sichtbarkeit gehen damit eine enge Beziehung mit Wissenschaft und Technologie ein. Dadurch, dass der Technologie und der Innovationsfähigkeit

---

8 Der Begriff des Technonationalismus ist im Jahr 1987 von Robert Reich geprägt worden, der damit das Bemühen der USA, ihre zukünftigen technischen Innovationen vor allem vor Kopien seitens Japan zu schützen, beschreiben und kritisieren wollte. In der Zwischenzeit wird damit aber weniger eine defensive Haltung bezeichnet, die darauf zielt, die eigenen Innovationen zu schützen, als vielmehr eine Haltung, die, um die eigene strategische Innovationsfähigkeit zu fördern, auch nicht davor zurückweicht, ausländische Technologien und Ressourcen zu nutzen. Technonationalistische Vorstellungen stehen im Gegensatz zu »technoglobalen« Ideen, die Technologie nicht in den Fokus des internationalen Wettbewerbs stellen, sondern stattdessen die Möglichkeiten der internationalen Zusammenarbeit betonen (Kennedy 2013).

9 Die Wenzhou-Katastrophe bezeichnet ein schweres Zugunglück, bei dem im Osten Chinas zwei Hochgeschwindigkeitszüge zusammenstießen. 36 Menschen starben, fast 200 wurden verletzt. Das Unglück löste eine landesweite Diskussion über Probleme bei der forcierten Entwicklung der Hochgeschwindigkeitstechnologie und die schlechte Verwaltung des Eisenbahnwesens aus.

eine herausragende Bedeutung für das Schicksal der Nation zugewiesen wird, erhalten Begriffe wie »Objektivität«, »Wissenschaftlichkeit« usw. eine überaus positive Konnotation. In diesem Zusammenhang lässt sich auch eine Beziehung zu technokratischen Ansätzen herstellen. Tendenzen zu technokratischen Formen der Regierung sind in China nicht neu. Bereits in den 20er-Jahren des 20. Jahrhunderts propagierten der Geologe Ding Wenjiang (1887–1936) und andere eine Form der Regierung, die sie als »guten Regierungs-Ismus« (*hao zhengfuzhuyi*) bezeichneten, der auf einer gleichsam wissenschaftlichen Entscheidungsfindung beruhen und dem politischen Chaos der frühen Republikzeit eine Art von Expertokratie entgegensetzen sollte. Im weiteren Verlauf der Republikzeit gelang es tatsächlich einer Reihe von Wissenschaftlern, bis in hohe Regierungsämter vorzudringen, ohne aber die Möglichkeit zu erhalten, den von Ding und anderen vorgeschlagenen Ansatz umzusetzen.

Start der Trägerrakete »Langer Marsch II« vom Weltraumbahnhof Jiuquan, autonome Region Innere Mongolei (Foto: ullstein bild – sinopictures/ViewChina, 2008)

Seit Beginn der Reformperiode 1978/1979 lässt sich in China erneut eine Tendenz beobachten, Experten/Technokraten und Wissenschaftler stärker in die politische Entscheidungsfindung einzubeziehen bzw. Wissenschaftler zur Legitimation von politischen Entscheidungen hinzuzuziehen. Das führt tendenziell zu Veränderungen des politischen Establishments, die sich insbesondere in der Periode unter Hu Jintao (*1942) an der großen Anzahl von wissenschaftlich oder technisch ausgebildeten »Experten«, die hohe Ämter in Partei und Verwaltung bekleiden, festmachen lassen. Dieser Trend setzt sich auch nach der Amtsübernahme des neuen KP-Vorsitzenden Xi Jinping im November 2012 fort.

Auch in dem offiziell im Jahr 2007 ins Parteistatut übernommenen sogenannten wissenschaftlichen Entwicklungsansatz (*kexue fazhanguan*) findet diese Tendenz ihren Ausdruck. Dabei geht es natürlich nicht um Wissenschaft im engeren Sinn, sondern vielmehr um Prozesse der Entscheidungsfindung, denen ein hohes Maß an »Rationalität« zugemessen wird, da sie angeblich auf wissenschaftlichen Methoden und Ansätzen basieren. Bezeichnenderweise ist der »wissenschaftliche Entwicklungsansatz« in der Zwischenzeit in den bereits erwähnten Plan zur Erhöhung der »wissenschaftlichen Qualität« der Bevölkerung einbezogen worden.

Im gleichen Maß, in dem »Wissenschaft« politische Entscheidungen legitimieren soll, verstärkt sich die Tendenz, die wissenschaftliche und technologische Bedeutung von bestimmten Projekten hervorzuheben, so zum Beispiel die Bedeutung der bemannten Raumfahrt, außergewöhnlicher Brückenbauwerke oder von Hochgeschwindigkeitszügen. Bestimmte Projekte lassen sich leichter verwirklichen, wenn sie auch propagandistisch genutzt werden können, um den hohen Grad der chinesischen Technik – sei es in der Vergangenheit oder sei es in der Gegenwart – zu illustrieren.

In den letzten Jahren lässt sich beobachten, dass die »Macher« derartiger Pläne nicht nur von dem symbolischen Kapital profitieren wollen, das durch erfolgreiche oder vermeintlich erfolgreiche Projekte generiert wird, sondern dass sie gleichsam auf »Kanonisierung« ihrer Leistungen durch Zuerkennung der höchsten wissenschaftlichen Ehren hoffen. Ein typisches Beispiel ist Zhang Shuguang (*1956), einer der engsten Mitarbeiter des korrupten ehemaligen Eisenbahnministers Liu Zhijun (*1953). Zhang ist die wohl entscheidende Figur hinter der Planung und Durchführung des chinesischen Hochgeschwindigkeitszugprogramms. Der ausgebildete Eisenbahningenieur, der nie wissenschaftlich gearbeitet hatte, bewarb sich zweimal um Mitgliedschaft in der Chinesischen Akademie der Ingenieurwissenschaften, der angesehensten Institution, die China in diesem Bereich zu bieten hat. Im Jahr 2009 scheiterte seine Aufnahme am Fehlen nur einer Stimme. Möglich wurde dieser Beinaheerfolg durch eine große Anzahl von Veröffentlichungen, die er – seine offizielle Position ausnutzend – gleich von mehreren Teams von Ghostwritern hatte verfassen lassen. Zhang ist keineswegs ein Einzelfall. Es ist gerade die Begeisterung für

Wissenschaft und Technik und die enge Beziehung, die zwischen wissenschaftlichen Leistungen und dem Schicksal der Nation hergestellt wird, die akademische Weihen so attraktiv erscheinen lässt. Ein Ergebnis ist – wie auch chinesische Beobachter intern und teils auch öffentlich zugeben – ein korrumpierbares und an vielen Stellen bereits korrumpiertes Wissenschaftssystem, das zu einer ernsthaften Bedrohung der chinesischen Innovationsfähigkeit zu werden scheint. Selbstverständlich betrifft diese Entwicklung nicht nur die Natur- und Ingenieurwissenschaften, sondern hat auch in den Geisteswissenschaften tiefe Spuren hinterlassen. Dieses Problem gibt es jedoch nicht nur in China. Internationale Aufmerksamkeit erhalten hat vor allem der Fall des koreanischen Stammzellenforschers Hwang Woo-suk, dessen Forschungsergebnisse sich im Jahr 2005 als Fälschungen erwiesen. Seine weniger bekannte chinesische Entsprechung fand dieser Fall in Chen Jin, einem chinesischen Mikroelektronikspezialisten, der behauptete, eigenständig Chinas ersten digitalen Signalprozessor entwickelt zu haben. Wie Hwang, dem der Ausspruch zugeschrieben wird: »Ich habe die koreanische Fahne in der Mitte der westlichen Wissenschaft gehisst«, gelang es Chen hervorragend, die Klaviatur des Technonationalismus zu bedienen – er nannte den vermeintlich von ihm entworfenen Chip »China-Chip Nr. 1« (*Hanxin 1*) – und konnte so schnell ein Profil gewinnen, mit dessen Hilfe er große Summen für die Forschung von der Regierung einwerben konnte. Im Jahr 2006 stellte sich heraus, dass Chens China-Chip Nr. 1 in Wirklichkeit von Motorola in den USA hergestellt worden war und dass Chens »wissenschaftliche« Leistung lediglich darin bestanden hatte, den Markennamen durch einen chinesischen zu ersetzen (Hao 2006). Ohne Frage haben wir es hier mit einem besonders drastischen Fall von institutionellem Versagen zu tun; die Vermutung, dass dieses Versagen durch die Dominanz technonationalistischer Denkströmungen zumindest gefördert wird, liegt aber nahe.

7   Wissenschaft und Aberglaube

Als am 25. April 1999 mehr als 10 000 Anhänger der Falun-Gong-Sekte friedlich vor dem Hauptquartier der Kommunistischen Partei in Beijing demonstrierten, hatte das nahezu traumatische Auswirkungen auf die Führung der Partei. Anscheinend hatte sie keinerlei Warnungen erhalten und musste bald feststellen, dass sich unter den Anhängern der Falun-Gong-Gruppe eine nicht unbeträchtliche Anzahl von Parteimitgliedern befand. In der Zwischenzeit sind zumindest einige Aspekte des Aufstiegs dieser

Sekte deutlicher geworden. Man geht heute davon aus, dass er mit dem Qigong-Fieber, das ab den 1980er-Jahren ganz China ergriffen hatte, in einer engen Beziehung stand. Das Praktizieren von Körpertechniken, die Elemente der chinesischen Medizin und traditioneller Kampfkunst miteinander verbinden, war von einer beträchtlichen Anzahl hochrangiger Wissenschaftler unterstützt worden. Wichtig war vor allem die Rolle Qian Xuesens. Qian und seine Kollegen waren bereits ab Ende der 1970er-Jahre von den besonderen Fähigkeiten (*teyi gongneng*) des menschlichen Körpers fasziniert, auf die sie durch parapsychologische Experimente wie das Lesen mit den Ohren aufmerksam geworden waren. Bald vermutete man, dass bestimmte Fähigkeiten durch das regelmäßige Praktizieren von Qigong verstärkt werden können. Das Hauptziel von Qian Xuesen und seinen Kollegen bestand in der Erforschung der Möglichkeiten und Grenzen des menschlichen Körpers. Zu diesem Zweck wurden in Laboratorien, die teilweise dem militärisch-technologischen Komplex zugeordnet waren, intensive Untersuchungen durchgeführt, die aber keine abschließenden Ergebnisse brachten. Sicher ist allerdings, dass die wissenschaftliche Auseinandersetzung mit dem Phänomen Qigong dessen Attraktivität weiter vergrößerte. Sie trug auch dazu bei, der Falun-Gong-Sekte zusätzliche Legitimität zu verschaffen, deren schnell wachsende Anhängerschaft regelmäßig bestimmte Formen des Qigong praktizierte. Auch innerhalb der Falun-Gong-Sekte spielte Wissenschaft schon früh eine wichtige Rolle. Viele der Schriften Li Hongzhis (*1951), des Gründers der Sekte, haben einen wissenschaftlichen Anstrich und es ist gerade diese »Wissenschaftlichkeit«, die für Wissenschaftler und Intellektuelle, die seit ihrer Kindheit mit der geradezu erlösenden Funktion von Wissenschaft vertraut gemacht worden sind, die Lehren der religiösen Sekte interessant macht. Ebenfalls von Bedeutung ist, dass Qigong-Praktiken auf die traditionelle chinesische Medizin rekurrieren und zudem von der chinesischen Kampfkunst beeinflusst sind. Falun Gong vereinigt auf diese Weise Wissenschaft mit Tradition und der Nation und vermag dadurch den Eindruck zu vermitteln, eine spezifisch chinesische Richtung einer universal gültigen Wissenschaft zu verkörpern (Ownby 2008, S. 93).

Die Regierung reagierte auf diese Herausforderung dadurch, dass sie die bereits erwähnten Kampagne zur Popularisierung der Wissenschaften, die vor allem den Unterschied von Wissenschaft und Aberglauben/Heterodoxie (*mixin, xiejiao*) in den Mittelpunkt der Aktivitäten stellte, nochmals verstärkte. Eine neu gegründete Nichtregierungsorganisation zur Bekämpfung von Häresien bestand unter anderen aus Wissenschaftshistorikern und älteren Wissenschaftlern wie He Zuoxiu (*1927), der bereits während des

Großen Sprungs nach vorn der Partei die wissenschaftliche Korrektheit ihrer Politik bestätigt hatte. Diese Reaktion stellte eine durchaus typische Instrumentalisierung der Wissenschaft dar, die in diesem Fall gegen Aberglauben und Pseudowissenschaft in Stellung gebracht werden sollte. Diese Haltung wiederum ist einerseits fest in der Tradition der westlichen Aufklärung verankert, hat aber andererseits seit Anfang des 20. Jahrhunderts ihre spezifisch chinesische Ausprägung erhalten. Das spezifisch Chinesische daran lässt sich dahingehend charakterisieren, dass eine durch Wissenschaft und fortschrittliche Technik gekennzeichnete Moderne gegen eine Pseudowissenschaft in Anschlag gebracht wird, die angeblich auf transformierte Weise die dunklen Kräfte der Vergangenheit mit all ihrem Aberglauben verkörpert. Bereits im zweiten und dritten Jahrzehnt des 20. Jahrhunderts kämpften chinesische Wissenschaftler und Intellektuelle mit Wissenschaft und im Namen der Wissenschaften gegen parapsychologische Denkrichtungen, die sich selbst als wissenschaftlich ansahen und nicht zuletzt durch diese Wissenschaftlichkeit nicht nur die Massen, sondern auch zahlreiche Wissenschaftler und Intellektuelle auf ihre Seite ziehen konnten (Huang Kewu 2007).

8   Schluss

Der öffentliche Diskurs zu den Wissenschaften in China ist ohne Frage wesentlich vielfältiger und komplexer, als er hier dargestellt werden konnte. Es lassen sich aber Tendenzen identifizieren, die es uns erlauben, Spezifika des chinesischen Diskurses zu benennen.

Entscheidend ist es zunächst, zu erkennen, dass im China des langen 20. Jahrhunderts, das heißt vom Ende des 19. Jahrhunderts bis in die Gegenwart, Wissenschaft recht selten als eine Tätigkeit dargestellt wurde und wird, die über einen intrinsischen Wert verfügt. Auch Hinweise auf die Bedeutung von Wissenschaft für den Fortschritt der Menschheit insgesamt spielen in der chinesischen öffentlichen Debatte eine eher untergeordnete Rolle bzw. sind häufig, wenn sie sich auf die wissenschaftliche Tradition beziehen, mit dem Hinweis verknüpft, dass es sich um einen »chinesischen« Beitrag handelt. Wissenschaft erhält in China vielfach einen »funktionalen« Charakter. Grundlegend ist die Vorstellung, dass letztlich nur die Wissenschaft (und die Technik als ihre Anwendung) es vermögen, China auf den Weg zu Reichtum und Stärke (*fuqiang*) zu bringen. Dieser Aspekt war zu Beginn des 20. Jahrhunderts dominant, stellt aber auch heute noch den Subtext vieler wissenschaftsrelevanter Diskurse dar.

Diese Überzeugung bildet auch eine wichtige Grundlage für einen technonationalistischen Diskurs, der Wissenschaft und Technik die entscheidende Rolle für die Entwicklung des Landes beimisst und der in den letzten Jahren deutlich an Bedeutung zugenommen hat. Der Aspekt der militärischen Technologien ist hier von zentraler Bedeutung, der technonationalistische Diskurs ist aber keineswegs darauf beschränkt, sondern bezieht sich zunehmend auch auf weitere Gebiete wie zum Beispiel die Hochgeschwindigkeitseisenbahnen.

Von genauso großer Bedeutung ist, dass Erfolge in der »Wissenschaft« gleichsam als Maßstab angesehen werden, um die »Modernität« eines Landes zu beurteilen. Dadurch, dass »Wissenschaft« nationalistisch rückgebunden ist, können auch »Nation« (ein Ausdruck, der auf den Vielvölkerstaat China nur begrenzt zutrifft) und »Modernität« in einen überaus engen Zusammenhang gebracht werden.

Es ist dieser Nexus, der in China die Debatte um die Auszeichnung eines chinesischen Wissenschaftlers mit dem Nobelpreis eine derart große Relevanz gewinnen ließ. Erst in dem Augenblick, in dem ein »echter« Chinese (im Gegensatz zu Yang Zhenning und Li Zhengdao, die 1957, als sie den Nobelpreis in Physik erhielten, bereits amerikanische Staatsbürger waren, und dem 2009 geehrten Charles Kuen Kao, der die britische und amerikanische Staatsbürgerschaft hat) für seine naturwissenschaftlichen Arbeiten mit dem Nobelpreis geehrt wird, hat China in den Augen vieler Chinesen endlich die Anerkennung für das Erreichen von »Modernität« erhalten, die es durch seine Begeisterung für »Wissenschaft« schon lange verdient hat.

Der Wissenschaftsdiskurs verfügt jedoch auch über eine multiple politische Funktionalität. Die größte Bedeutung kommt dabei der dichotomischen Beziehung von »Wissenschaft« und »Aberglauben« oder gar »feudalistischem Aberglauben« zu, der dieser Betrachtungsweise zufolge nur durch die Entwicklung von Wissenschaft zurückgedrängt bzw. ausgetrieben (*pochu*) werden kann. Wissenschaft hat damit in ihrer popularisierten Form auch die Aufgabe, die dunklen Kräfte des Aberglaubens zu bekämpfen, wobei »Aberglaube« bemerkenswerterweise in erster Linie durch seine Gegnerschaft zu Wissenschaft definiert wird. Der Problematik einer derartigen Definition wird in China jedoch kaum Aufmerksamkeit geschenkt, auch die Frage, wie die Beziehung zwischen »echter« Wissenschaft und den Pseudowissenschaften letztlich aussieht, wird selten gestellt.

Wissenschaft erfährt auch dahingehend eine politische Funktionalisierung, als dass sie die wesentliche Legitimation für Ansätze technokratischer Herrschaftsausübung darstellt. Die diese Herrschaft tragende technokratische Elite versucht ihre Kompetenz nicht nur durch den Erwerb von akademischen Titeln zu bestätigen (Xi Jinping zum Beispiel verfügt über einen Doktortitel, den er mit einer Arbeit zur Entwicklung der landwirtschaftlichen Marktwirtschaft errungen hat; die meisten Beobachter gehen indes davon aus, dass die Arbeit von Ghostwritern verfasst worden ist), sondern vor allem durch die Verwirklichung von technologisch anspruchsvollen Projekten wie dem Bau des Drei-Schluchten-Staudammes oder dem Ausbau eines Eisenbahnnetzes für Hochgeschwindigkeitszüge.

Obwohl immer noch dominant, beginnt aber auch dieses Netz aus Nation, Modernität, Wissenschaft und Kampf gegen Aberglauben erste Risse zu bekommen. Verantwortlich dafür sind auf der einen Seite die riesigen Korruptionsskandale sowie auch zunehmend die immer deutlicher zutage tretenden Folgen der chinesischen »Fortschrittsfreundlichkeit«. Immerhin wurde im Jahr 2013 das einst allmächtige Eisenbahnministerium abgeschafft, das in den Augen vieler Chinesen wie kaum ein anderes Ministerium für die Verwirklichung einer utopischen Technikbegeisterung stand. Auch die nicht kontrollierbare Luftverschmutzung hat bei vielen Chinesen eine neue Sensibilität für die Kosten des Fortschritts geweckt. Selbst die Frage, ob chinesische Atomkraftwerke sicher sind, wird in der Zwischenzeit von einflussreichen und eher orthodoxen Wissenschaftlern gestellt, wie vor allem dem erwähnten He Zuoxiu, der auch am chinesischen Atombombenprogramm mitgearbeitet hat. Noch einen Schritt weiter geht der Wissenschaftsphilosoph Wu Guosheng, der seit einiger Zeit vor einem blinden Glauben an die Wissenschaften (*mixin kexue*) selbst warnt (Cui Xueqin 2003). Ob sich diese Stimmen gegen die nach wie vor starken Strömungen des von der KP Chinas gesteuerten Technonationalismus behaupten können, bleibt abzuwarten.

Literaturverzeichnis

Amelung, Iwo: Wissenschaft, Pseudowissenschaft und feudalistischer Aberglaube. Überlegungen zu antidemokratischen Aspekten von Selbstbehauptungsdiskursen im China des 20. Jahrhunderts, in: Lackner, Michael (Hrsg.): Zwischen Selbstbehauptung und Selbstbestimmung. Ostasiatische Diskurse des 20. und 21. Jahrhunderts (= Neue China-Studien 1), Baden-Baden 2008, S. 162–181.

Amelung, Iwo: Die Vier großen Erfindungen: Selbstzweifel und Selbstbestätigung in der chinesischen Wissenschafts- und Technikgeschichtsschreibung, in: Amelung u. a. (Hrsg.): Selbstbehauptungsdiskurse in Asien: China – Japan – Korea (= Monographien aus dem Deutschen Institut für Japanstudien 34), München 2003, S. 243–274.

Becker, Jasper: Hungry Ghosts – Mao's Secret Famine, New York 1996.

Bennett, Gordon: Mass Campaigns and Earthquakes: Hai-Ch'eng, 1975, in: The China Quarterly, 77 (1979), S. 94–112.

Buckley, Christopher: Science as Politics and Politics as Science: Fang Lizhi and Chinese Intellectuals Uncertain Road to Dissent, in: The Australian Journal of Chinese Affairs, 25 (1991), S. 1–36.

Chang, Iris: Thread of the Silkworm, New York 1995.

Cui Luchun: Jianguo yilai Zhongguo gongchandang keji zhengce yanjiu [Untersuchungen zur Wissenschafts- und Technikpolitik der Kommunistischen Partei seit Gründung der VR China], Beijing 2002.

Cui Xueqin: Wu Guosheng: Wo weishemne yao »fan kexue« [Wu Guosheng: Warum ich »antiwissenschaftlich« sein will], in: Kexue shibao vom 4. April 2003.

Dikötter, Frank: The Tragedy of Liberation: A History of the Chinese Revolution 1945–1957, London 2013.

Dodson, Bill: China Fast Forward. The Technologies, Green Industries and Innovations Driving the Mainland's Future, Singapur 2012.

Feigenbaum, Evan A.: China's Techno-Warriors. National Security and Strategic Competition from the Nuclear to the Information Age, Stanford 2003.

Greenhalgh, Susan: Just One Child. Science and Policy in Deng's China, Berkeley 2008.

Guo Jinhai: Li Yuese Zhongguo kexue jishusi yu Zhongguo ziran kexueshi yanjiushi de chengli [Needham's Science and Civilisation of China and the Founding of the Institute for the History of Chinese Natural Sciences], in: Ziran kexueshi yanjiu, 26 (2007) 3, S. 273–291.

Hao, Xin: Scientific Misconduct. Scandals Shake Chinese Science, in: Science, 312 (2006) 5779, S. 1464–1466.

Hu, Danian: China and Albert Einstein. The Reception of the Physicist and his Theory in China 1917–1979, Cambridge/Mass. 2005.

Hu, Huakai: »Wenge« qijian Zhongguo duiyu ziran kexue de pipan [Kritik an den Naturwissenschaften während der Periode der Kulturrevolution], in: Guangxi minzu daxue xuebao, 13 (2008) 3, S. 61–72.

Huang Kewu: Minguo chunian Shanghai lingxue yanjiu: Yi 'Shanghai lingxuehui' wei li [Parapsychologische Forschungen in Shanghai zu Beginn der Republik: Die Shanghaier Parapsychologische Gesellschaft als Beispiel], in: Zhongyang yanjiuyuan jindaishisuo yanjiu jikan, 55 (2007), S. 99–136.

Kennedy, Andrew B.: China's Search for Rewnewable Energy: Pragmatic Techno-Nationalism, in: Asian Survey, 53 (2013) 5, S. 909–930.

Lackner, Michael : Ex Oriente Scientia? Reconsidering the Ideology of a Chinese Origin of Western Knowledge, in: Asia Major, 21 (2008) 1, S. 183–200.

Ma, Junwu: Xin xueshu yu qunzhi zhi guanxi [Neue Gelehrsamkeit und ihre Beziehungen zur Regierung der Massen], in: Zhengfa xuebao, 3 (1903), S. 29–36, und 4 (1904), S. 25–32.

Ownby, David: Falun Gong and the Future of China, Oxford/New York 2008.

Schmalzer, Sigrid: The People's Peking Man. Popular Science and Human Identity in Twentieth Century China, Chicago 2008.

Schneider, Laurence A.: Lysenkoism in China, New York 1986.

Schneider, Laurence A.: Ku Chieh-kang and China's New History: Nationalism and the Quest for Alternative Traditions, Berkeley 1971.

Taylor, Kim: Chinese Medicine in Early Communist China, 1945–63. A medicine of revolution (= Needham Research Institute Series), London/New York 2005.

Zhou, Jianren: Ziran jie fakan zhiqu [Natürliche Welt – Zweck der Veröffentlichung], in: Ziran jie, 1 (1926) 1, S. 1–7.

Christian Göbel

Innovationsgesellschaft China? Politische und wirtschaftliche Herausforderungen

1 Einleitung

Im Oktober 2010 wurde auf der High-Performance-Computing-Messe (HPC-Messe) in Beijing der damals schnellste Supercomputer der Welt präsentiert. Auch wenn der an der Chinese National University of Defense Technology (NUDT) in Changsha, Hunan, entwickelte Tianhe 1-A, so der Name des Computers, schnell wieder vom ersten Platz verdrängt wurde, stellt seine Entwicklung doch einen Meilenstein in Chinas technologischer Entwicklung dar. Gleichzeitig zeigt er die Schwierigkeit, aus diesem Erfolg eine Aussage über den Stand des technologischen Wandels in China abzuleiten: Während viele Journalisten dieses Ereignis als ein weiteres Zeichen für den bevorstehenden Aufstieg Chinas zu einer Innovationsnation von Weltrang lasen, wiesen skeptische Beobachter darauf hin, dass China noch nicht in der Lage sei, Kernkomponenten wie Mikroprozessoren im Hochleistungsbereich selbst herzustellen. Die meisten in der Anlage verwendeten Mikroprozessoren wurden nämlich nicht von chinesischen Unternehmen, sondern von amerikanischen Firmen gefertigt. China, so die Schlussfolgerung, sei weit davon entfernt, eine Konkurrenz für Innovationsmächte wie die USA, Japan oder Deutschland zu werden (Lim 2011).

Chinas Innovationssystem entzieht sich einer einfachen Bewertung. Chinesische Konsortien bringen zukunftsfähige Produkte mit Weltmarktpotenzial hervor, darunter emissionsarme Kohlekraftwerke, Hochgeschwindigkeitszüge und Kohlenstoffnanoröhren, sind dabei aber in hohem Grad von importierten Technologien abhängig. Chinesische Unternehmen wie Huawei, Lenovo und Haier sind wichtige globale Akteure im Informationstechnologie- und Elektronikbereich, doch wurden 2011 noch immer mehr als zwei Drittel (67,5 Prozent) aller chinesischen Hochtechnologieexporte von Unternehmen, die sich vollständig in ausländischem Besitz befinden, geleistet. Joint Ventures waren für weitere 14,5 Prozent verantwortlich. In China wird die weltweit höchste Anzahl an Patenten beantragt, aber chinesische Unternehmen haben noch keine revolutionären Technologien wie zum Beispiel die Glühbirne oder Smartphones hervorgebracht, die das Leben der Menschen auf diesem Planeten nachhaltig verändern. Chinesische Wissenschaftler spielen eine zunehmend wichtigere Rolle in der globalen Spitzenforschung, aber die Forschungsergebnisse werden nur selten in marktfähige Produkte verwandelt.

Im Juni 2013 holte sich China den ersten Platz zurück: Der chinesische Supercomputer Tianhe-2 an der Nationalen Universität für Verteidigungstechnik in Changsha, Provinz Hunan, war bei seiner Inbetriebnahme das mit Abstand schnellste Rechnersystem der Welt. (Foto: Imaginechina via AP Images)

Ziel des vorliegenden Beitrags ist es, diese scheinbaren Widersprüche zu klären. Zugleich soll eine ausgewogene Einschätzung der Innovationsfähigkeit der chinesischen Volkswirtschaft vorgelegt und sollen die Maßnahmen skizziert werden, die die Regierung ergriffen hat, um die chinesische Innovationsfähigkeit zu steigern. Es wird gezeigt, dass es sich bei den soeben angeführten Beispielen nicht um Widersprüche, sondern um einen sich in mehreren Geschwindigkeiten entfaltenden Entwicklungsprozess handelt. Auf der einen Seite bringen schon jetzt von staatlichen Akteuren dominierte Konsortien aus Forschern, Entwicklern und Produzenten hochwertige Produkte mit Weltmarktpotenzial hervor. Diese Konsortien sind aber eher Ausnahmen mit Leuchtturmcharakter. Auf der anderen Seite sind fast der gesamte private Unternehmenssektor sowie ein Großteil der Staatsunternehmen noch immer der Produktion von Gütern mit geringer Wertschöpfung verhaftet. Während die Innovationskapazität der sogenannten Leuchttürme sich schnell erhöht, wächst diejenige der übrigen Forschungsinstitutionen, Unternehmen und unterstützenden Lokalregierungen jedoch nur langsam.

Der Beitrag ist folgendermaßen gegliedert: Zunächst wird der Begriff der Innovation kurz erläutert, da unterschiedliche Einschätzungen der chinesischen Innovationskapazität oft darauf zurückzuführen sind, dass unterschiedliche Innovationsbegriffe verwendet werden. Daraufhin gerät die Entwicklung des chinesischen Innovationssystems in den Blick. Ein Überblick hierzu verdeutlicht, dass institutionelle Strukturen aus der Zeit der Planwirtschaft, die Leuchttürme förderten, aber Vernetzung und Kooperation außerhalb dieser Leuchttürme erschwerten, auch in der Reformära die Innovationspolitik der Regierung prägten und prägen. Abschnitt 3 belegt diese Feststellung durch eine Analyse der Technologiepolitik der 1980er- und 1990er-Jahre: In diesen zwei Jahrzehnten vergrößerte sich der technologische Abstand zwischen Leuchttürmen und übrigen Akteuren stetig. Zudem wird der jüngste Plan der Regierung vorgestellt, der diese Lücke schließen soll. Abschnitt 4 untersucht vor diesem Hintergrund die Leistungsfähigkeit des chinesischen Innovationssystems. Gegenstand der Analyse sind die Patenttätigkeit chinesischer Unternehmen, die Entwicklung der Informationstechnologieindustrie und Chinas Fortschritte in der Nano-, Energie- und Biotechnologie. Dabei wird deutlich, dass neben dem planwirtschaftlichen Erbe auch die fehlenden wirtschaftlichen Anreize für chinesische Unternehmen, massiv in Forschung und Entwicklung zu investieren, ein Hindernis für die Umsetzung des Innovationsförderungsplans darstellen. Abschnitt 5 schließlich wendet sich den Kernbereichen des Innovationssystems (Grundlagenforschung, angewandte Forschung, Vernetzung, Kommerzialisierung) zu und zeigt, dass die strukturellen Hindernisse für die Verbesserung des chinesischen Innovationssystems auch sieben Jahre nach der Implementierung des jüngsten Innovationsförderungsprogramms noch bestehen.

Christian Göbel

2 Die Entwicklung des chinesischen Innovationssystems

Was bedeutet Innovation?

Grundsätzlich besteht Innovation aus zwei Prozessen: zum einen der Erfindung und Entwicklung von Produkten, Technologien und Verfahren und zum anderen deren Vermarktung und Nutzung. Allerdings besteht in der Innovationsforschung keine Einigkeit darüber, ob ein Produkt eine Weltneuheit sein muss, damit seine Entstehung und Nutzung als Innovation bezeichnet werden kann. So zählt die Weltbank (World Bank 2010) Produkte dann als Innovation, wenn sie in einem Land erstmalig hergestellt werden, auch wenn diese Produkte in anderen Ländern bereits erhältlich sind. Andere Wissenschaftler bezeichnen dies hingegen als Imitation, da für sie nur Weltneuheiten als Innovationen gelten. Bei der Entscheidung für eine dieser Definitionen handelt es sich keineswegs nur um eine »Geschmackssache«, vielmehr spielen forschungspraktische Gesichtspunkte eine wichtige Rolle. Betrachtet ein Forscher die Entwicklung globaler Produktmärkte, so ist die Verwendung einer auf den globalen Maßstab bezogenen Definition sicherlich sinnvoll. Ist der Forschungsgegenstand hingegen die Entwicklung und Veränderung einer Volkswirtschaft, dann kann eine so anspruchsvolle Definition den Blick auf die Entwicklungsfortschritte eines Landes versperren. Ein länderbezogenes Innovationsverständnis bietet zudem den Vorteil, dass die spezifische Rolle eines Landes in globalen Produktionsnetzwerken besser erforscht werden kann. So haben chinesische Unternehmen in der Neuzeit zwar noch keine Produkte erfunden, die das Leben der Menschheit veränderten, sie tragen aber durch die Verbesserung einzelner Fertigungsschritte zur Qualitätssteigerung und Preissenkung von Produkten vor allem im Konsumgüterbereich bei. Schließlich zeichnen sich nicht nur globale, sondern auch nationale Innovationssysteme durch Heterogenität aus. Als Innovationssystem werden die Netzwerke aus staatlichen und privaten Akteuren bezeichnet, innerhalb derer Innovationen hervorgebracht und verbreitet werden. Das chinesische Innovationssystem umfasst beispielsweise nicht nur chinesische Ministerien, Universitäten, Forschungsinstitute und Firmen, sondern auch multinationale Unternehmen, die in China investieren und produzieren, sowie ausländische Wissenschaftler, die mit chinesischen Kollegen kooperieren. Insgesamt erlaubt es die Länderperspektive, die in diesem Beitrag eingenommen wird, die Transformation der chinesischen Volkswirtschaft vom Agrarstaat zur Wissensgesellschaft und die Rolle unterschiedlicher Akteure in diesem Prozess differenziert zu beleuchten.

Technologiepolitik zwischen Plan und Markt

Die Literatur zum chinesischen Innovationssystem berücksichtigt meist nur die Zeit ab den 1980er-Jahren, also die Zeit der marktorientierten Wirtschaftsreformen. Die Fundamente des heutigen Innovationssystems wurden aber schon in den 1950er-Jahren gelegt, als die Regierung Mao Zedongs China in kurzer Zeit von einem Agrarstaat in eine Industrienation verwandeln wollte (siehe den Beitrag von Markus Taube).

Das strukturelle Erbe der Planwirtschaft

Die in der Mao-Zeit geschaffenen und weitgehend von der Sowjetunion kopierten staatlichen Planungsstrukturen, die in abgeschwächter Form heute noch weiterbestehen, erleichterten die systematische Entwicklung von Wissenschaft und Technik, erschweren es aber heute dem Privatsektor, von diesem Wissen zu profitieren. Bildung und Grundlagenforschung, angewandte Forschung und Produktentwicklung und -produktion waren streng voneinander getrennt. Staatliche Universitäten, spezialisierte staatliche Forschungsinstitute und Staatsunternehmen erfüllten genau vorgegebene Funktionen in zentral gesteuerten Entwicklungsplänen. Jede Institution stand nur mit den zentralen bzw. regionalen und lokalen Planungsbehörden und ihren ausführenden Unterorganen in Verbindung. Diese Strukturen zeichneten sich also durch eine zentrale Rolle staatlicher Akteure und eine geringe Vernetzung der innovationsrelevanten Institutionen und Akteure untereinander aus.

Die zentrale Rolle des Staates spiegelte sich auch in den Forschungsausgaben wider. In den ersten Jahrzehnten ihres Bestehens investierte die Volksrepublik einen für ein Entwicklungsland ungewöhnlich hohen Anteil des Bruttoinlandsprodukts (BIP) in Wissenschaft und Technologie – im Jahr 1964 beliefen sich die Forschungsausgaben bereits auf 1,7 Prozent des BIP. Allerdings floss der Großteil dieser Ausgaben in den Militärbereich. So wurden die Voraussetzungen dafür geschaffen, dass chinesische Ingenieure mit Unterstützung sowjetischer Wissenschaftler eine eigene Atombombe entwickeln konnten, die 1964 gezündet wurde (Xue/Liang 2010).

Im zivilen Sektor war China massiv von Technologietransfers aus der Sowjetunion abhängig. Zwischen 1950 und 1959 belief sich dieser Transfer auf ein Volumen von 7,3 Mrd. RMB. Der überwiegende Teil dieses Transfers bestand in der Lieferung schlüsselfertiger Fabriken, in deren Funktionsweise russische Experten chinesische Ingenieure einwiesen. So wurde der Aufbau der chinesischen Schwerindustrie zwar beschleunigt, das Know-how, das es chinesischen Ingenieuren ermöglicht hätte, ähnliche

Technik in der 1958 gegründeten Volkskommune »Rote Fahne« in Zhengzhou. Die zeitgenössische Bildunterschrift lautete: »Dreherinnen der Elektromotorenfabrik diskutieren über die Erhöhung der Drehgeschwindigkeit ihrer Drehbänke.« (Foto: akg-images/Wu Hsin-iu, 1958)

oder bessere Fabriken zu bauen, aber nicht vermittelt. Nach dem Bruch mit der Sowjetunion im Jahr 1962 war China vom Zugang zu Hochtechnologien abgeschnitten und chinesische Ingenieure und Wissenschaftler widmeten sich verstärkt dem Nachbau und der Verbesserung der bisher importierten Technologien (Xue/Liang 2010).

Kommunikation zwischen und innerhalb der einzelnen Bereiche des Innovationssystems war nicht vorgesehen, wodurch auch die gemeinhin für Innovationen als unerlässlich angesehene Vernetzung zum Beispiel zwischen Forschungsinstitutionen und Unternehmen nicht entstehen konnte. Es fehlte auch an unternehmenseigener Forschung, dem Informationsaustausch zwischen Produzenten und dem Feedback der Nutzer an die Produzenten – und damit an wichtigen Elementen des Innovationsprozesses, die in Marktwirtschaften gewährleisten, dass Technologien ausgetauscht, getestet und marktbezogen weiterentwickelt werden.

Die vier Modernisierungen

Die politische Führung unter Deng Xiaoping, welche nach dem Tod Maos die Macht in China übernahm, erbte also ein Innovationssystem, das zwar punktuell Spitzenleistungen vollbringen konnte, aber ansonsten durch niedrige Technologiekompetenz und mangelnde Vernetzung gekennzeichnet war. Die sogenannten vier Modernisierungen, also die Modernisierungen in Landwirtschaft, Industrie, Verteidigung sowie Wissenschaft und Technologie, die das dritte Plenum des elften Parteitages der Kommunistischen Partei Chinas (KPCh) in Aussicht stellte, sollten das Innovationssystem, das damals freilich nicht als solches bezeichnet wurde, stärken.

Da aber wegen des Übergangs von der Plan- zur Marktwirtschaft der Anteil der Regierungseinnahmen am BIP stark zurückging und chinesische Unternehmen kaum in Forschung und Entwicklung (F&E) investierten, waren die Mittel hierfür begrenzt. Gemessen am BIP fielen die Gesamtausgaben für F&E rapide und erreichten 1994 mit weniger als 0,6 Prozent einen Tiefpunkt. Aufgrund der Konzentration der chinesischen Spitzenforschung auf einige wenige strategische Bereiche und der weitgehenden Abwesenheit von F&E auf der Unternehmensebene konnten für den Wirtschaftsaufbau notwendige Schlüsseltechnologien nicht in China hergestellt und mussten aus dem Ausland importiert werden. Ähnlich wie in den ersten Jahren der Volksrepublik, als mithilfe der Sowjetunion ein Schwerindustriesektor aufgebaut wurde, verschiffte man ganze Industrieanlagen, die an ihrem Bestimmungsort schlüsselfertig aufgebaut wurden. Noch 1996 machte diese Form beinahe 83 Prozent des gesamten Technologietransfers in die Volksrepublik aus, urheberrechtlich geschützte Technologien und Lizenzgebühren für ausländische Patente fast den gesamten Rest (Xue/Liang 2010).

Eine Stärkung von F&E war erst ab Mitte der 1990er-Jahre möglich. Infolge einer Steuerreform im Jahr 1994 stieg der Anteil der Staatseinnahmen am BIP allmählich an, sodass auch die staatlichen Investitionen in Wissenschaft und Technologie auf 0,7 Prozent des BIP im Jahr 2004 gesteigert werden konnten. Gleichzeitig verlagerte sich der Schwerpunkt von F&E von staatlichen Forschungsinstitutionen auf die Unternehmensebene. Seit 1997 steigen die Unternehmensausgaben für F&E jährlich um 27 Prozent. 2011 leisteten die Unternehmen mit 73,9 Prozent den Löwenanteil der Gesamtausgaben für F&E. Absolut gesehen, lagen die Gesamtausgaben im Jahr 2010 mit 868 Mrd RMB weltweit an dritter Stelle, als Anteil am chinesischen BIP sind sie von 0,6 Prozent im Jahr 1997 auf 1,97 Prozent im Jahr 2012 angestiegen (siehe *Abbildung 1*).

Abb. 1: Investitionen in Forschung und Entwicklung absolut (links) und im Verhältnis zum BIP (rechts)

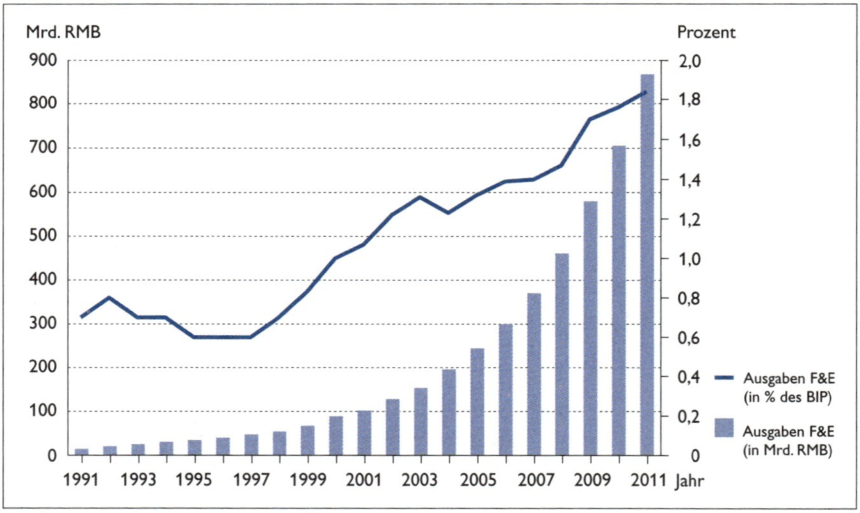

Quelle: National Bureau of Statistics of China and Ministry of Science and Technology (versch. Jgg.).

Mit der Verlagerung des Schwerpunktes des Innovationssystems auf die Unternehmensebene nahm auch die Relevanz indirekter Steuerungsinstrumente zu. Ab Mitte der 1990er-Jahre setzte die Regierung vermehrt

Anreize für Innovation. So förderte sie Schwerpunktbereiche in Wissenschaft und Technologie vermehrt durch wettbewerbsbasierte Projektausschreibungen, verbilligte Kredite und Steuererleichterungen.

3 Die Rolle des Staates in der Umgestaltung des Innovationssystems

Der Wechsel von der direkten zur indirekten Steuerung und von staatlichen Institutionen auf die Unternehmensebene darf allerdings nicht als Bedeutungsverlust der Regierung oder gar als Lösung der oben skizzierten Probleme missverstanden werden. Es besteht ein großer Anreiz, die bekannten, aus der Planwirtschaft übernommenen Strukturen zu nutzen. Begründet wird dies unter anderem mit dem Ziel, Investitionsrisiken zu vermeiden und Entwicklungsprozesse zu beschleunigen (Springut u. a. 2011). Dies verträgt sich gut mit der auch von vielen Wissenschaftlern vertretenen Position, dass nachholende Entwicklung zentraler Steuerung bedarf. Die chinesischen Strukturen sind demnach keineswegs einzigartig; auch in früheren Entwicklungsstaaten (*developmental states*) wie Japan, Korea und Taiwan haben staatliche Planungskommissionen und Staatsunternehmen maßgeblich zum Entwicklungserfolg dieser Länder beigetragen und damit die Grundlage für ihren Durchbruch zur Innovationsgesellschaft gelegt.

In China ist eine Reihe von Ministerien und Kommissionen mit der Innovationssteuerung betraut, darunter das Ministerium für Wissenschaft und Technologie, das Ministerium für Industrie und Informationstechnologie, das Bildungsministerium und die Staatliche Entwicklungs- und Reformkommission. Während das Bildungsministerium für die Universitäten und Hochschulen zuständig ist, zielen die Bemühungen des Wissenschafts- und Technologieministeriums auf den Aufbau und die strategische Ausrichtung der Forschungs- und Entwicklungsinfrastruktur. Das Ministerium für Industrie und Informationstechnologie ist ein zentraler Akteur in der Innovationsförderung im Informations- und Kommunikationstechnologiebereich, Chinas wichtigstem Hochtechnologiesektor. Die Reform- und Entwicklungskommission hingegen zeichnet für die Kapazitäten der chinesischen Industrie verantwortlich. Auf dieser Ebene werden die nationalen Entwicklungsleitlinien und Fünfjahrespläne formuliert, die von Ministerien und Lokalregierungen implementiert werden.

Obwohl also die strikte Arbeitsteilung im chinesischen Innovationssystem aufgehoben wurde, profitierten vor allem ausgewählte Konsortien aus staatlichen Forschungs-, Entwicklungs- und Produktionsorganisationen von staatlicher Forschungsförderung. Der private Unternehmenssektor erhielt demgegenüber weder Zugang zu staatlicher Förderung noch wurden Technologien von diesen Konsortien in den Privatsektor transferiert. Das Ziel eines 2006 verabschiedeten Entwicklungsplans ist deshalb, die Stärken staatlicher Steuerung zu nutzen, dabei aber die Probleme des Technologierückstands und der Benachteiligung der Privatunternehmen zu lösen.

Die Förderung der nachholenden Entwicklung

Die Regierung Deng Xiaoping versuchte, den Technologierückstand Chinas durch zwei miteinander verknüpfte Maßnahmen zu verringern. Mit staatlichen Programmen wollte die Regierung das Erlernen und die Nutzung von existierenden Schlüsseltechnologien fördern und der Erfindung marktfähiger, zukunftsweisender Technologien den Weg bereiten. Diese Prozesse sollten durch einen Technologietransfer von in China investierenden ausländischen Unternehmen beschleunigt werden. Da vor allem staatliche Unternehmen und Forschungsinstitutionen von den staatlichen Förderprogrammen profitierten, stärkten diese Programme in erster Linie die Rolle des Staates. Gemessen an der Fähigkeit der chinesischen Unternehmen, Technologie zu adaptieren und auf dieser Basis Kompetenzen für Technologieinnovationen zu entwickeln, waren diese Maßnahmen nur begrenzt erfolgreich. Außerdem führten sie kaum zur Vernetzung der relevanten Akteure.

Staatliche Förderprogramme

Fünf staatliche Programme sollten die Innovationsfähigkeit der chinesischen Volkswirtschaft stärken (siehe *Tabelle 1*).

Bereits 1982 wurde ein Programm zur Verbreitung von Schlüsseltechnologien ins Leben gerufen, die für die wirtschaftliche Entwicklung Chinas notwendig waren. Dies betraf neben der Modernisierung der landwirtschaftlichen Produktion und der Verbesserung der bestehenden Sozialsysteme vor allem die Bereitstellung einer für das Wachstum des Leichtindustriesektors notwendigen Infrastruktur. Der Verbreitung bereits existierender Technologien dienten auch das »Funken-« und das »Fackelprogramm«. Das 1986 implementierte »Funkenprogramm« förderte die Verwendung moderner landwirtschaftlicher Produktions- und Verarbeitungstechniken im ländlichen Raum, während das »Fackelprogramm« von 1988 unter anderem die Ansiedelung von Technologieparks (»Inkubatoren«) und

Tab. 1: Forschungs- und Technologieprogramme seit den 1980er-Jahren

Beginn	Name des Programms	Zielsetzung
1982	Programm für F&E in Schlüsseltechnologien	Verbesserung der ökonomischen und sozialen Grundlagen (Landwirtschaft, Informationstechnologien, Energiequellen, Transport, Materialien, Ressourcenabbau, Umweltschutz, Gesundheitssystem)
1986	863-Programm (Nationales Hochtechnologieprogramm)	Forschung zu Hochtechnologien, vor allem in der angewandten Forschung.
1986	Funkenprogramm	F&E zu Agrartechnologien
1988	Fackelprogramm	Entwicklung der Hochtechnologieindustrie durch Errichtung von Hochtechnologiezonen und Innovationsparks, vor allem in den Bereichen neue Materialien, Biotechnologie, erneuerbare Energien
1998	973-Programm	Grundlagenforschung, vor allem zu Landwirtschaft, Energie, Informationstechnologien, Umwelt, Gesundheit, neue Materialien

Quelle: Eigene Darstellung.

Hochtechnologieentwicklungszonen in ganz China unterstützte. Dem Problem, dass chinesische F&E auf einige Kernbereiche beschränkt waren und oft nicht zur Produktion von Konsumgütern eingesetzt werden konnten, begegnete das Zentralkomitee der KPCh im Jahr 1985 mit dem Beschluss, dass Wissenschaft und Technologie dem Wirtschaftsaufbau dienen sollten. Kurz darauf folgte ein Programm zur Förderung des Hochtechnologiesektors (1986), das das Erlernen von Kerntechnologien und die Produktion kommerziell verwertbarer Forschung durch chinesische Forschungseinrichtungen zum Ziel hatte. Ein gutes Jahrzehnt später legte das im Jahr 1997 verabschiedete 973-Programm wiederum einen Schwerpunkt auf die Grundlagenforschung in marktfähigen Industrien. Im Gegensatz zum Förderprogramm von 1986, das dem Aufrücken Chinas zu den OECD-Ländern gewidmet war, ist das 973-Programm auf die Bewältigung der entwicklungspolitischen Herausforderungen Chinas im 21. Jahrhundert ausgerichtet.

Diese Programme blieben nicht ohne Wirkung. Sie haben zur Verbesserung der staatlichen Forschungsinfrastruktur beigetragen und unterstützten F&E-Verbünde aus einzelnen Hochschulen, Forschungsinstituten und Staatsunternehmen bei der Rückerschließung und Weiterentwicklung westlicher Schlüsseltechnologien. Allerdings führten diese Programme nicht zur Herausbildung eines wettbewerbsfähigen Hochtechnologiesektors, da der Zugang zu Fördermitteln für chinesische Privatunternehmen weiterhin sehr schwierig war. Für Letztere bot sich vor allem der Technologietransfer im Rahmen von Joint Ventures und ausländischen Direktinvestitionen als Weg der Technologieadaption an.

Technologietransfer

Bereits 1979 öffnete sich die Volksrepublik China für ausländische Direktinvestitionen und hoffte auf einen Technologietransfer von ausländischen zu einheimischen Unternehmen (siehe den Beitrag von Margot Schüller). Niedrige Löhne boten einen Anreiz für Unternehmen aus Hongkong und Taiwan sowie in geringerem Maß aus den USA, Europa und Japan, Teile der Güterproduktion nach China zu verlegen. Hierbei handelte es sich zunächst nur um einfache Fertigungstätigkeiten, später kam aber noch die Endmontage von Elektronikgütern wie Computer, Laptops, Tablets und Mobiltelefonen hinzu.

Der erhoffte breite Technologietransfer bei kapitalintensiven Schlüsseltechnologien wie Software, Maschinentechnik und Mikrochips blieb allerdings aus. Hierfür gibt es mehrere Gründe. Erstens waren in der Vergangenheit die Profitmargen chinesischer Unternehmen oft so gering, dass für F&E das Kapital fehlte. Zweitens macht der mangelnde Schutz von Urheber- und gewerblichen Eigentumsrechten (»geistige Eigentumsrechte«) in China Investitionen in F&E zu einem großen unternehmerischen Risiko. Drittens bevorzugen chinesische Unternehmen meistens qualitativ hochwertigere und damit zuverlässigere westliche Maschinen und Anlagen. Bei chinesischen Konsumenten sind, viertens, die Präferenzen genau andersherum gelagert: Sie fragen gern billig produzierte Imitate westlicher Produkte nach. Da der Markt für solche Billigprodukte noch nicht gesättigt ist und der Entwicklung von Weltneuheiten die geringe Kaufkraft der chinesischen Bevölkerung und die mangelnde Durchsetzung geistiger Eigentumsrechte entgegensteht, fehlt den Unternehmen in der Regel der Anreiz, in F&E zu investieren (Bretznitz/Murphree 2011).

Im Gegensatz zum Konsumgüterbereich fand Technologietransfer vereinzelt bei öffentlichen Aufträgen statt. Im Gegenzug für die Beteiligung an Großprojekten forderte die Regierung von ausländischen Unternehmen, den chinesischen Partnern einen Teil der verwendeten Technologien zu überlassen. Beispiele hierfür sind der Bau von Hochgeschwindigkeitsstrecken im Schienenverkehr, der Drei-Schluchten-Staudamm und ein sich im Bau befindliches emissionsfreies Kohlekraftwerk in Tianjin. Hiervon profitierten aber wiederum vor allem chinesische Staatsunternehmen. Diese Strukturen sind nach wie vor nicht durchbrochen. Obwohl die nationalen F&E-Ausgaben stark angestiegen sind und die Anzahl der Absolventen von Ingenieursstudiengängen stetig steigt, schlägt sich dies noch nicht in einer höheren Innovationsleistung des chinesischen Unternehmenssektors nieder. Auch im Jahr 2011 wurden noch immer über vier Fünftel der Hochtechnologieexporte aus China von Unternehmen in ausländischem Besitz und Joint Ventures getätigt. Spitzenleistungen wie der eingangs erwähnte Supercomputer führen aufgrund des allgemein noch niedrigen technischen Niveaus chinesischer Unternehmen noch nicht zu kommerziell nutzbaren Produkten. Während der Großteil der Unternehmen sich aufgrund des wachsenden chinesischen Binnenmarktes vorerst nicht zu einer Kurskorrektur gezwungen sieht, verfolgt die chinesische Regierung jedoch eine längerfristige Strategie. Nicht nur zur Lösung spezifischer chinesischer Probleme in Landesverteidigung, Gesundheitswesen und Energieversorgung, sondern auch für die Herstellung hochwertiger Konsumgüter sind kapitalintensive Schlüsseltechnologien notwendig. Könnten diese von chinesischen Unternehmen selbst hergestellt werden, sänke die Abhängigkeit von ausländischen Technologien, die Gewinnmargen chinesischer Unternehmen stiegen und eine Grundlage für bahnbrechende Innovationen auf nationalem und internationalem Niveau würde geschaffen werden. Eine verringerte Abhängigkeit von ausländischen Direktinvestitionen würde zudem die Verwundbarkeit gegenüber Krisen in den Investorenländern verringern. Aus diesen Gründen verabschiedete die Regierung im Jahr 2006 ein lange vorbereitetes Programm zur »Förderung eigenständiger Innovationskapazitäten«.

Die Förderung eigenständiger Innovationskapazitäten

Der »nationale mittel- bis langfristige Entwicklungsplan für Wissenschaft und Technologie (2006–2020)« stellt einen Paradigmenwechsel in der chinesischen Innovationspolitik dar. Die Regierung will die Abhängigkeit der chinesischen Wirtschaft von ausländischen Technologieimporten, die seit Beginn der »Reform- und Öffnungsperiode« mit dem chinesischen Wachstumsmodell einherging, bis zum Jahr 2020 radikal reduzieren. Maßstab hierfür ist eine nicht näher ausgeführte »Technologieimportabhängigkeitsquote«, die 2020 nur noch 30 Prozent betragen soll. Chinesischen Wissenschaftlern zufolge hatte dieser Wert 2005 noch rund 50 Prozent betragen, wurde aber bis 2010 schon auf rund 40 Prozent reduziert (Guo/ Zhang 2012). Zugleich soll der Anteil nationaler F&E am BIP in diesem Zeitraum auf 2,5 Prozent gesteigert werden. Da das BIP selbst weiter ansteigen dürfte, stellen beide Ziele in Kombination eine große Herausforderung dar. Ambitioniert sind auch die Pläne für die Leistung des chinesischen Innovationssystems: 60 Prozent des BIP-Wachstums soll zukünftig aus Innovation geschöpft werden, chinesische Akteure sollen weltweit die vordersten Plätze bei Erfindungspatenten und internationalen Zitationen belegen und China soll weltweit führende Wissenschaftler hervorbringen. Bis zur Mitte des 21. Jahrhunderts soll China schließlich eine »weltweit führende Wissenschafts- und Technikmacht« werden.

Um diese Ziele zu erreichen, verfolgt die Regierung mehrere ineinandergreifende Strategien: erstens die Festlegung von Kernbereichen für Innovation; zweitens die Stärkung des Innovationssystems durch Erlernen von Schlüsseltechnologien; drittens die Verlegung des Zentrums des chinesischen Innovationssystems auf die Unternehmensebene.

Zu den Maßnahmen, die die Regierung ergreift, zählen die gezielte Förderung wissenschaftlicher Schwerpunktbereiche, die Durchführung von Megaprojekten, die Einrichtung von Innovationsclustern, die Unterstützung von F&E auf Unternehmensebene durch Subventionen und gezielte Vergabe öffentlicher Aufträge, der verbesserte Schutz geistiger Eigentumsrechte und die Schaffung eigener technischer Standards, beispielsweise im Mobilfunkbereich. Staatliche Konsortien, bestehend aus Universitäten, Forschungsinstituten und Staatsunternehmen, sollen vor allem bei den Megaprojekten weiterhin eine zentrale Rolle spielen, doch ist auch die Förderung des privaten Unternehmenssektors erklärtes Ziel des Programms. Die Kombination der Maßnahmen zielt darauf, Chancen, die die aus der Planwirtschaft erebten Strukturen bieten, zu nutzen und zugleich die hiermit verbundenen Probleme zu lösen.

Der Entwicklungsplan identifiziert elf Bereiche, die die Regierung als zentral für Chinas gesellschaftliche und wirtschaftliche Entwicklung und für die nationale Sicherheit erachtet. In diesen Bereichen sollen die Grundlagen für Innovationen durch angewandte Forschung und die Adaption ausländischer Technologien gestärkt werden. Diese Bereiche sind Energiegewinnung und -versorgung, Wasserversorgung, Umweltschutz, Landwirtschaft, Güterproduktion, Transport, der Informations- und Dienstleistungssektor, das Gesundheitswesen, Urbanisierung und Stadtentwicklung, öffentliche Sicherheit sowie die Landesverteidigung. Für diese Schwerpunkte werden, mit Ausnahme der Landesverteidigung, wiederum fünf bis zehn untergeordnete Schwerpunkte festgelegt.

Darüber hinaus sollen staatlich gesteuerte F&E-Konsortien mithilfe von 16 Megaprojekten konkrete Herausforderungen in Maschinenbau, Medizin, Elektronik, Pharmazie, Schaltkreisen, Genforschung, Satellitentechnik, nuklearer Stromerzeugung, Flugzeugbau, Öl- und Gasförderung, bemannter Raumfahrt, drahtlosen Netzwerken, Wasserschutz und nationaler Sicherheit (drei geheime Projekte) bewältigen. Ebenfalls legt die Regierung Kerngebiete der angewandten Forschung fest, in denen China nicht nur aufholen, sondern Spitzenforschung auf globalem Niveau betreiben soll (Bio-, Informations-, neue Materialien-, Güterproduktions-, Energie-, Meeres-, Laser- und Luftfahrttechnologie).

Schließlich nennt das Dokument noch zu stärkende Bereiche in der Grundlagenforschung. Auch hier unterscheidet der Entwicklungsplan zwischen national und international relevanten Forschungsbereichen. Erstere beziehen sich auf spezielle chinesische Erfordernisse (Krankheit und Gesundheit, genetisch verändertes Saatgut, die Auswirkung menschlicher Aktivitäten auf das Erdsystem, Klimawandel, komplexe Systeme, erneuerbare Energien, neue Materialien, Produktion unter extremen Bedingungen, Luft- und Raumfahrtmechanik, Informationsverarbeitung). Letztere sind Bereiche, in denen chinesische Wissenschaftler auf globaler Ebene dazu beitragen sollen, neue Wissensbereiche zu erschließen (die Erforschung von Erbgut und Lebensprozessen, kondensierte Materie, das Verhalten von Materialstrukturen auf der Mikroebene und unter extremen Bedingungen, fortgeschrittene Mathematik, Chemie und neue Materialien, Kognitionswissenschaft, wissenschaftliche Untersuchungsmethoden in Biologie und Physik). Hinzu kommen vier Forschungsbereiche, auf die sich chinesische Wissenschaftler besonders konzentrieren sollen (Proteinforschung, Quantenmechanik, Nanowissenschaft, Stammzellenforschung).

Die Vision des Entwicklungsplans ist also ein Quantensprung des Innovationssystems, nach dem chinesische Akteure innerhalb von 15 Jahren nicht nur auf-, sondern auch die heutigen Innovationsgiganten überholen sollen. Der Staat soll nach wie vor eine zentrale Rolle spielen, allerdings nur bei der Makroplanung und der Verbesserung der Infrastruktur. Die Innovationen selbst sollen auf der Unternehmensebene geleistet werden.

4   Chinas Innovationsleistung

Dieses Unterkapitel untersucht die Performanz des chinesischen Innovationssystems, indem es die drei eingangs getroffenen Feststellungen erläutert: Erstens kann China noch nicht als Innovationsnation bezeichnet werden, wenn Innovation an einem anspruchsvollen globalen Innovationsbegriff gemessen wird. Allerdings zeigt der folgende Abschnitt auch, dass das zuvor besprochene Programm der Regierung zur Steigerung eigenständiger Innovationskapazitäten durchaus erste Wirkungen zeigt. Seit 2005 steigt die Anzahl der genehmigten Erfindungspatente chinesischer Unternehmen moderat an. Zweitens ist Chinas Innovationssystem zerklüftet. Im staatlichen Sektor finden wir Leuchttürme, die jedoch die Ausnahme darstellen. Regional schlägt sich die ungleiche Ressourcenausstattung in unterschiedlichen Innovationsstrategien nieder. Weiterhin wird gezeigt, dass es aus Unternehmenssicht zum derzeitigen Zeitpunkt kaum Anreize gibt, massiv in die Entwicklung von Weltneuheiten zu investieren. Trotzdem leisten Unternehmen durch Prozessinnovation einen sehr wichtigen Beitrag für globale Innovationsprozesse. Drittens zeitigen F&E in Zukunftsbereichen wie Informationsverarbeitung, Nanotechnologie und saubere Energieproduktion ansehnliche Erfolge, allerdings nur in staatlich koordinierten Entwicklungskonsortien. Insgesamt belegt das Unterkapitel die eingangs formulierte These, dass das chinesische Innovationssystem sich noch im Aufbau befindet und vor der doppelten Aufgabe des technologischen Aufholens einerseits und der Verbesserung sowie Erweiterung der Innovationsinfrastruktur andererseits steht.

Patente

Einer der am häufigsten verwendeten Gradmesser für die Innovationsfähigkeit einer Volkswirtschaft ist die Anzahl der lizensierten Patente in einem Land. Hier nimmt China seit 2011 weltweit den Spitzenplatz ein. Dies belegt zwar die Entwicklungsfortschritte der chinesischen Volkswirtschaft, macht China allerdings noch nicht zur technologischen Supermacht. Ein Blick auf die Art der Patente, die Patenthalter und den Registrierungsort ergibt ein differenzierteres Bild. Was die Art der Patente angeht, so muss zwischen Patenten für Erfindungen und Designs unterschieden werden. Während Erfindungen gewöhnlich investitionsintensiv sind und hohen Genehmigungshürden unterliegen, sind Patente für Produktdesigns relativ einfach zu bekommen. Deshalb werden sie auch oft als »Müllpatente« (*trash patents*) bezeichnet (Staff Reporter 2011).

Zusätzlich werden in China noch Gebrauchsmusterpatente (*utility model patents*) vergeben. Diese Patente gibt es nur für stoffliche Produkte, da sie sich auf Form und Material eines Produkts beziehen. Für Formeln, Methoden und Funktionen müssen hingegen Erfindungspatente beantragt werden. Letztere werden genauer geprüft und unterliegen strengeren Bedingungen, gelten aber auch für 20 Jahre (Gebrauchsmusterpatente: zehn Jahre). Weiterhin werden nicht alle »chinesischen« Patente von chinesischen Akteuren eingereicht – auch die von ausländischen Unternehmen und Wissenschaftlern in China eingereichten Patente tragen zu Chinas Spitzenstellung bei. Ein ausländisches Unternehmen kann ein Patent beim staatlichen Patentbüro, dem State Intellectual Property Office (SIPO), beantragen, wenn es entweder in China registriert ist oder eine chinesische Patentagentur mit der Registrierung beauftragt. Schließlich muss zwischen Patenten für den chinesischen und den internationalen Markt unterschieden werden. Erstere werden beim SIPO eingereicht, Letztere bei den europäischen, amerikanischen und japanischen Patentbehörden gleichzeitig *(triadic patents families)*.

Werden diese Differenzierungen berücksichtigt, so stellt sich Chinas Innovationsleistung weniger beeindruckend dar, wie in den folgenden Abschnitten gezeigt wird. *Abbildung 2* verdeutlicht zunächst die Entwicklung der von einheimischen Unternehmen eingereichten Patente.

Abb. 2: Anzahl aller genehmigten Patente chinesischer Akteure (rechts) und Anteil verschiedener Patentformen an diesen Patenten (links)

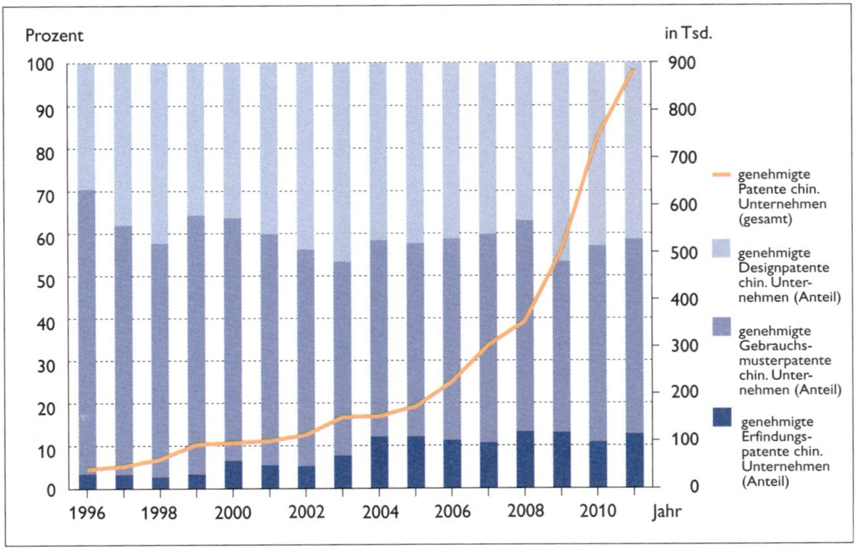

Quelle: National Bureau of Statistics of China and Ministry of Science and Technology (versch. Jgg.).

Absolut hat sich die Anzahl der von chinesischen Unternehmen eingereichten und von dem SIPO genehmigten Patente zwischen 2003 und 2011 verfünffacht. Allerdings stellen Gebrauchsmuster- und Designpatente noch immer den Großteil dieser Patente, Erfindungspatente machen nur etwa zehn bis 13 Prozent aller von dem SIPO genehmigten Patente aus.

Der zweite Punkt betrifft das Verhältnis zwischen »chinesischen« und »ausländischen« Patenten. Alle Patentgruppen einbezogen, können chinesische Akteure etwa zehnmal so viele beim SIPO erfolgreiche Patentanträge vorweisen wie ausländische Akteure. Allerdings handelt es sich hierbei vor allem um Design- und Gebrauchsmusterpatente. Im Unterschied hierzu reichen ausländische Akteure vor allem Erfindungspatente ein. Im Ergebnis bedeutet das, dass jährlich etwa ein Drittel (2011: 35 Prozent) aller in der Volksrepublik China genehmigten Erfindungspatente an ausländische Akteure vergeben werden.

Abbildung 3 stellt die Leistung chinesischer und ausländischer Unternehmen bei der Beantragung und Genehmigung von Erfindungspatenten gegenüber:

Abb. 3: Beantragte und genehmigte Erfindungspatente bei dem SIPO, chinesische und ausländische Unternehmen

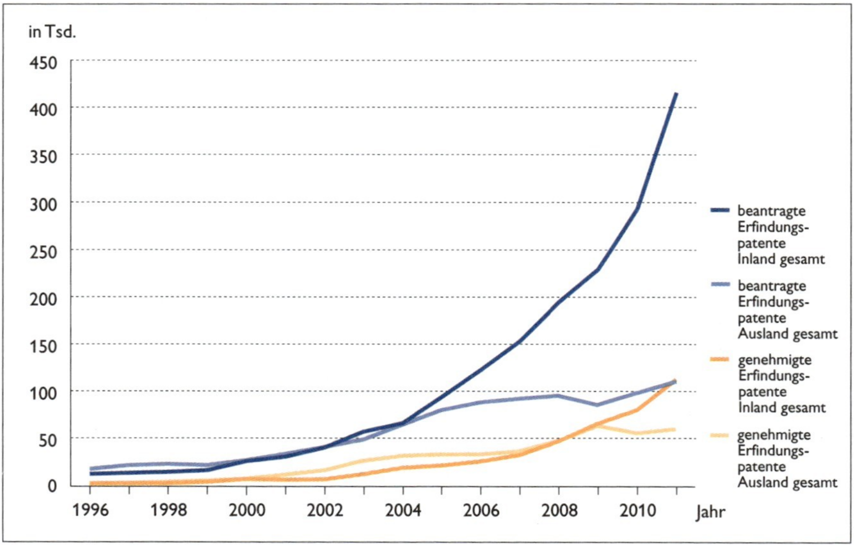

Quelle: National Bureau of Statistics of China and Ministry of Science and Technology (versch. Jgg.).

Die Statistik zeigt, dass bis zum Jahr 2009 die von dem SIPO genehmigten Erfindungspatente zu gleichen Teilen an chinesische und ausländische Unternehmen vergeben wurden. Da die Erfolgsrate ausländischer Unternehmen bei der Beantragung von Erfindungspatenten 2010 rapide sank, wurden sie erstmals von chinesischen Unternehmen überholt. Besonders auffällig in *Abbildung 3* ist die gleichzeitig sinkende Erfolgsquote chinesischer Anträge für Erfindungspatente: Seit 2005 vergrößert sich die Differenz zwischen eingereichten und genehmigten Patenten beständig. Die Ursache dieses Phänomens liegt in der besprochenen Förderung einheimischer Innovation durch die chinesische Regierung (siehe S. 585 ff.). Erfindungspatente sind ein wichtiger Indikator für Innovation, sodass viele Unternehmen Patentanträge »auf gut Glück« einreichen, um im Erfolgsfall von staatlichen Subventionen profitieren zu können (Dang 2013).

Zudem muss auch die Anzahl erfolgreich beantragter internationaler (*triadic*) Patente in die Beurteilung der chinesischen Innovationsleistung einbezogen werden. Im Vergleich mit den Spitzenreitern Japan, USA und Deutschland ist die Leistung chinesischer Akteure noch sehr bescheiden. Während im Jahr 2010 an Japan 15 067, an die USA 13 837 und an Deutschland immerhin noch 5 685 internationale Patente vergeben wurden, erhielt China lediglich 875 Patente. Allerdings verbergen sich hinter diesem Wert beeindruckende Steigerungsraten: Im Jahr 2000 lag die Anzahl internationaler Patente Chinas gerade einmal bei 71. Es ist daher zu erwarten, dass die Erfolgskurve in den kommenden Jahren weiter steigen wird.

Sektoren

Das chinesische Innovationssystem hat bislang keine Weltneuheiten im Produktsektor hervorgebracht. Die Innovationsleistung chinesischer Unternehmen liegt hauptsächlich in der Verbesserung von Fertigungsprozessen und in der Adaption bestehender Produkte in der Unterhaltungselektronik und Informationstechnologie für den chinesischen Markt. Rund 60 Prozent der industriellen F&E-Ausgaben im Hochtechnologiebereich fließen in diese Sektoren – pharmazeutische Produkte, Computer, Luft- und Raumfahrt und medizinische Technologien machen jeweils nur etwa zehn Prozent aus. Die Innovationsleistungen sind regional allerdings sehr ungleich verteilt. Fast die Hälfte aller chinesischen Erfindungspatente wird in nur drei regionalen Zentren produziert: Guangdong, Beijing, und Shanghai. Der überwiegende Teil der chinesischen Provinzen liegt weit hinter diesen Leistungen zurück. Diese Ungleichheit ist auf Unterschiede in der Ressourcenausstattung zurückzuführen, denn der Großteil der F&E-Investitionen und Infrastrukturausgaben muss von den Provinzen selbst aufgebracht werden. Tatsächlich führen Unterschiede in der Ressourcenausstattung selbst in Guangdong, Beijing und Shanghai dazu, dass sich deren regionale Innovationssysteme stark voneinander unterscheiden.

Guangdong

Innovationen, die der Verbesserung von Fertigungsprozessen dienen, entstammen vor allem dem Perlflussdelta in der Provinz Guangdong. Aus dieser Provinz kamen 2009 rund ein Fünftel aller chinesischen Erfindungspatente. Bereits in den 1980er-Jahren lagerten Unternehmen aus Hongkong arbeitsintensive Fertigungsprozesse in das nahe gelegene Perlflussdelta aus. Um wettbewerbsfähig zu bleiben und größere Gewinnmargen erzielen zu können, investierten viele Firmen in der Region in die Verbesserung von Produktionsprozessen. Hier entstanden auch die beiden wichtigsten chinesischen IT-Unternehmen, Huawei und ZTE, die ihr Wachstum auf der Adaption und Produktion bereits bestehender Informationstechnologien für den chinesischen Markt aufbauten und gut die Hälfte aller 2011 genehmigten Erfindungspatente in Guangdong hielten. Durch die Ansiedelung von Zuliefererbetrieben für größere Firmen bildete sich über die Jahre im Perlflussdelta eine regional integrierte IT-Industrie heraus.

Beijing

Im Unterschied zu Guangdong wird in Beijing, von wo ebenfalls fast ein Fünftel aller Erfindungspatente stammen, kaum IT-Hardware gefertigt. Beijing ist Chinas Zentrum für Produktentwicklung chinesischer wie auch ausländischer Firmen. Zum größten Teil zielen die F&E chinesischer Firmen auf die kostengünstige Imitation ausländischer Produkte wie MP3-Spieler, Speichermedien, Mobiltelefone, Computerbildschirme und Software für den einheimischen Markt, deren Herstellung dann oft in Guangdong erfolgt. Der komparative Vorteil Beijings liegt vor allem in der hohen Dichte an chinesischen Spitzenuniversitäten und Forschungsinstituten, die zum einen selbst Unternehmen gründen und zum anderen gut ausgebildete Fachkräfte bereitstellen. Im Gegensatz zu den Unternehmen in Guangdong sind die Unternehmen in Beijing jedoch untereinander weit weniger gut vernetzt. Ein Grund hierfür ist die nach wie vor enge Verbindung der Universitäten und Forschungsinstitute mit den von ihnen gegründeten Unternehmen. Ein ausgeprägtes Konkurrenzdenken und eine mangelnde Bereitschaft, mit anderen Forschungseinheiten zu kooperieren, sind noch immer ein Kennzeichen der Universitäten und

Forschungsinstitute. Hierzu kommt die bereits erwähnte Furcht vor der Verletzung von Urheber- und gewerblichen Eigentumsrechten.

Shanghai

Shanghai, 2009 verantwortlich für rund zehn Prozent aller chinesischen Erfindungspatente, weist demgegenüber eine deutlich andere Innovationsstruktur auf. Auch hier steht zwar die IT-Industrie im Vordergrund – Shanghai ist einer der wichtigsten Produktionsorte für Telekommunikationshardware und integrierte Schaltkreise in China –, doch ist diese in Shanghai nicht, wie im Perlflussdelta und Beijing, durch kleine und mittlere Unternehmen charakterisiert, sondern durch Großunternehmen. Zum einen handelt es sich um multinationale IT-Unternehmen, die sich aufgrund attraktiver Investitionsbedingungen bereits in den 1990er-Jahren in Shanghai niedergelassen haben. Die Unternehmen waren zunächst weniger an kostengünstiger Produktion interessiert, sondern vor allem am Zugang zu chinesischen Märkten. Zum anderen spielen staatliche Großunternehmen eine wichtige Rolle in der Shanghaier IT-Industrie. Sowohl die Politik der chinesischen Regierung in den 1980er-Jahren, Technologietransfers durch Joint Ventures mit ausländischen Unternehmen zu fördern, als auch der starke Einfluss der Zentralregierung auf die Entwicklung Shanghais in den 1990er-Jahren begünstigte diese Unternehmensform. Ein weiterer Unterschied zu den beiden eben beschriebenen Standorten ist, dass Produkte in Shanghai sowohl entworfen also auch produziert werden, die räumliche Distanz zwischen Entwickler und Produzent also weitaus geringer ist als beispielsweise in Beijing.

Halbleiter, Nanotechnologie, saubere Energieerzeugung und Biotechnologie

Halbleiter

Die Produktion integrierter Schaltkreise und leistungsfähiger Mikroprozessoren ist militärisch und ökonomisch von strategischer Relevanz für China, da diese Produkte in vielen Elektronikgütern verbaut werden. In China produzierte Halbleiter decken nur zehn Prozent des heimischen Bedarfs, sodass 2012 mehr Geld für den Import von Mikroprozessoren als für den Import von Erdöl ausgegeben wurde (Liau 2013). Allerdings ist eine nachholende Entwicklung in diesem Bereich besonders schwierig, da der Produktlebenszyklus kurz ist und die erworbenen Fähigkeiten kumulativ sind. Das erschwert das »Überspringen« (*leapfrogging*) von Entwicklungsstufen. Aus diesem Grund liegt die Leistungsfähigkeit der von chinesischen Unternehmen in Masse produzierten Schaltkreise und Prozessoren einige Jahre hinter den Produkten, die von amerikanischen Firmen vertrieben werden (Springut u. a. 2011). Die Inbetriebnahme des mit chinesischen Mikrochips bestückten Sunway Supercomputers am Nationalen Supercomputercenter in Jinan, Shandong, im Jahr 2011 zeigt jedoch, dass China diesen Vorsprung aufholen und durch die Produktion eigener Hochleistungsprozessoren die Abhängigkeit von ausländischen Importen auch in diesem Bereich verringern möchte.

Obwohl Informationstechnologien den wirtschaftlich am weitaus wichtigsten Hochtechnologiesektor in China darstellen, fördert die chinesische Regierung Innovation auch in anderen für das Land strategisch wichtigen Bereichen, unter anderem Militärtechnik, Nanotechnologie, saubere Energieerzeugung und Biotechnologie. Die Informationslage zu chinesischer F&E in der Militärtechnik ist allerdings schlecht und bleibt hier daher ausgespart. Eine Analyse der Entwicklung in den anderen drei Sektoren verschafft nicht nur einen Überblick über weitere »Inseln« in der globalen Innovationslandschaft, die China neben der Informationstechnologie besetzen möchte, sondern auch Einsichten in die Spezifika des chinesischen Innovationssystems. Jeder dieser drei Sektoren ist vor eigene Herausforderungen gestellt. In der Nanotechnologie werden keine gebrauchsfertigen Produkte hergestellt, sondern Materialien im Nanometerbereich geschaffen. Da diese Materialien vielfältig verwendet werden können, ist die Vernetzung zwischen Forschung und Produktion sowie zwischen Unternehmen in einer Produktionskette wichtig, um die Qualität und den Gebrauchswert der Materialien zu erhöhen. Für Innovationen zur sauberen Energieproduktion sind hingegen die Adaption und die Weiterentwicklung ausländischer Technologien zentral. Bei der Biotechnologie kommt dem Schutz geistiger Eigentumsrechte und Risikobereitschaft eine besondere Rolle zu, da die F&E-Kosten sehr hoch sind, das Risiko des Scheiterns groß ist und die Testphasen vor allem von Medikamenten vor der Kommerzialisierung sehr lang sind. Es ist daher nicht verwunderlich, dass Fortschritte vor allem in der Nano- und Energietechnologie verzeichnet werden können, Chinas Leistungen in der Biotechnologie aber noch weit hinter den asiatischen Nachbarn liegen (Jakobson 2007).

Nanotechnologie

Nanotechnologie ist kein neuer Forschungsbereich in China. Chinesische Forschung begann hier etwa zur gleichen Zeit wie in den USA und Europa, die in China aufgewendeten Forschungsmittel betragen allerdings nur einen Bruchteil der Investitionen in den USA. Trotzdem sind chinesische Forscher, gemessen an der Anzahl internationaler Publikationen, recht erfolgreich. Eine Besonderheit des chinesischen Nanotechnologiesektors ist, dass Forschung schon in der Anfangsphase eng auf die industrielle Entwicklung ausgerichtet war. Ziel war die schnelle Entwicklung marktfähiger Produkte. Das gilt für Nanomaterialien, aber auch für Nanobiologie und Nanoelektronik. Kommerzielle Erfolge sind bisher allerdings nur in der Produktion von Nanokarbonröhren zu verzeichnen. Ein Hindernis für die Kommerzialisierung der Entwicklungen stellt die mangelnde Vernetzung der beteiligten Akteure dar. Das Problem ist wiederum die schon erwähnte Dominanz staatlicher Konsortien, in denen die vertikale Zusammenarbeit von Forschung, Entwicklung und Produktion zwar gut funktioniert, aber nur ein geringer Grad an horizontaler Verknüpfungen zwischen den Unternehmen erreicht wird. Der mit zwei Dritteln sehr hohe Anteil der Universitäten und staatlichen Forschungsinstitute an allen in China genehmigten Nanotechnologiepatenten belegt die Dominanz dieser Einrichtungen. Privat gegründete Unternehmen, die sich besonders in den USA als Innovationsmotoren erwiesen haben, fehlen.

Energietechnologie

Energietechnologie ist ein für China strategisch wichtiger Forschungsbereich, da der chinesische Energiebedarf beständig ansteigt, das Land diesen Bedarf aber schon jetzt nicht mehr selbst decken kann (siehe den Beitrag von Doris Fischer und Andreas Oberheitmann). Die Verbrennung von Kohle, die in China reichhaltig, aber in geringem Reinheitsgrad vorhanden ist, dominiert die Elektrizitätserzeugung. Kohlekraftwerke werden auch in Zukunft die Hauptform der Stromerzeugung darstellen, daher investiert die Regierung in die Entwicklung und den Bau effizienterer und schadstoffärmerer Kraftwerke. Hierzu gehören Großkraftwerke mit einem Wirkungsgrad von über 45 Prozent (konventionelle Anlagen: 25 Prozent und weniger) sowie Anlagen für die polyvalente Energieerzeugung. Dieser Prozess, der durch Verflüssigung oder Vergasung Kohle in einzelne Bestandteile trennt, die entweder verfeuert oder industriell genutzt werden können, bietet sich in besonderem Maß für China an, weil die in China gewonnene Kohle einen hohen Schwefelgehalt aufweist. In Tianjin wurde ein solches Kraftwerk im Jahr 2013 fertiggestellt. Der Bau weiterer solcher Kraftwerke ist für alle chinesischen Küstenprovinzen geplant. In einem weiteren Schritt sollen in Tianjin die Emissionen des Kraftwerks, das ein nationales Pilotprojekt ist, durch Kohlenstoffbindung und -speicherung (CCS) um circa 60 Prozent reduziert werden, allerdings befindet sich die CCS-Technologie auch in China derzeit noch im Forschungsstadium.

Einen weiteren Bereich, in dem vor allem chinesische Technologie zum Einsatz kommen soll, stellt die Windenergie dar. Ihr Anteil an der Stromerzeugung Chinas betrug 2012 rund sechs Prozent. Unterschiedliche Aussagen gibt es hinsichtlich ihres tatsächlichen Beitrags zur Stromversorgung (siehe den Beitrag von Doris Fischer und Andreas Oberheitmann). Die Energiepolitik der chinesischen Regierung sah bis 2009 vor, dass der Anteil der Windenergie an der Stromerzeugungskapazität auf 8,5 Prozent im Jahr 2020 steigen sollte und 70 Prozent der verbauten Komponenten in China gefertigt würden. Die in China verfügbaren Komponenten entsprachen damals noch nicht dem internationalen Standard und die Regierung hoffte, durch diese Maßnahme den Aufholprozess chinesischer Unternehmen zu beschleunigen. Im Jahr 2009 wurde der obligatorische Inlandsanteil aufgehoben und im Jahr 2011 ein technischer Mindeststandard für die Qualität von Windturbinen durch Chinas Nationale Energieverwaltung vorgegeben. Dies zeigte bereits, dass die Qualität in China gefertigter Turbinen sich deutlich verbessert hat. Heute dominieren chinesische Windturbinenhersteller den chinesischen Markt und exportieren zunehmend vor allem in die USA und in Entwicklungsländer (Irena-GWEC 2012, Lema u. a. 2013). Allerdings sind die chinesischen Marktführer in hohem Maß von ausländischen Technologien abhängig.

Andere Sektoren, in denen einzelne chinesische Unternehmen bereits Erfahrung aufweisen und die ebenfalls gestärkt werden sollen, sind die Energieerzeugung durch Sonnenkraft und Biomasse. Im Nuklearenergiesektor, dessen Beitrag zur Stromversorgung von einem Prozent im Jahr 2012 auf 4,5 Prozent steigen soll, wird die Regierung – wie auch im Wasserkraftbereich – vor allem auf die Kooperationen mit ausländischen Unternehmen und Technologietransfer im Austausch für einen Marktzugang setzen. Investiert wird nicht nur in Technologien zur Energieerzeugung, sondern auch in die Verbesserung des Stromnetzes. Da der Transport von Kohle eine hohe Belastung für die chinesische Infrastruktur darstellt, könnte in Zukunft Strom direkt an den Abbauorten im Norden Chinas erzeugt und über energieeffiziente Stromleitungen in Provinzen mit hohem Strombedarf geleitet werden. Insgesamt folgt China im Energiesektor eher der internationalen Technologieentwicklung – eigene substanzielle Innovationen wurden noch nicht hervorgebracht.

Biotechnologie

Schwach ausgeprägt ist bisher auch die Performanz im Biotechnologiesektor, was vor allem durch die hohen Investitionen, die hohen Risiken, dass Projekte scheitern können, und die mangelnde Durchsetzung von geistigen Eigentumsrechten erklärt werden kann. Zwar kann China Erfolge bei der Forschung und Entwicklung hybrider Samen im Agrarbereich, der Produktion eines Medikaments gegen Malaria und der Kommerzialisierung traditioneller chinesischer Medizin aufweisen, doch liegt der Marktanteil des chinesischen Biotechnologiesektors noch hinter dem von asiatischen Nachbarn wie Korea, Taiwan und sogar Indien. Die Ausgaben für F&E auf Unternehmensebene sind niedrig, Innovation wird durch mangelnde Vernetzung behindert und auch die Regierung investiert vergleichsweise wenig in F&E in diesem Bereich. Chinesische Pharmaunternehmen produzieren vor allem Imitate bereits entwickelter Medikamente (Mathurin 2013).

5 Wer ermöglicht Innovation? Funktionen und Akteure

Während die bisherige Betrachtung des chinesischen Innovationssystems vor allem auf die unterschiedliche Leistung verschiedener Akteursgruppen sowie die Pläne der chinesischen Regierung, diese Lücke zu schließen, fokussiert war, werden im Folgenden die Grundlagen des Innovationssystems einer genaueren Betrachtung unterzogen. Dadurch können zur »Halbzeit« des 15-Jahres-Plans zur Entwicklung des chinesischen Innovationssystems die Infrastruktur des chinesischen Innovationssystems sowie die Chancen und Grenzen staatlich gesteuerter Innovation eingeschätzt werden. Gegenstand der Betrachtung sind die für Innovation ursächlichen Funktionen der Grundlagenforschung, der angewandten Forschung, der Vernetzung des Unternehmenssektors und der Kommerzialisierung neuer Produkte. Die Analyse festigt die bisher gewonnene Erkenntnis, dass die oben beschriebenen Leuchttürme staatlich gesteuerter Innovationstätigkeit nicht für das gesamte staatliche F&E-System stehen, sondern noch immer Ausnahmen darstellen. Das Qualitätsgefälle in der staatlichen Forschung und Entwicklung ist weiterhin sehr groß. Auch der Technologietransfer vom staatlichen in den privaten Unternehmenssektor und von F&E-Leuchttürmen zu weniger bis gar nicht erfolgreichen staatlichen Institutionen ist bisher sehr begrenzt. Die aus der Planwirtschaft ererbte Arbeitsteilung zwischen Grundlagenforschung, angewandter Forschung und Produktion ist nach wie vor erkennbar. Die Tatsache, dass der Anteil der Grundlagenforschung und der angewandten Forschung an den Gesamtausgaben seit 2005 gesunken anstatt gestiegen ist, legt die Vermutung nahe, dass die Regierung sich bei der Umsetzung des Entwicklungsplans im Rückstand befindet.

Christian Göbel

Grundlagenforschung

Grundlagenforschung unterscheidet sich von angewandter Forschung dadurch, dass sie nicht unmittelbar der Lösung konkreter Probleme dient, sondern einen Wissensschatz schafft, aus dem sich zukünftige Problemlösungen und unvorhergesehene Innovationen ergeben können. Der bisherige Schwerpunkt chinesischer Innovationsbemühungen liegt jedoch auf marktfähigen Produkten und Prozessen, wobei die Adaption ausländischer Produkte für den chinesischen Markt im Vordergrund steht. Dies spiegelt sich in der Struktur der chinesischen F&E-Ausgaben wider. Der weitaus höchste Teil der Gesamtausgaben für F&E in China floss 2011 mit 83,5 Prozent in die experimentelle Produktentwicklung. Angewandte Forschung machte 11,8 Prozent, Grundlagenforschung nur 4,7 Prozent aus. Im internationalen Vergleich ist das sehr wenig. So wenden die USA 19,0 Prozent, Japan 12,5 Prozent, Korea 18,2 Prozent und Russland 19,6 Prozent der Gesamtausgaben für F&E für die Grundlagenforschung auf. Trotz der prominenten Rolle der Grundlagenforschung in der Innovationsstrategie der Regierung ist dieser Anteil in den letzten zwei Jahrzehnten aber stetig gesunken.

Einrichtungen

Grundlagenforschung wird, wie in anderen Ländern auch, vor allem im Hochschulsektor und an nationalen Forschungseinrichtungen betrieben. Mehr als die Hälfte der F&E-Ausgaben für Grundlagenforschung entfällt auf diesen Bereich (2010: 55,65 Prozent), weitere 40,17 Prozent erhalten spezialisierte staatliche Forschungsinstitute. Nur 1,6 Prozent der Grundlagenforschung wird in Unternehmen betrieben. Dieser Wert ist im Vergleich sehr niedrig: In den USA lag er 2009 bei 19,5 Prozent. Wie auch bei den Erfindungspatenten konzentrieren sich die sichtbaren Ergebnisse in der Grundlagenforschung auf wenige starke Akteure: Rund 25 Prozent aller in China verfassten wissenschaftlichen Artikel werden an nur neun der 1354 höheren Bildungsinstitute produziert (Peking University [U.], Tsinghua U., Zhejiang U., Fudan U., Shanghai Jiao Tong U., Nanjing U., die Wissenschafts- und Technikuniversität in Hefei, das Harbin Institute of Technology und die Xi'an Jiaotong U.). Eine Sonderstellung in der Grundlagenforschung nimmt die Chinese Academy of Sciences (CAS) ein. Die CAS mit ihren 100 Forschungsinstituten und -laboratorien wird seit ihrer Reform im Jahr 1998 nunmehr als »Lokomotive« des chinesischen Innovationssystems bezeichnet und weist besondere Stärken im Bereich Informationstechnologie, der neuen Energien, der Biotechnologie und Nanotechnologie auf. Sie beschäftigt rund 50 000 Wissenschaftler, von denen viele zu Chinas Wissenschafts- und Ingenieurelite zählen, und besitzt 400 eigene Unternehmen. Die Wissenschaftler der CAS sind allein für 20 Prozent der begutachteten Artikel in chinesischen wissenschaftlichen Zeitschriften in den vergangenen zehn Jahren verantwortlich.

Engpässe

Die schnell steigende Anzahl an veröffentlichten Fachartikeln, die als ein Gradmesser für wissenschaftliche Produktivität gilt, schlägt sich bisher aber noch nicht in einer steigenden Qualität der veröffentlichten Publikationen nieder. Gemessen an der Anzahl internationaler Zitationen, ein Maßstab für wissenschaftliche Qualität, ist in den vergangenen Jahren eine nur geringe Verbesserung eingetreten (SCImago Journal & Country Rank 2013, Zhou 2013). Wie auch im Fall der Patente setzt die chinesische Regierung im Wissenschaftsbereich quantitative Anreize: Je mehr Veröffentlichungen ein Wissenschaftler vorweisen kann, desto mehr finanzielle Zuwendungen erhält er. Das führt tendenziell zu einem Publikationsverhalten, das vor Plagiaten, Recycling von Forschungsergebnissen und qualitativ minderwertigen Veröffentlichungen nicht zurückschreckt (Looks good on paper 2013). Wissenschaftler beklagen zudem, dass sich die Politik zu stark in die Forschung einmische. Die Erwartung der Regierung, Durchbrüche in der Forschung schnell zu erzielen, entspricht nicht der Realität, der sich Wissenschaftler in der Grundlagenforschung gegenübersehen – Forschung benötigt Zeit und die Akzeptanz, dass Projekte auch scheitern können. Zudem behindern Bürokratismus und Korruption bei der Genehmigung von Forschungsprojekten, zu geringe Fördermittel und zu kurz angelegte Förderzeiträume den Forschungsprozess und machen eine Universitätskarriere für Spitzenforscher unattraktiv. Die Tatsache, dass viele talentierte chinesische Wissenschaftler eine Karriere im Ausland der Anstellung an einer chinesischen Hochschule vorziehen, stellt ein großes Problem für die chinesische Grundlagenforschung dar.

Angewandte Forschung

Angewandte Forschung findet in China vor allem in spezialisierten staatlichen Forschungsinstituten (SFI) und Universitäten statt: 43,2 Prozent der F&E-Ausgaben für angewandte Forschung wurden 2010 von SFI ausgegeben, 37,8 Prozent von Universitäten und nur 13,9 Prozent von Unternehmen. Wiederum ist dieser Wert vergleichsweise niedrig: In den USA zum Beispiel finanzieren Unternehmen 57,6 Prozent (2009) der angewandten

Forschung. Hinzu kommt, dass – wie im Fall der Grundlagenforschung – auch der Anteil der angewandten Forschung an den nationalen Gesamtausgaben für F&E stetig gesunken ist, von rund einem Viertel im Jahr 1995 auf 12,7 Prozent 2010. Auch wenn die absoluten Ausgaben gestiegen sind, verträgt sich diese Relevanzverringerung nicht mit den Zielen der Regierung, China in eine Innovationsnation zu verwandeln.

SFI dürfen nicht mit nationalen Forschungseinrichtungen wie der CAS verwechselt werden. Sie sind ein Erbe der Planwirtschaft, in der sie zentralen und lokalen Ministerien unterstanden und die Produktentwicklung innerhalb der Zuständigkeitsbereiche dieser Ministerien förderten. Sie waren also spezialisiert auf Forschung beispielsweise im Agrarsektor, in der Telekommunikation, im Eisenbahnwesen oder der Stromversorgung. Bildeten die SFI noch Ende der 1990er-Jahre das Kernstück des chinesischen Innovationssystems, so änderte sich das mit Beginn des neuen Jahrtausends: Ihre Anzahl hat sich von 6 000 im Jahr 1998 auf rund 3 500 Institute im Jahr 2010 nahezu halbiert. Der Schwerpunkt der weiter bestehenden SFI blieb die Produktentwicklung für den öffentlichen Sektor beispielsweise im Agrar- und Gesundheitswesen, im Umweltschutz und in der Landesverteidigung. Die nicht als SFI weitergeführten Organisationen wurden Staatsunternehmen angegliedert oder in Firmen oder Beratungsunternehmen umgewandelt – wobei der enge Kontakt mit den ehemaligen Ministerien oft bestehen blieb. Wie auch bei den von Hochschulen gegründeten Firmen führt das dazu, dass der politische Einfluss auf unternehmerische Entscheidungen weiterhin sehr hoch ist und oft die Vernetzung mit anderen Firmen erschwert oder ganz verhindert.

Ein Arbeiter testet Mobiltelefone von Lenovo, dem größten PC-Produzenten der Welt. Die Firma übernahm 2010 die PC-Sparte von IBM. (Foto: Imaginechina via AP Images, 2013)

Forschungsvernetzung

Die aus der Planwirtschaft überlieferten Strukturen erschweren die Vernetzung der einzelnen Teile des chinesischen Innovationssystems. Wie oben gezeigt, ist das im dominierenden IT-Sektor vor allem in Beijing und Shanghai der Fall, während die Unternehmen im Perlflussdelta besser vernetzt sind. Auch interregionale Kooperation findet nur in sehr geringem Maß statt. Da der heimische Markt für die von vielen dieser Unternehmen produzierten Güter noch nicht gesättigt ist, ist der Druck zur Vernetzung noch gering. Die Regierung hat allerdings erkannt, dass in der stärkeren Vernetzung auf Unternehmensebene viel Innovationspotenzial liegt, und fördert deshalb die Errichtung von mehreren Hundert sogenannten Innovationsclustern. Bekannte Beispiele sind der IT-Cluster in Zhongguancun, Beijing, und der Nanotechnologiecluster Nano-City in Suzhou. Wie Untersuchungen dieser Cluster zeigen, ist die Wirkung der geografischen Nähe auf die Weiterentwicklung von Technologien noch sehr begrenzt, da – wie bereits ausgeführt – die aus der Planwirtschaft übernommenen Werte und Institutionen weiterhin einen großen Einfluss auf die strategische Ausrichtung von Forschungseinrichtungen und Unternehmen haben (Tan 2006; Lin u. a. 2011; Cao u. a. 2013).

Kommerzialisierung

Die verhältnismäßig niedrigen Investitionen in Grundlagenforschung und angewandte Forschung in Kombination mit der mangelnden Vernetzung chinesischer Unternehmen erschweren auch die Kommerzialisierung neu entwickelter Produkte. Die chinesische Regierung legt zwar großes Gewicht auf die marktbezogene Forschung und die schnelle Verwandlung von Forschungsergebnissen in marktfähige Güter und Dienstleistungen, doch deckt sich diese Präferenz oft nicht mit den Interessen der chinesischen Unternehmen. Wie erwähnt, zielt die Strategie der meisten chinesischen Unternehmen nach wie vor auf die Befriedigung der Nachfrage im chinesischen Markt mit modifizierten Imitaten ausländischer Produkte. Diese Strategie ermöglicht ihnen kurzfristige Gewinne bei niedrigem Risiko und mit verhältnismäßig geringem Einsatz. Diese Strategie bildet sich in der Struktur der F&E-Ausgaben chinesischer Unternehmen ab.

Rund 74 Prozent der gesamten inländischen F&E-Ausgaben werden vom Unternehmenssektor geleistet. Dies entspricht in etwa dem Durchschnitt der OECD, wo Unternehmen ebenfalls fast drei Viertel der gesamten F&E-Ausgaben eines Landes aufbringen. Dennoch bestehen drei wichtige Unterschiede zur Situation in Ländern der OECD. Erstens findet, wie eben festgestellt, auf der Unternehmensebene kaum Grundlagenforschung und angewandte Forschung statt – mit 97 Prozent (2011) fließt der überwiegende Teil aller F&E-Ausgaben auf der Unternehmensebene in die experimentelle Produktentwicklung. Zweitens investiert nur ein sehr geringer Anteil der chinesischen Unternehmen signifikant in F&E. Etwas mehr als ein Viertel (28,3 Prozent) der rund 46 000 großen und mittleren Unternehmen hat zwar eine eigene Forschungsabteilung, aber nur 20 Unternehmen bringen ungefähr zehn Prozent der gesamten F&E im Unternehmenssektor auf. Drittens sind es vor allem Staatsunternehmen, die massiv in F&E investieren. Dies bedeutet, dass der Staat nach wie vor eine wichtigere Rolle in der Kommerzialisierung neuer Technologien spielt, als es die aggregierten Ausgaben für F&E im Unternehmenssektor vermuten lassen würden.

6 Zusammenfassung und Auswertung

Das chinesische Innovationssystem kann gut mit einer chinesischen Stadt verglichen werden. Beobachter sind verblüfft über die Geschwindigkeit der Stadtentwicklung in China, vor allem im Vergleich mit »dem Westen«, wo die großflächige Schaffung von Neubauten und Infrastruktur scheinbar viel langsamer und mühseliger vonstattengeht. Allerdings stellen Kommentatoren nun zunehmend die Frage, wie nachhaltig und hochwertig diese städtebaulichen Entwicklungen in China tatsächlich sind. Ähnlich verhält es sich mit dem chinesischen Innovationssystem. Sichtbare Fortschritte in einzelnen Sektoren wie der Nano- oder Energietechnologie werden oft durch einzelne, staatlich dominierte F&E-Konsortien erzielt, während der überwiegende Teil der chinesischen Unternehmen entweder gar keine F&E betreibt oder aber in die verbilligte Produktion bereits bestehender Güter investiert. Zudem ähnelt Chinas Innovationssystem einem Archipel aus nur sehr lose miteinander verbundenen Inseln, die ihre jeweils eigenen Charakteristika haben (OECD 2008): Beijing hat starke Forschungsinstitute, aber keine industrielle Basis. Shanghai hat einen starken, von multinationalen Unternehmen und großen Staatsunternehmen geprägten Industriesektor, ist aber schwächer in der angewandten Forschung. In Guangdong hingegen befindet sich ein gut integriertes Netzwerk für die Produktion von Gütern der Informationstechnologie, in dem vor allem Privatunternehmen an Prozessinnovationen arbeiten. Die Vernetzung dieser Inseln ist nur schwach ausgeprägt und in großen Teilen Chinas fehlt jegliche Innovationsinfrastruktur.

Zusammenfassend lässt sich also sagen, dass China wohl noch lange nicht die »Innovationssupermacht« sein wird, die einige Kommentatoren schon heute in dem Land sehen. Das bedeutet allerdings nicht, wie ebenfalls oft angeführt, dass Chinas Wirtschaft auf tönernen Füßen stünde. Der Großteil der chinesischen Unternehmen verhält sich marktadäquat: Für sie gibt es keine Anreize, in Produktinnovationen zu investieren, solange sie in den bestehenden Marktsegmenten erfolgreich sind, ihnen das Kapital für die notwendigen Investitionen fehlt und der Markt für hochwertige Produkte noch relativ klein ist. Stattdessen investieren sie in die Prozessinnovation, um ihre Gewinnmargen in bestehenden Märkten zu vergrößern.

Der von der Regierung 2006 aufgelegte Entwicklungsplan zur Förderung genuin chinesischer Innovationen ist also eine Investition in die Zukunft. Wie der vorliegende Beitrag gezeigt hat, ist dies eine umsichtige Politik, für die das institutionelle Erbe aus der Planwirtschaft sowohl eine Erleichterung als auch ein Hindernis darstellt. Diese Strukturen ermöglichen die Errichtung von Leuchttürmen, behindern aber den Aufholprozess des Privatsektors. Herausforderungen liegen nicht nur im oft zitierten Schutz geistiger Eigentumsrechte, sondern auch in der Beseitigung von Korruption und Bürokratismus bei der Vergabe von Forschungsmitteln, der Förderung von Vernetzung und Technologietransfer zwischen Unternehmen sowie der Risikoaversion und Kurzsichtigkeit der staatlichen Akteure, die den Innovationsplan der Regierung umsetzen. Gelingt es der chinesischen Regierung, die Vorteile dieser Strukturen weiter zu nutzen und deren Hindernisse zu beseitigen, dann ist ihr Ziel, China bis zur Mitte des 21. Jahrhunderts in eine führende Innovationsnation zu verwandeln, durchaus erreichbar. Die nüchterne Bilanz nach Halbzeit des Entwicklungsplans zeigt aber, welch große Herausforderung diese Aufgabe ist.

Literatur

Breznitz, Dan/Murphree, Michael: Run of the Red Queen. Government, Innovation, Globalization, and Economic Growth in China, New Haven 2011.

Cao, Cong/Appelbaum, Richard P./Parker, Rachel: »Research is high and the market is far away«: Commercialization of nanotechnology in China, in: Technology in Society, 35 (2013) 1, S. 55–64.

China muss Urbanisierung auf den Prüfstand stellen, in: German.China.Org.CN vom 7. September 2013 (http://german.china.org.cn/china/2013-09/07/content_29958194.htm, Zugriff: 7. Februar 2014).

Clemente, Jude: China Leads the Global Race to Cleaner Coal, in: Power Magazine vom 1. Dezember 2012 (http://www.powermag.com/coal/China-Leads-the-Global-Race-to-Cleaner-Coal_5192.html, Zugriff: 7. Februar 2014).

Dang, Jianwei/Motohashi, Kazuyuki: Patent statistics: A good indicator for innovation in China? Patent subsidy program impacts on patent quality, IAM Discussion Paper Series No. 029, Tokyo 2013 (http://pari.u-tokyo.ac.jp/unit/iam/outcomes/pdf/papers_131118.pdf, Zugriff: 7. Februar 2014).

Guo, Tie-chang/Zhang Chi-dong: Woguo duiwai yicundu jiujing shi duoshao – jiyu quanqiuhua jiaoshi de cesuan [Inwieweit ist China von ausländischer Technologie abhängig], in: Zhongguo ruan kexue, 2 (2012), S. 35–41.

Irena-GWEC: 30 Years of Policies for Wind Energy. Lessons from 12 Wind Energy Markets, Abu Dhabi 2013 (http://www.irena.org/Document-Downloads/Publications/GWEC_WindReport_All_web%20display.pdf, Zugriff: 7. Februar 2014).

Jakobson, Linda (Hrsg.): Innovation with Chinese Characteristics. High Tech Research in China, Basingstoke/New York 2007.

Lema, Rasmus/Berger, Axel/Schmitz, Hubert: China's Impact on the Global Wind Power Industry, in: Journal of Current Chinese Affairs, 42 (2013) 1, 37–69.

Lewis, Joanna I.: Green Innovation in China: China's Wind Power Industry and the Global Transition to a Low-Carbon Economy, New York 2013.

Liau, Qing Yun: China's semiconductor imports exceed $160B, industry still nascent, in: ZDNet vom 13. März 2013 (http://www.zdnet.com/cn/chinas-semiconductor-imports-exceed-160b-industry-still-nascent-7000012527/, Zugriff: 7. Februar 2014).

Lim, Louisa: China's Supercomputing Goal: From »Zero to Hero«, in: National Public Radio (NPR) vom 2. August 2011 (http://www.npr.org/2011/08/02/138901851/chinas-supercomputing-goal-from-zero-to-hero, Zugriff: 7. Februar 2014).

Lin, George C. S. u. a.: Placing Technological Innovation in Globalising China. Production Linkage, Knowledge Exchange and Innovative Performance of the ICT Industry in a Developing Economy, in: Urban Studies, 48 (2011) 14, S. 2999–3018.

Liu, Feng-Chao u. a.: China's Innovation Policies: Evolution, Institutional Structure, and Trajectory, in: Research Policy, 40 (2011) 7, S. 917–931.

Liu, Xielin: China's Catch-up and Innovation Model in IT Industry, in: International Journal of Technology Management, 51 (2010) 2–4, S. 194–216.

Liu, Xielin/Cheng, Peng: Is China's Indigenous Innovation Strategy Compatible with Globalization? (= Policy Studies 61), Honolulu 2011 (http://www.

eastwestcenter.org/sites/default/files/private/ps061.pdf, Zugriff: 7. Februar 2014).

Liu, Xielin/White, Steven: Comparing innovation systems: a framework and application to China's transitional context, in: Research Policy, 30 (2001) 7, S. 1091–1114.

Looks good on paper. A flawed system for judging research is leading to academic fraud, in: The Economist vom 28. September 2013 (http://www.economist.com/news/china/21586845-flawed-system-judging-research-leading-academic-fraud-looks-good-paper, Zugriff: 7. Februar 2014).

Mathurin, Patrick: China's pharmaceutical market: risks and opportunities, in: Financial Times Data vom 24. September 2013 (http://blogs.ft.com/ftdata/2013/09/24/chinaceutical/, Zugriff [nach Registrierung]: 7. Februar 2014).

National Bureau of Statistics of China and Ministry of Science and Technology: China Statistical Yearbook on Science and Technology, Beijing versch. Jgg.

National Science Board (Hrsg.): Science & engineering indicators, Washington 2011.

OECD (Organisation for Economic Co-operation and Development): OECD Factbook 2013. Economic, Environmental and Social Statistics, Paris 2013.

OECD (Organisation for Economic Co-operation and Development): OECD Reviews of Innovation Policy. China, Paris 2008.

Schwaag Serger, Sylvia/Breidne, Magnus: China's Fifteen-Year Plan for Science and Technology: An assessment, in: Asia Policy 4 (2007), S. 135–164.

Springut, Micah/Schlaikjer, Stephen/Chen, David: China's Program for Science and Technology Modernization: Implications for American Competitiveness, Arlington 2011 (http://www.control.lth.se/media/Education/EngineeringProgram/TMAN40/USCC%20REPORT%20China%20Program%20for%20ST%20Modernization.pdf, Zugriff: 7. Februar 2014).

Staff Reporter: High Patent Numbers Belie Lack of Innovation, in: Want China Times vom Februar 2011 (http://www.wantchinatimes.com/news-subclass-cnt.aspx?id=20110204000007&cid=1504, Zugriff: 7. Februar 2014).

Tan, Justin: Growth of Industry Clusters and Innovation: Lessons from Beijing Zhongguancun Science Park, in: Journal of Business Venturing, 21 (2006) 6, S. 827–850.

Turpin, Tim/Krishna, Venni V.: Science, Technology Policy, and the Diffusion of Knowledge. Understanding the Dynamics of Innovation Systems in the Asia Pacific, Cheltenham/Northampton 2007.

World Bank: Innovation Policy. A Guide for Developing Countries, Washington 2010 (https://openknowledge.worldbank.org/bitstream/handle/10986/2460/548930PUB0EPI11C10Dislosed061312010.pdf?sequence=1, Zugriff: 7. Februar 2014).

Xue, Lan/Liang, Zheng: Relationships between IPR and Technology Catch-Up: Some Evidences from China, in: Odagiri, Hiroyuki u. a. (Hrsg.): Intellectual Property Rights, Development, and Catch Up: An International Comparative Study, Oxford 2010, S. 317–360.

Zhou, Ping: The growth momentum of China in producing international scientific publications seems to have slowed down, in: Information Processing & Management, 49 (2013) 5, S. 1049 ff.

Weblink

SCImago Journal & Country Rank, China:
http://www.scimagojr.com/countrysearch.php?country=CN&area=0

Philip Clart

Religionen und Religionspolitik in China: Historische Grundlagen und aktuelle Perspektiven

1 Einleitung

Das Augenmerk dieses Artikels liegt auf den Religionen und der Religionspolitik in der Volksrepublik (VR) China seit 1949 (Abschnitt 5). Da diese jedoch nur vor ihrem historischen Hintergrund richtig einzuordnen und zu verstehen sind, wird in den folgenden Abschnitten zunächst eine knappe Einführung in die chinesische Religionsgeschichte gegeben (Abschnitt 2) und über die religionspolitischen Ansätze des chinesischen Kaiserreichs (Abschnitt 3) und der Republik China (Abschnitt 4) informiert.

2 Religionen Chinas

Die chinesische Tradition kennzeichnet ihren religiösen Pluralismus üblicherweise mit dem Begriff der »Drei Lehren« (*sanjiao*), die den Konfuzianismus, Daoismus und den Buddhismus umfassen. Mit diesem Begriff werden diese drei Traditionen als bestimmende Hauptkomponenten des religiösen Lebens innerhalb der chinesischen Kultur legitimiert. Sowohl in Hinblick auf religiöses Denken und religiöse Praxis wie auch auf die Formen religiöser Vergesellschaftung greift die Reduktion auf die »Drei Lehren« jedoch zu kurz und muss erweitert werden um von außen kommende neue Religionen (wie Christentum und Islam) sowie um die indigenen Formen von »Volksreligion«. Nichtsdestoweniger beginnen wir mit einem knappen Überblick über die Drei Lehren und hier wiederum mit dem Konfuzianismus als der über lange Perioden quasioffiziellen, staatstragenden Lehre.

Philip Clart

Konfuzianismus

Der Name »Konfuzianismus« selbst ist eine späte Prägung jesuitischer Provenienz wie natürlich auch der latinisierte Name »Konfuzius« für Meister Kong (Kongzi, 551–479 v. Chr.), den Begründer der Lehre (Rule 1986; Jensen 1997). Im historischen chinesischen Sprachgebrauch erscheint hingegen am häufigsten das Wörtchen *ru*, wenn über die Lehren des Konfuzius und seiner Nachfolger gesprochen wird. Die Lehre der *ru* (*rujiao*), die Schule der *ru* (*rujia*) und das *ru*-Studium (*ruxue*) waren und sind gebräuchliche Begriffe für das, was in westlichen Sprachen in der Regel als Konfuzianismus bezeichnet wird. Was bedeutet *ru*? Die Etymologie ist unter Experten umstritten, aber es scheint klar, dass in der späten Zhou-Zeit (ca. 1045–256 v. Chr.) Experten in den »Sechs Künsten« (Riten, Musik, Bogenschießen, Wagenlenken, Schreiben und Rechnen) als *ru* bezeichnet wurden. Im engeren Sinn bezog sich der Begriff auf gelehrte Fachleute im Ritualwesen; aufgrund der »konfuzianischen« Betonung der Riten, wurde der Begriff *ru* schließlich gleichbedeutend mit Interpreten der Lehrtradition, die mit Konfuzius ihren Anfang genommen hatte (zur Begriffsgeschichte: Yao 2000, S. 16–21). Konfuzius war einer unter vielen Denkern seines Zeitalters, die neue Wege individueller und gesellschaftlicher Verwirklichung unter Bedingungen tief greifenden soziokulturellen Wandels suchten. Für Meister Kong war es kennzeichnend, dass er für sich nicht in Anspruch nahm, einen wirklich neuen Ansatz zu präsentieren, sondern lediglich die bewährte Ordnung eines goldenen Zeitalters neu zu vergegenwärtigen. Die auseinanderbrechende soziale Ordnung sollte durch eine Rückbesinnung auf die stabilen Ordnungsprinzipien der Frühphase der Zhou-Dynastie wieder zusammengefügt werden. Kern dieser Ordnung war die rituelle Gestaltung hierarchischer sozialer Beziehungen, die jedem Individuum seinen Platz im sozialen Gefüge zuwies und damit Statuskonflikte verringerte. Die Funktionsfähigkeit dieses Modells hing jedoch wesentlich von der moralischen Qualität der Gesellschaftsmitglieder ab und insbesondere von der moralischen Autorität der Höherstehenden im jeweiligen Beziehungsgeflecht. Moralisches Charisma (*de*, »Tugendkraft«) floss von oben nach unten und deshalb war es das erste Ziel des Konfuzius, einen Herrscher für seine Vorstellungen von einer harmonischen, rituell modulierten Gesellschaftsordnung zu gewinnen.

Dieses Vorhaben schlug zwar zu Konfuzius' Lebzeiten fehl, aber dennoch schuf der Meister ein bleibendes Ideal sozialer Harmonie und individueller Kultivierung. Der erstere Aspekt prägt das chinesische politische Denken bis in die Gegenwart: Chaos, Korruption und Unsicherheit bringen nicht nur die politische Kompetenz einer Regierung in Misskredit, sondern stellen direkt ihre moralische Herrschaftslegitimation infrage. Das heißt nicht, dass auch nur eine einzige Dynastie in der chinesischen Geschichte die Vollkommenheit des mythischen Kaisers Shun erreicht hätte, der lediglich die rituell korrekte Position auf seinem Thron einzunehmen hatte, um Friede und Ordnung in seinem Reich zu stiften. Dennoch hat dieses Ideal im politischen Diskurs stets eine wichtige Rolle gespielt und tut dies unter gewandelten Vorzeichen auch heute noch, wenn sich die chinesische Regierung mit Bezug auf die Lehren des Konfuzius zu legitimieren sucht und zur Schaffung einer »harmonischen Gesellschaft« aufruft.

Sechs Beispiele der Sohnesliebe: Xiao, die kindliche Pietät, ist einer der zentralen Begriffe der konfuzianischen Ethik. (Qingzeitlicher Holzschnitt, Foto: Roland und Sabrina Michaud/akg-images)

Was das Individuum betrifft, so bot Meister Kong eine Lebenskunst an, die die wahre Selbstverwirklichung in der Pflege zwischenmenschlicher Beziehungen verortete. Erkennt man die fundamental soziale Natur des Menschen an, so ist wahre Menschlichkeit in der Tat nur in der Hinwendung auf den anderen möglich. Die Pflege relationaler Tugenden wie Loyalität und Kindespietät ermöglicht die Selbstverwirklichung in sozialer Eingebundenheit und Orientierung hin auf die anderen. In der weiteren Entwicklung der konfuzianischen Tradition wurde der integrative Kontext des edlen oder gar heiligen Menschen über die soziale Relationalität hinaus zu einer kosmischen Harmonisierung erweitert und damit in eine transzendente Dimension erhoben: Der Weise stellt durch seine Tugendkraft nicht nur die gesellschaftliche Ordnung her, sondern er hält auch die kosmischen Prozesse in Balance, sodass Naturkatastrophen ausbleiben und die Ernten üppig ausfallen. Diese Perspektive spielte insbesondere für die religiöse Legitimierung der Herrschaft des Kaisers eine wichtige Rolle. Dies minderte aber nie die grundsätzliche Ausrichtung des Konfuzianismus auf das Hier und Jetzt, auf die Schaffung von Ordnung und Sinn in dieser Welt anstelle ihrer hoffnungsvollen Verschiebung auf die nächste. Alle konfuzianischen Ausflüge in die Metaphysik blieben letztlich in der Praxis verankert: Neue Ideen mussten sich bewähren, indem sie sowohl der persönlichen Sinnsuche als auch der sozialen Gestaltung der Gesellschaft entscheidende Impulse verliehen. Dies ist der rote Faden, der sich durch die Geschichte der konfuzianischen Tradition zieht und die Orientierung in der komplexen Abfolge von Schulrichtungen und großen Denkern ermöglicht. Wesentliche Stationen dieser Abfolge sind die wichtigen Weiterentwicklungen der Gedanken des Konfuzius in der Zeit der Streitenden Reiche (475–221 v. Chr.) durch Menzius (4. Jh. v. Chr.) und Xunzi (3. Jh. v. Chr.), die Etablierung eines Korpus von kanonischen Schriften und der Beginn der konfuzianischen Symbiose mit der Herrschaft der Kaiserdynastien in der Han-Zeit (206 v. Chr. bis 220 n. Chr.) sowie die philosophische Synthese des Neokonfuzianismus der Song-Dynastie (960–1279) und der Ming-Dynastie (1368–1644). Letztere erlebten auch die Vollendung der »Konfuzianisierung« des Beamtenprüfungswesens und damit die weitgehende Integration von Konfuzianismus und Staatsideologie. Ich sage »weitgehend«, da es immer wieder Individuen und Bewegungen gab, die das konfuzianische Projekt der Menschwerdung vor dem Schicksal der Degenerierung hin zu einer bloßen Prüfungs- und Karrieregelehrsamkeit zu retten suchten.

Die Akademien der Südlichen Song-Zeit (1127–79), Wang Yangming (1472–1529) sowie die Protagonisten der »Lehre vom Geist« in der Ming-Zeit und die Vertreter der philologischen »Han-Schule« in der Qing-Zeit (1644–1911) sind Zeugen dafür, dass staatliche Vereinnahmung den kreativen Impuls der Tradition nie völlig erstickte. Das Ende der traditionellen Beamtenprüfungen im Jahr 1905 bedeutete denn auch nicht das Ende des Konfuzianismus als einer Option des Denkens über Sinn und Zweck menschlichen Lebens und des Verhältnisses von Individuum und Gesellschaft. Sowohl innerhalb wie außerhalb Chinas geben die Lehren der *ru* auch heute noch wichtige Denkanstöße in der politischen Arena, im philosophischen Diskurs und im religiösen Leben.

Daoismus

Lange Zeit war es Gegenstand der gelehrten Debatte, in welchem Verhältnis »philosophischer« und »religiöser« Daoismus (veraltete Schreibweise: Taoismus) zueinander stehen. Ersterer bezog sich auf die daoistischen Schriften der klassischen Periode (vor allem »Daodejing« und »Zhuangzi«, entstanden zwischen dem 4. und 2. Jh. v. Chr.), Letzterer auf die daoistischen Bewegungen und Schulen, die ab dem 2. Jahrhundert n. Chr. auftraten. Die rapide quantitative und qualitative Zunahme der Daoismusforschung in den letzten 30 Jahren hat die Sichtweise dahingehend verändert, dass man der traditionellen chinesischen Kultur fremde Konzepte wie »Religion« und »Philosophie« vermeidet und stattdessen die Kontinuitäten und Brüche zwischen verschiedenen Phänomenen untersucht, die unter dem Dach eines weit gefassten Daoismusbegriffs versammelt werden. In dieser Sichtweise orientieren sich alle Versionen des Daoismus auf ein Konzept des Dao, des »Weges«, hin. Der Begriff »Dao« wird zwar auch von Konfuzianern und Buddhisten verwendet, meint bei ihnen in der Regel aber einen spezifischen Weg der Selbstkultivierung. Typisch für den daoistischen Diskurs hingegen ist die Verabsolutierung des Dao-Begriffes zum Urgrund allen Seins. Sobald dieses Prinzip akzeptiert ist, ergeben sich daraus zwingend Fragen nach der Natur des Dao und nach seinen Konsequenzen für die menschliche Lebensführung. Beide Fragenbereiche haben innerhalb der daoistischen Tradition recht unterschiedliche Antworten und Lebensentwürfe hervorgebracht, die sich allerdings zusammengenommen deutlich von konfuzianischen Ideen unterscheiden und bewusst abgrenzen. Im Daodejing und Zhuangzi haben wir zwei Texte vor uns, deren Verständnis des Dao recht ähnlich ist, die aber unterschiedliche Konsequenzen daraus ziehen. Das Daodejing des legendären »Alten Meisters« (Laozi) entwirft ein politisches Modell, das die Gesellschaft in Harmonie mit dem Dao zu bringen sucht und dem Herrscher empfiehlt, seinen Einfluss durch Nichteingreifen (*wuwei*) zur Geltung zu bringen. Der politischen Orientierung des Daodejing steht im Zhuangzi die Ausrichtung auf das Individuum gegenüber, dem ein Dao gemäßer Lebenswandel am ehesten jenseits der Verwicklungen und Gefahren des öffentlichen Lebens gelingen mag. Ein Leben mit dem statt gegen das Dao ist hier eine Frage der Bewusstseinsveränderung, der Befreiung des menschlichen Geistes von den Grenzen des nur scheinbar rationalen Denkens und seiner sprachlichen Kategorien. Dem wird eine mystische Sicht der Einheit im Dao entgegengesetzt, die dem Individuum Gleichmut, Glück und Spontaneität ermöglicht, verbunden mit einer deutlichen Absage an konfuzianische Ideale ritueller Praxis und sozialer Hierarchien. War für Meister Zhuang (gest. 290 v. Chr.) das Dao nur intuitiv und unter Überwindung aller Kategorien zu erfassen, so entwickelte sich in der Endphase der Zeit der Streitenden Reiche eine alternative Weltsicht, die im Dao kalkulierbare Strukturen zu erkennen meinte. Die Verschmelzung zweier Modelle unterschiedlichen Ursprungs, *yin/yang* und die »Fünf Wandlungsphasen« (Erde, Metall, Wasser, Holz, Feuer), legte die Grundlagen für eine bis heute einflussreiche Kosmologie sowie für Methoden physisch-spiritueller Kultivierung und Lebensverlängerung.

Daoistische Tempel in China florieren: moderne Interpretation des Yin-Yang-Symbols am »Tempel des grünen Drachens« auf dem Berg Tiangui. (Foto: akg-images, undatiert)

Für die Experten dieser Methoden (die *fangshi*) waren die Zeichen einer sinnvollen, also dem Dao gemäßen Lebensführung Gesundheit und Langlebigkeit und beides hing von einem korrekten Verständnis und der Nutzung der kosmischen Kräfte ab. In letzter Konsequenz konnte der Virtuose dieser neuen spirituellen Technologie sich sogar die wichtigste Eigenschaft des Dao aneignen, seine Ewigkeit, das heißt Unsterblichkeit. Das Unsterblichkeitsideal wiederum verschmolz mit Vorstellungen von den Unsterblichen (*xian*) als vollkommenen Wesen, die außer von ihrer Mortalität auch von den anderen Beschränkungen menschlicher Existenz befreit sind. Sie haben magische Kräfte, fliegen durch die Luft und verkehren in der Welt der Götter. Diese Vorstellungen haben ihre Basis in einem Milieu, wo Schamanen in Trance jenseitige Welten besuchten und mit Göttern und Geistern kommunizierten. Vor allem Berge wurden ob ihrer Entfernung von menschlichen Siedlungen und ihrer Nähe zum Himmel als bevorzugte Aufenthaltsorte der Unsterblichen angesehen und als Refugium von denjenigen gewählt, die es den *xian* gleichtun wollten. In den Schriften des gelehrten Alchemisten Ge Hong im 3. und 4. Jahrhundert n. Chr. laufen diese Fäden exemplarisch zusammen. Sie bilden ein Gewebe kosmologischen, religiösen und technischen Gedankengutes, das als Quelle für vielerlei mantische (= seherische und wahrsagerische) Künste, medizinische Theorien wie auch diverse Manifestationen des Daoismus dienten.

Schon im 2. Jahrhundert war die Bewegung der Himmelsmeister entstanden, die sich durch die Personifizierung des Dao und seiner konstitutiven Kräfte in Form einer komplexen Götterwelt auszeichnete, an deren Spitze die Dao-Gottheit par excellence, Laozi, stand. Die Himmelsmeister folgten dem Text des Daodejing in dem Sinn, dass auch sie die Kultivierung des Dao als ein soziales Projekt ansahen, das eine utopische Ordnung hervorbringen sollte. In ihrem Denken war es die neue Gesellschaft des »Saatvolkes«, die das nahende Weltende überleben und ein neues, gerechteres Zeitalter einläuten sollte. Rituelle Handlungen sollten dazu das Saatvolk in Einklang und Harmonie mit den Gesetzen der Götter halten. Wurde das Dao für die *fangshi* und ihre Nachfolger in seinen regelmäßigen kosmischen Mustern und Rhythmen greifbar, so nahm es für die Himmelsmeister und ihre Anhänger Gestalt in Form einer himmlischen Sphäre reiner Gottheiten jenseits der »Dämonen« und unreinen Geister der zeitgenössischen Volksreligion an.

Da das Dao gestaltlos und unfassbar ist, kann es vielerlei Gestalten annehmen. So verschieden auch die Mystik eines Zhuangzi, die Unsterblichkeitssehnsucht und -technologie eines Ge Hong sowie die millenaristische Heilserwartung und rituelle Fertigkeit der Himmelsmeister sind, so ziehen sie doch alle in der einen oder anderen Form ihre Inspiration aus dem Dao, das sich ihnen in jeweils ihren Bedürfnissen entsprechender Weise vergegenwärtigt. Die weitere Geschichte des Daoismus ist geprägt von der gegenseitigen Durchdringung der verschiedenen Ansätze, sich dem Dao zu nähern. Alchemie vermengt sich mit Ritual, die Götter spiegeln sich außerhalb wie innerhalb des Körpers, wo sie Gegenstand einer visualisierenden Meditation werden.

Die Vielfalt der Schulen und Methoden verringerte sich schließlich ab dem 14. Jahrhundert jedenfalls nach außen hin auf zwei staatlich anerkannte Formen des Daoismus: den monastischen Daoismus der »Vollkommenen Verwirklichung« (*quanzhen*) und die Schule der »Orthodoxen Einheit« (*zhengyi*), deren oberster Repräsentant der jeweilige Himmelsmeister war und deren Mitgliedschaft überwiegend aus nicht zölibatären Priestern bestand, die ihre Rituale als Dienstleistungen für Individuen, Familien und Ortsgemeinden anboten. Die *zhengyi*-Tradition ist der westlichen Forschung am vertrautesten, da sie in Taiwan dominiert und somit Gegenstand der ersten systematischen Feldforschungen wurde (Schipper 1974; Saso 1978; Lagerweg 1987). Die bessere Zugänglichkeit der VR China seit den 1980er-Jahren rückt nun einerseits den *quanzhen*-Daoismus wieder stärker ins Licht des wissenschaftlichen Interesses, andererseits bestätigen die seitdem getätigten Forschungen den schon von früheren Forschungen in Taiwan und Hongkong her bekannten Sachverhalt, dass die Dichotomie von *zhengyi* und *quanzhen* zu simpel ist. Es gibt zahllose lokale und regionale Ritualtraditionen, die sich relativ autonom tradieren und deren Verhältnis zu den großen daoistischen Traditionen sich recht verschieden gestaltet. So hat der moderne Daoismus seine historische Komplexität bewahrt. Vielfalt und Einheit sind dabei Aspekte eines zusammenhängenden Phänomenkomplexes, der trotz aller Divergenzen die Verwendung des Wortes »Daoismus« im Singular weiterhin rechtfertigt.

Buddhismus

Eine der Leitfragen in der Forschung zum chinesischen Buddhismus lautet: Hat der Buddhismus China erobert oder China den Buddhismus? Die Antwort lautet natürlich: sowohl als auch. Der Buddhismus ist ohne Zweifel diejenige »Fremdreligion«, die am tiefsten in China Wurzeln geschlagen und es geschafft hat, integraler Bestandteil der chinesischen Kultur zu werden. Keine andere nicht indigene Religion hat den Anerkennungs- und Integrationsgrad des Buddhismus erreicht. Das kommt auch durch seine Aufnahme in den »Klub« der Drei Lehren zum Ausdruck. Andererseits war dieser Erfolg nur dadurch möglich, dass sich der im 2. Jahrhundert n. Chr. aus Indien und Zentralasien über die Seidenstraße von Händlern und Mönchen nach China gebrachte Buddhismus an das chinesische kulturelle Milieu weitgehend angepasst hat – ein Sachverhalt, der manchen Forscher dazu brachte, von der Sinisierung des Buddhismus zu sprechen (Gregory 1991). Chinesische Buddhisten passten sich chinesischen sozialen Konventionen an und definierten die buddhistische Lehre in aktiver

Auseinandersetzung mit Konfuzianismus und Daoismus neu. Neue, originär chinesische Schulen wie die des Chan-Buddhismus (oder auch Zen-Buddhismus) sind Resultat dieser kulturellen und intellektuellen Anpassungsprozesse.

Im Gegenzug übte die Lehre des Buddha wichtige Einflüsse auf die Religionswelt Chinas aus, so zum Beispiel mit der Einführung der im *karma*-Konzept vorgegebenen Vorstellung von der Alleinverantwortung des Individuums für seine Erlösung. Dies modifizierte bestehende Ideen von einem Kollektivschicksal, das Individuen mit ihren Ahnen verbindet, verdrängte sie aber nicht gänzlich. Auch die Jenseitsvorstellungen formte der Buddhismus gründlich um, indem er indische Ideen einer Unterwelt, in der die Verstorbenen ihre Vergehen mit schrecklichen Qualen büßen müssen, in China heimisch machte. Dies begründete unter anderem die lange bestehende liturgische Dominanz des Buddhismus im Bereich der Toten- und Begräbnisriten.

Buddhistische Mönche im Lingyin-Tempel in Hangzhou (Foto: Imaginechina via AP Images, 2014)

Die Periode nach dem »goldenen Zeitalter« des Buddhismus der Tang-Zeit (618–907) wurde früher oft als eine Zeit des Niederganges beschrieben – eine Sichtweise, die die neuere Forschung so nicht mehr akzeptiert. Vielmehr konsolidierte sich der Buddhismus in der chinesischen Gesellschaft zu dieser Zeit und schuf sich stabile soziale Strukturen, die bis heute Bestand haben und ihm die erfolgreiche Anpassung an die Bedingungen der Moderne erlaubten. Trotz aller politischen Widrigkeiten unter den antireligiös gesinnten Regimen der frühen Republikzeit und der Volksrepublik ist es dem Buddhismus gelungen, Formen von Organisation, Lehre und Praxis zu entwickeln, die sich zumindest außerhalb der VR China als höchst erfolgreich erwiesen haben und sich nun allmählich auch auf dem chinesischen Festland verbreiten.

Christentum

Es ist verlockend, den Drei Lehren die drei Religionen gegenüberzustellen, die sich von Gottes Bund mit Abraham herleiten: Judentum, Christentum und Islam. Hier will ich jedoch nur auf die letzteren beiden eingehen, da der Einfluss des Judentums in China historisch relativ unbedeutend war. Christentum und Islam hingegen haben deutliche Spuren in der chinesischen Religionsgeschichte hinterlassen und zum Teil mit ähnlich gelagerten Problemen zu kämpfen gehabt. Im Folgenden will ich kurz das historische Schicksal der beiden Religionen in China resümieren.

Verschiedene christliche Kirchen unternahmen Anläufe, im Reich der Mitte Fuß zu fassen: die sogenannten Nestorianer ab dem 7. Jahrhundert, die Franziskaner unter der Mongolenherrschaft im 13. und 14. Jahrhundert, die Jesuiten und andere katholische Orden vom 16. bis zum 18. Jahrhundert und schließlich eine Vielzahl katholischer, protestantischer und orthodoxer Missionen ab dem 19. Jahrhundert. Bis in die jüngste Vergangenheit sind Massenbekehrungen die Ausnahme geblieben und das Christentum blieb die Religion einer kleinen Minderheit.

Welche historischen und kulturellen Faktoren spielten bei dieser Entwicklung eine Rolle? Die nestorianische Mission begann als religiöse Dienstleistung in der Gemeinschaft hauptsächlich vorder- und zentralasiatischer Kaufleute in den Fernhandelszentren Chinas, war also zunächst eine im Wesentlichen ethnisch definierte Religionsgemeinschaft. Mit der Zeit und der zunehmenden Akkulturierung der Gemeinschaft entwickelte sich ein Bedürfnis, diese Religionstradition besser in den chinesischen kulturellen Kontext einzufügen. Texte wurden auf Chinesisch verfasst, wobei buddhistisches und daoistisches Vokabular zur Übermittlung christlicher Inhalte verwendet wurde. Damit einher ging eine Tendenz, christliche Themen in die konzeptuellen Kontexte dieser beiden Religionen einzubetten, was zumindest einen Autor dazu führte, die Nestorianer als »daoistische Christen« zu bezeichnen (Palmer 2001). Es ist umstritten, wie weit synkretistische Tendenzen im chinesischen Nestorianismus gingen, aber es ist klar, dass Inkulturierung, also kulturelle Integration des Christentums, ein wichtiges Anliegen war.

Matteo Ricci, jesuitischer Missionar am Hof der Ming-Kaiser, kam Ende des 16. Jahrhunderts nach China. (Kolorierter Kupferstich, 17. Jh., Foto: ullstein bild – The Granger Collection)

Philip Clart

Nach dem historisch relativ folgenlosen Zwischenspiel der franziskanischen Mission am Hof der mongolischen Khane rückt das Problem der Inkulturierung bei den Jesuiten ab dem 16. Jahrhundert wieder in den Mittelpunkt des theologischen und missionspraktischen Interesses. Eine Kernstrategie des jesuitischen China-Missionars Matteo Ricci (1552–1610) und seiner Nachfolger war es, das Christentum nicht als fremde Lehre erscheinen zu lassen, sondern als genuin chinesisch. Dies war nicht manipulativ gemeint, da im Geschichtsbild der Jesuiten die gesamte Menschheit im Bund Gottes mit Noah eingeschlossen und damit heilsgeschichtlich verbunden war. Daher war bei jedem Volksstamm davon auszugehen, dass zumindest Überreste einer Erinnerung an diesen Bund vorhanden sein müssten. Matteo Ricci entdeckte solch eine verschüttete Erinnerung in den konfuzianischen Klassikern, die in seiner Interpretation das Wissen um einen Hochgott reflektieren, den sie mal Shangdi, mal Himmel nennen, der aber in Wahrheit kein anderer als der biblische Jahweh ist. Die biblische Offenbarung knüpft an die verschüttete Gotteserinnerung in der chinesischen Tradition an, konkretisiert und erfüllt sie. Konfuzius ist daher ähnlich den großen Philosophen des klassischen Griechenlands ein Vorläufer der wahren Religion, die seine Lehren vervollkommnet und zu ihrer wahren Bestimmung führt.

Der »Ritenstreit« des 18. Jahrhunderts stellte diesen Ansatz infrage und verschob die Perspektive von postulierten Gemeinsamkeiten weg hin zu grundsätzlichen Widersprüchen zwischen Christentum und chinesischer Kultur. Es ging hierbei um die Zulässigkeit der Durchführung traditioneller chinesischer Praktiken durch katholische Konvertiten. Die Befürworter argumentierten, dass die Verehrung der Ahnen und des Konfuzius kulturelle und nicht religiöse Praktiken und damit unbedenklich seien, während die Gegner dieselben Praktiken als Götzendienst ablehnten. Mit dem päpstlichen Verbot der Ahnenriten, der Verehrung des Konfuzius und anderer Elemente der chinesischen »Zivilreligion« wurde die Taufe eine Entscheidung zwischen christlicher und chinesischer Identität und damit für die Mehrheit der Chinesen (und insbesondere für die Oberschicht) inakzeptabel; auch ohne die daraufhin stattfindende staatliche Verfolgung des Christentums wäre daher im 18. Jahrhundert der Missionserfolg wohl eher begrenzt geblieben.

Der nächste Missionsschub im 19. Jahrhundert fand unter ganz anderen, nämlich imperialistischen Vorzeichen statt. Die neuen Missionare kamen unter dem Schutz westlicher Kanonenboote und unterstanden nicht der chinesischen Gerichtsbarkeit. Kulturelles Überlegenheitsgefühl ließ viele Missionare Bekehrung und Zivilisierung als zwei untrennbare Aspekte ihrer Arbeit wahrnehmen; dies führte unter anderem zur Gründung zahlreicher protestantischer und katholischer Schulen und Universitäten, die »modernes« westliches Wissen vermittelten. Anpassung an die weithin als rückständig verachtete chinesische Kultur war hingegen kein wichtiges Thema der zeitgenössischen theologischen Debatten. An ihre Stelle trat die Forderung nach chinesischer Führung für die chinesischen Christen. Die meisten Missionsgesellschaften unterhielten Programme zur Heranbildung eines chinesischen Klerus, der allmählich die Leitungsfunktionen von den ausländischen Missionaren übernehmen sollte. Als nach 1949 die Regierung der VR China die chinesischen Christen zur Abnabelung von der westlichen Mission zwang, stellte dies keinen völlig unvorbereiteten Bruch dar. Das sogenannte Drei-Selbst-Prinzip zum Beispiel war chinesischen Protestanten bereits aus ihrer internen Reformbewegung vor dem Zweiten Weltkrieg bekannt (Wickeri 1988). Indigene Führung bedeutete aber nicht kulturelle oder gar theologische Akkommodation (Anpassung). »Sinisierung« bezog sich hier weitgehend auf organisatorische Aspekte der Kirchen in China.

Islam

Wie das Christentum hatte auch der Islam die Spannung zwischen kultureller Integration und Bewahrung der eigenen Identität auszuhalten. Der Islam kam mit vorder- und zentralasiatischen Händlern bereits in der Tang-Zeit in China an; für das Jahr 651 ist eine Gesandtschaft des dritten Kalifen an den Kaiserhof in Chang'an verzeichnet. Die Religion verbreitete sich weniger durch aktive Mission unter den Chinesen als durch die Niederlassung persischer, arabischer und zentralasiatischer Kaufleute in China, die sich allmählich akkulturierten, den Glauben ihrer Vorfahren jedoch beibehielten. Während der Mongolenherrschaft (1279–1368) erhielten Muslime gesellschaftliche Privilegien und eine große Anzahl von muslimischen Söldnern und Experten standen in mongolischen Diensten. Auch in den folgenden Ming- und Qing-Dynastien hatte der sunnitische Islam eine sichtbare Präsenz mit seinen (im chinesischen Stil gestalteten) Moscheen und bedeutenden muslimischen Staatsmännern, Künstlern, Wissenschaftlern und Heerführern. So war zum Beispiel der Admiral Zheng He (1371–1433), der in den Jahren 1405–33 die berühmten Seeexpeditionen der Ming-Dynastie nach Südostasien, Arabien und Afrika leitete, Muslim. Wenn auch die weitaus meisten Muslime in China Sunniten in der Hanafi-Rechtstradition waren (und sind), so war die muslimische Gemeinschaft doch weder ethnisch noch religiös homogen und

Chinesische Muslime in einer Moschee in Jinan, Provinz Shandong (Foto: Imaginechina via AP Images, 2013)

umfasste verschiedene Schulrichtungen und Sufi-Orden. Wie die Jesuiten stellte auch die muslimische Elite Überlegungen zur Harmonisierung ihrer monotheistischen Offenbarungsreligion mit den Lehren des Konfuzius an, was Voraussetzung für den Erfolg muslimischer Kandidaten in den Beamtenprüfungen war (Benite 2005). Dennoch gelang es der Lehre Mohammeds so wenig wie dem Christentum, ein organischer Bestandteil der chinesischen Religionsgeschichte zu werden. Grundlegende theologische Unverträglichkeiten und die spezifisch muslimischen Anforderungen an den Lebensstil seiner Anhänger schufen kulturelle Barrieren, die selbst die akkulturiertesten Anhänger des Islam als »anders« kennzeichneten. Muslim (Hui oder Huihui) und Han-Chinese waren zwei separate Identitäten; diese Trennung besteht heute im Rechtswesen der VR China weiter, wo die Hui eine der 55 anerkannten nationalen Minderheiten sind.

Volksreligiöse Strömungen

In der westlichen Forschung zur chinesischen Religionskultur bezeichnet Volksreligion in erster Linie das religiöse Leben von örtlichen Gemeinschaften, Verwandtschafts- und Berufsgruppen im traditionellen China. Typisch ist hier, dass es sich nicht um spezifisch religiöse, sondern auf anderer Basis konstituierte Gruppen handelt, deren Mitgliedschaft im Wesentlichen askriptiv (also nicht freiwillig) ist: territorial (Dörfer, Stadtteile), verwandtschaftlich (Sippen), beruflich (Gilden, Zünfte). Jede dieser Einheiten bestimmte in der Vergangenheit ihre Gruppenidentität unter anderem und häufig primär durch einen gemeinsamen religiösen Kult, wie zum Beispiel den Ahnenkult der Sippen und die Schutzgottkulte der Territorial- und Berufsgemeinschaften.

Im traditionellen China stellte die Volksreligion ein eigenes religiöses System dar, das sowohl mit den organisierten Religionsgemeinschaften (Buddhismus, Daoismus, Islam, Christentum) als auch mit dem sich ebenfalls religiös definierenden Staat in einem Verhältnis stand, das gleichzeitig oder sukzessive von Konflikt, Austausch und Komplementarität gekennzeichnet sein konnte. Weite Teile der volksreligiösen Kulte kamen ohne einen Klerus aus; die Riten in Ahnentempeln wurden von den Sippenältesten vollzogen, die großen Zeremonien im Dorftempel von den Dorfvorstehern; die alltäglichen Verrichtungen wie Weihrauchopfer am Ahnenaltar oder im Tempel der Schutzgottheit führte man individuell oder als Repräsentant seiner Familie aus. Daoistische oder buddhistische Kleriker und konfuzianische Ritualexperten wurden nur bei besonderen Anlässen auf Honorarbasis hinzugezogen (zum Beispiel daoistische Priester für Exorzismus und Tempelweihungen, buddhistische Mönche bei Totenfeiern). Somit erfüllte der Klerus Funktionen in der Volksreligion, hatte aber nur begrenzten Einfluss auf seine Glaubensinhalte und Institutionen. Außerdem stand er stets in Konkurrenz mit volksreligiösen Spezialisten wie Schamanen sowie Medien und Experten in lokalen Ritualtraditionen.

In der Interaktion von Volksreligion und den anderen Religionstraditionen entstanden darüber hinaus immer wieder neue religiöse Bewegungen, in der Forschungsliteratur meist als volksreligiöse Sekten bezeichnet, die verstärkt ab dem 15. Jahrhundert auftraten und eigene Organisationsstrukturen jenseits von Familie und Territorialgemeinschaft, eigene Rituale und eine eigene kanonische Texttradition entwickelten (zur Rolle von Sekten in der chinesischen Religionsgeschichte: Overmyer 1976; Seiwert/Ma 2003; Liu/Shek 2004). Einer der frühesten und am besten erforschten Sektengründer ist Luo Qing (alias Luo Menghong, 1443–1527). Früh verwaist, wuchs er bei Verwandten auf und wurde Soldat. Mit 28 Jahren machte er sich auf die Suche nach dem wahren Weg der Erlösung, lernte bei verschiedenen Meistern und erlangte 1482 mit 40 Jahren schließlich die Erleuchtung. Er sammelte Schüler um sich und schrieb sein Hauptwerk, die »Fünf Bücher in Sechs Bänden« (*wubu liuce*), das 1527 zum ersten Mal gedruckt wurde. Luo hatte offensichtlich keine klassische Bildung genossen, besaß aber das Selbstbewusstsein, seine hart errungenen Einsichten in einem einfachen und direkten Stil niederzuschreiben und für sie den Wert letztgültiger Wahrheit zu postulieren. Wenn er auch deutlich buddhistisch beeinflusst war, so wies er doch die Autorität des ordinierten Klerus zurück und bestand auf der Befähigung jedes Einzelnen, Erleuchtung und Erlösung zu erreichen. Im Kern ist seine Lehre eine volkstümliche Form des Chan-Buddhismus, die die egalitären Aspekte von Buddha-Natur und Leere betont und Unterschiede zwischen Laien und Mönchen, Mann und Frau sowie sozialen Klassen aufhebt. All dies ist in eine bildliche Sprache gekleidet, in der Erlösung als eine Heimkehr zum Urgrund aller Existenz, die er verschiedentlich als »Heimat«, »Mutter«, »Wahre Leere« oder auch *wuji* (»das Unbegrenzte«) bezeichnete. So wurde er zum Gründer einer religiösen Laienbewegung, die sowohl vom etablierten buddhistischen Klerus wie auch staatlicherseits mit einigem Misstrauen beobachtet wurde. Luo Qing selbst verbrachte wohl einige Zeit im Gefängnis und religiöse Bewegungen, die sich später auf den »Patriarchen Luo« beriefen, wurden häufig vom Staat als heterodoxe Sektierer verfolgt, weil sie angeblich die öffentliche Moral und Ordnung untergruben.

3 Religionspolitik des chinesischen Kaiserreichs (vor 1911)

Der historische Überblick im vorangegangenen Abschnitt hat wesentliche Akteure der traditionellen chinesischen Religionslandschaft vorgestellt. Ein wichtiger fehlt noch: der Staat als Initiator von Religionspolitik und im traditionellen Kontext als eigener religiöser Akteur. Er soll im Folgenden in den Blick genommen werden.

Der chinesische Staat entsprach nie dem toleranten Idealbild, das sich manche europäische Philosophen im Zeitalter der Aufklärung von ihm machten (Ching/Oxtoby 1992). Zwar zwang er seinen Untertanen keine Staatsreligion im europäischen Sinn auf, andererseits aber war das chinesische Reich auch nie religiös neutral. Im kaiserlichen China war die Legitimität des Herrschers letztlich religiös begründet und fand in einem komplexen Staatskult Ausdruck. Die frühesten Formen politischer Herrschaft in China waren mit rituellen Handlungen verbunden, zu denen allein der Herrscher befugt war und die ihm privilegierten Zugang zur Welt der Ahnen und Götter gaben. Mit dem Aufkommen der Idee vom Mandat des Himmels (*tianming*) und dem Herrscher als Himmelssohn (*tianzi*) entwickelte dieses Verständnis von Herrschaft die konzeptuellen Grundzüge, die

China bis zum Ende der letzten Dynastie 1911 kennzeichnen sollten. Der Kaiser war ein sakraler Herrscher, der nicht nur für die Geschicke der menschlichen Gesellschaft verantwortlich war, sondern das kosmische Gefüge insgesamt regulierte (Ching 1997). In einer Welt, in der die Sphären der »Drei Kräfte« (*sancai*) von Himmel, Erde und Menschenwelt einander gegenseitig beeinflussten, konnte jeder Komet, jedes Erdbeben und jede andere Naturerscheinung als politischer Kommentar gedeutet werden. Der ideale Herrscher erhielt diese Ordnung durch rituelles Handeln aufrecht. Dies meint zum einen Rituale im üblichen Sinn, wie die komplexe Abfolge der Opferhandlungen des Staatskultes, zum Beispiel für Himmel, Erde, personalisierte Naturgewalten, Konfuzius und die kaiserlichen Ahnen.

Zum anderen aber wird die soziale Ordnung an sich als rituell strukturiert verstanden. Der konfuzianische Begriff der »Ritualität« (*li*) betont die Ordnung aller sozialen Beziehungen, die zwischenmenschlichen wie auch das Verhältnis von Menschen und Göttern. Dementsprechend ist es Aufgabe des Staates, Denken und Verhalten seiner Untertanen so zu regulieren, dass es einem harmonischen Gemeinwesen förderlich ist.

Die Ritenklassiker enthalten Entwürfe, in denen die religiösen Pflichten aller Gesellschaftsklassen geregelt werden. Je nach sozialem Rang sollte man eine verschiedene Anzahl von Ahnengenerationen ehren, während nicht verwandtschaftlich basierte Ortsgemeinden sich auf Opfer für die Götter des Bodens und des Getreides beschränken sollten. Wie der bisherige Überblick über die chinesische Religionsgeschichte gezeigt hat, beschränkte sich das religiöse Leben zu keiner Zeit auf diesen minimalistischen Rahmen – der auch nie mehr als ein Idealentwurf war.

Kalligrafie des Wortes Li, Dorf Xidi, Provinz Anhui (Foto: Roland und Sabrina Michaud/akg-images, 2003)

Die Entwicklung des Staatskultes selbst wurde nie ernsthaft durch solche kanonischen Vorgaben eingeschränkt und hörte nie auf, sich zu wandeln und sich neuen Gegebenheiten anzupassen. Ebenso wenig konnten die offiziellen Kulte jemals mehr als einen Teil des religiösen Lebens in der Gesellschaft bestimmen und hatten stets mit anderen Formen religiöser Organisation und Praxis zu tun. Vormoderne Staatssysteme zentralistischer und autokratischer Prägung besaßen noch nicht die Möglichkeiten totalitärer Herrschaft, die die Technologien des 20. Jahrhundert mit sich brachten. Der traditionelle chinesische Staat hatte daher niemals auch nur versucht, alle religiösen Alternativen völlig zu beseitigen und zu tilgen. Der Staat nahm vielmehr alternativen oder supplementären Formen von Religion gegenüber eine Haltung ein, die Kooptierung, Kontrolle und Unterdrückung kombinierte. Im Fall von Buddhismus und Daoismus war Kontrolle der vorherrschende Ansatz, indem der Klerus dieser Religionen zahlenmäßig beschränkt und behördlicher Aufsicht unterstellt wurde. Für beide Religionen konnte das Pendel aber auch zu den Extremen hin ausschlagen.

Ein extremes Beispiel der Kooptierung des Buddhismus war der Versuch des Gründers der Sui-Dynastie (589–618), die Lehre des Buddha zur Staatsreligion zu erheben und sich als buddhistischer Idealherrscher nach dem Vorbild des indischen Kaisers Aśoka zu legitimieren. Die Qing-Dynastie (1644–1911) unterhielt ein besonderes Patronageverhältnis zum tantrischen Buddhismus (»Lamaismus« nach dem Begriff »Lama« für angesehene buddhistische Meister genannt) als gemeinsamer Religionstradition der Mandschu, Mongolen und Tibeter in Abgrenzung zu den Han-Chinesen. Häufiger aber war der Buddhismus mit behördlichen Verfolgungen konfrontiert, so zum Beispiel mit der in die Zeit der Tang-Dynastie datierenden antibuddhistischen Kampagne von 845. Verschiedene daoistische Bewegungen durchliefen in ihrem Verhältnis zur kaiserlichen Macht ähnliche Wechselbäder. So erhielt der *quanzhen*-Daoismus 1222 weitreichende Privilegien in dem vom Dschingis Khan beherrschten China, nur um sie unter seinen Nachfolgern Stück für Stück wieder zu verlieren und sogar Verfolgung zu erleiden.

Der behördliche Einfluss auf das religiöse Leben der Lokalgemeinschaften schwankte stark von Region zu Region und von Dynastie zu Dynastie. Die Geschichtsschreibung ist voll von Klagen der Beamtenschaft über die zahlreichen »unzulässigen Kulte« (*yinsi*) des gemeinen Volkes und von Berichten über die Versuche eifriger Magistrate, die Tempel und Schreine solcher Kulte zu zerstören. Der Gründer der Ming-Dynastie strebte gegen Ende des 14. Jahrhunderts die Unterdrückung aller nicht kanonischen volksreligiösen Praktiken und ihre Ersetzung durch offizielle Opfer für Stadtgötter (*chenghuang*) sowie die klassischen Götter der Erde und des

Getreides an (Taylor 1990; Taylor 1997). In der Regel waren solche drastischen Eingriffe in die Autonomie der lokalen Volksreligion jedoch kurzlebig und hatten mitunter sogar ganz und gar unerwünschte Nebeneffekte. So konnten die offiziellen Altäre für die Erdgottheit sich zu Tempeln für volkstümliche Gottheiten entwickeln oder solche Tempel wurden für den offiziellen Sprachgebrauch einfach als orthodoxe Erdaltäre bezeichnet (Dean 1998). In der Praxis war die staatliche Kontrolle von örtlichen Tempeln ein sensibler Balanceakt zwischen den Interessen der Zentrale und der Region, der Bürokratie und den lokalen Eliten. Da volksreligiöse Tempel in der Regel symbolische Zentren des örtlichen Lebens waren und (vor allem nach der Song-Zeit) die Patronage der lokalen Eliten genossen, war es eine übliche Praxis, solche Kulte zu vereinnahmen, indem man ihren Göttern offizielle Titel verlieh und sie in die Liste der Gottheiten aufnahm, denen öffentliche Opfer zustanden. Im Verlauf dieser Anerkennung wurden Identität und Funktion der Gottheit zwischen Behörden und lokalen Eliten ausgehandelt und dadurch lokale Interessen und Identitäten mit staatlichen Orthodoxiebestrebungen in Einklang gebracht, ein Prozess, der für den Fall der Göttin Mazu besonders gut erforscht worden ist (Wiethoff 1966; Watson 1985).

Am konsequentesten gingen die späten Dynastien gegen volksreligiöse Sekten vor, die als Bedrohung der staatlichen Autorität angesehen und die selten von den lokalen Eliten protegiert wurden. Manchmal war es ihr Messianismus, der bestimmte religiöse Bewegungen als bedrohlich erscheinen ließ, manchmal reichte schon allein die Tatsache, dass sie soziale Parallelstrukturen jenseits der behördlichen Kontrolle besaßen und dadurch Massen mobilisieren könnten, um harsche Verfolgungsmaßnahmen auszulösen.

Nichts relativiert das Trugbild eines religiös neutralen Staatswesens deutlicher als die häufigen Kampagnen gegen religiöse Sekten unter den Ming- und den Qing-Dynastien. Aber selbst hier zeigen sich die Grenzen der Reichweite des vormodernen Staates. Trotz des gesteigerten behördlichen Argwohns gegenüber solchen Gruppen existierten sie fast überall im chinesischen Reich und dominierten mancherorts sogar das religiöse Leben.

4   Religionspolitik der Republik China (1912–49)

Die Revolution von 1911 markierte den Beginn einer Periode politischer Instabilität, die erst mit der Gründung der Volksrepublik China 1949 enden sollte. Der Sturz der Qing-Dynastie schuf ein Machtvakuum, das verschiedene konkurrierende Kräfte zu füllen versuchten: die revolutionäre nationalistische Partei (Guomindang, GMD) unter Führung von Sun Yat-sen (1866–1925), konservative Kräfte wie der autoritäre erste Präsident der Republik, Yuan Shikai (1859–1916), der vergeblich versuchte, sich selbst zum neuen Kaiser zu erklären, zahlreiche *warlords* mit ihren regionalen Einflussbereichen und die 1921 gegründete Kommunistische Partei Chinas (KPCh). Hinzu kamen die Aktivitäten diverser ausländischer Mächte, zum Beispiel der sowjetischen Agenten der Komintern[1], die als Berater für GMD wie KPCh fungierten. Die größte Rolle spielte jedoch eindeutig Japan, das die Schwächung der chinesischen Zentralgewalt für territoriale Zugewinne nutzte. 1931 besetzte Japan die Mandschurei und installierte den letzten Kaiser der Qing-Dynastie, Puyi (1906–67), als Kaiser des neu geschaffenen Marionettenstaates Mandschukuo. Die imperialistischen Bestrebungen Japans führten 1937 zum offenen Krieg mit China, der bis 1945 dauern sollte und in dessen Verlauf Japan große Teile des chinesischen Territoriums im Norden und Osten unter seine Kontrolle brachte. Die äußere Bedrohung bewegte die verfeindeten Parteien GMD und KPCh zur Bildung einer Allianz, die allerdings von gegenseitigem Misstrauen bestimmt war und nach der japanischen Niederlage 1945 schnell zerbrach. Der anschließende Bürgerkrieg endete 1949 mit der Ausrufung der Volksrepublik China durch Mao Zedong (1893–1976), während die GMD-Führung unter Chiang Kai-shek (1887–1975) sich mit einem Teil ihrer Truppen auf die Insel Taiwan absetzte und dort Taibei zur provisorischen Hauptstadt der Republik China erklärte.

Die grundsätzliche Atmosphäre der politischen, wirtschaftlichen, sozialen und kulturellen Unsicherheit der Republikzeit zeigte ihre Auswirkungen auch im Bereich der chinesischen Religionen. Das intellektuelle Klima der Zeit war den traditionellen Religionen überwiegend feindlich gesinnt, wurden diese doch nun als Quell rückständigen Aberglaubens angesehen, der China auf dem Weg in eine von Rationalität und Wissenschaft bestimmte Moderne behindere. Die Übernahme eines westlichen Religionsbegriffes, für den der Neologismus *zongjiao* gebildet wurde, führte zur Unterscheidung von organisierter Religion mit eigenen kanonischen Texten, eigenem Klerus und eigenen Institutionen einerseits und amorpher Religiosität unter dem Sammelbegriff »Aberglaube« (*mixin*) andererseits. Da sich diese Unterscheidung auch im Gesetzeskodex niederschlug, machte es die Tempel und Schreine der Volksreligion höchst angreifbar für

---

1 Vereinigung aller kommunistischen Parteien 1919–43, gegründet im März 1919 in Moskau.

regierungsamtliche Kampagnen zur Unwandlung von Tempeln in Schulen und andere Gebäude des öffentlichen Gebrauchs (Duara 1988; Goossaert 2006). Statistiken zeigen zum Beispiel für den Kreis Ding (Provinz Hebei), dass von den im Jahr 1900 bestehenden 432 Tempeln 15 Jahre später nur noch 116 übrig waren. In Changli, ebenfalls in der Provinz Hebei, gab es vor 1933 noch 42 Tempel mit eigenem Landbesitz. Nach 1933 wurden davon nur acht weiter als Tempel genutzt, während 17 in Schulen umgewandelt und die übrigen 17 Eigentum der Lokalverwaltung geworden waren. Die Stärkung des traditionell »schwachen« Staates und seiner Durchgriffsmöglichkeiten auf lokaler Ebene begann also in der Republikzeit und setzte sich, wie die Entwicklungen nach 1949 zeigten, unter der Herrschaft der Kommunistischen Partei fort (Duara 1988).

Auch buddhistische und daoistische Tempel und Klöster waren gegen solche »feindlichen Übernahmen« nicht unbedingt gefeit. Eine Reaktion auf die rechtliche Unsicherheit war die Gründung von buddhistischen und daoistischen Dachverbänden, die die Interessen ihrer Religionsgemeinschaften der Regierung gegenüber vertreten und gleichzeitig ihren Mitgliedern, sowohl Individuen als auch Korporationen (Klöstern, Tempeln), Legitimität und Schutz als Angehörige einer amtlich anerkannten Religionsgemeinschaft geben sollten. Für Teile des Klerus beider bislang eher dezentral strukturierten Religionen stellten diese neuen Organisationsformen lediglich unumgängliche Anpassungen an die neuen politischen und juristischen Realitäten dar, die jedoch keinen Einfluss auf die überkommene Praxis haben sollten (Goossaert 2007; Liu 2009). Insbesondere im Buddhismus jedoch wurden Stimmen hörbar, die Neuerungen auch in Lehre und Praktiken forderten. Anders als die Daoisten hatten die Buddhisten (begrenzten) Zugang zu den Erfahrungen ihrer Glaubensgenossen in anderen Ländern Asiens (vor allem in Japan) und hatten es daher leichter, über die möglichen Rollen der buddhistischen Lehre in der modernen Welt zu reflektieren.

Buddhistische Modernisierungsansätze hatte es bereits in der späten Qing-Zeit gegeben, als der Laienbuddhist Yang Wenhui (1837–1911) ein buddhistisches Verlagshaus nebst Druckerei gründete. Die Veröffentlichungen seines Hauses zusammen mit Reformen in der Ausbildung der Mönche sollten die intellektuelle Qualität sowohl des Klerus wie auch der Laienpietät anheben (Goldfuss 2001). Der berühmteste »Reformmönch« der Republikzeit, Taixu (1890–1947), hatte eine Weile an der von Yang Wenhui gestifteten buddhistischen Akademie studiert (Pittman 2001). Taixu setzte Yangs Bemühungen um eine moderne Ausbildung für den Klerus fort, propagierte einen sozial engagierten Buddhismus und stellte auf seinen Reisen Kontakte mit Buddhisten in Japan, Europa, den USA, Ceylon (das heutige Sri Lanka), Burma (das heutige Myanmar), Malaya (Teil des heutigen Malaysias) und Indien her. Wenn seine Erfolge zu Lebzeiten unter den instabilen Bedingungen der Republikzeit auch begrenzt waren, so legte er doch die intellektuellen Grundlagen für die Blüte des Buddhismus in Taiwan nach 1949, deren Führer unter seinem Einfluss standen.

Was den Dritten im Bund der Drei Lehren betrifft, so bemühten sich konservative Intellektuelle, den Konfuzianismus zur chinesischen Staatsreligion (*guojiao*) erklären zu lassen, schwammen damit aber eindeutig gegen den Strom der Zeit. Die meisten progressiven Intellektuellen gaben dem Konfuzianismus die Mitschuld an Chinas Rückständigkeit und riefen eher dazu auf, »den Laden des Konfuzius zu zerschlagen«.

Hinzu kam, dass mit der Abschaffung der traditionellen Beamtenprüfungen 1905 der konfuzianischen Dominanz im Erziehungswesen endgültig die Grundlage entzogen worden war. Wenn weder Staat noch Schulen und Akademien als institutionelle Träger des Konfuzianismus zur Verfügung standen, welche sozialen Formen konnten dann an ihren Platz treten? Neben langfristig erfolglosen Bemühungen, eine konfuzianische Vereinigung nach dem Vorbild der daoistischen und buddhistischen Dachverbände einzurichten, waren die wichtigsten Zufluchtsorte des Konfuzianismus zwei scheinbar sehr verschiedene soziale Milieus: Universitäten und neue religiöse Bewegungen. Erstere waren Entstehungsorte eines akademischen neuen Konfuzianismus, der ab den 1950er-Jahren stärkeres Profil gewann (Bresciani 2001; Makeham 2008). Letztere vereinnahmten Konfuzius als Religionsgründer im gleichen Rang wie Jesus, Mohammed, Buddha und Laozi. Die alte Formel von der Harmonie der Drei Lehren wurde nun auf die »Fünf Lehren« von Konfuzianismus, Daoismus, Buddhismus, Christentum und Islam erweitert. Ausgewählte Elemente der konfuzianischen Tradition fanden ihren Platz in von Gruppe zu Gruppe variierenden Kombinationen von Ideen und Praktiken. Konfuzianischen Puristen graute es angesichts solch synkretistischer Tendenzen, doch kann man mit Fug und Recht sagen, dass solche religiösen Gruppierungen wohl mehr zur Verbreitung konfuzianischen Gedankengutes in der allgemeinen Bevölkerung beitrugen als die neukonfuzianischen Akademiker.

Eine im weiteren Verlauf des 20. Jahrhunderts einflussreiche religiöse Bewegung, die in der Republikzeit ihren Anfang nahm, ist der »Weg der Einheit« (*Yiguandao*). Sie wurde in den 1920er-Jahren von Zhang Tianran (Zhang Guangbi, 1889–1947) gegründet, steht aber in direkter Nachfolge der ming- und qingzeitlichen Sektentradition mit ihrer millenaristischen Ausrichtung. Die neue Sekte verbreitete sich rasch in Nordchina und gewann in den 1930er-Jahren einige hohe Politiker der von den Japanern eingesetzten chinesischen Marionettenregierung als Mitglieder. Dies begünstigte die Missionstätigkeit der Gruppe, trug ihr aber nach 1945 den Vorwurf der Kollaboration und die Verfolgung sowohl seitens der GMD wie der KPCh ein. Dennoch überlebte die Bewegung zumindest außerhalb der Volksrepublik China und ist heutzutage zum Beispiel die drittgrößte Religionsgemeinschaft in Taiwan (Jordan/Overmyer 1986; Lu 2008).

Die rasante und teilweise chaotische Entwicklung neuer Religionen und neuer Organisationsformen alter Religionen in den Jahrzehnten nach der Revolution von 1911 ist symptomatisch für eine Umbruchsituation, in der die traditionelle Ordnung auseinandergebrochen ist, sich aber noch keine stabile Alternative etabliert hat.

Das Ende des Bürgerkriegs 1949 setzte dem militärischen Konflikt ein vorläufiges Ende, aber die politischen, sozialen und kulturellen Umwälzungen gingen weiter, nun allerdings auf zwei verschiedenen Entwicklungsschienen: auf dem chinesischen Festland unter der Führung der KPCh, auf der Insel Taiwan unter der GMD. Das Schicksal der Religionen unterschied sich deutlich unter den beiden Regimen; hier soll das Augenmerk auf die Entwicklungen in der VR China gerichtet werden.

5 Religionspolitik der Volksrepublik China (ab 1949)

Von der Gründung der VR China bis zum Ende der Kulturrevolution

Die Ausrufung der Volksrepublik China durch Mao Zedong am 1. Oktober 1949 stellte in vielerlei Hinsicht einen historischen Bruch dar, der sich in Parolen vom Aufbau eines »neuen Chinas« widerspiegelte.

Jenseits dieser Rhetorik gab es jedoch durchaus Kontinuitäten mit der unmittelbar vorangegangenen Republikzeit und sogar mit der Kaiserzeit. Dies zeigt sich besonders deutlich im Bereich der uns hier interessierenden Religionspolitik. Wie schon die Ming- und Qing-Dynastien und die Republik, so bestand auch das neue Regime auf dem Primat der Staatsideologie, auch wenn diese Position nun vom Marxismus-Leninismus der KPCh eingenommen wurde. Das organisierte religiöse Leben wurde unter amtliche Aufsicht gestellt; mit der Überwachung der Religionsgemeinschaften war ab 1954 das Büro für Religiöse Angelegenheiten betraut, eine dem Staatsrat unterstellte Behörde mit Dependancen auf jeder territorialen Verwaltungsebene bis hinunter zu den Landkreisen. Legitime religiöse Betätigung war nur im Rahmen von fünf anerkannten Dachverbänden (für Buddhisten, Daoisten, Muslime, Protestanten und Katholiken) möglich, die auf Loyalität der Partei gegenüber eingeschworen wurden. Diese Verbände sollten (wie schon in der Republik) die Interessen ihrer Religionsgemeinschaften gegenüber dem Staat vertreten, dienten aber gleichzeitig als Kommunikationskanäle und ausführende Organe für Parteidirektiven. Bis in die frühen 1960er-Jahre verfolgte die KPCh eine Politik der »Einheitsfront«, die alle gesellschaftlichen Kräfte, einschließlich der durch die fünf Verbände repräsentierten Religionsgemeinschaften, für das Projekt eines neuen Chinas bündeln sollte.

Daraus ergab sich für die Religionen eine Kombination von (relativ eng) definierten Freiräumen für die Religionsausübung mit klaren Beschränkungen, die durch die Interessen und Ziele des sozialistischen Aufbaus bestimmt wurden. Eine Konsequenz war beispielsweise, dass die Religionsgemeinschaften sich von ausländischen Institutionen und Geldquellen abzunabeln hatten.

Für die beiden christlichen Gemeinschaften bedeutete dies unter anderem die Ausweisung aller ausländischen Missionare und die Kappung aller Verbindungen zu westlichen Missionsgesellschaften. Stattdessen wurde die Parole des »Drei-Selbst« ausgegeben: Das chinesische Christentum sollte »selbst geleitet, selbst finanziert und selbst propagiert« sein.[2] Für die Katholiken warf dies natürlich besondere Probleme auf, da die apostolische Autorität des Vatikans konstitutiv für ihr Selbstverständnis war. Als die »Katholische Patriotische Vereinigung« begann, Priester- und Bischofsweihen ohne Autorisierung Roms vorzunehmen, kam es schnell zur Trennung in eine offizielle Kirche und eine romtreue Untergrundkirche, die Ziel staatlicher Repressionsmaßnahmen wurde (und dies noch heute ist).

Jegliche Religionsausübung außerhalb dieser anerkannten Verbände war illegal und konnte unterdrückt werden. In den ersten Jahren der Volksrepublik bekamen dies vor allem volksreligiöse Sekten und sogenannte Geheimgesellschaften zu spüren, gegen die hart durchgegriffen wurde. Anlass war hierfür nicht nur ihre allgemeine ideologische Heterodoxie, sondern auch die sehr konkrete (und mancherorts auch berechtigte) Besorgnis der Behörden, dass solche Gruppen als Sammelbecken und Organisationsbasis konterrevolutionärer Kräfte dienen könnten.[3]

---

2   Das Schicksal der chinesischen Protestanten wird anschaulich von Wickeri 1988 dargestellt.

3   Ein nordchinesisches Fallbeispiel der Verfolgung volksreligiöser Sekten wird in einer Studie von Thomas David DuBois behandelt (DuBois 2005; siehe auch Hung 2010).

Religionen und Religionspolitik in China

»Zerschlagt den alten Aberglauben!«: Während der Kulturrevolution beließen die Roten Garden kaum eine buddhistische Statue auf ihrem Sockel. (Tempel in einem Beijinger Vorort, Foto: AP, 1966)

Die territorial definierten Kulte der Volksreligion fielen ebenfalls aus dem auf die fünf nationalen Vereinigungen verengten Rahmen legitimer Religionsausübung heraus. Da »Religion« ab der Republikzeit zunehmend in westlicher Manier als Merkmal organisierter und institutioneller Gemeinschaften mit eigenem Kanon und Klerus definiert wurde, sprach man Dorftempeln und Ahnenkult sogar den religiösen Charakter überhaupt ab. Stattdessen wurden solche Praktiken als »feudalistischer Aberglaube« (*fengjian mixin*) und damit als nicht schutzwürdig eingestuft. Die schon unter der Republik begonnenen säkularistischen Kampagnen setzten sich die 1950er-Jahre hindurch fort und führten zusammen mit der Kollektivierung der landwirtschaftlichen Produktion ab 1955 zu einem rapiden Niedergang traditioneller volksreligiöser Formen.

Auch für die offiziell anerkannten Religionsgemeinschaften stieg der politische Druck zunehmend, bis 1965 mit dem Ausbruch der sogenannten Kulturrevolution auch die letzten Freiräume verschwanden. Die von Mao Zedong entfesselten Eiferer der Roten Garden stürmten und zerstörten Klöster, Tempel und Kirchen im ganzen Land, töteten Priester und Mönche oder schickten sie in Arbeitslager. Der Versuch, den Sprung in eine religionsfreie sozialistische Gesellschaft mit Brachialgewalt durchzusetzen, dauerte offiziell bis zum Tod Maos 1976, auch wenn die heiße Phase bereits 1969 beendet worden war.

Die Reform- und Öffnungsperiode (seit 1978)

Ab 1977 begann sich in der KPCh eine Reformfraktion unter der Führung Deng Xiaopings (1904–97) durchzusetzen, die sich von den Exzessen der Kulturrevolution distanzierte und eine vorsichtige Öffnung Chinas in Angriff nahm. Im Lauf der 1980er-Jahre gewannen die Reformen sichtlich an Dynamik und leiteten über in die wirtschaftliche und gesellschaftliche Liberalisierung, die bis heute anhält und das soziale Klima entscheidend verändert hat. Dieser Wandel zeigt sich auch im religiösen Leben. Die nationalen Dachverbände wurden ebenso wiederbelebt wie das Büro für Religiöse Angelegenheiten. In dieser Zeit kehrte die KPCh zur korporatistischen Politik der Einheitsfront zurück, gemäß derer alle gesellschaftlichen Kräfte zur Modernisierung Chinas beitragen sollten, darunter auch die Religionen. Die entscheidende religionspolitische Wende repräsentiert hierbei das vom Zentralkomitee der KPCh autorisierte Dokument 19 von 1982. In diesem wird die ideologische Bewertung der Religionen dahingehend geändert, dass sie in der sozialistischen Gesellschaft zwar auf lange Sicht verschwinden werden, dieser Prozess jedoch langsam verläuft. In der

Zwischenzeit ist es Aufgabe des Parteistaates, »die Freiheit des religiösen Glaubens zu achten und zu schützen«, die religiösen Kräfte in den gesellschaftlichen Aufbau mit einzubeziehen und die Gläubigen fortschrittlich, das heißt im marxistischen Sinn, zu erziehen. Gleichzeitig ruft das Dokument zur Erforschung des »Problems der Religion« auf – eine wichtige Legitimation für die nach 1982 einsetzende und sich bis heute stetig verstärkende und entwickelnde Religionsforschung seitens chinesischer Wissenschaftler.

Die solchermaßen ideologisch neu legitimierte Religionsfreiheit wurde in die neue Verfassung der Volksrepublik China von 1982 aufgenommen, wo es in Artikel 36 heißt:

»Die Bürger der Volksrepublik China genießen die Glaubensfreiheit. Kein Staatsorgan, keine gesellschaftliche Organisation und keine Einzelperson darf Bürger dazu zwingen, sich zu einer Religion zu bekennen oder nicht zu bekennen, noch dürfen sie jene Bürger benachteiligen, die sich zu einer Religion bekennen oder nicht bekennen.
Der Staat schützt normale religiöse Tätigkeiten. Niemand darf eine Religion dazu benutzen, Aktivitäten durchzuführen, die die öffentliche Ordnung stören, die körperliche Gesundheit von Bürgern schädigen oder das Erziehungssystem des Staates beeinträchtigen.
Die religiösen Organisationen und Angelegenheiten dürfen von keiner ausländischen Kraft beherrscht werden.«

Wie auch schon in der verschiedenen Versionen der Verfassung der Republik China wird auch hier in erster Linie die Freiheit des Glaubens geschützt; religiöse Tätigkeiten hingegen haben Schutzanspruch nur, solange sie als »normal« gelten, wobei offengelassen wird, was darunter zu verstehen ist. Spezifisch ausgenommen werden Tätigkeiten, die negative Auswirkungen auf die öffentliche Ordnung, die Gesundheit und das Erziehungssystem haben. Der letzte Teilsatz wiederholt schließlich die in den 1950er-Jahren bereits im Drei-Selbst-Prinzip betonte Freiheit von jeglicher ausländischer Kontrolle.

Die nächsten Jahre sahen eine zunächst zögerliche, ab den 1990er-Jahren aber rasante Wiederkehr der Religion. Allerorts wurden zweckentfremdete Klöster, Tempel und Kirchen ihren Glaubensgemeinschaften zurückgegeben und renoviert, neue Ausbildungsstätten für den Klerus der fünf anerkannten Religionen wurden geschaffen sowie berühmte Heiligtümer mit öffentlichen Geldern restauriert, wobei die Hoffnung auf Einnahmen aus dem Pilgertourismus für lokale Behörden eine wichtige Motivation bildete.

Der rasch fortschreitende Verfall der ideologischen Legitimation der KPCh angesichts der wachsenden Widersprüche zwischen sozialistischer Einparteienherrschaft und de facto kapitalistischer Wirtschaftsordnung führte zu einem Sinn- und Orientierungsvakuum, von dem die Religionen profitierten. Vor allem das protestantische Christentum ist in den letzten zwei Jahrzehnten rapide gewachsen und zwar vorwiegend in Form sogenannter Hauskirchen, also informeller, meist evangelikal orientierter Gruppen, die sich außerhalb der institutionellen Grenzen der offiziellen Kirche organisieren. Wie die katholische Untergrundkirche sehen sich auch diese inoffiziellen Kongregationen immer wieder behördlichen Repressalien ausgesetzt. Gleichzeitig ist aber eine zunehmende Verwischung der Grenzen zwischen anerkannten Gemeinden und Untergrundgemeinden sowohl bei Protestanten wie auch Katholiken festzustellen, was sicherlich mit der insgesamt gestiegenen Toleranz gegenüber Manifestationen von Religiosität im öffentlichen Leben zu tun hat.

Im Fall des Islams entspannte sich das Verhältnis zu den Behörden ebenfalls, wobei hier allerdings das Problem der Verflechtung der Religion mit der ethnischen Identität nationaler Minderheiten, vor allem in der autonomen Region Xinjiang, hinzutrat. Wo islamischer Fundamentalismus sich mit Unabhängigkeitsbestrebungen vereint, neigt der chinesische Staat zu höchst restriktiver Kontrolle muslimischer Religionsausübung (Gladney 1991).

Buddhismus und Daoismus profitierten von der Rückgabe vieler ihrer wichtigsten Klöster und Tempel. Tausende von neuen Mönchen und Nonnen beider Religionen wurden ordiniert; daraus ergibt sich jedoch das Problem der Ausbildung des Nachwuchses, da es nur wenige erfahrene Kleriker gibt. So sieht man in vielen Klöstern sehr junge und sehr alte Mönche, aber nur wenige mittleren Alters, also solche aus der Generation, die während der Kulturrevolution aufgewachsen ist. Beide Religionen befinden sich in einer Periode des dynamischen Wiederaufbaus, dem bald eine Reife- und Konsolidierungsphase folgen wird.

Einen Sonderfall stellt jedoch die Behandlung der tibetischen Form des tantrischen Buddhismus dar, dessen Anhänger sich fast ausschließlich aus den nationalen Minderheiten der Tibeter und Mongolen rekrutieren. In der Republikzeit waren tibetische und mongolische Klöster weniger von Restriktionen betroffen als die ihrer hanchinesischen Glaubensgenossen, was wohl wesentlich damit zu tun hatte, dass die Republik wenig faktische Macht in diesen Randregionen ausübte und daher versuchte, die dortige Bevölkerung möglichst nicht gegen sich aufzubringen und damit womöglich Unabhängigkeitsbewegungen Rückenwind zu geben. In der VR China sollte sich dies ändern.

Obwohl die KPCh zur Zeit des Bürgerkriegs nationalen Minderheiten im Tausch für ihre Unterstützung gegen die Guomindang weitgehende Autonomie zusicherte, schlug man nach der Gründung der VR China eine härtere Gangart an, sobald die eigene Machtstellung konsolidiert war. Im Fall Tibets führte der zunehmende militärische und politische Druck im Jahr 1959 zur Flucht des 14. Dalai Lama (*1937), des spirituellen und politischen Oberhaupts Tibets, nach Indien. Zehntausende Tibeter folgten ihm dorthin und gründeten eine tibetische Exilregierung. Aufgrund der engen Verzahnung religiöser und weltlicher Herrschaft in der tibetischen Tradition sind chinesische Maßnahmen zur Stärkung der politischen und militärischen Kontrolle über Tibet nicht von religionspolitischen Maßnahmen zu trennen, die sich vor allem auf den buddhistischen Klerus richten. Dieser unterliegt strikter Kontrolle und Regulierung; sogar der im tibetischen Buddhismus verbreitete Glaube an die Reinkarnation wichtiger Lamas unterliegt seit 2007 staatlicher Aufsicht. Gemäß Verordnung Nr. 5 der Büros für Religiöse Angelegenheiten (»Verwaltungsmaßnahmen für die Reinkarnationen lebender Buddhas des tibetischen Buddhismus«) müssen alle Reinkarnationen (*tulkus*) behördlich verifiziert und anerkannt werden.[4]

Auch außerhalb der fünf staatlich anerkannten Religionsgemeinschaften und ihres weiteren Umkreises belebt sich die religiöse Szenerie wieder. Vielerorts werden Dorftempel und Ahnenhallen wiederaufgebaut, so vor allem im Süden und Südosten, wo Chinesen aus Taiwan und Übersee als Sponsoren für religiöse Bauprojekte auftreten. Aber auch andernorts, im Westen, Norden und Nordwesten, finden sich viele Beispiele des Wiederaufblühens der Kulte für lokale Gottheiten und Ahnen (Jing 1996; DuBois 2005; Chau 2005). Nach dem schweren Erdbeben in der Provinz Sichuan im Mai 2008, das an die 70 000 Opfer forderte, brannten an den Trümmern zusammengestürzter Häuser allenthalben Weihrauchstäbchen und Bündel von »Geistergeld«, um die Seelen der Toten zu versorgen und zu besänftigen. Was früher als »feudalistischer Aberglaube« verschrien war, erhält nun als »volkstümliches Brauchtum« oder Lokalkolorit offizielle Approbation. Seit die VR China im Jahr 2004 die »UNESCO-Konvention zum Schutz des immateriellen Kulturerbes« ratifiziert hat, ist die Anerkennung von Tempelfesten, religiöser Musik oder auch der Verehrung regional oder national bedeutsamer Gottheiten (wie z. B. der Göttin Mazu) als »immaterielles Kulturerbe« ein wichtiges Instrument der Legalisierung volksreligiöser Aktivitäten geworden. Im Fall Mazus treten wegen

---

4 Text der Verordnung in: China heute, 27 (2007) 6, S. 220f.

der weiten Verbreitung ihres Kultes in Taiwan noch politische Überlegungen hinzu: Der Wiederaufbau wichtiger Mazu-Kultzentren auf dem chinesischen Festland soll taiwanische Pilger anziehen und auf diese Weise soll die kulturelle und wirtschaftliche Verflechtung Taiwans mit dem Festland gefördert werden. Die steigende Bedeutung der Volksreligion und ihre zumindest implizite Anerkennung als genuin religiös (anstatt einfach nur »abergläubisch«) zeigt sich in der Einbeziehung volksreligiöser Angelegenheiten in den Zuständigkeitsbereich des Büros für Religiöse Angelegenheiten sowie im Erlass von Verwaltungsvorschriften für »volksreligiöse Versammlungsstätten« (Letzteres bislang nur auf Provinzebene; hierzu Hetmanczyk 2011).

Stiller Protest: Im April 1999 versammelten sich Tausende von Falun-Gong-Anhängern an der Beijinger Changan-Straße und vor dem Hauptquartier der Kommunistischen Partei. (Foto: AP/Chien-min Chung)

Weiterhin von strenger staatlicher Kontrolle und Repression gekennzeichnet ist jedoch der Bereich der Sekten und neuen religiösen Bewegungen. Das bekannteste Beispiel in neuerer Zeit ist die Bewegung der »Großen Methode des Dharma-Rades« (Falun Dafa), besser bekannt als Falun Gong (»Übung des Dharma-Rades«). Diese von Li Hongzhi (*ca. 1951) begründete neue Lehre verbindet daoistische, buddhistische und New-Age-Elemente, wobei der Schwerpunkt auf einem System meditativ-gymnastischer Übungen liegt, die sowohl körperliche Heilung wie spirituelle Läuterung hervorbringen sollen. Das rasante Wachstum dieser Bewegung in den Neunzigerjahren sowie ihre Fähigkeit, ihre Mitglieder für Massendemonstrationen zu organisieren, alarmierte die Behörden und führte im Jahr 1999 schließlich zu ihrem Verbot. Viele Mitglieder von Falun Gong wurden verhaftet und in Arbeits- und Umerziehungslager eingewiesen (Seiwert 2000; Palmer 2007; Ownby 2008). Die Unterdrückung der Falun-Gong-Bewegung zeigt die Grenzen der behördlichen Toleranz, wenn organisierte Religiosität außerhalb der anerkannten Institutionen auftritt und die Staatsgewalt herauszufordern scheint. Weitgehend unbemerkt von der internationalen Presse richten sich ähnliche Repressionsmaßnahmen gegen zahlreiche kleinere religiöse Bewegungen, darunter auch mehrere christlich inspirierte (Kupfer 2002/2003).

Das Phänomen Falun Gong zusammen mit anderen religionspolitischen Krisen wie dem weiterhin rapiden Wachstum protestantischer Hauskirchen und der kontroversen Heiligsprechung von 120 chinesischen Märtyrern durch den Papst im Jahr 2000 führte 2004 zu einer vorübergehenden Verschärfung der politischen Linie. Dies fand Ausdruck in einer Verordnung des Staatsrates, die mit Wirkung vom 1. März 2005 die Überwachung religiöser Tätigkeiten verstärkte und den rechtlichen Rahmen der Religionsausübung einschränkte.[5] Allerdings hatte dies keine dauerhafte Verschlechterung der Existenzbedingungen religiöser Gemeinschaften zur Folge; vielmehr öffneten sich beispielsweise, wie oben beschrieben, zur gleichen Zeit rechtliche Schutzräume für die Volksreligion durch die Konvention zum Schutz des immateriellen Kulturerbes. Auch gelang es Vertretern der Religionsgemeinschaften, den positiven Beitrag der Religionen zur Schaffung der von der Staats- und Parteiführung seit 2004 propagierten »harmonischen Gesellschaft« (*hexie shehui*) herauszustellen und so zusätzliche Freiräume für ihr Handeln zu gewinnen. Die chinesische Religionspolitik erweist sich so als ein Spielball verschiedener, bisweilen konfligierender Interessen und Prioritäten im Staats- und Parteiapparat; die eine von allen Organen auf allen Verwaltungsebenen vertretene Linie gibt es nicht (mehr). Auf jeder Ebene, sei dies in der Hauptstadt, in den Provinzen oder in den Landkreisen, sind religionspolitische Maßnahmen vielmehr Ergebnis komplexer Aushandlungsprozesse und Interessenausgleiche zwischen den beteiligten Gruppen. Zum Zeitpunkt, als diese Zeilen verfasst wurden, hat sich die Volksrepublik China auf dem 18. Parteitag (8. bis 14. November 2012) eine neue Führung gegeben, deren politisches Profil

---

5 Text der Verordnung in: China heute, 24 (2005) 1–2, S. 22–31.

noch recht unbestimmt ist. Es bleibt abzuwarten, ob von dieser Führungsriege neue Impulse in der Religionspolitik ausgehen werden.

Literatur

Amelung, Iwo/Schreijäck, Thomas (Hrsg.): Religionen und gesellschaftlicher Wandel in China, München 2012.

Benite, Zvi Ben-Dor: The Dao of Muhammad: A Cultural History of Muslims in Late Imperial China, Cambridge/Mass. 2005.

Bresciani, Umberto: Reinventing Confucianism. The New Confucian Movement, Taipei 2001.

Chau, Adam Yuet: Miraculous Response. Doing Popular Religion in Contemporary China, Stanford 2005.

Ching, Julia: Mysticism and Kingship in China. The Heart of Chinese Wisdom, Cambridge 1997.

Ching, Julia/Oxtoby, Willard G. (Hrsg.): Discovering China. European Interpretations in the Enlightenment, Rochester 1992.

Clart, Philip: Die Religionen Chinas, Göttingen 2009.

Dean, Kenneth: Transformation of the she (Altars of the Soil) in Fujian, in: Cahiers d'Extrême-Asie, 10 (1998), S. 19–75.

Duara, Prasenjit: Culture, Power, and the State. Rural North China, 1900–1942, Stanford 1988.

DuBois, Thomas David: The Sacred Village. Social Change and Religious Life in Rural North China, Honolulu 2005.

Gladney, Dru C.: Muslim Chinese: Ethnic Nationalism in the People's Republic, Cambridge/Mass. 1991.

Goldfuss, Gabriele: Vers un bouddhisme du XXe siècle. Yang Wenhui (1837–1911), reformateur laïque et imprimeur, Paris 2001.

Goossaert, Vincent: The Taoists of Peking, 1800–1949. A Social History of Urban Clerics, Cambridge/Mass. 2007.

Goossaert, Vincent: 1898: The Beginning of the End for Chinese Religion?, in: The Journal of Asian Studies, 65 (2006) 2, S. 307–335.

Gregory, Peter N.: Tsung-mi and the Sinification of Buddhism, Princeton 1991.

Hetmanczyk, Philipp: Administrative Neuerungen gegenüber »volksreligiösen Versammlungsstätten«. Zum religionspolitischen Status der Volksreligion in China, in: China heute, 30 (2011) 2, S. 103–106.

Hung, Chang-tai: The Anti-Unity Sect Campaign and Mass Mobilization in the Early People's Republic of China, in: The China Quarterly, 202 (2010), S. 400–420.

Jensen, Lionel M.: Manufacturing Confucianism: Chinese Traditions and Universal Civilization, Durham 1997.
Jordan, David K./Overmyer, Daniel L.: The Flying Phoenix. Aspects of Chinese Sectarianism in Taiwan, Princeton 1986.
Jing, Jun: The Temple of Memories. History, Power, and Morality in a Chinese Village, Stanford 1996.
Koenig, Wiebke/Daiber, Karl-Fritz (Hrsg.): Religion und Politik in der Volksrepublik China, Würzburg 2008.
Kupfer, Kristin: Christlich inspirierte, spirituell-religiöse Gruppierungen in der VR China seit 1978, in: China heute, 21 (2002) 4–5 bis 22 (2003) 3.
Lagerwey, John: Taoist Ritual in Chinese Society and History, New York 1987.
Liu, Kwang-ching/Shek, Richard (Hrsg.): Heterodoxy in Late Imperial China, Honolulu 2004.
Liu, Xun: Daoist Modern: Innovation, Lay Practice, and the Community of Inner Alchemy in Republican Shanghai, Cambridge/Mass. 2009.
Lu, Yunfeng: The Transformation of Yiguan Dao in Taiwan: Adapting to a Changing Religious Economy, Lanham 2008.
Makeham, John: Lost Soul: »Confucianism« in Contemporary Chinese Academic Discourse, Cambridge/Mass. 2008.
Malek, Roman: Das Tao des Himmels. Die religiöse Tradition Chinas, Freiburg 1996.
Overmyer, Daniel L.: Folk Buddhist Religion. Dissenting Sects in Late Traditional China, Cambridge/Mass. 1976.
Ownby, David: Falun Gong and the Future of China, New York 2008.
Palmer, David A.: Qigong Fever. Body, Science, and Utopia in China, New York 2007.
Palmer, Martin: The Jesus Sutras. Rediscovering the Lost Scrolls of Taoist Christianity, New York 2001.
Pittman, Don A.: Toward a Modern Chinese Buddhism. Taixu's Reforms, Honolulu 2001.
Reiter, Florian C.: Religionen in China. Geschichte, Alltag, Kultur, München 2002.
Rule, Paul: K'ung-tzu or Confucius? The Jesuit Interpretation of Confucianism, Sydney 1986.
Saso, Michael: The Teachings of Taoist Master Chuang, New Haven 1978.
Schipper, Kristofer: The Written Memorial in Taoist Ceremonies, in: Wolf, Arthur P. (Hrsg.): Religion and Ritual in Chinese Society, Stanford 1974, S. 309–324.
Schmidt-Glintzer, Helwig: Wohlstand, Glück und langes Leben. Chinas Götter und die Ordnung im Reich der Mitte, Frankfurt am Main 2009.
Seiwert, Hubert: Falun Gong – Eine neue religiöse Bewegung als innenpoliti-

scher Hauptfeind der chinesischen Regierung, in: Religion – Staat – Gesellschaft, 1 (2000), S. 119–145.

Seiwert, Hubert/Ma, Xisha: Popular Religious Movements and Heterodox Sects in Chinese History, Leiden 2003.

Taylor, Romeyn: Official Altars, Temples, and Shrines for All Counties in Ming and Qing, in: T'oung Pao, 83 (1997) 1–3, S. 93–125.

Taylor, Romeyn: Official and Popular Religion and the Political Organization of Chinese Society in the Ming, in: Liu, Kwang-ching (Hrsg.): Orthodoxy in Late Imperial China, Berkeley 1990, S. 126–157.

Watson, James L.: Standardizing the Gods: The Promotion of T'ien Hou (»Empress of Heaven«) Along the South China Coast, 960–1960, in: Johnson, David/Nathan, Andrew J./Rawski, Evelyn S. (Hrsg.): Popular Culture in Late Imperial China, Berkeley 1985, S. 292–324.

Welch, Holmes, The Buddhist Revival in China, Cambridge/Mass. 1968.

Wickeri, Philip L.: Seeking the Common Ground: Protestant Christianity, the Three-Self Movement, and China's United Front, Maryknoll (NY) 1988.

Wiethoff, Bodo: Der staatliche Ma-tsu Kult, in: Zeitschrift der Deutschen Morgenländischen Gesellschaft 116 (1966), S. 311–357.

Yao, Xinzhong: An Introduction to Confucianism, Cambridge 2000.

Weblink

Verfassung der VR China:
www.verfassungen.net/rc/verf82.htm

E Wirtschaft

◀ Lastkähne auf dem Huangpu, Shanghai (Foto: Etienne Marie/akg-images, 2005)

Markus Taube

Wirtschaftliche Entwicklung und ordnungspolitischer Wandel in der Volksrepublik China seit 1949

1 Einführung

Seit ihrer Gründung im Jahr 1949 hat die Volksrepublik (VR) China[1] einen komplizierten Prozess wirtschaftlicher Entwicklung durchlaufen, der von radikalen ideologischen wie ordnungspolitischen Paradigmenwechseln und ökonomischen Strukturbrüchen gekennzeichnet war. In zum Teil rascher Folge standen unterschiedliche entwicklungspolitische Strategien, Industriesektoren und Regionen im Zentrum der wirtschaftspolitischen Arbeit. Zudem hat sich das Verhältnis zwischen Staat und Unternehmen in dieser Periode mehrfach grundlegend verändert. Infolgedessen stellt sich der ökonomische Entwicklungsprozess der VR China während der vergangenen gut 60 Jahre über weite Strecken hinweg nicht als eine in sich schlüssige Sequenz von Entwicklungsschritten dar, sondern erweckt vielmehr den Eindruck einer erratischen Abfolge von Experimenten.

Vor diesem Hintergrund sollen im Folgenden die wichtigsten ökonomischen Entwicklungsphasen und die diesen zugrunde liegenden ordnungspolitischen Leitbilder seit der Gründung der VR China skizziert werden. Schwerpunkte der Ausführungen bilden die zwei Perioden, die grundlegend unterschiedlichen politökonomischen Leitbildern gefolgt sind: zum einen die Phase zwischen 1949 und 1978, während derer die Volkswirtschaft nach zentralverwaltungswirtschaftlichen Prinzipien geordnet und ihre Entfaltung ideologischen Zielsetzungen wie etwa dem Klassenkampf untergeordnet war, zum anderen die Ende 1978 einsetzende Reform- und Transformationsära, während derer die Volkswirtschaft immer stärker an marktwirtschaftlichen Prinzipien ausgerichtet worden ist.

---

[1] Im Folgenden auch vereinfachend kurz »China« bzw. »chinesisch«. Alle Angaben beziehen sich auf Festlandchina; ausgenommen sind die Sonderverwaltungsregionen Hongkong und Macao, zudem Taiwan.

2 Ökonomische Entwicklung und ordnungspolitische Leitbilder in der maoistisch geprägten Ära 1949–78

Mit der Ausrufung der VR China als neuem Staat begann im Oktober 1949 in China eine Periode umfassender Neuorientierung und Umgestaltung, die alle Lebensbereiche erfasste und dabei gerade auch an der Ordnung der Wirtschaft als einem zentralen Gestaltungsparameter ansetzte. Dem marxistisch-leninistischen Postulat folgend, dass die »Ausbeutung« großer Gesellschaftsgruppen durch eine kleine herrschende Klasse nur durch eine zentralstaatliche Steuerung der Volkswirtschaft überwunden werden könne, wurde in der VR China eine Zentralverwaltungswirtschaft errichtet, die sich zunächst stark an dem Vorbild der UdSSR ausrichtete, dann aber sehr schnell einen eigenständigen Charakter annahm.

Diese Periode ist durch außerordentlich starke Schwankungen der gesamtwirtschaftlichen Aktivität gekennzeichnet (siehe *Abbildung 1*). Während im Zeitraum von 1952–78 insgesamt zwar eine moderate Ausweitung der gesamtwirtschaftlichen Leistungserbringung realisiert wurde, mussten in einzelnen Jahren dramatische Einbrüche hingenommen werden.

Dieser aus *Abbildung 1* ersichtliche hochvolatile Wachstumsprozess sowie die Ausgestaltung der chinesischen Zentralverwaltungswirtschaft und ihre Befähigung zur institutionellen Fundierung und Stimulierung ökonomischer Entwicklung sollen im weiteren Verlauf dieses Kapitels näher erörtert werden. Die Ausführungen folgen weder der Abfolge der einzelnen Fünfjahrespläne[2] noch der Kette von Wachstumszyklen, die während dieses Zeitraums zu verzeichnen waren[3]. Stattdessen gliedern sie sich gemäß einzelner Perioden, die unter spezifischen politökonomischen Leitbildern standen und innerhalb derer die staatliche Steuerung der ökonomischen Entwicklung des Landes jeweils besonderen Zielsetzungen folgte.

---

2 Eine derartige Periodisierung würde sich wie folgt darstellen:
Wiederaufbauphase (1949–52)   3. Fünfjahresplan (1966–70)
1. Fünfjahresplan (1953–57)   4. Fünfjahresplan (1971–75)
2. Fünfjahresplan (1958–62)   5. Fünfjahresplan (1976–80)
Konsolidierungsphase (1963–65)
Eine an diesem Schema ausgerichtete, sehr detaillierte Darstellung der ökonomischen Entwicklung in China bieten Kraus 1979 und Liu/Wu 1988. Letztere Darstellung gibt die offizielle Interpretation der Machthaber zum Ausgang des 1980er-Jahre wieder.

3 Während der ersten drei Jahrzehnte des Bestehens der VR China waren insgesamt acht Wachstumszyklen mit einer jeweils stark schwankenden Intensität der wirtschaftlichen Aktivität zu beobachten:

Wirtschaftliche Entwicklung und ordnungspolitischer Wandel

Abb. 1: Wachstumsraten von Volkseinkommen und staatlichen Anlageinvestitionen 1952–78

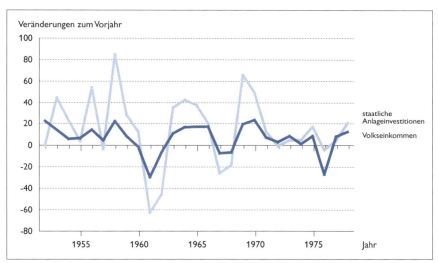

Quelle: NBS 1984, S. 13 und 39; eigene Darstellung.

▶ **Volkseinkommen** (*guomin shouru*)

Das Statistikwesen der VR China basierte in den ersten drei Jahrzehnten der Existenz der Volksrepublik auf dem marxistischen Materialproduktionssystem (*wuzhi chanpin pingheng tixi*) und wurde erst im Lauf der 1980er-Jahre durch »westliche« Konzepte der Volkswirtschaftlichen Gesamtrechnung ersetzt. Das Volkseinkommen (im Englischen *net material product*) unterscheidet sich vom Bruttoinlandsprodukt (BIP) in erster Linie dadurch, dass eine Abschreibung des Kapitalstocks nicht erfolgt und weite Teile des Dienstleistungssektors, wie zum Beispiel der Wohnungsbau, Personentransport, Einzelhandel, Gesundheits- und Ausbildungssektor, die Finanzdienstleistungen etc., nicht erfasst werden.

1. Zyklus (1952–54)   5. Zyklus (1969–72)
2. Zyklus (1955–57)   6. Zyklus (1973–74)
3. Zyklus (1958–62)   7. Zyklus (1975–76)
4. Zyklus (1963–69)   8. Zyklus (1977–81)

Für eine ausführliche Analyse siehe Taube 2002.

Markus Taube

Wiederaufbau und Neustart 1949–52

Hinsichtlich der bestehenden ökonomischen Strukturen hätte die Ausgangsbasis für die Volksrepublik China im Jahr 1949 kaum schlechter ausfallen können. Große Teile des industriellen Kapitalstocks sowie der Infrastruktureinrichtungen des Landes waren durch die Kriegshandlungen der vergangenen Jahre verwüstet worden. Die unter japanischer Besatzung errichteten modernen Industrieanlagen waren zum größten Teil von der Sowjetunion als Kriegsreparationen abmontiert und in die UdSSR verbracht worden. Die Landwirtschaft, aus der 80 Prozent der Bevölkerung ihren Lebensunterhalt bezogen, war von arbeitsintensiven Anbaumethoden mit geringer und aufgrund der Bevölkerungsentwicklung weiter sinkender Arbeitsproduktivität geprägt. Das Geldsystem hatte aufgrund grassierender Inflation und miteinander nicht verbundener innerchinesischer Währungsräume seine Funktionalität weitgehend verloren. Zentrale Institutionen der Wirtschaftspolitik wie zum Beispiel eine statistische Erfassung der ökonomischen Tätigkeit, einheitliche Zoll- und Steuerregelungen waren nicht installiert; eine Einbettung wirtschaftlicher Transaktionen in ein transparentes und regelgebundenes Rechtssystem war nicht gegeben.

Vor diesem Hintergrund mussten nach 1949 zunächst die ökonomischen Rahmenbedingungen konsolidiert und zentrale Infrastruktureinrichtungen wieder aufgebaut werden. Strikte Eingriffe in die Geldzirkulation dämmten alsbald den inflationären Preisauftrieb und schufen damit eine unabdingbare Voraussetzung für die Belebung des wirtschaftlichen Geschehens. Auch der Wiederaufbau der physischen Infrastruktureinrichtungen und Produktionsanlagen ging unerwartet zügig vonstatten, sodass sich die landwirtschaftliche Produktion rasch merklich belebte und insbesondere in der Industrie erhebliche Produktionssteigerungen realisiert werden konnten.

Wenn auch der Großteil der Maßnahmen in dieser Periode den Charakter eines aus der Not geborenen Reagierens auf drängende Missstände hatte, so wurden doch ab dem Jahr 1950 bereits entscheidende ordnungspolitische Schritte vollzogen, die die Gestalt der zentralverwaltungswirtschaftlichen Ordnung der nächsten Jahrzehnte schon andeuteten. In den ländlichen Regionen wurde, begleitet von Gewaltexzessen gegen ehemalige Großgrundbesitzer, eine umfassende Bodenreform durchgeführt, die zwar nicht die Produktivität der Landwirtschaft per se steigern konnte, wohl aber die Verteilung der Erträge auf eine gleichberechtigtere Basis stellte. Gleichermaßen wurden in den städtischen Gebieten die Handwerks-, Industrie-

und Handelsbetriebe mit zunehmender Geschwindigkeit verstaatlicht, sodass zum Ende des Jahres 1952 der Anteil der rein privat geführten Industriebetriebe bereits auf unter 20 Prozent der Bruttoindustrieproduktion gefallen war.

Einstieg in die Planwirtschaft 1953–57

Auf Basis der Wiederaufbau- und Konsolidierungserfolge der ersten Regierungsjahre markiert das Jahr 1953 den konsequenten Einstieg der VR China in ein zentralverwaltungswirtschaftliches Ordnungssystem und den Aufbau eines entsprechenden institutionellen Gerüsts. Das Jahr 1953 bezeichnet auch das formal erste Jahr des ersten Fünfjahresplans des Landes. Konzipiert für den Zeitraum 1953–57, wurde er jedoch während der ersten zwei Jahre seiner formalen Laufzeit noch mehrfach revidiert und erst im Frühjahr 1955 vom Zentralkomitee der Kommunistischen Partei Chinas (KPCh) ratifiziert.

Gestalt und Zielsetzung dieses ersten Plangerüsts waren – im Gegensatz zu späteren Ausführungen – noch stark nach dem sowjetischen Vorbild ausgerichtet. Primäres Ziel war die forcierte Industrialisierung des Landes. Der Schwerpunkt wurde dabei auf die Schwerindustrie gelegt, mittels derer in möglichst kurzer Zeit ein großer Kapitalstock und Maschinenpark für die Volkswirtschaft bereitgestellt werden sollte. Die Bevölkerung wurde so zu einem weitreichenden Verzicht auf (leichtindustrielle) Konsumgüter und eine rasche Verbesserung ihres Lebensstandards gezwungen. Für diesen Verzicht auf Gegenwartskonsum wurde ihr aber das Anbrechen der Ära der »sozialistischen Gesellschaft« schon nach Ablauf von drei Planperioden, also nach circa 15 Jahren, in Aussicht gestellt.

Die verbliebenen privatwirtschaftlichen Strukturen im sekundären Sektor wurden im Verlauf dieser Planperiode konsequent aufgelöst. Die KPCh übernahm die direkte Kontrolle über die Betriebe und begann, die Industrie neu auszurichten. Im Hinblick auf die Produktionsleistung muss diese Phase als sehr erfolgreich bewertet werden. Trotz diverser Rückschläge gelang es – zumindest gemäß der offiziellen Statistik –, das Planziel einer Produktionsverdopplung deutlich zu übertreffen.

Die bis dahin das volkswirtschaftliche Geschehen dominierende Landwirtschaft wurde nun zu einer Zuträgerin für den nationalen Industrialisierungsprozess zurückgestuft. Sie sollte die Versorgung der Bevölkerung mit Nahrungsmitteln sicherstellen, Rohstoffe für die Industrie zur Verfügung stellen und durch die Bereitstellung von exportfähigem Getreide und anderen Produkten den Erwerb von Investitionsgütern aus dem Ausland (in erster Linie der UdSSR) finanzieren. Im Zuge dieser Instrumentalisierung der Landwirtschaft für den gesamtgesellschaftlichen Aufbau wurde die kurz zuvor durchgeführte Landreform, die auch zur Entstehung eines Kleinbauerntums geführt hatte, wieder zurückgenommen. Stattdessen setzte ein sich über die Jahre rapide beschleunigender Prozess der Kollektivierung der Landwirtschaft ein. Zum Ende des Jahres 1956 waren so bereits über 96 Prozent aller bäuerlichen Haushalte in Landwirtschaftlichen Produktionsgenossenschaften zusammengeführt. Diese »sozialistische Umgestaltung des Eigentums an den Produktionsmitteln in der Landwirtschaft« bediente zum einen ideologische Motive und erleichterte die Kontrolle der ländlichen Bevölkerung, zum anderen ermöglichte sie zunächst auch eine Steigerung der landwirtschaftlichen Produktivität, insofern die Nutzung von Kapitalgütern (Traktoren etc.) und Infrastruktureinrichtungen (Bewässerungssysteme etc.) intensiviert und besser koordiniert werden konnte als zuvor.

Abb. 2: Relative Bedeutung von Landwirtschaft, Schwer- und Leichtindustrie 1949–80* (in Prozent)

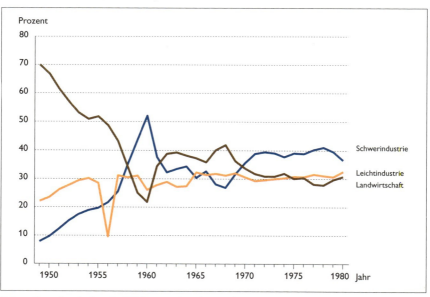

* Anteil am landwirtschaftlichen und industriellen Gesamtproduktionswert (*gong nong ye zong chanzhi*).
Quelle: NBS 1984, S. 11; eigene Darstellung.

Im Überblick betrachtet, wurden während dieser Jahre der industrielle und der landwirtschaftliche Sektor auf jene Größenrelationen geführt, die für die nächsten Jahrzehnte charakteristisch sein sollten (siehe *Abbildung 2*).

Der Große Sprung nach vorn 1958–61/62

Die Periode des Großen Sprungs nach vorn (*da yuejin*) (siehe den Beitrag von Helga Stahl) war von dem Versuch geprägt, mittels einer radikalen und so nie zuvor erprobten wirtschaftspolitischen Strategie die chinesische Volkswirtschaft innerhalb kürzester Zeit auf neue Entwicklungsstufen zu heben und gleichzeitig einen Durchbruch bei der Gestaltung einer sozialistischen Gesellschaftsordnung zu erzielen. Faktisch wurden hierbei aber aufgrund ideologischer Verblendung elementare ökonomische Zusammenhänge missachtet und nicht funktionsfähige Strukturen geschaffen. Letztlich endete dieses Experiment mit einer der größten menschengemachten Katastrophen schlechthin. Nach offiziellen chinesischen Angaben kamen als direkte Folge dieser Kampagne etwa 30 Millionen Menschen ums Leben; andere Quellen gehen von bis zu 46 Millionen Todesopfern aus (An/Li/Yang 2001; Lardy 1987).

Während die ursprüngliche Konzeption des zweiten Fünfjahresplans noch in der Kontinuität des vorangegangenen gestanden hatte, wurde von Mao Zedong ab Ende 1957 mit dem Schlagwort »mehr, besser, schneller, sparsamer« eine neue Ausrichtung der Wirtschaftspolitik betrieben, die auf eine radikale Abkehr von dem bisher verfolgten sowjetischen Vorbild hinauslief. Stattdessen sollte »der Politik Vorrang vor Expertentum« eingeräumt und volles Vertrauen in die Begeisterungs- und Leistungsfähigkeit der Bevölkerung bei der Bewältigung der ihr gestellten Aufgaben gesetzt werden. Für die volkswirtschaftliche Entwicklung zentral waren in diesem Kontext erstens die Strategie des Großen Sprungs nach vorn im engeren Sinn, die auf eine massive Steigerung der industriellen Produktion ausgerichtet war, und zweitens die Überführung der ländlichen Produktionsgenossenschaften in Volkskommunen, die von nun an die gesellschaftlichen und ökonomischen Basiseinheiten der ländlichen Regionen bilden sollten.

Vor dem Hintergrund dieser neuen politisch-ideologischen Vorgaben wurden so die staatlichen Anlageinvestitionen allein 1958 um 85 Prozent ausgeweitet und in erster Linie in den schwerindustriellen Sektor gelenkt. Die Anzahl der im staatlichen Industriesektor beschäftigten Personen wurde in diesem Zusammenhang von 7,5 Millionen im Jahr 1957 auf über 23 Millionen im Jahr 1958 verdreifacht. In der Landwirtschaft wurde auf der Basis der vorangegangenen Kollektivierung die Bildung von Volkskommunen mit blitzartiger Geschwindigkeit vorangetrieben. Ende 1958 sollen so bereits 99,1 Prozent der ländlichen Bevölkerung in Volkskommunen organisiert gewesen sein.

Der Große Sprung nach vorn: Im Zuge der angestrebten Industrialisierung entstanden in kürzester Zeit überall im Land Kleinsthochöfen, in denen das Roheisen für die Stahlproduktion gewonnen werden sollte. (Foto: ullstein bild, 1959)

Nach Maßgabe der offiziellen Statistik konnten im Zuge dieser Maßnahmen im Jahr 1958 sowohl in der Industrie als auch in der Landwirtschaft erhebliche Produktionszuwächse erzielt und konnte das Volkseinkommen um mehr als ein Fünftel ausgeweitet werden. Zahlreiche Indikatoren zeigten jedoch schnell an, dass hiermit kein neuer nachhaltiger Wachstumspfad beschritten worden war. Die vollständig von den realistischen Möglichkeiten losgelösten Planvorgaben führten zu einer dramatischen Schieflage in der Produktionsstruktur. In kürzester Zeit kam es zu Verknappungen bei Energieträgern, Rohstoffen und grundlegenden Vorprodukten, die auch nicht schnell genug dadurch entschärft werden konnten, dass die neuen Betriebe die Produktion aufnahmen. 1960 erfuhr die wirtschaftliche Situation durch den Bruch mit der Sowjetunion eine weitere dramatische Verschärfung. Nachdem sich die bilateralen Beziehungen aufgrund politisch-ideologischer Differenzen zwischen Mao und Chruschtschow innerhalb kurzer Zeit rapide verschlechtert hatten, stoppte die Sowjetunion in diesem Jahr alle Entwicklungszusammenarbeit mit China.

Lange Zeit von den zentralen Entscheidungsträgern unbemerkt, entfaltete sich die Katastrophe des Großen Sprungs nach vorn zunächst weniger in den industriell ausgerichteten städtischen Gebieten, sondern vielmehr in den ländlichen Regionen. Im falschen Glauben an die Richtigkeit der Meldungen über exorbitante Steigerungen der Ernteerträge in den Vorjahren waren die Planträger der Überzeugung gewesen, immer mehr Ressourcen aus dem landwirtschaftlichen Sektor abziehen zu können, ohne die Nahrungsmittelversorgung der Bevölkerung zu gefährden. Innerhalb eines Jahres, von 1958 bis 1959, wurde so die Anbaufläche um gut zehn Prozent reduziert und wurden anstelle von Getreide vermehrt industrielle Nutzpflanzen angebaut. Gleichermaßen wurden zwischen 1957 und 1960 knapp 23 Millionen Arbeitskräfte aus dem landwirtschaftlichen Sektor – und damit mehr als zehn Prozent der insgesamt in diesem Sektor tätigen Personen – abgezogen. Des Weiteren glaubte man, nach dem Bruch mit der UdSSR die chinesischen Getreideexporte in die UdSSR massiv ausweiten zu müssen, um so die sowjetischen Entwicklungshilfekredite vorzeitig zurückzahlen zu können. Diese wirtschaftspolitisch herbeigeführte Anspannung der Versorgungslage wurde schließlich durch drei Missernten in Folge (1959–61) weiter verschärft. Die Landwirtschaft kollabierte und während die städtische Bevölkerung im Zuge der zentralverwaltungswirtschaftlichen Getreideversorgung zunächst kaum Versorgungsengpässe verspürte, kam es in den ländlichen Regionen zur humanitären Katastrophe. Letztlich machte sich der Zusammenbruch des ländlichen Sektors aber auch in den städtischen Gebieten bemerkbar, wenn er hier auch nicht im gleichen Maß zu einem Anstieg der Sterblichkeitsrate führte. Stattdessen brach der industrielle Sektor ein. Insgesamt erfuhr die chinesische Volkswirtschaft aufgrund des fehlgeleiteten Entwicklungsmodells des Großen Sprungs nach vorn einen desaströsen Produktionseinbruch, der die wirtschaftliche Entwicklung auf Jahre hinaus weit zurückwarf (siehe *Abbildung 1*, S. 647).

Nachdem die politische Führung aufgrund eines mangelhaften statistischen Erfassungswesens und ideologischer Verblendung lange Zeit nicht das wahre Ausmaß der ökonomischen Fehlentwicklungen erkannt hatte,[4]

---

4 Als Begleitumstände, die in jener Zeit die Aufmerksamkeit der Führung weitgehend

kam es im Januar 1961 schließlich zu einem radikalen wirtschaftspolitischen Richtungswechsel, der im Sommer desselben Jahres durch den erzwungenen Rückzug Mao Zedongs aus dem politischen Tagesgeschehen begleitet wurde. Die staatliche Investitionstätigkeit wurde massiv zurückgefahren und der für den Gegenwartskonsum bereitgestellte Anteil des Volkseinkommens auf historische Höchststände von 80,8 Prozent (1961) und 89,6 Prozent (1962) ausgeweitet. Um die zusammengebrochene Versorgung der Bevölkerung mit Nahrungsmitteln und Gütern des täglichen Gebrauchs wiederherzustellen, wurde unternehmerische Einzelinitiative ermutigt. Spontan entstanden wieder freie, von Angebot und Nachfrage getriebene Märkte.

Konsolidierung und Reform 1962/63 – 64/65

Nachdem im Jahr 1962 der Tiefpunkt erreicht worden war, ging die Volkswirtschaft in den Jahren 1963–65 in eine Erholungsphase über, während derer das Volkseinkommen wieder kräftig anstieg. Dieser Aufschwung wurde in wirtschaftspolitischer Hinsicht von einer unter der Führung Liu Shaoqis umgesetzten ökonomischen »Realpolitik«, die zu mehr Freiraum für privatwirtschaftliches Handeln und zu weniger staatlicher Direktivplanung beitrug, getragen. Die gesamtwirtschaftliche Entwicklung wurde auf eine breitere Basis gestellt und insbesondere auch der leichtindustrielle Sektor gestärkt. Anstelle von ideologisch geprägten Massenkampagnen sollten nun eine mit ökonomischem Sachverstand betriebene sorgfältige staatliche Planung sowie leistungsorientierte Anreizsysteme die wirtschaftliche Entwicklung vorantreiben.

Letztlich konnte diese pragmatische Neuorientierung bei der Ausgestaltung des wirtschaftlichen Geschehens allerdings keine nachhaltige Wirkung entfalten. Zum einen waren auch nach Mao Zedongs Rückzug von der obersten Führungsebene noch einflussreiche Kräfte vorhanden, die die grundsätzliche Überlegenheit des Entwicklungskonzeptes des Großen Sprungs nach vorn nicht infrage gestellt hatten und lediglich Umsetzungsfehler für die Katastrophe der vorangehenden Jahre verantwortlich machten. Zum anderen wurde die Wirtschaftspolitik über die Zeit immer weniger von einer betriebs- und volkswirtschaftlichen Ratio getrieben, da sich

---

absorbierten, sind allerdings auch die rapide Verschlechterung der Beziehungen zur UdSSR sowie der Aufstand in Tibet anzuführen. Auf der Lushan-Konferenz wurden 1959 zudem bewusst Kritiker des eingeschlagenen ökonomischen Entwicklungskurses politisch kaltgestellt.

ab den frühen 1960er-Jahren rasch die Auffassung verbreitete, das durch die Katastrophe des Großen Sprungs erheblich geschwächte Land sei massiv von auswärtigen Mächten bedroht. Daher wurde die Wirtschaftspolitik zunehmend einem militärstrategischen Kalkül untergeordnet, das letztlich zur Konzeption und Implementierung der sogenannten Dritte-Front-Strategie führte.

Dritte-Front-Strategie und Kulturrevolution 1964–76

Die volkswirtschaftliche Entwicklung Chinas und insbesondere deren ordnungspolitische Einbettung während der Periode 1964–76 ist mit traditionellen wirtschaftswissenschaftlichen Konzepten nur unzureichend zu erfassen. Stattdessen dominierten militärstrategische Erwägungen und ideologisch motivierte Richtungsstreitigkeiten innerhalb der KPCh das gesellschaftliche und ökonomische Leben.

Während der ersten Hälfte der 1960er-Jahre wurde das internationale Umfeld als der VR China gegenüber zunehmend feindlich eingestuft (siehe den Beitrag von Christoph Müller-Hofstede). Durch Grenzstreitigkeiten ausgelöste bewaffnete Auseinandersetzungen mit Indien und der UdSSR, indirekte Drohungen der USA, das chinesische Atombombenprogramm durch einen atomaren Erstschlag zu stoppen, eine eskalierende Verwicklung in den Vietnamkonflikt und nicht zuletzt die Befürchtungen, der auf Taiwan neu erstarkte Bürgerkriegsgegner könne die Schwächung der festlandchinesischen Volkswirtschaft im Zuge des Großen Sprungs nach vorn zu einem militärischen Schlag ausnutzen, ließen die Möglichkeit eines neuen Krieges als sehr wahrscheinlich erscheinen. Die 1964 offiziell aufgelegte Dritte-Front-Strategie (*di san xian*) sollte daher der traditionellen Ballung der ökonomisch-industriellen Aktivitäten im militärstrategisch ungünstig gelegenen und nur schlecht zu verteidigenden Küstenstreifen entgegenwirken. Stattdessen sollte im chinesischen Hinterland eine neue industrielle Basis errichtet werden, die für den Fall, dass feindliche Truppen den Küstenstreifen besetzt hätten, einen lang gezogenen Guerillakrieg mit Gütern und Waffen ermöglichen sollte. Zu diesem Zweck wurde mit enormem finanziellem und personellem Aufwand in Zentral- und Westchina ein neuer industrieller Kapitalstock aufgebaut, der allerdings in seiner Ausgestaltung weder betriebs- noch volkswirtschaftlichen Effizienzerwägungen folgte. Stattdessen wurden zum Beispiel Fabrikanlagen auf Dutzende von kilometerweit entfernten Standorten aufgeteilt und in unzugänglichen Seitentälern und Höhlen vor möglichen feindlichen (Bomben-)Angriffen versteckt. Aufgrund eines Mangels an verfügbaren Rohstoffen und Materialien musste der Aufbau dieser neuen Strukturen zudem zum Teil durch den Abbau bestehender Eisenbahntrassen und weiterer Infrastruktureinrichtungen in anderen Landesteilen gewährleistet werden. In ähnlicher Art und Weise wurden auch bestehende Unternehmungen im ost- und südostchinesischen Küstenstreifen gezwungen, einen Teil ihres Maschinenparks und ihrer Belegschaft für den Aufbau von Tochterunternehmen in den für die Dritte-Front-Strategie wichtigen Regionen abzustellen. Gleichzeitig wurden den im Küstenstreifen angesiedelten Mutterunternehmen auch für Ersatzinvestitionen und Reparaturen keine Mittel mehr bereitgestellt.

Der militärische Wert der so betriebenen radikalen Umstrukturierung der chinesischen Volkswirtschaft ist letztlich nie auf die Probe gestellt worden. Allein aus der ökonomischen Perspektive gesehen, führte sie jedoch zu einer äußerst suboptimalen Allokation von Ressourcen und zur Schaffung von Unternehmungen, die in einem normalen – also einem nicht von militärstrategischen Erwägungen dominierten – volkswirtschaftlichen Umfeld nicht wettbewerbs- und überlebensfähig gewesen wären. Die Kernregionen der Dritten-Front-Strategie wurden auf diese Weise in ihrer langfristigen wirtschaftlichen Entwicklung massiv beeinträchtigt, insofern sie nach Abschluss des Programms und auch bis in die Zeit der Reform- und Öffnungspolitik ab 1978 hinein mit einem erheblichen Bestand an unrentablen und nicht an den Bedürfnissen einer sich reformierenden und öffnenden Volkswirtschaft ausgerichteten Staatsunternehmen belastet blieben.

Die Dritte-Front-Strategie verlor mit der politischen Annäherung an den Westen und einer abebbenden Kriegsangst in der ersten Hälfte der 1970er-Jahre ihre wirtschaftspolitische Sonderstellung, wurde jedoch erst 1979 endgültig aufgegeben.

Die ökonomische Entwicklung während der Kulturrevolution (siehe den Beitrag von Helga Stahl) ist in hohem Maß von der Umsetzung der Dritten-Front-Strategie geprägt, kann aber letztlich nicht mit dieser gleichgesetzt werden. Die von der Kulturrevolution ausgehenden Impulse auf die ökonomische Entwicklung des Landes waren allerdings grundsätzlich negativer Natur. Zentrale Einrichtungen der Verwaltungsbürokratie waren innerhalb kürzester Zeit infolge von ideologischen Säuberungen und Auseinandersetzungen über deren Arbeit und Befugnisse nicht mehr funktionsfähig, sodass der Umfang der zentralstaatlich geplanten Güter deutlich reduziert und Entscheidungsgewalt an dezentrale Ebenen abgegeben werden musste. Während der »heißen« Phase der Kulturrevolution (1966–69) löste sich zuallererst die bestehende Ordnung in den Städten auf, während die ländlichen Gebiete zunächst weniger betroffen waren. Die zum Teil bürgerkriegsähnlichen Zustände führten zu schwerwiegenden Produktionsausfällen im industriellen Sektor und zur Stagnation der gesamtwirtschaftlichen Entwicklung. In einigen Regionen kamen Industrieproduktion, Bautätigkeit und das Transportwesen sogar fast vollständig zum Erliegen.

Abb. 3: Regionen der Dritte-Front-Strategie

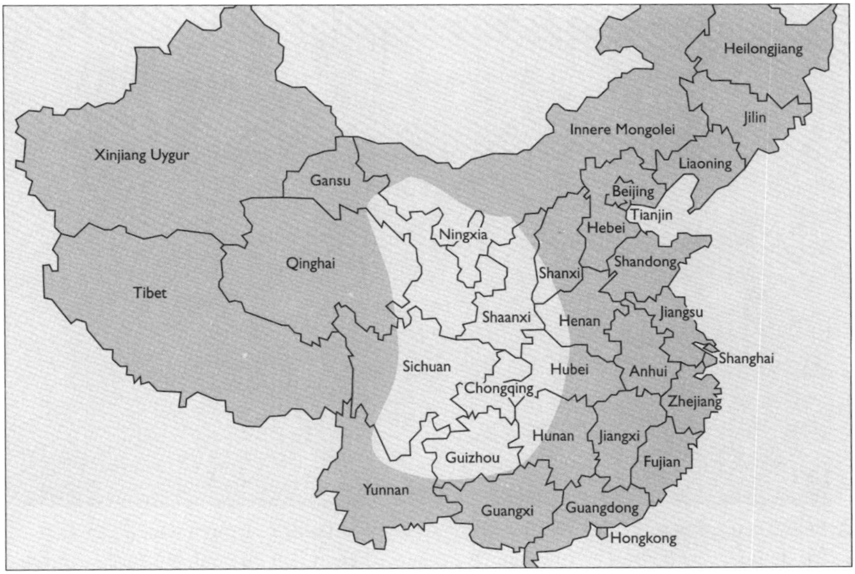

Quelle: Zusammenstellung des Autors.

Auch in den auf die »heiße« Phase folgenden Jahren war es in erster Linie die in den städtischen Gebieten konzentrierte Industrie, deren Entwicklung und Leistungsfähigkeit durch fortgesetzte politische Kampagnen, »Arbeitsniederlegungen« zum Zweck des Klassenkampfes sowie Fraktionskämpfe innerhalb der KPCh in Mitleidenschaft gezogen wurde. Die Entwicklung der Landwirtschaft wurde während dieser Epoche weniger stark beeinträchtigt. De facto führte die Lähmung der industriellen Aktivitäten im urbanen Raum zur Entstehung von verarbeitenden Betrieben in einzelnen ländlichen Regionen, die letztlich den Keim für die in den 1980er- bis 1990er-Jahren florierenden ländlichen Township and Village Enterprises (TVE) und ihre privatwirtschaftlichen Folgeunternehmen bilden sollten.

Markus Taube

Arbeitsalltag im maoistischen China: Bergarbeiter in Baotou, Innere Mongolei, lauschen dem Verlesen eines Artikels zur Kampagne gegen den ehemaligen stellvertretenden Parteivorsitzenden Lin Biao. (Foto: akg-images, 1973)

Die langfristige Wirtschaftsentwicklung Chinas wurde allerdings weniger durch diese Produktionsausfälle gehemmt als vielmehr durch die Schließung zahlreicher Bildungseinrichtungen und die rein ideologische Ausrichtung des Unterrichtsstoffs, die eine ganze Generation ohne hinreichende Schul- und Universitätsausbildung zurückließ (siehe den Beitrag von Barbara Schulte).

Das Hua-Guofeng-Interregnum 1976–78

Nach dem Ableben Mao Zedongs und dem Abschluss der Kulturrevolution kam es zunächst noch nicht zu einer richtungsweisenden Neuorientierung der chinesischen Wirtschaftspolitik. Stattdessen wurde das frühere maoistische Entwicklungsmodell neu aufgelegt. Der zum Nachfolger Mao Zedongs und dessen politischen Erben gekürte Hua Guofeng proklamierte so noch im März 1978 in der Tradition der vorangehenden Jahre einen neuen »großen Sprung« (*yang yuejin*)[5], der die chinesische Volkswirtschaft in kürzester Zeit in die Moderne katapultieren sollte. Um dieses Ziel zu erreichen, wurde zum einen im gleichen Stil wie bei den vorangehenden Kampagnen die staatliche Investitionstätigkeit massiv ausgedehnt. Die Investitionsaufwendungen, die für insgesamt 120 Schlüsselprojekte, die Hua Gofengs Zehnjahresentwicklungsplan auflistete, vorgesehen waren, entsprachen den gesamten Kapitalaufwendungen der vorangegangenen 28 Jahre. Zum anderen sollte durch die Einfuhr zahlreicher schlüsselfertiger Industrieanlagen aus dem Ausland der technologische Entwicklungsstand der Volkswirtschaft rasch angehoben werden. Dieses Unterfangen musste allerdings nach kurzer Zeit wieder abgebrochen werden, da erstens exzessive Handelsbilanzdefizite befürchtet wurden, zweitens die notwendigen Devisen (das heißt internationale Liquidität) aufgrund unerwartet niedriger Erlöse aus dem Erdölexport fehlten und es drittens offenbar wurde, dass die für die Inbetriebnahme der zu importierenden Industrieanlagen notwendigen komplementären inländischen Investitionen trotz aller Anstrengungen nicht realisiert werden konnten.

Das sich schnell abzeichnende Scheitern dieses von Hua Guofeng eingeleiteten neuerlichen Versuchs, mit einer investitionsgetriebenen, schwerindustriell ausgerichteten Entwicklungsstrategie die Probleme des Landes zu lösen, beförderte den Aufstieg reformorientierter Kräfte innerhalb der Kommunistischen Partei. Bereits Ende des Jahres 1978 gelang diesen dann die Machtübernahme, womit eine neue Ära der chinesischen Wirtschaftsgeschichte eingeläutet wurde.

3 Marktwirtschaftliche Transformation und ökonomische Entwicklung ab 1978

Die Abkehr vom bisherigen Entwicklungsmodell erfolgte mit dem dritten Plenum des Zentralkomitees im Dezember 1978, auf dem die Reformkräfte unter der Führung Deng Xiaopings die Oberhand erlangten und die Prioritätenliste aller politischen Arbeit neu definierten. Mit der Feststellung,

---

5 Das Wort »yang« im chinesischen Originalbegriff *yang yuejin* bezieht sich auf die Nutzung ausländischer Industrieanlagen.

dass mittlerweile nicht mehr der Antagonismus zwischen Bourgeoisie und Proletariat den Hauptwiderspruch innerhalb der chinesischen Gesellschaft darstelle, sondern vielmehr das Missverhältnis zwischen der mangelnden Leistungsfähigkeit der Volkswirtschaft und den materiellen Bedürfnissen der Bevölkerung, wurde mit einem Schlag der Schwerpunkt der politischen Tätigkeit vom Klassenkampf auf die Wirtschaftspolitik verlagert. Während zuvor ökonomische Zielsetzungen und Rationalitätsüberlegungen einem ideologisch-klassenkämpferischen Primat untergeordnet worden waren, wurden nun die Förderung der wirtschaftlichen Entwicklung und die Ausbildung von leistungsstarken ökonomischen Strukturen zum Primat der politischen Arbeit erhoben.

Ende der 1970er-Jahre vollzog die politische Elite der VR China somit einen radikalen Bruch mit der Herrschaftsideologie der Vergangenheit und begann, ein neues konsensuales Werte- und Normensystem zu etablieren. Die bisherige Entwicklungslogik wurde aufgegeben und jener unternehmerische Freiraum eröffnet, der dem dynamischen institutionellen Wandel der folgenden dreißig Jahre in China zugrunde gelegen hat.

Die zu Ende der 1970er-Jahre herbeigeführte ideologische Fundierung einer grundlegenden Umgestaltung des ökonomischen Ordnungsrahmens wurde auf dem 14. Parteikongress im September 1992 nochmals substanziell ausgeweitet, indem das Konzept der »sozialistischen Marktwirtschaft« zum Leitprinzip der ordnungspolitisch-institutionellen Ausgestaltung der chinesischen Wirtschaftsordnung erhoben wurde. Dem offiziellen Sprachgebrauch gemäß hieß es, dass der Marktmechanismus lediglich ein Instrument zur Forcierung der wirtschaftlichen Entwicklung sei und keineswegs ein definierendes Charakteristikum des Gesellschaftssystems. Auch mit einer marktwirtschaftlichen Wirtschaftsordnung könne und werde in China weiterhin eine sozialistische Gesellschaftsordnung umgesetzt. Mit dieser revolutionären Umdeutung eines Eckpfeilers der marxistischen Lehre wurde nun der Weg frei gemacht für den forcierten Aufbau einer funktionsfähigen Marktwirtschaft. Ideologiegeleitete Debatten über die Kompatibilität einzelner ökonomischer Reformmaßnahmen mit den Grundwerten der sozialistischen Bewegung konnten fortan entfallen. Tatsächlich setzten auch erst ab diesem Zeitpunkt ernsthafte Bemühungen der VR China um eine Vollmitgliedschaft in der Welthandelsorganisation (WTO) ein, für die die Existenz marktwirtschaftlicher Strukturen eine Voraussetzung darstellt. Der tatsächliche Beitritt Chinas zur WTO im Dezember 2001 bedeutete somit einen zentralen Meilenstein im chinesischen Transformationsprozess von einer Plan- zu einer Marktwirtschaft (siehe unten).

Im Folgenden werden der Aufbau der marktwirtschaftlichen Wirtschaftsordnung und der damit einhergehende ökonomische Aufschwung näher betrachtet. Eingangs ist allgemein zu skizzieren, wie sich die Leistungsfähigkeit der chinesischen Volkswirtschaft während der letzten drei Jahrzehnte entwickelt hat. Im Anschluss daran werden zunächst Grundprinzipien des ordnungspolitisch-institutionellen Wandels erörtert, um sodann die Bedeutung der weltwirtschaftlichen Integration und der Hinwendung zu produktiveren Wirtschaftsbereichen zu thematisieren. Das Kapitel schließt mit einer Diskussion der Herausforderungen, vor denen die chinesische Volkswirtschaft aktuell steht und die zur erfolgreichen Fortsetzung des bisherigen Entwicklungsprozesses zu bewältigen sind.

Ökonomische Wachstums- und Entwicklungsdynamik

Seit Beginn der von Deng Xiaoping eingeleiteten Reform- und Öffnungspolitik hat die chinesische Volkswirtschaft einen im Hinblick auf Dynamik als auch Dauer historisch einzigartigen ökonomischen Wachstums- und Entwicklungsprozess durchlaufen. Während der Jahre 1978 bis 2011 ist die Wirtschaftsleistung Chinas – gemessen am Bruttoinlandsprodukt (BIP) – pro Jahr um durchschnittlich fast zehn Prozent angestiegen (siehe *Abbildung 4*). Das BIP pro Kopf hat sich verfünfzehnfacht. Keines der asiatischen »Wirtschaftswunderländer« der 1950er- bis 1980er-Jahre und in jüngerer Vergangenheit auch keiner der osteuropäischen und zentralasiatischen Transformationsstaaten kann eine vergleichbare Erfolgsbilanz vorweisen.

Aus Daten des Internationalen Währungsfonds und des Nationalen Statistikbüros geht hervor, dass China heute in Kaufkraftparitäten gemessen mit einem Anteil von einem Siebtel an der Weltwirtschaft bereits zur zweitgrößten Volkswirtschaft der Erde aufgestiegen ist. Im Zusammenhang mit diesem Leistungszuwachs hat sich die chinesische Volkswirtschaft voll in die internationale Arbeitsteilung integriert und gehörte zur ersten Jahrzehntwende des 21. Jahrhunderts sowohl zu den führenden Handelsnationen (auf der Export- wie Importseite) als auch zu den wichtigsten Ziel- wie Herkunftsländern ausländischer Direktinvestitionen (siehe den Beitrag von Margot Schüller).

Die beeindruckende Stärkung der gesamtwirtschaftlichen Leistungserbringung hat sich insgesamt sehr positiv auf das Wohlergehen der Bevölkerung ausgewirkt. Dies wird insbesondere aus dem von den Vereinten Nationen erstellten Human Development Index deutlich, der neben der

Entwicklung des BIP auch die Lebenserwartung und den Ausbildungsstand der Bevölkerung erfasst. Auf diesem von null bis eins skalierten Index hat sich die VR China, von einem Wert von 0,404 im Jahr 1980 ausgehend, kontinuierlich verbessert und erreichte 2011 bereits einen Wert von 0,687.

Abb. 4: Wachstumsraten des BIP 1978–2011

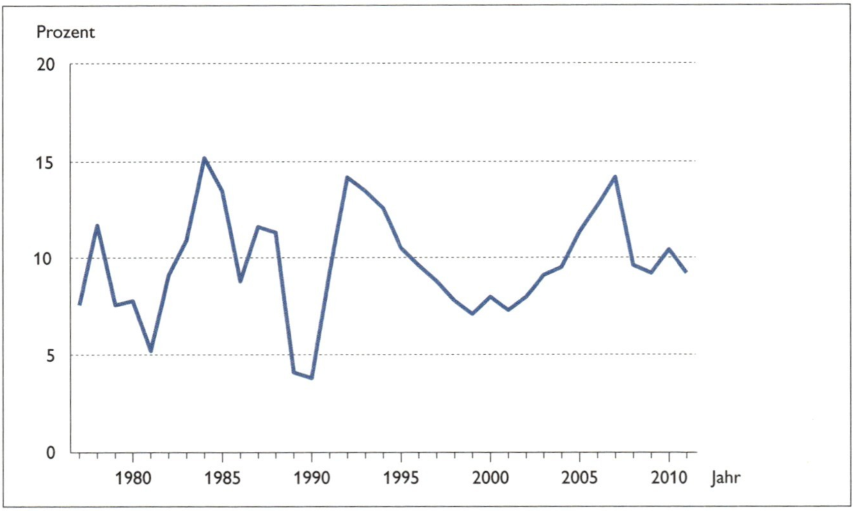

Quelle: China Statistical Yearbook (versch. Jgg.); eigene Darstellung.

Problematisch bleibt allerdings bei aller Würdigung der ökonomischen Wachstumserfolge die unzureichende statistische Erfassung der Kosten des wirtschaftlichen Wachstums hinsichtlich des Ressourcenverbrauchs und der durch Umweltverschmutzung, Desertifikation etc. hervorgerufenen Schäden und Folgekosten (siehe den Beitrag von Doris Fischer und Andreas Oberheitmann). Nach Kalkulationen der Weltbank, die unter anderem auch den Verlust an Arbeits- und Lebenszeit, der auf Erkrankungen, die Folge der Umweltverschmutzung sind, zurückgeführt werden kann, einzubeziehen versucht, belaufen sich diese Kosten der ökonomischen Entwicklung fast auf den gleichen Wert, um den die chinesische Volkswirtschaft jährlich gemäß der herkömmlichen Statistik wächst (World Bank 2007). Die Nachhaltigkeit der Wachstumserfolge wird zudem durch die wachsende Ungleichverteilung der Einkommen infrage gestellt, die mittlerweile zu einer erheblichen Stratifizierung der Gesellschaft geführt hat (siehe den Beitrag von Björn Alpermann).

Wirtschaftliche Entwicklung und ordnungspolitischer Wandel

Die Folgekosten der Umweltverschmutzung und des Ressourcenverbrauchs sind kaum zu kalkulieren. (Foto: Imaginechina via AP Images, 2013)

Parallel zu der erheblichen Ausweitung der Leistungsfähigkeit der chinesischen Volkswirtschaft sind drei grundlegenden Strukturverschiebungen zu verzeichnen:
1. die Transformation von einer zentralverwaltungswirtschaftlich organisierten Wirtschaftsordnung zu einer Marktwirtschaft;
2. der Übergang von einer am Ideal der Autarkie ausgerichteten und vom Weltmarkt abgeschotteten »Binnenwirtschaft« hin zu einer umfassenden Integration in die weltwirtschaftliche Arbeitsteilung;
3. die Ablösung der Landwirtschaft als dominierendem Sektor der Volkswirtschaft durch einen in seiner Verteilung auf Leicht- und Schwerindustrie ausgewogen aufgestellten, leistungsstarken industriellen Sektor.

Diese drei Strukturverschiebungen sind im Zusammenspiel mit dem Prinzip des »nachholenden Wachstums« von zentraler Bedeutung für das Zustandekommen des chinesischen Aufschwungs.

▶ Nachholendes Wachstum

Das Konzept des »nachholenden Wachstums« basiert auf der Idee, dass ökonomische Entwicklungsprozesse bei aller Besonderheit nationaler Strukturen grundsätzlich ähnlichen Pfaden folgen und es somit möglich ist, dass »Nachzügler« von fortgeschrittenen Volkswirtschaften und deren Akteuren lernen können. Insofern sie »ausgetretenen Pfaden« folgen, das heißt bewährte institutionelle Arrangements, erprobte Technologien und Geschäftsmodelle übernehmen sowie gezielte Investitionen in Sach- und Humankapital vornehmen, können diese Volkswirtschaften ihren ökonomischen Entwicklungsprozess mit einem Minimum an risikobehafteten Investitionen, das heißt mit einem Minimum an Ressourcen verzehrenden Trial-and-Error-Prozessen, betreiben. Dies ermöglicht grundsätzlich eine höhere Wachstumsrate, als sie in Volkswirtschaften erzielt werden kann, die an der Spitze der weltwirtschaftlichen Entwicklung stehen und deren weitere Entwicklung und weiteres Wachstum auf unternehmerischen (das heißt in hohem Maß risikobehafteten) Investitionen in neue Technologien und Geschäftsmodelle sowie, grundlegend hierfür, neuem Wissen und Humankapital basieren.

Daneben können »Nachzügler« von einer potenziell sprunghaft steigenden Arbeitsproduktivität profitieren, die auf sektoralem Strukturwandel basiert und dessen Wachstumsimpulse die führenden Volkswirtschaften bereits weitestgehend ausgeschöpft haben. Die Produktivität von Arbeitskräften liegt im landwirtschaftlichen Sektor eines typischen Entwicklungslandes deutlich unter der Produktivität, die diese Arbeitskräfte in der Industrie oder gar im Dienstleistungssektor realisieren könnten. Das heißt, allein durch eine Verschiebung der Anteile der Bevölkerung, die in der Landwirtschaft, in der Industrie bzw. im Dienstleistungssektor beschäftigt sind, können Produktivitätsgewinne und somit Zugewinne bei der gesamtwirtschaftlichen Leistungserbringung erzielt werden.

Ein weiterer Effekt, über den »Nachzügler« höhere Wachstumsraten realisieren und somit ihren Entwicklungsrückstand gegenüber den führenden Volkswirtschaften reduzieren können, ergibt sich aus dem solowschen Ersparnis-Investitionen-Abschreibungs-Nexus. Bei einer gegebenen gesamtwirtschaftlichen Sparrate kann die Volkswirtschaft umso schneller wachsen, desto größer der Anteil der Ersparnisse ist, der in Neuinvestitionen fließt und nicht für den Ersatz abgeschriebenen Sachkapitals aufgewendet werden muss. Hoch entwickelte Volkswirtschaften müssen mit zunehmender Reife immer größere Anteile ihrer Ersparnis für den Ersatz abgeschriebenen Sachkapitals verwenden und können somit nur noch immer geringere Nettoneuinvestitionen vornehmen und damit Wachstumsraten verwirklichen. Letztlich erreichen sie einen Gleichgewichtszustand (*steady state*), in dem die Rücklagen gerade für die Wiederherstellung des verbrauchten Sachkapitalbestands ausreichen. Wachstum kann nun nur noch durch technologische Innovation und eine produktivere Faktorverwendung realisiert werden.

Grundprinzipien des chinesischen Wegs vom Plan zum Markt

Nachdem Ende der 1970er-Jahre die Leitideologie der herrschenden Elite in grundlegender Form neu ausgerichtet und die wirtschaftliche Entwicklung des Landes zum Primat aller politischen Arbeit erklärt worden war, stand die praktische Regierungsarbeit vor der Frage, wie die Leistungskraft der Volkswirtschaft gestärkt werden könne. Man konstatierte, dass mit der bisher praktizierten zentralverwaltungswirtschaftlichen Ordnung, insbesondere in Gestalt ihrer maoistischen Sonderformen, nicht die erhofften Erfolge erreicht worden waren. Deshalb strebten die politisch Verantwortlichen ordnungspolitische Veränderungen an, nicht jedoch einen grundlegenden Systemwandel. In den ersten Jahren der Ära Deng Xiaoping sollte die bestehende Ordnung von daher lediglich durch den partiellen Einbau von marktorientierten Institutionen in ihrer (an Outputgrößen gemessenen) Leistungsfähigkeit gestärkt werden.

Um die Legitimation des eigenen Machtanspruchs nicht zu gefährden, mussten diese ordnungspolitischen Innovationen dem Kalkül genügen, vollständig vom Rest des volkswirtschaftlichen Ordnungszusammenhangs isoliert werden zu können und somit – im Fall von Fehlentwicklungen – reversibel zu sein. Gleichzeitig galt es, mit diesen Experimenten dort zu beginnen, wo die schnellsten Erfolge möglich erschienen, ein Scheitern (in sektoraler wie regionaler Hinsicht) die geringsten Schäden hervorrufen würde und die Kosten am geringsten waren.

Die Abfolge ordnungspolitischer Experimente während der 1980er-Jahre folgte genau diesen Kriterien. Die allerersten Maßnahmen zur Stärkung der Wirtschaftskraft des Landes betrafen zum einen die Einführung eines sogenannten Haushaltverantwortlichkeitssystems, das es ländlichen Haushalten gestattete, zuvor kollektiv bestellte Landparzellen nun eigenverantwortlich zu bebauen (unter Erfüllung bestimmter Ernteablieferungen an die Regierung), und zum anderen die Einrichtung von Sonderwirtschaftszonen, innerhalb derer ausländische Investoren eingeladen wurden, mit chinesischen Arbeitskräften leichtindustrielle Güter für den Weltmarkt herzustellen.

Markus Taube

China öffnet sich: Baustelle in der größten Sonderwirtschaftszone Shenzen bei Hongkong (Foto: ullstein bild – sinopictures/Fotoe, 1985)

Die Einführung der neuen Strukturen im ländlichen Sektor konnte innerhalb kürzester Zeit mit einem Minimum an Verwaltungsanstrengungen umgesetzt werden und diese hätten – bei sich abzeichnenden Fehlentwicklungen – ebenfalls innerhalb kürzester Zeit wieder zurückgeführt werden können. Insofern die der eigenverantwortlichen Bewirtschaftung zugewiesenen Parzellen zunächst nur klein waren und der Großteil des Landes weiter kollektiv bebaut wurde sowie später mit der Ausweitung der »privaten« Parzellen feste Ernteablieferungen durchgesetzt wurden, war durch dieses Experiment die Versorgung der städtischen Bevölkerung mit Nahrungsmitteln bzw. der Industrie mit agrarischen Rohstoffen nie ernsthaft gefährdet.

Auch die Einrichtung der Sonderwirtschaftszonen war für die chinesische Regierung lediglich mit geringen Risiken behaftet. Die Sonderwirtschaftszonen entstanden in Gebieten, die spätestens im Rahmen der Dritten-Front-Strategie ihrer industriellen Basis beraubt worden waren und zu Beginn der Reformen zu den ärmsten des gesamten Landes gehörten.

Durch den ursprünglich geltenden Zwang, sämtliche innerhalb der Zonen erstellten Güter auf dem Weltmarkt zu vertreiben, blieb der ordnungspolitische Zusammenhang der übrigen Volkswirtschaft unangetastet. Potenzielle andersgeartete unerwünschte Einflüsse (*spillover*-Effekte) wurden zudem durch die physische Abgrenzung der Sonderwirtschaftszonen mittels schwerer Grenzanlagen ausgeschlossen. Auch kostenseitig blieben die Aufwendungen und Risiken für die chinesische Seite sehr überschaubar. Sie beschränkten sich auf die Bereitstellung einer minimalen Infrastruktur, während die ausländischen Investoren die Hauptlast trugen. Diese brachten nicht nur ihre Produktionsanlagen ein, sondern mussten angesichts der unsicheren Versorgungslage zunächst auch Infrastrukturleistungen wie zum Beispiel die Errichtung von Stromgeneratoren übernehmen.

Die mit diesen beiden Innovationen angestoßenen Erfolge bei der Stärkung des ländlichen Sektors und des Aufbaus einer exportorientierten Industrie waren bahnbrechend für die weitere Entwicklung der chinesischen Volkswirtschaft und die Vertiefung des ordnungspolitischen Reformprogramms.

Eine nähere Untersuchung dieser beiden Fälle zeigt aber auch, dass der chinesische Weg vom Plan zum Markt keineswegs ein ausschließlich von (zentralstaatlichen) politischen Entscheidungsträgern *top down* gesteuerter Prozess war. Die Dynamik des chinesischen Transformationsprozesses resultierte vielmehr aus einer von unternehmerischen Kräften *bottom up* eingeforderten kontinuierlichen Weiterentwicklung des institutionellen Rahmenwerks ihrer ökonomischen Aktivitäten. Diese Weiterentwicklungen wurden oft zunächst im Bereich der Schattenwirtschaft und Illegalität »spontan« eingeführt und erst später von der Regierung aufgegriffen und in den formalen Ordnungsrahmen aufgenommen. Die Entstehung einer marktwirtschaftlichen Ordnung in China muss von daher als ein »Versehen« gewertet werden. Ein bewusstes Hinsteuern der politischen Führungselite auf eine marktwirtschaftliche Ordnung setzte erst ein, als klar wurde, dass einerseits eine Rückkehr zur Zentralverwaltungswirtschaft die Leistungsfähigkeit der Volkswirtschaft massiv eingeschränkt und damit auch die Legitimation des Herrschaftsanspruchs der KPCh infrage gestellt hätte und dass andererseits nur durch die flächendeckende Etablierung von Marktinstitutionen das volle Potenzial dieses Ordnungssystems erschlossen werden konnte. Zeitlich ist dieser Wendepunkt, an dem der Prozess ordnungspolitisch-institutionellen Wandels in China den Quantensprung von der Reform der bestehenden Zentralverwaltungswirtschaft zur Transformation vom Plan zum Markt vollzog, auf die erste Hälfte der 1990er-Jahre zu datieren.

▶ Aus- und Einblenden institutioneller Arrangements

Eng mit dem Charakteristikum einer »von unten« forcierten Umgestaltung der chinesischen Wirtschaftsordnung verbunden ist das Phänomen eines in der Regel langsamen Aus- bzw. Einblendens institutioneller Arrangements und der weitgehende Verzicht auf kurzfristig umgesetzte radikale Brüche mit bestehenden Strukturen. Dies implizierte die Parallelexistenz von plan- und marktwirtschaftlichen Ordnungsmechanismen, die jeweils in klar abgegrenzten Sphären wirken sollten. Hierdurch gelang es, ein Kontinuum von institutionellen Lösungen zu schaffen, das einen vergleichsweise friktionsarmen Übergang von zentralverwaltungswirtschaftlichen zu marktwirtschaftlichen Interaktionsstrukturen ermöglichte. Insbesondere konnte so eine schlagartige Entwertung von Human- und Sachkapital vermieden und dieses stattdessen allmählich umgeschult bzw. umgewidmet werden. Hierdurch wurde ein wichtiger Beitrag zur Vermeidung einer Transformationsrezession geleistet, wie sie die osteuropäischen und zentralasiatischen Transformationsländer durchmachten.

Ein negativer Begleiteffekt resultierte jedoch aus den starken Anreizen zu korrupten Praktiken, die sich in diesen dualen Strukturen daraus ergaben, dass für identische Güter zwei unterschiedliche Preise existierten: ein (i. d. R. niedriger) Verrechnungspreis in der planwirtschaftlich organisierten Sphäre und ein (i. d. R. deutlich höherer) Marktpreis, der die tatsächlich bestehenden Knappheiten anzeigte. Durch den (illegalen) Transfer von Gütern aus der Plan- in die Marktsphäre konnten so erhebliche Arbitragegewinne realisiert werden.

Reintegration der Weltwirtschaft in das chinesische Entwicklungsmodell

Zweifelsohne hätte die chinesische Volkswirtschaft während der vergangenen 30 Jahre auch ohne weltwirtschaftliche Integration substanzielle Wachstumserfolge erzielen können. Allein durch die ordnungspolitisch-institutionelle Umgestaltung der Volkswirtschaft konnte die Effizienz bei der Allokation und Kombination der der Volkswirtschaft zur Verfügung stehenden Produktionsfaktoren erheblich gesteigert werden. Gleichzeitig ist auch die Menge der der Volkswirtschaft absolut zur Verfügung stehenden Produktionsfaktoren signifikant gewachsen. Zwischen 1980 und 2010 ist die erwerbsfähige Bevölkerung (definiert als die Altersgruppe der 16- bis 65-Jährigen) von 600 Millionen auf etwa eine Milliarde Personen angestiegen, wodurch das Angebot des Produktionsfaktors »Arbeit« erheblich erweitert wurde (siehe den Beitrag von Günter Schucher). Auch der Produktionsfaktor »Kapital« war bei einer Sparquote von 30–50 Prozent in mehr als hinreichendem Maß vorhanden. Kapital war in der jüngeren Geschichte faktisch niemals ein Engpass für die wirtschaftliche Entwicklung in China.

Dessen ungeachtet war die Reintegration des Landes in die weltwirtschaftliche Arbeitsteilung (siehe den Beitrag von Margot Schüller) von entscheidender Bedeutung für den Erfolg des ordnungspolitisch-institutionellen Systemwandels und die Entfaltung des chinesischen »Wirtschaftswunders«. Von der Weltwirtschaft sind über den Preismechanismus entscheidende Impulse für eine allokationseffiziente Ausrichtung des chinesischen Wachstumspfades ausgegangen und der Transfer von Technologien und Geschäftsmodellen hat die Erschließung substanziell höherer Dimensionen von Entwicklung und Wachstum ermöglicht.

Bis zum Beginn der Reformbewegung Ende der 1970er-Jahre war die chinesische Volkswirtschaft faktisch vollständig vom weltwirtschaftlichen Geschehen isoliert. Faktorallokation und Güterströme erfolgten losgelöst von den auf dem Weltmarkt herrschenden Knappheitsrelationen (und faktisch auch den tatsächlichen ökonomischen Knappheiten der Binnenwirtschaft). Die verbliebenen rudimentären Kontakte zur Außenwelt wurden über wenige spezielle Organisationen abgewickelt, zu denen zum Beispiel zwölf staatliche Außenhandelsgesellschaften gehörten. Diese Organisationen monopolisierten die Außenkontakte und sollten die Übertragung von systemfremden Informationen und Signalen verhindern. Nur so konnte der Ordnungszusammenhang des Binnenmarktes aufrechterhalten werden. Mit der (langsamen) Öffnung der Volkswirtschaft zum Weltmarkt wurde diese Barriere durchbrochen und sukzessive die Transmission weltwirtschaftlicher Preissignale an chinesische Wirtschaftsakteure zugelassen. Dies ermöglichte eine Ausrichtung der chinesischen Volkswirtschaft und ihrer Industrie an den globalen (und somit auch chinesischen) Bedürfnisstrukturen und damit die Erstellung eines sowohl dem eigenen Leistungsprofil als auch der globalen Nachfrage entsprechenden Angebots. Ohne diese Übernahme des globalen Preissystems wäre China der Zugang zu den Ressourcen des Weltmarktes für die nationale Entwicklung weitestgehend verschlossen geblieben.

Im Zuge der rapiden Integration in die globale Arbeitsteilung ist der chinesischen Volkswirtschaft und ihren Unternehmen zudem der Sprung in höhere Dimensionen der Wertschöpfung gelungen, indem sie die Geschäftsmodelle und technologischen Errungenschaften ihrer ausländischen Geschäftspartner übernehmen. Zunächst haben chinesische Unternehmen allerdings über lange Jahre hinweg lediglich eine eher passive Rolle gespielt. Sie fungierten bis zum Jahrhundertwechsel in erster Linie als Produktionsdienstleister, die mittels aus dem Ausland transferiertem Produktions-Know-how im Auftrag ausländischer Unternehmen Güter fertigten. Die von diesen chinesischen Unternehmen auf Honorarbasis produzierten Güter wurden schließlich von ihren ausländischen Auftraggebern unter deren Markennamen und über deren Vertriebsstrukturen auf dem Weltmarkt abgesetzt. Die chinesische Industrie war von daher in diesem Entwicklungsstadium zum größten Teil nur indirekt, das heißt über ausländische Intermediäre, in den Weltmarkt integriert und verfügte über keine eigenständigen Produktentwicklungen, Markennamen, internationalen Vertriebsstrukturen etc. Gleichzeitig haben chinesische Unternehmen während dieser Periode aber umfassende Erfahrungen und erfolgskritisches Wissen über die Strukturen und Funktionsweise des Weltmarktes sammeln können, die es ihnen nach dem WTO-Beitritt Chinas ermöglicht haben, ihre passive Rolle abzulegen und nun mit eigenen Produkten, Marken und Direktinvestitionen aktiv auf dem Weltmarkt aufzutreten. Mit diesem Schritt ist ein entscheidender Baustein für die nachhaltige Konsolidierung des chinesischen Industrialisierungsprozesses und eine von auswärtigen Akteuren weitgehend unabhängige Entwicklung der chinesischen Volkswirtschaft im 21. Jahrhundert gelegt worden.

Produktivitätssteigernde Strukturverschiebungen

Die dritte grundlegende Strukturverschiebung und große treibende Kraft des dynamischen Aufschwungs der chinesischen Volkswirtschaft im postmaoistischen China liegt darin begründet, dass Sektoren mit relativ geringer Produktivität (in erster Linie die Landwirtschaft) an Gewicht verloren und solche mit einer höheren Produktivität (zunächst die Industrie, in jüngerer Zeit vermehrt der Dienstleistungssektor) an Bedeutung gewonnen haben. Wie aus *Abbildung 5* ersichtlich, haben der sekundäre (Industrie) und der tertiäre (Dienstleistungen) Sektor zwischen 1978 und 2011 eine sieben- bis achtmal so dynamische Outputentfaltung realisiert wie der primäre Sektor. Hierdurch ist es gelungen, große Teile der erwerbsfähigen Bevölkerung aus Tätigkeiten mit nur geringer Wertschöpfung in solche mit deutlich höherem ökonomischem Zugewinn zu überführen bzw. diese dem Arbeitsmarkt überhaupt erst zuzuführen und somit investiv wie konsumtiv nutzbare Überschüsse zu generieren.

Diese Entwicklung steht in unmittelbarem Zusammenhang mit dem oben dargestellten ordnungspolitisch-institutionellen Wandel und der Einbindung der Volkswirtschaft in die internationale Arbeitsteilung. Sie wurde zudem dadurch erleichtert, dass der landwirtschaftliche Sektor zu Beginn der Reformära ein hohes Maß an versteckter Arbeitslosigkeit aufwies und von daher eine Überführung von Arbeitskräften aus dem agrarischen in den industriellen Sektor möglich war, ohne die landwirtschaftliche Produktion zu beeinträchtigen.

Abb. 5: Wachstum des primären, sekundären und tertiären Sektors 1978–2011 1978 = 100 (inflationsbereinigt, BIP-Konzeptionierung)

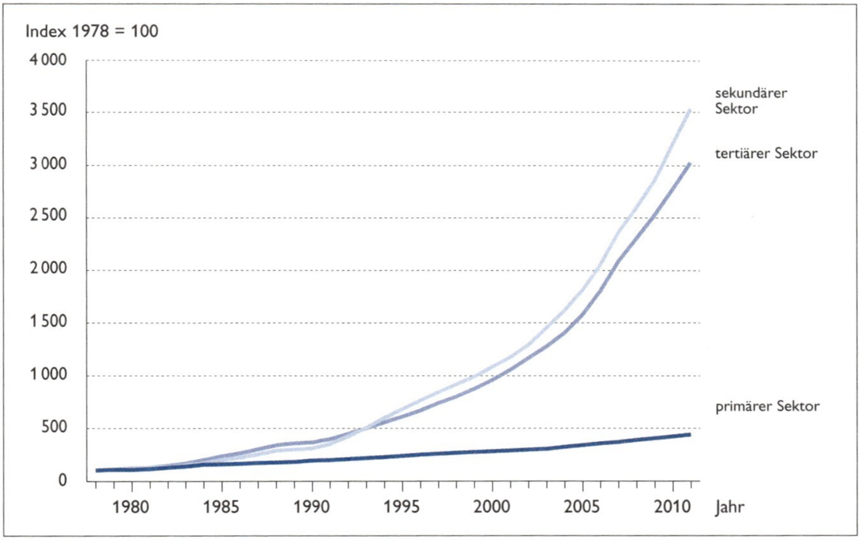

Quelle: China Statistical Yearbook (versch. Jgg.); eigene Darstellung.

Aktuelle Herausforderungen fortgesetzter wirtschaftlicher Entwicklung

Nach drei Jahrzehnten außerordentlich dynamischen Wachstums und einer grundlegenden Neuaufstellung der chinesischen Volkswirtschaft zeichnen sich derzeit einschneidende Veränderungen endogener wie exogener Parameter ab, die eine lineare Fortsetzung des bisherigen Entwicklungsprozesses unmöglich machen. Dabei sind insbesondere die folgenden Aspekte von Bedeutung:
1. Die Erträge der Systemtransformation, die in den vergangenen Jahrzehnten durch den Austausch eines wenig leistungsfähigen ökonomischen Ordnungssystems durch deutlich effizientere Institutionen realisiert werden konnten, sind weitgehend ausgeschöpft. Die chi-

nesische Volkswirtschaft verfügt heute über einen grundsätzlich marktwirtschaftlich-kapitalistischen Ordnungsrahmen, der zwar noch optimiert werden kann, jedoch keinen Spielraum mehr für weitreichende Effizienzquantensprünge bietet. Der Wachstumsfaktor »Produktivitätsgewinne durch ordnungspolitisch-institutionelle Optimierung« verliert somit in erheblichem Maß an Bedeutung für das volkswirtschaftliche Wachstum.
2. Die Ära des nachholenden Wachstums nähert sich ihrem Abschluss. Mit zunehmender Komplexität der institutionellen Strukturen, Geschäftsmodelle, technologischen Grundlagen und Interaktionsmuster wird die Ausrichtung an exogen vorgegebenen Vorbildern immer schwieriger. Die »ausgetretenen Pfade«, denen Wirtschaftspolitik und Unternehmen bislang folgen konnten, werden immer schwerer zu identifizieren bzw. sind gänzlich verschwunden. Aber nicht nur die Identifikation geeigneter Vorbilder gestaltet sich immer problematischer, auch die Adaptation fremder Modelle an lokale Gegebenheiten verlangt immer größere Anpassungsleistungen. Zudem sind die aus sektoralem Strukturwandel zu erzielenden Produktivitätsgewinne bereits zu einem großen Teil eingefahren und wird der aus dem solowschen Ersparnis-Investitionen-Abschreibungs-Nexus erwachsende Wachstumsimpuls immer geringer.
3. Die »demografische Dividende« geht verloren. Während in den ersten drei Jahrzehnten der Reformära ein erheblicher Zuwachs der erwerbsfähigen Bevölkerung von etwa 600 Millionen auf etwa eine Milliarde Personen zu verzeichnen war, sinkt der Anteil dieser Altersgruppe (16–65 Jahre) an der Gesamtbevölkerung nun stetig. Auf Jahrzehnte hinaus werden nun Jahr für Jahr mehr Menschen aus dem Erwerbsleben ausscheiden, als neu in den Erwerbsprozess hineinwachsen. Hiermit gehen nicht nur die absolute Verfügbarkeit des Produktionsfaktors »Arbeit« und die (pro Kopf) für investive Zwecke verfügbaren Ersparnisse zurück, sondern dadurch wird tendenziell auch das Lohnniveau (insbesondere für unqualifizierte Arbeit) deutlich ansteigen und somit die internationale Wettbewerbsfähigkeit Chinas in diesem Segment geschwächt werden (siehe die Beiträge von Thomas Scharping und Günter Schucher).
4. Der Weltmarkt besitzt nicht die Aufnahmefähigkeit, die Wachstumsraten, die die chinesische Exportwirtschaft während des ersten Jahrzehnts des 21. Jahrhunderts zu erzielen vermochte, weiterhin mit entsprechender Nachfrage zu alimentieren. Gemäß Kalkulationen des Internationalen Währungsfonds (IWF) würden bei einer Fortschreibung dieser Exportwachstumsraten innerhalb kürzester Zeit Gütermengen erreicht werden, die nur noch im Rahmen eines über den Preis geführ-

ten Verdrängungswettbewerbs auf dem Weltmarkt platziert werden könnten. Dies allerdings wäre für chinesische Exporteure nur möglich, wenn Sie bereit wären, kaufmännische Verluste in Kauf zu nehmen, und wäre für die gesamtwirtschaftliche Entwicklung kontraproduktiv (Guo/N'Diaye 2009).

> ▶ **Demografische Dividende**
>
> Eine »demografische Dividende« im Sinn einer hohen ökonomischen Wachstumsdynamik kann erzielt werden, wenn Volkswirtschaften über einen hohen (und wachsenden) Bevölkerungsanteil verfügen, der sich im Erwerbsleben befindet, Einkommen generiert und daraus Ersparnisse bildet. Diese Ersparnisse können unmittelbar in die Kapitalbildung und technologische Aufwertung der Volkswirtschaft investiert werden. Bei einem Rückgang der erwerbstätigen Bevölkerung durch einen wachsenden Anteil an jungen oder – wie im Fall Chinas – älteren Menschen sinkt die gesamtwirtschaftliche Ersparnisbildung, die damit für eine investive Kapitalbildung fehlt, und werden mehr Ressourcen für den Unterhalt selbst nicht erwerbstätiger Bevölkerungsgruppen aufgewendet. Im Fall Chinas hat die durch die Ein-Kind-Politik herbeigeführte Manipulation der natürlichen Bevölkerungspyramide zu einer extremen Ausprägung der dem Konzept der »demografischen Dividende« zugrunde liegenden Phänomene geführt: mit stark positiven Wachstumswirkungen in den vergangenen drei Jahrzehnten und potenziell ebenso stark wachstumsdämpfenden Impulsen in den kommenden Jahrzehnten.

Die hier dargestellten Veränderungen zeigen unmissverständlich auf, dass der Entwicklungspfad, den China während der vergangenen drei Jahrzehnte so erfolgreich beschritten hat, nicht den Weg in die Zukunft weisen kann. Faktisch deuten die dargestellten Verschiebungen darauf hin, dass China Gefahr läuft, in der sogenannten *middle income trap* stecken zu bleiben – einem in zahlreichen sich entwickelnden Volkswirtschaften (so zum Beispiel Argentinien, Iran, Jordanien, Malaysia, Peru und Thailand) beobachteten Phänomen, demgemäß bis dato sehr dynamische Wachstumsprozesse an einem mit mittleren Einkommen- und Wohlstandsniveaus einhergehenden Entwicklungsstand zum Stillstand kommen und so der Aufstieg in die Reihen der führenden Industrieländer ausbleibt.

Die chinesische Führung scheint dieses Gefahrenpotenzial erkannt zu haben und versucht derzeit, den notwendigen Wandel von Wirtschaftsstrukturen und Entwicklungsmodell anzustoßen. Dies bedeutet, auf der

Basis einer nachhaltig funktionsfähigen marktwirtschaftlichen Ordnung die Volkswirtschaft in klar spezifizierten Bereichen in ihrer Entwicklung zu fördern. Dabei sind die grundlegenden Entwicklungslinien im aktuellen Fünfjahresprogramm bereits ausdrücklich angelegt (World Bank 2012).

> ▶ **Die *middle income trap***
>
> Die sogenannte *middle income trap* bezeichnet eine lang gezogene Periode der Stagnation, in die Volkswirtschaften hineingeraten können, nachdem sie eine dynamische Wachstumsphase durchlaufen haben. Diese »Falle« taucht in der Regel in einem Entwicklungsstadium auf, in dem mittlere Wohlstandsniveaus erreicht worden sind und die betroffenen Volkswirtschaften nicht mehr in der Lage sind, durch die Verfügbarkeit billiger Arbeitskräfte und die Übernahme von Technologien und Geschäftsmodellen aus dem Ausland signifikant zu wachsen und noch nicht befähigt sind, ihr Wachstum auf einen durch einen starken Mittelstand zu tragenden inländischen Konsum sowie eigenständige Innovationsleistungen und Produktivitätssteigerungen zu basieren. »Gefangene« Volkswirtschaften befinden sich somit in einem wettbewerbsstrategischen Niemandsland, insofern sie weder mit den aufstrebenden Niedriglohnvolkswirtschaften der Entwicklungsländer konkurrieren können, noch in der Lage sind, mit den innovationsgetriebenen hoch qualifizierten Volkswirtschaften der Industriestaaten in Wettstreit zu treten.
> Gemäß Kalkulationen der Weltbank haben in dem Fünfzigjahreszeitraum seit 1960 lediglich 13 von 101 Volkswirtschaften den Sprung aus dieser »Falle« geschafft.

Eine zentrale Rolle wird konsequenterweise der Stärkung des inländischen Konsums zugesprochen, durch den nicht nur der Wachstumsimpuls aus dem Küstenstreifen in das zentral- und westchinesische Hinterland übertragen werden soll. Verstärkter inländischer Konsum soll auch zur Entstehung einer landesweit vertretenen (urbanen) Mittelklasse beitragen und damit das Phänomen zunehmend divergierender Einkommens- und Wohlstandsniveaus in der chinesischen Bevölkerung lindern. Hierzu werden im Sinn der Förderung einer stabilen und nicht von staatlichen Förderungsprogrammen – wie im Gefolge der Lehman-Krise 2009/10 insbesondere im ländlichen Raum implementiert – abhängigen Konsumtätigkeit wirtschaftspolitische Impulse an verschiedenen Stellen gesetzt:

- *Konsequente Umsetzung von Lohnsteigerungen nach Maßgabe der Produktivitätsentwicklung.* Hiermit soll ohne Einbußen bei der lohnkostenbasierten Wettbewerbsfähigkeit Kaufkraft im Massenmarkt aufgebaut werden.

Wirtschaftliche Entwicklung und ordnungspolitischer Wandel

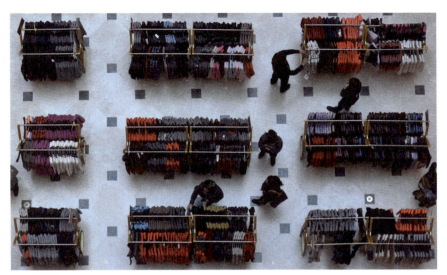

Mehr Binnenkonsum für das Wirtschaftswachstum (Kaufhaus in Shenyang, Provinz Liaoning, Foto: Reuters, 2013)

- *Umfassende Ausweitung aller Sozialversicherungssysteme (Arbeitslosigkeit, Gesundheit, Altersversorgung).* Durch die Einbeziehung aller Bevölkerungsgruppen, auch der Wanderarbeiter, und aller Regionen, auch der ländlichen, soll die Freisetzung von Ersparnissen, die zuvor als Risikorückstellungen fungierten, ermöglicht werden.
- *Breit angelegte Urbanisierung.* Im Zuge der Konzentration von immer größeren Teilen der Bevölkerung in urbanen Zentren soll die Verfügbarkeit und Nachfrage nach Konsumgütern und konsumnahen Dienstleistungen gefördert werden.
- *Bereitstellung von kostengünstigem »sozialem Wohnraum«.* Im Rahmen eines groß angelegten staatlichen Infrastrukturprogramms soll bis 2015 sozialer Wohnraum für 20 Prozent aller städtischen Haushalte bereitgestellt werden (zurzeit sind es sieben Prozent). Hiermit soll Kaufkraft freigesetzt werden, die bislang nicht disponibel war, da die Nachfrage (zum Teil auch spekulativ motiviert) das Angebot an Wohnraum in vielen metropolitanen Zentren übersteigt und deshalb extrem hohe Mieten gezahlt werden müssen.

In ihrer Gesamtheit sollen diese Maßnahmen und Entwicklungstrends in den nächsten Jahren einen grundlegenden Wandel in den chinesischen Konsumgütermärkten bewirken. Während bislang eine bipolare Struktur zu beobachten war, die von relativ geringvolumigem Luxuskonsum einerseits und massenorientiertem Billigkonsum andererseits geprägt war, soll sich in den nächsten Jahren ein breiter Mittelstandskonsum etablieren, der von Hunderten von Millionen kaufkräftigen Stadtbewohnern getragen wird und zunehmend in den ländlichen Raum hineinreicht.

Eine zweite grundlegende strategische Neuausrichtung, die von den für die Wirtschaftspolitik Verantwortlichen mit großem Nachdruck betrieben wird, betrifft die Stärkung der Forschungs- und Entwicklungskapazitäten der chinesischen Volkswirtschaft. Innerhalb weniger Jahre soll sich die chinesische Volkswirtschaft von ihrem Image eines globalen Reengineering- und Kopierzentrums lösen und starke eigene Innovationskapazitäten entwickeln, die es ermöglichen, proprietäre »chinesische« Schlüsseltechnologien und Patente zu erlangen. Zu diesem Zweck ist bereits Mitte des vergangenen Jahrzehnts mit dem »Medium to Long-term Program on Technological and Scientific Development« ein durchaus schlagkräftiges Rahmenprogramm eingerichtet worden, das dazu beitragen soll, den Anteil des technologischen Fortschritts am Wirtschaftswachstum auf bis zu 60 Prozent zu erhöhen und gleichzeitig die Abhängigkeit von ausländischen Technologieimporten auf unter 30 Prozent zu senken. Bis zum Jahr 2020 soll China außerdem im Hinblick auf die Anzahl der in chinesischer Hand befindlichen Patentrechte und in der Anzahl der internationalen Veröffentlichungen zu den fünf führenden Nationen gehören (Nerb u. a. 2007). Diese Ziele erscheinen überambitioniert, zeigen aber an, dass die Herausforderungen eines Wachstums jenseits der Ära des »Nachholens« sehr ernst genommen werden (siehe den Beitrag von Christian Göbel).

4 Sechs Jahrzehnte wirtschaftlicher Entwicklung und ordnungspolitischen Wandels in der VR China

Die wirtschaftliche Entwicklung Chinas seit Ausrufung der Volksrepublik kann nach Maßgabe der anliegenden ordnungspolitisch-institutionellen Leitbilder wie auch der zu beobachtenden Entwicklungsdynamiken in zwei große Epochen eingeteilt werden. Darüber hinaus zeichnet sich eine dritte Epoche derzeit ab:
1. Während der maoistischen Ära (1949–78) wurde grundsätzlich ein zentralverwaltungswirtschaftliches Ordnungskonzept verfolgt, das aber durch politisch-ideologisch motivierte Kampagnen immer wieder destabilisiert und abgeändert wurde. Während dieser Periode waren extreme Schwankungen der gesamtwirtschaftlichen Aktivität zu verzeichnen,

wobei über den Gesamtzeitraum hinweg nur moderate Wachstums- und Entwicklungserfolge realisiert werden konnten.
2. Die Reform- und Transformationsära (1978 bis zur Gegenwart) war über lange Zeiträume hinweg von der Parallelexistenz zentralverwaltungswirtschaftlicher und marktwirtschaftlicher Ordnungselemente geprägt, wobei Letztere allerdings im Lauf der Zeit immer dominanter geworden sind. Gegenwärtig weist China eine grundsätzlich funktionsfähige marktwirtschaftliche Wirtschaftsordnung auf. Während dieser Periode hat die chinesische Volkswirtschaft einen sehr dynamischen Wachstums- und Entwicklungsprozess durchlaufen, der mit zunehmendem Gewicht der marktwirtschaftlichen Ordnungselemente deutlich an Volatilität eingebüßt hat und stabiler geworden ist.
3. Aktuell befindet sich die chinesische Volkswirtschaft an einem Scheidepunkt, der durch das »Herauswachsen« aus dem während der vergangenen drei Jahrzehnte so erfolgreich von Wirtschaftspolitik und Unternehmertum gestalteten »nachholenden« Entwicklungsparadigma hervorgerufen worden ist. Wenn es nicht gelingen sollte, die grundlegenden Strukturen der Volkswirtschaft zu ändern und mit dem Binnenkonsum und eigenständiger Innovationsleistung neue Wachstumspfade zu erschließen, droht eine langfristige Phase der Stagnation auf mittlerem Wohlstandsniveau. Im Erfolgsfall steht der Weg frei für den mittelfristigen Aufstieg Chinas zu den die Weltwirtschaft dominierenden Industrienationen.

In der Rückschau bietet die ökonomische Entwicklung der Volksrepublik China während der zurückliegenden gut sechs Jahrzehnte ausgezeichnetes Anschauungsmaterial dafür, dass ideologische Leitbilder für die Entfaltung wirtschaftlicher Potenziale äußerst bedeutsam sind. Während in der maoistischen Ära die ökonomische Entwicklung zumeist ideologisch motivierten »klassenkämpferischen« Zielsetzungen untergeordnet blieb, erlangte die Umsetzung wirtschaftlicher Wachstums- und Entwicklungsziele in der Reform- und Transformationsperiode den politischen Primat. So ist es seit Ende der 1970er-Jahre gelungen, nachhaltig leistungsfähige sozioökonomische Strukturen aufzubauen. Die sukzessive Einrichtung eines marktwirtschaftlichen Ordnungszusammenhangs war auf dieser Grundlage die Voraussetzung dafür, dass sich die chinesische Volkswirtschaft in die internationale Arbeitsteilung einklinken und von deren Spezialisierungsvorteilen wie auch produktivitätssteigernden Impulsen profitieren konnte. Letztlich sind hiermit die Voraussetzungen für die Umsetzung eines umfassenden Prozesses nachholenden Wachstums geschaffen worden, der bis in die Gegenwart hinein mit großer Konsequenz beschritten worden ist.

Nach dem ersten Jahrzehnt des 21. Jahrhunderts ist die VR China nun auf einem Entwicklungsniveau angelangt, das eine Neuorientierung der Volkswirtschaft verlangt. Ob diese erfolgreich verlaufen wird, bleibt offen. Nicht zur Debatte steht jedoch mittlerweile die grundsätzlich marktwirtschaftliche Ordnung der chinesischen Wirtschaft.

Literatur

An, Mark Yuying/Li, Wei/Yang, Dennis Tao: China's Great Leap: Forward or backward? Anatomy of a Central Planning Disaster, Centre for Economic Policy Research, Discussion paper Series No. 2824, London 2001.

Asian Development Band: Growing beyond the Low-Cost Advantage. How the People's Republic of China can Avoid the Middle-Income Trap, Manila 2012.

China Statistical Yearbook → NBS (National Bureau of Statistics of China): China Statistical Yearbook

Guo, Kai/N'Diaye Papa: Is China's Export-Oriented Growth Sustainable?, IMF Working Paper WP/09/172, 2009 (http://www.imf.org/external/pubs/ft/wp/2009/wp09172.pdf, Zugriff: 5. Januar 2014).

Herrmann-Pillath, Carsten: Institutioneller Wandel, Macht und Inflation in China. Ordnungstheoretische Analysen zur Politischen Ökonomie eines Transformationsprozesses (= Schriftenreihe des Bundesinstituts für ostwissenschaftliche und internationale Studien, Bd. 21) Baden-Baden 1991.

Kraus, Willy: Wirtschaftliche Entwicklung und sozialer Wandel in der Volksrepublik China, Berlin/Heidelberg/New York 1979.

Lardy, Nicholas R.: The Chinese Economy under Stress, 1958–1965, in: The Cambridge History of China, Bd. 14, Cambridge 1987, S. 360–397.

Lau, Lawrence/Qian Yingyi/Roland, Gerard: Reform Without Losers: An Interpretation of China's Dual Track Approach to Transition, in: Journal of Political Economy, 108 (2000) 1, S. 120–163.

Liu, Suinian/Wu, Qungan (Hrsg.): Chinas sozialistische Wirtschaft. Ein Abriß der Geschichte (1949–1984), Beijing 1988.

NBS (National Bureau of Statistics of China): 1949–1984 Guanghui de sanshiwu nian [1949–1984 Glorreiche fünfunddreißig Jahre], Beijing 1984.

NBS (National Bureau of Statistics of China): China Statistical Yearbook, Beijing versch. Jgg.

Naughton, Barry: The Chinese Economy. Transitions and Growth, Cambridge/Mass. 2007.

Nee, Victor/Opper, Sonja: Capitalism from Below. Markets and Institutional Change in China, Cambridge/Mass./London 2012.

Nerb, Gernot u. a.: Industrienahe Forschungs- und Technologiepolitik der chinesischen Regierung. Studie im Auftrag des Bundesministeriums für Wirtschaft und Technologie (= ifo Forschungsberichte 37), München 2007.

OECD (Organisation for Economic Co-operation and Development): OECD Economic Surveys. China 2013, Paris 2013.

Taube, Markus: Ökonomische Entwicklung in der Volksrepublik China: Nachholendes Wachstum im Zeichen der Globalisierung, in: Maull, Hanns W./Wagner, Martin (Hrsg.): Ostasien in der Globalisierung, Baden-Baden 2009, S. 111–130.

Taube, Markus/Schramm, Matthias: Institutioneller Wandel als unternehmerische Aufgabe: Der Fall »China«, in: Pascha, Werner/Storz, Cornelia (Hrsg.): Wirkung und Wandel von Institutionen. Das Beispiel Ostasiens (= Schriften zu Ordnungsfragen der Wirtschaft, Bd. 77), Stuttgart 2005, S. 163–190.

Taube, Markus: Erscheinungsformen und Bestimmungsgründe makroökonomischer Zyklen in der VR China. Planungs-, Transformations-, Konjunkturzyklen, Teil I: Wachstumszyklen in einem zentralverwaltungswirtschaftlichen Regime (1952–1978), Duisburg Working Papers on East Asian Economic Studies 62, Duisburg 2002 (http://duepublico.uni-duisburg-essen.de/servlets/DerivateServlet/Derivate-5455/AP62.pdf, Zugriff: 4. Januar 2014).

World Bank: Cost of Pollution in China. Economic Estimates of Physical Damage, Washington 2007.

World Bank: China 2030. Building a Modern, Harmonious, and Creative High-Income Society, Washington 2012.

Weblinks

International Monetary Fund (IMF):
www.imf.org
National Bureau of Statistics of China:
www.stats.gov.cn

Tobias ten Brink

Chinesischer Kapitalismus? Unternehmen und Unternehmertum in China

Seit den späten 1970er-Jahren hat sich in der Volksrepublik China eine enorme unternehmerische Dynamik entfaltet, angetrieben von einem end- und maßlosen Wachstumsimperativ. In den urbanen Zentren des Landes existiert vor dem Hintergrund sich rasant auftürmender »Warenansammlungen« (Marx) ein hektisches Klima des Kaufens und Verkaufens. Ein rastloser Expansionismus und unternehmerischer Erfindergeist verbinden sich mit einer nationalen Euphorie, in der alles möglich scheint. Die Durchsetzung einer neuen Wirtschaftsethik hat das »Erwerbsprinzip« (Sombart) und den Wettbewerb zu quasi irreversiblen wirtschaftlichen Leitbildern gemacht.

Was westliche Kommentatoren dabei häufig erstaunt, ist die Tatsache, dass diese Entwicklung in einem Land stattgefunden hat, in dem die Herrschaft einer Kommunistischen Partei ungebrochen ist. Wie also ist es zu dieser bemerkenswerten Entwicklung von Unternehmen und des Unternehmertums in China gekommen? Welche Arten von Unternehmen existieren in der Volksrepublik? Unterscheiden sie sich von westlichen Modellen?

In diesem Beitrag wird erstens der Reformprozess des Unternehmenssektors seit den 1970er-Jahren nachgezeichnet, der zu einer Vielzahl an neuen, auch privatwirtschaftlich geführten Unternehmenstypen geführt hat. Zweitens gebe ich einen Überblick über gegenwärtig vorherrschende Unternehmensformen und Produktionsformen im »chinesischen Kapitalismus«. Weil im Unternehmenssektor nicht allein den staatseigenen Unternehmen eine (nach wie vor) zentrale Bedeutung zukommt, sondern auch private Unternehmen oftmals über enge Beziehungen zu den Institutionen des Parteistaates verfügen, werden, drittens, die wechselseitigen Verknüpfungen zwischen Unternehmen und staatlichen Akteuren erläutert.

1   Die Transformation des Unternehmenssektors

Vor den 1980er-Jahren waren die meisten der größeren Unternehmen in China keine eigenständigen Körperschaften. In den Städten wurden sie als staatlich gelenkte Produktionsstätten organisiert. Zentrale Entscheidungen fielen in den verantwortlichen branchenspezifischen Ministerien. Auf diese Weise sollte eine betriebswirtschaftlich orientierte Unternehmensführung durch volkswirtschaftliche Planung ersetzt werden. Grob besehen, war die Wirtschaft in ein Branchen- und ein Regionalsystem gegliedert. Während im Branchensystem übergeordnete, nationale Ministerien an der Spitze der Hierarchie standen, die in den jeweiligen Gebietskörperschaften regionale Außenstellen unterhielten, wurde das Regionalsystem dezentral geplant. Hier oblag die Lenkung von Staatsbetrieben und anderen Wirtschaftseinheiten den jeweiligen Gebietskörperschaften (vor allem Provinz, Kreis, Kommune).

Allerdings wurden diese kommandowirtschaftlichen Strukturen bereits ab den 1950er-Jahren, das heißt auch zu Zeiten Mao Zedongs, immer wieder infrage gestellt. Die Koexistenz des Branchen- und Regionalsystems führte zu wirtschaftlichen Instabilitäten und zu Auseinandersetzungen über die innerstaatliche Befehlshierarchie. Die chinesische Kommandowirtschaft war entgegen landläufiger Vorstellungen polyzentrisch strukturiert und setzte unkontrollierbare Eigendynamiken frei. So entstand entgegen dem Mythos von Kooperation und Planung eine Art »Plananarchie«. Genauso wenig wie in Marktwirtschaften allein der anonyme Markt bestimmt, welche Waren produziert werden, lenkten in der maoistischen Wirtschaft Planstäbe die Produktion, Verteilung und den Konsum von Waren. Fragmentiert-anarchische Koordinierungsversuche, nicht die umfassende und vorausschauend-planende Lenkung zeichneten diese Phase der Wirtschaft in der Volksrepublik aus.

Die schwere soziale Krise des Landes infolge der Kulturrevolution, die Unzufriedenheit in Teilen der Bauern- und Arbeiterschaft sowie das zunächst uneingestandene Vorbild stärker über den Markt gesteuerter Entwicklungsstaaten in Ostasien beförderten ein Umdenken relevanter Teile der Machteliten um Deng Xiaoping. Als diese schließlich Ende der 1970er-Jahre erfolgreich die wichtigsten Kommandohöhen in Wirtschaft und Verwaltung übernahmen, ebneten sie Entwicklungen den Weg, die zu einer eigentümlichen und zunächst durchaus unbeabsichtigten kapitalistischen Modernisierung des Landes führten.

Startschuss im ländlichen Sektor

Tatsächlich wurden entscheidende institutionelle Innovationen, die die unternehmerische Dynamik förderten, nicht in den Räumen des Politbüros aus der Taufe gehoben, sondern von zahl- und namenlosen Akteuren vor Ort eingeführt. Zuerst brachte der Reformprozess im Agrarsektor

Chinesischer Kapitalismus? Unternehmen und Unternehmertum in China

Neue Verdienstmöglichkeiten in den 1980er-Jahren: Bauern aus Zhuhai, Provinz Guangdong, auf dem Weg in die portugiesische Kolonie Macao, um Blumen zu verkaufen (Foto: ullstein bild – sinopictures/Fotoe, 1985)

»Erfolge«, das heißt mehr Wachstum, höhere Gewinne und Produktivitätszuwächse. Es wurde nicht nur das System der Volkskommunen durch eine kleinbäuerliche, familiäre Produktion ersetzt, sondern vielmehr vollzog sich ab den 1980er-Jahren in den ländlichen Gebieten auch ein Aufstieg von Klein- und Mittelunternehmen. Diese als Kollektivunternehmen registrierten Township and Village Enterprises (TVE), die nominell im Besitz der Arbeiter, real in der Verfügungsgewalt lokaler Regierungsbeamter und Parteikader standen, erlebten bis in die 1990er-Jahre ein goldenes Zeitalter und erfüllten eine Katalysatorfunktion bei der Ablösung der Plananarchie der Mao-Zeit.

Die TVE operierten außerhalb der nationalen Pläne und wurden (etwa in den Küstenprovinzen Jiangsu und Zhejiang) zu Zentren des Wirtschaftswachstums. Ihr Einfluss reichte bis in die Städte, in denen sie Wettbewerbsdruck auf die Staatsunternehmen ausübten. Die Anzahl der in den TVE beschäftigten Arbeiter und Angestellten stieg zwischen 1978 und 1996 von 28 auf 135 Millionen an. Als Manager fungierten vielfach Dorf- oder Verwaltungsgemeindevorsteher.

Wesentliche Gründe für das Wachstum der TVE waren
- ein überdurchschnittlich hohes Angebot an Arbeitskräften und, hiermit verbunden, niedrige Löhne, die mit einer arbeitsintensiven Produktion zusammenfielen.
- eine sehr hohe Profitabilität. Profitraten von 30 Prozent waren in den 1980er-Jahren, in einer Phase, in der die neuen Unternehmen oft Nachfragenischen besetzen konnten, die Regel.
- ein förderliches institutionelles Umfeld. Das heißt, ihre formellen Besitzer, die lokalen Dorfregierungen, förderten die TVE enthusiastisch – und zwar auch dann noch, als die TVE sich (ab den 1990er-Jahren) in private Unternehmen transformierten. Die Lokalregierungen sorgten für eine niedrige Besteuerung der Betriebe. Sie fungierten als Geldgeber und bauten die Infrastrukturen der Produktion aus. Darüber hinaus flossen Teile der in den 1980er-Jahren angestiegenen Ersparnisse der ländlichen Bevölkerung (zum Teil via informeller Kreditinstitutionen) in die TVE.
- eine Belebung älterer handelskapitalistischer Traditionen etwa in den Küstenprovinzen Jiangsu und Zhejiang.
- die mit der regionalisierten Struktur des Landes zusammenhängenden Konkurrenzbeziehungen. Auch wenn einzelne Gemeinden gewissermaßen Kommandowirtschaften en miniature betrieben, standen sie letztlich im Standortwettbewerb mit Tausenden anderen Dörfern.
- internationale Faktoren. In Küstenprovinzen wie Guangdong oder Fujian stimulierten ausländische Direktinvestitionen (zu Beginn in großem Umfang exilchinesische Investitionen, die aus und über Hongkong getätigt wurden) das Wachstum der TVE und die Entstehung Tausender Produzenten von Verbrauchsgütern.

Ab den 1980er-Jahren vollzog sich dabei ein weiterer Wandel des Unternehmenssektors: Im Gewand von Kollektivunternehmen bzw. TVE etablierten sich de facto privatwirtschaftlich geführte Unternehmen. Vor 1988 war es verboten gewesen, Privatunternehmen mit mehr als acht abhängig Beschäftigten zu führen. Um trotzdem größere privatwirtschaftliche Firmen etablieren zu können, wurden diese als TVE registriert. Diese regelverletzende Praxis, die im Alltagsdiskurs »einen roten Hut tragen« (*dai hong maozi*) genannt wurde, veränderte im Lauf der Zeit den formalen Rahmen der Unternehmensführung insgesamt. Der Erfolg der De-facto-Privatfirmen wurde sowohl von den Lokalregierungen, die an der lokalen wirtschaftlichen Entwicklung interessiert waren, als auch von den Reformkräften auf der zentralen Führungsebene erkannt.

Die Staats- und Parteiführung reagierte hierauf mit einer offiziellen Veränderung ihres Verhältnisses zur Privatwirtschaft und mit institutionellen

Anpassungen. Bereits 1988 setzte der Staatsrat eine Reform des Unternehmensrechts durch und der Privatsektor wurde in gewissem Rahmen als Ergänzung des öffentlichen Sektors anerkannt. Immer mehr bildeten sich fortan auch formalrechtlich private Unternehmen. Viele TVE wurden in den 1990er-Jahren in private Unternehmen umgewandelt. Dieser Trend wurde noch dadurch gefördert, dass ein formell privatwirtschaftlich geführtes Unternehmen mehr Spielraum in der Regulierung und Bezahlung der Arbeitskräfte als ein Staats- oder Kollektivunternehmen besaß.

Die erste »Nacht der Mode« auf der Xihu Road in Guangzhou, Provinz Guangdong. Die Menschenmenge flaniert an Marktständen, die Kleidung anbieten, vorbei. (Foto: ullstein bild, 1986)

Der Reformprozess in den urbanen Zentren

Etwas später als auf dem Land begann die Reform des industriellen Unternehmenssektors in den urbanen Zentren. Besonders wichtig waren dabei die im Rahmen der chinesischen Öffnungspolitik geschaffenen Sonderwirtschaftszonen, die ausländische Investitionen, technologisches Knowhow und moderne Praktiken der Unternehmensführung auf das chinesische Festland führten (siehe Infokasten).

Tobias ten Brink

> ▶ **Externe Faktoren des Wandels: Chinas Integration in die Weltwirtschaft**
>
> Der Wandel des chinesischen Unternehmenssektors gründete nicht allein auf landesinternen Faktoren. Die Integration Chinas in überregionale und weltwirtschaftliche Prozesse im Rahmen der Öffnungspolitik und der Schaffung von Sonderwirtschaftszonen beeinflusste die Wachstumsdynamik und die Transformation der Binnenwirtschaft in hohem Maß. Obwohl die Schaffung von einigen Sonderwirtschaftszonen von der Staatsführung um Deng Xiaoping zu Beginn eigentlich nur als ein begrenztes Experiment gedacht gewesen war, kam es zu einer weitreichenden wirtschaftlichen Verflechtung der Küstenregionen Chinas mit Hongkong und Taiwan (»China-Circle«) sowie weiteren ostasiatischen Ökonomien und ausländischen Konzernen. Eine wichtige Rolle spielten dabei die Überseechinesen. Zudem wurde die chinesische Wirtschaft in außerordentlichem Maß von Verlagerungen der weltweiten Wertschöpfung begünstigt: Chinesische Produktionsstätten wurden ab den 1990er-Jahren mehr und mehr in globale Produktionsverbünde eingefügt und Direktinvestitionen aus den hoch entwickelten Ländern ermöglichten den Zugang zu Technologien und »zeitgemäßen« Formen der Unternehmensführung. Ausländische Unternehmen trugen so in einem hohen Maß zum internen Wandel bei. Diese globalen Zusammenhänge, die quasi als »glückliche Fügung« Chinas Integration in die Weltwirtschaft begünstigten, können zwar im vorliegenden Beitrag nicht hinreichend behandelt werden; bei der Antwort auf die Frage nach den Ursachen für die enorme ökonomische Dynamik sollte diesem Faktor jedoch ein hoher Stellenwert beigemessen werden (siehe auch den Beitrag von Margot Schüller).

Auf der Unternehmensebene beförderten neuartige Leistungsanreize die Umwandlung der Wirtschaft. Mit der Einschränkung des Plansystems ging jedoch nicht sofort eine Ausweitung der Entscheidungsspielräume des betrieblichen Managements einher. In der Regel konnten zunächst lokale Regierungen ihre Interventionsbefugnisse erweitern. Die lokalen Regierungen wurden, auch wenn sie nicht selbst unternehmerisch tätig wurden, zu Inhabern von Residualansprüchen, das heißt, sie erhoben Anspruch auf Anteile am Besitz und am Gewinn. Bis 1992 konnten die lokalen Regierungen ihre Kontrolle der industriellen Produktion erheblich steigern. Gleichzeitig erhielten die Lokalregierungen mehr Befugnisse, um ausländische Investitionen zu genehmigen und zu beaufsichtigen. Hierfür waren zuvor mehrheitlich Ministerien der Zentralregierung zuständig gewesen.

Hinsichtlich der Reform der staatseigenen Unternehmen (State-owned Enterprises, SOE) lassen sich von 1983 bis etwa 1993 drei Etappen nachzeichnen: In der ersten Etappe weitete die Zentralregierung die Kompetenzen der SOE-Manager aus und leitete vorsichtig eine Trennung der Firmen von den Branchenministerien ein. So konnte ein Teil des Gewinns in den Unternehmen einbehalten und in Eigenregie reinvestiert werden. Im Rahmen weitergehender Unternehmensreformen wurde in der zweiten Etappe das »vertragliche Verantwortlichkeitssystem« für Manager installiert und eine Neudefinition der Unternehmen als relativ unabhängige Einheiten mit einem eigenständigen Management festgeschrieben. Weitere Umgestaltungen der *corporate governance* der SOE wurden in einer dritten Etappe ins Werk gesetzt, unter anderem durch die weitere Lockerung des staatlichen Zugriffs auf das Management. Waren die meisten Staatsunternehmen in den 1980er-Jahren für den größeren Teil ihrer Produktion noch einem Plan unterworfen gewesen, so konnten sie bis Anfang der 1990er-Jahre zunehmend mehr Kapazitäten für die Produktion frei verkäuflicher Waren verwenden. Dies führte zu einem zweigleisigen Preissystem, in dem kommandowirtschaftliche Preissetzungen und Marktpreise koexistierten. In der Regel gab es für eine Ware neben dem (häufig niedrigeren) staatlich festgesetzten Preis, der für den Planteil der Produktion galt, einen (meist höheren) Marktpreis für die Produktion jenseits der Planmengen.

Das Nebeneinander zweier Preissysteme manifestierte sich ferner darin, wie die finanziellen Erträge aufgeteilt wurden. Mussten diese zuvor komplett von den Unternehmen an den Staat abgeführt werden, erklärten sich zunächst insbesondere die Lokalregierungen dazu bereit, nur noch einen zuvor festgelegten Anteil der Gewinne einzuziehen – und begrenzten damit ihre Verfügungsrechte an der jeweiligen Firma. Die neue Aufteilung der Verfügungs- und Kontrollrechte vergrößerte die betriebliche Autonomie: Das Management, vorher zur Erfüllung von öffentlichen Produktionszielen verpflichtet, orientierte sich nunmehr stärker an der betrieblichen Profitmaximierung. Mehr und mehr wurden die Manager der SOE motiviert, marktorientiert zu handeln. Zugleich ersetzten sie sukzessive die Funktionäre der Kommunistischen Partei Chinas (KPCh) als Entscheidungsträger in den Unternehmen. Darüber hinaus lockerten Direktiven des Staatsrats die Regulation der betrieblichen Arbeitsbeziehungen – etwa die lebenslange Beschäftigungsgarantie für Industriearbeiter (»Eiserne Reisschale«) –, indem den Betriebsleitern Vollmachten übertragen wurden, Arbeitskräfte zu entlassen und zugleich »tüchtige« Arbeiter mit Boni zu belohnen (siehe den Beitrag von Günter Schucher).

Im Jahr 1989 geriet der chinesische Reformprozess in eine Krise. Infolge des »Tian'anmen-Intermezzos« erzwangen konservative Kräfte in der politischen Führung einen Reformstillstand, der endgültig erst zu Beginn des Jahres 1992 vom Reformflügel der Partei aufgehoben werden konnte. Der Übergang zu einer Marktwirtschaft wurde nun zu einer explizit formulierten Absicht der Reformer. Die KPCh festigte dieses Ziel auf dem 14. Parteitag im Oktober 1992 mit dem offiziellen Bekenntnis zur »sozialistischen Marktwirtschaft«, das zusammen mit der dem Parteitag vorausgehenden und agendasetzenden berühmten Reise Deng Xiaopings in die florierenden südlichen Küstenregionen (*nan xun*) als symbolträchtige Einleitung der nächsten Phase der Transformation betrachtet werden kann.

Die »Südreise« des bereits 87-jährigen Deng Xiaoping 1992 war ein klares Signal für weitere Reformen. (Foto: Forrest Anderson/The Life Images Collection/ Getty Images)

In der Folge beschleunigte sich die Umwandlung des Unternehmenssektors weiter: Hatten die traditionellen, an die zentralen und lokalen Regierungsbürokratien gebundenen SOE im Jahr 1978 noch 77 Prozent der industriellen Erzeugnisse produziert und Kollektivunternehmen die übrigen 23 Prozent, so produzierten die SOE 1996 nur noch 33 Prozent aller industriellen Erzeugnisse. Die Kollektivunternehmen (vor allem die TVE) verantworteten bereits 36 Prozent, private Firmen (vor allem kleinere Betriebe) 19 Prozent und auslandsfinanzierte Unternehmen zwölf Prozent der Produktion. Entsprechend verloren gleichfalls kommandowirtschaftliche Preissetzungen an Bedeutung.

In dieser Reformphase wuchs der Privatsektor schneller als alle anderen Sektoren. Das Unternehmensgesetz von 1994 und die Beschränkung der direkten Partei- und Staatskontrollen durch unabhängigere Unternehmensvorstände markierten einen Meilenstein auf dem Weg zu einer weitgehend marktorientierten Industriestruktur. Privatisierungen von Staatsunternehmen, die bisher politisch blockiert worden waren, wurden nun de facto möglich. Zuvor waren die Erträge insbesondere der lokal beaufsichtigten SOE durch die Konkurrenz der TVE, der neuen Privatunternehmen und zunehmend auch der internationalen Investoren geschrumpft. Zugleich ersannen die wirtschaftspolitischen Strategen der Regierung eine Krisenlösung für die SOE, die unter dem Motto »die Großen halten, die Kleinen gehen lassen« (*zhuada fangxiao*) geschichtsmächtig wurde. Die Zentralregierung verzichtete nunmehr darauf, die Mehrheit der SOE zu beaufsichtigen und beschränkte sich fortan auf die Überwachung der großen, strategisch wichtigen SOE. Ab 1995 wurden die SOE in Steuern abführende Unternehmen transformiert, das heißt ihre Budgets von denen der öffentlichen Haushalte getrennt. Im Sommer des Jahres 2000 waren bereits drei Viertel der lokalen SOE Restrukturierungen unterzogen worden, die von Rationalisierungen bis hin zu formellen Privatisierungen reichten. Zwischen 1996 und 2006 halbierte sich die Anzahl der Staatsunternehmen; zwischen 30 und 40 Millionen Beschäftigte wurden infolge dieser Restrukturierungen entlassen bzw. »freigesetzt« (siehe den Beitrag von Günter Schucher).

Aus den Unternehmensreformen der 1990er-Jahre folgte jedoch keineswegs der Übergang in eine liberale Marktwirtschaft: Weil die meisten Unternehmen weiterhin eng mit staatlichen Akteuren verknüpft und auf staatliche Hilfestellungen angewiesen blieben, kam den staatlichen Behörden nach wie vor eine wichtige Rolle zu. Zugleich änderte sich die Art und Weise, wie der Staat in den Unternehmenssektor intervenierte: Die größten von der Zentralregierung kontrollierten Staatsunternehmen wurden von einer neu geschaffenen State Asset Supervision and Administration Commission (SASAC) beaufsichtigt, die im Zuge einer Regierungsumbildung 2003 aus der Unternehmensarbeitskommission des Zentralkomitees der KPCh, Teilen des Finanzministeriums und Teilen der State Economic and Trade Commission (SETC) hervorging.

2 Gegenwärtige Unternehmensformen

Im ersten Jahrzehnt des neuen Jahrtausends verteilte sich die Industrieproduktion etwa zu gleichen Teilen auf die wesentlichen Eigentumsformen der Unternehmen: Im Jahr 2006 trugen SOE etwa 30 Prozent zur Industrieproduktion bei, private Unternehmen stellten 37 Prozent und auslandsfinanzierte Unternehmen (einschließlich derjenigen aus Hongkong, Macao und Taiwan) 32 Prozent. Einer anderen Berechnung zufolge produzierten die SOE im Jahr 2009 20,4 Prozent der industriellen Erzeugnisse, die inländischen Privatunternehmen 33,6 Prozent und die ausländischen Privatunternehmen 27,7 Prozent (allerdings wurden bei dieser Berechnung eine Reihe von Misch- und Kollektivunternehmen sowie kleine Privatunternehmen nicht berücksichtigt). Es zeigt sich, dass die Staatsführung nach dem Abebben der großen Privatisierungswelle an einem Fortbestand eines Sektors staatseigener Unternehmen im Sinn des *zhuada fangxiao* festhielt. Heute steht nicht mehr in erster Linie die (Defacto-)Privatisierung im Mittelpunkt der Restrukturierungsbemühungen, sondern eher die Verbesserung der *corporate governance* in den verbleibenden Staatsunternehmen.

Unternehmenstypen in der Industrie

Den Daten und Definitionen des Nationalen Statistikbüros Chinas sowie weiteren Untersuchungen zufolge sind gegenwärtig folgende Unternehmenstypen zentral:
- Privatunternehmen, denen im chinesischen Eigentumsrecht mittlerweile formal derselbe Schutz wie staatseigenen Unternehmen garantiert wird, lassen sich in drei Gruppen unterteilen: Eine erste, sehr große Gruppe bilden Privatunternehmen chinesischer Eigentümer, wozu auch Unternehmen gezählt werden, bei denen der ausländische Kapitalanteil unter 25 Prozent liegt. Eine zweite Gruppe von Unternehmen ist mehrheitlich im Besitz von Eigentümern aus Hongkong, Macao und Taiwan. Eine dritte Gruppe gehört mehrheitlich ausländischen Eigentümern. Im Zeitverlauf ist der Anteil der Gemeinschaftsunternehmen mit inländischen und ausländischen Eigentumsanteilen (Joint Ventures) zugunsten vollständig auslandsfinanzierter Einheiten langsam zurückgegangen.
- Anders als die Privatunternehmen haben die Kollektivunternehmen im Zuge der großen Restrukturierungswelle erheblich an Bedeutung verloren. Sie umfassen beispielsweise TVE, die noch nicht privatisiert wurden. In den urbanen Gebieten beschäftigten Kollektivunternehmen im Jahr 2009 nur noch sechs Millionen Arbeitnehmer. Der Niedergang der Kollektivunternehmen ist darauf zurückzuführen, dass das Unternehmensgesetz von 1994 die Umwandlung von Kollektiv- und Staatsunternehmen in Gesellschaften mit beschränkter Haftung (*limited liability companies*) ermöglicht hat: Diese Unternehmen können zwei bis 50 Anteilseigner haben. Im Zuge der Umwandlung war es staatlichen Stellen daher häufig möglich, Eigentumsanteile an den Unternehmen zu

behalten. Auch wenn diese Unternehmen in der Folge als Privatunternehmen registriert wurden, bleiben sie eng mit dem lokalen politischen Umfeld verflochten.
• Die Anzahl der staatseigenen Unternehmen ist infolge der Restrukturierungen deutlich zurückgegangen, wobei die Statistik noch zwischen Staatsunternehmen und staatlich kontrollierten Kapitalgesellschaften unterscheidet. In letzterem Fall hält der Staat mehr Anteile als jeder andere Anteilseigner. Von 2000 bis 2009 sank die Anzahl der Beschäftigten der SOE von 81 auf 64 Millionen. Entgegen einer verbreiteten Annahme, der zufolge SOE im Gegensatz zu privaten Firmen weniger leistungsfähig sind und daher auch in China eigentlich mittelfristig verschwinden müssten, spielen die staatseigenen Unternehmen weiterhin eine gewichtige Rolle. Die SOE agieren heute ähnlich wie private Unternehmen, können jedoch durchschnittlich mehr als andere Unternehmen auf staatliche Hilfestellungen zurückgreifen und daher überleben.

Da die Statistiken dokumentieren, dass die staatseigenen Unternehmen zahlenmäßig an Bedeutung verloren haben, gleichzeitig die Regierung aber an ihnen festhält, stellt sich die Frage, wie einflussreich die Staatsunternehmen sind und inwieweit sie das Wirtschaftsgeschehen in China noch prägen. Es zeigt sich, dass die SOE in verschiedenen Wirtschaftssektoren wie zum Beispiel in der Stahlindustrie, der Petrochemie, dem Transport- und Energiesektor, dem Telekommunikationssektor, der öffentlichen Versorgung sowie dem Finanzsektor eine vorherrschende Stellung besitzen. In anderen Industrien versuchen sie, über Joint Ventures sowie in Unternehmen mit gemischten Eigentumsformen ihren Einfluss aufrechtzuerhalten, beispielsweise in der Automobil- oder Chemieindustrie. In der überaus bedeutsamen IT-Industrie verfügen sie dagegen nur über geringeren Einfluss.

Der Restrukturierungsprozess der staatseigenen Unternehmen hat aufgrund von Effizienzerwägungen zur Bildung großer staatseigener Unternehmenskonglomerate geführt, sogenannten Unternehmensgruppen (*qiye jituan*). Konzerngruppen wie die Baosteel Group oder die Donglian Petrochemical Group konzentrieren sich in der Regel auf einen Industriezweig, im Unterschied etwa zu den sektorenübergreifend agierenden Großunternehmen Japans (wie Mitsubishi).

Während der China-Diskurs noch vor wenigen Jahren von der These einer ineffizienten Staatswirtschaft dominiert war, ist diese durch die Erfolgsgeschichte diverser SOE (und Unternehmen gemischter Eigentumsformen) infrage gestellt worden. Unter den »Fortune 500« des Jahres

2011, einer Liste der 500 umsatzstärksten Unternehmen der Welt, befanden sich 61 festlandchinesische Unternehmen. Sie waren fast ausnahmslos in staatlicher Hand. Viele SOE können – nach Kriterien der Ertragseffizienz betrachtet – auf erfolgreiche Umstrukturierungen verweisen. Seit Mitte des ersten Jahrzehnts des 21. Jahrhunderts berichten vor allem die größten, von der SASAC (auf zentraler bzw. den entsprechenden Behörden auf lokaler Ebene) kontrollierten SOE über eine erhebliche Zunahme der Produktionsmenge, der Gewinne und der an den Staat abgeführten Steuern. Auch die These eines »lähmenden« Einflusses der staatseigenen Unternehmen auf die nicht staatlichen Bereiche der Wirtschaft wurde infrage gestellt. So garantieren die SOE vielen privaten Herstellern eine stabile Nachfrage, etwa auf dem Telekommunikationsmarkt, in dem Privatunternehmen eine wachsende Nachfrage der großen SOE (wie China Telecom oder China Mobile) nach Ausrüstungen bedienen.

Von einigen klassischen Staatsunternehmen besonders in Infrastrukturbereichen abgesehen, die ihr Kapital von der Regierung erhalten, dominiert bei den SOE seit einiger Zeit das börsennotierte staatseigene Unternehmen. Es agiert ähnlich wie privatkapitalistische Unternehmen profitorientiert, besitzt jedoch einen vergleichsweise privilegierten Zugang zu staatlich kontrollierten Krediten, zu Land und Fördermitteln. Auch in den zu Aktiengesellschaften umgeformten Unternehmen behält der Parteistaat allerdings über den Vorstand der Firma Kompetenzen.

Doch darüber hinaus versucht die Regierung, auch in der »Staatswirtschaft« Wettbewerb zu schaffen, indem in den ehemals monopolartig strukturierten Branchen immer mindestens zwei (staatliche) Firmen konkurrieren. Selbst im Rüstungssektor, für den die Regierung die einzige Nachfragerin ist, wurden Firmen zerschlagen und die verbleibenden der Konkurrenz durch andere SOE ausgesetzt (etwa die North Industries Group Corp. und die South Industries Group Corp.). In der zivilen Luftfahrt stehen sich drei zentralstaatlich kontrollierte Firmen (Air China, China Southern und China Eastern) gegenüber, private bzw. halbstaatliche Konzerne (wie Hainan Air oder Spring Air) spielen dagegen eine geringere Rolle.

Zudem sind die von der zentralstaatlichen SASAC kontrollierten SOE – von 2006 bis 2010 wurde ihre Anzahl von 161 auf 123 reduziert – einem Mechanismus unterworfen, der die individuellen Anreize für die Firmenmanager stärkt. Letztere werden im Fall der Erfüllung von individuell ausgehandelten Zielvereinbarungen, in denen die Profitabilität des Unternehmens eine herausragende Stellung einnimmt, mit Zuschlägen belohnt, die das Dreifache des Grundlohns betragen.

Unterschiede zwischen Sektoren und Regionen

Während die verschiedenen Unternehmenstypen grundsätzlich in ganz China zu finden sind, zeigt sich, dass die einzelnen Unternehmenstypen in den verschiedenen Branchen und Regionen unterschiedlich wichtig sind.

Zum einen existieren sektorenspezifische Unterschiede: So dominieren SOE weiterhin die Stahlindustrie oder die Petrochemie. In der Chemie- oder Automobilindustrie sind SOE ebenfalls bedeutsam, arbeiten jedoch eng mit meist ausländischen Privatfirmen zusammen: In der Form von Joint Ventures konnten zum Beispiel Firmen wie BASF, Bayer oder VW zu bedeutenden Akteuren auf den chinesischen Märkten avancieren. In den beschäftigungsintensiven Elektronik- und den Textil- bzw. Bekleidungsindustrien dominieren private Konzerne und Kontraktfertiger (wie etwa das taiwanesische Großunternehmen Foxconn), die für multinationale Markenfirmen produzieren.

Zum anderen bestehen erhebliche regionale Unterschiede: Am einen Ende des Spektrums befinden sich Regionen, in denen ein dynamischer Privatsektor seit Beginn der Reformen vorherrscht. Am anderen Ende des Spektrums rangieren Regionen, in denen bis heute staatseigene Unternehmen überwiegen. In den meisten Regionen stellt das industrielle Produktionsregime allerdings eine Kombination aus privaten und staatlichen Unternehmen dar.

Schuhproduktion in Wenzhou, Provinz Zhejiang (Foto: AP/Eugene Hoshiko, 2006)

Exemplarisch für einen durch inländische Privatunternehmen dominierten regionalen Wirtschaftsraum steht Wenzhou in Zhejiang, eine mittlerweile auf acht bis neun Millionen Einwohner angewachsene Metropole, die bereits in der ersten Phase der Reformen einen prosperierenden Privatsektor (meist kleiner und mittlerer Betriebe) hervorbrachte. Der Anteil der SOE an der Industrieproduktion sank hier von 19,4 Prozent im Jahr 1985 auf drei Prozent im ersten Jahrzehnt des 21. Jahrhunderts. Nicht eine vorgezogene Privatisierungswelle, sondern die wettbewerbsgetriebene Dynamik der privaten Unternehmen sorgte für diese Verschiebung. Zudem waren es vorwiegend einheimische Unternehmer, die die ökonomische Entwicklung antrieben.

Das bereits in der ersten Welle der Öffnungspolitik zur Sonderwirtschaftszone erklärte Xiamen in der Küstenprovinz Fujian stellt ein Beispiel für einen von auslandsfinanzierten Gesellschaften dominierten Wirtschaftsraum dar. Hier sank der Anteil des öffentlichen und halb öffentlichen Sektors an der Industrieproduktion von annähernd 90 Prozent (1983) auf weniger als 17 Prozent (2004). Ausländische Unternehmen stellen seit Mitte der 1990er-Jahre mehr als zwei Drittel aller Güter her. Ebenfalls von ausländischen Unternehmen beherrscht wird das Industriezentrum im Perlflussdelta in Guangdong. 65 Prozent der Industrieunternehmen sind hier mittlerweile als Privatunternehmen registriert, hinzu kommen 18 Prozent Joint Ventures. Kollektiv- und Staatsunternehmen vereinen nur noch etwa zehn Prozent der industriellen Wertschöpfung auf sich.

In den ehemaligen Zentren der Schwerindustrie im Nordosten Chinas wurden einige Regionen noch bis Mitte der 1990er-Jahre von SOE dominiert. Auch diese unterlagen jedoch im Zuge der Restrukturierungswelle einem Wandel. Die Provinz mit der höchsten Dichte an Staatskonzernen, Liaoning, wurde zu einem Pilotprojekt der Regierung: Hunderte Manager von Staatsunternehmen, die zuvor noch den Status von Regierungsbeamten innehatten, wurden etwa im Rahmen von Management-Buyouts zu Eigentümern privater Unternehmen, stehen jedoch in fortwährend intensivem Kontakt zum Parteistaat (*red capitalists*).

In den suburbanen und ländlichen Gebieten Chinas lassen sich ebenfalls unterschiedliche Produktionsregime beobachten: zum Beispiel ein Typ mit einem geringen Industrialisierungsgrad und relativ niedrigem Anteil an staatlicher Kontrolle (in Zentral- und Südchina) oder ein Typ mit einem hohen Industrialisierungsgrad (in Südjiangsu etwa), der lange durch eine umfassende Kontrolle der Lokalregierungen im Unternehmenssektor gekennzeichnet war. Während einige ländliche Gebiete an funktionierende entwicklungsstaatliche Konstellationen erinnern, in denen die

Unternehmerschaft teilautonom agieren kann und zugleich auf staatliche Hilfestellungen zurückgreift, dominieren in anderen Regionen korrupte Praktiken des Staatspersonals. Das Unternehmertum scheint hier beinahe erstickt, während die Untergrundwirtschaft floriert.

Alles in allem konnte die – nach regionalen und sektoralen Kriterien betrachtet – heterogene Struktur der Wirtschaft den Unternehmern zum Vorteil gereichen: Aus der fragmentierten Entwicklung, besonders den ungleichen Produktionsbedingungen bzw. Lohnsystemen, zogen in- wie ausländische Firmen ihren Nutzen. Die Größe und Heterogenität der Wirtschaft gestattete es den Unternehmern, von ungleichen Arbeitssystemen zu profitieren, was auf eine an dieser Stelle nicht behandelte Schattenseite des chinesischen »Wirtschaftswunders« verweist: Die ungleichen Entwicklungsniveaus der verschiedenen Regionen – hochmoderne urbane Zentren, weniger entwickelte Städte, suburbane Räume und agrarisch geprägte, rückständige Gebiete – haben einen wirkmächtigen internen Standortwettbewerb befördert, in dem subnationale Regierungen mithilfe gezielter Industrie- und Steuerpolitiken auf den Wettbewerb anderer Regionen reagieren und ein Niedriglohnregime mit chinesischen Charakteristika fortführen.

Was den heterogenen Unternehmenssektor des Kapitalismus chinesischer Prägung übergreifend verbindet, sind die (unterschiedlich strukturierten) engen Verbindungen zwischen Unternehmen und parteistaatlichen Institutionen. Die Abgrenzung diverser Eigentumstypen, auch und gerade privater Formen, darf insofern nicht dazu verleiten, deren Überlagerung durch die Institutionen des Parteistaates zu übersehen. Faktisch bestehen auf lokaler Ebene zahlreiche privat-öffentliche Wachstumskoalitionen, die untereinander konkurrieren und bislang zugleich die Fortexistenz eines starken Zentralstaates sichern. Es ist folglich von einer Einheit in der Vielfalt auszugehen, von einem heterogenen Ensemble von Unternehmenstypen, die gewissermaßen in einen staatskapitalistischen Rahmen eingebunden sind. Im Allgemeinen gilt das auch für das private Eigentum, wie an den Konditionen und Verläufen von Management-Buy-outs nachgewiesen wurde, die einen fortwährenden Einfluss staatlicher Akteure sicherstellten. Die ursprüngliche Unternehmensführung konnte ihre Machtstellung im Zuge der Privatisierung häufig bewahren. Das unterscheidet chinesische Privatisierungsprozesse von solchen in osteuropäischen Ländern. So sind private Unternehmen auch oft eng mit staatlichen Einrichtungen wie Universitäten oder Forschungsinstituten verbunden, von denen sie gegründet wurden (siehe den Beitrag von Christian Göbel).

3 Wechselseitige Abhängigkeiten zwischen Unternehmen und staatlichen Institutionen

Auch aus der Restrukturierung des Unternehmenssektors ab den 1990er-Jahren folgte also keineswegs der Übergang in eine liberale Marktwirtschaft oder die strikte Trennung von »Politik« und »Ökonomie«. Zwar wich die in der ersten Phase der Reformen vorherrschende Praxis der informellen Privatisierung von Unternehmen (»Tragen eines roten Hutes«) ab den 1990er-Jahren einer formellen Privatisierung, doch setzte diese nicht die engen Interessenskoalitionen und Allianzen der ökonomischen Eliten von Staat, Partei und Unternehmen (»privat-öffentliche Wachstumskoalitionen«) außer Kraft.

Allerdings sind die privaten und staatseigenen Unternehmen nicht einseitig abhängig von den politischen Instanzen, wie das in der internationalen Medienberichterstattung häufig suggeriert wird. Denn schließlich hängt die Existenz der Staatsapparate auf unterschiedlichen Regierungsebenen von den erfolgreichen Aktivitäten der Unternehmen ab. Die Staatsapparate befinden sich in einer strukturellen Abhängigkeit von einer dynamischen wirtschaftlichen Entwicklung, weshalb (beinahe) alles unterbunden wird, was die ökonomische Entwicklung gefährden könnte. Insofern sind auch die Einflussmöglichkeiten der Unternehmer auf die staatlichen Instanzen und die Verbindungen der Wirtschaftselite zur politischen Klasse gewachsen.

Unternehmerische Einflusskanäle

Seit Reformbeginn haben sich diverse Einflusskanäle der Unternehmen auf die staatlichen Institutionen gebildet. Ein wichtiger Weg der Einflussnahme sind die (lokalen) Politischen Konsultativkonferenzen (siehe den Beitrag von Sarah Kirchberger), zu deren Abgeordneten zahlreiche Unternehmer gehören. Über diese Abgeordneten werden Vorschläge für die Veränderungen von Gesetzen und Regeln in den politischen Entscheidungsprozess gespeist. Von noch größerer Bedeutung ist ein aktiver Lobbyismus.

Zur kollektiven Einflussnahme stehen den Arbeitgebern eine Reihe von Verbänden oder verbandsähnlichen Organisationen zur Verfügung. Neben den lokalen Handelskammern existieren große Verbände wie die All China Federation of Industry and Commerce (ACFIC), die Privatunternehmen repräsentiert, und zahlreiche kleinere, regional begrenzte Unternehmervereinigungen. Im Jahr 2010 waren 700 nationale Wirtschaftsverbände und mehrere Tausend regionale Organisationen registriert. Auch wenn diese Verbände als Nichtregierungsorganisationen geführt werden, stehen sie in der Regel unter staatlicher Aufsicht. Die ACFIC ist beispielsweise an die Abteilung »Einheitsfront« des Zentralkomitees der KPCh angebunden. Doch das bedeutet nicht, dass sie lediglich als ein Instrument der KPCh fungiert. Im Gegenteil werden die vorhandenen Verbindungen mit dem Staatsapparat dazu genutzt, um nachdrücklich partikulare Interessen auf der politischen Ebene zu vertreten. Die ACFIC vermittelt zudem Kredite und kooperiert seit Längerem mit den staatlichen Banken, um zu einer Erhöhung des Kreditvolumens für den Privatsektor beizutragen. Und sie gehörte bereits mehrfach auch auf nationaler Ebene zu den Akteuren, die Reformen im Sinn der Privatunternehmen vorantrieben, etwa im Fall der Verfassungsänderung zur Garantie des Privateigentums (2004) und der Kodifikation des Eigentumsrechts (Sachenrechtsgesetz) im Jahr 2007.

Im Zuge der Etablierung eines Verbändewesens verlangen auch die ausländischen Konzerne nach Gesetzesänderungen und nutzen die Möglichkeiten der kollektiven Einflussnahme. Eine relevante Rolle besitzen sogenannte *trade groups*. Dutzende von Handelskammern wie das German Chamber of Commerce und das European Union Chamber of Commerce in China agieren im Interesse der ihnen zugehörigen Unternehmen. Zudem nutzen die Konzerne sektorale Interessenverbände ausländischer Investoren und lassen sich von globalen Lobby- und PR-Agenturen beraten. Zum Teil sind sie auch Mitglied in chinesischen Verbänden. Sollten diese Einflussnahmen ihre Wirksamkeit verfehlen, bleibt den ausländischen Unternehmen die Verbindung zu den Regierungen der Länder, in denen sie ihren Stammsitz haben, um auf diesem indirekten Weg zusätzlichen Druck auf die chinesischen Behörden auszuüben.

Darüber hinaus suchen Geschäftsleute den direkten, individuellen Kontakt zu politischen Entscheidungsträgern. Abgesehen von den SOE, die informellen Zusammentreffen immer schon den Vorzug gaben, ist diese Form der Einflussnahme auch bei privaten und ausländischen Unternehmen üblich. Die in der Literatur vielfach beschriebene Tradition der engen wechselseitigen, personalisierten Beziehungen (*guanxi*) spielt dabei eine wichtige Rolle – und nicht einfach nur als Ersatz für fehlende Gesetze oder Regulierungen. Selbst in den auch hinsichtlich der Verrechtlichung führenden Küstenregionen wie dem Perlflussdelta kultivieren Investoren ihre sozialen Verbindungen zu Regierungsbeamten. Aus demselben Grund besitzen die größten ausländischen Konzerne häufig ein Büro zu Repräsentationszwecken in der Hauptstadt Beijing, um direkten Kontakt zu Vertretern der Zentralregierung zu pflegen. Der Vorsitzende von Microsoft, Bill Gates, hat sich zum Beispiel bei seinen über 25 Besuchen in China regelmäßig mit Mitgliedern des Ständigen Ausschusses des Politbüros der KPCh getroffen.

Genauer besehen, variiert die Einflussnahme in den verschiedenen Industrien und Regionen. Während zum Beispiel in der Stahlindustrie aufgrund der dominanten Stellung von SOE und ihrer volkswirtschaftlich überaus bedeutsamen Funktion kaum auf eine verbandliche Interessenpolitik zurückgegriffen wird und die Stahlkonzerne eher auf individuellem Weg mit den zuständigen Behörden interagieren, erfordert die Situation in der Softwareindustrie – mit vielen kleineren, vorwiegend privaten Firmen ohne signifikanten politischen Einfluss – ein größeres Maß an kollektiver, verbandlicher Interessensvertretung. Geografisch lassen sich des Weiteren Regionen mit einem entwickelten Verbände- und Handelskammerwesen (etwa im Süden Zhejiangs) von Regionen mit einer unterentwickelten Verbandsstruktur unterscheiden.

Alles in allem verleihen die engen Verknüpfungen zwischen Unternehmern und staatlichen Instanzen dem sozioökonomischen System Chinas ein vergleichsweise hohes Maß an Stabilität. Sie überwiegen im Übrigen auch die in anderen Kapitalismusvarianten (beispielsweise in Deutschland) übliche Kooperation zwischen Firmen. Weil (selbst die ausländischen) Unternehmen zumindest auf lokaler Ebene in der Regel mit einer Unterstützung rechnen können, gab es für sie bislang keinen ökonomischen Anlass, das institutionelle Gefüge und das politische System Chinas insgesamt infrage zu stellen. Eher trägt die Unternehmerschaft dazu bei, die staatlichen Machtkapazitäten dieses Kapitalismus ohne wirksame demokratische Partizipationsrechte aufrechtzuerhalten.

Verknüpfungen zwischen Unternehmern und politischer Klasse

Zwischen den wirtschaftlichen und politischen Führungskräften des Landes bestehen enge soziale Beziehungen. In der »Hurun Rich List« – dem chinesischen Äquivalent des »Forbes Magazine« – wird diese Annahme bestätigt: Von den 1 363 Einzelpersonen, die im Jahr 2010 als Yuan-Milliardäre galten, besitzen zwölf Prozent wichtige Beratungsfunktionen im Regierungsapparat. Es wird darüber hinaus angenommen, dass jeder dritte Milliardär Parteimitglied ist und nahezu alle über gute bis sehr gute informelle Beziehungen zum politischen System verfügen. Ähnliches gilt für die breiter gestreute Schicht der reichen Chinesen, die häufig erst über verwandtschaftliche Beziehungen ihren Reichtum aufbauen konnten und/

oder als Abgeordnete in lokalen Volkskongressen, den Politischen Konsultativkonferenzen und in Unternehmerverbänden sowie Handelskammern tätig sind.

Die wirtschaftliche Führungsriege Chinas besteht – von den einflussreichen ausländischen und überseechinesischen Unternehmern abgesehen – aus mehreren Segmenten. Dazu zählen erstens die Manager der SOE und Staatsbanken, zweitens die Manager der großen und mittleren, nunmehr auch von Rechts wegen privaten Unternehmen sowie, drittens, die Eigentümer großer und mittlerer Unternehmen. Die ersten beiden Segmente der wirtschaftlichen Elite verfügen über feste soziale Beziehungen zur politischen Funktionselite. Die betreffenden Personen stammen häufig aus ehemals hohen Verwaltungspositionen im Staatsapparat oder der Staatswirtschaft. Auch das dritte Segment der wirtschaftlichen Elite setzt sich zu einem Teil aus Familien mit »offiziellem Hintergrund« zusammen, die vielfach nach der Devise »eine Familie, zwei Systeme« operieren – der Ehemann oder die Eltern bekleiden zum Beispiel hohe Stellen in der (lokalen) Verwaltung, die Ehefrau oder die Kinder betätigen sich als Firmeneigentümer.

Zhang Ruimin, Chef von Chinas Vorzeigeunternehmen Hai'er, schaffte es, eine bankrotte Kühlschrankfabrik zum weltweit viertgrößten Hersteller weißer Ware umzubauen. (Foto: Imaginechina via AP Images, 2009)

Eine weitere Gruppe von Unternehmern konnte den sozialen Aufstieg zwar aus einer benachteiligten Position heraus bewältigen. Doch auch diese Gruppe ist heute vielfach mit der politischen Klasse verbunden und sie setzt ihre Beziehungen fortwährend zur Maximierung ihrer unternehmerischen (und persönlichen) Interessen ein. In jüngster Zeit hat des Weiteren eine Kohorte, die insbesondere in Hightechsektoren aktiv ist – als moderne Prototypen des schumpeterschen Entrepreneurs –, die neuen Handlungsspielräume für ihren sozialen Aufstieg genutzt. Eine letzte hier aufzuführende Gruppe, die unmittelbar politische Funktionen innehat – nämlich städtische Beamte –, nutzt andererseits ihre Position in der Administration dazu, nebenher unternehmerisch tätig zu werden.

Dass die chinesische Wirtschaft auf außergewöhnlich engen, wenngleich nicht immer konfliktfrei verlaufenden Allianzen zwischen wirtschaftlichen und politischen Eliten beruht, wird mit dem Terminus des *red capitalism* oder des »Kaderkapitalismus« gefasst. Ein weiteres Indiz hierfür liegt im Anstieg der Anzahl der Privatunternehmer mit Parteimitgliedschaft von circa 20 Prozent auf über 35 Prozent zwischen Ende der 1990er-Jahre und heute. Unternehmer argumentieren in Umfragen, dass ökonomische Vorteile und Verbindungen in die Politik wesentliche Gründe für ihren Parteieintritt darstellten. Der Vorsitzende des nationalen Vorzeigeunternehmens Haier, Zhang Ruimin, antwortete auf die Frage nach möglichen Konflikten zwischen der betrieblichen Parteipolitik und den Unternehmensinteressen unverblümt: »Ich habe mich zum Parteisekretär bei Haier ernannt. Kann ich irgendwelche Konflikte mit mir selbst haben?«

4 Fazit

China hat sich in den vergangenen Jahrzehnten zu einem Mekka des Unternehmertums verwandelt, wenngleich dieses nicht immer im Gewand westlich-liberaler Modelle in Erscheinung trat und tritt. Die Figur des risikobereiten Entrepreneurs – die im Zeitverlauf zunehmend mit einer Symbolik belegt wurde, in der Fachkenntnisse, moralische Autorität, Professionalismus und geschäftlicher Erfolg zusammenfließen – gilt in China mittlerweile als soziales Vorbild und Hoffnungsträger. Offensichtlich haben diese Vorstellungen im expandierenden Privatsektor Einzug gehalten. Doch auch im Sektor der staatseigenen Unternehmen und in den staatlichen Institutionen selbst erhielten sie eine signifikante Bedeutung.

Was Ende der 1970er-Jahre mit vorsichtigen Experimenten und begrenzten Regelverletzungen begann, hat sich seitdem zu einer systematischen Förderung von Marktprozessen entwickelt. Insgesamt wurden die Kapitalverwertungsprozesse mehr als je zuvor zur Determinante des sozialen Wandels. Das über die ländlichen Gebiete zunehmend in die urbanen Zentren expandierende unternehmerische Handeln war zuerst durch einen Trend zur informellen Privatisierung geprägt. Diese Prozesse der Überlagerung bestehender Institutionen »von unten«, durch innovative Unternehmer und lokale politische Akteure, mündeten in einen bemerkenswerten institutionellen Wandel und veränderten nicht zuletzt die

Präferenzen der zentralen politischen Entscheidungsträger. Immer mehr wurde im Zeitverlauf der Unternehmenssektor infolgedessen auch »von oben« reformiert, durch neuartige Leistungsanreize, eine Orientierung an der betrieblichen Profitmaximierung in staatseigenen Betrieben und (zweck)rationalere Organisationsformen. Die staatlichen Institutionen selbst wurden zum Vermittler von Ökonomisierungsdruck. Staatsapparate und große Teile der KPCh unterstützen den Erfolg unternehmerischen Handelns mittlerweile auch offiziell nachdrücklich. Die staatlichen Instanzen auf allen Ebenen sind daran interessiert, die Rahmenbedingungen zu fördern, unter denen sowohl der marktorientierte Staatskapitalist (zum Beispiel der Manager eines staatseigenen Unternehmens) als auch der private Unternehmer agieren kann. Eine Transformation des Parteistaates fand statt, in der staatliche Akteure gewissermaßen kapitalistische Unternehmerfähigkeiten entwickelten. Besonders auf lokaler Ebene sind dabei enge privat-öffentliche Wachstumskoalitionen zwischen Unternehmen und politischen Instanzen entstanden.

Die Wirklichkeit einer staatlich durchdrungenen kapitalistischen Unternehmenskultur wird durch die Formel eines chinesischen Privatunternehmers auf den Punkt gebracht:

»Unternehmer müssen in China Politiker sein; wenn sie es nicht verstehen, politisch zu sein, scheitern sie.« (Zit. nach: Heberer 2002, Dokument ohne Seitenangabe)

Im Unterschied zu älteren Vorstellungen eines Staatskapitalismus, in denen dieser als Synonym für eine Kommandowirtschaft galt, herrschen in China Wettbewerbsprinzipien sektorenübergreifend und über verschiedene Eigentumsformen hinweg, die der Staat allerdings in letzter Instanz (jedoch häufig vergeblich) zu kontrollieren versucht.

Literatur

Dickson, Bruce J.: Integrating Wealth and Power in China. The Communist Party's Embrace of the Private Sector, in: The China Quarterly, 192 (2007), S. 827–854.

Heberer, Thomas: Strategische Gruppen und Staatskapazität: Das Beispiel der Privatunternehmer in China, Duisburg Working Papers on East Asian Studies 46, Duisburg 2002 (http://www.uni-due.de/in-east/fileadmin/publications/gruen/paper46.pdf, Zugriff: 3. Januar 2014).

Holbig, Heike/Reichenbach, Thomas: Verbandliche Interessenvermittlung in der VR China. Der Bund für Industrie und Handel zwischen staatlichem Kontrollanspruch und privatwirtschaftlicher Selbstbehauptung, Hamburg 2005.

Kennedy, Scott (Hrsg.): Beyond the Middle Kingdom. Comparative Perspectives on China's Capitalist Transformation, Stanford 2011.

Naughton, Barry: The Chinese Economy. Transitions and Growth, Cambridge/Mass. 2007.

Oi, Jean C. (Hrsg.): Going Private in China. The Politics of Corporate Restructuring and System Reform, Stanford 2011.

ten Brink, Tobias: Perspectives on the Development of the Private Business Sector in China, in: China. An International Journal, 10 (2012) 3, S. 1–19.

ten Brink, Tobias: Chinas Kapitalismus. Entstehung, Verlauf, Paradoxien, Frankfurt am Main/New York 2013.

Tsai, Kellee S.: Capitalism without Democracy. The Private Sector in Contemporary China, Ithaca 2007.

Günter Schucher

Chinas Arbeitsmärkte: Umbrüche, Risiken, Perspektiven

1 Einleitung

Im Jahr 2012 hat die Anzahl der Chinesen im arbeitsfähigen Alter, das heißt nach chinesischem Recht der Männer und Frauen zwischen 15 und 59 bzw. 54 Jahren, erstmals seit Beginn der Reformen abgenommen. Das Erwerbspersonenpotenzial sank um 3,5 Millionen Menschen auf 937,3 Millionen, ein Anteil von 69,2 Prozent an der Gesamtbevölkerung. Verbunden damit war ein Anstieg des Anteils der über 60-Jährigen auf 14,3 Prozent. Beide Entwicklungen sind Ergebnisse der rapiden Alterung, die seit vielen Jahren für die chinesische Bevölkerung kennzeichnend ist.

Dass das Erwerbspersonenpotenzial in China um das Jahr 2015 nicht mehr wachsen, sondern vielmehr relativ und absolut abnehmen wird, haben Bevölkerungs- und Arbeitsmarktexperten seit Längerem erwartet. Dass diese Wende nun schon früher eingetreten ist, ist nur der deutlichste Hinweis auf die dramatischen Veränderungen, die sich derzeit auf dem chinesischen Arbeitsmarkt vollziehen. Zu diesen gehören auch die stetige Abnahme neuer junger Arbeitskräfte, der fehlende Nachschub an billigen Wanderarbeitern vom Land in einigen exportorientierten ostchinesischen Provinzen sowie deutlich steigende Löhne, vor allem auch im Niedriglohnbereich.

Diese Entwicklungen – von vielen Beobachtern als »Ende der billigen Arbeit« beschrieben – haben unter Wissenschaftlern eine intensiv geführte Debatte um die möglichen Konsequenzen ausgelöst: Wachstum kann nicht mehr durch die Zuführung immer neuer Kohorten von Arbeitskräften kreiert werden. Zusammen mit anderen Faktoren hat dies die chinesische Führung dazu veranlasst, den Übergang zu einem »neuen Wachstumsmodell« als Ziel in ihre Perspektivpläne zu schreiben.

An die Stelle eines »stetigen und relativ schnellen Wachstums« soll nach ihrer Ansicht die Förderung einer »nachhaltigen und gesunden Entwicklung« treten. Billige Massenprodukte sollen durch qualitativ höherwertige Güter abgelöst und die Exportabhängigkeit durch Stärkung des Binnenmarktes verringert werden. Lohnsteigerungen werden damit sogar zu einer Voraussetzung eines neuen »qualitativen« Wachstums, das auf Anhebung des Bildungsniveaus, Innovation und Produktivitätssteigerung setzt. Gelingt dieses Umsteuern, dann kann eventuell auch die wachsende Unzufriedenheit unter den Bauern und Arbeitern mit ihren Arbeits- und Lebensbedingungen wieder gedämpft werden, die sich in einer steigenden Anzahl von Konflikten und Protesten äußert.

In diesem Beitrag sollen die genannten Entwicklungen näher beleuchtet werden. Bevor in Abschnitt drei auf die demografische Entwicklung, den Arbeitskräftemangel und die Lohnentwicklung eingegangen wird, sollen zunächst im zweiten Abschnitt die Entstehung des Arbeitsmarktes nach Beginn der Reformen sowie die Herausbildung neuer Beschäftigungsstrukturen beschrieben werden. Abschnitt vier geht dann auf das Anwachsen der Arbeitskonflikte ein.

2 Vom Arbeitssystem zum Arbeitsmarkt

Die Reform- und Öffnungspolitik seit 1978 hat das Wesen von Beschäftigung in China grundlegend verändert. Arbeiter und Bauern befanden sich in der Planwirtschaft in einer vertragslosen administrativen Beziehung zum Staat, vermittelt durch die produzierenden Arbeitseinheiten bzw. die ländlichen Kollektive. Mit der Auflösung dieser institutionellen Bindungen wurden die Arbeitsverhältnisse nicht mehr über Verwaltungsvorschriften geregelt. Auf dem Land wurden die Bauernhaushalte zur entscheidenden Wirtschaftseinheit und konnten frei entscheiden, welche Arbeitskräfte noch in der Landwirtschaft selbst eingesetzt wurden. In den Städten wurde die staatliche Verwaltung der Arbeitskräfte schrittweise von Formen der Lohnarbeit abgelöst und ein Prozess der Ergänzung (und später Ersetzung) staatlicher durch private Unternehmen und damit Arbeitgeber eingeleitet.

Im planwirtschaftlichen Arbeitssystem (*laodong zhidu*) hatten die staatliche Arbeitsplatzzuweisung und die »Eiserne Reisschale«, damit ist die Unkündbarkeit des Arbeitsplatzes gemeint, den Beschäftigten in staatlichen und kollektiven Betrieben sowie in den Behörden und sonstigen staatlichen Einrichtungen, also praktisch allen städtischen Beschäftigten in den »Arbeitseinheiten« (*danwei*), lebenslang und vertragslos einen Arbeitsplatz garantiert. Mit der Einführung von Arbeitsverträgen Mitte der 1980er-Jahre wurden erstmalig die Befristung von Anstellungen und damit auch die Kündigung von Arbeitskräften erlaubt.

Chinas Arbeitsmärkte: Umbrüche, Risiken, Perspektiven

Übergang von der Plan- zur Marktwirtschaft: Arbeiterinnen einer Chemikalienfabrik in Guangzhou (Provinz Guangdong) verkaufen Kosmetikprodukte. Industriebetriebe begannen in den 1980er-Jahren nebenbei mit der Produktion von begehrten Artikeln. (Foto: ullstein bild – sinopictures/Fotoe, 1985)

Die so ermöglichte Mobilität der Arbeitskräfte erleichterte die erforderliche Umstrukturierung der Wirtschaft und die Industrialisierung Chinas, wobei besonders der wachsende Zustrom billiger Arbeitskräfte vom Land das industrielle Wachstum und die Urbanisierung beschleunigte. Deren Diskriminierung trug neben der Befristung von Beschäftigungsverhältnissen sowie der nur schrittweise erfolgenden Formulierung und schleppenden Verwirklichung von Arbeitsrechten maßgeblich zur tendenziellen Verschlechterung von Arbeitsbedingungen bei.

Entstehung von Lohnarbeit

Landreform und Wanderarbeit

Die Wirtschaftsreformen begannen Anfang der 1980er-Jahre mit der landesweiten Einführung von Verträgen zwischen bäuerlichen Haushalten und lokalen Regierungen über die befristete Pro-Kopf-Zuteilung von Agrarland und einer Quote für Agrarprodukte, die weiterhin zu festen Preisen an den Staat zu verkaufen waren. Darüber hinaus produzierte

Tab. 1: Erwerbstätige und Nichterwerbstätige in China (1978–2012)

	1978	1980	1985	1990	1995
Bevölkerung (Mio.)	962,59	987,05	1058,51	1143,33	1211,21
städtisch	172,45	191,40	250,94	301,95	351,74
ländlich	790,14	795,65	807,57	841,38	859,47
Bevölkerung im Erwerbsalter (15–59 Jahre) (Mio.)					
Erwerbspersonen (Mio.)	406,82	429,03	501,12	653,23	688,55
neu berechnet nach 6. Zensus 2010					
Erwerbstätige (Mio.)	401,52	423,61	498,73	647,49	680,65
nach Sektoren (Mio.)					
primärer Sektor	283,18	291,22	311,30	389,14	355,30
sekundärer Sektor	69,45	77,07	103,84	138,56	156,55
tertiärer Sektor	48,90	55,32	83,59	119,79	168,80
nach Gebiet (Mio.)					
städtisch	95,14	105,25	128,08	170,41	190,40
ländlich	306,38	318,36	370,65	477,08	490,25
davon landwirtschaftliche Tätigkeit	278,11	288,36	300,86	368,39	326,38
davon nicht landwirtschafte Tätigkeit	28,27	30,00	69,79	108,69	163,87
Erwerbsbeteiligung (%)				78,7	78,5
Männer				84,7	84,2
Frauen				72,4	72,5
städtische Erwerbstätige (Mio.)	95,14	105,25	128,08	170,41	190,40
staatliche Einheiten	74,51	80,19	89,90	103,46	112,61
kollektive Einheiten	20,48	24,25	33,24	35,49	31,47
Unternehmen mit gemischtem Eigentum	0,00	0,00	0,38	0,96	3,70
Unternehmen mit ausländischen Investitionen	0,00	0,00	0,06	0,62	2,41
Unternehmen mit Investitionen aus Taiwan, Hongkong und Macao				0,04	2,72
chinesische private Unternehmen	0,00	0,00	0,00	0,57	4,85
Selbstbeschäftigte	0,15	0,18	4,50	6,14	15,60
nicht klassifizierte Beschäftigung	*0,00*	*0,00*	*0,00*	*23,13*	*17,04*
Wanderarbeiter					
davon außerhalb des Landkreises					
davon Arbeiter					
davon in Städten					
ländliche Erwerbstätige (Mio.)	306,38	318,36	370,65	477,08	490,25
Dorf- und Gemeindeunternehmen	28,27	30,00	69,79	92,65	128,62
Privatunternehmen	0,00	0,00	0,00	1,13	4,71
Selbstbeschäftigte	0,00	0,00	0,00	14,91	30,54
Bauern	278,11	288,36	300,86	368,39	326,38
städtische Arbeitslosigkeit					
registrierte Arbeitslose (Mio.)	5,300	5,415	2,385	3,832	5,196
davon jugendliche Arbeitslose (Mio.)	2,49	3,83	1,97	3,13	3,10
registrierte Arbeitslosenrate (%)	5,3 %	4,9 %	1,8 %	2,5 %	2,9 %
freigesetzte Arbeitskräfte/*xiagang* (Mio.)					5,64
wiederbeschäftigte Freigesetzte (Mio.)					

Quellen: (jeweils die Daten des neuesten Jahrbuchs:) Zhongguo Tongji Zhaiyao [China Statistical Abstract] 2012; China Statistical Yearbook (versch. Jgg.); Zhongguo Laodong Tongji Nianjian (China Labour Statistical Yearbook] (versch. Jgg.); Statistical Commu-

2000	2005	2006	2007	2008	2009	2010	2011	2012
1267,43	1307,56	1314,48	1321,29	1328,02	1334,74	1340,91	1347,35	1354,04
459,06	562,12	577,06	593,79	606,67	621,86	669,78	690,79	711,82
808,37	745,44	737,42	727,50	721,35	712,88	671,13	656,56	642,22
		905,86	911,29	916,47	920,97		940,72	937,27
739,92	778,77	782,44	786,45	792,43	798,12			
		763,15	765,31	770,46	775,10	783,88	785,79	788,94
720,85	**746,47**	**749,78**	**753,21**	**755,64**	**758,28**	**761,05**	**764,20**	**767,04**
360,43	334,42	319,41	307,31	299,23	288,90	279,31	265,94	257,73
162,19	177,66	188,94	201,86	205,53	210,80	218,42	225,44	232,41
198,23	234,39	241,43	244,04	250,87	258,57	263,32	272,82	276,90
231,51	283,89	296,30	309,53	321,03	333,22	346,87	359,14	371,02
489,34	462,58	453,48	443,68	434,61	425,06	414,18	405,06	396,02
320,41	274,97	258,89	244,19	230,63	215,14	196,38		
168,93	187,61	194,59	199,49	203,98	209,92	217,80		
77,0	75,3	75,1	74,9	74,5	74,4	74,2	74,1	
82,6	81,2	80,9	80,8	80,5	80,4	80,2	80,1	
71,1	69,1	68,9	68,8	68,3	68,1	67,9	67,7	
231,51	283,89	296,30	309,53	321,03	333,22	346,87	359,14	371,02
81,02	64,88	64,30	64,24	64,47	64,20	65,16	67,04	68,39
14,99	8,10	7,64	7,18	6,62	6,18	5,97	6,03	5,89
13,41	26,82	28,84	30,76	32,41	35,86	38,29	46,38	53,18
3,32	6,88	7,96	9,03	9,43	9,78	10,53	12,17	12,46
3,10	5,57	6,11	6,80	6,79	7,21	7,70	9,32	9,69
12,68	34,58	39,54	45,81	51,24	55,44	60,71	69,12	75,57
21,36	27,78	30,12	33,10	36,09	42,45	44,67	52,27	56,43
81,63	*109,28*	*111,79*	*112,61*	*113,98*	*112,10*	*113,84*	*96,81*	*90,41*
				225,42	229,78	242,23	252,78	262,61
101,2	125,8	132,1	136,5	140,41	145,33	153,35	158,63	163,36
78,5	99,5	104,5	108,0	111,10	115,67	*121,34*	*125,52*	
63,1	80,0	84,0	86,8	89,30	*92,43*	*97,53*	*100,89*	
489,34	484,94	453,48	443,68	434,61	425,06	414,18	405,06	396,02
128,20	142,72	146,80	150,90	154,51	155,88	158,93		
11,39	23,66	26,32	26,72	27,80	30,63	33,47	34,42	37,39
29,34	21,23	21,47	21,87	21,67	23,41	25,40	27,18	29,86
320,41	297,33	258,89	244,19	230,63	215,14	196,38		
5.950	8.390	8.470	8.300	8.860	9.210	9.080	9.220	9,17
3,1 %	4,2 %	4,1 %	4,0 %	4,2 %	4,3 %	4,1 %	4,1 %	4,1 %
9,11	2,10							
	5,10	5,05	5,15					

nique (versch. Jgg.); Guoji Tongji Nianjian [Internationales Statistisches Jahrbuch] (versch. Jgg.); World Development Indicators July 2012; Nongmingong Report (versch. Jgg.); eigene Berechnungen (kursiv).

Güter konnten von den Bauern frei verkauft werden. Dieses neue »Haushaltsverantwortlichkeitssystem« setzte eine ungeahnte Produktivität frei und machte damit ein massives Ausmaß an Unterbeschäftigung in der Landwirtschaft offenkundig, das auf bis zu 156 Millionen oder 55 Prozent der ländlichen Arbeitskräfte geschätzt wurde. Für die Haushalte entstand so der Anreiz, ihre Einkommensquellen zu diversifizieren und auch Beschäftigung außerhalb des Agrarsektors zu suchen.

Dies war Ausgangspunkt für die Entwicklung eines Arbeitsmarktes für Wanderarbeiter vom Land. Da der öffentliche Sektor in den Städten zunächst noch den städtischen Beschäftigten vorbehalten blieb und weiterhin über Planzuteilung besetzt wurde, stand den Wanderarbeitern nur der neu entstehende nicht staatliche Bereich offen. Die meisten Bauern-Arbeiter (*nongmingong*) blieben anfangs im regionalen Umfeld – sie »verließen den Acker, aber nicht die Gemeinde« (*litu bulixiang*), was staatlicherseits gefördert wurde, da dies in der Regel die Wirtschaftskraft und damit die Einkommen in den ländlichen Regionen entscheidend verbessern half.

Der Volksrepublik China war es ab den 1950er-Jahren gelungen, eine Land-Stadt-Wanderung größeren Ausmaßes zu unterbinden, wie sie für viele Entwicklungsländer charakteristisch ist. Eines der wichtigsten Instrumente der Mobilitätskontrolle bildete dabei die Haushaltsregistrierung am Geburtsort (*hukou*), die ein individuell nahezu unveränderbares Merkmal jeden Bürgers darstellte und die Bevölkerung mit ländlichem *hukou* zum Verbleib auf dem Land zwang. Seit den 1980er-Jahren wird die *hukou*-Praxis allmählich gelockert. Wurden ländliche Wanderarbeiter zunächst nur geduldet, so wurde den Bauern später der kurzfristige Aufenthalt in Städten erlaubt, unter der Bedingung, dass ihr ländlicher *hukou* erhalten blieb und sie ihren Unterhalt selbst sichern konnten.

Seit 1998 sind auch Nachzüge von Familienmitgliedern möglich. Gegenwärtig stellt ein ländlicher *hukou* grundsätzlich kein Mobilitätshindernis mehr dar, bleibt aber Ansatzpunkt für eine Benachteiligung bei der Aufnahme in soziale Sicherungssysteme oder der Zulassung von Kindern zu öffentlichen Schulen. Doch nur eine sehr begrenzte Gruppe von vor allem wohlhabenden und gut ausgebildeten Landbewohnern kann ihren *hukou* in einen städtischen verändern und dann häufig auch nur in den einer Kleinstadt. Pro Jahr gelingt dies seit Beginn der 1980er-Jahre zwischen 17 und 21 Millionen Menschen. Dass diese Anzahl nahezu unverändert geblieben ist, weist auf weiterhin starke Reglementierung hin und kommt bei einer wachsenden Bevölkerung einer relativen Abnahme gleich.

Die Lockerung des *hukou* hatte dennoch gravierende Bevölkerungsverschiebungen zwischen Stadt und Land zur Folge. Millionen von Bauern nutzten die neue Option, die Landwirtschaft oder auch das Land zu verlassen. Ihre Anzahl, die bis heute nur näherungsweise zu ermitteln ist, nahm kontinuierlich zu und betrug Mitte der 1990er-Jahre rund 75 Millionen. Dann stagnierte sie, unter anderem, weil ab dieser Zeit auch in den Staatsbetrieben überschüssige Arbeitskräfte freigesetzt wurden und städtische Regierungen die »Konkurrenz von außen« mittels protektionistischer Maßnahmen begrenzten. Mit dem Beitritt zur WTO im Jahr 2001 zog die Wirtschaft aber wieder an und die Anzahl der Wanderarbeiter wuchs auf insgesamt 263 Millionen im Jahr 2012; davon waren 163 Millionen über ihren Landkreis hinaus gewandert (siehe *Tabelle 1*). Auch die globale Finanzkrise, durch die rund 30 Millionen Wanderarbeiter ihre Arbeit verloren haben sollen, konnte die Nachfrage nur kurzfristig dämpfen.

Reform der Staatsunternehmen und Entwicklung der Privatwirtschaft

Die öffentlichen Unternehmen wurden nach 1978 weiter planmäßig mit Arbeitskräften versorgt, aber es entstanden auch neue Beschäftigungsmöglichkeiten. So lockte die Öffnungspolitik vermehrt ausländisches Kapital ins Land und führte dazu, dass sich ein Sektor gemischten Eigentums (vor allem Joint Ventures) in zunächst vier Sonderwirtschaftszonen und später auch in anderen Landesteilen entwickeln konnte. Zugleich wurde den Städtern als Alternative zur staatlichen Beschäftigung die Möglichkeiten der »Selbstbeschäftigung« (*getihu*)[1] und kleiner unternehmerischer Tätigkeiten eröffnet. Dies sollte helfen, die Massenarbeitslosigkeit abzubauen, die sich entwickelt hatte, nachdem die während der Kulturrevolution aufs Land verschickten Jugendlichen zurückgekehrt waren. Gleichzeitig sollte der so entstehende Privatsektor die lange vernachlässigte Versorgung mit Dienstleistungen verbessern.

Um die Staats- und Kollektivbetriebe durch ein besseres Management zu beleben, wurde das auf dem Land so erfolgreiche Verantwortlichkeitssystem auch in den Unternehmen eingeführt – allerdings mit nur mäßigem Erfolg. Privatisierung blieb tabu und über die Zulassung von Lohnarbeit und Arbeitsmärkten im Sozialismus wurde heftig gestritten. 1986 tastete man dann erstmals die »Eiserne Reisschale« an: Bei Neueinstellungen wurden befristete Arbeitsverträge zur Regel gemacht und die Entlohnung wurde stärker an die Leistung gebunden. Die vorhandenen Belegschaften waren von den Veränderungen weitgehend ausgenommen, sahen

---

1 Als »Selbstbeschäftigte« werden Gewerbetreibende bezeichnet, die entweder Soloselbstständige sind oder nur Familienmitglieder bzw. sehr wenige Angestellte beschäftigen.

sich aber in der Folgezeit wachsendem Druck durch die Restrukturierung des Staatssektors ausgesetzt. Der Staat verzichtete schrittweise auf die alte umfassende Arbeits- und Sozialplanung und zog sich schließlich ganz aus der Arbeitskräfteallokation zurück. Einstellungen und Entlassungen von Arbeitskräften gingen ab 1992 in die Verantwortung der Betriebe über. Parallel dazu wurde der wachsende Privatsektor zunächst als (untergeordnete) Ergänzung der staatlichen Wirtschaft betrachtet und im Jahr 1999 dann auch als – zumindest formal – gleichgestellter Bestandteil von Chinas Wirtschaftssystem in der Verfassung anerkannt. Während sich dieser Teil dynamisch entwickelte, litten die staatlichen Unternehmen weiter an zu großen Belegschaften. 1995/96 soll rund die Hälfte von ihnen rote Zahlen geschrieben haben. Ab Mitte der 1990er-Jahre ergriff man im gesamten Staatssektor Maßnahmen zur Effizienzsteigerung. Bis Ende 2001 waren 87 Prozent der Staatsunternehmen umstrukturiert; von diesen waren 70 Prozent, vor allem kleine und mittlere Betriebe, ganz oder teilweise privatisiert.

Die Regierung scheute allerdings auch weiterhin davor zurück, staatliche Arbeitskräfte mit Beschäftigungsgarantie in die offene Arbeitslosigkeit zu entlassen. In diesen Fällen bauten die Betriebe Arbeitsplätze dadurch ab, dass sie zum Beispiel das Instrument des vorzeitigen Ruhestands, vor allem aber das der »Freisetzung von der Arbeit« (*xiagang*) nutzten. Freigesetzte blieben formell Betriebsangehörige und erhielten für drei Jahre eine Basisunterstützung, während sie umgeschult wurden. Durch das Instrument der »Freisetzung von der Arbeit« konnte die Regierung zumindest vorübergehend offene Arbeitslosigkeit und größere soziale Unruhen vermeiden. Ende 1999 erreichte die Anzahl der im Jahr freigesetzten Arbeitskräfte mit 9,4 Millionen ihren Höchststand, dann nahm sie bis 2005 auf 2,1 Millionen ab. Aber nur wenige schafften nach der Umschulung den Wiedereinstieg im ursprünglichen Unternehmen, die Mehrzahl musste sich nach neuen Arbeitsplätzen umsehen, die meist weit geringer entlohnt wurden. Die Arbeitsvermittlung der freigesetzten Arbeitskräfte gestaltete sich insgesamt weit problematischer als zunächst geplant, sodass das Ende des Programms Jahr um Jahr verschoben wurde. Die Statistiken im Jahr 2007 verzeichneten immer noch über fünf Millionen »Wiederbeschäftigte«, was auf einen noch bestehenden großen Sockel an freigesetzten Arbeitskräften hinweist.

Ergänzt wurden die angesprochenen Veränderungen durch die Herausbildung eines Wohnungsmarktes, sodass die Städter sich auch räumlich von den Staatsbetrieben, die ihnen bisher die Wohnung gestellt hatten, entfernten. Die geschilderten Entwicklungen hatten weitreichende Folgen für Arbeit und Beschäftigung: Einerseits entwickelten sich die Staatsbetriebe zu profitorientierten Unternehmen, die überschüssige Arbeitskräfte abbauten, ihren Bedarf genauer planten und Gewinne nicht mehr zur Wohlfahrtsmehrung verteilten, sondern reinvestierten. Andererseits wurden der nicht staatliche und der gemischte Sektor der Wirtschaft zum Hauptbeschäftigungsbereich für die chinesische Erwerbsbevölkerung. Neue Arbeitsplätze entstanden vor allem in der Industrie und im Dienstleistungssektor. Auch Fach- und Führungskräfte sowie Beschäftigte im öffentlichen Sektor, lange Zeit noch mit einem beamtenähnlichen Status privilegiert, mussten sich schließlich vom »sozialistischen Normalarbeitsverhältnis« lebenslanger Beschäftigung verabschieden. Und nicht zuletzt entstand offene Arbeitslosigkeit.

Die exakte Quantifizierung der beschriebenen Veränderungen gestaltet sich aufgrund inkonsistenter Datenquellen, politischer Einflussnahme auf die statistische Erfassung und im Zeitablauf wechselnder Definitionen äußerst schwierig. Auch sind Eigentumskategorien nicht eindeutig, denn am »gemischten Eigentum« kann der Staat anteilig beteiligt sein und »kollektives Eigentum« ist bisweilen verdecktes Privateigentum. Trotz dieser Einwände lässt sich das Ausmaß des Beschäftigungswandels mit den verfügbaren chinesischen Daten darstellen (siehe *Tabelle 1*, S. 706 f.). Danach hat sich die Gesamtbeschäftigung im Reformzeitraum nahezu verdoppelt: Lag sie 1978 noch bei 402 Millionen Beschäftigten, so stieg sie bis 2012 auf 767 Millionen an. Die städtische Beschäftigung vervierfachte sich in diesem Zeitraum fast und wuchs von rund 95 Millionen (1978) auf 371 Millionen Erwerbstätige (2012) an, die ländliche Beschäftigung nahm ebenfalls zu, und zwar von 306 Millionen (1978) auf 396 Millionen (2012). Seit Mitte der 1990er-Jahre, als sie mit gut 490 Millionen ihren Höchststand erreichte, ist sie rückläufig.

1978 erfassten die Staats- und Kollektivbetriebe nahezu die gesamte städtische Beschäftigung, nur rund 150 000 Erwerbstätige waren »Selbstbeschäftigte«. Ab Ende der 1980er-Jahre nahm dann die Beschäftigung in den nicht staatlichen Sektoren immer stärker zu und übertraf schließlich die im Staatssektor. 1992 erreichte die absolute Anzahl der Beschäftigten im Staatssektor (= staatliche und kollektive Betriebe) mit 145 Millionen ihren höchsten Stand, danach sackte sie bis 2011 auf 73 Millionen ab. Die Anzahl der Beschäftigten in staatseigenen (= staatlichen) Unternehmen nahm absolut von 75 Millionen (1978) auf 113 Millionen (1995) zu und verminderte sich erst danach auf 67 Millionen Arbeitskräfte (2011). Damit hat sich der Anteil dieser einst privilegierten Beschäftigten auf nur noch 18 Prozent der städtischen Beschäftigten reduziert.

Der staatliche Einfluss dürfte allerdings höher sein, als die offiziellen Angaben über staatliches Unternehmenseigentum vorgeben. Als es einem Teil der ehemaligen Staatsbetriebe erlaubt wurde, Unternehmensanteile zu verkaufen, waren es häufig (nur) andere Staatsbetriebe, die sich deren Kauf leisten konnten. Insofern ist auch in Firmen »gemischten Eigentums« der Staat meist Mehrheitseigner. Diese beschäftigten 2011 knapp 13 Prozent der städtischen Beschäftigten. Nur in den Privatbetrieben endet formal der staatliche Zugriff. Hier waren 19,2 Prozent der Städter beschäftigt; allerdings arbeiten in diesen im Allgemeinen kleineren Betrieben (durchschnittlich 3,5 Beschäftigte im Jahr 2005) verhältnismäßig viele Wanderarbeiter, sodass der Anteil der Privatbetriebe an allen Beschäftigten auf rund 30 Prozent kommen dürfte.

Auch in den ländlichen Unternehmen, die mit Beginn der Reformen in großer Anzahl aus dem Boden sprossen, stellen die privatwirtschaftlichen Arbeitsverhältnisse inzwischen die übergroße Mehrheit. Nicht nur, dass 27 Prozent derjenigen, die auf dem Land einer nicht landwirtschaftlichen Tätigkeit nachgehen, in Privatbetrieben oder als Selbstbeschäftigte arbeiten, auch in der Sammelkategorie der Dorf- und Gemeindeunternehmen mit ihren 159 Millionen Beschäftigten sind – vorsichtig gerechnet – weit über die Hälfte dem privaten Sektor zuzurechnen. Einschließlich der in der Landwirtschaft Tätigen arbeiten damit heute über 90 Prozent der chinesischen Erwerbstätigen außerhalb des staatlichen Sektors.

Industrialisierung und Urbanisierung

Strukturveränderungen in der Beschäftigung können unter anderem durch die Verschiebungen zwischen den drei Sektoren Landwirtschaft, Industrie und Dienstleistungen dargestellt werden (siehe *Tabelle 1*, S. 706 f.). Am Beginn der Reformen war China noch überwiegend ein Agrarland, wenn die Landwirtschaft zu diesem Zeitpunkt auch nur noch 28 Prozent zum Bruttoinlandsprodukt (BIP) beitrug. Aber 76,3 Prozent der Bevölkerung lebten auf dem Land und über 70 Prozent der Beschäftigten waren in der Landwirtschaft tätig. Im Jahr 2011 hatte sich dieser Anteil auf 34,8 Prozent halbiert, während 29,5 Prozent der Beschäftigten in der Industrie und 35,7 Prozent im Dienstleistungsbereich tätig waren.

Parallel zur Industrialisierung setzte eine rapide Ausweitung des Dienstleistungssektors ein, der wie in anderen planwirtschaftlichen Ökonomien unterentwickelt geblieben war. Schon 1994 hatte sich sein Beschäftigungsanteil verdoppelt und übertraf den der Industrie. Seitdem hat sich das Beschäftigungswachstum allerdings verlangsamt und auch der

Anteil am BIP blieb ab dem Jahr 2000 für mehrere Jahre relativ stabil bei rund 40 Prozent, obwohl die Wirtschaftspläne vorgesehen hatten, dass der arbeitsintensive Dienstleistungssektor deutlich stärker wachsen und mehr zur Beschäftigung beitragen sollte. Erst ab 2009 scheint diese Hoffnung aufzugehen: 2012 stieg der Anteil des Dienstleistungssektors am BIP auf 44,6 Prozent. Dennoch ist er damit nach wie vor niedriger als in vergleichbar entwickelten Ländern.

Der Reformbeginn setzte im ländlichen Raum vielfältige wirtschaftliche Aktivitäten frei. Er führte zu einem Rückzug der ländlichen Bevölkerung aus der Landwirtschaft und einem raschen Anstieg von Dorf- und Gemeindeunternehmen. Der Prozess der Industrialisierung des ländlichen Raums absorbierte bis 2010 über die Hälfte der 414,2 Millionen ländlichen Beschäftigten. Die Anzahl der Dorf- und Gemeindeunternehmen nahm vor allem in der zweiten Hälfte der 1980er-Jahre sprunghaft zu, seit Mitte der 1990er-Jahre verharrt sie in etwa auf gleichem Niveau. Hatten diese Unternehmen von 1978 bis 1995 noch 100 Millionen neue Arbeitskräfte aufgenommen, so schwächte sich der Wachstumstrend danach deutlich ab, weil die Dorf- und Gemeindeunternehmen dazu übergingen, die zunächst äußerst arbeitsintensive Produktion zunehmend zu mechanisieren. Dennoch beschäftigten sie 2010 159 Millionen Menschen und trugen damit 21 Prozent zur Gesamtbeschäftigung in China bei (siehe *Tabelle 1*, S. 706 ff.). In der verarbeitenden Industrie sind sogar zwei Drittel der Beschäftigten in Dorf- und Gemeindeunternehmen tätig. Insgesamt 59 Millionen Menschen waren 2010 in ländlichen Privatunternehmen oder als Selbstbeschäftigte auf dem Land tätig.

Das noch vorhandene Ausmaß an überschüssigen Arbeitskräften in der landwirtschaftlichen Produktion oder, anders formuliert, das Ausmaß an verdeckter Arbeitslosigkeit und Unterbeschäftigung auf dem Land ist nur schwer zu beziffern. Unterschiedliche Berechnungen kommen zu völlig verschiedenen Ergebnissen, auch weil sie das Potenzial zur Produktivitätssteigerung in der Landwirtschaft sowie den Anteil derjenigen, die in nicht landwirtschaftliche Tätigkeiten auf dem Land wechseln, unterschiedlich beurteilen. Für 2003 wurden etwa 150 Millionen unterbeschäftigte Arbeitskräfte in der Landwirtschaft geschätzt. Für die Jahre 2005 und 2007 schwanken die Angaben zwischen null und 106 Millionen. Die Autoren gehen mehrheitlich von einem sinkenden Überschuss, andere aber sogar von einem steigenden Überschuss aus. Simulationen, die eine »normale« und eine »beschleunigte« Produktivitätssteigerung zur Berechnungsgrundlage nehmen, zeigen eine deutliche Abnahme des Überschusses bis 2015. Aber selbst, wenn es noch überschüssige Arbeitskräfte gibt, so sind

Wanderarbeiter auf einer Baustelle in Shanghai (Foto: Imaginechina via AP Images, 2014)

diese wahrscheinlich eher älter und damit weniger geneigt, zur Arbeitssuche in die Städte zu wandern.

Allein die Wissenschaftler um den chinesischen Ökonomen Cai Fang nehmen an, dass es schon seit einigen Jahren keine überschüssigen Arbeitskräfte auf dem Land mehr gibt und dass auch durch die Verbesserung der Arbeitsproduktivität in der Landwirtschaft keine weiteren Arbeitskräfte für die Städte freigesetzt werden können – für sie ein Beleg für das Erreichen des »lewisianischen Wendepunktes«. Die These des britischen Wirtschaftswissenschaftlers William Arthur Lewis von 1954 besagt, dass im wirtschaftlichen Aufholprozess von Entwicklungsländern ein Wendepunkt erreicht ist, wenn das Reservoir billiger Arbeitskräfte erschöpft ist und dies die Reallöhne hochzutreiben beginnt.

Wanderarbeiter vom Land bilden nicht nur das Rückgrat der exportorientierten Industrie in den Küstenregionen, sie sind auch ein wichtiger Faktor für die Urbanisierung. In den 30 Jahren von Reformbeginn bis zum Jahr 2009 ist Chinas städtische Bevölkerung um 450 Millionen auf 622 Millionen angewachsen; davon sind rund 340 Millionen auf Migration und die Aufwertung von Dörfern zu Städten zurückzuführen.

Im Jahr 2011 wurden erstmals mehr Stadtbewohner als Landbewohner gezählt, bis Ende 2012 erhöhte sich die Urbanisierungsrate auf 52,6 Prozent. Bei einer weiteren Zunahme der Urbanisierung und einer aufgrund der Familienplanungspolitik nicht mehr wachsenden genuin städtischen Bevölkerung lässt sich schlussfolgern, dass der Zuwachs nur durch Zuwanderung vom Land erfolgen kann. Ein Wissenschaftlerteam aus den USA und China hat, davon ausgehend, den Arbeitskräftebedarf bis zum Jahre 2020 berechnet und geschlussfolgert, dass im Zuge der Urbanisierung der Anteil der Migranten an der städtischen Beschäftigung von 46 Prozent im Jahr 2005 auf dann 68 Prozent anwachsen muss.

Dies wird den Druck auf die städtischen Regierungen erhöhen, die Wanderarbeiter den Städten gleichzustellen und das *hukou*-System zu beseitigen. Jahr für Jahr gibt es dafür neue Vorschläge, so auch wieder auf der Sitzung des Nationalen Volkskongresses im März 2013. Ihre Umsetzung scheiterte allerdings bisher an den hohen Kosten, die für die Stadtregierungen entstünden, müssten sie doch die Zugewanderten mit den gleichen sozialen Rechten ausstatten wie die Städter. Ein dem Wohnungsbauministerium unterstehender Thinktank schätzte die Kosten pro Wanderarbeiter auf 100 000 RMB. Sollte nur ein Prozent der chinesischen Bevölkerung pro Jahr einen städtischen *hukou* erhalten, so beliefen sich die Kosten auf jährlich 1,4 Billionen RMB. Von einem weiteren Anstieg der Urbanisierung erwartet die Regierung zugleich sowohl eine Verbesserung in der Einkommensverteilung als auch einen Anstieg des Binnenkonsums, konsumieren doch Stadtbewohner das 2,57-Fache ihrer Landsleute in den Dörfern.

Flexibilisierung durch Arbeitsverträge

Die Einführung von Arbeitsverträgen im Jahr 1986 hebelte die »sozialistischen« Ansprüche der Arbeiter und Angestellten auf lebenslang abgesicherte Beschäftigung und eine umfassende Versorgung durch ihre *danwei* aus. Außerdem ersetzte die »beiderseitige Wahl« schrittweise die alte »einheitliche Zuteilung«: Unternehmen waren frei in ihrer Personalauswahl und die Arbeitskräfte in der Wahl eines Arbeitsplatzes.

In der Konzeption des Arbeitsvertragsrechts dienten Arbeitsverträge damit weniger dem Schutz der Arbeitnehmer, sondern waren ein Instrument, das den staatlichen Unternehmen die Befristung und Beendigung von Arbeitsverhältnissen ermöglichen und die Anstellungsprozesse flexibilisieren sollte. Es galt zunächst nur für staatliche Unternehmen und hier – mit Rücksicht auf die bisher privilegierten Beschäftigten – nur für neu eingestellte Arbeitskräfte. Anfangs waren daher Beschäftigungsverhältnisse auf Basis von Arbeitsverträgen nur wenig verbreitet: Bis 1990 hatten lediglich 13,3 Prozent der Arbeiter und Angestellten in Staatsbetrieben Arbeitsverträge unterzeichnet. Der Durchbruch erfolgte 1995 mit dem Inkrafttreten des Arbeitsgesetzes, das formal alle Arbeitskräfte in allen Unternehmensformen einschloss und die staatliche Anerkennung von marktwirtschaftlich geregelten Arbeitgeber-Arbeitnehmer-Beziehungen bedeutete.

In vielen Bereichen, vor allem im Privatsektor und in ausländischen Unternehmen, blieb die Umsetzung des neuen Gesetzes lückenhaft. Noch 2007 hieß es in einem Bericht des Nationalen Volkskongresses, dass nur circa 50 Prozent aller Unternehmen Arbeitsverträge mit ihren Beschäftigten abgeschlossen hatten; bei nicht staatlichen Firmen lag der Anteil bei lediglich 20 Prozent. Und von den geschlossenen Verträgen hatten 60–70 Prozent eine Laufzeit von unter einem Jahr. Anfang 2008 trat ein neues Arbeitsvertragsgesetz (AVGes) in Kraft, das erneut den Abschluss von Verträgen mit allen Beschäftigten einforderte. Ende 2010 erklärte Arbeitsminister Yin Weimin, dass 97 Prozent der großen Betriebe (mit einem Gewinn von über fünf Millionen RMB pro Jahr) das AVGes erfüllt hätten, aber nur 65 Prozent der kleinen Betriebe. Diese kleinen und mittleren Betriebe mit unter 200 Mitarbeitern stellen derzeit gut 99 Prozent aller Betriebe sowie fast 77 Prozent aller Arbeitsplätze in den Städten; hier finden viele Freigesetzte, Wanderarbeiter und auch Hochschulabsolventen Anstellung.

Auch der Abschluss von Arbeitsverträgen mit Wanderarbeitern, den das Gesetz von 2008 fordert, kommt anscheinend nur schleppend voran. Im Jahr 2012 hatten laut Nationalem Statistikbüro (NBS) knapp 44 Prozent der Wanderarbeiter Arbeitsverträge und damit genauso viele wie im Vorjahr. Häufig sind diese Verträge aufgrund der Fluktuation nur von kurzer Dauer. Längerfristige Verträge verbessern allerdings die Lage der Wanderarbeiter, da sie auch die Wahrscheinlichkeit ihrer Einbeziehung in die sozialen Sicherungsnetze erhöhen.

Diese langsame Entwicklung widerspricht völlig der offiziellen Rhetorik. Schon Anfang 2002 hatte der Staatsrat in seinem »Dokument Nr. 2« die Wanderarbeiter als Mitglieder der Arbeiterklasse anerkannt und für ihre faire Behandlung plädiert. Entsprechende Aussagen wurden auch in den folgenden Jahren getroffen. Als Ziel wurde ein einheitlicher Arbeitsmarkt anvisiert, für den die Stadt-Land-Unterschiede abgebaut werden sollten und die Mobilität ländlicher Arbeitskräfte erleichtert werden sollte. Dieses Ziel wurde dann mit dem AVGes und dem Beschäftigungsförderungsgesetz, das im selben Jahr 2008 in Kraft trat, sogar in Gesetzesform gegossen.

Dennoch scheinen Verletzungen der Arbeitsgesetze immer noch mehr die Regel als die Ausnahme zu sein. Zu den Problemen, mit denen sich viele Arbeiter und Angestellte konfrontiert sehen, gehören lange Arbeitszeiten, niedrige Entlohnung, nicht bezahlte Überstunden und Sozialversicherungsbeiträge, Lohnrückstände, fehlende Sicherheitsvorkehrungen und andere Gesundheitsgefährdungen, illegale Entlassungen oder übermäßige Lohnabzüge bei kleinen Fehlern. Dies gilt vor allem für die Masse der kleinen und mittleren Unternehmen, in denen die »Beschäftigungsqualität« ernste Probleme aufweist.

Das durchschnittliche Monatseinkommen von ländlichen Wanderarbeitern schneidet zwar im Vergleich mit dem ihrer städtischen Kollegen nicht einmal so schlecht ab. Da aber ihre Stundenlöhne deutlich niedriger sind, bedeutet dies, dass sie entsprechend länger dafür arbeiten müssen. Durchschnittlich sollen Wanderarbeiter dem Nationalen Statistikbüro zufolge knapp neun Stunden am Tag arbeiten, wobei 32 Prozent von ihnen mehr als zehn Stunden tätig sind. Diese Angaben dürften allerdings zu niedrig sein, wenn nach einer Umfrage der Zeitschrift Xiaokang und der Tsinghua University im Jahr 2012 über 40 Prozent aller Beschäftigten weniger als zehn Stunden arbeitsfreie Zeit pro Tag haben.

Die Systeme sozialer Sicherung werden zwar in den letzten Jahren kontinuierlich ausgeweitet, aber bislang zeigen alle Daten, dass Chinas Wohlfahrtssystem die Wohlhabenderen, die Stadtbewohner und die formell Beschäftigten stärker begünstigt als die Geringverdiener, die Bewohner von Kleinstädten und Dörfern oder die informell Beschäftigten. Noch 2012 waren die Wanderarbeiter nur zu einem sehr geringen Teil von den Sicherungssystemen erfasst, die meisten (24 Prozent) gehörten einer Unfallversicherung an, 16,9 Prozent der Krankenversicherung, 14,3 Prozent der Rentenversicherung und nur 8,4 Prozent der Arbeitslosenversicherung.

Informalisierung der Arbeit

Die beschriebenen Veränderungen auf dem Arbeitsmarkt gingen mit einer kontinuierlichen Deregulierung und damit Verschlechterung der Arbeitsbedingungen einher. Nahezu jeder zweite Arbeitsplatz in Chinas Städten ist heute als »informell« zu bezeichnen, da er nicht durch einen Arbeitsvertrag oder die Sozialversicherung geschützt und meist befristet, unsicher und unterbezahlt ist oder auf Selbstbeschäftigung beruht. Informelle Beschäftigung muss nicht prekär sein. Überwiegend handelt es sich dabei um abhängige Beschäftigung, nur etwa 30 Prozent der informell Beschäftigten sind selbstständige Kleinunternehmer. Vor allem die Wanderarbeiter sind auf informelle Tätigkeiten ohne Arbeitsverträge mit ungeregelten Arbeitszeiten und geringer Entlohnung angewiesen.

Einen Hinweis auf das Ausmaß informeller Arbeit liefert auch die chinesische Statistik: Hier klafft seit Ende der 1980er-Jahre eine Lücke zwischen der Gesamtzahl der städtischen Erwerbstätigen und der Summe der Beschäftigten nach Eigentumsformen; im Jahr 2011 betrug sie 96,8 Millionen Personen oder 27 Prozent der städtischen Erwerbsbevölkerung (siehe *Tabelle 1*, S. 706 f.). Neben Unzulänglichkeiten im statistischen System dürfte für diese große Anzahl »nicht klassifizierter« Beschäftigter im Wesentlichen der erheblich unterschätzte Anteil der privaten Beschäftigung, die Nichterfassung von Wanderarbeitern sowie eine unzureichende Erfassung weiterer informeller (wie auch selbstständiger) Arbeit verantwortlich sein.

Vor allem der Dienstleistungssektor ist von einem hohen Anteil informeller Arbeit geprägt, sei es als Selbstbeschäftigung oder in kleinen Familienunternehmen. Allerdings ist festzuhalten, dass informelle Arbeit nicht mit dem Dienstleistungssektor gleichgesetzt werden darf, da sie auch bzw. vor allem im formellen staatlichen und privaten Industriesektor zu finden ist. Auch in großen Unternehmen und in der verarbeitenden Industrie prägen Zeitarbeit, flexible Arbeit und Teilzeitarbeit, im ersten Beruf oder in Zusatzbeschäftigungen, immer mehr das Bild.

Ein wesentlicher Teil dieses Problems ist die wachsende Nutzung von Leiharbeitern *(laowu paiqian)*. Seit Mitte der 1980er-Jahre haben staatliche Institutionen eine Reihe von Arbeitsvermittlungseinrichtungen für unterschiedliche Gruppen von Arbeitskräften geschaffen, wie zum Beispiel die Foreign Service Company (FESCO) für die Vermittlung von Arbeitskräften an ausländische Unternehmen, »Arbeitsaustauschzentren« für die Vermittlung von Wanderarbeitern oder »Talentaustauschzentren« für die Vermittlung von Fachkräften. Ergänzt wurden sie durch private Arbeitsvermittler und später auch »Wiedereinstellungszentren« für die Unterbringung der aus Staatsbetrieben freigesetzten Arbeitskräfte. Aus dieser Vielzahl von Einrichtungen entwickelte sich allmählich eine vornehmlich private Leiharbeitsindustrie, die vor allem nach Chinas WTO-Beitritt 2001 zu boomen begann. Diese Entwicklung vollzog sich durchaus mit staatlicher Unterstützung; denn die Flexibilisierung der Arbeit gilt als eine Voraussetzung für die Steigerung der globalen Wettbewerbsfähigkeit chinesischer Unternehmen. Lokale Regierungen sehen in Leiharbeit außerdem einen Weg zur Verringerung von Arbeitslosigkeit. Das Interesse der Unternehmen daran stieg mit dem Erlass des Arbeitsgesetzes im Jahr 1994 und besonders nach der Verabschiedung des AVGes im Jahr 2007; sie wollen mit der Ersetzung von Teilen der Belegschaft mittels Leiharbeit die

Bindung durch Arbeitsverträge vermeiden und Kosten verringern. Eine weitere vermehrt genutzte Methode zur Umgehung des AVGes ist die Beschäftigung studentischer Praktikanten.

Zwar sieht das AVGes für Leiharbeiter gleichen Lohn bei gleicher Arbeit vor, aber dieser Grundsatz wird in der Praxis umgangen. Als Folge der weit geringeren Bezahlung befinden sich viele der so Vermittelten eher in einer prekären Situation. In der verarbeitenden Industrie, im IT-Bereich sowie im Groß- und Einzelhandel sollen Leiharbeiter bis zu einem Drittel weniger verdienen als regulär Beschäftigte. Angaben über das Ausmaß von Leiharbeit bleiben anekdotisch. In der chinesischen Presse genannte Zahlen, die sich unter anderem auf Angaben des Gewerkschaftsbundes berufen, bewegen sich bei 10–20 Prozent der städtischen Beschäftigten, für 2011 wird zum Beispiel die Anzahl von über 60 Millionen Leiharbeitern genannt. Dabei sind es nicht unbedingt kleine oder private Unternehmen, die Leiharbeiter »übermäßig« nutzen, sondern Staatsunternehmen und Unternehmen in Schlüsselindustrien. In einigen großen Staatsbetrieben der Chemie-, Telekommunikations- oder Finanzbranche sollen es bis zu zwei Drittel der Beschäftigten sein; die staatliche Fernsehanstalt China Central Television (CCTV) beschäftigt sogar doppelt so viele Leiharbeiter wie reguläre Arbeitskräfte. Eine revidierte Fassung des AVGes, die am 1. Juli 2013 in Kraft trat, soll Missbrauch einen Riegel vorschieben und beschränkt Leiharbeit auf tatsächlich befristete und ergänzende Tätigkeiten. Bei gleicher Tätigkeit sollen Leiharbeiter den gleichen Lohn wie regulär Beschäftigte erhalten.

»Registrierte« und »ermittelte« Arbeitslosigkeit

Obwohl die Planwirtschaft offiziell keine Arbeitslosigkeit kannte, schwoll diese am Ende der Kulturrevolution und vor allem nach Reformbeginn durch den Rückstrom der aufs Land geschickten Jugendlichen an. Da diesen und anderen Arbeitsuchenden noch keine Arbeitsplätze zugeteilt waren, galten sie als »auf Arbeit Wartende«. Um sozialer Unruhe vorzubeugen, erlaubte die Regierung neben der eigenständigen Arbeitsplatzsuche auch die »Selbstbeschäftigung« sowie schließlich die »Vererbung« der elterlichen Arbeitsplätze an die Kinder (*dingti*). Diese Politik war zunächst erfolgreich, bevor die Einführung von Arbeitsmärkten ab Mitte der 1980er-Jahre wieder zu einem Anstieg der Arbeitslosigkeit führte. Seit 2003 liegt die Arbeitslosenrate – zur Verwunderung vieler Beobachter – trotz wirtschaftlicher Krisen- und Wachstumsphasen relativ stabil zwischen 4,3 Prozent und 4,1 Prozent (siehe *Tabelle 1*, S. 706 f.).

Arbeitslos sind nach chinesischer Definition Personen im Alter zwischen 16 und 45 (Frauen) bzw. 50 Jahren (Männer), die einen städtischen *hukou* haben sowie erwerbsfähig und als Arbeit suchend registriert sind. Bauern, Wanderarbeiter und »freigesetzte« städtische Arbeitskräfte zählen also nicht als Arbeitslose! Auch chinesische Offizielle erkennen an, dass diese »registrierte Arbeitslosigkeit« nicht dem tatsächlichen Ausmaß entspricht. Mithilfe von Umfragen haben Wissenschaftler immer wieder versucht, das tatsächliche Ausmaß zu ermitteln. Für die Jahre von 1999 bis 2002, das heißt die Jahre mit der höchsten Anzahl an Freigesetzten, haben sie eine Arbeitslosenrate von bis zu 14 Prozent geschätzt. Seitdem ist die Anzahl gesunken. Für 2012 schwanken die Berechnungen zwischen fünf und 9,2 Prozent. Besonders betroffen sind Frauen, Berufsanfänger und Absolventen höherer Bildungseinrichtungen.

Uni-Absolventinnen haben es bei der Arbeitssuche noch schwerer als ihre männlichen Kollegen. (Imaginechina via AP Images/Jiang Ren, Shanghai, 2009)

Die Arbeitslosigkeit ist damit relativ hoch geblieben, obwohl die Erwerbsbeteiligung in den Städten in der letzten Dekade stark abgenommen hat. So ist der Anteil derjenigen im Erwerbsalter mit städtischem *hukou*, die keiner Erwerbstätigkeit nachgehen, von sechs Prozent im Jahr 1988 auf 36 Prozent im Jahr 2007 gestiegen. Ursächlich hierfür sind neben den

Freisetzungen und Frühverrentungen im Zuge der Umstrukturierung der Staatsunternehmen vor allem zwei Entwicklungen: Zum einen wird das Bildungswesen kontinuierlich ausgebaut, wodurch sich in dem genannten Zeitraum das Durchschnittsalter der Berufsanfänger um sieben Jahre erhöhte. Zum anderen kann ein steigender Anteil von Schülern und Studenten nach ihrem Examen nicht mehr gleich einen Arbeitsplatz finden.

Besonders niedrig geworden ist die Erwerbsbeteiligung von Frauen, vor allem in den Städten. Sollten sie in der Mao-Zeit noch »die Hälfte des Himmels« einnehmen, so arbeiteten im Jahr 2010 nach »Zurück-an-den-Herd«- und ähnlichen Kampagnen nur noch 60,8 Prozent der Frauen mit einem städtischen *hukou*, 16 Prozent weniger als noch 1990 und 20 Prozent weniger als die Männer.

Fazit: Liberalisierter Arbeitsmarkt

Die Nutzung des Faktors Arbeit war zu Zeiten der Planwirtschaft in China in höchstem Maß ineffektiv. Die zentrale Arbeitsplatzallokation und die lebenslange Beschäftigungsgarantie verhinderten, dass sektoral und lokal auf Angebots- und Nachfrageveränderungen reagiert werden konnte. Zudem hatte das Management in landwirtschaftlichen und industriellen Einheiten kaum Möglichkeiten, Leistungsanreize zu setzen. Dies änderte sich allmählich durch die Übergabe der Produktionsverantwortung an die ländlichen Haushalte. Sie setzte Arbeitskräfte frei, die in die wachsende Industrie im ländlichen Raum und in die Städte abwanderten. Die neue Konkurrenz durch einen nicht staatlichen Sektor erforderte wiederum Reformen im Staatssektor, um das Problem niedriger Produktivität wirkungsvoll anzugehen.

Indem man Entlassungen mithilfe befristeter Arbeitsverträge ermöglichte, begann ein Prozess der Liberalisierung, der zum Teil frühkapitalistische Züge annahm. Wenn auch inzwischen einige der gröbsten Auswüchse durch die wachsende Anzahl rechtlicher Regelungen korrigiert werden konnten, so werden doch immer wieder Fälle von Missbrauch wie Kinder- oder Sklavenarbeit in der chinesischen Presse aufgedeckt. Das Arbeitsrecht hat weniger den Schutz der Arbeitskräfte als vielmehr die Flexibilisierung von Arbeit zum Ziel. Das »normale« Arbeitsverhältnis in China ist heute eher prekär. Das gilt vor allem für die große Anzahl ländlicher Arbeitsmigranten, die aufgrund fortbestehender institutioneller Barrieren, vor allem des *hukou*, in den Städten auch weiterhin Menschen »zweiter Klasse« sind. Ohne die Aufhebung dieser Barrieren wird die Integration des ländlichen und des städtischen Arbeitsmarktes unvollständig bleiben.

3 Arbeitsmarkt am Wendepunkt?

Anfang 2008 traten drei Gesetze in Kraft, die eine neue Ära in der Arbeitsmarktpolitik einläuten sollten: das bereits erwähnte Arbeitsvertragsgesetz, das Gesetz zur Beschäftigungsförderung sowie ein Gesetz zur Regelung von Arbeitskonflikten. Angekündigt wurde weiterhin ein Gesetz zur sozialen Sicherung. Die massiven Auswirkungen der globalen Finanzkrise auf China veranlassten die Regierung jedoch, die Umsetzung der Gesetze zunächst auszusetzen: Um Arbeitslosigkeit größeren Ausmaßes zu vermeiden, wurden die Staatsbetriebe angewiesen, vorläufig keine Arbeitskräfte zu entlassen. Die Krise verdeckte allerdings nur kurzfristig qualitative Veränderungen auf dem Arbeitsmarkt, deren deutlichstes Anzeichen die in der Einleitung beschriebene absolute Abnahme des Erwerbspersonenpotenzials ist.

Der Rückgang an verfügbaren Arbeitskräften ist das Ergebnis des seit Längerem anhaltenden Alterungsprozesses der Gesellschaft und markiert das Ende der »demografischen Dividende« (siehe Infokasten S. 673). Seitdem der Zustrom billiger Arbeitskräfte vom Land in die Zentren der Exportproduktion in Chinas Süd- und Ostprovinzen langsam versiegt, ist ein merkliches Ansteigen der Löhne zu beobachten. Diese Prozesse haben die chinesische Führung in ihrem Vorhaben bestärkt, von der exportorientierten, arbeitsintensiven Billigproduktion auf ein Wachstumsmodell umzuschwenken, das auf Qualität, Innovation und besser qualifizierte Arbeitskräfte setzt. Begünstigt durch diese Entwicklung, ist auch die Bereitschaft der Arbeiter gewachsen, sich für ihre Rechte einzusetzen.

Alterung der Gesellschaft

Chinas Gesellschaft altert seit dem Jahr 2000, und zwar in einem Ausmaß und einer Geschwindigkeit, die in jeder Hinsicht außerordentlich sind. Im Jahr 2010 waren 12,3 Prozent der Bevölkerung 60 Jahre und älter; im Jahr 2050 wird jeder dritte Chinese so alt sein (siehe *Tabelle 2*). Die Lebenserwartung ist im Zeitraum von 1950 bis 2010 von 44,6 auf 73,8 Jahre gestiegen, während die Fertilität von 6,11 Kindern pro Frau auf 1,56 abgenommen hat (siehe den Beitrag von Thomas Scharping). Ein besonderes Charakteristikum der Alterungsprozesse in Asien ist ihre Geschwindigkeit, darin wird China nur noch von Südkorea übertroffen. Für den Anstieg des Bevölkerungsanteils ab 65 an der Gesamtbevölkerung von sieben Prozent auf 14 Prozent wird China nur 25 Jahre benötigen; in Frankreich waren dafür noch 115 Jahre notwendig und in den USA 73 Jahre.

Wie in den entwickelten Ländern hat diese Alterung auch im weniger entwickelten China gravierende Auswirkungen. So wird sich das Verhältnis von arbeitsfähiger und nicht arbeitsfähiger Bevölkerung dramatisch verändern. 1950 kamen noch 7,7 Chinesen im arbeitsfähigen Alter auf einen Über-59-Jährigen, 2010 waren es 5,5 und bis 2050 wird die Zahl auf 1,6 abnehmen. Zugleich nimmt auch die Zahl der Kinder und damit die der künftigen Arbeitskräfte ab. Von 1980 bis 2010 ist die Bevölkerung im arbeitsfähigen Alter um 360 Millionen Personen angewachsen, bis 2050 wird sie hingegen um 233 Millionen schrumpfen. Damit wird sich die Last, die jede Arbeitskraft zur Unterstützung älterer Menschen schultern muss, mehr als verdreifachen. Aufgrund des fehlenden Nachwuchses verändert sich auch die Altersstruktur der Erwerbstätigen. Während die Gruppe der 15- bis 24-Jährigen von 1980 bis 2010 von 33,7 Prozent auf 24,6 Prozent abgenommen hat und bis 2050 weiter auf 18,2 Prozent sinken wird, hat die Gruppe der 45- bis 59-Jährigen von 20,7 Prozent auf 27,9 Prozent zugenommen und wird bis 2050 weiter auf 39,2 Prozent ansteigen. Dieser allmähliche Alterungsprozess gilt auch für die Wanderarbeiter.

Ab ungefähr 2030 wird der Anteil der Über-59-Jährigen in China größer sein als der entsprechende Anteil in den USA, möglicherweise ein gravierender Nachteil im globalen wirtschaftlichen Wettbewerb. Auf jeden Fall werden die Familien durch diese Entwicklung immer stärker belastet. Wenn der Staat diese Belastung nicht überdehnen und soziale Instabilität riskieren will, muss er sich stärker als bisher engagieren. Um das gegenwärtige Versorgungsniveau zu halten, müssten die Ausgaben des Staates allein für die Alterssicherung von derzeit drei Prozent Anteil am BIP auf mindestens 15 Prozent im Jahr 2050 gesteigert werden (siehe den Beitrag von Markus Taube).

Die Alterung der Gesellschaft stellt eine besondere Herausforderung für China dar, da die Pro-Kopf-Einkommen noch relativ niedrig sind. Als die Über-65-Jährigen 1978 in Japan einen Anteil von acht Prozent an der Bevölkerung erreichten, verfügte das Land bereits über ein durchschnittliches Pro-Kopf-Einkommen von 17 480 US$. In China lag der vergleichbare Wert im Jahr 2010 nur bei 6 382 US$. Das heißt, Chinas alte Bevölkerung ist schneller gewachsen als das Einkommensniveau. Insofern hat das Land einen wesentlich kleineren Spielraum als die entwickelten Länder, um die Auswirkungen der Bevölkerungsalterung zu absorbieren: Es »wird alt, bevor es reich wird« (*weifu xianlao*).

Ein Gutteil des Wachstums in China konnte in den letzten 30 Jahren durch die stetige Zuführung neuer Arbeitskräftekohorten erzielt werden. Laut jüngsten Berechnungen betrug der Beitrag der »Arbeitsakkumulation«

Tab. 2: Altersstruktur der chinesischen Bevölkerung (1950–2050)

Alter	1950	1975	1980	1985	1990	1995
Gesamtbevölkerung	550 774	915 041	983 171	1 056 579	1 145 196	1 213 985
davon:						
0–14	188 369	356 381	349 066	323 535	320 862	331 238
15–59	320 832	492 994	555 867	643 753	722 473	766 349
60 und älter	41 573	65 666	78 238	89 291	101 861	116 398
80 und älter	1 560	4 115	5 816	7 984	9 850	11 570
in % der Bevölkerung:						
0–14	34,2%	38,9%	35,5%	30,6%	28,0%	27,3%
15–59	58,3%	53,9%	56,5%	60,9%	63,1%	63,1%
60 und älter	7,5%	7,2%	8,0%	8,5%	8,9%	9,6%
80 und älter	0,3%	0,4%	0,6%	0,8%	0,9%	1,0%

Alter	2000	2005	2010	2015	2020	2025
Gesamtbevölkerung	1 269 115	1 307 593	1 341 337	1 369 742	1 387 791	1 395 256
davon:						
0–14	323 410	285 784	260 959	243 995	232 433	218 495
15–59	816 000	879 649	915 225	919 347	914 364	895 164
60 und älter	129 705	142 160	165 153	206 400	240 994	281 597
80 und älter	13 620	15 264	18 212	22 337	26 291	30 369
in % der Bevölkerung:						
0–14	25,5%	21,9%	19,5%	17,8%	16,7%	15,7%
15–59	64,3%	67,3%	68,2%	67,1%	65,9%	64,2%
60 und älter	10,2%	10,9%	12,3%	15,1%	17,4%	20,2%
80 und älter	1,1%	1,2%	1,4%	1,6%	1,9%	2,2%

Alter	2030	2035	2040	2045	2050
Gesamtbevölkerung	1 393 075	1 381 588	1 360 907	1 331 770	1 295 605
davon:					
0–14	203 547	192 575	185 256	179 617	174 389
15–59	849 505	802 060	775 534	738 234	682 009
60 und älter	340 023	386 953	400 117	413 919	439 207
80 und älter	39 074	55 097	64 902	77 079	98 339
in % der Bevölkerung:					
0–14	14,6%	13,9%	13,6%	13,5%	13,5%
15–59	61,0%	58,1%	57,0%	55,4%	52,6%
60 und älter	24,4%	28,0%	29,4%	31,1%	33,9%
80 und älter	2,8%	4,0%	4,8%	5,8%	7,6%

Quelle: Population Division of the Department of Economic and Social Affairs of the United Nations Secretariat: World Population Prospects. The 2010 Revision, New York 2011.

zum Wachstum in China rund 20 Prozent. Die »demografische Dividende« scheint allerdings erschöpft, sodass den Faktoren Humankapital und Effizienzsteigerung künftig eine größere Bedeutung zukommt. Die chinesische Regierung wird weit mehr in Bildung investieren müssen als bisher.

Arbeitskräfte gesucht: In den reichen Regionen Chinas herrscht Fachkräftemangel.
(Foto: Imaginechina via AP Images, 2014)

Der 2012 erstmals ermittelte Rückgang des Potenzials an Erwerbspersonen auf 69,2 Prozent der Bevölkerung ist allerdings nicht zwangsläufig; denn er vollzieht sich auf der Basis eines relativ niedrigen Renteneinstiegsalters von 55 Jahren bei Frauen und 60 Jahren bei Männern. Eine Anhebung des Renteneinstiegsalters für Frauen und Männer auf 65 Jahre zum Beispiel würde den Beginn der relativen Abnahme des Erwerbspersonenpotenzials um mindestens 20 Jahre verzögern. Dagegen regt sich jedoch Widerstand, und zwar nicht nur bei den Gewerkschaften. Wissenschaftler argumentieren, dass eine solche Verlängerung der Lebensarbeitszeit höchstens schrittweise und gekoppelt mit anderen Arbeitsmarktreformen möglich sei. Derzeit sind gerade die ältesten auch die am schlechtesten ausgebildeten Arbeitskräfte; sie hätten große Probleme, weiter Beschäftigung zu finden. Auch die Aufhebung der Familienplanungspolitik könnte sich – zumindest längerfristig – auf das Arbeitskräfteangebot auswirken und wird unter anderem deshalb von fast allen Demografen in China gefordert. Die chinesische Führung hat bisher allerdings nur einer schrittweise erfolgenden Lockerung der »Ein-Kind-Politik« zugestimmt.

Arbeitskräftemangel und Akademikerarbeitslosigkeit

Als die globale Finanzkrise sich im Jahr 2008 auf die chinesische Exportindustrie auszuwirken begann, verabschiedete die chinesische Regierung ein gewaltiges Investitionsprogramm, um einer sozialen Destabilisierung infolge von Massenarbeitslosigkeit vorzubeugen. Doch schon zwei Jahre später war wieder von Arbeitskräftemangel die Rede, ein Phänomen, das erstmals 2003 auftrat und seitdem die Debatten chinesischer Arbeitswissenschaftler beherrscht. Wieder meldete vor allem die Provinz Guangdong, diesmal aber auch Shanghai, dass viele Arbeitsplätze unbesetzt bleiben, vor allem in der arbeitsintensiven Textil- oder Schuhindustrie. Gestützt werden die meist anekdotischen Berichte von den vierteljährlichen Berechnungen des Ministeriums für Humankapital und Soziale Sicherheit (Ministry of Human Resources and Social Security, MOHRSS) zum Verhältnis von Angebot und Nachfrage. Danach übersteigt seit 2010 die Nachfrage das Angebot, und zwar mit zunehmender Tendenz.

Einige chinesische Arbeitsökonomen, darunter vor allem die Herausgeber des Grünbuchs für Bevölkerung und Arbeit der Chinesischen Akademie für Sozialwissenschaften, nahmen diesen versiegenden Zufluss von ländlichen Arbeitskräften sowie zugleich steigende Löhne zum Ausgangspunkt für ihre Argumentation, dass in China der »lewisianische Wendepunkt« nahe sei. Sie versuchen diese These vor allem mit detaillierten Analysen abnehmender Lohndifferenzen – interregional oder zwischen unqualifizierter und qualifizierter Arbeit – zu belegen. Andere Wissenschaftler haben dieser These widersprochen und argumentieren, dass dieser Wendepunkt erst später eintritt oder dass der Zeitraum, den diese Wendezeit umfasst, als länger angenommen werden muss, da es auf dem Land immer noch ein Potenzial zur Produktivitätssteigerung und damit mögliche überschüssige Arbeitskräfte gibt.

Auch die Untersuchungsergebnisse zu den Lohnunterschieden fallen uneinheitlich aus. Ein wichtiger Grund dafür sind die verschiedenen Einheiten, die gemessen werden: Beschäftigte, Unternehmen, Städte oder Regionen. So weisen einzelne Städte zum Beispiel unterschiedliche Grade von Lohndiskriminierung auf und es ergeben sich unterschiedliche Werte je nachdem, ob nur die Löhne oder auch die Boni und Versicherungsleistungen verglichen werden. In Bezug auf die diskriminierende Wirkung struktureller Barrieren wie des *hukou* sind sich allerdings alle Autoren einig.

Strukturelle Veränderungen sind es auch, die zahlreiche Wanderarbeiter dazu veranlassen, nicht mehr bis in die Küstenregionen zu kommen. Die durchschnittlichen Monatseinkommen der Wanderarbeiter sind in den letzten Jahren vor allem in Zentralchina, aber auch in Westchina, schneller gewachsen als im Ostteil. Dies dürfte auch auf die Verlagerung von Unternehmen oder zumindest von Unternehmensteilen in die Zentralregionen zurückzuführen sein, in deren Folge die Nachfrage nach Arbeitskräften dort wächst. Beides macht es für Migranten attraktiver, näher an ihren Herkunftsorten nach Arbeit zu suchen. Zahlen des NBS belegen, dass seit 2008 ein wachsender Anteil von Wanderarbeitern »innerhalb« der eigenen Provinz bleibt. Damit steigt der Anteil der Wanderarbeiter in Zentral- und Westchina im Vergleich zum Osten.

Um sich von den Herkunftsorten, die sich in der Regel in West- und Zentralchina befinden, bis zu den Ostküsten aufzumachen, muss der Lohnvorteil so groß sein, dass er die Nachteile wie geringere soziale Absicherung und höhere Lebenshaltungskosten ausgleicht. Wenn ein Wanderarbeiter in Ostchina im Jahr 2011 im Durchschnitt nur noch rund 2,3 Prozent mehr verdienen konnte als in Zentralchina (2008 waren es noch sechs Prozent) und die Lebenshaltungskosten ca. 25 Prozent höher sind, dann verlieren die Küstenstädte zwangsläufig an Anziehungskraft. Vor allem in Guangdong waren die Löhne traditionell niedriger und die Arbeitsbedingungen schlechter als in anderen Ostprovinzen. Im Perlflussdelta ist daher in den letzten Jahren der Zustrom an Wanderarbeitern am stärksten zurückgegangen. Hier sind in Reaktion darauf auch die Mindestlöhne besonders stark angestiegen.

Die schwindende Neigung von Wanderarbeitern, jede mögliche Arbeit anzunehmen, wird aber noch auf ein weiteres Phänomen zurückgeführt: den Generationenwandel. Unter dem Schlagwort der »neuen« oder auch »zweiten Generation« der Wanderarbeiter (*xinshengdai nongmingong*) werden nicht nur Veränderungen in der Altersstruktur und im Bildungsstand oder der höhere Anteil weiblicher Migranten diskutiert, sondern damit ist auch ein mentaler Wandel gemeint. Zwar ziehen von den jüngeren Migranten noch überdurchschnittlich viele in die Küstenstädte, aber anders als die Vätergeneration gehen sie nicht mehr unbedingt davon aus, nach einigen Jahren Arbeit zurück aufs Land zu gehen. Zum Teil können sie auch gar nicht mehr in der Landwirtschaft arbeiten. Das bedeutet aber, dass sie sich in zunehmendem Maß mit den Gleichaltrigen in den Städten vergleichen, entsprechende Ansprüche stellen (einschließlich der Aufhebung des sie diskriminierenden *hukou* und des Abschlusses von Arbeitsverträgen) und auch bereit sind, dafür zu streiten.

Weitere Hinweise auf mögliche Ursachen des Arbeitskräftemangels gibt eine Analyse, die Alter und Ausbildungsstand der Arbeitskräfte berücksichtigt. Eine Aufschlüsselung der Daten des MOHRSS zum Verhältnis von Angebot und Nachfrage ergibt, dass es vor allem an Arbeitskräften »im besten Alter« mit mittlerer Qualifikation mangelt. Schon seit Längerem ist die Nachfrage nach Absolventen beruflicher und technischer Ausbildungsgänge besonders hoch. Kontinuierlich gestiegen ist in der letzten Dekade auch der Bedarf an Arbeitskräften mit einer Mittelschulbildung (neun bis zwölf Schuljahre). Seit 2009 übersteigt für diese Arbeitskräfte die Nachfrage das Angebot immer stärker.

Tausende Angestellte des taiwanesischen IT-Produzenten Foxconn streikten 2010 für mehr Lohn und verbesserte Arbeitssicherheit. (Foto: Imaginechina via AP Images/ Cheng Jiang)

Anders hingegen fällt die Bilanz für Hochschulabsolventen aus, hier ist das Angebot größer als die Nachfrage. Schon seit einigen Jahren vermelden chinesischen Behörden und Medien Schwierigkeiten für Hochschulabsolventen, angemessene Arbeitsplätze zu finden. Seit der Ausweitung des Hochschulzugangs im Jahr 1999 ist zunächst die Anzahl der Studenten und dann die der Absolventen weit schneller gestiegen als die Anzahl entsprechender Arbeitsplätze in der Wirtschaft. Berechnungen zur Technologieintensität der vorhandenen Arbeitsplätze zeigen nur eine langsame

Verschiebung hin zu höheren technologischen Anforderungen. Jedes Jahr nimmt ein großer Teil der Millionen Absolventen der Colleges und Universitäten Arbeitsplätze unter Wert an oder schlägt sich als sogenannter Ameisenstamm (*yizu*) mit Hilfsarbeiten durch (auch um nicht die Berechtigung zu verlieren, in den Städten zu bleiben). Als Folge dieser Entwicklung hat der öffentliche Dienst wieder an Attraktivität als Arbeitgeber gewonnen. Während in den 1990er-Jahren die Privatwirtschaft so große Anziehungskraft auf Arbeitsuchende ausgeübt hatte, dass das Schlagwort *xiahai* – »Abtauchen im Meer« der Privatunternehmen – in aller Munde war, ist das heute anders. Zwar bietet der öffentliche Dienst nicht die höchsten Gehälter, wohl aber Stabilität und Ansehen. Ende 2012 nahmen rund 1,12 Millionen Bewerber an den Prüfungen für gut 20 000 Positionen in der zentralen Verwaltung teil, auf der Provinzebene noch Millionen weitere (siehe den Beitrag von Barbara Schulte).

Steigende Löhne

In den ersten drei Jahren nach Ausbruch der globalen Finanzkrise im Jahr 2008 sind die Durchschnittslöhne in den Städten um jährlich zwölf Prozent gestiegen. Den stärksten Anstieg verzeichneten die Kollektivunternehmen, aber auch in den Staatsunternehmen wuchsen sie überdurchschnittlich. Während diese rund 30 Prozent mehr zahlen als der nationale Durchschnitt, liegen die Löhne in Privatunternehmen derzeit um circa 30 Prozent darunter. Insgesamt hat die noch zur Jahrhundertwende hohe Privilegierung staatlicher Beschäftigter allerdings abgenommen und die Lücke zwischen den Löhnen schrumpft zugunsten des nicht staatlichen Sektors.

Auch die Löhne der Wanderarbeiter sind gestiegen, allerdings zunächst weit weniger als die der formell Beschäftigten. In der ersten Dekade des neuen Jahrtausends wuchsen sie um durchschnittlich sechs Prozent pro Jahr. Damit nahmen ihre Einkommen im Verhältnis zu denen der formell Beschäftigten faktisch ab, von 71 Prozent im Jahr 2001 auf nur noch 49 Prozent im Jahr 2007. Ursächlich für diese Entwicklung war auch, dass die Mindestlöhne von 1995 bis 2006 eingefroren blieben und damit von 44 Prozent auf nur noch 28 Prozent des durchschnittlichen lokalen Lohnniveaus fielen. Und selbst diese geringen Mindestlöhne wurden von den Unternehmen nicht immer bezahlt. Eine Untersuchung in fünf Großstädten ergab, dass im Jahr 2001 noch etwa 48 Prozent der Wanderarbeiter und 79 Prozent der lokalen städtischen Arbeiter den Mindeststundenlohn erhielten; bis 2005 waren die Anteile dann auf nur noch 21 Prozent und 45 Prozent gefallen.

Dies änderte sich ab 2010, als die durchschnittlichen Löhne der Wanderarbeiter um 19,3 Prozent zulegten (2009 betrug die Zunahme nur 5,7 Prozent). Dieser Trend setzte sich auch im Jahr 2011 mit einer Steigerung um gut 21 Prozent noch fort, 2012 wuchsen die Löhne dann nur noch um 11,8 Prozent. Ausgangspunkt für diesen im Vergleich zum gesamten Lohnniveau überdurchschnittlichen Anstieg dürfte einerseits der in den Ostprovinzen spürbare Arbeitskräftemangel, andererseits aber auch die Streikwelle gewesen sein, die im ersten Halbjahr 2010 viele Unternehmen erfasste. Förderlich war sicherlich auch die geänderte Wirtschaftsprogrammatik, die unter anderem eine Steigerung des Binnenkonsums anstrebt.

Entsprechend zielen der zwölfte Fünfjahresplan und die konkretere Arbeitsmarktpolitik für die Jahre 2011 bis 2015 auf einen weiteren Anstieg der Mindestlöhne. Durchschnittlich sollen sie in diesen fünf Jahren um mindestens 13 Prozent pro Jahr steigen. Aber selbst mit diesem Anstieg lässt sich das zugleich gesteckte Ziel, die große Einkommensungleichheit in China dadurch abzumildern, dass das Niveau der Mindestlöhne von derzeit etwa einem Drittel des Niveaus des Durchschnittslohns auf 40 Prozent im Jahr 2015 angehoben wird, nicht erreichen. Denn dafür müssten die Mindestlöhne jährlich um mehr als 20 Prozent zulegen.

Die Mindestlöhne variierten im Jahr 2012 in den einzelnen Provinzen und Städten zwischen monatlich 870 RMB in Jiangxi und 1 500 RMB in Shenzhen, jeweils abhängig vom Wirtschafts- und Preisniveau. Die zum Teil sehr großen Differenzen zwischen angrenzenden Provinzen – die Löhne in Zhejiang und Jiangxi weichen um 80 Prozent, die in Guangdong und Guangxi um 60 Prozent voneinander ab – deuten darauf hin, dass die Mobilität von Arbeitskräften auch weiterhin durch strukturelle Barrieren wie den *hukou* behindert wird. Im Jahr 2002 lagen in der verarbeitenden Industrie die durchschnittlichen stündlichen Arbeitskosten (Löhne und Lohnnebenkosten) in den städtischen Einheiten um das 2,3-Fache höher als in Dorf- und Gemeindeunternehmen; bis 2008 war diese Differenz auf das 2,9-Fache gestiegen. Entsprechend kann von einem einheitlichen Arbeitsmarkt noch keine Rede sein.

Verbesserungen hat es hinsichtlich des Ausmaßes von Lohnrückständen für Wanderarbeiter gegeben, die jedes Jahr zum Frühlingsfest virulent werden und zu Aktionen der Wanderarbeiter führen, wenn diese in ihre Heimatdörfer zurückfahren. Noch vor knapp zehn Jahren erreichten die vorenthaltenen Löhne ein so gewaltiges Ausmaß, dass sich der damalige Ministerpräsident Wen Jiabao persönlich einschaltete und die Regierungen auf regionaler und lokaler Ebene sowie die Gewerkschaften aufforderte, sich verstärkt um dieses Problem zu kümmern, um den sozialen

Frieden zu wahren. Seitdem wurde den Wanderarbeitern auch die Mitgliedschaft in den Gewerkschaften ermöglicht. 2012 sollen offiziell nur noch 0,5 Prozent der Lohnsumme rückständig gewesen sein, drei Jahre zuvor waren es noch vier Prozent. Betroffen waren aber immer noch rund zwei Millionen Wanderarbeiter.

Immer wieder – und vor allem kurz vor dem Beginn des chinesischen Frühlingsfestes – kommt es bei Protesten oder kleineren Aufständen von Wanderarbeitern, deren Lohn nicht bezahlt wurde, zu Zusammenstößen mit der Polizei. (Foto: Kyodo via AP Images, 2013)

Fazit: Am Beginn einer Wendezeit

Während vor allem die Küstenprovinzen einen geringer werdenden Zufluss dringend benötigter billiger Arbeitskräfte verzeichnen, steigen spätestens seit 2010 die Löhne auch im Niedriglohnsektor. Da die Wanderarbeiter inzwischen rund 50 Prozent der städtischen Arbeitskräfte stellen, bedeutet ein Anstieg ihrer Löhne sowie die Verringerung von Lohndifferenzen zugleich eine zunehmende Integration des Arbeitsmarktes: interregional, mithin zwischen Stadt und Land, sowie zwischen den verschiedenen Eigentumsformen. Ein Hinweis auf den wachsenden Einfluss des Marktes sowie auf räumliche und sektorale Konvergenz ist auch, dass die Mindestlöhne im Jahr 2012 am stärksten in den Inlandsprovinzen gestiegen sind.

Aufgrund weiterhin bestehender institutioneller Beschränkungen der Arbeitsmobilität gibt es allerdings immer noch große Lohndifferenzen. Auch die wirtschaftliche und soziale Integration von Wanderarbeitern in den Städten ist bisher nur unzureichend umgesetzt. Der Arbeitsmarkt scheint dennoch immer flexibler auf Veränderungen in den institutionellen Strukturen reagieren zu können. Da es sich dabei bisher allerdings nur um Trends handelt, gehen die meisten Autoren nicht von einem Wendepunkt, sondern eher von dem Beginn einer Wendezeit aus.

4 Zunahme der Arbeitskonflikte und Streiks

Trotz des Arbeitsgesetzes von 1995 und weiterer arbeitsrechtlicher Gesetze und Bestimmungen, die seitdem erlassen wurden, ist der chinesische Arbeitsmarkt nicht effektiv geregelt und Verletzungen des Rechts sind endemisch. Die offiziellen Gewerkschaften haben sich allerdings aufgrund ihrer Funktion im politischen System bisher allein an der Ausformulierung des Arbeitsrechts erfolgreich beteiligt, bei der Vertretung der Arbeiterinteressen vor Ort haben sie sich dagegen als weitgehend nutzlos erwiesen.

Der Allchinesische Gewerkschaftsverband (All-China Federation of Trade Unions, ACFTU) hat zwei Gesichter: Zum einen ist er eine Massenorganisation unter der Führung der Kommunistischen Partei und soll als solche die Arbeiter zur Unterstützung der Partei einbinden. Auf die Wirtschaftskrise von 2008 reagierte er zum Beispiel mit dem Aufruf, »gemeinsam (das heißt mit den Arbeitgebern) die harte Zeit durchzustehen«. Zum anderen soll er als Organisation der Arbeiter deren Interessen vertreten. Solange die Unternehmen nahezu vollständig staatlich waren, schien dies kein Problem, da zumindest in der Theorie alle Seiten (Staat, Partei, Unternehmen, Arbeiter) die gleichen Interessen verfolgten. Mit der Herausbildung eines großen Sektors privater und halb privater Unternehmen sowie der Ausrichtung der Staatsunternehmen am internationalen Wettbewerb änderte sich dies jedoch: Auch ACFTU musste anerkennen, dass die Arbeiter angesichts der wieder entstandenen »Arbeit-Kapital-Beziehungen« einer Vertretung bedürfen.

Aber die Gewerkschaften tun sich schwer, diese Rolle auszuüben: Aufgrund ihrer Nähe zur Partei und zur Regierung stellen sie in der Regel das »nationale Interesse« über das der Arbeiter und aufgrund ihrer meist auch personellen Einbindung in die Unternehmensleitung fungieren sie eher als Vermittler denn als Interessenvertreter. Auch die Arbeiter sehen sie als Teil des Managements oder des Staatsapparates, zumal die lokalen Gewerkschaftsverbände für gewöhnlich eng mit den Lokalregierungen zusammernarbeiten.

Durch die Privatisierung und die massenhafte Beschäftigung von Wanderarbeitern nach Beginn der Reformen hatte ACFTU zunächst stark an Organisationskraft verloren; denn weder gab es Gewerkschaftsgruppen in den Privatunternehmen noch war Wanderarbeitern eine Mitgliedschaft möglich. Erst Ende der 1990er-Jahre begann der Gewerkschaftsbund, aktiv neue Gewerkschaftsorganisationen im Privatsektor und in ausländischen Unternehmen zu gründen sowie die Wanderarbeiter zu organisieren. Anfang 2012 hatten die Gewerkschaften 258 Millionen Arbeiter, das heißt rund 20 Prozent von Chinas Bevölkerung, organisiert, darunter über 94 Millionen Wanderarbeiter.

Die Gründung der Gewerkschaftsgruppen erfolgte jedoch meist »von oben« ohne entsprechende Mobilisierung der Arbeiter selbst. Zwar gibt es auch Berichte über eine größere Nähe der Betriebsgewerkschaften zu den jeweiligen Belegschaften, aber ebenso viele Berichte zeigen, dass sich diese bei Interessenauseinandersetzungen eher neutral verhalten oder sogar auf die Seite des Managements stellen. Eine solche Rolle weist ihnen auch das Arbeitskonfliktgesetz von 2008 zu, in dessen Ergänzung vom 1. Januar 2012 die betrieblichen Schiedskommissionen noch gestärkt werden. Und gleichsam als Schiedsstelle interpretieren die Gewerkschaften auch ihre Funktion bei den betriebsbezogenen Tarifverhandlungen, die vor allem seit der Streikwelle im Frühjahr 2010 vermehrt genutzt werden. Alle Versuche, unabhängige Gewerkschaften zu gründen, sind aber bisher sofort und hart unterdrückt worden. Von größeren Erfolgsaussichten dürften daher die seit 2010 häufiger vorgebrachten Forderungen der Arbeiter sein, die Leitungen der Betriebsgewerkschaften selbst zu wählen. Auch die Gewerkschaften scheinen den Arbeitern hier entgegenzukommen, um den Kontakt zu ihnen nicht völlig zu verlieren.

Da es sehr langwierig und häufig wenig erfolgreich ist, bei Auseinandersetzungen mit den Arbeitgebern den Rechtsweg zu beschreiten, greifen Arbeiter immer wieder spontan zum Mittel des Arbeitskampfes. Diese Proteste bleiben allerdings meist auf die einzelnen Unternehmen begrenzt; eine überbetriebliche »Arbeiterbewegung« ist nicht in Sicht. Der Staat richtet sein Hauptaugenmerk kaum darauf, die Unternehmen zur Einhaltung des bestehenden Rechts anzuhalten, sondern ist vielmehr bemüht, durch die weitere Ausformulierung des Arbeitsrechts die Konflikte nach ihrem Entstehen in legale Bahnen zu lenken und die Vermittlungs- und Schiedsinstitutionen für ihre Beilegung zu stärken. In diesem Sinn unterstützt der Staat auch eine moderate Reform der Gewerkschaften.

Die juristische Unterfütterung autoritärer Herrschaft ist allerdings ambivalent. Sie verdeutlicht den Arbeitern auch die Rechte, die ihnen im Grunde zustehen. Insofern führte die Verabschiedung des AVGes und des Arbeitskonfliktgesetzes im Jahr 2007 in Verbindung mit der beginnenden Wirtschaftskrise zu einem ungeahnten Anstieg der bei Schiedskommissionen eingereichten Konfliktfälle. Ihre Anzahl verdoppelte sich innerhalb eines Jahres bis 2008 nahezu auf fast 700 000. Sie blieb auch 2009 auf diesem Niveau und sank erst 2010 wieder um zwölf Prozent auf 600 865. Die Anzahl der spontanen Arbeitsniederlegungen und Streiks ist nirgends erfasst, aber alle Beobachter gehen davon aus, dass diese seit 2008, besonders aber mit der Streikwelle im Frühjahr 2010, ebenfalls bedeutend zunahm.

Es nahm aber nicht nur die Anzahl der Konflikte und Streiks zu, auch qualitativ deuten sich seit 2010 einige Veränderungen an. Erstens nehmen die Wanderarbeiter ihre schlechten Arbeitsbedingungen immer weniger unwidersprochen hin. Während sie bisher allerdings vornehmlich ihnen vorenthaltene Löhne einklagten, begannen sie nun auch, Lohnerhöhungen zu fordern. Bisher formierten sich die verschiedenen Aktionen zwar nicht zu einer einheitlichen Bewegung, die Aktivisten in den einzelnen Betrieben waren aber dank des Internets recht gut über die anderswo ergriffenen Maßnahmen informiert. Der Trend zur Zunahme proaktiver anstelle defensiver Forderungen setzt sich seitdem fort und war auch erkennbar, als die Verschuldungskrise in der Europäischen Union sich 2012 negativ auf Chinas Exportwirtschaft auszuwirken begann und vor diesem Hintergrund die Proteste erneut einen weiteren Höhepunkt erreichten.

Das gestiegene Selbstvertrauen der Arbeiter hat einige Wissenschaftler schon von dem Entstehen einer neuen Arbeiterklasse schreiben lassen. Davon aber ist die vielfältig fragmentierte Arbeiterschaft weit entfernt. Indiz ihrer auch weiterhin nur begrenzten Verhandlungsmacht ist die in den letzten zwei Jahren gestiegene Arbeitsplatzfluktuation, die individuelle »Abstimmung mit den Füßen« statt des gemeinschaftlichen Aufbegehrens. Sie erreichte im Jahr 2011 mit 19 Prozent den höchsten Stand seit der Krise und ist vor allem im Dienstleistungsbereich (21,2 Prozent) und in der verarbeitenden Industrie (20,5 Prozent) hoch. 2012 ist sie nur leicht auf 16,7 Prozent gesunken. Das Streben nach höheren Löhnen und besserer sozialer Absicherung wird von den Arbeitern als Hauptgrund für Kündigungen genannt.

Damit ist der Druck auf die chinesische Regierung gestiegen, nicht nur die Frage fairer Entlohnung neu zu überdenken, sondern auch die Beteiligungsrechte von Arbeitern neu zu regeln. Der vermehrte Abschluss von Kollektivverträgen auf Unternehmensebene zur Regelung der Löhne scheint diesen Druck nicht gemildert zu haben. Schon im Jahr 2001 wurden auf Anregung der Internationalen Arbeitsorganisation sogenannte Drei-Parteien-Konsultationen zwischen Unternehmen, Gewerkschaften und Regierungen eingerichtet, zunächst auf zentralstaatlicher, später auch auf Provinz- und Lokalebene. Ihre Hauptaufgabe sollte die Lösung von Konflikten sein, faktisch regelten sie vornehmlich Lohnfragen. Die Anzahl der Unternehmen, die Löhne zusammen mit den Gewerkschaften kollektiv vereinbaren, ist seit Ende der 1990er-Jahre ständig gestiegen. 2009 sollen in Ostchina knapp 90 Prozent aller Unternehmen Gewerkschaftsorganisationen und 51 Prozent einen kollektiven Verhandlungsmechanismus etabliert haben.

Als problematisch erweist sich aber, dass durch den eingeschränkten Wirkungsbereich und die fehlende Unabhängigkeit der Gewerkschaften die wichtigsten Konfliktursachen außerhalb des Zuständigkeitsbereichs dieser Gremien liegen. Auch Nichtregierungsorganisationen (Nongovernmental organizations, NGOs), die sich zur Vertretung von Arbeiterinteressen gebildet haben, arbeiten innerhalb des gesetzlichen Rahmens und bieten vor allem juristische Beratung und Trainings an.

Wenn sich auch die Gewerkschaften dem Druck der Arbeiter nicht entziehen können und in den letzten Jahren verschiedene Vorschläge zur Anpassung der Arbeitsbeziehungen oder gar zur Reform der Gewerkschaften selbst vorgebracht haben, so ist der faktische Wandel doch recht begrenzt. Anders als in anderen postkommunistischen Ländern duldet die Kommunistische Partei Chinas keine unabhängigen Organisationen und damit auch keine freien Gewerkschaften. Ein weiterer Anstieg spontaner Proteste und Streiks ist somit wahrscheinlich.

5 Chinas Arbeitsmarkt unter Anpassungsdruck

Mit dem Entstehen des Arbeitsmarktes wurden die in der Planwirtschaft administrativ verwalteten und lebenslang stabilen Arbeitsverhältnisse auf eine vertragliche Basis gestellt, die zunächst allerdings eher ein formaler Anspruch blieb. Die Arbeitskräfte waren damit aber zur Ware geworden, die ungeschützt der kontinuierlichen Verschlechterung ihrer Arbeitsbedingungen ausgeliefert war. Ländliche Wanderarbeiter wurden und werden gegenüber städtischen Beschäftigten diskriminiert, Freigesetzte gegenüber Stelleninhabern, informell gegenüber formell Beschäftigten, Leiharbeiter gegenüber Stammarbeitern. Da diese Spaltungen auch von den Arbeitern selbst reproduziert werden, ist der Weg hin zu einer starken Arbeiterbewegung noch lang.

Der sich gegen die Verletzung der Arbeitsrechte regende Widerstand der Migranten und Arbeiter blieb bisher fragmentiert und überwiegend defensiv. Die weitere Ausformulierung des Arbeitsrechts diente vor allem der nachträglichen Kanalisierung der Konflikte in kontrollierbare Bahnen. Die Vertretung durch die offiziellen Gewerkschaften ist weitgehend wirkungslos, unabhängige Gewerkschaften sind verboten und Arbeiter-NGOs auf Beratungsaktivitäten eingeschränkt, werden aber auch hierin behindert. Dennoch lassen sich in der Revision des AVGes und in den moderaten Reformen in den Gewerkschaften auch Ansätze einer Reaktion auf den gestiegenen Aktionismus der Arbeiter erkennen.

Derzeit vollziehen sich deutliche Veränderungen auf dem Arbeitsmarkt, die die Regierung mit veranlasst haben, auf ein neues wirtschaftliches Wachstumsmodell umzusteuern. Zum einen sind als Ergebnis der Alterung der Gesellschaft gering qualifizierte Arbeitskräfte für die Billigproduktion knapp geworden. Zum anderen setzen steigende Löhne die Exportwirtschaft unter Druck. Entsprechend bemüht sich die Regierung, die traditionellen Industrien zu modernisieren, neue, technologisch anspruchsvolle Industrien und Dienstleistungen auszubauen und über einen steigenden Binnenkonsum die Exportabhängigkeit zu verringern. Vor allem die Lohnzuwächse in den ärmeren Haushalten dürften unmittelbar der Konsumsteigerung dienen. Unklar ist noch, inwieweit die Verlagerung arbeitsintensiver Industrien in das Inland das Umsteuern fördern oder aufhalten kann und inwieweit die Küstenprovinzen sich schnell genug anpassen können. Auch könnte der Arbeitskräfterückgang zumindest kurz- und mittelfristig durch Änderungen der Familien-, Renten- und Arbeitsmarktpolitik verzögert werden.

Für einen grundlegenden Wandel müsste allerdings auch stärker in die Bereiche Bildung und Forschung investiert werden. Wichtig bleibt weiter der Ausbau des sozialen Sicherungsnetzes, das immer noch die Besserverdienenden begünstigt und für Migranten und Landbewohner nur eine geringe Absicherung bietet. Die allgemeine Verbesserung der Lebensverhältnisse hat bereits die Ansprüche der Arbeiternehmer wachsen lassen. Gestärkt durch neue Arbeitsgesetze und eine verbesserte Marktposition infolge unbefriedigter Nachfrage haben sie begonnen, sich aktiver für ihre Interessen einzusetzen.

Literatur

Cai, Fang: Liuyisi zhuanzhedian ji qi zhengce tiaozhan [Der lewisianische Wendepunkt und die sich daraus ergebenden politischen Herausforderungen], Beijing 2007.

Cai, Fang/Du, Yang/Wang, Meiyan: Migration and Labor Mobility in China, United Nations Development Programme, Human Development Reports, Research Paper 2009/09, April 2009.

Cai, Fang/Wang, Meiyan: Labour Market Changes, Labour Disputes and Social Cohesion in China, OECD Development Centre, Working Paper No. 307, DEV/DOC(2012)1 (http://www.oecd.org/china/Working%20Paper%20307.pdf, Zugriff: 15. November 2013).

Chan, Chris King-Chi: The Challenge of Labour in China. Strikes and the Changing Labour Regime in Global Factories, London/New York 2010.

Das, Mitali/N'Diaye, Papa: Chronicle of a Decline Foretold: Has China Reached the Lewis Turning Point?, IMF Working Paper WP/13/26, 2013 (http://www.imf.org/external/pubs/ft/wp/2013/wp1326.pdf, Zugriff: 15. November 2013).

Friedman, Eli/Lee, Ching Kwan: Remaking the World of Chinese Labour: A 30-Year Retrospective, in: British Journal of Industrial Relations, 48 (2010) 3, S. 507–533.

Herd, Richard/Koen, Vincent/Reutersward, Anders: (2010). China's Labour Market in Transition: Job Creation, Migration and Regulation, OECD, Economics Department Working Papers No. 749, ECO/WKP(2010)5 (http://www.oecd.org/migration/46616055.pdf, Zugriff: 15. November 2013).

Kim, Jeung-Kun: Challenges and Opportunities in the Era of Population Aging, in: SERI Quarterly, 4 (2011) 4, S. 15–23 (http://www.seriquarterly.com/03/qt_Section_list.html?mncd=0302&year=2011&pub=20110414&Falocs=03&dep=2&pubseq=208, Zugriff: 15. November 2013).

Knight, John/Deng, Quheng/Li, Shi: The Puzzle of Migrant Labour Shortage and Rural Labour Surplus in China, University of Oxford, Department of Economics, Discussion Papier Series, Number 494, Juli 2010 (http://www.economics.ox.ac.uk/materials/working_papers/paper494.pdf, Zugriff: 15. November 2013).

NBS (National Bureau of Statistics of China): 2012 nian quanguo nongmingong jiance diaocha baogao [2012 Bericht zur Situation chinesischer Wanderarbeiter] (http://www.stats.gov.cn/tjsj/zxfb/201305/t20130527_12978.html, Zugriff: 28. Januar 2014).

Park, Albert/Cai, Fang/Du, Yang: Can China Meet Its Employment Challenges?, in: Oi, Jean/Rozelle, Scott/Zhou, Xuegang: Growing Pains: Tensions and Opportunity in China's Transformation, Stanford 2010, S. 27–55.

Schucher, Günter: Harmonisierung per Gesetz – Arbeitskonflikte in China und das neue Arbeitskonfliktgesetz, in: China aktuell, 37 (2008) 4, S. 63–109.

Schucher, Günter/Kruger, Mark: Do Rising Labour Costs Spell the End of China as the »World's Factory«?, in: Asien. The German Journal on Contemporary Asia, 114–115 (2010), S. 122–136 (http://www.asienkunde.de/content/zeitschrift_asien/archiv/pdf/114-115_Asien%20Aktuell_Schucher_Kruger.pdf, Zugriff: 15. November 2013).

Margot Schüller

China und die Weltwirtschaft

Chinas weltwirtschaftlicher Aufstieg ist eine der wichtigsten Entwicklungen der letzten Jahrzehnte. Die Integration des Landes in die internationale Arbeitsteilung und seine Aufnahme in multilaterale Organisationen wie die Welthandelsorganisation (World Trade Organization, WTO) Ende 2001 haben hierzu entscheidend beigetragen. Heute ist China nicht nur »Exportweltmeister« und für das Wachstum der globalen Wirtschaft mit entscheidend, sondern auch als Importland für westliche Industriestaaten und andere Entwicklungsländer von erheblicher Bedeutung. Gleichzeitig ist China zu einem der wichtigsten Standorte für ausländische Direktinvestitionen (ADI) und zu einem der größten Auslandsinvestoren (gemessen an den jährlichen Investitionsflüssen, nicht am gesamten Investitionsbestand) geworden. Während die weltweite Handels- und Investitionsverflechtung nach dem WTO-Beitritt schnell zunahm, ist Chinas Anbindung an das internationale Finanzsystem noch nicht abgeschlossen.

Exportweltmeister China: In Hamburg, das im weltweiten Ranking der Containerhäfen Platz 14 einnimmt, wurden 2013 etwa zehn Millionen Container aus China umgeschlagen – Hamburgs größtem Marktpartner. (Foto: Imago/imagebroker, 2014)

Aus der Neupositionierung Chinas in der globalen Wirtschaft ergeben sich drei Kernfragen:
1. Was sind die Gründe für die schnelle weltwirtschaftliche Integration des Landes?
2. Wie stellt sich die weltwirtschaftliche Verflechtung dar?
3. Welche Rückwirkungen hat der Aufstieg Chinas für seine Wirtschaftspartner, insbesondere in der Europäischen Union (EU)?

Der vorliegende Beitrag diskutiert im ersten Abschnitt unterschiedliche Erklärungsansätze und analysiert in den Abschnitten 2 bis 4 die Beziehungen zwischen China und der Weltwirtschaft. Dabei werden zunächst die Entwicklung und Struktur des chinesischen Außenhandels und anschließend die Verflechtungen im Finanzsektor untersucht. Der Abschnitt 5 nimmt eine Bewertung der Folgewirkungen für die EU-Mitgliedsländer vor und fasst den Beitrag zusammen.

1 Chinas Aufstieg zur Weltwirtschaftsmacht

Angaben der Welthandelsorganisation zufolge war China im Jahr 2011 mit einem Anteil an den globalen Ausfuhren von 10,7 Prozent das größte Exportland. Die Zunahme des chinesischen Exportanteils ging in den letzten zehn Jahren zulasten der Anteile Deutschlands, Japans sowie der USA und Großbritanniens (siehe *Abbildung 1*). Mit einem Importanteil von 9,7 Prozent lag China als zweitgrößtes Importland hinter den USA mit 12,5 Prozent (WTO 2012a).

Chinas Erfolg auf dem Weltmarkt stärkte die Bedeutung des Landes als globale Wirtschaftsmacht. Im internationalen Vergleich überrundete Chinas Volkswirtschaft die Japans im Jahr 2010 und lag mit einem Anteil am globalen Bruttoinlandsprodukt (BIP) von 10,4 Prozent im Jahr 2011 hinter den USA (25,1 Prozent). Letztere ist nach wie vor die größte Volkswirtschaft, doch könnte sich dies mittelfristig ändern, sollte China in der Zukunft ähnlich hohe Wachstumsraten aufweisen wie in den letzten Dekaden.

Die wirtschaftspolitische Neuorientierung Anfang der 1980er-Jahre, die die exportorientierte Entwicklungsstrategie erst ermöglichte, schuf den allgemeinen Rahmen für die außenwirtschaftliche Öffnung und damit verbundene Anreize für Außenhandel und ADI. Dass es in den Folgejahren zu einer schnellen außenwirtschaftlichen Liberalisierung und einem rapiden Zustrom von Auslandskapital kam, war allerdings keine automatische Folge der ersten Reformen. Vielmehr trug hierzu vor allem die regionale Verflechtung bei, zunächst mit Hongkong und Taiwan sowie später mit den asiatischen Nachbarländern Japan, Südkorea und der Association of Southeast Asian Nations (ASEAN). Ab Mitte der 1990er-Jahre, insbesondere, nachdem die grundsätzliche ordnungspolitische Entscheidung für einen marktorientierten Sozialismus chinesischer Prägung getroffen worden war, stellte die Vorbereitung auf den Beitritt zur WTO die Weichen für die weiteren Integrationsanstrengungen in die Weltwirtschaft.

Abb. 1: Anteile ausgewählter Länder am globalen Warenexport (in Prozent)

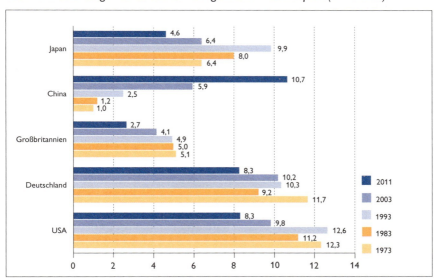

Quelle: WTO 2012a.

Liberalisierungsschritte in den 1980er- und 1990er-Jahren

Die ersten außenwirtschaftlichen Reformanstrengungen waren von einer sukzessiven und zweigleisigen Liberalisierungsstrategie geprägt. Anfang der 1980er-Jahre stand zunächst die Aufweichung des staatlichen Außenhandelsmonopols im Vordergrund der Reformpolitik. Die zwölf branchenbezogenen nationalen Außenhandelsgesellschaften (AHG) wurden zwar nicht abgeschafft, doch durch neue, wirtschaftlich selbstständige Unternehmen der Provinzen ergänzt. Ihre Anzahl stieg bis Mitte der 1980er-Jahre auf rund 1 200 AHG. Das staatliche Außenhandelsmonopol wurde anschließend durch die Übertragung von Außenhandelsrechten auf Unternehmen mit Auslandskapital weiter aufgebrochen. Damit erhöhte sich die Anzahl der AHG bis Mitte der 1990er-Jahre auf 9 400 im Export und 8 700 im Import. Die Vergabe von Außenhandelslizenzen wurde in den Folgejahren weiter gelockert. Anfang 1999 erhielten auch rein chinesische Privatunternehmen das Recht, im Außenhandel aktiv zu werden. Weiterhin umfasste die Liberalisierung den sukzessiven Abbau der Außenhandelsplanung, einschließlich des Abbaus der Quoten für Exporte und Importe. Subventionen, die in den Anfangsjahren der Reform noch an die AHG gezahlt worden waren, wurden eingestellt. Sie hatten den AHG bis dahin die Verluste ausgeglichen, die daraus entstanden waren, dass in der Anfangszeit der Reformen zwischen Weltmarkt- und staatlichen Ankaufspreisen noch keine direkte Beziehung bestanden hatte (Schüller 2000).

Die Integration in die Weltwirtschaftsordnung verfolgte die chinesische Regierung gezielt bereits ab Mitte der 1980er-Jahre mit dem Antrag, in das General Agreement on Trade and Tarifs (GATT), die Vorgängerorganisation der WTO, aufgenommen zu werden. Doch noch bis Anfang der 1990er-Jahre schützten hohe Zölle die inländischen Industrien. Voraussetzung für den Beitritt waren nicht nur der Zollabbau, sondern auch die Umgestaltung des Außenwirtschaftsregimes und binnenwirtschaftliche Veränderungen. Da China im Vergleich zu anderen asiatischen Ländern, insbesondere Japan und Südkorea, technologisch rückständiger war, setzte die chinesische Regierung bereits zu Beginn der Reformpolitik auf ADI und den Transfer moderner Technologien. Damit stand die Gründung chinesisch-ausländischer Gemeinschaftsunternehmen (Joint Ventures) im Mittelpunkt der chinesischen Außenwirtschaftsstrategie. Die zunächst nur in den Sonderwirtschaftszonen (SWZ) Südchinas zugelassenen Joint Ventures waren rein exportorientiert und von der Binnenwirtschaft zunächst weitgehend abgekoppelt. Erst Mitte der 1990er-Jahre trat an die Stelle der Begünstigung von ADI nach regionalpolitischen Gesichtspunkten eine branchenbezogene Ausrichtung. Man klassifizierte die Investitionsprojekte nach verschiedenen Kategorien, um die Investitionen in ausgewählte Bereiche der Wirtschaft zu leiten. Im Wesentlichen wurde zwischen den Kategorien »besonders erwünscht«, »eingeschränkt erwünscht« und »verboten« unterschieden. In die Kategorie der »besonders erwünschten« Projekte fielen unter anderem ADI, die die ländliche Entwicklung und den Know-how-Transfer förderten und die zum Exportanstieg und Umweltschutz sowie zur Erschließung von West- und Zentralchina beitrugen. Zu den »eingeschränkt erwünschten« Investitionen zählten solche, die auf importierter Technologie basierten, Industrien unter staatlicher Kontrolle (z. B. Tabakindustrie oder Erdölförderung) oder die Erschließung von Bodenschätzen und Investitionen für die Herstellung von Produkten betrafen, deren Bedarf bereits durch den Inlandsmarkt gedeckt werden konnte. Als »verboten« wurden solche Investitionen klassifiziert, die zu einer Gefährdung der staatlichen Sicherheit führten, umweltverschmutzend wirkten, die Gesundheit gefährdeten sowie durch Gesetze anderweitig verboten waren (Bohnet/Schmitt 1999; Schüller 1995).

Indem die Regierung das Recht, Investitionen bis zu bestimmten Obergrenzen zu genehmigen, dezentralisierte, wurden in den Jahren 1996 und 1999 Zuständigkeiten auf die Ebene der Lokalregierungen verlagert. Vor dem Hintergrund sinkender Zuflüsse im Zusammenhang mit der asiatischen Finanzkrise und in der Absicht, die Provinzen in Zentral- und Westchina zu fördern, führte die Regierung 1999 außerdem neue steuerliche Investitionsanreize ein. Hierzu zählten unter anderem die Befreiung von den Importzöllen sowie von Steuern auf Ausrüstungen und Ersatzteile bei solchen ADI, die technologische Innovationen mit sich brachten, die Rückerstattung von Teilen der Mehrwertsteuer an Auslandsunternehmen, die lokal hergestellte Ausrüstungen kauften, die Befreiung von der Geschäftssteuer, wenn die Unternehmen Technologien nach China einführten, sowie steuerliche Anreize für Forschungs- und Entwicklungsausgaben (Schüller 1999).

Regionale Wirtschaftsverflechtung

Ausschließlich durch die Schaffung günstiger Rahmenbedingungen für die außenwirtschaftliche Integration lässt sich Chinas weltwirtschaftlicher Aufstieg nicht erklären. Vielmehr hat die regionale Verflechtung zuerst mit Hongkong und Taiwan, später mit Japan, Südkorea und den ASEAN-Staaten, diese Entwicklung entscheidend beeinflusst. Vor allem in der Anfangsphase der Öffnungspolitik, die von Intransparenz und hohen Transaktionskosten für ausländische Investoren geprägt war, spielten Unternehmen aus Hongkong und Taiwan sowie auslandschinesische Investoren eine Schlüsselrolle. Im Gegensatz zu westlichen Unternehmen waren Firmen aus der Region stärker damit vertraut, in einem ungewissen rechtlichen Umfeld zu agieren und ihre Netzwerke zum Schutz gegen bürokratische Diskriminierung zu nutzen (Fan 1998; Zweig 1995). Unternehmensvereinigungen aus Taiwan waren darüber hinaus als Lobbygruppen in China auf der lokalen Ebene und gegenüber der Zentralregierung aktiv und setzten sich für die Interessen und den Schutz ihrer Unternehmensmitglieder ein (Istenič 2004).

Räumliche Nähe, kulturelle Affinität, familiäre Wurzeln und komplementäre Produktionsstrukturen begünstigten die Investitionsentscheidungen der Unternehmen aus Hongkong und Taiwan. Sie nutzten die außenwirtschaftliche Öffnungspolitik und die Einrichtung von SWZ in den Provinzen Guangdong und Fujian, indem sie große Teile der arbeitsintensiven Produktion in das festlandchinesische Perlflussdelta verlagerten, das zum wichtigsten Standort für das exportverarbeitende Gewerbe Chinas aufstieg. Die kleinen privaten Unternehmen aus Hongkong und Taiwan investierten zunächst nur sehr vorsichtig und nicht in Staatsunternehmen, sondern in Gemeinde- und Dorfbetriebe, die vielfach Zulieferer für Großbetriebe waren. Auf dieser lokalen Ebene konnten sie sich enger mit den Behörden vor Ort arrangieren und bürokratische Hindernisse überwinden (Schüller 2005b).

Die funktionelle Integration durch Marktkräfte war auch typisch für die wirtschaftliche Verflechtung mit Japan und Südkorea sowie den ASEAN-Staaten. So verlagerten japanische Unternehmen Teile ihrer Produktion aus Kostengründen und um neue Märkte zu erschließen zunächst in die ASEAN-Länder und ab Mitte der 1980er- und 1990er-Jahre nach China.[1] Südkorea sowie einige ASEAN-Staaten folgten und bezogen durch Direktinvestitionen in China die lokalen Unternehmen in ihre regionalen und globalen Produktionsnetzwerke ein. Die Asienkrise einerseits, die den Mangel an formaler Abstimmung zwischen den Ländern deutlich gemacht hatte, sowie die wachsende wirtschaftliche Bedeutung Chinas andererseits führten ab Ende der 1990er-Jahre zu einer stärker institutionellen Integration der Region. Dass auf der multilateralen Ebene im Rahmen der WTO kaum Fortschritte in der weiteren Liberalisierung und Integration des Welthandels erreicht werden konnten, beeinflusste diese Entwicklung ebenfalls und führte in Asien wie international zu einer schnellen Zunahme bilateraler, regionaler und überregionaler Freihandelsabkommen.

China folgte dem Trend zum Abschluss von Freihandelsabkommen erst nach seinem WTO-Beitritt und ging in den letzten Jahren verschiedene Abkommen ein, um seine regionalen Wirtschaftsbeziehungen und den Zugang zu den Märkten der Nachbarländer zu verbessern. Das Netz von Freihandelsabkommen umfasste Mitte 2013 bereits neun aktive Abkommen. Zudem gab es weitere, die verhandelt wurden. Das Freihandelsabkommen mit Singapur trat im Oktober 2008 in Kraft und legte fest, dass Singapur die Zölle auf chinesische Importe, mit dem Jahr 2009 begin-

---

1 Die hohe Aufwertung der japanischen Währung (1985–98 um 45 Prozent und 1990–95 um 51 Prozent) nach dem Abschluss des Plaza-Abkommens im Jahr 1985 erhöhte den Kostendruck für die japanischen Unternehmen stark (Schnabl 1998, S. 201).

nend, abschaffte. Im Gegenzug hob China ab 2012 die Zölle für die meisten Importe (97,1 Prozent) aus Singapur auf. Dieses Abkommen war der Vorläufer für das Freihandelsabkommen, das seit dem 1. Januar 2010 den institutionellen Rahmen für die Handelsbeziehungen zwischen den zehn Mitgliedstaaten der ASEAN und China bildet. Neben dem Zugang zu Rohstoffen und Zwischenprodukten der Region und der weiteren Erschließung des wachsenden ASEAN-Marktes, ist China auch an der Ausweitung der Investitionsbeziehungen mit diesen Ländern interessiert. Während chinesische Unternehmen arbeitsintensive Teile ihrer Produktionsketten in Niedriglohnländer wie Laos, Kambodscha und Vietnam verlagern möchten, beteiligen sich die südostasiatischen Länder an diesem Freihandelsabkommen vor allem, um einen besseren Zugang zum chinesischen Absatzmarkt zu bekommen.

Zwischen China und der ASEAN-6 (Singapur, Indonesien, Philippinen, Thailand, Malaysia und Brunei) wurden zum Januar 2010 die Zölle auf die meisten gehandelten Güter dieser sechs stärker entwickelten ASEAN-Länder abgeschafft. Ausnahmen bildeten unter anderem Chemieprodukte, bestimmte elektronische Bauteile, Fahrzeuge und Kfz-Teile. Für die weniger entwickelten ASEAN-4-Mitgliedsländer (Laos, Kambodscha, Myanmar und Vietnam) gilt der Abbau der Handelsbarrieren gegenüber China erst ab 2015. Ein weiteres Motiv Chinas, die regionale Integration voranzutreiben, ist die stärkere Anbindung der weniger entwickelten südwestlichen Provinzen Yunnan und Guangxi an Süd- und Südostasien und damit auch ihr Zugang zum Indischen Ozean. Diesem Ziel dient ein seit 2007 geltendes Freihandelsabkommen mit Pakistan. Auch mit Bangladesch hat China sein Engagement entsprechend ausgeweitet. Freihandelsabkommen mit Taiwan (2010) sowie mit Hongkong und Macao, die unter dem Namen »Closer Economic and Partnership Agreement« (CEPA) laufen, erleichtern chinesischen Unternehmen Handel und Investitionen in der unmittelbaren Nachbarschaft (Schüller/John 2012).

Chinas WTO-Beitritt vertieft die außenwirtschaftliche Integration

Als China Ende 2001 als Mitglied in die Welthandelsorganisation aufgenommen wurde, waren 15 Jahre der Vorbereitung und Neuausrichtung auf ein international kompatibles Außenwirtschaftsregime vergangen. Mit dem Beitritt stimmte China zu, allen WTO-Mitgliedsländern die Meistbegünstigung einzuräumen und in China tätige Auslandsunternehmen mit chinesischen Unternehmen gleichzustellen. Weiterhin sagte die Regierung zu, das duale Preissystem (Nebeneinander von staatlich festgelegten Preisen und Marktpreisen) abzuschaffen, keine Preiskontrollen für den Schutz der inländischen Industrien oder Dienstleistungsunternehmen einzusetzen und das WTO-Beitrittsprotokoll umfassend zu implementieren. Drei Jahre nach dem Beitritt sollten allen Unternehmen Außenhandelsrechte eingeräumt und die Exportsubventionen für Agrarprodukte im Wesentlichen abgeschafft werden. Das staatliche Handelsmonopol wurde auf wenige Produkte wie Getreide, Tabak, Brenn- und Mineralstoffe beschränkt.

Da mit einem schnellen Anstieg der chinesischen Exporte nach dem WTO-Beitritt gerechnet wurde, sollte eine Schutzklausel die Märkte der WTO-Mitgliedsländer für einen Zeitraum von zwölf Jahren vor extremen Marktstörungen schützen. Der durchschnittliche Zollsatz wurde auf 15 Prozent für Agrarprodukte und 8,9 Prozent für Industrieprodukte gesenkt. Für den Textilhandel galt zunächst eine Sonderregelung. Im Anschluss an Exportquoten, die das von Anfang 1995 bis Ende 2004 gültige Welttextilabkommen vorgesehen hatte, sollte eine neue Schutzklausel bis Ende 2008 WTO-Mitgliedsländer gegen chinesische Textilexporte mit marktstörenden Effekten abschirmen.

Neben der Liberalisierung des chinesischen Außenhandelsregimes setzte der WTO-Beitritt voraus, dass die Beschränkungen für Direktinvestitionen ausländischer Unternehmen aufgehoben bzw. reduziert wurden. Bis zum WTO-Beitritt hatte die Regierung über den oben genannten Investitionskatalog (siehe S. 742 f.) für ausgewählte Industrien und Regionen von nationaler Bedeutung den Zufluss ausländischer Direktinvestitionen begrenzt und die Form ihrer Beteiligung an chinesischen Unternehmen bestimmt. Für einzelne Industrien und den Dienstleistungssektor wurden im Beitrittsprotokoll Übergangsfristen festgelegt, die den chinesischen Unternehmen eine langsame Anpassung erlauben sollten (siehe *Tabelle 1*). Dies galt zum Beispiel für Schlüsselindustrien wie den Automobil- und Chemiesektor sowie Dienstleistungsbranchen wie Banken und Versicherungen, Beratungsdienstleistungen (Steuerberatung, Rechtsanwälte, Kurierdienstleistungen etc.), aber auch Telekommunikation, Tourismus, Schiffsverkehr, Logistik und die Werbebranche.

Der WTO-Beitritt setzte auch voraus, dass diskriminierende Praktiken wie zum Beispiel Exportquoten oder *local-content*-Auflagen, die für chinesisch-ausländische Gemeinschaftsunternehmen den Anteil der lokalen Produktion vorschrieben, aufgehoben wurden. Gleichzeitig musste China zustimmen, die WTO-Teilabkommen über den Schutz geistigen Eigentums (Trade Related Intellectual Property Rights, TRIPS) und zu handelsbezogenen Investitionsmaßnahmen (Trade Related Investment Measures, TRIMS) ohne Übergangsfristen zu übernehmen.

Tab. 1: Chinas WTO-Beitrittsprotokoll 2001; Abbau von Marktbarrieren in ausgewählten Branchen

Branche	Übergangsfristen für den Abbau von Marktbarrieren
Finanzinstitute	Bis 2006: Wegfall der geografischen Beschränkungen und Restriktionen bei Geschäftsfeldern; Mindestkapitalanforderung für Finanzinstitute zehn Mio. US$.
Versicherungen	Bis 2006: Wegfall der geografischen Beschränkungen und Restriktionen bei Geschäftsfeldern sowie Beteiligung an Joint Ventures bis zu 50 Prozent; hohe Kapitalanforderungen.
Transport	Bis 2006: Zulassung von Joint Ventures für Frachttransport (Schiene und Straße); Zulassung von hundertprozentigen Tochterunternehmen im Schienentransport (Straße) nach sechs Jahren (vier Jahren). Seit 2004: Logistikunternehmen dürfen hundertprozentige Tochterunternehmen gründen. Für Flugzeugreparatur und Betrieb von Lagerhäusern Zulassung von Joint Ventures mit Minderheitsbeteiligung; für Schiffverkehr Minderheitsbeteiligung bis 49 Prozent.
Tourismus	Seit 2005: Zulassung von hundertprozentigen Tochterunternehmen; Mindestumsatz 40 Mio. US$.
Logistik/Vertrieb	Ab Ende 2004: Zulassung von Handelsunternehmen als hundertprozentige Tochterunternehmen; Mindestanforderung an Kapitalausstattung; Zulassung von Franchise- und Kommissionsgeschäften sowie Import- und Exportgeschäften.
Telekommunikation	Zwischen 2004 bis 2006: Schrittweise Aufhebung der geografischen Beschränkung; seit 2004 Kapitalbeteiligung bei Mehrwertdienstleistungen und Paging mit 50 Prozent; bei Mobilfunkdienstleistungen (2007) und Festnetzservice (2008) jeweils maximal 49 Prozent Kapitalbeteiligung.
Automobile	Keine Mehrheitsbeteiligung; Abschaffung der *local-content*-Auflagen (des lokal hergestellten Produktionsanteils).

Quelle: Schüller 2005a, S. 123.

Zusammenfassend kann der WTO-Beitritt als Motor für die Vertiefung der außenwirtschaftlichen Integration seit 2002 angesehen werden. Die erweiterte Öffnung für ausländische Direktinvestitionen und die Schaffung attraktiver Rahmenbedingungen für ADI erleichterten die Einbindung chinesischer Unternehmen in vertikale Produktionsnetzwerke. Die Liberalisierung von Handel und Investitionen schuf die Voraussetzung dafür, dass China sich zur »Werkstatt der Welt« und zur größten Handelsmacht entwickeln konnte.

Die Umsetzung der im WTO-Beitrittsprotokoll festgeschriebenen Auflagen wird regelmäßig von der Welthandelsorganisation überprüft und eine Bewertung der chinesischen Handelspolitik durchgeführt. Die vierte Überprüfung der Handelspolitik (Trade Policy Review, TPR) fand im Juni 2012 statt. Kritikpunkte im Bericht des WTO-Sekretariats waren unter anderem die Subventionierung von Inputs für die landwirtschaftliche Produktion, da diese Auswirkungen auf andere Länder haben könnte. Weiterhin wurden die Exportquote für seltene Erden sowie die steuerlichen Vergünstigungen für sogenannte *strategic emerging industries* kritisiert. Auch die Abwicklung von Importen bestimmter Produkte (Weizen, Mais, Reis, Zucker, Baumwolle, Kunstdünger, Tabak, Rohöl, verarbeitetes Erdöl) über staatliche Handelsagenturen und das staatliche Tabakmonopol gelten als nicht kompatibel mit WTO-Richtlinien. Als problematisch wurde auch angesehen, dass zwar offiziell keine Exportsubventionen bestehen, die Praxis der Exportsteuerrückerstattung für bestimmte Produkte jedoch zu Marktverzerrungen führte. Positiv wurde im TPR-Bericht erwähnt, dass China Mitte 2010 unter anderem für Stahl und Ethanol die steuerlichen Anreize abgeschafft hat. Die Auflage für auslandsinvestierte Unternehmen, Patente zuerst in China anzumelden, damit sie an staatlichen Ausschreibungen teilnehmen können, wurde im Juni 2011 ebenfalls abgeschafft (WTO 2012b).

2 Chinas Außenhandelsentwicklung

Chinas internationale Verflechtung zeigt sich in verschiedenen Indikatoren. Hierzu zählen unter anderem Export- und Importquoten sowie die Leistungsbilanz in Relation zum BIP, in der neben den Waren- und Dienstleistungstransaktionen die Transferzahlungen und Einkommensströme zwischen dem In- und Ausland erfasst sind. Zwischen 1991 und 2011 verdoppelten sich die Import- und Exportquote, was die gestiegene Bedeutung des Außenhandels für die gesamtwirtschaftliche Entwicklung widerspiegelt. Die Leistungsbilanz Chinas wies zwischen 1991 und 2011 stets einen Überschuss in Relation zum BIP aus (siehe *Tabelle 2*).

Chinas Anteil am internationalen Außenhandel vervielfachte sich in nur wenigen Dekaden. Während das Land im Jahr 1980 erst 0,9 Prozent zum

China und die Weltwirtschaft

Tab. 2: Indikatoren der weltwirtschaftlichen Integration Chinas (Anteile am BIP in Prozent)

	1991	2001	2010	2011
Exportquote (Ausfuhren von Gütern und Dienstleistungen in Relation zum BIP)	17,4	22,6	30,6	31,4
Importquote (Einfuhren von Gütern und Dienstleistungen in Relation zum BIP)	14,3	20,5	26,7	27,3
Leistungsbilanz in Prozent des BIP	3,5	1,3	4,0	2,8

Quelle: World Bank 2013.

Abb. 2: Chinas Außenhandel 2001–11 (in Mrd. US$)

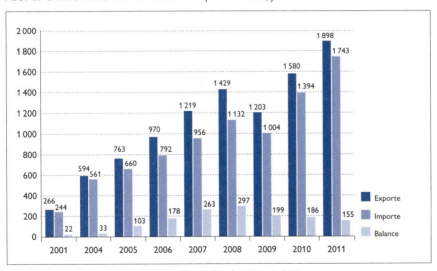

Quellen: IMF 2011; China Statistical Yearbook 2012, S. 233.

Weltexport beitrug, stieg der Exportanteil bis 2011 auf 10,7 Prozent. Das Volumen des chinesischen Außenhandels nahm seit Beginn der Transformation des Wirtschaftssystems im Jahr 1978 von 20,6 Mrd. US$ auf 3651 Mrd. US$ im Jahr 2011 zu. Der Außenhandelsüberschuss erreichte im Jahr 2008 mit 297 Mrd. US$ seinen höchsten Wert; seitdem ist der positive Saldo zurückgegangen und betrug im Jahr 2011 rund 155 Mrd. US$ (siehe *Abbildung 2*).

Die Außenhandelsentwicklung der letzten Dekaden war davon geprägt, dass die Wachstumsraten der chinesischen Ex- und Importe über den Zuwächsen der globalen Ex- und Importe lagen. Weiterhin nahm die Handelsverflechtung mit den Nachbarländern schnell zu. Die EU und die USA blieben allerdings die größten Absatzmärkte für chinesische Ausfuhren. Bemerkenswert ist auch, dass China nicht nur seine Kostenvorteile bei der arbeitsintensiven Produktion nutzte, sondern die Außenhandelsstruktur bereits relativ hohe Anteile von Hightechprodukten aufweist. Allerdings ist diese strukturelle Veränderung mit steigenden Hightechanteilen im Außenhandel nur eingeschränkt als Indikator für Chinas Aufstieg zu einer Technologienation verwendbar. Nach wie vor basieren schätzungsweise rund zwei Drittel der Hightechexporte auf der Verarbeitung von importierten technologieintensiven Komponenten und Zwischenprodukten.

Die Zulieferung von Zwischenprodukten und Komponenten für die Endfertigung in sinoausländischen Gemeinschaftsunternehmen in China – auch als Veredelungshandel bekannt – ist vor allem in der Elektronik- und Textilindustrie von Bedeutung. Die Elektronikindustrie zählt zu den sehr stark globalisierten Industriezweigen, die in besonderer Weise internationalen Nachfrageschwankungen ausgesetzt sind. Sinoausländische Unternehmen stellten im Jahr 2007 rund 90 Prozent der chinesischen Elektronikexporte, sie sind aber nach wie vor in hohem Maß von Zulieferungen aus dem Ausland abhängig. Die Textilindustrie ist zwar ebenfalls stark exportorientiert, doch sind in diesem Industriezweig die Zulieferungen durch inländische Unternehmen weitaus höher als in der Elektronikindustrie (Gaulier/Lemoine/Ünal 2011).

Tab. 3: Anteil der Unternehmen mit Auslandskapital am Außenhandel Chinas (in Prozent)

	2000	2005	2010	2011
gesamt	49,9	58,5	53,8	51,1
Exporte	47,9	58,3	54,6	52,4
Importe	52,1	58,7	52,9	49,6

Quelle: NBS: Statistical Communique 2007, 2011 und 2012.

Die Bedeutung der auslandsinvestierten Unternehmen für die Entwicklung des Außenhandels ist auch über diese Industrien hinaus nach wie vor groß. Im Jahr 2011 trugen diese Unternehmen rund die Hälfte zum gesamten Außenhandel bei; bei den Exporten fiel ihr Beitrag etwas höher (52,4 Prozent) als bei den Importen (49,6 Prozent) aus (siehe *Tabelle 3*).

China und die Weltwirtschaft

Spitzentechnologie für die Luftfahrt: Präsentation eines Düsentriebwerks der Aviation Industry Corporation of China auf der Luftfahrtmesse in Zhuhai, Provinz Guangdong (Foto: Imaginechina via AP Images, 2012)

Internationale Handelsstatistiken zeigen, dass seit den 1990er-Jahren eine erhebliche Verschiebung im Handel mit F&E-intensiven Waren (F&E = Forschung und Entwicklung) zwischen den traditionellen Industrieländern und China stattfindet. So entfielen auf die EU-15, die USA und Japan in der zweiten Hälfte der 1990er-Jahre rund drei Viertel des Welthandels mit F&E-intensiven Produkten. Dieser Anteil ging bis 2009/2010 auf weniger als 60 Prozent zurück. Gleichzeitig konnte China seinen Beitrag zum globalen Außenhandel von Spitzentechnologien von ursprünglich 3,5 Prozent im Jahr 2000 auf rd. ein Fünftel (19,4 Prozent) ausweiten (Gehrke/Krawczyk 2012, S. 45). Dass China diesen Bedeutungszuwachs bei F&E-intensiven Ausfuhren erreichte, ist vor allem auf den Anstieg der Exporte von Spitzentechnik[2] zurückzuführen. Zwischen 2000 und 2010

---

2 Gehrke und Krawczyk zufolge umfasst die Spitzentechnologie (beispielsweise Luft- und Raumfahrzeuge) solche Gütergruppen, bei denen der Anteil der internen F&E-Aufwendungen am Umsatz im OECD-Durchschnitt über sieben Prozent beträgt; die hochwertige Technik (Kraftfahrzeuge, Maschinen und Anlagen) umfasst Güter mit einem Anteil der internen F&E-Aufwendungen am Umsatz zwischen 2,5 und sieben Prozent (Gehrke/Krawyzyk 2012, S. 15 und S. 19).

nahm dieser Anteil am gesamten Ausfuhrvolumen von 14,6 Prozent auf 23,3 Prozent zu (siehe *Tabelle 4*). Chinas Welthandelsanteil bei Spitzentechnologien von rund 19 Prozent im Jahr 2010 lag deutlich höher als die Anteile der USA (neun Prozent), Deutschlands (sieben Prozent), Koreas (6,5 Prozent) und Japans (fünf Prozent) (Gehrke/Krawczyk 2012, S. 45).

Betrachtet man die F&E-intensiven Ausfuhren insgesamt, wird deutlich, dass China zwischen 2000 und 2010 zwar einen erheblichen Zuwachs in dieser Warenkategorie in Relation zu den gesamten Ausfuhren verzeichnen konnte, dass der Anteil von 41,2 Prozent jedoch noch unter dem der sonstigen verarbeiteten Industriewaren (57,4 Prozent) lag. Gleichzeitig fällt auf, dass sich die Importanteile bei Spitzentechnik und hochwertiger Technik bzw. bei F&E-intensiven Gütern insgesamt kaum verändert haben, das heißt, China ist nach wie vor von diesen Zulieferungen abhängig (siehe *Tabelle 4*).

Tab. 4: Struktur der Ein- und Ausfuhren Chinas nach Güterbereichen (Anteile am gesamten Ein- bzw. Ausfuhrvolumen in Prozent)

	2000	2010
Exporte unterschiedlicher Gütergruppen*		
Spitzentechnik	14,6	23,2
hochwertige Technik	14,3	18,0
F&E-intensive Güter	*28,9*	*41,2*
sonstige verarbeitete Industriewaren	67,0	57,4
Rohstoffe (aus Landwirtschaft und Bergbau)	4,2	1,4
Importe unterschiedlicher Gütergruppen*		
Spitzentechnik	20,4	21,8
hochwertige Technik	26,5	23,5
F&E-intensive Güter	*46,8*	*45,3*
sonstige verarbeitete Industriewaren	40,0	28,1
Rohstoffe (aus Landwirtschaft und Bergbau)	13,1	26,7

* Die Anteile der Exportgütergruppen »Spitzentechnik« und »hochwertige Technik« ergeben die Gruppe der F&E-intensiven Güter, die übrigen zwei Gütergruppen werden nicht dazu addiert, sondern stellen eigenständige Gütergruppen dar. Dies gilt ebenfalls für den Import. Güter der Spitzentechnik weisen die höchste F&E-Intensität auf (Gehrke/Krawczyk 2012, S. 6).
Quelle: Gehrke/Krawczyk 2012, S. 46.

Auch Chinas Nachfrage auf den internationalen Rohstoffmärkten erhöhte sich rasant und löste wiederholt starke Preisschwankungen auf dem Weltmarkt aus. Um derartige Schwankungen, die auch für Chinas Rohstoffversorgung nachteilig sind, langfristig zu vermeiden, ist die Regierung darum bemüht, große Rohstoffvorräte im Inland anzulegen. Insgesamt konsumierte die Wirtschaft Chinas im Jahr 2010 rund 20 Prozent der globalen Produktion nicht erneuerbarer Energie, 23 Prozent der wichtigsten Agrarprodukte sowie 40 Prozent der Basismetalle. Dieser hohe Verbrauch erklärt sich einerseits durch den Input für die Produktion und ist andererseits durch die im internationalen Vergleich hohe Energieintensität Chinas bedingt (Roache 2012, S. 3).

Zu den ersten und heute noch wichtigsten Standorten für die exportorientierte Entwicklung zählt die Provinz Guangdong. Die Auslagerung von Produktionskapazitäten zunächst aus Hongkong und Taiwan und später aus anderen Ländern der Region in das Perlflussdelta trug dazu bei, dass diese Provinz sich von einer verlängerten Werkbank Hongkongs zu einer *global factory* entwickelte. Hier werden neben arbeitsintensiven Produkten zunehmend technologisch anspruchsvolle Erzeugnisse der Elektronikindustrie hergestellt. Obwohl andere Regionen Chinas für den Außenhandel ebenfalls an Bedeutung gewannen, trug Guangdong im Jahr 2011 noch 22 Prozent zu den gesamten Importen und 28 Prozent zu den Exporten des Landes bei (HKTDC 2012). Darüber hinaus haben sich weitere Standorte wie beispielsweise Shanghai und die Deltaregion des Chang Jiang (Jangtsekiang) in der letzten Dekade ebenfalls zu chinesischen Exportzentren entwickelt.

Seit dem WTO-Betritt verfolgt die chinesische Regierung verstärkt eine Diversifizierung der Handelspartner. Ziel ist es, die Abhängigkeit von den westlichen Industrieländern und Japan zu reduzieren. Trotzdem war die EU (bezogen auf alle 27 Mitgliedsländer) im Jahr 2011 mit einem Anteil von 15,6 Prozent am gesamten Außenhandel, 18,8 Prozent an den Exporten und 12,1 Prozent an den Importen die wichtigste Liefer- und Absatzregion und Deutschland innerhalb der EU das wichtigste Partnerland. Als Lieferländer waren außerdem Japan und die ASEAN-Mitgliedsländer mit Anteilen von jeweils 11,1 Prozent sowie Südkorea (9,3 Prozent), Taiwan (7,2 Prozent) und die USA (sieben Prozent) von Bedeutung. Neben der EU spielten die USA als Absatzmarkt eine Schlüsselrolle (Anteil von 17,1 Prozent) sowie die ASEAN (neun Prozent) und Japan (7,8 Prozent). Unter den Exportländern und -regionen ist auch Hongkong zu finden, über das nach wie vor ein größerer Teil der Ausfuhren (14,1 Prozent) abgewickelt wird. Während Hongkong vor allem eine Funktion als Transitland für chinesische Exporte erfüllt, ist diese Sonderverwaltungsregion (SAR) für den Import von Waren durch das chinesische Festland nahezu unbedeutend (siehe *Abbildungen 3* und *4*).

Abb. 3: Chinas wichtigste Importländer im Jahr 2011

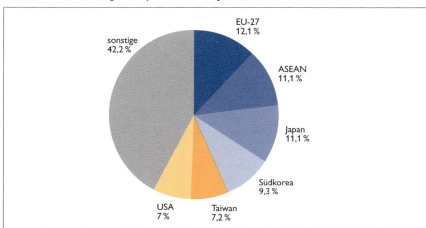

Quelle: China General Administration of Customs, in: Schaaf 2012.

Abb. 4: Chinas wichtigste Exportmärkte im Jahr 2011

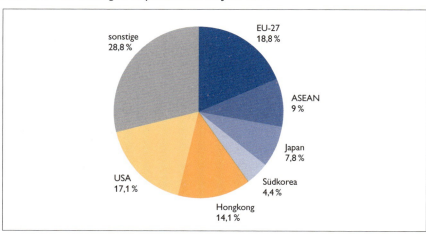

Quelle: China General Administration of Customs, in: Schaaf 2012.

Vor allem im Handel mit Japan und Südkorea spiegelt sich die regionale Arbeitsteilung wider. So weist China mit diesen Ländern ein Außenhandelsdefizit auf, das sich 2011 auf 51,3 Mrd. US$ (Japan) und 79,8 Mrd. US$ (Südkorea) belief. Diese Defizite gehen auf die Zulieferung von Komponenten und Zwischenprodukten für Joint Ventures zurück, die zwischen chinesischen und japanischen bzw. südkoreanischen Unternehmen gegründet wurden. Defizite im Außenhandel mit Australien, Brasilien und Malaysia sind dagegen überwiegend eine Folge der Lieferungen von Rohstoffen dieser Länder für die Industrie- und Agrarwirtschaft Chinas.

Die EU ist für China nicht nur ein bedeutender Handelspartner, sondern auch der wichtigste Technologielieferant. Sowohl im Handel mit der EU als auch den USA wies China im Jahr 2011 einen relativ hohen Überschuss von 134,8 Mrd. US$ bzw. 202,3 Mrd. US$ auf. Chinas Außenhandelsüberschuss mit den USA ist traditionell Gegenstand der Diskussion um Chinas Außenwirtschaftsregime und andere Aspekte der Wirtschafts- und Rechtsordnung gewesen. Die Kritik erstreckt sich zum Beispiel auf die steuerliche Begünstigung chinesischer Unternehmen und auf den Vorwurf einer Währungsmanipulation. Weiterhin beschuldigen amerikanische Gewerkschaften chinesische Unternehmen des Lohndumpings und beanstanden eine Verletzung der Arbeitnehmerrechte, die einen unfairen Wettbewerb und den Verlust von Tausenden von Arbeitsplätzen in den USA ausgelöst haben sollen (Williams/Donelly 2012, S. 1).

Für die Diskussion um das hohe Defizit der USA im Handel mit China spielt es eine Rolle, ob und in welcher Höhe der Wertschöpfungsanteil Chinas in die Berechnung des Außenhandelsüberschusses einbezogen wird. Das Beispiel der Exporte von iPhones illustriert, wie niedrig im Einzelfall der Wertschöpfungsanteil ist, der auf China entfällt. So werden diese in China endmontiert, aber das Design sowie die Bauteile werden aus den USA, Japan, Deutschland und Südkorea importiert. Vom Großhandelsstückpreis in Höhe von 178,06 US$ beträgt der chinesische Wertschöpfungsanteil 3,6 Prozent oder 6,5 US$. Würde von den gesamten in die USA exportierten iPhone-Lieferungen im Wert von 2,02 Mrd. US$ im Jahr 2009 nur der auf China entfallende Wertschöpfungsanteil als Exportwert gerechnet, hätte dieser lediglich 73,5 Mio. US$ betragen (Zhang/Tang/Zhan 2012, S. 41 f.). Für das Jahr 2009 kommt die OECD in einer Untersuchung zu dem Ergebnis, dass bei Berücksichtigung der Wertschöpfungsanteile der Überschuss Chinas im Handel mit den USA um rund 25 Prozent geringer ausfallen würde als bei einer Berechnung aufgrund der Handelsbilanzen (OECD o. J.). Dieses Beispiel macht deutlich, dass die Ausweitung der internationalen Arbeitsteilung auf China die globale Verflechtung der Volkswirtschaften beschleunigt hat. Erst durch die Zuordnung der Wertschöpfungsanteile können die auf China entfallenden Gewinne aus dem Außenhandel beziffert werden. Hierfür sind die traditionellen Handelsstatistiken nur eingeschränkt geeignet.

Margot Schüller

3 Direktinvestitionen

Das Nebeneinander von Handel und Direktinvestitionen weltweit agierender Unternehmen kennzeichnet die heutige Globalisierung. Während ausländische Unternehmen bereits in den 1980er-Jahren erste Direktinvestitionen in China tätigten, investieren chinesische Unternehmen erst seit einer knappen Dekade in größerem Umfang im Ausland. Darüber hinaus unterscheiden sich ihre Investitionsmotive erheblich. So investierten westliche Unternehmen in China vor allem, um die kostengünstigen Produktionsbedingungen zu nutzen und den chinesischen Markt zu erschließen. Chinesische Unternehmen zielen dagegen mit ihren Investitionen im Ausland nicht nur auf einen besseren Marktzugang, sondern in den Industrieländern vor allem auf den Kauf von oder die Beteiligung an Unternehmen, die technologisch höher entwickelt sind oder bekannte Markennamen besitzen. Ein weiteres wichtiges Investitionsmotiv chinesischer Unternehmen ist der Zugang zu agrarischen und mineralischen Rohstoffen im Ausland.

VW war das erste große deutsche Unternehmen, das sich auf den chinesischen Markt wagte. Dass sich die frühe Investition bezahlt machte, bezeugt auch die Neueröffnung eines Werkes in Foshan in der südchinesischen Provinz Guangdong im September 2013. Gemeinsam mit dem chinesischen Partner FAW-Gruppe sollen hier jährlich 300 000 Autos produziert werden, darunter auch Hybridmodelle von FAW und Audi. (Foto: Imaginechina via AP Images, 2013)

Ausländische Direktinvestitionen in China

Der schnelle Anstieg des chinesischen Außenhandels ist eng mit dem Zufluss von Auslandskapital in Form von ADI nach China verbunden. Diese bedeuten im Gegensatz zu Portfolioinvestitionen – das sind Investitionen, bei denen die Beteiligung des Investors so gering bleibt, dass er keinen Einfluss auf das Management erlangt – eine längerfristige Beteiligung von ausländischen an inländischen Unternehmen bzw. eine Gründung von Tochterunternehmen ausländischer Investoren. In der ersten Reformphase zwischen 1980 und 1992 erreichten die ADI ein durchschnittliches Volumen von rund fünf Mrd. US$ pro Jahr. Mit der Transformation des Wirtschaftssystems in eine Marktwirtschaft und verstärkten Reformbemühungen stiegen die ADI bis 1997 auf jährlich 45 Mrd. US$. Die asiatische Finanzmarktkrise führte in den Folgejahren dazu, dass die Zuflüsse zurückgingen bzw. stagnierten. Erst ab Mitte des ersten Jahrzehnts des 21. Jahrhunderts nahmen die ADI wieder in einem schnellen Tempo zu, brachen aber als Folge der globalen Finanzmarktkrise kurzfristig erneut ein. Mit rund 106 Mrd. US$ bzw. 118 Mrd. US$ in den Jahren 2010 und 2011 erreichten die jährlichen ADI-Zuflüsse Rekordstände (siehe *Tabelle 5*).

Tab. 5: Ausländische Direktinvestitionen in China nach Herkunftsregionen (in Mrd. US$)

	2000	2005	2006	2007	2008	2009	2010	2011
gesamt	40,715	60,325	63,021	74,768	92,395	90,033	105,732	117,698
darunter:								
Asien	25,482	35,719	35,085	42,117	56,345	60,645	77,592	89,514
Lateinamerika	4,617	11,293	14,163	20,118	20,903	14,684	13,526	12,504
Europa	4,765	5,643	5,712	4,365	5,459	5,495	5,922	5,876
Nordamerika	4,786	3,730	3,687	3,390	3,958	3,677	4,014	3,582
Ozeanien und Pazif. Inseln	0,694	1,999	2,260	2,743	3,170	2,529	2,328	2,076
Afrika	0,288	1,071	1,217	1,487	1,668	1,310	1,280	1,641

Quellen: China Statistical Yearbook 2011; NBS: Statistical Communique 2012.

Nach wie vor kommen die meisten Direktinvestitionen aus Asien. Da jedoch ein hoher Anteil der ADI aus Steuerparadiesen (Offshore Financial

Centers) nach China fließt, sind Aussagen über die ursprüngliche geografische Herkunft der Investitionsmittel bzw. Investoren schwierig. Zu den Steuerparadiesen zählen nicht nur Hongkong, sondern auch Standorte wie die Jungferninseln oder die Cayman Islands in Lateinamerika. Dort haben auch chinesische Unternehmen aus steuerlichen Gründen Holdinggesellschaften etabliert, um über diese weltweit zu investieren. Bereits Ende der 1990er-Jahre gingen Schätzungen davon aus, dass rund 20 Prozent der als ADI registrierten Investitionen in China von inländischen Unternehmen stammten, die über den Umweg eines anderen Investitionsstandorts in der Heimat investierten. Ein Anreiz hierfür waren steuerliche Vergünstigungen für Auslandsunternehmen, die über diesen Umweg auch von chinesischen Investoren in Anspruch genommen werden konnten (World Bank 1997, S. 8). Die nähere Betrachtung der ADI aus der Region Asien macht deutlich, dass Hongkong als Herkunftsort eine Schlüsselrolle spielt. Trotz der Wiedereingliederung in den chinesischen Staatenverbund im Jahr 1997 wird Hongkong als Sonderverwaltungsregion statistisch nicht zu China gerechnet, sodass Investitionen aus Hongkong als ADI gelten.

Unternehmen aus Japan und Südkorea investierten in China vor allem mit dem Ziel, lokale Unternehmen aus Kostengründen in ihre Wertschöpfungsketten einzubinden und durch die Produktion vor Ort den chinesischen Markt besser zu erschließen. Ihre Investitionen konzentrierten sich auf technologieintensive Industrien wie Automobil- und Elektronikindustrie. Diese Unternehmen nutzten zwar lokale Zulieferer, setzten darüber hinaus aber stark auf externe Zulieferungen, insbesondere von technischen Komponenten und Zwischenprodukten, durch Unternehmen im eigenen Land. Aus chinesischer Perspektive waren innerhalb der Gruppe der ausländischen Investoren vor allem Unternehmen aus Europa, den USA und Japan für den Technologietransfer über Lizenzen, Patente und die Verbreitung von Wissen im Rahmen sinoausländischer Gemeinschaftsunternehmen wichtig.

Die Zielregionen für ADI sind vor allem die wirtschaftlich höher entwickelten Provinzen an der Ostküste Chinas. Bis Anfang der 1990er-Jahre entfielen auf diese Region 91,3 Prozent aller ADI, ein Anteil, der bis 1995 auf 88 Prozent zurückging. Bis zum Jahr 2008 veränderte sich die regionale Aufteilung nur wenig, denn die Ostküstenprovinzen konnten weiterhin rund 83 Prozent der ADI absorbieren (Foster 2011, S. 28). Zwar ist die Präferenz der Auslandsinvestoren für die Ostküstenprovinzen durch die komparativen Vorteile hinsichtlich ihrer geografischen Lage und besser ausgebauten Infrastruktur erklärbar. Zugleich ist diese Entwicklung auch das Ergebnis einer Politik, durch die bestimmte Gebiete für ausländische Investoren eher als andere geöffnet wurden. Erst seit Mitte der 1990er-

Jahre hat die Regierung auch Anreize für die Ansiedlung von Auslandsunternehmen in Zentral- und Westchina eingeführt.

Tab. 6: *Ausländische Direktinvestitionen in China (ausgewählte Sektoren 2011, in Prozent)*

Sektoren	Anteil 2011
verarbeitendes Gewerbe	44,9
Immobilien	23,2
Leasing und Geschäftsdienstleistungen	7,2
Groß- und Außenhandel	7,3
Informationsübertragung, Computerdienstleistungen und Software	2,3
Landwirtschaft, Viehzucht, Fischerei	1,7
Bauindustrie	0,8
Finanzintermediation	1,6

Quelle: China Statistical Yearbook 2012, S. 258.

Die staatliche Lenkungspolitik beeinflusste über die Investitionsrichtlinien der Ministerien auch die sektorale Aufteilung der ADI. Ziel war einerseits der Schutz eigener Industrien und andererseits die Förderung ausgewählter neuer Industrien. Hierbei sollten sinoausländische Joint Ventures eine Schlüsselrolle für den Technologietransfer spielen. Chinesische Statistiken weisen allerdings nicht die Investitionen in einzelnen Industrien aus, sondern nur, wie viel von den gesamten ADI in das verarbeitende Gewerbe geflossen ist. Dieser Anteil nahm von 42 Prozent in der Anfangsphase (1979–85) auf 44,9 Prozent im Jahr 2011 nur geringfügig zu. Liberalisierungsschritte im Dienstleistungssektor spiegeln sich in gestiegenen Anteilen an den Sektoren Transport, Telekommunikation, Handel, Leasing und Geschäftsdienstleistungen wider (siehe *Tabelle 6*).

Die aktuelle Entwicklung der ADI zeigt, dass China zwar im Jahr 2011 noch einen Zuwachs von rund elf Prozent auf 117 Mrd. US$ aufweisen konnte, dass aber die monatlichen Wachstumsraten seit November 2011 zurückgegangen sind (China Capital 2012). Diese Entwicklung steht auch im Zusammenhang mit der Krise in einem Teil der Herkunftsländer der ADI, insbesondere in der EU-27 und den USA.

Chinesische Direktinvestitionen im Ausland

Zur Unterstützung ihrer Außenhandelsexpansion gründeten chinesische Unternehmen erstmals in den 1980er-Jahren vereinzelt Tochterunternehmen im Ausland. Das Volumen der jährlichen Direktinvestitionen blieb allerdings noch auf einem sehr niedrigen Niveau. Erst ab Mitte des ersten Jahrzehnts des 21. Jahrhunderts und begleitet von der staatlichen Going-global-Förderpolitik verstärkten chinesische Unternehmen ihre Auslandsinvestitionen. Über finanzielle Anreize und Richtlinienkataloge versucht die Regierung ebenfalls, diese Investitionen in bestimmte Länder und Industrien zu lenken. Zu einem Schwerpunkt wurde der Zugang zum Rohstoffsektor anderer Entwicklungsländer, insbesondere in Lateinamerika und Afrika, aber auch Beteiligungen an der Rohstofferschließung und -verarbeitung in Australien und Kanada. Zusätzlich zu Investitionen im Rohstoffsektor und zur Markterschließung investierten chinesische Unternehmen in den letzten Jahren in technologie- und wissensintensive Industrien in der EU.

Aufgrund der schnell steigenden Investitionen war China bereits im Jahr 2010 der fünftgrößte Auslandsinvestor hinter den USA, Deutschland, Frankreich und Hongkong (MOFCOM 2011, S. 3). Diese anderen Länder weisen nach wie vor die höchsten Bestandsgrößen bei Direktinvestitionen im Ausland auf. Bis Ende 2010 hatten rund 13 000 chinesische Unternehmen in insgesamt 178 Ländern und rd. 16 000 Unternehmen investiert. Diese beschäftigten etwa 1,1 Mio. Arbeitskräfte, davon 784 000 lokale Arbeitskräfte (MOFCOM 2011, S. 79 ff.). Die geografische und sektorale Verteilung der chinesischen Auslandsinvestitionen ist statistisch schwer zu erfassen. Ähnlich wie bei den ausländischen Direktinvestitionen in China entfällt bei den chinesischen Direktinvestitionen im Ausland ein relativ hoher Anteil auf Offshore Financial Centers bzw. Steuerparadiese. Auch unterscheiden die chinesischen Statistiken nicht zwischen verschiedenen Formen der Auslandsinvestitionen, insbesondere nicht nach Übernahmen und Aufkäufen (Mergers & Acquisitions, M&A) sowie Neugründungen (Greenfield Investments). Gerade M&A-Transaktionen wären aufgrund ihrer strategischen Zielsetzungen für die Untersuchung der Investitionsmotive chinesischer Unternehmen besonders interessant.

Zwischen 2002 und 2010 nahmen die chinesischen Auslandsinvestitionen jährlich um durchschnittlich 50 Prozent zu (MOFCOM 2011, S. 5). Die globale Finanzmarktkrise und die für viele EU-Länder damit verbundenen Probleme boten chinesischen Investoren neue Möglichkeiten, ausländische Unternehmen aufzukaufen. Während weltweit die Direktinvestitionen im Jahr 2008 um rund 20 Prozent zurückgingen, erhöhten chinesische Unternehmen ihre Investitionen im Ausland. Auch im Krisenjahr 2009 stiegen die Investitionen auf 56,5 Mrd. US$ leicht an und erreichten im Jahr 2010 ein Niveau von 68,9 Mrd. US$ (siehe *Abbildung 5*).

Abb. 5: Chinesische Auslandsinvestitionen 2003–10 (in Mrd. US$)

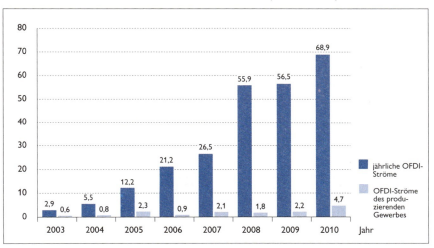

Quelle: MOFCOM 2011, S. 5 und 94.

Während sich ausländische Direktinvestitionen in China auf das verarbeitende Gewerbe konzentrieren, liegt der entsprechende Anteil der chinesischen Direktinvestitionen im Ausland bei weniger als zehn Prozent.

Die sektorale Betrachtung der chinesischen Auslandsinvestitionen im Zeitraum 2004–10 zeigt, dass auf den Bankensektor 17 Prozent und auf den Rohstoffsektor 14 Prozent (Bergbau) entfielen. Auf die Markterschließung bezogene Auslandsinvestitionen sind nach wie vor dominant mit einem Anteil von rund 30 Prozent bei Leasing und Dienstleistungen, 13 Prozent im Groß- und Einzelhandel sowie 7,3 Prozent in den Kategorien Transport und Lagerhaltung (siehe *Abbildung 6*).

Ein weiteres Merkmal chinesischer Direktinvestitionen im Ausland ist der hohe Anteil der Staatsunternehmen am Investitionsvolumen. Ende 2010 entfielen rund 66 Prozent des Investitionsbestands auf diese Gruppe (MOFCOM 2011, S. 18). Die herausragende Rolle staatseigener Unternehmen spiegelt sich ebenfalls in der Rangliste der 50 größten chinesischen Investoren im Ausland wider. Diese Liste wurde im Jahr 2010 angeführt von Unternehmen der Rohstoffindustrie. Auf den Plätzen eins bis vier befanden sich die drei größten staatlichen Erdölgesellschaften (China Petrochemical Corporation, China National Petroleum Corporation und China National Offshore Oil Corporation) sowie die China Resources (Holding) Co. Auch die nachfolgenden Unternehmen waren fast ausschließlich

Staatsunternehmen bzw. Unternehmen mit einem hohen Anteil des Aktienkapitals in staatlicher Hand in den Branchen Transport, Luftfahrt, Telekommunikation, Banken, Energie und Metallurgie. Nicht staatliche Unternehmen waren beispielsweise die Legend Holdings Ltd., GDH Limited und Huawei Technologies (MOFCOM 2012, S. 103 f.).

Abb. 6: Struktur der chinesischen Auslandsinvestitionen nach Industriezweigen (2004 – 10, kumulierte Werte)

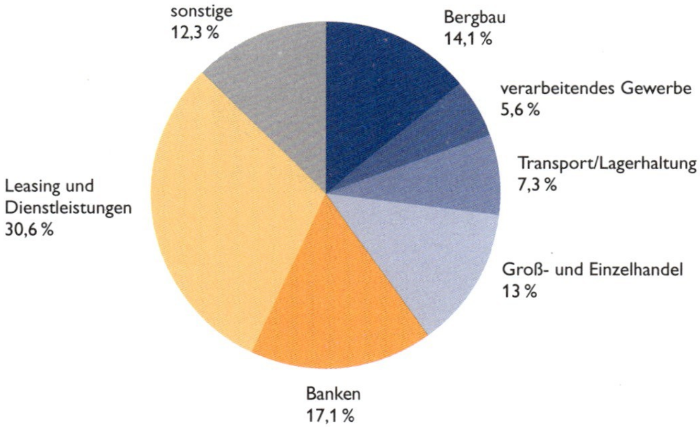

- sonstige 12,3 %
- Bergbau 14,1 %
- verarbeitendes Gewerbe 5,6 %
- Transport/Lagerhaltung 7,3 %
- Groß- und Einzelhandel 13 %
- Banken 17,1 %
- Leasing und Dienstleistungen 30,6 %

Quelle: MOFCOM 2011, S. 95.

4 Chinas Integration in das globale Finanzsystem

Verglichen mit der internationalen Verflechtung im Handel und bei den Direktinvestitionen ist Chinas finanzielle Integration in die Weltwirtschaft noch relativ gering. Diese vollzieht sich in erster Linie über die Akkumulation von Devisenreserven, die überwiegend für den Ankauf ausländischer Anleihen eingesetzt werden und China zu einem wichtigen Gläubigerland werden ließen. Auch ADI-Zuflüsse ließen die Devisenreserven steigen. Portfolioinvestitionen sowohl ausländischer Investoren in China als auch chinesischer Investoren im Ausland sind dagegen aufgrund restriktiver staatlicher Bestimmungen nur eingeschränkt von Bedeutung. Da die chinesische Regierung destabilisierende Effekte bei hohen Ab- oder Zuflüssen von Portfolioinvestitionen befürchtet, begünstigt sie lediglich ausländische Direktinvestitionen.

Chinas internationale Devisenposition hat sich aufgrund der regelmäßigen Überschüsse aus der Handelsbilanz sowie der Zuflüsse von ADI stetig verbessert. Zwischen 2004 und 2011 stiegen die Devisenreserven, die von der State Administration of Foreign Exchange (SAFE) verwaltet werden, von rund 619 Mrd. US$ auf 3 181,1 Mrd. US$ mit zweistelligen Wachstumsraten um mehr als das Vierfache an (siehe *Tabelle 7*). Gleichzeitig erhöhte sich die Bedeutung der Devisenreserven, gemessen in Relation zum BIP, von 31,6 Prozent auf 48,4 Prozent. Auch im internationalen Vergleich spielen die chinesischen Devisenreserven eine wachsende Rolle. Während sie im Jahr 2004 rund 16 Prozent der globalen Devisenreserven ausmachten, lag ihr Anteil in den Jahren 2009 bis 2012 fast doppelt so hoch bei etwa 30 Prozent. Die Devisenreserven stellen mit einem Anteil von rund 69 Prozent (2010) an den gesamten Finanzaktiva die wichtigste Kategorie dar, während ADI-Zuflüsse 63,2 Prozent aller Finanzpassiva ausmachten. Zusätzlich zu den ADI existieren sonstige Investitionen, zu denen Handelskredite und Währungseinlagen gehören.

Tab. 7: Entwicklung der Devisenreserven 2004 – 12 (in Mrd. US$)

	2004	2005	2006	2007	2008	2009	2010	2011	2012
Devisenreserven bei SAFE	609,9	818,9	1 066,3	1 528,2	1 946,0	2 399,2	2 847,3	3 181,1	3 311,6
Anstieg der Devisenreserven p. a.	-	34,3	30,2	43,3	27,8	23,3	18,7	11,7	4,1
Devisenreserven in Prozent vom BIP	31,6	36,3	39,3	43,7	43,1	48,1	48,4	43,6	41,4
Devisenreserven in Prozent der globalen Devisenreserven	16,3	19,0	20,3	22,8	26,5	29,4	30,8	31,2	29,9

Quellen: DB Research 2011; IMF 2013; China Statistical Yearbook (versch. Jgg.); eigene Berechnungen.

Wie dieser rasche Anstieg der Devisenreserven eingestuft werden soll, ist umstritten. Selbst nach Einschätzung der chinesischen Zentralbank übersteigt das derzeitige Volumen der Devisenreserven die erforderliche Höhe (Ruan 2011). Mittelfristig wird eine Veränderung zum einen davon abhängen, ob eine stärker binnenmarktorientierte Entwicklung erreicht werden kann. Damit würden die Überschüsse aus der Außenhandelsbilanz schrumpfen. Des Weiteren könnte durch eine weitere Aufwertung der

Währung die Devisenakkumulation auch verlangsamt werden (Deutsche Bank Research 2011, S. 5).

Für die Integration in das internationale Finanzsystem war die Reform des chinesischen Wechselkurssystems im Juli 2005 ein wichtiger Meilenstein. Bis dahin hatte eine feste Anbindung der chinesischen Währung an den US-Dollar bestanden. An seine Stelle trat ein Währungskorb. Das neue Wechselkursregime galt als sogenanntes *managed floating*, das heißt, der chinesische Wechselkurs wurde durch die Veränderung der Nachfrage und des Angebots in Bezug zu den Währungen im Währungskorb bestimmt und in einer bestimmten Bandbreite von der Regierung angepasst. Die tägliche Schwankungsbreite beim Floating wurde auf 0,3 Prozent des Wechselkurses vom Vortag beschränkt. Die Zentralbank behielt sich vor, den Wechselkurs bei besonderen Marktentwicklungen anzupassen, versprach aber, ihn im Wesentlichen stabil zu halten. Ziel war eine ausgeglichene Zahlungsbilanz und die Sicherung der gesamtwirtschaftlichen und finanziellen Stabilität. Zusammen mit der partiellen Abkoppelung der chinesischen Währung von der Bindung zum US-Dollar wurde die Währung im Juli 2005 um 2,1 Prozent aufgewertet. Die Anpassung des Wechselkurssystems galt als ein Einlenken gegenüber dem Drängen westlicher Handelspartner, vor allem der USA. Von Lobbygruppen in den USA, die der chinesischen Regierung Währungsmanipulation vorwarfen, war ein starker Druck ausgegangen. Sie hatten gefordert, China eine 90-tägige Frist zur Aufwertung des Renminbi zu setzen und im Fall einer Verweigerung Zollsanktionen zu verhängen. Ab dem Jahr 2005 wurde Chinas Währung durch verschiedene Aufwertungsschritte zwar um rund 30 Prozent aufgewertet und weist eine größere Schwankungsbreite des täglichen Wechselkurses auf. Allerdings gab es zwischen 2008 und 2011 als Reaktion auf die globale Finanzkrise wieder eine De-facto-Anbindung an den US-Dollar, auch wenn die chinesische Zentralbank eine stärkere Loslösung vom Dollar angestrebt hatte (Fan 2013; De-facto Dollar-Peg. 2011).

Während internationale Organisationen wie die Asiatische Entwicklungsbank (Asian Development Bank, ADB), der Internationale Währungsfonds (IWF) und die Weltbank eine Reform des Wechselkurssystems gefordert hatten, kommentierten einige international bekannte Ökonomen die Forderungen nach Aufwertung der chinesischen Währung sehr kritisch. So argumentierte der Nobelpreisträger Robert Mundell beispielsweise, dass eine Aufwertung weder im Interesse Chinas sei noch dadurch die Ursachen der Unzufriedenheit der USA im Handel mit China beseitigt würden. Der tatsächliche Grund für das Defizit der USA im Handel mit China sei, dass sich die US-Wirtschaft einem Produktivitätsschock gegenübersehe, der mit monetären Maßnahmen nicht gelöst werden könne. US-Ökonomen wie beispielsweise Ronald McKinnon gingen davon aus, dass durch eine Aufwertung des Renminbi nicht automatisch die chinesischen Exporte zurückgehen, der Inflationsdruck abnehmen und das US-Handelsbilanzdefizit sinken werde. McKinnon verwies auf das Beispiel Japans. Unter dem Druck der USA habe Japan Mitte der 1980er-Jahre seinen festen Wechselkurs in einen flexiblen umgewandelt. Trotzdem sei das US-Defizit im Handel mit Japan unverändert hoch geblieben. Auch im Fall Chinas seien die Folgen einer Wechselkursflexibilisierung nicht absehbar (Schüller 2005c).

Die Frage, wann sich die Regierung ganz aus der Lenkung des Wechselkurses und des Kapitalverkehrs zurückzieht, hängt auch eng mit der Entwicklung des Bankensystems zusammen. Als eine der wichtigsten Voraussetzungen für die Liberalisierung des Kapitalverkehrs in China wird ein stabiles und effizientes Bankensystem angesehen. Ein freier Kapitalverkehr umfasst unbeschränkte grenzüberschreitende Kapitalbewegungen in Form von Direktinvestitionen oder Investitionen in Immobilien und Wertpapiere, Kredite und Darlehen sowie persönlichen Kapitalgeschäften. Als Reaktion auf eine Liberalisierung erweitern in der Regel Finanzinstitute und private Eigentümer von Kapital ihr Portfolio und es kann zu größeren Abflüssen aus dem inländischen Bankensystem kommen. Wird ein Bankensystem als schwach und anfällig angesehen, transferieren Bankkunden ihre Einlagen eventuell gezielt ins Ausland. Sind derartige Kapitalbewegungen besonders hoch, kann dies zu einer Abwertung der Währung führen (Lardy/Douglass 2011). Obwohl die staatlichen Banken einen erfolgreichen Transformationsprozess durchlaufen haben, befinden sie sich aber aufgrund der partiellen Abkopplung vom internationalen Finanzmarkt noch in einem geschützten Umfeld. Während die großen Geschäftsbanken ihre Wettbewerbsfähigkeit gegenüber ausländischen Banken in den letzten Jahren erfolgreich erhöhen konnten, gilt dies für die meisten Lokalbanken nur in beschränktem Umfang. Vor diesem Hintergrund kann nicht damit gerechnet werden, dass die chinesische Regierung den freien Kapitalverkehr vor der Restrukturierung und Sanierung auch dieser Banken zulassen wird (Schüller 2012, S. 146 f.).

5 Auswirkungen von Chinas Aufstieg: Das Beispiel EU

Der Aufstieg Chinas war zwar für das Wachstum der Weltwirtschaft insgesamt sehr positiv, doch haben einzelne Länder auf sehr unterschiedliche Weise daran partizipieren können. Zu den Verlierern zählen Länder, deren Beschäftigung und Außenhandel von solchen Industrien abhängig ist, in denen Chinas Wettbewerbsfähigkeit schnell zugenommen hat. Hier kam es zu Verdrängungseffekten auf Drittmärkten und Anteilsverlusten der eigenen Unternehmen auf Heimatmärkten. Waren solche Länder nicht in der Lage, strukturelle Anpassungen durchzuführen, um nicht mehr wettbewerbsfähige Industrien durch neue zu ersetzen, brachen Produktion und Beschäftigung ein. Regional waren hiervon nicht nur andere Entwicklungsländer betroffen, die höhere Beschäftigungsanteile in arbeitsintensiven Industrien wie der Textil- und Bekleidungsindustrie aufwiesen, sondern auch Industrieländer in der EU sowie bestimmte Industrien und Regionen in den USA. In der EU führte das unterschiedliche Spezialisierungsmuster der Mitgliedsländer dazu, dass sie dem externen Wettbewerb aus China in asymmetrischer Weise ausgesetzt waren. So konzentriert sich beispielsweise die Produktion von Maschinen und Transportausrüstungen auf die EU-Länder Österreich, Italien und Deutschland. Die Textilproduktion dominiert weiterhin in Portugal und Griechenland sowie in Italien, die Nahrungsmittelindustrie in Irland, Griechenland und den Niederlanden. Da die chinesischen Unternehmen ihre Wettbewerbsfähigkeit vor allem in den arbeitsintensiven und technologisch einfachen Industrien gesteigert haben, wurden auf diese Industrien fokussierte EU-Länder durch einen schnellen Anstieg der Produktivität chinesischer Unternehmen gefährdet. Als Mitglied der Eurozone konnten Länder wie Spanien, Griechenland oder Portugal dann nicht mehr über eine Abwertung ihrer Währung, sondern nur über Lohnanpassungen und Verlagerung von Arbeitskräften in Industrien mit höherer Wertschöpfung reagieren. Mikkelsen und Pérez Ruiz (2012) zeigen in einer Studie zum Einfluss Chinas auf die EU-Krise deutlich, dass die Spezialisierung innerhalb der EU Vorteile für alle Mitgliedsländer brachte, doch Länder mit einer traditionellen Industriestruktur geschwächt wurden. Innerhalb der EU hatten vor allem jene Länder von der Ausweitung des Außenhandels mit China Vorteile, deren Industrie- und Handelsstruktur auf Produkten und Dienstleistungen mit hoher Wertschöpfung basierte. Würde China in der Maschinenbauindustrie ebenso schnell wie in der Textilindustrie aufholen, wäre auch Deutschland von einem Rückgang des Sozialprodukts, größeren Arbeitsplatzverlusten und Handelsdefiziten betroffen.

Die länderspezifischen Unterschiede in der Industrie- und Handelsstruktur innerhalb der EU bedingen auch, dass es zu langwierigen Abstimmungsprozessen der Mitgliedstaaten in der Politik gegenüber China kommt. Die für die Umsetzung der gemeinsamen Außenwirtschaftspolitik zuständige EU-Kommission muss die starke Heterogenität der Wirtschaftsbeziehungen der Mitgliedsländer mit China berücksichtigen. Daraus resultiert, dass die Länder in unterschiedlichem Maß bereit sind, Handelssanktionen gegenüber China zu verhängen. Wie unterschiedlich die Interessen der Länder sind, wurde im Jahr 2013 am Beispiel der Diskussion um Strafzölle auf die Einfuhr chinesischer Solarzellen ersichtlich.

Eine Arbeiterin einer Fabrik in Ganyu, Provinz Jiangsu, inspiziert Fotovoltaikzellen. Die fertigen Solarpanele sind für den Export bestimmt. (Foto: Imaginechina via AP Images, 2014)

Die Entwicklung erneuerbarer Energien wird im aktuellen Fünfjahresplan (2011–15) der chinesischen Regierung besonders gefördert. Während die Produktion schnell expandierte, kam die Installation von Solaranlagen im Inland nur langsam voran. Damit erhöhte sich der Exportdruck für chinesische Unternehmen. Diese drängten auch auf den EU-Markt mit Preisen, die von ihren europäischen Konkurrenten als Dumpingpreise angesehen werden, da sie als unterhalb des Herstellungswertes liegend eingeschätzt werden. Als Gründe für die niedrigen Preise der chinesischen Hersteller von Solarmodulen gelten direkte und indirekte Subventionen wie vergünstigte Strompreise, verbilligtes Silizium als wichtiger Rohstoff, günstige Kreditbedingungen und Steuervorteile. Mit der Begründung unfairer

Handelspraktiken chinesischer Solarhersteller führten US-amerikanische Unternehmen bereits 2011 eine Beschwerde vor der Handelskammer der USA und setzten durch, dass seit Mai 2013 Strafzölle auf chinesische Importe von Solarmodulen erhoben werden. Zu den unfairen Praktiken, die chinesische Unternehmen gegenüber ihren ausländischen Konkurrenten begünstigen, wurden die staatliche Landzuteilung und Auftragsvergabe, Handelsbarrieren und Finanzierungsmodalitäten staatlich kontrollierter Banken gezählt. Das Argument der chinesischen Seite, dass die gegenüber anderen Anbietern niedrigeren Lohnkosten günstigere Endpreise bedingen, wurde als nicht zutreffend verworfen. So gehen die ausländischen Solarhersteller von einem Lohnkostenanteil von lediglich zehn Prozent aus, der aus ihrer Sicht die überproportional niedrigen Exportpreise nicht erklären kann.

Vergleichbar mit der Situation in den USA beschweren sich europäische Hersteller von Solarprodukten bei der EU-Kommission. Diese verhängte Anfang Juni 2013 nach einem neunmonatigen Anhörungsverfahren aller Parteien vorläufige Antidumpingmaßnahmen, die in den ersten zwei Monaten Strafzölle von 11,8 Prozent und anschließend von 47,6 Prozent, befristet auf vier Monate, vorsahen. Als Reaktion kündigte die chinesische Regierung an, ebenfalls Handelssanktionen zu verhängen, beispielsweise aufgrund unzulässiger Beihilfen für europäische Automobilbauer sowie auf Importe von Wein und Chemikalien aus der EU. Bereits Ende Juli konnte die EU-Kommission jedoch eine »freundschaftliche Lösung« des Handelsstreits ankündigen, da sich beide Seiten auf Mindestpreise für die Importe chinesischer Solarmodule geeinigt hatten. Von dieser Lösung wird erwartet, dass sich der europäische Markt für Solarpanels wieder stabilisiert.

Das Beispiel demonstriert, welche Herausforderungen Chinas Aufstieg für die traditionellen Industrienationen mit sich bringt. Schnelle Produktivitätsfortschritte und eine aktive Industriepolitik haben die chinesischen Ausfuhren rasant wachsen lassen, sodass sich andere Anbieter einer extremen Preiskonkurrenz gegenübersehen. Dabei ist die Interessenlage innerhalb der EU sehr unterschiedlich und selbst in einzelnen Ländern nicht einheitlich. Mit einem Anteil von rund 46 Prozent an der Solarproduktion (in Gigawatt gemessen) im Jahr 2011 war Deutschland das größte Herstellerland in Europa, in dem neun der zehn größten Solarunternehmen tätig sind. Daraus kann jedoch nicht der Schluss gezogen werden, dass alle deutschen Unternehmen an Sanktionen gegenüber China interessiert sind. So setzen einige der Unternehmen auf preisgünstige Zulieferungen aus China oder exportieren Maschinen und Anlagen für die Solarindustrie nach China.

China und die Weltwirtschaft

Stahl zu angeblichen Dumpingpreisen – 2010 klagten die USA vor einer Kommission der WTO. (Foto: Imaginechina via AP Images, 2010)

In den Handelsbeziehungen zwischen der Europäischen Union und China nehmen Beschwerden über Dumpingpreise generell eine prominente Rolle ein. Hierfür wird zunehmend auch die WTO eingeschaltet, allerdings nicht nur von der EU-Kommission. So hat China beispielsweise bei der WTO eine Klage eingereicht, die sich gegen die Subventionierung von Solarenergie durch staatliche Förderprogramme in Italien und Griechenland wendet. Im bilateralen Stahlhandel zwischen der EU und China reagierte die EU auf hohe Schutzzölle, die seit November 2012 von chinesischer Seite auf europäische Stahlrohre erhoben werden, und beschwerte sich bei der WTO. Diese von China verhängten Schutzzölle waren ihrerseits eine Reaktion auf Strafzölle, die die EU zuvor auf chinesische Stahlrohrlieferungen gelegt hatte.

Zusammenfassend kann festgestellt werden, dass China zu den Ländern gehört, die von der Liberalisierung des Welthandels – verbunden mit enormen Zollsenkungen für verarbeitete Produkte – in den letzten zwei Dekaden am meisten profitiert haben. Indikatoren hierfür sind die Ausweitung des Außenhandels und, damit eng verbunden, der ausländischen Direktinvestitionen und des Technologietransfers. Diese Aussage ist auch dann gültig, wenn die Wertschöpfungsanteile einzelnen Ländern zugeordnet werden und damit der auf China entfallende Anteil geringer ausfällt, als dies nach der Handhabung in traditionell erstellten Handelsstatistiken der Fall ist. Vom Aufstieg Chinas hatten vor allem Länder Vorteile, die technologisch überlegen sind und Produkte mit hoher Wertschöpfung anbieten. Dazu gehören vor allem auch Länder innerhalb der EU, die aufgrund ihres großen Binnenmarktes nach dem Abbau nationaler Handelsbarrieren für chinesische Unternehmen attraktive Absatzländer wurden. Für EU-Länder mit weniger wettbewerbsfähigen Industrien und Handelsstrukturen wurde die chinesische Konkurrenz eine erhebliche Herausforderung, da sie krisenhafte Entwicklungen in traditionellen Industrien eher verstärkte.

Viele der aktuellen Konflikte mit den übrigen WTO-Mitgliedstaaten könnten zukünftig weniger brisant als heute ausfallen, da die chinesische Regierung eine Neuausrichtung ihres Wachstumsmodells anstrebt (siehe den Beitrag von Markus Taube). Obwohl die außenwirtschaftliche Komponente auch weiterhin sehr wichtig sein wird, will die Regierung die Abhängigkeit vom Export reduzieren. Stärker als bisher soll das Wachstum binnenmarktgetrieben und konsumentenorientiert sein. Diese Vorstellung spiegelte sich bereits im elften Fünfjahresplan (2006–10) wider, sie konnte jedoch aufgrund der negativen Auswirkungen der globalen Finanzmarktkrise auf China nicht umgesetzt werden. Der aktuelle Fünfjahresplan bis 2015 hat diese Ziele wieder aufgegriffen und setzt auf ein »grünes Wachstum« mit starker Binnenmarktorientierung. Wie die neue politische Führung, die seit dem Frühjahr 2013 im Amt ist, mit diesen Herausforderungen umgeht, bleibt abzuwarten. Auch sie hat sich für eine Reorientierung des Entwicklungsmodells ausgesprochen, ohne dabei die außenwirtschaftliche Integration Chinas vernachlässigen zu wollen.

Literatur

Bohnet, Armin/Schmitt, Stephanie: Investitionsschutz und Investitionsförderung, in: Handbuch Wirtschaft und Recht in Asien, München 1999, S. 85–91.
China Capital: Inbound and Outbound FDI & Financial Markets, in: The China Analyst, April 2012 (http://www.thebeijingaxis.com/tca/editions/the-china-analyst-apr-2012/119, Zugriff: 12. September 2013).
China Statistical Yearbook → NBS (National Bureau of Statistics of China): China Statistical Yearbook

Deutsche Bank Research: China's financial integration into the world economy. Scrutinising China's international investment position, 23. November 2011 (http://www.dbresearch.com/PROD/DBR_INTERNET_EN-PROD/PROD0000000000281144.pdf, Zugriff: 12. September 2013).

De-facto Dollar-Peg. Chinesische Währungspolitik im Zwiespalt, in: wallstreet:online vom 22. November 2011 (http://www.wallstreet-online.de/nachricht/3789428-de-facto-dollar-peg-chinesische-waehrungspolitik-zwiespalt, Zugriff: 12. September 2013).

Fan, Chengze Simon: Why China Has Been Successful in Attracting Foreign Direct Investment: A transaction Cost Approach, in: Journal of Contemporary China, 7 (1998) 17, S. 21–32.

Foster, John M.: Distribution of FDI across China – Common policies but differing impacts by region, Working paper, Kingston Business School, London 2011 (http://eprints.kingston.ac.uk/19698/2/Foster-M.J.-19698.pdf, Zugriff: 12. September 2013).

Gaulier, Guillaume/Lemoine, Françoise/Ünal, Deniz: China's foreign trade in the perspective of a more balanced economic growth, CEPII (= Centrum d'Etudes Prospectives Et d'Informations Internationales), 2011–03 (http://www.cepii.fr/PDF_PUB/wp/2011/wp2011-03.pdf, Zugriff: 12. September 2013).

Gehrke, Birgit/Krawczyk, Olaf: Außenhandel mit forschungsintensiven Waren im internationalen Vergleich, Studien zum deutschen Innovationssystem Nr. 11-2012 (Niedersächsisches Institut für Wirtschaftsforschung e. V., Hannover) (http://www.e-fi.de/fileadmin/Innovationsstudien_2012/StuDIS_11_NIW.pdf, Zugriff: 12. September 2013).

He, Fan: China must push ahead with exchange rate reforms, in: East Asia Forum vom 29. April 2013 (http://www.eastasiaforum.org/2013/04/29/china-must-push-ahead-with-exchange-rate-reforms/, Zugriff: 12. September 2013).

HKTDC (= Hong Kong Trade Development Council): Guangdong Market Profile, 26. November 2012 (http://china-trade-research.hktdc.com/business-news/article/Fast-Facts/Guangdong-Market-Profile/ff/en/1/1X000000/1X06BUOU.htm, Zugriff: 12. September 2013).

IMF (International Monetary Fund): Directions of Trade Statistics, 2011 (http://elibrary-data.imf.org/finddatareports.aspx?d=33061&e=170921, Zugriff: 9. Dezember 2013)

Istenič, Saša: Taiwan's Business Communities in Mainland China: Contesting Influence over Cross-Strait Economic Policy, Leeds East Asia Papers No. 65, 2004.

Lardy, Nicholas/Douglass, Patrick: Capital Account Liberalization and the Role of the Renminbi, Working Paper Series, Peter G. Peterson Institute for

International Economics, Washington 2011 (http://www.piie.com/publications/wp/wp11-6.pdf, Zugriff: 12. September 2013).

Mikkelsen, Uffe/Pérez Ruiz, Esther: The Trade Impact of China on EMU: Is It Even Across Members?, IMF Working Paper, WP 12/221, 2012 (http://www.imf.org/external/pubs/ft/wp/2012/wp12221.pdf, Zugriff: 12. September 2013).

MOFCOM (= Ministry of Commerce, Pepole's Republic of China): 2010 Statistical Bulletin of China's Foreign Outward Direct Investment, Beijing 2011 (Englischsprachiger Teil: http://images.mofcom.gov.cn/hzs/accessory/201109/1316069658609.pdf; Zugriff: 29. Januar 2014).

MOFCOM (= Ministry of Commerce, Pepole's Republic of China): 2011 Statistical Bulletin of China's Foreign Outward Direct Investment, Beijing 2012.

NBS (National Bureau of Statistics of China): China Statistical Yearbook, Beijing versch. Jgg. (http://data.stats.gov.cn/workspace/index;jsessionid=C71DEE4398EAECE67F9FAB5FF33BCB06?m=hgnd, Zugriff: 4. März 2014)

NBS (National Bureau of Statistics of China): Statistical Communique, Beijing versch. Jgg. (http://www.stats.gov.cn/english/StatisticalCommuniqu/, Zugriff: 4. März 2014)

OECD (Organisation for Economic Co-operation and Development): OECD/WTO Trade in Value-Added (TIVA) Database: China, o. J. (http://www.oecd.org/sti/ind/TiVA%20China.pdf, Zugriff: 12. September 2013).

Roache, Shaun K.: China's Impact on World Commodity Markets, IMF Working Paper, WP/12/115, 2012 (http://www.imf.org/external/pubs/ft/wp/2012/wp12115.pdf, Zugriff: 12. September 2013).

Ruan, Victoria: Zhou Says $3 Trillion China Reserves Have Risen Beyond »Reasonable Level«, in: Bloomberg News vom 19. April 2011 (http://www.bloomberg.com/news/2011-04-18/china-must-cut-foreign-exchange-reserves-pboc-s-zhou-says-1-.html, Zugriff: 12. September 2013).

Schaaf, Bernd: Außenhandel der VR China übersteigt 3,6 Billionen Dollar, in: Germany Trade and Invest – Internationale Märkte – vom 28. Februar 2012 (http://www.gtai.de/GTAI/Navigation/DE/Trade/maerkte,did=458120.html&channel=premium_channel_gtai_1, Zugriff: 29. Januar 2014).

Schnabl, Gunther: Die Rolle Japans für die internationale Arbeitsteilung in Ostasien, in: Japanstudien, 10 (1998), S. 189–214.

Schüller, Margot: Chinas Bankensystem – Wettbewerbstauglich für freien Kapitalverkehr?, in: Business Guide Deutschland – China 2013, Berlin 2012.

Schüller, Margot: Chinas Aufstieg zur globalen Handelsmacht: Erfolgsfaktoren und Perspektiven, in: Wirtschaftspolitische Blätter, 1 (2005), S. 115–126 (= Schüller 2005a).

Schüller, Margot: Cross-Strait Economic Interaction: The Role of the Business Community as a Driving Force for Bilateral Economic Relations, in: Schucher, Günter/Schüller, Margot (Hrsg.): Perspectives on Cross-Strait Relations: Views from Europe, Hamburg 2005, S. 89–112 (= 2005b).

Schüller, Margot: Renommierte Ökonomen weisen auf Folgen einer veränderten Währungspolitik hin, in: China aktuell, 34 (2005) 3, S. 60 f. (= Schüller 2005c).

Schüller, Margot: Wirtschaft, in: Staiger, Brunhild (Hrsg.): Länderbericht China, Darmstadt 2000, S. 135–177.

Schüller, Margot: Neue Anreize für Auslandsinvestoren, in: China aktuell, 28 (1999) 9, S. 908 f.

Schüller, Margot: Richtlinien für Auslandsinvestitionen vorgelegt, in: China aktuell, 24 (1995) 7, S. 562 ff.

Schüller, Margot/John, Jari: Netze werden enger geknüpft. China vertieft Kooperation mit Asien-Pazifik-Region, in: China Contact, 3 (2012), S. 14 f.

Williams, Brock R./Donnelly, Michael J.: U.S. International Trade: Trends and Forecasts, Congressional Research Service, CRS Report for Congress, October 19, 2012 (http://www.fas.org/sgp/crs/misc/RL33577.pdf, Zugriff: 12. September 2013).

World Bank: China At a Glance vom 17. März 2013 (http://devdata.worldbank.org/AAG/chn_aag.pdf, Zugriff: 29. Januar 2014).

World Bank: China Engaged. Integration with the Global Economy, Washington 1997.

WTO: International Trade Statistics 2012. II. Merchandise Trade, 2012 (http://www.wto.org/english/res_e/statis_e/its2012_e/its12_highlights2_e.pdf, Zugriff: 12. September 2013; zit. als: WTO 2012a).

WTO: Trade Policy Review China, June 2012 (http://www.wto.org/english/tratop_e/tpr_e/tp364_e.htm, Zugriff: 12. September 2013; zit. als: WTO 2012b).

Zhang, Yun/Tang, Dongbo/Zhan, Yubo: Foreign Value-added in China's Manufactured Exports: Implications for China's Trade Imbalance, in: China & World Economy, 20 (2012) 1, S. 27–48.

Zweig, David: Developmental Communities on China's Coast: The Impact of Trade, Investment, and Transnational Alliances, in: Comparative Politics, 27 (1995) 3, S. 253–274.

Patrick Hess

Reformen, Status und Perspektiven des chinesischen Finanzsystems[1]

1 Einleitung

Im Dezember 1978, auf dem dritten Plenum des elften Parteikongresses der Kommunistischen Partei Chinas (KPCh), verurteilte Deng Xiaoping die Kulturrevolution und forderte die KPCh auf, wirtschaftliche Entwicklung anstelle von Klassenkampf zu ihrer Hauptaufgabe zu machen. Dieses Ereignis wird allgemein als der Beginn der Reformära und des unbestrittenen chinesischen Wirtschaftswunders angesehen, in dessen Folge das Land zur zweitgrößten und dynamischsten Volkswirtschaft der Welt aufgestiegen ist. Auch wenn die Zeiten zweistelligen Wachstums vorbei sind, ist China mit Raten von sieben bis acht Prozent per annum nach wie vor die weltweit am schnellsten wachsende Volkswirtschaft.

Obwohl das chinesische Finanzsystem diesen bemerkenswerten Aufstieg ermöglicht hat und seit 1978 selbst umfangreichen Reformen unterzogen wurde, bleibt der Erfolg der Finanzmarktreformen deutlich hinter dem der Wirtschaftsreformen zurück. Westliche und chinesische Beobachter haben Chinas Finanzsektor unter anderem als »fragil«, »chaotisch« und »potenziell instabil« bezeichnet. Ob diese Beschreibungen zutreffen, sei dahingestellt. In jedem Fall scheint der chinesische Finanzsektor internationalen Standards nicht gewachsen zu sein und in seiner globalen Bedeutung der chinesischen Wirtschaft hinterherzuhinken. Die chinesische Regierung ist sich dieser Diskrepanz seit Langem bewusst und strebt einen Finanzmarkt an, »der der wirtschaftlichen Stärke unseres Landes entspricht« (*yu woguo jingji shili xiang sheying de*), wie es in einem Dokument des Staatsrates vom April 2009 heißt (zit. in Hess 2010, S. 23). Diesen Wunsch hat die globale Finanz- und Wirtschaftskrise verstärkt, die den Chinesen vor Augen

---

1 Dieser Beitrag ist eine vom Autor ins Deutsche übertragene und überarbeitete Fassung von: Patrick Hess: China's Financial System: Past Reforms, Future Ambitions and Current State, in: Rövekamp, Frank/Hilpert, Hanns Günther (Hrsg.): Currency Cooperation in East Asia, Heidelberg 2014.

geführt hat, wie sehr sie von einem Weltwährungssystem abhängen, das auf den US-Dollar und seine Liquidität ausgerichtet ist. Obwohl Zentralbankchef Zhou Xiaochuan im März 2009 den US-Dollar in einer berühmt gewordenen Rede zur Reform des internationalen Währungssytems nicht erwähnte, war sein Ziel eindeutig, die Dominanz des US-Dollars zu kritisieren und den auf China ausgeübten Druck, den Renminbi aufzuwerten, zu reduzieren (Zhou 2009). In einem Kommentar zum wachsenden Defizit der Vereinigten Staaten schrieb der Ökonom Andy Xie im Mai 2009 in der Financial Times:

> »Amerikas Politik [des Gelddruckens] drängt China dazu, ein alternatives Finanzsystem zu entwickeln. [...] China weiß, dass es irgendwann vom US-Dollar unabhängig werden muss. Die jüngste Entscheidung, Shanghai bis 2020 in ein internationales Finanzzentrum zu verwandeln, spiegelt seine Sorge darüber wider, vom US-Dollar-System abhängig zu sein.« (Xie 2009)

Kann Chinas Finanzsektor und Währung diesen globalen Ansprüchen gerecht werden? Was fehlt, damit die chinesischen Finanzmärkte zum Beispiel hinsichtlich Öffnung, Reife und Transparenz internationale Standards erreichen und regionale oder globale Bedeutung erlangen? Ist die neue Führung unter Xi Jinping willens und in der Lage, die notwendigen Finanzmarktreformen durchzuführen, um die bestehenden Lücken zu schließen? Und welche Auswirkungen hätten diese auf die globale Bedeutung der chinesischen Währung und das zukünftige chinesische Wirtschaftswachstum?

Zur Beantwortung dieser Fragen beleuchtet dieser Beitrag den Schwerpunkt und das Erbe der Finanzmarktreformen in der Volksrepublik (VR) China seit 1978 (Abschnitt 2) and beschreibt die Hauptmerkmale und -akteure des chinesischen Finanzsystems (Abschnitt 3). Auf Basis dieser Bestandsaufnahme und mithilfe der Kriterien von Eichengreen für internationale Währungen werden dann die oben genannten Leitfragen beantwortet (Abschnitt 4) und Schlussfolgerungen gezogen (Abschnitt 5).

2 Geschichte des Finanz-»Kapitalismus mit chinesischen Merkmalen«

Bevor man Chinas Finanzmarktpolitik und -reformen der letzten dreieinhalb Jahrzehnte betrachtet, lohnt es sich, sich Deng Xiaopings Worte auf dem dritten Plenum 1978 zu vergegenwärtigen, da sie bis heute über die Motivation und Richtung der Wirtschaftsreformen Auskunft zu geben vermögen. Es ist weder der Staat noch die Regierung, die sich die Entwicklung der Wirtschaft zur Hauptaufgabe machen soll, sondern die KPCh. In China ist es die Partei, die die Wirtschaft kontrolliert sowie Wohlstand und Reichtum garantiert (siehe *unten stehende Abbildung*).

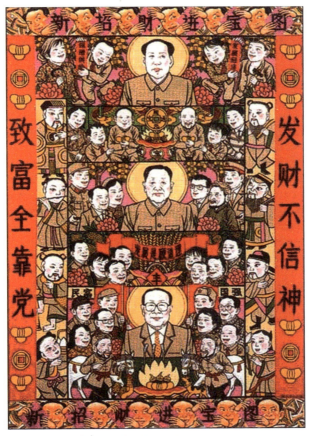

Das chinesische Neujahrsbild aus dem Jahr 2003 zeigt von oben nach unten: Mao Zedong, Deng Xiaoping und Jiang Zemin.
Die vertikalen Schriftzeichen bedeuten: (links) »Wenn du Wohlstand erreichen willst, verlass dich ganz auf die Partei (*zhifu quan kao dang*)«, (rechts) »Wenn du reich werden willst, glaube nicht an Götter (*facai bu xin shen*)«. (Foto: DACHS, Heidelberg 2003)

Für Deng und seine Nachfolger an der Spitze der KPCh war und ist das Ziel einer starken Wirtschaft, die Macht der Partei zu erhalten. Dies ist das Leitmotiv aller bisherigen Reformanstrengungen, wirtschaftlich wie finanziell. Und dies prägt bis heute die Art und Weise, wie der Finanzsektor in die politische Ökonomie Chinas eingebettet ist. Daraus ist eine spezifische Form des Finanzkapitalismus entstanden, die Walter und Howie (2012) als »roten Kapitalismus« und andere als »Kapitalismus mit chinesischen Merkmalen« bezeichnen, in Anlehnung an das offizielle Ziel der KPCh, »ein sozialistisches Land mit chinesischen Merkmalen zu errichten«. Grundlegende politische Reformen stehen und standen allerdings stets außer Frage, erst recht nach den Protesten von 1989. Dies kommt in Deng Xiaopings auf seiner »Südreise« 1992[2] geprägten Diktum zum Ausdruck, wirtschaftliche »Entwicklung sei von übergeordneter Bedeutung« (*fazhan shi ying daoli*). Diese Sentenz ziert auch das Band, das unter dem Porträt von Deng Xiaoping auf dem Neujahrsbild zu sehen ist (siehe *Abbildung S. 777*).

Deng verstand die Bedeusamkeit wirtschaftlicher Entwicklung für das Überleben der Partei. Dass die KPCh nach 35 Jahren Wirtschaftsaufschwung noch existiert, steht in Kontrast zu Theorien, nach denen wirtschaftliche Entwicklung zu Demokratie westlicher Prägung und dem Sturz von Einparteiensystemen führt (Fukuyama 1989). Bisher widerlegt die chinesische Geschichte diese Thesen und gibt Deng recht. Wirtschaftsentwicklung als Voraussetzung des Machterhalts ist heute gültiger denn je, ist doch die Legitimität der KPCh essenziell leistungsbasiert (Outputlegitimität) und nicht mehr wie früher ideologiebasiert. Das Versagen, Arbeitsplätze und Wachstum sicherzustellen, würde die Autorität der Partei ernsthaft untergraben. Daher rührte die Notwendigkeit, mithilfe des Vier-Billionen-RMB-Stimulierungsprogramms die Rezession nach dem Fall von Lehman Brothers aufzufangen und »die Acht [= acht Prozent Wachstum] zu halten« (*baoba*). Und daher rührt auch, dass die KPCh bis zum heutigen Tag Wachstum als zentrale Legitimationsquelle begreift.

Die Entwicklung der chinesischen Finanzmarktreformen seit 1978 lässt sich in drei Phasen einteilen: Eine Frühphase bis 1990, eine Ära umfassender Reformen unter Jiang und Zhu (bis 2005) und eine Phase nachlassender Reformen unter Hu und Wen. Es bleibt noch abzuwarten, ob die neue

---

[2] Anfang 1992 unternahm Deng Xiaoping seine berühmte Inspektionsreise nach Südchina, auf der er in Wuchang, Shenzhen, Zhuhai und Shanghai bedeutende Reden hielt, die die seit Juni 1989 gedrosselten Reformen wiederbelebten und Chinas Öffnungs- und Modernisierungsprozess erheblich beschleunigten.

Führung unter Staatspräsident Xi Jinping eine zweite umfassende Reformära einleiten wird.

Die Frühphase der Finanzmarktreformen (1978–90)

Das erste Jahrzehnt der Finanzmarktreformen war gekennzeichnet von einer starken Zunahme von Finanzinstitutionen. Zwischen Januar 1978 und September 1988 wurden nicht nur die Zentralbank und der Großteil der bedeutenden Banken von heute gegründet, sondern auch unzählige Finanzinstitutionen auf Zentral-, Provinz- und Kommunalebene, darunter 745 Treuhand- und Kapitalanlagegesellschaften sowie mehrere Tausend Kreditgenossenschaften. Ein wichtiges Jahr war 1983, als die People's Bank of China (PBoC) in eine reine Zentralbank umgewandelt wurde – ein mit dem Erlass des Zentralbankgesetzes im Jahr 1995 auch rechtlich verankerter Status – und ihre Geschäftsbankfunktionen in eigenständige, staatseigene Banken ausgelagert wurden, die man als die »Großen Vier« bezeichnet: die Bank of China, die Agricultural Bank of China, die People's Construction Bank of China (später in China Construction Bank umbenannt) und die neu gegründete Industrial and Commercial Bank of China (1984).

Der chinesische Finanzmarkt kam in den 1980er-Jahren, vor der Umstrukturierung von Staatsbetrieben und der Gründung der Börse, noch nicht recht in Schwung. (Finanzmarkt Beijing, Januar 1989, Foto: AP/Mark Avery)

Ein erhebliches Manko dieses schnellen Institutionenaufbaus wurde in den späten 1980er-Jahren deutlich: Die Banken waren entlang des Partei- und Regierungsapparates organisiert worden, weswegen die Filialleiter auch von lokalen Parteikomitees ernannt wurden. Die Ausrichtung der Lokalregierungen auf Wachstum und Zugang zu billigem Geld führte jedoch zu einem rapiden Kreditwachstum und Anstieg der Inflation (siehe *Abbildung 1*).

Abb. 1: Verbraucherpreisindex (CPI, linke Skala) und Inlandskredite seit 1986 (rechte Skala), jeweils jährliche Veränderung in Prozent

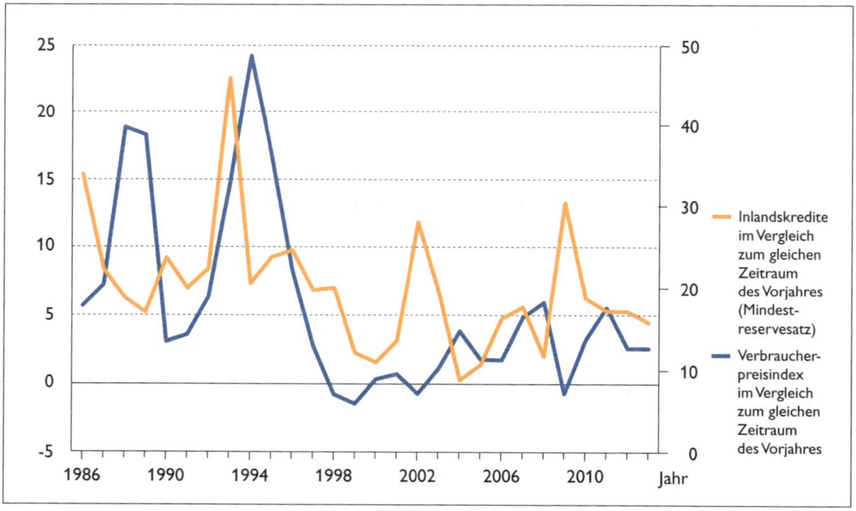

Quellen: National Bureau of Statistics of China; IMF: International Financial Statistics.

Dieser institutionelle Schönheitsfehler ist bis heute nicht abgestellt worden, da nach wie vor im Wesentlichen das quantitative statt das qualitative Wachstum ausschlaggebend ist, um die Leistung der Lokalbeamten zu beurteilen, und damit immer noch ein falsches Anreizsystem besteht. Inflation ist gegenwärtig kein vorherrschendes Problem (siehe S. 794ff.), als Folge dieser verzerrten Anreize wird jedoch die Sozial- und Umweltverträglichkeit des Wachstums zu wenig berücksichtigt.

Die galoppierende Inflation der Jahre 1987/88, gepaart mit Korruption und einem Mangel an Führungserfahrung, waren in der Tat die Hauptauslöser der dramatischen Ereignisse auf dem Tian'anmen-Platz vom Juni 1989. Die tief verwurzelte und bis heute andauernde Inflationsangst chinesischer Führer erklärt sich vor dem Hintergrund dieser Periode, die fast mit dem Sturz der KPCh geendet hätte (Niming 1990). Ein Jahr später, auf dem Höhepunkt des Aktienfiebers im Juni 1990, fiel die Entscheidung, offizielle Börsen zu gründen. Sie sollten zum einen verhindern, dass aus dem Aktienfieber eine Quelle sozialer Unruhen wurde, zum anderen dazu dienen, die Ergebnisse der Staatsunternehmen zu verbessern. In der Folge nahmen die Börsen in Shanghai und Shenzhen im Dezember 1990 bzw. Juli 1991 ihren Betrieb auf.

Anfang der 1990er-Jahre grassierte das Aktienfieber und es kam zu Unruhen, weil nicht genügend Anteile für alle Käufer auf dem Markt waren. Dieser Polizist behält Menschen im Auge, die vor der Industrie- und Handelsbank in Shenzhen darauf warten, die letzten Antragsformulare für den Kauf von Aktien an der Börse Shenzhen zu ergattern. (Foto: Mandel Ngan/AFP/Getty Images, 1992)

Umfassende Reformen unter Jiang und Zhu (1991–2005)

Die zweite Phase der chinesischen Finanzmarktreformen war geprägt von Jiang Zemin, dem Generalsekretär der KPCh ab 1989, und seinem späteren Ministerpräsidenten Zhu Rongji. Streng genommen wurden Jiang und Zhu schon 2003 von Hu Jintao bzw. Wen Jiabao in ihren Ämtern abgelöst, aber da die von ihnen in Gang gesetzte Reformdynamik bis 2005 andauerte, erscheint es angebracht, die »Jiang-Zhu-Ära« bis 2005 anzusetzen.

Wie Jiang als Ingenieur ausgebildet, diente Zhu Rongji ab 1991 als Vizepremier und zusätzlich als Zentralbankgouverneur von Juli 1993 bis Juni 1995. In dieser Rolle gelang ihm eine »weiche Landung« der chinesischen Wirtschaft, die nach Dengs Südreise im Frühjahr 1992 wieder zu überhitzen begonnen hatte.[3] Im März 1998 wurde Zhu Ministerpräsident und nahm mit Jiang eine integrierte Reformstrategie in Angriff.

Zhou Xiaochuan, Ökonom und Banker, ist seit 2002 Gouverneur der chinesischen Zentralbank. (Foto: Imaginechina via AP Images)

Zum Hauptarchitekten der Finanzmarktreformen machte Zhu Rongji Zhou Xiaochuan, der 1998–2000 als Präsident der China Construction Bank sowie 2000–02 als Vorsitzender der Wertpapieraufsichtsbehörde (China Securities Regulatory Commission, CSRC; siehe hierzu S. 790–793) fungierte und im Dezember 2002 Gouverneur der PBoC wurde. Insbesondere

---

3 Altbundeskanzler Helmut Schmidt lobt Zhu Rongji für diesen Erfolg und seinen anderen großen, der darin bestand, die Asienkrise aus China herauszuhalten. Von allen Staatsführern, die Schmidt im Lauf der Zeit traf, attestiert er Zhu das beste Verständnis der Wirtschaft seines Landes und sieht ihn in einer Liga mit Singapurs Lee Kuan Yew und Alan Greenspan (Schmidt/Sieren 2006, S. 94–107).

an der Spitze der Wertpapieraufsicht erwarb sich Zhou den Ruf als entschiedener Reformer und Marktbefürworter. Zusammen implementierten Zhu und Zhou ein umfassendes Reformprogramm, das 1998 mit einer Finanzreform begann, die die regulatorische Funktion der Zentralbank stärken und durch die Umwandlung der PBoC-Provinzfilialen in neun Regionalfilialen den Einfluss der Provinzparteichefs auf die Kreditvergabe der Geschäftsbanken reduzieren sollte.

Ein Schlüsselereignis für die weiteren Finanzmarktreformen war der Zusammenbruch der Guangdong International Trust & Investment Corporation (GITIC) im Januar 1999, Chinas nach wie vor einziger formaler Bankrott eines größeren Finanzunternehmens. Er sendete Schockwellen durch die globale Finanzindustrie und bedrohte ihr Vertrauen in das Land der Mitte. Gerüchte, die chinesischen Banken seien technisch bankrott, verbreiteten sich rasch. Im März 1999 sah sich Zhu Rongji gezwungen, ungewöhnlich direkt und unmissverständlich auf die Sorgen zu reagieren:

»Ich glaube, dass diese Gläubigerbanken und bestimmte Finanzinstitutionen zu pessimistisch in ihrer Einschätzung sind, nämlich dass in China eine Finanzkrise ausgebrochen sei, dass es seine Zahlungsverpflichtungen nicht mehr erfüllen könne und dass es in böser Absicht handele. Die chinesische Wirtschaft wächst weiter schnell, wir haben jetzt 145 Mrd. US$ an Devisenreserven und unsere Zahlungsbilanz ist ausgeglichen. Wir sind vollständig in der Lage, unsere Schulden zu begleichen. Aber die Frage ist doch, ob diese Art von Schulden von der Regierung beglichen werden sollten oder nicht?« (Zhou 2009, S. 17)[4]

Zhu Rongji nahm die Erwartung, die Zentralregierung werde für alle Kosten einstehen, die aus Risiken des Finanzsektors (Moral Hazard) resultieren, sehr ernst und ordnete die Schließung Hunderter Treuhandgesellschaften und Tausender städtischer Kreditgenossenschaften in ganz China an.

Ein weiteres wichtiges Ergebnis des GITIC-Debakels war die von Zhu angeordnete Rekapitalisierung und Restrukturierung der Großen Vier: Nach dem Vorbild der Resolution Trust Corporation in den USA wurden für jede von ihnen Asset-Management-Gesellschaften (AMGs, siehe *Abbil-*

---

4 Zhu gab diese Anwort einem japanischen Reporter im März 1999 auf der Pressekonferenz nach der Tagung des Nationalen Volkskongresses (NVK). Als das Buch mit Niederschriften von Zhus jährlichen NVK-Pressekonferenzen und Interviews mit Journalisten aus aller Welt 2009 erschien, wurde es schnell zum Bestseller, was Zhus große Popularität in China unterstreicht.

dung 4, S. 791) gegründet, die ihre notleidenden Kredite übernahmen (García-Herrero/Santabárbara 2013, S. 151–155).
Der Bankenumbau gipfelte in den internationalen Börsengängen der Großen Vier 2005 und 2006. Andere wichtige Reformen waren die Schaffung eines Nationalen Sozialen Sicherungsfonds (1997) und die Entwicklung und Öffnung des chinesischen Anleihe- und Aktienmarktes auf der finanziellen sowie Chinas WTO-Beitritt (2001) und eine Reform der Staatsunternehmen auf der realwirtschaftlichen Seite. Helmut Schmidt hat hervorgehoben, wie dringend Zhu den WTO-Beitritt brauchte, um den Druck für seine Inlandsreformen hoch zu halten (siehe auch Holbig 1999). Prasad und Ye (2013) folgen heute einer ähnlichen Logik, wenn sie im Ziel, den Renminbi zu einer globalen Währung zu machen, den Katalysator für eine breite Inlandsreformagenda sehen (siehe S. 794 ff.).

Die Phase erlahmender Reformanstrengungen (2005–13)

2005 markiert den Wendepunkt, ab dem die Reformen ins Stocken gerieten. Während die PBoC noch im Juni die Erlaubnis erhalten hatte, die Bindung des Renminbi an den US-Dollar aufzuheben, was eine weitere wichtige Reformmaßnahme war, trat der Staatsrat ab Oktober 2005 auf die Bremse. Unter der Führung der »neuen Rechten« um Hu und Wen gewannen konservative Parteikreise die Oberhand und begannen, das zhuzhousche Reformprogramm damit zu attackieren, dass es die Einkommensunterschiede auf unerträgliche Weise vergrößern würde. Ein anderer Vorwurf lautete, dass die Erlaubnis an die Bank of America und den Singapurischen Staatsfonds Temasek, Anteile an der China Construction Bank (in Höhe von neun respektive 5,1 Prozent) zu erwerben, einen Ausverkauf von wertvollem Staatsvermögen an Ausländer bedeute. Walter und Howie erklären die »Niederlage der PBoC« zum einen damit, dass sich Zhou Xiaochuan über »jegliche Norm traditionellen Beamtenverhaltens« hinweggesetzt habe, indem er mit seinen Reforminitiativen in die Territorien anderer Institutionen wie des Finanzministeriums und der National Development and Reform Commission (NDRC) eingedrungen sei. Zum anderen sei mit dem Tod des für Finanzen zuständigen Vizepremiers Huang Ju der wichtigste politische Verbündete der Zentralbank weggefallen (2012, S. 15–22). Aber der Hauptgrund ist wahrscheinlich wesentlich simpler: Ende 2004 hatte Jiang Zemin den Vorsitz der mächtigen Zentralen Militärkommission abgegeben und ohne seine schützende Hand und Unterstützung begann binnen eines Jahres die ab 1998 aufgebaute Reformdynamik zu schwinden. Wie von Lieberthal und Oksenberg (1988, S. 35–41) allgemein für chinesisches *policy making* und von Hess (2010, S. 21–27) für Marktinfrastrukturpolitik gezeigt, sind Konsens innerhalb der Führung und die Unterstützung durch den »herausragenden Führer« (wie Jiang, Hu und heute Xi) ausschlaggebende Voraussetzungen für den Erfolg chinesischer Politikgestaltung.

Westliche Beobachter lobten die Schnelligkeit und Effektivität, mit der die chinesische Politik auf die globale Rezession nach dem Lehman-Zusammenbruch reagiert hatte. Aber das Stimulierungsprogramm, das Barry Naughton als »großen, aktivistischen Eingriff in die chinesische Wirtschaft, der die Bahn der chinesischen Entwicklung für mindestens ein Jahrzehnt formen wird«, bezeichnete (Naughton 2009, S. 1), wirkte sich nachteilig auf die Reformdynamik aus. Obwohl das Stimulierungspaket auch Elemente enthielt, deren Umsetzung zu einer strukturellen Anpassung der chinesischen Wirtschaft führen sollte, bedeutete es im Resultat einen Rückfall in alte, planwirtschaftliche Muster, erhöhte den Staatsanteil und konterkarierte die früheren Erfolge der finanziellen Liberalisierung. Vor allem verschärfte das Programm Chinas wirtschaftliche, fiskalische und finanzielle Ungleichgewichte. Um diese abzubauen, bedarf es in der Zukunft erheblich größerer Reformanstrengungen. In diesem Sinn hat sich Naughtons Prophezeihung sehr bewahrheitet. Walter und Howie (2012) kommen hinsichtlich der Langzeitfolgen des chinesischen Stimulus zu einem ähnlichen Schluss:

»Wenn die asiatische Finanzkrise 1997 einer Riege chinesischer Führer die Notwendigkeit einer wirklichen Transformation des Finanzsystems vor Augen führte, hatte die globale Finanzkrise von 2008 genau den gegenteiligen Effekt auf die derzeitige Führungsgeneration. Ihr Ruf nach einem massiven, darlehensfinanzierten Stimuluspaket hat vielleicht die Früchte der letzten zehn Reformjahre weggewaschen.« (S. 93)

Da dies 2011 geschrieben wurde, bezieht sich »derzeitige Führungsgeneration« auf Hu Jintao und Wen Jiabao. Es ist noch offen, welches Fazit die neuen Führer Xi Jinping und Li Keqiang ziehen werden und welchen Weg zwischen weiterer Stagnation und umfassender Liberalisierung (siehe Abschnitt 4) sie zur Gestaltung des Finanzmarktes einschlagen werden. Was jedoch festgehalten werden kann, ist die Tatsache, dass die globale Finanzkrise den Finanzmarktreformen in China den Wind aus den Segeln genommen hat und den Reformeifer, der schon Ende 2005 nachließ, weiter hat erlahmen lassen. Es wird sich erst noch zeigen, ob das dritte Plenum des 18. Parteikongresses (siehe S. 797 f.) ein neues Kapitel tief greifender Finanzmarktreformen eingeleitet hat.

3 Der aktuelle Zustand des chinesischen Finanzsystems

Die Schlüsselmerkmale

Zum Teil als Ergebnis der unvollendeten Reformen der Jiang-Zhu-Ära weist Chinas derzeitiges Finanzsystem eine Reihe grundlegender Merkmale auf, die im Folgenden beschrieben und analysiert werden (vgl. Walter/Howie 2012; Li/Zeng 2007):

- Es handelt sich um ein mehrheitlich bankbasiertes Finanzsystem, in dem die meisten Ersparnisse der Haushalte und Unternehmen bei den großen Banken angelegt sind und fast das gesamte Finanzrisiko auf deren Bilanzen konzentriert ist. Auch die meisten außerbilanziellen Risiken im Rahmen des Schattenbankwesens lasten im Wesentlichen letztlich auf den Banken. Im Vergleich zu anderen Schwellenländern und hoch entwickelten Volkswirtschaften sticht die große Bedeutung von Bankkrediten im chinesischen Finanzsystem hervor (siehe *Abbildung 2*), selbst wenn der Anteil der Finanzierung über Kapitalmärkte und Schattenbankgeschäfte in den letzten Jahren deutlich gestiegen ist.
- Da sich die meisten Banken im alleinigen Eigentum oder Mehrheitseigentum des Staates befinden, ist das chinesische Finanzsystem überwiegend im Staatsbesitz.

Abb. 2: Finanzsystemstruktur im Vergleich 2009

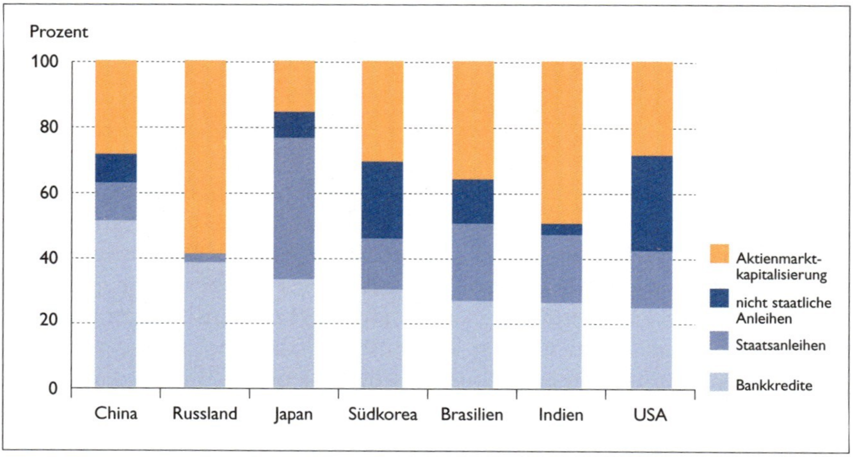

Quelle: Development Research Center (DRC) of the State Council/World Bank 2013, S. 124.

- Die chinesischen Kapitalmärkte sind unterentwickelt: Die Anleihemärkte werden von Staatsanleihen und Zentralbankpapieren dominiert. Letztere begibt die PBoC, um der Geldmengenausdehnung, die durch Chinas Wechselkurspolitik entsteht, entgegenzuwirken (»Sterilisierung«). Da die Staatsbanken aufgefordert werden, den Großteil der Staats- und Zentralbankanleihen zu kaufen und langfristig zu halten, sind die Handelsumsätze sehr gering. Aus diesem Grund bezeichnen Walter und Howie die chinesische Anleihen als verkappte Kredite (»disguised loans«; 2012, S. 158). Die Aktienmärkte sind ihrerseits stark politikgetrieben und dienen vor allem der Finanzierung der Staatsunternehmen. Sie werden auch als *policy markets* bezeichnet, da sie stärker davon beeinflusst sind, welche politischen Entscheidungen und Maßnahmen erwartet werden, als von Kennzahlen über und Nachrichten aus Unternehmen.
- Es ist ein System, das – wie die gesamte Volkswirtschaft – von der KP bzw. speziellen Gruppen innerhalb der Parteiführung kontrolliert wird, deren Interessen in einem ständigen Verhandlungsprozess ausgelotet werden (Godement 2012). Die Parteikontrolle über das Finanzsystem wird unter anderem durch die Organisationsabteilung des Zentralkomitees der KP (*Zhongguo gongchangdang zhongyang zuzhibu*) sichergestellt, die sowohl das Führungspersonal des Finanzsektors (siehe *Abbildung 2*) als auch das der großen Staatsbetriebe ernennt.
- Das Finanzsystem bevorzugt den Staatssektor: Es hält die Staatsbetriebe am Leben, was eindeutig zulasten der kleinen und mittleren Unternehmen (KMU) geht. So gibt es Anhaltspunkte dafür, dass ein bedeutender Teil der Mittel aus zinsgünstigen Staatsbankdarlehen an große Staatsunternehmen von Letzteren illegal zu wesentlich höheren Sätzen an private KMU, die dringend Geld brauchen, aber mangels Sicherheiten nur schwer an Bankkredite kommen (dies ist ein wichtiger Grund für die stark gestiegenen Schattenbankgeschäfte), weiterverliehen wird.
- Die Zinssätze im formalen Finanzsektor werden administrativ festgelegt, um die Profitabilität der Bankindustrie zu gewährleisten und die Verteilung der Finanzmittel zu kontrollieren. Die strikte Kontrolle der Zinssätze, die zugunsten der Kreditnehmer knapp über der Inflationsrate festgesetzt werden, führt zu einer erheblichen Einkommensumverteilung zuungunsten von Sparern und Anlegern, die herkömmlich als finanzielle Repression bezeichnet wird. Im Juli 2013 kündigte die PBoC an, die Kontrolle der Darlehenszinsen abzuschaffen. Die wichtigste Quelle der finanziellen Repression bleibt jedoch die nach wie vor existierende Obergrenze für Anlagezinsen, die eine hauptsächliche

Ursache für das rasante Wachstum von Schattenbankgeschäften und die Immobilienblase darstellt, da die Haushalte nach höheren Effektivrenditen suchen.[5] Die Immobilienblase tritt vor allem in den Metropolen auf und wird stark von Spekulation getrieben, weshalb die Behörden unter anderem versuchen, das weitere Anwachsen der Blase einzudämmen, indem sie den Erwerb nicht selbst genutzter Wohnungen beschränken.

- Der wachsende Schattenbanksektor, der Mikrokredite, anvertraute Darlehen, Bankakzepte, Treuhandprodukte, Leasinggeschäfte und Schwarzmarktkredite umfasst, wurde zum Jahresende 2012 auf fast 30 Billionen RMB (rund 57 Prozent des Bruttoinlandsprodukts) geschätzt.[6] Risiken für die Finanzstabilität birgt vor allem der Treuhandsektor mit seinen Vermögensmanagementprodukten (*wealth management products*), deren Hauptprobleme in Kredit- und Liquiditätsrisiken, der Intransparenz der Produkte, der Zunahme von offenen außerbilanziellen Positionen und dem Moral Hazard bestehen. Die zuständigen Behörden sind sich dieser Risiken bewusst und haben ab Ende 2012 begonnen, Maßnahmen zu ergreifen, um das Schattenbankwesen unter Kontrolle zu bringen (siehe Anmerkung 8).

- Mit Ausnahme des Schattenbanksektors ist das chinesische Finanzsystem nicht marktbasiert und erlaubt keine Marktpreisbewertung von Kapital und Risiken. Neben der Kontrolle der Zinssätze (siehe *Abbildung 3*) legen die Behörden über vierteljährliche Kreditquoten und -rahmen fest, wie viel die Staatsbanken an welche Sektoren ausleihen sollen (*window guidance*). Eine Aussage von Frank Newman aus dem Jahr 2007, als er CEO der Shenzhen Development Bank und erster Ausländer an der Spitze einer volksrepublikanischen Bank war, mag zur Illustration dieses Punktes dienen:

»Die Sache ist auch kompliziert, weil die Wirtschaftspolitik das Kreditwachstum drosseln möchte. Wenn wir unser Kreditvolumen um 30 Prozent im Jahr steigern wollten, würde uns das die People's Bank of China zurzeit nicht erlauben, wie viel Eigenkapital wir auch hätten,

---

5 Porter und Xu (2013) haben empirisch gezeigt, dass die strenge Regulierung der Schlüsselzinssätze im Privatkundengeschäft die Entwicklung der über den Markt bestimmten Interbankenzinsen beeinflusst, was ihre unabhängige Preissignalwirkung beeinträchtigen kann. Sie empfehlen daher eine weitere Liberalisierung der Anlagezinsen, die die Wirksamkeit kurzfristiger Interbankensätze als primäre indirekte geldpolitische Instrumente steigern würde.

6 Interne EZB-Schätzung vom August 2013 auf Basis von Daten der PBoC, China Trustee Association, Deutschen Bank und JP Morgan Chase.

denn sie versucht, die Wachstumsrate im Land unter Kontrolle zu bringen.« (Hamlin 2007, S. 38)
Die Partei kontrolliert Banken und Staatsunternehmen weitreichend. Kapital wird nicht über den Markt verteilt, sondern administrativ angeordnet. In diesem fehlenden Marktmechanismus besteht wahrscheinlich das größte Defizit des chinesischen Finanzsystems im Vergleich zu internationalen Standards.

Abb. 3: Zins- und Mindestreservesätze in China Januar 2000 bis Januar 2014 (in Prozent)

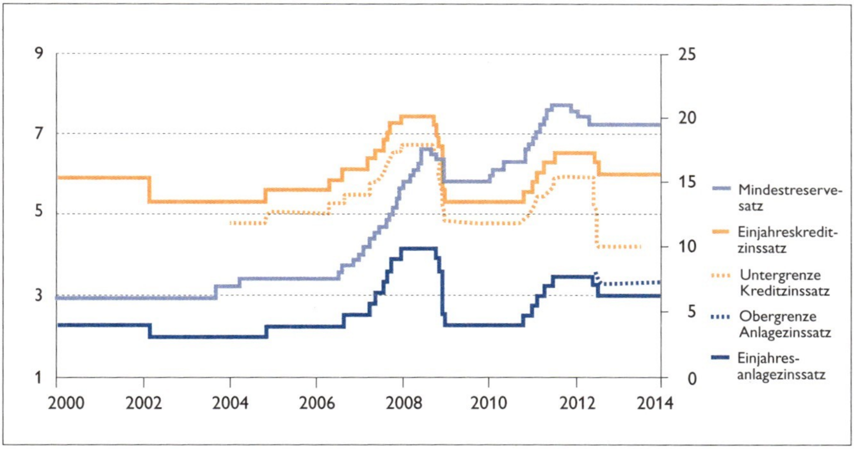

Quelle: The People's Bank of China.

- Zu guter Letzt ist Chinas Währung nach wie vor nicht voll konvertibel und es werden Kapitalverkehrskontrollen aufrechterhalten, da vergangene Finanzkrisen (wie die mexikanische von 1994, die asiatische von 1997/98 und die globale von 2008) die chinesischen Führer in der Auffassung bestärkt haben, dass es besser ist, das Finanzsystem von den internationalen Finanzmärkten abzuschotten.

Eine Ausnahme hierzu bildete Zhu Rongji, der den Eindruck erweckte, einen Wandel im chinesischen Finanzsystem durch ausländische Kontrolle und internationalen Wettbewerb herbeiführen zu wollen. Den vorletzten Punkt, das Fehlen des Marktprinzips, hob Zhu Rongji schon vor 16 Jahren hervor, als er im März 1998 die Frage eines chinesischen Journalisten nach den »dringendsten Herausforderungen der nächsten fünf Jahre« wie folgt beantwortete:

»Weil das derzeitige Finanzsystem vor allem ein System administrativer Genehmigungen ist, kann der Markt seine Grundfunktion der Resourcenallokation nicht erfüllen. Dies hat zu viel redundanter Infrastruktur geführt. Wir müssen umfassende Reformen durchführen, um das Finanzsystem in die Lage zu versetzen, den Anforderungen einer marktbasierten Wirtschaft gerecht zu werden.« (Zhu 2009, S. 5)

Zhu sah das Problem, aber konnte die Lösung nicht liefern. Dies hängt damit zusammen, dass die finanzielle Repression im chinesischen System eine bestimmte Funktion hat: Wie Sandra Heep feststellt, ermöglicht sie es dem Parteistaat, umfassende Industriepolitik zu betreiben und den Staatssektor der Wirtschaft zu unterstützen, der seinerseits eine wichtige Säule der Macht der KP darstellt (Heep 2014). Zhu Rongji führte zwar eine größere Reform der Staatsbetriebe durch, konnte aber weder die Monopole der Staatsunternehmen zerschlagen noch die Verknüpfungen zwischen ihnen und dem Banksektor durchtrennen. Diese Verkettung aufzulösen, hätte weitreichende Folgen für Chinas politisches System, da es die Macht der KP unterminieren würde. Deshalb ist es bisher noch nicht gelungen – und wird vielleicht nie gelingen –, erfolgreich den Komplex aus chinesischen Staatsunternehmen und Banken aufzulösen.

Die Hauptakteure

Viele Illustrationen des chinesischen Finanzsektors unterschlagen ein entscheidendes Merkmal: die Parteikontrolle. Daher veranschaulicht *Abbildung 4* nicht nur die Hauptakteure des Systems, sondern auch die wichtigsten Wege der Befehlsgewalt.

Im Zentrum von *Abbildung 4* steht der siebenköpfige Ständige Ausschuss des Politbüros (auf Chinesisch *changwei* abgekürzt) unter der Leitung von Xi Jinping. Es ist Chinas höchstes Führungsgremium und das ultimative Entscheidungsgremium in ökonomischen und finanziellen Fragen. Die Parteiautorität über das Finanzsystem wird nicht nur über die zentrale Organisationsabteilung ausgeübt, die die Leiter aller wichtigen Institutionen ernennt, sondern auch über die Zentrale Führungsgruppe für Finanzen und Wirtschaft (*zhongyang caijing lingdao xiaozu*). Informationen über diese Gruppe sind rar, aber sie besteht aus Mitgliedern der höchsten Partei- und Staatsspitze (darunter Li Keqiang als Vorsitzender der Gruppe und andere Mitglieder des Ständigen Ausschusses) und konnte bis zum dritten Plenum im November 2013 als Chinas höchstes finanzielles und wirtschaftliches Führungs- und Entscheidungsgremium angesehen werden. Seitdem steht in Hinblick auf wichtige Finanz- und Wirtschaftsreformen die neue koordinierende »Führungsgruppe zur umfassenden Vertiefung der Reformen« (*quanmian shenhua gaige lingdao xiaozu*) unter der Leitung von Xi Jinping in Konkurrenz zu Lis Führungsgruppe.

Abb. 4: Hauptakteure und Befehlsgewaltswege in Chinas Finanzsystem Ende 2013

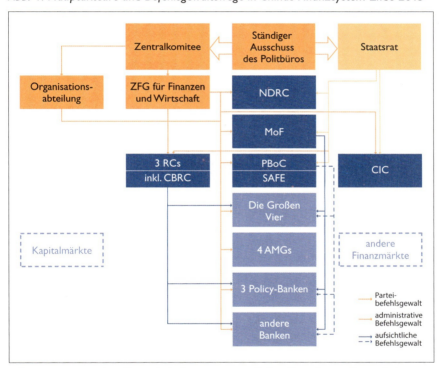

Erläuterungen: ZFG = Zentrale Führungsgruppe; RC = Regulatory Commission; NDRC= National Development and Reform Commission; MoF = Ministry of Finance; PBoC = The People's Bank of China; SAFE = State Adminstration of Foreign Exchange; AMG = Asset-Management-Gesellschaft; CIC = China Investment Cooperation.
Quelle: Eigengrafik des Autors.

Ministerpräsident Li Keqiang steht auch an der Spitze der chinesischen Exekutive, dem Staatsrat (*guowuyuan*), der direkte administrative Befehlsgewalt über die wichtigsten Organe des Finanzsystems hat: die National Development and Reform Commission (NDRC), das Ministry of Finance

(MoF), die People's Bank of China (PBoC) und ihre Schwesteragentur, die State Administration of Foreign Exchange (SAFE), den chinesischen Staatsfonds China Investment Corporation (CIC) sowie die drei Regulatory Commissions (RCs) China Banking Regulatory Commission (CBRC), China Securities Regulatory Commission (CSRC) und China Insurance Regulatory Commission (CIRC).

Die drei RCs und insbesondere die mikroprudentielle Bankenaufsicht CBRC, das MoF (als staatlicher Haupteigentümer) sowie die PBoC (als Kreditgeber in letzter Instanz und makroprudentieller – also auf den gesamten Markt abzielender – Aufseher) haben aufsichtliche Befehlsgewalt über die Banken und auch, zusammen mit der NDRC und teilweise dem Handelsministerium (Ministry of Commerce, nicht dargestellt), über die anderen Finanzsegmente und Marktteilnehmer. Entsprechend der Dominanz der Banken im Finanzsektor zeigt die *Abbildung 4* nur den Bankensektor im Detail: Neben den Großen Vier und ihren AMGs – der Orient AMG der Bank of China, der Great Wall AMG der Agricultural Bank of China, der Cinda AMG der China Construction Bank und der Huarong AMG der Industrial and Commercial Bank of China – umfasst der Bankensektor die sogenannten Policy-Banken China Development Bank, Agricultural Development Bank of China und Export-Import Bank of China (China Exim-Bank) sowie andere Banken wie die China Postal Savings Bank, die Banken aus der zweiten Reihe (einschließlich der Bank of Communications) und zum Beispiel die kommunalen Geschäftsbanken (*city commercial banks*).

Zwischen den verschiedenen Aufsichts- und Regulierungsbehörden besteht ein nicht unerhebliches Maß an institutionellen Überlappungen, Rivalitäten und Grabenkämpfen, das die effiziente Überwachung des Finanzsystems erschwert und Reformen mitunter blockiert, wie das Beispiel des entscheidenden Jahres 2005 zeigt, als NDRC und MoF den »Sieg« über die PBoC davontrugen und weitere Reformen stoppten (siehe S. 784 f.). Ein anderes Beispiel sind die Kontroversen und zum Teil unklaren Zuständigkeiten zwischen der PBoC und dem Bankenaufseher CBRC. Diese institutionelle Schwäche und Ineffizienz sind der Hintergrund für die Feststellung von Christine Lagarde in einer jüngeren IWF-Publikation zur Finanzstabilität in China:

»China muss einen eindeutigen und rechenschaftspflichtigen institutionellen Rahmen für die Finanzstabilität entwickeln, in dem die Rollen und Zuständigkeiten der relevanten Regierungsinstitutionen klar geregelt sind.« (Lagarde 2013, S. IX)

Ein großer Schritt in diese Richtung wäre die Schaffung einer übergeordneten Instanz für Finanzregulierung unter der Führung der PBoC, die der Staatsrat im August 2013 angekündigt hat. Sie soll aus den Leitern der PBoC, SAFE, CBRC, CSRC und CIRC bestehen und auch Vertreter von NDRC und MoF zu ihren vierteljährlichen und außerordentlichen Sitzungen einladen können. Es ist geplant, dass dieser neue »Superregulator« die Geldpolitik und Finanzaufsicht koordinieren, den Informationsaustausch zwischen den Aufsichts- und Regulierungsbehörden sicherstellen und die Gesetzgebung überwachen soll, ohne die Rollen der etablierten Institutionen zu verändern (China to create 2013). Die Idee eines solchen Superregulators ist nicht neu, aber wenn die genannten Pläne wirklich umgesetzt würden, wäre dies ein bedeutender Reformschritt.

Zentrale der chinesischen Notenbank (People's Bank of China) in Beijing (Foto: Reuters/Petar Kujundzic, 2014)

4 Chinas Ambitionen für eine Währung von internationalem Gewicht

Determinanten einer internationalen Währung

Eine internationale Währung zeichnet sich dadurch aus, in privaten Handels- und Finanztransaktionen sowie als Reservewährung von Notenbanken und Regierungen Verwendung zu finden, und weist nach Barry Eichengreen die drei essenziellen Merkmale weite Verbreitung, Stabilität und Liquidität auf (Eichengreen 2013, S. 149).
- *Weite Verbreitung* bedeutet die Existenz umfangreicher Transaktionsnetzwerke, die auf Handels- und Investitionsbeziehungen zwischen dem emittierenden Land und der globalen Wirtschaft beruhen.
- *Stabilität* bezieht sich auf das Vertrauen ausländischer Investoren (für eine internationale Währung ist die Verwendung durch Gebietsfremde entscheidend!) in den stabilen Wert der Währung. Voraussetzung dafür, dass Vertrauen entsteht, sind die Unabhängigkeit der Zentralbank und ihre erfolgreiche Inflationsbekämpfung.
- *Liquidität* ist ein besonders wichtiges Merkmal und bezieht sich darauf, große Mengen von Vermögenswerten in der Währung kaufen und verkaufen zu können, ohne dass sich ihr Preis ändert. Mit anderen Worten erfordert eine internationale Währung ausreichend breite, tiefe und liquide Finanzmärkte mit internationaler Anziehungskraft.

In den folgenden Abschnitten wird der Renminbi an diesen drei Determinanten einer internationalen Währung gemessen.[7]

Potenzial des Renminbis, zu einer internationalen Währung zu werden

Hat der Renminbi das Zeug, zu einer internationalen Währung zu werden? In Bezug auf den ersten Faktor, die Existenz großer Transaktionsnetzwerke des emittierenden Landes, schneidet China relativ gut ab. Aufgrund seines

---

7 Eichengreen und auch Taylor führen außerdem an, dass, historisch gesehen, Reservewährungen aus Demokratien mit Gewaltenteilung und Kontrolle der Exekutive kamen oder aus ökonomisch und politisch liberalen Gesellschaften mit starker Rechtsstaatlichkeit und Eigentumsrechten (Eichengreen 2013, S. 158, und Taylor 2013, S. 11). Obwohl diese Beobachtung ex post zutreffen mag, sollte aus den chinesischen Defiziten in puncto Demokratie und Rechtsstaatlichkeit nicht ex ante auf die Unwahrscheinlichkeit, dass der Renminbi zu einer internationalen Währung werden kann, geschlossen werden.

wachsenden Anteils am weltweiten Produktions- und Handelsvolumen ist die Verwendung des Renminbi in den letzten Jahren stark gestiegen, vor allem als Handelswährung (auf einen Anteil von rund zehn Prozent), aber zunehmend auch als Anlage- und Finanzierungswährung (European Central Bank 2013). Diese Entwicklung wird von den chinesischen Behörden seit Juli 2009 durch eine Reihe von Maßnahmen in Bezug auf Leistungsbilanzabwicklung und Finanzinvestitionen aktiv gefördert. Sie wird von der Internationalisierung (*going global, zou chu qu*) der chinesischen Banken, die der Auslandsexpansion chinesischer Firmen folgen und im globalen Anlage-, Fusions- und Transaktionsgeschäft zunehmend mitmischen, unterstützt. Gemessen an der ersten Determinante, hätte der Renminbi also das Potenzial, mittelfristig zu einer bedeutenden internationalen Währung zu werden. Dies ist jedoch keine hinreichende Bedingung, wie Eichengreen hervorgehoben hat (Eichengreen 2013, S. 153).

Betrachtet man das zweite Kriterium, ist das Ergebnis schon gemischter. Zwar haben Chinas Führung und die PBoC aufgrund der sozialen Unruhen, zu denen eine hohe Preissteigerung – wie 1989 erlebt – führen kann, ihre Entschlossenheit bewiesen, Inflation zu bekämpfen. Ihr Bekenntnis zur Inflationsbekämpfung und ihre Erfolgsgeschichte – seit 1997 stand der Verbraucherpreisindex (VPI) durchschnittlich bei 1,92 Prozent und hat die Fünfprozentmarke nie wesentlich überschritten (siehe *Abbildung 1*, S. 780) – haben eindeutig zum Vertrauen des Auslands in die Stabilität des Renminbis beigetragen, auch wenn die Zentralbank nicht unabhängig ist. Aber das Vertrauen ausländischer Investoren kann auch durch exzessive Finanzmarktstabilitätsrisiken untergraben werden, deren Materialisierung die Wirtschaftskraft eines Landes und die Attraktivität seiner Währung beeinträchtigen kann. Hier haben die Zweifel zugenommen, besonders in Bezug auf Risiken aus den Schattenbankgeschäften und der Finanzierung der Lokalregierungen, die von den chinesischen Behörden zunehmend ernst genommen werden. Dies zeigen zum einen die seit 2012 ergriffenen Maßnahmen zur Beschränkung des Schattenbankwesens[8] und zum ande-

---

8 Die zuständigen Behörden haben verschiedene Maßnahmen ergriffen und sind vor allem über die Verknüpfung zwischen Schattenbank- und regulären Bankgeschäften und die damit verbundenen Risiken für die Finanzstabilität besorgt. In einer gemeinsamen Mitteilung von MoF, NDRC, PBoC und CBRC vom 24. Dezember 2012 wird gefordert, dass »sich die Lokalregierungen der Wichtigkeit und Dringlichkeit, illegales und irreguläres Finanzgebaren zu unterbinden, voll gewahr sein müssen«. Siehe Zhonghua Renmin Gongheguo Caizhengbu u. a. 2012, S. 3 (MoF-Bekanntmachung Nr. 463).

ren der Beschluss der Wirtschaftsarbeitskonferenz im Dezember 2013, die Reduzierung der Risiken aus den Schulden der Lokalregierungen zu einer von sechs Hauptaufgaben für 2014 zu machen. Wie zu Beginn dieses Kapitels (S. 794) gezeigt, besteht auf dem Gebiet des dritten Kriteriums, das ist das Kriterium der Liquidität, das größte Defizit. Aufgrund der weiterhin bestehenden Kapitalverkehrskontrollen bleibt der chinesische Finanzmarkt relativ abgeschottet und kann deshalb keine internationale Anziehungskraft ausüben. Es mangelt ihm an einer angemessenen Bandbreite von Finanzinstrumenten einschließlich Finanzderivaten, um sich gegen Wechselkursschwankungen absichern zu können. Und ungeachtet ihres quantitativen Wachstums in den letzten Jahren sind die Kapitalmärkte immer noch unterentwickelt und eindeutig nicht breit, tief und liquide genug, um die Finanzmarktanforderungen an eine Reservewährung zu erfüllen. Prasad und Ye (2013) kommen zu demselben Ergebnis:

> »Obwohl Chinas rapide wachsende Größe und Dynamik enorme Vorteile sind, die der Förderung des internationalen Gebrauchs seiner Währung zugutekommen werden, schränkt der niedrige Entwicklungsgrad des Finanzmarktes die Wahrscheinlichkeit, dass der Renminbi zur Reservewährung wird, stark ein. [...] Die spannende Frage ist nun, ob die chinesische Regierung das Ziel, den Renminbi zu einer globalen Währung zu machen, als Katalysator für eine breite Agenda von Inlandsreformen nutzen wird, die zur Unterstützung dieses Zieles notwendig sind. Letztlich wird Chinas Wachstumspfad und Rolle in der Weltwirtschaft davon abhängen, wie diese Politikentscheidungen getroffen werden.« (S. 215)

Das Argument, ein globaler Renminbi erforderte eine Liberalisierung des Finanzmarktes, lässt sich folglich auch umdrehen: Die Internationalisierung des Renminbi diene ihrerseits als Katalysator für die Liberalisierung und Öffnung des Finanzmarktes, ähnlich wie Zhu Rongji das Prestige des Beitritts zur Welthandelsorganisation im Jahr 2001 genutzt hat, um seine umfangreiche Inlandsreformagenda durchzusetzen (siehe S. 781–784). Zwei Autoren des Internationalen Währungsfonds sind dieser Ansicht, sehen sie doch in dem Konsens in China, den Renminbi zu internationalisieren, der vordergründig von ökonomischen Nutzenerwägungen, externer Nachfrage und Nationalstolz gestützt ist, in erster Linie ein probates und »bindendes Mittel, um andere Finanzmarktreformen durchzusetzen« (Ma/Miao 2013, S. 191).

Die Reformagenda der neuen Führung (2012–22)

Im September 2012 wurde die zwölfte Fünfjahresrichtlinie für die Entwicklung und Reform des Finanzwesens veröffentlicht. Das gemeinsame Dokument von PBoC, SAFE und den drei RCs hebt als Hauptziele der Finanzmarktreformen in der Periode 2011–15 größere Wechselkursflexibilität, Kapitalverkehrsliberalisierung und Diversifizierung der Devisenreserven hervor (Zhongguo Renmin Yinhang 2012). Seit der Führungswechsel zu Xi und Li auf dem 18. Parteitag im November 2012 begann und formal mit dem Nationalen Volkskongress im März 2013 endete, sind weitere detaillierte Reformpläne und einige konkrete Schritte wie die erwähnte Abschaffung der Kontrolle der Darlehenszinsen verkündet worden.

Zusammengenommen bilden die Pläne eine ambitionierte Reformagenda. Sie umfasst die weitere Wechselkurs- und Zinsliberalisierung, verstärkte Regulierung und Aufsicht, die schrittweise Kapitalmarktöffnung mit dem Ziel, durch die Einführung von Marktpreisen für Kapital und Risiken die Regulierungsarbitrage zu verringern und Ressourcen besser einzusetzen, sowie die Beseitigung des Moral Hazard, der in der impliziten Staatsgarantie für Finanzaktiva besteht. Die Reformpläne zielen auf die entscheidenden Probleme des heutigen chinesischen Finanzsystems und würden die unvollendeten Reformen der Jiang-Zhu-Ära im Großen und Ganzen vervollständigen. Zhou Xiaochuan, der schon in jener Zeit eine Schlüsselfigur war und derzeit noch immer an der Spitze der Zentralbank steht, hat in seinem Nachwort zur oben erwähnten IWF-Publikation auf die historische Dimension der bevorstehenden Reformaufgabe angespielt:

»Chinas Finanzindustrie steht heute an einem neuen historischen Startpunkt. [...] Eine weitere Vertiefung der Reformen und die Öffnung und Entwicklung des chinesischen Finanzsektors sind ausschlaggebend für die Förderung einer stabilen und nachhaltigen Wirtschaftsentwicklung in China und sogar in der Welt. In Einklang mit den Bestimmungen des zwölften Fünfjahresplans [...] werden wir fortfahren, eine solide Geldpolitik zu betreiben, die Flexibilität unserer Geldmarktoperationen zu verstärken, die Zins- und Wechselkursliberalisierung voranzutreiben und schrittweise die Konvertibilität des Renminbi in der Kapitalbilanz einzuführen.« (Zhou 2013, S. 219)

Die oben umrissene Reformagenda deckt sich im Wesentlichen mit den finanzmarktpolitischen Reformbeschlüssen des dritten Plenums Mitte November 2013. Aber die Schlüsselfrage wird sein, in welchem Maß es der neuen Führung unter Xi und Li gelingt, diese ehrgeizige Reformagenda umzusetzen. Die Anspannungen im chinesischen Geldmarkt im Juni 2013 sind in dieser Hinsicht aufschlussreich. Zeitweilige Spitzen in den Geldmarktsätzen gab es auch davor und seitdem, aber ungewöhnlich an dieser Episode war die anfängliche Untätigkeit der Zentralbank und, nachdem sie schließlich mit Liquiditätseinschüssen interveniert hatte, die Veröffentlichung von zwei Stellungnahmen mit Erklärungen für die Ursachen der Klemme und einer Aufforderung an die Banken, ihre Liquidität sorgfältiger zu steuern (The People's Bank of China 2013).

Die Entwicklung dieser Episode könnte als Hinweis auf Unentschlossenheit oder sogar Konflikte in der Führungspitze angesehen werden, wie weit die marktwirtschaftlichen Reformen gehen sollen. Auf der einen Seite stehen Reformer wie der PBoC-Gouverneur Zhou, Finanzminister Lou Jiwei und der Büroleiter der Zentralen Führungsgruppe für Finanzen und Wirtschaft, Minister Liu He. Auf der anderen Seite befinden sich Konservative, die eine Erosion der Machtbasis und Steuerungsfähigkeit der KP durch zu weitreichende Reformen befürchten. Das verzögerte Eingreifen der PBoC in der Juni-Liquiditätsklemme könnte von der Absicht motiviert gewesen sein, die Banken dazu zu zwingen, ihre Kreditvergaben an die Finanzierungsgesellschaften der Lokalregierungen (Local Government Financing Vehicles, LGFVs) und ihre riskanteren Schattenbankgeschäfte herunterzufahren. Die Tatsache, dass die Zentralbank schließlich intervenierte, mag bedeuten, dass Besitzstandswahrer wie die großen Banken und Staatsunternehmen, die einflussreiche Vertreter in der politischen Führungsspitze haben und den Preis der Finanzmarktreformen zu tragen hätten, die Oberhand in der damaligen Debatte um die Disziplinierung der Banken gewonnen haben.

5 Fazit und Ausblick

Einstweilen können Chinas Finanzmärkte und Währung den Anforderungen an eine größere internationale Rolle nicht gerecht werden. Die Finanzmärkte entsprechen den internationalen Standards vor allem deshalb nicht, weil die Partei und nicht der Markt die Kapitalallokation regelt. Sie hinken aber auch in puncto rechtlicher, regulatorischer und buchhaltungstechnischer Standards hinterher. Infolge dieser Mängel fehlen dem Renminbi die Voraussetzungen, um zu einer globalen Reservewährung zu werden, nämlich in erster Linie breite, tiefe und liquide Finanzmärkte mit internationaler Anziehungskraft. Eine Währung, die

»im Einklang mit Chinas wirtschaftlichem Status« steht, mag zwar gut in die nationalistischen Träume chinesischer Parteimitglieder und Netzbürger passen, aber ein wirklich globaler Renminbi bleibt vorerst noch Wunschdenken. Um internationalen Standards zu entsprechen und zu regionaler oder sogar globaler Bedeutung aufzusteigen, müssen die chinesischen Finanzmärkte vor allen Dingen marktbasiert werden, indem Marktpreise als Grundmechanismus für die Kapital- und Risikoallokation eingeführt werden. Dies würde gleichzeitig die Risiken und Ungleichgewichte abschwächen, die sich im System aufgebaut haben, und Sorgen über die Finanzstabilität mildern. Zusammen mit der Entwicklung von breiten, tiefen und liquiden Märkten für Aktien, Anleihen und andere Finanzprodukte, deren Hauptziel die Maximierung der Anlagenrendite und nicht die Finanzierung des Staatssektors wäre, würde diese Entwicklung auch die Wahrscheinlichkeit erhöhen, dass der Renminbi zu einer internationalen Währung wird. Damit das eintreten kann, wäre die volle Öffnung des chinesischen Kapitalverkehrskontos eine weitere notwendige Bedingung.

Nach der finanziellen Reformagenda, die das dritte Plenum verabschiedet hat, zu urteilen, scheint sich die jetzige Führung unter Xi Jinping und Li Keqiang der historischen Aufgabe bewusst und zugleich willens zu sein, die Lücken zu schließen. Es ist jedoch offen, in welcher Weise die Konservativen auf die umfassenden Reformpläne reagieren werden. Den Komplex aus Staatsunternehmen und Banken sowie die Staatsmonopole aufzubrechen, wird sicherlich der schwerste Teil der bevorstehenden Aufgabe, denn damit sind starke Besitzstände und etablierte Interessen verbunden. Wenn marktorientierte Reformer die Oberhand bekommen bzw. behalten und die beschlossenen Finanzmarktreformen vollständig umgesetzt werden, wird das chinesische Wirtschaftswachstum auf kurze Sicht wahrscheinlich niedriger und auf lange Sicht ausgeglichener und nachhaltiger ausfallen. Falls die Reformen nicht oder nur unvollständig umgesetzt werden, könnte das Ergebnis ein höheres kurzfristges Wachstum mit erheblichen Risiken für die Finanzstabilität und auf mittlere bis lange Sicht auch für das Wachstum sein. Träten diese Risiken ein, könnte das zu einem starken Wachstumseinbruch und sogar zu einer größeren, von China ausgehenden Finanzkrise führen, was beides beträchtliche Auswirkungen auf die gesamte asiatische Region und den Rest der Welt haben würde.

Die Bereitschaft und Fähigkeit der chinesischen Führung, die immensen Reformaufgaben zu stemmen, hat auch Implikationen für die Rolle des Renminbi in (Ost-)Asien. Wenn Xi und Li mit ihren Liberalisierungsbemühungen erfolgreich sind, könnte dies der überregionalen Bedeutung der chinesischen Währung Auftrieb verleihen und die Entstehung eines RMB-Blocks mit anderen ost- und südostasiatischen Volkwirtschaften beschleunigen, die ihre Währungen an den Renminbi binden und seinen Anteil an ihren Devisenreserven erhöhen – vorausgesetzt, die Entschlossenheit dieser Länder, ihre Abhängigkeit vom US-Dollar zu verringern, übertrifft ihre Angst vor Chinas Dominanz.

Literatur

China to create agency to align financial supervision, in: www.reuters.com/article/2013/08/20/us-china-financial-regulator-idUSBRE97J02T20130820 vom 20 August 2013 (Zugriff: 31. März 2014).

Development Research Center (DRC) of the State Council/World Bank: China 2030. Building a Modern, Harmonious, and Creative Society, Washington 2013.

Eichengreen, Barry: ADB Distinguished Lecture Renminbi Internationalization: Tempest in a Teapot?, in: Asian Development Review, 30 (2013) 1, S. 148–164 (http://www.mitpressjournals.org/doi/pdf/10.1162/ADEV_a_00010, Zugriff: 28. März 2014).

European Central Bank: The Emergence of the Chinese Renminbi as an International Currency, in: dies.: The International Role of the Euro, S. 44–54, Frankfurt am Main 2013 (https://www.ecb.europa.eu/pub/pdf/other/euro-international-role201307en.pdf?f4c76471697141917926e0f0011372ee, Zugriff: 28. März 2014).

Fukuyama, Francis: The End of History?, in: The National Interest, Sommer 1989 (http://ps321.community.uaf.edu/files/2012/10/Fukuyama-End-of-history-article.pdf, Zugriff: 28. März 2014).

García-Herrero, Alicia/Santabárbara, Daniel: An Assessment of China's Banking System Reform, in: Kaji, Sahoko/Ogawa, Eiji (Hrsg.): Who Will Provide the Next Financial Model? Asia's Financial Muscle and Europe's Financial Maturity, Osaka 2013, S. 147–175.

Godement, François: Que vent le Chine? De Mao au capitalisme, Paris 2012.

Hamlin, Kevin: The New Man in Chinese Banking, in: Institutional Investor – International Edition, 32 (2007) 2, S. 32–40.

Heep, Sandra: China in Global Finance. Domestic Financial Repression and International Financial Power, Berlin 2014.

Hess, Patrick: China's Financial System: Past Reforms, Future Ambitions and Current State, in: Rövekamp, Frank/Hilpert, Hanns Günther (Hrsg.): Currency Cooperation in East Asia, Heidelberg 2014.

Hess, Patrick: Securities Clearing and Settlement in China. Markets, Infrastructures and Policy-Making, ECB Occasional Paper Series No. 116, July 2010 (https://www.ecb.europa.eu/pub/pdf/scpops/ecbocp116.pdf, Zugriff: 31. März 2014).
Holbig, Heike: Chinas WTO-Beitritt in politischer Perspektive: Wechselspiel zwischen nationalen und internationalen Verhandlungsprozessen, in: China aktuell, 28 (1999) 12, S. 1251–1265.
Lagarde, Christine: Foreword, in: Das, Udaibir S./Fiechter, Jonathan/Sun, Tao (Hrsg.): China's Road to Greater Financial Stability. Some Policy Perspectives, Washington 2013, S. VII–IX.
Li, Liming/Zeng, Renxiong: 1979–2006: Zhongguo jinrong da biange [Die große Transformation des chinesischen Finanzwesens], Shanghai 2007.
Lieberthal, Kenneth/Oksenberg, Michael: Policy Making in China. Leaders, Structures and Processes, Princeton 1988.
Ma, Jun/Miao, Hui: The Impact of Financial Liberalization on China's Financial Sector, in: Das, Udaibir S./Fiechter, Jonathan/Sun, Tao (Hrsg.): China's Road to Greater Financial Stability. Some Policy Perspectives, Washington 2013, S. 191–199.
McNally, Christopher A.: Sino-Capitalism: China's Reemergence and the International Political Economy, in: World Politics, 64 (2012) 4, S. 741–776.
Naughton, Barry: Understanding the Chinese Stimulus Package, in: China Leadership Monitor, 28 (2009) (http://media.hoover.org/sites/default/files/documents/CLM28BN.pdf, Zugriff: 31. März 2014).
Niming, Frank: Op het scherp van de snede. Achtergronden en ontwikkeling van de volksbeweging in China, Beijing–voorjaar 1989, Kampen 1990.
The People's Bank of China: Properly Adjust liquidity and Maintain the Stability of Money Market, Stellungnahme vom 26. Juni 2013 (http://www.pbc.gov.cn/publish/english/955/2013/20130626170224340616466/20130626170224340616466_.html, Zugriff: 31. März 2014).
Porter, Nathan/Xu, Tengteng: Money Market Rates and Retail Interest Regulation in China: The Disconnect between Interbank and Retail Credit Conditions, Bank of Canada Working Paper 2013–20, June 2013 (http://www.bankofcanada.ca/wp-content/uploads/2013/06/wp2013-20.pdf, Zugriff: 31. März 2014).
Prasad, Eswar/Ye, Lei: The Renminbi's Prospects as a Global Reserve Currency, in: Das, Udaibir S./Fiechter, Jonathan/Sun, Tao (Hrsg.): China's Road to Greater Financial Stability. Some Policy Perspectives, Washington 2013, S. 211–216.
Prasad, Eswar/Ye, Lei: The Renminbi's Role in the Global Monetary System. Brookings Institution Report, Washington 2012 (http://www.brookings.

edu/~/media/research/files/reports/2012/2/renminbi%20monetary%20 system%20prasad/02_renminbi_monetary_system_prasad.pdf, Zugriff: 31. März 2014).

Schmidt, Helmut/Sieren, Frank: Nachbar China, Berlin 2006.

Taylor, Alan M.: The Future of International Liquidity and the Role of China, NBER Working Paper No. 18771, 2013.

Walter, Carl E./Howie, Fraser J. T.: Red Capitalism. The Fragile Financial Foundation of China's Extraordinary Rise, Singapur 2012.

Xie, Andy: If China loses faith the dollar will collapse, in: Financial Times vom 4. Mai 2009 (http://www.ft.com/intl/cms/s/0/2f842dec-38d8-11de-8cfe-00144feabdc0.html#axzz2xWJxxKcm, Zugriff: 31. März 2014).

Yu, Yongding: Revisiting the Internationalization of the Yuan, ADBI Working Paper 366, Tokio 2012 (http://www.adbi.org/files/2012.07.04.wp366.revisiting.internationalization.yuan.pdf, Zugriff: 31. März 2014).

Zhongguo Renmin Yinhang [The People's Bank of China] u. a.: Jinrongye fazhan he gaige »shi'erwu« guihua [12. 5-Jahres-Richtlinie für die Entwicklung und Reform des Finanzwesens], 2012 (http://www.pbc.gov.cn/publish/goutongji aoliu/524/2012/20120917155836347504341/20120917155836347504341_.html, Zugriff. 31. März 2014).

Zhonghua Renmin Gongheguo Caizhengbu [Ministry of Finance of the People's Republic of China] u. a.: Guanyu zhizhi difang zhengfu weifa weigui rongzi xingwei de tongzhi [Mitteilung zur Unterbindung von illegalem und irregulärem Finanzgebaren der Lokalregierungen], Mitteilung vom 24. Dezember 2012 (http://yss.mof.gov.cn/zhengwuxinxi/zhengceguizhang/201212/t20121231_723354.html, Zugriff: 31. März 2014).

Zhou, Xiaochuan: Afterword, in: Das, Udaibir S./Fiechter, Jonathan/Sun, Tao (Hrsg.): China's Road to Greater Financial Stability. Some Policy Perspectives, Washington 2013, S. 211–216.

Zhou, Xiaochuan: »Reform the International Monetary System«, Rede vom 23. März 2009 (http://www.pbc.gov.cn/publish/english/956/2009/20091229104425550619706/20091229104425550619706_.html, Zugriff: 31. März 2014).

Zhu, Rongji: Zhu Rongji da jizhe wen [Zhu Rongjis Antworten auf Fragen von Journalisten], Beijing 2009.

F China und die Welt

◄ Historischer Besuch: US-Präsident Nixon im Februar 1972 in Beijing (Foto: John Dominis/The LIFE Picture Collection/Getty Images)

Christoph Müller-Hofstede

Reich und rastlos?
Chinas Aufstieg in der internationalen Ordnung

1 Einleitung

Wird das 21. Jahrhundert China gehören? Am 27. Juni 2011 trafen sich Henry Kissinger, der weltbekannte Wirtschaftshistoriker Niall Ferguson, der prominente amerikanische Publizist Fareed Zakaria und der Wirtschaftswissenschaftler David Li Daokui in Toronto, um diese Frage vor fast 3 000 Menschen öffentlich zu diskutieren. Hunderttausende verfolgten die Debatte im Internet: in den USA, in Australien, auf der Webseite der Beijinger Volkszeitung (Renmin Ribao) und der Financial Times in London.[1] Dieses internationale Medienereignis zeigt beispielhaft, dass Chinas Aufstieg zur neuen Weltmacht mehr denn je das Objekt öffentlichen Interesses, wissenschaftlicher Konferenzen und öffentlicher Spekulationen geworden ist.[2] Drei Jahrzehnte rasanten Wirtschaftswachstums haben China in die »Champions League« der Weltpolitik aufsteigen lassen, wie nicht zuletzt seine Rolle als Wachstumsmotor in der globalen Finanzkrise seit 2008 belegt. Diese Entwicklungen haben die Beziehungen des »Westens« mit China[3] substanziell verändert. Zuvor hatte lange Zeit die Sorge um die Integration eines armen und isolierten China im Mittelpunkt der Betrach-

---

1 Die Debatte ist in Griffiths/Luciani 2011 dokumentiert, zudem verfügbar unter: http://www.munkdebates.com/debates/china.
2 Eine zusammenfassende Rezension neuester Werke zum Aufstieg Chinas findet sich bei Johnson 2013.
3 Der Begriff »Westen« wird abkürzend für die Vielfalt der europäischen, amerikanischen und ab dem 20. Jahrhundert auch japanischen und russischen/sowjetischen Einflüsse in China verwendet. Ebenso steht der Begriff »China« für eine hochkomplexe, plurale und widersprüchliche »Entität« im Wandel, die weder kulturell noch historisch dem gängigen Fremd- und Selbstbild eines »ewigen China« entspricht. Siehe ausführlich Vogelsang 2012, S. 11 ff., sowie generell auch Westad 2012.

tungen gestanden: Niemand Geringeres als Richard Nixon äußerte schon 1967, als China seine Beziehungen mit der westlichen Welt auf ein Minimum zurückgefahren hatte, in einem prophetischen Beitrag:

»Wir können es uns einfach nicht leisten, China für immer außerhalb der Völkergemeinschaft zu lassen, damit es dort (draußen) seine Phantasien nährt, seine Hassgefühle pflegt und seine Nachbarn bedroht. Auf diesem kleinen Planeten ist es nicht möglich, eine Milliarde seiner potentiell fähigsten Menschen in zorniger Isolation leben zu lassen.« (Nixon 1967, S. 111)

Nur wenige Jahre später trug Nixon mit seinem Besuch in China 1972 entscheidend dazu bei, China aus der Isolation zu holen. Und die Öffnung zum Westen war eine wesentliche Voraussetzung für die dynamische Entwicklung Chinas ab 1979. Heute ist China unstritig die wichtigste der oft unter dem Namen BRICS (Brasilien, Russland, Indien, China, Südafrika) firmierenden neuen »Gestaltungsmächte«, die die Weltordnung in den nächsten Jahrzehnten prägen werden (siehe den Beitrag von Hanns W. Maull sowie Kreft 2013). Die wichtigsten Indikatoren der neuen chinesischen Stärke zeigen, dass China eine »Systemrelevanz« erreicht hat, was bisher noch keinem nicht westlichen Land in der Moderne gelungen ist (Geinitz 2013; Schmidt/Heilmann 2012):

- China ist seit dem Jahr 2010 zur zweitgrößten Wirtschaft der Welt nach den USA geworden, bzw. zur drittgrößten, sieht man die Europäische Union als eine Wirtschaftseinheit an. Schon 2016 könnte das Land die Europäische Union hinter sich lassen, 2017 auch die USA.
- China ist die zweitgrößte Handelsnation und der mit Abstand wichtigste Industriestandort, die »Werkbank der Welt«.
- China besitzt über 20 Prozent der Schuldverschreibungen der US-Regierung; seine Devisenreserven steigen weiter stark an. Immer mehr Anleger wollen in die chinesische Währung, den Renminbi, investieren.
- China verbraucht mehr Energie als jedes andere Land der Welt und beeinflusst die wichtigsten Rohstoffmärkte.
- China hat nach den Vereinigten Staaten die höchsten Rüstungsausgaben der Welt (106 Mrd. US$ im Jahr 2012) und baut seine militärischen Fähigkeiten laufend aus.
- Im UN-Weltsicherheitsrat hat China als Atommacht einen ständigen Sitz und Vetorecht. China ist heute Mitglied in fast allen internationalen Organisationen, so seit 2001 auch in der Welthandelsorganisation (World Trade Organization, WTO).

Reich und rastlos? Chinas Aufstieg in der internationalen Ordnung

Auch wenn China in den nächsten Jahren, wie allgemein vorhergesagt, langsamer wachsen sollte, wird das Land die Weltordnung dieses Jahrhunderts maßgeblich mit beeinflussen (Schmidt/Heilmann 2012; Shambaugh 2013). Praktisch alle Theorieansätze in den internationalen Beziehungen, aber auch die Planungsstäbe der westlichen Außenministerien, sehen China als wichtigsten Faktor für eine friedliche Weiterentwicklung der Weltordnung an (siehe den Beitrag von Hanns W. Maull sowie Shambaugh 2013).

Aus dieser gestiegenen Aufmerksamkeit für alles »Chinesische« resultieren jedoch viele Szenarien, in denen Chinas Potenziale unzulässig überhöht und in weltgeschichtliche Spekulationen gerahmt werden, die den Blick für eine nüchterne Bestandsaufnahme verdecken. So scheinen viele Publizisten von einem unaufhaltsamen Aufstieg Chinas auszugehen, den sie unter anderem aus einer zyklischen Betrachtung der Geschichte der letzten 500 bis 1000 Jahre ableiten. China werde das 21. Jahrhundert dominieren, weil es ja schon vorher die meisten Jahrhunderte dominiert habe. Die beiden letzten Jahrhunderte des chinesischen Niedergangs seien die Ausnahme von der Regel gewesen, nun gehe die Vorherrschaft des Westens unwiederbringlich zu Ende, so etwa Niall Ferguson in der oben erwähnten Debatte. Andere Autoren sprechen vom »Ende der westlichen Welt« und der »Geburt einer neuen Weltordnung«, in der China der neue Hegemon des 21. Jahrhunderts werde (Jacques 2009). »Tod durch China. Den Drachen konfrontieren« lautet ein anderes alarmistisches Szenario, das von einer bevorstehenden chinesischen Weltherrschaft ausgeht (Navarro/Autry 2011).

In Deutschland ist das Bild von der »Rückkehr« oder dem »Wiederaufstieg« Chinas populär geworden, weil – so Konrad Seitz – »das Reich der Mitte über den größten Teil unserer Zeitrechnung nicht nur das bei weitem bevölkerungsreichste Land und die größte Volkswirtschaft der Welt war, sondern auch die technologisch und administrativ fortschrittlichste Zivilisation. Im neunzehnten Jahrhundert versank das hochentwickelte Land in tiefe Armut und wurde Halbkolonie des Westens. Es war das Jahrhundert der Demütigung, das bis heute jeden Chinesen prägt.« (Seitz 2000, S. 12)

Diese Aufstiegs- und Abstiegsszenarien interpretieren das chinesisch-westliche Verhältnis als Nullsummenspiel, in dem die Gewinne des einen die Verluste des anderen sind. Und sie prägen die Wahrnehmungen von Weltpolitik in großen Teilen der westlichen, aber auch der chinesischen Öffentlichkeit.[4]

---

[4] Alle diese Schriften werden auch in China rezipiert, sei es über Debatten im Internet oder auch durch Übersetzungen ins Chinesische. Hinzu kommen natürlich auch viele eigene Deutungen und populäre Szenarien von chinesischen Autoren.

Diese zum Teil alarmistischen, zum Teil fatalistischen Betrachtungen haben jedoch große Schwächen: Zwar ist es zweifellos wichtig, die mit dem Aufstieg Chinas (und anderer Staaten wie Indien) einhergehende Machtverschiebung von Westen nach Osten in ihrer Bedeutung zu würdigen, denn die Epoche der gleichsam selbstverständlichen und auf allen Seiten akzeptierten Dominanz des Westens geht heute zu Ende. Nach wie vor ist die *mental map*, die geistige Landkarte der westlichen/europäischen Öffentlichkeit, eurozentrisch geprägt – trotz vieler wissenschaftlicher Bemühungen, Perspektiven der »anderen« stärker zu berücksichtigen. Für den Umgang mit China und anderen aufstrebenden Nationen wird eine neue »geistige Kartografie« gefordert, die jedoch nur in Ansätzen erkennbar ist (Sandschneider 2011 sowie Gu 2014). Auch sind nicht alle Versuche, Chinas neue Bedeutung zu erklären, erfolgreich. So ist es beispielsweise eine unzulässige Vereinfachung, China als widerspruchsfreien Konkurrenten des Westens zu sehen, der im Begriff ist, einen neuen, den Kalten Krieg ersetzenden Systemkampf vom Zaun zu brechen. Dagegen sprechen gute Argumente, die hier nur skizziert werden können:

- Wirtschaftlich wird China in den nächsten Jahren den Weg zu einem neuen innovativen Wachstumsmodell finden müssen, um nicht auf dem jetzigen Niveau seiner Wirtschaftsleistung stehen zu bleiben. Ob dieser Durchbruch gelingt, ist noch keineswegs sicher (siehe die Beiträge von Markus Taube und Margot Schüller).
- China wird auch dann noch lange ein relativ armes Land bleiben, wenn es einmal das größte Bruttosozialprodukt der Welt erzeugt. Seine Wirtschaftsleistung pro Kopf liegt heute noch auf dem Niveau von Surinam und den Malediven. Auch die demografische Entwicklung Chinas, insbesondere der massive Alterungsprozess der Bevölkerung in den nächsten Jahrzehnten, steht einer linearen Fortsetzung der bisherigen Wachstumsraten entgegen. Hinzu kommen zahlreiche Defizite des Landes in seiner politischen Entwicklung, im Rechtsschutz, in der Bildung und last but not least im Umweltschutz. Nicht zuletzt stellt auch die massiv gestiegene soziale Ungleichheit ein zentrales Entwicklungsproblem des Landes dar.
- Geopolitisch rückt China zwar zweifellos ins Zentrum der Weltpolitik, muss aber zugleich erkennen, wie eng es dort geworden ist.[5] Chinas Aufstieg vollzieht sich nicht in einem Vakuum, es gibt zahlreiche Mit-

---

5 Ausführlich begründet Edward N. Luttwalk die These, dass der simultane wirtschaftliche und militärische Machtzuwachs Chinas, verbunden mit territorialen Ansprüchen, schon jetzt zu einer informellen Koalition fast aller asiatischen Staaten gegen China geführt habe (Luttwak 2012).

bewerber und mehr und mehr staatliche und nicht staatliche Akteure auf der Weltbühne. Wirtschaftliche Stärke übersetzt sich zudem eben nicht ohne Weiteres in politische Macht (Shambaugh 2013). Hinzu kommt, dass in den internationalen Beziehungen der Gegenwart heute weniger die Machtverschiebungen zwischen dem Westen und dem Osten problematisch sind, sondern die durch Digitalisierung und Bildungsprozesse beschleunigte Diffusion, also Streuung von Macht, die zur Aufwertung individueller und gesellschaftlicher Macht führt (Nye 2012; siehe auch den Beitrag von Hanns W. Maull). So wird eine eindimensionale zentralistische Sicht auf die »Macht« Chinas, wie sie den zitierten Szenarien eigen ist, den komplexen gesellschaftlichen und politischen Prozessen in China schon heute nicht mehr gerecht.

- Und schließlich hat sich auch der wissenschaftliche Blick auf die Weltgeschichte weiterentwickelt: Neuere Ansätze untersuchen heute die verwobene Geschichte der wirtschaftlichen Globalisierung, der kommunikativen und kulturellen transnationalen Vernetzung der Welt sowie die Wechselwirkung dieser Prozesse (dazu ausführlich Iriye/Osterhammel 2013).

Angesichts der an dieser Stelle nur angedeuteten Schwächen der westlichen »Chinadebatte« scheint es umso wichtiger, diejenigen Stationen und Zäsuren der chinesisch-westlichen Beziehungen zur Kenntnis zu nehmen, die die »geistigen Landkarten« auf beiden Seiten bis heute prägen. Nur so können die vorhandenen Möglichkeiten genutzt werden, Geschichtsbilder und Denkmuster neu zu reflektieren.

Der vorliegende Beitrag beschränkt sich auf die Auseinandersetzungen und Interventionen seit dem Ende des 18. Jahrhundert. Gezeigt werden soll, dass die wechselvolle Geschichte der chinesisch-westlichen Beziehungen sich nicht als eindimensionale Viktimisierungsgeschichte erzählen lässt. Der Abstieg Chinas von einer kolonialen Zentralmacht Asiens im 18. Jahrhundert zu einem Objekt westlicher imperialistischer Politik im 19. und 20. Jahrhundert lieferte den chinesischen Eliten zweifellos wichtige Motive, die Unabhängigkeit ihres Landes zu erkämpfen. Aber – so die zentrale These dieses Beitrages – es entstanden auch wesentliche Identitäten und Selbstwahrnehmungen Chinas, die nicht nur zu den ungeheuren menschlichen Opfern seiner »Befreiung« beigetragen, sondern bis heute erhebliche und problematische Folgen für Chinas Agieren in der Weltpolitik haben. Wer Chinas Rollenkonzepte und außenpolitische Identitäten im 21. Jahrhundert verstehen möchte, muss daher auf das 18. und 19. Jahrhundert zurückblicken und damit auf den Ursprung der zentralen Krise in der neueren Geschichte Chinas.

2 China als Kolonial- und Zentralmacht Ostasiens im 18. Jahrhundert

In der zweiten Hälfte des 18. Jahrhunderts hatte das China der Qing-Dynastie (1644–1911) seine bis dato größte territoriale Ausdehnung erreicht. Neben den 18 Provinzen des chinesischen Kernlandes (der 1368–1644 herrschenden Ming-Dynastie) umfasste das Reich die erst Ende des 17. Jahrhunderts eroberte Insel Taiwan, die Mandschurei mit großen Gebieten jenseits des Heilong Jiang (Amur), die Innere wie die Äußere Mongolei, Tibet sowie weite Landstriche Zentralasiens bis ins heutige Kasachstan. Im Südwesten erstreckte sich China über den Hindukusch hinaus bis nahe an Persien heran (siehe den Beitrag von Helwig Schmidt-Glintzer und Karte im Anhang). Hinzu kamen die bis weit nach Südostasien sowie Korea und Japan reichenden Einflusszonen.

Das China der Qing-Zeit war größer als jedes chinesische Reich zuvor und mit rund zehn Millionen km² mehr als doppelt so groß wie das Ming-Reich. Die Eroberung Ostturkestans, der Dsungarei und des Tarimbeckens, die erst 1759 nach einem mit großen Massakern verbundenen Feldzug abgeschlossen war, machte China zu einer bedeutenden Kolonialmacht des 18. Jahrhunderts. Dass China mit der Eroberung der Dsungarei seine Herrschaft über Zentralasien konsolidierte, war bereits den Zeitgenossen bewusst. Davon zeugt nicht zuletzt ein chinesisches Historienbild aus der Werkstatt von Guiseppe Castiglione, einem Jesuitenmaler am Hof des Kaisers (siehe unten). Die Gebiete (im Westen als Ostturkestan bekannt) wurden 1768 unter dem Namen »Xinjiang« (neue Gebiete) als kaiserliches Protektorat administrativ zusammengefasst; 1884 wurde Xinjiang eine reguläre Provinz des Kaiserreichs (Perdue 2005).

»Machang durchbricht die feindlichen Linien«; Museum für asiatische Kunst, Berlin (Foto: bpk/akg-images)

China war unter den mandschurischen Qing-Kaisern Kangxi (1662–1722) und Qianlong (1735–96) zur wirtschaftlichen und politischen Zentralmacht in Ostasien geworden. Die wirtschaftliche Blüte des Reichs in diesen knapp 150 Jahren hatte eine Verdoppelung der Bevölkerung auf

300 Millionen zur Folge. Chinas technologische und wirtschaftliche Stärke wurde den Europäern nicht zuletzt durch die erste »Exportlawine« vor Augen geführt: Ab Beginn des 17. Jahrhunderts bis weit ins 18. Jahrhundert wurden mehrere hundert Millionen Stück Porzellan über die holländischen und englischen East India Companies nach Europa eingeführt. Der »erfolgreichste Keramiktyp der Weltgeschichte« konnte erst Anfang des 18. Jahrhunderts in ersten Prototypen in Europa produziert werden (Ledderose 2008). China war Europa in wirtschaftlicher Hinsicht wenn nicht überlegen, so doch ebenbürtig.

Chinesisches Porzellan war im 17. und 18. Jahrhundert ein Exportschlager. Als »weißes Gold« wurde es von den europäischen Fürstenhäusern in Porzellankabinetten, wie beispielsweise hier in der Ostasiengalerie des Dresdner Zwingers, zur Schau gestellt. (Foto: picture alliance, 2006)

Aber auch in machtpolitischer Hinsicht steht China in einer Reihe mit anderen westlichen Kolonialmächten des 18. Jahrhunderts (Vogelsang 2012, S. 146; Osterhammel 1989, S. 90). Dies ist bedeutsam, denn sowohl die Republik China (ab 1912) als auch die Volksrepublik (seit 1949) haben sich wie selbstverständlich in die Tradition dieses erst im 18. Jahrhundert entstandenen Kolonialreichs gestellt und alle Ansprüche auf Unabhängigkeit an der Peripherie zurückgewiesen. Aufstände in diesen Gebieten wurden sowohl am Ende des 19. Jahrhunderts als auch noch kurz nach dem Ende der Qing-Dynastie im Jahr 1912 rücksichtslos niedergeschlagen (Vogelsang 2012, S. 49). China war im 18. und 19. Jahrhundert eben nicht jenes in sich ruhende – stagnierende – Reich, wie es erst von Hegel, später von Marx beschrieben wurde.

Es müssen dennoch wesentliche Unterschiede zwischen dem damaligen China und den europäischen Kolonialmächten beachtet werden: Im Unterschied zu Russland und England war der chinesische Kolonialismus weder religiös noch wirtschaftlich motiviert. Religiöse Missionierungsabsichten, die immer auch Teil der Expansion Europas waren, standen den chinesischen Eroberern fern. Und wirtschaftlich leisteten die unwirtlichen und dünn besiedelten zentralasiatischen Wüsten und Gebirge keinen Beitrag zur Versorgung der 18 Provinzen des chinesischen Kernlandes – auch wenn schon Ende des 18. Jahrhunderts der »ferne Westen« das Ziel von Binnenmigrationen aus den übervölkerten Kernregionen im Osten Chinas wurde. Sicherheitsbedürfnisse und das Bestreben, die »mongolische Gefahr« endgültig auszuschalten, waren die zentralen Motive der chinesischen Expansion (Osterhammel 1989, S. 90 ff.). Die Eroberung Chinas durch mongolische Reiterstämme in der Nachfolge von Dschingis Khan und die wiederkehrenden Beutezüge der innerasiatischen »Barbaren« im 15. und 16. Jahrhundert hatten tiefe Spuren im kollektiven Gedächtnis chinesischer Herrscher hinterlassen.

Vor allem aber war die machtpolitisch-militärische Stellung Chinas im 18. Jahrhundert noch nicht von seinem Kontakt mit dem Westen her bestimmt. China konzentrierte sich auf den kontinentalasiatischen Raum; der pazifische Raum spielte für China – wie auch für Japan – keine Rolle. Auch untereinander waren die Beziehungen der beiden wichtigsten ostasiatischen Nationen in jeder Hinsicht unterentwickelt: Für eine so wichtige Macht wie Japan war am chinesischen Hof niemand »zuständig«.

Chinas internationale Rolle wurde entscheidend durch die Weltsicht und die intellektuelle Disposition seiner Elite geprägt, die sich von derjenigen der europäischen Eliten grundlegend unterschied. Während die europäischen Mächte spätestens seit der Entdeckung Amerikas wie selbstverständlich transkontinental agierten und zu diesem Zweck ihr Wissen (nicht nur) über China ständig ausbauten, wurden am Hof von Beijing epochale Ereignisse wie die Französische Revolution 1789, die napoleonischen Eroberungen in Ägypten, Europa und Russland oder die britische Eroberung Indiens zwischen 1770 und 1818 nicht weiter wahrgenommen. Im Zeitalter der europäischen Expansion überließ China – ebenso wie Japan und Korea – den Pazifik den europäischen Mächten. Um 1800 wusste man in China viel weniger über Europa als umgekehrt. Zu Recht spricht Jürgen Osterhammel von einer »machtpolitischen Asymmetrie«, der eine »Asymmetrie des (Herrschafts-)Wissens zwischen den beiden wirtschaftlichen und politischen Machtzentren der damaligen Welt vorausging. Weltpolitische Kategorien, die Konkurrenz gleichberechtigter Nationalstaaten, die Bedeutung der Umwälzungen auf außerchinesischen Schauplätzen erschlossen sich der chinesischen Beamtenelite nicht.« (ebd., S. 47)[6]

Exkurs: »Alles unter dem Himmel« – Welt- und Selbstverständnis Chinas vor dem Zusammenstoß mit dem Westen

Wesentliche Ursache hierfür war das Weltverständnis der kaiserlichen Bürokratie, die zwar durchaus effizient den neuen Vielvölkerstaat organisieren konnte, dabei aber weit entfernt von allen Konzepten einer »Nation« oder eines »Nationalismus« im modernen Sinn des Wortes agierte. Stattdessen sah sich die Qing-Dynastie als Zentrum eines hierarchisch geordneten moralischen Universums, das eine 2000-jährige Tradition der Beziehungen zwischen dem chinesischen Kernland, tributpflichtigen Völkern und Barbaren außerhalb der chinesischen Einflusszone fortführte. China war in diesem Verständnis die einzige Zivilisation auf der Welt. Das heißt, die gesamte zivilisierte Welt, im Chinesischen als *tianxia* (= alles unter dem Himmel) bezeichnet, war mit der chinesischen Zivilisation identisch. Das *tianxia*-Konzept war auf den chinesischen Kaiser als »Himmelssohn« und moralisch einzig berechtigten Vermittler zwischen Himmel und Erde konzentriert, dessen Opfer an Himmel und Erde noch bis zum Beginn des 20. Jahrhunderts im Mittelpunkt eines religiösen Staatskults standen (Fiedler 1985).

In der *tianxia*-Welt waren weder Völker noch Individuen gleichberechtigt; es war damit dem System unabhängiger, konkurrierender (und Krieg führender), aber prinzipiell gleichberechtigter Staaten, das sich in Europa nach dem Ende des Dreißigjährigen Kriegs entwickelt hatte, diametral entgegengesetzt.

Das *tianxia*-Konzept bewirkte, dass China als Nation weder im allgemeinen Sprachgebrauch noch im Bewusstsein der Elite präsent war. Umso stärker wurde dieses »Defizit« am Ende des 19. und Beginn des 20. Jahrhunderts von einem der großen Theoretiker des chinesischen Nationalismus, Liang Qichao (1873–1929), beklagt:

---

6 Die jesuitischen Gelehrten, die sich ab dem 16. Jahrhundert in den Dienst chinesischer Kaiser stellten (in der Hoffnung, ihn zu bekehren), dienten eher den europäischen Eliten als Informationsquelle über China, während die Neugier und das Interesse der chinesischen Beamten beschränkt blieben und eigene Erkundungs- oder Explorationsabsichten ausschlossen. Siehe ausführlich über die jesuitischen Aktivitäten: Berliner Festspiele GmbH (Hrsg.): Europa und die Kaiser von China, 1240–1816. Katalog zur Ausstellung der Berliner Festspiele im Martin-Gropius-Bau, Berlin 1985.

»China war über Jahrtausende ununterbrochen isoliert. Wenn unser Volk über das Land spricht, nennen sie es Universum (tianxia) anstatt Land (guo). Wie können wir von patriotischer Leidenschaft sprechen, ohne einen Begriff der Nation?« (Zhao 2004, S. 45)

Tatsächlich wurde der heute so etablierte Begriff des »Reichs der Mitte« (*Zhongguo* = eigentlich mittleres Königreich) offenbar nur selten benutzt, wie Michael Lackner gezeigt hat. In der klassischen Literatur Chinas wurde der Begriff nie benutzt, um eine chinesische Nation oder die chinesische Zivilisation zu beschreiben. Da nur China als das Muster eines zivilisierten Staates angesehen wurde, erübrigte es sich, so Lackner, eine Abgrenzung zu anderen Staatsgebilden nach räumlichen und damit also in gewissem Sinn egalitären Kriterien vorzunehmen. Stattdessen setzte sich eine Bezeichnung nach historischen Kriterien, also nach der Abfolge der Dynastien, durch.

»Traditionell wurde das chinesische Reich nur durch die jeweils unterschiedlichen Dynastienamen bezeichnet – also Qin, Han, Tang, Yuan, Song, Ming und Qing, um die wichtigsten zu nennen. Dementsprechend ist die offizielle Bezeichnung Chinas (selbst) zur Zeit der erbittertsten Konfrontation mit dem Westen eben nicht China, respektive Zhongguo, sondern Da Qing guo, Staat der großen Qing(-Dynastie). So sind die Verträge zwischen China und den westlichen Mächten unterschrieben; diese Herkunftsbezeichnung tragen die ab den Siebzigerjahren des 19. Jahrhunderts bevollmächtigten Gesandten Chinas ins Ausland.« (Lackner 1998, S. 327)

Nimmt man die Praxis der Außenbeziehungen Chinas in den Blick, so ergibt sich ein differenziertes Bild von der tatsächlichen Prägekraft des *tianxia*-Konzepts. So kann man beispielsweise das immer wieder beschriebene Tributsystem[7] einerseits als diplomatische und handelspolitische Umsetzung des *tianxia*-Konzepts ansehen:

---

7 Ausführlicher Vogelsang 2012, 381 ff., sowie Westad 2012, E-Book, Kapitel »Imperialismus«, und Osterhammel 1989. Das Tributsystem besaß laut Osterhammel weder eine von den Zeitgenossen anerkannte ordnungsstiftende Verbindlichkeit, wie sie etwa nach dem Westfälischen Frieden 1648 im europäischen Staatensystem hergestellt wurde, noch entsprach es auch nur annähernd einem dem europäischen Völkerrecht vergleichbaren Rechtsinstitut.

Annahme holländischer Tributgeschenke vor dem Mittagstor (Wumen), dem Eingangstor zum Kaiserpalast in Beijing; zeitgenössischer Kupferstich aus dem populären Reisebericht von Johan Nieuhof, Amsterdam 1668 (Foto: bpk)

Es sollte die Beziehungen mit einem Kranz von kleineren, stark oder partiell sinisierten Vasallenstaaten regeln, die das chinesische Kernland umgaben. Grundsätzlich galt: Gesandtschaften aller Länder, die es bis zum Hof des Kaisers schafften, wurden als Tributgesandtschaften registriert und mit reichen Geschenken bedacht, auch wenn diese sich selbst nicht im Mindesten als tributbringende Delegationen sahen, wie die frühen Expeditionen der holländischen Ostindienkompanie im 17. Jahrhundert oder die aufwendige diplomatische Gesandtschaft der Engländer unter Führung Lord Macartneys am Ende des 18. Jahrhunderts.

Nur wenige Staaten zählten jedoch tatsächlich zu den Tributstaaten. Im engeren Sinn waren dies im 18. Jahrhundert nur Korea, die Liuqiu-Inseln (auch: Ryukyu-Inseln, das heutige Okinawa) sowie die Königreiche Siam (Thailand), Annam (Vietnam), Birma und Laos in Südostasien. Oft war das Tributritual auch hier nur ein zeremonieller Mantel für die geschäftlichen Interessen auf beiden Seiten – wie etwa die intensiven Export-Import-Beziehungen mit Thailand (Siam) im 18. Jahrhundert zeigen.

Gleichzeitig waren die Qing-Herrscher pragmatisch genug, die Beziehungen mit Russland durch zwischenstaatliche Verträge (Nercinsk 1689, Kjachta 1727) zu regeln, unter anderem, um die Hand frei zu haben für die Eroberung Zentralasiens. Auch die hierfür notwendigen militärischen Feldzüge entsprachen ganz und gar nicht dem milden Moralismus des *tianxia*-Konzepts.[8]

Die Außenbeziehungen Chinas waren also schon vor dem Zusammenstoß mit dem Westen wesentlich komplexer (und dynamischer), als es die in der westlichen Außen- wie in der chinesischen (Selbst-)Wahrnehmung weit verbreiteten Bilder von einem in sich ruhenden, autozentrierten »Reich der Mitte« suggerieren. So war es der Qing-Dynastie selbst auf dem Höhepunkt ihrer Macht nur begrenzt möglich, Chinas asiatische Nachbarn zu dominieren. Von einer Außenpolitik im europäischen Sinn konnte keine Rede sein, aber sowohl zwischenstaatliche Verträge als auch militärische und koloniale Eroberungen zur Sicherung der Peripherie fanden innerhalb des *tianxia*-Systems statt. Folglich ist das *tianxia*-Konzept eher als eine vage kulturelle Selbstbeschreibung anzusehen, in der die zahlreichen kriegerischen und repressiven Aspekte chinesischer Staatlichkeit prinzipiell ausgeblendet werden. Auch die in China geführten Diskussionen über eine Wiederbelebung dieses Konzepts als Leitidee für eine neue Rolle Chinas in der Welt haben bisher diese Unklarheiten nicht beseitigen können (Callahan 2008).

3 Chinas Einbindung in Weltwirtschaft und Weltpolitik: Die wichtigsten Stationen 1800–1949

Ab Ende des 18. Jahrhunderts machten die Fernwirkungen der europäischen Entwicklungen auch vor China nicht halt. Auch für China trifft zu, dass es – wie viele andere Länder damals – durch den ökonomischen und politischen Durchbruch, der sich am Ende des 18. Jahrhunderts in England und Frankreich vollzog, in eine »Situation relativer Rückständigkeit« gebracht wurde (Bendix 1969, S. 506). Innerhalb weniger Jahrzehnte ver-

---

8 Ob diese Diskrepanz auf den Unterschied zwischen den einer nomadischen Tradition entstammenden mandschurischen Herrschern Chinas und der chinesischen Beamtenelite zurückzuführen ist – so die These des Sinologen Michael Lackner –, kann hier nicht weiter erörtert werden.

lor China seine über viele Jahrhunderte unangetastete Überlegenheit – auf kulturellem, wirtschaftlichem und politischem Gebiet. Damit wurde eine der »grundlegendsten Identitätskrisen« ausgelöst, die China zu verarbeiten hatte (Matten 2009, S. XIV).

Chinas »Abstieg« war ein langsamer und auch widersprüchlicher Prozess – begleitet von und reflektiert in intensiven innerchinesischen Debatten, in denen schon im 19. Jahrhundert die Leitmotive für die gewaltigen Umwälzungen Chinas bis zum Ende des 20. Jahrhunderts anklangen. In diesen traumatischen Abschnitten der chinesischen Geschichte entstanden die Ideen und die »Energie«, die zum »Wiederaufstieg« Chinas in den letzten 30 Jahren führten. Noch heute beziehen sich Vertreter der chinesischen Elite auf diese »große Erniedrigung« (Griffiths/Luciani 2011, S. 14).

China wurde sukzessive in das von Europa gestaltete und dominierte internationale System gezwungen und damit für über ein Jahrhundert zum »Objekt der Großmächte«. Parallel hierzu verlief die Einbindung Chinas in die weltwirtschaftliche Arbeitsteilung, die schon früh mit dem für China profitablen Export von Tee, Seide und Porzellan im 17./18. Jahrhundert begonnen hatte. Die Faszination des angeblich grenzenlosen chinesischen Marktes wurde dann zum wesentlichen Antriebsmoment der englischen Expansion nach China.

Die nächsten 150 Jahre machten China zum Verlierer dieses von der europäischen Industrialisierung ausgelösten Globalisierungsschubs: Betrug Chinas Anteil an der Weltwirtschaftsleistung im Jahr 1820 noch 33 Prozent, so waren es 1952 nur 5,2 Prozent; ein Anteil, der sich erst nach 1980 wieder erhöhen sollte (Wacker 2006, S. 62; ferner die Beiträge von Markus Taube und Margot Schüller).

Diese Zahlen verdeutlichen drastisch das Zurückbleiben Chinas in der langen Wachstumsphase der sich industrialisierenden Welt seit dem späten 18. und während des Globalisierungsschubs im 19. Jahrhundert.

In dem folgenden »Jahrhundert der chinesischen Revolution«, wie es der amerikanische Historiker Fairbanks genannt hat, wird China in einer ersten Phase durch die »Ungleichen Verträge« mit Großbritannien im Gefolge der Opiumkriege schrittweise in das liberale Staatensystem integriert und ist gezwungen, eigene Institutionen und Spezialisten für den Umgang mit dem Westen heranzubilden. Eine zweite Phase beginnt nach der Niederlage Chinas im Ersten Chinesisch-Japanischen Krieg 1894/95. China wird durch die Open-Door-Politik der westlichen Mächte sowie Japans und Russlands machtpolitisch geknebelt; ausländische Mächte und Unternehmen dominieren das chinesische Wirtschafts- und Finanzsystem. Gleichzeitig bildet sich eine neue intellektuelle und wirtschaftliche Elite heraus, die einen modernen Nationalismus nach westlichen Vorbildern entwickelt und in den 1920er-Jahren trotz innerer Unruhen erste Erfolge bei der Wiedergewinnung der Souveränität erzielt.

Die japanische Besetzung der Mandschurei 1931 leitet eine dritte Phase ein. China wird zu einer Arena des Zweiten Weltkriegs und erlangt damit eine neue globale Bedeutung. 1943 geben die USA und England ihre Vorrechte aus den Ungleichen Verträgen des 19. Jahrhunderts auf. Erst mit der Niederlage Japans 1945 endet für China die Periode der Vorherrschaft fremder Mächte. Seinen Abschluss findet das Jahrhundert der chinesischen Revolution mit dem Sieg der Kommunisten im Bürgerkrieg und der Gründung der Volksrepublik (VR) China am 1. Oktober 1949.

Betrachten wir im Folgenden dieses Jahrhundert der Revolution etwas näher, bevor wir uns mit den Beziehungen zwischen der Volksrepublik China und dem Westen nach 1949 beschäftigen.

Opiumkriege und Einschränkungen der Souveränität (1839–95)

Die wirtschaftliche Lage Chinas in den ersten Jahrzehnten des 19. Jahrhunderts wurde von der »Opium-Silber-Krise« geprägt. Ab der ersten Hälfte des 17. Jahrhundert war China in zunehmendem Maß in die interkontinentalen Handelsströme zwischen Europa und Asien eingebunden worden. Porzellan, Seide und vor allem Tee wurden in solchem Umfang nach Europa exportiert, dass sich ganze Regionen Chinas auf diese Exportprodukte spezialisiert hatten. Allein in den Porzellanmanufakturen von Jingdezhen in der Provinz Jiangxi sollen bis zu einer Million Arbeiter tätig gewesen sein. Die europäischen Importe wurden weitgehend mit Silber bezahlt. Im 18. Jahrhundert wuchsen die europäische Nachfrage nach chinesischen Waren und damit auch die Silberzuflüsse nach China weiter stark an. Für England wurde die notorisch passive Handelsbilanz zum Problem. Um die anhaltend hohen chinesischen Teeimporte zu bezahlen, exportierte es am Ende des 18. und zu Beginn des 19. Jahrhunderts zunächst Rohbaumwolle aus Bengalen nach Kanton (Guangzhou), um dort mit den Erlösen das Chinageschäft abzudecken. In diesem anglo-indisch-chinesischen Dreieckshandel ersetzte ab 1820 zunehmend indisches Opium die Rohbaumwolle. Opium war billiger herzustellen und zu transportieren und zudem in China leichter abzusetzen als Baumwolle.

Spätestens um 1830 war Opium zur wichtigsten Ware im Chinahandel und zur »Speerspitze aggressiven Freihandels an der Chinaküste« geworden (Osterhammel 1989, S. 140). Erstmals veränderte sich die Handelsbilanz zu Chinas Ungunsten; zwischen 1827 und 1849 verlor China vermutlich die

Hälfte des Silbers, das während der vorausgegangenen 125 Jahre ins Land geströmt war (ebd., S. 106). »Der Tausch von Tee und Textilien gegen Silber, also die Situation vor 1800, war für China ein gutes Geschäft gewesen, der Tausch von Silber gegen Opium, also die Situation nach 1830, führte hingegen zu Belastungen der einheimischen Wirtschaft, u. a. durch die Verknappung und Preiserhöhung des Silbers für Grundbesitzer und die Bauernschaft, die ihre Steuern in Silber zahlen mussten.« (ebd., S. 146)

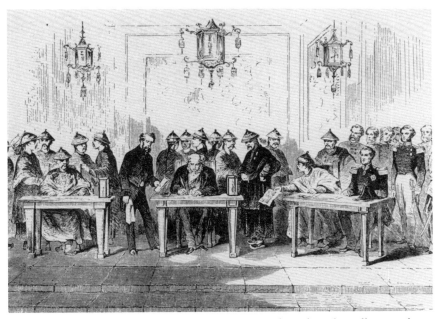

Der Vertrag von Tianjin, der 1858 den Zweiten Opiumkrieg beenden sollte, war der Auftakt für zahlreiche weitere »Ungleiche Verträge«, die China im 19. Jahrhundert unterzeichnen musste. (Zeitgenössischer Holzstich, Foto: akg-images)

Chinas weltwirtschaftliche Situation hatte sich innerhalb eines halben Jahrhunderts wesentlich verschlechtert; hinzu kamen die dramatischen gesundheitlichen Folgen des sich ausbreitenden Opiumkonsums. Auf chinesische Versuche, diesen Opiumhandel, den die chinesische Regierung als illegal und schädlich einstufte, zu unterbinden, reagierte Großbritannien mit dem Ersten Opiumkrieg.

Dieser erste »Öffnungskrieg«, der im Jahr 1840 begann, war Teil der Politik Englands, seine Freihandelsinteressen notfalls mit Gewalt durchzusetzen; diese Politik wurde im 19. Jahrhundert auch gegenüber den jungen lateinamerikanischen Staaten und dem Osmanischen Reich praktiziert. Für China endete der Krieg mit den ersten Ungleichen Verträgen von Nanjing im Jahr 1842.

Die wirtschaftlichen Folgen des Kriegs waren zunächst begrenzt: Er ermöglichte die langsame Einbindung der chinesischen Peripherie in die Weltwirtschaft und beförderte den Prozess sozialen Wandels hin zu einer funktional differenzierten Gesellschaft, der schon vorher eingesetzt hatte (Vogelsang 2012, S. 441 ff.). Insbesondere die chinesischen Küstenstädte entwickelten sich sozial und politisch schneller als die Binnenprovinzen Chinas.

In machtpolitischer Hinsicht bedeutete die erste Niederlage Chinas gegen einen westlichen Staat einen tiefen Einschnitt, der sich in markanten Einschränkungen der chinesischen Souveränität äußerte. Hierzu gehörte unter anderem die Öffnung der Hafenstädte Guangzhou, Shanghai, Fuzhou, Ningbo und Xiamen für ausländische Kaufleute und Konsulate. Damit konnten sich in diesen Städten extraterritoriale Brückenköpfe Großbritanniens bilden, da die Konsulate auch mit der Rechtsprechung über in China ansässige Bürger betraut wurden. In den folgenden Jahren wurden auch weiteren europäischen Mächten sowie den USA ähnliche Privilegien zuerkannt.

In einem zweiten Krieg im Jahr 1860, der britische und französische Truppen bis nach Beijing führte, sicherten sich Großbritannien und Frankreich weitere Rechte im Vertrag von Tianjin. Dieser machte ganz China für ausländische Reisende zugänglich; christliche Missionare konnten nun ohne Beschränkungen ihrer Arbeit nachgehen. Hinzu kam die Öffnung elf weiterer Vertragshäfen, darunter befanden sich Tianjin in der Nähe Beijings und wichtige Binnenhäfen am Chang Jiang (Jangtsekiang). Von besonderer Bedeutung war schließlich der vertragliche Zwang auf die chinesische Regierung, ein den westlichen Außenministerien ähnliches zentrales Amt zur Regelung der auswärtigen Beziehungen aufzubauen, das *zongli yamen*. In dessen Gefolge wurden in den nächsten Jahrzehnten erstmalig offiziell diplomatische Missionen Chinas in den westlichen Hauptstädten errichtet (ebd., S. 460 ff.).

Die in den Ungleichen Verträgen verankerte sogenannte Meistbegünstigungsklausel übertrug jeweils die weitestgehenden Privilegien automatisch auf alle anderen Vertragsmächte. Bis 1919 wurden nach einer chinesischen Auflistung über 700 Ungleiche Verträge geschlossen. Ab 1860 musste China so viel von seiner rechtlichen und politischen Souveränität abgeben, dass es – in der Terminologie der chinesischen Historiker – zu einer »Halbkolonie des Westens« wurde.

Reich und rastlos? Chinas Aufstieg in der internationalen Ordnung

China lernt vom Westen: Chinesische Beamte der Qing-Dynastie inspizieren 1874 ein neues Waffenarsenal in Nanjing. (Foto: Getty Images/John Thomason)

Dennoch blieb der direkte ökonomische Einfluss des Westens auf die Vertragshäfen beschränkt. Dort, insbesondere in Shanghai, das noch bis 1949 wirtschaftlich bedeutender als Hongkong und Tokio war, entwickelten sich neue Eliten: Die Kompradoren, Geschäftsleute mit erheblichem Eigenvermögen, vermittelten zwischen westlichen Kaufleuten und dem chinesischen Markt. Eine ganze Schicht von Händlern, Bankiers und Industriellen entstand, die unter modernen Bedingungen operierte, deren Nachkommen teilweise bis heute führende Positionen in Zentren wie Hongkong und Singapur (und neuerdings auch Shanghai) einnehmen. Gleichzeitig entstanden in Hongkong und Shanghai Zirkel revolutionär und liberal gesinnter Intellektueller, die über Auswege aus der Krise Chinas (unter anderem mithilfe westlicher Ideen) nachdachten.

Das Janusgesicht des westlichen Kolonialismus zeigte sich somit auch in China: Durch die Begegnung mit dem Westen beschleunigte sich der Zerfall der traditionellen Ordnung;[9] gleichzeitig wurden entscheidende

---

9 Wesentliche Faktoren (darunter das Anwachsen der Bevölkerung auf 430 Millionen Menschen bis 1850), die den Zerfall der Qing-Dynastie unabhängig vom Einwirken ausländischer Mächte in der ersten Hälfte des 19. Jahrhunderts beförderten, werden bei Vogelsang 2012, S. 453 ff., beschrieben.

Impulse zur Herausbildung neuer Eliten und zur institutionellen Modernisierung Chinas gegeben, unter anderem durch den Aufbau effizienter Zollbehörden und moderner außenpolitischer Institutionen.

China als Objekt der Weltpolitik (1895–1931)

1895 ist das entscheidende Epochenjahr, das den internen Machtverfall der Qing-Dynastie weiter beschleunigt und zugleich den Aufstieg Japans als neue imperiale Macht in Ostasien einleitet. In der Folge kommt es zum Zusammenbruch des Kaiserreichs und der Gründung der Republik China (1. Januar 1912; siehe den Beitrag von Helga Stahl). Der weitere Zerfall der Zentralmacht in der republikanischen Epoche prägt die nächsten Jahrzehnte. China wird zu einem Flickenteppich, auf dem regionale Machthaber (*warlords*), ausländische Mächte und eine schwache Zentralregierung ihre Konflikte zulasten der Bevölkerung austragen. Außenpolitisch wird China weiter geschwächt: Das System der Ungleichen Verträge aus dem 19. Jahrhundert bleibt noch bis in die 1930er-Jahre erhalten. Folgende Aspekte sind in dieser Phase hervorzuheben.

Aufstieg Japans

Japans Sieg über China im Ersten Chinesisch-Japanischen Krieg 1894/95 zerstörte den Rest an Macht und Prestige, der dem Qing-Reich bis dahin noch geblieben war. Chinas zivilisatorische und politische Hegemonie über Ostasien war endgültig beendet. Im von Japan diktierten Frieden von Shimonoseki (17. April 1895) musste China die japanische Vorherrschaft über Korea (seinen ehemaligen Tributstaat) anerkennen und Taiwan sowie die Pescadoreninseln an Japan abtreten. Die unbewohnten Senkaku-Inseln (japanisch) bzw. Diaoyutai-Inseln (chinesisch) wurden im Zuge dieses Kriegs von Japan annektiert. Heute stehen sie im Mittelpunkt eines maritimen Territorialkonflikts zwischen China und Japan (siehe den Beitrag von Gu Xuewu sowie Siemons 2013b). Japan stieg in den Kreis der Vertragsmächte Chinas auf und konnte (u. a. durch die in Sterling ausgezahlten Kriegsentschädigungen der chinesischen Regierung) weiter aufrüsten. Die Modernisierung Japans ging Hand in Hand mit seiner militärischen Expansion in Ostasien. 1910 wurde Korea annektiert, vier Jahre später gelang es Japan, das von den Deutschen besetzte Qingdao zu erobern. Im Ersten Weltkrieg und in den Jahren danach verstärkte sich der territoriale Druck Japans auf China. Gleichzeitig wurde Japans nationalistische Modernisierungsideologie von den chinesischen Reformern in den Umbruchjahren vor dem Ende der Qing-Dynastie zunehmend als Vorbild für ein »neues« China angesehen (ausführlich: Westad 2012, E-Book, Kapitel »Japan«).

Entmündigung Chinas und Höhepunkt des westlichen Einflusses

Die Jahre zwischen 1895 und 1931 sind die Jahre des größten westlichen Einflusses in China. Alle imperialistischen Mächte des 19. und 20. Jahrhunderts trafen in China zusammen und kooperierten miteinander, um China zu kontrollieren. Wichtigste Besonderheiten dieser multinationalen Kontrolle Chinas waren:
- das System der Ungleichen Verträge, von denen durch die Meistbegünstigungsklausel automatisch alle in China aktiven Mächte profitierten;
- die ausländische, »synarchische« (das heißt durch gemeinsame Herrschaft ausgeübte) Kontrolle des Seezollamts und des Salzamts sowie die direkte Verwendung der dort eingenommenen Gelder für die Bezahlung des »Schuldendienstes«;
- die multinationalen Konsortien, die den Eisenbahnbau in China finanzierten und damit die Erschließung des Landes beförderten.

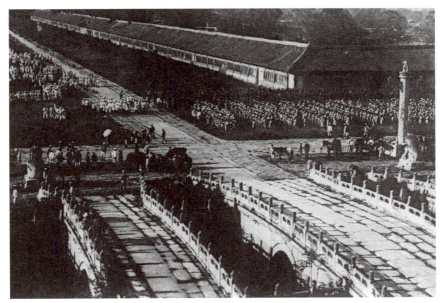

Europäische Kolonialmächte schlugen 1900 den Boxeraufstand nieder und besetzten den Kaiserpalast in Beijing. Dies markierte den Niedergang der Qing-Dynastie. (Foto: bpk, 1900)

Christoph Müller-Hofstede

Seinen Höhepunkt erreichte diese systematische Entmündigung Chinas anlässlich der Versailler Konferenz 1919: China, das auf amerikanischen Wunsch in den Ersten Weltkrieg eingetreten war und über 100 000 Soldaten nach Frankreich entsandt hatte, musste erfahren, dass das ehemalige deutsche Pachtgebiet in der Provinz Shandong nicht zurück an China, sondern an Japan fallen sollte. Selbst als »Siegermacht« des Ersten Weltkriegs und gleichberechtigter Teilnehmer an den Friedenskonferenzen sowie Gründungsmitglied des Völkerbundes blieb das Land weiterhin Objekt der Weltpolitik (Osterhammel 1989).

Neue Formen des Nationalismus

Die einschneidenden Beschränkungen der staatlichen Souveränität Chinas erzeugten neue und intensive Formen des Nationalismus (siehe die Beiträge von Helga Stahl und Werner Meissner). Führende Intellektuelle wie Liang Qichao (1873–1929), Yan Fu (1853–1921) und Liang Shuming (1893–1988) sowie der Republikgründer Sun Yat-sen (1866–1925) entwarfen mit immer neuen Begriffen und Theorien Ideologien zur »Rettung der Nation« (*jiu guo*). Dabei wurden moderne Mythen geboren, die noch heute allgegenwärtig sind (Vogelsang 2012, S. 478). Beispielhaft etwa formulierte Sun Yat-sen, der Gründer der Republik:

> »Von allen Völkern der Welt sind wir Chinesen das größte. Unsere Zivilisation und Kultur bestehen seit viertausend Jahren. Eigentlich sollten wir mit den europäischen und amerikanischen Ländern auf gleicher Stufe stehen; da wir aber nur Bewusstsein für Familie und Sippe, nicht aber für den Staat haben, sind wir doch wirklich nichts weiter als ein Haufen losen Sandes; und deswegen ist unser Land das ärmste und schwächlichste [...] unser Vaterland ist ein Kuchen, aus dem sich die anderen nach Belieben die besten Stücke herausschneiden.« (Sun Yat-sen 1927, S. 27)

Sun Yat-sen steht in einer Reihe mit zahlreichen chinesischen Denkern, die Mythen des Einheitsstaates und der Uniformität aus der chinesischen Geschichte in eine radikal neu zu definierende Gegenwart und Zukunft hinüberretten wollten. Noch heute wird von der KP Chinas die fundamentale Transformation und Kontrolle der Gesellschaft durch einen starken Einheitsstaat als Voraussetzung für eine erfolgreiche Selbstbehauptung und Restauration des chinesischen Status auf der Weltbühne gesehen. So wurde die Metapher vom »Haufen losen Sandes« noch von Deng Xiaoping, dem Vater der chinesischen Reformen, beschworen: »Unser Land ist zu groß. Wie können wir uns zusammenhalten? Ohne Ideal und Disziplin würde es einem Haufen lockeren Sandes gleichen wie das alte China.« (Deng 1993, S. 111)

Gleichzeitig wurde von den Gründern der Republik China ebenso wie von ihren Nachfolgern der Anspruch auf das Territorium und das Kolonialreich der Qing aufrechterhalten, ausgedrückt unter anderem durch die fünffarbige Nationalflagge der Republik China, deren fünf Farben die fünf Völker der Republik symbolisierten: Han (Chinesen), Mandschuren, Mongolen, Hui (Moslems) und Tibeter, eine der »folgenschwersten Entscheidungen in der Geschichte Chinas« (Vogelsang 2012, S. 497). Der Nationalstaat China trägt noch bis heute das (ungeklärte) Erbe eines multinationalen und multikulturellen Imperiums (siehe den Beitrag von Helga Stahl).

Massenproteste und erste Veränderungen des Status quo

Die als »4.-Mai-Bewegung« bekannt gewordenen Massenproteste im Jahr 1919, die sich vor allem gegen Japan und die imperialen Mächte richteten, zwangen die chinesische Regierung, den Versailler Vertrag nicht zu unterzeichnen.

Ab 1921 kam sogar eine (brüchige) Einheitsfront von Kommunisten und Nationalisten (unter maßgeblicher Beteiligung sowjetischer Berater) zustande, da beide Seiten die gemeinsame Vision eines »starken und unabhängigen Chinas« verfolgten (siehe den Beitrag von Helga Stahl). Übergreifendes Ziel chinesischer Politik war es, den aus dem 19. Jahrhundert stammenden Status quo zu verändern. Mitte der 1920er-Jahre führten die antibritischen und antijapanischen Massenproteste dazu, dass die Vertragsmächte zu ersten bescheidenen Konzessionen bereit waren: Ab 1928 gaben zunächst die USA, später auch andere Vertragsmächte, die Befugnis zur Zollerhebung an die chinesische Regierung zurück. Dies leitete das Ende des formellen Imperialismus der Ungleichen Verträge ein.[10]

Vom antijapanischen Krieg zur Unabhängigkeit (1931–49)

Das Jahr 1931 wird zu Recht als Beginn eines *denouéments*, einer Klärung, in Ostasien bezeichnet, in dem sich Interessen und Ziele der in und um

---

10 1943 gaben die USA und Großbritannien ihre Vorrechte aus den Ungleichen Verträgen auf, insbesondere die Exterritorialität, auf der etwa die Sonderstellung der internationalen Niederlassung in Shanghai beruhte. Allerdings gewann China Rechte zurück, die in der Praxis aufgrund der japanischen Besatzung gar nicht mehr wahrgenommen werden konnten. Siehe ausführlich Osterhammel 1989.

China agierenden Mächte – nicht zuletzt unter der Wirkung der Weltwirtschaftskrise – deutlicher als zuvor offenbaren (Osterhammel 1989, S. 277).

In Japan gewannen die militaristischen und expansionistischen Strömungen im Militär entscheidenden Einfluss auf die Innen- und Außenpolitik des Landes: China sollte zum kolonialen und strategischen Hinterland für die weitere Expansion Japans werden. Innerhalb weniger Wochen besetzte Japan Ende 1931 die ganze Mandschurei. Auf einen Schlag fielen elf Prozent des chinesischen Territoriums mit 50 Prozent der Erdöl- und 80 Prozent der Eisenvorräte Chinas unter japanische Kontrolle. 1932 wurde trotz der Proteste des Völkerbundes der von Japan komplett abhängige Staat Mandschukuo (Manzhuguo) in der Mandschurei gegründet und der letzte Thronerbe der Qing-Dynastie, Pu Yi – Chinas letzter Kaiser –, inthronisiert. 1933 trat Japan aus dem Völkerbund aus und wurde wie die anderen Achsenmächte Deutschland und Italien zur Macht, die erklärtermaßen den territorialen Status quo nicht anerkannte. Ab Juli 1937 besetzten japanische Truppen Beijing, Shanghai und Nanjing und begannen mit der Eroberung des chinesischen Kernlandes. Japan eignete sich große Teile Chinas in einem kolonialen Raub- und Vernichtungsfeldzug an.

Ende dieses Jahres war das Land in drei Teile aufgespalten: das von den Japanern besetzte Küstengebiet sowie die Mandschurei, das von der Nationalregierung kontrollierte Gebiet im äußersten Südwesten Chinas und schließlich die Stützpunktgebiete der KP Chinas. Zusätzlich gab es noch das Niemandsland zwischen den Fronten und schließlich die unter kolonialer Verwaltung (Japans bzw. Großbritanniens) stehenden dynamischen und profitablen Peripherien Hongkong und Taiwan. Eine effektive Kontrolle Chinas wurde von keinem der um die Macht kämpfenden Akteure ausgeübt.

Ab Dezember 1941 (Überfall auf Pearl Harbor) kam es zum Bündnis der USA mit der republikanischen Regierung Chinas. Wie auch die Sowjetunion und Großbritannien wollten die USA primär die vollständige Kontrolle Japans über China verhindern und mithilfe Chinas die Achsenmächte eindämmen. Damit wurde die Chinapolitik der Großmächte (zu der auch die Sowjetunion als Teil der Anti-Hitler-Koalition gehörte) zunehmend Teil der Weltpolitik. China trug bis 1945 entscheidend zur Niederlage Japans bei, da auf chinesischem Territorium etwa eine Million japanischer Soldaten, etwa ein Fünftel der japanischen Armee, gebunden waren, die somit nicht für andere Einsätze (gegen die USA) zur Verfügung standen.

Dennoch wurde auf der Konferenz von Jalta 1945 über chinesische Territorien und Interessen verhandelt, ohne chinesische Vertreter einzuladen: Moskau wurde die Wiederherstellung seiner 1905 an Japan verloren gegangenen Rechte in China versprochen. Durch einen Freundschaftsvertrag mit der Sowjetunion musste die Nationalregierung unter Chiang Kaishek im August 1945 die Unabhängigkeit der Äußeren Mongolei anerkennen und damit Ansprüche aus der Qing-Zeit aufgeben. Ferner bestätigte der Vertrag die sowjetischen Sonderinteressen in der Mandschurei, insbesondere die Kontrolle des alten zaristischen Flottenstützpunktes Port Arthur (heute: Dalian), und legte eine gemeinsame sinosowjetische Verwaltung der mandschurischen Eisenbahnen fest.

Einen Tag vor dem Abwurf der zweiten Atombombe auf Nagasaki, am 8. August 1945, trat auch die Sowjetunion in den Krieg gegen Japan ein, überrollte mit über einer Million Soldaten die Reste der japanischen Armee in der Mandschurei und begann mit der Demontage der dortigen Schwerindustrie.

Nach der Kapitulation Japans am 2. September 1945 standen sich die nun durch die Großmächte Sowjetunion und USA jeweils materiell und politisch unterstützten Verbände der KPCh und der Guomindang unversöhnlicher denn je gegenüber. Die USA waren an einem neuen Bürgerkrieg nicht interessiert und versuchten, zwischen beiden Seiten zu vermitteln, ohne allerdings jemals ihre Unterstützung für die Nationalregierung aufzugeben: Unter anderem wurden über 50 000 Marineinfanteristen entsandt.

Am 9. September 1945 kapitulierten die japanischen Streitkräfte in China. In Nanjing unterzeichneten General Okamura Yasuji (Japan) und General He Yingqin (China) die Kapitulationsurkunde. (Foto: akg-images)

Nach den Vorstellungen der Sowjetunion und der USA sollte in Beijing eine nationalistisch-kommunistische Koalitionsregierung etabliert werden, um China zu einer stabilen (wenn auch schwachen) Bündnismacht in einem postkolonialen Asien zu machen. Die Eigendynamik des Chinesischen Bürgerkriegs ab 1945 machte alle diese Pläne zunichte. Die Sowjetunion und die USA waren weder in der Lage noch willens, das historische Drama um die Macht in China entscheidend zu beeinflussen. Im Oktober 1949 übernahm die KP Chinas endgültig die Macht in Beijing. Die internationalen Rahmenbedingungen des Kalten Kriegs bestimmten von nun an die Außenpolitik des neuen Staates.

4 Unabhängigkeit, Isolation und Reintegration in die Staatengemeinschaft (1949–79)

Zu Recht ist die chinesische Revolution, die am 1. Oktober 1949 in die Gründung der VR China mündete, mit einer der großen *total revolutions* in der neueren Geschichte verglichen worden: Die Radikalität und Nachhaltigkeit der von ihr ausgelösten gesellschaftlichen Umwälzungen, die dauerhafte Etablierung einer neuen, revolutionären Staatsmacht und die Auswirkungen auf das internationale System weisen deutliche Parallelen mit der Französischen Revolution 1789 wie auch der Russischen Oktoberrevolution 1917 auf (Osterhammel 1989, S. 343). Wesentlich bedeutsamer als im Fall Frankreichs und Russlands war jedoch in China die Mobilisierung nationalistischer Gefühle, die den Kommunisten schon im Bürgerkrieg und im Grunde bis heute die entscheidende Legitimation verliehen. Die »Befreiung« Chinas von äußerer Einmischung und Unterdrückung erlangt zu haben, gilt nach wie vor als Hauptverdienst Mao Zedongs und der Kommunistischen Partei.

In der Tat fiel die chinesische Revolution nicht zufällig mit der großen Dekolonisationswelle in Asien zusammen, die nach dem Ende des Zweiten Weltkriegs einsetzte. Ebenso wie den jungen Nationalstaaten in Asien und Afrika waren Chinas neuer Rolle als unabhängigem Akteur auf der internationalen Bühne jedoch zunächst durch die globale Rivalität zwischen der Sowjetunion und den USA enge Grenzen gesetzt. Wirtschaft und Infrastruktur Chinas lagen nach vielen Kriegsjahren danieder; ohne massive wirtschaftliche und militärische Unterstützung wäre die Sicherheit der neuen Machthaber nicht lange gewährleistet gewesen. China fügte sich somit nicht nur aus ideologischen, sondern auch aus pragmatischen Gründen in die weltpolitische Blockbildung ein und verfolgte die Politik des

»Sich-auf-eine-Seite-Neigens« (*yibiandao*), wie es Mao Zedong 1949 prägnant bezeichnete.

Schon am 14. Februar 1950 unterzeichneten die Vertreter der VR China und der Sowjetunion – nach über zweimonatigen Verhandlungen zwischen Mao und Stalin – einen Vertrag über Freundschaft, Allianz und gegenseitige Hilfe, der das noch zwischen Stalin und Chiang Kai-shek geschlossene Abkommen vom August 1945 ablöste. China bekam umfangreiche Finanz- und Wirtschaftshilfen sowie technische Unterstützung. Im Gegenzug musste Mao strategische Zugeständnisse machen, unter anderem die Unabhängigkeit der Äußeren Mongolei und damit die sowjetische Dominanz in der während der Qing-Zeit von China kontrollierten nördlichen Peripherie anerkennen. Die UdSSR verpflichtete sich im Gegenzug, die chinesische Souveränität über Xinjiang anzuerkennen, das sich in den Wirren des antijapanischen Kriegs vorübergehend unter dem Namen Ostturkestan unabhängig gemacht hatte.

Der Koreakrieg, der nur drei Monate später (im Juni 1950) ausbrach, stellte das neue Bündnis auf eine erste Probe. China unterstützte die nordkoreanischen Angreifer mit über 200 000 Soldaten. Dies hatte zur Folge, dass die USA ihre 7. Flotte in die Straße von Taiwan schickten und damit alle Pläne zur Eroberung Taiwans langfristig (bis heute) vereitelten. China wurde zum Objekt amerikanischer Wirtschaftssanktionen und Eindämmungspolitik in Ostasien; (fast) alle zwischenstaatlichen Kontakte wurden bis Ende der 1960er-Jahre abgebrochen. Der in Europa nach 1945 begonnene Kalte Krieg drückte auch den chinesisch-westlichen Beziehungen seinen Stempel auf.

Innenpolitisch gab der Koreakrieg das Signal zu einer breit angelegten Denunziations- und Repressionskampagne gegen die »Konterrevolution«, die ebenso wie nachfolgende Kampagnen in den 1950er-Jahren Millionen Menschen das Leben kostete (siehe den Beitrag von Helga Stahl sowie Dikötter 2013).

Das dichte Netz aus westlich-chinesischen Wirtschafts-, Wissenschafts- und Kulturkontakten aus der Republikzeit wurde radikal zerschlagen und zugunsten einer ebenso radikalen Ausrichtung auf das sowjetische Entwicklungsmodell ersetzt (Hooper 1986).

Ab 1956, mit dem Einsetzen der Entstalinisierung in der Sowjetunion, begannen sich tiefe Risse in der chinesisch-sowjetischen Freundschaft abzuzeichnen. Die »Tauwetterpolitik« einer durch 40 Jahre leninistisch-stalinistische Herrschaft erschöpften Sowjetunion gefährdete den Machtanspruch der Fraktion in der KP Chinas um Mao Zedong. Die maoistische Radikalisierungsdynamik (mit ihren Ansprüchen auf eine Führungsrolle im Weltkommunismus) ließ innen- und außenpolitisch keine Kompromisse mit den gemäßigten sowjetischen Führern zu. Auch machtpolitisch ließen sich die Interessen der Sowjetunion und Chinas nicht mehr auf einen Nenner bringen: Die Sowjetunion suchte nach einem Arrangement mit den USA, um einen Nuklearkrieg zu verhindern; China hingegen wollte zunächst selbst (mit sowjetischer Hilfe) Atommacht werden und den Status quo zu seinen Gunsten verändern.

1960 kam es zum Bruch: Die wirtschaftliche Hilfe für China wurde eingestellt und die sowjetischen Experten von einem Tag auf den anderen abberufen.

Chinas ideologische und innenpolitische Radikalisierung führte in den Jahren danach weiter in die außenpolitische Isolation, die ihren Höhepunkt in der Kulturrevolution ab 1966 erreichte. Im Mai 1967 besetzten Rotgardisten das Außenministerium für drei Monate; die diplomatischen Beziehungen mit vielen Staaten wurden abgebrochen oder eingefroren. Die Förderung der Weltrevolution hatte Vorrang. Immense wirtschaftliche Kosten und Millionen menschlicher Opfer wurden erneut in Kauf genommen. Die Lebenschancen einer ganzen Generation junger Chinesen wurden den Mobilisierungsexperimenten und den Autarkiephantasien der KP-Führung geopfert.

Zu Beginn der 1970er-Jahre brach die maoistische Führung allerdings auf spektakuläre Weise aus der weltpolitischen Isolation aus: Im Februar 1972 kam es zum legendären Besuch Nixons in China und zum Abschluss des »Shanghai-Kommuniqués«, das China als gleichwertigen Akteur in Ostasien anerkannte und die Differenzen in der Taiwan-Frage zurückstellte (Kissinger 2011). Zuvor war die VR China im Oktober 1971 in die Vereinten Nationen aufgenommen worden und hatte ihren Platz im Fünfergremium des Sicherheitsrats eingenommen.[11]

Maßgeblich für diese frühe Öffnung Chinas war die Erkenntnis der maoistischen Führung, dass China gegenüber der Sowjetunion in die Defensive geraten war und dieses Ungleichgewicht nur mithilfe der USA geändert werden konnte. Präsident Nixon und sein Außenminister Kissinger wiederum wollten China in eine regionale Lösung zur Beendigung des Vietnamkriegs einbeziehen und weltpolitisch einbinden.

---

11 Gegen die Opposition Großbritanniens bestanden die USA schon in den 1940er-Jahren drauf, China als ständiges Mitglied in den UN-Sicherheitsrat aufzunehmen. Während Winston Churchill in seinen Gesprächen mit Roosevelt die Chinesen als *Chinks* bezeichnete, wollte dieser China zum Freund der USA machen. Siehe Ikenberry 2008, S. 28.

US-Präsident Nixon traf im Februar 1972 zu Gesprächen mit Mao und Zhou Enlai (links im Bild) in Beijing ein. (Foto: AP Images)

Chinas Öffnung begann somit schon in den frühen 1970er-Jahren: Diplomatische Beziehungen und Handelsbeziehungen mit dem Westen sowie Japan intensivierten sich, während die Beziehungen mit der Sowjetunion und den Ostblockstaaten für fast ein Jahrzehnt auf niedrigstem Niveau stagnierten.

In dem sogenannten strategischen Dreieck zwischen den USA, der Sowjetunion und China blieben jedoch die USA die eindeutig dominierende Macht, da sie von einer Entspannung mit beiden kommunistischen Großmächten profitieren konnten.

Erst der Tod Maos 1976 und der Beginn der »Reform- und Öffnungspolitik« im Dezember 1978 erzeugten schließlich jene wirtschaftliche und politische Dynamik, die China intensiver als je zuvor in seiner Geschichte in das internationale System integrieren sollte (siehe die Beiträge von Margot Schüller und Hanns W. Maull).

Ein »friedliches, internationales Umfeld« zu schaffen bzw. zu erhalten, in dessen Rahmen Kapital und Technologie ungehindert ins Land fließen und der Außenhandel florieren konnten, wurde in den letzten 30 Jahren zum vorrangigen Ziel chinesischer Außenpolitik.

Im Rahmen dieser strategischen Grundausrichtung trat China schon 1979 der Weltbank und dem Internationalen Währungsfonds bei, um von den Transferleistungen zu profitieren. In den 1980er- und 1990er-Jahren wurde China zum größten Empfänger von besonders günstigen, fast zinslosen Krediten (*soft loans*) sowie anderen Kapitalhilfen der Weltbank und anderer Entwicklungsagenturen.

Parallel zu der wachsenden Verflechtung mit der Weltwirtschaft, verstärkte China nach 1979 seine Präsenz in zahllosen Foren und Unterorganisationen der Vereinten Nationen: Seine Mitarbeit dort wird generell als konstruktiv und kooperativ eingeschätzt, wenn auch als noch stark defensiv und an den eigenen eng definierten nationalen Interessen orientiert (Shambaugh 2013, S. 154; siehe die Beiträge von Hanns W. Maull und Gudrun Wacker).

Gleichzeitig konnte China wie kein anderes Entwicklungsland von der Globalisierung der Weltwirtschaft nach dem Ende des Kalten Kriegs profitieren. China wurde zu einer Weltwirtschaftsmacht mit widersprüchlichen Eigenschaften: an Wirtschaftsleistung seit 2010 Japan übertreffend, ist China das größte Entwicklungsland der Welt: 40 Prozent seiner Einwohner können nach internationalen Standards als arm bezeichnet werden. Somit entzieht es sich den üblichen Kategorien von Entwicklungs-, Schwellen- und Industrieländern und stellt so etwas wie eine *group of one* in der Weltpolitik, eine »asymmetrische Weltmacht«, dar (Kim 1994).

Auf internationaler Ebene konnte China einerseits deutlich an Legitimation gewinnen, da sich nach der globalen Finanzkrise in den Jahren ab 2008 die Rolle Chinas als Wachstumsmotor der Weltwirtschaft eindrücklich bemerkbar machte (Schmidt/Heilmann 2012). China steht mit anderen BRICS-Staaten dem Westen mehr denn je als gleichgewichtiger Partner gegenüber. Andererseits produziert der chinesische Machtzuwachs eigene Probleme: So leidet China aufgrund seines repressiven und intransparenten politischen Systems an einem Mangel an Soft Power. Es wurde auch aus diesem Grund als *partial power*, als »partielle Macht«, bezeichnet (Shambaugh 2013), dessen realer weltpolitischer Einfluss begrenzt sei. In dieses Bild passt auch, dass Chinas Rolle in der Weltpolitik, insbesondere der machtbewusste Umgang mit den asiatischen Nachbarn, zunehmend kritisch gesehen wird (Luttwak 2012; siehe auch den Beitrag von Gu Xuewu). So binden die Sorgen um eine chinesische Hegemonie schon jetzt die Staaten Südostasiens und Japan enger an die USA. Alles spricht daher gegen die gleichsam linear verlaufende Restauration einer *pax sinica*, viel dagegen für die weitere Festigung einer informellen antichinesischen Koalition im pazifischen Raum, ergänzt durch die formellen Bündnissysteme der USA und Australiens. Trotz der zweifellos immer dichter werdenden Kommunikationsnetze und Handelsströme, trotz der Integration Chinas in alle wichtigen Gremien und Verbände der Weltpolitik und Weltwirtschaft rücken die ungelösten Territorialfragen und die geopolitische Konkurrenz mit den USA immer wieder in den Vordergrund chinesischer Außenpolitik.

5 Zusammenfassung und Ausblick: Rückkehr Chinas wohin?

Als ein erstes Fazit dieses gerafften Überblicks ist festzuhalten, dass das Leitmotiv des Nationalismus die Beziehungen Chinas mit dem Westen bis heute dominiert. Innerhalb dieses Rahmens spielte sich eine erstaunliche Vielfalt von politischen, wirtschaftlichen und kulturellen Entwicklungen ab – angefangen von den ersten zaghaften Modernisierungen noch zur Zeit des Kaiserreichs bis hin zu den nationalistisch, ja zuweilen auch nativistisch inspirierten maoistischen Kampagnen, die dann relativ nahtlos von den Angehörigen der gleichen kommunistischen Elite in die Öffnung nach Westen überführt wurden.

Erst in den letzten 30 Jahren haben die Nachfahren der Eliten aus dem 19. und 20. Jahrhundert, die heute China regieren,[12] ihr Ziel erreicht, China zu »Reichtum und Macht« zu verhelfen. Die gigantischen Kosten der Unabhängigkeit, die – nicht nur vor, sondern auch nach der »Befreiung« – Millionen Menschenleben forderte, werden jedoch nicht reflektiert: Sie haben keinen Platz im Geschichtsbild der Eliten, deren Weltwahrnehmung durch den – in seiner Rhetorik nicht zufällig an das europäische 19. Jahrhundert erinnernden – Nationalismus gefiltert wird.[13] Zunächst scheint der Erfolg China recht zu geben. Bis zum Ende des 20. Jahrhunderts ist es China gelungen, wesentliche territoriale Verluste aus dem 19. und 20. Jahrhundert wettzumachen: Die britische Kolonie Hongkong und das portugiesische Macao fielen 1997 und 1999 an China zurück.

Auch die kolonialen und quasikolonialen Peripherien Xinjiang und Tibet stehen unter chinesischer Kontrolle.[14] Chinas erfolgreiche Selbstbehauptung gegen den westlichen Imperialismus ging also mit einer partiellen Restauration seiner quasikolonialen Herrschaft in Zentralasien einher.

---

12 So ist Xi Jinping, Präsident Chinas, Sohn von Xi Zhongxun (1913–2002), der zur ersten Führungsgeneration der KP ab den 1920er-Jahren gehörte und zu den Spitzen der Nomenklatura in der VR China zählte. Zur Kontinuität des nationalistischen Impulses in der chinesischen Elite siehe auch Schell/Delury 2013.

13 Ob die Opfer der maoistischen Periode vollkommen sinnlos waren oder ob sich gleichzeitig staatliche und wirtschaftliche Strukturen herausbildeten, die der KP Chinas einen relativ nahtlosen Übergang zur Reformzeit der 1980er-Jahre ermöglichten, kann hier nicht weiter erörtert werden.

14 Nur die Äußere Mongolei wurde 1945 endgültig unabhängig, geriet dann unter den Einfluss der Sowjetunion und wird heute mit der starken wirtschaftlichen und kulturellen Ausstrahlung Chinas konfrontiert (Luttwak 2012, S. 180).

Christoph Müller-Hofstede

Chinas Nationalflagge in Lhasa vor dem Potala-Palast (Foto: dpa/picture alliance/ Robert Harding World Imagery/Don Smith, 2012)

Xinjiang wie Tibet sind ressourcenreiche und strategische Unterpfänder der nationalen und internationalen Handlungsfähigkeit Chinas. Dennoch bleiben insbesondere die Ansprüche auf Tibet und Xinjiang ein ungeklärtes Erbe des modernen China aus der Qing-Zeit. Die Entwicklungen in den letzten Jahren zeigen, dass in diesen Gebieten friedliche und gewaltsame Protestbewegungen ihre Ansprüche auf Autonomie und Selbstbestimmung immer wieder in Erinnerung bringen werden.

So fällt eine abschließende Bilanz der Integration Chinas in die Welt ambivalent aus: Einerseits ist das Land stärker denn je durch gegenseitige Abhängigkeiten und Verflechtungen mit der Welt vernetzt, nicht nur wirtschaftlich, sondern auch kulturell (siehe den Beitrag von Michael Kahn-Ackermann). In wirtschaftlicher und technologischer Hinsicht wird China die Welt des 21. Jahrhunderts so nachhaltig prägen, wie es sich die Reformer und Revolutionäre des 19. und 20. Jahrhunderts nicht vorstellen konnten. Andererseits scheinen die nun über ein gutes Jahrhundert anhaltenden nationalistischen und damit auch sinozentrischen Diskurse die politische Kultur des Landes immer wieder ins 19. Jahrhundert und damit in eine merkwürdige Provinzialität zurückzuziehen. Diese wird durch die »Great Firewall«, die das Internet Chinas in ein chinesisches Intranet verwandelt hat, nur noch verstärkt. Nach wie vor scheint das Selbstvertrauen der chinesischen Elite trotz der großen wirtschaftlichen Fortschritte gering zu sein. Patriotismus und Nationalismus sowie die Organisationskraft (sprich: Repression) der KP werden offensichtlich weiterhin als unentbehrlich angesehen, um den von Sun Yat-sen und Deng Xiaoping beschworenen »Haufen losen Sandes« zusammenzuhalten (Schell/Delury, S. 398). Unter diesen Vorzeichen erscheint der in den letzten zwei Jahren von der chinesischen Führung mit dem »chinesischen Traum« in Verbindung gebrachte Begriff der »Renaissance Chinas« (*fuxing Zhongguo*) problematisch, denn es bleibt völlig unklar, auf welchen Zustand Chinas in seiner langen Geschichte sich die Renaissance eigentlich beziehen soll. Da es ein China, das sich als gleichberechtigte Nation unter anderen Nationen verstanden hat, in der Vergangenheit eben nicht gegeben hat, bleiben offene Fragen, was die chinesische Führung mit diesem geschichtsphilosophisch aufgeladenen Projekt in der Welt des 21. Jahrhunderts bezweckt. Einiges spricht dafür, dass es sich primär um eine nach innen gerichtete allgemeine Erinnerung an »goldene Zeiten« chinesischer Geschichte, unter der insbesondere die »Blütezeit« (*shengshi*) der Qing-Dynastie unter den Kaisern Kangxi und Qianlong verstanden wird, handelt.

Wem die Stärke des Landes zukünftig nützen soll, wie China die Welt umgestalten und das 21. Jahrhundert beeinflussen will, wird jedoch durch diese aktuellen Neuerfindungen chinesischer Selbstbeschreibung nicht konkret beantwortet (Siemons 2013a). Somit sucht China – nachdem es sich die »Hardware« der westlichen Moderne gesichert hat – weiterhin nach einer »Software« für das 21. Jahrhundert, die seiner wachsenden Gestaltungsmacht auf regionaler und globaler Ebene gerecht werden kann (Shambaugh 2013, S. 27; für einen Überblick über die Diskussion in den 1990er-Jahren siehe auch Müller-Hofstede 1998, S. 548). Diese Suche ist ein offener Prozess. Unabhängig davon, wie sie ausgehen wird, bleibt China untrennbarer Bestandteil einer globalisierten Welt, die mit dem wachsenden Bedarf an Energie und Rohstoffen des Landes fertig werden muss. Chinas Stellung in der Welt und seine Weltsicht werden daher auch zukünftig wesentlich von seinen inneren Entwicklungsbedürfnissen geprägt werden.

Wer jedoch Chinas Aufstieg überhöht oder überschätzt, löst Ängste im Westen und Hybris in China aus. Beides steht einer realistischen Einschätzung der Chancen und Risiken Chinas im Weg. Die heutige dicht integrierte und pluralistische Welt des 21. Jahrhunderts bedarf neuer Denkrichtungen – auf westlicher und auf chinesischer Seite.

Literatur

Bendix, Reinhard: Modernisierung in internationaler Perspektive, in: Wolfgang Zapf (Hrsg.): Theorien des sozialen Wandels, Köln 1969, S. 505–512.

Callahan, William A.: Chinese Visions of World Order: Post-hegemonic or a New Hegemony?, in: International Studies Review, 10 (2008) 4, S. 749–761 (http://williamacallahan.com/wp-content/uploads/2010/10/Callahan-TX-ISR-08.pdf, Zugriff: 10. April 2014).

Deng, Xiaoping: Yikao Lixiang, Erkao Jilü, Caineng Tuanjieqilai [Zusammenhalt beruht auf Ideal und Disziplin], in: Deng Xiaoping Wenxuan [Ausgewählte Werke von Deng Xiaoping], Bd. 3, Beijing 1993, S. 110–112.

Dikötter, Frank: The Tragedy of Liberation: A History of the Chinese Revolution 1945–1957, London 2013.

Ferguson, Niall: Der Westen und der Rest der Welt. Eine Geschichte vom Wettstreit der Kulturen, Berlin 2011.

Fiedler, Frank: Der Sohn des Himmels, in: Berliner Festspiele GmbH (Hrsg.): Europa und die Kaiser von China, 1240–1816. Katalog zur Ausstellung der Berliner Festspiele im Martin-Gropius-Bau, Berlin 1985, S. 62–71.

Frankenberger, Klaus Dieter: Umworbener Aufsteiger. China wächst und wächst, doch was macht es mit seiner Stärke?, in: Frankfurter Allgemeine Zeitung vom 25. November 2012.

Geinitz, Christian: China ist kein Schwellenland, in: Frankfurter Allgemeine Zeitung vom 27. Oktober 2013 (http://www.faz.net/aktuell/wirtschaft/wirtschaftswachstum-china-ist-kein-schwellenland-12636208.html, Zugriff: 10. April 2014).

Griffiths, Rudyard/Luciani, Patrick (Hrsg.): Does the 21st Century Belong to China?, The Munk Debate on China, Toronto 2011.

Gu, Xuewu: Die Große Mauer in den Köpfen. China, der Westen und die Suche nach Verständigung, Hamburg 2014.

Hooper, Beverley: China Stands Up. Ending the Western Presence, 1948–1950, London 1986.

Ikenberry, G. John: The Rise of China and the Future of the West. Can the Liberal System Survive?, in: Foreign Affairs, 87 (2008) 1, S. 23–37 (http://www.foreignaffairs.com/articles/63042/g-john-ikenberry/the-rise-of-china-and-the-future-of-the-west, Zugriff: 5. Mai 2014).

Iriye, Akira/Osterhammel, Jürgen: Geschichte der Welt 1945 bis heute. Die globalisierte Welt, München 2013.
Jacques, Martin: When China Rules the World. The End of the Western World and the Birth of a New Global Order, London 2009.
Johnson, Ian: Will the Chinese be supreme?, in: The New York Review of Books vom 4. April 2013, S. 35 ff.
Kim, Samuel S. (Hrsg.): China and the World. Chinese Foreign Relations in the Post-Cold War Era, Boulder 1994.
Kissinger, Henry: On China, London 2011.
Kreft, Heinrich: Deutschland, Europa und der Aufstieg der neuen Gestaltungsmächte, in: Aus Politik und Zeitgeschichte, Nr. 50–51/2013, S. 13–18 (http://www.bpb.de/apuz/173793/deutschland-europa-und-die-neuen-gestaltungsmaechte?p=all, Zugriff: 10. April 2014).
Lackner, Michael: Kulturelle Identitätssuche von 1949 bis zur Gegenwart, in: Fischer, Doris/Lackner, Michael (Hrsg.): Länderbericht China (= bpb Schriftenreihe Bd. 631), Bonn ^{3}2007, S. 491–512.
Lackner, Michael: Anmerkungen zur Semantik von »China«, »Nation« und »chinesische Nation« im modernen Chinesisch, in: Turk, Horst/Schulze, Brigitte/Simanowski, Roberto: Kulturelle Grenzziehungen im Spiegel der Literaturen. Nationalismus, Regionalismus, Fundamentalismus, Göttingen 1998, S. 323–339.
Ledderose, Lothar: Porzellan: Die erste Exportlawine aus China, Vortrag, gehalten im Rahmen der von der Bundeszentrale für politische Bildung veranstalteten Ringvorlesung »Meeting China 2008 – Olympialand kontrovers« am 23. Juni 2008 (der Vortrag ist als PDF-Dokument unter http://www.bpb.de/veranstaltungen/dokumentation/127506/meeting-china-ringvorlesung abrufbar, Zugriff 10. April 2014).
Luttwak, Edward N.: The Rise of China vs. The Logic of Strategy, Cambridge/Mass. 2012.
Matten, Mark A.: Die Grenzen des Chinesischen. Nationale Identitätsstiftung im China des 20. Jahrhunderts, Bochum 2009.
Müller-Hofstede, Christoph: Reich und mächtig: Chinas Zukunft als Nation, in: Herrmann-Pillath, Carsten/Lackner, Michael (Hrsg.): Länderbericht China (= bpb Schriftenreihe Bd. 351), Bonn 1998, S. 534–566.
Navarro Peter W./Autry Greg W.: Death by China. Confronting the Dragon – A Global Call to Action, Upper Saddle River 2011.
Nixon, Richard M.: Asia After Viet Nam, in: Foreign Affairs, 46 (1967) 1, S. 111–125.
Nye, Joseph S. Jr.: The Future of Power, New York 2012.
Osterhammel, Jürgen: China und die Weltgesellschaft, München 1989.

Perdue, Peter C.: China Marches West. The Qing Conquest of Central Eurasia, Cambridge/Mass. 2005.
Sandschneider, Eberhard: Der erfolgreiche Abstieg Europas, München 2011.
Schell, Orville/Delury John: Wealth and Power. Chinas long march to the twentyfirst century, New York 2013.
Schmidt, Dirk/Heilmann, Sebastian: Außenwirtschaft und Außenpolitik der VR China, Wiesbaden 2012.
Seitz, Konrad: China. Eine Weltmacht kehrt zurück, Berlin 2000.
Shambaugh, David: China goes global. The Partial Power, Oxford 2013.
Siemons, Mark: Die verweigerte Kosmopolitisierung, in: Frankfurter Allgemeine Zeitung vom 3. Dezember 2013 (http://www.faz.net/aktuell/feuilleton/debatten/der-kosmopolitische-blick/der-kosmopolitische-blick-die-verweigerte-kosmopolitisierung-12691639.html, Zugriff: 10. April 2014; = Siemons 2013a).
Siemons, Mark: Wenn Imperien über die Vergangenheit entscheiden, in: Frankfurter Allgemeine Zeitung vom 1. Dezember 2013 (http://www.faz.net/aktuell/feuilleton/japanisch-chinesischer-inselstreit-wenn-imperien-ueber-die-vergangenheit-entscheiden-12690176.html, Zugriff: 10. April 2014; = Siemons 2013b).
Siemons, Mark: Alles Barbaren unter dem Himmel, in: Frankfurter Allgemeine Zeitung vom 28. Dezember 2007 (http://www.faz.net/aktuell/feuilleton/china-alles-barbaren-unter-dem-himmel-1491464.html, Zugriff: 10. April 2014).
Sun Yat-sen: Die Grundlehren von dem Volkstum, Berlin 1927.
Vogelsang, Kai: Geschichte Chinas, Stuttgart 2012.
Wacker, Gudrun: Chinas »Grand Strategy«, in: Wacker, Gudrun (Hrsg.): Chinas Aufstieg: Rückkehr der Geopolitik?, SWP-Studie S3, Berlin 2006 (http://www.swp-berlin.org/fileadmin/contents/products/studien/2006_S03_wkr_ks.pdf, Zugriff: 10. April 2014).
Westad, Odd Arne: Restless Empire. China and the World since 1750, London 2012.
Zhang Feng: The Tianxia System. World Order in a Chinese Utopia, China Heritage Quarterly, No. 21, March 2010 (http://www.chinaheritagequarterly.org/tien-hsia.php?searchterm=021_utopia.inc&issue=021, Zugriff: 10. April 2014).
Zhao, Suisheng: A Nation-State by Construction; Dynamics of Modern Chinese Nationalism, Stanford 2004.

Hanns W. Maull

USA – China – EU: Chancen für ein strategisches Dreieck?

1 Einleitung

Die Weltpolitik ist im Umbruch, und was dies für unsere Zukunft bedeutet, lässt sich heute noch gar nicht erahnen. Klar ist allerdings, dass dieser Umbruch sich mit bemerkenswerter Geschwindigkeit und Dramatik vollzieht und dass er weitreichende weltpolitische Gewichtsverschiebungen und Verwerfungen mit sich bringt. Der Aufstieg neuer Mächte – allen voran derjenige der Volksrepublik China – stellt die jahrhundertealte Vorherrschaft des Westens infrage. Der wissenschaftlich-technologische Wandel treibt die Prozesse der Globalisierung immer rascher voran und eröffnet damit ungeahnte neue Möglichkeiten für die Lösung alter Menschheitsprobleme, birgt aber auch neue Risiken und Gefahren.

In dieser Welt im Wandel wächst der Bedarf an Kontinuität und Stabilität, die Suche nach Ordnung erhält neue Impulse. China steht für viele Beobachter, im Land selbst und weltweit, im Mittelpunkt des Interesses: Wird es, kann es der Volksrepublik auch weiterhin gelingen, die innenpolitische Stabilität zu gewährleisten, die ihr über mehr als dreißig Jahre hinweg ein historisch beispielloses Wachstum ermöglicht hat? Wie wird dieses Land, in dem rund ein Siebtel der Weltbevölkerung lebt und das schon bald die größte Volkswirtschaft der Welt darstellen wird, mit seinem rasch wachsenden weltpolitischen Gewicht umgehen?

Im Folgenden soll der Frage nachgegangen werden, ob und wie sich China in eine internationale Ordnung einbringen kann, die bislang wesentlich von den USA und Europa geschaffen und getragen wurde. Im Gegensatz zu vielen anderen Beobachtern gehe ich davon aus, dass die gegenwärtige Problematik der internationalen Ordnung weniger mit Machtverschiebungen (etwa von der Weltmacht USA zur Weltmacht China) als vielmehr mit Machtdiffusion (siehe Infokasten) zu tun hat, die es immer schwieriger macht, mit den Chancen und Risiken einer Welt der Globalisierung, der wechselseitigen Verflechtungen und der damit verbundenen Verwundbarkeiten umzugehen. Erfolg versprechend lässt sich das in der Regel nur noch über enge und effektive Zusammenarbeit zwischen Staaten angehen. Wenn Amerika, China und Europa zu einer solchen Zusammenarbeit finden könnten, dann wäre dies ein »strategisches Dreieck«: der Kern einer neuen, tragfähigen internationalen Ordnung.

▶ Macht: Konzentration und Diffusion

Grundsätzlich lassen sich zwei Wege unterscheiden, die Machtverteilung zwischen Staaten zu bestimmen. Der eine Weg hebt auf die Ressourcen ab, auf denen Macht beruht – also etwa Wirtschaftskraft, Militärausgaben oder die Anzahl der Atomwaffen eines Staates, aber auch seine Ausgaben für Forschung und Entwicklung im Rüstungsbereich oder die Anzahl seiner Ingenieure und Wissenschaftler. Der andere Weg betrifft die Anwendung von Macht, also die politische Mobilisierung von Machtressourcen für bestimmte Zielsetzungen, und ihre Ergebnisse: Gelingt es den Akteuren, ihre Ziele zu verwirklichen? Wenn sie ihre Ziele erreichen, dann verweist das entweder auf einen klugen Umgang mit Machtressourcen und/oder auf günstige äußere Umstände. Da die Ergebnisse von Machtanwendung nur im Nachhinein bestimmt werden können und die Gründe für den Erfolg oder Misserfolg oft schwierig zu analysieren sind, ist die erste Form der Bestimmung von Macht und Machtunterschieden die weitaus geläufigere.

Die Analyse von Machtkonstellationen erfordert jedoch auch eine dynamische Betrachtungsweise: Wie verändert sich die Verteilung von Machtressourcen im Zeitverlauf? Aus dieser Perspektive sind wiederum zwei grundsätzliche Dimensionen zu betrachten. Die erste betrifft Machtverschiebungen zwischen Akteuren, die zumeist auf unterschiedlichen wirtschaftlichen Wachstumsraten beruhen. Aus der Tatsache, dass China in den letzten Dekaden deutlich höhere Wachstumsraten erzielte als die USA, folgt demnach eine Machtverschiebung zwischen diesen beiden. Zu prüfen ist allerdings zweitens auch, wie sich Machtressourcen zwischen allen relevanten Akteuren verteilen: Nimmt die Konzentration zu, kontrollieren also immer weniger Akteure die verfügbaren Machtressourcen, oder verteilt sich Macht unter immer mehr Akteuren, sodass jeder einzelne damit einen immer geringeren Anteil der insgesamt verfügbaren Machtressourcen kontrolliert? In der Abwägung überwiegen in der Gegenwart Prozesse der Machtdiffusion, also der Streuung von Macht, gegenüber jenen der Machtverschiebung: Die Anzahl der in der Weltpolitik relevanten Akteure hat in allen Kategorien (Staaten, internationale Organisationen, transnationale Unternehmen, zivilgesellschaftliche Akteure/Nichtregierungsorganisationen) zweifellos drastisch zugenommen.

USA – China – EU: Chancen für ein strategisches Dreieck?

Die vielleicht wichtigste Ursache der Machtdiffusionstendenzen liegt jedoch in der Aufwertung der Macht von Individuen aufgrund eines weltweit dramatisch verbesserten Bildungs- und Wissensniveaus. Digitale Technologien tragen hierzu maßgeblich bei. Wissen ist bekanntlich Macht und so sind Individuen – allein oder im Zusammenwirken mit anderen – tendenziell immer häufiger in der Lage, selbst Macht im Gang der Weltpolitik auszuüben, indem sie anderen Akteuren in den Arm fallen oder sogar selbst die Initiative ergreifen. Beispielhaft genannt sei nur die »Privatinitiative« al-Qaida, deren Anschlägen im September 2001 mehr Menschen zum Opfer fielen, als das bei dem Angriff des japanischen Staates auf Pearl Harbor 1941 der Fall war.

Globalisierung und Machtdiffusion: Terrorschläge am 11. September 2001 in New York (Foto: dpa)

Voraussetzung für eine wirkungvolle internationale Zusammenarbeit wäre allerdings, dass alle Beteiligten dies wollen und bereit sind, die damit verbundenen Einschränkungen und Kosten auf sich zu nehmen. Dem stehen vor allem zwei wichtige Hindernisse im Weg: traditionelle Souveränitätsvorstellungen (die im Kern noch aus dem 17. Jahrhundert stammen) und der Primat der Innenpolitik. Diese beiden Hindernisse lassen sich in unterschiedlichen Ausprägungen für alle drei großen Mächte feststellen und gefährden in ihrem Zusammenwirken, so die zentrale These dieses Aufsatzes, die Zukunft der internationalen Ordnung im Sinn des Weltfriedens und einer nachhaltigen Weltentwicklung.

Souveränität

Als einzige dieser drei Mächte hat sich die Europäische Union (EU) von traditionellen Souveränitätskonzepten gelöst und ein neues, den Rahmenbedingungen der Globalisierung angemessenes Verständnis von geteilter, gemeinsam ausgeübter Souveränität entwickelt und vorgelebt, während die Volksrepublik China (nicht zuletzt, um den umfassenden Machtanspruch der Kommunistischen Partei Chinas nach innen nicht zu gefährden!) starr an einem traditionellen Souveränitätsverständnis festhält.

Aber auch die demokratische Weltmacht Amerika hat sich bislang nicht wirklich von einem Souveränitätsverständnis lösen können, das es den USA erlauben würde, sich selbst in eine nachhaltige internationale Ordnung einzufügen, anstatt sie für andere zu orchestrieren. Diese jeweiligen Vorstellungen von Souveränität sind, wie die europäische Erfahrung zeigt, freilich keineswegs naturwüchsig und unveränderlich: Sie sind vielmehr Konstrukte gesellschaftlicher Selbstverständigung, stets vorläufige Ergebnisse komplexer Kommunikationsprozesse, in denen nationale Identitäten und Konzepte wie eben »Souveränität« tagtäglich neu entworfen, bestätigt, subtil verändert oder – sehr selten – umfassend verworfen bzw. neu bestimmt werden. Auf diesem Weg zu einer Neubestimmung nationalstaatlicher Souveränität ist Europa Vorreiter, Amerika und China dagegen agieren außenpolitisch noch auf der Grundlage von Souveränitätskonzepten des industriellen Zeitalters, das inzwischen bereits einem neuen, postindustriellen Zeitalter Platz zu machen begonnen hat.

Aber auch in Europa ist die Auseinandersetzung mit dem Konzept der Souveränität noch keineswegs abgeschlossen: Die gegenwärtige Krise der europäischen Integration zeigt dies ebenso wie die Schwierigkeiten, die Europa damit hat, sich als weltpolitisch handlungsfähiger und gestaltungswilliger Akteur zu organisieren: Dem Anspruch, den die EU für sich selbst mit ihrer 1993 aufs Gleis gehobenen Gemeinsamen Außen- und Sicherheitspolitik (GASP) formuliert hat, ist sie bis heute bestenfalls in einigen wenigen Bereichen gerecht geworden. Damit bleibt sie als weltpolitischer Akteur ohne Not weit hinter Amerika und China zurück und bildet somit

USA – China – EU: Chancen für ein strategisches Dreieck?

im Ergebnis die derzeit maßgebliche Schwachstelle auf dem Weg zu einem strategischen Dreieck.

Das zweite große Hindernis auf diesem Weg ist neben den problematischen Konzepten von Souveränität der Primat der Innenpolitik bei allen drei Mächten. »Innenpolitik« heißt für die Europäische Union zunächst nationalstaatliche Innenpolitik: Die Regierungen der Mitgliedstaaten agieren in der EU in der Regel zunächst und vor allem mit Blick auf das, was ihre Gesellschaften, ihre Wählerinnen und Wähler von ihnen fordern und erwarten. Dies erschwert Verständigungen auf europäischer Ebene und hat dazu geführt, dass sich die Politiken der EU bestenfalls in kleinen Schritten und nicht selten in die falsche Richtung bewegen. Die GASP ist ein prominentes Opfer dieses Primats der Innenpolitik. Aber auch in Amerika und China erscheint die Außenpolitik in einem insgesamt problematischen Maß innenpolitisch getrieben. Zwar gibt es nicht selten das europäische Problem der Selbstblockade, aber noch gravierender sind allerdings die Tendenzen, die ohnehin konfliktträchtigen amerikanisch-chinesischen Beziehungen innenpolitisch zu instrumentalisieren (unter anderem durch den Aufbau von Feindbildern) und damit das Verhältnis insgesamt zu polarisieren. »Strategisch« könnte die Zusammenarbeit im Dreieck Amerika – China – Europa deshalb nur werden, wenn sich die Regierungen die innenpolitische Unterstützung einwerben, die sie brauchen, um gemeinsam eine internationale Ordnung zu schaffen und fortzuentwickeln, die dem Anspruch der Nachhaltigkeit genügen kann.

Diese knapp umrissene und zusammengefasste Diagnose soll im Folgenden etwas ausführlicher entfaltet und erläutert werden. Zunächst wird das neue weltpolitische Umfeld skizziert, das die gegenwärtige internationale Ordnung zunehmend überfordert und Anpassungen erzwingt. Im zweiten Schritt soll gezeigt werden, warum eine enge und effektive Zusammenarbeit zwischen Amerika, China und Europa im Sinn eines strategischen Dreiecks wünschenswert wäre. Leider sieht die Realität derzeit, wie im dritten Abschnitt dargelegt werden soll, anders aus: Faktisch treibt die internationale Ordnung auf eine bipolare Achse Amerika – China zu, weil Europa global nur unzureichend handlungs- und gestaltungsfähig ist. Dieser Befund wird vertieft und differenziert, indem zwei wichtige Bereiche der gegenwärtigen internationalen Ordnungspolitik betrachtet werden: die internationalen Wirtschaftsbeziehungen und die internationale Klimapolitik. Schließlich sollen einige weiterführende Überlegungen dazu angestellt werden, was sich ändern müsste, um aus der Idee eines strategischen Dreiecks Amerika – China – Europa Realität werden zu lassen.

2 USA, China und die EU in einer neuen Weltpolitik

Die internationale Politik wird gegenwärtig vor allem von vier machtvollen Kräften bestimmt, deren Wirkungen allerdings durchaus zwiespältig sind:
 Es ist dies erstens die nationalstaatliche Verfasstheit der internationalen Politik. Die Weltpolitik und auch die internationalen Wirtschaftsbeziehungen vollziehen sich nach dem Prinzip der Souveränität der Staaten. Dies bedeutet, dass es jenseits des Nationalstaates – lässt man einmal den Sonderfall der Europäischen Union beiseite – keine übergeordnete politische Instanz gibt, die autoritativ entscheiden könnte, was Regierungen zu tun und zu lassen haben. Zudem verbietet es das Souveränitätsprinzip anderen Staaten grundsätzlich, sich in die inneren Belange eines Staates einzumischen.

Zweitens nehmen jedoch in sehr vielen Bereichen der Politik die wechselseitigen Abhängigkeiten zwischen Staaten und Gesellschaften immer weiter zu. Um ihre Ziele durchzusetzen, sind Nationalstaaten deshalb zunehmend darauf angewiesen, mit anderen Nationalstaaten – informell und ad hoc oder formalisiert in internationalen Organisationen – zusammenzuarbeiten. Hierfür müssen sie freilich dazu bereit sein, ihre Souveränität einzuschränken. Die Logik der Interdependenz, nach der Staaten ihre Ziele nur dann erreichen können, wenn sie sich auf effektive Kooperation mit anderen Staaten einlassen, steht somit in einem grundlegenden Spannungsverhältnis zu traditionellen Vorstellungen von Souveränität. Dieses Spannungsverhältnis lässt sich nur dadurch überbrücken, dass Staaten ihre nationalen Souveränitätsansprüche überdenken und neu interpretieren. Dies heißt freilich auch, dass die Nationalstaaten – auch die größten und mächtigsten wie die USA oder die Volksrepublik China – ihre Macht teilweise einbüßen.

Dadurch, vor allem aber auch durch die dramatischen Verschiebungen der weltwirtschaftlichen Gewichte vom Norden in den Süden und insbesondere nach Asien, ist die Weltpolitik heute drittens von Machtdiffusion (siehe Infokasten S. 842f.) gezeichnet – und nicht nur von Machtverschiebungen, etwa vom Westen nach China, wie viele glauben. Dies bedeutet, dass selbst die wichtigsten Mächte allein weltpolitisch konstruktiv kaum noch etwas bewegen können, solange sie nicht Unterstützung von anderen bekommen. Denn Machtdiffusion gibt auch scheinbar wenig bedeutsamen Akteuren die Chance, politische Veränderungen, die nicht in ihrem Sinn sind, zu blockieren.

Die vierte und letzte Charakteristik der gegenwärtigen internationalen Beziehungen betrifft die ausgeprägten gesellschaftlichen Ungleichheiten in und zwischen Staaten. Diese Ungleichheiten sind per se konflikträchtig und lassen sich darüber hinaus unschwer ideologisch aufladen: Weltanschauungen wie der Marxismus, aber auch religiöse Fundamentalismen bieten, oft stark vereinfachende Erklärungen für diese Ungleichheiten an und nutzen diese dann, um zum gewaltsamen Umsturz aufrufen.

Die Reaktion der EU

Auf dieses herausfordernde weltpolitische Umfeld reagieren die drei wichtigsten Mächte der Weltpolitik, die Akteure im strategischen Dreieck USA – China – EU, um das es hier gehen soll, auf recht unterschiedliche Weise.

Die Antwort, die die Europäische Union vor allem mit der Sicherheitsstrategie »Ein sicheres Europa in einer besseren Welt« (2003) gegeben hat, heißt »wirksamer Multilateralismus«. Gemeint ist damit die Verregelung und Verrechtlichung der Weltpolitik im Rahmen regionaler und/oder globaler Institutionen, also ihre grundlegende Veränderung (»Transformation«) im Sinn einer umfassenden »Zivilisierung«. Dazu gehört auch die Bereitschaft, Souveränität zumindest teilweise an übergeordnete Instanzen abzutreten (Senghaas 1994, S. 20 ff.) Im Grunde projiziert die EU mit diesem Konzept ihre eigene Binnenstruktur, die Interaktion der Mitgliedstaaten im Kontext eines engmaschigen politischen Regelwerks, auf die Weltpolitik und bietet sich dieser selbst als Vorbild an. Auf diese Weise verfolgt die EU natürlich auch das Ziel, ihren eigenen Einfluss in der Weltpolitik aufzuwerten. Faktisch allerdings ist die EU in ihren Außenbeziehungen keineswegs durchgängig wirklich handlungsfähig, also nicht in der Lage, die nationalen Außenpolitiken auf europäischer Ebene wirksam zu bündeln und zusammenzuführen; diese Schwächen begrenzen und behindern den weltpolitischen Einfluss Europas empfindlich. Die Außenbeziehungen der EU, zu denen ich auch die Entwicklungspolitik und die internationale Umweltpolitik rechne, sind primär wirtschaftlich – und zudem eher regional als global – ausgerichtet. Sicherheitspolitisch ist die EU dagegen weiterhin vor allem auf die USA orientiert und von der NATO abhängig. Die Gemeinsame Sicherheits- und Verteidigungspolitik (GSVP) hat sich bislang auf – zwar nützliche, aber auch wenig ambitionierte – Einsätze im Kontext internationaler Friedenskonsolidierung beschränkt.

Die Strategie der USA

Die Vereinigten Staaten verfolgen in der internationalen Ordnungspolitik dagegen vor allem das Ziel, die gegenwärtigen Verhältnisse fortzuschreiben und damit auch ihre hegemoniale Position sowie weltpolitische Dominanz zu erhalten. Im Gegensatz zur EU agiert Amerika auf Basis einer umfassenden und globalen Perspektive. Dabei sehen sich die USA zwar gern als Architekt und Führungsmacht der gegenwärtigen internationalen Ordnung (als die *indispensable nation*, wie es die ehemalige US-Außenministerin Madeleine Albright einmal formulierte), wollen sich durch diese Ordnung aber nicht binden lassen. Die USA stehen also letztlich über dieser Ordnung, nicht in ihr; sie kann der amerikanischen Außenpolitik als Instrument nützlich sein, soll und darf die Souveränität und Handlungsfreiheit der USA aber nicht einengen (Maull 2006a). In einer Welt, in der sich die Gewichte zunehmend nach Osten und Süden verschieben, geht es für Amerika somit darum, die alte Ordnung auf eine breitere Basis zu stellen und auch andere stärker an ihren nicht unerheblichen Unterhaltskosten zu beteiligen.

Dafür brauchen und suchen die USA Partner. Hauptsächlich betrifft das natürlich ihre traditionellen Verbündeten in Europa und Asien. Aber auch die Volksrepublik China soll in die gegenwärtige internationale Ordnung – nach einem viel zitierten Wort des ehemaligen stellvertretenden amerikanischen Außenministers und Weltbankpräsidenten Robert Zoellick – als *responsible stakeholder*, als verantwortungsbewusster Teilhaber, integriert und somit im Sinn des Westens in die gegenwärtige Weltordnung eingegliedert werden.

Chinas Umgang mit den weltpolitischen Verschiebungen

Die Volksrepublik China dagegen steht – aus nachvollziehbaren Gründen – diesen Vorstellungen skeptisch und misstrauisch gegenüber, weil sie aus Sicht Beijings darauf abzielen, den Aufstieg Chinas zur Weltmacht zu be- oder gar zu verhindern (siehe den Beitrag von Gudrun Wacker). Zwar hat sich die Volksrepublik seit Ende der 1980er-Jahre zunehmend für multilaterale Diplomatie geöffnet, um so ihr Image als »verantwortungsvolle Großmacht« zu pflegen und damit auch ihren Einfluss auszuweiten, doch vermied Beijing, soweit möglich, sorgfältig alle Festlegungen und internationalen Verpflichtungen, die seine Souveränität und Handlungsfreiheit in der Zukunft einzuschränken drohten (Heilmann/Schmidt 2012, S. 35 ff.). Ähnlich wie die der USA ist daher auch die Einstellung Chinas zum Multilateralismus pragmatisch-instrumentell – und nicht grundsätzlich und normativ, wie im Fall der EU – sowie durch Souveränitätsvorbehalte qualifiziert. Wie Amerika betont China zwar stets sein Recht und seinen Anspruch auf Mitsprache, im Gegensatz zu Amerika verzichtet es jedoch meist darauf, eigene Vorstellungen über die Zukunft der internationalen Ordnung politisch voranzutreiben. Seine Perspektive ist zudem primär auf die Großregion Ostasien, nur in Ansätzen auch schon global orientiert (siehe die Beiträge von Xuewu Gu sowie von Sven Grimm und Christine Hackenesch).

Interdependenz, Konflikt und Kooperation im Dreieck USA – China – EU

Blickt man auf das Gewicht dieser drei Akteure in der Weltwirtschaft und Weltpolitik sowie auf die überaus engen, weiter rasch wachsenden Verflechtungen zwischen ihren Volkswirtschaften, so erscheint die Vermutung einer umfassenden trilateralen Zusammenarbeit durchaus plausibel. Denn diese Verflechtungen implizieren komplexe wechselseitige Abhängigkeiten, die kooperative Bearbeitung erfordern. Darüber hinaus legt das Gewicht der drei Akteure in der Weltpolitik nahe, dass sie von Zusammenarbeit profitieren könnten, wenn es darum geht, die bestehenden Interdependenzen erfolgreich zu managen und gemeinsame Interessen durchzusetzen.

Interdependenzen reflektieren in aller Regel Formen der Arbeitsteilung, die grundsätzlich für alle Beteiligten von Vorteil sind, wenngleich diese deshalb noch keineswegs gleich verteilt sein müssen (und es zumeist auch nicht sind). Daraus entstehen Konflikte – konkret etwa um die Auswirkungen der chinesischen Wechselkurspolitik auf die Handelsbilanzen der drei Akteure –, was aber nichts daran ändert, dass alle Seiten aus den Handelsbeziehungen Nutzen ziehen. Aus diesem Grund formieren sich in allen drei Gesellschaften wirtschaftliche und gesellschaftliche Interessengruppen, die politisch auf die Fortsetzung und Weiterentwicklung der Beziehungen drängen und gegen ihren Rückbau mobilmachen.

In den Bereichen, in denen diese drei Akteure zu effektiver Kooperation zusammenfinden, können bzw. könnten sie mit ihren Vorstellungen auch erheblich die internationale Politik und die Ausgestaltung der internationalen Ordnung beeinflussen. Gewiss wären auch diese drei dort, wo sie außenpolitisch an einem Strang ziehen, nicht immer in der Lage, ihre Vorstellungen ohne Weiteres durchzusetzen: Auch jenseits dieses Dreiecks finden sich nämlich Akteure mit erheblichem Gewicht (wie etwa die Diskussion um die BRIC-Staaten [BRIC = Brasilien, Russland, Indien, China] zeigt; siehe den Beitrag von Sven Grimm und Christine Hackenesch), ließen sich also Koalitionen gegen dieses Triumvirat schmieden, die seine Handlungsoptionen einschränken könnten. Doch leicht würde das nicht: Die Mobilisierung von Vetomacht gegen eine derart breite politische Koalition und gegen die Ressourcen, die ihr zur Verfügung stünden, wäre nicht einfach zu realisieren. Welche Bedeutung diesen drei Akteuren in Weltwirtschaft und Weltpolitik zukommt, zeigt *Tabelle 1*,

Tab. 1: Das wirtschaftliche und politische Gewicht der USA, Chinas und der EU (Schätzung für 2011, sofern nicht anders angegeben)

	USA	China	EU	gesamt	Welt
Bruttoinlandsprodukt, in Billionen US$ (kaufkraftbereinigt)	15,29	11,44	15,65	42,38	80,33
(in Prozent)	(19,0)	(14,1)	(19,5)	(52,8)	
Exporte, in Billionen US$	1,497	1,904	1,791[a]	5,192	17,82
(in Prozent)	(8,4)	(10,7)	(12,0)[a]	(29,1)	
Importe, in Billionen US$	2,236	1,743	2,000[a]	5,979	17,82
(in Prozent)	(12,5)	(9,8)	(13,4)	(33,6)	
Direktinvestitionen im Ausland, in Billionen US$	4,314	322	9,458	14,094	20,63
(in Prozent)	(20,9)	(1,6)	(45,8)	(68,3)	
Direktinvestitionen aus dem Ausland, in Billionen US$	2,571	782	7,863	11,216	19,38
(in Prozent)	(13,3)	(4,0)	(40,6)	(57,9)	
ständiger Sitz im VN-Sicherheitsrat	ja	ja	ja (GB, FR)	4	5
Anzahl der Atomwaffen (Sprengköpfe)[b]	ca. 8 000	ca. 240	ca. 525	ca. 8 765	ca. 19 000
(in Prozent)	(42)	(1,2)	(2,8)	(46,1)	(100)
Rüstungsausgaben, in Mrd. US$ (2010)	693,6	76,361	254,886	1024,847	1514,623
(in Prozent)	(45,8)	(5)	(16,8)	(67,7)	(100)

a 2010.
b Nukleare Sprengköpfe, Gesamtbestand (einsatzbereit und gelagert).
Quellen: CIA World Factbook (https://www.cia.gov/library/publications/the-world-factbook/index.html, Zugriff: 3. September 2012); SIPRI World Nuclear Forces Deployment 2012 (http://www.sipri.org/research/armaments/nbc/nuclear, Zugriff: 2. Oktober 2013).

die Intensität der Wirtschaftsverflechtungen zwischen ihnen illustrieren die *Abbildungen 1 und 2*.

Umgekehrt aber ist jeder dieser drei Akteure gewichtig genug, um allein Vetomacht aufzubringen und damit Fortschritte bei der Bewältigung weltpolitischer Herausforderungen und der Ausgestaltung der internationalen Ordnung zu verhindern oder doch zumindest empfindlich zu behindern. Den je nach Politikbereich spezifischen Konfigurationen von Kooperation und Konkurrenz in dem Dreieck kommt damit in ihrer Summe eine

USA – China – EU: Chancen für ein strategisches Dreieck?

Abb. 1: Handelsverflechtungen (Importangaben) USA – China – EU (in Mrd. US$; 2011)

Quelle: International Monetary Fund: Direction of Trade Statistics 2011, Washington 2012.

Abb. 2: Verflechtungen durch Direktinvestitionen zwischen USA – China – EU (in Mrd. Euro)*

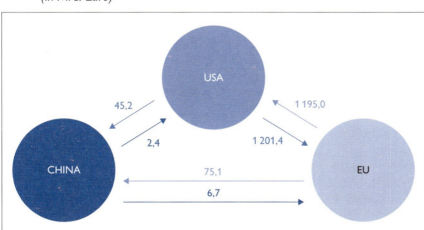

* China ohne Hongkong und Macao.
Quelle: Eigene Darstellung nach Eurostat: Balance of Payments Statistics 2010, Luxemburg 2012.

zentrale Bedeutung für die Zukunft der internationalen Ordnung und der Weltpolitik insgesamt zu.

Blickt man zunächst grundlegend auf die Konstellation der definierten Interessen und Zielsetzungen der drei Akteure, dann sollten die Chancen für effektive Zusammenarbeit durchaus gut stehen. Alle drei – wie auch die Staatengemeinschaft insgesamt – profitieren von den Chancen internationaler Arbeitsteilung und wissenschaftlich-technologischer Innovation im Kontext der Globalisierung, die die Rahmenbedingungen der gegenwärtigen internationalen Ordnung bestimmt. Alle drei haben viel zu verlieren und teilen deshalb auch das Interesse an einer leistungsfähigen und nachhaltigen internationalen Wirtschaftsordnung; und alle drei sehen sich gleichermaßen mit globalen Herausforderungen und Risiken (wie der Verbreitung von Massenvernichtungswaffen, den möglichen Folgen des Klimawandels oder der Verknappung von Wasser, Energie und Rohstoffen) konfrontiert. Im Gegensatz zu den Zeiten des Kalten Krieges trennt kein ideologisch-ordnungspolitischer Antagonismus die Akteure. Allerdings sorgen insbesondere zwischen Amerika und China das offensive Demokratieverständnis der USA und die ungelösten Legitimationsprobleme des politischen Systems in China immer wieder für Spannungen, etwa im Themenfeld Menschenrechte. Nach Auffassung mancher Beobachter könnte zwischen den westlichen Demokratien und der autoritär-kapitalistischen Ordnung der Volksrepublik China ein neuer Systemwettbewerb über die Frage entstehen, welches Ordnungsmodell für eine Gesellschaft die besseren Voraussetzungen bietet, die Chancen der Globalisierung zu nutzen und ihre Risiken einzudämmen.

Und zumindest zwischen China und Europa gibt es keine ernsthaften macht- und sicherheitspolitischen Konflikte, die eine der beiden Seiten dazu veranlassen könnten, das Risiko einer militärischen Auseinandersetzung einzugehen.

Kein strategisches Dreieck, sondern eine bipolare Konstellation

Dies trifft allerdings auf das Verhältnis der Volksrepublik China zu den USA so nicht zu: Hier gibt es zumindest zwei heikle Fragen, bei denen die Vorstellungen und Zielsetzungen der beiden Seiten grundsätzlich inkompatibel erscheinen. Die erste betrifft Prestige und Status in der Weltpolitik: Die USA sehen ihre traditionelle Position als Führungsmacht langfristig durch China gefährdet, während die Volksrepublik umgekehrt argwöhnt, Amerika widersetze sich dem nationalen Wiederaufstieg Chinas und suche mit allen Mitteln, ihn zu verhindern. Historisch waren derartige Konstellationen der Herausforderung und Ablösung einer Vormacht durch eine andere im

USA – China – EU: Chancen für ein strategisches Dreieck?

Gefolge von Machtverschiebungen im internationalen System zwar keineswegs zwingend, aber doch häufig mit Hegemonialkriegen verknüpft.[1]

Das zweite gravierende Problem betrifft Ostasien, definiert als das gesamte maritime und kontinentale Umfeld Chinas (siehe die Beiträge von Xuewu Gu und Gudrun Wacker). Hier scheinen die Vorstellungen der USA und Chinas über die sicherheits- und ordnungspolitische Ausgestaltung der regionalen Ordnung auf Dauer unvereinbar zu sein. Die USA sind bestrebt, die gegenwärtige Sicherheitsarchitektur in und für Ostasien im Wesentlichen fortzuschreiben, die Amerika mit seiner derzeit qualitativ überlegenen militärischen Präsenz sowie einem Netzwerk bi- und multilateraler Verteidigungsbündnisse klar dominiert. Umgekehrt betrachtet China sein regionales Umfeld, wenn nicht als exklusive, so doch als von

Sicherheitsdilemma: Die »Liaoning«, Chinas erster Flugzeugträger, in Dalian, Hauptstadt der nordöstlichen Provinz Liaoning (Foto: Imaginechina via AP Images)

---

1 Beispiele hierfür finden sich im Zusammenhang mit dem Aufstieg Roms (etwa in den Kriegen gegen Karthago), des Osmanischen Reiches (in den Kriegen gegen Byzanz und die arabischen Reiche) oder Japans (Kriege gegen China 1895 und 1937–45); ein bekanntes Gegenbeispiel liefert die Ablösung Großbritanniens als Vormacht durch die USA in der ersten Hälfte des 20. Jahrhunderts.

ihm selbst zu dominierende Einflusszone und sucht dies notfalls auch gegen amerikanischen Widerstand durchzusetzen. Mit diesen konkurrierenden regionalen Vormachtansprüchen sind zudem die ungeklärte Zukunft Taiwans sowie eine Reihe territorialer Konflikte mit Indien, mehreren südostasiatischen Staaten und Japan verknüpft (Shambaugh 2005b). In dieser Region bestehen also zumindest Elemente eines Macht- und Sicherheitsdilemmas zwischen Amerika und China, die wechselseitiges Misstrauen schüren und somit die bilateralen Beziehungen erheblich belasten. Der wirtschaftliche Aufstieg Chinas und die Neuausrichtung der amerikanischen Außen- und Sicherheitspolitik auf den ostasiatisch-pazifischen Raum (*pivot towards Asia*; siehe den Beitrag Xuewu Gu), wie sie aus der Leitlinie des Pentagon »Sustaining U.S. Global Leadership, Priorities for 21st Century Defense« vom Januar 2012 hervorgeht, haben diese Spannungen in den letzten Jahren deutlich verschärft. Darüber hinaus wird die Volksrepublik China auch in anderen kritischen Regionen (wie etwa der des Persischen Golfs mit seiner enormen Bedeutung für die Weltenergieversorgung oder hinsichtlich des rohstoffreichen Afrikas) in dem Maß Mitspracherechte und Teilhabe einfordern, in dem sich Chinas Interessenhorizonte ausweiten. Damit könnte es nicht nur in Ostasien, sondern auch darüber hinaus die geopolitischen Interessen des Westens insgesamt und insbesondere diejenigen der USA herausfordern.

Da sowohl die USA als auch die Volksrepublik China – im Gegensatz zur Europäischen Union – ihre Außenpolitik nicht zuletzt auf militärische Machtmittel und die Fähigkeit stützen, diese auch jenseits der eigenen Grenzen einsetzen zu können, erhält ihre Rivalität in Ostasien und perspektivisch auch darüber hinaus globale geostrategische Bedeutung. In diesem Zusammenhang schrumpft das strategische Dreieck allerdings zu einer bipolaren Konstellation zusammen: Die EU mit ihrer Gemeinsamen Außen- und Sicherheitspolitik, aber auch die militärischen Fähigkeiten der einzelnen Mitgliedstaaten sind hier weitgehend irrelevant.

Allerdings gilt gerade für das bilaterale Verhältnis zwischen den USA und China, dass die engen Verflechtungen zwischen den beiden Volkswirtschaften trotz aller geopolitischen und geostrategischen Rivalitäten Kooperation geradezu erzwingen. So exportierte China zum Beispiel nach Angaben des U.S.-China Business Council 2010 rund 18 Prozent (283,3 Mrd. US$) seiner gesamten Exporte (1 579,0 Mrd. US$) in die USA und 7,3 Prozent (102 Mrd. US$) der Importe Chinas in diesem Jahr (1 394,8 Mrd. US$) kamen von dort. Nach Angaben des Office of the U.S. Trade Representative war China 2011 mit rund sieben Prozent (103,9 Mrd. US$) der drittwichtigste Exportmarkt der USA und – mit 18,1 Prozent (399,3 Mrd. US$) –

der größte Lieferant. Nach Angaben des chinesischen Handelsministeriums entfielen Ende 2011 mit rund 67,6 Mrd. US$ 5,8 Prozent der gesamten in der Volksrepublik China getätigten Direktinvestitionen auf amerikanische Unternehmen.[2] Nicht zuletzt aber wird ein erheblicher Teil der gewaltigen Devisenreserven Chinas in amerikanischen Schatzbriefen oder in anderen in Dollar denominierten Wertpapieren gehalten.[3] Dies bedeutet, dass die USA in großem Umfang in China verschuldet sind und sich auch weiter so lange international verschulden können, wie China bereit ist, Dollars zu akzeptieren. Ökonomen vergleichen diese Verflechtungen mit dem System der *mutual assured destruction* (= wechselseitig zugesicherten Zerstörung) zur Zeit des Ost-West-Konflikts. Danach wurden die beiden nuklear bewaffneten Supermächte USA und UdSSR deshalb daran gehindert, als Erste Nuklearwaffen einzusetzen, da die Gewissheit bestand, dass der jeweils Angegriffene noch zu einem vernichtenden Zweitschlag in der Lage wäre. Das »Gleichgewicht des Schreckens« brachte mithin beide Seiten davon ab, einseitig entscheidende Vorteile zu suchen. Auch für die wirtschaftlichen Verschränkungen zwischen den drei größten Wirtschaftsräumen, vor allem aber für die zwischen den USA und China, gilt, dass jeder Versuch, dieses Gewebe der Interdependenzen zum eigenen Vorteil zu zerschneiden, mit extrem hohen Kosten nicht nur für die Beteiligten, sondern auch für die Weltwirtschaft insgesamt verbunden wäre.

3 Warum wäre ein kooperativ funktionierendes strategisches Dreieck USA – China – EU erstrebenswert?

Risiken der Machtverschiebungen und Machtdiffusion

Gewichts- und Machtverschiebungen von den westlichen Industriestaaten zu aufsteigenden »neuen Mächten« sowie Prozesse der Machtdiffusion bilden, wie wir gesehen haben, ein wesentliches Charakteristikum der internationalen Beziehungen zu Beginn des 21. Jahrhunderts. In diesem

---

2 Für diesen Hinweis danke ich Herrn Dr. Dirk Schmidt herzlich.

3 Nach Angaben des US-Schatzamtes betrugen die chinesischen Bestände an amerikanischen Staatsanleihen im Juli 2013 1,28 Billionen US$ und machten damit knapp 23 Prozent der gesamten Schuldverschreibungen der US-Regierung aus. Ein Jahr zuvor, im Juli 2012, beliefen sich die chinesischen Bestände auf 1,16 Billionen US$, das waren rund 21,6 Prozent des Gesamtbestandes. Vgl. http://www.treasury.gov/resource-center/data-chart-center/tic/Documents/mfh.txt, Zugriff: 2. Oktober 2013.

Zusammenhang nimmt die Volksrepublik China aus mehreren Gründen eine herausgehobene Rolle ein. Hierzu zählen
- ihr wirtschaftliches Gewicht und die Dynamik ihrer Entwicklungsprozesse,
- ihr außenpolitisches Selbstverständnis und Rollenkonzept als Weltmacht[4] sowie ihre weltumspannenden wirtschaftlichen und diplomatischen Aktivitäten,
- ihr Status als Atommacht und als Mitglied des UN-Weltsicherheitsrats mit ständigem Sitz und Vetorecht und schließlich
- ihre zentrale geostrategische Position in Ostasien, das (neben Nordamerika, Europa, dem Persischen Golf und in Zukunft vielleicht auch Zentralasien) eine der Schlüsselregionen der Weltwirtschaft und Weltpolitik ist. Dort fordert China als revisionistische Macht (Taiwan, maritime Territorialansprüche) die bislang dominante Position der USA zunehmend heraus (Glanville 2010, S. 83).

All dies unterscheidet die Volksrepublik deutlich von anderen aufsteigenden Mächten wie Indien, Brasilien oder Indonesien und befähigt sie somit, in der internationalen Politik als »Herausforderin« der alten weltpolitischen Hegemonialmacht, der USA, aufzutreten. Ob China diese Rolle tatsächlich anstrebt und umsetzen kann – und wenn ja, ob sich der Positionswechsel in der Führung der Welt auf friedlichem Weg oder gewaltsam vollziehen wird –, ist allerdings noch völlig offen. Ebenso plausibel lassen sich für die Zukunft andere Szenarien mit nicht hegemonialen Ordnungsstrukturen, aber auch solche mit zunehmender Entropie, also einem allgemeinen Kontrollverlust der großen Mächte in der internationalen Politik und damit einem Zerfall weltpolitischer Ordnungsstrukturen, entwerfen.

Aus dieser Konstellation ergibt sich die überragend bedeutsame Aufgabe für die internationale Politik in den kommenden Jahren und Jahrzehnten: die friedliche und konstruktive Einbettung dieser Gewichts- und

---

4 Der Anspruch, als Weltmacht zu agieren, speiste sich lange aus der maoistischen Drei-Welten-Theorie, nach der die Volksrepublik die Avantgarde der Dritten Welt bildete. In den letzten Jahren wird zur Begründung (auch) auf das historische Erbe des chinesischen Kaiserreichs rekurriert. Nach dem traditionellen Weltverständnis der Bürokratie im Kaiserreich war China, das »Reich der Mitte«, nicht nur Zentrum der Welt, sondern auch die einzige Zivilisation. Das heißt, die gesamte zivilisierte Welt, im Chinesischen als *tianxia* (= alles unter dem Himmel) bezeichnet, war mit der chinesischen Zivilisation identisch. Diese tradierte Vorstellung erlebt in letzter Zeit in den Binnendiskursen um Chinas zukünftige weltpolitische Rolle eine Renaissance (Glanville 2010).

Machtverschiebungen in eine dynamisch-stabile internationale Ordnung[5], die es der Staatengemeinschaft und der Menschheit ermöglicht, die großen Zukunftsfragen zu bewältigen. Insbesondere wird es um den Aufstieg Chinas zur Weltmacht gehen. Darüber sind sich auch die großen »Schulen« der Disziplin »Internationale Beziehungen« – Realismus, Liberalismus und Marxismus/kritische Theorien – einig, und zwar unabhängig von ihren sehr unterschiedlichen, je spezifischen theoretischen Grundannahmen über Struktur und Entwicklungstendenzen der internationalen Politik.[6]

> ▶ **Macht- und Sicherheitsdilemma**
>
> Der Begriff beschreibt die internationale Politik als eine Welt ohne übergeordnete politische Instanz. In dieser Welt leben die Staaten in der Furcht, von anderen Staaten bedroht und überwältigt zu werden. Um sich davor zu schützen, streben sie nach nationaler Sicherheit; um diese nationale Sicherheit zu gewährleisten, rüsten sie auf und versuchen, ihre eigene Machtbasis auszubauen und zu verstärken – was wiederum bei anderen Staaten Misstrauen und Bedrohungsvorstellungen bestärkt und entsprechende machtpolitische und militärische Gegenmaßnahmen auslöst. So entsteht durch nationales Streben nach Sicherheit und Macht paradoxerweise gesteigerte nationale wie internationale Unsicherheit.

Aus jeder dieser Perspektiven implizieren die skizzierten weltpolitischen Gewichts- und Machtverschiebungen erhebliche Risiken. Nach Auffassung des Realismus bergen das Macht- und Sicherheitsdilemma (siehe Infokasten) die Gefahr einer – gewollten oder unbeabsichtigten – Eskalation der Spannungen zwischen der alten Hegemonialmacht USA und ihren Verbündeten einerseits sowie der Volksrepublik China anderseits bis hin zur umfassenden militärischen Konfrontation, die angesichts der auf beiden Seiten aufgehäuften Zerstörungspotenziale nicht nur den Kontrahenten

---

5 »Dynamische Stabilität« kennzeichnet eine Ordnung, die in der Lage ist, auf sich verändernde Rahmenbedingungen durch konstruktive Anpassungen zu reagieren bzw. diese vorwegzunehmen, gewaltsame Formen der Konfliktaustragung zu vermeiden weiß und zugleich andere Vorgehensweisen zur effektiven Konfliktbearbeitung entwickelt.

6 Der Konstruktivismus wird hier nicht als theoretische Schule, sondern als metatheoretische Forschungsperspektive betrachtet. Diese lässt sich mit allen drei genannten Schulen verbinden.

selbst, sondern auch unbeteiligten Dritten unkalkulierbare Verluste und Schäden zufügen könnte.

Aus der (liberalen) Perspektive des Interdependenzmanagements, bei dem die wirtschaftlichen und politischen Interessen vieler staatlicher und nicht staatlicher Akteure international verhandelt und abgestimmt werden, besteht bei den skizzierten Machtverschiebungen die Gefahr, dass die internationale Ordnung erodiert. Denn kooperieren die USA, China und Europa nur unzureichend oder nicht wirksam genug miteinander, können wichtige Regelwerke der Weltwirtschaft nicht mehr wie vorgesehen funktionieren und die Infrastruktur der Globalisierung würde beeinträchtigt. Hierzu zählen sogenannte öffentliche Güter wie zum Beispiel der Schutz der freien Schifffahrt auf den Weltmeeren, effektive internationale Institutionen zur Abwicklung der internationalen Handels-, Kapital-, Energie-, Rohstoff- und Technologieströme oder die Eindämmung des anthropogenen, also von Menschen verursachten Klimawandels. Mangelhafte Zusammenarbeit könnte zu systemischen Fehlentwicklungen, ja zu Zusammenbrüchen der im Zuge der Globalisierung geknüpften Verflechtungen führen, wie sie schon früher, nämlich mit dem Ausbruch des Ersten Weltkrieges 1914 und dann in der Weltwirtschaftskrise der 1930er-Jahre, stattfanden.

Aus der Perspektive marxistischer Positionen bzw. kritischer Theorien bestehen die Risiken vor allem darin, dass materielle Ungleichheiten massiv zunehmen und sich in deren Folge gesellschaftliche Konflikte zwischen Arm und Reich, zwischen Zentren und Peripherien ausbreiten. Politische Eliten oder Gegeneliten in China könnten soziale Konflikte als Gefahr für die nationale Sicherheit darstellen und für diese Sichtweise – unabhängig davon, ob die behauptete Gefahr tatsächlich besteht – in der Öffentlichkeit die notwendige Unterstützung finden (= Prozess der Sekuritisierung eines Konflikts/von Konflikten). Der nun als Gefahr für die öffentliche Sicherheit wahrgenommene Konflikt kann dann mit tradierten Spannungen zwischen dem »imperialistischen« Westen und China als »Avantgarde« der Unterprivilegierten oder mit anderen ideologischen Konfliktinterpretationen (wie Nationalismus oder pseudoreligiösen »Kulturkämpfen«) verschmolzen werden. In der Folge können sich internationale Konfliktformationen entwickeln, die bestehende Ordnungsstrukturen innerhalb wie zwischen Staaten gleichermaßen herausfordern würden.

Die Zentren dieser Risiken und Gefahren liegen vermutlich in Ostasien und in der islamischen Welt, doch bedrohen ihre möglichen Weiterungen im Kontext wachsender globaler Verflechtungen und Verwundbarkeiten durchaus auch vitale Interessen Europas und anderer Weltregionen. Um diese Risiken einzuhegen und die Gefahren abzuwenden, bedarf es grundsätzlich effektiver[7] internationaler Zusammenarbeit. Das kleinste Format wäre die bilaterale Zusammenarbeit zwischen den beiden Hauptbetroffenen, also den USA und der Volksrepublik China, das umfassendste Format wäre ein globaler Multilateralismus, wie er derzeit etwa in den Vereinten Nationen oder in der Welthandelsorganisation WTO praktiziert wird. Dazwischen lassen sich vielfältige Zwischenformen beobachten bzw. vorstellen.

Geopolitische Konfliktrisiken eindämmen

Eine trilaterale Zusammenarbeit zwischen der Volksrepublik China, der Europäischen Union und den Vereinigten Staaten erscheint als besonders vielversprechendes Kooperationsformat, um die Konflikte, Gefahren und Risiken im Kontext der sich derzeit vollziehenden globalen Machtverschiebungen und Machtdiffusionsprozesse zu bewältigen. Immer mehr Staaten und auch nicht staatliche Akteure sind seit 1990 in der Lage, auf den Gang der Geschichte Einfluss zu nehmen, zugleich aber verlieren sie dadurch individuell an Möglichkeiten, die Zukunft wirklich in ihrem Sinn zu gestalten. Selbst gemeinsam ist der Westen (also die in der NATO und der EU agierenden transatlantischen Mächte) nicht mehr imstande, die internationale Ordnung so zu dominieren, wie das in der letzten Dekade des 20. Jahrhunderts der Fall zu sein schien.

Aber auch die aufstrebenden Schwellenländer wie China, Brasilien und Indien wären selbst dann nicht in der Lage, weltpolitische Gestaltungsfähigkeit zu erreichen, wenn sie effektiv zusammenwirken würden – und dafür spricht derzeit wenig: Zwar haben sich diese drei Staaten mit Russland und Südafrika zusammengetan (BRICS-Staaten), doch fehlen ihrer Zusammenarbeit häufig geteilte Interessen sowie gemeinsame Wertvorstellungen und Perspektiven.

---

7 Dieses qualifizierende Adjektiv ist entscheidend. Effektive internationale bzw. »multipartistische« (Volker Rittberger), also nicht staatliche Akteure einbeziehende zwischenstaatliche Zusammenarbeit erfordert es, internationale Vereinbarungen wirksam umzusetzen. Dazu bedarf es nationalstaatlicher Maßnahmen und somit gesellschaftlicher Anpassungsleistungen und Lernprozesse, die geeignet sind, die Risiken zu minimieren und Gefahren abzuwenden. Die Effektivität der Kooperation bemisst sich also an den *outcomes* und am *impact* (das heißt an der Umsetzung von Vereinbarungen und ihren Auswirkungen auf die Problematik), nicht nur am *output* (also den Ergebnissen der Verhandlungen selbst). Vgl. allgemein zu Problemen des Weltregierens Rittberger/Kruck/Romund 2010.

Chancen einer trilateralen Zusammenarbeit im strategischen Dreieck

Doch auch die Aussichten auf trilaterale Zusammenarbeit zwischen den USA, China und der EU sind sehr ungewiss. Gelänge es, ein solches strategisches Dreieck zu schmieden, so könnte dies bestimmte Risiken deutlich verringern: In Ostasien besteht, wie gezeigt, die Gefahr einer militärischen Konfrontation zwischen China einerseits und den USA und ihren Verbündeten andererseits. Gäbe es tatsächlich ein funktionierendes geopolitisches Dreieck, dann hätte Europa in einem solchen Fall Möglichkeiten, auf beide Konfliktparteien mäßigend einzuwirken. Die EU könnte zudem versuchen, mit anderen Staaten eine Koalition zu schmieden, um im Rahmen der Vereinten Nationen bzw. regionaler Sicherheitsforen Verhandlungen mit dem Ziel einzuleiten, für die Konflikte zwischen Washington und Beijing Kompromisslösungen zu finden.

Ein weiteres Risiko besteht darin, dass aus der Sorge davor, eine Macht könnte eine weltweite Vormachtstellung erringen und diese missbrauchen, Gegenmachtbildung betrieben würde und somit ein Macht- und Sicherheitsdilemma entstehen könnte. Eine funktionierende Dreieckskonstellation könnte gegenüber solchen Tendenzen zu Macht- und Gegenmachtbildung und zur Rückversicherung (*hedging*) mäßigend wirken, wechselseitiges Misstrauen abbauen helfen und Kommunikationskanäle offenhalten. Damit stiegen auch die Chancen, dass sich die Akteure gegenseitig wahrnehmen könnten, ohne dass sie wechselseitig auf verzerrende Feindbilder zurückgriffen, und dass sie die sie verbindenden Konfliktsituationen angemessen beurteilten. Das Macht- und Sicherheitsdilemma könnten so abgeschwächt, die Beziehungen zwischen den USA und der Volksrepublik institutionell besser eingebettet werden. Insgesamt erschiene eine derartige Dreierkonstellation deshalb besser geeignet, moderate Politiken, Ausgleich und Kompromisse zu befördern, als eine bipolare Struktur, weil jeder der drei Großen bestrebt sein dürfte, ein dauerhaftes Zusammenwirken der beiden anderen gegen die eigenen Ziele und Interessen zu vermeiden.

Internationale und nationale Machtdiffusion als Risiko

Die vielleicht größten Risiken der internationalen Politik zeichnen sich – wie bereits erwähnt – allerdings nicht im Zusammenhang mit Machtverschiebungen, sondern mit Machtdiffusion im internationalen System und innerhalb der nationalen politischen Systeme ab. Die Erosion der internationalen Ordnung beeinträchtigt zunehmend die Chancen, globale Herausforderungen durch internationale Ordnungspolitik effektiv zu bewältigen. Denn im Gefolge des relativen Machtverfalls des Westens und des Aufstiegs immer weiterer neuer Mächte dürfte es zunehmend schwer werden, funktionsfähige internationale Organisationen und Regelwerke aufrechtzuerhalten, an die sich alle – oder doch die allermeisten – Staaten in der Regel auch tatsächlich halten.

Und auch die Prozesse der Machtdiffusion innerhalb politischer Systeme, in denen immer mehr Einzelinteressen in der Lage sind, Einfluss, ja Vetomacht auszuüben, können dazu führen, dass die Außenpolitik von Staaten primär innengeleitet ist. Sind die innenpolitischen Kräfte, die auf die Außenpolitik einwirken (dies können gesellschaftliche Interessen, aber auch ideologische Überzeugungen wie Nationalismus oder Chauvinismus sein), expansiv und aggressiv, besteht die Gefahr, dass Regierungen außenpolitisch zu risikobereit agieren. Sind diese Kräfte zu divergent, können außenpolitische Blockaden entstehen. Und sind sie wenig interessiert an internationaler Zusammenarbeit und nicht geneigt, dafür auch Kosten zu akzeptieren, dann fehlen die innenpolitischen Voraussetzungen für wirksame internationale Kooperation.

4 Bilden die USA, China und die EU tatsächlich ein strategisches Dreieck?

Der Begriff »strategisches Dreieck« stammt aus dem Kontext des Ost-West-Konflikts und bezeichnete das primär durch antagonistische Konkurrenz mit sehr begrenzter Kooperation charakterisierte machtpolitische Beziehungsgeflecht zwischen den USA, der Sowjetunion und der Volksrepublik China ab Mitte der 1960er-Jahre, als der Bruch zwischen den beiden sozialistischen Mächten offenkundig geworden war (Dittmer 1981). In einem einflussreichen Aufsatz übertrug dann David Shambaugh dieses Konzept auf die Beziehungen zwischen den USA, China und der Europäischen Union, um die komplexen Muster von Zusammenarbeit und Konkurrenz zwischen diesen drei Akteuren zu erfassen (Shambaugh 2005a).

Strategisches Dreieck und multilaterale Weltordnung

Dahinter stand die Annahme, die Interaktionen zwischen diesen Dreien würden die Zukunft der internationalen Ordnung nach dem Ende des Kalten Krieges entscheidend prägen (siehe auch Infokasten). Folgt man dieser Annahme, dann würde das Dreiecksverhältnis zwischen Washington, Beijing und Brüssel als Kern einer zukünftigen Weltordnung fungieren, die »multipolar« und vielleicht auch »multilateral« wäre. Der Begriff »Weltordnung« hat dabei eine doppelte Bedeutung: Er dient deskriptiv zur

Charakterisierung der internationalen Politik, also des Mit- und Gegeneinanders der Staaten und anderer für die Weltpolitik relevanter Akteure wie internationaler Organisationen, aber auch nicht staatlicher Akteure. Zudem hat der Begriff auch eine normative Dimension, die sich darauf bezieht, wie die internationale Politik – nach Auffassung des Betrachters, sei er nun außenpolitischer Entscheidungsträger oder wissenschaftlicher Beobachter – funktionieren sollte.

»Multipolar« ist diese Weltordnung dann, wenn in ihr Macht so verteilt ist, dass nicht nur eine oder zwei »Supermächte« eine dominierende Rolle bei der Gestaltung der Weltpolitik spielen.

> ▶ **Das Konzept »strategisches Dreieck« nach Shambaugh**
>
> In dem erwähnten Aufsatz stellte Shambaugh zunächst fest, dass das Dreieck eine strategische Handlungsfähigkeit der Europäischen Union in der Weltpolitik voraussetze, die zum Zeitpunkt der Formulierung des Aufsatzes im Jahr 2004 (noch) nicht erkennbar war (Shambaugh 2005a, S. 13). Shambaugh setzte jedoch darauf, dass der Verfassungsvertrag (an dessen Stelle nach dem Scheitern des Ratifikationsprozesses der am 1. Dezember 2009 in Kraft getretene und in den außenpolitischen Passagen weitgehend identische Vertrag von Lissabon getreten ist) dies ändern würde. Das neue strategische Dreieck unterscheide sich, so Shambaugh, erheblich von dem, das Washington, Beijing und Moskau zur Zeit des Kalten Krieges gebildet hatten (ebd. S. 21 f.): Die drei Seiten – also die Interaktionsachsen zwischen den drei Akteuren – seien wesentlich weniger festgelegt und deshalb auch weniger berechenbar. Es gäbe keine dem westlichen Bündnis der NATO vergleichbare dauerhafte Allianz mit prägender strategischer Bedeutung. Zudem seien die Interaktionen entlang aller drei Achsen insbesondere durch die engen wirtschaftlichen Verflechtungen wesentlich dichter als im strategischen Dreieck des Ost-West-Konflikts. Im Mittelpunkt der Interaktionen stünden daher nicht die Nullsummenspiele der traditionellen Sicherheitspolitik, sondern die Positivsummenaspekte der Beziehungen: Alle Beteiligten könnten sich durch Interaktionen gleichzeitig verbessern, keiner müsste ernsthafte Nachteile erleiden, also als »Verlierer« erscheinen.

»Multilateral« ist diese Weltordnung, wenn zwischen den wichtigen Machtpolen und allgemein in der Weltpolitik friedliche Formen der Konfliktbearbeitung vorherrschen, entweder im Sinn eines »kooperativen *balancing*« (W. Link), bei dem die Machtpole sich gegenseitig einhegen und zähmen, oder in der Form von Integration, also vertieften Formen der Zusammenarbeit, die auch die partielle Abtretung von Souveränitätsrechten enthalten (Link 1998).

Eine multilaterale internationale Ordnung beruhte demzufolge auf allgemein akzeptierten und respektierten Normen und Institutionen. Eine »multipolare« Ordnung ohne oder mit nur begrenzten multilateralen Aspekten dagegen wäre dadurch gekennzeichnet, dass kompetitive oder gar konfrontative Machtpolitik überwiegt. In ihr funktionierte Zusammenarbeit nur begrenzt und Gewalt, also der Rückgriff auf kriegerische Handlungen, wäre nicht ausgeschlossen. Die multilaterale Weltordnung gliche somit eher dem Mit- und Gegeneinander pluralistischer Innenpolitik mit einer funktionierenden Rechtsordnung im Rahmen einer Verfassung und einem Institutionengefüge einschließlich eines Systems von *checks and balances* zur Einhegung von Machtmissbrauch, die multipolare Ordnung mit schwach ausgeprägten multilateralen Elementen ähnelte dagegen eher der europäischen Großmachtpolitik vor Ausbruch des Ersten Weltkrieges.

Voraussetzungen für eine multilaterale Weltordnung

Eine funktionsfähige multilaterale Ordnung um den Kern eines strategischen Dreiecks USA – China – EU bedürfte einiger grundlegender Voraussetzungen, die im Folgenden herausgearbeitet werden sollen.

Erstens dürfte es in der Weltpolitik keine ideologisch-ordnungspolitischen bzw. macht- und sicherheitspolitischen Antagonismen geben, wie sie die internationale Politik des Ost-West-Gegensatzes bestimmten. Dies trifft zwar gegenwärtig zu, offen bleibt aber, wie gezeigt, ob es nicht in Ostasien zwischen China und den USA unvereinbare Vorstellungen über die jeweilige Präsenz und den zulässigen Einfluss des anderen, also einen regionalpolitischen Antagonismus, gibt.[8]

Zweitens sollten sich die Verflechtungen zwischen den Volkswirtschaften und Gesellschaften verdichten und damit auch die Abhängigkeiten und Verwundbarkeiten zwischen den Gesellschaften zunehmen. Dies ist derzeit unter dem Einfluss der mächtigen Triebkräfte der Globalisierung zweifellos der Fall. Die damit verbundenen Abhängigkeiten sollten mäßigend auf das außenpolitische Verhalten von Staaten einwirken: Alle haben zu viel zu verlieren, als dass sie es riskieren würden, diese Interdepen-

---

8   Immerhin waren es inkompatible Vorstellungen über die Ausgestaltung des jeweiligen Einflusses in China und Südostasien zwischen dem imperialen Japan und den USA in den 1930er-Jahren, die den Zweiten Weltkrieg im Pazifik auslösten.

zen zu zerreißen. Auch hier lehrt aber der Blick in die Geschichte Vorsicht: Immerhin endete die »erste Globalisierung« von 1875 bis 1914, in der ähnlich wie in den letzten Dekaden eine rasche Zunahme der wirtschaftlichen und gesellschaftlichen Interdependenzen im Weltmaßstab zu beobachten war, abrupt mit dem Beginn des Ersten Weltkriegs (James 2001).

> ▶ G20
>
> 1999 ins Leben gerufenes Forum (ohne Entscheidungsbefugnis), um zentrale Fragen der internationalen Wirtschafts- und Finanzpolitik zu erörtern. Mitglieder der G20 sind die G-8-Staaten Deutschland, Frankreich, Großbritannien, Italien, Japan, Kanada, Russland und die USA, die fünf wichtigsten Schwellenländer – auch G-5-Staaten genannt – Brasilien, Indien, VR China, Mexiko und Südafrika, des Weiteren Argentinien, Australien, Indonesien, Südkorea, Saudi-Arabien und die Türkei sowie als 20. Mitglied die Ratspräsidentschaft der EU und der Präsident der Europäischen Zentralbank. Ex officio nehmen die Geschäftsführende Direktorin des Internationalen Währungsfonds, der Vorsitzende des Internationalen Währungs- und Finanzausschusses, der Präsident der Weltbank und der Vorsitzende des Development Committee von Weltbank und IWF an den G-20-Treffen teil. Die G-20-Staaten repräsentieren zwei Drittel der Weltbevölkerung, fast 90 Prozent des weltweiten Bruttonationaleinkommens und rund 80 Prozent des Welthandels (einschließlich des EU-Binnenhandels). Angelehnt an: http://www.bpb.de/nachschlagen/lexika/fischer-weltalmanach/66257/g20, Zugriff: 4. Oktober 2013.

Die dritte Annahme schließlich bezieht sich auf die außenpolitische Handlungsfähigkeit der Europäischen Union, die ungeachtet des Vertrags von Lissabon bis heute keineswegs gesichert, sondern im Gegenteil durch die Verschuldungskrise der Eurozone zunehmend prekär erscheint (Youngs 2010). Ob aber Europa weltpolitisch handlungsfähig ist oder nicht, dürfte erhebliche Bedeutung nicht nur für Europa selbst, sondern auch für die zukünftige Struktur der Weltpolitik haben: Scheitert die Europäische Union in ihren weltpolitischen Ambitionen, so dürfte sich die internationale Politik zunehmend bipolar entwickeln, weil nur die Volksrepublik China, aber keine der anderen aufsteigenden oder auch bereits etablierten Mächte (wie Indien, Brasilien, Russland und Japan), die Vereinigten Staaten in absehbarer Zeit als Weltmacht herausfordern kann (Maull 2011). Eine derart bipolar konturierte Weltpolitik könnte im günstigsten Fall in ein weltpolitisches Kondominium münden – die sogenannte G2, also die Regelung der weltpolitischen Probleme durch die beiden Staaten USA und China (Bergsten 2008). Wahrscheinlicher allerdings erschiene die Herausbildung zweier Lager und damit eine zunehmende Polarisierung der Weltpolitik.

Im Folgenden soll im Kontext internationaler Ordnungspolitik für zwei Politikfelder untersucht werden, ob und wie effektiv das strategische Dreieck tatsächlich funktioniert. Dazu wird die Zusammenarbeit der USA, Chinas und der EU im Rahmen der G20 (siehe Infokasten) zur Krisenbekämpfung und Neuordnung der internationalen Wirtschaftsbeziehungen und im Bereich der internationalen Klimapolitik bei der Bekämpfung des globalen Klimawandels analysiert.

Befunde I: USA, China und die EU im Management der Weltwirtschaftskrise und der Neuordnung der Weltwirtschaft

Die durch undurchsichtige Finanzmarktinnovationen, exzessive Verschuldung und unverantwortliche Kreditvergabe verursachte und durch den Zusammenbruch des Bankhauses Lehman Brothers im September 2008 ausgelöste Weltwirtschaftskrise stellt die internationale Wirtschaftspolitik vor ihre größte Herausforderung seit dem Ende des Ost-West-Konfliktes (Sinn 2009). Zum wichtigsten Koordinierungs- und Steuerungsorgan der Weltwirtschaft entwickelte sich im Umgang mit dieser Herausforderung rasch die G20, die damit die G7/8 ablöste. Ursprünglich im Kontext der Asienkrise 1997/98 als Antwort auf die damaligen Finanzmarkt- und Währungsverwerfungen mit dem Ziel gegründet, die Reform der internationalen Finanzmarktarchitektur auf breiter politischer Basis voranzutreiben, führte die G20, die zunächst nur auf der Ebene der Finanzminister und Notenbankchefs tagte, lange ein Schattendasein. Im November 2008 trafen sich dann Vertreter dieser (sowie einiger anderer) Staaten und Repräsentanten internationaler Wirtschaftsorganisationen auf Einladung des amerikanischen Präsidenten George W. Bush in Washington erstmals auf der Ebene der Staats- und Regierungschefs. Damit war die G20 in den Mittelpunkt des Krisenmanagements gerückt und demonstrierte so die weitreichenden Verschiebungen der weltwirtschaftlichen und weltpolitischen Gewichte, die sich seit dem Ende des Ost-West-Konfliktes vollzogen hatten.

Forum des Krisenmanagements und der internationalen Ordnungspolitik in der Weltwirtschaft: Die G20

Die G20 steht seit 2008 vor der Aufgabe, vorderhand eine Implosion der Weltwirtschaft zu verhindern, wie sie in den 1930er-Jahren – mit katastrophalen Folgen für den Weltfrieden – stattgefunden hatte, und die internationale Wirtschaftsordnung so umzubauen, dass den neuen weltwirtschaftlichen und weltpolitischen Machtbeziehungen Rechnung getragen wird und zugleich die Voraussetzungen für breit aufgestellte, nachhaltige Entwicklungen geschaffen werden. Auf ihren ersten Treffen in Washington (2008), London und Pittsburgh (2009) erzielte die G20 nach verbreiteter Einschätzung auch einige Erfolge: Es gelang, die Auswirkungen der Finanzmarktturbulenzen auf die Weltwirtschaft durch koordinierte, zum Teil beispiellos massive Konjunkturprogramme und Selbstverpflichtungen gegen protektionistische handelspolitische Maßnahmen abzumildern, erste Schritte zu einer Reform der internationalen Finanzmarktarchitektur (Basel III) einzuleiten und eine Anpassung der Einlagen und Stimmrechte im Internationalen Währungsfonds im Sinn einer Aufwertung der »neuen Mächte« in die Wege zu leiten.[9] Dabei fungierte die G20 als Koordinierungsinstanz nationaler Politiken sowie als informeller Lenkungsausschuss, der Vorgaben und Arbeitsaufträge an stärker formalisierte internationale Organisationen wie WTO, IWF, die Bank für Internationalen Zahlungsausgleich (BIZ) und die Weltbank erteilte.

Die wichtigsten Bereiche, in denen die G20 konkrete Fortschritte hinsichtlich der Anpassung der internationalen Wirtschaftsordnung an veränderte Rahmenbedingungen erzielen konnte, waren a) die Stabilisierung der Weltwirtschaft nach dem Zusammenbruch von Lehman Brothers, b) die Reform des Internationalen Währungsfonds im Sinn einer stärkeren Berücksichtigung der aufstrebenden Schwellenländer in der Stimmverteilung sowie c) die Überarbeitung der Vorgaben für die Kapitalausstattung der systemrelevanten Banken und Finanzinstitute im Rahmen der BIZ, die sogenannte Basel-III-Vereinbarung (Gnath/Mildner/Schmucker 2012, S. 11 ff.). Zugutegehalten wurde der G20 zudem, dass sie ihren Beitrag leistete, eine offene Welthandelsordnung zu erhalten, indem sich die Mitgliedstaaten verpflichteten, protektionistische handelspolitische Maßnahmen zu unterlassen.

In dem Maß, in dem der akute politische Druck der Krise zurückging, mehrten sich freilich bei der G20 die Schwierigkeiten, Beschlüsse zu fassen und gemeinsam effektiv umzusetzen (Cooper 2010). Zwar brachten vor allem die Gipfeltreffen in Toronto und Seoul (2010) sowie in Cannes (2011)

---

9 Dadurch erhöhte sich etwa der Anteil der Quoten und Stimmrechte der VR China auf 6,4 Prozent. China überholte damit Deutschland als drittstärkstes Mitglied im IWF. Auch die Stimmrechtsanteile Indiens und Brasiliens wurden – vor allem zulasten Europas – aufgestockt.

USA – China – EU: Chancen für ein strategisches Dreieck?

Globales Finanzmanagement: Finanzminister und Gouverneure der Zentralbanken der G20 auf ihrem jährlichen Treffen in Sydney im Februar 2014 (Foto: AP Images)

und Los Cabos (2012), die infolge des weltweiten Wirtschaftsaufschwungs 2010 nicht mehr im unmittelbaren Schatten der Krise standen, eine signifikante Ausweitung der Agenda auf Fragen der Entwicklung, der Welternährung und der Funktionsprobleme auf den Lebensmittel- und Energiemärkten, des Weiteren die Einführung von Arbeitsgruppen sowie tendenziell immer längere und komplexere Abschlusserklärungen, doch die effektiven Ergebnisse der Treffen wurden eher magerer, konkrete Maßnahmen blieben weitgehend aus, wie eine Analyse des G20 Information Centre der Universität Toronto zeigt (Kirton/Kulik 2012).

Die Ergebnisse der Koordination

Stellt der Übergang von der G7/8 zur G20 mithin eine Fortentwicklung der internationalen Wirtschaftsordnung dar? Einerseits war diese Öffnung des Lenkungsausschusses der internationalen Wirtschaftsbeziehungen für China, Indien, Brasilien und andere aufsteigenden Mächte angesichts der wachsenden Legitimitätsdefizite der G8 sicherlich nicht nur unvermeidlich, sondern auch richtig und zukunftsweisend (Cooper 2010). Andererseits aber garantierte diese per se sinnvolle Neukonstruktion des Steuerungszentrums der internationalen Wirtschaftsordnung noch keineswegs eine den Problemen und Herausforderungen angemessene Steuerungsfähigkeit: Tatsächlich erwies sich der Beitrag der G20 sowohl zum akuten Krisenmanagement wie auch vor allem bei der Neuordnung der internationalen Wirtschaftsbeziehungen im Sinn längerfristiger Nachhaltigkeit bei näherer Betrachtung nämlich als ziemlich schwach (Cammack 2012). Selbst in einigen zentralen Politikfeldern, in denen die G20 weithin als erfolgreich gilt – etwa bei der koordinierten Ankurbelung der Wirtschaftsaktivitäten im Gefolge der Finanzmarktkrise 2008 und dem Stillhalteabkommen bei der Einführung neuer Handelsbarrieren, um so offene Weltmärkte für Industriegüter zu gewährleisten –, lässt sich einiges einwenden: Die Konjunkturprogramme der G-20-Staaten (wie die bereits zuvor durchgeführten Maßnahmen der Notenbanken, die gewaltige Summen in die Wirtschaftskreisläufe pumpten, um diese zu stimulieren) waren zwar in der Tat sehr eindrucksvoll.[10] Sie entsprangen aber vor allem nationalen Interessen und wären deshalb wohl auch ohne die G20 in ganz ähnlicher Weise und in vergleichbarem Umfang zustande gekommen. Gegen die Stillhaltevereinbarungen in der Handelspolitik wurde ab 2008 faktisch vielfach und von etlichen G-20-Teilnehmern verstoßen, wie die entsprechenden Berichte des Generaldirektors der WTO feststellten. Nach dem »Report on G-20 Trade Measures« vom 25. Oktober 2011 verhängten die G-20-Staaten zwischen April 2009 und Oktober 2011 insgesamt 515 handelsbeschränkende Maßnahmen, die zusammen etwa drei Prozent der G-20-Importe betrafen. Die konkreten Maßnahmen zur Ausweitung der Kreditvergabemöglichkeiten des Internationalen Währungsfonds und zur Anpassung der Stimmrechte sowie die von der G20 formulierten Vorgaben für die zukünftige Kapitalausstattung der Banken (Basel III) gingen zwar zweifellos in die richtige Richtung, waren aber zugleich allein auch ebenso zweifellos unzureichend, um die weltwirtschaftliche Ordnungsstruktur an die neuen Macht- und Kräfteverhältnisse in der Weltwirtschaft anzupassen und die globalen Finanzmärkte auf ein solides Fundament zu stellen.[11]

---

10 Insgesamt investierten die G-20-Staaten mehr als 4000 Milliarden US$ in Konjunkturprogramme (Gnath/Mildner/Schmucker 2012, S. 12).

11 Die G20 führt selbst eine regelmäßige Evaluierung ihrer Vereinbarungen durch; darüber hinaus unternimmt das G20 Information Centre der Universität Toronto nicht nur eine sehr verdienstvolle umfangreiche Begleitung und Dokumentation der Aktivitäten der G20 (www.g20.utoronto.ca/), sondern auch die Bewertung der Ergebnisse. Diese Analysen stützen sich allerdings vor allem auf die Selbsteinschätzungen der G-20-Mitgliedstaaten: Jedes Mitglied steuert selbst die Überprüfung der eingegangenen Verpflichtungen bei, eine unabhängige Evaluierung erfolgt in der Regel nicht. Dass diese Form der Bewertung zu – aus der Sicht der G20 – recht positiven Bewertungen führt, kann kaum überraschen.

Insgesamt betrachtet scheint die internationale Wirtschaftsordnung deshalb heute fragiler als vor Ausbruch der Krise, und zwar in zweifacher Weise:
- sowohl hinsichtlich der Fortentwicklung ihrer Regelwerke
- als auch mit Blick auf Spezifizität und Verbindlichkeit der Regeln trotz erzielter Fortschritte.

Die Anpassungen, die in der Architektur der Weltwirtschaftsordnung mit der Einführung der G20 und deren Reformmaßnahmen vorgenommen wurden, blieben hinter den Anforderungen zurück. Weder gelang es, die Auswirkungen der Finanzmarktkrisen vollständig zu überwinden, noch konnten gar die systemischen Ursachen und die institutionellen Defizite dieser Weltwirtschaftsordnung überwunden werden.

Die Rolle Chinas in der G20

Daran hatte nicht zuletzt auch das Agieren der chinesischen Führung im Kontext der G20 seinen Anteil. Zwar zeigte sich die Volksrepublik im neuen Rahmen der G20 kooperativ. Ihre umfangreichen Maßnahmen, die dazu dienten, die Binnenkonjunktur anzukurbeln, trugen nicht nur wesentlich dazu bei, dass sich die Abschwächung der Weltwirtschaftsaktivität im Jahr 2009 in Grenzen hielt, sondern verringerten mittelfristig auch die makroökonomischen Ungleichgewichte zwischen den Überschuss- und den Defizitländern, die wesentlich zum Ausbruch der Krise beigetragen hatten. Eine genauere Analyse zeigt allerdings, dass China zwar die Möglichkeiten zur Aufwertung seines internationalen Status und zur Beförderung seiner eigenen Interessen, die ihm die G20 bot, geschickt nutzte, es aber zugleich sorgfältig vermied, seine Handlungsfreiheit einengen zu lassen. Die chinesischen Interessen lassen sich wie folgt zusammenfassen:
- Konsolidierung, Ausweitung und Vertiefung der wirtschaftlichen und gesellschaftlichen Modernisierung Chinas,
- Erhalt eines weltwirtschaftlichen Umfeldes, in dem die Volksrepublik ihre wirtschaftlichen Errungenschaften und damit auch die Grundlagen ihrer weltpolitischen Geltung weiter ausbauen und vertiefen kann,
- Aufwertung des Status und des Einflusses der Volksrepublik in den zentralen Institutionen und Steuerungsgremien der Weltwirtschaft und
- Ausweitung des internationalen Einflusses Chinas in zwei Richtungen: Zum einen erstrebte die Volksrepublik ein Mitspracherecht bei allen wichtigen Entscheidungen, zum anderen sollte die chinesische Politik von möglichst vielen andere Staaten, insbesondere in der Dritten Welt, unterstützt werden. China wollte damit seine Vorreiterrolle

unter den Entwicklungsländern festigen, geriet dennoch zunehmend in einen Konflikt, der sich zwischen diesem Anspruch und dem faktischen Gewicht und der Rolle, die Beijing nunmehr in den internationalen Beziehungen einnahm, auftat (Heilmann/Schmidt 2012, S. 19 ff. und S. 34 ff.). Diesen Interessen entsprach die Strategie der Volksrepublik China, die sich insgesamt als unverbindliche Kooperationsbereitschaft kennzeichnen lässt (Li 2011). Beijing akzeptierte zwar die Führungsrolle der USA in der G20, blockte die amerikanischen Vorschläge aber immer dort ab, wo sie chinesische Interessen unmittelbar beeinträchtigten: etwa bei den Forderungen der USA nach einer deutlichen Aufwertung der chinesischen Währung und einer Liberalisierung der Wechselkurspolitik. Es machte deutlich, dass Vereinbarungen ohne seine Zustimmung nicht zu erreichen waren, scheute aber davor zurück, selbst initiativ zu werden und internationale Verantwortung auch dort zu übernehmen, wo dies nicht unmittelbar im chinesischen Interesse lag. Die sukzessive, kontrollierte Aufwertung des Renminbi etwa und die graduelle Liberalisierung der chinesischen Währungsmärkte, die immer wieder als Beispiele konstruktiven weltwirtschaftlichen Verhaltens der Volksrepublik gewürdigt werden, reflektierten ausschließlich die nationalen Prioritäten Beijings und stellen somit keine Konzessionen an andere Volkswirtschaften dar (siehe den Beitrag von Patrick Hess). Die Zusammenarbeit mit den Vereinigten Staaten, aber auch mit der Europäischen Union, blieb deshalb eher oberflächlich, begrenzt und abhängig von den jeweiligen Themen; die Koalitionen, die Beijing einging, wechselten: Beim Umgang mit den makroökonomischen Ungleichgewichten in der Weltwirtschaft suchte China den Schulterschluss mit Deutschland, bei der Reform des Internationaen Währungsfonds verbündete es sich dagegen mit den USA gegen die EU. Die Volksrepublik stellte sich somit einer Fortentwicklung der internationalen Wirtschaftsordnung zwar nicht entgegen, vermied es aber, zu ihrer nachhaltigen Konsolidierung aktiv beizutragen und dafür auch Kosten zu übernehmen. Dies überließ sie anderen, insbesondere den Vereinigten Staaten und ihren Verbündeten in Europa und Japan.

Während also die amerikanische Hegemonie und damit auch die alte internationale Wirtschaftsordnung immer mehr bröckelten, zeigte die Volksrepublik wie auch die anderen aufsteigenden Mächte nur wenig Neigung, dieses zunehmend baufällige Konstrukt ihrerseits nachhaltig zu stabilisieren. China trug somit faktisch dazu bei, die internationale Wirtschaftsordnung zu schwächen – was letztlich allerdings auch nicht in Beijings Interesse sein konnte.

Befunde II: USA, China und die EU in der internationalen Klimapolitik

Die Herausforderung: Der anthropogene Klimawandel

Spätestens seit Ende der 1980er-Jahre ist der durch menschliche Aktivitäten verursachte globale Temperaturanstieg der Erdatmosphäre und damit der Klimawandel eine wichtige weltpolitische Herausforderung: Die sich abzeichnenden Klimaveränderungen könnten gravierende, ja möglicherweise sogar katastrophale Auswirkungen auf die Grundlagen der Welternährung (Land, Wasser, Fischfang) der modernen Industriegesellschaft (Energieversorgung) und der politischen Ordnungen in und zwischen Staaten haben (Latif 2008; Pielke Jr. 2010). Zugleich stellt dieses Problem ein geradezu klassisches Beispiel für ein »öffentliches Übel« dar (damit ist das Gegenteil eines öffentlichen Gutes gemeint), das tendenziell die gesamte Weltbevölkerung, wenn auch in unterschiedlicher Weise, betrifft und das nur gemeinschaftlich und kooperativ überwunden werden kann. Zu bedenken ist, dass der Klimawandel auch »Gewinner«, nicht nur »Verlierer« kennt; es entstehen demnach auch Verteilungskonflikte (Rittberger/Kruck/Romund 2010, S. 342 ff.).

Der Klimawandel resultiert aus einer Erwärmung der Erdatmosphäre, für die zu etwa zwei Dritteln CO_2-Emissionen verantwortlich sind, die bei der Verbrennung fossiler Brennstoffe wie Kohle, Erdöl und Erdgas im Rahmen der globalen Energiebereitstellung freigesetzt werden. Um diesen Klimawandel wirksam zu verlangsamen, bedarf es des Zusammenwirkens insbesondere der großen Verursacher von CO_2-Emissionen über aufeinander abgestimmte, ambitionierte und effektive nationale Anstrengungen zur Begrenzung bzw. zur drastischen Reduzierung von Treibhausgasemissionen. Diese Zusammenarbeit wird jedoch durch die bekannten Probleme kollektiven Handelns (wie z. B. Trittbrettfahren) erheblich erschwert (Rittberger/Kruck/Romund 2010, S. 342 ff.; Olson 1971). Zudem konkurriert das Ziel der Eindämmung des Klimawandels, dessen Folgen möglicherweise erst in Jahrzehnten dramatische Ausmaße annehmen könnten, mit anderen zentralen politischen Zielsetzungen wie Wirtschaftswachstum, Entwicklung und Wohlstandssicherung, die wesentlich kürzere Zeithorizonte aufweisen und deshalb im politischen Prozess schwerer ins Gewicht fallen. Und schließlich impliziert die Eindämmung des Klimawandels umfassende soziale Anpassungsleistungen und damit sozialen Wandel von einer Reichweite, gegen die etablierte, am gesellschaftlichen und wirtschaftlichen Status quo orientierte Interessengruppen in der Regel erbitterten Widerstand mobilisieren.

Die internationale Klimapolitik: Von Rio nach Kyoto

Die Anfänge der internationalen Klimapolitik reichen bis in die 1980er-Jahre zurück. Ein erstes wichtiges Ergebnis war die UN-Rahmenvereinbarung zur Eindämmung des Klimawandels, die im Rahmen des sogenannten Earth Summit 1992 in Rio de Janeiro verabschiedet wurde. Dieses rechtlich unverbindliche Abkommen legte vor allen Dingen wichtige grundlegende Prinzipien fest, auf die sich die Unterzeichnerstaaten verständigen konnten. Hierzu zählen die Notwendigkeit, den Temperaturanstieg in der Erdatmosphäre zu begrenzen, und das Prinzip der »gemeinsamen, aber differenzierten Verantwortung« aller Staaten für die Eindämmung des Klimawandels.

Der nächste wichtige Schritt war das Kyoto-Protokoll, das Ende 1997 verabschiedet wurde und am 16. Februar 2005 in Kraft trat. Es verpflichtete die Industriestaaten rechtlich verbindlich, ihre CO_2-Emissionen zu stabilisieren bzw. zu reduzieren. Die erste Verpflichtungsperiode endete 2012, eine zweite mit veränderten und unbestritten unzureichenden Regelungen begann 2013. 2020 soll ein Folgevertrag zum Kyoto-Protokoll, um den zurzeit mit bislang bescheidenen Ergebnissen gerungen wird, in Kraft treten.[12]

Zu den Errungenschaften des Kyoto-Protokolls gehörte die Etablierung von drei spezifischen Mechanismen zur international koordinierten Reduzierung der Treibhausgasemissionen: der Clean Development Mechanism (CDM), der es den westlichen Industriestaaten ermöglicht, ihre Verpflichtungen zu erfüllen, indem sie emissionsreduzierende Projekte in Entwicklungsländern unterstützen; der Joint Implementation Mechanism (JIM), der in ähnlicher Weise die Zusammenarbeit zwischen Industriestaaten, also etwa zwischen hoch entwickelten westeuropäischen Volkswirtschaften und osteuropäischen Transitionsländern, legitimiert; schließlich das Instrument des Emissionshandels.

Dilemmata der internationalen Klimapolitik

Das grundsätzliche Dilemma internationaler Klimapolitik besteht darin, dass im Kontext der industriellen Revolution und ihrer Folgewirkungen durch die Akkumulation von Treibhausgasen in der Erdatmosphäre, die zum Großteil über Jahrzehnte hinweg wirksam bleiben, die Belastungsgrenzen der Atmosphäre, jenseits derer mit massiven, möglicherweise verheerenden Veränderungen des Klimas zu rechnen ist, nahezu erreicht sind.

---

12 Für weitere Informationen vgl. www.bmu.de/themen/klima-energie/klimaschutz/internationale-klimapolitik/kyoto-protokoll/, Zugriff: 5. Oktober 2013.

Zugleich leben große Teile der – bis Mitte des Jahrhunderts weiterhin rasch zunehmenden – Weltbevölkerung nach wie vor in bitterer Armut und haben somit erheblichen Nachholbedarf an Entwicklung. Die Prozesse nachholender Entwicklung durch Industrialisierung tragen historisch jedoch in zweifacher Hinsicht zu einer Verschärfung der Klimaproblematik bei: zum einen über den direkten Zusammenhang zwischen Bruttosozialprodukt und Energieeinsatz, zum anderen aber auch dadurch, dass der Bedarf an Energie je Einheit des Bruttosozialproduktes im Kontext der Industrialisierung zunächst ansteigt und erst in hoch entwickelten Industriegesellschaften wieder zu sinken beginnt. Die weitere Zunahme der Weltbevölkerung und eine Entwicklungsproblematik, die Milliarden von Menschen betrifft, deuten darauf hin, dass der weltweite Energiebedarf forthin massiv ansteigt. Da dieser derzeit und in absehbarer Zukunft noch weit überwiegend mit fossilen Brennstoffen gedeckt werden wird, werden auch die Treibhausgasemissionen weiter drastisch zunehmen.

Diese grundlegende globale Problematik spiegelt auch das strategische Dreieck USA – EU – China zugespitzt wider. Als hoch entwickelte Industriestaaten haben die USA und die Mitgliedsländer der Europäischen Union in der Vergangenheit wesentlich zur heutigen Problematik beigetragen. Deshalb müssten diese nach dem Prinzip der »gemeinsamen, aber differenzierten Verantwortung« ihre Emissionen in Zukunft drastisch zurückführen, wenn der Klimawandel in vertretbaren Grenzen gehalten werden soll. Chinas rasante Wirtschaftsentwicklung in den letzten dreieinhalb Dekaden war begleitet von einer fast ebenso dramatischen Expansion des Energieeinsatzes: Laut Angaben der Weltbank vergrößerte sich das Bruttoinlandsprodukt der Volksrepublik (umgerechnet in US$) zwischen 1980 und 2011 nominal etwa um das 24-fache, der Energieverbrauch um mehr als das Sechsfache (siehe den Beitrag von Doris Fischer und Andreas Oberheitmann). Nach den Berechnungen und Szenarien der Internationalen Energieagentur (IEA) für das Jahr 2035 stiege der Primärenergiebedarf der USA nach gegenwärtigen Trends von 2 278 Millionen Tonnen Öläquivalent (Mtoe) (2010) über 2313 (2020) auf 2 366 Mtoe moderat an; die CO_2-Emissionen sänken von 6 128 Millionen Tonnen (Mt) (2010) über 5 420 (2020) auf 5 030 Mt (2035). Für eine effektive Eindämmung des Klimawandels (die allerdings weltweit politische Umsteuerungen voraussetzte, die kaum noch realistisch erscheinen) müssten die USA ihren Energieverbrauch dagegen auf 2 224 (2020) und 2 091 Mtoe (2035) absenken; die CO_2-Emissionen der USA könnten damit auf 5 030 (2020) und 2 273 Mt (2035) oder nur noch 37 Prozent des Niveaus von 2010 gedrückt werden (IEA/OECD 2010, S. 631). Für die Europäische Union errechnet die IEA

Tab. 2: *Gegenwärtige Entwicklungstendenzen und Reduktionsanforderungen zur Eindämmung des Klimawandels bei Energieverbrauch und Karbondioxidemissionen*

	2010	2020 Szenario I (gegenwärtige Trends)	2020 Szenario II (»450«: massive Umsteuerung)	2035 Szenario I	2035 Szenario II
USA: Primärenergiebedarf[a]	2 278	2 313	2 224	2 366	2 091
CO_2-Emissionen[b]	6 128	5 420	5 030	5 030	2 273
China: Primärenergiebedarf[a]	2 403	3 328	3 094	4 215	3 131
CO_2-Emissionen[b]	8 210	9 993	9 030	12 561	5 164
EU: Primärenergiebedarf[a]	1 745	1 753	1 690	1 831	1 665
CO_2-Emissionen[b]	4 178	3 612	3 167	3 498	2 187

a Primärenergiebedarf in Millionen Tonnen Erdöläquivalent (Mtoe).
b Emissionen in Millionen Tonnen CO_2 (Mt).
Quelle: IEA/OECD 2010, S. 631.

nach gegenwärtigen Trends ein leichtes Ansteigen des Primärenergiebedarfs von 1 745 (2010) auf 1 753 (2020) und 1 831 Mtoe (2035); die CO_2-Emissionen könnten damit von 4 178 (2010) auf 3 612 (2020) und 3 498 Mt (2035) abgesenkt werden. Zur effektiven Eindämmung des Klimawandels müsste der Energieverbrauch der EU dagegen im Jahr 2020 auf 1 690 und 2035 auf 1 665 Mtoe zurückgeführt werden; dem entsprächen CO_2-Emissionen von 3 167 (2020) und 2 187 Mt (2035) – also etwa die Hälfte der gegenwärtigen Emissionen der EU. Für die Volksrepublik China dagegen errechnet die IEA auf der Grundlage der gegenwärtigen Trends einen weiteren dramatischen Anstieg des Primärenergieverbrauchs von 2 403 (2010) auf 3 288 (2020) und 4 215 Mtoe (2035); für eine wirksame Eindämmung des Klimawandels müsste China nach dem politisch außerordentlichen anspruchsvollen Szenario der IEA Einsparungsleistungen erbringen, die diejenigen der Mitgliedstaaten der OECD insgesamt überträfen, um so den Anstieg des Primärenergiebedarfs auf 3 094 (2020) und 3 131 (2035) Mtoe zu begrenzen. Mit einer diesem Szenario entsprechend drastischen Umsteuerung seines gesamten Energiesystems könnte die Volksrepublik China ihre CO_2-Emissionen nach 2020, die nach den gegenwärtigen Trends von derzeit 8 210 Mt auf 9 993 (2020) und 12 561 Mt (2035) ansteigen würden, auf 9 030 (2020) und 5 164 Mt (2035) begrenzen bzw. absenken (siehe *Tabelle 2*).

Die klimapolitische Führungsrolle der EU

Nachdem die Vereinigten Staaten aufgrund innenpolitischer Widerstände dem Kyoto-Protokoll nicht beitraten und somit nicht in der Lage waren, in der internationalen Klimapolitik eine Führungsrolle zu übernehmen, versuchte die Europäische Union, die internationale Klimadiplomatie anzuschieben. Indem Europa selbst mit gutem Beispiel voranging (es übernahm im Rahmen des Kyoto-Protokolls eine Reduzierungsverpflichtung von acht Prozent)[13] und geschickt internationale Koalitionen organisierte, gelang es der EU zunächst in der Tat, eine Vorreiterrolle in der internationalen Klimapolitik einzunehmen. Der Höhepunkt dieser Entwicklung war das Inkrafttreten des Kyoto-Protokolls 2005, nachdem die EU Russland dazu bewegen konnte, das Protokoll zu ratifizieren. Damit waren trotz der Weigerung der USA, dem Protokoll beizutreten, die anspruchsvollen Voraussetzungen für ein Inkrafttreten der Vereinbarung erfüllt, wonach nicht nur 55 Prozent aller Unterzeichnerstaaten, sondern auch eine hinreichende Anzahl von Industriestaaten (die sogenannten Annex-I-Staaten) mit einem Anteil von mindestens 55 Prozent der weltweiten CO_2-Emissionen im Basisjahr 1990 die Vereinbarung ratifizieren mussten.

Nach dem Inkrafttreten des Kyoto-Protokolls 2005 begann sich der Einfluss der EU in der internationalen Klimadiplomatie abzuschwächen; insbesondere in der Folgekonferenz von Kopenhagen im Dezember 2009 erlebte die EU einen harschen Rückschlag: Die USA und China schoben die EU gemeinsam beiseite und unterliefen so die europäischen Bemühungen um eine effektive internationale Klimapolitik (Anthonis/Talbott 2010, S. 58–75).

Chinas Rolle in der internationalen Klimapolitik

Während die Europäische Union in der internationalen Klimapolitik bestrebt war, weltweite Handlungsfähigkeit zu demonstrieren (Wurzel/ Connelly 2010), und die USA aus innenpolitischen Gründen unfähig waren, ihre traditionelle Führungsrolle auszuüben (Anthonis/Talbott 2010, S. 58–75), nutzte die Volksrepublik China geschickt die Chancen multi-

---

13 Die EU verpflichtete sich, ihre CO_2-Emissionen bis zum Jahr 2013 um acht Prozent gegenüber dem Niveau von 1990 abzusenken. Dieses Ziel wurde auch bequem erreicht, wobei die Europäische Union von Sonderfaktoren wie insbesondere dem Zusammenbruch der Industrieproduktion in der ehemaligen DDR profitierte.

lateraler Klimapolitik, um ihren internationalen Einfluss auszuweiten und zugleich ihre eigenen Zielsetzungen zu realisieren, ohne im Kontext der internationalen Klimapolitik konkrete Verpflichtungen einzugehen (Heilmann/Schmidt 2012).

Die nationale Energie- und Klimapolitik der Volksrepublik China lässt sich in vier Phasen unterteilen (Dai/Diao 2010, S. 254 ff.). Bis Anfang der 1990er-Jahre ignorierte die chinesische Politik das Problem des Klimawandels – wie Umweltprobleme generell – völlig; es galt der absolute Primat des Wirtschaftswachstums. In der zweiten Phase, die von Anfang der 1990er-Jahre bis 2003 reichte, wurde das Problem offiziell als wichtiges Thema anerkannt. In der dritten Phase 2003–07 präsentierte die chinesische Führung dann »nachhaltige Entwicklung« – also nicht mehr nur »Entwicklung« – als politische Leitvision. Chinas »Aktionsplan für nachhaltige Entwicklung für das frühe 21. Jahrhundert« (vorgelegt 2003) stellt in diesem Zusammenhang das wichtigste Dokument dar, das einen strategischen Umbau der Volkswirtschaft in Richtung auf Nachhaltigkeit forderte. Die letzte, gegenwärtige Phase ist charakterisiert durch eine sehr ambitionierte, umfassende Energie- und Klimapolitik. Die Kommunistische Partei Chinas erkennt nicht zuletzt aus Gründen der Herrschaftssicherung die Dringlichkeit der Klimaproblematik an[14] und versucht, ihr Rechnung zu tragen. In diese letzte Phase fallen als wichtige Dokumente »Chinas nationales Klimawandelprogramm«, das 2007 von der Nationalen Entwicklungs- und Reformkommission präsentiert wurde, sowie das Dokument des Staatsrats »Chinas Politik und Maßnahmen zur Bekämpfung des Klimawandels« (2008). Insgesamt verfügt die Volksrepublik China derzeit damit zumindest auf dem Papier über eine im internationalen Vergleich beeindruckend konsequente und umfassende Energie- und Klimapolitik, die allerdings durch erhebliche Probleme in der Umsetzung auf regionaler und lokaler Ebene sowie das inhärente Spannungsverhältnis zwischen Wachstum und Nachhaltigkeit beeinträchtigt werden.

---

14 Dies nicht zuletzt deshalb, weil China zu den Ländern gehört, die durch die Folgen der Erwärmung der Erdatmosphäre besonders hart betroffen wären bzw. bereits schon heute betroffen sind. Generell gehören Umweltprobleme schon seit einiger Zeit zu den wichtigsten politischen Herausforderungen für das Regime: Nach offiziellen Angaben gab es allein im Jahr 2005 in der Volksrepublik China über 500 000 örtliche Proteste und Unruhen, die mit Umweltbelastungen zu tun hatten. Diese werden von der Partei bereits heute als »gewichtige Bedrohung der gesellschaftlichen Stabilität« wahrgenommen – mit anderen Worten: als eine Bedrohung für den Herrschaftsanspruch der Kommunistischen Partei Chinas (De Matteis 2012, S. 9).

Auch die internationale Klimapolitik der Volksrepublik China veränderte sich im Verlauf der letzten beiden Dekaden. Stand China nach der Einleitung der Reformpolitik zunächst multilateraler Diplomatie generell recht skeptisch gegenüber, weil sie nach Auffassung Beijings häufig dazu dienen sollte, die Volksrepublik in die bestehende internationale Ordnung zu integrieren und damit auch ihren Aufstieg zu behindern, so begann sich diese Einstellung bereits Ende der 1980er-Jahre allmählich zu verändern.

Im Kontext der internationalen Verhandlungen für Vereinbarungen zum Schutz der Ozonschicht wurde Beijing sich seiner Verhandlungsmacht bewusst und es nutzte diese geschickt im Vorfeld der UN-Klimarahmenkonvention: Beijing schmiedete vor der Rio-Konferenz 1992 eine Koalition von 41 Entwicklungsländern, die erheblichen Einfluss auf das Dokument ausüben konnte. Dabei ging es um drei zentrale Themen: die Verantwortung des Westens für die gegenwärtigen Umweltbelastungen, das Recht der Entwicklungsländer, ihre eigenen Entwicklungsprobleme vordringlich zu lösen und dafür von Verpflichtungen im Rahmen des globalen Umweltschutzes befreit zu werden, und schließlich die Forderung nach Technologien und Finanzmitteln, die die Entwicklungsländer in die Lage versetzen könnten, ihre eigenen Umweltprobleme zu lösen (De Matteis 2012, S. 14).

Diese Position, die sich in Rio durchsetzen konnte, entsprach recht genau der Einstellung der chinesischen Regierung zur internationalen Klimapolitik, die Staatspräsident Hu Jintao in einer Rede im Jahr 2008 in drei Punkten zusammenfasste: Das wichtigste Ziel Chinas sei die wirtschaftliche Entwicklung und die Verbesserung des Lebensstandards der Bevölkerung. Chinas Emissionen von Treibhausgasen pro Kopf der Bevölkerung seien im internationalen Vergleich niedrig und sie entstünden zumeist im Kontext der Sicherung der grundlegenden Bedürfnisse der Bevölkerung. Schließlich seien die ansteigenden Emissionen der Volksrepublik primär auf die Tatsache zurückzuführen, dass im Rahmen der internationalen Arbeitsteilung die Industrieproduktion aus westlichen Ländern in großem Umfang nach China verlagert worden sei und das Land somit in erster Linie für den Weltmarkt, nicht aber für den eigenen Markt produziere (Dai/Diao 2010, S. 253).

Diese Ziele versuchte die Volksrepublik China ab 1992 konsequent zu verfolgen. Klimapolitische Vereinbarungen sollten demnach Chinas internationalen Einfluss als Wortführer der Entwicklungsländer vertiefen und seine eigenen Entwicklungsbemühungen befördern, dabei aber konkrete Verpflichtungen meiden, die Beijings innen- und außenpolitische Handlungsspielräume eingeschränkt hätten. Dies gelang jedoch nur zum

Teil. Zwar konnte die Volksrepublik aus dem CDM erhebliche Nutzen ziehen: Rund 60 Prozent aller finanziellen Mittel, die im Rahmen dieses Instruments für Entwicklungsländer weltweit verfügbar wurden, gingen an die Volksrepublik. Doch mit seiner Weigerung, verbindliche Verpflichtungen zu übernehmen, und seinem Anspruch, in der internationalen Klimadiplomatie als schlichtes Entwicklungsland eingestuft zu werden, geriet China vor dem Hintergrund der wirtschaftlichen Entwicklung des Landes und der Tatsache, dass die Volksrepublik seit einiger Zeit mehr Treibhausgase emittiert als jeder andere Staat, zunehmend in Rechtfertigungsnöte. Die Politik Beijings belastete auch die Koalition mit anderen Entwicklungsländern. Interessensgegensätze innerhalb der »Dritten Welt« in der internationalen Klimapolitik traten deshalb zusehends deutlich zutage.

China reagierte auf diese Entwicklungen, indem es seinen Widerstand gegen die Übernahme von Verpflichtungen Schritt für Schritt relativierte und somit auch bescheidene Fortschritte in der internationalen Klimapolitik möglich machte. Hierzu zählen die verbindliche Festschreibung des Zwei-Grad-Ziels, der Einstieg in internationale Bewertungen der Fortschritte auch für Entwicklungsländer und die Festlegung auf ein neues, rechtlich verbindliches Protokoll zur Umsetzung der Rahmenkonvention bis 2015 (das dann 2020 in Kraft treten soll). Dennoch versucht Beijing auch weiterhin, an seinem Status als Entwicklungsland festzuhalten und mit der Ankündigung freiwilliger nationaler Ziele und Maßnahmen international vereinbarte Reduzierungsverpflichtungen zu umgehen. Eigene Initiativen zur Bewältigung der globalen Problematik vermeidet die Volksrepublik ebenfalls.

Mit Sebastian Heilmann und Dirk Schmidt lässt sich die chinesische Klimapolitik deshalb insgesamt als Ergebnis schwierigen Navigierens im Spannungsfeld mehrerer grundlegender Dilemmata verstehen (Heilmann/Schmidt 2012, S. 95 ff.). Da ist zum Ersten das Dilemma zwischen klimapolitischen Zielsetzungen und der Wachstums- und Entwicklungsproblematik, die aus der Sicht der Kommunistischen Partei elementare Bedeutung für die Zukunftschancen ihres Herrschaftsanspruchs besitzen. Trifft Beijing mit Blick auf klimapolitische Erfordernisse Maßnahmen, die die aktuellen Wachstumsperspektiven zu sehr beeinträchtigen, so riskiert es, die aus Sicht der Kommunistischen Partei so essenzielle gesellschaftliche Stabilität kurzfristig zu untergraben. Vernachlässigt die chinesische Führung hingegen klimapolitische Imperative, bedrohen die Folgen des Klimawandels in und für China langfristig die Grundlagen des Herrschaftsanspruchs der Partei. Dieses Dilemma ist freilich keineswegs ausschließlich ein chinesisches: Auch in Europa und in den USA manifestiert sich dieses Dilemma im Ringen der Politik um Nachhaltigkeit durch gesellschaftlichen Wandel und wirtschaftliche Transformation gegen die massiven Interessen und mächtige Interessengruppen, die am Status quo festhalten wollen.

Auch das zweite Dilemma betrifft keineswegs nur die Volksrepublik China, sondern ebenso andere Staaten. Es ist dies das Dilemma zwischen dem Bestreben, die nationale Souveränität im Sinn von Autonomie und Handlungsfreiheit zu bewahren, zugleich aber den Anforderungen des Interdependenzmanagements gerecht zu werden. Allerdings ist dieses Dilemma für China aufgrund der spezifischen Merkmale seines politischen Systems (das sich am besten als »fragmentiertes autoritäres System« [Lieberthal/Lampton 1992] kennzeichnen lässt) besonders ausgeprägt, da dieses nicht unwesentlich auf Informationskontrolle angewiesen ist und deshalb Transparenz nicht unbedingt schätzt (siehe die Beiträge von Sarah Kirchberger und Doris Fischer). Besonders deutlich wurde dies im Zusammenhang mit den Bemühungen, ein unabhängiges internationales Berichts- und Überwachungssystem zur Messung, Verifizierung und Verbreitung von klimapolitisch relevanten Daten zu etablieren. China sperrte sich dagegen als »Einmischung in die inneren Angelegenheiten«, aber wohl auch mit Blick auf die vielfältigen Defizite in der Umsetzung klimapolitischer Ziele in der Volksrepublik, deren Aufdeckung durch unabhängige internationale Beobachtungen Chinas politische Glaubwürdigkeit infrage stellen könnte (Heilmann/Schmidt 2012, S. 97).

Zugleich zeigt sich in der internationalen Klimapolitik beispielhaft, in welchem Maß das wachsende wirtschaftliche und politische Gewicht der Volksrepublik China in den internationalen Beziehungen das Land immer stärker in komplexe Abhängigkeiten und Verwundbarkeiten verstrickt, die nicht nur andere, sondern auch es selbst betreffen. Souveränität als Autonomie wird unter diesen Voraussetzungen immer mehr zur Fiktion, nationale Ziele lassen sich nur noch im Verbund mit anderen Staaten (und anderen Akteuren) erreichen. Dies erfordert Souveränitätsverzicht, wenngleich dieser begrenzt und spezifisch bleibt und damit die formaljuristische Souveränität des Staates nicht tangiert.

Die Volksrepublik China könnte im Jahr 2035 allein für knapp 30 Prozent der globalen CO_2-Emissionen verantwortlich sein (auf die EU entfielen danach nur noch etwa acht Prozent, auf die USA rund zwölf Prozent; berechnet auf Basis von Daten der IEA, vgl. IEA/OECD 2010, S. 618 ff.). Unter diesen Voraussetzungen lässt sich der Anspruch Beijings, aufgrund seines Status als Entwicklungsland verbindliche Zusagen zur Emissionsbegrenzung zu verweigern, nicht mehr lange aufrechterhalten.

Dies bedeutet aber auch, dass China sein drittes und letztes Dilemma wird auflösen müssen: das Dilemma, sich als Entwicklungsland sehen zu wollen, während China doch faktisch längst den Status einer Großmacht – wie die wirtschaftlichen, aber auch militärischen Strukturdaten ja eindrucksvoll belegen – einnimmt (siehe die Beiträge von Markus Taube und Margot Schüller). Eine Neubestimmung seiner außenpolitischen Identität und seines Rollenverständnisses in der internationalen Politik, die seinem tatsächlichen Gewicht in der Weltpolitik konstruktiv Rechnung trägt, wird Beijing also nicht umgehen können.

Aus der Perspektive der internationalen Ordnung ergibt sich damit insgesamt im Bereich der internationalen Klimapolitik ein wenig ermutigender Befund. Die USA, die Europäische Union und die Volksrepublik China verfolgen in diesem Politikfeld sehr unterschiedliche Strategien:

Die amerikanische Regierung erscheint vor allem bestrebt, ihre autonomen Handlungsspielräume zu erhalten und alles zu vermeiden, was ihre Souveränität über die Energie- und Wachstumspolitik, die dadurch gekennzeichnet sind, dass sie Auswirkungen auf die Atmosphäre und das Weltklima nicht berücksichtigen, durch verbindliche internationale Vereinbarungen infrage stellen könnte. Auch besteht kaum Interesse, die nationale Energiepolitik im Sinn eines nachhaltigen Klimaschutzes umzugestalten; die klimapolitischen Beiträge aus den USA beschränkten sich bislang vor allem auf entsprechende Anstrengungen auf einzelstaatlicher und lokaler Ebene sowie zivilgesellschaftliche Initiativen. Die innen- und außenpolitischen Dimensionen der amerikanischen Klimapolitik sind damit zwar stimmig synchronisiert, für die Bemühungen um eine Eindämmung des Klimawandels bedeutet dies jedoch, dass die USA darauf verzichten müssen, eine Führungsrolle wahrzunehmen.

Die Europäische Union verfügt ebenfalls über eine einigermaßen integrierte Klimapolitik, die die Bemühungen innerhalb der EU und die internationale Klimadiplomatie gut synchronisiert. Im Gegensatz zu den USA verfolgt die EU eine internationale Klimapolitik, die auf Verregelung, Verrechtlichung und bindende zwischenstaatliche Vereinbarungen setzt. In der Vergangenheit ist es ihr in der Tat gelungen, im Rahmen der UN-Klimarahmenkonvention gewisse Fortschritte (wie etwa Unterzeichnung und Inkrafttreten des Kyoto-Protokolls) zu erreichen und somit eine Führungsrolle in der Klimadiplomatie zu übernehmen. Allerdings sind angesichts der sehr bescheidenen Reichweite der Fortschritte grundlegende Zweifel angebracht, ob der eingeschlagene Verhandlungsmodus tatsächlich zielführend ist. Zudem dürfte der Einfluss der Europäischen Union in der internationalen Klimapolitik inzwischen ihren Höhepunkt überschritten haben: Aufgrund der Zunahme der Emissionen in Schwellenländern sinken die Möglichkeiten der EU, wesentliche Beiträge zur Bewältigung des Klimawandels zu leisten – zumal noch unklar ist, ob und inwieweit Europa seinem Anspruch, durch die drastische Rückführung seiner CO_2-Emissionen klimapolitisch beispielsetzend zu wirken, wirklich gerecht werden kann.

Die Volksrepublik China schließlich verfolgt eine Klimapolitik, deren innen- und außenpolitischen Dimensionen wenig integriert erscheinen. Die nationale Energie- und Klimapolitik wirken ausgesprochen ambitioniert, haben allerdings auf regionaler und lokaler Ebene mit erheblichen Problemen der Implementierung zu kämpfen (Marks 2010). Dennoch wird auch der Volksrepublik China in der Literatur immer wieder eine Führungsrolle in der internationalen Klimapolitik eingeräumt (Dai/ Diao 2010; De Matteis 2012). Dies bezieht sich allerdings nur auf den Einfluss, den China bislang auf den Gang der internationalen Klimadiplomatie und ihre Ergebnisse nehmen konnte, nicht auf eine transformatorisch ausgerichtete Klimapolitik, die den Klimawandel effektiv abbremsen könnte: Faktisch zögert Beijing bisher, in der internationalen Klimadiplomatie durch verbindliche Zusagen Verantwortung zu übernehmen und selbst globale Lösungsvorschläge zu präsentieren (die Europäische Union böte sich in diesem Zusammenhang als offensichtlicher Partner und Verbündeter an). Dabei könnte eine ambitionierte internationale Klimapolitik Beijing möglicherweise sogar helfen, die Implementierungsprobleme seiner Energie- und Klimapolitik besser in den Griff zu bekommen.

Die Ursachen für die skizzierten Defizite der chinesischen Klimapolitik liegen im Wesentlichen in dem bislang dominanten Souveränitätsverständnis der chinesischen Politik insgesamt, das eng mit dem Herrschaftsanspruch der Kommunistischen Partei verwoben ist, sowie im Primat der Wachstumspolitik, der inzwischen politisch wie gesellschaftlich fest verankert ist. Ironischerweise ähnelt diese Situation in vieler Hinsicht derjenigen der USA: Auch dort dominiert der Primat der Wachstumspolitik, und obgleich das politische System demokratisch statt autoritär strukturiert ist, scheinen auch hinsichtlich der Vereinigten Staaten ernsthafte Zweifel angebracht, ob Washington zu einer transformatorischen Energie- und Klimapolitik in der Lage ist. Zu einer integrierten, zielführenden Klimapolitik wäre Beijing – darin vergleichbar mit Washington – wohl nur dann in der Lage, wenn es sein Souveränitätskonzept und den Primat wirtschaftlichen Wachstums im Sinn einer transformatorischen Neuorientierung modifizieren würde.

5 Wie lassen sich die Befunde erklären? Was müsste sich ändern?

Die Ergebnisse der internationalen Zusammenarbeit in diesen beiden Politikfeldern deuten darauf hin, dass das strategische Dreieck USA – China – EU in der politischen Praxis nicht existiert – so bedauerlich dies im Sinn einer nachhaltigen internationalen Ordnung auch sein mag. Zudem lasten auf einer der drei Seiten in diesem Dreieck, dem amerikanisch-chinesischen Schenkel, Konflikte mit erheblichen militärischen Eskalationsrisiken.

Die Europäische Union ist derzeit und bis auf Weiteres allerdings nicht in der Lage, zur Einhegung und Lösung dieser Konflikte beizutragen: Sie verfügt dafür weder in Washington noch in Beijing über hinreichend Einfluss. Dies liegt zum einen an der im globalen Kontext primär wirtschaftlichen Orientierung der Europäischen Union. Hinzu kommt, dass sie derzeit völlig auf die Verschuldungsprobleme in der Eurozone und die damit verbundenen inneren Umbaumaßnahmen fixiert ist. Das hat bereits dazu geführt, dass andere Bereiche der europäischen Politik, nicht zuletzt die Außenbeziehungen, vernachlässigt werden. Und schließlich ist die EU auch nach dem Inkrafttreten des Vertrags von Lissabon außenpolitisch noch eine Baustelle, keine abgeschlossene, stabile Konstruktion. Dies zeigt sich nicht zuletzt auch in der internationalen Wirtschaftspolitik: In der G20 fehlen der EU in einigen Bereichen – wie etwa in der internationalen Währungspolitik – eindeutige Zuständigkeiten und einheitliche Positionen und die Mitgliedstaaten der EU agieren in der G20 keineswegs immer abgestimmt und manchmal durchaus gegenläufig. Vergleichsweise besser aufgestellt präsentiert sich die EU im Bereich der internationalen Klimapolitik, in der sie bislang durchaus als gewichtiger internationaler Akteur auftrat und auch so wahrgenommen wurde. Allerdings dürfte die EU auch hier aufgrund ihres strukturell sinkenden weltpolitischen und wirtschaftlichen Gewichts den Höhepunkt ihres Einflusses bereits überschritten haben.

Aber nicht nur die Europäische Union, sondern auch die USA und die Volksrepublik China erweisen sich in der internationalen Ordnungspolitik keineswegs durchgängig als handlungsfähig. Die Schwierigkeiten in der EU, die Mitgliedstaaten auf eine gemeinsame Politik einzuschwören, haben ihre Gegenstücke in den Auseinandersetzungen zwischen Präsident und Kongress in den USA sowie – vielleicht weniger offensichtlich und bedeutsam, aber durchaus erkennbar – in den Aushandlungsprozessen zwischen unterschiedlichen Bürokratien und Parteigremien in der Volksrepublik China (Heilmann/Schmidt 2012). Hinzu kommen in China spezifische Schwierigkeiten, Beschlüsse und Vorgaben der Zentralregierung auf den formal nachgeordneten, faktisch aber oft recht eigenwilligen und eigenständigen Politikebenen der Provinzen und Städte umzusetzen (Marks 2010; Herberg 2009). Bei allen drei Akteuren schließlich werden die außenpolitischen Handlungsspielräume wesentlich eingeschränkt durch spezifische gesellschaftliche Interessen und normativ-ideologische Konstrukte (wie Nationalismus und Chauvinismus), die Mobilisierungsprozesse auslösen und damit die Politik und ihre Eliten unter Druck bringen können – soweit diese Möglichkeiten nicht ohnehin bereits vorbeugend in die Politik einbezogen werden. In diesem Sinn erscheinen die internationalen Ordnungspolitiken aller drei Mächte stark binnenbezogen und historisch-kulturellen Beschränkungen unterworfen, während die Struktur der hier untersuchten Probleme transformatorische, das heißt ausgeprägt innovative Politikansätze erfordert.

Eine weitere Ursache dafür, dass die drei großen Wirtschaftsräume bislang kaum je effektiv zusammenwirken konnten, liegt in den Ambivalenzen des amerikanisch-chinesischen Verhältnisses. Zumindest in der wirtschaftlich wie geopolitisch zunehmend zentralen Region Ostasien (hier definiert als das maritime Umfeld Chinas) gibt es möglicherweise fundamental inkompatible Interessendefinitionen und Zielsetzungen der beiden Staaten, die Aspekte eines Macht- und Sicherheitsdilemmas produzieren und zugleich die gegenseitigen Wahrnehmungen beeinträchtigen. Das Ergebnis ist ein problematischer Mangel an wechselseitigem Vertrauen. Hinzu kommt im amerikanisch-chinesischen Verhältnis die Belastung durch eine – perspektivisch vermutlich eher weiter zunehmende – Rivalität um die weltpolitische Führungsrolle, die mit dem Aufstieg Chinas jedenfalls aus amerikanischer Sicht unvermeidbar verbunden ist. Aber auch aus chinesischer Perspektive dürfte diese Thematik in dem Maß an Bedeutung gewinnen, in dem sich die USA den aus chinesischer Sicht berechtigten Großmachtbedürfnissen und -interessen Chinas entgegenstellen. Neben Ostasien könnte in diesem Zusammenhang die Golfregion besonderes Gewicht erlangen, wenn deren Bedeutung für die Energieversorgung Chinas, aber auch des Westens und anderer Regionen der Welt, weiter wachsen sollte.

Es wäre freilich ein Missverständnis, diese Konflikte um Einfluss und Positionen in der Weltpolitik bzw. in Schlüsselregionen als objektiv gegeben, also gewissermaßen als naturnotwendig, anzusehen. Tatsächlich sind es politisch konstruierte, also bewusst erzeugte und durchgesetzte nationale Identitäten und Wertvorstellungen, die wahrnehmungs- und handlungsleitend wirken. Von besonderer Bedeutung sind in diesem Zusammenhang für die USA der amerikanische Exzeptionalismus und das Sendungsbewusstsein, das die US-Außenpolitik seit Langem kennzeichnet (Schweigler 2004). Für die Außenpolitik der Volksrepublik China dagegen geht es um das, was Evan Medeiros als *sense of entitlement* bezeichnet hat: China besteht darauf, den ihm seiner Auffassung nach zustehenden Platz in der Mitte der Weltpolitik nunmehr auch einnehmen zu können (Medeiros 2009, S. 10 f.).

Für China wie die USA gleichermaßen wichtig sind auch das jeweilige Verständnis von Souveränität und die außenpolitischen Implikationen dieser Souveränitätskonzepte, die für die internationale Ordnungspolitik durchaus problematisch sind. Tatsächlich erscheint das postmoderne europäische Souveränitätsverständnis, das sich im Kontext der europäischen Integrationspraxis seit über 60 Jahren entwickelt hat, den Gegebenheiten einer interdependenten, globalisierten Welt besser angemessen zu sein als die nationalstaatlich fixierten Souveränitätskonzepte der Vereinigten Staaten und Chinas.

Die auf diesen beruhenden außenpolitischen Identitäten und Rollenkonzepte engen die Chancen einer wirksamen internationalen Ordnungspolitik empfindlich ein. Im Umkehrschluss bedeutet dies: Eine effektive internationale Ordnung kann wohl erst dann entstehen, wenn sowohl die USA als auch China ihre außenpolitischen Identitäten und ihre darauf aufbauenden Rollenkonzepte fundamental überdenken und neu konstruieren. Für die Volksrepublik China kommt hierbei erschwerend hinzu, dass deren außenpolitisches Souveränitätskonzept eng mit dem Herrschaftsanspruch der Kommunistischen Partei verwoben ist. Die zukünftige außenpolitische Orientierung Chinas in der internationalen Ordnungspolitik und in seinem Kernbereich, dem strategischen Dreieck, hat deshalb auch innenpolitische Bedeutung – und Sprengkraft.

Literatur

Antholis, William/Talbott, Strobe: Fast Forward. Ethics and Politics in the Age of Global Warming, Washington 2010.

Bergsten, C. Fred: A Partnership of Equals. How America Should Respond to China's Economic Challenge, in: Foreign Affairs, 87 (2008) 4, S. 57–69.

Cooper, Andrew F.: The G20 as an improvised crisis committee and/or a contested »steering committee« for the world, in: International Affairs, 86 (2010) 3, S. 741–757.

Cammack, Paul: The G20, the Crisis, and the Rise of Global Developmental Liberalism, in: Third World Quarterly, 33 (2012) 1, S. 1–16.
Dai, Xiudian/Diao, Zhiping: Towards a New World Order for Climate Change: China's and the European Union's Leadership Ambition, in: Wurzel, Rüdiger K.W./Connelly, James (Hrsg.): The European Union as a Leader in International Climate Change Politics, London/New York 2010, S. 252–268.
De Matteis, Pietro: The EU's and China's Institutional Diplomacy in the Field of Climate Change, Paris 2012 (= EUISS Occasional Paper No. 96; www.iss.europa.eu/uploads/media/The_EUz_and_Chinaz_institutional_diplomacy_in_the_field_of_climate_change.pdf, Zugriff: 5. Oktober 2013).
Deudney, Daniel u.a.: Global Shift. How the West Should Respond to the Rise of China, Washington 2011.
Dittmer, Lowell: The Strategic Triangle: An Elementary Game-Theoretical Analysis, in: World Politics, 33 (1981) 4, S. 485–515.
Glanville, Luke: Retaining the Mandate of Heaven: Sovereign Accountability in Ancient China, in: Millenium, 39 (2010) 2, S. 323–343.
Gnath, Katharina/Mildner, Stormy-Anika/Schmucker, Claudia: G20, IWF und WTO in turbulenten Zeiten. Legitimität und Effektivität auf dem Prüfstand, SWP-Studie S9, Berlin 2012 (http://www.swp-berlin.org/fileadmin/contents/products/studien/2012_S09_gnath_mdn_schmucker.pdf, Zugriff: 4. Oktober 2013).
Heilmann, Sebastian/Schmidt, Dirk: Außenpolitik und Außenwirtschaftspolitik der Volksrepublik China, Wiesbaden 2012.
Herberg, Migdal: Fuelling the Dragon: China's Energy Prospects and International Implications, in: Wenger, Andreas/Orttung, Robert/Perovic, Jeronim (Hrsg.): Energy and the Tranformation of International Relations. Towards a New Producer-Consumer Framework, Oxford 2009, S. 269–297.
Hurrell, Andrew: On Global Order, Oxford 2007.
IEA/OECD (International Energy Agency/Organisation for Economic Cooperation and Development): World Energy Outlook 2010, Paris 2010.
James, Harold: The End of Globalization. Lessons from the Great Depression, Cambridge/Mass. 2001.
Kirton, John/Kulik, Julia: The Shortcomings of the Los Cabos G20 Summit, June 27, 2012 (www.g20.utoronto.ca/analysis/120627-kirton-kulik-shortcomings.html, Zugriff: 4. Oktober 2013).
Kupchan, Charles A.: No One's World. The West, the Rising Rest, and the Coming Global Turn, Oxford 2012.
Latif, Mojib: Bringen wir das Klima aus dem Takt? Hintergründe und Prognosen, Frankfurt am Main 2008.

Li, Mingjiang: Rising from Within: China's Search for a Multilateral World and Its Implications for Sino-US Relations, in: Global Governance, 17 (2011) 3, S. 331–351.

Lieberthal, Kenneth/Lampton, David (Hrsg.): Bureaucracy, Politics, and Decision-Making in Post-Mao China, Berkeley 1992.

Link, Werner: Die Neuordnung der Weltpolitik. Grundprobleme globaler Politik an der Schwelle zum 21. Jahrhundert, München 1998.

Marks, Danny: Climate Change Policy Process: Improved But Still Weak and Fragmented, in: Journal of Contemporary China, 19 (2010) 67, S. 971–986.

Maull, Hanns W.: The Rise of New Powers: Implications for the Transatlantic World, in: Hamilton, Daniel/Volker, Kurt (Hrsg.): Transatlantic 2020. A Tale of Four Futures, Washington 2011, S. 71–92.

Maull, Hanns W.: American Foreign Policy: Between Isolationism and Internationalism, Unilateralism and Multilateralism, in: Rüland, Jürgen/Hanf, Theodor/Manske, Eva (Hrsg.): U.S. Foreign Policy Toward the Third World. A Post-Cold War Assessment, Armonk/London 2006, S. 33–51 (= Maull 2006a).

Maull, Hanns W.: The Precarious State of International Order – Assessment and Policy Implications, in: Asia-Pacific Review, 13 (2006) 1, S. 68–77 (= Maull 2006b).

Medeiros, Evan S.: China's international behavior. Activism, opportunism, and diversification, Santa Monica 2009 (www.rand.org/content/dam/rand/pubs/monographs/2009/RAND_MG850.pdf, Zugriff: 5. Oktober 2013).

Olson, Mancur: The Logic of Collective Action. Collective Goods and the Theory of Groups, Cambridge/Mass. 1971.

Pielke Jr., Roger: The Climate Fix, New York 2010.

Rittberger, Volker/Kruck, Andreas/Romund, Anne: Grundzüge der Weltpolitik. Theorie und Empirie des Weltregierens, Wiesbaden 2010.

Schweigler, Gebhard: Außenpolitik, in: Lösche, Peter/Ostermann, Anja/von Loeffelholz, Hans Dietrich (Hrsg.): Länderbericht USA. Politik, Wirtschaft, Gesellschaft, Kultur, Frankfurt am Main 2004, S. 410–467.

Senghaas, Dieter: Wohin driftet die Welt? Über die Zukunft friedlicher Koexistenz, Frankfurt am Main 1994.

Shambaugh, David (Hrsg.): Tangled Titans. The United States and China, Lanham u. a. 2013.

Shambaugh, David: The New Strategic Triangle: U.S. and European Reactions to China's Rise, in: The Washington Quarterly, 28 (2005) 3, S. 7–26 (= Shambaugh 2005a).

Shambaugh, David (Hrsg.): Power Shift: China and Asia's New Dynamics, Berkeley/London 2005 (= Shambaugh 2005b).

Sinn, Hans-Werner: Kasino-Kapitalismus. Wie es zur Finanzkrise kam, und was jetzt zu tun ist, Berlin 2009.
Wurzel, Rüdiger K. W./Connelly, James (Hrsg.): The European Union as a Leader in International Climate Change Politics, London/New York 2010.
Youngs, Richard: Europe's Decline and Fall. The Struggle against Global Irrelevance, London 2010.

Sven Grimm und Christine Hackenesch

Chinas Kooperation mit Afrika und Lateinamerika

1 Einleitung

Chinas Beziehungen zu Entwicklungsländern und insbesondere zu afrikanischen Staaten haben sich in den vergangenen 20 Jahren, vor allem seit Beginn des neuen Jahrtausends, rapide intensiviert und gewandelt. Dazu beigetragen hat seit dem Jahr 2008 auch die Wirtschafts- und Finanzkrise in den USA und Europa. Europa, die USA und Japan sind für China nach wie vor die wichtigsten Wirtschaftspartner. Jedoch sind die Beziehungen zu Entwicklungsländern wegen des Rohstoffreichtums vieler afrikanischer und lateinamerikanischer Staaten, ihres Potenzials als Absatzmärkte für chinesische Produkte und ihrer Rolle als politische Partner in internationalen Organisationen und Verhandlungsprozessen von besonderer Bedeutung für den wirtschaftlichen und politischen Aufstieg der Volksrepublik.

Die gewachsene Bedeutung Afrikas für China spiegelt sich gleichzeitig in handfesten Zahlen wider. Seit Anfang 2000 wurden die chinesisch-afrikanischen Wirtschaftsbeziehungen rasant ausgebaut: China ist inzwischen der größte einzelstaatliche Handelspartner Afrikas und der zweitgrößte Handelspartner nach der EU. Ebenso ist China der größte Handelspartner für eine Reihe von lateinamerikanischen Staaten.

Chinas wachsende Beziehungen zu Afrika und Lateinamerika sind Teil umfassender globaler Machtverschiebungen. Auch die anderen sogenannten BRICS-Staaten – neben China zählen dazu Brasilien, Russland, Indien und Südafrika – haben ihre wirtschaftlichen und politischen Beziehungen mit Entwicklungsländern verstärkt. Ebenso intensivieren andere Schwellenländer wie Indonesien, Chile, Mexiko oder die Türkei ihre wirtschaftlichen und politischen Beziehungen zu afrikanischen Staaten und zu Entwicklungsländern in anderen Regionen. Im Vergleich zu anderen Schwellenländern hat China jedoch ein deutlich größeres wirtschaftliches und politisches Gewicht und umfassendere Beziehungen mit einer größeren Anzahl dieser Staaten.

Die chinesische Politik in Afrika (und zu einem geringeren Teil in Lateinamerika) hat in Europa und den Vereinigten Staaten in den vergangenen sechs Jahren zu kontroversen Debatten über die Folgen für die Beziehungen westlicher Staaten zu afrikanischen Ländern und für die Entwicklung in Afrika geführt. Die Medienberichterstattung in Deutschland und anderen europäischen Ländern schwankt zwischen äußerst negativen Urteilen und nahezu euphorischen Berichten über Afrika als »neuem Chancenkontinent«. Chinas Politik gegenüber Afrika wurde im Deutschen Bundestag und im Europäischen Parlament sehr kritisch diskutiert. Diese überwiegend negativen Reaktionen können zum Teil durch konkurrierende wirtschafts- und geostrategische Interessen erklärt werden. Neben den Inhalten haben auch die Intransparenz chinesischer Politik in Afrika und die rasche Intensivierung chinesisch-afrikanischer Beziehungen einen negativen Blick auf die chinesische Afrikapolitik befördert. Insbesondere Akteure der entwicklungspolitischen Zusammenarbeit in Europa sehen Chinas Politik in Afrika kritisch, da sie befürchten, dass Chinas Engagement etablierte Standards und Strukturen dieser Zusammenarbeit gefährden könnte. Um dem entgegenzuwirken, haben europäische Regierungen verschiedene Initiativen unternommen, um trilaterale Kooperationen und einen Dialog mit der chinesischen Regierung und afrikanischen Akteuren anzustoßen. Allerdings haben diese Bemühungen bisher zu wenig konkreten Ergebnissen geführt.

In Afrika und Lateinamerika löst das wachsende Engagement Chinas ebenfalls unterschiedliche Reaktionen aus. Grundsätzlich wird China als alternativer Akteur zu Europa und den USA begrüßt. Insbesondere auf Regierungsebene werden in Lateinamerika und Afrika die Vorteile der wirtschaftlichen Kooperation mit China betont. Zivilgesellschaftliche Akteure, Arbeitnehmer oder kleine und mittelständische Unternehmen diskutieren indes die Auswirkungen chinesischer Politik in ihren jeweiligen Ländern deutlich kontroverser. Zivilgesellschaftliche Akteure kritisieren die Intransparenz zwischenstaatlicher Wirtschaftsverträge; Arbeitnehmer beklagen Probleme bei der Beachtung von Arbeitsrechten. Zugleich profitieren die Konsumenten von der Bereitstellung günstiger Güter (wenn auch häufig die mangelnde Qualität der Produkte kritisiert wird).

In Reaktion auf kritische Kommentare zur Politik Chinas in Afrika und in einem geringeren Maß in Lateinamerika bemühte sich die chinesische Regierung in den vergangenen Jahren sichtlich darum, Public Diplomacy und chinesische Soft Power zu stärken. So eröffnete beispielsweise der staatliche Fernsehsender China Central Television (CCTV) Studios in Kenia. Der Ausbau chinesischer Medienpräsenz in Afrika zeigt das Bemühen der chinesischen Regierung, die Berichterstattung und Wahrnehmung der chinesischen Politik in Afrika aktiv zu beeinflussen. Diese Medienangebote richten sich nicht nur an die Gemeinde der Auslandschinesen. Sie bieten auch (oftmals günstige) Dienste in den Amtssprachen der Länder und bringen so dem Publikum in den jeweiligen Gastländern offizielle chinesische Sichtweisen nahe. Kritische Reaktionen in Afrika und Europa haben in China gleichzeitig eine Debatte über die Nachhaltigkeit chinesischer Projekte (insbesondere von Infrastrukturprojekten) angestoßen.

2 Chinas historische Beziehungen mit Entwicklungsländern: Von der »Solidarität mit der Dritten Welt« zur Außen(wirtschafts)politik

Trotz großer rhetorischer Kontinuität in den Äußerungen der politischen Führung Beijings haben sich die Beziehungen Chinas zu Entwicklungsländern in den letzten drei Dekaden grundlegend verändert. Zugespitzt kann man davon sprechen, dass der Primat der Ideologie dem Primat der Außenwirtschaftsinteressen gewichen ist. Dies sollte nicht dazu verleiten, die politische Dimension der Beziehungen zu missachten; insgesamt sind die Beziehungen heute jedoch kaum mehr ideologischer Natur, sondern vielmehr von großem Pragmatismus auf chinesischer Seite geprägt. Weltanschauliche Differenzen werden wirtschaftlichen Interessen Chinas untergeordnet – ausgenommen davon sind nur wenige Eckpunkte wie die Nichtanerkennung Taiwans als Grundvoraussetzung für Beziehungen mit der Volksrepublik. Dieser Wandel ist in einen allgemeinen Wandel der Außenpolitik Chinas eingebettet. Er lässt sich in vier Phasen gliedern, die auch entscheidend für Chinas Beziehungen mit den Entwicklungsländern Afrikas und Lateinamerikas waren.

1949–1978

Nach dem Erfolg der kommunistischen Revolution auf dem Festland im Jahr 1949 war die Volksrepublik China international weitgehend isoliert. Aus Sicht der Vereinten Nationen und der westlichen Staaten war weiterhin die nach Taiwan geflohene nationalistische Regierung unter Führung der Guomindang die legitime Vertretung Chinas. Die Außenpolitik Beijings zielte somit zunächst darauf, die internationale Isolation zu durchbrechen. Dabei spielten die Beziehungen zu afrikanischen, aber auch zu anderen Entwicklungsländern eine zentrale Rolle.

29 afrikanische und asiatische Länder konferierten 1955 in Bandung. Die Delegation Chinas wurde von Ministerpräsident Zhou Enlai angeführt. (Foto: ullstein bild)

Eine wichtige Gelegenheit, die Beziehungen zu Entwicklungsländern auszubauen, bot sich für die Volksrepublik, als sie im Jahr 1955 an der Konferenz von Bandung (Indonesien) teilnahm. Auf dieser Konferenz verkündete Premierminister Zhou Enlai die »fünf Prinzipien der friedlichen Koexistenz«. Diese Prinzipien betonen den gegenseitigen Respekt für territoriale Integrität, Souveränität und die Nichteinmischung in innere Angelegenheiten, den Verzicht auf gegenseitige Aggression nach dem Grundsatz des friedlichen Zusammenlebens sowie die Gleichheit und den wechselseitigen Nutzen der bilateralen Beziehungen. Die Prinzipien spiegeln ein klassisches Verständnis staatlicher Souveränität; sie dominieren auch heute noch die chinesische Außenpolitik.

Der erste afrikanische Staat, der diplomatische Beziehungen mit China aufnahm, war im Jahr 1956 Ägypten, bald gefolgt vom gerade unabhängig gewordenen Ghana (1960) und anderen jungen Nationalstaaten Afrikas. Als erstes lateinamerikanisches Land nahm Kuba 1960 offizielle Beziehungen zur Volksrepublik auf. Aufgrund der antikommunistischen Haltung in vielen lateinamerikanischen Ländern, nicht zuletzt in den Militärdiktaturen, dauerte es jedoch noch bis in die 1970er-Jahre, bis Beijing hier engere Beziehungen etablieren konnte.

Chinas Kooperation mit Afrika und Lateinamerika

Aufgrund von Führungsrivalitäten zwischen Moskau und Beijing kam es 1960 zum Bruch zwischen China und der Sowjetunion, was zu einer weiteren Isolation Chinas führte. In der Folge unterstützte Beijing bis in die 1970er-Jahre hinein revolutionäre Bewegungen in der sogenannten Dritten Welt, also in den Staaten, die nicht zum »Westen« oder dem sowjetisch dominierten Ostblock gehörten. Die protegierten Organisationen wurden oftmals auch in Rivalität zu Moskau ausgewählt. In Angola etwa unterstützte Beijing nicht die spätere Regierungspartei Movimento Popular de Libertação de Angola (MPLA), die als Alliierte Moskaus galt, sondern überwiegend die auch vom Apartheidregime in Pretoria und von den USA geförderte União Nacional para a Independência Total de Angola (UNITA). In Südafrika war ab 1959 der vom African National Congress (ANC) abgespaltene, radikalere Pan-African Congress (PAC) besonderer Partner Beijings. Bei den ersten freien Wahlen in Südafrika erzielte der PAC jedoch nur ein Prozent der Stimmen, während der ANC rund zwei Drittel der Stimmen auf sich vereinte.

Zhou Enlai skizzierte neben der »friedlichen Koexistenz« zu Beginn der 1960er-Jahre acht Prinzipien für Chinas Entwicklungshilfe, die noch heute Chinas Politik gegenüber anderen Entwicklungsländern leiten. Diese Prinzipien betonen unter anderem, dass Entwicklungshilfe nicht zu einer dauerhaften Abhängigkeit der betroffenen Staaten führen soll und dass chinesische Experten bei der Durchführung von Entwicklungshilfeprojekten ihren Lebensstandard den lokalen Gegebenheiten und Standards anpassen sollen. Die Prinzipien hatten schon damals zum Ziel, Chinas Politik als Gegenentwurf zur westlichen Kooperation zu präsentieren, und nahmen einige der Debatten vorweg, die auch aktuell in der internationalen Entwicklungspolitik geführt werden.

Die Bemühungen Beijings, die internationale Isolation zu beenden, führten Anfang der 1970er-Jahre schließlich zum Erfolg. Nicht zuletzt mit Unterstützung der afrikanischen und lateinamerikanischen Staaten wurde die Volksrepublik 1971 von den Vereinten Nationen als Vertretung Chinas anerkannt. Damit löste Beijing die auf Taiwan ansässige nationalistische Regierung als Repräsentanz Chinas ab und übernahm auch den entsprechenden Sitz im Sicherheitsrat der Vereinten Nationen. Die politische Isolation Taiwans war (und ist) ein wichtiges außenpolitisches Ziel der Volksrepublik.

Neben den Bemühungen, die internationale Isolation zu durchbrechen, war ideologische Solidarität eine starke Motivation für das Engagement in der »Dritten Welt«. Ideologische Gründe spielten beispielsweise eine Rolle, als die Volksrepublik zwischen 1970 und 1975 den Bau der TAZARA-

Chinesisches Emaillegeschirr im Zentralmarkt von Bamako, der Hauptstadt Malis (Foto: akg-images/RIA Nowosti, 1966)

Bahnlinie (TAZARA = Tanzania-Zambia Railway), die das Binnenland Sambia mit dem Hafen von Daressalaam in Tansania verbindet, unterstützte. So sollte die Abhängigkeit Sambias von der Infrastruktur des Apartheidregimes in Südafrika verringert werden.

1978–1989

Nach dem Ende der Kulturrevolution und zu Beginn der wirtschaftspolitischen Öffnung 1978 verloren die Beziehungen zu afrikanischen Ländern und anderen Entwicklungsländern für China zunächst an Bedeutung. Die Regierung in Beijing konzentrierte sich auf die nationalen wirtschaftlichen Reformen und bemühte sich um eine Annäherung an westliche Staaten. China unterstützte afrikanische Staaten zwar weiterhin durch Entwicklungshilfe, jedoch in deutlich geringerem (finanziellen) Umfang. Die Regierung in Beijing beließ es im Wesentlichen dabei, Ärzteteams zu entsenden, und pflegte ihre diplomatischen Beziehungen. Große Infrastrukturprojekte wurden nicht mehr initiiert.

1989–2000

Nach der Niederschlagung der Proteste auf dem Platz des Himmlischen Friedens Anfang Juni 1989, auf die der Westen mit Sanktionen reagierte, verstärkte die chinesische Regierung ihre politischen Beziehungen zu afrikanischen und anderen Entwicklungsländern. Im Vergleich zu den 1960er-Jahren hatte sich der geopolitische und wirtschaftliche Kontext der chinesisch-afrikanischen Beziehungen jedoch grundlegend verändert. Nach dem Zusammenbruch der Sowjetunion und dem Ende des Kalten Krieges war es kaum noch sinnvoll, an revolutionäre Traditionen anzuknüpfen. Nachdem Deng Xiaoping 1992 mit seiner Reise in den Süden Chinas ein klares Zeichen gesetzt hatte, dass die wirtschaftspolitische Öffnung und die Integration Chinas in die Weltwirtschaft weiter vorangetrieben werden sollen, gewannen ökonomische Motive auch in den Beziehungen zu afrikanischen und anderen Entwicklungsländern an Bedeutung.

Die außenpolitischen Veränderungen der 1990er-Jahre wie auch die neuen wirtschaftspolitischen Zielsetzungen führten dazu, dass die chinesische Politik gegenüber anderen Entwicklungsländern grundlegend reformiert wurde. Die Reform der Vergaberichtlinien von Entwicklungshilfe sah vor, diese eng an Handel, Investitionen und andere öffentliche Finanzflüsse zu knüpfen. Entwicklungshilfe wurde so zu einem wichtigen Faktor in der Intensivierung der wirtschaftlichen Beziehungen. Trotzdem nahm der chinesische Handel mit Entwicklungsländern und insbesondere afrikanischen Ländern bis zur Jahrtausendwende kaum zu. Auch der Umfang chinesischer Investitionen in diesen oder die Kreditvergabe an diese Staaten expandierten kaum, sodass die Bedeutung der chinesisch-afrikanischen bzw. chinesisch-lateinamerikanischen Beziehungen für alle Beteiligten gering blieb. Nach wie vor stellte Entwicklungshilfe im Stil einer technischen Süd-Süd-Zusammenarbeit in kleinen Projekten wie Ärzteteams den Kern chinesischer wirtschaftlicher und politischer Kooperation mit Entwicklungsländern dar. Dies hat sich seit Anfang 2000 gründlich verändert.

3 Chinas Kooperation mit Afrika und Lateinamerika seit 2000: Der Primat der Wirtschaftspolitik

Standen bis zu den 1990er-Jahren politische Interessen im Vordergrund der Beziehungen, so dominieren seit 2000 die wirtschaftlichen Beziehungen das Verhältnis zu afrikanischen und lateinamerikanischen Entwicklungsländern weitgehend. Im Gegensatz zu anderen aufstrebenden Mächten wie Indien oder Brasilien, deren Beziehungen zu anderen Entwicklungsländern häufig auf wenige Länder begrenzt sind, unterhält China zu fast allen afrikanischen und lateinamerikanischen Ländern aktive Beziehungen. Die Intensität des wirtschaftlichen und politischen Austausches variiert jedoch stark von Land zu Land.

Wirtschaftsbeziehungen: Umfassende Pakete aus Handel, Investitionen, Krediten und Entwicklungszusammenarbeit

Chinas bilateraler Handel mit Entwicklungsländern ist seit 2000 schnell gestiegen. Trotz des Wachstums bleiben jedoch Europa, die USA und Japan Chinas wichtigste Handelspartner; der Anteil des Handels mit afrikanischen und lateinamerikanischen Staaten liegt jeweils nur bei rund fünf Prozent des gesamten chinesischen Handelsvolumens. Chinas bilateraler Handel mit afrikanischen Staaten ist zwischen 2000 und 2012 von zehn auf rund 200 Mrd. US$ gewachsen. Auch der Handel mit lateinamerikanischen Ländern hat sich im gleichen Zeitraum vervielfacht. In der Struktur ähnelt der Austausch – trotz anhaltender Süd-Süd-Rhetorik in Beijing – den traditionellen Handelsstrukturen Afrikas und Lateinamerikas mit Europa und den USA. Chinas Importe konzentrieren sich auf wenige Länder und Produkte. Mehr als zwei Drittel der chinesischen Importe aus afrikanischen Ländern besteht aus Energieträgern (Öl, Gas), Metallen und Mineralien. Die Importe stammen zum Großteil aus Algerien, Angola, Ägypten, Nigeria, Südafrika und Sudan, wobei allein die Ölimporte aus Angola fast die Hälfte der chinesischen Einfuhren aus Afrika ausmachen.

Auch aus Lateinamerika importiert China vor allem (unverarbeitete) Rohstoffe wie Kupfer, Eisenerz, Nickel, Öl und Sojabohnen. Die lateinamerikanischen Staaten weisen dadurch eine andere Exportgüterstruktur mit China aus als mit Europa. Exporte nach Europa sind stärker diversifiziert und bestehen in einem größeren Maß aus verarbeiteten Gütern. China seinerseits exportiert überwiegend verarbeitete Güter und Waren nach Afrika und Lateinamerika und diese Exporte sind gleichmäßiger auf eine große Anzahl an Ländern verteilt.

*Tab. 1: Chinesisch-afrikanische Handelsbeziehungen
(Durchschnittswerte 2006 bis 2010)*

Land	Anteil am China-Afrika-Handel (in %)	Exporte nach China	Importe aus China
Angola	21	Rohöl, Diamanten, raffiniertes Petroleum, raffiniertes Gas	mechanische und elektrische Produkte, Maschinen, Baumaterialien
Südafrika	18	Diamanten, Eisenerz und -konzentrate, Kupfer, Platin	Baumwolle, Stoffe, Webstoffe, Fußbekleidung/Schuhe, Reisegüter
Sudan	7	Rohöl, Petroleumgase	Oberbekleidung, Schläuche und Röhren, Stahl, Elektroausrüstung
Nigeria	6	Rohöl, Erze, Petroleumgase, Buntmetalle	Fußbekleidung, Motorräder, Batterien und Akkumulatoren, elektrische Bauteile, Beleuchtungs- und Installationswaren
Ägypten	6	Öl, Baumwolle, Chemikalien, Metallprodukte	Lebensmittel, Ausrüstung, Baumaterialen, Elektrogüter, elektrische Generatoren
Algerien	5	mineralische Treibstoffe, Plastik und Plastikerzeugnisse, Kupfer, Kork	Baumaterial, Haushaltsgeräte, Maschinen, Elektrogüter, Fahrzeuge und Ersatzteile, Keramik

Quelle: Cissé 2012, S. 3.

Diese Handelsstrukturen können zum Teil mit komparativen Wettbewerbsvorteilen Chinas gegenüber Lateinamerika bzw. afrikanischen Ländern erklärt werden: Chinas Regierung strebt eine verstärkte Mehrwertgenerierung in China an und damit eine Aufwertung der chinesischen verarbeitenden Industrie. Die Analyse von Wertschöpfungsketten zeigt, dass die chinesische Regierung die Entwicklung der verarbeitenden Industrie in China aktiv gefördert hat. Beispielsweise hat sich in China in den 1990er-Jahren eine Industrie zur Verarbeitung von Sojabohnen entwickelt. Dadurch importiert China inzwischen vor allem unverarbeitete Sojabohnen aus lateinamerikanischen Ländern, um sie in China weiterzuverarbeiten. Dies begrenzt im Effekt die Wertschöpfung in den rohstoffproduzierenden Ländern. Beobachter sprechen daher von einer Reprimarisierung lateinamerikanischer (und afrikanischer) Exporte nach China (Jenkins 2012, S. 1349).

Zu chinesischen Investitionen, Krediten und zur Entwicklungshilfe in bzw. nach Afrika und Lateinamerika gibt es nur wenig gesicherte und länderspezifische Daten. Schätzungen zufolge ist chinesische Entwicklungshilfe an afrikanische und lateinamerikanische Staaten im Vergleich zu europäischen Gebern relativ gering, wobei afrikanische Länder vermutlich deutlich mehr Zuwendungen erhalten als lateinamerikanische Staaten. Eine Schwierigkeit, den Umfang der chinesischen Entwicklungshilfe zu schätzen, liegt darin, dass Beijing diese und Export- bzw. Investitionsförderung vermischt. China lehnt es ab, auf seine Aktivitäten die Definition von Entwicklungshilfe, wie sie der Konsens des OECD-Entwicklungsausschusses vorsieht, anzuwenden. Die OECD-Definition klärt beispielsweise, welche staatlichen Schenkungen hierunter fallen können und zu welchem Mindestmaß Kreditkonditionen vergünstigt werden müssen, um als Entwicklungshilfe zu gelten. Die Vereinheitlichung der Mindeststandards für staatliche Entwicklungshilfe dient auch der Transparenz und Vergleichbarkeit der Daten. Laut Informationen des im Jahr 2011 veröffentlichten Weißbuches zur chinesischen Entwicklungshilfe floss im Jahr 2009 etwa die Hälfte der Entwicklungshilfegelder an afrikanische Länder. Der Umfang chinesischer Entwicklungshilfe an Afrika 2007 wird zwischen 1,4 (Brautigam 2009) und 2,2 Mrd. US$ (Lancaster 2007) geschätzt. Die Höhe der Unterstützung für einzelne Länder variiert wahrscheinlich erheblich.

Im Gegensatz zu westlichen Gebern veröffentlicht die chinesische Regierung auch keine Zahlen zu ihrer Entwicklungshilfe an einzelne Länder. Dies hat wahrscheinlich zumindest zwei Gründe: Erstens kann vermutet werden, dass die chinesische Regierung die Illusion einer gleichberechtigten Partnerschaft mit allen afrikanischen Staaten aufrechterhalten will. Dieses Anliegen würde durch Offenlegung der Ungleichheit in der Mittelzuteilung konterkariert. Afrikanische Staaten könnten diese Daten als Argument in Verhandlungen mit Beijing nutzen. Zweitens ist die Vergabe von Entwicklungshilfe an andere Länder aufgrund der fortbestehenden Armut und wachsenden Ungleichheit in China ein sensibles Thema in der chinesischen Öffentlichkeit.

Es gibt Hinweise darauf, dass das Volumen der chinesischen Entwicklungshilfe häufig überschätzt wird. Aufgrund der Intransparenz chinesischer Finanzflüsse können Beobachter nur schwer zwischen Entwicklungshilfe und anderen Formen öffentlicher Finanzflüsse wie beispielsweise Exportkredite unterscheiden. Wenig Zweifel besteht allerdings, dass andere Finanzflüsse deutlich umfangreicher sind als chinesische Entwicklungshilfe.

Chinesische Finanzunternehmen – insbesondere die Export-Import Bank of China (EXIM-Bank), aber auch andere Policy-Banken wie die China Development Bank – stellen kommerzielle und zinsvergünstigte Kredite für afrikanische Länder zur Verfügung. Der Grad der Kreditvergünstigung ist jedoch nicht transparent und ihr Zweck ist nicht immer die Finanzierung entsprechender Projekte, weshalb sie nicht unbedingt als Entwicklungshilfe gelten können. Diese Kredite sind zur Absicherung häufig an den Export von Ressourcen gebunden (als eine Art Tauschhandel erfolgt die Rückzahlung als Gegenwert in Rohstoffen). Kredite werden zudem häufig für Infrastruktur- oder Prestigeprojekte (beispielsweise Straßen oder Eisenbahnlinien) vergeben, die dann von chinesischen Staatsunternehmen realisiert werden. Anders als der westliche entwicklungspolitische Diskurs betont die offizielle chinesische Rhetorik zu Süd-Süd-Kooperationen, dass beiden Seiten die Kooperation nutzen soll (»Win-win-Situation«). Laut einer Richtlinie der EXIM-Bank muss die Hälfte der Kreditsumme für die Anschaffung chinesischer Materialien und die Schaffung einer gewissen Anzahl an Arbeitsplätzen für Chinesen verwendet werden.

Chinesische Auslandsinvestitionen sind im Vergleich zu ausländischen Investitionen in China insgesamt immer noch gering. Chinesische Investitionen in Entwicklungsländern und insbesondere in Afrika sind jedoch in den vergangenen Jahren deutlich gestiegen und betrugen nach Schätzungen der UNCTAD bis Ende 2008 etwa 7,8 Mrd. US$. Nach Asien ist Afrika damit die zweitwichtigste Region für chinesische Investitionen. Anlagen in Lateinamerika sind vermutlich deutlich geringer, auch wenn hier die Zahlen stark variieren. Ähnlich wie der Handel konzentrieren sich auch die Investitionen in Afrika auf wenige Länder. Etwa 40 Prozent der Investitionen in Afrika entfallen auf Südafrika, die größte und am meisten diversifizierte Volkswirtschaft Afrikas. Weitere wichtige Investitionsländer sind Algerien, Sambia, Angola und Sudan. Ein Großteil chinesischer Investitionen in Lateinamerika entfällt auf Brasilien sowie auf karibische Steueroasen wie die British Virgin Islands oder die Cayman Islands.

Der Großteil chinesischer Auslandsinvestitionen fließt nach wie vor in den Rohstoffsektor. Allerdings gibt es zwischenzeitlich auch umfangreiche Investitionen beispielsweise im Finanzsektor oder im Bereich Telekommunikation. Die Entscheidung der Industrial and Commerical Bank of China im Jahr 2008, für rund 5,5 Mrd. US$ ein Fünftel der Anteile an der südafrikanischen Standard Bank zu erwerben, ist nach wie vor die größte Einzelinvestition. Während mit Ausnahme einiger südafrikanischer Unternehmen kaum afrikanische Firmen in China investieren, engagiert sich eine Reihe von lateinamerikanischen Unternehmen wie beispielsweise der brasilianische Flugzeughersteller Embraer oder der mexikanische Lebensmittelhersteller Bimbo auch in China.

Sinopec, ein staatlich kontrolliertes Ölunternehmen, hat massiv im Südsudan investiert. (Foto: Imaginechina via AP Images, 2010)

Die chinesische Regierung fördert Investitionen auf dem afrikanischen Kontinent mithilfe besonderer Institutionen. Im Jahr 2006 wurde beispielsweise ein China-Afrika-Entwicklungsfonds (China-Africa Development Fund, CAD Fund) gegründet, der mit einem Gesamtwert von fünf Milliarden US$ chinesische Investitionen in Afrika kofinanziert. CAD Fund ist eine Unternehmensbeteiligungsgesellschaft, deren Mandat die Förderung der afrikanischen Entwicklung umfasst und dabei auch Gemeinschaftsunternehmen (Joint Ventures) afrikanischer und chinesischer Unternehmen in China einschließt. De facto werden jedoch alle Entscheidungen über Investitionen des Fonds vom chinesischen Management getroffen. Unterstützt werden ausschließlich Investitionen in Afrika, nicht die ohnehin seltenen Fälle von afrikanischen Investitionen in China oder die Marktzugangsförderung nach China.

Ein zweites Instrument der chinesischen Außenwirtschaftspolitik gegenüber Afrika sind Sonderwirtschaftszonen (SWZ). Aufbauend auf den Erfahrungen Chinas mit der Einrichtung von SWZ in Shenzhen oder Xiamen, sollen Investoren durch Sonderkonditionen – wie beispielsweise Steuerbefreiungen – angelockt werden. Während in China diese SWZ in den 1980er- und 1990er-Jahren vorwiegend als Experimentierfelder für marktwirtschaftliche Instrumente dienten, sind die Voraussetzungen in Afrika grundlegend anders. Die meisten afrikanischen Volkswirtschaften sind durch Reformen im Rahmen der Strukturanpassungsprogramme in den 1980er-Jahren bereits weitgehend liberalisiert. Andere Reformen wie etwa die Herabsetzung des elementaren Arbeitnehmerschutzes sind politisch vor allem in den demokratischen Staaten kaum denkbar, da sie auf starken Widerstand in der Bevölkerung stoßen. Bisher sind Sonderwirtschaftszonen in Sambia und Ägypten entstanden, weitere SWZ für chinesische Investoren in Äthiopien, Nigeria und auf Mauritius befinden sich im Aufbau. Die chinesische Seite hat die Schwierigkeiten, diese Zonen zu etablieren, offenbar deutlich unterschätzt. Die Betreiber der Zonen haben bisher häufig gewechselt und das Interesse chinesischer Investoren, den Aufbau dieser Zonen zu unterstützen, scheint relativ gering zu sein.

Im landwirtschaftlichen Sektor in Entwicklungsländern haben chinesische Unternehmen bisher kaum investiert. Zwar ist die öffentliche (Medien-)Diskussion um das sogenannte *land grabbing*, also den Erwerb von Land in anderen Ländern, beträchtlich. Empirische Untersuchungen zu diesem Thema haben aber bislang keine größeren Investitionen aus China identifizieren können (Asanzi 2012). Stattdessen stammen die Investitionen von Unternehmen aus anderen aufstrebenden Märkten wie Brasilien, Indien, Malaysia und Südkorea oder auch aus Europa. Investitionen im landwirtschaftlichen Bereich werden in Afrika durch schwierige Landzugangsrechte bei oftmals unklaren Eigentumsverhältnissen erschwert und sind – anders als in China – wegen der geringen Verfügbarkeit von (billigen) Arbeitskräften nicht unbedingt attraktiv. Zudem sind die Erfahrungen chinesischer Unternehmen in der tropischen Landwirtschaft gering. Damit sind die Bedingungen für chinesische Investoren zumindest ähnlich schwierig, wenn nicht gar schwieriger als für Investoren aus anderen Ländern.

Was sind die treibenden Kräfte für die Intensivierung der Wirtschaftsbeziehungen?

Seit Mitte der 1990er-Jahre ist die chinesische Wirtschaft rasant gewachsen und die chinesische Außenwirtschaftspolitik hat sich grundlegend gewandelt. Das Wachstum und die Diversifizierung der wirtschaftspolitischen Beziehungen Chinas mit afrikanischen und lateinamerikanischen Ländern sind direkte Folgen dieser Veränderungen.

Die Beziehungen zu afrikanischen und lateinamerikanischen Staaten spielen eine wichtige Rolle für die Deckung des stetig steigenden Rohstoffbedarfs der chinesischen Volkswirtschaft. Chinas Wirtschaftswachstum ist abhängig von Rohstoffimporten, insbesondere von Ölimporten. China wurde schon im Jahr 1993 zum Nettoölimporteur und stieg 2003 zum zweitgrößten Ölimporteur nach den USA auf. Der hohe Bedarf an verschiedensten Rohstoffen seit Anfang dieses Jahrtausends wird durch die veränderten Wirtschaftsstrukturen und die Entwicklung der Schwerindustrie in China getrieben. Die Nachfrage wurde in der Vergangenheit zum Großteil mit Rohstoffen aus den Nachbarländern und dem Nahen Osten gedeckt. Der Zugang zu den Rohstoffen aus diesen Regionen ist jedoch begrenzt – vor allem durch die Dominanz westlicher Unternehmen in diesen Märkten. Die Beziehungen zu afrikanischen rohstoffexportierenden Staaten nehmen daher eine wichtige Bedeutung bei der Diversifizierung chinesischer Rohstoffimporte ein. Mehr als 30 Prozent chinesischer Ölimporte stammen inzwischen aus Afrika, zu einem Großteil aus Angola.

Entsprechend dient die im Jahr 1999 initiierte Strategie eines größeren globalen Wirtschaftsengagements (»Going-out-Strategie«) unter anderem dem Ziel, den Zugang zu Rohstoffen zu sichern. Darüber hinaus soll diese Strategie chinesische Staatsunternehmen international wettbewerbsfähig machen. Für einige chinesische Unternehmen sind Investitionen in Afrika (und in Lateinamerika) eine Vorbereitung auf den Wettbewerb mit Weltmarktführern in Europa oder den USA. Für chinesische Telekommunikationsunternehmen stellen afrikanische Märkte zum Beispiel ein wichtiges Sprungbrett für den Zugang zu europäischen und amerikanischen Märkten dar. Auch in anderen Sektoren, in denen die europäischen oder amerikanischen Märkte für chinesische Unternehmen schwer zugänglich sind, erobern die Unternehmen zunächst erfolgreich Märkte in Entwicklungsländern. Beispielhaft hierfür steht der Bausektor. Für chinesische Bauunternehmen sind Projekte in afrikanischen Ländern – meist finanziert von traditionellen bilateralen oder multilateralen Gebern wie der Weltbank oder der Europäischen Union – besonders lukrativ. Vergünstigte Kredite der chinesischen Regierung an afrikanische Staaten für Infrastrukturprojekte sind ein zusätzliches Instrument, das chinesischen Unternehmen den Marktzugang erleichtert. Zugleich eröffnete die Internationalisierung einigen chinesischen Bauunternehmen eine Möglichkeit, dem Konkurrenzdruck in China zu entgehen. In der Folge stieg der chinesische Anteil am Bausektor in Afrika von nur vier Prozent im Jahr 1995 auf mehr als 20 Prozent im Jahr 2005. Nach französischen Unternehmen waren chinesische Bauunternehmen demnach bereits Mitte des ersten Jahrzehnts des 21. Jahrhunderts die zweitwichtigsten Anbieter.

Mit dem WTO-Beitritt Chinas Ende 2001 haben sich afrikanische und lateinamerikanische Länder zu wichtigen Absatzmärkten für chinesische Produkte – nach wie vor überwiegend günstige Konsumgüter – entwickelt. Die chinesische Wirtschaftsstruktur und die Arbeitsteilung zwischen den Provinzen spiegeln sich auch in den Wirtschaftsbeziehungen zu afrikanischen und lateinamerikanischen Ländern. So dominieren als Herkunftsorte chinesischer Produkte wenige Provinzen wie Zhejiang und Guangdong fast vollständig die chinesischen Exporte nach Afrika. Steigende Produktions- und Arbeitskosten in China haben zu einer Verlagerung von Teilen der chinesischen Produktion in benachbarte asiatische Länder geführt. Die Verlagerung der Produktion in afrikanische Länder mit dem Ziel, Produkte für afrikanische Märkte herzustellen, spielte bisher nur eine geringe Rolle. Chinesische Investitionen in Afrika werden stattdessen dadurch befördert, dass afrikanische Länder günstigere Zugangsbedingungen zu europäischen und amerikanischen Märkten haben, beispielsweise durch die erleichterten Marktzugänge über Regelungen im US-amerikanischen »African Growth and Opportunity Act« (AGOA) oder mithilfe der EU-Regelung »Everything but Arms« (EBA). Im Textilsektor entsteht so eine Dreiecksbeziehung: Chinesische Baumwollimporte aus Afrika werden in China zu Garn verarbeitet, anschließend nach Afrika exportiert, dort in chinesischen Unternehmen zu Textilien weiterverarbeitet und am Ende durch Zugangserleichterungen günstig in die USA exportiert. Die Erfahrungen chinesischer Investoren im Textilbereich etwa in Sambia deuten jedoch darauf hin, dass die Marktzugangsregelungen der USA zu unbeständig sind. Dies und lokale Investitionshindernisse verringern den Anreiz für größere Investitionen in derartige Wertschöpfungsketten.

Der harte wirtschaftliche Wettbewerb in China ist für kleine und mittelständische Privatunternehmen eine treibende Kraft, in Afrika zu investieren, was seit spätestens 2005 zu verstärkten Aktivitäten von chinesischen Klein- und Kleinstunternehmen führte. Insbesondere Kleinstunternehmen wie die chinesischen *corner shops* – Geschäfte, die sich oft in Wohngebieten befinden und Waren für den alltäglichen Bedarf bereithalten – sind jedoch in vielen afrikanischen Ländern umstritten. Sie spielen zwar eine wichtige Rolle in der Versorgung mit günstigen Konsumgütern (wenn auch oftmals von geringer Qualität), stehen aber häufig in direkter Konkurrenz zu lokalen Unternehmern. In Malawi beispielsweise ist der Einzelhandel inzwischen gesetzlich den eigenen Staatsbürgern vorbehalten, um ihn vor ausländischer (nicht zuletzt chinesischer) Konkurrenz zu schützen. Diese Regelung wird jedoch in der Praxis kaum durchgesetzt.

Wie vorteilhaft sind die Wirtschaftsbeziehungen für Afrika und Lateinamerika?

Chinas Engagement hat unterschiedliche Konsequenzen für verschiedene Entwicklungsländer, Politikbereiche und Akteure. Kaplinsky, McCormick und Morris (2007) argumentieren, dass chinesische Wirtschaftsbeziehungen komplementär oder im Wettbewerb zu lokalen Strukturen stehen können. Bisher durchgeführte Analysen unterscheiden meist zwischen den Konsequenzen chinesischer Politik für unterschiedliche gesellschaftliche Gruppen in afrikanischen und lateinamerikanischen Ländern. Durch Handel und Investitionen, beispielsweise im Textilsektor, profitieren die lokalen Konsumenten, da sie günstig Produkte erwerben können. Lokale Unternehmen werden zum Teil durch die chinesische Konkurrenz verdrängt, zum Teil profitieren sie aber auch von chinesischen Investitionen, da sie beispielsweise chinesischen Unternehmen zuarbeiten können.

Der globale Aufstieg Chinas bringt zudem eine Reihe von indirekten Effekten für Entwicklungsländer: Einerseits sind die Rohstoffpreise durch die gewachsene Nachfrage in Asien deutlich gestiegen. Dies nutzt den afrikanischen und lateinamerikanischen Volkswirtschaften, die Rohstoffe exportieren, und hat zum Teil auch einen (geringen) armutsreduzierenden Effekt. Andererseits konkurrieren Produzenten aus Afrika und Lateinamerika mit China auf Drittmärkten, sodass von einer Deindustrialisierung Afrikas und Lateinamerikas durch den chinesischen Wirtschaftsaufstieg gesprochen wird. Die chinesische Währungspolitik, insbesondere die Unterbewertung des Renminbi, wirkt sich dagegen negativ auf die Konkurrenzfähigkeit afrikanischer und lateinamerikanischer Unternehmen und Produkte in heimischen Märkten und auf Drittmärkten aus. In ihrer Gänze sind die Auswirkungen des chinesischen Engagements in Entwicklungsländern bislang wegen dieser unterschiedlichen Wirkungszusammenhänge kaum abzuschätzen. Es besteht allerdings wenig Zweifel, dass Chinas Engagement viele Lebensbereiche insbesondere in afrikanischen Ländern nachhaltig verändert.

Die Bereitschaft und Fähigkeit chinesischer Unternehmen, lokale Umwelt- und Sozialstandards einzuhalten, werden in Afrika und Lateinamerika kontrovers diskutiert. Sofern dies von Auftraggebern wie der Weltbank oder der African Development Bank gefordert wird, sind chinesische Infrastrukturkonzerne offenbar in der Lage, relevante Planungs-, Sozial- und Umweltstandards einzuhalten. Bei anderen Projekten für chinesische oder afrikanische Auftraggeber (mit oftmals niedrigen Gewinnmargen) wird – zuweilen von denselben Unternehmen – nicht immer der höchste Umwelt- oder Sicherheitsstandard gewährleistet, was zu Auseinandersetzungen mit zivilgesellschaftlichen Akteuren wie den Gewerkschaften führt. Letztere waren für chinesische Unternehmer anfänglich eine unbekannte Größe. Die gewerkschaftliche Arbeitnehmervertretung in China ist staatlich kontrolliert und spielt damit eine andere Rolle als etwa in Sambia, Südafrika oder Argentinien, wo Assoziationsfreiheit und weitgehende Tarifautonomie garantiert sind.

In etlichen afrikanischen Staaten hat die Intensivierung der wirtschaftspolitischen Beziehungen auch zu Unzufriedenheit und Protesten geführt. Ein für afrikanische Gesellschaften weitgehend neues Phänomen ist die chinesische Migration. Die Größe der chinesischen Diaspora in Afrika ist nur schwer zu ermitteln und auch chinesischen Behörden (glaubhaft) unbekannt. Aus Libyen wurden im Bürgerkrieg 2011 rund 36 000 Chinesen evakuiert; eine Anzahl, die Beobachter erstaunen ließ, da sie weit über den Vermutungen lag. Für Südafrika, wo vermutlich die größte chinesische Gemeinde auf dem Kontinent lebt, gehen Schätzungen von 350 000 bis 500 000 Migranten aus. Derartige Schätzungen sind jedoch, nicht zuletzt aufgrund zunehmender Xenophobie, hochgradig politisiert und werden von populistischen Politikern (etwa dem seit 2011 amtierenden sambischen Präsidenten Michael Sata) beispielsweise in Wahlkämpfen politisch genutzt. Die Extrempositionen fügen sich zu Verschwörungstheorien einer von Beijing gesteuerten Migration zusammen. Empirische Studien belegen hingegen, dass es sich in der Regel um eine individuelle Lebensentscheidung der Migranten auf der Suche nach besseren wirtschaftlichen Möglichkeiten handelt.

Politische Beziehungen mit Afrika und Lateinamerika

Auch wenn das politische Element im Vergleich beispielsweise zu den 60er-Jahren des 20. Jahrhunderts deutlich zurückgetreten ist, sind die Unterstützung Chinas in den Vereinten Nationen (insbesondere in den UN-Menschenrechtsgremien) und die Förderung der Ein-China-Politik (das heißt die Nichtanerkennung Taiwans als souveränen Staat) noch immer wichtige Beweggründe der Beziehungen. In Afrika unterhält China inzwischen mit 51 Staaten diplomatische Beziehungen. Lediglich drei Länder – Burkina Faso, Sao Tomé und Príncipe sowie Swasiland – erkennen weiterhin Taiwan an. Während die Ein-China-Politik daher in der Afrikapolitik inzwischen keine große Rolle mehr spielt, ist sie ein zentrales Element der chinesischen Politik in Lateinamerika. Neben Paraguay erkennen elf zentralamerikanische Staaten Taiwan als einzig rechtmäßige Vertretung Chinas an. Seit dem Amtsantritt von Präsident Ma in Taiwan im Mai 2008 gilt ein unausgesprochenes Stillhalteabkommen zwischen Beijing und Taibei. Einzelne Länder wie Panama (2009) und Sao Tomé und Príncipe (2012) haben seither ihre Absicht signalisiert, die Volksrepublik anzuerkennen, wurden allerdings selbst von Beijing entmutigt, ihre Beziehungen zu Taiwan abzubrechen und diplomatische Beziehungen mit der Volksrepublik China aufzunehmen. Diese Politik Beijing wird als beabsichtigte Stärkung des taiwanesischen Präsidenten Ma gesehen, der eine Unabhängigkeitserklärung Taiwans ablehnt. Im November 2013 hat jedoch – offenbar ohne Absprache mit Beijing – Gambia die Beziehung zu Taiwan abgebrochen; zum Zeitpunkt der Abfassung dieses Artikels ist unklar, ob Beijing diplomatische Beziehungen mit Gambia aufnehmen würde.

Als institutioneller Rahmen für die Kooperation Chinas mit Afrika wurde im Jahr 2000 das Forum für Chinesisch-Afrikanische Kooperation (Forum on China-Africa Cooperation, FOCAC) ins Leben gerufen. FOCAC tritt alle drei Jahre zusammen – im Jahr 2006 erstmals als Gipfel der Staats- und Regierungschefs – und versammelt Vertreter der chinesischen Regierung und aller afrikanischen Staaten, die mit Beijing Beziehungen unterhalten. Ein vergleichbares Forum gibt es mit lateinamerikanischen Staaten bisher nicht. Während eines Besuchs in Santiago de Chile im Sommer 2012 hat Premierminister Wen Jiabao allerdings vorgeschlagen, einen ähnlichen Austausch auf höchster politischer Ebene einzurichten.

Alle afrikanischen Staaten erhalten Unterstützung durch das FOCAC. Aktionspläne sehen beispielsweise Infrastrukturprojekte wie den Bau von Grundschulen vor, des Weiteren die Vergabe von Stipendien an afrikanische Studenten für Studienaufenthalte in China oder die Gründung landwirtschaftlicher Vorführeinrichtungen (*agricultural demonstration centres*), die den Anbau neuer landwirtschaftlicher Güter fördern. Diese Projekte dienen auch allgemein der Pflege der politischen Beziehungen zu einer großen Anzahl von Ländern. Die Entwicklung der Erklärungen und Aktionspläne des FOCAC illustriert, wie sich die chinesisch-afrikanischen

Beziehungen seit dem Jahr 2000 diversifiziert haben. Spätestens auf dem Gipfeltreffen 2006 in Beijing machte die chinesische Regierung deutlich, dass sie afrikanischen Ländern umfassende Kooperationspakete anbietet, die neben Entwicklungshilfe, vergünstigten Krediten für Infrastrukturprojekte oder Schenkungen auch Handelserleichterungen, technische Unterstützung und Stipendien für Aufenthalte in China umfassen. Im Jahr 2009 wurde in Sharm El-Sheikh die Kooperation um neue Politikfelder wie beispielsweise den Kampf gegen die Folgen des Klimawandels und die Zusammenarbeit in Wissenschaft und Technologie erweitert.

Sowohl in der Kooperation mit afrikanischen als auch mit lateinamerikanischen Staaten hat die chinesische Regierung bisher einen starken Fokus auf die bilaterale Kooperation mit einzelnen Staaten gelegt und fördert nur verhalten multilaterale Beziehungen. FOCAC zum Beispiel wird in Beijing häufig als Forum für bilaterale Kontakte verstanden und nicht als multilaterales Instrument, als das es einige afrikanische Regierungen gestalten wollen. Auf dem letzten FOCAC-Gipfel 2012 in Beijing kündigte die chinesische Regierung jedoch mehr Unterstützung auch für afrikanische Regionalorganisationen und insbesondere die Afrikanische Union (AU) an, deren Sitz in Addis Abeba von China finanziert und gebaut wurde. Auf Drängen der afrikanischen Seite wird die AU nun an den Treffen beteiligt werden und eine Repräsentanz in Beijing eröffnen.

Eine der größten Kontroversen über die chinesische Politik in Afrika entzündet sich am Prinzip der »Nichteinmischung in innere Angelegenheiten«. Dazu gehört auch, dass die chinesische Regierung es ablehnt, Wirtschaftsbeziehungen oder Entwicklungshilfe an die Erfüllung politischer Reformen zu knüpfen, und sich auf diese Weise als Alternative zu Europa oder den USA darstellt. Die chinesische Regierung folgt dabei einer sehr orthodoxen Interpretation von Souveränität. Während das Nichteinmischungsprinzip auch als Abwehr einer Kritik an der Regierungsführung in Beijing zu verstehen ist, bleibt China mit dieser Haltung hinter dem Stand internationaler Diskussionen zur *responsibility to protect* oder auch dem Gebot der AU zur Einmischung bei Völkermord, schweren Kriegsverbrechen und gravierenden Menschenrechtsverletzungen zurück. Bisher wusste es die Regierung in Beijing zu vermeiden, diese Unterschiede zum Konflikt werden zu lassen. In Fällen, in denen die AU einheitlich ein Eingreifen unterstützte (beispielsweise die Resolution 1973, mit der der UN-Sicherheitsrat am 17. März 2011 auf die sich zuspitzende Situation im libyschen Bürgerkrieg reagierte), hat sich China im UN-Sicherheitsrat enthalten.

Nicht zuletzt aufgrund wachsender wirtschaftlicher Interdependenzen geraten das Nichteinmischungsprinzip und die Notwendigkeit, Investitionen zu schützen, zunehmend in Widerspruch – wie der Fall Sudan anekdotisch belegt. Im Sudan hat China stark in den Ölsektor investiert, was unter anderem auch dadurch erleichtert wurde, dass bestehende internationale Sanktionen gegen das Regime in Khartum die westliche Konkurrenz beschränkten. Die Sudanpolitik Beijings geriet unter Druck, als der Konflikt in der Provinz Darfur zum Völkermord erklärt wurde und internationale Menschenrechtsaktivisten Beijing eine Mitschuld am andauernden Konflikt gaben. Auch aus Sorge um einen möglichen Boykottaufruf für die Olympischen Sommerspiele in Beijing 2008 ernannte die Regierung mit Liu Guijin erstmals einen Sonderbeauftragten, der vermittelnd auf die Konfliktparteien einwirken sollte. 2012 hat Zhong Jianhua die Position des Sonderbeauftragten für Afrika übernommen. Die Abspaltung Südsudans vom Sudan hat Beijing pragmatisch akzeptiert und zwischen beiden Seiten aktiv vermittelt, obwohl die Regierung vor dem Hintergrund in China bestehender Sezessionsbewegungen diese Entwicklung nicht begrüßt haben kann. Südsudan ist jedoch Lagerstätte für einen Großteil des sudanesischen Öls, das wiederum einen wichtigen Anteil der Ölimporte Chinas aus Afrika ausmacht.

Chinas Politik der Nichteinmischung im Rahmen offizieller Kontakte mit anderen Regierungen wird von manchen Konfliktparteien als Parteinahme gewertet und bedeutet auch, dass chinesische Staatsbürger, die in Krisengebieten tätig sind, gefährdet sind. So ist es zumindest im Sudan, in Ägypten, Nigeria und Äthiopien bereits zu Entführungen (und Todesfällen) von chinesischen Arbeitern gekommen.

Zu ausgewählten Ländern beider Kontinente unterhält die chinesische Regierung besonders enge politische Beziehungen. Brasilien und Südafrika beispielsweise sind wichtige Partner im Rahmen der Beziehungen zwischen den BRICS-Staaten, der G20 und als bedeutendste Volkswirtschaften in der jeweiligen Region. Des Weiteren kommt zum Beispiel Äthiopien eine besondere Aufmerksamkeit zu. Äthiopien ist der Sitz afrikanischer Regionalorganisationen und zudem ein wichtiger Vertreter afrikanischer Interessen auf internationaler Ebene, beispielsweise in den Klimaverhandlungen oder als Beobachter bei den G-20-Treffen; außerdem hat es das zweite FOCAC-Treffen im Jahr 2003 ausgerichtet.

Die Beziehungen zwischen der chinesischen Kommunistischen Partei (KP) und afrikanischen Regierungsparteien sind ein wichtiger Pfeiler der chinesischen Politik in Afrika. In den Beziehungen zu lateinamerikanischen Ländern spielen Parteikontakte eine deutlich geringere Rolle. Zu einigen afrikanischen Parteien (wie der SWAPO in Namibia oder dem Zanu-PF in Simbabwe) unterhält die KP langjährige enge Beziehungen, die auf die chinesische Unterstützung für afrikanische Unabhängigkeitsbewegungen zurückgehen. Beziehungen zwischen der KP und afrikanischen Regierungsparteien, die auf diesen historisch gewachsenen Kontakten gründen, sind nach wie vor besonders eng. Im Zuge der Intensivierung der Wirtschaftskooperation seit Anfang 2000 intensivierte die KP ihre Beziehungen allerdings auch zu vielen anderen Regierungsparteien (wie dem ANC in Südafrika oder der EPRDF in Äthiopien) und in einem geringeren Maß zu Oppositionsparteien. Beziehungen zu afrikanischen Parteien sind für China einerseits ein Instrument, um wirtschaftliche Beziehungen zu fördern; sie dienen oftmals der Vorbereitung von Kontakten und Vereinbarungen in einem etwas informelleren Rahmen als den Regierungsverhandlungen. Anderseits eröffnen hochrangige Besuche von KP-Vertretern die Möglichkeit, politische Beziehungen auch zu jenen Ländern zu stärken, in denen wirtschaftliche Kooperation nur eine geringe Rolle spielt.

Soft Power: Kulturelle Aktivitäten und Chinas Entwicklung als Modell?

Soft Power beschreibt in der amerikanischen Diskussion die Einflussnahme und Machtausübung in internationalen Beziehungen durch die Attraktivität und das »Image« eines politischen und gesellschaftlichen Modells. Chinas außenpolitisches Engagement wird zum Teil heftig kritisiert, sodass die chinesische Regierung ihre kulturellen Aktivitäten und die sogenannten People-to-People-Kontakte (das heißt die persönlichen Begegnungen) in anderen Ländern verstärkt hat. Über kulturelle Angebote, Studentenaustausch und Studienfahrten für leitende Beamte projiziert die Regierung ein »freundliches Gesicht Chinas«.

Zur Unterstützung der kulturellen Beziehungen sind seit 2005 beispielsweise weltweit sogenannte Konfuzius-Institute entstanden, die (ähnlich wie etwa die Alliance Française oder die Goethe-Institute) der Vermittlung und Förderung der chinesischen Sprache und Kultur dienen. Anders als europäische oder amerikanische Kulturinstitute sind Konfuzius-Institute jedoch immer an höhere Bildungseinrichtungen der Gastländer angeschlossen. Sie sind damit eine wichtige erste Anlaufstelle für studentische Austauschprogramme, die insbesondere in Zeiten restriktiver werdender Visaregime in westlichen Ländern bei Afrikanern populär sind. Erste Berichte über Erfahrungen mit diesen intensivierten Austauschprogrammen geben – wie auch ihre älteren Vorläufer aus den 1970er-Jahren – eine sehr differenzierte Bewertung der individuellen Studienerfahrungen in China. Chinas Bild in Afrika wird damit vielschichtiger, aber nicht uneingeschränkt positiver.

Im Zusammenhang mit chinesischer Soft Power ist die – häufig politisch instrumentalisierte – Diskussion zu »China als Modell« bedeutsam. Unter diesem schwammigen und uneinheitlich verwendeten Begriff werden verschiedene Diskussionsstränge über die wirtschaftliche und politische Transformation Chinas und deren außenpolitische Konsequenzen zusammengefasst. Zum einen wird unter dem Stichwort diskutiert, inwiefern die

China intensiviert seine Beziehungen zu Lateinamerika – auch zum ölreichen Venezuela. Vizepräsident Xi Jinping 2008 mit dem damaligen venezolanischen Präsidenten Hugo Chavez (Foto: AP/Minoru Iwasaki)

Kombination aus autoritären Regierungsstrukturen und Elementen freier Marktwirtschaft den wirtschaftlichen Erfolg Chinas maßgeblich begünstigt hat. Zum anderen wird thematisiert, inwiefern chinesische Erfahrungen in der Transformation von einer Plan- zur Marktwirtschaft auf andere Länder übertragen werden können. Zum Dritten wird die Debatte aber auch mit Blick darauf geführt, inwiefern der wirtschaftliche und politische Aufstieg Chinas die Dominanz einer liberalen Weltordnung unterminiert.

Die Diskussion um das »Modell China« wird häufig auf Basis vereinfachender Annahmen über die wirtschaftliche Entwicklung in China geführt. Dabei werden die positiven Elemente wie das hohe Wirtschaftswachstum in den Vordergrund gestellt, ohne deren Kontext zu diskutieren (z. B. die Bedeutung der Direktinvestitionen aus dem Westen, der chinesischen Diaspora und des enormen chinesischen Binnenmarkts) oder Negativeffekte zu thematisieren (z. B. extrem hohe Umweltkosten, Auswirkungen auf die ländliche Entwicklung oder niedrige arbeitsrechtliche Standards). Die Bedeutung von China als potenziellem Modell steht und fällt mit dem Erfolg der wirtschaftlichen Entwicklung in China.

In Lateinamerika wird die Diskussion über »China als Modell« zudem vor dem Hintergrund der eigenen Erfahrungen mit den Strukturanpassungsprogrammen der internationalen Finanzinstitutionen geführt. Während China seine Politik nicht an den Vorgaben der Bretton-Woods-Institutionen ausgerichtet hatte und heute wirtschaftlich prosperiert, mussten lateinamerikanische Staaten sich in den 1980er-Jahren den Konditionen von IWF und Weltbank unterwerfen. Die Umsetzung der Strukturanpassungsprogramme führte in der Wahrnehmung der Länder kaum zu wirtschaftlichem Wachstum, während China im gleichen Zeitraum zur zweitgrößten Volkswirtschaft der Welt aufstieg.

Die chinesische Regierung hat die Debatte um »China als Modell« bisher kaum aktiv befördert. Zwar führen chinesische Wissenschaftler eine lebhafte Debatte inwiefern China als wirtschaftliches (oder politisches) Modell für andere Länder dienen kann. Die Regierung hält sich jedoch mit Äußerungen zu diesem Thema bislang zurück.

4 Schlussfolgerungen

Das Wirtschaftswachstum und die zunehmende Integration Chinas in die Weltwirtschaft haben augenfällig zu einem grundlegenden Wandel der chinesischen Beziehungen zu Entwicklungsländern geführt. Die Verlangsamung des Wirtschaftswachstums in China im Jahr 2012, die auf die Auswirkungen der Finanz- und Verschuldungskrise vor allem in den USA und der EU zurückzuführen ist, zeigt, dass die Beziehungen zu Industrieländern nach wie vor die wichtigste Bedeutung für China spielen. Gleichzeitig reduziert aber schon heute die Kooperation mit Entwicklungs- und Schwellenländern, insbesondere mit afrikanischen Staaten, Chinas Abhängigkeit von OECD-Ländern.

Die wirtschaftliche Entwicklung in China geht mit einer starken Pluralisierung der Akteure einher, die die Beziehungen zu afrikanischen und lateinamerikanischen Staaten gestalten. Während chinesisch-afrikanische Beziehungen bis Mitte der 1990er-Jahre von der Kommunistischen Partei, dem Außenministerium und einigen wenigen Staatsbetrieben dominiert wurden, engagiert sich heute eine Vielzahl von – staatlichen und privaten – Akteuren in den Beziehungen zu Entwicklungsländern. Hierdurch haben auch die Möglichkeiten der chinesischen Regierung, die Beziehungen mit den Partnerländern direkt zu steuern und zu kontrollieren, stark abgenommen. So hat das chinesische Handelsministerium beispielsweise erhebliche Schwierigkeiten, die Richtlinien zu Umwelt- und Sozialstandards in Auslandsinvestitionsprojekten chinesischer Unternehmen durchzusetzen.

Chinesische Außenpolitik steht außerdem vor der Herausforderung, Chinas gewachsene wirtschaftliche und politische Macht mit dem Anspruch bzw. Selbstverständnis in Einklang zu bringen, dass China ein Entwicklungsland sei. Obwohl China gemessen am Pro-Kopf-Einkommen weiterhin zu den Entwicklungsländern gezählt wird, weckt das wirtschaftliche und politische Gewicht Chinas aufseiten der Entwicklungsländer (und der Industrieländer) die Erwartung, dass China mehr globale Verantwortung übernimmt, beispielsweise bei der Lösung von Konflikten in Afrika und im Nahen Osten oder bei der Reform der internationalen Entwicklungsagenda. Die gern verwendete Süd-Süd-Rhetorik und der wirtschaftliche Erfolg in China wecken aufseiten afrikanischer Länder die Erwartung, dass die Kooperation mit China ein maßgeblicher Faktor des Wirtschaftslebens bleibt. So hat Südafrikas Präsident Zuma auf dem letzten FOCAC-Treffen in Beijing im Juli 2012 in ungewohnter Offenheit gefordert, dass die Wirtschaftsbeziehungen größeren Nutzen für afrikanische Länder bringen müssten, um mittelfristig nachhaltig zu sein und sich zu einer realen Alternative zu den Beziehungen zu Europa zu entwickeln. Inwiefern China diesen wachsenden Erwartungen gerecht werden kann, wird nicht zuletzt von innenpolitischen Entwicklungen in China unter der neuen politischen Führung abhängen.

Literatur

African Development Bank u. a. (Hrsg.): African Economic Outlook (2011. Special Theme: Africa and its Emerging Partners), o. O. 2011 (http://www.undp.org/content/dam/undp/library/corporate/Reports/UNDP-Africa-2011-Economic-Outlook.pdf, Zugriff: 5. November 2013).

Alden, Chris: China in Africa, Johannesburg 2007.

Asche, Helmut/Schüller, Margot: Chinas Engagement in Afrika – Chancen und Risiken für Entwicklung, Eschborn 2008.

Asanzi, Philippe: Chinese Agricultural Investments in Africa – Interests and Challenges, in: African East-Asian Affairs – The China Monitor, 69 (2012), S. 4 – 9.

Brautigam, Deborah: The Dragon's gift. The Real Story of China in Africa, Oxford 2009.

Cissé, Daouda: FOCAC: trade, investment and aid in China-Africa relations, Centre of Chinese Studies, Stellenbosch University, Policy Briefing, May 2012 (http://www.ccs.org.za/?cat=64&paged=3, Zugriff: 12. November 2013).

Grimm, Sven/Hackenesch, Christine: European Engagement with Emerging Actors in Development: Forging New Partnerships, in: Gänzle, Stefan/Grimm, Sven/Makhan, Davina (Hrsg.): The European Union and Global Development. An »Enlightened Superpower« in the Making?, Basingstoke 2012, S. 211 – 228.

Grimm, Sven u.a.: Transparency of Chinese Aid. An analysis of the published information on Chinese external financial flows, Centre for Chinese Studies and Publish What You Fund, Stellenbosch University, August 2011 (http://www.ccs.org.za/wp-content/uploads/2011/09/Transparency-of-Chinese-Aid_final.pdf, Zugriff: 5. November 2013).

Hackenesch, Christine: Die Wirtschaftskrise stärkt Afrikas Bedeutung für China, Deutsches Institut für Entwicklungspolitik/German Development Institute Bonn, Die aktuelle Kolumne vom 15. November 2010 (http://www.die-gdi.de/CMS-Homepage/openwebcms3.nsf/%28ynDK_contentByKey%29/MPHG-8B8AKM, Zugriff: 5. November 2013).

Jenkins, Rhys: Latin America and China – a new dependency?, in: Third World Quarterly, 33 (2012) 7, S. 1337 – 1358.

Kaplinsky, Raphael/McCormick, Dorothy/Morris, Mike: The Impact of China on Sub Saharan Africa, February 2007 (http://asiandrivers.open.ac.uk/documents/china_and_ssa_dfid_agenda_paper_v3_%20feb_%2007.pdf, Zugriff: 4. März 2014).

Lancaster, Carol: The Chinese Aid System, Center for Global Development, June 2007 (http://www.cgdev.org/files/13953_file_Chinese_aid.pdf, Zugriff: 23. April 2014).

Shinn, David H./Eisenman, Joshua: China in Africa. A Century of Engagement, Philadelphia 2012.
State Council: Chinese White Paper on Foreign Aid, Beijing 2011.
World Bank: Latin America and the Caribbean's long term growth. Made in China?, Washington 2011.
Zhou, Hong: China's international cooperation, in: Chaturvedi, Sachin/Fues, Thomas/Sidiropoulos, Elizabeth (Hrsg.): Development Cooperation and Emerging Powers: New and Old Patterns?, London 2012, S. 134–168.

Weblink

African Economic Outlook:
www.africaneconomicoutlook.org

Xuewu Gu

Chinas Rolle im asiatisch-pazifischen Raum: Auf dem Weg zur Pax Sinica?

Das wichtigste Ereignis in der asiatisch-pazifischen Region der Gegenwart, das auch über die Region hinaus Bedeutung hat, ist der Aufstieg der Volksrepublik (VR) China zur zweitgrößten Volkswirtschaft der Welt im Lauf des Jahres 2010. Seit November 2012 wird die Volksrepublik unter dem neuen Parteichef Xi Jinping von der sogenannten fünften Generation der kommunistischen Führung regiert. Spätestens seit diesem Zeitpunkt ist die stille, aber auf vielen Ebenen erkennbare Verschiebung der Machtverhältnisse in Ostasien unübersehbar geworden. Dank seines rapiden Wirtschaftswachstums seit dem Beginn der Reformen im Jahr 1978 verfügt das »Reich der Mitte« über ein in seiner Geschichte nie da gewesenes Machtpotenzial, das seine Bedeutung für die Weltwirtschaft und Weltpolitik enorm erhöht hat (siehe die Beiträge von Hanns W. Maull und Christoph Müller-Hofstede).

Chinas Aufstieg zur Großmacht mit weltpolitischer Bedeutung ist eng verbunden mit der Tatsache, dass nach dem Ende des Vietnamkriegs kein nennenswerter bewaffneter zwischenstaatlicher Konflikt mehr im asiatisch-pazifischen Raum ausgebrochen ist, sieht man von der chinesischen »Strafaktion« gegen Vietnam nach dem vietnamesischen Einmarsch in Kambodscha im Februar 1979 ab.[1] Dieses – trotz der Spannungen insbesondere auf der koreanischen Halbinsel – weitgehend friedliche Umfeld ermöglichte der Volksrepublik nach 1978, sich auf ihre Modernisierung zu

---

1 Im Dezember 1978 marschierten vietnamesische Truppen in Kambodscha ein, nachdem zuvor Truppen Pol Pots den Süden Vietnams angegriffen hatten. Sie stürzten das mit der VR China verbündete Regime der Roten Khmer, das an der Bevölkerung einen Genozid verübt hatte, dem nach Schätzungen etwa 1,7 Millionen Menschen zum Opfer fielen, und installierten eine provietnamesische Regierung. China reagierte mit einem Angriff auf vietnamesisches Grenzgebiet, den es als Reaktion auf vietnamesische »Provokationen« – zwischen der VR China und Vietnam gab es seit Langem Grenzstreitigkeiten – darstellte. Nach Gefechten, die bis Mitte März 1979 dauerten, beanspruchten beide Seiten den Sieg für sich, die chinesischen Truppen zogen sich aus Vietnam zurück.

konzentrieren, ermutigt aber auch internationale Anleger, Kapital in Milliardenhöhe im Reich der Mitte zu investieren. Ob dieses Umfeld auch in den nächsten Jahren weiterhin friedlich bleiben wird, ist fraglich. Die seit 2012 deutlich spürbare Eskalation des territorialen Konflikts zwischen China und Japan um die Diaoyutai-Inseln (japanisch: Senkaku-Inseln) in der Ostchinesischen See, der bei einer weiteren Zuspitzung außer Kontrolle geraten und die ganze Region erheblich destabilisieren könnte, berechtigt zur Sorge. Bislang ist der Frieden in der Region im Wesentlichen auf den ordnungspolitischen Effekt der US-Militärpräsenz im Westpazifik zurückzuführen. Die etwa 100 000 Soldaten umfassenden amerikanischen Streitkräfte sind vor allem in Japan, Südkorea und Australien stationiert. Mit der Steigerung des Wohlstandes, des Reichtums und damit des Machtpotenzials des Landes etablierte sich unter den chinesischen außenpolitischen Eliten die Vorstellung, dass für China die Zeit gekommen sei, selbst für die regionale Ordnung zu sorgen. Die außen- und sicherheitspolitischen Aktivitäten der Volksrepublik in den letzten Jahren zeigen, dass Beijing nicht mehr bereit ist, die Gestaltung der regionalen Ordnung Washington allein zu überlassen. Neben den Vereinigten Staaten, die aufgrund ihrer geografischen Lage und weltpolitischen Ausdehnung immer eine pazifische Macht gewesen sind, ist die Volksrepublik China ein nicht wegzudenkender Machtfaktor für die Region Asien–Pazifik geworden. Die Entscheidung der US-Regierung unter Präsident Obama im Jahr 2011, eine Politik der »Rückkehr nach Asien« zu verfolgen, war eine der Antworten auf den Machtzuwachs der VR China, deren neues Gewicht durch ein verstärktes Engagement der USA ausgeglichen werden soll (siehe die Beiträge von Gudrun Wacker, Hanns W. Maull und Christoph Müller-Hofstede).

Dieser Beitrag gibt einen gerafften Überblick über die wirtschaftlichen und politischen Beziehungen der VR China zu den wichtigsten Staaten in der asiatisch-pazifischen Region und zeigt auf, wie der chinesische Machtzuwachs die geopolitische Stabilität in der Region beeinflusst.

1   Modus Vivendi gegenüber den Vereinigten Staaten

Eine der entscheidenden Fragen, die mit dem Aufstieg Chinas einhergehen, ist die, ob die Volksrepublik aufgrund ihrer Machtvergrößerung zu einer Ordnungsmacht in Ostasien avancieren wird, die nicht nur über ausreichende Ressourcen verfügt, sondern auch willig ist, für Stabilität in der Region zu sorgen. Viele Beobachter in- und außerhalb der Region bejahten noch vor wenigen Jahren diese Frage und sprachen mit Blick auf das Reich der Mitte von einer »gutmütigen Macht« (*benign power*), ein Begriff, der bislang ausschließlich den Vereinigten Staaten vorbehalten war, um ihr ordnungspolitisches Engagement in der Welt zu charakterisieren (Machetzki 2004, S. 868).

Allerdings scheinen die Bedingungen für die Wiederherstellung einer traditionellen Vormachtstellung Chinas in Ostasien noch nicht ausreichend zu sein. Avancierte China zu einer Ordnungsmacht in der Region, bedeutete dies automatisch, dass der amerikanische Einfluss auf die Region Asien–Pazifik geringer würde. Ob Washington bereit wäre, einen Bedeutungsverlust hinzunehmen, ist äußerst fraglich.

Nach der öffentlichen Ankündigung im Jahr 2011, dass sich die USA strategisch auf Asien konzentrieren wollten (*pivot towards Asia*), wurde 2012 eine »Umstrukturierungsstrategie« (*rebalancing*) angekündigt, um die »Rückkehr nach Asien« mit Inhalten zu füllen. US-Verteidigungsminister Leon Panetta stellte im Juni 2012 auf einer Sicherheitskonferenz in Singapur in Aussicht, die Kapazitäten der amerikanischen Seestreitkräfte im Pazifik gegenüber denen im Atlantik zu erhöhen. Sind derzeit je 50 Prozent der Streitkräfte im Atlantik und im Pazifik stationiert, sollen es künftig im pazifischen Raum 60 Prozent und im Atlantik entsprechend nur noch 40 Prozent sein. Auch wenn Panetta ausdrücklich darauf hinwies, dass dieser Verschiebungsplan nicht gegen China gerichtet sei und dieses auch von einem verstärkten Engagement der USA für die Sicherheit in der Region profitieren könne, dürfte sich die Führung in Beijing darüber im Klaren sein, was diese verstärkte Militärpräsenz der USA für die Sicherheit der Volksrepublik China bedeutet. Allein die Tatsache, dass in Zukunft sechs von insgesamt elf Flugzeugträgerverbänden der US-Flotten in der Region Asien–Pazifik stationiert sein sollen, dürfte sie erheblich beunruhigen (Glaser 2012).

Seit dem Sieg über das militaristische Japan im Zweiten Weltkrieg sind die USA im asiatisch-pazifischen Raum politisch, wirtschaftlich und militärisch stark engagiert. Ohne die Systemkonfrontation mit der UdSSR, auf die die USA ab 1947 mit der Strategie der Eindämmung (*containment policy*) gegenüber Moskau reagierten, wäre Japans Entwicklung zu einer der größten Wirtschaftsmächte der Welt nicht möglich gewesen. Die Teilung Chinas und Koreas war ebenfalls eine direkte Folge des amerikanischen Engagements in der Region. Auch nach dem Ende des Ost-West-Konflikts sind die Vereinigten Staaten eine westpazifische Macht geblieben. Die Stationierung von etwa 100 000 Soldaten im Rahmen von bilateralen Bündnisverträgen insbesondere mit Japan, Südkorea und Australien ermöglicht den Vereinigten Staaten, in der Region als Ordnungsmacht aufzutreten. Die Erweiterung des US-australischen Bündnisvertrags im Jahr 2012 demonstriert die Entschlossenheit von Washington, diesen Ordnungsmachtstatus verstärkt auszubauen. Keine der dortigen regionalen Mächte verfügt heute über das Potenzial, die vorhandenen Machtverhältnisse gegen den Willen Washingtons zu verändern. Dies gilt auch für die Volksrepublik China, obgleich Beijing die Vormachtstellung der USA im asiatisch-pazifischen Raum nie offiziell anerkannt hat.

Zugleich gibt die chinesische Führung jedoch zu verstehen, dass sie bereit ist, sich mit der Militärpräsenz der USA in ihrem Einflussbereich zu arrangieren. Eine chinesische Politik, die darauf zielt, die US-Streitkräfte aus der Asien-Pazifik-Region zu verdrängen, lässt sich gegenwärtig noch nicht erkennen. Im Gegenteil, die chinesische Regierung erklärte wiederholt (z. B. im Weißbuch zum Verteidigungswesen 2004), dass China weder beabsichtige, eine Expansionspolitik zu betreiben, noch nach einer hegemonialen Stellung in der Region strebt (ausführliche Analyse in Weinstein 2005).

Es scheint also, als sei die Volksrepublik bereit, sich mit einer langfristigen Präsenz der USA im chinesischen Einflussbereich abzufinden. Im Februar 2012, kurz vor seiner Abreise in Richtung USA, erklärte Xi Jinping, seinerzeit noch Vizepräsident Chinas, dass sein Land eine aktive Rolle der USA in der Asien-Pazifik-Region begrüße, wenn die Vereinigten Staaten konstruktiv zum Frieden, zur Stabilität und zur Prosperität der Region beitrügen. »Der Pazifik«, so Xi zuversichtlich, »ist groß genug, um die zwei großen Nationen China und Amerika zu beherbergen.« Gleichzeitig gab er zu verstehen, dass die chinesische Regierung von den USA erwartet, wichtige Anliegen und Interessen asiatisch-pazifischer Staaten zu respektieren und entsprechend zu behandeln.

Diese Politik eines Modus Vivendi gegenüber den USA ist zum Teil auf pragmatische Überlegungen zurückzuführen. Danach kann die Militärpräsenz der USA auch einem erneuten Aufleben des japanischen Militarismus vorbeugen und dient somit chinesischen Interessen. Die Erwartung, dass es sich dank des amerikanischen Militärschutzes für Tokio erübrige, die eigenen Streitkräfte auszubauen, erleichtert es Beijing, US-Truppen in Ostasien zu akzeptieren.

Diese optimistische Erwartung wurde jedoch erschüttert, als Präsident Obama am 2. Januar 2013 das Gesetz zur Beilegung des Haushaltsstreits unterzeichnete, das auch eine auf Japan bezogene Schutzklausel enthält. Diese besagt, dass der Bündnisvertrag zwischen den USA und Japan auch auf den Streit um die Diaoyutai-Inseln anzuwenden ist und verpflichtet die US-Regierung, Japan militärischen Beistand zu leisten, wenn ein bewaffneter Konflikt zwischen japanischen und chinesischen Streitkräften ausbrechen sollte.

Unabhängig von den Verlautbarungen der chinesischen Führung bleibt festzuhalten, dass die Volksrepublik China noch nicht über ausreichende Militärkapazitäten verfügt, um die USA zum Abzug aus der Region zu zwingen. Trotz forcierter Modernisierung der chinesischen Streitkräfte in den letzten 20 Jahren, die vor allem mithilfe von Waffenimporten aus Russland vorangetrieben wurde, bleibt die Volksrepublik noch eine kontinentale Macht. Es fehlen ihr die Kapazitäten, um der mächtigen Seemacht USA Paroli zu bieten. Zwar verfügt China seit 2012 über einen Flugzeugträger. Jedoch dient dieses aus einem alten Flugzeugträger der ehemaligen Sowjetunion umgebaute Waffensystem vorerst offenbar nur als Übungsplattform.

Die Einsicht, dass sich die VR China eine offene Konfrontation mit den USA noch nicht leisten kann, hat sich in der politischen Elite Beijings längst durchgesetzt. Dies bedeutet im Umkehrschluss aber nicht, dass diese in der Zukunft geplant ist. Belastbare Hinweise darauf, dass die chinesische Führung eine Konfrontation gleichsam nur aufschiebt, bis sie sich dazu militärisch in der Lage sieht, lassen sich nicht erkennen. Allerdings mehren sich die Anzeichen dafür, dass sich dies mit der von Präsident Obama vorangetriebenen Politik der »Rückkehr der USA nach Asien« drastisch ändern könnte. So nehmen in der chinesischen Öffentlichkeit die Stimmen, die fordern, die bereits von Deng Xiaoping formulierte Strategie des *low profile* (*tao guang yang hui*) aufzugeben, zu. Diese im Kern durch Passivität gekennzeichnete Strategie, die die chinesische Außen- und Sicherheitspolitik 30 Jahre lang zur Zurückhaltung und Umsicht verpflichtet hat, verliert immer mehr an Unterstützung, insbesondere unter den jüngeren Generalen und Intellektuellen, die die US-Militärpräsenz im Umfeld Chinas eher als Bedrohung denn als Chance wahrnehmen (Luo 2013; siehe auch den Beitrag von Gudrun Wacker). Trotz der häufigeren Plädoyers für eine aggressivere Außen- und Sicherheitspolitik dominiert aber bei den Eliten im Land noch die Auffassung, dass China nichts Schlimmeres widerfahren könne, als sich mit den Vereinigten Staaten in einer entscheidenden Kraftprobe zu messen, bevor es sein ambitioniertes Modernisierungsprogramm vollendet hat. Die Gefahr, dass ein gegenüber China feindselig eingestelltes Amerika den Traum von einem »reichen und starken« Staat vorzeitig zunichtemachen könnte, veranlasst die chinesische Regierung nach wie vor zu einem vorsichtigen Kurs gegenüber den Vereinigten Staaten. Die Vermutung, dass Beijing in der Zukunft einen »Showdown« mit den Vereinigten Staaten anstrebe, ist zwar in bestimmten Kreisen der Chinabeobachter verbreitet, bleibt jedoch reine Spekulation (Gu 2013).

Offenbar will die neue chinesische Führung unter Generalsekretär Xi Jinping am »Testament« von Deng Xiaoping festhalten, wonach China sich auf die Aufgaben des wirtschaftlichen Aufbaus konzentrieren und sich der Versuchung entziehen soll, eine internationale Führungsrolle, die zudem gegen die Vereinigten Staaten gerichtet ist, zu übernehmen. Nach wie vor gilt der Primat der Modernisierung von Wirtschaft und Gesellschaft, dem die Außen- und Sicherheitspolitik bedingungslos zu dienen haben. Seinen Willen, den politischen Kurs von Deng Xiaoping fortzusetzen, demonstrierte Xi unmittelbar nach seiner Amtsübernahme im November 2012, indem er Dengs inzwischen legendär gewordene Inspektionsreise nach Südchina im Jahr 1992 nachahmte: Drei Jahre nach der brutalen Niederschlagung der Studentenproteste (»Tian'anmen-Massaker«), in deren Folge China international isoliert war, hatte Deng seinerzeit den Reformgeist der Nation wirkungsvoll wiederbelebt. 20 Jahre später, im Dezember 2012, erlebte China den 59-jährigen Xi wie einen »Deng 2.0«, der die Nation zur mutigen innenpolitischen Reform und umsichtigen außenpolitischen Adjustierung ermahnte. Was ihn aber von Deng unterscheidet, ist seine offene Aufforderung an die Volksbefreiungsarmee, »jederzeit bereit zu sein [...], Kriege zu führen, und zwar siegreich« (Xi Jinping 2012).

Es hat den Anschein, dass China sich gegenwärtig von seiner zentralen Aufgabe, dem Wirtschaftsaufbau, durch kein außenpolitisches Abenteuer ablenken lassen will, auch wenn dies vor dem Hintergrund der zunehmenden Reibungen mit den Nachbarstaaten viel schwieriger geworden ist. Xi und seine Mitarbeiter lassen erkennen, dass eine Konfrontation mit den USA bzw. eine Aufkündigung des mühsam erreichten Modus Vivendi mit Washington keine Option für die chinesische Außen- und Sicherheitspolitik darstellen.

Dennoch hat die Regierung unter Xi Jinping neue Akzente gesetzt: Sie hat Obama angeboten, gemeinsam ein »neues Modell für Beziehungen zwischen Großmächten« (*xinxing daguo guanxi*) zu entwickeln. Ziel dieser Initiative ist es, den gegenwärtigen Modus Vivendi zu einer strategisch und langfristig abgesicherten Koexistenz der beiden Großmächte im asiatisch-pazifischen Raum auszubauen. Die Administration Obama zögert noch, auf diese Initiative einzugehen. Aber Beijing zeigt sich diesbezüglich weiterhin optimistisch. In diesem Sinn ist die Beobachtung des amerikanischen Politikwissenschaftlers und Chinaexperten Alastair Iain Johnston nach wie vor gültig: »Die chinesische Führung scheint nicht daran interessiert zu sein, ihr Interesse an wirtschaftlicher Entwicklung oder ihr Verhältnis zu den USA zu gefährden. Mit anderen Worten: Der Wunsch nach mehr Reichtum und mehr Macht hat nicht zu verstärkten militärischen

Anstrengungen geführt, um die Dominanz der Vereinigten Staaten regional oder global zu ersetzen.« (Johnston 2003, S. 56)

2 Quasibündnis mit Russland

Die politischen Beziehungen Beijings zu Moskau blieben bis zur Auflösung der Sowjetunion im Jahr 1991 äußerst angespannt. Erst durch die gemeinsamen Bemühungen von Präsident Jiang Zemin und Präsident Jelzin in den 1990er-Jahren konnte das Verhältnis zwischen den beiden Ländern normalisiert werden. Die Politik der chinesischen Führung gegenüber Russland zielt seit dem Ende des Ost-West-Konflikts darauf ab, die weltpolitische Dimension der chinesisch-russischen Partnerschaft auf strategischer Ebene intensiver zur Geltung zu bringen und die viel beschworene Kooperation mit mehr Substanz zu füllen.

Daher war es kein Zufall, dass der 2003 frisch gewählte Staatspräsident Hu Jintao Russland als Ziel seines ersten Auslandsbesuchs wählte: Im Mai 2003 traf er mit dem russischen Präsidenten Putin in Moskau zusammen, mit dem er sich auf den Einsatz für eine neue und multipolare Weltordnung verständigte. Auch wenn sie namentlich nicht genannt wurde, hatten beide Seiten die USA im Blick, als sie in einem Passus der Übereinkunft Machtpolitik und Unilateralismus als »zusätzliche Bedrohung für die Weltlage« definierten. Xi Jinping stellte sich in die Tradition dieser Politik, als ihn sein erster Auslandsbesuch unmittelbar nach seinem Amtsantritt als Staatspräsident im März 2013 nach Russland führte. Aus Moskauer Sicht war dies eine logische Konsequenz der Chinapolitik Präsident Putins. Dieser reiste wenige Wochen nach dem Antritt seiner dritten Amtsperiode im Mai 2012 für zwei Tage nach Beijing, um sich mit dem vollständigen Kabinett der chinesischen Führung zu treffen, einschließlich des scheidenden Staatspräsidenten Hu Jintao und des Ministerpräsidenten Wen Jiabao sowie ihrer jeweiligen Nachfolger Xi Jinping und Li Keqiang. Diese Reise gab Putin die Möglichkeit, die zwei neuen Führungspersönlichkeiten der Volksrepublik persönlich näher kennenzulernen, die das riesige Reich regieren werden, während er seine dritte und voraussichtlich auch seine vierte Präsidentschaft in Russland ausübt.

Die chinesiche Führung nutzte Putins Staatsbesuch im Juni 2012, um mit ihm eine umfassende Kooperation zu vereinbaren und die Partnerschaft auszubauen. Beide Seiten verpflichteten sich, das bilaterale Handelsvolumen bis 2015 auf 100 Mrd. US$ zu erhöhen und bis 2020 auf 200 Mrd. US$ zu verdoppeln.

Die erstmalige Vereinbarung zur militärischen Kooperation symbolisiert das neue Niveau der chinesisch-russischen Partnerschaft: In einem gemeinsamen Kommuniqué vom Juni 2012 bekräftigten Hu Jintao und Putin ihre Entschlossenheit, die Zusammenarbeit zwischen den chinesischen und russischen Streitkräften »auf alle Bereiche« auszudehnen, um »ihre Fähigkeit zu Bewahrung der Stabilität und des Friedens in der Region und darüber hinaus zu erhöhen«. Gleiche Entschlossenheit ließen Beijing und Moskau auch unmissverständlich erkennen, als sie anlässlich des Staatsbesuchs von Präsident Xi Jinping im März 2013 eine gemeinsame Regierungserklärung abgaben, die ihren starken Kooperationswillen dokumentierte. Sie schlossen einen Staatsvertrag, der in den Jahren von 2013 bis 2016 eine umfassende Zusammenarbeit vorsieht, um – wie es die offizielle Presse verlauten ließ – die »Qualität der strategischen Partnerschaft der beiden Staaten auf ein neues Niveau zu bringen«.

3 Gestaltung Zentralasiens als Chinas Sicherheits- und Energiehinterhof

Beijing nutzt seine strategische Partnerschaft mit Moskau, um auch seinen Einfluss auf Zentralasien auszudehnen. In dieser traditionellen Pufferzone Russlands gegenüber China konzentriert sich Beijing darauf, die im Jahr 2001 gegründete Shanghai Cooperation Organization (SCO) mit Leben zu erfüllen. Chinas Wunsch, die erste von Beijing initiierte internationale Organisation zu einem handlungsfähigen, von amerikanischen Einflüssen freien, aber von Russland mitgeführten Ordnungs- und Sicherheitsorgan für die zentralasiatische Region zu entwickeln, scheint Schritt für Schritt in Erfüllung zu gehen.

Im Mai 2003 wurde die SCO auf dem Gipfeltreffen der Staats- und Regierungschefs der Mitgliedstaaten China, Russland, Kasachstan, Kirgistan, Usbekistan und Tadschikistan in Moskau gegründet, als Sitz des Sekretariats Beijing festgelegt. Unmittelbar nach ihrer Gründung entfaltete die SCO insbesondere auf Initiative Beijings eine Reihe militärischer wie politischer Aktivitäten, die internationale Beobachter aufmerksam registrierten: eine gemeinsame Truppenübung von Mitgliedstaaten auf kasachischem und chinesischem Boden im August 2003, die offizielle Eröffnung des Hauptquartiers der Organisation mit ihrem Sekretariat in Beijing im Januar 2004, die feierliche Eröffnung der Regional Antiterrorism Structure in Tashkent. Dieses Informationszentrum der SCO soll die Mitgliedstaaten bei der Bekämpfung der »drei Übel« (Terrorismus, Extremismus und Separatismus) durch Datenaustausch und Informationsversorgung unterstützen. Die seit 2002 im Allgemeinen jährlich stattfindenden Truppenübungen der Mitgliedstaaten etablierten sich als ein zumindest symbolisches Instrument für eine koordinierte Bekämpfung von Terrorismus, Extremismus und Separatismus. Als Führungsstaaten der Organisation tragen China und Russland jeweils 24 Prozent des Budgets der SCO, während auf Kasachstan 21 Prozent, auf Usbekistan 15 Prozent, auf Kirgistan zehn und auf Tadschikistan sechs Prozent entfallen.

Die Organisation, auf die weder die USA noch die EU Einfluss nehmen, scheint langsam für die Staaten in der Region und darüber hinaus an Attraktivität zu gewinnen. Anfang 2013 zählt die SCO sechs ordentliche Mitgliedstaaten (siehe oben), fünf Staaten haben Beobachterstatus (Indien, Mongolei, Iran, Afghanistan und Pakistan) und zwei Staaten sind Dialogpartner (Weißrussland und Sri Lanka). Es wird mit Spannung erwartet, ob und inwiefern die SCO bereit und willens ist, ihren Einfluss auf Afghanistan auszudehnen, wenn die US-Truppen 2014 das Land verlassen haben.

Neben der ordnungspolitischen verfolgt die Volksrepublik China mit ihrer Zentralasienpolitik auch eine strategische Zielsetzung: die Absicherung der Energieversorgung. Um die überproportionale Abhängigkeit von der Golfregion abzubauen, versucht Beijing seit Jahren, chinesische Erdölimportquellen zu diversifizieren. Beijing scheint stark daran interessiert zu sein, neben seinen traditionellen Schifffahrtsrouten über den Indischen Ozean im Südwesten des Landes eine neue Energieversorgungslinie im Nordwesten zu eröffnen. Zu diesem Zweck wurde und wird Zentralasien eine zentrale Bedeutung eingeräumt. Bereits 1997 vereinbarten China und Kasachstan, eine chinesisch-kasachische Ölpipeline von Atyrau am Kaspischen Meer nach Alachenkou im chinesischen Grenzgebiet Xinjiang zu bauen.

Das Projekt wurde 2009 weitgehend abgeschlossen und die Öllieferung in Betrieb genommen. Diese 3000 km lange Ölpipeline erreicht inzwischen eine Transportkapazität von 50 Millionen Tonnen Rohöl pro Jahr, der Lieferungsumfang belief sich 2011 auf etwa 200 000 Barrel pro Tag. Am 9. Dezember 2012 vereinbarten Regierungsvertreter beider Seiten in Beijing, die Kapazitäten dieser Pipeline auszubauen und ein Anschlussprojekt zu entwickeln. China, das inzwischen vermutlich etwa 20 Prozent der kasachischen Ölförderungen kontrolliert, zeigt sich entschlossen, in Kasachstan ein gigantisches Netzwerk von zentralasiatisch-chinesischen Ölpipelines zu bauen, flankiert von seinen seit 2009 in Turkmenistan und Usbekistan erworbenen Ölfeldern bzw. Ölrechten (Maurer 2011, S. 6).

Ein entsprechendes Parallelprojekt im Bereich der Erdgasförderung sind die »Zentralasien-China-Gaspipelines«, die Erdgas aus Kasachstan, Turkmenistan und Usbekistan transportieren. Angeschlossen sind sie bereits an die Pipelines, die innerhalb der chinesischen Grenze unter dem Projektnamen »West-Ost-Gaspipelines« geführt werden. Am 16. Oktober 2012 kündigte die chinesische Regierung an, die dritte Bauphase dieser Pipelines zu starten, die sich mit ihren wichtigen Verzweigungen bereits auf etwa 6 600 km (erste Bauphase: 3 900 km; zweite Bauphase: 2 700 km) belaufen. Die dritte Phase sieht den Bau einer Hauptpipeline mit acht Verzweigungen vor, um alle 31 chinesischen Provinzen und die Sonderverwaltungsregion Hongkong zukünftig mit Erdgas aus Zentralasien zu versorgen.

Nach dem Abschluss der dritten Phase sollen landesweit jährlich 300 Mrd. Kubikmeter Erdgas geliefert werden. Davon entfallen 250 Mrd. Kubikmeter auf Lieferungen aus den drei erwähnten zentralasiatischen Staaten. Einer chinesischen Rechnung zufolge wird die Verwirklichung dieses Projekts im Jahr 2015 weitreichende Auswirkungen auf Chinas Energiemix und die CO_2-Emissionen entfalten. Man erwartet, dass der Anteil von Erdgas am Energieverbrauch des Landes um zwei Prozent zunimmt und die Kohlendioxidemission um 130 Millionen Tonnen abnimmt (Maurer 2011, S. 6). Derzeit ist Chinas Energiemix von einer deutlichen Asymmetrie geprägt: Etwa 65 Prozent des Energieverbrauchs entfallen auf die Kohle, 25 Prozent auf Öl, sechs Prozent auf Wasser, 1,8 Prozent auf Erdgas und 3,2 Prozent auf andere Energiequellen. Mit anderen Worten: Der Anteil von Erdgas im chinesischen Energiemix wird sich – auch wenn er weiterhin im einstelligen Bereich verbleibt – mehr als verdoppeln, wenn die Rechnung der Energiestrategen in Beijing aufgehen sollte.

4 Rivalisierende Kooperation mit Indien

Im Gegensatz zu Russland und Zentralasien nimmt Indien erst seit Anfang der 2000er-Jahre eine wichtige Stellung in der chinesischen Außen- und Sicherheitspolitik ein, auch wenn sich die Beziehungen zwischen den beiden Ländern bereits nach Beginn des indischen Reformprozesses Anfang der 1990er-Jahre spürbar verbessert haben. Geopolitisch betrachtet, scheint die Annäherung zwischen den USA und Pakistan im Kampf gegen den internationalen Terrorismus nach dem Terroranschlag am 11. September 2001 der entscheidende Anlass für die chinesische Führung gewesen zu sein, den bereits Mitte der 1990er-Jahre gestarteten Annäherungsprozess an Indien zu beschleunigen.

Einen vorläufigen Höhepunkt markiert der Chinabesuch des indischen Ministerpräsidenten Atal Bihari Vajpayee im Juni 2003, der die Stimmung in den bilateralen Beziehungen zwischen den beiden Rivalen fundamental verändert hat. Für China waren die diplomatischen Erfolge offensichtlich: In der gemeinsamen Erklärung vom 23. Juni 2003 erkannte Indien Tibet als Teil des Territoriums der Volksrepublik China an und verpflichtete sich, antichinesische Proteste von exiltibetischen Organisationen auf indischem Boden zu unterbinden. Im Gegenzug akzeptierte China die Verwaltungsgewalt Indiens über das Königreich Sikkim, das 1975 in die indische Union eingegliedert wurde. China anerkannte Sikkim als indischen Bundesstaat nicht in Form einer gemeinsamen Erklärung, sondern in Form einer Absichtserklärung, den Grenzhandel auch für Sikkim zu öffnen.

Beijing scheint bereit zu sein, seine Beziehungen zu dem südasiatischen Nachbarn so zu normalisieren, dass auch eine Bewältigung der Vergangenheit möglich wird. Das größte Hindernis hierfür dürften Grenzstreitigkeiten sein. China beansprucht insgesamt 90 000 km² für sich, hauptsächlich handelt es sich um Gebiete, die im indischen Bundesstaat Arunachal Pradesh liegen, und um Bergpässe zwischen Tibet und Indien. Indien dagegen fordert das von China verwaltete Gebiet Aksai Chin (38 000 km²) zurück. Diese Streitigkeiten konnten noch nicht beigelegt werden und erinnern Indien ständig an die Demütigung im chinesisch-indischen Grenzkrieg von 1962.

Vereinbart wurde bisher nur ein Arbeitsplan für die Grenzverhandlungen, die mehrere Jahre, wenn nicht Jahrzehnte, dauern dürften. Zuletzt erlebten die Verhandlungen 2009 einen schweren Rückschlag, als die chinesische Regierung einen Antrag der indischen Regierung bei der Asiatischen Entwicklungsbank (Asian Development Bank) blockierte. Der Antrag sah vor, Infrastrukturprojekte im Bundesstaat Arunachal Pradesh im Nordosten Indiens zu fördern. Beijing war nicht bereit, Projekte in einem von Indien kontrollierten Gebiet zu unterstützen, das aus chinesischer Sicht zu China gehört.

Das sechzigjährige Jubiläum der Aufnahme diplomatischer Beziehungen zwischen China und Indien im Jahr 2010 nahmen die Regierungen beider Staaten zwar zum Anlass, weiter nach Wegen zur Beilegung der Grenzstreitigkeiten zu suchen. Substanzielle Fortschritte in dieser Richtung blieben bisher aber aus.

Dennoch scheinen die chinesischen und indischen Eliten durchaus pragmatisch genug zu sein, um sich nicht durch den hoffnungslosen Territorialstreit von anderen wichtigen Kooperationsmöglichkeiten ablenken zu lassen. So lieferten Indien und China gleichsam »schulbuchreife« Beispiele dafür, dass sich trotz weiterhin bestehender Rivalität und Konkurrenz eine dauerhafte Partnerschaft entwickeln kann. Dies gilt insbesondere für ihre erfolgreiche Zusammenarbeit bei der Erschließung von Energieressourcen in Asien und Afrika, die nach Jahren der Rivalität zustande gekommen ist. Das für seine Erdölversorgung zu über 70 Prozent von Einfuhren abhängige Indien ist nicht weniger energiehungrig als China, das inzwischen fast 60 Prozent seines Erdöl- und Erdgasverbrauchs durch Importe abdecken muss. Auf der Suche nach Ölfeldern trafen indische Ölfirmen daher wiederholt auf ihre chinesischen Konkurrenten und unterlagen diesen zum Beispiel bei Verhandlungen in Ecuador, Myanmar und Kasachstan. Aber auch chinesische Firmen mussten dafür, dass sie die indischen Konkurrenten überboten, teuer bezahlen. Bei einem Bieterwettbewerb für ein Bohrvorhaben in Angola gewann Chinas Staatsunternehmen beispielsweise gegen indische Konzerne, indem die chinesische Regierung das Gebot der China National Offshore Oil Corporation mit einem zwei Mrd. US$ umfassenden Entwicklungshilfekredit gleichsam vergoldete. Diese kostspielige Verdrängungsstrategie schadete nicht nur den Konkurrenten, sondern mittel- und langfristig auch China selbst. Die Einsicht, dass eine Bietergemeinschaft für beide Seiten von Vorteil sein kann, setzte sich somit in Beijing und Neu-Delhi schnell durch. Beide Regierungen entschieden sich für einen Kurswechsel und unterzeichneten im Januar 2006 ein umfassendes Rahmenabkommen zur bilateralen Zusammenarbeit im Energiebereich. Danach gelang es chinesischen und indischen Ölkonzernen, gemeinsam Anteile an Ölfeldern und Ölfirmen unter anderem in Syrien, Kolumbien und Afrika zu erwerben (Li 2011).

Die chinesisch-indische Energiepartnerschaft funktioniert offensichtlich so vertrauensbildend, dass Neu-Delhi trotz aller bestehenden Grenzstreitigkeiten 2012 Chinas Energiekonzerne einlud, sich am Bau einer geplanten Erdgaspipeline vom Iran durch Pakistan nach Indien zu beteiligen. Diese ermutigende Entwicklung erlaubt einen vorsichtigen Optimismus im Blick auf die politischen und diplomatischen Fähigkeiten von Beijing und Neu-Delhi, ihre historisch überlieferten Probleme pragmatisch zu lösen. Es bedarf allerdings neuer Ideen und Projekte, die die beiden großen asiatischen Nationen geostrategisch und geoökonomisch noch enger verbinden könnten. Der Aufbau einer »strategischen Partnerschaft« und die Veranstaltung eines »chinesisch-indischen Freundschaftsjahrs 2014«, die in der »gemeinsamen Erklärung« anlässlich des Staatsbesuchs des indischen Ministerpräsidenten in China im Oktober 2013 verkündet wurden, dürften nur ein Anfang in dieser Richtung sein.

5 Spannungsverhältnis zu Japan

Es ist eine Mischung von Bewunderung und Abneigung, die die Grundeinstellung der Chinesen gegenüber Japan prägt. Bewundert wird das Reich des Tenno von den Chinesen vor allem wegen seiner Fähigkeit, das Land technologisch und institutionell zu modernisieren und dadurch dem Wohlstand der Bevölkerung eine nachhaltige Grundlage zu geben. Dass das kaiserliche Japan neben Thailand das einzige größere Land Asiens war, dem es gelang, sich dem Schicksal der Kolonialisierung durch die europäischen Mächte im 19. und 20. Jahrhundert zu entziehen und sich nach 1945 in die führenden Nationen der Welt einzureihen, beeindruckt die Chinesen zutiefst.

Gleichzeitig herrscht im Reich der Mitte eine starke Abneigung gegen Japan. Dass der Inselstaat im Zuge seines rasanten Modernisierungsprozesses im späten 19. und frühen 20. Jahrhundert nicht davor zurückscheute, insbesondere China und Korea mit Methoden, die zum Teil diejenigen der Europäer an Brutalität überboten, zu kolonialisieren, hat das Bild Japans in China nachhaltig negativ geprägt. Insbesondere die Expansionspolitik, die die japanischen Regierungen in den Jahren von 1931 bis 1945 gegenüber China systematisch betrieben hatten, bestimmt bis heute die kollektive Erinnerung der chinesischen Bevölkerung, die Japan als ein raffgieriges, undankbares, arrogantes und aggressives Land, dem man nur bedingt vertrauen kann, betrachtet. Trotz massiver Entwicklungshilfe an China seit der Aufnahme diplomatischer Beziehungen im Jahr 1972 ist es Japan nicht gelungen, sein Image bei den Chinesen wesentlich zu verbessern.

Die hartnäckige Weigerung der japanischen Regierungen, die dunklen Kapitel in der Geschichte ihres Landes unter der Herrschaft des Militarismus im Vorfeld und während des Zweiten Weltkrieges systematisch aufzuarbeiten, dürfte der Hauptgrund für den Unwillen vieler Chinesen sein, den Japanern die Gräueltaten ihrer Vorfahren in China zu verzeihen. Dass sie heute bei territorialen Streitigkeiten mit Japan besonders empfindlich und häufig leicht reizbar erscheinen, ist vor allem auf diese historischen Erfahrungen zurückzuführen.

Daher sind grundlegende Kenntnisse über Japans Geschichtsvergessenheit und Chinas Geschichtsbesessenheit die notwendige Voraussetzung dafür, die heutigen politischen Beziehungen zwischen den beiden Ländern zu verstehen. Dies gilt auch für den Streit um die Diaoyutai-Inseln im Ostchinesischen Meer, der eine nachhaltige Normalisierung der chinesisch-japanischen Beziehungen um Jahrzehnte zurückgeworfen hat.

Japan hatte sich die Inselgruppe im Zuge des Ersten Chinesisch-Japanischen Kriegs 1895 einverleibt und Senkaku genannt. Nach dem Zweiten

Weltkrieg kamen die Inseln (mit weiteren Gebieten) unter amerikanische Militärverwaltung. Diese Regelung, die Bestandteil des 1951 in San Francisco unterzeichneten Friedensvertrags mit Japan ist, erkannte die VR China, die diesen Vertrag nicht unterzeichnet hatte, nie an. Folgerichtig meldete sie Anfang der 1970er-Jahre, als die USA die Inseln an Japan zurückgaben, Ansprüche auf diese an. Aus der Sicht Beijings wurde die chinesische Souveränität über die Inselgruppe schon im Rahmen der Nachkriegsordnung nach dem Zweiten Weltkrieg wiederhergestellt. Als ein besiegtes Land des Zweiten Weltkriegs – so die chinesische Position – habe Japan das kolonialisierte Taiwan mit seinen umliegenden Inseln einschließlich der Diaoyutai-Inselgruppe an China zurückgegeben und daher in diesem Gebiet nichts mehr zu suchen. Beijing weist jeden Anspruch Tokios auf Territorien, die Japan im Rahmen seiner Kolonialherrschaft und Expansionskriege erobert hat, als revisionistische Anmaßung zurück (zu den historischen Hintergründen der chinesisch-japanischen Inselstreitigkeiten und den Ursachen vgl. Shaw 2012 und Siemons 2013).

Angesichts dieser unvereinbaren Positionen kam es immer wieder zu temporären Krisen, seit 2012 ist jedoch eine ständige Zuspitzung des Konflikts, die militärische Machtdemonstrationen einschließt, zu beobachten.

Die japanische Regierung hatte offensichtlich die Sensibilität der chinesischen Seite unterschätzt, als sie unter dem damaligen Ministerpräsidenten Yoshihiko Noda am 10. September 2012 die Inselgruppe von einer Privatfamilie kaufte und damit »verstaatlichte«. Ihr Argument, sie wolle damit privaten Erwerbungsvorhaben japanischer Rechtspopulisten zuvorkommen, war aus chinesischer Perspektive irrelevant: Da China die Auffassung vertritt, Japan habe die »seit jeher« zu China gehörenden Diaoyutai-Inseln »illegal gestohlen«, ist es unerheblich, ob sie in privatem oder staatlichem japanischen Besitz sind. Beijing sah sich deshalb zum Handeln verpflichtet. Die chinesische Regierung wies die Fischereiverwaltungsbehörden an, in den Gewässern um Diaoyutai regelmäßig zu patrouillieren. Mit dieser Strategie verfolgt sie das Ziel, Tokio zu zwingen, die Existenz eines Streits zwischen China und Japan um die territoriale Zugehörigkeit der betroffenen Inseln anzuerkennen und Verhandlungen zur Beilegung des Konflikts zuzustimmen. Japan hingegen leugnet, dass es überhaupt einen Streit über die Souveränität der Inseln gibt, wie Ministerpräsident Abe im Sommer 2013 noch einmal bekräftigte.

Im November 2013 erreichte der Konflikt eine neue Qualität, als China eine sogenannte Identifikationszone für Luftverteidigung (*fangkong shibiequ*) ausrief und von allen in die Zone einfliegenden Flugzeugen Vorabinformationen forderte. Die USA und Japan akzeptieren diese Zone nicht,

Als Japans Ministerpräsident Junichiro Koizumi 2006 den Yasukuni-Schrein besuchte, empfand China das als Provokation. (Foto: ullstein bild – AP)

weswegen sie auch nicht bereit sind, die chinesischen Behörden über Durchflüge zu informieren. Japan hatte bereits vor mehr als 40 Jahren eine entsprechende Luftverteidigungszone ausgerufen. Die Tatsache, dass sich nun beide Zonen deutlich überschneiden, hält neues Konfliktpotenzial bereit, das zudem für die amerikanischen Streitkräfte die Gefahr birgt, in den chinesisch-japanischen Territorialkonflikt einbezogen zu werden.

Die japanisch-chinesischen Beziehungen hatten bereits vor der Eskalation des Konflikts um die Diaoyutai-Inseln einen Tiefpunkt erreicht. Grund dafür waren die wiederholten Besuche des japanischen Ministerpräsidenten Junichiro Koizumi (2001–06) im Yasukuni-Schrein[2], in dem

---

2 Der Yasukuni-Schrein ist eine Gedenkstätte Japans in Tokio für die seit 1853 »für Kaiser und Land gefallenen« Angehörigen des japanischen Militärs und für die mit dem Militär affilierten Personen. Der Schrein, der zunächst eine religiöse Einrichtung ist, gibt ständig »Anlass für [politische] Auseinandersetzungen um das angemessene Gedenken an Japans Kriegsopfer sowie die Beschäftigung mit Japans Kriegsvergangenheit« (Saaler 2004, S. 62).

auch der nach dem Zweiten Weltkrieg als Kriegsverbrecher verurteilten Soldaten und Offiziere der japanischen Armee gedacht wird. Koizumi galt deshalb in China als »unerwünschte Person«. Zwar hatten sich trotz der Unstimmigkeiten Staatspräsident Hu und Ministerpräsident Wen 2003 und 2004 insgesamt fünfmal mit dem japanischen Regierungschef getroffen, die Gespräche fanden aber weder in Japan noch in China, sondern am Rand von APEC- oder ASEAN-Konferenzen (APEC = Asia-Pacific Economic Cooperation; ASEAN = Association of Southeast Asian Nations) auf neutralem Boden statt und verliefen eher unproduktiv. Die Einladung, die Koizumi im Dezember 2004 am Rand des ASEAN-Gipfels in Laos gegenüber Ministerpräsident Wen aussprach, lehnte Beijing wegen der Spannungen ab. Nachdem Koizumi im Oktober 2005 erneut den Schrein besucht hatte, lud Beijing den japanischen Außenminister, der ursprünglich im selben Monat China hätte besuchen sollen, wieder aus. Aus chinesischer Sicht wurde die »politische Basis« der chinesisch-japanischen Beziehungen durch diese »unverantwortliche Handlung« des japanischen Ministerpräsidenten – und damit durch die japanische Regierung – massiv geschädigt: Die chinesische Führung betrachtet es als eine Provokation und Verletzung der »Gefühle des chinesischen Volkes«, wenn japanische Regierungschefs den Schrein besuchen.

Die Praxis der sechs Nachfolger von Koizumi, den Yasukuni-Schrein so weit wie möglich zu meiden, schien die Chinesen vorübergehend beruhigt zu haben. Shinzo Abe, Ministerpräsident seit 2012, der das Amt als unmittelbarer Nachfolger Koizumis schon 2006/07 bekleidete, hatte es während seiner damaligen Regierungszeit sogar geschafft, mit der chinesischen Führung eine »strategische Partnerschaft zum gegenseitigen Nutzen« (*zhanlue huhui*) ins Leben zu rufen.

Aber nach dem Scheitern der Regierung Yukio Hatoyama (2009/10), die Japan mehr auf Asien als auf die USA ausrichten wollte und sich damit eine erhebliche Rüge seitens Washingtons einhandelte, konnte eine weitere Verschlechterung der bilateralen Beziehungen zwischen den beiden großen Wirtschaftsmächten Asiens nicht mehr gebremst werden. Nachdem die japanische Polizei im Oktober 2010 den Kapitän eines chinesischen Fischerboots nach der Kollision mit japanischen Patrouillenbooten in den Gewässern um die Diaoyutai-Inseln verhaftet hatte, erreichte das bilaterale Verhältnis zwischen Beijing und Tokio einen weiteren Tiefpunkt.

Die wirtschaftlichen Beziehungen zwischen den beiden Ländern konnten sich allerdings bis zum »Kauf« der Diaoyutai-Inseln 2012 durch den japanischen Staat weitgehend ungestört entfalten. Das Vertrauen der Manager in die Märkte schien viel stärker zu sein als das der Politiker hinsichtlich der Gestaltungsmöglichkeiten der bilateralen Beziehungen. Einen für die Region psychologisch wichtigen Ausdruck fand diese Entwicklung, als China die Vereinigten Staaten als größten Handelspartner Japans ablöste. 2004 übertraf China (Hongkong mitgerechnet) mit einem Handelsvolumen von 213 Mrd. US$ die USA (197 Mrd. US$) und avancierte damit zum größten Handelspartner der damaligen zweitgrößten Volkswirtschaft der Welt. 2012 vergrößerte sich das Volumen des bilateralen Handels auf über 300 Mrd. US$. Lange Zeit hatte es den Anschein, dass die wirtschaftlichen Beziehungen zwischen China und Japan im Rahmen der Globalisierung bereits eine Eigendynamik entwickelt hatten, die gegenüber politischen Störungen relativ immun erschien.

Gerade vor diesem Hintergrund ist es beunruhigend zu beobachten, dass seit der Zuspitzung des Diaoyutai-Konflikts auch die wirtschaftlichen Beziehungen Schaden nehmen. Boykotte gegen japanische Produkte, auch wenn sie nur spontan von einem Teil der Bevölkerung, der sich von Japans Politik extrem provoziert fühlt, praktiziert werden, führten zu einem erheblichen Rückgang der Absätze vieler japanischer Konsumgüter auf dem chinesischen Markt. So nahmen die Umsätze japanischer Automobilhersteller in China unmittelbar nach der »Verstaatlichung« der Inseln 2012 um etwa zwei Prozent ab, während Kraftfahrzeuge deutscher, amerikanischer, südkoreanischer und französischer Hersteller jeweils um 26 Prozent, 19 Prozent, 13 Prozent und vier Prozent zulegten.

Spannend bleibt jedoch die Frage, ob dieses antijapanische Konsumverhalten sich flächendeckend auf andere Sektoren ausdehnen wird. Dagegen spricht die zunehmende Verdichtung der industriellen Verbindungen zwischen China und Japan. Die unauffällige, aber effektiv wirkende Logik der Arbeitsteilung zwischen zahlreichen chinesischen und japanischen Firmen bei der Herstellung von Gütern und Dienstleistungen im Prozess globaler Produktionsketten sorgt für ein starkes Gegengewicht gegen dauerhaft gravierende Verschlechterungen in den politischen Beziehungen.

Allerdings darf die Eigendynamik der politischen Konfrontation nicht unterschätzt werden: Die Kompromisslosigkeit, mit der die japanische Regierung auf die Souveränität Japans über die umstrittenen Inseln pocht, und die Entschlossenheit, mit der die chinesische Regierung Japan dazu zwingen will, die Existenz eines Territorialstreits und die Notwendigkeit einer Verhandlungslösung anzuerkennen, können schnell zu ernsthaften militärischen Zusammenstößen führen. Vor diesem Hintergrund erhält die Tatsache, dass Ministerpräsident Abe am 26. Dezember 2013 den Yasukuni-Schrein besuchte, eine ganz besondere Brisanz. Dieser von Beijing als

Provokation wahr- und von Washington mit »Enttäuschung« zur Kenntnis genommene Besuch markiert ein vorläufiges Ende jeglicher Hoffnungen auf eine Wiederaufnahme politischer Gespräche zwischen Beijing und Tokio. Der Sprecher des chinesischen Außenministeriums kommentierte diesen Vorfall denn auch erwartungsgemäß: Es sei der japanische Regierungschef selbst, der die Tür für Verhandlungen geschlossen habe.

Während China seine Ansprüche in der Südchinesischen See vortrug, demonstrierte Japan Ende Mai 2014 den Schulterschluss mit den USA bei einer Übung zur Katastrophenhilfe – und damit auch die Bereitschaft, eine wichtigere Rolle hinsichtlich der regionalen Sicherheit zu spielen. (Im Bild rechts der US-Zerstörer USS Lassen, Yokosuka bei Tokio, Foto: AP/Koji Sasahara)

Dass der japanischen Regierung nichts daran liegt, die bilateralen Beziehungen zu China zu verbessern, zeigt auch Abes Vorhaben, die pazifistische Orientierung Japans, wie sie in Artikel 9 der Verfassung festgelegt ist, zu revidieren.[3] Hierfür erhofft sich Tokio Unterstützung von den USA.

---

3 Zur Diskussion um den Artikel 9 der japanischen Verfassung siehe z.B.: Johst, David: Der Kampf um Artikel 9, in: Die Zeit vom 15. August 2013 (http://www.zeit.de/2013/33/kapitulation-japan-verfassungsaenderung, Zugriff: 21. März 2014).

Ob und inwiefern Washington allerdings seine grundsätzliche Zurückhaltung gegenüber einer Verfassungsänderung aufgeben wird, ist nach wie vor unklar. Da neben China auch Südkorea, der neben Japan wichtigste Verbündete der USA im asiatisch-pazifischen Raum, eine Abschaffung dieser Verpflichtung auf Frieden kategorisch ablehnt, ist Präsident Obama mit der Herausforderung konfrontiert, eine Balance zwischen Bündnistreue gegenüber Japan, Rücksichtnahme auf Südkorea und der Berücksichtigung chinesischer Empfindlichkeiten zu finden.

Beijing wünscht sich, dass Washington sich komplett aus dem chinesisch-japanischen Inselstreit heraushält, was angesichts des amerikanisch-japanischen Bündnisvertrags unrealistisch erscheint. Hingegen erhofft sich die Regierung Abe einen engen Schulterschluss von Tokio und Washington beim Streit mit Beijing, was ebenfalls utopisch erscheint. Denn Washingtons diplomatisches Verhalten bislang deutet darauf hin, dass es nicht bedingungslos bereit ist, wegen einer kleinen Inselgruppe von Tokio in einen bewaffneten Konflikt mit einer künftigen Supermacht einbezogen zu werden. Aus chinesischer Sicht wäre es daher wichtig und ein diplomatischer Sieg, wenn es gelingt, die Regierung Obama zur Zurückhaltung in diesem Streit zu bewegen.

6 Mühsame Integration mit Südostasien

Sich mit der amerikanischen Militärpräsenz in der Region Asien–Pazifik abzufinden, bedeutet für China nicht automatisch, die Führungsrolle der USA in der Region zu akzeptieren. Vielmehr erweckt Beijing den Eindruck, die Führungsrolle mit der Supermacht teilen zu wollen. Auch wenn die chinesische Führung es nicht ausdrücklich ausgesprochen hat, verfolgt sie mithilfe einer aktiven Regionalpolitik das Ziel, das Reich der Mitte zu einem neuen geopolitischen und geoökonomischen Zentrum in der Asien-Pazifik-Region zu entwickeln. Aus dieser Perspektive betrachtet, lässt sich aus den wesentlichen Projekten, die Beijing in den letzten Jahren in der Region massiv vorangetrieben hat, eine in sich geschlossene Strategie ableiten: Sie zielt auf eine wirtschaftliche Verflechtung mit den ostasiatischen Staaten, jedoch ohne politische Integration nach dem Vorbild der Europäischen Union.

Vor dem Hintergrund der militärischen Überlegenheit der USA in der Region bleibt Beijing nichts anderes übrig, als den Zugang zu einer regionalen Führungsrolle über Projekte im nicht militärischen Bereich zu erschließen. In diesem Zusammenhang sprechen chinesische Strategen zunehmend von Chinas Soft Power im Sinn der »Wirtschaftsdiplomatie«. Vertreter dieser Sichtweise argumentieren, der Machtzuwachs Chinas beruhe auf einer engen Integration in die Weltwirtschaft, womit ein fundamentaler Unterschied zur früheren Sowjetunion bestehe, die von der westlichen Welt völlig isoliert war.

Das Hauptinstrument, um sich als regionale Macht zu etablieren, soll die »China-ASEAN-Freihandelszone« sein. Ihre Ausgestaltung soll die zehn ASEAN-Staaten davon überzeugen, dass China es mit einer wirtschaftlichen Integration zum gegenseitigen Nutzen und zur Stabilisierung der Region ernst meint. Im November 2002 unterzeichneten beide Seiten ein Rahmenabkommen, das für den Start der China-ASEAN-Freihandelszone das Jahr 2010 vorsah (Munakata 2004). Während 2010 die Liberalisierungsregeln für sechs alte Mitglieder (Brunei, Indonesien, Malaysia, Philippinen, Singapur und Thailand) der ASEAN in Kraft traten, wurde den neuen Mitgliedern (Vietnam, Laos, Kambodscha und Myanmar) eine Schonfrist bis 2015 eingeräumt. Beijing verstand sich darauf, dem Projekt zusätzlichen Glanz zu verleihen: Im Rahmen der Implementierung der sogenannten *early harvest measures* öffnete es vorzeitig den chinesischen Markt für bestimmte Obst- und Gemüseprodukte aus Thailand.

Mit dem Inkrafttreten des Vertrags über die China-ASEAN-Freihandelszone (ASEAN-China Free Trade Agreement, ACFTA) am 1. Januar 2010 entstand, gemessen an der Bevölkerungszahl von 1,9 Mrd. Menschen, die weltgrößte Freihandelszone. Gemessen am Handelsvolumen ist sie nach NAFTA (North American Free Trade Agreement) und der Europäischen Zollunion die drittgrößte Freihandelszone.

Der Handelsaustausch zwischen China und Südostasien hat sich durch die Abschaffung der Zolltarife intensiviert. Bereits in der zweiten Hälfte der 1990er-Jahre hatte sich dieser fast verdreifacht (Möller 2004, v. a. S. 392 ff.; Ziltener 2003, v. a. S. 47; Machetzki 2004, S. 868). Seit der Gründung der China-ASEAN-Freihandelszone hat China seine Handelstarife für Güter aus ASEAN-Staaten von durchschnittlich 9,8 Prozent auf 0,1 Prozent gesenkt. Als Gegenleistung reduzierten die sechs zuerst beteiligten ASEAN-Staaten ihre Tarife für Produkte aus China von durchschnittlich 12,8 Prozent auf 0,6 Prozent (Wang 2011, S. 621). 2012 erreichte der Handel zwischen China und den sechs ASEAN-Staaten annähernd 400 Mrd. US$ und blieb damit nur knapp hinter den historischen Handelsrekorden zwischen China und der Europäischen Union im Jahr 2011 (547 Mrd. US$) und dem Handelsvolumen zwischen China und den Vereinigten Staaten im Jahr 2012 (annähernd 500 Mrd. US$) zurück. Offensichtlich begeistert von dieser Entwicklung, sprach Xi Jinping mit dem Blick auf 2015, wenn alle zehn ASEAN-Staaten vollständig an der Freihandelszone teilnehmen, hoffnungsvoll von einem Handelsvolumen in Höhe von 500 Mrd. US$ (Xi Jinping 2012).

Allerdings ist die Freihandelszone mit den ASEAN-Staaten für China in erster Linie ein politisches Projekt, auch wenn die ökonomischen Vorteile nicht zu übersehen sind. Mit diesem Integrationsprojekt will Beijing vor allem die südostasiatischen Staaten an dem Wirtschaftsboom Chinas beteiligen und sich als eine wohlwollende Großmacht präsentieren. Die chinesische Regierung erhofft sich, dass die südostasiatischen Länder dadurch veranlasst werden, ihre Ängste gegenüber China ab- und stattdessen Vertrauen aufzubauen.

Eine Stärkung des Vertrauens hat China nötig, da das Land nach wie vor in vielen Staaten der Region als Bedrohung wahrgenommen wird. Für diese stellt sich nach wie vor die Frage, ob die chinesische Regierung tatsächlich mit ihrer neuen Macht anständig und verantwortlich umgehen kann bzw. will. Kaum ein Land, dessen Sicherheit bislang von den Vereinigten Staaten abhängt, hat die Bereitschaft erkennen lassen, die amerikanische Schutzmacht gegen eine chinesische einzutauschen.

Skepsis überwiegt vor allem in den Staaten, die mit China Territorialstreitigkeiten im Südchinesischen Meer austragen. Das Südchinesische Meer ist ein halb geschlossenes Gewässer, das die Fläche des Pazifischen Ozeans, die sich von der Malakkastraße im Südwesten bis zur Taiwanstraße im Nordosten erstreckt, umfasst. Territoriale Ansprüche, die von China, Taiwan, Brunei, Malaysia, Philippinen und Vietnam über die mehr als 200 Inselgruppen, Felsen und Riffe erhoben werden, überschneiden sich erheblich (siehe Karte im Anhang).

Seit 2012 drohen die Streitigkeiten zu eskalieren. Vor allem verunsicherten die Konfrontationen in der Nähe einer Untiefe namens Huangyan Dao (englisch: Scarborough Shoal) die Region. Dort setzten China und die Philippinen Kriegsschiffe ein, um die jeweiligen Fischerboote, die traditionell dort fischen, zu schützen. Vertreibungen und Verfolgungen gegnerischer Fischerboote wurden in der Folge für beide Seiten ein alltägliches Katz-und-Maus-Spiel. Manila, das sich nicht nur mit militärischer Einschüchterung, sondern zum Beispiel auch mit der Blockade der Einfuhr tropischer Früchte aus den Philippinen und der Ausweitung des saisonalen Fischereiverbots konfrontiert sah, wandte sich an Washington mit der Bitte um militärische Unterstützung.

Auch zwischen Vietnam und der Volksrepublik gibt es seit Jahren im Südchinesischen Meer Spannungen: Verhaftungen von Fischern der jeweils anderen Seite und das Abschleppen von Schiffen gehören zu den häufigen Formen des Schlagabtauschs zwischen den chinesischen und vietnamesischen Marinen. Sie werden von massiven diplomatischen Protesten und militärischen Machtdemonstrationen flankiert (Sutter 2012).

Massiver Unmut herrschte im Frühjahr 2014 auf den Philippinen und in Vietnam über die Aktionen der Chinesen in der Südchinesischen See. (Foto: AP/Bullit Marquez)

Das Konzept »Streit beiseiteschieben und gemeinsame Entwicklung verfolgen«, das Deng Xiaoping früh für das Management dieses Konflikts entwickelt hat, scheint nicht mehr zu funktionieren. Der Druck auf Beijing steigt, da seine Kontrahenten nicht länger bereit sind, die Beilegung des Konflikts immer wieder auf die Zukunft zu verschieben. Die schwächeren Konfliktparteien wollen offensichtlich möglichst zügig eine Lösung der Territorialstreitigkeiten herbeiführen, bevor China noch stärker wird. Die chinesische Führung sieht sich zunehmend herausgefordert, neben seiner wirtschaftlichen Integrationspolitik eine neue sicherheitspolitische Strategie zu entwickeln, um die wachsende Angst der Nachbarländer vor dem ständig erstarkenden China zu mildern.

Das neue Konzept »Schicksalsgemeinschaft«, das Präsident Xi Jinping am 25. Oktober 2013 auf einer außenpolitischen Klausurtagung der chinesischen Regierung präsentierte, scheint in dieser Richtung zu gehen. In seiner Grundsatzrede auf dieser Veranstaltung, die er ausschließlich dem Thema »Nachbarland/Umfelddiplomatie« (*zhoubian waijiao*) widmete, wird eine »extreme strategische Bedeutung« der Diplomatie gegenüber den Nachbarländern anerkannt. Der Präsident ermahnte Chinas außenpolitische Führungskräfte und Topdiplomaten, das Konzept einer »Schicksalsgemeinschaft« von China und dessen Nachbarländern zu entwickeln. Mit Nachdruck forderte er die chinesischen Diplomaten auf, offensiv für dieses Konzept in den Nachbarstaaten zu werben. Sie sollen diese mit »Wohlwollen behandeln« und »mehr Dinge tun«, von denen die Nachbarländer sich »angetan fühlen«. In diesem Licht ist die Entsendung des chinesischen Hightechhospitalschiffs »Peace Ark« im November 2013 nach den vom Taifun Haiyan heimgesuchten Philippinen zu sehen. Die Peace Ark, die mit 300 Krankenhausbetten und acht Operationssälen zu den modernsten Hospitalschiffen der Welt gehört, sollte den Opfern der Katastrophe eine »substanzielle Hilfe« gewähren und den »guten Willen« des chinesischen Volks gegenüber den Philippinnen unter Beweis stellen.

7 Gestaltende Gratwanderung auf der koreanischen Halbinsel

Die koreanische Halbinsel, seit dem Ende des Zweiten Weltkriegs in die Demokratische Volksrepublik Korea (Nordkorea) und die Republik Korea (Südkorea) geteilt, ist traditionell ein Interessengebiet Chinas. Wegen Korea hat China in der modernen Geschichte zwei Kriege geführt, deren Ausgang den Verlauf der internationalen Politik in Ostasien wesentlich beeinflusst hat. Der Streit zwischen China und Japan um die Kontrolle über die Halbinsel führte zum Ersten Chinesisch-Japanischen Krieg von 1894/95 (siehe den Beitrag von Christoph Müller-Hofstede). Die Niederlage zwang China unter anderem, Taiwan an das japanische Kaiserreich abzutreten und symbolisierte damit den Niedergang des chinesischen Kaiserreiches. Japan wurde in den nächsten Jahrzehnten zum Machtzentrum in Ost- und Südostasien, das vor allem in Korea, Taiwan und auf dem chinesischen Festland versuchte, ein großes Kolonialreich neuen Stils zu errichten.

Weniger als ein Jahr nach der Gründung der VR China engagierte sich die Volksrepublik im Krieg um Korea. Beijing rettete zwar das kommunistische Nordkorea vor einer amerikanischen Niederwerfung, verwirkte damit jedoch seine Möglichkeit, Taiwan militärisch einzunehmen, da die USA mit Beginn des Koreakrieges Taiwan zu ihrem Interessengebiet erklärten. So verhinderte China damals nicht nur eine koreanische Einheit unter Führung der USA, sondern besiegelte auch die bis heute andauernde Teilung des eigenen Landes. Über ein halbes Jahrhundert nach dem Waffenstillstand entlang des 38. Breitengrads auf der koreanischen Halbinsel, der nur die Kampfhandlungen, nicht aber den Krieg als solchen offiziell beendet hat, verfügt die Volksrepublik wieder über beträchtliche Möglichkeiten, das Schicksal der Halbinsel in Frieden oder Krieg erheblich zu beeinflussen. China ist gegenwärtig die einzige Großmacht, die die weitere Entwicklung der sogenannten Koreakrise entscheidend bestimmen kann. Diese begann 1993, als Nordkorea mit dem Austritt aus dem Atomwaffensperrvertrag, den es schließlich 2003 vollzog, drohte. Als der einzige Verbündete Nordkoreas, mit dem China seit 1961 einen Beistandsvertrag unterhält, kann Beijing das Regime in Pjöngjang fallen- oder weiterleben lassen. Allein eine Einstellung von Energie- und Lebensmittellieferungen aus China, die etwa 70 bis 90 Prozent des nordkoreanischen Energieverbrauchs und 75 Prozent der Getreideimporte ausmachen, kann dazu führen, dass Nordkorea unregierbar wird.

Am 19. September 2005 gelang es der chinesischen Führung, die an den Verhandlungen beteiligten sechs Parteien (USA, China, Russland, Japan, Nordkorea und Südkorea) zur Einigung auf ein inzwischen historisch gewordenes Dokument zu bewegen, das den Verzicht Nordkoreas auf »alle Atomwaffenprogramme« vorsieht. Als Gegenleistung verpflichteten sich die Vereinigten Staaten, von »einem Angriff auf Nordkorea mit nuklearen Waffen oder konventionellen Waffensystemen« abzusehen. Offensichtlich unter massivem chinesischem Druck hatte Washington eingelenkt und seinen ursprünglichen Standpunkt, nach dem Nordkorea auch die friedliche Nutzung von Atomenergie zu untersagen sei, aufgegeben. Außerdem versprach Washington, seine diplomatischen Beziehungen zu Pjöngjang »schrittweise« zu normalisieren, und entsprach damit einer Forderung, die die nordkoreanische Führung seit Jahrzehnten erhoben hatte. Ende 2005 verschlechterten sich die Beziehungen aber wieder, da die USA ihre Tonart erneut verschärften und Sanktionen verhängten. Unter anderem wurden Auslandskonten der nordkoreanischen Regierung in Macao eingefroren, da die USA der koreanischen Regierung die Verbreitung von gefälschten Dollarnoten, Geldwäsche, Menschenrechtsverletzungen, Drogenschmuggel und Waffenhandel vorwarfen.

Pjöngjang wurde daraufhin unruhig. Am 9. Oktober 2006 folgte der erste Atomwaffentest und am 25. Mai 2009 der zweite. Zuvor hatte Nordkorea am 14. April 2009 seinen Austritt aus den Sechsparteiengesprächen erklärt. Im Januar 2013 verdichteten sich die Zeichen dafür, dass Nordkorea kurz vor seinem dritten Atombombentest steht. Der Sohn des am 17. Dezember 2011 verstorbenen »Großen Führers« Kim Jong-il, Kim Jong-un, gab unmissverständlich zu verstehen, dass er den politischen Kurs seines Vaters pietätvoll fortsetzen will. Die kommunistische Herrscherfamilie betrachtet den Besitz von Atomwaffen als Garantie für die Sicherheit ihres »lieben Vaterlandes«, da diese als optimale Abschreckungswaffe vor einem potenziellen Angriff der USA gelten. Mit der unterirdischen Zündung einer nuklearen Sprengladung am 12. Februar 2013 setzte Nordkorea seinen Konfrontationskurs gegenüber den USA und Südkorea fort – gegen die ausdrücklichen Warnungen Beijings.

Die Volksrepublik China teilt mit den Vereinigten Staaten, in deren Sicherheitspolitik die Nichtverbreitung von Atomwaffen eine zentrale Rolle einnimmt, das Interesse, die koreanische Halbinsel frei von nuklearen Waffen zu halten. Aus chinesischer Sicht würde sich die Sicherheitslage Chinas drastisch verschlechtern, wenn nach Indien und Pakistan auch noch Nordkorea als unmittelbarer Nachbar in den Besitz von militärisch einsetzbaren Atomwaffensystemen gelangen sollte. China befürchtet, dass der amerikanisch-nordkoreanische Konflikt sich dadurch entscheidend zuspitzen könnte.

China, das sich auf eine umfassende Modernisierung seiner Wirtschaft, Gesellschaft, Wissenschaft und Technologie sowie Verteidigung konzentrieren will, hat nicht das geringste Interesse, wieder in einen Krieg verwickelt zu werden, weder als Verbündeter Pjöngjangs noch als Freund Washingtons. Selbst, wenn die Volksrepublik eine neutrale Position bezöge, könnte sie sich den Auswirkungen eines zweiten Koreakrieges oder eines Zusammenbruchs des nordkoreanischen Regimes nicht entziehen. Auch deshalb lehnt Beijing die Atomambition ihrer Genossen in Pjöngjang vehement ab. Beijing fühlt sich schon heute durch die Flüchtlingswellen infolge der in Nordkorea andauernden Hungersnot belastet.

Die chinesische Regierung fürchtet zudem eine Kettenreaktion, die ein nuklear bewaffnetes Nordkorea in Ostasien in Gang setzen könnte. Es ist aus chinesischer Sicht schwer vorstellbar, dass Japan ruhig bleiben würde, wenn das Land sich durch nordkoreanische Atombomben bedroht fühlte. Auch Taiwan würde versuchen, die von den USA betriebene Politik der Nichtverbreitung von Atomwaffen zu umgehen. Für China wäre es eine sicherheitspolitische Katastrophe, wenn es in der Region Asien–Pazifik mit zwei Nuklearmächten zugleich konfrontiert wäre – den USA und Japan, das bis jetzt den amerikanischen Schutz genießt. Noch schlimmer wäre es allerdings aus Sicht Chinas, wenn Taiwan Atommacht würde: Eine nukleare Bewaffnung Taiwans würde die Basis der Abschreckungsstrategie Chinas gegenüber der abtrünnigen Provinz völlig aushöhlen.

Die Volksrepublik China und die USA verbindet im Hinblick auf die koreanische Halbinsel gegenwärtig nur das Interesse, Nordkorea aus dem »Club« der Nuklearmächte herauszuhalten. Im Gegensatz zu Washington verfolgt Beijing auch längerfristige Ziele, die nicht unbedingt mit den Interessen der USA in der Asien-Pazifik-Region in Einklang stehen. Aus geostrategischen und historischen, aber auch aus ökonomischen Gründen ist China an der Schaffung einer koreanischen Halbinsel, die kernwaffenfrei, chinafreundlich und spannungsarm ist, gelegen. Dass eine koreanische Halbinsel mit solchen Eigenschaften mit einer weiteren Stationierung von US-Truppen im südlichen Teil der Insel nicht kompatibel ist, liegt auf der Hand. Solange die Halbinsel gespalten ist und das nordkoreanische Regime eine tief greifende Reform nach dem chinesischen Vorbild wie bislang kategorisch ablehnt, werden jedoch die Spannungen fortdauern. Es ist daher ein offenes Geheimnis, dass Beijing von der beharrlichen Weigerung seiner nordkoreanischen Genossen, das Land umfassend zu reformieren, tief enttäuscht ist. Hierin ist auch das zunehmende Interesse Chinas an einer Wiedervereinigung auf der Halbinsel begründet. Diese sollte am besten durch eine friedliche Zusammenführung von Nord- und Südkorea herbeigeführt werden, notfalls aber auch durch eine zügige Übernahme der Amtsgeschäfte seitens Südkoreas, das sich jedoch von der US-Kontrolle emanzipiert haben müsste.

Unter den Präsidenten Kim Dae-jung (1998–2003) und Roh Moo-hyun (2003–08) vertraten China und Südkorea fast den gleichen Standpunkt, wie das Problem des nordkoreanischen Nuklearprogramms zu lösen ist. Pointiert hatte Denny Roy deren Verhandlungsposition 2004 zusammengefasst: »Kein Krieg, keine Sanktionen und die Vereinigten Staaten müssen zu Konzessionen bereit sein.« Dass die Vereinigten Staaten sich dadurch auch von ihrem engen Verbündeten unter Druck gesetzt fühlten, liegt nahe. Dieser Druck ließ jedoch erheblich nach, nachdem der konservative Lee Myung-bak 2008 Präsident Südkoreas geworden war, der seinerseits massiv versuchte, den Druck auf Pjöngjang zu erhöhen.

Beijings Hoffnungen auf ein der Volksrepublik freundschaftlich verbundenes vereinigtes Korea unter der Führung von Seoul scheinen vor allem angesichts der gegenseitigen Sympathie, die sich die politischen Eliten in beiden Ländern seit der Aufnahme der diplomatischen Beziehungen Anfang der 1990er-Jahre entgegenbringen, nicht unbegründet zu sein. Die in Südostasien recht verbreitete Wahrnehmung, China stelle eine Bedrohung dar, findet im nordostasiatischen Südkorea kaum Anklang: Südkorea wird heute von einer politischen Klasse regiert, die China nicht als eine *security threat* für ihr Land betrachtet. Nach James F. Hoge (2004) vertritt diese Regierungselite »eine jüngere Generation von Koreanern, die sich zu China hingezogen fühlt, mit den USA unzufrieden ist und keine Angst vor Nordkorea hat«. Trotz zunehmender Reibungen wegen territorialer Streitigkeiten (Suyanjiao-Insel), Handelskonflikten und politischer Differenzen bei der Beurteilung der US-Militärpräsenz auf der koreanischen Halbinsel betrachtet die chinesische Regierung Seoul eher als einen zuverlässigen Partner denn als Gegner.

Ausbau der Beziehungen: Südkoreas Präsidentin Park Geun-hye landet im Juni 2013 zu einem ersten Staatsbesuch in Beijing. (Foto: AP Images)

Große Hoffnung scheint sie auf Park Geun-hye zu setzen, die als erste Präsidentin in der Geschichte Koreas im Februar 2013 Präsident Lee abgelöst hat. Mit spürbarer Sympathie und Begeisterung wurde in den chinesischen Medien berichtet, dass Park nicht nur »fließend Chinesisch« spreche, sondern auch den chinesischen stellvertretenden Außenminister Zhang Zhijun ungewöhnlich freundlich empfangen habe, als er ihr als Sonderbotschafter der chinesischen Regierung einen persönlichen Brief vom Generalsekretär der KP Chinas, Xi Jinping, übergab. Die ungewöhnlich freundlichen Signale, die Beijing im Januar/Februar 2013 nach Seoul schickte, lassen erkennen, dass die neue chinesische Führung eine enge Kooperation mit Südkorea bevorzugt – zuungunsten der Beziehungen mit Nordkorea. Die Tage einer bedingungslosen Unterstützung Chinas für Nordkorea scheinen gezählt zu sein, nachdem Beijing der UN-Resolution 2087 vom 22. Januar 2013, die anlässlich des Starts einer Langstreckenrakete im Dezember 2012 die Sanktionen gegen Nordkorea erneut verschärfte, zugestimmt hat. Es ist zu erwarten, dass die Volksrepublik ihren Druck auf Nordkorea weiterhin aufrechterhalten und sich um eine substanzielle Zusammenarbeit mit der Regierung Park bemühen wird, um die politische Zukunft der koreanischen Halbinsel nach den eigenen Vorstellungen zu gestalten. Die von beiden Seiten geteilte Kritik an Japans Geschichtsvergessenheit und an der von der Regierung Abe verfolgten Regionalpolitik dürfte die Zusammenarbeit zwischen der VR China und Südkorea wesentlich erleichtern. Abes Besuch des Yasukuni-Schreins im Dezember 2013, den sowohl Beijing als auch Seoul als unerträgliche Provokation wahrnahmen, hat den Willen zur Zusammenarbeit sicherlich nochmals gestärkt.

8 Verdichtende Verbindungen zu Taiwan

Die Trennung zwischen dem chinesischen Festland und Taiwan seit 1949 kann als eine tickende Zeitbombe betrachtet werden, die die Stabilität und Sicherheit im asiatisch-pazifischen Raum bedroht (Gu 1996). Die Bombe tickt auch deshalb weiter, weil keine der Parteien, die in diesen Konflikt verwickelt sind, sie ausschalten kann bzw. will. Taiwan wurde 1945 nach 50 Jahren japanischer Kolonialherrschaft an die damalige Zentralregierung Chinas (unter Chiang Kai-shek) zurückgegeben und nach 1949 als Ergebnis des Chinesischen Bürgerkriegs zwischen Kommunisten und Nationalisten erneut von China getrennt. Seitdem faktisch selbstständig, führt Taiwan offiziell den Staatsnamen »Republik China« und besteht unermüdlich auf einer verfassungsrechtlich verankerten und international anerkannten Eigenständigkeit (siehe den Beitrag von Gunter Schubert).

Die Volksrepublik China, deren Souveränität über Taiwan mit der UN-Resolution 2758 aus dem Jahr 1971 von allen UN-Mitgliedern mit wenigen Ausnahmen in Afrika und Lateinamerika anerkannt wurde, strebt nach einer Wiedervereinigung und droht sogar mit Gewaltanwendung, wenn sich die Insel offiziell für unabhängig erklären sollte. Seine Entschlossenheit, eine Unabhängigkeit Taiwans keinesfalls anzuerkennen, bekräftigte Beijing im März 2005, indem es im Nationalen Volkskongress das sogenannte Antisezessionsgesetz verabschieden ließ. Dieses Gesetz sieht vor, »Separatisten« politisch und militärisch zu bekämpfen, und zielt darauf ab, sie zu isolieren. Während in Beijing das Gesetz als eine »gerechte Abschreckung des Separatismus« gilt, bewertet Taibei es als »roten Terror«.

Die Vereinigten Staaten, die Taiwan bis 1979 diplomatisch anerkannt und dort Streitkräfte stationiert hatten, verpflichteten sich mit dem vom US-Kongress verabschiedeten »Taiwan Relations Act« von 1979 gesetzlich dazu, die Regierung in Taibei bei der Erhaltung ihrer Verteidigungsfähigkeit gegenüber der Volksrepublik China zu unterstützen. Seit Präsident Carter (1977–81) verfolgen die US-Regierungen stets die Strategie der »strategischen Zweideutigkeit« (*strategic ambiguity*), die es ihnen ermöglicht, offiziell und verbal das von der Volksrepublik vertretene »Ein-China-Prinzip« zu unterstützen und gleichzeitig Taiwan mit Waffen zu beliefern (Kernacs 2004). Das Konzept der »strategischen Zweideutigkeit« erfuhr unter Präsident Clinton (1993–2001) dahingehend eine Erweiterung, beide Seiten im Unklaren darüber zu lassen, ob und unter welchen Bedingungen die USA sofort intervenieren werden, wenn eine militärische Krise zwischen der VR China und Taiwan ausbricht.

Chinas Konzept, nach dem Prinzip »ein Staat, zwei Systeme«, das auch die Rückkehr Hongkongs ermöglicht hat, die nationale Einheit wiederherzustellen, lehnt Taibei bisher kategorisch ab. Auch das Angebot an Taiwan, dem künftigen Sonderverwaltungsgebiet auf der Insel mehr Autonomie als Hongkong (Taiwan dürfte auch seine eigene Armee erhalten) einzuräumen, stieß in der politischen Klasse Taibeis stets auf Desinteresse. Zugleich blieben die Bestrebungen Taiwans unter der Führung von Präsident Chen Shui-bian (2000–08), eine Unabhängigkeit rechtlich abzusichern, erfolglos. Chen scheiterte im Grund genommen daran, dass alle wesentlichen Protagonisten den Status quo favorisierten. So sympathisiert Beijing bereits seit Anfang des Jahrtausends mit dem »blauen Lager«, das alle politischen Kräfte in Taiwan versammelt, die sich zur chinesischen Identität bekennen und deren tragende Säulen die Guomindang (GMD) und die People First Party (PFP) bilden (siehe den Beitrag von Gunter Schubert). Zur Zeit der Präsidentschaft Chens hatte die chinesische Regierung mit den Führern des blauen Lagers vereinbart, alles zu tun, um die Unabhängigkeitsbewegung in Taiwan zu schwächen und die Gefahr eines Krieges zu bekämpfen.

Die Präsidentschaftswahl in Taiwan im Jahr 2008 gewann das blaue Lager, Präsident wurde am 20. Mai der Vorsitzende der GMD, Ma Yingjiu.

Dieser Wahlsieg schuf die Voraussetzung, die Beziehungen zwischen Taiwan und der Volksrepublik zu entspannen und zu intensivieren. Staatspräsident Hu Jintao verwarf alle protokollarischen Bedenken, als er sich bereits mehr als fünf Wochen vor Mas Amtsübernahme mit dem designierten Vizepräsidenten Xiao Wanchang auf der südchinesischen Hainan-Insel traf, um unter anderem den Grundsatz »weder Unabhängigkeit, noch Gewaltanwendung« als Basis der sinotaiwanesischen Beziehungen zu bekräftigen.

Unmittelbar nach diesem weichenstellenden Treffen am 12. April 2008 entfaltete sich eine beeindruckende Dynamik, die zur gegenseitigen Annäherung und Verdichtung politischer, wirtschaftlicher und gesellschaftlicher Verbindungen geführt hat:

- So wurden die Geschäftsbeziehungen zwischen der »Association for Relations Across the Taiwan Straits« und der »Straits Exchange Foundation« (siehe den Beitrag von Gunter Schubert) nach neun Jahren Unterbrechung zügig wiederhergestellt.
- Erstmals seit 1949 besuchten im Juli 2008 die ersten Touristengruppen mit 760 Personen vom chinesischen Festland Taiwan.
- Im Dezember 2008 wurden die »drei Verbindungen« (direkter Postverkehr, direkter Luftverkehr, direkte Handelsverkehr) zwischen Taiwan und der Volksrepublik aktiviert.
- Im November 2009 vereinbarten beide Seiten, eine gemeinsame Banken- und Finanzaufsicht einzurichten.
- Ende Juni 2010 unterzeichneten Beijing und Taibei das »Economic Cooperation Framework Agreement« (ECFA), das den Abbau von Zöllen und Handelsbeschränkungen vorsieht.
- Und im August 2012 unterzeichneten beide Seiten einen Vertrag zum Schutz der gegenseitigen Investitionen. Damit sind Kapitaltransfers von der Volksrepublik nach Taiwan erstmals offiziell erlaubt.

Inzwischen ließ der neue starke Mann auf dem Festland, Xi Jinping, wiederholt erkennen, dass er mit einem »Friedensvertrag« liebäugelt, der den formal seit 1949 bestehenden Zustand des Bürgerkriegs zwischen dem Festland und Taiwan de jure beendet und eine zeitliche Perspektive für eine mögliche Wiedervereinigung skizziert. Die Regierung unter Präsident Ma fühlt sich davon offensichtlich überfordert. Ma gab zu verstehen, dass politische Konsultationen zum Thema »Wiedervereinigung« in seinem Regierungsprogramm keine Priorität besäßen.

Während Beijing als Ziel die Wiederherstellung der nationalen Einheit klar vor Augen hat, scheut Taibei eine Festlegung. Nach wie vor pocht es auf die Staatlichkeit der »Republik China«. Zu Beginn des Jahres 2014 herrscht eine deutliche Asymmetrie zwischen den Eliten in Beijing und

Taibei, wenn es darum geht, Geschwindigkeit und Ausmaß der weiteren Intensivierung der Beziehungen zwischen den beiden Seiten der Taiwanstraße zu gestalten. Beijing tendiert zu einem schnelleren Tempo, während Taibei noch zögert.

Es wäre unrealistisch, zu denken, beide Seiten könnten sich in absehbarer Zeit auf einen gemeinsamen politischen Nenner einigen. Sicher ist nur, dass Beijing seinen Druck auf die derzeitige Regierung Taiwans erhöht. Dass seit 2012 immer mehr prominente Politiker des »grünen Lagers« die Erlaubnis erhalten, China zu besuchen, dürfte nur der Anfang sein, die Regierung Ma stärker unter Druck zu setzen. Ob diese Strategie den Handlungsspielraum Beijings gegenüber der Regierung Ma vergrößern wird, bleibt abzuwarten.

9 Fazit

Als Großmacht im asiatisch-pazifischen Raum beeindruckt und verunsichert China zugleich die Region und die Welt. Insbesondere in der Region wird der neue Gigant mit gemischten Gefühlen wahrgenommen. Die Perspektive, dass ein erstarktes China die dominierende Rolle der USA in der Asien-Pazifik-Region infrage stellen könnte, beunruhigt viele Regionalmächte, vor allem aber die amerikanische Ordnungsmacht selbst.

Die schrecklichen Erfahrungen, die die USA im Verlauf der Geschichte mit neu aufgestiegenen Großmächten wie dem nationalsozialistischen Deutschland, dem militaristisch-faschistischen Japan und dem stalinistischen Russland machen mussten, prägt das kollektive Gedächtnis der politischen Elite in den USA. Daher steht sie dem Machtzuwachs der Volksrepublik skeptisch gegenüber (siehe die Beiträge von Gudrun Wacker und Hanns W. Maull).

Die Auffassung, dass China als eine neu aufgestiegene Großmacht zu einer Anti-Status-quo-Macht mit revisionistischen Ansprüchen bestimmt sei, scheint in Washington politischer Konsens zu sein (zur amerikanischen Debatte über Chinas »revisionistische« Natur vgl. Johnston 2003, insbesondere S. 7 ff.). Dies galt schon sowohl für die Regierung Clinton, die eine Politik des »Engagements« verfolgte, um den chinesischen Herausforderungen zu beggnen, als auch für die Regierung Bush jun. (2001–08), die zwischen »Engagement« und »Containment« schwankte, ohne die Beziehungen zur Volksrepublik insgesamt zu gefährden. Präsident Obamas Politik des *pivot towards Asia* stellt jedoch eine viel größere Herausforderung für Beijing dar. Diese neue Politik macht deutlich, dass Washington (noch) nicht bereit ist, die Macht im asiatisch-pazifischen Raum mit den Chinesen zu teilen, geschweige denn zu akzeptieren, von China als Ordnungsmacht abgelöst zu werden. Washingtons »Rückkehr nach Asien« verändert das sicherheitspolitische Umfeld Chinas in einem nie da gewesenen Maß und verstärkt die Angst Chinas, erneut von den USA und ihren Verbündeten umzingelt und in seinem Handlungsspielraum eingeschränkt zu werden.

Die politischen Entwicklungen in Ostasien stellen China im zweiten Jahrzehnts des 21. Jahrhunderts intellektuell wie politisch vor neue Herausforderungen: Der traditionelle Verbündete Myanmar scheint sich aus dem Schatten Chinas lösen zu wollen. Der Westen hat seine Sanktionen infolge der innenpolitischen Reformen aufgehoben, womit Myanmar auch wirtschaftlich unabhängiger von China wird. Der Erzrivale Japan wendet sich nach rechts und denkt über Möglichkeiten nach, seine Streitkräfte auszubauen. Hinzu kommt, dass die Philippinen plötzlich Paroli im Südchinesischen Meer bieten und auch die Genossen im sozialistischen Vietnam wegen der Territorialstreitigkeiten im Südchinesischen Meer auf Konfrontation mit Beijing gehen.

Für kleinere Länder in der Region ist China als eine sicherheitspolitische Ordnungsmacht noch keine Option. Dagegen wird Chinas Rolle als eine wirtschaftliche Lokomotive überwiegend anerkannt und begrüßt. Chinas Charmeoffensive im Bereich wirtschaftlicher Integration und seine Bemühungen um eine kernwaffenfreie Zone auf der koreanischen Halbinsel könnten seine Chancen erhöhen, von den Nachbarländern als eine Führungsmacht akzeptiert zu werden.

Das »Endspiel« um eine – friedliche oder mit kriegerischen Mitteln herbeigeführte – Wiedervereinigung mit Taiwan, das Management des immer schwieriger gewordenen Verhältnisses zu Japan, aber auch das Agieren gegenüber den südostasiatischen Staaten hinsichtlich der Territorialstreitigkeiten im Südchinesischen Meer – all das sind keine leichten Aufgaben, die sich der fünften Generation der chinesischen Führung um Xi Jinping stellen. Hinzu kommt, dass sie auch die innenpolitischen Probleme – vor allem die wachsenden binnenwirtschaftlichen und sozialen Disparitäten – nicht vernachlässigen darf.

Die Stoßrichtung der künftigen Politik ist derzeit offen: Es können sich sowohl aggressive und konfliktverschärfende Politikansätze durchsetzen als auch Strategien, die diplomatischen Lösungen den Vorzug geben, die Oberhand gewinnen. Dass sich zurzeit Konflikte und Reibungen mehren, ist angesichts des Aufstiegs einer Nation mit mehr als 1,3 Milliarden Menschen ein natürliches Phänomen. Ob es China gelingt, seine gigantischen wirtschaftlichen, gesellschaftlichen und politischen Transformationsaufgaben zu bewältigen, oder ob es daran scheitert, wird nicht nur das Schicksal der chinesischen Nation, sondern auch das der asiatisch-pazifischen Region mitentscheiden.

Literatur

Bergsten, C. Fred: A Partnership of Equals, in: Foreign Affairs, 87 (2008) 4, S. 57–69.

Bhattacharyya, Anushree: Understanding Security in Regionalism Framework: ASEAN Maritime Security in Perspective, in: Maritime Affairs, 6 (2010) 2, S. 72–89.

Chaturvedi, Gyaneshwar: India-China relations. 1947 to Present Day, Agra 1991.

Ganguly, Sumit, The Sino-Indian border talks, 1981–1989: A View from New Delhi, in: Asian Survey, 29 (1989) 12, S. 1123–1135.

Garrett, Geoffrey: G2 in G20: China, the United States and the World after the Global Financial Crisis, in: Global Policy, 1 (2010) 1, S. 29–39.

Glaser, Bonnie: US-China Relations: Creating a New Type of Major Power Relations, in: Comparative Connections. A Triannual E-Journal on East Asian Bilateral Relations, 14 (2012) 2, September 2012, S. 25–38 (http://csis.org/files/publication/1202q.pdf, Zugriff: 22. März 2014).

Gu, Xuewu: Taiwan: Zeitbombe im Fernen Osten, in: Außenpolitik, 2 (1996), S. 197–206.

Gu, Xuewu: Zhongguo waijiao xuyao taoguang yanghui 2.0 [Chinas Diplomatie braucht eine »Low Profile 2.0«], in: Nanfeng Chuan, 3 (2013), S. 24 ff.

He, Kai/Feng, Huiyun: »Why is there no NATO in Asia?« Revisited: Prospect Theory, Balance of Threat, and US Alliance Strategies, in: European Journal of International Relations, 18 (2010) 2, S. 227–250.

Hoge, James F.: A Global Power Shift in the Making, in: Foreign Affairs, 83 (2004) 4, S. 2–7 (http://www.foreignaffairs.com/articles/59910/james-f-hoge-jr/a-global-power-shift-in-the-making, Zugriff: 22. März 2014).

Ikenberry, G. John: The Rise of China and the Future of the West, in: Foreign Affairs, 87 (2008) 1, S. 23–37.

Johnston, Alastair Iain: Is China a Status Quo Power?, in: International Security, 27 (2003) 4, S. 5–56.

Kernacs, Rita: The Future of U.S. Relations with Japan and China: Will Bilateral Relations Survive the New American Unilateralism?, in: Asia Pacific: Perspectives, an electronic journal, 4 (2004) 1, S. 1–8 (Abstract: http://usf.usfca.edu/pac_rim/new/research/perspectives/app_v4n1_abstracts.pdf, Zugriff: 22. März 2014).

Kim, Hyung Jong/Lee, Poh Ping: The Changing Role of Dialogue in the International Relations of Southeast Asia, in: Asian Survey, 51 (2011) 5, S. 953–970.

Kim, Min-hyung: Why Does a Small Power Lead? ASEAN Leadership in Asia-Pacific Regionalism, in: Pacific Focus, 27 (2012) 1, S. 111–134.

Li, Bo: Jingji quanqiuhua beijingxia zhongyin nengyuan hezuo moshi [Kooperationsmuster der chinesisch-indischen Energiekooperation im Kontext der wirtschaftlichen Globalisierung], Beijing 2011.

Luo, Yuan: Wu yuanmei youri, ying qizhixuanming la e han wuidu riben [Eine klare Allianzpolitik gegenüber Russland und Südkorea wäre die beste Strategie gegen die USA und Japan], in: Global Times Online vom 4. Februar 2013 (http://mil.huanqiu.com/paper/2013-02/3615208.html, Zugriff: 22. März 2014).

Machetzki, Rüdiger, Ostasien in den Strömen des Wandels: Eine Weltregion vor dem »Stabwechsel« zwischen Japan und China? in: China aktuell, 33 (2004) 8, S. 859–885.

Maurer, Lucas: Die russländisch-chinesische Energiekonkurrenz in Zentralasien. Der Energy Club der Shanghai Cooperation Organization als Forum zur Konfliktlösung?, SWP-Arbeitspapier 5 (2011) 2 (http://www.swp-berlin.org/fileadmin/contents/products/arbeitspapiere/MaurerL_Russl%C3%A4ndischChinesische%20Energiekonkurrenz_2011.pdf, Zugriff: 22. März 2014).

Maxwell, Neville: India's China War, Harmondsworth 1972.

Möller, Kay: China in Fernost: Selektive Multilateralität, in: China aktuell, 33 (2004) 4, S. 390–397.

Munakata, Naoko: The Impact of the rise of China and Regional Economic Integration in Asia – A Japanese Perspective, Statement before the U.S.-China Economic and Security Review Commission Hearing on China's Growth as a Regional Economic Power: Impacts and Implications, December 4, 2003, Washington (http://www.brookings.edu/~/media/research/files/testimony/2003/12/04china%20munakata/munakata20031204.pdf, Zugriff: 22. März 2014).

Paal, Douglas: The United States and Asia in 2011: Obama Determined to Bring America »Back« to Asia, in: Asian Survey, 52 (2012) 1, S. 6–14.

Roy, Denny: China and the Korea Peninsula: Beijing's Pyongyang Problem and Seoul Hope, in: Asia-Pacific Center for Security Studies, 3 (2004) 1, S. 1–4.

Saaler, Sven: Ein Ersatz für den Yasukuni-Schrein? Die Diskussion um eine neue Gedenkstätte für Japans Kriegsopfer, in: NOAG, 175–176 (2004), S. 59–91 (http://www.uni-hamburg.de/oag/noag/noag2004_4.pdf, Zugriff: 21. März 2014).

Shaw, Han-Yi: The Inconvenient Truth Behind the Diaoyu/Senkaku Islands, in: New York Times vom 19. September 2012 (http://kristof.blogs.nytimes.com/2012/09/19/the-inconvenient-truth-behind-the-diaoyusenkaku-islands, Zugriff: 21. März 2014).

Siemons, Mark: Wenn Imperien über die Vergangenheit entscheiden, in: Frankfurter Allgemeine Zeitung vom 1. Dezember 2013 (http://www.faz.net/aktuell/feuilleton/japanisch-chinesischer-inselstreit-wenn-imperien-ueber-die-vergangenheit-entscheiden-12690176.html?printPagedArticle=true, Zugriff: 21. März 2014).

Sutter, Robert: China-Southeast Asia Relations: China Muscles Opponents on South China Sea, in: Comparative Connections. A Triannual E-Journal on East Asian Bilateral Relations, 14 (2012) 2, September 2012, S. 61–72 (http://csis.org/files/publication/1202q.pdf, Zugriff: 22. März 2014).

Taylor, Brendan: Asia's century and the problem of Japan's centrality, in: International Affairs, 87 (2011) 4, S. 871–885.

Wacker, Gudrun: Recent China-EU Relations and Obama's »Pivot Towards Asia«, 9th Symposium on »Sino-EU Relations and the Taiwan Question«, Chongming, Shanghai, China June 30 to July 3, 2012, Discussion Paper (http://www.swp-berlin.org/fileadmin/contents/products/projekt_papiere/GudrunWacker_Shanghai2012_web.pdf, Zugriff: 22. März 2014).

Wang, Jiang Yu: China and East Asian Regionalism, in: European Law Journal, 17 (2011) 5, S. 611–629.

Weinstein, Michael A.: China punches below its weight – for now, in: Asia Times Online vom 8. Januar 2005 (http://www.atimes.com/atimes/China/GA08Ad01.html, Zugriff: 22. März 2014).

(Xi Jinping:) Bericht über die Rede von Xi Jinping auf dem China-ASEAN-Forum am 21. September 2012 in Nanning, in: http://gb.cri.cn/27824/2012/09/21/5951s3860504.htm (Zugriff: 22. März 2014).

(Xi Jinping:) Bericht über Reden von Xi Jinping vor Militäreinheiten, in: Renmin Ribao vom 29. Januar 2013 (http://politics.people.com.cn/n/2013/0129/c1024-20366407.html, Zugriff: 22. März 2014).

Yu, Bin: China-Russia Relations: Succession, SCO, and Summit Politics in Beijing, in: Comparative Connections. A Triannual E-Journal on East Asian Bilateral Relations, 14 (2012) 2, September 2012, S. 131–142 (http://csis.org/files/publication/1202q.pdf, Zugriff: 22. März 2014).

Zhang, Wenmu: Back to Jalta. A Roadmap of US-Sino Relations, in: China Security, 19 (2011), S. 49–56.

Ziltener, Patrick: Gibt es einen regionalen Integrationsprozess in Ostasien?, MPIfG (Max-Planck-Institut für Gesellschaftsforschung) Discussion Paper 03/02, Köln 2003 (http://www.mpifg.de/pu/mpifg_dp/dp03-2.pdf, Zugriff: 22. April 2014).

Gudrun Wacker

Chinas Außenpolitik: Leitlinien, nationale Interessen und interne Debatten

1 Einleitung

Die Volksrepublik China hat in den über drei Jahrzehnten seit Beginn der Reformpolitik nicht nur ihre wirtschaftliche, sondern auch ihre politische und militärische Stellung in der Welt deutlich ausgebaut. Diese Erfolge haben spätestens seit den 1990er-Jahren eine Diskussion außerhalb Chinas ausgelöst, welche außenpolitischen Ambitionen das Land letztlich verfolgt: Ist es eine Status-quo-Macht, die es nicht nur gelernt hat, nach den Regeln der existierenden internationalen Ordnung zu spielen, sondern diese auch akzeptiert? Oder wird China mit zunehmender Macht und wachsenden Einflussmöglichkeiten versuchen, diese Regeln den eigenen Interessen gemäß neu zu schreiben und sich damit als revisionistische Kraft im internationalen System erweisen? Während die offiziellen Verlautbarungen zur Außenpolitik kaum einen Hinweis auf revisionistische Pläne enthalten und ein hohes Maß an Kontinuität und Konstanz aufweisen, sind die nationalen Interessen Chinas schon durch das weltweite wirtschaftliche Engagement des Landes und seinen Ressourcenbedarf vielfältiger und komplexer geworden. Zugleich sind mehr Akteure in außenpolitische Entscheidungen involviert (Jakobson/Knox 2010). In China findet ebenfalls eine Debatte darüber statt, welche Rolle das Land in der Welt spielen soll, die bislang im Westen nur wenig zur Kenntnis genommen wurde. Die Meinungen chinesischer Experten gehen dabei teilweise weit auseinander: Sie reichen von »neolinken« Ideen einer internationalen Abkoppelung Chinas bis zu Forderungen nach deutlich mehr internationalem Engagement (ein Überblick über die verschiedenen außenpolitischen Denkschulen findet sich bei Shambaugh 2011).

Ab Beginn der Reformpolitik in China im Jahr 1979 bestand in der chinesischen Führung und unter Wissenschaftlern weitgehend Konsens darüber, dass China eine »friedliche internationale Umgebung« brauche, um seine inneren Entwicklungs- und Modernisierungsziele erreichen zu können. Die Außenpolitik Chinas war dementsprechend pragmatisch –

eine deutliche Abkehr von den ideologisch geprägten Außenbeziehungen der 1950er- bis 1970er-Jahre. Wahrung der nationalen Souveränität und Nichteinmischung in die inneren Angelegenheiten anderer Staaten wurden und werden zumindest auf der rhetorischen Ebene als (fast) unantastbare Prinzipien behandelt. Und offiziell gilt für Chinas Außenpolitik nach wie vor die Formel, die Deng Xiaoping Anfang der 1990er-Jahre ausgab: »Ruhig beobachten, unsere Position sichern, Angelegenheiten ruhig regeln, unsere Fähigkeiten verbergen und unsere Zeit abwarten, den Kopf unten behalten und nie die Führung übernehmen.«[1]

In diesem Kapitel werden Prinzipien sowie Entwicklungen und Veränderungen in der offiziell proklamierten Außenpolitik Chinas behandelt. Insofern geht es also um das Bild, das China von sich vermitteln möchte. Außerdem werden zwei der Debatten vorgestellt, die in China selbst darüber geführt werden, welche Außenpolitik das Land haben und welche Rolle China in der Welt einnehmen soll. Diese Debatten sind zum einen von der Wahrnehmung der internationalen Situation und der anderen, hauptsächlich staatlichen Akteure in der Welt beeinflusst. Zum anderen spielt die Selbstwahrnehmung Chinas eine Rolle, das heißt die Einschätzung des eigenen Entwicklungsstandes, der eigenen Ressourcen und Kapazitäten. Und schließlich ist natürlich auch entscheidend, wie die eigenen nationalen Interessen von unterschiedlichen Akteuren in China definiert werden.

2 Von Mao Zedong zu Deng Xiaoping

Während Mao Zedong einen weiteren Weltkrieg angesichts der Konfliktlage zwischen USA und Sowjetunion für praktisch unausweichlich hielt, stellten aus Sicht Deng Xiaopings, der 1979 den Reformkurs Chinas auf den Weg brachte, »Frieden und Entwicklung« (*heping yu fazhan*) die Hauptströmung in der internationalen Politik dar. Dies galt insbesondere nach dem Ende des Kalten Krieges ab den 1990er-Jahren. Demnach musste sich China nicht auf eine groß angelegte militärische Auseinandersetzung vorbereiten, sondern konnte seine Energien und Ressourcen vor allem auf die Modernisierung des Landes konzentrieren. Für diese wurde ein »friedliches internationales Umfeld« als förderlich, ja sogar als notwendig erach-

---

[1] Deng Xiaoping hat diese Leitlinien Ende der 1980er-/Anfang der 1990er-Jahre bei verschiedenen Zusammenkünften in unterschiedlichen Varianten vorgetragen, sie finden sich aber genau in dieser Formulierung nicht bei Deng Xiaoping selbst.

tet. In Abkehr von früherer Praxis – etwa zum Bündnis mit der Sowjetunion in den 1950er-Jahren oder der (informellen) Allianz mit den USA gegen die Sowjetunion in den 1970er-Jahren – wandte sich China ab 1982 auch explizit gegen eine Politik der Allianzbildung mit anderen Staaten. Dies galt als Bestandteil einer »unabhängigen und selbstständigen Außenpolitik« (Zhang 2012, S. 129).

Nikita Chruschtschow und Mao Zedong am 1. Oktober 1959: Beim Festmahl anlässlich der Feiern zum zehnten Jahrestag der Gründung der Volksrepublik erschien die chinesisch-sowjetische Freundschaft nach außen hin noch stabil. (Foto: akg-images/ Archiv Cherkashin)

Das einzige Element in der Formulierung der Außenpolitik, das sich seit Mitte der 1950er-Jahre durchgängig erhalten hat, sind die »fünf Prinzipien der friedlichen Koexistenz«, die ursprünglich bei Verhandlungen zwischen China und Indien im Jahr 1954 aufgestellt und dann von der Konferenz afrikanischer und asiatischer Staaten in Bandung im Jahr darauf übernommen wurden. Aus chinesischer Perspektive können und sollten diese grundsätzlich für den Umgang von Staaten untereinander gelten. Ausgangspunkt dabei war und ist, dass Staaten sich zwar durch unterschiedliche gesellschaftliche und politische Systeme auszeichnen, diese Unterschiede aber einem respektvollen Miteinander nicht im Weg stehen sollten. Dies entspricht auch einem Grundsatz, der später im Konzept der »harmonischen Welt« unter Chinas Parteiführer und Staatspräsident Hu Jintao (2002–12) erneut eine zentrale Rolle spielen sollte (siehe unten).

Die oben bereits erwähnte Vorgabe Deng Xiaopings für Chinas Außenpolitik hat offiziell bis heute Geltung: *taoguang yanghui* – etwa zu übersetzen als »den Kopf unten behalten«.[2] Diese Handlungsanweisung Dengs kann als Reaktion auf die diplomatische Isolierung nach dem Armeeeinsatz auf dem Tian'anmen-Platz im Jahr 1989 und auf das Ende des Kalten Krieges gedeutet werden (Zheng/Tok 2007): China sollte sich nicht auf eine Konfrontation – insbesondere mit den USA – einlassen, sondern sich auf der internationalen Bühne zurückhalten und sich nur vorsichtig engagieren. Dieses vorsichtige Engagement, zum Beispiel in Friedenseinsätzen der Vereinten Nationen (VN), kam zum Ausdruck, indem die *taoguangyanghui*-Formel durch den Zusatz *yousuo zuowei* (»manchmal einen Beitrag leisten«) ergänzt wurde.

3 Von Jiang Zemin zu Hu Jintao und Xi Jinping

Als Jiang Zemin 1992 die Geschicke der Partei übernahm, gab Deng Xiaoping, obwohl er kein offizielles Amt mehr bekleidete, noch entscheidende Impulse für die (außen)politische Richtung Chinas. Im Lauf der 1990er-Jahre trat Jiang Zemin dann für mehr Engagement in der Welt ein und propagierte das Konzept der »umfassenden nationalen Stärke« (*zonghe guoli*). Diese erforderte Kapazitäten in mehreren Bereichen – ökonomisch, technologisch, wissenschaftlich und militärisch – und umfasste sowohl materielle wie auch geistige Faktoren (Ghosh 2009). Jiang bemühte sich

---

2 Häufig wird *taoguang yanghui* ins Deutsche übersetzt als »sein Licht unter den Scheffel stellen«, englisch etwas adäquater mit »keep a low profile«. Bei der Debatte über dieses Diktum Deng Xiaopings geht es u. a. um die Frage, ob sich dahinter eine absichtliche Täuschung verbirgt, das heißt, wird China sich nur so lange bescheiden und unauffällig verhalten, bis es die notwendige Stärke erreicht hat, um dann sein »wahres Gesicht« zu zeigen. Darauf wird im Folgenden noch genauer einzugehen sein.

auch um die Reparatur des durch die Niederschlagung der Proteste auf dem Tian'anmen-Platz angeschlagenen Verhältnisses zu den USA. Dass die Welt einen »unipolaren Moment« erlebte, in dem es nur eine Supermacht gab, war auch der chinesischen Führung klar, selbst wenn man der Überzeugung war, dass die Unipolarität durch eine multipolare Struktur, in der wirtschaftliche, politische und militärische Macht auf mehrere Staaten oder Staatengruppen verteilt ist, abgelöst werden würde. Offen blieb, ob die multipolare Welt quasi automatisch und ohne weiteres Zutun entstehen würde oder ob man sie aktiv fördern müsste. Die Beziehungen zu den USA und den anderen bereits vorhandenen (Japan, Europäische Union, Russland) oder noch im Werden begriffenen Machtzentren (Letztere schließen in jedem Fall China selbst ein) standen in der Amtszeit Jiang Zemins im Vordergrund. Aber auch das Verhältnis zu den Nachbarstaaten war von Gewicht. Chinas Ansehen in der Region verbesserte sich in diesem Jahrzehnt nicht nur aufgrund seiner steigenden wirtschaftlichen Bedeutung und Anziehungskraft, sondern auch aufgrund positiver Initiativen (Normalisierung von Beziehungen, Verhandlungen über umstrittene Grenzen) und – aus Sicht der Nachbarn – Chinas verantwortungsvolles Verhalten in der asiatischen Finanzkrise (1997/98).

Als Nachfolger von Jiang Zemin fand Hu Jintao ab 2002 nach einer kurzen Phase, in der Chinas »friedlicher Aufstieg« (*heping jueqi*, siehe unten) in den offiziellen Wortschatz Eingang fand, zur bewährten Formel der »friedlichen Entwicklung« zurück. In beiden Formulierungen spielte die Erkenntnis eine Rolle, dass China in die Welt hinausgehen müsse (*zouchuqu*). Dies galt in erster Linie wirtschaftlich (Engagement auch in Südamerika und Afrika, Direktinvestitionen im Ausland, Freihandelsabkommen, Vergabe von Entwicklungshilfe) und in einem zweiten Schritt auch kulturell (Konfuzius-Institute als Teil chinesischer Soft Power zur Verbesserung des Verständnisses gegenüber China). Die bereits unter Jiang Zemin begonnene aktivere Beteiligung im internationalen Rahmen, in den Vereinten Nationen (VN) und in asiatischen Regionalorganisationen, setzte sich unter der Führung Hu Jintaos und Wen Jiabaos fort. Den Schwellen- und Entwicklungsländern wurde dabei ein höherer Stellenwert zugemessen als zuvor. Dies war unter anderem der Tatsache geschuldet, dass diese Länder für Chinas wachsenden Bedarf an Rohstoffen und Energie wichtiger geworden waren, als das noch in den 1990er-Jahren der Fall war. Schließlich stellte Hu Jintao den Entwurf der »harmonischen Welt« vor – quasi die Projektion und Ausweitung des innenpolitischen Konzepts der »harmonischen Gesellschaft« auf die internationale Ebene (Wacker/Kaiser 2008, S. 18).

Die Idee der »harmonischen Welt« trug Hu Jintao zum ersten Mal auf der 60. Generalversammlung der Vereinten Nationen im Jahr 2005 in einer Rede mit dem Titel »Große Anstrengungen machen, um eine harmonische Welt mit lang anhaltendem Frieden und gemeinsamem Wohlstand zu schaffen« vor. Darin betonte er vier Punkte:
1. Multilateralismus für gemeinsame Sicherheit pflegen (neues Sicherheitskonzept),
2. gegenseitig vorteilhafte Kooperation für gemeinsamen Wohlstand pflegen (Umsetzung der Millenniumentwicklungsziele),
3. den Geist der Inklusivität für den gemeinsamen Aufbau einer harmonischen Welt pflegen (Respekt für das Recht jedes Landes auf die unabhängige Wahl seines Gesellschaftssystems und Entwicklungsweges),
4. die Reform der VN aktiv und klug vorantreiben (mehr Mitsprache von Entwicklungsländern im Sicherheitsrat).

Während China selbst in den 1990er-Jahren noch relativ klar unter die Gruppe der Entwicklungsländer fiel, ist seine Selbstwahrnehmung seit der Jahrtausendwende – und vor allem nach dem Aufstieg zur zweitgrößten Wirtschaftsmacht hinter den USA im Jahr 2011 – widersprüchlich: Zum einen fühlt sich China als regionale oder sogar als globale Macht, die entsprechend von der internationalen Gemeinschaft respektiert werden möchte, zum anderen verweist es aber darauf, dass es, gemessen am Pro-Kopf-Einkommen, immer noch zu den Entwicklungsländern zu rechnen ist. Diese Zwitterposition erklärt zumindest teilweise, warum China einerseits – gestärkt durch internationale Großereignisse wie die Olympischen Spiele und die Weltausstellung, aber auch den erfolgreichen Umgang mit der globalen Finanzkrise – erstarktes Selbstbewusstsein nach außen demonstriert, andererseits aber die Opfermentalität eines vom westlichen Imperialismus erniedrigten und an seiner Entwicklung gehinderten Landes beibehalten hat. Dieser Widerspruch zwischen Überlegenheitsgefühl und Minderwertigkeitskomplex wird auch von chinesischen Beobachtern diagnostiziert (Jakobson 2013).

Während die offizielle Politik nach wie vor die Formel von der »friedlichen Entwicklung« propagiert, sind in den letzten Jahren zunehmend konfliktfreudigere Stimmen laut geworden, beispielsweise von einzelnen chinesischen Militärs. Und die tatsächliche Politik Chinas gegenüber den Nachbarstaaten (und gegenüber den USA als wichtigstem regionalen Sicherheitsakteur) hat bei diesen Nachbarn die Sorge über chinesische außenpolitische Ambitionen eher wieder geschürt als zerstreut. Zumindest aus deren Sicht stehen Rhetorik und konkretes Verhalten Chinas nicht im Einklang.

4 Chinas nationale Interessen

Auf der Webseite des chinesischen Außenministeriums (siehe unter »Weblink«) werden die Ziele der chinesischen Außenpolitik wie folgt definiert:

> »China verfolgt unbeirrbar eine unabhängige Außenpolitik des Friedens. Die grundlegenden Ziele dieser Politik sind es, die Unabhängigkeit, Souveränität und territoriale Integrität Chinas zu bewahren, eine günstige internationale Umgebung für Chinas Reform und Öffnung und den Modernisierungsaufbau zu schaffen, den Weltfrieden zu bewahren und die gemeinsame Entwicklung voranzubringen.«

Nach wie vor gilt als oberstes Ziel, Chinas Souveränität zu bewahren. Außerdem ist es auch die Aufgabe der Außenpolitik, die Bedingungen für eine erfolgreiche Modernisierung Chinas herzustellen – diese Modernisierung quasi zu flankieren. Zugleich möchte China von anderen Staaten in der Welt respektiert und als verantwortungsvoller Akteur anerkannt werden, auch wenn dies nirgends explizit als Forderung formuliert ist. Im Zentrum stehen Chinas »Kerninteressen«. Die Führung in Beijing ist nicht bereit, von diesen Abstriche zu machen, und verbittet sich jede Einmischung von außen.

Bis vor wenigen Jahren beschränkten sich diese »Kerninteressen« auf Tibet, Xinjiang und Taiwan, das heißt auf die Gebiete, die China als untrennbare Bestandteile des eigenen Staatsgebietes reklamiert. Beim ersten offiziellen Besuch von US-Präsident Barack Obama in der Volksrepublik im Jahr 2009 klang bereits eine breitere Interpretation dieser Kerninteressen an, indem in diesem Kontext vom Südchinesischen Meer die Rede war. In der Folgezeit legte China ein proaktiveres Vorgehen gegenüber den anderen Staaten, die Anspruch auf Teile des Südchinesischen Meeres erheben (vor allem die Philippinen und Vietnam), an den Tag. Dieses Verhalten stieß, wie zu erwarten, nicht auf positiven Widerhall. Daraus ergab sich eine innerchinesische Debatte über die Frage, wie eng oder weit Chinas Kerninteressen definiert werden sollten (Godement 2011, S. 5 f.; Swaine 2011).

Im Weißbuch »Chinas friedliche Entwicklung« vom September 2009 sind die »Kerninteressen« eher vage formuliert:

> »China ist fest darin, seine Kerninteressen zu bewahren, die die folgenden umfassen: Staatliche Souveränität, nationale Sicherheit, territoriale Integrität und nationale Wiedervereinigung, Chinas politi-

sches System, das durch die Verfassung begründet wird, und allgemeine gesellschaftliche Stabilität sowie die grundlegenden Maßnahmen zur Sicherung einer nachhaltigen wirtschaftlichen und sozialen Entwicklung.« (Information Office of the State Council 2011, Teil III)

Hier wird also offengelassen, ob weitergehende Gebietsansprüche Chinas im Ostchinesischen Meer (Diaoyutai/Senkaku – umstritten zwischen China sowie Taiwan und Japan) und im Südchinesischen Meer (umstritten zwischen China sowie Taiwan und Vietnam, den Philippinen und Malaysia)³ mit zu den Kerninteressen Chinas zu zählen sind oder nicht. Allerdings wird erstmals offiziell bestätigt, dass Chinas politisches System zu den Kerninteressen zählt.

Als sich 2012 der Konflikt mit Japan um die unbewohnte Inselgruppe Diaoyutai bzw. Senkaku zuspitzte, kämpfte China auch mit den Mitteln der PR und schaltete Anzeigen, unter anderem in der New York Times. (Foto: ullstein bild – Reuters/Shannon Stapleton, 28. September 2012)

---

3 Zu den verschiedenen Ansprüchen im Südchinesischen Meer gibt es eine interaktive Karte der New York Times unter: www.nytimes.com/interactive/2012/05/31/world/asia/Territorial-Claims-in-South-China-Sea.html, Zugriff: 7. Oktober 2013.

Im Bericht vom 18. Parteitag, der im November 2012 stattfand und den Führungswechsel an der Spitze einleitete, befasste sich zwar nur der elfte der zwölf Abschnitte mit dem Thema Außenpolitik, aber darin wurde kurz dargestellt, wie China die derzeitige internationale Lage sieht, zudem wurden eigene Ziele und Prinzipien hervorgehoben. In dem Bericht heißt es unter anderem, Multipolarität und ökonomische Globalisierung als weltweite Trends vertieften sich und aufstrebende Marktwirtschaften und Entwicklungsländer gewönnen an Stärke. Gleichzeitig hält der Bericht fest, dass es Zeichen für wachsenden Hegemonismus, Machtpolitik und Neointerventionismus gebe und dass sich globale Fragen wie Nahrungsmittelsicherheit, Energie- und Rohstoffsicherheit sowie Sicherheit im Cyberspace zuspitzten. Daher fordere China dazu auf, Gleichheit, gegenseitiges Vertrauen, Inklusivität, gegenseitiges Lernen und Kooperation zum gegenseitigen Vorteil in den internationalen Beziehungen zu fördern. Zu Chinas eigener Haltung und Interessen heißt es auch hier:

»China wird unbeirrbar dem Pfad der friedlichen Entwicklung folgen und standhaft eine unabhängige Außenpolitik des Friedens verfolgen. Wir sind fest entschlossen, Chinas Souveränität, Sicherheit und Entwicklungsinteressen zu bewahren und werden uns niemals Druck von außen beugen. Wir werden unsere Haltung und Politik zu einer Sache aufgrund ihrer selbst entscheiden und daran arbeiten, Fairness und Gerechtigkeit zu bewahren.« (Hu Jintao 2012)

Der Bericht unterstreicht einmal mehr die »fünf Prinzipien der friedlichen Koexistenz«, präsentiert China als verlässlichen Freund der Entwicklungsländer und verspricht mehr internationales und multilaterales Engagement in den Vereinten Nationen, der G20, verschiedenen Regionalorganisationen und innerhalb der BRICS-Staaten (BRICS: Brasilien, Russland, Indien, China und Südafrika).

Die westlichen Industrienationen tauchen hier nur als G20 auf; kein einzelnes westliches Land wird besonders hervorgehoben, während die Gewichtsverschiebung hin zu den Schwellen- und Entwicklungsländern klar zu erkennen ist. Konstant geblieben ist dagegen die Definition chinesischer Interessen – Souveränität, Sicherheit und Entwicklung.

Eine neue Formulierung schlugen Hu Jintao und sein Nachfolger Xi Jinping bei ihren Treffen mit dem amerikanischen Präsidenten Barack Obama in den Jahren 2012 und 2013 vor: Zwischen beiden Staaten sollen »Großmachtbeziehungen neuen Typs« (*xinxing daguo guanxi*) aufgebaut werden. Damit ist in erster Linie gemeint, dass der historische Konflikt zwischen etablierter und aufsteigender Macht[4] vermieden werden soll und kann, wenn die involvierten Staaten die Kerninteressen des jeweils anderen respektieren. Dies bezieht sich insbesondere auf die USA und China (Cui/Pang 2012).

In den offiziellen Verlautbarungen sind die Prinzipien chinesischer Außenpolitik über die gesamte Reformperiode relativ konstant geblieben. Ob die »Großmachtbeziehungen neuen Typs« eine entscheidende Wende darstellen, bleibt vorerst abzuwarten. Unter den Spezialisten für internationale Beziehungen, die an Chinas Universitäten oder in Thinktanks arbeiten, gibt es dagegen eine Debatte, in der die Meinungen weit auseinandergehen, auch über als unantastbar geltende Prinzipien wie das Prinzip der Nichteinmischung in die inneren Angelegenheiten anderer. Ebenso werden der »Haupttrend« Frieden und Entwicklung und die Vorgabe Deng Xiaopings für Chinas Außenpolitik seit einigen Jahren kontrovers diskutiert. Noch ungeklärt ist unter Akademikern zudem die Frage, welche anderen Staaten außer den USA als Großmächte einzustufen sind und für den »neuen Typ« von Beziehungen infrage kommen.[5]

5 Außenpolitische Debatten in China: Zwei Beispiele

»Friedlicher Aufstieg«, friedliche Entwicklung oder einfach Aufstieg?

Eine Debatte, die, wie oben erwähnt, kurzfristig sogar in die offizielle Begrifflichkeit Eingang gefunden hat, war die um den »friedlichen Aufstieg« Chinas.

Im Herbst 2003 stellte einer der Berater der chinesischen Führung, Zheng Bijian, das Konzept eines »friedlichen Aufstiegs« Chinas in der Weltpolitik auf einer internationalen Konferenz erstmals vor. Er skizzierte damit das erste neue außenpolitische Konzept, nachdem Hu Jintao und Wen Jiabao die Führung übernommen hatten (Glaser/Medeiros 2007). Während Konzepte wie »Multipolarität« und »Frieden und Ent-

---

4 Im Fall des Aufstiegs von Deutschland und Japan führte diese Konstellation zum Krieg.
5 Während eine Meinung hierzu ist, dass es ausschließlich um das Verhältnis USA–China geht (Qu 2013), sehen andere Experten in China auch Russland, die übrigen BRICS-Staaten, möglicherweise Japan und sogar die EU als »Großmächte« an, mit denen der »neue Typ« Beziehungen angestrebt werden kann (Yang 2013).

wicklung« im Wesentlichen beschreiben, wie China seine internationale Umgebung sieht, bezieht sich der »friedliche Aufstieg« auf China selbst (ebd. S. 292). Das Konzept zielte darauf ab, die Nachbarländer Chinas wie auch die USA, denen der wirtschaftliche und politische Machtzuwachs Chinas unberechenbar, wenn nicht sogar bedrohlich erschien, zu beruhigen. China versprach, niemals Hegemonie anzustreben, egal, welche Machtposition es erlangen würde. Nachdem der Begriff »friedlicher Aufstieg« für eine kurze Zeit nach seiner Einführung bis zum Frühjahr 2004 auch von Chinas Führung benutzt wurde, verschwand er dann wieder aus den offiziellen Stellungnahmen und man kehrte zur »friedlichen Entwicklung« zurück. Unter chinesischen Akademikern und Mitarbeitern von Thinktanks war der »friedliche Aufstieg« jedoch weiterhin Bestandteil der Debatten über die chinesische Außenpolitik (ebd. S. 297). Und im Grunde redeten auch Vertreter der chinesischen Führung weiterhin vom »friedlichen Aufstieg«, allerdings ohne diese Formulierung zu verwenden.

Das Konzept des »friedlichen Aufstiegs« wurde von zwei Seiten her kritisiert. Die eine bezog sich auf das Attribut »friedlich« und leitete ihr Argument vor allem aus der ungelösten Taiwanfrage ab: Im Jahr 2004 wurde Chen Shui-bian, dessen Demokratische Fortschrittspartei (DPP) für die Unabhängigkeit der Insel eintritt, als Präsident Taiwans wiedergewählt und versuchte in kleinen Schritten, Taiwans eigene Identität zu stärken. Konnte »friedlicher Aufstieg« in einer solchen Situation nicht als ein Signal, dass China nicht (mehr) bereit war, eine Unabhängigkeitserklärung Taiwans mit der Androhung militärischer Gewalt zu verhindern, missverstanden werden? Ähnliche Argumente wurden auch bezüglich der territorialen Streitigkeiten mit Japan (um die unbewohnten Inselchen Diaoyu/ Senkaku) vorgebracht. Es wurden zudem Zweifel geäußert, ob es in der Geschichte je einen Aufstieg gegeben habe, der friedlich verlief (Deutschlands und Japans industrieller und dann auch geopolitischer »Aufstieg« im späten 19. und zu Beginn des 20. Jahrhunderts wurden als warnende Beispiele angeführt). Die andere Seite der Kritik bezog sich auf den Aufstieg selbst: Einige Autoren argumentierten, schon der Ausdruck »Aufstieg« wecke Furcht bei Chinas Nachbarn, andere hielten angesichts der inneren Probleme Chinas die Debatte um einen »Aufstieg« überhaupt für verfrüht. Auch aus offiziellen Kreisen gab es Kritik: Vertreter des Militärs zum Beispiel befürchteten, dass die proklamierte Friedlichkeit sich in weniger Ressourcen für die militärische Modernisierung Chinas übersetzen könnte.

Letztlich entschloss sich die Führung, den Begriff »friedlicher Aufstieg« erst einmal aus dem offiziellen Wörterbuch zu streichen und zur »friedlichen Entwicklung« (*heping fazhan*) zurückzukehren, eine Formulierung, die ebenfalls zum Ausdruck bringen sollte, dass China keine revisionistische Macht ist, die die internationale Ordnung radikal zu seinen Gunsten verändern will. Damit wollte man der Furcht vor der »chinesischen Bedrohung« begegnen. Seine »friedliche Entwicklung« erklärt China zum einen mit der Tatsache, dass es ein Entwicklungsland ist und dies auch noch für lange Zeit bleiben wird, zum anderen verweist es auf seine kulturelle Tradition (Information Office of the State Council 2011, Teil III). Welche Gründe ausschlaggebend dafür waren, den »friedlichen Aufstieg« in der offiziellen Rhetorik ad acta zu legen, bleibt intransparent, doch dürften die oben angeführten Punkte, insbesondere die Taiwanfrage sowie Widerstände aus dem Außen- und Verteidigungsministerium, eine Rolle gespielt haben.

Offiziell gelten »friedliche Entwicklung« und die Devise Deng Xiaopings, »den Kopf unten [zu] behalten«, noch immer. Doch für die Mehrheit der Experten des Landes ist der Aufstieg Chinas mittlerweile eine unabweisbare Tatsache.[6] Selbst wenn sie China (noch) keinen Weltmachtstatus zusprechen, dann doch zumindest den einer Regionalmacht.

Kann und muss China (noch) »den Kopf unten behalten«?

In den letzten Jahren hat es auch eine Debatte innerhalb Chinas über Deng Xiaopings oben bereits vorgestellte außenpolitische Direktive »den Kopf unten behalten« gegeben (Chen/Wang 2011). Einige Experten vertreten die Auffassung, dass dies angesichts der internationalen Bedeutung Chinas keine angemessene Leitidee mehr für sein außenpolitisches Handeln sein kann. Eine Mehrheit der Akademiker und selbst viele Praktiker treten mittlerweile zumindest für eine Modifikation des außenpolitischen Diktums von Deng Xiaoping ein. Die Befürworter einer Modifizierung sind sich darüber einig, dass der bisherige Ansatz zu defensiv und reaktiv war und China künftig aktiver werden sollte. Allerdings sind sie uneins darüber, ob China einen kooperativeren oder einen selbstbewussteren/konfrontativeren Kurs verfolgen sollte – insbesondere gegenüber den USA (Zhang 2012, S. 141 f.; Chen/Wang 2011, S. 199 ff.).

---

6 So heißt es in der Zusammenfassung eines Symposiums zu Chinas Außenpolitik, das im September 2010 stattfand: »2010 ist das Jahr, in dem sich Chinas Aufstieg beschleunigt hat, und das Jahr, in dem China mit vielfältigen außenpolitischen Herausforderungen und Prüfungen konfrontiert ist.« Konferenzbericht in der Zeitschrift Xiandai Guoji Guanxi, 11 (2010), S. 1–24, hier S. 1.

Im Kontext der Diskussion um Deng Xiaopings Leitlinie ist die Frage wichtig, wie man in China die Rolle der USA in der Welt einschätzt. Sind die USA im Niedergang begriffen oder werden sie in der Lage sein, ihre Vorherrschaft in der Welt noch über einen längeren Zeitraum aufrechtzuerhalten? Die globale Finanzkrise mit ihren dramatischen und anhaltenden Auswirkungen auf die amerikanische Wirtschaft hat unter chinesischen Akademikern (und Politikern?) auch Zweifel daran aufkommen lassen, wie nachhaltig und materiell unterfüttert die Verschiebung des Interessenschwerpunktes der USA nach Asien, die Präsident Obama angekündigt hat, tatsächlich sein kann und wird (siehe auch den Beitrag von Xuewu Gu).

Ein Kritikpunkt an der Formel *taoguang yanghui* bezieht sich auf die Schwierigkeit, eine angemessene Übersetzung in andere Sprachen zu finden, denn die häufig benutzte Übersetzung »sein Licht unter den Scheffel stellen« weise auf eine Täuschungsabsicht hin: China verbirgt seine Fähigkeiten, bis die Zeit reif ist – eine Interpretation, die auch traditionellen chinesischen Vorstellungen von Taktik entspricht (Chen/Wang 2011, S. 201 f.).

Außenpolitische Hardliner (Realisten), darunter einige Militärs, vertreten die Auffassung, es sei an der Zeit, einen konfrontativen Kurs zu verfolgen, zumindest, wenn es um die nationalen Kerninteressen geht. Dagegen argumentieren die Internationalisten unter den chinesischen Spezialisten für internationale Beziehungen, China selbst müsse mehr Verantwortung übernehmen und öffentliche Güter – zumindest in der Region – zur Verfügung stellen (Shambaugh 2011, S. 20 f.). Internationalisten und Realisten in Chinas Außenpolitikdebatte unterscheiden sich also dadurch, dass Erstere gegen den Einsatz von Gewalt und für Zurückhaltung eintreten und dafür plädieren, sich über das internationale System an *global governance* zu beteiligen, während Letztere militärische Stärke und Machtdemonstration gegenüber der internationalen Gemeinschaft, insbesondere in den Territorialstreitigkeiten, befürworten (Bhaskar 2012). Auch über die Frage, ob China Allianzen mit anderen Ländern eingehen soll, hat eine neue Diskussion begonnen – nicht zuletzt als Reaktion auf die amerikanische Politik des *pivot* bzw. der Schwerpunktverlagerung hin zu Asien unter Präsident Obama (Zhang 2012, S. 130).

Es gibt aber auch Stimmen, die für die Beibehaltung der Formel von *taoguang yanghui* eintreten. Die Gründe dafür sind zum einen Unsicherheit über den Machtverlust der USA, Chinas gewaltige innere Probleme, die Schwäche chinesischer Soft Power – trotz der Attraktivität des chinesischen Wirtschaftsmodells in Teilen der Entwicklungsländer und trotz der Konfuzius-Institute[7] – sowie die Tatsache, dass China ungeachtet seiner ökonomischen Größe bei vielen anderen Indikatoren (siehe den Beitrag von Christoph Müller-Hofstede) noch weit hinter den westlichen Industrienationen, insbesondere den USA, zurückliegt (Chen/Wang 2011, S. 204 f.). Auf der Grundlage dieser Einschätzung kommen viele Experten zu dem Schluss, dass *taoguang yanghui* als Leitlinie für Chinas Auftreten nach außen auch weiterhin Gültigkeit besitzt. Dennoch wird insgesamt dem Zusatz »manchmal einen Beitrag leisten« (*yousuo zuowei*) mehr Gewicht beigemessen als noch vor zehn Jahren. Dies zeigt sich unter anderem darin, dass nun häufig die Formulierung zu »mehr Beiträge leisten« (*duosuo zuowei*) abgewandelt wird.

Die oben vorgestellten Debatten zeigen, wie unterschiedlich in China die Einschätzungen darüber sind, welche Machtposition China mittlerweile in der Welt einnimmt und wie sich die internationale Umgebung, insbesondere die Stellung der USA, im letzten Jahrzehnt verändert hat. Es kommt darin auch zum Ausdruck, dass China auf der Suche nach einer angemessenen Rolle in der Welt ist, wobei bislang weder die Verfechter eines härteren Kurses noch die Befürworter eines aktiveren und konstruktiven Beitrags auf breiter Front eindeutig die Oberhand haben.

6 Perspektiven/Ausblick

Während die chinesischen Entscheidungsträger an bewährten Prinzipien der Außenpolitik zumindest rhetorisch festhalten, ist die außenpolitische Debatte in China seit Ende der 1990er-Jahre deutlich vielfältiger und kontroverser geworden. Aber auch die politischen Entscheidungsträger müssen mit der wachsenden Komplexität umgehen, die sich aus Chinas globaler Verflechtung und wirtschaftlichem Engagement überall auf der Welt ergibt. Die Politik verfolgt einen Kurs, der zwar an der traditionellen Friedensrhetorik festhält, gleichzeitig aber in der Praxis aktiver, selbstbewusster und kompromissloser für eigene Interessen eintritt. Die Bereiche, in denen China international »Beiträge leistet«, werden danach ausgewählt, ob sie zusätzlich zu internationalem Prestige auch Chinas Interessen nut-

---

[7] Fast 400 Konfuzius-Institute (KI) weltweit widmen sich der Vermittlung der chinesischen Sprache und Kultur und sollen ähnlich wie etwa die Goethe-Institute zur Vertiefung der kulturellen Beziehungen und zur Völkerverständigung beitragen. Die KI unterstehen einem zentralen Büro, das an das Ministerium für Erziehung angegliedert ist. Siehe auch http://english.hanban.org/node_7719.htm.

zen, wie zum Beispiel die Beteiligung an der Antipirateriemission Atalanta vor der Küste Somalias.

In den letzten Jahren, das heißt etwa seit 2009, sind insbesondere von Chinas Nachbarstaaten Veränderungen im außenpolitischen Auftreten des Landes wahrgenommen worden, die zum Teil als aggressiv und arrogant empfunden werden. Dies äußert sich unter anderem darin, dass China keinerlei Kompromissbereitschaft erkennen lässt, wenn es um die eigene Souveränität und territoriale Integrität geht – was nun offenbar auch breiter (wenn auch nicht klar) definierte »Kerninteressen« umfasst, wie zum Beispiel die territorialen Ansprüche im Südchinesischen und Ostchinesischen Meer. Xi Jinping, der im November 2012 die Nachfolge Hu Jintaos als Generalsekretär der Kommunistischen Partei antrat, hat in den ersten Monaten nach seiner Ernennung diese grundsätzliche Haltung Chinas in verschiedenen Reden unterstrichen.

Spannungen in der Südchinesischen See: Zwischen Vietnam und China geht es um Ölfelder in der Nähe der Paracel-Inseln. (Foto: Yomiuri Shimbun via AP Images, 2014)

Multipolarität und wirtschaftliche Globalisierung werden in China offiziell als zwei entscheidende Trends in der Welt gesehen, wobei zumindest der Mainstream beides positiv bewertet.[8] Der Begriff der Multipolarität, der sich hartnäckig im offiziellen Wortschatz chinesischer Außenpolitik hält, schwankt zwischen der These, dass die Welt bereits multipolar sei, und der Feststellung, dass sie sich in Richtung Multipolarität bewege.[9] Auf jeden Fall sind für die Vorstellung einer multipolaren Welt aus Sicht Chinas die Schwellenländer (*emerging economies*; China engagiert sich entsprechend bei den BRICS-Staaten) und regionale Gruppen in den letzten Jahren stärker in den Fokus gerückt. Der Europäischen Union traut China heute die Rolle eines eigenen Pols politisch weniger zu als noch zu Beginn des Jahrtausends, als Osterweiterung und Verfassungsvertrag auf dem Weg waren und es noch keine europäische Verschuldungskrise am Horizont gab.

Eine Reihe von Akademikern betrachtet die Welt heute bereits wieder als ein bipolares System, in dem China als einziger Staat die Vormachtstellung der USA herausfordern könnte. Der Idee einer »G2«, das heißt einer Welt, in der die USA und China gemeinsam die Richtung bestimmen, wie sie im zeitlichen Umfeld der ersten Chinareise von Präsident Obama in den USA vorgeschlagen und diskutiert wurde, stand man in China nicht positiv gegenüber. Von vielen Experten wurde sie als eine »Falle« gesehen, mit der China dazu verleitet werden sollte, sich international mehr zu engagieren und dafür Ressourcen aufzuwenden, die dann für die eigene Entwicklung und Modernisierung fehlten. Diese Vorstellung einer »Falle«, in die westliche Industriestaaten China zu locken versuchen, um letztlich den Aufstieg des Landes zu be- oder verhindern, existiert auch bei Themen wie dem Klimawandel oder dem Konzept des *responsible stakeholder*, das vom ehemaligen US-Vizeaußenminister Robert Zoellick im Jahr 2005 an China herangetragen wurde (siehe den Beitrag von Hanns W. Maull). Der Vorschlag, Großmachtbeziehungen neuen Typs insbesondere mit den USA aufzubauen, deutet aber darauf hin, dass die neue chinesische Führung eine G2-Konstellation nun doch für denkbar hält.

---

8 Eine Ausnahme sind die von David Shambaugh so genannten Nativisten, die die Globalisierung ablehnen und die Auffassung vertreten, China habe in der Globalisierung zu viele eigene Interessen geopfert und müsse sich davon abkoppeln (Shambaugh 2011, S. 10 f.).

9 Letzterer Standpunkt wird in Teil IV des Weißbuches »China's Peaceful Development« (Information Office of the State Council 2011) vertreten.

Chinas Führung ist – bei aller auf rhetorischer Ebene demonstrierten Konstanz – auf der Suche nach der angemessenen Rolle und dem angemessenen Engagement in der Welt. Diese Suche zeigt sich auch in den Debatten unter chinesischen Spezialisten für internationale Beziehungen. Dabei wird es für China schwieriger, »den Kopf unten [zu] behalten« – nicht nur angesichts des zunehmenden, vorwiegend wirtschaftlichen Gewichts, sondern auch aufgrund gestiegener Erwartungen der westlichen Industrienationen wie auch der Schwellen- und Entwicklungsländer an China als einen »verantwortungsvollen Akteur«.

Literatur

Bhaskar, Roy: China's Foreign Policy Debate – Analysis, in: Eurasia Review. News & Analysis vom 18. Mai 2012 (www.eurasiareview.com/18052012-chinas-foreign-policy-debate-analysis/, Zugriff: 7. Oktober 2013).

Chen, Dingding/Wang, Jianwei: Lying Low No More? China's New Thinking on the Tao Guang Yang Hui Strategy, in: China. An International Journal, 9 (2011) 2, S. 195–216.

Cui, Tiankai/Pang, Hanzhao: China-US Relations in China's Overall Diplomacy in the New Era. On China and US Working Together to Build a New Type Relationship Between Major Powers, 20. Juli 2012 (http://www.fmprc.gov.cn/eng/wjb/zzjg/bmdyzs/xwlb/t953682.htm, Zugriff: 3. November 2013).

Full text of Hu Jintao's report at 18th Party Congress → (Hu Jintao:)

Ghosh, P. K.: The Chinese Concept of Comprehensive National Power: An Overview, in: Airpower, 4 (2009) 4, S. 17–54 (http://www.aerospaceindia.org/Air%20Power%20Journals/Winter%202009/Chapter%202.pdf, Zugriff: 7. Oktober 2013).

Glaser, Bonnie S./Medeiros, Evan S.: The Changing Ecology of Foreign Policy-Making in China: The Ascension and Demise of the Theory of »Peaceful Rise«, in: China Quarterly, 190 (2007), S. 291–310.

Godement, François: China Debates its Global Strategy, China Analysis, April 2011, hrsg. vom European Centre of Foreign Relations [ECFR]/Asia Centre China (www.ecfr.eu/page/-/China%20Analysis_China%20debates%20its%20global%20strategy_April2011.pdf, Zugriff: 7. Oktober 2013).

(Hu Jintao:) Full text of Hu Jintao's report at 18th Party Congress vom 17. November 2012 (http://news.xinhuanet.com/english/special/18cpcnc/2012-11/17/c_131981259.htm, Zugriff: 7. Oktober 2013).

Information Office of the State Council: China's Peaceful Development, Beijing 2011 (http://english.gov.cn/official/2011-09/06/content_1941354.htm, Zugriff: 7. Oktober 2013).

Jakobson, Linda: China's Foreign Policy Dilemma, Lowy Institute Analysis, February 2013 (http://lowyinstitute.cachefly.net/files/jakobson_chinas_foreign_policy_dilemma_web_1.pdf, Zugriff: 7. Oktober 2013).

Jakobson, Linda/Knox, Dean: New Foreign Policy Actors in China, SIPRI Policy Papers 26, Stockholm 2010 (books.sipri.org/files/PP/SIPRIPP26.pdf, Zugriff: 7. Oktober 2013).

Qu Xing (Interview mit Qu Xing): Zhongguo xuyao zenyang de »xinxing daguo guanxi« [Welche »Großmachtbeziehungen neuen Typs« braucht China], in: Xinjingbao vom 15. Juni 2013.

Shambaugh, David: China Goes Global. The Partial Power, Oxford 2013.

Shambaugh, David: Coping with a Conflicted China, in: The Washington Quarterly, 34 (2011) 1, S. 7–27 (http://csis.org/files/publication/twq11winters hambaugh.pdf, Zugriff: 7. Oktober 2013).

Swaine, Michael: China's Assertive Behavior. Part One: On China's »Core Interests«, in: China Leadership Monitor, 34 (2011) (media.hoover.org/sites/default/files/documents/CLM34MS.pdf, Zugriff: 7. Oktober 2013).

The End of Non-Interference?, China Analysis, Oktober 2013, hrsg. vom European Centre of Foreign Relations [ECFR]/Asia Centre China (http://ecfr.eu/page/-/China_Analysis_The_End_of_Non_interference_October2013.pdf, Zugriff: 25. Oktober 2013).

Wacker, Gudrun/Kaiser, Matthis: Nachhaltigkeit auf chinesische Art. Das Konzept der »harmonischen Gesellschaft«, SWP-Studie S18, Berlin 2008 (www.swp-berlin.org/fileadmin/contents/products/studien/2008_S18_wkr_ks.pdf, Zugriff: 7. Oktober 2013).

Yang, Jiemian: China's Vision of New Type of Major Power Relations with US, 9. April 2013 (China-US Focus, http://www.chinausfocus.com/foreign-policy/chinas-new-vision-of-new-type-of-major-power-relations-with-the-us/, Zugriff: 15. Oktober 2013).

Zhang, Feng: China's New Thinking on Alliances, in: Survival: Global Politics and Strategy, 54 (2012) 5, S. 129–148.

Zheng, Yongnian/Tok, Sow Keat: »Harmonious Society« and »Harmonious World«: China's Policy Discourse under Hu Jintao (= The University of Nottingham China Policy Institute, Briefing Series, Issue 26, October 2007), Nottingham 2007 (http://nottingham.ac.uk/cpi/documents/briefings/briefing-26-harmonious-society-and-harmonious-world.pdf, Zugriff: 7. Oktober 2013).

Weblink

Außenministerium der VR China:
http://www.fmprc.gov.cn/eng/wjdt/

Anhang

Chronologie

zusammengestellt von Sabine Peschel

Zeitraum/ Jahr	Periode/ Dynastie	Politik/Wirtschaft	Kultur/Gesellschaft
ca. 5000–3000 v. Chr.	Jungsteinzeit, Hemudu-Kultur	Übergang von der Jäger- und Sammlerkultur zu Ackerbau und Tierhaltung.	Dorf Hemudu (Provinz Zhejiang), schwarze Keramiken.
ca. 5000–3000 v. Chr.	Yangshao-Kultur	Matriarchalische Gesellschaft im Einzugsbereich des Gelben Flusses.	Dorf Yangshao (Provinz Henan) und Dorf Banpo (bei Xi'an), farbig bemalte Keramiken.
ca. 3300–2200 v. Chr.	Liangzhu-Kultur	Patriarchalische Sippengesellschaft im Einzugsbereich des Chang Jiang.	Marktort Liangzhu (Provinz Zhejiang), schwarze Keramik, Schmuck- und Zeremonialjade.
ca. 2400–1900 v. Chr.	Longshan-Kultur	Hierarchisch strukturierte Fürstentümer im Einzugsbereich des Gelben Flusses, ummauerte Städte als regionale Zentren.	Fundort: Dorf Longshan (Provinz Shanxi), schwarze Keramik, Gefäße und Instrumente für kultische Zwecke; Differenzierung sozialer Schichten.
1900–1300 v. Chr.	Bronzezeit	Strukturierte Siedlungsgebiete mit befestigten Städten, erste Hochkulturen Chinas.	Städte Erlitou (bei Luoyang), Erligang (bei Zhengzhou) mit Palästen und Zehntausenden Einwohnern, Trennung von Eliten und Volk.
ca. 1600–1100 v. Chr.	Shang	Von einem Adelsklan regierte Hochkultur in einem kleinen Gebiet Nordchinas, daneben Hochkulturen in Sichuan und am Chang Jiang.	Orakelknochen als erste schriftliche Zeugnisse (1250), intensiv betriebener Ahnenkult, große Grabanlagen, prächtige Bronzen, Waffen, Kalender.
ca. 1100–771 v. Chr.	Westliche Zhou	Herrschaft der Zhou über kleine Fürstentümer Nordchinas, im 9. Jh. Zusammenwachsen.	Ausbreitung der Schrift.

Zeitraum/ Jahr	Periode/ Dynastie	Politik/Wirtschaft	Kultur/Gesellschaft
722–481 v. Chr.	Frühlings- und Herbstperiode	System von Hegemonen über Klans hinweg entsteht, eine geordnete Adelsgesellschaft bildet sich heraus.	Erste Gesetzeswerke, Sittenlehre des Konfuzius.
480–222 v. Chr.	Periode der »Streitenden Reiche«	Regionalfürsten bekämpfen sich, die Adelsordnung zerfällt, neue Sozialstrukturen entstehen.	Wachsende Bevölkerung, zunehmende landwirtschaftliche Produktivität, große Heere, Handel, entwickeltes Handwerk; Schriftkultur, »hundert philosophische Schulen«.
221–206 v. Chr.	Qin	Einigung der nordchinesischen Staaten und der Staaten am Chang Jiang zu einem Staat unter dem »Ersten Kaiser« Qin Shihuangdi.	Zentralisierte Bürokratie, einheitliches Recht, Steuern, Arbeits- und Militärdienst, Standardisierung von Maßen, Gewichten, Wagenspurbreite; Vernichtung aller Schriften der Zeit der Streitenden Reiche, Bau eines Verteidigungswalls gegen Steppenvölker (Große Mauer).
206 v. Chr.– 8 n. Chr.	Frühere (Westliche) Han	Stärkung der zentralstaatlichen Verwaltung; militärische Expansion nach Zentralasien, Korea und Vietnam; Ausbau des Handels auf der Seidenstraße.	Etablierung eines Kanons aus Schriften des Konfuzius, Einführung der Beamtenprüfungen.
9–24	Interregnum des Wang Mang	Aufstand der »Roten Augenbrauen«, Millionen Menschen sterben, Bevölkerungsabnahme.	Versuch der Wiederherstellung der rituellen Ordnung der Zhou, Abschaffung von Privatbesitz.
25–220	Östliche (Spätere) Han	Liu Xiu (Guangwu) begründet die zweite Han-Dynastie, Hauptstadt Luoyang, kurzfristige wirtschaftliche Konsolidierung.	Erste Zusammenstellung von Enzyklopädien, erste Erwähnung einer buddhistischen Gemeinschaft (65). Zusammenbruch der städtischen Wirtschaft.

Chronologie

Zeitraum/ Jahr	Periode/ Dynastie	Politik/Wirtschaft	Kultur/Gesellschaft
		Verlust von Gebieten an die Xiongnu (Hunnen). Macht des Kaisers zerfällt, lokale Machthaber kontrollieren große Gebiete, blutiger Bürgerkrieg. Bevölkerungsverschiebungen Richtung Süden, Aufstände und sozialreligiöse Bewegungen.	
220–280	Drei Reiche	Politischer Zerfall in drei Staaten: Wei in Nordwestchina unter General Cao Cao, Shu (Han) im Sichuan-Becken und Wu im Chang-Jiang-Gebiet.	Erster Kontakt mit Japan, Verbindungen zu den zentralasiatischen Steppenvölkern.
265–419	Jin	Kurze Reichseinigung durch General Sima Yan, Machtkämpfe, Bedrohung durch Xiongnu (Hunnen) und andere Stämme, Zersplitterung des Reiches.	Ausbreitung des Buddhismus, Blüte religiöser und metaphysischer Schulen, der Künste und Wissenschaften.
420–589	Südliche und nördliche Dynastien	Wechselnde Fremdherrschaften im Norden, vier wechselnde Dynastien im Süden: Song, Qi, Liang, Chen; Reichseinigung misslingt.	Erfindung des Schießpulvers, Fortschritte in Medizin und Astronomie.
589–618	Sui	Einigung des Kernlandes durch den Kriegeradel des Nordostens, militärische Organisation, Herrschaft durch zentralisierten Beamtenstaat. Einfluss bis Zentralasien, Indochina, Mandschurei und Japan.	Bau des Kaiserkanals, der neuen Hauptstadt Daxingcheng, Weiterbau der Großen Mauer durch Fronarbeit; erstes Porzellan.
618–907	Tang	Gouverneur Li Yuan (Kaiser Gaozu) ermordet Sui-Kaiser Yang und gründet die Tang-Dynastie; Besiedlung des Tarimbeckens, China wird zum	Blüte des Daoismus, Buddhismus und weiterer philosophischer Schulen, der Literatur, Kunst und Architektur. Import der buddhistischen Sutren aus

Zeitraum/ Jahr	Periode/ Dynastie	Politik/Wirtschaft	Kultur/Gesellschaft
		Handel treibenden Weltreich, kosmopolitische Hauptstadt Chang'an (Xi'an). 755 Aufstand des turkstämmigen Generals An Lushan, Zerfall des Reiches.	Indien; starke islamische und zentralasiatische Einflüsse.
907–960	Fünf Dynastien (Wu dai)	Im Norden wechselnde Dynastien unter mächtigen Generalen, im Süden herrschen abwechselnd die »Zehn Reiche«. Kriege, Aufstände, staatliche Zerrissenheit.	Fortschritte in Wirtschaft und Technik.
907/ 946–1125	Liao (Khitan)	Protomongolisches Reich im Nordosten, vorherrschende Großmacht Ostasiens, erobern Kaifeng und zwingen 1004 die Song zum Tributfrieden. Von den Jin verdrängt.	Hochkultur mit komplexer Schrift, großen Städten und geordneter Verwaltung.
960–1126	Nördliche Song	Beginn der Neuzeit, »chinesische Renaissance«, Adelshierarchie löst sich auf; qualifizierte Literatenbeamte, Händler und Militärs in Schlüsselpositionen. Aufbau einer großen Seeflotte. Außenhandel mit Südostasien, Indien, Arabien.	Wirtschaftsrevolution, neue landwirtschaftliche Anbaumethoden, Bevölkerungsanstieg, Verbreitung von Wissen durch Buchdruck, Buddhistenverfolgung.
1032–1227	Xixia (Tanguten)	Satellitenstaat im Nordwesten, Überfälle auf Song, zwingen 1044 die Song zu Tributzahlungen, 1227 von den Mongolen unter Dschingis Khan erobert.	Kontrollieren Handel und Schmuggel entlang der Seidenstraße.
1115–1234	Jin (Dschurdschen)	Erobern ganz Nordchina und Kaifeng, nehmen Song-Kaiser Huizong gefangen.	Mehrere Hauptstädte, darunter auch Beijing (unter dem Namen Zhongdu).
1127–1279	Südliche Song	Rückzug der Song nach Südchina, Reduktion auf Lokales und Privates.	Neokonfuzianismus (moralische Kultivierung des Menschen) herrschende Ideologie.

Zeitraum/ Jahr	Periode/ Dynastie	Politik/Wirtschaft	Kultur/Gesellschaft
1271/79– 1368	Yuan (Mongolen)	Dschingis Khan formt mongolische Stämme zu einem Staat mit militärischen Stammesverbänden. Er und seine Nachfolger Möngke und Khubilai Khan erobern China als Teil ihres Weltreiches. 1271 Gründung der Yuan-Dynastie. Erste vollständige Fremdherrschaft. Strenge Organisation, rigide Hierarchie und Kontrolle der Gesellschaft. Niedergang aufgrund von Ausbeutung, Maßlosigkeit, Naturkatastrophen und Aufständen.	Franziskanermönche gelangen im 13. Jh. in das Yuan-Reich, senden Berichte nach Europa. Der venezianische Kaufmann Marco Polo ist 16 Jahre lang im Yuan-Reich und am Hof (bis 1291). Staatsreligion ist der tibetische Buddhismus. Juden und Muslime praktizieren ebenfalls. Aufschwung chinesischer Literatur und Kunst – oft in Opposition gegen die mongolische Herrschaft.
1368–1644	Ming	Als Anführer einer Bauernrebellion vertreibt Zhu Yuanzhang die Mongolen, gründet die neue Dynastie: Säuberungen, scharfes Kontrollsystem, soziale Immobilität, Festigung von Hierarchien.	Staatliche Monopole schränken Handel ein, Außenhandel ist verboten. Landwirtschaft wird gefördert. Kanonische konfuzianische Schriften sind Pflichtlektüre an Schulen.
15. Jh.		Dritter Ming-Kaiser Yongle (1402–24) verlegt Hauptstadt nach Beijing und führt Zentralisierungspolitik fort. Expansive Außenpolitik, Feldzüge gegen Mongolen, dehnt Machtbereich im Norden und Süden auch mithilfe der Flotte zu einem Großimperium aus. Bedrohung durch Westmongolen. Beraterkabinett übernimmt ab 1430 zunehmend die Regierungsgeschäfte, Beamte regieren den Staat. 1440 Ende der chinesischen Seefahrt.	Eunuch Admiral Zheng He unternimmt sieben Fahrten mit einer riesigen kaiserlichen Flotte und segelt bis an die Ostküste Afrikas und in den Arabischen Golf. Neue Handels- und Tributbeziehungen, unter anderem mit Ceylon (Sri Lanka). Kaiser Xuanzong (1426–36) fördert die Künste, Produktion von Luxusgütern, Produktion des blauweißen Porzellans in großen Manufakturen.

Zeitraum/ Jahr	Periode/ Dynastie	Politik/Wirtschaft	Kultur/Gesellschaft
		Ab 1470 Ausbau der Großen Mauer, Abschottung gegenüber anderen Ländern. Eunuchen gewinnen an Einfluss.	
16. Jh.		Bevölkerungszunahme, soziale Differenzierung. 1517 Portugiesen in Guangzhou, 1557 Niederlassung in Macao; Spanier treiben von den Philippinen aus mit China Handel. 1567 Aufhebung des Seehandelsverbots, Steuerreform.	Kommerzielle Revolution, Textilindustrie, große Kaufmannsfamilien. Beginn des Welthandels, Silber aus Südamerika fließt als Bezahlung für Seide, Porzellan und Tee nach China. Beginn der Jesuitenmission: Matteo Ricci lebt 28 Jahre lang in China (1582–1610, ab 1601 in Beijing), lernt Chinesisch und versucht, die christliche Lehre an die chinesische Traditionen anzupassen (Akkomodation); wird am Hof als Gelehrter, Wissenschaftler und Künstler geschätzt. Er ist Vorbild für weitere Generationen von Missionaren, die im 17. und 18. Jh. nach China kommen. Buchdruck für alle Gesellschaftsschichten, Unterhaltungsliteratur in Umgangssprache, Blütezeit der Romanliteratur, darunter der erotische Bestseller »Jin Pingmei«.
frühes 17. Jh.		Cliquenkämpfe von Beamten am Hof, korrupte Eunuchen übernehmen die Macht, kein Silber zur Bezahlung der Armee in der Staatskasse. Rebellenarmee unter Li Zicheng erobert 1644 Beijing, dann erobert die mandschurische Armee die Stadt.	Verarmung und Hungersnöte vor allem in Nordchina.

Qing-Dynastie (1644–1911)		
Jahr(e)	Politik/Wirtschaft	Kultur/Gesellschaft
1644 bis Anfang der 1680-Jahre	Führer des mandschurischen Aisin-Gioro-Klans erobern Nordchina und Beijing und unterwerfen bis Anfang der 1680-Jahre auch Südchina. Aufstände von Kriegsherren und des Ming-Loyalisten Koxinga. Organisation der Gesellschaft nach militärischen Gesichtspunkten, klare Trennung der Bevölkerungsgruppen. Entmachtung der Eunuchen, Doppelbesetzung wichtiger Ämter mit Mandschu und Chinesen.	Zopf-Verordnung, mit der die Mandschu-Herrscher die Han-Chinesen zwangen, einen Zopf als Haartracht zu tragen. Wiederaufnahme der Beamtenprüfungen, Konfuzius-Verehrung. Gelehrte wie Wang Fuzhi formulieren die Idee eines chinesischen (gegen die Mandschu gerichteten) Nationalismus bzw. Rassismus und fordern Vertretung des ganzen Volkes durch die Regierung.
spätes 17. Jh.	Kaiser Kangxi (1662–1722) schließt 1689 mit Russland den ersten Vertrag Chinas mit einer westlichen Macht (Vertrag von Nercinsk) zur Sicherung der Nordgrenze gegen die mongolenstämmigen Dsungaren. Überfall der Dsungaren auf Tibet wird von Qing-Truppen abgewehrt.	Chengde wird zur Sommerresidenz und Sitz für Kontakte mit zentralasiatischen Führern. Tibetischer Lamaismus ist Staatsreligion, Förderung von Werken der chinesischen Literatentradition. Kangxi-Wörterbuch (50 000 Schriftzeichen).
18. Jh.	Kaiser Yongzheng (1723–35) und Qianlong (1735–96) führen Krieg gegen Dsungaren fort, endgültiger Sieg über die Mongolen 1759. Die Dynastie befindet sich auf dem Gipfel der Macht, größte Ausdehnung des Reiches, Vielvölkerstaat, Kolonialmacht. Tibet wird 1720 zum Protektorat der Qing-Dynastie. Reiche Steuereinkünfte, Urbanisierung – Beijing ist bis 1800 die größte Stadt der Welt – und Mobilität der wachsenden Bevölkerung. Lukrative Handelskontakte mit Großbritanniens halbstaatlicher East India Company. Eine diplomatische Gesandtschaft der Briten unter George Macartney soll formelle Handelsbeziehungen	Staatlich kontrollierte publizistische Meisterleistungen: 38-bändiges Mandschurisch-Wörterbuch, Übersetzung des tibetischen buddhistischen Kanons, Buchreihe des »Siku Quanshu« mit Druck von insgesamt 3 400 Werken, geht einher mit strenger Zensur und Vernichtung von zahlreichen kritischen Werken. Gegenbewegung von Philologen und Künstlern, Aufschwung unabhängiger Gelehrsamkeit. Kaiser Qianlong kontrolliert als Förderer und Sammler den künstlerischen Diskurs. Kaiser als Patron des Lamaismus: Nachbauten des Potala-Palastes und tibetischer Tempel in Chengde zum 60. Geburtstag des Kaisers. Intensive Kontakte zwischen China und Europa: Jesuitenmaler und

Qing-Dynastie (1644–1911)		
Jahr(e)	Politik/Wirtschaft	Kultur/Gesellschaft
	aufnehmen; sie wird von Qianlong 1793 nur als Tributmission empfangen, ihr Ansinnen abgelehnt.	Architekten am Hof in Beijing; Bau der »europäischen Paläste« in den kaiserlichen Gärten. Begeisterung für China im Europa der Aufklärung (Leibniz, Kant).
19. Jh.	Radikaler Strukturwandel der ständischen chinesischen Gesellschaft, Konfrontation mit der europäischen Expansion nach Asien. Niedergang der kaiserlichen Finanzen durch Verschwendung und Kriege, Außenhandel wird krisenhaft: Die Briten bezahlen nicht länger mit Silber, sondern illegal mit Opium, dessen Import in China seit 1729 verboten ist. Ab 1825 fließt chinesisches Silber ab. Briten greifen mit Kanonenbooten an und zwingen China in den beiden Opiumkriegen (1840–42 und 1856–60) zur Öffnung der Küstenstädte für freien Handel mit Opium. Abtretung Hongkongs an England. Wirtschaftlicher Niedergang und Bevölkerungsdruck führen zu großen Aufständen (Taiping, 1851–64), militärische Macht geht auf Milizen und Provinzgouverneure über. China richtet 1860 mit dem *zongli yamen* eine Art Außenamt zum diplomatischen Verkehr mit den ausländischen Mächten ein. 1862 Beginn der Selbststärkungsbewegung nach der Formel »chinesische Lehren für die Prinzipien, westliche Lehren für die praktische Anwendung«. Verlorene Kriege gegen Frankreich 1884/85 und Japan 1894/95 legen die militärische Schwäche Chinas und das Scheitern der Selbststärkung offen.	Ab 1860 ausländische Einflüsse in Wissenschaft, Technik, Militär und Wirtschaft; neue Öffentlichkeit durch Zeitungen und Bücher. Shanghai wird nach 1840 zur kosmopolitischen Stadt mit internationalen Konzessionsgebieten. 1866 reist eine erste inoffizielle Delegation nach England, 1872 erste Entsendung chinesischer Studenten ins Ausland. Intellektuelle suchen nach Konzepten zur Reform von Staat und Gesellschaft, (Kang Youwei, Tan Sitong, Liang Qichao). Yan Fu übersetzt mit Huxley, Spencer und Darwin die zeitgenössisch wichtigsten Werke der Soziologie und Evolutionstheorie.

Chronologie

Qing-Dynastie (1644–1911)		
Jahr(e)	Politik/Wirtschaft	Kultur/Gesellschaft
	»Hundert-Tage-Reform« 1898 nach dem Programm Kang Youweis wird durch Staatsstreich der Kaiserinwitwe Cixi unterdrückt, Kaiser Guangxu wird gefangen gesetzt. Im Boxeraufstand 1900 erklärt China den Westmächten den Krieg. Die alliierten Streitkräfte besetzen Beijing. China wird im Boxerprotokoll 1901 zu hohen Reparationszahlungen verpflichtet und quasikolonial zwischen Japan, Russland und den Westmächten aufgeteilt. Sun Yat-sen und Freunde bereiten die Abschaffung der Dynastie vor.	
Republik China (1912–49)		
Jahr(e)	Politik/Wirtschaft	Kultur/Gesellschaft
1912–15	Ein Truppenaufstand in Wuchang (Wuhan) führt zur Revolution von 1911. Der mit ihrer Niederschlagung beauftragte Marschall Yuan Shikai nutzt den Aufstand für eigene Zwecke. Die Qing-Dynastie dankt ab, das chinesische Kaiserreich endet. Yuan Shikai lässt sich zum Präsidenten der Republik ernennen.	1915 geben junge Intellektuelle, darunter Hu Shi, Lu Xun, Li Dazhao und Chen Duxiu, die Zeitschrift Xin Qingnian (Neue Jugend) heraus; Beginn einer neuen, traditionskritischen Kulturbewegung.
1916–27	Kriegsherren üben die Kontrolle über regionale Territorien aus.	
1917	China tritt in den Ersten Weltkrieg ein, um sich gegen die »21 Forderungen Japans« zu wehren.	
1919	Studenten demonstrieren am 4. Mai gegen die für China ungünstigen Konditionen des Versailler Vertrags. Die nationalistische 4.-Mai-Bewegung gewinnt landesweit an Einfluss und wird zur intellektuellen Erneuerungsbewegung.	Kommunistische Theorien finden Aufmerksamkeit in China, die neu gegründete Komintern entsendet Berater (Borodin).

Republik China (1912–49)		
Jahr(e)	Politik/Wirtschaft	Kultur/Gesellschaft
1921	Im Juli Gründung der Kommunistischen Partei.	Aus Deutschland bzw. Frankreich zurückgekehrte Auslandsstudenten wie Zhou Enlai und Deng Xiaoping treten der KPCh bei.
1924–27	Guomindang und KPCh beschließen Einheitsfront gegen Kriegsherren und Japaner. Chiang Kai-sheks Guomindang greift 1927 die Kommunisten überraschend an und beendet die Einheitsfront. Die KPCh zieht sich aufs Land in eine Räterepublik, die »Jiangxi-Sowjets«, zurück.	
1927	Chiang Kai-shek errichtet seine Regierung in Nanjing und orientiert sich an den Westmächten. Deutsche Militärberater werden in China tätig (von Seeckt). Langsame Modernisierungsfortschritte in der »Nanjing-Dekade« 1927–37.	
1931–34	Japan besetzt die Mandschurei und errichtet den Marionettenstaat Mandschukuo mit Puyi, dem abgedankten Kaiser Chinas, als regionalem Statthalter (ab 1934 Kaiser).	
1934/35	»Langer Marsch«: Die Kommunisten ziehen sich vor den Angriffen der nationalistischen Truppen höchst verlustreich über Tausende Kilometer durch West- und Nordchina nach Yan'an (Provinz Sha'anxi) zurück. Mao steigt zum tonangebenden Mitglied im Ständigen Ausschuss des Politbüros auf.	
1937–45	Chinesisch-Japanischer Krieg, Japan besetzt Nord- und Ostchina und dringt bis Nanjing vor. Die Guomindang-Regierung weicht nach Chongqing aus.	1942 hält Mao in Yan'an die berühmten »Reden über Literatur und Kunst«, die die Parteikontrolle über die chinesischen Intellektuellen für Jahrzehnte begründen.

Chronologie

Republik China (1912–49)		
Jahr(e)	Politik/Wirtschaft	Kultur/Gesellschaft
	Die Kommunisten führen einen Guerillakrieg gegen Japan und gewinnen Unterstützung in der Bevölkerung. Nach dem Abwurf zweier amerikanischer Atombomben über Hiroshima und Nagasaki kapituliert Japan am 2. September 1945. 1943 geben die USA und Großbritannien ihre Vorrechte aus den Ungleichen Verträgen auf, insbesondere die Exterritorialität, auf der die Sonderstellung der internationalen Niederlassung in Shanghai beruhte. Ende des formellen Imperialismus der Westmächte in China.	
1945–49	Der Bürgerkrieg zwischen Kommunisten und Nationalisten fordert zwei bis drei Millionen Opfer. Die Kommunisten bringen mithilfe sowjetischer Waffen Nordchina unter ihre Kontrolle. Guomindang-Truppen werden geschlagen, Chiang Kai-shek und seine Entourage fliehen nach Taiwan und bilden dort eine nationalistische Exilregierung der Republik China.	

Volksrepublik China (seit 1949)		
Jahr(e)	Politik/Wirtschaft	Kultur/Gesellschaft
1949	Mao Zedong verkündet am 1. Oktober 1949 die Gründung der Volksrepublik. Im Dezember reist er zu dreimonatigen Verhandlungen nach Moskau. Die VR China gestaltet ihre Verfassung, den Planungs- und Kontrollapparat sowie das Bildungssystem nach dem Vorbild der Sowjetunion.	Die KPCh etabliert ein Nachrichtenmonopol, unabhängige Zeitungen werden verboten. Private Bildungseinrichtungen werden geschlossen, ausländische Stiftungen und Unternehmen aus China verdrängt oder verstaatlicht. Die Öffnung Chinas nach Westen wird rückgängig gemacht.
1950–53	China greift auf der Seite Nordkoreas in den Koreakrieg ein; die USA verhängen ein inoffizielles	Gesetz zur Stärkung der Rechte von Frauen und zur Legalisierung von Ehescheidungen.

Volksrepublik China (seit 1949)		
Jahr(e)	Politik/Wirtschaft	Kultur/Gesellschaft
	Exportembargo, das über 20 Jahre lang in Kraft bleibt. Bodenreform und »Bewegung zur Unterdrückung der Konterrevolution«, Millionen Menschen sterben infolge von Massenkampagnen. Der erste Fünfjahresplan 1953 nach sowjetischem Vorbild sieht Entwicklung der Schwerindustrie vor. Weitgehende Kollektivierung und Verstaatlichung von Handel und Industrie.	
1957	Die »Hundert-Blumen-Bewegung« lädt Intellektuelle zu konstruktiver Kritik ein; dennoch werden Hunderttausende Kritiker als »Rechtsabweichler« verfolgt, verhaftet, in Lager deportiert, viele hingerichtet.	Menschen werden in politische Klassen eingeteilt; der in der Personalakte hinterlegte »Klassenhintergrund« regelt Schulzugang und Karrieremöglichkeiten.
1958	Der »Große Sprung nach vorn« radikalisiert die Kollektivierung auf dem Land, etwa 30 Millionen Menschen (es gibt unterschiedliche Schätzungen) verhungern und kommen durch Verfolgung um. Beschuss der Insel Jinmen (Quemoy) vor Taiwan, USA entsenden Flotte.	Mao ruft die »permanente Revolution« aus und stellt sich gegen die Tauwetterpolitik Chruschtschows. Leitende Parole der KPCh: »Lieber rot als Experte«.
1959	Berühmtes Lushan-Plenum des ZK über die Katastrophen des »Großen Sprungs«. Maos wichtigster Kritiker, General Peng Dehuai, wird als Verteidigungsminister entlassen.	Niederschlagung eines Aufstands und Besetzung Tibets durch die Armee, Flucht des Dalai Lama nach Indien.
1961	ZK spricht sich gegen Mao und seine Politik aus. Liu Shaoqi und Deng Xiaoping schlagen eine wirtschaftsfreundlichere Linie ein.	Korrektur der Wirtschaftspolitik, private Nebenwirtschaft erlaubt. Erholung der Wirtschaft in den folgenden Jahren bis 1965.
1962	Indisch-chinesischer Grenzkonflikt und Blitzkrieg Chinas gegen Indien.	

Volksrepublik China (seit 1949)		
Jahr(e)	Politik/Wirtschaft	Kultur/Gesellschaft
1963	Bruch zwischen China und der Sowjetunion wird öffentlich bekannt gegeben.	Lin Biao initiiert Massenkampagne »von Lei Feng lernen«. Das von ihm zusammengestellte kleine »Rote Buch« in einer Auflage von mehr als einer Milliarde wird im Westen als »Mao-Bibel« bekannt.
1964	VR China zündet ihre erste Atombombe.	
1965	Mithilfe seiner Frau Jiang Qing greift Mao zunächst die kulturelle Elite, dann die Parteispitze an.	Angriff auf Wu Han wegen seines Theaterstücks »Hai Rui wird entlassen« (Bezug zu Peng Dehuai) und auf andere Künstler und Schriftsteller.
1966/67	Ausbruch der Kulturrevolution führt zu Mao-Kult, unkontrollierbaren Verfolgungen durch Jugendliche der »Roten Garden«, Terror und Chaos; bürgerkriegsähnlicher Richtungskampf.	Selbstmord des Schriftstellers Lao She nach Verfolgung und Demütigung durch die »Roten Garden«.
1968	Die Armee übernimmt die Kontrolle im Land und übt weiter Terror aus. Lin Biao wird zum Nachfolger Maos gekürt. Einstige Weggenossen werden zu Klassenfeinden erklärt und aufs Land verbannt.	Die Schließung von Universitäten und Schulen bewirkt einen jahrelangen Niedergang des Bildungswesens; Jugendliche bleiben ohne Schulabschluss und Perspektive.
1971	Lin Biao kommt bei Flugzeugabsturz unter mysteriösen Umständen ums Leben und wird eines Komplotts gegen Mao beschuldigt. Annäherung zwischen China und den USA, Außenminister Kissinger reist zu Geheimbesuch nach Beijing. China wird in die UNO aufgenommen.	China lädt eine amerikanische Tischtennismannschaft ein, »Pingpong-Diplomatie« als Weg der Annäherung.
1972	Präsident Nixon wird von Mao empfangen, Einleitung der Entspannungspolitik. Diplomatische Anerkennung der VR China durch Deutschland und andere Westmächte.	

Volksrepublik China (seit 1949)		
Jahr(e)	Politik/Wirtschaft	Kultur/Gesellschaft
1973	Rehabilitierung Deng Xiaopings durch Mao auf Drängen Zhou Enlais.	
1974	Kriegerische Auseinandersetzungen mit Südvietnam um die Paracel-Inseln.	Kampagne der maoistischen Fraktion in der KP Chinas »gegen Konfuzius und Lin Biao«.
1975	IV. Nationaler Volkskongress beschließt die Modernisierung der Landwirtschaft, Industrie, Verteidigung und Wissenschaft/Technik.	
1976	Ministerpräsident Zhou Enlai stirbt im Januar, im April kommt es am Totenfest zu Massentrauerkundgebungen auf dem Tian'anmen-Platz, mit Militärgewalt vertrieben. Kampagne gegen Deng Xiaoping, er wird zum zweiten Mal seiner Ämter enthoben. Am 9. September stirbt Mao, der unbekannte Hua Guofeng wird Generalsekretär. Schon am 6. Oktober wird Jiang Qing mit ihren Verbündeten im Politbüro verhaftet; die Gruppe wird fortan als »Viererbande« bezeichnet.	Erdbeben von Tangshan (Provinz Hebei) im Juli tötet 655 000 Menschen. Es wird als Vorzeichen eines politischen Umsturzes interpretiert.
1978	Das dritte Plenum des Zentralkomitees beschließt Wende in der Wirtschafts- und Gesellschaftspolitik, Ausgangspunkt des Reformprozesses. China und USA unterzeichnen Handelsabkommen und kündigen volle diplomatische Beziehungen ab 1979 an. Aktivisten der Bewegung der »Mauer der Demokratie« fordern als »fünfte Modernisierung« die Demokratisierung. Sie werden verfolgt und zu langen Gefängnisstrafen verurteilt.	Rehabilitierung von während der Kulturrevolution und der Hundert-Blumen-Bewegung 1957 verfolgten Intellektuellen, Lockerung der Kontrolle über die Kultur und das Alltagsleben.

Volksrepublik China (seit 1949)		
Jahr(e)	Politik/Wirtschaft	Kultur/Gesellschaft
1979	»Gesetz für Gemeinschaftsunternehmen mit ausländischem Kapital« ermöglicht wirtschaftliche Öffnung. Einrichtung von Wirtschaftssonderzonen in Südchina.	Ein-Kind-Politik wird beschlossen und mit teilweise rigorosen Methoden vor allem auf dem Land durchgesetzt.
1980	Zhao Ziyang wird Ministerpräsident und löst Hua Guofeng ab.	
1981	Gerichtsurteile mit Todesstrafen, die zu lebenslangen Haftstrafen umgewandelt werden, gegen die Mitglieder der Viererbande. Neubewertung der Kulturrevolution.	
1983		Erste »Kampagne gegen geistige Verschmutzung«, die vor allem gegen westliche Einflüsse geführt wird. Aufschwung der dokumentarischen und sozialrealistischen Literatur.
1984	Beginn der Wirtschaftsreformen in den Städten.	Regisseur Chen Kaige schafft mit »Huang Tudi« (Gelbe Erde) einen Meilenstein des chinesischen Films und etabliert damit die fünfte Generation des chinesischen Kinos in der weltweiten Wahrnehmung.
1986/87	Studentenproteste für mehr Freiheit und bessere Lebensbedingungen in verschiedenen Großstädten. KPCh-Generalsekretär Hu Yaobang äußert sich verständnisvoll. Hu Yaobang verliert sein Amt als Generalsekretär.	Liberale Intellektuelle werden aus der Partei ausgeschlossen (Fang Lizhi, Liu Binyan). Kampagne gegen die »bürgerliche Liberalisierung«.
1988	Inflation führt zu Knappheit sowie verbreiteter Korruption. Wachsende Unzufriedenheit der städtischen Bevölkerung.	Die sechsteilige Fernsehserie »He Shang« (Totenklage auf den Gelben Fluss") löst eine landesweite Debatte über die nationale Identität aus. Nach dem 4. Juni 1989 wird sie unterdrückt und Zhao Ziyang zur Last gelegt.

Volksrepublik China (seit 1949)		
Jahr(e)	Politik/Wirtschaft	Kultur/Gesellschaft
1989	Die Trauerkundgebung auf dem Tian'anmen-Platz nach dem Tod Hu Yaobangs im April mündet in eine über sechs Wochen anhaltende allgemeine Volksbewegung für mehr Demokratie und gegen die Parteikontrolle, die in der Nacht zum 4. Juni brutal niedergeschlagen wird.	Im Februar eröffnet mit »China Avantgarde« im Nationalen Kunstmuseum in Beijing die erste Ausstellung avantgardistischer Künstler (Wang Guangyi, Zhang Xiaogang, Zhang Peili etc.). Nach einer Performance von Xiao Lu und Tang Song wird sie geschlossen.
1992	Deng Xiaopings »Reise in den Süden« konsolidiert den wirtschaftlichen Reformkurs.	
1993	Jiang Zemin wird Staatspräsident. Zhu Rongji wird Zentralbankpräsident, sein Ziel ist eine bessere Steuerung des Geldmarkts. International wird China aufgrund eines Weltbankberichts zur kommenden Weltwirtschaftsmacht erklärt. Beginn des allgemeinen Chinabooms im Westen.	Das Internationale Filmfest Shanghai findet im Oktober erstmals statt. Kommerzialisierungsschub im Kulturbereich.
1997	Tod Deng Xiaopings. Schifffahrtsverbindung zwischen Taiwan und VR China wird wiedereröffnet. Großbritannien gibt am 1. Juli Hongkong an China zurück, die Insel erhält den Status einer Sonderverwaltungsregion.	
1998	Wirtschaftsfachmann Zhu Rongji wird im März Ministerpräsident als Nachfolger Li Pengs. Bei einem als historisch eingestuften Besuch Bill Clintons im Juni hält er einen im Fernsehen übertragenen Vortrag über Menschenrechte, Dissidenten und den Dalai Lama. Chen Xitong, ehemaliger Bürgermeister von Beijing und Politbüromitglied, wird im bis dahin größten Korruptionsskandal Chinas zu 16 Jahren Haft verurteilt.	Schlimmste Überschwemmungen seit mehr als vier Jahrzehnten, am Chang Jiang kommen Tausende Menschen um.

Volksrepublik China (seit 1949)		
Jahr(e)	Politik/Wirtschaft	Kultur/Gesellschaft
2000		Der mit französischem Pass im Exil lebende Schriftsteller und Künstler Gao Xingjian erhält den Nobelpreis für Literatur. Die Künstler Ai Weiwei und Feng Boyi organisieren mit »Fuck off« in Shanghai eine Ausstellung, die zum Meilenstein der Avantgardekunst in China wird.
2001	Jiang Zemin formuliert die Theorie der »drei Vertretungen«, durch die die Privatwirtschaft geschützt wird, als ideologische Leitlinie. Sie wird 2004 in die Verfassung aufgenommen. Die VR China wird Mitglied der Welthandelsorganisation.	
2007	Hu Jintao wird in seinen Ämtern bestätigt, er propagiert das Konzept der »harmonischen, auf die Wissenschaft begründeten Gesellschaft«.	
2008	Die VR China richtet in Beijing die Olympischen Sommerspiele aus. Tibetische Proteste im Vorfeld werden niedergeschlagen. Liu Xiaobo wird als Mitinitiator des von über 5 000 Intellektuellen und Bürgerrechtsaktivisten unterzeichneten Demokratiemanifestes Charta 08 festgenommen und zu elf Jahren Haft verurteilt. China reagiert auf die weltweite Finanzkrise mit einem massiven staatlichen Investitionsprogramm.	Bei einem Erdbeben in Sichuan am 12. Mai kommen vermutlich mehr als 80 000 Menschen ums Leben; Internetaktivisten (darunter der Künstler Ai Weiwei) initiieren eine öffentliche Debatte über die Verantwortung des Staates für die mangelnde bauliche Sicherheit von öffentlichen Gebäuden, insbesondere von Schulen.
2009	China löst Deutschland als Exportweltmeister ab.	China ist Ehrengast der Frankfurter Buchmesse.
2010	EXPO in Shanghai. Ende der Währungsbindung an den Dollar und größere Flexibilität für den Kurs des Renminbi.	Liu Xiaobo erhält den Friedensnobelpreis.

Volksrepublik China (seit 1949)		
Jahr(e)	Politik/Wirtschaft	Kultur/Gesellschaft
2011	Staatliche Stellen reagieren nervös auf Nachrichten über den arabischen »Frühling«. Menschenrechtsaktivisten und Rechtsanwälte zu Dutzenden verhaftet.	Der Politkünstler Ai Weiwei wird verhaftet und bleibt 81 Tage lang verschwunden. Danach unter ständiger Überwachung und mit Ausreiseverbot belegt.
2012	Mit Xi Jinping als Generalsekretär der KPCh und Vorsitzendem der Zentralen Militärkommission kommt im November die fünfte Führungsgeneration an die Macht. Xi kündigt die Umsetzung von Wirtschaftsreformen und den Kampf gegen Korruption an.	Der Schriftsteller Mo Yan erhält als erster chinesischer Staatsbürger den Nobelpreis für Literatur. Architekt Wang Shu erhält den Pritzker-Preis.
2013	Im März wird Xi Jinping zum Staatspräsidenten gewählt und genießt mit seinen drei Funktionen uneingeschränkte Macht. Ministerpräsident ist Li Keqiang. Der ehemalige Chongqinger Spitzenpolitiker Bo Xilai wird wegen Korruption im September zu lebenslanger Haft verurteilt, Urteil im Oktober bestätigt. Mit den Entscheidungen des dritten Plenums im November 2013 werden wichtige Reformschritte für nachhaltiges Wirtschaften und bessere Lebensbedingungen angekündigt; gleichzeitig Rezentralisierung und stärkere Medienkontrolle. China ist größte Handelsnation und hält die weltweit höchsten Devisenreserven (Ende 2013 rund 2,79 Billionen Euro).	Mehr als hundert Blogger werden festgenommen, Journalisten und Aktivisten wegen regierungskritischer Beiträge angeklagt.
2014	Die von Xi Jinping angestoßene Antikorruptionskampagne richtet sich auch gegen mächtige Funktionäre. Es wird gegen Exsicherheitschef Zhou Yongkang und damit erstmals gegen ein ehemaliges Mitglied des Ständigen Ausschusses des Politbüros ermittelt.	Das Ministerium für Informationstechnologie startet die Kampagne »sauberes Internet«. Anfang Juli verschärft die nationale Pressebehörde Chinas ohnehin strenge Regeln für Journalisten weiter.

Literatur

Bauer, Wolfgang: Das Antlitz Chinas, Wien 1990.
Dabringhaus, Sabine: Geschichte Chinas im 20. Jahrhundert, München 2009.
Gao, James Z.: Historical Dictionary of Modern China (1800–1949), Lanham 2009.
Gernet, Jacques: Die chinesische Welt. Die Geschichte Chinas von den Anfängen bis zur Jetztzeit, Frankfurt am Main 1997.
Herrmann-Pillath, Carsten/Lackner, Michael (Hrsg.): Länderbericht China. Politik, Wirtschaft und Gesellschaft im chinesischen Kulturraum, Bonn ^{2}2000.
Spence, Jonathan D.: Chinas Weg in die Moderne, München 2008.
Vogelsang, Kai: Geschichte Chinas, Stuttgart ^{3}2013.

Personenverzeichnis

zusammengestellt von Sabine Peschel

Abe, Shinzo (*1954), japanischer Politiker der Liberaldemokratischen Partei; Premierminister 2006–07 und seit Dezember 2012.

Ai Weiwei (*1957), Beijinger Konzeptkünstler, Bildhauer, Architekt und Kurator; weltweit bekannt aufgrund regimekritischer Kunstwerke und Aktionen, 2011 drei Monate verhaftet, danach Ausreiseverbot.

An Lushan (703–757), General, leitete 755–763 mit einem nach ihm benannten Aufstand gegen die Tang-Dynastie deren Untergang ein.

Ba Jin (Li Feigan, 1904–2005), einer der wichtigsten chinesischen Schriftsteller des 20. Jahrhunderts, Romancier, Essayist, Publizist; ab 1980 Präsident des offiziellen chinesischen PEN-Zentrums, (Ehren-)Vorsitzender des Schriftstellerverbands.

Bacon, Francis (1561–1626), englischer Philosoph und Staatsmann, Erneuerer der Philosophie und der Wissenschaften auf der Grundlage von Beobachtung und Experiment.

Bo Gu (Qin Bangxian, 1907–46), Führungskader der KPCh in den1920er-Jahren; gründete in Moskau zusammen mit anderen chinesischen Studenten die Gruppe der 28 Bolschewiken; 1932–35 Generalsekretär der KPCh.

Bo Xilai (*1949), Politiker und ehemaliges Mitglied des Politbüros der KPCh, Sohn des KP-Veteranen Bo Yibo; 2007–12 Parteichef von Chongqing; wegen Korruption und Machtmissbrauch 2013 zu lebenslanger Haft verurteilt. Galt als Vertreter und Hoffnungsträger des linken Parteiflügels.

Borodin, Michail Markowitsch (Grusenberg, 1884–1951), russischer Revolutionär und Vertreter der Komintern, nach dem Ersten Weltkrieg militärischer und politischer Berater der Guomindang im Chinesischen Bürgerkrieg; wurde während Stalins Regierungszeit liquidiert und postum rehabilitiert.

Braun, Otto (1900–74), Schriftsteller und KPD-Funktionär; 1932–39 im Auftrag Stalins als militärischer Berater der Kommunistischen Internationale in China; während des Langen Marsches 1934 bis zur Zunyi-Konferenz 1935 Berater → Mao Zedongs. 1954 Rückkehr aus dem Exil in die DDR, 1961–63 Erster Sekretär des Schriftstellerverbands der DDR; 1973: »Chinesische Aufzeichnungen (1932–1939)«.

Cai Fang (*1956), Wirtschaftswissenschaftler, Direktor des Instituts für Bevölkerungs- und Arbeitsökonomie der Akademie der Sozialwissenschaften, Mitglied des Ständigen Ausschusses des Nationalen Volkskongresses.

Cai Yuanpei (1868–1940), führender liberaler Pädagoge, Kritiker der traditionellen chinesischen Kultur und Reformer des Bildungswesens zu Beginn des 20. Jahrhunderts. 1907 Studium in Leipzig, 1912 erster Bildungsminister der Republik China, 1917 Rektor der Peking University; 1928 Gründungspräsident der Academia Sinica.

Cao Cao (155–220), General, Stratege, Politiker, Dichter und Kriegsherr während der späten Han-Dynastie; wurde sprichwörtlich als gnadenloser Despot und militärisches Genie.

Cao Haibo (*1985), Bürgerrechtler, bekannt geworden durch die Einrichtung eines Onlineforums, in dem Demokratie und politische Reformen in China gefordert wurden; 2012 wegen »Untergrabung der Staatsgewalt« zu acht Jahren Haft verurteilt.

Cao Pi (187–226), erster Kaiser der Wei-Dynastie und Sohn des Kriegsherrn → Cao Cao. Er setzte 220 den letzten Kaiser der Han-Dynastie ab; damit begann die Zeit der Drei Reiche.

Carter, Thomas Francis (1882–1925), US-amerikanischer Wissenschaftler und Chinaforscher, Verfasser des 1925 in New York erschienenen ersten westlichen Buchs über die chinesische Druckkunst: »The Invention of Printing in China and its Spread Westwards«.

Chen Duxiu (1879–1942), Mitwirkender an der Revolution von 1911, gründete 1915 die revolutionär orientierte Zeitschrift Xin Qingnian (Neue Jugend); 1919 einer der Führer der 4.-Mai-Bewegung. 1920/21 maßgeblich an der Gründung der KPCh beteiligt und bis 1927 deren Generalsekretär; 1929 aus der Partei ausgeschlossen.

Chen Guangcheng (*1971), blinder Menschenrechtsaktivist, der sich autodidaktisch juristisches Fachwissen aneignete, um sich für widerrechtlich zu einer Abtreibung oder Sterilisation gezwungene Frauen einzusetzen. Nach vierjähriger Haft und Hausarrest konnten er und seine Familie 2012 nach New York auswandern.

Chen Jin (*1968), ehemaliger Leiter des Departments für Mikroelektronik der renommierten Jiaotong University in Shanghai, der des wissenschaftlichen Betrugs überführt wurde. Sein »Hanxin 1«, 2003 vorgeblich Chinas erster DSP-Chip, erwies sich als das Produkt einer westlichen Firma.

Chen Shui-bian (*1951), ehemaliger Politiker der Demokratischen Fortschrittspartei auf Taiwan; erster Staatspräsident der Republik China (2000–08), der für die Unabhängigkeit Taiwans eintrat; im Jahr 2009 wegen Korruption zu 20 Jahren Haft verurteilt.

Chen Xi (*1954), Menschenrechtsaktivist aus Guiyang, Provinz Guizhou, der sich in Onlinebeiträgen gegen Korruption und das Einparteiensystem einsetzte; 2012 zu zehn Jahren Haft verurteilt.

Chen Xujing (1903–67), Soziologe mit Studium in Shanghai, PhD in Illinois (USA) und Deutschland. Auseinandersetzung mit → Hu Shis Thesen zur Reform der chinesischen Kultur; trat nicht nur in wissenschaftlich-technischer, sondern auch in politisch-moralischer Hinsicht für eine Verwestlichung ein. Während der Kulturrevolution als amerikanischer Spion angeklagt, starb er in der Folge an einem Herzanfall.

Chen Yi (1883–1950), 1945 erster Generalgouverneur der Guomindang auf Taiwan; auf Befehl von → Chiang Kai-shek wegen angeblicher Zusammenarbeit mit den Kommunisten 1950 exekutiert.

Cheng Ching (1642–81), Kriegsherr und Ming-Loyalist, ältester Sohn des Eroberers von Taiwan, → Koxinga; nach dessen Tod 19 Jahre lang Militärführer und Herrscher auf Taiwan.

Chiang Ching-kuo (Jiang Jingguo, 1910–88), nationalchinesischer Politiker der Guomindang; wurde 1972 unter der Präsidentschaft seines Vaters → Chiang Kai-shek Premierminister und 1978, drei Jahre nach dessen Tod, Präsident der Republik China; leitete erste politische Reformen ein.

Chiang Kai-shek (Jiang Jieshi, 1887–1975), Offizier und Politiker; an der Revolution von 1911 beteiligt, nach → Sun Yat-sens Tod (1925) Parteiführer der Guomindang; von 1950 bis zu seinem Tod Präsident der auf Taiwan beschränkten Republik China.

Chongzhen (1611–44), 1628–44 letzter Kaiser der Ming-Dynastie.

Chua, Amy (*1962), US-amerikanische Hochschullehrerin, Juristin und Publizistin; wurde 2011 durch das Buch »Battle Hymn of the Tiger Mother« (dt. »Die Mutter des Erfolgs. Wie ich meinen Kindern das Siegen beibrachte«) bekannt, in dem sie für eine Erziehung eintritt, deren Ziel es ist, mit Strenge, Drill und Zwang zu Höchstleistungen anzuhalten.

Dai Zhen (1724–77), neokonfuzianischer Philosoph, auf den sich die Reformer des 20. Jahrhunderts bezogen.

Dalai Lama, 14. (Tenzin Gyatso, *1935), 1940 inthronisierter geistlicher Führer des tibetischen Buddhismus; war nach seiner Flucht nach Indien 1959–2011 Oberhaupt der tibetischen Exilregierung; wurde 1989 mit dem Friedensnobelpreis ausgezeichnet.

Darwin, Charles Robert (1809–82), britischer Naturforscher; Begründer der modernen Evolutionstheorie; Darwinismus und Sozialdarwinismus waren in den ersten beiden Jahrzehnten des 20. Jahrhunderts die ersten westlichen Theorien, die in China großen Einfluss zeitigten.

Deng Fei (*1978), investigativer Journalist der in Hongkong erscheinenden Phoenix Weekly, gab seinen Job auf, um als Internetaktivist über soziale Netzwerke Spendensammlungen für Schulspeisungen und Umweltschutzaktionen zu initiieren.

Deng Tuo (1912–66), Dichter und Journalist, von 1948–58 Herausgeber der Renmin Ribao (Volkszeitung); Selbstmord zu Beginn der Kulturrevolution 1966.

Deng Xiaoping (1904–97), KP-Mitglied seit den 1920er-Jahren, Veteran des Langen Marsches, Vertrauter von → Mao Zedong, später von ihm verfolgt. Architekt der Reformpolitik seit 1978: ohne Spitzenämter einzunehmen, regierte er faktisch von 1979 bis 1997. Seine Reise durch die Sonderwirtschaftszonen in Südchina im Jahr 1992 entschied den Linienkampf in der Partei um den wirtschaftlichen Reformkurs.

Dewey, John (1859–1952), US-amerikanischer Philosoph und Reformpädagoge, dessen politisches und gesellschaftliches Denken durch seinen Aufenthalt in China 1919–21 stark beeinflusst wurde. Seine Vorträge, in denen er für Bildungs- und Sozialreformen eintrat, erzielten große Wirkung bei chinesischen Studenten und Intellektuellen wie → Hu Shi.

Dhondup Wangchen (*1974), tibetischer Filmemacher, der 2008 für seine 25-minütige Dokumentation »Leaving Fear Behind« inhaftiert und 2009 zu sechs Jahren Haft verurteilt wurde; freigelassen im Juni 2014.

Ding Jiaxi (*1967), Beijinger Anwalt, der für mehr Transparenz und für ein Wohnrecht für Arbeitsmigranten eintritt. Als Mitglied des informellen Netzwerks der Neuen Bürgerbewegung forderte er von hohen Kadern die Offenlegung ihrer Finanzen. Im April 2014 zu dreieinhalbjähriger Haft verurteilt.

Ding Wenjiang (1887–1936), Geologe und Sozialaktivist, der für eine wissenschaftlich begründete Organisation der Gesellschaft eintrat.

Dschingis Khan (Temüdschin, ca. 1160–1227), Khan der Mongolen, der die Stämme vereinte; 1211 überfielen seine Truppen Nordchina und begannen, Asien zu erobern. Bei seinem Tod umfasste sein Reich in etwa die heutigen Länder Irak, Iran, Afghanistan, Pakistan, China, Mongolei, Korea und einen Teil Russlands.

Fairbanks, John King (1907–91), prominenter amerikanischer Chinawissenschaftler und Historiker, der in den 1940er-Jahren durch seine Studien und seine Kontakte zu chinesischen Intellektuellen politische Kreise sowohl in den USA als auch in China beeinflusste.

Fang Lizhi (1936–2012), chinesischer Wissenschaftler und Professor für Astrophysik. Als einer der Ideengeber der Demokratiebewegung 1987 aus der KPCh ausgeschlossen; nach der Niederschlagung der Studentenproteste 1989 fand er Exil in den USA.

Feng Enrong[1], in den 1930er-Jahren Dozent an der Lingnan Universität in Guangzhou; befürwortete eine »vollständige Verwestlichung« Chinas.

Feng Xiaogang (*1958), kommerziell erfolgreicher chinesischer Regisseur, auch als Filmproduzent, Schauspieler, Drehbuchautor und Bühnenbildner tätig.

Feng Zhenghu (*1954), Wirtschaftswissenschaftler und Menschenrechtler aus Shanghai, kämpft gegen Vertreibungen und Amtsmissbrauch durch lokale Behörden.

Fichte, Johann Gottlieb (1762–1814), Erzieher und Philosoph, bedeutender Vertreter des deutschen Idealismus. Seine Werke wurden ab 1914 in China rezipiert.

Fuxi, in der chinesischen Mythologie der erste Urkaiser, er soll die acht Trigramme des »Yijing« (Buch der Wandlungen) erfunden haben.

Gao Jianfu (1879–1951), gemeinsam mit seinem Bruder → Gao Qifeng Erneuerer der chinesischen Malerei durch Einführung westlicher Techniken wie der Perspektive.

Gao Qifeng (1889–1933), zusammen mit seinem Bruder → Gao Jianfu Begründer einer Bewegung zur Erneuerung der chinesischen Malerei; sie beförderten wissenschaftliche Ansätze und das Studium westlicher Methoden in der Kunst.

Gao Yihan (1884–1968), Intellektueller und Politikwissenschaftler, Professor an der Peking und der Nanjing University; vertrat in seinen Artikeln für die Zeitschrift Xin Qingnian (Neue Jugend) sozialistische Positionen und die Ansicht, dass es Aufgabe des Staates sei, die Rechte des Individuums zu sichern.

Gao Yu (*1944), ehemalige stellvertretende Chefredakteurin des Magazins Economics Weekly. Seit 1989 mehrmals zu Gefängnisstrafen verurteilt, wurde sie im April 2014 unter dem Vorwurf der »Weitergabe von Staatsgeheimnissen« erneut festgenommen.

Gaozong (1107–87), zehnter Kaiser der Song-Dynastie (Regierungsperioden 1127–30, 1131–62), floh nach der Invasion der Dschurdschen in den Süden Chinas und begründete die Südliche Song-Dynastie.

Gaozu (566–635), 618–626 erster Kaiser der Tang-Dynastie, als rebellischer General namens Li Yuan stürzte er die Sui und ließ sich in Chang'an (heute: Xi'an) zum Kaiser ausrufen.

Ge Hong (283–343), Beamter aus Südchina, wurde bekannt als Daoist, Alchimist und Unsterblichkeitssuchender.

Gu Hongming (1857–1928), malaiisch-chinesischer Gelehrter, der in Leipzig und Paris studiert hatte, wirkte in China und Japan; war Konfuzianer und loyaler Anhänger des Qing-Kaiserreichs sowie Gegner der »Bewegung für eine Neue Kultur«.

Gu Yanwu (1613–83), Gelehrter der Ming- und Qing-Zeit, früher Vertreter der »Schule der empirischen Untersuchung«; von späteren Gelehrten als Vorbild intellektueller Genauigkeit und Integrität verehrt.

Guang Sheng[1], führte 1917 den Diskurs über den chinesischen Nationalcharakter und nahm an der 4.-Mai-Bewegung 1919 teil; kritisierte den Mangel an selbstständigem Denken und individueller Freiheit seiner Zeitgenossen.

Guangxu (1871–1908), 1875–1908 neunter Kaiser der Qing-Dynastie; im Alter von drei Jahren von der Kaiserinwitwe Cixi auf den Thron gesetzt.

Guo Moruo (1892–1978), Schriftsteller, Archäologe und Politiker, viele Jahre Präsident der Akademie der Wissenschaften in der VR China; während der Kulturrevolution attackiert. Sein Werk wurde 1982–2002 in 38 Bänden publiziert.

Güyük (1206–48), 1246–48 dritter Großkhan der Mongolen; Briefwechsel mit Papst Innozenz IV. 1245/46.

Hao Bocun (Hao Pei-ts'un, *1919), Viersternegeneral der taiwanesischen Armee und Verteidigungsminister unter → Li Denghui, 1990–93 Ministerpräsident der Republik China.

Hatoyama, Yukio (*1947), japanischer Politiker und 2009/10 erster Ministerpräsident der Demokratischen Partei, wiederholt Parteivorsitzender.

He Zuoxin (*1927), Physiker, Mitglied der Akademie der Wissenschaften, KP-Mitglied und überzeugter Marxist, beteiligt am chinesischen Atombombenprogramm.

Hegel, Georg Wilhelm Friedrich (1770–1831), Philosoph des deutschen Idealismus. Beschäftigte sich in seinen geschichtsphilosophischen Vorlesungen intensiv mit China und prägte lange das europäische Bild vom »unhistorischen«,» ewigen« China mit dem Despotismus als notwendig korrespondierender Regierungsform.

Hu Angang (*1953), einer der einflussreichsten chinesischen Sozialwissenschaftler, der China bis 2020 zur Supermacht neuen Typs aufsteigen sieht.

Hu Jia (*1973), chinesischer Bürgerrechtler, Umweltaktivist und Buddhist, seit 2006 unter Hausarrest, 2007–11 in Haft, dort schwer erkrankt. Wurde 2008 vom Europäischen Parlament mit dem Sacharow-Preis für geistige Freiheit ausgezeichnet.

Hu Jintao (*1942), 2003–13 Staatspräsident der VR China, 2002–12 Generalsekretär der KPCh und als Vorsitzender der Zentralen Militärkommission Oberbefehlshaber der Volksbefreiungsarmee.

Hu Shi (1891–1962), Schriftsteller, Philosoph und führender Vertreter der 4.-Mai-Bewegung; 1938–42 Botschafter der nationalchinesischen Regierung in den USA.

Hu Yaobang (1915–89), in den 1950er-Jahren Leiter der Kommunistischen Jugendliga, 1981–87 Generalsekretär der KPCh; wurde aus diesem Amt entfernt, da er 1986 angeblich die studentischen Proteste unterstützte. Sein Tod im April 1989 gab den Anlass zu erneuten Protesten, die am 4. Juni niedergeschlagen wurden.

Hua Guofeng (1921–08), Nachfolger → Mao Zedongs als Parteivorsitzender der KPCh, Ministerpräsident der Übergangsperiode 1976–78, während der sich der Wechsel zur von → Deng Xiaoping dominierten Periode der Reform und Öffnung Chinas vollzog.

Huang Zongxi (1610–95), Gelehrter der frühen Qing-Zeit, den spätere Reformer wie → Liang Qichao als ersten systematischen Philosophen der Demokratie in China und Vorläufer Rousseaus begriffen.

Huangdi, mythischer Gelber Kaiser, der am Anfang der chinesischen Kultur gestanden haben soll. Wurde während der Zhou-Zeit historisiert und soll 2696–2598 v. Chr. regiert haben.

Huizong (1082–1135), einer der berühmtesten Kaiser der Song-Dynastie (1100–26); liebte den Luxus und die Künste, die er als Kalligraf, Maler und Musiker auch selbst praktizierte. Nach der Invasion der Dschurdschen wurden er und sein Sohn 1127 in die Mandschurei verschleppt und bis zu seinem Tod gefangen gehalten.

Huntington, Samuel (1927–2008), US-amerikanischer Politikwissenschaftler, Autor und Berater des US-Außenministeriums. In seinem Buch »The Clash of Civilizations« (1996) wandte er sich gegen die Vorstellung einer universellen Weltkultur und sah insbesondere im Aufstieg Chinas eine Bedrohung des Westens.

Hwang Woo-suk (*1953), südkoreanischer Stammzellenforscher, dessen Forschungsergebnisse sich im Jahr 2005 als Fälschungen erwiesen, womit er einen der größten Skandale der modernen Forschungsgeschichte verursachte.

Imin, Gulmire (*1977), uighurische Onlinepublizistin der Website Salkin und staatliche Verwaltungsangestellte aus Urumqi; wurde 2010 wegen des angeblichen Verrats von Staatsgeheimnissen und der Organisation von Demonstrationen zu lebenslanger Haft verurteilt.

Jiajing (1507–67), 1522–66 elfter Kaisers der Ming-Dynastie und strenggläubiger Daoist; er vernachlässigte die Regierungsgeschäfte, was Angriffe der Mongolen und japanischer Piraten erleichterte.

Jiang Qing (1914–91), ehemalige Filmschauspielerin aus Shanghai und dritte Ehefrau → Mao Zedongs, stieg zur führenden politischen Figur der Kulturrevolution auf. 1976 verhaftet und 1981 zum Tod verurteilt; die Strafe wurde in lebenslänglichen Hausarrest umgewandelt.

Jiang Zemin (*1926), Generalsekretär des ZK der KPCh (1989–2002), Staatspräsident der VR China (1993–2003) und Vorsitzender der Zentralen Militärkommission der Volksbefreiungsarmee (1990–2004).

Jiaqing (1760–1820), 1796–1820 fünfter Kaiser der Qing-Dynastie; war mit wirtschaftlichen und sozialen Krisen konfrontiert.

Kang Sheng (1898–1975), ab den 1920er-Jahren in der Gewerkschaftsbewegung aktiv, ab 1926 Mitglied der KPCh und während der Kulturrevolution Mitglied des Politbüros; als Geheimdienstchef gefürchtet.

Kang Youwei (1858–1927), konfuzianischer Gelehrter und einflussreicher Exponent der Reformbewegungen am Ende der Qing-Zeit. Seine Hundert-Tage-Reform von 1898 wurde von Kaiser → Guangxu unterstützt, letztlich aber von der Kaiserinwitwe Cixi verhindert.

Kangxi (1654–1722), 1661–1722 zweiter Kaiser der Qing-Dynastie; festigte die Herrschaft der Mandschu und leitete die Blütezeit der Qing-Dynastie ein.

Kant, Immanuel (1724–1804), bedeutendster Philosoph der deutschen Aufklärung und einer der bedeutendsten Philosophen der abendländischen Philosophie; beeinflusste ab Ende des 19. Jahrhunderts wichtige chinesische Philosophen, darunter → Cai Yuanpei.

Kao, Charles Kuen (*1933), britisch-US-amerikanischer Physiker aus Shanghai. Erhielt für seine Forschungen im Bereich der Glasfaseroptik 2009 den Physiknobelpreis.

Khubilai Khan (1215–94), Enkel → Dschingis Khans und bedeutender mongolischer Herrscher (1260–94); Gründer der Yuan-Dynastie.

Kim Dae-jung (1925–2009), 1998–2003 achter Präsident von Südkorea; erhielt 2000 den Friedensnobelpreis als einstiger langjähriger Oppositionsführer gegen das autoritäre Regime Südkoreas und für seine »Sonnenscheinpolitik« gegenüber Nordkorea.

Kim Jong-il (1941–2011), nordkoreanischer Politiker, nach dem Tod seines Vaters Kim Il-song Generalsekretär der Partei und militärischer Oberbefehlshaber.

Kim Jong-un (*1982, 1983 oder 1984), nordkoreanischer Politiker, dritter und jüngster Sohn von → Kim Jong-il; seit dessen Tod »Oberster Führer der Partei, der Streitkräfte und des Volkes« und seit 2012 Erster Sekretär der Partei der Arbeit.

Koizumi, Junichiro (*1942), japanischer Politiker der Liberaldemokratischen Partei, 2001–06 Ministerpräsident. Wurde vor allem in China scharf wegen seiner als Provokation wahrgenommenen wiederholten Besuche des Yasukuni-Schreins kritisiert.

Kollwitz, Käthe (1867–1945), Grafikerin, Malerin und Bildhauerin; ihre Holzschnitte wurden in den 1930er-Jahren von → Lu Xun in China publiziert und beeinflussten chinesische Künstler.

Kongzi (Konfuzius, 551–479 v. Chr.), Begründer einer philosophisch-politischen Strömung, die bis heute als »Konfuzianismus« im Westen bekannt ist. In China wurde seine Lehre kanonisiert und war bis 1905 Grundlage der staatlichen Beamtenprüfungen.

Koxinga (Cheng Cheng-kung, Zheng Chenggong, 1624–62), chinesischer Händler und Seeräuber, bekämpfte die Armee der Qing-Dynastie in Südchina. Eroberte 1661 Taiwan, vertrieb die Holländer und gründete dort das kurzlebige Königreich Dongning.

Kropotkin, Peter (Pjotr Alexejewitsch, 1842–1921), russischer Anarchist, Geograf und Schriftsteller adliger Herkunft. Seine Schriften wurden ab 1920 in China bekannt und einflussreich.
Lao She (1899–1966), Schriftsteller von Romanen und Dramen, in denen er die gesellschaftlichen Verhältnisse der 1920er- und 1930er-Jahre kritisierte. Zu Beginn der Kulturrevolution in den Selbstmord getrieben.
Laozi (4. oder 5. Jahrhundert v. Chr.), historisch nicht fassbarer Autor der philosophischen Aphorismensammlung »Daodejing«, Begründer einer Naturphilosophie, die eine Rückentwicklung der Gesellschaft in einen undifferenzierten Urzustand anstrebte.
Lee Myung-bak (*1941), 2008–13 zehnter südkoreanischer Präsident, zuvor Direktor von Hyundai und Bürgermeister von Seoul.
Lei Chen (1897–1979), Führungsfigur einer Gruppe festlandchinesischer und taiwanesischer Intellektueller, die durch die Gründung der China Democratic Party versuchte, die Regierung der Republik China auf Taiwan demokratischer zu gestalten. Wurde 1960 wegen angeblichen Verrats für zehn Jahre inhaftiert.
Lei Feng (1940–62), junger Soldat der Volksbefreiungsarmee, der in den 1960er-Jahren als Held und Vorbild in diversen Kampagnen der KPCh propagiert wurde, erneut seit 2013.
Li Bo (*1963), an der Cornell University ausgebildeter Umweltwissenschaftler und -aktivist; Generalsekretär der ältesten chinesischen Umwelt-NGO Friends of Nature, Berater des Stockholm Environment Institute – Asia.
Li Buyun (*1933), Verfassungsrechtler, Leiter des Forschungsinstituts für öffentliches Recht und Ehrenmitglied der Akademie der Sozialwissenschaften, Direktor des Forschungsinstituts für Menschenrechte an der Universität Guangzhou; tritt für eine Justizreform zur Sicherung richterlicher Unabhängigkeit ein.
Li, Daokui David (*1963), Professor für Wirtschaftswissenschaften und Managementlehre an der Tsinghua University, Topberater der chinesischen Zentralbank.
Li Dazhao (1889–1927), Vertreter der 4.-Mai-Bewegung, Marxist der ersten Stunde, Begründer der KPCh. Herausgeber der Zeitschrift Xin Qingnian (Neue Jugend), einflussreicher Parteiführer während der ersten Einheitsfront (1923–27). Wurde 1927 von dem Warlord Zhang Zuolin verurteilt und hingerichtet.
Li Denghui (Lee Teng-hui, *1923), taiwanesischer Politiker, übernahm nach → Chiang Ching-kuos Tod 1988 die Präsidentschaft. Erneuerte die Kontakte zur VR China und ermöglichte erstmals Verwandtenbesuche auf dem Festland.

Anhang

Li Hongzhi (*ca. 1951), Begründer der Lehre des Falun Dafa (Große Methode des Dharma Rades). 1999 durch Massendemonstrationen der seither von den chinesischen Behörden verfolgten Falun-Gong-Bewegung weltweit bekannt geworden; lebt in den USA.

Li Keqiang (*1955), Politiker, seit 2012 im ZK der KPCh, seit März 2013 Ministerpräsident der VR China.

Li Peng (*1928), Ingenieur und Politiker, Adoptivsohn → Zhou Enlais. 1987–98 Ministerpräsident und Staatsratsvorsitzender, 1998–2003 Vorsitzender des Nationalen Volkskongresses; gilt als Hauptverantwortlicher für den Armeeeinsatz im Juni 1989.

Li Tie (*1960), Schriftsteller, verfasste regierungskritische Artikel, in denen er Grundrechte einforderte. 2012 zu zehn Jahren Haft verurteilt.

Li Zhengdao (Lee, Tsung-Dao, *1926), chinesisch-US-amerikanischer Physiker, der 1957 für seine Entdeckungen zur Beschaffenheit der Elementarteilchen mit dem Physiknobelpreis ausgezeichnet wurde.

Lian Zhan (Lien Chan, *1936), Politiker auf Taiwan, Ministerpräsident und Vizepräsident (1996/97), der Guomindang-Regierung unter → Li Denghui. Bei einem als historisch bewerteten Besuch in der VR China traf er 2005 in Beijing mit Staats- und Parteichef → Hu Jintao zusammen.

Liang Qichao (1873–1929), wichtiger Reformer und Schüler → Kang Youweis, ging 1898 ins japanische Exil. Setzte sich zuerst für eine konstitutionelle Monarchie, später für eine liberale republikanische Staatsform ein.

Liang Shuming (1893–1988), Kulturtheoretiker und antikapitalistischer Sozialutopist, Freund von → Li Dazhao; Führer der Zurück-aufs-Land-Bewegung der 1930er-Jahre.

Liang Sicheng (1901–72), Architekt und bedeutendster Denkmalpfleger Chinas, lehrte an der Tsinghua University und in Yale und Princeton; Sohn des Reformers → Liang Qichao. Kämpfte in den 1950er-Jahren als stellvertretender Direktor der städtischen Planungskommission vergeblich für den Erhalt der Beijinger Stadtanlage.

Liao Yiwu (*1958), Schriftsteller, der vom romantischen Dichter zum politischen Dissidenten wurde. Für sein nach dem 4. Juni 1989 verfasstes Gedicht »Massaker« war er vier Jahre inhaftiert; nach seiner Entlassung schrieb er unter dem Titel »Chinas Gesellschaft von unten« die Geschichten seiner Mitinsassen auf. Lebt seit 2007 in Deutschland im Exil.

Lin Biao (1907–71), Militärführer der KPCh in den 1930er- und 1940er-Jahren; Verteidigungsminister zu Beginn der Kulturrevolution; ließ das kleine »Rote Buch« millionenfach verteilen; 1969 zu → Mao Zedongs Nachfolger ernannt. Wurde 1971 bezichtigt, einen Staatsstreich gegen Mao zu planen und kam noch im gleichen Jahr durch einen Flugzeugabsturz ums Leben.

Lin Yanggang (Lin Yang-kang, 1927–2013), Jurist und Politiker auf Taiwan, Vorsitzender des Justizyuans (1987–94) und Vizevorsitzender der Guomindang; 1996 unabhängiger Kandidat bei der Präsidentschaftswahl.

Lin Yi-hsiung (Lin Yixiong, *1941), Politiker auf Taiwan, Führer der Demokratiebewegung, dessen Frau und Zwillingstöchter ermordet wurden, nachdem er 1980 verhaftet worden war. 1998–2000 Vorsitzender der Demokratischen Fortschrittspartei, trat er 2006 aus der Partei aus und kämpfte in der Antiatomkraftbewegung.

Liu Guijin (*1945), Direktor der China-Africa International Business School, 2007–11 Botschafter in Südafrika, seit 2011 Sonderbeauftragter der chinesischen Regierung für Afrika.

Liu Hui (*1970), Schwager von → Liu Xiaobo und Bruder von dessen Ehefrau → Liu Xia, wegen angeblichem »finanziellem Betrug« im Sommer 2013 zu elf Jahren Haft verurteilt.

Liu Junning (*1961), Politikwissenschaftler; 2001 aus der Akademie für Sozialwissenschaften ausgeschlossen und 2009 von der KPCh verwarnt, nachdem er → Liu Xiaobos Charta 08 mitunterzeichnet hatte.

Liu Shaoqi (1898–1969), ab den 1920er-Jahren wichtiger KP-Führer, in der Sowjetunion geschult. Wurde als Staatspräsident ab den 1960er-Jahren zum Gegner → Mao Zedongs und in der Kulturrevolution Hauptziel der Rotgardisten. Starb im Gefängnis wegen unzureichender medizinischer Versorgung.

Liu Shipei (Shen Shu, 1884–1919), klassischer Gelehrter, gründete 1907 in Tokio die Gesellschaft zum Studium des Sozialismus; Vertreter anarchistischen Gedankenguts, Professor an der Peking University.

Liu Xia (*1961), Dichterin, Fotografin und Künstlerin, Ehefrau von → Liu Xiaobo, steht seit 2010, dem Jahr, in dem ihr Mann den Friedensnobelpreis erhielt, unter Hausarrest.

Liu Xianbin (*1968), Schriftsteller, Dissident, Menschenrechtsaktivist und Unterzeichner der Charta 08; mehrmals zu langjähriger, zuletzt 2011 zu zehn Jahren Haft verurteilt.

Liu Xiaobo (*1955), Systemkritiker und Menschenrechtler seit den 1980er-Jahren, mehrmals im Gefängnis. Friedensnobelpreisträger 2010; initiierte 2008 das im Internet veröffentlichte Bürgerrechtsmanifest Charta 08, 2009 erneut zu elf Jahren Haft verurteilt.

Liu Yunshan (*1947), Politiker, seit 2002 im Politbüro der KPCh, seit 2012 im Ständigen Ausschuss des Politbüros.

Liu Zhijun (*1953), 2003–11 Eisenbahnminister, verantwortlich für das chinesische Hochgeschwindigkeitszugprogramm; nach dem schweren Eisenbahnunglück von Wenzhou im Juli 2011 aus der KP ausgeschlossen, 2013 zum Tod verurteilt, Strafe wurde ausgesetzt.

Lu Dingyi (1906–96), KP-Mitglied ab 1925, 1945–66 Leiter der Propagandaabteilung des ZK der KPCh und Kulturminister; zu Beginn der Kulturrevolution kritisiert und fast 13 Jahre in Haft, 1980 rehabilitiert.

Lu Kuanwei[1], Soziologe an der Lingnan University in Guangzhou, befürwortete in den 1930er-Jahren die »vollständige Verwestlichung« Chinas.

Lü Xiehai[1], Dozent an der Lingnan University in Guangzhou, befürwortete in den 1930er-Jahren die »vollständigen Verwestlichung« Chinas.

Lü Xiulian (Lu Hsiu-lien, Annette Lu, *1944), Politikerin der Demokratischen Fortschrittspartei auf Taiwan, 2000–08 Vizepräsidentin unter Chen Shuibian; Befürworterin der taiwanesischen Unabhängigkeit.

Lu Xun (Zhou Shuren, 1881–1936), revolutionär gesinnter chinesischer Schriftsteller des 20. Jahrhunderts. Kritisierte oft mit bitterem Humor die Traditionen Chinas; bekanntestes Werk: »Die wahre Geschichte des Ah Q«.

Luo Jialun (1897–1969), klassischer Gelehrter, Historiker, politischer Aktivist, Führer der 4.-Mai-Bewegung, Diplomat der nationalchinesischen Regierung in Indien, 1952 Rückzug nach Taiwan.

Luo Longji (1898–1965), Politikwissenschaftler, mit → Hu Shi und anderen Vertreter des Liberalismus in China; 1957 von der Anti-Rechts-Bewegung verurteilt und mundtot gemacht.

Luo Qing (Luo Menghong, 1443–1527), mingzeitlicher Sektengründer einer volkstümlichen Form des Chan-Buddhismus, die die Aufhebung sozialer Unterschiede anstrebte.

Luo Tianyu (1900–84), trat für die Organisation der Landwirtschaft nach dem Vorbild von Lyssenko in der UdSSR ein, verbot Forschungen zur Genetik und modernen Biologie; ließ seine Gegner verfolgen, ehe er 1952 selbst attackiert wurde.

Ma Junwu (1882–1939), nach Auslandsstudium in Japan und Berlin Unterstützer Sun Yat-sens, Ministerialbeamter und Dozent. Übersetzte John Stuart Mill, Byron und → Darwins »Origins of Species« erstmals ins Chinesische.

Ma Yingjiu (Ma Ying-jeou, *1950), Präsident der Republik China auf Taiwan (seit 2008), Guomindang-Vorsitzender seit 2009; tritt für eine Entspannungspolitik gegenüber der VR China ein.

Macartney, George (1737–1806), Leiter der ersten von Großbritannien offiziell nach China entsandten Mission (1793), die mit der Qing-Dynastie gleichberechtigte Handelsbeziehungen und diplomatische Beziehungen etablieren sollte. Die Mission wurde abgewiesen.

Malthus, Thomas Robert (1766–1834), britischer Ökonom, Inhaber des ersten Lehrstuhls für politische Ökonomie in England und Begründer der modernen Bevölkerungswissenschaft; warnte in seinem 1798 anonym veröffentlichten Essay »On Population« vor Überbevölkerung.

Mao Dun (Shen Yanbing, 1896–1981), links orientierter Journalist und Schriftsteller der 1930er-Jahre, wichtigster Roman: »Schanghai im Zwielicht«. 1949–65 Kulturminister in der VR China.

Mao Zedong (1893–1976), 1921 Mitbegründer der KPCh, ab 1935 Führer der kommunistischen Bewegung, ab 1945 Vorsitzender des ZK der KPCh, proklamierte 1949 die VR China und blieb bis zu seinem Tod Führer und Theoretiker des chinesischen Kommunismus. Von ihm initiierte Kampagnen wie der Große Sprung nach vorn oder die Kulturrevolution führten zum Tod von Millionen von Menschen.

Marco Polo (um 1254–1324), venezianischer Händler, der durch die Berichte über seine Chinareise zur Zeit des Mongolenreiches (»Il Milione«) bekannt wurde. Zweifel an der Historizität seines Reiseberichts werden von neuen Studien widerlegt.

Masereel, Frans (1889–1972), belgischer Grafiker, Zeichner und Maler, bekannt vor allem für seine Holzschnitte. Sein druckgrafisches Werk beeinflusste die revolutionäre künstlerische Avantgarde der 1930er-Jahre in China; 1958 Einladung nach China.

Mengzi (Menzius, 372–289 v. Chr.), Denker und Ratgeber an verschiedenen Fürstenhöfen in der Tradition des Konfuzius; seine Aussagen werden heute oft zitiert, um Menschenrechte auch aus der chinesischen Tradition zu begründen.

Möngke Khan (1209–59), 1251–59 vierter Großkhan des mongolischen Reiches; Bruder von → Khubilai Khan, der sein Erbe antrat und die Yuan-Dynastie gründete.

Needham, Joseph (Li Yuese, 1900–95), britischer Sinologe, dessen grundlegendes Werk zur Geschichte von Wissenschaft und Technik in China »Science and Civilisation« auch heute noch weitergeführt wird. Seine Fragestellung, weshalb sich die moderne Wissenschaft und Technik ab dem 15. Jahrhundert in Europa entwickelte, obwohl China lange zuvor wichtige technische Innovationen hervorgebracht hatte, wurde als »Needham-Rätsel« bekannt.

Nie Rongzhen (1899–1992), kommunistischer Militärführer, einer der »zehn großen Marschälle« der Volksbefreiungsarmee; Bürgermeister von Beijing (1949–51).

Nietzsche, Friedrich (1844–1900), klassischer Philologe und Philosoph; sein Werk beeinflusste chinesische Denker des 20. Jahrhunderts, darunter → Lu Xun.

Nixon, Richard (1913–94), US-amerikanischer Politiker der Republikanischen Partei, 37. Präsident der USA (1969–74). Reiste als erster US-Präsident 1972 nach China und leitete die Normalisierung der Beziehungen ein.

Noda, Yoshihiko (*1957), japanischer Politiker der Demokratischen Partei, Ministerpräsident in den Jahren 2011/12. Erwarb im September 2012 die Senkaku-Inseln für den japanischen Staat von einem privaten Besitzer und verschärfte dadurch die Spannungen mit China.

Ögödei Khan (um 1186–1241), dritter Sohn Dschingis Khans, 1229–41 zweiter Großkhan des mongolischen Reiches.

Park Geun-hye (*1952), seit Februar 2013 Präsidentin Südkoreas, baut die Beziehungen zu China aus.

Peng Dehuai (1898–1974), einer der wichtigsten militärischen Führer der Volksbefreiungsarmee, ab 1954 der erste Verteidigungsminister der VR China; übte 1959 als einziger führender Politiker offen Kritik an → Mao Zedongs Großem Sprung nach vorn. In der Kulturrevolution 1966 inhaftiert und wiederholt gefoltert, starb er 1974 wegen mangelnder medizinischer Versorgung im Gefängnis.

Peng Mingmin (P'eng Ming-min, *1923), demokratischer Aktivist auf Taiwan in den 1960er-Jahren, floh in die USA, wo er 22 Jahre im Exil lebte. 1996 bei den ersten direkten Präsidentschaftswahlen Kandidat der Demokratischen Fortschrittspartei.

Puyi (Aisin Gioro Puyi, 1906–67), als Kleinkind 1908–12 letzter Kaiser der Qing-Dynastie, kollaborierte 1932/34–45 als Präsident bzw. Kaiser des Marionettenstaates Mandschukuo mit Japan; nach 1949 Umerziehung in Gefängnissen und Lagern, lebte danach als einfacher Bürger der VR China.

Qian Xuesen (Tsien, Hsue-Shen, 1911–2009), Wissenschaftler, der in den 1940er-Jahren für das Raketenprogramm der USA und ab 1955 für das Raketen- und Weltraumprogramm der VR China wertvolle Beiträge leistete; bekannt als »Vater des chinesischen Raketenprogramms«.

Qianlong (1711–96), 1735–96 vierter Kaiser der Qing-Dynastie; unter seiner über 60-jährigen Herrschaft erlebte die Qing-Dynastie ihre Blütezeit und dehnte sich massiv nach Zentralasien aus.

Qin Shihuangdi (259–210 v. Chr.), Erster Kaiser Chinas; er beendete die Zeit der sieben Streitenden Reiche und gründete den ersten zentralistischen Beamtenstaat. Er schaffte das Lehnswesen ab und erzwang viele Vereinheitlichungen, Normierungen und Reformen; strebte nach Unsterblichkeit.

Qin Yongming (*1953), Mitbegründer der in der VR China illegalen Demokratischen Partei, Dissident, Menschenrechtsaktivist, in vier Jahrzehnten 39-mal festgenommen und bis 2010 insgesamt 22 Jahre in Haft.

Qinzong (1100–60), neunter Kaiser der Song-Dynastie, ältester Sohn Kaiser Huizongs, dessen Regentschaft er übernahm, als 1126 die Dschurdschen der Jin-Dynastie nach China einfielen und das Ende der Dynastie herbeiführten.

Ren Bonian (Ren Yi, 1840–96), Maler, Mitglied der Shanghaier Schule, die gegen Ende des 19. Jahrhunderts von westlichen Kunstformen beeinflusst wurde; verschmolz populäre und traditionelle Stile.

Ren Hongjun (1886–1961), Chemiker, Freund von → Hu Shi, mit dem er 1916 gemeinsam an der Cornell University studierte, und Aktivist der »Bewegung für eine Neue Kultur« zur »Rettung des Landes durch Wissenschaft«; 1935 Rektor der Sichuan University.

Ren Wanding (*1944), Dissident; 1978 führender Aktivist der ersten »Mauer der Demokratie«, Gründer der chinesischen Menschenrechtsliga. Bis 1996 mehrfach langjährig inhaftiert.

Ren Xiong (1823–57), einer der Maler der Shanghaier Schule, die für ihren innovativen Stil bekannt wurde.

Ricci, Matteo (1552–1610), italienischer Jesuit und Begründer der katholischen Mission in China; traf 1582 in China ein, lernte Chinesisch und blieb bis zu seinem Tod in China. Ab 1601 als Berater und Gelehrter am Hof der Ming-Kaiser.

Roh Moo-Hyun (1946–2009), südkoreanischer Politiker, 2003–08 Präsident der Republik Korea; 2009 nach Korruptionsvorwürfen Tod durch Suizid.

Schall von Bell, Adam (1592–1666), in Köln geborener Jesuit, Direktor des astronomischen Amtes in Beijing, führte dort den Kalender nach westlichem Muster ein.

Shi Tao (*1968), Dichter und Journalist, schickte 2004 eine E-Mail in die USA, in der er über eine Direktive der KPCh zum Verhalten im Vorfeld des 15. Jahrestages der Demonstrationen am Tian'anmen-Platz berichtete. Da Yahoo seine Daten an die chinesischen Behörden weitergab, wurde er wegen Verrats von Staatsgeheimnissen zu zehn Jahren Haft verurteilt; kam im August 2013 frei.

Shun, einer der mythischen Urkaiser der chinesischen Kultur, der in der Überlieferung historisiert wurde: Er reformierte das Kalenderwesen und die Maßeinheiten und starb angeblich 2240 v. Chr.

Song Chuyu (Soong Chu-yu, James Song, *1942), Politiker der Republik China auf Taiwan, Gründer und Vorsitzender der konservativen People First Party (2000), einer Abspaltung der Guomindang; 2012 erfolgloser Kandidat bei den Präsidentschaftswahlen.

Song Jian (*1931), seit den 1970er-Jahren international renommierter Wissenschaftler; Mitglied der Akademie der Wissenschaften; forscht und wirkt unter anderem auf den Gebieten der Kybernetik, Bevölkerungskontrolle, Raketen- und Satellitentechnik.

Spencer, Herbert (1820–1903), britischer Philosoph, Biologe und Soziologe, früher Vertreter der Entwicklungstheorie, Vorläufer des Sozialdarwinismus

(»Survival of the Fittest«). Seine Gedanken waren in China und Japan äußerst einflussreich.

Sun Yat-sen (Sun Zhongshan, 1866–1925), Vater der republikanischen Revolution, der durch seine »Revolutionäre Allianz« (Tongmenghui) 1911 den Sturz der Qing-Dynastie herbeiführte. Begründer der »drei Volkslehren«; wird als »Staatsvater« in der Volksrepublik und auf Taiwan verehrt.

Sun Zhigang (1976–2003), Modedesigner einer Textilfirma in Guangzhou, der wegen fehlender städtischer Aufenthaltsgenehmigung festgenommen und in Haft brutal zu Tode geprügelt wurde. Sein Todesfall erhielt große Aufmerksamkeit in Zeitungen sowie im Internet und führte letzten Endes zur Abschaffung des »Gesetzes zur Festnahme und Ausweisung« von Arbeitsmigranten.

Taixu (Lü Peilin, 1890–1947), buddhistischer Modernist, Aktivist und Denker, bemüht um eine moderne Ausbildung für den Klerus, propagierte einen sozial engagierten Buddhismus.

Tan Sitong (1865–98), Reformer, Schüler → Kang Youweis, der auf Anweisung der Kaiserinwitwe Cixi im Zuge der gescheiterten Hundert-Tage-Reform 1898 hingerichtet wurde.

Tan Zuoren (*1955), Rechtsanwalt, Autor, Umweltaktivist, Bürgerrechtler und Dissident. Beklagte bauliche Mängel an Schulgebäuden, die während des Erdbebens in Sichuan 2008 einstürzten und so zum Tod Tausender Schüler führten; 2010 zu fünf Jahren Haft verurteilt.

Tang Fei (*1932), ehemaliger General der taiwanesischen Luftwaffe, Mai bis Oktober 2008 Verteidigungsminister und Ministerpräsident der Guomindang unter Präsident → Chen Shui-bian, trat nach Auseinandersetzung um die Atompolitik zurück.

Tao Xingzhi (1891–1946), in den USA ausgebildeter Erziehungswissenschaftler und Reformpädagoge, der sich für bessere Bildung auf dem Land engagierte und 1939 in der Nähe von Chongqing eine Schule gründete, die unter anderen → Li Peng besuchte.

Teng Biao (*1973), Menschenrechtsaktivist, Jurist und Dozent an der Universität für Politik- und Rechtswissenschaften in Beijing; gemeinsam mit → Xu Zhiyong Begründer der Open-Constitution-Initiative und Rechtsbeistand bei sensiblen Fällen, mehrfach kurzfristig verhaftet.

Tohti, Ilham (*1969), uighurischer Wirtschaftswissenschaftler, Hochschullehrer und als gemäßigt geltender Regierungskritiker; seit März 2014 in Haft unter dem Vorwurf der Förderung des Separatismus.

Wan Yanhai (*1963), Aids- und Menschenrechtsaktivist, Gründer des Beijing Aizhixing Institute on Health and Education und Mitunterzeichner der Charta 08. Lebt im Exil in den USA.

Wang Fuzhi (1619–92), Patriot und Ming-Loyalist, formulierte die Idee eines chinesischen Nationalismus, der gegen die Fremdherrschaft der Mandschu gerichtet ist. Wichtiger Bezugspunkt für die Rebellion am Ende des 19. Jahrhundert.

Wang Ganchang (1907–98), Kern- und Teilchenphysiker, einer der führenden Physiker des frühen chinesischen Atomwaffenprogramms.

Wang Hongwen (1935–92), Shanghaier Rebellenführer während der Kulturrevolution, jüngstes Mitglied der Viererbande, vor → Maos Tod unter → Jiang Qing als dessen möglicher Nachfolger aufgebaut. 1976 festgenommen, 1981 zu lebenslänglicher Haft verurteilt.

Wang Yangming (1472–1529), Politiker, Feldherr und Philosoph während der Ming-Dynastie, wegen seiner Theorie der Einheit von Wissen und Handeln als wichtigster neokonfuzianischer Denker angesehen.

Wang Youcai (*1966), Physiker und Aktivist der Demokratiebewegung 1989. 1998 Mitbegründer der verbotenen Demokratischen Partei, festgenommen, zu elf Jahren Haft verurteilt und 2004 entlassen; emigrierte in die USA.

Wanli (1573–1620), der dreizehnte und mit 48 Jahren Regierungszeit am längsten amtierende Kaiser der Ming-Dynastie.

Wei Jingsheng (*1950), der Elektriker und ehemalige Angehöriger der Volksbefreiungsarmee forderte 1978 als »fünfte Modernisierung« die Demokratisierung Chinas; 1979 zu 15 Jahren Haft und Zwangsarbeit verurteilt, 1993 freigelassen; 1994 erneut verurteilt, 1997 freigelassen, in die USA abgeschoben.

Wen Jiabao (*1942), Geologe und Politiker, 2003–13 Ministerpräsident der VR China. Medienberichten vom Oktober 2012 zufolge, häufte seine Familie in den zehn Jahren seiner Regierung ein Vermögen von 2,7 Mrd. US$ an.

Wenzong (809–840), 827–40 fünfzehnter Kaiser der Tang-Dynastie, einer von drei Brüdern, die als Kaiser aufeinanderfolgten. Seine Macht war beschränkt, die Politik des Hofs bestimmten mächtige Eunuchen.

Wu Guosheng (*1964), Wissenschaftsphilosoph, Direktor des Forschungsinstituts der philosophischen Fakultät der Peking University.

Wu Han (1909–69), Schriftsteller und Historiker, verfasste Anfang der 1960er-Jahre das Bühnenstück »Hai Rui wird entlassen«, eine kritische Allegorie auf die Absetzung → Peng Dehuais. → Yao Wenyuans Angriff auf das Stück im November 1965 wird als Auftakt zur Kulturrevolution gewertet.

Wu Yu (1872–1949), kam während des Studiums in Japan mit westlichen liberalen Ideen in Kontakt, die ihn entscheidend prägten; Vertreter der »Bewegung für eine Neue Kultur« im zweiten und dritten Jahrzehnt des 20. Jahrhunderts.

Wu Yue (1878–1905), Anarchist und Mitglied der 1904 gegründeten »Restaurationsgesellschaft«; verübte im September 1905 einen Anschlag auf eine kaiserliche Gesandtschaft, als diese nach Europa abreisen wollte.

Wudi (156–87 v. Chr.), 141–87 v. Chr. Kaiser der frühen Han-Dynastie und einer der bedeutendsten Herrscher der chinesischen Geschichte. Erhob den Konfuzianismus zur Staatsdoktrin, eroberte Gebiete im Westen und Süden und dehnte seinen Machtbereich durch Handelskontakte aus.

Xi Jinping (*1953), seit März 2013 Staatspräsident und Vorsitzender der Zentralen Militärkommission, seit November 2012 Generalsekretär der KPCh; populär vor allem durch seine anhaltende Antikorruptionskampagne auch gegen hohe Kader, gleichzeitig bekräftigt er immer wieder den Führungsanspruch der KPCh.

Xiao Wanchang (Siew, Vincent C., *1939), Politiker der Guomindang, Vizepräsident der Republik China (2008–12) unter Ma Yingjiu, erster auf Taiwan geborener Ministerpräsident (1997–2000).

Xu Bing[1], Jurist und Intellektueller, Forscher am Juristischen Institut der Akademie der Sozialwissenschaften und Professor der Tsinghua University; betont den allgemeingültigen, in der menschlichen Natur verwurzelten Charakter der Menschenrechte.

Xu Bing (*1955), international renommierter Künstler, 2008 zum Vizepräsidenten der Central Academy of Fine Arts (CAFA) in Beijing ernannt.

Xu Liangying (1920–2013), Physiker, Übersetzer u. a. von Einsteins Werken, Wissenschaftshistoriker, Mitglied der Akademie der Wissenschaften; forschte und publizierte zum Verhältnis von Naturwissenschaften und Gesellschaft.

Xu Wenli (*1943), frühe Führungsfigur der Demokratiebewegung in der VR China, organisierte 1978 zusammen mit → Wei Jingsheng und anderen die »Mauer der Demokratie«. Über zwölf Jahre Jahre im Gefängnis; 2002 in die USA ausgewiesen. Honorarprofessor an der Brown University.

Xu Xiake (1586–1641), Geograf und Schriftsteller, bereiste die chinesischen Provinzen, sammelte Landkarten und Dokumente, erforschte die jeweilige örtliche Geologie und Geografie, die lokalen Lebensgewohnheiten und die Pflanzenwelt.

Xu Zhiyong (*1973), Jurist und Bürgerrechtler, Mitbegründer der 2009 verbotenen Verfassungsinitiative *gongmen* (Open Constitution) und der Neuen Bürgerbewegung 2012, mehrfach kurzfristig verhaftet, 2014 in einem international kritisierten Verfahren zu vier Jahren Gefängnis verurteilt.

Xue Fucheng (1838–94), Reformer der ausgehenden Qing-Zeit, bereiste als Gesandter in den 1890er-Jahren Europa, hielt in Tagebuchaufzeichnungen seine Eindrücke im Westen fest.

Xue Manzi (Xue, Charles, *1953), chinesisch-US-amerikanischer Unternehmer und Investor, prominenter Blogger, der nach seiner Verhaftung im August 2013 Selbstkritik in einer Fernsehshow leisten musste. 2014 wegen schlechter Gesundheit freigelassen.

Xunzi (300–230 v. Chr.), konfuzianischer Philosoph zur Zeit der Streitenden Reiche, der Rituale als unerlässlich für das Funktionieren der Gesellschaft erachtete.

Yan Fu (1854–1921), am Ende der Qing-Zeit bedeutend als Übersetzer westlicher Philosophen, unter anderem der Werke John Stuart Mills; wandelte sich nach Gründung der Republik 1911 vom sozialistisch-demokratisch orientierten Gelehrten zum Konservativen.

Yang Hucheng (1893–1949), General der republikanischen Nordwestarmee; 1936 nahm er mit → Zhang Xueliang im »Xi'an-Zwischenfall« → Chiang Kai-shek fest, um ein antijapanisches Bündnis mit der KP zu erzwingen. 1949 mitsamt seiner Familie von republikanischen Truppen hingerichtet.

Yang Liwei (* 1965), Pilot der Luftwaffe, startete am 15. Oktober 2003 mit dem Raumschiff »Shenzhou 5« zum ersten bemannten chinesischen Weltraumflug.

Yang Wenhui (1837–1911), buddhistischer Reformer der ausgehenden Qing-Zeit; nach Aufenthalten in Großbritannien und Frankreich arbeitete er mit der britischen Mission zusammen, gründete einen Verlag und eine Klosterschule.

Yang Zhenning (*1922), chinesisch-US-amerikanischer Physiker, 1957 zusammen mit → Li Zhengdao für seine Entdeckungen über die Beschaffenheit von Elementarteilchen mit dem Nobelpreis für Physik ausgezeichnet. Forschte und lehrte ab 1946 in den USA und ab 1998 an der Tsinghua University in Beijing.

Yao, mythologische Herrschergestalt, historisiert als einer der drei Urkaiser Chinas im 24. Jahrhundert v. Chr.

Yao Wenyuan (1931–2005), Historiker; Spitzenpolitiker zur Zeit der Kulturrevolution, nach → Maos Tod 1976 als Mitglied der Viererbande verhaftet und zu 20 Jahren Haft verurteilt, 1996 entlassen.

Ye Haiyan (*1974), Aktivistin, die sich für die Rechte von Sexarbeiterinnen und Aidskranken sowie mit Aufsehen erregenden Aktionen gegen Kindesmissbrauch einsetzt. 2012 angegriffen, 2013 vorübergehend festgenommen.

Ye Shengtao (1894–1988), Schriftsteller, der in den 1920er- und 1930er-Jahren die Umwälzungen der Republikzeit literarisch dokumentierte, einer der Gründer der »Literarischen Studiengesellschaft«. Nach Gründung der VR China hohe kulturpolitische Funktionen, 1954 stellvertretender Erziehungsminister.

Yongle (1360–1424), 1402–24 dritter und bedeutendster Kaiser der Ming-Dynastie; stärkte die staatlichen Institutionen, unternahm mehrere groß angelegte Feldzüge. Verlegte die Hauptstadt nach Beijing, Erbauer der »Verbotenen Stadt«.

Yongzheng (1678–1735), 1723–35 dritter Kaiser der Qing-Dynastie; leitete Steuerreformen in die Wege und sanierte den zerrütteten Staatshaushalt.

Yu, »Jadekaiser«, einer der drei mythischen Urkaiser Chinas, um 2000 v. Chr. Begründer der historisch nicht endgültig belegten Xia-Dynastie.

Yu Jianrong (*1962), international renommierter Soziologe, Direktor des Forschungszentrums für gesellschaftliche Fragen an der Akademie der Sozialwissenschaften.

Yuan Shikai (1859–1916), Führer der mächtigen Nordchinaarmee, ursprünglich Anhänger der Kaiserinwitwe Cixi; nutzte nach der republikanischen Revolution 1912 seine militärische Vorrangstellung für sein eigenes Machtstreben. Er löste das Parlament auf und ließ sich wenige Monate vor seinem Tod zum Kaiser erklären.

Zeng Guofan (1811–72), konfuzianischer Staatsmann, General und Gelehrter; schlug 1864 den Aufstand der Taiping nieder; Vertreter der Selbststärkungsbewegung, durch die China seinen technischen, wirtschaftlichen und militärischen Rückstand gegenüber dem Westen aufholen wollte.

Zhang Baocheng (*1959), Unternehmer, seit 2009 Aktivist der Neuen Bürgerbewegung; nach Aktionen, bei denen er die Offenlegung von Vermögen der Kader forderte, 2013 festgenommen und 2014 zu zwei Jahren Haft verurteilt.

Zhang Binglin (Zhang Taiyan, 1869–1936), Philologe, Linguist, Philosoph und Gesellschaftstheoretiker, eine der zentralen Figuren der Xinhai-Revolution und bei der Abschaffung der Monarchie. Kreierte den Begriff »Republik China« (*Zhonghua minguo*).

Zhang Chunqiao (1917–2005), KP-Vorsitzender von Shanghai und Verbündeter → Jiang Qings während der Kulturrevolution. Nach → Maos Tod 1976 festgenommen, 1981 als Mitglied der Viererbande zum Tode verurteilt, Strafe in lebenslange Haft umgewandelt; 2002 aus medizinischen Gründen entlassen.

Zhang Junmai (Chang, Carsun 1887–1969), Philosoph, Intellektueller und Politiker, Aufenthalte in Japan und Deutschland vor und nach dem Zweiten Weltkrieg; versuchte in den 1920er- und 1930er-Jahren zwischen der Guomindang und den Kommunisten zu vermitteln. Übersiedelte nach 1949 in die USA.

Zhang Tianran (Zhang Guangbi, 1889–1947), Begründer der volksreligiösen Sekte Yiguandao (Weg der Einheit), deren apokalyptische, mystische Lehre sich in den 1930er-Jahren vor allem in Nordchina rasch verbreitete und auch unter Beamten Anhänger fand.

Zhang Wenxian (*1951), Rechtswissenschaftler an der Universität Jilin, Parteisekretär von Jilin, Vizevorsitzender der chinesischen juristischen Vereinigung; in den 1990er-Jahren Vertreter einer vorsichtig geführten akademischpolitischen Debatte zum Verhältnis von individuellen und kollektiven Menschenrechten.

Zhang Xueliang (1901–2001), kontrollierte nach der Ermordung seines Vaters, des Kriegsherren Zhang Zuolin, große Teile Nordchinas. Nachdem er 1936 General → Chiang Kai-shek vorübergehend festgenommen hatte, verbrachte er sein Leben bis 1990 auf Taiwan unter Hausarrest. Wanderte 1993 nach Hawaii aus.

Zhang Zhidong (1837–1909), General, hoher Beamter und wichtiger Reformer der späten Qing-Dynastie, Gouverneur verschiedener Provinzen; beteiligte sich an der Selbststärkungsbewegung und etablierte die Formel »chinesisches Lernen für das Substanzielle, westliches Lernen für das Nützliche«, ließ Textilfabriken, Eisenbahnen und Arsenale bauen.

Zhao Lianhai (*1972), Internetaktivist für Lebensmittelqualität und -sicherheit sowie Anführer einer Elterngruppe, da sein eigenes Kind 2008 durch melaninverseuchtes Milchpulver erkrankt war. 2010 wegen »Störung der öffentlichen Ordnung« zu zweieinhalb Jahren Gefängnis verurteilt.

Zhao Ziyang (1919–2005), hochrangiger Politiker der VR China, Schützling → Deng Xiaopings. 1980–87 Ministerpräsident, galt als Befürworter von Wirtschaftsreformen und guter Kontakte zum Westen; wurde 1989 aller Ämter enthoben und bis zu seinem Tod unter Hausarrest gestellt, weil er mit den Protesten auf dem Tian'anmen-Platz sympathisiert hatte.

Zheng Bijian (*1932), langjähriger Berater der chinesischen Regierung, gehört zu den außenpolitisch versierten »öffentlichen Intellektuellen« Chinas; prägte 2003 das Konzept des »friedlichen Aufstiegs«, das später verworfen wurde.

Zheng He (1371–1433), Admiral der Seeflotte der Ming-Dynastie, der in den Jahren 1405–33 insgesamt sieben Seeexpeditionen nach Südostasien, Arabien und Afrika leitete.

Zhong Jianhua (*1950), seit 2012 Sonderbeauftragter der chinesischen Regierung für Afrika, zuvor Botschafter in Südafrika; in den USA an der Fletcher School of Law and Diplomacy ausgebildet.

Zhou Enlai (1898–1976), ab den 1930er-Jahren und dem Langen Marsch einer der mächtigsten und angesehensten Führer der KPCh; 1949 bis zu seinem Tod Ministerpräsident. Galt trotz seiner Nähe zu → Mao als Pragmatiker, der von der Bevölkerung verehrt wurde.

Zhou Jianren (1888–1984), Biologe und Politiker der VR China, ab 1976 stellvertretender Vorsitzende des Nationalkomitees der Politischen Konsultativkonferenz; jüngerer Bruder → Lu Xuns. In den 1920er-Jahren bedeutender Vertreter einer Debatte um die Eugenik, warnte vor Verunreinigung durch Kontakt mit der weißen Rasse und trat für freie Partnerwahl nach Liebe und Anziehung ein; übersetzte 1947 → Darwins »Origin of Species« neu.

Zhou Jinwen (1908–85), initiierte als Reaktion auf die Menschenrechtsverletzungen durch die Guomindang 1941 eine Debatte, in der er die wirtschaftlichen, sozialen und politischen sowie die individuellen Rechte gegenüber den kollektiven Rechten betonte. Warb für eine Menschenrechtsbewegung im Geist der 4.-Mai-Bewegung.

Zhou Xiaochuan (*1948), Ökonom und Banker. Seit Dezember 2002 Gouverneur der chinesischen Zentralbank; wird zu den einflussreichsten Menschen der Welt gerechnet (Forbes-Liste).

Zhu Kezhen (Chu, Coching, 1890–1974), in den USA (Harvard) und China ausgebildeter, international renommierter Meteorologe und Geologe.

Zhu Rongji (*1928), Politiker, seit 1949 Mitglied der KPCh, 1998–2003 Ministerpräsident. Gilt als technokratischer Reformer, der die Staatsbetriebe und das Finanzsystem sanierte und China auf die Mitgliedschaft in der WTO vorbereitete.

Zhu Xi (1130–1200), Gelehrter der Song-Dynastie, bedeutendster Neokonfuzianer Chinas. Sein Beitrag zur chinesischen Philosophie und seine Zusammenstellung kanonischer konfuzianischer Schriften bildeten für über 700 Jahre die Grundlage des chinesischen Beamtentums.

Zhu Yuanzhang (1328–98), 1368–98 erster Kaiser der Ming-Dynastie; führte als Bauer eine Rebellion an, die zur Vertreibung der Mongolen und Gründung der Ming-Dynastie führte. Wird zu den bedeutendsten Kaisern Chinas gerechnet.

Zhuangzi (um 365–290 v. Chr.), Philosoph und Dichter zur Zeit der Streitenden Reiche; das nach ihm benannte Werk »Zhuangzi« gilt zusammen mit dem »Daodejing« als Hauptwerk des Daoismus und als eine der literarisch interessantesten und schwierigsten Schriften der chinesischen Geistesgeschichte.

1 Lebensdaten konnten, trotz intensiver Recherche, nicht eruiert werden.

Literatur

Dabringhaus, Sabine: Geschichte Chinas im 20. Jahrhundert, München 2009.

Fogel, Joshua A., Zarrow, Peter G. (Hrsg.): Imagining the People: Chinese Intellectuals and the Concept of Citizenship, 1890–1920, New York 1997.

Gao, James Z.: Historical Dictionary of Modern China (1800–1949), Lanham 2009.

Gernet, Jacques: Die chinesische Welt. Die Geschichte Chinas von den Anfängen bis zur Jetztzeit, Frankfurt am Main 1997.

Klöpsch, Volker/Müller, Eva (Hrsg.): Lexikon der chinesischen Literatur, München 2004.
Schaberg, David: A Patterned Past. Form and Thought in Early Chinese Historiography, Boston 2002.
Spence, Jonathan D.: Chinas Weg in die Moderne, München 2008.
Song, Yuwu: Biographical Dictionary of the People's Republic of China, Jefferson/London 2013.
Svensson, Marina: Debating Human Rights in China: A Conceptual and Political History, Lanham 2002.
Vogelsang, Kai: Geschichte Chinas, Stuttgart 32013.

Weblinks

bpb, Dossier Menschenrechte:
 http://www.bpb.de/internationales/weltweit/menschenrechte/
China Vitae:
 http://www.chinavitae.com
Congressional – Executive Commission on China, Political Prisoner Database:
 http://ppdcecc.gov/
Cyclopedia.net:
 http://www.cyclopaedia.info
Encyclopædia Britannica:
 http://www.britannica.com/
Facts on File Database:
 http://www.fofweb.com/History/
Internet Encyclopedia of Philosophy:
 http://www.iep.utm.edu
OCLC WorldCat:
 http://www.worldcat.org
Ostasieninstitut der Hochschule Ludwigshafen am Rhein, Ostasienlexikon:
 http://www.oai.de/de/publikationen/ostasienlexikon
Institut für Sinologie, Universität Heidelberg, digitale Ressourcen:
 http://www.zo.uni-heidelberg.de/boa/digital_resources/index.html
Tsinghua University School of Law:
 http://www.law.tsinghua.edu.cn
Tushujiansuo:
 http://www.tushu001.com/
UNHCR Annual Prison Census China:
 http://www.refworld.org/docid/52b83be85.html

Kartenteil

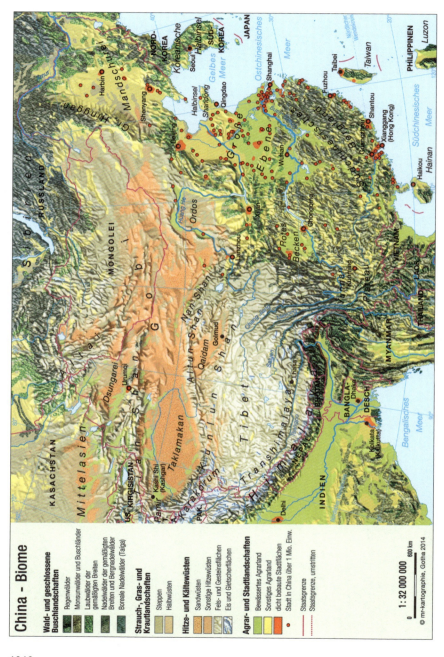

Kartenteil

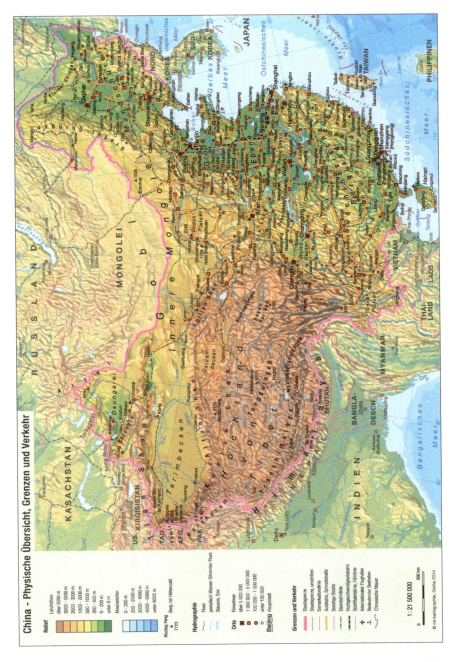

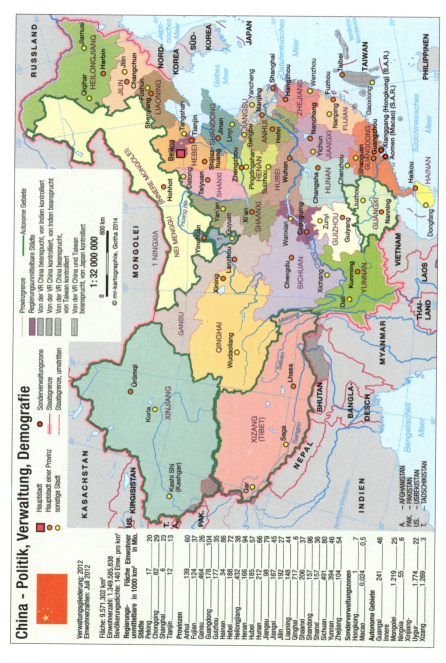

Kartenteil

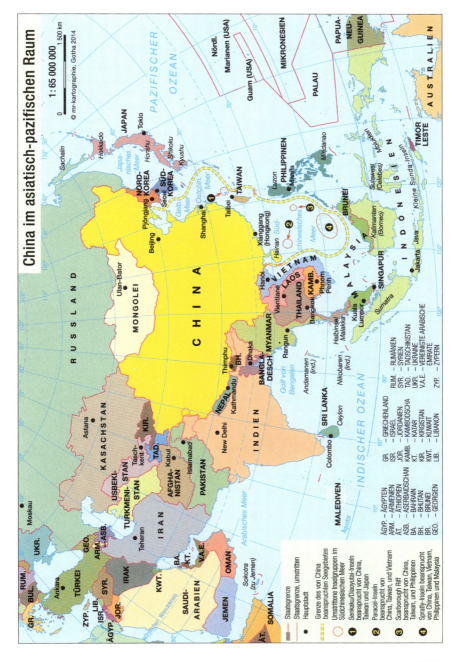

1021

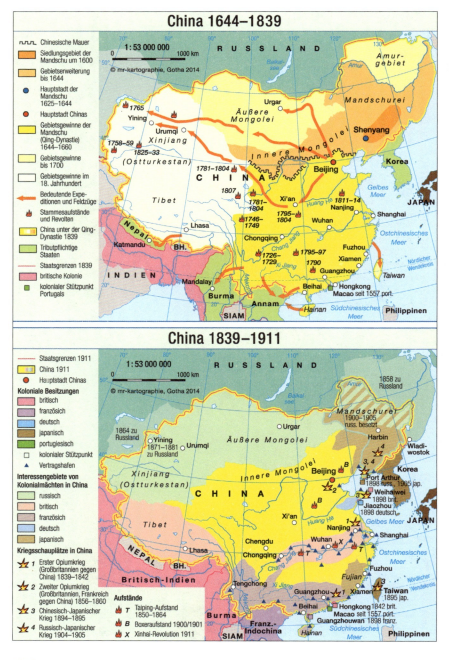

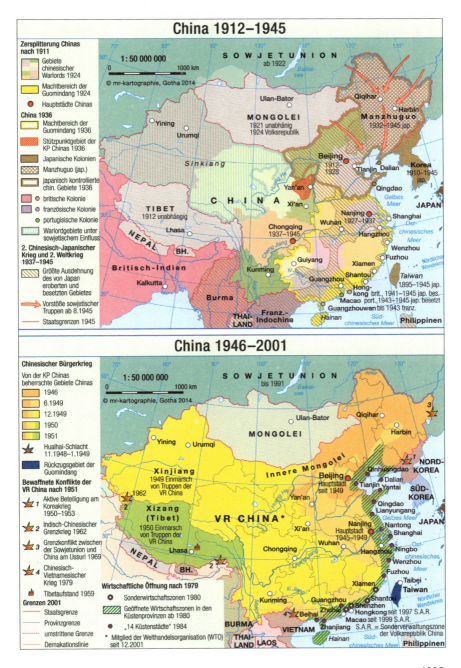

Anhang

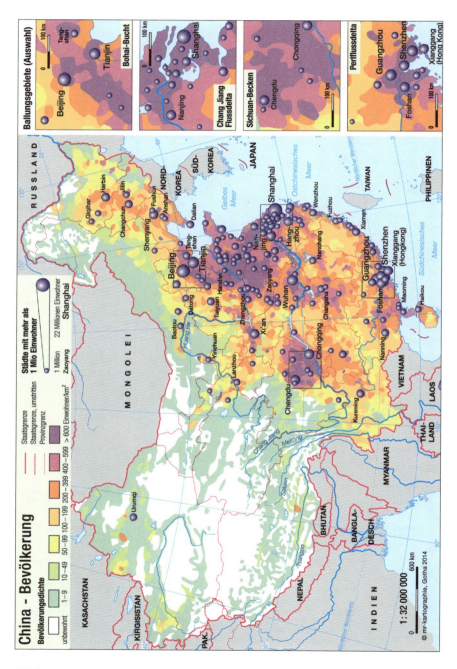

Kartenteil

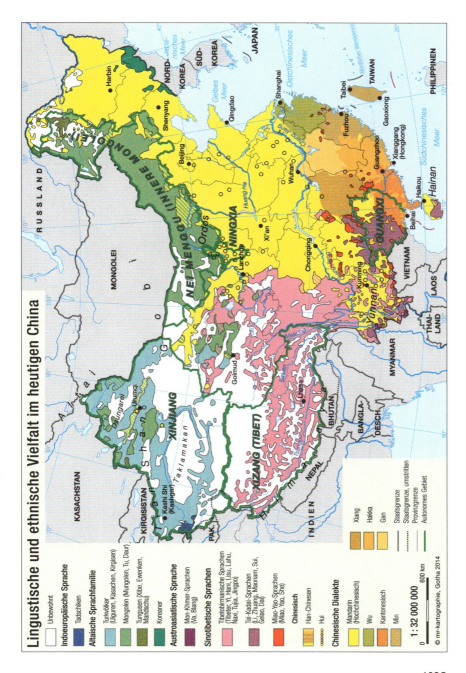

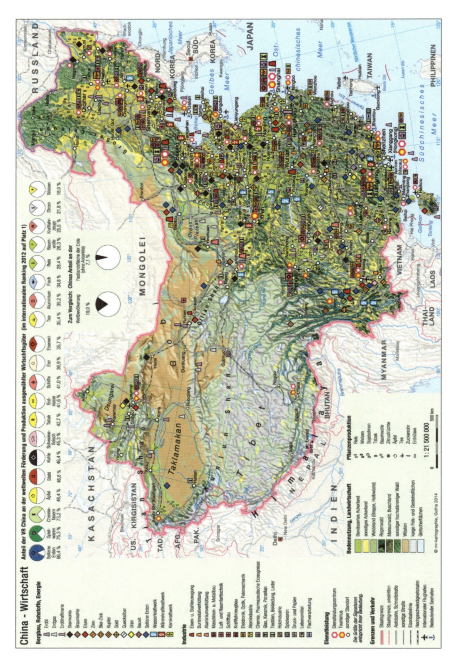

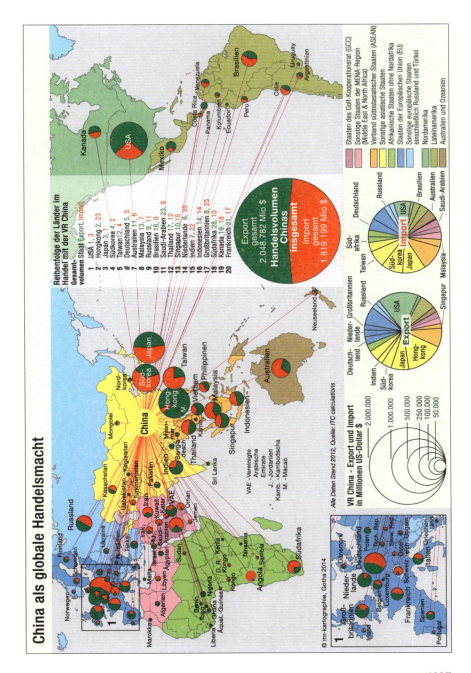

Die Autorinnen und Autoren dieses Bandes

Prof. Dr. Dr. Björn Ahl, Juniorprofessor für chinesische Rechtskultur an der Universität Köln, E-Mail: bjoern.ahl@uni-koeln.de

Prof. Dr. Björn Alpermann, Professor für Contemporary Chinese Studies an der Universität Würzburg, E-Mail: Bjoern.Alpermann@uni-wuerzburg.de

Prof. Dr. Iwo Amelung, Professor für Sinologie an der Universität Frankfurt am Main, E-Mail: amelung@em.uni-frankfurt.de

Prof. Philip Clart, Ph. D., Professor für Kultur und Geschichte Chinas an der Universität Leipzig, E-Mail: clart@uni-leipzig.de

Prof. Dr. Doris Fischer, Professorin für China Business and Economics an der Universität Würzburg, E-Mail: Doris.Fischer@uni-wuerzburg.de

Prof. Dr. Christian Göbel, Universitätsprofessor für Sinologie mit sozialwissenschaftlicher Ausrichtung am Institut für Ostasienwissenschaften der Universität Wien, E-Mail: Christian.Goebel@univie.ac.at

Dr. Sven Grimm, Direktor des Centre of Chinese Studies der Universität Stellenbosch, Südafrika, E-Mail: sgrimm@sun.ac.za

Prof. Dr. Xuewu Gu, Professor am Center for Global Studies (CGS) der Universität Bonn, E-Mail: xuewu.gu@uni-bonn.de

Christine Hackenesch, wissenschaftliche Mitarbeiterin am Deutschen Institut für Entwicklungspolitik, E-Mail: Christine.Hackenesch@die-gdi.de

Patrick Hess, Senior Economist in der Europäischen Zentralbank, E-Mail: patrick.hess@ecb.int

Dr. Michael Kahn-Ackermann, Repräsentant der Stiftung Mercator in China, E-Mail: michael.kahn-ackermann@stiftung-mercator.de

Prof. Dr. Sarah Kirchberger, Juniorprofessorin für Sinologie am Asien-Afrika-Institut der Universität Hamburg, E-Mail: sarah.kirchberger@uni-hamburg.de

Prof. Dr. Hanns Maull, Professor em. für Außenpolitik und internationale Beziehungen an der Universität Trier und Senior Distinguished Fellow bei der Stiftung Wissenschaft und Politik, E-Mail: hanns.maull@swp-berlin.org

Prof. Dr. Werner Meissner, Professor em. Baptist University in Hongkong

Christoph Müller-Hofstede M. A., Bundeszentrale für politische Bildung, Bonn, E-Mail: christoph.mueller-hofstede@bpb.bund.de

Prof. Andreas Oberheitmann, Ph. D., Gastprofessor am Research Center for International Environmental Policy (RCIEP) der Tsinghua University in Beijing, E-Mail: oberheitmann@tsinghua.edu.cn

Prof. Dr. Thomas Scharping, Professor em. für Politik, Wirtschaft und Gesellschaft Chinas an der Universität zu Köln, E-Mail: t.scharping@uni-koeln.de

Prof. Dr. Helwig Schmidt-Glintzer, Direktor der Herzog August Bibliothek Wolfenbüttel und Professor an der Universität Göttingen, E-Mail: schmidt-gl@hab.de

Prof. Dr. Gunter Schubert, Professor für Greater China Studies an der Universität Tübingen, E-Mail: gunter.schubert@uni-tuebingen.de

Dr. Günter Schucher, Senior Research Fellow am GIGA Institut für Asien-Studien, E-Mail: guenter.schucher@giga-hamburg.de

Dr. Margot Schüller, Senior Research Fellow am GIGA Institut für Asien-Studien, E-Mail: margot.schueller@giga-hamburg.de

Dr. Barbara Schulte, Associate Professor für Erziehungswissenschaften am Institut für Soziologie der Universität Lund, Schweden, E-Mail: barbara.schulte@soc.lu.se

Kristin Shi-Kupfer, Leiterin des Forschungsbereichs Gesellschaft und Medien des Mercator Institute for China Studies, E-Mail: kristin.shi-kupfer@merics.de

Dr. Helga Stahl, Akademische Oberrätin für Sinologie an der Universität Würzburg, E-Mail: Helga.Stahl@uni-wuerzburg.de

Prof. Dr. Markus Taube, Professor für Ostasienwirtschaft mit Schwerpunkt China an der Universität Duisburg-Essen, E-Mail: markus.taube@uni-due.de

PD Dr. Tobias ten Brink, wissenschaftlicher Mitarbeiter im Arbeitsbereich Internationale Beziehungen und Internationale Politische Ökonomie an der Universität Frankfurt am Main, E-Mail: tobias.ten.brink@em.uni-frankfurt.de

Dr. phil. Gudrun Wacker, Senior Fellow bei der Stiftung Wissenschaft und Politik, E-Mail: gudrun.wacker@swp-berlin.org

Prof. Dr. Bernd Wünnemann, Direktor des Nanjing Integrated Center for Earth System Science an der Universität Nanjing, E-Mail: wuenne@zedat.fu-berlin.de